2016

中国饲料工业年鉴

全国饲料工作办公室
中国饲料工业协会 编

中国农业出版社

《中国饲料工业年鉴》（2016）
编辑委员会

2015年4月24日，由中国饲料工业协会和全国畜牧总站主办的“2015中国饲料工业展览会暨畜牧业科技成果推介会”在南京举行。农业部副部长于康震，中国饲料工业协会会长高鸿宾，农业部畜牧业司司长王智才，中国饲料工业协会常务副会长兼秘书长李希荣等领导，大会协办单位代表、部分省份饲料协会负责人，以及组委会邀请的各界嘉宾出席了开幕式并参观了展览。

2015年4月24日，农业部副部长于康震出席“2015中国饲料工业展览会暨畜牧业科技成果推介会”开幕式。

2015年4月24日，“2015中国饲料工业展览会暨畜牧业科技成果推介会”在江苏南京举办。中国饲料工业协会会长高鸿宾宣布展会开幕。

2015年4月24～25日，在“2015中国饲料工业展览会暨畜牧业科技成果推介会”上，农业部副部长于康震（左1），中国饲料工业协会会长高鸿宾（左2），全国畜牧总站站长、中国饲料工业协会常务副会长兼秘书长李希荣（左4）等领导参观了铁骑力士展馆。铁骑力士集团执行总裁李全（左3）向于康震副部长一行介绍铁骑力士打造全产业链的具体做法。于康震副部长一行还饶有兴致地拿起圣迪乐村鸡蛋仔细端详，仔细询问了集团最新发展情况，并给予了高度赞扬。

2015年4月24～25日，在“2015中国饲料工业展览会暨畜牧业科技成果推介会”上，农业部副部长于康震（左2），农业部畜牧业司司长王智才（左1）参观企业展台。

2015年3月26日，在农业部和陕西省政府主办的“全国第十一届放心农资下乡进村现场咨询”活动上，农业部副部长陈晓华（前排左2），陕西省农业厅厅长白宜勤在陕西省饲料工业办公室咨询台前检查指导。

2015年8月19日，国家科技部党组书记、副部长王志刚一行调研新和成股份公司科技工作，对新和成坚持抓科技投入、人才引进、产品研发和转型升级表示赞赏。

2015年8月3日，广东省委副书记、省长朱小丹，副省长邓海光一行在恒兴董事长陈丹陪同下参观考察恒兴集团。朱小丹省长等领导认真听取了恒兴科研技术成果及质量检测仪器设备介绍并对恒兴的科研技术工作表示高度的赞扬。

2015年2月4日，四川省委常委、常务副省长钟勉（左2）一行到龙蟒矿冶公司调研。在详细了解公司目前的生产经营情况和应对经济下行压力采取的措施后，钟勉要求企业要学会过“紧日子”，要进一步强化管理、苦练内功，要根据市场变化调整产业结构和产品结构，扩大综合效益。

2015年4月24日，农业部畜牧业司司长王智才出席“2015中国饲料工业展览会暨畜牧业科技成果推介会”开幕式并致辞。

2015年9月28日，农业部畜牧业司司长马有祥一行到中国农业科学院饲料研究所调研。调研组听取了研究所的工作汇报，参观了饲用酶工程创新团队实验室，并与创新团队首席科学家和领导班子进行了交流。

2015年4月24日，“2015中国饲料工业展览会暨畜牧业科技成果推介会”在江苏南京举办。中国饲料工业协会常务副会长兼秘书长李希荣主持开幕式。

2015年4月24日，“2015中国饲料工业展览会暨畜牧业科技成果推介会”在南京隆重召开。开幕式上，为大力推动《饲料质量安全管理规范》的实施，对获得“示范企业”称号的23家企业举行了授牌仪式。农业部畜牧业司副司长王俊勋宣读获奖企业名单。

2015年2月5日，农业部畜牧业司副司长王宗礼一行三人到广东省农业厅新一轮扶贫“双到”工作定点帮扶的东源县船塘镇石岗村开展新常态下畜牧业宏观调控问题调研。

2015年12月28日，由中国饲料工业协会主办，广东省饲料行业协会和广东海大集团协办的"十三五"饲料行业发展座谈会在广州召开。全国畜牧总站站长、中国饲料工业协会常务副会长兼秘书长李希荣，农业部畜牧业司副司长王俊勋，全国畜牧总站副站长、中国饲料工业协会副秘书长沙玉圣，广东省农业厅副巡视员罗展光以及各省（区、市）饲料工业协会负责人和广东省饲料企业负责人参会。

2015年4月23日，由中国饲料工业协会主办的"2015饲料原料论坛"在江苏南京举行。全国畜牧总站站长、中国饲料工业协会常务副会长兼秘书长李希荣，农业部畜牧业司副司长王俊勋，全国畜牧总站副站长、中国饲料工业协会副秘书长沙玉圣，国家统计局中国经济景气检测中心副主任潘建成，大连商品交易所副总经理高小真，新希望六和股份有限公司联席董事长兼CEO陈春花等领导、专家、企业家和国内外饲料行业500余位代表参加本次论坛。

2015年4月24日，由中国饲料工业协会和美国饲料工业协会联合主办，农业部饲料工业中心与中美奶业研究中心协办的中美饲料技术交流活动在南京举行。中国工程院院士、中国农业大学动物科技学院院长、农业部饲料工业中心主任李德发，农业部畜牧业司副司长王俊勋，全国畜牧总站副站长、中国饲料工业协会副秘书长沙玉圣，美国饲料工业协会总裁兼首席执行官Joel Newman，中国农业大学教授、中国国家现代奶牛产业技术体系首席科学家、博士生导师李胜利，美国伊利诺大学教授、动物营养学博士James Pettigrew等领导和专家出席了本次论坛。

2015年4月24日，在“2015中国饲料工业展览会暨畜牧业科技成果推介会”开幕式上，对获得“《饲料质量安全管理规范》示范企业”称号的23家企业举行了授牌仪式。

2015年6月29～30日，全国饲料工业标准化技术委员会在南京农业大学举办“2015年饲料工业标准编制培训班”。全国畜牧总站副站长、中国饲料工业协会副秘书长、全国饲料工业标准化技术委员会主任委员沙玉圣，南京农业大学副校长陈利根等领导和嘉宾出席开班式。承担饲料标准制修订任务的项目单位代表及有关专家70余人参加了培训。

2015年9月23日，由中国饲料工业协会主办，中国饲料工业协会宠物饲料专业委员会承办的“2015宠物饲料（食品）研讨会”在南京举办。中国饲料工业协会副秘书长、宠物饲料专委会主任委员、全国饲料工业标准化技术委员会主任委员沙玉圣，江苏省农业委员会总畜牧兽医师黄焱，农业部畜牧业司（全国饲料工作办公室）饲料处调研员魏宏阳，全球宠物食品联盟主席、澳大利亚宠物食品协会主席Roger Bektash等领导以及国内外嘉宾、第二届专委会委员和委员单位代表、宠物食品行业从业人员参加了大会。

2015年11月8～14日，农业部检查组对河北省2015年饲料行业管理工作进行督导检查，农业部畜牧业司（全国饲料工作办公室）饲料处处长王晓红（左1）在邢台华兴饲料有限公司检查工作。

2015年6月12～15日，全国畜牧总站、中国饲料工业协会行业指导处处长胡广东（左1）率领专家组对《饲料质量安全管理规范》试点企业——河北方田饲料有限公司进行了初步审核验收。

2015年8月7～8日，全国畜牧总站、中国饲料工业协会饲料评审处处长王黎文到河北邢台宠物饲料企业调研。

2015年12月15日，农业部主办的“全国饲料评审委员会换届会”在北京召开。会议产生了第三届全国饲料评审委员会，共有委员116名，其中主任委员和常务副主任委员各1名，副主任委员9名。第三届全国饲料评审委员会的成立为评审工作持续开展打好了坚实的人才基础。

2015年7～8月，中国饲料工业协会宠物饲料专业委员会组织开展宠物食品行业调研。赴上海、河北、江苏、浙江、广东5个宠物食品集中产区，对20家不同性质、不同产品类型、不同规模的宠物食品生产企业进行了实地调研，了解了我国宠物食品行业现状。

2015年4月9日，天津市畜牧兽医局召开“2015年畜产品和饲料质量安全监管工作会议”会议，安排部署工作。会议由市畜牧兽医局质监处处长李晓东主持并作2015年饲料和畜产品质量安全监管工作部署。畜牧兽医局副局长莫会松作讲话，充分肯定了2015年天津市饲料质量安全监管工作取得的成绩，深刻分析了饲料安全监管工作面临的新形势。

2015年7月14日，天津市举办了贯彻落实《饲料质量安全管理规范》培训班。培训班强调了饲料生产企业是实施《规范》的主体责任人和饲料管理部门实施《规范》的监管责任人，对进一步加强天津饲料企业规范管理提出了新的要求。天津市各区县饲料监管部门负责人、饲料监督执法人员，全市137家饲料生产企业负责人、品控负责人约350余人参加了培训。

2015年7月16日，黑龙江省畜牧兽医局在哈尔滨市举办"全省《饲料质量安全管理规范》实施座谈暨现场推进会"。各省、市农垦总局和县畜牧兽医局饲料办主任，哈尔滨市各辖区农牧局负责饲料管理机构的负责人，省级35家《规范》示范创建企业的主要负责人，省兽药饲料监察所、省饲料协会秘书处及相关媒体负责人共计70余人参加会议。

2015年3月12～13日，黑龙江省畜牧兽医局副局长包艳明在哈尔滨市畜牧兽医局局长乔树江、副局长李才的陪同下，代表农业部向哈尔滨市谷实农牧集团股份有限公司颁发“饲料质量安全管理规范示范企业”牌匾。

2015年12月12～15日，由江苏省畜产品检验测试中心和江苏省饲料工业协会联合主办的“饲料中微量元素和维生素检测技术培训班”在南京举行，来自全省预混料生产企业的120位质检人员参加了培训。

2015年10月20～21日，由山东省饲料行业协会主办的“山东饲料行业F50峰会”在济南召开。会议交流探讨了当前行业转型发展的热点和难点问题，表决通过了《山东省饲料行业行为规范》。

2015年12月22日，由山东省畜牧兽医局饲料处、山东省饲料质量检验所、山东省饲料行业协会、山东省临沂市畜牧局和山东省十多家知名行业企业总经理、中高层管理人员组成的饲料行业考察团在天马集团总部参观考察。

2015年1月20日，湖南省“创建省级《饲料质量安全管理规范》示范企业现场会”在郴州召开，全省各级饲料管理部门、湖南百宜饲料科技有限公司等二十家省级示范企业共110人参加了会议。

2015年5月17日，湖南省长沙市“创建《饲料质量安全管理规范》活动现场会”在浏阳市举行。各区（县）市畜牧兽医水产局的分管领导及饲料工业办公室的负责人，辖区35家企业的总经理、品控经理、生产部经理，130多人参加了会议。

2015年1月30日，“广东省饲料标准化技术委员会成立大会暨第一次工作会议”在广州举行。广东省农业厅副厅长、省畜牧兽医局局长、省质量技术监督局等相关领导以及省内部分高校、研究机构、质检机构和企业的标委会委员共30人参加了会议。

2015年5月14日，广东省饲料质量安全管理规范培训班在广州举办。各市饲料办负责人、饲料生产许可评审专家及饲料企业代表140多人参会，集中学习《饲料质量安全管理规范》及示范企业创建有关内容。

2015年3月31日，陕西省饲料工业办公室在西安组织召开“全省饲料工业工作暨实施《饲料质量安全管理规范》推进会。”省饲料工业办公室主任赵辉文出席会议并做年度工作报告，副主任刘万军、肖红年参加会议并分别主持会议。会上举行了全省饲料行业诚信宣誓活动。

2015年9月25日，陕西省饲料工业办公室组织现场观摩会，推进《饲料质量安全管理规范》实施，参会代表学习杨凌富士特饲料有限公司安全管理规范相关资料。

2015年3月17日，长春金新农顺利通过农业部《饲料质量安全管理规范》验收专家组验收，成为吉林省首家农业部饲料质量安全管理规范示范企业。

2015年4月3日，布勒中国及东南亚总裁傅德利（左7）与天马集团董事长陈庆堂（左8）在天马集团办公大楼签订了特种水产饲料二期项目战略合作协议。

2015年4月22日，中国工程院院士、解放军军事医学科学院军事兽医研究员夏咸柱（左3），四川省农业厅巡视员兰明建在四川畜科公司董事长邝声耀陪同下到双流四川畜科生物疫苗研发基地考察指导工作。

2015年4月28日，陕西举办“三秦企业文化标兵单位”和“三秦企业文化领军人物”评选活动。陕西石羊（集团）股份有限公司董事长魏存成（左2）荣获“三秦企业文化领军人物”荣誉称号。

2015年5月13 日，河南雄峰科技有限公司董事长许锐（左2）和卡美农业技术咨询有限公司执行合伙人Martin H.Jensen（左1）签订战略合作协议。

2015年5月21日，浙江新和成特种材料有限公司与荷兰皇家帝斯曼集团的全资子公司帝斯曼工程塑料中国企业有限公司举行PPS战略合作新闻发布会，宣布双方设立合资公司开展合作。

2015年5月24日，“2015年西北规模蛋鸡养殖高峰论坛”在西安举行。石羊集团总裁常青山、副总裁乔冰涛、饲料事业部总经理李鹏华，北京峪口禽业事业部总经理周宝贵，美国默沙东蛋鸡养殖国际防疫专家高元雄及各子分公司的客户参加了此次活动。

2015年5月29日，“禾种天下，丰收五洲”禾丰二十周年庆典在沈阳农业大学禾丰体育馆举办，参加禾丰牧业二十周年庆典活动的所有嘉宾、禾丰高管团队、各区域、分子公司代表共2200人出席此次晚宴。

2015年6月9日，新希望新加坡私人有限公司与国际金融公司投资协议签字仪式暨新闻发布会在北京举行。

2015年6月11日，天马集团在员工俱乐部召开产销两旺暨“三严三实”推进大会。天马集团60多名中层以上管理者及业务主管相聚一堂，学习、贯彻习近平总书记提出的“三严三实”要求。

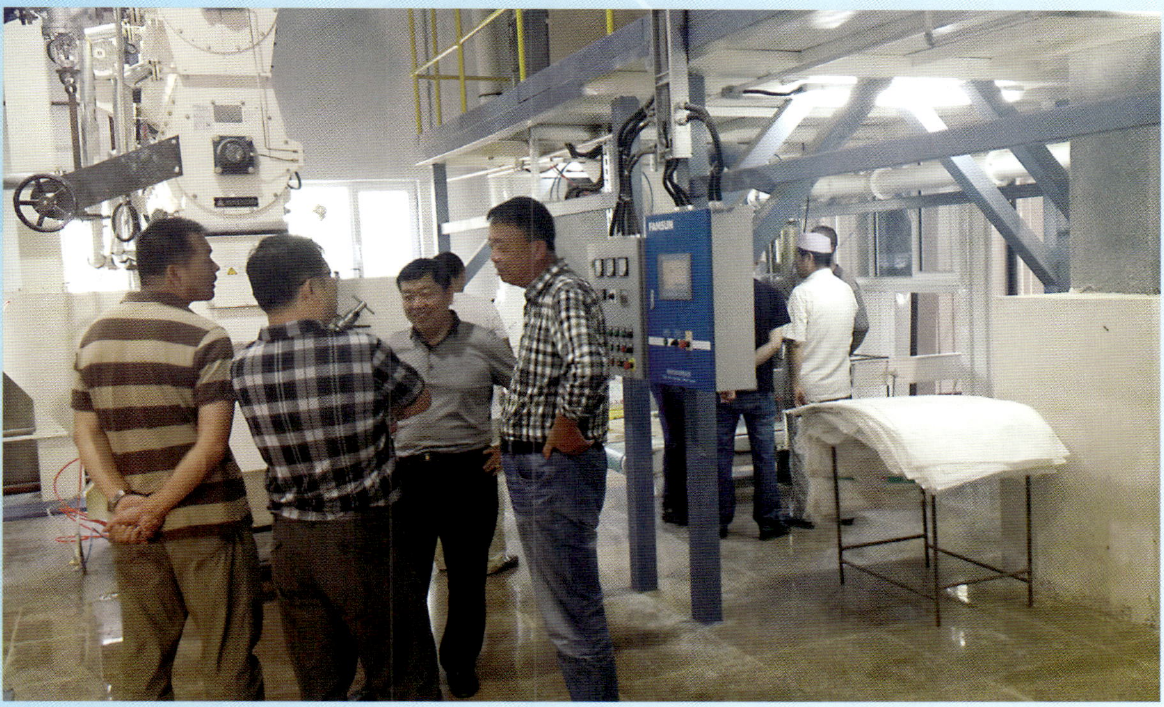

2015年6月12日，泰昆集团伊犁饲料公司反刍生产线竣工投产。农四师政委许海峰（左3），农四师团长刘建强（左4）在泰昆集团生产总监孙建华（左2）陪同下到新生产线指导工作。

2015年6月15日，河北方田饲料有限公司通过农业部饲料质量安全管理规范示范企业专家验收组验收，成为河北省首家通过国家级规范验收的企业。

2015年6月19日，福建省首个水产饲料领域的“院士专家工作站”在福建天马科技集团股份有限公司揭牌成立。中国科学院水生生物研究所院士桂建芳（左3）在天马集团董事长陈庆堂（左5）陪同下参加揭牌仪式。

2015年7月24日，中国人民大学集团管控班师生一行到文登环山饲料参观交流。

2015年8月18日，通威股份与丹麦BioMar公司在通威国际中心举行了合资组建“通威Biomar生物科技有限公司”的签约仪式。丹麦Biomar公司执行副总裁Niels Alsted（左6），通威股份总裁严虎（左5）出席签约仪式。

2015年8月19日，河南海创牧业有限公司举行新饲料生产线投产暨成立8周年庆典活动。

2015年8月28～29日，石羊集团和西北农林科技大学动物科技学院共同主办的“2015年第二届中国西部猪产业养殖高峰论坛”。澳大利亚猪场营养专家TongEdward，西北农林科技大学动物科技学院院长姚军虎，西北农林科技大学动物科技学院教授张恩平，国内猪场管理专家周纬，行业疾病专家唐万勇，集团副总裁乔冰涛等石羊管理、工作人员及子分公司的客户参加了此次活动。

2015年9月9日，湖北省饲料工业协会考察团一行到访通威集团管理总部。座谈会上，通威股份副总裁、市场营销总监兼技术总监王尚文对湖北省饲料工业协会考察团的到来表示热烈欢迎。

2015年9月18日，正虹集团力得分公司预混料新生产线开工奠基仪式举行。董事长夏壮华（左4）为项目奠基。

2015年9月26日，布勒（常州）机械有限公司举行了16万平方米新工厂开工典礼。新工厂是溧阳市新开工建设的重点项目之一，也是布勒在中国乃至全球最大的工厂。

2015年10月8日，龙蟒集团成立三十周年（1985—2015年）庆祝大会举行。会议全面回顾了龙蟒集团从一个乡镇小厂发展成为集磷化工、钛化工、生物化工、现代农业等行业领先者的艰辛历程。集团董事长李家权作了《文化是企业发展的灵魂》的讲话。

2015年10月29日，新和成股份公司举办原料药研发事业部成立大会，标志着新和成原料药产业进入新的发展阶段。

2015年10月19～20日，荷兰托佩克种猪育种公司参观调研环山集团威海分公司。

2015年10月20日，美瑞泰科董事总经理金立志、荷兰SFR研究所所长Piet van der Aar一行四人到访石羊集团总部，并与总裁常青山进行了饲料养殖行业方面的交流。

2015年10月25日，“中国进出口银行项目签约仪式”在成都世纪城新会展中心举行，通威集团禚玉娇（左5）总裁出席。

2015年11月17日，加拿大查塔姆·肯特市市长兰迪·霍普，经济发展部部长官迈克尔·伯顿一行，在溧阳市副市长蔡金龙的陪同下实地考察江苏正昌集团并举行了座谈会。

2015年11月24日，“第九届大北农科技奖颁奖大会暨中关村全球农业生物技术创新论坛”在北京举行，中国科学技术协会副主席、书记处书记陈章良，全国人大农业与农村委员会委员、中国农业国际合作促进会会长、中国作物学会理事长翟虎渠，中国农业大学校长柯炳生，中国工程院院士戴景瑞，中国工程院院士范云六，中国工程院院士刘秀梵，中国工程院院士夏咸柱，中国工程院院士印遇龙，农业部科技教育司司长唐珂，大北农集团董事长邵根伙及国家相关部门领导、国内外农业领域著名专家、企业家代表、新闻媒体朋友等600余人参加了本次大会。

2015年11月30日，晋中大北农农牧科技有限公司通过农业部饲料质量管理规范示范企业专家验收组验收，成为山西省首家通过国家级规范验收的企业。

2015年11月30日至12月2日，由正昌集团主办的“第四届天目湖论坛（中国饲料工业生产管理与工艺创新论坛）”在溧阳市举行。全国畜牧总站、中国饲料工业协会信息中心主任闫奎友，江苏省饲料工业办公室副主任、省饲料工业协会副秘书长严建刚，中国饲料工业协会副会长、正昌集团董事长郝波及来自全国饲料企业生产管理、工艺设备管理者和技术专家参加了会议。

2015年12月3日，大理正大饲料有限公司通过饲料质量安全管理规范省级验收。

2015年12月5日，谷实农牧集团股份有限公司全体员工学习饲料质量安全管理规范。

2015年12月17日，正虹集团营田分公司通过湖南省饲料质量安全管理规范示范企业专家组验收。

2015年12月21～23日，由布勒（常州）机械有限公司主办的“2015清洁饲料加工新技术研讨会”在福建福州举行。来自华东华南地区10余家饲料加工企业的业内人士共同探索新常态下行业发展的新机遇。

2015年12月30日，辽宁禾丰逛大集电商平台上线试运行，逛大集董事长丁云峰（左1）与首席执行官钟民博士（左2）共同按下启动键。

全国饲料工作办公室、全国畜牧总站/中国饲料工业协会

单　位		电　话	传　真	地　址	E－mail
全国饲料工作办公室	综合处	（010）59193390 59193361	（010） 59192869	北京市朝阳区农展馆南里 11 号（100125）	
	饲料处	（010）59192872 59193306 59193213 59192882	（010） 59192848		xmjslch@agri.gov.cn
全国畜牧总站/中国饲料工业协会	办公室	（010）59194778 59194608 59194609	（010） 59194611		bgsh-nahs@agri.gov.cn
	人事处（党委办公室）	（010）59194589 59194597	（010） 59194611		rsch-nahs@agri.gov.cn
	财务处	（010）59194792 59194689 59194583	（010） 59194611	北京市朝阳区麦子店街 20 号楼（100125）	cwch-nahs@agri.gov.cn
	项目与资产管理处	（010）59194581 59194620 59195113	（010） 59194611		xmyzcgch-nahs@agri.gov.cn
	国际合作处	（010）59194595 59194753	（010） 59194611		gyhzch-nash@agri.gov.cn
	行业统计分析处	（010）59194369 59194643 59194624	（010） 59194611		hytjfxch-nahs@agri.gov.cn
	体系建设与推广处	（010）59194431 59194606 59194618	（010） 59194611		txjsytgch-nahs@agri.gov.cn
	质量标准与认证处（无公害畜产品认证中心）	（010）59194779 59194646 59191485	（010） 59194779		zlbzyrzch-nahs@agri.gov.cn

（续）

单　位		电　话	传　真	地　址	E－mail
全国畜牧总站/中国饲料工业协会	牧业发展处	（010）59194610 59194622	（010） 59194611	北京市朝阳区麦子店街 20 号楼（100125）	myfzch-nahs@agri. gov. cn
	草业处（全国草品种审定委员会办公室）	（010）59194616 59194688 59194616	（010） 59194611		cych-nahs @agri. gov. cn
	饲料行业指导处	（010）59194582 59194591 59194594	（010） 59194591		slhyzdch-nahs@agri. gov. cn
	奶业与畜产品加工处	（010）59194419 59194420	（010） 59194611		nyycpygch-nahs@agri. gov. cn
	协会工作处	（010）59194789 59194592 59194586	（010） 59194611		xhgzch-nahs@agri. gov. cn
	饲料评审处（全国饲料评审委员会办公室）	（010）59194650 59194438 59194584	（010） 59194584		slpsch-nahs@agri. gov. cn
	畜禽资源处（国家畜禽遗传资源委员会办公室）	（010）59194754 59194625	（010） 59194375		xqzych-nahs@agri. gov. cn
	信息中心	（010）62145459 62136584 62174303	（010） 62172155		xxzx-nahs@agri. gov. cn
	农业部全国草产品质量监督检验测试中心	（010）60480233 60481123 60480226	（010） 60480301	北京市朝阳区麦子店街 20 号楼（100125）	
	农业部种畜品质监督检验测试中心	（010）62817223 62814021 60487810	（010） 62894803	北京市海淀区圆明园西路 2 号中国农科院畜牧所院内（100094）	

质量监督与检测机构

单　位	负责人	电　话	传　真	地　址	E－mail
国家饲料质量监督检验中心（北京）	苏晓鸥	（010）82106291	（010）68975906	北京市海淀区中关村南大街12号（100081）	feedgujun-hua@sina. com
农业部饲料质量监督检验测试中心（呼和浩特）	杨红东	（0471）4910905	（0471）4910905	内蒙古呼和浩特市赛罕区昭乌达路新希望街（010020）	hmhx100@163. com
农业部饲料质量监督检验测试中心（沈阳）	李延山	（024）24145538	（024）24145538	沈阳市沈河区小南街281号（110016）	—
农业部饲料质量监督检验测试中心（南京）	姜加华	（025）86263659	（025）86263656	南京市草场门大街124号江苏农业检测大楼（210036）	jsxcp@126. com
农业部饲料质量监督检验测试中心（南昌）	余祥健	（0791）8102073	（0791）81076711	南昌市南京东路181－1号（330029）	jxsyjcs@163. com
农业部饲料质量监督检验测试中心（济南）	李祥明	（0531）87198033	（0531）87198033	济南市槐村街68号（250022）	lisdjs@163. com
农业部饲料质量监督检验测试中心（广州）	李小云	（020）34280305	（020）34280305	广州市万寿路113号（510230）	—
农业部饲料质量监督检验测试中心（南宁）	唐呈明	（0771）3121062	（0771）3942564	南宁市友爱北路51号（530001）	meidongxie @sina. com
农业部饲料质量监督检验测试中心（成都）	柏　凡	（028）85583643 85598229	（028）85548413	成都市武侯祠大街3号（610041）	liyun _ 1111 @163. com
农业部饲料质量监督检验测试中心（昆明）	张应国	（0871）63648224	（0871）63648224	昆明市华山东路43号（650021）	ynsysls@163. com
农业部饲料质量监督检验测试中心（西安）	西　学	（029）86254586	（029）86254586	西安市未央路28号（710016）	siliaosuo @ sina. com

科研与教育机构

单　位	负责人	电　话	传　真	地　址	网　址	E-mail
中国农业科学院饲料研究所	齐广海	(010)82107317	(010)82106054	北京市海淀区中关村南大街 12 号(100081)	www. caasfri. com. cn	zonghechu@caas. cn
农业部饲料工业中心	李德发	(010)62733583	(010)62733688	北京市海淀区圆明园西路 2 号(100094)	www. mafic. ac. cn	tuzh@mafic. ac. cr
国家饲料工程技术研究中心	李德发	(010)62133466 62829803	(010)62731456		www. nferc. org	nferc@nferc. org
中国农业科学院北京畜牧兽医研究所动物营养与饲料学科群	佟建明	(010)62816061 62815851	(010)62819257	北京市海淀区圆明园西路 2 号(100094)	—	tjm606@263. net

前 言

《中国饲料工业年鉴》客观记载了我国饲料工业发展的历史进程，展现了各地饲料工作取得的新成就、新经验、新亮点，搭建了权威的饲料工业信息和数据交流平台，为正确把握饲料工业发展规律，科学制定饲料工业发展规划和发展战略提供了翔实资料，是一件非常有意义的工作。

2015 年，我国饲料行业积极适应发展环境变化，加大结构调整力度，加快产业融合整合，着力提升产品质量安全水平，发展方式从追求数量增长和效益提升向倡导优质安全环保转变。2015 年全国饲料产量首次突破 2 亿 t，同比增长 1.4%，实现了饲料工业"十二五"规划的目标任务。

2015 年全国商品饲料总产量 20 009 万 t，同比增长 1.4%。其中，配合饲料产量为 17 396 万 t，同比增长 2.7%；浓缩饲料产量为 1 961 万 t，同比下降 8.9%；添加剂预混合饲料产量为 653 万 t，同比增长 1.9%。2015 年，广东、山东、河北、河南、辽宁、湖南、广西和江苏 8 省区饲料产量超过千万 t，8 省区饲料总产量 11744 万 t，占全国总产量 58.7%。

根据各省（自治区、直辖市）统计数据来看，2015 年全国饲料工业总产值为 7810 亿元，同比增长 2.7%。其中，商品饲料工业总产值 7 126 亿元，同比增长 2.7%；饲料添加剂总产值 616 亿元，同比增长 3.6%；饲料机械设备总产值 68 亿元，同比增长 1.4%。全国饲料工业总营业收入为 7 418 亿元，同比增长 1.4%。其中，商品饲料总营业收入 6 786 亿元，同比增长 1.6%；饲料添加剂总营业收入 563 亿元，同比下降 0.9%；饲料机械设备总营业收入 69 亿元，同比增长 4.6%。

《中国饲料工业年鉴 2016》（以下简称《年鉴》）比较翔实地记录了 2015 年我国饲料工业及其相关行业的发展情况。

《年鉴》全文主要包括六个部分，即综合篇、专题篇、地方篇、企业篇、统计资料和大事记。在正文之前以图文并茂的形式介绍了领导视察、行业发展、企业采风、政务联络等；综合篇主要包括 2015 年发布实施的领导讲话等；专题篇主要包括 2015 年饲料加工工业概况、主要饲料产品及原料工业情况、饲料添加剂工业、饲料机械制造工业、秸秆养畜、饲料工业许可证管理、饲料安全管理、饲料质量监督与检测、科技与推广、饲料行业职业技能鉴定、饲料工业标准化、饲料工业质量认证、饲料工业行业信息体系；地方篇包括了除香港、澳门、台湾以外的全国所有省（市、区）饲料工业概况；企业篇包括重点企业经验介绍和企业简介；统计资料包括全国饲料工业统计资料、主要饲料原料进出口情况；大事记主要包括全国饲料工作办公室、中国饲料工业协会以及各地饲料工作办公室、饲料工业协会在2015年的主要工作与取得的成绩。

《年鉴》图片部分从不同方面反映了行业的发展。本《年鉴》文字内容丰富，覆盖面广，史实性强，是饲料行业行政事业单位、检测机构、科研机构等单位所必备的工具书。《年鉴》的专题篇和地方篇撰稿人主要是各饲料行业主管部门和行业相关专家学者。

《年鉴》反映的各省（区、市）和有关企业等文字材料及图片部分，只要涉及排序，都按全国省份的行政区划顺序排列；全国饲料工作办公室、中国饲料工业协会和各省（区、市）提供的大事记，除上述相应的排序外，都按时间排序。

《中国饲料工业年鉴》编辑部

2016年8月3日

目录

前言

综合篇

2015年全国饲料工业生产形势简况 …… 3
领导讲话 …… 5
提高农业综合生产能力　增强农业发展后劲
——在粮改饲发展草食畜牧业试点工作部署会上的讲话　王智才　农业部总畜牧师 …… 5
饲料行业组织机构 …… 8
全国各省、自治区、直辖市、计划单列市饲料工业（工作）办公室组织机构一览表 …… 8
全国各省、自治区、直辖市、计划单列市饲料工业协会组织机构一览表 …… 13

专题篇

饲料加工工业概况 …… 19
主要饲料产品概述 …… 34
中国饲料市场分布与概况 …… 34
猪饲料 …… 37
猪饲料生产与布局 …… 40
家禽饲料 …… 42
水产饲料 …… 43
反刍动物饲料 …… 47
反刍饲料现状及发展前景 …… 49
特种动物饲料 …… 50
饲料原料工业概况 …… 53
主要饲料原料产量概况 …… 53
玉米生产、贸易与市场情况 …… 56
大豆和豆粕生产、贸易与市场情况 …… 64
鱼粉生产、贸易与市场情况 …… 70
饲料添加剂工业概况 …… 76
中国饲料添加剂产量分布与概述 …… 76
饲料级氨基酸 …… 79
饲料级维生素 …… 86
微量元素氨基酸螯合物的应用研究 …… 94
黏结剂 …… 98
抗结块剂 …… 99
酸度调节剂 …… 99
乳化剂 …… 100
抗氧化剂 …… 101
防霉剂 …… 102
药物饲料添加剂 …… 102
饲料酶制剂 …… 108
饲料酵母 …… 109
益生素应用研究进展 …… 112
寡糖 …… 122
有机酸对肉鸡消化道内环境的调控作用 …… 124
饲料机械制造工业概况 …… 129
饲料机械制造工业 …… 129
中国饲料机械企业情况 …… 131
秸秆养畜 …… 133
搭建信息和技术交流平台　助力行业转型升级 …… 134
不断强化服务能力　引领宠物食品行业健康发展 …… 135
饲料添加剂和预混合饲料生产许可证管理 …… 136
进口饲料和饲料添加剂管理 …… 269
科学评审　严把饲料行业准入关
——全国饲料评审委员会2015主要工作 …… 333
饲料质量安全管理规范工作 …… 335
饲料安全监管 …… 340
“瘦肉精”专项整治 …… 341
饲料质量监督与检测（2015年度） …… 342
科技与推广 …… 348
饲料行业职业技能鉴定 …… 355
饲料工业标准化 …… 356
饲料行业质量认证 …… 358
国际交流与合作 …… 362

地 方 篇

北京市饲料工业…… 367
天津市饲料工业…… 369
河北省饲料工业…… 371
山西省饲料工业…… 373
内蒙古自治区饲料工业…… 375
辽宁省饲料工业…… 378
吉林省饲料工业…… 380
黑龙江省饲料工业 …… 382
上海市饲料工业…… 384
江苏省饲料工业…… 386
浙江省饲料工业…… 388
安徽省饲料工业…… 390
福建省饲料工业…… 392
江西省饲料工业…… 394
山东省饲料工业…… 396
河南省饲料工业…… 398
湖北省饲料工业…… 401
湖南省饲料工业…… 404
广东省饲料工业…… 406
广西壮族自治区饲料工业…… 408
海南省饲料工业…… 411
重庆市饲料工业…… 413
四川省饲料工业…… 415
贵州省饲料工业…… 417
云南省饲料工业…… 419
陕西省饲料工业…… 421
甘肃省饲料工业…… 424
青海省饲料工业…… 427
宁夏回族自治区饲料工业…… 429
新疆维吾尔自治区饲料工业…… 431
大连市饲料工业…… 434
青岛市饲料工业…… 436
宁波市饲料工业…… 438
厦门市饲料工业…… 440

企 业 篇

重点企业经验介绍…… 445

创新科技　打造世界级动物营养企业
——北京英惠尔生物技术有限公司…… 445

坚持产品质量　保障产业链源头安全
——北京首农畜牧发展有限公司
饲料分公司…… 447

“适健营养+综合保障”助推养猪企业效益倍增
——河北方田饲料有限公司…… 448

十数载沉潜匠心　精雕行业之利器
——唐山金鼎自控技术有限公司…… 450

创新促跨越　转型谋发展
——山西大象农牧集团有限公司…… 450

服务大升级　转型促发展
——山西晋中大北农农牧科技有限公司…… 452

全方位精准服务　促进区域养殖业大发展
——山西晋龙集团饲料有限公司…… 453

恪守产品质量　与时俱进促发展
——山西晋星牧业有限公司…… 454

互利共赢　协同发展
——赤峰市大中高科技饲料有限公司…… 455

卓越技术　品质保证
——英联饲料（辽宁）有限公司…… 456

强化管理　健康发展
——沈阳禾丰牧业有限公司…… 458

优质诚信　创造行业明珠
——长春禾丰牧业有限责任公司…… 459

依靠产品质量优势　促进企业健康发展
——长春金新农饲料有限公司…… 460

安全制度确保健康发展　品质追求实现领先地位
——哈尔滨普凡饲料有限公司…… 461

坚持品质　打造高质量猪饲料
——黑龙江大牧人牧业有限公司…… 462

专注宠物食品　实现精准运营
——上海比瑞吉宠物用品有限公司…… 463

服务是根本　创新促发展
——上海新农饲料股份有限公司
松江分公司…… 464

恪守产品品质　诚实守信经营
——上海黑马饲料有限公司…… 465

互联网+推动企业转型　打造全产业链发展模式
——安佑生物科技集团有限公司…… 466

扎根实况　整合资源　探讨模式　共赢共生
——溧阳市久和饲料有限公司…… 467

精诚合作　实现共赢
——南通正大有限公司…… 468

绿色科技　健康生活
——浙江惠嘉生物科技股份有限公司…… 469

发展新模式　创造新辉煌
——安徽正大集团…… 470

技术创新　开发优质产品
——福建新正阳饲料科技有限公司…… 472

以质量打造名牌产品
——福建天马科技集团股份有限公司…… 474

创新科技产品　打造生态饲料
——江西正邦集团……………………………… 476
创新发展　成就典范
——江西双胞胎集团…………………………… 476
发挥龙头企业优势　带动产业发展
——河南东方正大有限公司…………………… 477
聚焦微量元素　创新成就行业全能冠军
——长沙兴嘉生物工程股份有限公司……… 478
技术创新　合作共赢
——湖南百宜饲料科技有限公司…………… 480
不是一流的产品就是废品
——佛山播恩生物科技有限公司…………… 481
坚持“事业财富共同体”战略　推动粤西养猪业健康发展
——茂名大北农农牧科技有限公司………… 483
传承历史　优化升级　跨越发展
——中山市泰山饲料有限公司……………… 484
以农为本　以猪为业　以猪富农
——广西扬翔饲料有限公司………………… 486
打造世界级安全食品供应商
——通威股份有限公司海南分公司………… 487
创新成就辉煌
——重庆民丰化工有限责任公司…………… 489
苛刻出精品　挑剔创品牌
——重庆天龙精细化工厂…………………… 490
科技促进发展　创新开拓未来
——四川省畜科饲料有限公司……………… 491
“三驾马车”驱动　特驱千亿梦想
——四川特驱集团…………………………… 491
专心做产品　用心做服务
——贵阳富源饲料有限公司………………… 493
以质量为基石　促企业创新发展
——昆明市华港饲料有限公司……………… 494
做良心产品　走科技道路
——安康阳晨现代农业集团有限公司……… 496
转型促发展　品质赢终端　以品质打造尖端品牌
——陕西石羊农业科技有限公司蒲城猪饲料分公司………………………………… 498
求实创新　服务三农
——青海乐都恒源饲料有限公司…………… 499
以客户为中心　做伊犁农牧行业引领者
——新疆伊宁县泰昆饲料有限责任公司…… 500
把握质量　注重服务　成为巴州饲料的领跑者
——新疆库尔勒泰昆饲料有限责任公司…… 500
抓住机遇　提升自己　注重规范　走向未来
——新疆大北农科技股份有限公司………… 501
关注原料品质　保证食品安全
——青岛统一饲料农牧有限公司…………… 502
生产安全饲料　打造放心食品
——大连成三畜牧业有限公司……………… 503
诚信为本　创新为魂
——大连顺祥牧业有限公司………………… 503
企业简介…………………………………………… 506
北京市……………………………………………… 506
天津市……………………………………………… 507
河北省……………………………………………… 508
山西省……………………………………………… 509
内蒙古自治区……………………………………… 509
辽宁省……………………………………………… 510
吉林省……………………………………………… 511
黑龙江省…………………………………………… 513
上海市……………………………………………… 513
江苏省……………………………………………… 514
浙江省……………………………………………… 515
安徽省……………………………………………… 516
福建省……………………………………………… 518
江西省……………………………………………… 518
河南省……………………………………………… 519
湖南省……………………………………………… 520
广东省……………………………………………… 522
广西壮族自治区…………………………………… 523
海南省……………………………………………… 523
重庆市……………………………………………… 524
四川省……………………………………………… 526
贵州省……………………………………………… 527
云南省……………………………………………… 529
陕西省……………………………………………… 530
甘肃省……………………………………………… 531
宁夏回族自治区…………………………………… 534
新疆维吾尔自治区………………………………… 534
青岛市……………………………………………… 535
大连市……………………………………………… 536

统计资料

中国饲料工业统计资料………………………… 539
2015 年全国饲料总产量 ………………………… 539
2015 年全国配合饲料产量 ……………………… 540
2015 年全国浓缩饲料产量 ……………………… 541
2015 年全国添加剂预混合饲料产量 …………… 542
2015 年全国饲料工业总产值和营业收入基本情况…………………………………… 543
2015 年全国饲料加工企业基本情况 …………… 544
2015 年全国饲料加工企业职工情况 …………… 545

主要饲料原料进出口情况…………………………… 546
2015 年主要饲料原料进出口情况 …………… 546
2015 年各月度玉米进出口情况 ……………… 546
2015 年各月度大豆进出口情况 ……………… 547
2015 年各月度豆粕进出口情况 ……………… 547
2015 年各月度饲料用鱼粉进出口情况 ……… 548
2015 年各月度赖氨酸进出口情况 …………… 548
2015 年各月度蛋氨酸进出口情况 …………… 549

大 事 记

农业部畜牧业司………………………………… 553
中国饲料工业协会……………………………… 553
天津市…………………………………………… 554
河北省…………………………………………… 554
内蒙古自治区…………………………………… 555
黑龙江省………………………………………… 556
上海市…………………………………………… 556
山东省…………………………………………… 556
河南省…………………………………………… 557
湖南省…………………………………………… 557
广东省…………………………………………… 558
四川省…………………………………………… 558
云南省…………………………………………… 559

综合篇

2015年全国饲料工业生产形势简况

2015年，我国饲料行业积极适应发展环境变化，加大结构调整力度，加快产业融合整合，着力提升产品质量安全水平，发展方式从追求数量增长和效益提升向倡导优质安全环保转变。2015年全国饲料产量首次突破2亿t，同比增长1.4%，实现了饲料工业“十二五”规划的目标任务。

一、饲料和饲料添加剂生产企业数量

2015年饲料生产企业8 508家，其中，浓缩饲料、配合饲料和精料补充料生产企业6 764家，添加剂预混合饲料生产企业2 747家；饲料添加剂生产企业1 691家，其中，化工合成、生物发酵、提取等工艺直接制备饲料添加剂企业1 280家，混合型饲料添加剂生产企业616家；单一饲料生产企业2 032家。

二、商品饲料总产量突破2亿t

2015年全国商品饲料总产量20 009万t，同比增长1.4%。其中，配合饲料产量为17 396万t，同比增长2.7%；浓缩饲料产量为1 961万t，同比下降8.9%；添加剂预混合饲料产量为653万t，同比增长1.9%。配合饲料、浓缩饲料、添加剂预混合饲料产量占总产量比重分别为86.9%、9.8%、3.3%，与上年相比，配合饲料占总产量比重提高1.1个百分点，浓缩饲料下降1.1个百分点，添加剂预混合饲料提高0.1个百分点。

三、饲料工业产值、营业收入小幅增长

2015年全国饲料工业总产值为7 810亿元，同比增长2.7%。其中，商品饲料工业总产值7 126亿元，同比增长2.7%；饲料添加剂总产值616亿元，同比增长3.6%；饲料机械设备总产值68亿元，同比增长1.4%。全国饲料工业总营业收入为7 418亿元，同比增长1.4%。其中，商品饲料总营业收入6 786亿元，同比增长1.6%；饲料添加剂总营业收入563亿元，同比下降0.9%；饲料机械设备总营业收入69亿元，同比增长4.6%。

四、饲料产品结构加速调整

2015年，猪饲料产量8 344万t，同比下降3.2%；蛋禽饲料产量3 020万t，同比增长4.1%；肉禽饲料产量5 515万t，同比增长9.6%；水产饲料产量1 893万t，同比下降0.5%；反刍动物饲料产量884万t，同比增长0.9%；其他饲料产量354万t，同比下降10.9%。

五、不同区域产量有增有降发展速度各异

2015年，广东、山东、河北、河南、辽宁、湖南、广西和江苏8省区饲料产量超过千万t，8省区饲料总产量11 744万t，占全国总产量58.7%。东部地区、中部地区、西部地区的总产量分别占全国的52%、30%和18%，与2014年相比，东部地区增长0.5%，中部地区增长0.8%，西部地区下降1.3%。

六、饲料添加剂产量小幅增长

2015年，饲料添加剂产品总量816.4万t，同比增长1.7%。其中，直接制备饲料添加剂

795.2 万 t，同比增长 1.5%；混合型饲料添加剂 21.3 万 t，同比增长 8.2%。主要饲料添加剂品种中，氨基酸总产量 154.5 万 t，同比增长 23.1%；维生素总产量 109.1 万 t，同比增长 22.3%；矿物元素及其络合物总产量 420.2 万 t，同比下降 10.2%；酶制剂总产量 9.8 万 t，同比下降 8.5%。

七、饲料机械设备生产总量下降

2015 年，饲料加工机械设备生产总量为 27 140 台（套），同比减少 1 370 台（套），下降 4.8%。其中，成套机组 1 349 台（套），同比减少 361 台（套），下降 21.1%；单机 25 791 台，同比减少1 009台，下降 3.8%。

八、饲料行业从业人数小幅增长

2015 年，饲料企业年末职工人数为 51.9 万人，同比增加 2.6%。大专以上学历的职工数为 20.6 万人，占职工总人数的 39.6%，其中，博士 1 877 人，同比增长 6.8%；硕士 8 787 人，同比增长 11.1%；大学本科 74 372 人，同比增长 8.6%；大学专科 120 475 人，同比增长 7.8%；其他学历 313 547 人，同比下降 0.8%。技术工种 51 202 人，同比增长 7.9%。

（李大鹏）

领导讲话

提高农业综合生产能力 增强农业发展后劲

——在粮改饲发展草食畜牧业试点工作部署会上的讲话

王智才
农业部总畜牧师

（2015 年 9 月 1 日）

同志们：

这次会议是继农业部在内蒙古呼和浩特召开的部分省玉米结构调整暨“粮改饲”推进落实会后的又一次重要会议，是贯彻落实中央 1 号文件和全国加快转变农业发展方式现场会精神的又一次具体行动。上午，10 个试点省区都介绍了各自的工作思路和试点县工作进展情况，部里的同志也发表了很好的指导意见。总的看，大家对这项工作的认识是高度统一的，工作思路也越来越清晰，推进力度很大。应该说，试点工作开局很顺，起步很好，也很有成就感，展示了广阔的发展前景。接下来的工作重点，就是要扎扎实实的落实 2015 年收贮，确保政策取得实效，确保示范引领成功，积极探索出符合各地实际的好路子。下面，我讲三点意见。

一、加快推进粮改饲发展草食畜牧业意义重大

2015 年的中央 1 号文件明确提出，要加快发展草牧业，开展粮改饲和种养结合模式试点。2015 年的政府工作报告也专门作出部署。汪洋副总理在全国加快转变农业发展方式现场会上对推进粮改饲提出了明确要求，韩长赋部长在全国现代畜牧业建设工作会和全国加快转变农业发展方式现场会上，对积极推进粮改饲试点工作进行了部署安排。在内蒙古玉米结构调整暨粮改饲推进落实会上，余欣荣副部长进一步强调了三个结合、四个提高、五个原则和六个重点的目标任务。大力推进粮改饲，以玉米种植结构调整为重点，推进粮食作物种植向饲草料作物种植的方向转变，实行草畜配套，大力发展草食畜牧业，促进种养循环、产加一体、粮饲兼顾、农牧结合，这是我国农业结构调整的重要切入点，也是优化畜牧业结构的重要抓手和加快现代畜牧业转型升级的难得机遇，对农业农村经济发展意义重大。

（一）粮改饲是农业结构调整的重要举措

根据统计，每年我国玉米消费量的 60％以上都用作饲料，农作物秸秆、粮食加工副产物等也大量用于畜禽养殖。但种植业在品种选择和种植方式确定，农产品加工业在加工工艺制定等环节，种养加结合不紧密，很多情况下满足不了养殖业的实际需求，造成种植业产品和加工业副产品的饲料化利用难度高、效率低。解决这一问题，需要在组织农业生产时，统筹考虑种养加三个产业的需求特点，兼顾三方效率和利益，促进种养加高效协调发展。玉米和玉米秸秆是养殖业需求量最大的饲料原料，以玉米作为突破口，以草食家畜饲草料需求为导向，调整玉米种植品种和利用方式，兼顾发展优质饲草作物，既满足草食家畜养殖的饲草料需求，又能推动种植结构优化调整，为农业结构调整探索有益经验，是当前我国构建新型农业生产结构，加快现代农业发展的重要举措，可以说是一举多得，种养加三赢。

（二）粮改饲是推进玉米结构调整的必然要求

我国粮食生产实现了“十一连增”，玉米作出了突出贡献。从面积上看，近几年我国粮食播种面积增加了 1.99 亿亩，其中玉米增加了 1.95 亿亩，占

98%。从产量上看，粮食总产量增加了3 527亿斤[①]，其中玉米增产1 997亿斤，占增量的57%。因此，对玉米问题要科学分析，理性判断。同时，为保障种粮农民的利益，国家继续实施政策性收储，当年收储粮食2 893亿斤，其中玉米临时性收储1 673亿斤，中央财政用于粮食收储的补贴和贷款贴息数额巨大。同时，由于国内外粮食价格倒挂，价格上失去竞争力，政策性粮食销售困难，粮食仓储库存不断增多，政策性收储压力越来越大。特别是东北地区玉米问题更为突出，黑龙江、吉林两省库存相当于产量的1.5倍。通过以玉米为突破口推动粮改饲，适度引导玉米利用方式的改变，改籽粒收储利用为全株青贮利用，从跨区域销售转向就地利用，从玉米优势产区转向牛羊生产基地。这样就可以有效缓解粮食收储压力，也可以调优布局、调优品种、调优效益、调优生态。

（三）粮改饲是降低草食畜牧业生产成本的客观需要

长期以来，制约我国草食畜牧业发展的一个重要因素，就是优质饲草料有效供给不足。从我国种养业区域布局看，目前草食畜牧业主产区很大一部分与我国玉米等粮食主产区相吻合，如果在玉米主产区发展玉米全株青贮，可以有效减少牛羊等草食家畜饲草料供需缺口，大幅降低生产成本。据专家测算，玉米全株青贮饲喂方式与传统玉米籽粒和秸秆分开饲喂方式相比，可使1头肉牛的饲料成本降低950元，折算到每吨牛肉的成本相应会减少3 150元。在奶牛上应用玉米全株青贮饲喂能降低每吨牛奶饲料成本300元。在当前牛羊养殖效益有所下滑的背景下，千方百计降低饲养成本，是保持畜牧产业健康发展的客观需求。发展粮改饲正好切合了草食畜牧业发展实情和趋势，也是继实施振兴奶业苜蓿发展行动之后，草食畜牧业加快发展、提质增效的难得机遇。

（四）粮改饲是提升土地种植效益的有效手段

转变农业发展方式，重要目标就是提高单位土地有效产出，确保农民的种植收益。通过粮改饲发展全株玉米青贮，可以提高优势产区的种粮效益，按平均水平测算，种普通玉米一亩地收获400千克籽粒和440千克秸秆，总收入约1 000元。而种专用青贮玉米如按3 500～4 000千克计算，总收入1 200～1 500元。同时，粮改饲还可以带动秸秆循环利用和转化增值，减少焚烧造成的环境污染，可以说是经济效益与社会生态效益共赢。从目前情况看，甘肃确定了草食畜牧业的主导产业地位，秸秆资源循环利用和增收致富的经验很好。黑龙江、辽宁、河北、山东等牛羊养殖主产区推广玉米的粮改饲实践，以规模养殖场为龙头，以农机收贮加工为支撑，以种养结合为基础，操作简便易行，可推广性强。加快推广全株青贮玉米种植和青贮加工利用，已具备良好条件和广阔前景，可以作为提高土地产出、带动农民增收的有效手段。

二、准确把握推进粮改饲试点工作的总体思路

为做好粮改饲试点工作，财政部和农业部于6月将试点项目资金下达到了各试点省份，8月初还联合下发了关于做好粮改饲试点工作的通知，各地要认真研究领会文件精神，准确理解中央的思路和要求，全面推进试点工作开展。

第一，推进粮改饲要牢牢把握种养结合方向。当前构建新型农业生产结构，就是要打破原有种植业和养殖业割裂的状态，统筹考虑种养业的协调发展，建立完整的粮经饲三元种植结构，打通种养业循环渠道，延长产业链，提高综合效益。坚持种养结合，要根据试点区域草食家畜养殖规模，合理确定粮改饲试点面积和青贮饲草料收贮总量，确保改种生产出来的青贮玉米等饲草料有人收、有牛羊吃，实现就近转化增值。草食家畜养殖场粪便经过处理后，就近消纳利用，既可以培肥地力，又可以减轻环境压力。我听了有的省把粮改饲看成推进规模养殖的办法，实施主体规模偏小，补贴标准偏高，配套能力可能会出问题。在协作机制上，养殖场可以根据自身青贮饲料的需求量，通过流转土地种植或与农户协议收购方式，定向组织饲草料种植；种植户根据养殖场订单，有计划选择种植品种和确定种植面积。种养双方采取这样的紧密合作方式，就能实现种养业的有效配套衔接。

第二，推进粮改饲要注重发挥养殖主体作用。草食家畜养殖企业是青贮饲草料的用户，是种植产品转化增值的带动主体。推进粮改饲工作，应当充分调动养殖企业的积极性和主动性，示范引领带动农民调整种植结构，帮助农民提高种植收益。我们在设计项目实施方式的时候，已经明确以具有较大规模青贮饲草料收贮利用能力的规模化草食家畜养殖场、企业、合作社为实施主体，兼顾具有稳定青贮饲草料供销订单的专业收贮企业和合作社。项目资金重点补助饲草料收贮环节，并由各试点区域根据实际情况，可安排一定的财政资金用于贷款贴息，支持企业向金融机构申请贷款，购置大型联合收割设备或开展青贮窖改扩建，解决企业对大规模资金的需求。此外，各地还可以在政策允许范围内，本着实事求是的原则，尽量将财政资金用途向企业实际需求方面倾斜，尽可能集中连片、种植收获匹配，聚焦关键环节，简单有效操

---

① 斤为非法定计量单位，1斤=500g。——编者注

作，更有效地发挥财政资金的使用效率。

第三，推进粮改饲要充分尊重种养双方意愿。历史经验告诉我们，政府部门推进一项工作，如果不尊重当事人的意愿，一味靠行政力量推动，效果往往不好，出力不叫好。粮改饲试点工作，坚决不搞强制性任务安排，不搞指令性形象工程。养殖企业需要什么饲草料，需求量是多少，由企业自主决定；农民改不改种，改种什么品种，由农民决定，关键在于打开销路和提高效益。各试点区域要在综合考虑本地区资源禀赋和条件特点的基础上，充分尊重种养双方意愿，因地制宜，顺势而为，宜粮则粮、宜草则草，务实推进，走出一条符合区域和产业实情的可持续发展道路。政府部门要有前瞻性的科学设计，要加强项目实施的典型案例和补助政策等方面宣传，加大种养殖技术的培训指导，既不包揽，也不放手，正确引导示范，通过提升效益等激励手段，来引导推进粮改饲工作。

第四，推进粮改饲要切实让农民得到实惠。粮改饲项目资金补贴对象是收贮企业，政府部门要协调好企业和农牧民的关系，在收贮交易过程中充分照顾种植户的利益。要采取有效措施，促使企业按合同全额收购，不得随意设置技术要求，不得无故打压收购价格，真正让农民享受到财政资金的阳光和温暖。通过土地流转方式自主种植饲草料的企业，应该设法吸纳农民就业，带动合作农民增收。广大农民在农业产业链中是最弱势的群体，最需要政府的扶持和保护。在推进粮改饲过程中，各级政府部门一定要多从农民角度出发考虑和解决实际问题，妥善处理好产业链条的利益分配关系，充分体现公平原则，切实让种植农户得到实惠。

第五，推进粮改饲要把握好调整发展尺度。保障粮食安全是我们农业部门永恒的主题。虽然连年粮食丰收为我们调整种植结构，推进粮改饲，提供了宽松环境，但粮食安全这根弦永远不能放松。农业方式怎么转，种养结构怎么调，具体到一个时期、一个阶段和一个地区，都是一个新课题，最基本的就是优化结构，因地制宜，提升品质，增加效益。

第六，推进粮改饲要妥善处理好存量与增量的关系。近年来，在以奶牛养殖企业为主力的养殖业带动下，我国青贮玉米和苜蓿等优质饲草料种植和收贮量持续增加。尤其是大型一体化奶业集团通过大规模流转土地，种植饲草料作物以满足自身需求，客观上大大推动了粮改饲工作，示范引领带动力强，取得了很好的成效，对此应当给予肯定与支持。今年主抓兑现落实，明后年各地在推进粮改饲试点工作时，在稳住已成功调整的种植基地的同时，更要根据试点县的实际需求和耕地条件，努力拓展全株青贮玉米、燕麦等优质饲草料作物的种植面积。在中央财政补贴资金分配上，要妥善合理安排好，既照顾到已有的粮改饲存量，更要注重拓展增量。不能把补贴资金进行简单化分配，也不宜过多兼顾散户。主要在推动粮改饲机制上下功夫，充分发挥财政资金的方向指引作用，引导带动更多的养殖企业和种植户加入到粮改饲范围内。

三、加快进度切实推进粮改饲试点工作

现在马上就是玉米收获的关键时节，做好今年的粮改饲发展草食畜牧业试点工作，时间紧，任务重。我们要按照中央文件精神和部领导要求，尽快把试点工作落实到位。重点要抓好四方面具体工作。

一要抓紧制订完善省级实施方案，加快政策部署落实。每个省的试点工作，定下来就是三年，这三年怎么干怎么试，一定要有个科学统筹的安排考虑，明确试点工作的目标任务和主攻方向。当前最要紧的工作就是制定和完善10个省区的实施方案。刚才大家都把本省区的实施方案作了交流讨论，总体看这些方案都符合实际、具体可行，对试点工作的开展具有较强的指导性。农业部有关司局也就试点工作开展提出了一些好的意见建议。希望10个省区试点工作的负责同志根据今天会议的精神，结合自身实际，坚持种养整体布局、农牧同步推进，并按照实施方案的要求，具体细化、逐项落实，尽快把各项工作部署落实到位，确保玉米收获不误农时、玉米青贮不误季节，确保今年的试点工作取得实实在在的成效。

二要深入跟踪调研，认真总结分析试点工作经验和问题。粮改饲发展草食畜牧业，是在当前农业转方式调结构背景下农业政策创设的一次新尝试和主动作为。各省区在推进试点工作的同时，既要做好面上的指导服务工作，更要深入点上进行跟踪调研，切实了解掌握试点工作开展的实际进展和真实情况。要认真总结基层开展试点工作的好经验好做法，深入分析试点工作推进过程中出现的各类问题和矛盾，研究提出改进政策实施的方案措施。这项工作，不仅有关省区要抓好抓实，农业部的有关司局也要把调查研究作为重点工作来抓，第一批试点30个县，部里应该督查调研三分之一以上，把有关情况摸准摸透，为下一步政策的改进提高打好基础。

三要积极拓宽思路，创新试点工作方式方法。落实新政策新举措，关键在创新思路、创新方法。粮改饲试点，肩负着调整优化种植结构、提高种养业效益、加快农牧民增收、促进秸秆资源利用等多项政策目标，必须拓宽思路创新方式，打通种养业间的循环通道，实现种养协调发展。要坚持目标导向，在明确总体思路和基本原则的基础上，让地方放开手脚去试验去创新。在政策允许范围内，只要是有利于政策目

标实现的办法，我们都支持；只要是有利于深化农业改革的办法，我们也支持；只要是有利于农牧业提质增效和农牧民增收的办法，我们更支持。希望大家共同努力，为粮改饲发展草食畜牧业政策的全面实施，提供有益参考和借鉴。

四要切实加强资金监管，逐步建立政策实施长效机制。全面加强项目资金监管，依法依规推进工作，确保财政资金效益和安全，是当前各项政策落实必须坚持的基本原则。既要按照财政资金使用管理的有关规定用好资金，更要采取有力措施确保实现政策预期目标；既要保证财政资金绝对安全，更要保证农牧部门干部的安全。各有关省区和部有关司局要主动配合财政、审计部门，加强项目资金监管，要以项目实施各环节廉政风险点控制为切入点，以全程监管、绩效考核等手段为着力点，研究建立一套行之有效的政策运行监管机制，把项目资金监管与试点工作推进有机结合起来，用良好的机制管好人、办好事，为粮改饲发展草食畜牧业政策的落实，奠定坚实的制度基础。

同志们，做好粮改饲发展草食畜牧业试点工作，事关农业转方式调结构，事关农牧民增收致富，事关种养加一体化协调发展，意义重大，任务艰巨。现在是有政策、有方案、有典型，大家有积极性，各地一定要抢抓机遇，扎实工作，切实把试点工作抓好抓实，把中央强农惠农富农政策落到位，为大力推进现代畜牧业建设、加快转变农业发展方式做出新的贡献。

饲料行业组织机构

全国各省、自治区、直辖市、计划单列市饲料工业（工作）办公室组织机构一览表

单位	主任	副主任	编制	级别	成立时间	性质	经费来源	隶属关系	隶属关系变更及时间	办公地址	联系人	电话/传真	邮编
北京市农业局畜牧管理处	张毅良		8	处级	2000.06	行政		北京市农业局	2000年6月	北京市西城裕民中路6号	张保延	010－82031929 010－82031927（F）	100029
天津市畜牧兽医局	吴　浩		2	处级	1989.03	行政	财政	天津市农村工作委员会	1989年3月	天津市滨海高新区华天道8号海泰信息广场A座	苟佳荣	022－28301388 022－28301388（F）	300384
河北省饲料工作办公室（饲料处）	檀苍中		8	处级	1990.07	行政	财政拨款	河北省畜牧兽医局	2005年10月	河北省石家庄裕华东路88号	郭丽鲜	0311－85885036 0311－85885036（F）	050031
山西省饲料奶站办公室	魏振兴	荆　彪 侯晋兰	与畜牧局合署办公	处级	1991.05	行政	无	山西省农业厅	1995年6月与省农业厅畜牧兽医局合属	山西省太原市迎泽大街312号	荆　彪	0351－4129732 0351－4048087（F）	030001
内蒙古自治区农牧业厅饲料处	高雪峰	宗玉德		正处级	2000.05	行政		内蒙古自治区农牧业厅	2000年5月10日由区经委划归区农牧业厅	呼和浩特市赛罕区乌兰察布东街70号	翟进勇	0471－6652292 0471－6652292（F）	010011
辽宁省饲料工作办公室	王　格		6	处级	1983.06	行政	财政拨款	辽宁省畜牧兽医局	1990年前在省经委，1990年后在农村工作办，2004年5月归省畜牧兽医局	辽宁省沈阳市和平区太原北街2号	李　闯	024－23447222 024－23447276（F）	110001

（续）

单位	主任	副主任	编制	级别	成立时间	性质	经费来源	隶属关系	隶属关系变更及时间	办公地址	联系人	电话/传真	邮编
吉林省饲料工作办公室（草原饲料处）	金亨吉		5	处级	2000.09	行政	财政拨款	吉林省畜牧业管理局	2000年09月	吉林省长春市人民大街1486号	韩铁	0431－88906664 0431－88906875（F）	130051
黑龙江饲料工业办公室	朱良坤	周春生	4	处级	1986.03	行政	省财政	黑龙江省畜牧兽医局	2000年6月由省农委划归省畜牧局	黑龙江省哈尔滨市香坊区文府街4－1号	王向红	0451－82636147 0451－82650907（F）	150040
上海市饲料工作办公室（上海市畜牧兽医办公室）	李建颖	施　彬	2	处级	1986	行政	财政拨款	上海市农业委员会	2001年1月由市商划归市农委	上海市大沽路100号2006室	何麒麟	021－23113090 021－63580987（F）	200003
江苏省动物卫生监督所	时　勇	颜京平	8	处级	2000.10.	事业	全额拨款	江苏省农委	2000年10月由省农业厅划归省农林厅	江苏省南京市龙江小区月光广场8号农林大厦	杨丽娟	025－86263352 025－86263057（F）	210036
浙江省饲料工作办公室	朱家新		8	处级	2000.09	事业	省财政	浙江省畜牧兽医局	2000年9月归属省农业厅，2004年3月归省畜牧局	浙江省杭州市凤起东路29号	葛莉莉	0571－86757937 0571－86041245（F）	310020
安徽省饲料工作办公室	董卫星		1	局级	1996	行政	政府拨款	安徽省农业委员会	1995年前属省粮食局，1996年后归属省农业厅	安徽省合肥市徽州大道193号省畜牧局	杨林	0551－62616494 0551－62669100（F）	230001
福建省饲料工作办公室	郑立威	陈贵英	3	处级	1996.06	行政	财政	福建省农业厅	2000年12月底属省农业厅	福建省福州市华林路123号	丘建华	0591－87851058 0591－87832712（F）	350003
江西省饲料工业办公室	刘碧堂	孙　新 徐晓云	10	正处级	1986	全额事业	财政拨款	江西省农业厅	2002年2月由省计委划归到省农业厅主管	江西省南昌市北京西路省府大院农业厅	李丹	0791－86211805 0791－86217341（F）	330046
山东省饲料工作办公室（饲料处）	徐秋团			处级	2000.04	行政	财政拨款	山东省畜牧兽医局	2000年4月	山东省济南市槐树街68号	边琨	0531－87198095 0531－87198095（F）	250022
河南省饲料工业办公室	赵化峰	张　雄 张玉霞	4	处级	1995.10	行政	财政拨款	河南省畜牧局	1993年由省计委转畜牧局	河南省郑州市经三路91号	王鹏	0371－65778885 0371－65778981（F）	450008
湖北省饲料工作办公室	董文忠	王仲才	3	处级	1985.05	行政	财政拨款	湖北省农业厅	1995年12月由省经委到省农业厅	湖北省武汉市武昌区武珞路519号	王仲才	027－87876982 027－87870641（F）	430070

（续）

单位	主任	副主任	编制	级别	成立时间	性质	经费来源	隶属关系	隶属关系变更及时间	办公地址	联系人	电话/传真	邮编
湖南省饲料工业办公室	陈志军	赵明 杨建武	9	正处级	1985.1	行政性事业单位	全额拨款	湖南省畜牧水产局	2003年由省计委变更到省农业厅	长沙市韶山北路112号	陈旭高	0731－84423340 0731－84423340（F）	410011
广东省饲料工作办公室	刘付启荣	张永发	3	处级	2000	行政	财政拨款	省农业厅	2000年8月从省经贸委划归到省农业厅	广州市先烈东路135号省农业厅	于秋楠	020－37288189 020－37288294（F）	510500
海南省饲料工作办公室	严坚	黄云青	2	处级	1992	行政	财政拨款	海南省农业厅		海口市海府路59号省政府办公楼13楼	黄云青	0898－65316798 0898－65350395（F）	570204
广西壮族自治区饲料工业办公室	闭强			正厅级	2000.04	行政	财政拨款	广西壮族自治区水产畜牧兽医局	2000年8月	广西南宁市青山路8－1号	吴晓丹	0771－5829788 0771－5829872（F）	530022
重庆市饲料工业办公室（畜牧业发展处）	许会军	向品居	7	处级	1986.08	行政	财政拨款	重庆市农业委员会	1997年由市农委划归市农业局	重庆市北部新区黄山大道中段186号	潘川	023－89133142 023－89133141（F）	401121
四川省饲料工业办公室	周朝华		4	正处级	1987.02	行政	财政拨款	四川省农业厅	1992年变更到省畜牧食品办公室（1995年改为省畜牧食品局）	四川省成都市武侯祠大街3号	李宗明	028－85546877 028－85580420（F）	610041
贵州省饲料工作办公室	孙玉忠	沈德林	4	正处级	1998	行政	全额拨款	贵州省农业厅（副厅级）	1996年从省经贸委变更到省畜牧局	贵州省贵阳市延安中路62号	沈德林	0851－5283811 0851－5286424（F）	550001
云南省饲料工作办公室	徐祖林		6	处级	2000.11	行政	财政拨款	云南省农业厅	2000年11月（云南省饲料办原名为云南省食品饲料工业办公室，成立于1980年9月）	云南省昆明市万华路169号	高婷婷	0871－65749524 0871－65749524（F）	650224
陕西省饲料工业办公室	刘万军	肖红年	17	处级	1986	事业	全额拨款	陕西省畜牧兽医局	2009年	陕西省西安市习武园27号	刘冬霞	029－87343729 029－87343729（F）	710003
甘肃省饲料工业办公室	何其健	瞿惠玲	6	正处级	1996.06	参公事业单位	财政拨款	甘肃省兽医局	1989年前归省计委，1989年后改挂省畜牧厅	兰州市城关区平凉路106号	王秋娟	0931－8179292 0931－8179292（F）	730000

（续）

单位	主任	副主任	编制	级别	成立时间	性质	经费来源	隶属关系	隶属关系变更及时间	办公地址	联系人	电话/传真	邮编
青海省饲料工作办公室	曾植俊		1	处级	1987.05	行政	财政拨款	青海省农牧厅	1995年5月由省经贸委挂靠省畜牧厅，2003年5月挂靠在省农牧厅	西宁市交通巷4号	张茹	0971-6136033 0971-6136031（F）	810008
宁夏回族自治区饲料工业办公室	柴育东	姚伯平 王健林	5	处级	1986.11	事业	行政拨款	宁夏回族自治区农牧厅	2000年由区畜牧局划归区农牧厅	宁夏银川市金凤区北京中路159号	姚伯平	0951-5169886 0951-5169887（F）	750002
新疆维吾尔自治区畜产品质量安全监管处	王小民		5	处级	1989	行政	财政拨款	新疆维吾尔自治区畜牧厅	1992年末改为新疆区饲料工业领导小组办公室	乌鲁木齐市新华南路408号	蒙文贤	0991-8567730 0991-8567730（F）	830004
青岛市饲料工作办公室	陶明森		5	正处级	1990.02	行政	财政拨款	青岛市畜牧兽医局	2001年5月11日主管部门由经委变更市畜牧服务中心后归市农委	青岛市南区东海中路2号环海大厦24楼	陶明森	0532-85068590 0532-85065530（F）	266071
大连市饲料工作办公室	隋信龙		4	处级	2001.12	行政	财政拨款	大连市动物卫生监督管理局	2001年12月前属市计委	大连市西岗区新开路87号金福大厦西门	刘成芳	0411-83689265 0411-83689265（F）	116011
宁波市畜牧兽医局	葛民乐	余全法	6	正处级		行政事业	财政拨款	宁波市农业局		宁波市宝善路220号	王芬露	0574-87483289 0574-87483286（F）	315012
深圳市饲料管理办公室	杨　平		5	处级	2001.11	行政	财政全额	深圳市农业和渔业局	2001年11月	深圳市福中三路市民中心西区一楼1075室	张碧华	0755-82001967 0755-82001957（F）	518035
厦门市饲料工业领导小组办公室	陈集生		3	正处级	1999	行政	市财政局	厦门市农业局	2003年初归市农业局畜牧兽医处	厦门市长青路191号劳动大厦11楼1102房	陈思榕	0592-5351631 0592-5351632（F）	361012

（李大鹏）

全国各省、自治区、直辖市、计划单列市饲料工业协会组织机构一览表

省别	会长	秘书长	副秘书长	成立时间	换届时间	隶属关系	办公地址	邮编	联系人	电话	传真	电子信箱
北京市	汪秀艳	王文娟	李忠诚	1986.02.26	2015.01.14	北京市农业局	北京市朝阳区安外北苑路甲十五号506	100107	李忠诚	010-63518890	010-63543914	bjslxh@126.com
天津市	瞿胜利	孙子宝	郝国强	1991.01.01	2012.09.05	畜牧兽医局	天津市南开区华苑产业园区海泰信息广场A座	300384	张志宏	022-28301388	022-28301388	xmj5788@163.com
河北省	檀苍中	薛艳君	杨　冬 侯玉漂	1997.10.06	2013.03.17	河北省工业经济联合会	河北省石家庄市裕华区兴苑街4号	050021	董美响	0311-85888039	0311-85888039	hbslxhbgs@sohu.com
山西省	—	张艳梅	—	1997.04	2012.06	山西省农业厅	山西省太原市迎泽大街312号	030001	张艳梅	0351-4129732 0351-4123478	0351-4129732	nytslnb@163.com
内蒙古自治区	马红刚	杨红东	张连义	2000.02	2013.11.15	内蒙古农牧业厅	内蒙古自治区呼和浩特市赛罕区昭乌达南路	010020	张连义	0471-4961659	0471-4911217	nmgslxh@126.com
辽宁省	金卫东	武长胜	—	1986.11	2014.11.18	脱钩	辽宁省沈阳市和平区15纬路25号群芳小区2-1-2	110003	孙　婧	024-23254820	024-23254820	xh23264033@163.com
吉林省	唐志富	丁日新	—	1991.01.30	2013.01.13	吉林省畜牧业管理局	吉林省长春市人民大街1486号	130051	韩　铁	0431-88906664	—	ht7220@163.com
黑龙江省	—	张昭良	—	1986	2012.12	黑龙江省畜牧兽医局	黑龙江省哈尔滨市香坊区哈平路243号省繁育指导站309室	150046	杨　威	13936507949	—	hljslgyxh@163.com
上海市	成国祥	许有宗	—	1984.12	2013.11.22	上海市农业委员会	上海市常德路1265号712室	200060	许有宗	021-62770093	021-62980344	972565790@qq.com

（续）

省别	会长	秘书长	副秘书长	成立时间	换届时间	隶属关系	办公地址	邮编	联系人	电话	传真	电子信箱
江苏省	黄 焱	姜加华	严建刚 颜京平 贡玉清 庄 苏 周维仁 姚 蕾	1986.03	2013.10.25	江苏省农委	江苏省南京市草场门大街124号	210036	冯三令	025－86263756	025－86263050	jssljd@163.com
浙江省	蒋晓岳	任 丽	唐国燕	1999.11.07	2011.07.11	农业厅	浙江省杭州市 江干区御云路111号	310021	刘晶	0571－86496189	0571－86496989	ahp2005@126.com
安徽省	季学枫	章礼刚	吴皖榕	1999.09	2012.02.29	安徽省农业委员会	安徽省合肥市 庐阳区徽州大道197号省皖西南培训中心6楼	230001	吴皖榕	0551－62626491 0551－62618130	0551－6261813	Siliaoxiehui8888@126.com
福建省	曾丽莉	胡 春	汤忠民 陈婉如	1994.12	2013.03.15	农业厅	福建省福州市 铜盘路6号农房大厦五楼	350003	洪 清	0591－87848820 0591－87808486	0591－87859740	fjfeed@163.com
江西省	张忠平	兰永清	刘金根 孙 新 黄 潮	1983.09	2002.08	江西省农业厅	江西省南昌市 省府大院省农业厅2号楼4楼	330046	李 丹	0791－86263163 0791－86211805	0791－86217341	slb1813@163.com
山东省	黄炳亮	李祥明	李桂华 李相树	2013.09	2013.09	山东省畜牧兽医局	山东省济南市 槐村街68号	250022	李相树	0531－87198966	0531－87198966	sdfiamail@163.com
河南省	高天增	王志祥	付映新	1996.01	2012.12	脱钩	河南省郑州市 经三路89号	450000	付映新	18903813026 0371－65778650	0371－65778885	65778885@163.com
湖北省	李汉州	—	—	1985.01	2014.05.12	脱钩	湖北省武汉市 武昌区丁字桥路25号	430000	胡 庆	027－87500069	027－87500069	2594147190@qq.com

（续）

省别	会长	秘书长	副秘书长	成立时间	换届时间	隶属关系	办公地址	邮编	联系人	电话	传真	电子信箱
湖南省	陶一山	黄　勇	黄立宏 刘智萍 熊　宇	1985.01	2010.12.22	湖南省农业厅	湖南省长沙市韶山北路112号电子大厦5楼	410011	熊　宇	0731－84445743	0731－84445743	hnsiliao@vip.sina.com
广东省	林海丹	江青艳	周　洪	1992.03	2015.06.05	广东省民政厅	广东省广州市先烈东路135号4号楼609房	510500	李　利	020－37288820	020－37287849	Gdfeed@vip.163.com
海南省	—	张绍君	莫正群	1998.06	—	农业厅	海南省海口市海府路59号省政府办公大楼11层	570204	莫正群	0898－65316798 0898－65343627	0898－65382968	zsj6529996@163.com
广西壮族自治区	罗广烈	汤建榕	—	1985.06	2006	广西水产畜牧兽医局	广西壮族自治区青山路8号广西动物安全保障中心1113室	530022	卢丽枝	0771－5829768	0771－5829872	gxslb2800023@163.com
重庆市	唐贻林	彭　晓	—	1986.	2015.07.17	脱钩	重庆市江北区石马河下花园15号	400021	彭　晓	023－67692507	023－67651349	—
四川省	陈代文	李　云	邹成义 李书伟 吴　德 赵建萍	1987.09	2013.01.15	四川省农业厅	四川省成都市武侯祠大街3号	610041	吴　岚	028－85545641	028－85580420	393388760@qq.com
贵州省	晏秋波	章厉劼	陈　洪 童　江	1991.	2009.07.22	贵州省农委	贵州省贵阳市南明区贵惠路130号	550003	章厉劼	13908509240	—	352472849@qq.com
云南省	杜建勋	陶　冶	钱朝海	1987.05	2013.07.09	脱钩	云南省昆明市盘龙区环城北路205号集丰北站庭院写字楼3－410	650051	—	0871－65616557	0871－65616557	ty521@126.com

（续）

省别	会长	秘书长	副秘书长	成立时间	换届时间	隶属关系	办公地址	邮编	联系人	电话	传真	电子信箱
陕西省	—	—	—	1989.	—	—	陕西省西安市习武园27号	710003	陈亦兵	029－87343729 029－87345955	029－87321764	cyb307@126.com
甘肃省	—	—	—	1991.12	—	农牧厅	甘肃省兰州市平凉路106号	730000	王秋娟	13609318102	0931－8179292	921978942@qq.com
青海省	阿旺 尖措	白凤奎	刘书杰 武秀云 唐国盛	1987.05	2003.11	省农牧厅	青海省西宁市交通巷4号	810001	张　茹	13997059696	0971－6136031	nmttgs0366@126.com
宁夏回族自治区	邢泽光	王华	段克峰	1986.12	2014.12.30	农牧厅	宁夏银川市金凤区北京中路159号	750002	王　华	13909510833	0951－5169887	nxslqylhh@163.com
新疆维吾尔自治区	陈如春	韩国祥	贾　俊	1999.	2015.02.03	新疆维吾尔自治区畜牧厅	新疆维吾尔自治区乌鲁木齐市天山区新华南路408号12层	830002	贾　俊	0991－8561015 13209980300	0991－8561015	172566431@qq.com
大连市	徐永平	王振刚	李淑英	2004.	2015.03.16	脱钩	大连市开发区双D港生命一路58号	1166201	刘　扬	18698638058	0411－87407133	—
深圳市	黄邦银	金铁城	董塞新	1988.03	2012.03.26	深圳市民间组织管理局	深圳市福田区深南大道1006号深圳国际创新中心A幢18楼	518000	董塞新	0755－83252125	—	szxm0105@163.com
厦门市	叶根宗	高翠红	—	2000.12.04	2011.10.20	厦门市农业局	厦门市思明区槟榔西里148号B座16楼	361004	杨　立	0592－5031918	0592－5062631	gch3@sina.com.cn

（李大鹏）

2016中国饲料工业年鉴

专题篇

饲料加工工业概况

2015年，我国饲料行业积极适应发展环境变化，加大结构调整力度，加快产业融合整合，着力提升产品质量安全水平，发展方式从追求数量增长和效益提升向提倡优质安全环保转变。2015年全国饲料产量首次突破2亿t，同比增长1.4%，实现了饲料工业十二五规划的目标任务。

一、饲料生产基本情况

1. 全国商品饲料总产量略增。2015年全国商品饲料总产量20 009万t，同比增长1.4%。其中，配合饲料产量17 396万t，同比增长2.7%；浓缩饲料产量1 961万t，同比下降8.9%；添加剂预混合饲料产量653万t，同比增长1.9%（图2-1）。

其中，猪饲料产量8 344万t，同比下降3.2%；蛋禽饲料产量3 020万t，同比增长4.1%；肉禽饲料产量5 515万t，同比增长9.6%；水产饲料产量1 893万t，同比下降0.5%；反刍动物饲料产量884万t，同比增长0.9%；其他饲料产量354万t，同比下降10.9%（图2-2、图2-3）。

在配合饲料中，猪配合饲料总产量6 802万t，同比下降2.1%；蛋禽配合饲料2 505万t，同比增长6.2%；肉禽配合饲料5 275万t，同比增长10.5%；水产配合饲料1 866万t，同比下降0.3%；精料补充料656万t，同比增长2.3%；其他配合饲料294万t，同比下降14.8%（图2-4）。

在浓缩饲料中，猪浓缩饲料总产量1 173万t，同比下降10.0%；蛋禽浓缩饲料364万t，同比下降8.5%；肉禽浓缩饲料187万t，同比下降10.0%；水产浓缩饲料3.0万t，同比下降27.8%；反刍动物浓缩饲料195万t，同比下降6.3%；其他浓缩饲料37万t，同比增长27.0%（图2-5）。

在添加剂预混合饲料中，猪添加剂预混合饲料总产量368万t，同比增长0.1%；蛋禽添加剂预混合饲料151万t，同比增长4.5%；肉禽添加剂预混合饲料53万t，同比增长7.0%；水产添加剂预混合饲料25万t，同比下降13.7%；反刍动物添加剂预混合饲料34万t，同比增长21.3%；其他添加剂预混合饲料23万t，同比下降1.9%（图2-6）。

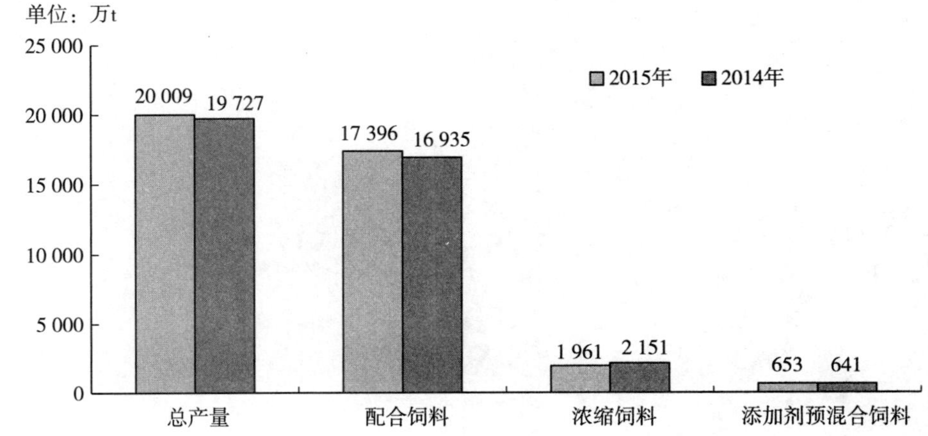

图2-1 2015年和2014年饲料产量对比

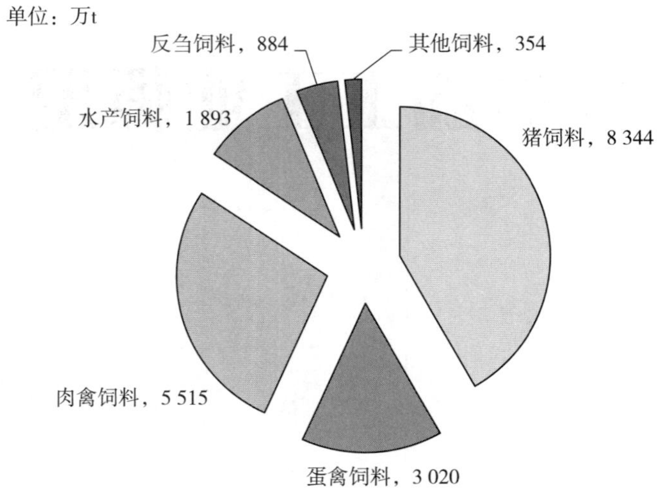

图 2-2　2015 年饲料品种结构图

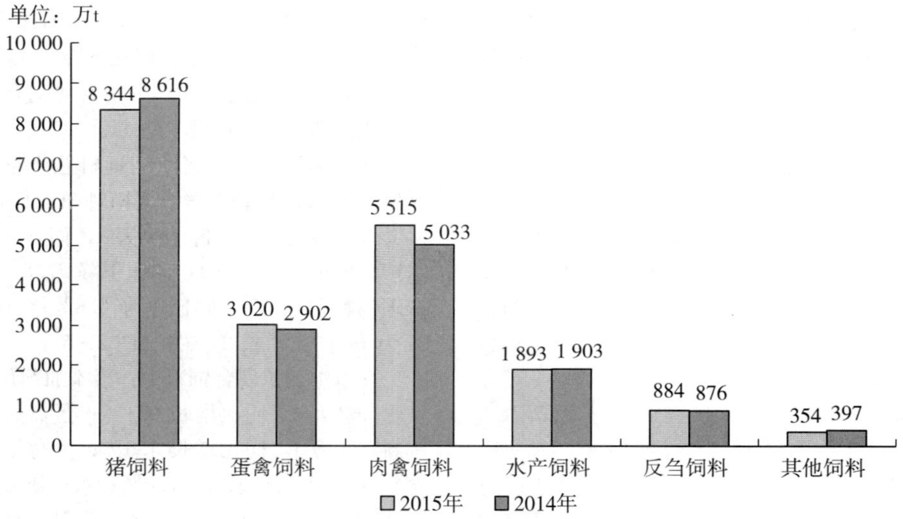

图 2-3　2015 年和 2014 年各品种饲料产量对比

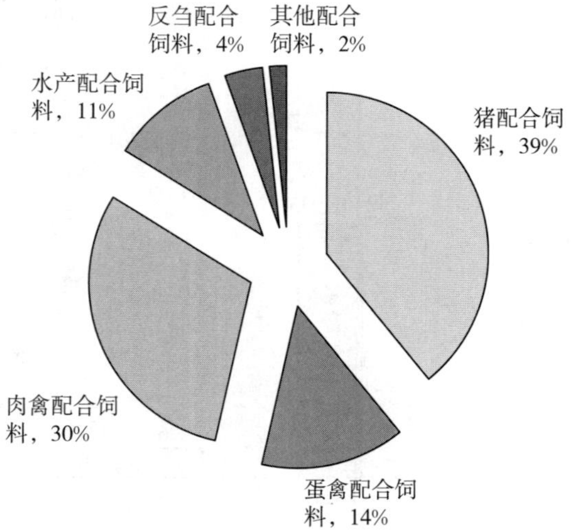

图 2-4　2015 年全国配合饲料结构图

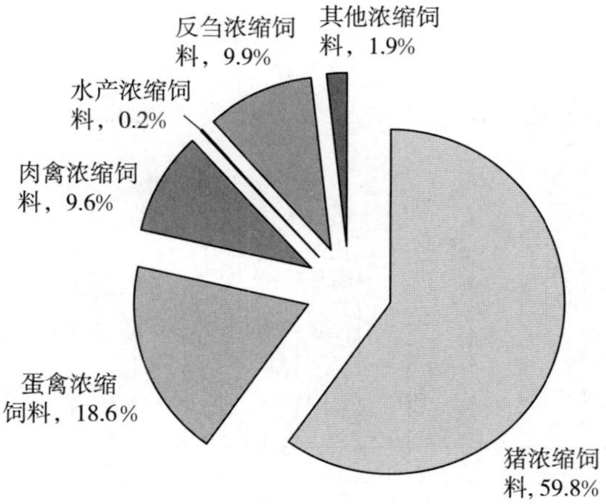

图 2－5　2015 年全国浓缩饲料结构图

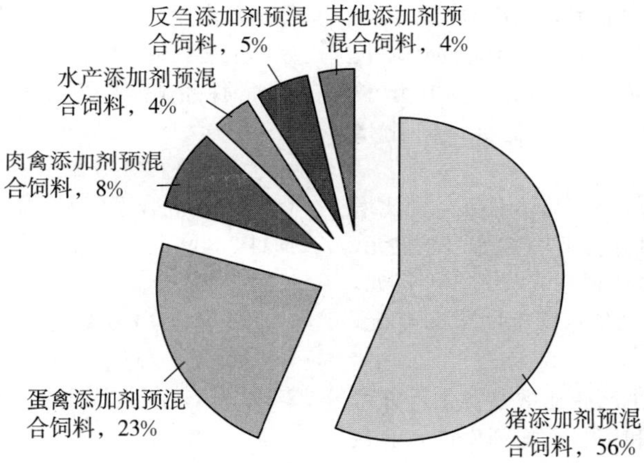

图 2－6　2015 年全国添加剂预混合饲料结构图

2. 各省区市饲料发展情况。2015 年，东部地区、中部地区、西部地区的总产量分别占全国的 52%、30% 和 18%，与 2014 年相比，东部地区增长 0.5%，中部地区增长 0.8%，西部地区下降 1.3%（图 2－7）。

2015 年 8 个饲料产量大省产量 11 745 万 t，占全国饲料总产量 58.7%，同比增长 2.5%。其中，广东、山东饲料产量过 2 000 万 t，分别达到 2 573 万 t 和 2 288 万 t（图 2－8。）

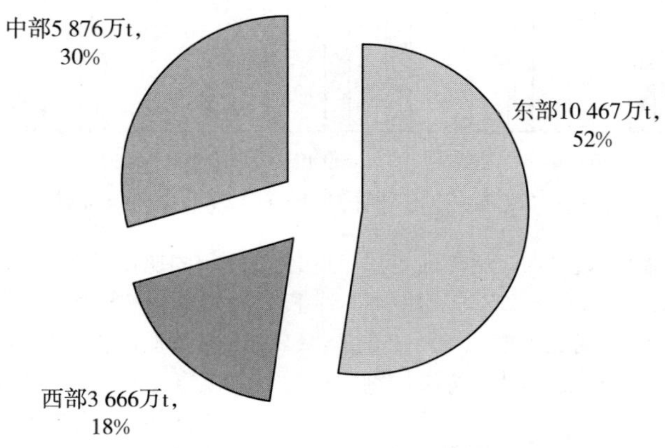

图 2－7　东部中部西部饲料产量占全国饲料产量比重

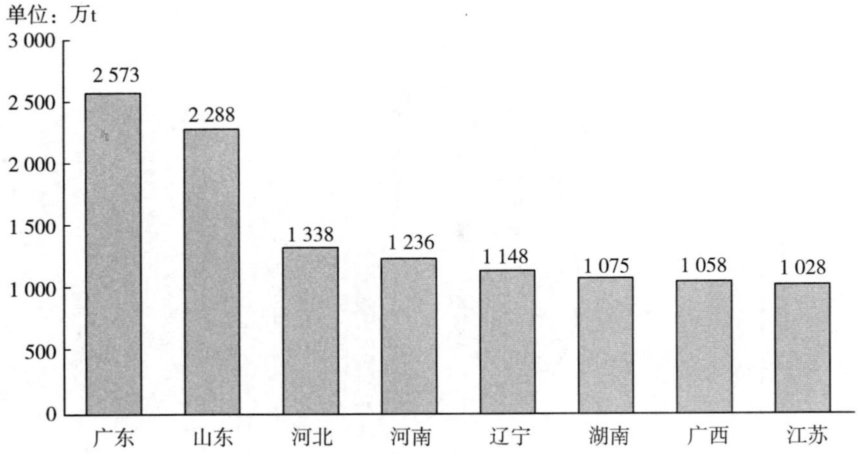

图 2-8 2015 年 8 省份饲料产量

3. 饲料工业产值、营业收入小幅增长。2015 年全国饲料工业总产值为 7 810 亿元，同比增长 2.7%。其中，商品饲料工业总产值 7 126 亿元，同比增长 2.7%；饲料添加剂总产值 616 亿元，同比增长 3.6%；饲料机械设备总产值 68 亿元，同比增长 1.4%。

全国饲料工业总营业收入为 7 418 亿元，同比增长 1.4%。其中，商品饲料总营业收入 6 786 亿元，同比增长 1.6%；饲料添加剂总营业收入 563 亿元，同比下降 0.9%；饲料机械设备总营业收入 69 亿元，同比增长 4.6%。

4. 饲料和饲料添加剂生产企业数量及生产许可证发放情况。2015 年饲料和饲料添加剂生产企业数量 13 236 家。其中，饲料添加剂（含混合型饲料添加剂）企业 1 691 家，添加剂预混合饲料企业2 747家，浓缩饲料、配合饲料和精料补充料企业6 764家，单一饲料企业 2 032 家。

截至 2015 年年底，在有效期内的饲料和饲料添加剂生产许可证数量 13 557 个。其中，饲料添加剂1 327个，混合型饲料添加剂 615 个，添加剂预混合饲料 2 809 个，浓缩饲料和配合饲料 6 772 个，单一饲料 2 034 个。

5. 年产 10 万 t 以上企业（单厂）情况。2015 年，年产 10 万 t 以上的企业（指单厂）491 家，饲料产量 8 508 万 t，占全国饲料产量 42.5%。(图 2-9)。

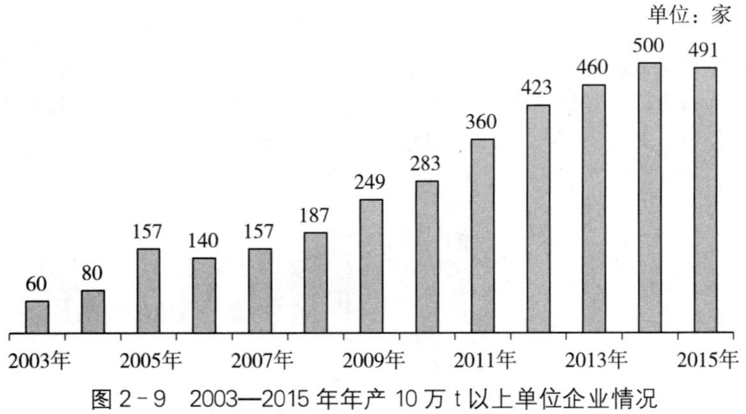

图 2-9 2003—2015 年年产 10 万 t 以上单位企业情况

6. 饲料添加剂产量小幅增长。2015 年，饲料添加剂产品总量 816.4 万 t，同比增长 1.7%。其中，原饲料添加剂Ⅰ型 764.1 万 t，同比增长 2.6%；Ⅱ型 31.0 万 t，同比下降 19.9%；混合型饲料添加剂 21.3 万 t，同比增长 8.2%。

氨基酸：2015 年总产量 154.5 万 t，同比增长 23.1%。原Ⅰ型 152.2 万 t，同比增长 22.3%；Ⅱ型 1.1 万 t，同比增长 7.7%；混合型 1.2 万 t，同比增长 2 038.2%。其中，蛋氨酸：2015 年国内产量为 11.8 万 t，同比增长 11.3%；赖氨酸：2015 年产量为 95.8 万 t（含 65%赖氨酸），同比增长 4.4%；苏氨酸：2015 年国内产量为 37.9 万 t，同比增长 55.0%；色氨酸：2015 年国内产量为 1.0 万 t，同比增长 107.8%。

维生素：2015年总产量109.1万t，同比增长22.3%。原Ⅰ型91.8万t，同比增长26.9%；Ⅱ型13.5万t，同比下降17.5%；混合型3.8万t，同比增长621.9%。2015年，氯化胆碱：产量63.6万t，同比增长30.4%；维生素A 9 858t，同比下降11.2%；维生素E 6.5万t，同比下降13.6%；维生素B_{12} 4.4t，同比下降91.0%；维生素B_2 6 695t，同比下降25.0%；维生素C 6.8万t，同比增长566.2%。

矿物元素及其络合物：2015年总产量420.2万t，同比下降10.2%。其中原Ⅰ型414.8万t，同比下降10.1%；Ⅱ型2.8万t，同比下降37.8%；混合型2.6万t，同比增长41.5%。2015年，磷酸氢钙（含磷酸二氢钙）：产量为326.2万t，同比下降9.2%；硫酸铜2.8万t，同比下降4.9%；硫酸亚铁14.6万t，同比下降17.1%；硫酸锌15.4万t，同比下降13.2%；硫酸锰10.5万t，同比增长12.0%。

酶制剂：2015年总产量9.8万t，同比下降8.5%。其中，原Ⅰ型5.0万t，同比下降3.9%；Ⅱ型2.0万t，同比增长2.4%；混合型2.8万t，同比下降21.0%。

抗氧化剂：2015年总产量5.1万t，同比增长26.9%。其中，原Ⅰ型2.7万t，同比增长66.6%；Ⅱ型1.0万t，同比下降0.5%；混合型1.3万t，同比下降1.6%。

防腐、防霉剂：2015年总产量25.4万t，同比下降6.3%。其中，原Ⅰ型21.6万t，同比下降8.9%；Ⅱ型1.6万t，同比下降38.9%；混合型2.1万t，同比增长198.1%。

微生物：2015年总产量10.9万t，同比下降6.3%。其中，原Ⅰ型5.6万t，同比增长6.4%；Ⅱ型2.8万t，同比下降42.9%；混合型2.5万t，同比增长76.8%。

其他类添加剂：2015年总产量81.4万t，同比增长21.6%。其中，Ⅰ型70.3万t，同比增长39.4%；Ⅱ型6.0万t，同比下降1.4%；混合型5.0万t，同比下降51.5%。

7. 饲料机械设备生产总量下降。2015年，饲料加工机械设备生产总量为27 140台套，同比减少1 370台套，下降4.8%。其中，成套机组1 349台套，同比减少361台套，下降21.1%；单机25 791台，同比减少1 009台，下降3.8%。

在成套机组中，时产≥10t设备968台套，同比减少317台套，下降24.7%；时产<10t设备381台套，同比减少44台套，下降10.4%。

在单机设备中，粉碎机8 197台，同比减少676台，下降7.6%；混合机6 662台，同比减少389台，下降5.5%；制粒机7 676台，同比减少165台，下降2.1%；单机其他3 256台，增加221台，增长7.3%。

8. 饲料行业从业人数小幅增长。2015年，饲料企业年末职工人数为51.9万人，同比增加2.6%。大专以上学历的职工数为20.6万人，占职工总人数的39.6%，其中，博士1 877人，同比增长6.8%；硕士8 787人，同比增长11.1%；大学本科7.4万人，同比增长8.6%；大学专科12.0万人，同比增长7.8%；其他学历31.4万人，同比下降0.8%。技术工种5.1万人，同比增长7.9%。

二、饲料行业运行特点及原因分析

2015年，国家宏观经济呈现“新常态”，我国畜牧饲料业发展也多个方面呈现出新特点。

1. 饲料行业发展进入结构性发展调整期，增速放缓。1992—2012年中国饲料年均增长8.5%，2013年下降0.6%，成为行业发展的一个拐点。2015年，饲料总产量同比增长1.4%；2014年同比增长2.0%；2012年同比增长7.7%。从各省产量情况来看，有近一半的省、区、市饲料产量下降，一半呈现增长，但增幅下降。饲料产量前10名的生产大省广东、山东、河北等产量增降幅度较小，行业运行较为平稳；而甘肃、宁夏、青海等产量基数较小的省份，易受内外因素影响，产量波动幅度较大。

2. 饲料产量增速放缓。从近年来180家监测饲料统计数据显示，饲料总量、配合饲料产量连续3年下降；浓缩饲料连续6年下降，年均下降8.4个百分点；添加剂预混合饲料连续2年下降，2015年1～12月份同比下降1.5%，同比降幅比2014年同期放缓6.1个百分点。从农业部重点跟踪和监测的数据以及我们调研情况看，今年以来，大部分企业饲料产量是下降的，而且降幅逐季加深。（表2-1、表2-2）。

分析饲料产量下降的原因主要有四方面：第一，在宏观经济由高速转向中高速增长的“新常态”下，人均可支配收入增速减缓，消费终端疲软，畜产品消费量下降，饲料养殖行业同样受大的环境影响而呈现增速下降。据国家统计局初步核算公布，2015年国内生产总值676 708亿元，比上年增长6.9%，25年（1990）以来增长幅度首次跌破7%。全年居民消费价格比上年上涨1.4%，其中1月涨幅最低为0.8%，8月涨幅最高达2.0%，其余月份都在1.5%左右。第二，终端消费不振和消费观念及消费多元化的变化使得养殖业恢复缓慢，生猪存栏和能繁母猪存栏持续减少抑制饲料产量增长。第三，养殖业整体去产能化，散户的快速退出，养殖业规模化，以及合作社等新型农牧经济体的发展，加上今年原料价格的普遍下降，使得自配饲料增加，从而对工业饲料的消费有所消减。第四，行业自身经历了改革开放以来的快速发展，到了一个相对稳定的发展期，产量增速放缓的必然阶段。应该说，我国饲料行业到了一个由消费景气度、养殖市场等多种因素来重新评价的新阶段。

3. 产品结构深度调整。各个饲料品种中，肉禽饲料成为今年发展的亮点，出现大幅回升，产量创近三年新高，超过2012年水平，同比增幅达14.3%。猪饲料、水产饲料深度下跌，同期下降幅度分别高达15.2%和18.6%。水产饲料呈现近7年来的最低水平，同比下降18.6%，（表2-3）。

表2-1　2009—2015年180家分类别饲料产量

单位：万t、%

年份	总产量	同比	配合饲料	同比	浓缩饲料	同比	添加剂预混合饲料	同比
2015年	1 994.4	−5.3	1 686.4	−5.0	217.3	−9.5	90.7	−1.5
2014年	2 106.7	−4.7	1 774.4	−4.1	240.1	−7.6	92.1	−7.6
2013年	2 209.7	−1.6	1 850.2	−1.5	259.8	−3.8	99.7	3.8
2012年	2 244.7	2.8	1 878.5	3.7	270.2	−5.4	96.0	8.8
2011年	2 184.5	13.4	1 810.7	16.7	285.6	−3.2	88.2	9.3
2010年	1 926.9	1.3	1 551.2	6.9	295.0	−20.9	80.7	4.0

表2-2　180家企业2015年1～12月饲料生产及GDP

单位：万t、%

日期	产量	同比	环比	GDP同比	GDP环比	备注
1～3月	437	−4.0	−20.4	7.0	1.4	7月以后，养殖业逐步进入增长通道，饲料产量7—9月环比增长。但同比仍然下降，到9月份环比增长幅度收窄。
4～6月	496	−4.4	13.6	7.0	1.8	
7～9月	551	−5.5	10.9	6.9	1.8	
10—12月	510.4	−7.0	−7.3	6.9	1.5	10月双节过后市场迎来阶段性消费淡季，第四季度饲料产量环比下降。终端消费低迷，猪价维持弱势，饲料需求减少。
总体看，生猪存栏仅在7～10月连续4个月环比增长，其余月份均在下降，养殖业完全恢复尚需时间。						

表2-3　2010—2015年180家各类饲料产量

单位：万t、%

年份	猪饲料	同比	蛋禽饲料	同比	肉禽饲料	同比	水产饲料	同比	反刍饲料	同比
2015	741.3	−15.2	343.4	−1.1	584.9	14.3	179.7	−18.6	122.5	−3.3
2014	874.3	−4.8	347.0	−10.7	511.5	−4.4	220.7	−2.4	126.6	6.4
2013	918.7	3.2	388.6	−6.9	535.0	−6.2	226.2	−3.7	119.0	5.6
2012	889.9	10.2	417.6	−2.7	570.6	−4.7	234.8	9.0	112.7	−4.8
2011	807.4	17.8	429.2	15.5	598.6	7.8	215.5	10.5	118.3	15.4
2010	685.5	2.3	371.5	−2.6	555.1	2.9	195.0	−1.0	102.6	26.7

（1）受生猪养殖恢复缓慢、生猪规模变化及猪价变化影响，猪饲料大幅度下滑。农业部数据显示，截至 2015 年 12 月份，能繁母猪存栏量已连续 28 个月同比下降，生猪存栏量已连续 25 个月同比下降，比下降生猪养殖恢复缓慢。另外，自 2015 年 1 月 1 日《中华人民共和国环境保护法》的实施，禁养、限养和猪场拆迁特别是沿海、沿江地区，猪饲料需求大幅下降，饲料产量下降明显，猪饲料深度下跌。第一、二季度猪饲料产量环比震荡下行，进入第三季度连续 3 个月增长，第四季度饲料产量小幅回落，11 月降幅收窄，12 月饲料产量增加，环比增长 1.8%，但同比依然呈下降态势。据国家统计数据显示，2014 年各月度猪肉价格同比持续负增长，2015 年除 1、2 月同比下降外，自 3 月起开始上涨，到了 8 月猪肉价格同比涨幅最高为 9.6%，比 1 月同比上涨 24.9 个百分点。9 月涨幅开始收窄，到 11 月同比上涨 13.9%，比 8 月涨幅下降 5.7 个百分点，进入 12 月价格企稳，同比上涨 14.0%。2014 年出栏 500 头以上的生猪养殖比重达到 41.8%，比 2010 年提高 7.3 个百分点。从农业部获悉，2015 年全国年出栏 500 头以上生猪比重达 44%，比上年提高 2.2 个百分点。到“十三五”末，我国生猪年出栏 500 头以上的规模养殖比重将达到 52%。2010 年以来，农业部在全国范围内创建生猪规模养殖标准化示范猪场 1 566 个。（图 2－10、图 2－11）。

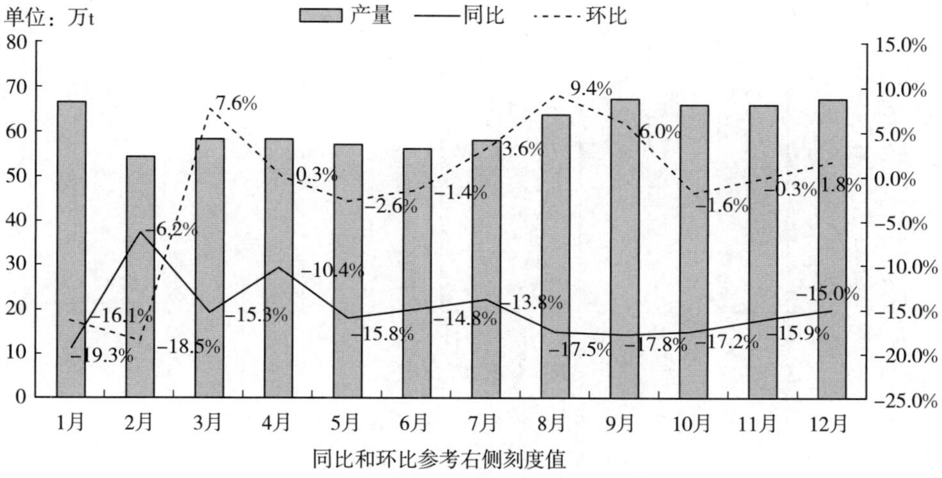

图 2－10　2015 年 1～12 月猪饲料产量

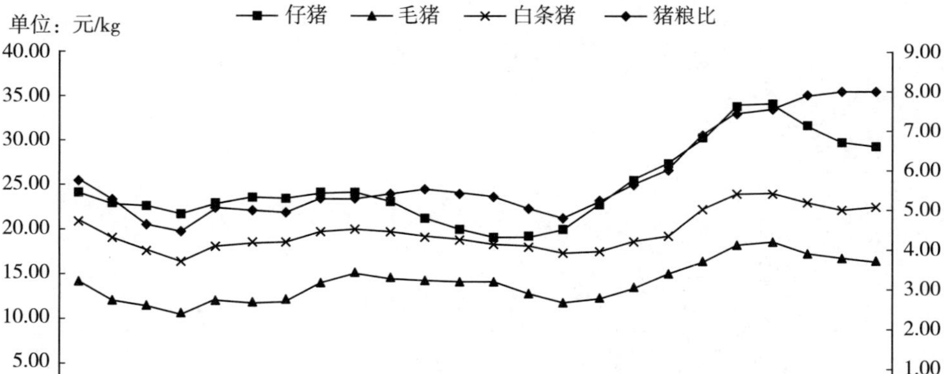

注：猪粮比参考右侧刻度值

图 2－11　2014—2015 年全国仔猪、毛猪、白条猪价格与猪粮比

（2）蛋禽饲料经历三年低迷期，2015年有所恢复，但市场景气度仍不高。2015年蛋禽饲料在上年度大幅下降的基础上，同比下降1.1%，比2014年同比降幅收窄9.6个百分点。2013年、2014年蛋禽饲料分别下降6.9%和10.7%。2015年鸡蛋均价8.14元/kg，与2014年的9.57元/kg比下降15.0%；与2013年比下降3.6%；与2012年基本持平。

蛋禽养殖从2014年下半年开始恢复，2015年上半年蛋鸡存栏量一直保持高位，导致鸡蛋价格一路下滑。从2014年9月的11.13元/kg下跌到2015年6月的7.27元/kg，下降幅度达34.7%。7月，产蛋鸡淘汰量加大，养殖户补栏积极性受挫，加上高温季节，蛋鸡产蛋能力下降，尤其是猪价高涨的带动下，拉动鸡蛋价格上涨。10月，国庆节后终端以消耗库存为主，需求量减少，鸡蛋供应量持续增加，价格开始调整走低。11月，由于前期鸡蛋供应量较充足，消费需求未提振，蛋价继续下降。12月，受企业集中备货影响鸡蛋价格上调。蛋禽饲料随蛋禽存栏和价格波动而波动起伏。2015年蛋禽饲料产量同比下降1.1%（图2-12，图2-13）。

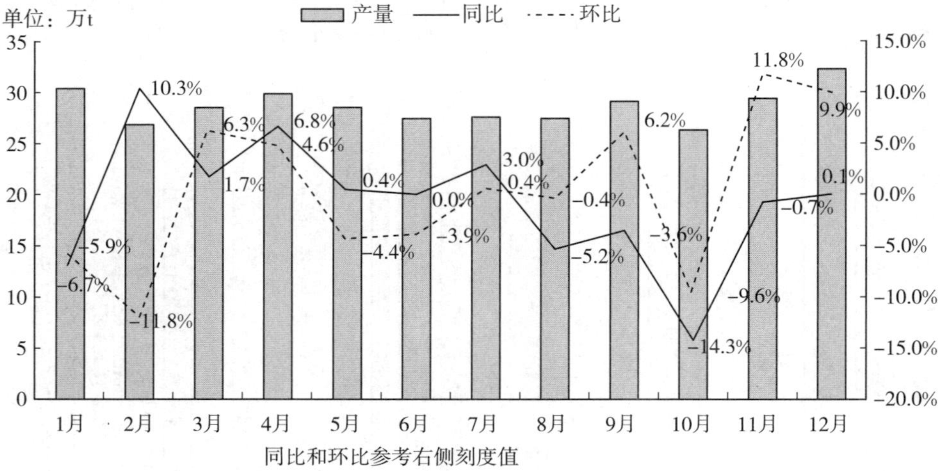

图2-12　2015年1～12月份蛋禽饲料产量

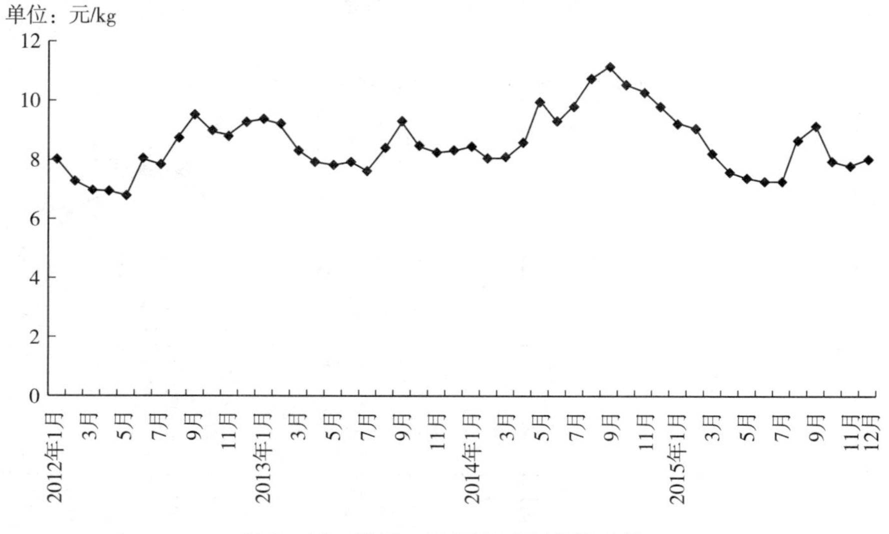

图2-13　2012—2015年鸡蛋价格走势

（3）肉禽饲料成为发展亮点。受2014年养殖效益好，肉鸡存栏量较大，饲料需求较好，以及第二季度猪肉价格上涨的影响，鸡肉价格得到提振。7月价格开始震荡回升，到12月已涨至14.4元/kg，比6月最低价格13.85元/kg上涨4.0%，2015年肉禽饲料同比增长14.3%（图2-14、图2-15）。

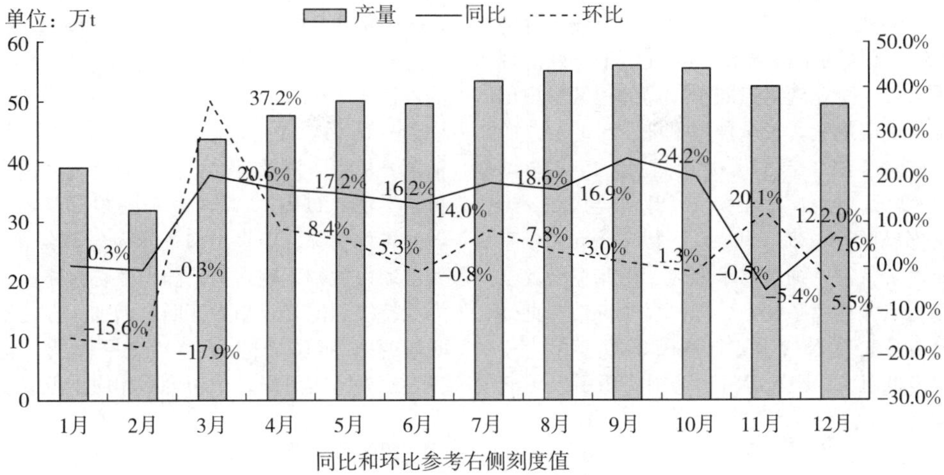

图 2-14　2015 年 1～12 月肉禽饲料产量

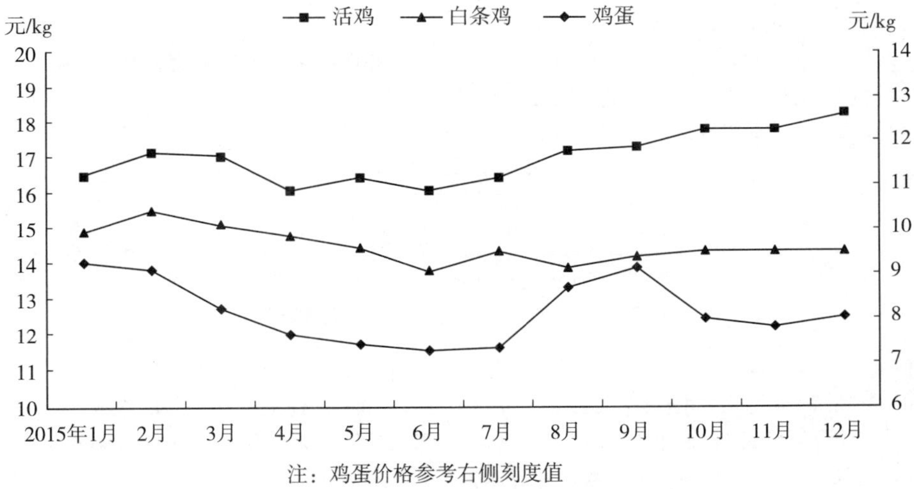

图 2-15　2015 年活鸡、白条鸡、鸡蛋价格

（4）水产饲料呈现萎缩。2015 年，水产养殖景气程度较低，鱼价低、养殖户亏损，导致鱼存塘量较高，投放鱼苗进度放缓，部分地区养殖户开始养对虾、藕等其他产品。此外，上半年南方地区遭到暴雨袭击，水产养殖企业损失较大。尽管 7 月份已进入水产养殖旺季，水产饲料环比增加 17.1%，但同比仍然下降 22.3%，8 月环比增加 16.6%，同比下降 11.9%。9 月天气转凉，水产养殖高峰期结束，加上阴雨天气和南方地区台风影响，鱼苗投喂量下降。第四季度进入冬季，水产养殖进入淡季，水产饲料需求持续下降。12 月水产饲料产量 4.6 万 t，环比下降 41.0%，同比下降 5.8%。2015 年水产饲料产量下降 18.6%。

4. 大宗原料市场普遍呈现跌势。1～12 月份，除进口鱼粉和蛋氨酸之外，大宗饲料原料整体处于价格下跌行情。

玉米价格先扬后抑，整体下滑。2015 年全国平均价格 2.29 元/kg，同比下降 5.2%，与 2012 年相比下降 7.7 个百分点，与 2013 年和 2014 年相比均下降 5.4 个百分点。2015 年 1～5 月由于玉米收储进度加快，东北玉米余粮缩减，玉米价格坚挺。6～11 月，价格持续下降，跌至近 3 年历史最低点。主要原因：一是去年玉米收储创新高，国储库存充足，加上上半年玉米深加工企业亏损较大，下游养殖行业低迷，玉米需求下降。二是国家收储价格下调至 2 000 元/t，在供需严重失衡及东北临储新政对市场形成利空影响的打压下，玉米市场行情继续震荡下探。三是新季玉米集中收货，市场供应压力有增无减。四是由于成本优势，企业进口大麦、高粱替代玉米量增加。据农业部国际合作司数据显示，2015 年 1～11 月

DDGS、高粱、大麦分别进口 640.1 万 t、984.4 万 t、1 027.6 万 t，高粱进口数量与 2010/2011 市场年度的 0.4 万 t 相比，暴增两千倍以上。12 月由于产区出现大范围雨雪天气，企业到货量减少，局部地区农户出现惜售心理，供应趋紧，玉米价格上涨。

豆粕价格降至近 4 年来历史新低。2015 年全国豆粕均价 3.09 元/kg，同比下降 19.8%，与 2013 年和 2012 年比分别下降 25.5 和 17.2 个百分点。今年国内养殖业尚未恢复、饲用需求低迷、供应宽松及全球大豆丰产利空大环境影响下，国内豆粕价格一直处于弱势震荡走势，截至 12 月，已跌破 2007 年下半年以来的历史最低点。6 月下旬由于美国降雨引发天气炒作，美豆快速上涨，带动国内豆粕价格触底反弹。7～10 月，豆粕价格呈“W”型走势，7 月后半月由于豆粕市场供应充足，下游需求清淡，加之美豆期货滞涨回落等国外利空因素，豆粕价格持续下跌。9 月中旬～10 月，受中秋、节前备货，以及大阅兵期间油厂开机率下滑及运输受阻，华北地区供应趋紧带动价格上涨。11～12 月，由于阿根廷选举调整关税、巴西种植情况、美豆出口需求及宏观经济悲观影响，美豆期价大幅下跌，拖累国内豆粕价格。另外，进口大豆持续到港，豆粕库存明显增加，在传统饲料消费旺季的四季度，因生猪存栏水平偏低，豆粕需求减少，价格持续下降。杂粕价格相应走低（图 2 - 16）。

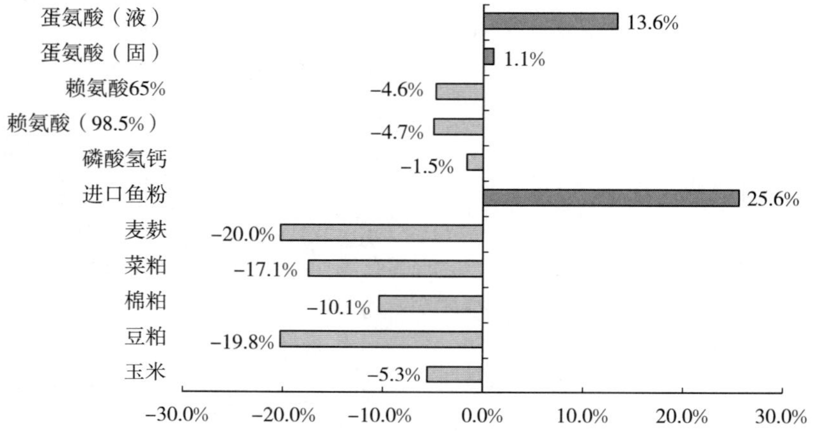

图 2 - 16　2015 年 1～12 月主要饲料原料价格同比

鱼粉价格高位回落，但价格仍高于 2014 年同期。2015 年鱼粉均价 13.73 元/kg，同比增长 25.6%，与 2012 年、2013 年比分别增长 28.0 和 23.6 个百分点。水产行情整体表现疲弱，国内鱼粉需求清淡，经历连续 8 个月下跌后，9 月份鱼粉出现上涨，到 11 月涨幅达 6.0%。主要由于国际主产国渔业资源下降导致捕捞不足期所致。12 月，受秘鲁本季中北部捕鱼形势好于预期，加上鱼粉到货量有所增加但成交相对平淡影响，鱼粉价格下降。

赖氨酸依旧弱势。2015 年赖氨酸均价 8.2 元/kg，同比下降 4.7%，与 2012 年、2013 年比分别下降 44.1 和 25.8 个百分点。上半年由于养殖形势低迷，饲企采购量下降，赖氨酸价格受到压制。1～3 月延续 2014 年弱势，价格为 8.54 元/kg。4～5 月由于赖氨酸厂家开工率较低，部分厂家停产检修，赖氨酸价格坚挺。6～11 月份，赖氨酸厂家开工率较高，价格连续 6 个月下跌。12 月由于厂家报价偏高并控制市场货源，导致市场货源流通偏紧，贸易商库存低位，价格坚挺。

蛋氨酸价格回落，但仍处高位。2015 年蛋氨酸均价 40.67 元/kg，同比增长 2.1%，与 2012 年、2013 年比分别增长 21.9 和 48.8 个百分点。2015 年蛋氨酸厂家依然供应短缺，饲料企业蛋氨酸库存较低，价格高位运行。4 月因厂家供应缩减，企业库存偏低，蛋氨酸价格大幅上涨，且达到峰值，同比增长 102.9%。5 月过后逐渐回落，从 8 月份开始，蛋氨酸降至 35.64 元/kg，一直延续到 12 月份降幅为 35.2%。

5. 整体经营情况较好。据 11 月份调研的 45 家企业显示，大概有 8 家企业的饲料产量是增长的，其他企业基本都是 10%～15%不同幅度下降。这些保持增量的企业中，应该说中粮前几年打下了基础，到了回报上量阶段；再如安佑打造双低特色产品保持量的增长。从利润上看，企业的净利润均有不同幅度的增长，有的集团企业利润增幅高达 30%。从前三季度 11 家上市饲料企业营业利润合计 52.4 亿元，同比增长 23.1%。利润增长的原因一是产品结构调整驱动企业利润率提升；二是饲料原料价格下降；三是企业全面提升管理效率（图 2 - 17、图 2 - 18）。

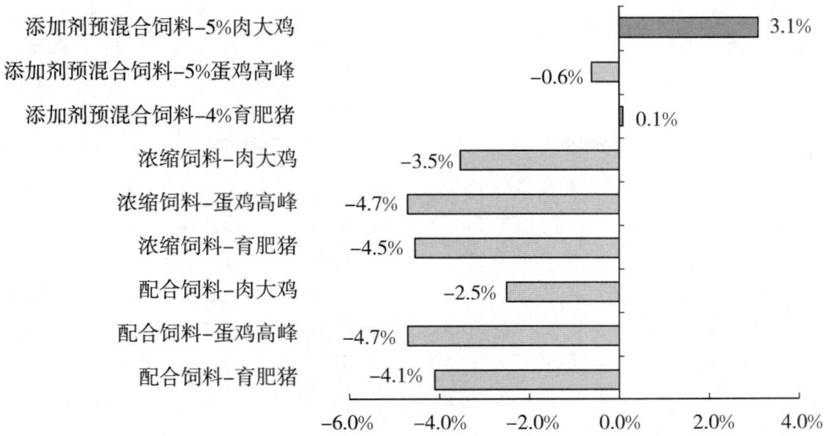

图 2－17　2015 年 1～12 月主要饲料产品价格同比

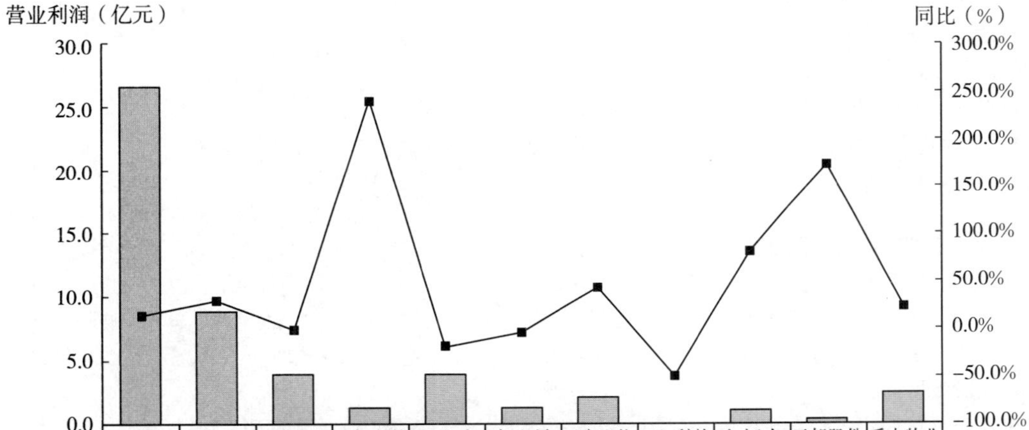

	新希望	海大	通威股份	正邦科技	大北农	唐人神	天康生物	正虹科技	金新农	天邦股份	禾丰牧业
营业利润	26.6	8.9	3.9	1.5	4.0	1.3	2.1	0.1	1.1	0.5	2.5
同比	14.5%	30.3%	1.0%	239.7%	-16.6%	-3.3%	43.5%	-47.9%	82.1%	173.4%	23.8%

图 2－18　2015 年前三季度 11 家饲料上市企业营业利润对比

6. 中型企业发展更快。根据统计监测情况，2015 年以来规模企业的发展速度出现明显分化，一改往年一涨全涨的局面。从 14 家大型集团（企业）生产情况看，1～12 月份，14 家集团上市企业总产量 2 721.9万 t，同比下降 4.8%。其中，富达饲料、佛山利宝、江西正邦、陕西石羊同比分别增长 60.6%、17.9%、8.3%、6.7%；山东六和、环山集团、双胞胎、唐人神、贵港瑞康同比分别下降 26.0%、25.5%、22.5%、17.5%、17.2%。可以说，大型集团企业经历几十年的高速发展，多年的各种惯性的沉淀，转型显得更加艰难和迟缓，更多的是产能的综合利用和升级改造。相比之下，中型企业如安佑、傲龙前三季度产量和利润均增长。

7. 饲料上市企业主要经营指标分化，但总体向好。表现在，一是总资产继续小幅增长，扩张速度放缓。2015 年 11 家上市企业总资产合计同比增长 5.2%，2014 年上半年为 10.0%，增长速度同比下降 4.8 个百分点。二是营业收入同比下降，由于生猪市场低迷，存栏量持续下降，养殖户亏损较大，企业饲料销量下降，营业收入大多下滑。11 家饲料上市企业营业收入总计 751.3 亿元，同比下降 1.8%。三是低迷行情，饲料企业努力提升内部管理水平控制各项费用支出，营业成本同比下降，“三费”的增速也在放缓。上半年，11 家饲料上市企业营业成本合计 674.5 亿元，同比下降 3.1%。“销售费用、管理费用、财务费用”三项费用总和同比增加 2.9%。其中，销售费用同比增长 2.7%（2014 年同比增长 22.85%）；管理费用同比增长 4.9%（2014 年同比增长 20.78%）；财务费用同比下降 5.4%（2014 年同比增长 21.95%）。

8. 互联网＋正在重构新的产业形态。关于互联网＋，从概念和趋势上讲，可以上升到中国经济发展的第三次浪潮或革命。2015 年中央经济工作会议和中央城市工作会议提出去产能、降成本、补短板以及户籍制度改革，未来将有 1 亿农村人口进城买房，但也不会失去农村土地，这将有效加快推进城市化进程，增加畜禽产品需求。同时，在第二届世界互联网大会上，习近平主席表示，预计 2020 年打通网络基础设施“最后一公里”，互联网的运用将更加普遍，对畜禽产品的流动和消费也会增加。未来，互联网＋是解决中国经济长期发展问题的新范式。饲料行业作为传统制造业，长远看，甚至不会太长时间，互联网＋的风潮必然引发了饲料行业企业商业模式的变革。据我们调研，目前行业，涉足比较深的应该是大北农的互联网＋金融，包括福建傲农，也在布局互联网＋金融领域，大北农、傲农都在准备申请央行的第三方金融支付牌照；陕西信合销售公司专做销售平台（目前已有 80 家饲料厂，3 万多养殖户）、山东、湖南的兽药销售平台等；互联网＋电商，如湖南百欣、北京传世等企业），也有很多大型企业尝试电商销售。但是，由于对“互联网＋”概念和趋势的理解和看法不同，饲料行业互联网＋让很多企业不知所措甚至排斥。

9. 饲料行业正处在探索和步入国际化的初级阶段。加入 WTO 后国际化永远是国家层面的战略话题。但是国际化在饲料行业应该还算探索起步阶段。就饲料企业国际交流和合作方面看，主要是在国际国内资源贸易方面的合作，饲料方面只有少数的集团企业在海外投资建厂，主要在东南亚、非洲、埃及等国家和地区为主，据初步估计中国饲料企业在海外投资金额不到 50 亿元；另外，在国外主要饲料消费地区多数以产品销售、原料布局等贸易形式为主。综合看，维生素和饲料机械产业的国际化程度相对成熟。

10. 小微型企业在相当长时期内将与大企业共存，形成互补之势。目前，在经历了近两年政策和市场的调整后，一部分小型企业被淘汰，也有一部分小型企业继续保持着很强的发展能力。一是由于地缘优势，乡情优势。在小的区域范围内有着独占市场的特色地域优势。当地不同规模企业各自走差异化的市场路线，如东北、西北部分地区，特别是新疆的地域优势更加明显。二是不断加大研发和模仿力度，创新产品和服务。一方面在产品开发方面重在灵活和定制，另一方面在市场服务等方面模仿中大型企业或兼职聘用服务人员，从而保持发展特点；三是积极寻求多种形式的合作和转型，与大型企业形成市场供给的互补之势。但既不向下游延伸，又不主动谋求联合的单纯小型专业生产企业未来可能生存形势比较严峻。

从长期看，大中小饲料企业将长期并存，中小型企业不可能完全被取代，但在企业洗牌和发展的历程中，企业谋变必将带来产能和产量的新变化，也必将在地域发展中表现出起伏和调整的过程。

11. 北鸡南移，南猪北移。随着《畜禽规模养殖污染防治条例》和《水污染防治行动计划》，以及《环保》法的实施，各地区禁养区养殖场不断拆除、搬迁，其中福建省 2015 年共关拆猪场 3.09 万家。据调研，浙江、福建等沿海地区由于限养禁养政策，今年饲料产量同比下降 20%。江西地区受政策影响较小，生猪养殖发展势头良好。“北鸡南移，南猪北移”现象更趋明显，畜产品主产区和主销区的概念将提上日程。未来，各地区重点发展品种有所变化。山东地区重点发展羊、鹅饲料；东北地区重点发展肉羊、特种和单一饲料的发酵产品等；重庆地区重点发展生态饲料；广东区域粤西以鸡、鹅饲料为主导，粤北以鸭、猪饲料为主，粤东受交通和地方风俗差异影响，开发较难，珠江三角洲大力发展高档鱼料。

三、行业发展趋势

1. 饲料产量温和增长。综合评价全国水平，预计 2015 年饲料总产量 2 亿 t，同比略有增长。从饲料产品看，由于生猪规模化水平不如家禽业成熟，所以，饲料企业未来在猪饲料市场上发挥的空间比较大，尤其以母猪饲料为企业主攻的方向，也因为母猪饲料目前的技术难度最大。未来，饲料企业数量将逐年一定数量的减少，饲料产量长期保持温和增长态势。

猪饲料：2015 年仅 7～10 月，生猪存栏量连续 4 个月环比回升，其余月份均下降；能繁母猪存栏量虽然持续下降，但从 PSY 和 MSY 指标看，母猪的生产技术水平在提升，同时，据农业部全国农产品批发市场价格行情监测数据显示，2015 年 12 月初生猪价格开始小幅上涨，到 12 月第三周生猪价格已涨至 16.84 元/kg，比第一周上涨 1.8%，第四周价格略有回落。随着两节的临近，上涨空间将有所持续，2016 年，随着后期补栏量增加，预计猪饲料产量将逐步回升（图 2－19、图 2－20）。

禽饲料：随着禽类养殖市场近两年产能调整和 2014 年上半年 H7N9 流感疫情逐渐褪去，2014 年家禽养殖效益较好，养殖户和大型企业也在不断扩大规模化养殖，加大补栏力度，导致今年肉鸡存栏量处于高位，饲料需求量也不断提升，1～12 月份肉禽饲料同比增加 14.3%。2016 年肉禽饲料将延续 2015 年增加趋势，肉禽饲料需求量依然看涨。蛋禽方面，鸡蛋价格继续弱势运行，蛋禽饲料产量预期继续呈稳定盘整。

反刍饲料：近年来进口牛羊肉不断涌入中国市场，进口奶产品数量占国内总消费量的三分之一。特

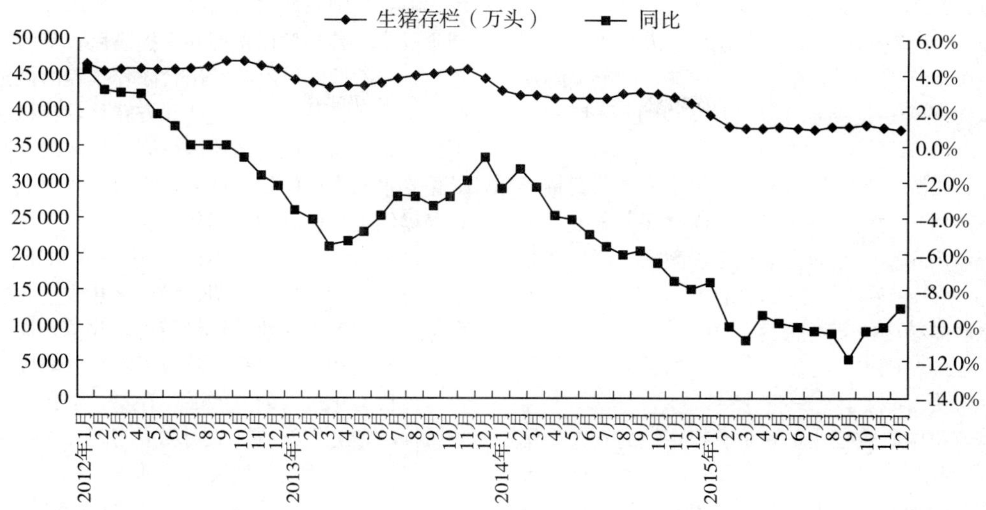

注：同比参考右侧刻度值

图 2－19　2012—2015 年 12 月生猪存栏同环比

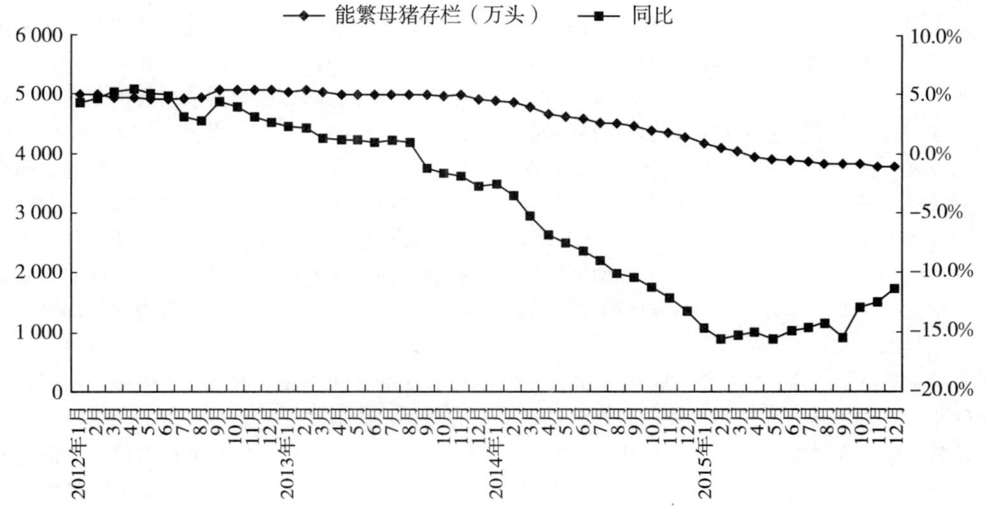

注：同比参考右侧刻度值

图 2－20　2012—2015 年 12 月能繁母猪存栏同环比

别是澳大利亚、新西兰等国家的资源优势，新希望乳业等国内大型企业不断加大在国外布局，奶产品价格将会继续下降。使反刍动物养殖利润受到挤压，部分地区和养殖户加大粮改饲进程，饲喂自配料比例不断加大，1～12 月反刍饲料产量同比下降 3.2%。但我国在不断加大反刍动物规模化养殖补贴政策。2015 年，中央财政安排资金 12.88 亿元支持畜牧业发展，比 2014 年同口径增长 1.88 亿元。今后将进一步刺激反刍饲料产销量，预计全年反刍饲料产量同比将保持小幅增长。

2. 行业发展趋势。目前，我国饲料行业正在步入“大转型、大联合、大竞争、大淘汰”时期，企业整合速度加快，运行模式升级，互联网、大数据、信息化、智能化、特色化时代，在中国经济新常态下，饲料行业也迎来发展的新业态。

饲料企业（集团）纵向延伸、横向整合（养殖、屠宰加工、食品端）。积极探索优势互补、资源共享的跨界多元化合作模式；充分运用“互联网＋”大数据、云计算、金融运作等新的管理模式和新技术来改变传统产业；有效地与国际资源对接，深化国际合作，解决环境、资源、核心技术等“瓶颈”问题，有效实现国内国际市场资源的配置和运用等模式，并发挥出拓展饲料行业新的增长点的不可替代的作用。

通过近期对北京、山东、广东、广西、海南、陕西、新疆、江西、黑龙江9个省（区市）共45家企业（其中26家集团化企业）的实地走访调研看，饲料行业集中度越来越高，布局全产业链，向上下游延伸，或横向联合，提高竞争力的产业化进程趋势在加快。

此外，受政策和市场双重因素作用，中国饲料行业发展格局快速改变，整个行业将面临深度调整，未来饲料行业大中型企业的竞争会更加激烈。饲料企业通过内部挖潜，转型升级，突出创新，加大研发投入，优化产品结构，创新特色品牌等方式成为主流。在做足主业的基础上，与规模化养殖场、合作社的合作和布局势头不减。

当前，我国农牧行业正发生着根本性的五大变化（养殖规模变了，规模客户会成为未来市场主体；价值获取方向变了，有能力从消费端盈利；成本计算方式变了，综合成本领先；占据市场方式变了，掌握区域基地主动权；服务方式变了，拥抱互联网、大数据服务，必将引起饲料企业生产和发展方式的变化与结构调整。未来的饲料产业发展将以更开放的姿态融入整个社会经济的发展浪潮中，而非孤立的就饲料行业论饲料行业。

（1）谋求饲料、养殖、畜禽水产品加工闭环式的产业一体化发展方向依然不变。目前，有实力的企业都开始或者已经尝试产业链的延伸或谋求企业间的合作与协作。与此同时，在大型企业的示范带动下，中、小型饲料或养殖企业积极谋求产业一体的愿望十分迫切，新型农村专业合作社等形式的合作组织也都具有产业一体化的模型。

（2）由“制造驱动”向“技术＋服务驱动”转型。大众创业，万众创新。国家积极扶持和鼓励靠科技带动企业新发展，靠服务提高饲料价值将成为饲料企业得以持续发展最重要的推动力之一。企业研究投入和打造核心竞争优势的策略更加突显；整合先进技术，从设备改造、产品性能、有效提高产品利用率等方面提出企业自身的核心竞争优势更加突出。同时，以饲料上市公司为代表的我国饲料第一梯队企业借助我国饲料行业规范整合的契机，进一步布局企业自身产业链的整合和延伸，不断强化对市场和企业的服务功能。正大集团、新希望、海大集团、唐人神等企业立足养殖端和消费端，打造畜种、养殖、资金、服务一体的综合服务平台，持续深耕服务功能，有力地拓展企业自身发展能力。

（3）合作共赢、区域化布局企业发展提供新机遇。2015年7月开始，我国加入WTO协议的全面实践，国内外企业间的合作和技术交流更加直接、频繁和深入，尤其是大型企业间的互补式合作与股份制合作重组会在饲料发展中作为重要的发展战略而被运用。随着我国东部、南部经济发达地区步入产业升级新阶段，尤其是环保条件要求提高后，养殖空间越来越小，有的地方政府陆续出台限养禁养的措施，使一些大企业的养殖基地逐渐往北方转移，转移速度也在不断加快。而在中西部地区或同一地区的不同地域规模化养殖和生产的发展需要，将为企业形成新的发展布局提供更加便利的发展空间。

2015年12月24～25日在中央农村工作会议上指出，要坚持创新、协调、绿色、开放、共享的发展理念，着力加强农业供给侧结构性改革，提高农业供给体系质量和效率，高度重视去库存、降成本、补短板，加快消化过大的农产品库存量，加快粮食加工转化，推动粮经饲统筹、农林牧渔结合、种养加一体、一、二、三产业融合发展。

（4）“互联网＋”将带来饲料行业新的变化。“互联网＋农业”必将把传统产业在线化、数据化，智能化，将把饲料产品、从业人员及直接的交易行为逐渐迁移到互联网上。随着全国和各地信息化建设步伐的加快，农村互联网业的持续普及和对互联网作用的认识的提高，饲料行业运用“互联网＋饲料”的时代不可避免，互联网加速和重塑饲料行业发展方式的时代已是大势所趋。在内部管理、产品生产、市场运营、服务客户、大数据趋势预测和分析等各方面都将产生新的效用。新希望、海大、大北农等一大批企业都在尝试和运行，一些互联网大型运营商和新兴的互联网企业也在寻求农业、畜牧业、饲料业的联结联合，并积极地参与其中，而且速度将进一步加快。从市场情况看，养殖企业“互联网＋”平台或“＋服务”的建设方面的大数据式发展速度会快于饲料行业，或者说大型饲料企业在养殖平台领域的线上线下会加大资金投入，利用养殖反哺饲料的保有量。全面拥抱“互联网＋”时代大背景，整合产业链优势资源，构建立体化的产业生态圈，打造的企业产业互联网服务平台体系建设。当前大中型养殖企业对互联网的布局较为积极和前卫，而且这也是时代发展的需求和趋势。

（5）饲料业必将积极参与“一带一路”建设。目前，我国饲料企业海外发展主要定位在以发展中国家投资建设为主，在发达国家以合作和贸易为主。截至2014年底，新希望六和、通威、海大、禾丰、大北农分别在海外实现营业收入32亿元、9.1亿元、8.4亿元、0.245亿元。其中新希望六和2014年度，国内的毛利率5.02%，海外9.68%，营业收入同期同比增长2.18%，海外25.12%。2016年，在我国“一带一路”发展规划指引下，将拉动国内的需求和发展，又带动和引进国际上更多国家的参与与加入，是实现互利共赢、融合国内外共同发展的战略机遇期。我国饲料行业必将在原有基础上，战略性的融入其中和快速发展。

（6）饲料行业正处在探索和步入国际化的初级阶段。加入 WTO 后国际化永远是国家层面的战略话题，但国际化在饲料行业还处于探索起步阶段。就饲料企业国际交流和合作方面看，主要是资源贸易方面的合作，如产品销售、原料布局等，饲料方面只有少数的集团企业在海外投资建厂，主要在东南亚、非洲、埃及等国家，据初步估计中国饲料企业在海外投资进而不到 50 亿元。综合看，维生素和饲料机械产业的国际化程度相对成熟。

总之，从行业发展大趋势看，未来在农业部提出发展现代畜牧业和坚持“产出高效、产品安全、资源节约、环境友好”的发展方向指引下，以提高质量效益和竞争力为重点，建立以布局区域化、养殖规模化、生产标准化、经营产业化、服务社会化为基本特征的现代畜牧业生产体系的发展方略下，现代饲料业的发展体系也必将应运而生，现代化的健康养殖规模和水平将进一步提升，饲料行业将完全融入我国经济转型发展的大潮中，利用一切可利用的国内国际资源和政策措施，迅速发展和形成我国的现代饲料业的格局。

（陆泳霖）

主要饲料产品概述

中国饲料市场分布与概况

2015年在宏观经济增速放缓、饲料行业政策和养殖市场低迷等多重阻力下，我国饲料产量突破2亿t，实现饲料年产量20 009万t，同比增长1.4%。全国商品饲料工业总产值和营业收入分别为7 126亿元、6 786亿元，同比分别增长2.7%、1.6%。随着我国饲料行业逐步迈入整合转型期，截至2015年年底，全国共有饲料和饲料添加剂企业13 236家。其中，饲料添加剂（含混合型饲料添加剂）企业1 691家，添加剂预混合饲料企业2 747家，浓缩饲料、配合饲料和精料补充料企业6 764家，单一饲料企业2 034家。

一、饲料产量增速放缓，猪饲料首次下降、反刍动物饲料小幅度缓慢增长

2015年中国饲料产量20 009.2万t，同比增长1.4%。其中，配合饲料产量17 396.2万t，同比增长2.7%，占全国饲料总产量86.9%；浓缩饲料产量1 960.5万t，同比下降8.9%，占全国饲料总产量9.8%；添加剂预混合饲料产量652.5万t，同比增长1.9%，占全国饲料总产量3.3%。

从近7年饲料产量来看，全国饲料产量增速逐年放缓，年均增幅为5.1%。其中，配合饲料、添加剂预混合饲料年均增幅分别为7.1%、1.6%，浓缩饲料年均下降幅度5.1%（表2-4）。

从品种看，猪饲料、蛋禽饲料、肉禽饲料、水产饲料、反刍饲料、其他饲料年均增幅分别是8.0%、1.5%、3.5%、4.4%、6.9%、4.2%。其中，反刍饲料产量呈逐年增长趋势（表2-4、表2-5）。

表2-4　2009—2015年全国饲料产量变化与增幅情况

单位：万t、%

年份	总产量	配合饲料	浓缩饲料	添加剂预混合饲料
2015	20 009	17 396	1 961	653
2014	19 727	16 935	2 151	641
2013	19 340	16 308	2 398	634
2012	19 449	16 363	2 467	619
2011	18 063	14 915	2 543	605
2010	16 202	12 974	2 648	579
2009	14 813	11 535	2 686	592
年均增幅	5.1%	7.1%	−5.1%	1.6%

表 2-5 2009—2015 年各饲料品种产量变化与增幅情况

单位：万 t、%

年份	猪饲料	蛋禽饲料	肉禽饲料	水产饲料	反刍饲料	其他饲料
2015	8 343	3 020	5 515	1 896	884	354
2014	8 616	2 902	5 033	1 903	876	397
2013	8 411	3 035	4 947	1 864	795	288
2012	7 722	3 229	5 514	1 892	775	317
2011	6 830	3 173	5 283	1 684	775	316
2010	5 947	3 008	4 735	1 502	728	282
2009	5 243	2 761	4 478	1 464	591	276
年均增幅	8.0%	1.5%	3.5%	4.4%	6.9%	4.2%

从分布情况看，2015 年，东部地区（北京、天津、河北、上海、江苏、浙江、福建、山东、广东、海南、辽宁）饲料总产量为 10 467 万 t，同比增长 2.4%，占全国饲料总产量 52.3%；中部地区（山西、安徽、江西、河南、湖北、湖南、黑龙江、吉林）饲料总产量为 5 876 万 t，同比增长 4.2%，占全国饲料总产量 29.4%；西部地区（内蒙古、广西、重庆、四川、贵州、云南、陕西、甘肃、青海、宁夏、新疆）饲料总产量为 3 666 万 t，同比下降 5.3%，占全国饲料总产量 18.3%。

二、不同品种饲料产量分布情况

1. 猪饲料。 2015 年，猪饲料产量 8 343.6 万 t，同比下降 3.2%，占全国饲料总产量比重为 41.7%，较 2014 年降低 2 个百分点。其中，猪配合饲料产量 6 802.1 万 t，同比下降 2.1%；猪浓缩饲料产量 1 173.5万 t，同比下降 10.0%；猪添加剂预混合饲料产量 368.0 万 t，同比增加 0.1%。

从全国分布情况看，东部地区产量 3 664 万 t，同比下降 3.5%，占全国总产量 43.9%；中部地区产量 2 901 万 t，同比增加 1.1%，占全国总产量 34.8%；西部地区产量 1 779 万 t，同比下降 8.7%，占全国总产量 21.3%（图 2-21～图 2-23）。

2. 蛋禽饲料。 2015 年，蛋禽饲料产量 3 020 万 t，同比增加 4.1%，占全国饲料总产量比重为 15.1%，较 2014 年升高 0.4 个百分点。其中，蛋禽配合饲料产量 2 505 万 t，同比增加 6.2%，占全国总产量 82.9%；蛋禽浓缩饲料产量 364 万 t，同比下降 8.5%，占全国总产量 12.1%；蛋禽添加剂预混合饲料产量 151 万 t，同比增长 4.5%，占全国总产量 5.0%。

从全国分布情况看，东部地区产量 1 620 万 t，同比增加 7.9%，占全国总产量 53.7%；中部地区产量 968 万 t，同比增长 5.0%，占全国总产量 32.0%；西部地区产量 432 万 t，同比下降 9.8%，占全国总产量 14.3%（图 2-21～图 2-23）。

3. 肉禽饲料。 2015 年，肉禽饲料产量 5 515 万 t，同比增长 9.6%，占全国饲料总产量比重为 27.6%，较 2014 年升高 2.1 个百分点。其中，肉禽配合饲料产量 5 275 万 t，同比增长 10.4%，占全国总产量 95.6%；肉禽浓缩饲料产量 187 万 t，同比下降 10.0%，占全国总产量 3.4%；肉禽添加剂预混合饲料产量 53 万 t，同比增长 7.0%，占全国总产量 1.0%。

从全国分布情况看，东部地区产量 3 444 万 t，同比增长 11.6%，占全国总产量 62.4%；中部地区产量 1 206 万 t，同比增长 9.3%，占全国总产量 21.9%；西部地区产量 865 万 t，同比增长 2.6%，占全国总产量 15.7%（图 2-21～图 2-23）。

4. 水产饲料。 2015 年，水产饲料产量 1 893.1 万 t，同比下降 0.5%，占全国饲料总产量 9.5%，较 2014 年降低 0.2 个百分点。其中，水产配合饲料 1 865.5 万 t，同比减少 0.3%，占全国总产量 98.5%；水产浓缩饲料 3.0 万 t，同比下降 27.8%，占全国总产量 0.2%；水产添加剂预混合饲料 24.6 万 t，同比减少 13.7%，占全国总产量 1.3%。

从全国分布情况看，东部地区产量 1 153 万 t，同比减少 2.9%，占全国总产量 60.9%；中部地区产量 521 万 t，同比增长 9.1%，占全国总产量 27.5%；西部地区产量 219 万 t，同比下降 7.7%，占全国总产量 11.6%（图 2－21～图 2－23）。

5. 反刍动物饲料。2015 年，反刍动物饲料产量 884.2 万 t，同比增长 0.9%，占全国饲料总产量 4.4%，较 2014 年提高 0 个百分点。其中，精料补充料 655.6 万 t，同比增长 2.3%，占全国总产量 74.1%；反刍动物浓缩饲料 195.0 万 t，同比下降 6.3%，占全国总产量 22.1%；反刍动物添加剂预混合饲料 33.6 万 t，同比增长 21.3%，占全国总产量 3.8%。

从全国分布情况看，东部地区产量 393.0 万 t，同比增长 4.3%，占全国总产量 44.44%；中部地区产量 159.3 万 t，同比下降 7.3%，占全国总产量 18.01%；西部地区产量 332.0 万 t，同比增长 1.3%，占全国总产量 37.55%（图 2－21～图 2－23）。

6. 其他饲料。2015 年，其他饲料产量 354 万 t，同比减少 10.9%，占全国饲料总产量 1.8%，较 2014 年降低 0.2 个百分点。其中，其他配合饲料 294 万 t，同比减少 14.8%，占全国总产量 83%；其他浓缩饲料 37 万 t，同比增长 27.0%，占全国总产量 10.6%；其他添加剂预混合饲料 23 万 t，同比减少 1.9%，占全国总产量 6.4%。

从全国分布情况看，东部地区产量 192 万 t，同比减少 27.6%，占全国总产量 54.3%；中部地区产量 122 万 t，同比增长 29.4%，占全国总产量 34.4%；西部地区产量 40 万 t，同比增长 6.1%，占全国总产量 11.4%。（图 2－21～图 2－23）。

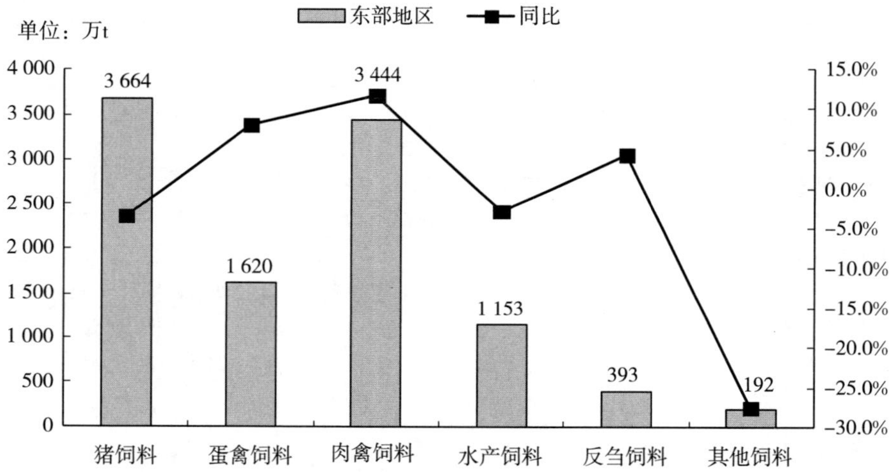

图 2－21　2015 年东部地区不同品种饲料产量及同比情况

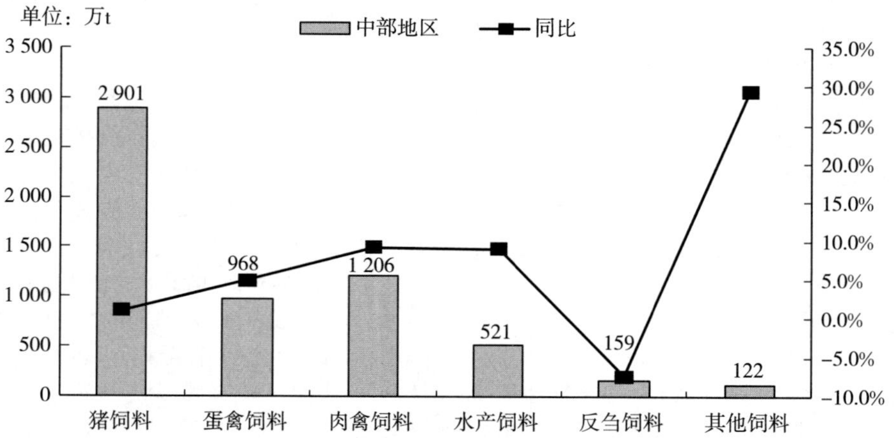

图 2－22　2015 年中部地区不同品种饲料产量及同比情况

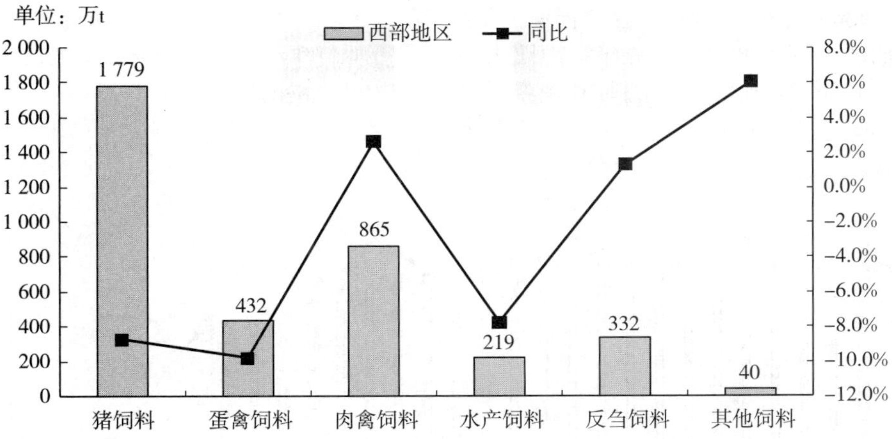

图 2-23　2015 年西部地区部同品种饲料产量及同比情况

随着我国《饲料和饲料添加剂管理条例》《饲料标签》等的实施，以及人们食品安全意识的不断提高，饲料质量安全逐渐受到人们的关注。根据农业部办公厅发布的 2015 年上半年、下半年全国饲料质量安全监测结果显示，2015 年上半年共抽检各类商品饲料共计 3 534 批次，产品合格率为 96.83%，同比上升 1.29 个百分点。其中，抽检配合饲料 1 476 批次，合格率 96.75%；抽检浓缩饲料 704 批次，合格率 97.59%；抽检添加剂预混合饲料 365 批次，合格率 92.88%；2015 年下半年共抽检各类商品饲料共计 3 331 批次，产品合格率为 95.59%，同比下降 1.24 个百分点。其中，抽检配合饲料 1 564 批次，合格率 94.76%；抽检浓缩饲料 593 批次，合格率 96.12%；抽检添加剂预混合饲料 325 批次，合格率 94.46%，饲料产品质量合格率维持在较高水平。

（陆泳霖　杨义忠）

猪饲料

一、2015 年我国生猪生产情况

1. 生猪生产基本稳定，生猪出栏量及猪肉供给同比呈小幅下降。据国家统计局资料，2015 年肉类总产量 8 625 万 t，比上年下降 1.0%。其中，猪肉产量 5 487 万 t，下降 3.3%，占肉类总产量 63.6%；年末生猪存栏 45 113 万头，下降 3.2%；生猪出栏 70 825 万头，下降 3.7%（图 2-24）。猪肉比重在经历两年上扬后有所回落。

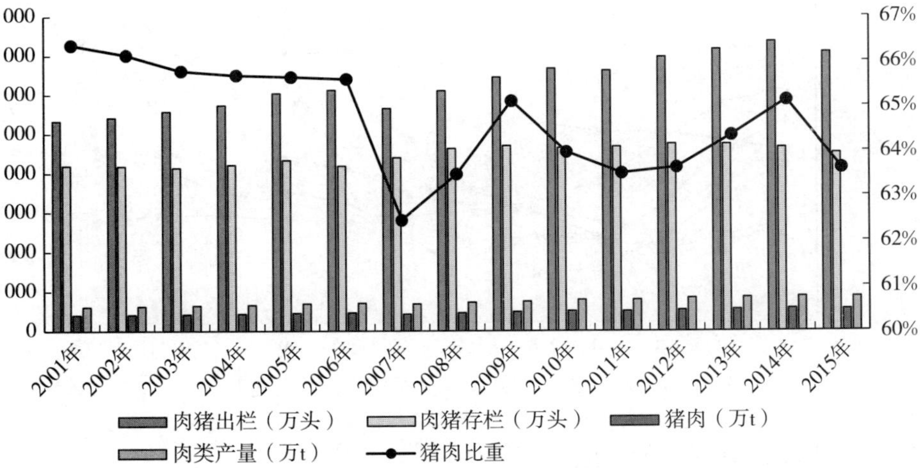

图 2-24　2001—2015 年生猪生产情况

2. 生猪和能繁母猪存栏大幅下降。从农业部畜牧司监测数据来看，2015 年年末生猪存栏为 38 379 万头，比上年下降 8.9%。由图 2 可见，2015 年全年生猪月存栏量均低于去年同期，并且达到近 5 年的历史低位水平；全年 12 个月同比均呈现下降趋势，有 10 个月同比下降幅度超过 10%，12 月份达到生猪存栏量最低点。

2015 年全国能繁母猪存栏量呈进一步持续下滑态

势，全年能繁母猪月度存栏量均低于去年同期。从图2-25可见，能繁母猪存栏数量2 015全年除9月份外均出现不同程度的下滑，连续12个月同比降幅超过10%；12月份能繁母猪存栏量约为3 798万头，环比下降0.6%，同比下降11.4%，远低于农业部“4 800万头”的预警线，处于近5年来的历史最低位。（图2-25）

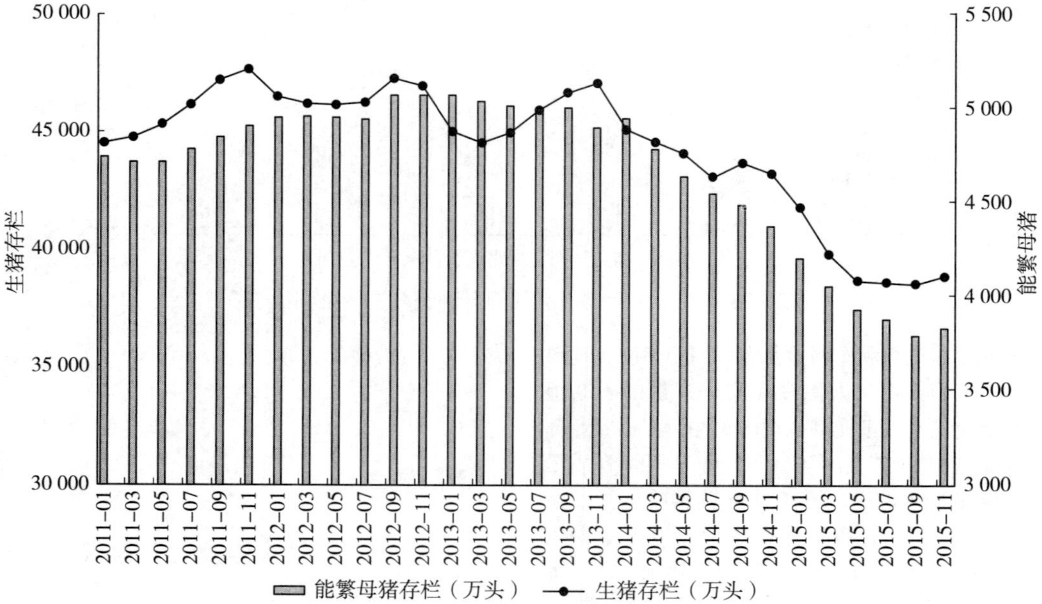

图2-25　2011—2015年生猪和能繁母猪存栏量走势图

3. 猪粮比有所回升，全年养殖利润回暖。 2015年全年猪粮比平均值为6.53∶1，较2014年的比价5.36∶1，上升1.17点，增幅约为21.8%。由图2-26可见，2015年全国平均猪粮比上半年低于6∶1盈亏平衡点，下半年重返盈利空间后大幅回升，年底达到5年来的最大值。（图2-26）

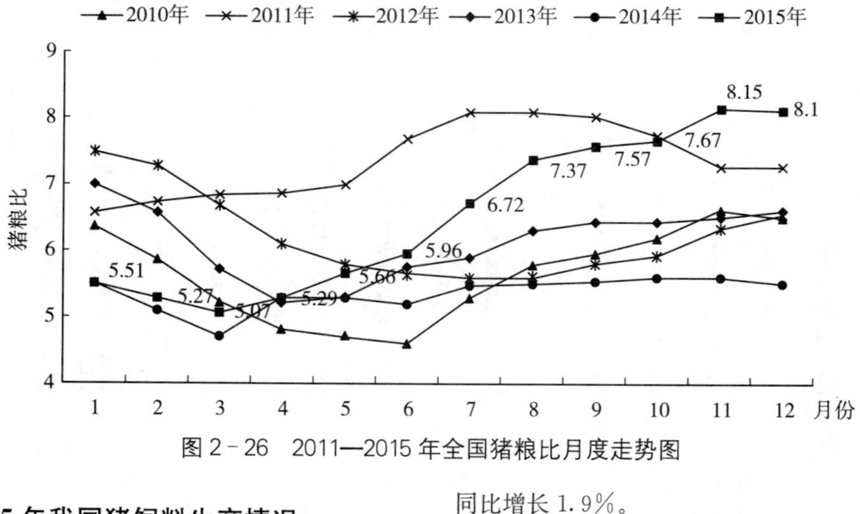

图2-26　2011—2015年全国猪粮比月度走势图

二、2015年我国猪饲料生产情况

1. 2015年全国饲料总产量和产值小幅上扬。 据全国饲料工业统计，2015年全国饲料总产量20 009万t，同比增长1.4%。其中，配合饲料产量为17 396万t，同比增长2.7%；浓缩饲料产量为1 961万t，同比下降8.9%；添加剂预混合饲料产量为653万t，同比增长1.9%。

2. 2015年猪饲料产量及比重小幅下降。 据统计，2015年全国猪饲料总产量8 344万t，同比下降3.2%，占全国饲料总产量的比重41.7%，同比下降4.5%。其中，猪配合饲料总产量6 802万t，同比下降2.1%，占全国配合饲料比重为39.1%，同比下降4.6%；猪浓缩饲料总产量1 173万t，同比下降

10.0%，占全国浓缩饲料比重为59.9%，同比下降1.2%；猪添加剂预混合饲料总产量368万t，同比增长0.1%，占全国预混合饲料比重为56.4%，同比下降1.7%。(表2-6)

表2-6　2005—2015年我国猪饲料生产情况

单位：万t、%

年份	总产量	占饲料总产量比重	猪配合饲料	占猪饲料比重	猪浓缩饲料	占猪饲料比重	猪添加剂预混合饲料	占猪饲料比重
2005	4 250	39.60	2 561	60.26	1 434	33.75	254	5.99
2006	4 015	36.31	2 397	59.70	1 354	33.72	264	6.58
2007	4 001	32.47	2 411	60.26	1 312	32.79	278	6.95
2008	4 577	33.49	2 893	63.21	1 374	30.02	310	6.77
2009	5 243	35.39	3 363	64.15	1 542	29.42	337	6.43
2010	5 947	36.70	4 112	69.14	1 498	25.19	337	5.67
2011	6 830	37.82	5 050	73.94	1 443	21.13	337	4.93
2012	7 722	39.70	5 991	77.59	1 382	17.89	349	4.52
2013	8 411	43.49	6 629	78.81	1 407	16.73	375	4.46
2014	8 616	43.68	6 945	80.61	1 303	15.12	368	4.27
2015	8 344	41.69	6 802	81.5	1 173	14.06	368	4.41

3. 大宗原料价格回落，养殖利润大幅提升。2015年猪粮比和猪料比分别由2014年的5.36、4.48上升到6.53、5.11，同比提升21.8%、14.1%。而2015年全年玉米价格均价2.29元/kg，同比下降5.2%；豆粕均价3.09元/kg，同比下降19.8%；全年猪混合饲料平均价格基本持平，达到3.27元/kg，同比降幅2.0%。可见，养殖利润空间大幅提升。

三、2015年猪饲料主要发展特点

1. 猪饲料产品结构调整加速，配合饲料增长快速，浓缩饲料萎缩明显。随着饲料行业规模化、标准化的迅速发展，猪饲料产品结构也随之发生重大调整。从近年统计数据看，猪配合饲料比重从2006年的59.70%持续上升到2015年的81.53%，10年内增长了21.83%。而浓缩料所占比重持续处于下降趋势，从2006年的33.72%下降到2015年的14.06%，下降19.66%，达到了近十年来的最低点。预混料所占比重则同比小幅上升。可见，配合饲料产量快速增长，浓缩饲料产量萎缩明显，预混饲料产量则保持平稳。

2. 饲料企业优化整合，盈利模式发生转变。市场竞争加剧导致饲料企业兼并整合的步伐加快，行业集中度不断提升。大量中小型企业逐渐丧失竞争力而被市场淘汰，这为大型龙头企业腾出广阔的发展空间。当前，养猪业正处于规模化养殖快速发展与大量散养户并存时期，饲料企业应以技术服务作为新的盈利模式，从接触经销商向养殖户深入，建立稳定的互惠合作关系。同时，以"互联网＋金融＋公司＋农户"等新模式，促进我国生猪产业跨越式发展。

3. 加强畜禽养殖污染控制和食品安全监管，确保人民"舌尖上的安全"。随着《畜禽规模养殖污染防治条例》《水污染防治行动计划》以及《环保法》的实施，各地禁养区养殖场不断拆除、搬迁，其中福建省2015年共关拆猪场3.09万家。未来几年，污染严重的养殖密集区及养殖总量大、污染负荷重、国家水污染防控重点流域将成为养殖业整治的重点。2015年，被称为"史上最严食品安全法"的《中华人民共和国食品安全法》正式实施，从制度上解决现实生活中存在的食品安全问题，以确保人民"舌尖上的安全"。

4. 农业供给侧改革深入，养猪业机遇挑战并存。我国正在大力推进农业供给侧结构性改革，将大力促进畜牧业转型升级提质增效。近年来，猪价大起大落折射出我国畜牧业生产方式，特别是供给体系、供给质量和效率存在短板和瓶颈。进入新的发展阶段，我国养猪生产一方面日益面临环境容量约束的考验，一方面也迎来了“互联网＋”和需求多元化等诸多利好。只有主动适应形势，锐意改革创新，推动产业生产调结构、转方式、提质量、增效率，才能从源头上把“猪周期”的负面影响降至最低，让生产者和消费者都能从农业转型升级的过程中受益。

（吴维达　唐湘方　张宏福）

猪饲料生产与布局

一、我国养猪业情况及特点

1. 全国猪肉产量及人均消费量降低。随着我国宏观经济进入“新常态”，养殖行业延续去年整体去产能趋势，生猪和能繁母猪存栏持续减少，生猪养殖恢复缓慢。2015 年，全国生猪出栏量 70 825 万头，同比下降 3.7%；猪肉产量 5 487 万 t，同比下降 3.3%。猪肉产量下滑，人均猪肉消费量减少，2015 年人均猪肉消费量 39.9kg/人，同比下降 3.9%。（表 2－7）。

表 2－7　2005—2015 年生猪生产情况

单位：万 t、kg/人、%

年份	猪肉产量	同比	人均猪肉消费量	同比
2005	4 555	4.9	34.8	4.3
2006	4 651	2.1	35.4	1.6
2007	4 288	−7.8	32.5	−8.3
2008	4 621	7.8	34.8	7.2
2009	4 891	5.9	36.6	5.3
2010	5 071	3.7	37.8	3.2
2011	5 060	−0.2	37.6	−0.7
2012	5 343	5.6	39.5	5.1
2013	5 493	2.8	40.4	2.3
2014	5 671	3.2	41.5	2.7
2015	5 487	−3.3	39.9	−3.9
年均增长率	2.5%	—	2.0%	—

2. 生猪企业基本回归盈利状态。根据农业部每月跟踪的饲料产品价格分析，2015 年猪配合饲料平均价格 3.27 元/kg，同比下降 4.1%。能繁母猪存栏持续下降，年末能繁母猪存栏 3 800 万头，同比下降 11.4%，依然处于去产能状态。2015 第一季度猪价持续降低，3 月触底反弹，第一季度猪粮比 5.07∶1，低于 5.5∶1 的盈亏平衡点，生猪企业处于亏损期。后季度受生猪和能繁母猪存栏持续减少、猪价回升，玉米、豆粕饲料原料价格下滑的影响，后季度猪粮比增长到 6.99∶1，高于 5.5∶1 的盈亏平衡点，后季度生猪企业处于盈利状态。2015 年全年猪粮比平均 6.51∶1，高于 5.5∶1 的盈亏平衡点，2015 年全年生猪养殖基本处于盈利期。

二、猪饲料发展特点及区域

1. 猪饲料产量首次下降。我国猪饲料产量从 2008 年年产量 4 577 万 t，快速持续增加到 2012 年年产量 7 722 万 t，平均年复合增长率达 14%。在全国宏观经济进入“新常态”以及饲料行业政策的影响下，2013 年饲料产量进入缓慢增长期，2013 年同比增长 8.9%，2014 年同比增长 2.4%。2015 年我国猪饲料产量首次下降，年产量 8 344 万 t，同比下降 3.2%（图 2－27）。

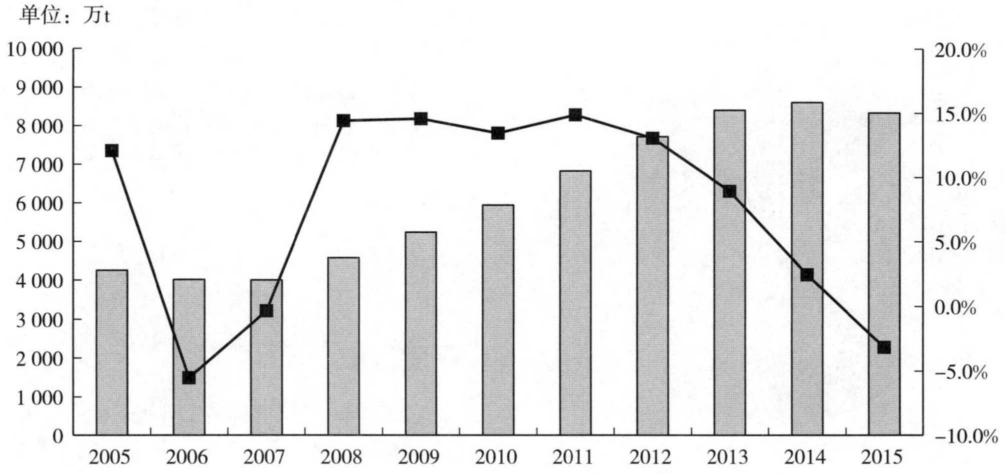

图 2-27　2005—2014 年猪饲料产量情况

2. 猪饲料产品结构不断优化。随着中、小散户不断退出，我国生猪养殖规模化不断加深，对于猪配合饲料工业需求不断增加，猪配合饲料的比重不断升高。2015 年猪配合饲料总产量 6 802 万 t，同比下降 2.1%，占猪饲料总产量 81.5%，比重提高 0.9%，占全国配合饲料总产量 39.1%；猪浓缩饲料 1 173 万 t，同比下降 10%，占猪饲料总产量 14.1%，比重下降 1.0%，占全国浓缩饲料总产量 59.9%；猪添加剂预混合饲料 368 万 t，基本持平，占猪饲料总产量 4.4%，比重下降 0.1%，占全国添加剂预混合饲料总产量 56.4%。

3. 猪饲料价格再次下滑。2015 年我国生猪和能繁母猪存栏持续减少，生猪养殖依然处于去年产能状态。受猪市场价格和存栏，以及饲料原料价格持续下降的影响，猪饲料价格继 2014 年后再次下降。据农业部重点跟踪企业价格数据分析，2015 年育肥猪配合饲料平均价格 3.27 元/kg，同比下降 4.1%；育肥猪浓缩饲料平均价格 5.07 元/kg，同比下降 4.5%；4%大猪预混合饲料平均价格 5.99 元/kg，基本持平（图 2-28）。

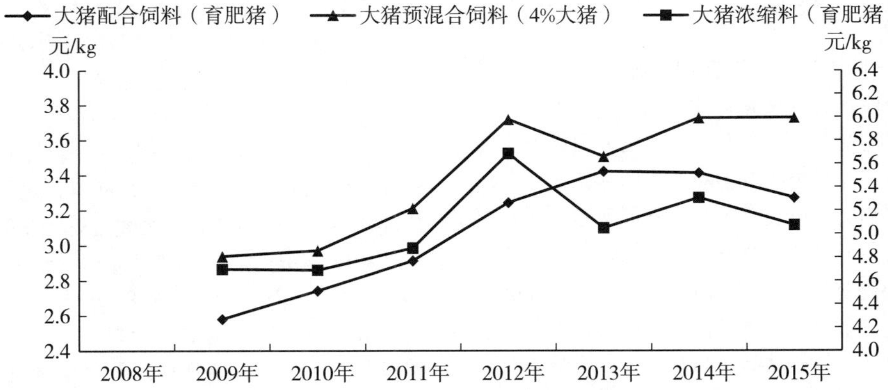

图 2-28　2008—2015 年育肥猪配合、浓缩饲料和 4%大猪预混合饲料产品价格

4. 猪饲料生产区域化明显。根据猪饲料原料主产区及生猪养殖和畜产品消费地区分布，我国猪饲料主产区相对于 2014 年区域分布来看，依然集中于华东、华中、华南三个区域，其中，华东的江西、山东，华南的广西、广东，华中的河南、湖南，分别为华东、华南、华中三个区域猪饲料的主产省份，分别占三个区域猪饲料总产量的 53%、84%、95%。华东、华南、华中合计占全国猪饲料总产量的 70%，尤以华东地区占比最大，占全国 28%；华南和华中地区分别占 22%和 20%。华北、东北、西南和西北地区占全国产量 30%，其中，西南地区占 11%；东北和华北地区分别占 8%和 8%；西北地区产量最少，占比 3%（图 2-29）。

三、生猪养殖特点

1. 生猪生产的区域布局。根据农业部发布的《全国生猪生产发展规划（2016—2020 年）》（以下简称《规划》），明确了“十三五”我国生猪生产发展布

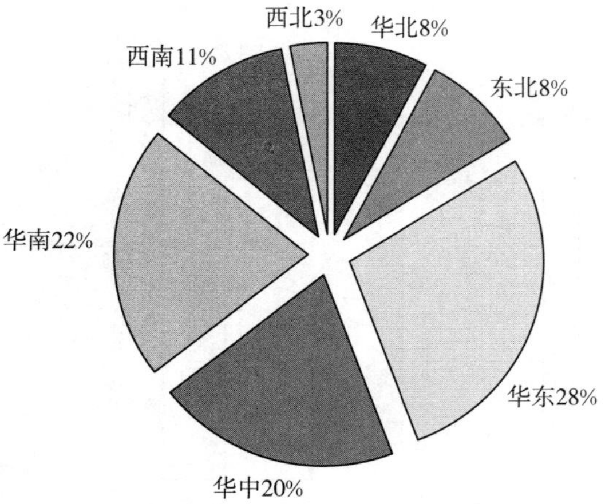

图 2-29 2015 年猪饲料产量各大区域占比

局。综合考虑各地区环境承载能力、资源禀赋、消费偏好和屠宰加工等因素，《规划》确定了生猪生产的区域布局，将全国划分为重点发展区、约束发展区、潜力增长区和适度发展区四个区域，要求发挥区域比较优势，分类推进，协调发展。重点发展区养殖总量大、调出量大，是稳定猪肉供给的核心区域；约束发展区主要是京津沪和南方水网地区，生产发展空间受限，未来养殖总量保持稳定，发展现代生猪产业；潜力增长区在环境承载力、饲料资源、地方品种资源等方面具有一定优势，是猪肉产量增加的主要区域；适度发展区生猪养殖基础薄弱，主要是发展优质高端特色生猪产业。

2. 饲料企业进入整合提升期。我国饲料行业经过快速发展阶段，我国饲料行业将进入“转型”“联合”“竞争”“淘汰”的整合期。随着我国饲料行业的不断发展，我国饲料企业将不断加快国际步伐、深化国际合作，来解决环境、资源、污染等问题；同时国内企业之间的强强联合、合作共赢也是现阶段饲料行业企业的发展趋势；我国饲料企业不断加大科研投入，通过企业与企业，科研机构与企业的合作，不断科技创新，提升饲料产品品质和利用率，增强企业核心竞争力。随着饲料行业相关政策的出台以及企业之间的竞争，中、小饲料加工企业不断被淘汰，同时我国饲料企业借此整合契机，将进一步优化产品结构，整合及延伸滋生产业链布局，不断强化对市场和企业的服务功能。

3. 养猪业结构不断转型升级。随着中、小散养户不断退出，我国规模化养殖程度不断提高。未来，我国养殖业将不断推进产业化经营和社会化服务，培育新型经营主体，让互联网、云计算、大数据、金融运作等进入养殖行业，让“互联网+生猪”等的发展方式成为养殖业新模式、新动力，从而彻底升级传统的养猪管理模式，全面提升整个行业的现代化管理水平和生产效益。此外，随着国家不断加对大生猪养殖补贴、优化养殖区域布局、推动养殖废弃物的综合利用、提升产业科技含量和产品品质、构建质量安全追溯体系，我国养殖业将不断朝高效、安全、节约、环保的方向发展。

（陆泳霖　杨义忠）

家禽饲料

总结 2015 年家禽饲料工业概况，在大豆、高粱、大麦、木薯、DDGS、玉米、小麦等饲用资源“疯狂进口”的前提下，国内饲料价格较低，促进了饲料产量增加，养禽业表现平平：禽产品产量增加、禽饲料增加有限。因“高供应、低消费”、临储价格下调、大量替代原料（大麦 1 070、高粱 1 069、木薯 937、DDGS682、玉米 473、小麦 297 万 t）进口等，使得 2015 年玉米过剩，价格“回归自然”。进口大豆8 169 万 t、菜籽 447 万 t、亚麻籽 45 万 t 等油料作物的约 70%的饼粕，均用作了饲料，约 6 000 万 t。

一、家禽饲料生产

2015 年蛋禽饲料总产量 3 019.8 万 t，其中配合饲料 2 504.7 万 t，浓缩饲料 364.3 万 t，预混合饲料 150.8 万 t；按浓缩饲料 30%，添加剂预混合饲料 4%的添加剂量测算，折合蛋禽配合饲料量为 7 490.0万 t；禽蛋（鸡蛋、鸭蛋、鹌鹑蛋、鸽子蛋、鹅蛋等）产量 2 999 万 t（+3%），折算蛋禽的全程料蛋比为 2.50。是因为 2015 年度饲料原料（玉米、豆粕）价格低廉，蛋禽养殖户自配料普遍，这也是吸引传统预混合饲料生产企业关注蛋鸡产业的主要原因。

2015 年肉禽饲料总产量 5 514.8 万 t，其中配合饲料 5 274.5 万 t，浓缩饲料 187.4 万 t，添加剂预混合饲料 52.8 万 t；按浓缩饲料 30%，添加剂预混合饲料 3%的添加剂量测算，折合肉禽配合饲料量为 7 658.9万 t；禽肉产量 1 826 万 t（+4.3%），折算肉禽料肉比 4.2。

2015 年我国家禽饲料总产量 8 534.5 万 t，占饲料总产量（20 009 万 t）的 42.65%。禽饲料占比的增加，与肉禽和蛋禽存栏高位、规模化养殖不断扩大有较大关系。奥特奇统计，2015 年度全球饲料总产量 9.955 亿 t（中国 1.8 亿 t），其中禽料（4.58 亿 t）占 46%。我国 1991—2009 年，禽料占饲料总产量的比例均在 50%左右，近年来一度降低了 40%；可见随着蛋禽饲料的工业化增加，禽饲料仍有较大的空间（图 2-30）。

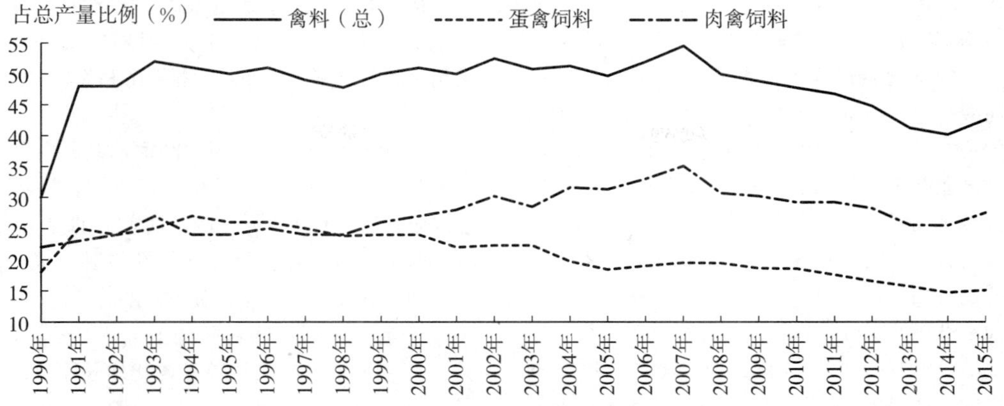

图 2-30 1990—2015 年我国家禽饲料产量

二、家禽养殖和产品

我国禽肉产量不高（1 826 万 t），组成（鸡、鸭、鹅、鸽等）复杂。2015 年，白羽肉鸡出栏 44 亿只（产肉 750 万 t；博亚和讯估计 2015 年商品白羽肉鸡出栏 47.35 亿羽（－13.44%）产肉 862 万 t（－13%））、黄羽肉鸡 43 亿只（2.5，400 万 t）、淘汰蛋鸡（包括淘汰种鸡）13 亿只（160 万 t），肉杂鸡 10 亿只（约 100 万 t），地方特色鸡（白花鸡、丝羽乌骨鸡等）约 1 亿只（10 万 t），火鸡等约 1 000 万只（5 万 t）。我国水禽出栏 35.83 亿只，其中肉鸭出栏 28.62 亿只（530.2 万 t），蛋鸭出栏量 2.24 亿只（41.5 万 t），鹅出栏量 4.97 亿只（279.8 万 t）。

黄羽肉鸡发展迅猛。1995 年以前，白羽肉鸡在国内禽肉产业一家独大，几乎占据了市场 95%左右的份额；1995—2005 年，黄羽肉鸡从广东、福建向北方扩展，黄羽肉鸡北上的趋势明显。肉鸭发展迅猛，高时年出栏 40 亿只，再加上 817、地方土鸡、蛋鸡淘汰鸡等品种，现在白羽肉鸡市场占禽肉市场总体份额的 1/4 左右。我国的肉鹅占世界肉鹅的绝大部分，且近年来稳定增长；种鹅和商品鹅自产自销、冬季南繁北养、夏季北繁南养。

蛋禽行业特点：虽然因为封关等影响直接进口祖代减少（2015 年总进口量 8.39 万套），养殖的祖代（64.23 万套），远超出需要量（38 万套），配套系鸡蛋产量 2 060 万 t；饲料和人工的涨价幅度远远超出鸡蛋、淘汰鸡和鸡粪；养殖环境恶化、依赖疫苗、鸡病越来越复杂；蛋禽养殖业也有了门槛，虽然规模小者仍提供了较多的鸡蛋，但是正在自我淘汰；专业化发展、互联网模式正在推动行业整合；专门生产的蛋禽饲料的饲料场、设备正在增加。

（武书庚　齐广海）

水产饲料

一、生产量与行业特点

2015 年是饲料行业为之镇痛和异常艰难的一年。相比畜禽料、猪料而言，水产饲料行业取得的骄人业绩反而可喜可贺，总量达到 1 893 万 t，而且水产饲料行业是充满诱惑和亟待发展的一块净地，水产养殖更是真正的朝阳产业。体现在：

1. 水产行业的稳健性上 ①满足了剧烈增长的人口的最刚性需求，民以食为天，满足饮食的刚性需求。②抗经济周期，连续两次经济危机对水产行业影响甚少就是有力佐证，在此恶劣环境下各路资本反而蜂拥进入农牧水产行业。③抗技术革新。技术革新革掉了很多行业，而水产行业延续了约 3000 年的养鱼技术，水产动物本身是最高效的动物蛋白生产依赖生物反应器。

2. 水产行业的先进性—节粮，环保、高效：水产动物摄入的饲料原料中不含玉米、小麦等原粮，利用的全部是不能为人直接食用的粮食加工副产品，且转化效率比陆生生物更高。①节约原粮，生物能源、陆生动物饲养行业都出现了与人直接争粮食的严峻局面，房地产、现代工业的快速推进导致耕地面积减少，间接与人争粮食，粮食危机势必愈演愈烈！水产行业成为不消耗原粮却能生产食物的行业。众多养殖品种的发展生命力必将日益强劲。②环保：与其他动物蛋白生产系统（如猪肉和牛肉）相比，每单位重量的水产品对全球氮和磷的排放量小于低于猪肉和牛肉，可减少对气候变化的影响。不同的研究报告和大量的生产数据表明，与猪肉或牛肉生产相比，鱼类可将食物转化成更多可消费蛋白质，浪费量更少。

3. 水产行业的成长性 ①人口城市化加快：城市人口首超农村，人口城市化带来对饮食结构中动物蛋白总体需求会增加。②生活水平同提高对健康食品的需求：经济进步、生活水平提升带来消费需求的变化，从吃饱到吃好、吃出营养、吃出健康。早期的营养研究关注的是常量营养素，如蛋白（氨基酸）、脂肪（脂肪酸）等，微量营养元素的研究开始得到越来越广泛的关注。对发展中国家和贫穷国家人口的微量营养素补充尤其重要！而众多水产品种中维生素A、铁、锌等微量元素的含量很高。③现有水产饲料市场供应总量还有很大的空间提升。一方面是现有养殖水面很多并没有用饲料养鱼；如：湖北官方统计的宜养精养水面不低于600万亩，除去部分种藕等用途，养鱼水面至少200万～300万亩*，按目前亩投喂量1～1.5t计算，至少应该是200万～400万t市场饲料容量，但目前统计的湖北水产饲料实际产销量是一百多万t；二是部分现有用饲料养鱼的水面投喂量还很低。如：湖北监利很多池塘还是喂草或原料养鱼，潜江的几个上万亩农场也还是原料喂鱼为主，洪湖的不少地区养鱼很粗放，亩投喂量只有0.3～0.5t；三是调水剂等新技术的应用提高了单位水面的投喂量如：湖北武汉东西湖区域调水剂的大面积应用结果表明，改善水质后的池塘投喂量可以从原来的1.5t提高到1.7t左右，提高16%。水产养殖对全球食品安全的重要意义已引起国际一流财经媒体的高度关注。

2015年水产饲料行业遭遇了“内忧外患”：“内忧”的是水产品价格低迷、疫情频发、多个台风袭击等不利因素冲击养殖业；“外患”的是我国经济增长放缓，导致水产品的消费需求受到抑制，部分水产饲料企业在融资方面出现较大困难。2015年全国饲料生产总量，以及水产饲料生产总量出现下降。大部分饲料企业的销量出现下降的局面，只有少数饲料企业的销量有所增长。尽管面对如此残酷的结果，但饲料企业仍有令人欣慰的消息，饲料原料市场大部分品种的价格都下跌，这大大降低了饲料企业的采购成本。因此，大部分饲料企业虽然收入下降，但净利润却大幅上升，甚至有可能达到有史以来最好的水平。让畜禽企业及一些特种水产饲料为主的一些企业羡慕不已，且坚定了发展水产饲料的信心。

二、2015年从原料、养殖、企业竞争、及产业集中度等不同角度简要总结如下：

1. 原料采购一反常态。可以说2015是玉米的变革年，玉米市场开启了从“政策主导”到“市场主导”的大幕。豆粕价格可以用一句广告词来形容：“没有最低，只有更低”，豆粕迎来8年最低水平。菜粕、棉粕风光不再，鱼粉暴涨梦碎。由于豆粕价格不断下调，在2015年5月至今跌到2 500元左右的位置，已经达到了2008年金融危机以来的最低水平。如此一来，菜粕便失去了性价比优势，沦为鸡肋的地步。往年淡水鱼料里菜粕的添加比例在30%～40%，但是2015年豆粕跌得这么狠，很多饲料企业都反过来用豆粕替代菜粕，菜粕的使用下降至10%，有的甚至5%。

2. 水产养殖淡季不淡，旺季不旺。由于2014年底的时候大部分水产品价格出现下跌，导致2015年上半年，特别是3～4月份的时候存塘鱼量特别高。以罗非鱼为例，在往年存塘量在二到三成，而2015年达到了五成。这直接促使水产饲料消费同比增长，2015年上半年水产饲料同比上涨了2%，部分企业2015年上半年水产饲料销量同比增长了20%。但到了7～9月的养殖旺季，水产养殖遭遇到频繁的病害、台风的影响则表现为旺季不旺。7～9月水产料同比下降了10%。

3. 水产饲料企业价格战频发且激烈。价格战年年都有，但是2015年不再是以往那种犹抱琵琶半遮面的形势。2015年是拉开架势，直接开打，你来我往，此起彼伏。要提价格战，就不得不提海大。作为水产料巨头，海大这两年在饲料市场上的进攻最猛。在别人涨价的时候海大不跟涨，在饲料原料价格下降的时候海大率先降，而且在饲料原料价格上涨的时候，海大还在降。2015年7月，海大、通威、粤海、恒兴等一批水产料企业打成了一锅粥。打破游戏规则：一个是7月份横空出世的美傲，一个是9月份海大的“同塘对比实验”，这两个都采取了异于往常的营销手段，迅速在业内引爆，引发广泛的关注与讨论。

4. 水产仍较为热闹，诸多企业表现可圈可点。尤其以大北农为代表的畜牧军团强势进军水产搅浑了饲企竞争格局，粤海大手笔并购泰山显示老牌粤企的雄心，瞄准高端客户群的澳华继续暴走“城市包围农村”的差异化战略，而海大与粤海的价格攻防战更是将水产饲料的竞争层次推到顶峰。中国水产料企按产销量大致可划分为四个梯队。第一梯队为200万t级企业：通威和海大；第二梯队为50万～100万t级企业：恒兴、正大、新希望六和、粤海；第三梯队为20万～30万t级企业：大北农、旺海、澳华、南宝、统一、普瑞纳和淮大江等。第一和第二阶梯的企业可视为巨头队伍，按照饲料工业发展历程看，赢者通吃的巨头优势势不可挡，大批中小企业将逐步退出市场，行业集中度日趋提高是饲料业发展的必然规律。不同地区均出现大量整合倒闭等的案例，不乏一些历史悠久的且做得比较好的一些饲料企业。大部分企业已经感受到了综合实力的重要性及资本市场带来的无

---

* 亩为非法定计量单位，1亩＝667m^2。——编者注。

情的压力，水产饲料行业已进入红海。最大的变局将发生在第三、第四梯队的中小型企业，发展得好的公司将进一步发展甚至进入第一集团，反之将逐渐退出市场，甚至走向消亡。如聚集特种水产料的旺海，将生鱼模式复制到普通淡水料上，正在推行组织变革欲谋求淡水鱼料突围，可谓近年中小企业的发展样本。值得一提是进入水产的一批畜牧军团，如大北农、中粮等，这些巨头的水产业务距离通威、海大还差很远，但这些企业的综合实力却不比两家巨头弱，甚至更强，如大北农大力推行的财富共同体，而且这些企业将利用资本优势加大收购步伐，意图颠覆商业模式和水产格局，这对于水产格局将具有决定性影响。

5. 养殖户的升级换代。养殖户升级换代变化快，规模化且有技术实力的养殖户不断涌现，投资心态取代了传统散户养殖的传统心态。养户升级换代带来最大的变化是未来养户将有能力清晰鉴别饲料企业产品的性价比，同时对企业的服务提出了清晰的需求。对产品性价比的识别将成为最基本的能力。目前，很多养户对水产饲料产品的饵料系数已可以界定到 0.01。对服务的需求也要求更高，如技术服务、产业链服务和金融服务，面对养户如此之高的需求，大部分饲料企业也需要不断做出调整以适应市场（表 2－8）。

表 2－8　2015 年全国不同省份水产饲料产量统计

单位：t

全国总计	18 931 371
广　东	4 458 150
江　苏	2 661 909
湖　北	2 330 834
湖　南	1 269 063
福　建	1 120 074
浙　江	891 471
江　西	654 015
河　北	624 793
四　川	610 738
广　西	524 673
河　南	495 303
天　津	421 848
辽　宁	422 197
云　南	415 896
海　南	390 562
山　东	383 407
安　徽	331 316
陕　西	248 497
黑龙江	152 705
新　疆	136 416

（续）

全国总计	18 931 371
重　庆	123 101
北　京	89 362
上　海	81 569
贵　州	41 543
宁　夏	23 479
内蒙古	12 660
甘　肃	8 281
吉　林	6 951
山　西	558

三、品种（鱼虾品种和加工料型）

从水产饲料销售品种上看，普通淡水鱼饲料仍是中国市场的绝对主流，水产颗粒饲料销量约占水产饲料总销量的 70%。而占据水产料的 70%的市场依然是草鱼、鲤鱼、鲫鱼、罗非鱼、鳊鱼、青鱼等传统淡水养殖品种，普通品种总量虽占优势，但上涨乏力，常规水产饲料还是占据着绝对的地位，更容易上量一些，且资金风险相对较小，养殖效益相对波动比较小。随着人民生活水平的提升、对品种消费品种的变化和养殖者投资盈利的心态影响，特种饲料总量呈现快速上升势头，诸如黄颡鱼、生鱼、泥鳅饲料等品种，但相对来说总量有限，短期内难有大的突破。

第一大国民普遍消费的草鱼，疲态尽显，全国各地行情相对都比较低迷，局部区域亏损，大部分区域在盈亏平衡点挣扎，华中市场更是低迷两年。诸多养殖户通过调整养殖模式或转养其他品种来改变盈利不好的现状，然而短期内草鱼价格则很难爆发式增长。伴随着低迷鱼价和养殖模式的变化，在华南市场推广成熟的草鱼膨化料在内地市场的推广多少受到了一定的影响，要满足内地市场的混养模式、和长距离的运输、且要比较好的盈利三方面的诉求，单纯从水产膨化料技术上有难度，草鱼膨化料推广路程漫长，且进程缓慢。

鲤鱼行情是难得的亮点，相对比较平稳。在东北华北市场做得比较好的是不同区域错开出鱼时间，虽然养殖量大，但价格上没有因为集中出鱼等原因使得鱼价大部分时间比较有保障。且饲料水平进展很快，虽然鲤鱼在华北东北市场养殖全是颗粒饲料，颗粒料的档次定位比较高，料比基本可以达到 1.3～1.4。膨化料在该品种的运用上暂时还不成熟，需要业界再攻克。

鲫鱼平淡且大红鳃病的爆发让众多养殖户心灰意

冷，罗非鱼上半年行情惨淡无比，下半年适当有所恢复，对虾养殖则更为惨淡，真正养殖成功者为数不多。但对虾养殖区域则悄然发生改变，内陆淡水养殖对虾悄然兴起，养殖成功率上甚至比传统沿海老区域还要好，也成为行业热议话题。

如此现状下，养殖模式也在适当做一些调整，沿海一带的淡水鱼虾混养及海水鱼虾混养模式、华南市场罗氏沼虾和南美白对虾的混养、华中市场的混养模式等，改变品种或者改变养殖模式，越来越多优质的养殖户开始重视养殖规划，经营思路及投资规划意识在不断加强。养殖模式的改变势必引起饲料形式的一些改变，常规高档虾料比例和总量下降，鱼虾混养料比例在上升，且鱼虾混养料出现多个档次，而且不同养殖模式对应的饲料设计也要做出调整，这样才能更加接地气。

几家欢喜几家愁，伴随着普通传统品种的波澜不惊。特种养殖品种如黄颡鱼、加州鲈、石斑鱼、牛蛙、黄鳝、泥鳅、小龙虾、太阳鱼等发展势头迅猛，养殖户都获得了超常的收益，积极性空前高涨，养殖总量也保持一定比例的增加。更多的饲料厂家则相应做出调整，逐渐重视特种品种。但特种养殖品种饲料技术门槛比较高，对企业的发展如同双刃剑，需要企业去摸索和沉淀，也说明这些特种品种的技术还有较多提升空间。

颗粒料一统天下的态势被打乱，虽然颗粒料占主导位置，但膨化料发展速度和势头较快，大部分特种品种基本已经是全程投喂膨化料，如生鱼、黄颡鱼、海水鱼、塘虱、太阳鱼等，普通的品种罗非鱼膨化料占比达到 90%，达到 160 多万 t 的总量。无奈膨化料基数太小，膨化料所占比例较低。在产业大发展背景下，无论是跨国饲料集团、上市公司，或区域性强者，中小饲料企业都将目光投注在了膨化料上。全国膨化线总量超过 300 条，其中华南地区超过 200 条，全国膨化线产量保守估计已超过 500 万 t，产能已严重过剩。粉料依然局限于鳗鱼、甲鱼、河豚为主，所占市场份额相对较小，且这几个品种有进一步下滑的趋势，整个鳗鱼种苗繁育依然无法解决，主要销售市场以浙江、广东、华中等地区。

四、区域特点

水产饲料在不同区域体现出差异，具体则体现在地域、竞争激烈程度、膨化饲料发展程度不同等。华南、华中、华东区域是传统的水产饲料重地，地位无可撼动，三个区域的饲料总量均超过 400 万 t，也是水产饲料企业重点屯兵之地。华南市场从总量上来说是传统的老大市场，品种多，厂家多，起步时间早，竞争上相对更为激烈，一些集团性企业的优势显露的比较明显，在此轮成长中稍微胜出，资本的力量显现出了优势，从普通品种到特种品种，都越来越受到一些大集团企业的投入，一些品种几乎成为瘦狗产品，如海鲈往年十来家企业追逐，到如今就剩下 10 来家企业，出现两家独大的局面，众多当地企业纷纷退去竞争。华中市场养殖品种相对单一，整体以草鱼品种为主，行情低迷困扰着华中市场，成长显得有些滞后，且成长空间小一些。华东区域本身有较好的消费基础，且养殖品种众多，水资源丰富，如江苏市场还有大量的一些滩涂等区域待开拓，发展潜力无限。在此背景下，华东市场近年来也受到越来越多的饲料企业的关注和投入，逐渐将成为下一轮军备竞赛之重地。

华南华东西南区域膨化料走在前面，尤其是华南市场起步早，膨化料全程养殖已覆盖大多数养殖品种，华南市场膨化线多达 200 来条，全国 300 条左右，产能过剩，但不同厂家产能利用率相差较大。华东东北市场膨化料线很少，整体推广较慢，华中市场呈现出一定的增长趋势，且会成为膨化料重点推广的新兴市场。一些集团性企业推广上投入较多，等待膨化料势头起来后，其他一些中小企业蓄积力量顺势而为反而是一种不错的方式。

虽然说竞争激烈，但相比其他行业及畜禽的竞争和可成长空间来说，不同区域水产饲料仍然有较大的发展潜力：首先华中市场养殖水面大，部分地区饲料普及率不够，在部分企业引导下，随着养殖模式和技术的提升，单位水面的饲料投喂率仍有较大提升空间；其次广东省、福建省、江苏省等沿海一带有较大的发展空间，还有大量的滩涂可以有效利用起来，海水鱼和对虾饲料开发空间巨大；而且北方的山东省、河北省、天津市、辽宁省等沿海省市水产饲料普及率较低，无论淡水、海水饲料的开发空间都还很大，但需要时间去培育。

五、技术特点与障碍

市场竞争必将更加激烈，但最终企业不得不回到产品的竞争上面，这样要求企业不得不从技术手段上来进行提升，配方技术需要创新、且做到产品和市场细分，更需要与时俱进，而且还需要企业各部门人士的通力配合。不同企业可以根据实际情况加大对技术的重视和投入，如建立自己企业的研发平台及团队自己来研发，或联合一些知名的上游资源如水产预混料方面做的优秀的企业来共同合作，或同部分有能力的研究机构做到产学研的一体化来增强企业的技术实力。

2014—2015 年这两年，水产饲料技术领域已经取得了长足的进步，针对不同养殖品种、饲料类型、养殖模式、不同的原料应用上都有推进，百花齐放，激烈的竞争反而促进了技术的革新与进步。已经涌现出众多无鱼粉配方，鸡肉粉、肉粉、高蛋白棉粕的运用则越来越成熟，早期过度依赖于秘鲁和智利鱼粉，如今一些其他渠道的鱼粉品种增多，非标鱼粉琳琅满目，控制好货源，分级使用好对企业很重要且实用。如越南淡水巴沙鱼粉在很多特种品种上（教槽料、黄颡鱼、塘虱鱼、对虾、生鱼及海水鱼等上）应用都显示出其独特的优势。

然而水产饲料技术提升任重道远，还有较多待研究和解决的问题：如石斑鱼、大黄鱼、加州鲈的饲料替代冰鲜上进程较慢，如何有效降低碳水化合物的工艺问题，一些原料的价值评估盲点等，正是存在这样那样的问题，也预示着水产饲料行业还有很大的成长提升空间。

六、水产饲料安全

民以食为天、食以安为先。饲料是食品安全的前端，更需要从根本上进行预防。严格依照国家法律法规相关规定，做好饲料企业自身安全工作。近年来国家颁布的一些法规政策等都起到了很好的作用，如新的饲料生产许可等法规其实就是把门槛提高，规避饲料安全。但需要真正落实到位，让饲料安全不再成为口号，让饲料安全不再成为问题，大家可以吃到放心水产品，提升大家的生活水平。

（彭志东　杨勇）

反刍动物饲料

未来几年，反刍动物养殖业将制导饲料生产工业的转型，面对着这种转换，从事反刍动物饲料行业的人员一定要彻底转变思维，由养殖业的需求带动饲料业的发展。在我国商品饲料总产量中，反刍动物饲料仅占 4.4%，低于世界的平均水平；而奶牛商品饲料产量约占反刍动物商品饲料总产量的 90%以上。随着国家对肉牛和养羊业扶持力度逐步加大，从人们对反刍动物产品消费的增长以及资源利用程度的加深，我们可以推断，反刍动物饲料生产将进入稳定增长期。

一、反刍动物饲料生产情况

2015 年，全国饲料总产量为 20 009 万 t，其总产值达 7 810 亿元，居全球第一位。近几年来，反刍动物饲料的生产一直保持着良好的发展势头。从图 2－40 可以看出，反刍动物饲料产量从 2008—2015 年连续 7 年间一直保持稳步的增长。“十一五”期间，2009 年较 2008 年反刍动物饲料产量增速较为缓慢，仅增产 3.5%，从 2010 年起实现较大幅度增长，比 2008 年增产 27.5%。“十二五”期间，反刍动物饲料产量仍然呈现稳定增长，其中 2015 年生产总量最高，比 2011 年增产 14.1%。

在“十一五”和“十二五”期间，我国反刍动物饲料生产总量一直保持着稳步增长的良好势头。截至 2015 年底，我国反刍饲料总产量已达到 884 万 t，预计在“十三五”期间，反刍饲料总产量突破 900 万 t。这种结果表明，我国反刍动物饲料生产总体相对平稳，产业集中性较强，还需要反刍饲料业全面延伸产业链，进行资源的整合，全产业链发展是主流的发展方向（图 2－31）。

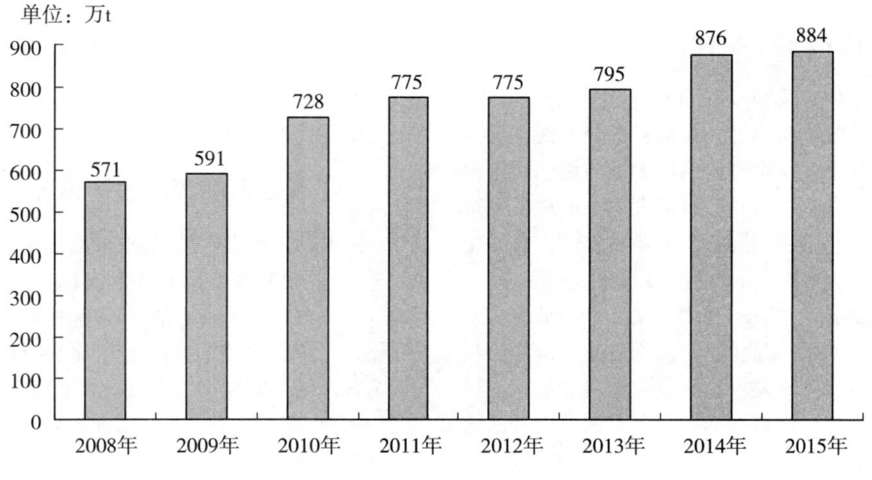

图 2－31　2008—2015 年我国反刍动物饲料产量

二、反刍动物饲料生产特点

1. 我国反刍动物饲料优势产区产量大，生产区域相对集中。由于市场的挤压，中小饲料企业更难生存，资本化的运作带来了更多饲料厂的倒闭。大型饲料企业通过收购、合并等方式使整个行业发展速度加快，成为推动、引导整个饲料业和养殖业发展的中坚力量。反刍动物饲料与其养殖量成正相关，而且饲料的优势产区也更为集中。2015 年，仅内蒙古、黑龙江、河北和北京地区的反刍动物饲料产量已达 452 万 t，占全国总产量的 51%。

2. 反刍动物饲料产品结构相对稳定。以产品的分类来看，2015 年反刍动物配合饲料产量为 656 万 t，同比增长 2.3%，较 2014 年度增长稳定，处于慢速增长期；浓缩饲料产量为 195 万 t，同比下降 6.3%，较 2014 年减少幅度有所增加；添加剂预混合饲料为 34 万 t，同比增 17.9%，较 2014 年增长幅度较大。可见，我国反刍动物配合饲料和添加剂预混合饲料继续呈增长趋势，而浓缩饲料仍然呈降低趋势。

3. 反刍动物饲料产品质量安全持续向好。主要原因有三个：一是反刍动物饲养标准的制定和应用工作一直在不断地修改和完善，并从饲料的来源控制、生产加工过程的控制、原料与成品保存和质量检验等方面来规范反刍动物的饲料生产。二是各级饲料管理部门对饲料企业的治理机制较为完善，饲料行业法规的建设一直在进行，《饲料添加剂安全使用规范》《饲料质量安全管理规范》和《饲料原料目录》等都在逐步的整理和完善。三是反刍动物饲料企业市场竞争激烈，使各企业更为加强品牌建设和注重质量安全，这样的企业才能在激烈的竞争中赢得更多的利益和获得长远的发展。

三、反刍动物饲料的发展趋势

在未来几年内，反刍动物日粮将会朝着幼龄化、母体化、环保化的方向发展。在饲料营养方面，精准化、动态化、分子化、净能体系化、调控化、器官营养化将成为发展大势。饲料原料的发展也向种类复杂化、应用区域化和采购国际化等趋势发展。饲料添加剂工艺逐渐朝着天然化、有机化、减量化、无抗化和功能化的方向发展。企业利用“互联网+”平台技术提升网络化服务水平，强化自己的竞争力。饲料原料和添加剂电商将会迅速发展。行业人会建立饲料质量安全大数据和互联网监管技术平台，对饲料质量及重要安全性指标的实时有效监控，实现饲料监管事前、事中、事后的紧密衔接。我们也经常谈到的一个概念是“智慧农业”。管理的信息化，工厂生产的自动化、智能化已经成为饲料产业和养殖企业的强大竞争力。全球化问题在未来几年内会加快，我们没有办法去避免在原料、在资源整合等方面的全球化问题，因此反刍动物饲料企业需要带着养殖业共同走出国门。

反刍动物饲料还要完善饲料生产制度。当前，我国对于反刍动物饲料生产企业的监督和管理还需要进一步努力，完善饲料生产标准和明细，加强对饲料的质量检测和惩罚制度。政府部门可以对率先采取智能化和精确化生产的企业给予资金上的补贴和政策上的支持，使其在众多企业的竞争中取得一定优势，从而带动更多的企业转型和升级。企业还要进行自检和送检制度，严格按照国家饲料安全法进行生产和加工。国家也要明确赏罚制度，以此监督和管理饲料生产企业，从根本上维护和改善我国反刍动物饲料生产现状。

随着人们对反刍动物产品需求的进一步提高，反刍动物的生产规模必将进一步扩大，这就意味着反刍动物饲料的生产将面临着机遇和挑战并存的现状。因此，只有生产标准的确立，生产技术的发展，产品监管和检测被严格的执行，饲料生产才能走向健康的可持续发展的道路。

（孙海洲　张崇志）

反刍饲料现状及发展前景

随着我国畜牧业不断转型升级，我国不断加大对反刍动物规模化养殖的政策扶持力度，促进了我国反刍动物养殖规模化程度的不断增加。而反刍动物生产的不断发展和饲料业结构的优化调整，进一步拉动了反刍动物饲料的发展速度。近几年，我国反刍动物养殖规模有所增加，但是集约化、规模化、专业化程度依然较低，饲养管理水平不高、自配料比例依然较大。今后随着我国相关政策扶持，国际市场竞争，以及人们对于反刍动物产品需求量的增加，必然会刺激反刍动物饲料的增长。

一、反刍动物饲料生产情况

随着国内宏观经济增速放缓，宏观经济进入“新常态年”。饲料行业相关政策出台，饲料企业数量大幅减少。畜产品消费下滑，养殖业整体去产能，生猪和能繁母猪存栏持续减少，阻碍了饲料产量的增长。在饲料产量小幅度增长，猪饲料产量下降的背景下，反刍饲料继续保持同比小幅度增长。2015 年全国反刍饲料总产量 884 万 t，同比增加 0.9%，占全国饲料总产量的比重 4.4%。其中，精料补充料 656 万 t，同比增长 2.3%，占全国配合饲料总产量比重为

3.8%；反刍动物浓缩饲料 195 万 t，同比下降 6.3%，占全国浓缩饲料总产量比重 9.9%；反刍动物添加剂预混合饲料 34 万 t，同比增长 17.5%，占全国添加剂预混合饲料总产量比重 5.2%。

二、反刍动物饲料生产特点

1. 反刍饲料同比小幅度增长。2015 年全国饲料总产量突破 2 亿 t，同比实现小幅增长（同比增长 1.4%），2015 年反刍饲料产量 884 万 t，同比增长 0.9%，反刍饲料仍保持稳定缓慢的增长势头。随着我国居民膳食结构的改变，牛、羊、奶所占比重不断曾加；我国不断加大对反刍动物规模化养殖的补贴政策，刺激我国反刍动物养殖规模不断扩大，提升了反刍饲料的需求。2015 年牛肉价格偏弱运行，羊肉价格及奶制品持续下滑，部分养殖户选择自配料，导致反刍饲料需求量减少，反刍饲料曾涨减缓（图 2－32）。

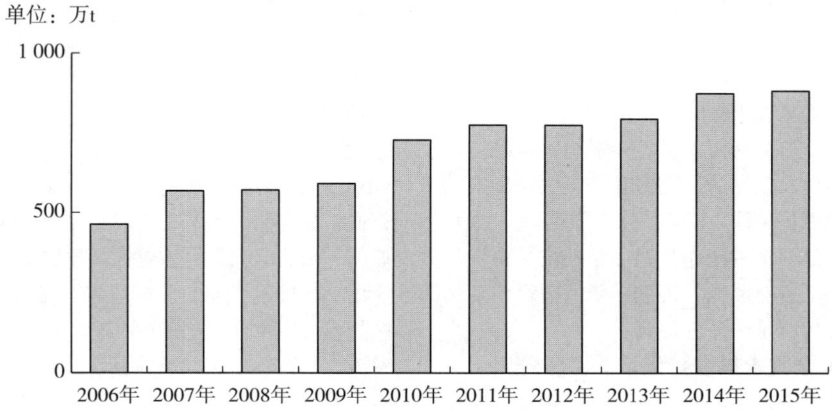

图 2－32　2006—2015 年全国反刍饲料产量

2. 反刍饲料产品结构不断优化。2015 年精料补充料产量 656 万 t，占反刍饲料总产量 74.1%，比重增加 0.9%；浓缩饲料产量 195 万 t，占反刍饲料总产量 22.0%，比重减少 1.7%；添加剂预混合饲料产量 34 万 t，占反刍饲料总产量 3.8%，比重增加 0.7%。随着我国不断加大反刍动物规模化养殖补贴扶持政策，反刍动物规模化养殖比例不断提高，对于饲料工业的依赖程度不断增加。发展精料补充料充分发挥反刍动物日粮内精、粗饲料的正组合效应，有利于提高我国反刍动物生产和管理水平，进一步促进反刍动物养殖领域发展。

3. 产区结构分布明显。我国反刍动物工业饲料生产基地主要集中在中原和东北地区，其次是中部地区和西北地区，而西南和东南地区生产较少。2015 年，内蒙古、河北、黑龙江、辽宁、山东反刍动物饲料总产量 535.6 万 t，占全国总产量的 60.6%；陕西、天津、新疆维吾尔自治区、北京、吉林、宁夏、河南、甘肃、四川、山西、上海、重庆、青海、江苏 14 个省（区、市）生产的反刍饲料产量为 331.9 万 t，占全国反刍饲料总产量 37.5%；贵州、浙江、云南、安徽、江西、湖南、广东、湖北、广西、海南 10 省（区、市）产量总计 16.5 万 t，占全国总产量 1.9%。

4. 产品质量不断提高。主要原因有：一是青贮饲料标准、氨化饲料、瘤胃微生物脲酶抑制剂、奶牛精料补充料等标准的制定和应用，规范了反刍动物饲料生产；二是《饲料和饲料添加剂管理条例》的实施，提高了饲料企业的入门资格同时淘汰了不合格饲料企业；三是各级饲料管理部门持续开展饲料质量安全专项整治，不断强化监督检测和日常监管；四是企业市场竞争，促使饲料企业不断提高产品质量。

5. 奶牛饲料生产量不断提高。随着我国居民生活水平及饮食结构的改变，奶业市场需求的大幅提升，促使我国奶业生产快速发展。2015 年牛奶产量 3 755万 t，增长 0.8%，但我国奶制品进口量仍位居世界首位。2015 年中国进口奶粉 54.72 万 t，同比下降 40.7%，液态奶进口 32.89 万 t，同比增长 68.9%。随着畜禽规模化养殖的推进，中国奶牛养殖进入关键转型期，规模化程度将继续较快提升。规模化程度的提升将直接推动中国奶牛饲料生产的提高。

三、反刍动物饲料的发展前景

1. 反刍饲料产量将稳步增长。随着我国居民生活水平的不断提高及膳食结构的调整，牛肉、羊肉、奶产品消费人群和消费量将逐渐增加，国内对牛羊肉及奶产品的消费需求整体处于稳步增长趋势。同时，随着我国不断加大反刍动物规模化养殖补贴政策，中、小规模养殖将逐渐退出，规模化养殖将进一步扩大，反刍动物养殖将更加依赖饲料工业，饲料需求将逐步增加，反刍饲料必将成为饲料行业发展的一个新亮点。

2. 反刍饲料研发进一步发展。随着我国畜牧业逐渐转型升级，我国反刍动物养殖规模化不断增加，反刍饲料需求量不断增加，但我国反刍动物营养研究的发展要严重滞后于反刍动物养殖业的发展，更远远落后于西方畜牧业发达国家。要想加快饲料工业的发展，国家和饲料企业必须加大对反刍动物营养基础研究的投入力度。开发新型饲料和饲料添加剂，不断提高饲料利用效率。随着反刍动物饲料标准的制定和应用，反刍动物工业饲料的技术含量要求将会有进一步规范和提高，必将促进我国反刍饲料的发展。

3. 反刍饲料将成为饲料企业新的竞争点。随着我国猪、禽饲料进入微利期，在国家政策及牛、羊、奶市场需求下，反刍饲料需求量逐步增加。这种情况下，反刍动物饲料以较高的利润率和广阔的市场空间受到饲料企业的更多关注，饲料企业加快调整、优化产品结构，把反刍饲料生产作为企业新的增长点。反刍动物饲料生产竞争的形成，将进一步促进反刍动物饲料的快速发展与质量水平的提升。

4. 牛羊肉消费需求缓慢持续增长。随着人们生活水平不断提高，牛、羊肉在居民膳食结构中占比逐渐增加，牛羊肉消费人群和消费量均不断增加，消费整体处于稳步增长态势。但受饲养周期、生产成本、发展方式转型和疫病多发等因素影响，未来我国牛羊肉供给偏紧的趋势将继续存在。我国对反刍动物规模化养殖的扶持力度不断增加，牛羊养殖规模化、标准化、产业化和组织化程度将大幅提高，但受牛肉价格偏弱运行，羊肉价将持下滑的影响，我国牛羊肉涨幅趋缓。综合考虑我国居民膳食结构、消费习惯、肉类价格及政府政策等因素，预计未来中国牛羊肉消费继续增加，特别是少数民族地区消费呈刚性增长，但增速将下降。

5. 奶类。奶类生产增速放缓。随着我国牛、羊养殖的发展，尤其是奶业得到优先发展的情况下，我过奶业取得了快速发展，我国已是全球奶类生产、加工和消费大国，但人均奶类消费水平依然较低，约为亚洲平均水平的二分之一、世界平均水平的三分之一。随着我国城乡居民生活水平的不断提高，对于奶制品消费仍然有较大的需求，未来仍有较大提升空间。但在我国奶制品质量安全事件、乳企转型升级滞后、国际市场竞争等的背景下，我国奶类需求虽大，但未来我国乳业或许将呈现低俗缓慢增长。

随着人们生活水平的不断改善，对健康饮食要求的逐渐提高，以及我国扶持政策的影响，牛羊肉、奶需求快速增长，我国反刍动物规模化养殖的不断增加，反刍动物养殖业不断转型升级，中国牛羊肉产业或将成下一个“新风口”。我国牛羊肉消费、奶需求不断增长，供需缺口仍然巨大，牛羊肉、奶供需矛盾依然存在。面对广阔的牛羊肉和奶业需求市场，我国反刍养殖业今后仍需加强产能建设，加快发展规模化养殖，加快产业升级，大力推进产业化发展，加强标准化生产和质量安全监管，抓好重大动物疫病防控。

（陆泳霖　杨义忠）

特种动物饲料

特种动物是指传统家畜、家禽以外的珍贵、稀有、能满足人们某些特殊需要和经济价值较高的人工驯养的动物，包括鹿、獭兔、狐、貉、貂等毛皮动物以及珍禽等。特种动物在全国各地均有饲养，部分地区特种动物的饲养经济成为支撑当地经济发展的主要支柱产业，如辽宁的西丰、吉林的双阳、东丰等地区，茸鹿的养殖成为当地经济发展的主要动力；河北的肃宁、唐山、辽宁的大连，山东威海、潍坊等地毛皮动物养殖规模大；獭兔的养殖在四川、新疆、甘肃、山西、海南、广西、山东、黑龙江、辽宁、吉林、河北很多地区都具有较大规模，主要养殖方式为农户饲养；珍禽养殖业已经在全国各地发展壮大，雉鸡、鹧鸪、鹌鹑等的养殖量在全国不同省份均有规模化饲养，生产的禽蛋、禽肉成为人们喜欢的新兴食品。

一、特种动物养殖概况及发展特点

1. 茸鹿我国人工养鹿历史悠久，目前人工驯养且已经具有产业规模的主要是梅花鹿和马鹿。经过多年连续的选育，我国已经培育出了产茸性能高且各具特点的茸鹿品种（品系）。主要饲养方式为人工圈养，在我国各省份均有饲养，东北三省和新疆等北方地区为主要养殖区，占到全国养殖数量的90%。截至2015年年底，我国鹿存栏量162万头，其中梅花鹿约为133万头，马鹿约为19万头，其他品种约10万头。行业年销售收入约260亿元。养鹿产业已形成完整的产业链体系，从业人员涉及养殖户、饲料企业及饲料销售商、收购商、加工商、经销商，初步估计，截至2015年年底，全国鹿产业从业人员达120万，提供就业岗位80万左右，在我国农村区域经济的发展中起到了越来越重要的作用。

我国茸鹿养殖的主要产品为鹿茸，其价格的变化带动着鹿价格的变化。2015年鹿茸价格较上一年度略有上涨，带动仔鹿价格也约有上涨，2015年茸鹿饲料成本有所降低，主要是由于玉米及豆粕价格低位运行导致的，茸鹿的养殖实现盈利的空间逐步放大，部分公鹿饲养多，平均产茸量较高的饲养场有相对较好的盈利，部分开展鹿茸深加工及制药的企业为了稳定鹿茸原料的供应及保证鹿茸原料质量，开展茸鹿的养殖有很好的综合经济效益。

2. 毛皮动物。目前我国饲养的毛皮动物主要包括貂、狐、貉、兔等。毛皮动物受市场皮张价格持续低位运行的影响，貂、狐、貉饲养量约有下降，为4 800万只左右，水貂和貉的养殖量略减，狐狸养殖量保持相对稳定，饲养量为水貂2 400万只，狐1 500万只，貉900万只。受优质水貂皮价格坚挺的影响，水貂品种改良的步伐逐渐加快，大型养殖场进口优质水貂数量成倍增长，促进了我国水貂毛皮品质质量的改良提升。随着产业的快速发展及人工成本的增加，毛皮动物养殖集约化、机械化程度越来越高，而且大型养殖场逐渐增加，以前以家庭为单位的小型养殖单元逐渐被大型集约化饲养代替，这就为饲料配制及规模化生产提出了很多技术新课题，如水貂鲜饲料的配制、保鲜、配送、貉颗粒饲料配制及自动化加食技术等，都是毛皮动物饲料产业未来发展的新方向。

兔的主要产品为毛用、肉用或皮肉兼用，为草食性动物，饲养成本低，饲料来源丰富；在我国的饲养主要集中在四川、重庆、山东、江苏、福建、浙江、河南、河北、安徽、北京等省市。兔养殖技术较易掌握，繁殖快，适宜于农户养殖，利用农村闲散劳动力及当地饲草资源，市场风险也较低。2015年全年养殖量在3 000万只左右，皮张价格受国际市场走势的影响略有下行，现市场2.5kg以上的活兔坚持在45～50元/只，其皮张售价在20元左右。兔的毛皮属中低档产品，市场需求广泛，受国际经济走势的影响较小。

3. 珍禽我国养殖的珍禽品种主要有雉鸡、乌骨鸡、鹌鹑、肉鸽、珍珠鸡、贵妃鸡、火鸡、野鸭、孔雀、鸵鸟、大雁等，2015年其市场需求随着人们生活水平的提高及消费结构的变化逐渐提高，存栏数达到5.6亿只左右，增长率达12%，目前珍禽市场需求较为旺盛，人们的消费习惯和生活需求对珍禽情有独钟，但由于当前存在着市场流通与调控能力不强，健康养殖理念不到位、养殖规模小而散等特性，生产效率不高，未来开展规模化健康养殖、生态观光养殖，互联网销售模式等，控制产业各个环节，提升品牌价值、提高珍禽养殖附加值是必然之路。肉鸽、山鸡等珍禽养殖，在资金、技术、销售信息和渠道上也可以走专业合作社模式，以适应市场需求的新形势，让珍禽养殖产品真正成为人们寻常健康生活必需品。

二、特种动物饲料生产情况及开发趋势

1. 特种动物饲料生产情况。2015年，国内特种动物饲料加工企业随着其养殖业的复苏和饲料原料价位较高而面临新的挑战和压力。如何开辟新的饲料资源、加强经营管理、优化饲料配方、降低饲料成本和为养殖户让利，是摆在饲料加工企业面前刻不容缓的新课题。

2015年毛皮动物貂、狐、貉鲜饲料、干粉及颗粒饲料需求近380万t，毛皮动物饲料企业生产商品狐貉粉料102万t，主要由膨化玉米、豆粕、肉粉、鱼粉、DDGS、麦麸、米糠、豆油、鸡油、预混料等组成，是市场中全价饲料的主体，部分养殖户在使用全价饲料的过程中，会结合当地饲料资源情况，添加部分海杂鱼、鸡架、鸡肠等鲜饲料，一方面可以提高饲料的适口性和采食量，另一方面也可以增加饲料的多样性，补充部分动物性饲料，利用当地屠宰动物下脚料，降低饲料成本。水貂商品干粉配合饲料年生产20万t左右，主要由膨化玉米、豆粕、DDGS、米糠粕、预混料等组成，用来代替水貂饲料中熟化植物性饲料，补充氨基酸、微量元素及维生素等成分，一般配比占水貂饲料的20%～30%。2015年水貂全价鲜饲料年需求40万t，主要由海杂鱼、鸡骨泥、鸭骨泥、鸡肠、膨化玉米、豆粕、预混料等组成，干物质含量约35%，采取每日配送的形式分派到养殖场，这种集约化的厨房式生产需要在水貂养殖较为集中的区域开展，鲜饲料适口性好、营养损害低、动物对营养物质的利用率相对较高，发展有较大潜力；由于鲜饲料的配送专业化程度高，运费高，市场半径有限，目前在水貂养殖较为集中的威海地区、潍坊地区市场需求较为旺盛。毛皮动物各类颗粒饲料年生产28万t左右，当前貉颗粒饲料由于饲喂方便，人工管理简捷，在部分把养殖当第二产业的地方有较好的需求，水貂颗粒饲料在部分地方也有一定的市场。毛皮动物预混料年生产在2.8万t左右，主要为微量元素、维生素、氨基酸、酶制剂、抗生素等的混合物，多为1%或4%的添加产品，部分以预防腹泻、增加毛皮品质等的功能性预混料产品也有一定的市场。毛皮动物商品饲料占市场需求将近50%的份额，其中狐貉饲料仅75%为商品饲料，而水貂饲料仅30%为商品饲料，其他均为养殖场自配料。整个毛皮动物饲料市场还有很大的潜力，其市场主要分布在山东、河北、辽宁、吉林、黑龙江等地区。

兔的养殖比较分散，以区域性农户为主，兔专业性精料补充料依然以自配为主，部分形成产业地区有一定的市场，但大型专业化兔饲料公司还较少，市场约5万t，仅占市场需求的9%左右。

我国茸鹿的养殖98%为人工圈养，很少部分的鹿被实施草地放牧或围栏放牧，适当人工补饲，而且梅花鹿占茸鹿养殖的90%，饲料主要为梅花鹿精料补充饲料，占饲料市场的80%。因为鹿茸是我国茸鹿养殖的主导产品，所以在养殖生产中，对公鹿生茸期饲料的营养供给考虑得最多，而且精饲料占到日粮干物质总量的60%，其次是仔鹿生长期精饲料。随

着人工成本的增加，粗饲料的收购价格提高，而且粗饲料在饲养过程中管理成本也较高，在仔鹿生长期和公鹿的生茸期，人们逐渐接受使用全混合日粮，即把精饲料和优质的粗饲料混合甚至制成颗粒来饲养鹿，以达到仔鹿健康快速生长和公鹿高产茸的目的。目前我国茸鹿的饲养主要以农户家庭圈养为主，大型集约化的养殖场较少，饲料的配制主要是自配精饲料在动物关键生产时期开展补饲，如仔鹿的生长期、公鹿生茸期、母鹿妊娠期和泌乳期开展补饲，集中饲养的吉林省每年公司化生产的全混合饲料和精料补充饲料的量在10万t左右，已初步形成了一定的市场规模。随着鹿这一特色珍贵资源深加工及高附加值科技成果的推广应用，鹿茸价格的走高，茸鹿饲料产业也将在养殖集中区逐步形成稳定的产业。

珍禽养殖的区域非常广泛，相对分散，在局部地区形成了特色养殖优势产业，但其饲料产业还未形成自己的特色和规模市场，其饲料的配制多参考家禽的营养需求及饲料配方，有一定的现实意义，但专业性不强，不能很好发挥动物的遗传潜力和生产性能。每年珍禽的饲料市场需求在150万t左右，除部分自配饲料外，多被家禽饲料企业直接代替，严重地阻碍了产业的健康高效发展。未来相对专业性的肉鸽饲料、雉鸡饲料、野鸭饲料在大型珍禽养殖企业将形成一定规模，区域性特色养殖也将是未来珍禽产业发展的必然之路。

2. 特种动物饲料开发趋势。目前，特种动物养殖存在的主要问题仍是缺乏系统的营养需要标准和科学的饲料配方，导致其生产性能不能充分发挥和饲料转化效率较低。针对此问题，建议如下：

（1）各级主管部门或业务部门应加强科研经费投入，使特种动物的营养标准化和高效化，国内特种动物养殖业起步较晚，属于新兴产业，其营养与饲料方面研究广度和深度远远落后于家畜和家禽，应尽快设立相应的研究课题和组织科研力量开展工作，最终摆脱特种动物经验饲养的局面。首先应研究其营养素需要量和饲粮中适宜营养素水平，在此基础上，再进行优化饲料配方的筛选、饲料原料的开发、专用饲料添加剂的研制、饲料剂型和加工工艺等方面的研究工作。

（2）特种动物养殖业必须走绿色环保之路，绿色安全饲料的开发势在必行。在配制特种动物饲粮时，首先要求合理搭配日粮营养和提高饲料转化效率，最大限度地降低营养物质排泄和避免造成对环境污染，减少或消除特种动物产品中的药物残留；其次要求饲料原料无污染和加工过程中有质量安全保证；采取切实可行的技术措施，有效地控制特种动物养殖场（尤其是肉食性毛皮动物养殖场）臭气排放。目前，在畜禽上的研究表明，饲粮中添加β-葡聚糖酶、蛋白酶、植酸酶等可提高饲料转化率和氮、磷利用率；饲用微生物制剂、活性多肽、寡聚糖、茶多酚、松针粉、大蒜素和中草药饲料添加剂等产品的应用，可有望替代抗生素；饲料氨基酸平衡技术的应用降低了氮磷的环境排放，动物健康综合防控及养殖污染防治技术的应用近年越来越受到重视，推进了特种动物饲料行业的健康发展。

（3）加强特种动物饲料的研制和市场开发力度。针对特种动物养殖规模小和养殖地分散的特点，应重点开发和推广浓缩饲料、添加剂预混合饲料，适度开发全价配合饲料，充分利用当地饲料资源，降低饲料运输成本。

（4）特种动物养殖业及其饲料加工业的发展，应鼓励“公司＋农户”和“龙头企业＋基地”思维经营发展模式。这一方面有利于科技成果的尽快推广应用；另一方面有利于产品统一加工和销售，继而打造出规格化的特种动物品牌产品。

（鲍坤　李光玉）

饲料原料工业概况

主要饲料原料产量概况

全球饲料原料除大豆实现连年增长外，其他饲料原料产量都出现不同程度下降，全球饲料产量基本保持增长趋势，2015 年，全球饲料产量达到 9.96 亿 t，比 2014 年增长 1.6%。饲料产量前 10 位的国家依次为：中国、美国、巴西、墨西哥、印度、西班牙、俄罗斯、德国、日本、法国。其中，中国仍是全球最大的饲料生产商，饲料产量为 2.0 亿 t。位居二、三位的美国和巴西的饲料生产占美洲地区的 70%，产量分别为 1.73 亿 t 和 6 870 万 t。墨西哥的饲料产量占美洲地区的 9%，印度的饲料产量增长 7%，欧洲增幅最大达到 13%。

一、玉米

1. 全球玉米生产情况。2015 年全球玉米产量 9.79 亿 t，玉米在全球三大谷物中，总产量和平均单产均居于世界首位，玉米的播种面积以北美最多，其次为亚洲、拉丁美洲和欧洲等。全世界每年种植玉米 1.77 亿多公顷，约占全球粮食总量的 30%～35%主要分布国家有美国、中国、巴西、阿根廷，这四个国家的总产量约占全球总产量的 70%左右，其中美国占 30%以上，中国占 25%左右。2 015 年美国玉米种植面积为 3 364 万 hm^2，产量为 3.51 亿 t，中国玉米种植面积为 3 812 万 hm^2，产量为 2.24 亿 t。从 2014 年开始，中国已经超过美国，成为全球玉米种植面积最多的国家。

2. 中国玉米生产情况。我国是玉米生产大国，总产量全球仅次于美国，位居第二，占全球总产量 25%左右，我国玉米生产区域虽然分布比较广泛，但辽宁、吉林、黑龙江及内蒙古主产区生产了全国 40%以上的玉米，上述地区常年玉米播种面积为 1 000 万～1 400 万 hm^2，正常年份玉米产量 6 000 万～9 000万 t，是我国最大的玉米商品粮产地。其次，华北黄淮地区常年玉米播种面积为 1 000 万～1 100 万 hm^2，正常年份玉米产量为 6 000 万 t 左右，约占全国总产量 30%（图 2－33）。

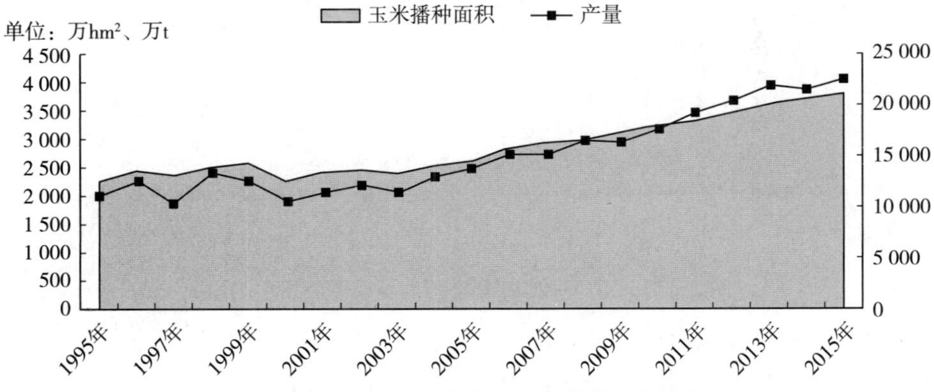

图 2－33　1995—2015 年全国玉米播种面积和产量

3. 进出口情况。全球玉米的进出口贸易量约保持在 9 000 万～1.1 亿 t，从出口国看，美国、阿根廷和巴西等玉米主产国也是玉米出口大国。美国年平均玉米出口量在4 000万t左右，占全球玉米贸易总量的55%～65%。阿根廷年玉米出口量约为900万～2 000万t，巴西近年来出口量呈现上升趋势。中国虽然是世界第二大玉米主产国，但近年来出口量极少，甚至由于内外玉米价格巨大的价差一直存在，虽然国内库存高居不下，但仍出现进口，且数量小幅增加。

中国玉米进口量，作为世界第二大玉米生产国，我国玉米长期自给有余，2007年我国玉米出口开始急剧下降，而进口逐年增加。根据中国海关统计，2009年我国首次成为玉米净进口国，2010年我国玉米进口量激增，达157.3万t，同比增长17.8倍；进口额3.7亿美元，同比增长16.9倍（图2-34）。

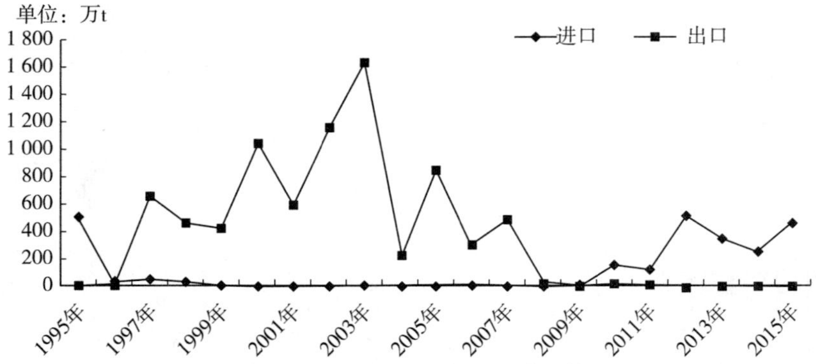

图2-34　1995—2015年玉米进口情况

二、大豆

1. 全球大豆生产情况。2015年，美国、巴西及阿根廷作为全球最大的大豆生产出口国，2015年大豆均实现丰产，全球大豆产量为3.19亿t，2015年美国大豆单产达3.2t/hm²，助推美国大豆总产量达1.07亿t的历史新高。在巴西雷亚尔大幅贬值、提高大豆出口收益的刺激下，巴西大豆播种面积增至0.32亿hm²、刷新历史峰值，加之年内南美洲降雨整体充沛，2015年巴西大豆产量达0.96亿t，出口量达5 061万t、超越美国成为全球大豆最大出口国。2015年阿根廷大豆产量达0.61亿t、较2014年猛增13.7%；同时，由于阿根廷汇率实行双轨制、官方汇率显著高估，阿根廷国内农民大量囤积大豆作为储备资产，目前阿根廷大豆库存已超过3 166万t，为历史极值。

2. 中国大豆生产情况。2015年我国大豆生产种植面积同比明显下降，单产同比小幅上升，大豆产量同比大幅下滑。2015年中国大豆播种面积为610万hm²，同比下降10.29%；2015年大豆平均单产为1.80t/hm²，同比上升0.89%；大豆总产量为1 180万t，同比下降9.49%（图2-35）。

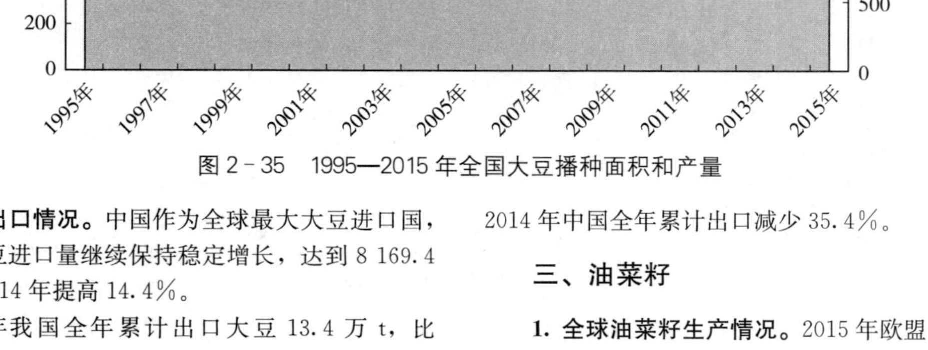

图2-35　1995—2015年全国大豆播种面积和产量

3. 进出口情况。中国作为全球最大大豆进口国，2015年大豆进口量继续保持稳定增长，达到8 169.4万t，比2014年提高14.4%。

2015年我国全年累计出口大豆13.4万t，比2014年中国全年累计出口减少35.4%。

三、油菜籽

1. 全球油菜籽生产情况。2015年欧盟28国油菜籽产量将达到 2 150 万 t，低于 2014 年的 2 420 万 t。收获面积为 650 万 hm^2，低于 2014 年的 680 万 hm^2。德国油菜籽产量为 530 万 t，低于 2014 年的 630 万 t，收获面积为 130 万 hm^2，低于 2014 年的 140 万公顷，法国油菜籽产量为 520 万 t，低于 2014 年的 550 万 t。收获面积为 150 万 hm^2，与 2014 年持平。英国油菜籽产量为 230 万 t，低于上年的 250 万 t，收获面积 64 万 hm^2，低于 2014 年的 67 万 hm^2。

2. 国内油菜籽生产情况。2015 年中国油菜籽播种面积 730 万 hm^2，比 2014 年 759 万 hm^2 减少 3.8%；单位产量为 4.959t/hm^2，略高于 2014 年的 1.947t/hm^2 增长 0.62%；2015 年中国油菜籽产量 1 430万 t，与 2014 年的 1 477 万 t 减少 3.2%。其中主产省湖北省 2015 年夏收油菜籽播种面积为 122 万 hm^2，比 2014 年减少 2.32%；产量达创纪录的 255 万 t，比 2014 年减少 0.86%；单产 2.09t/hm^2，比 2014 年增加 1.5%（图 2－36）。

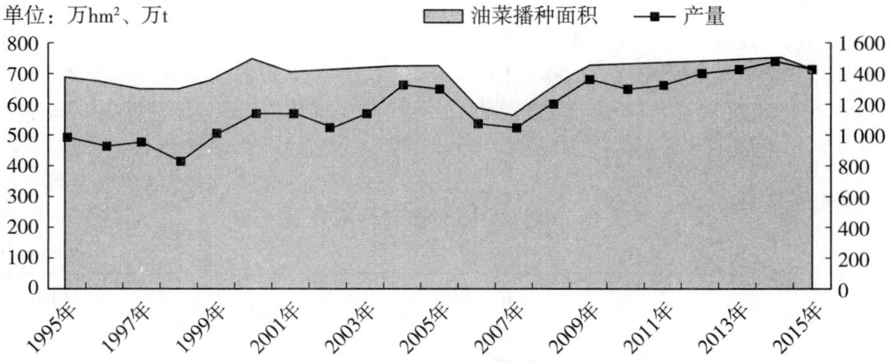

图 2－36　1995—2015 年油菜种植面积与产量

3. 进出口情况。2015 年我国油菜籽进口量为 447万 t，比 2014 年的 508 万 t 大幅减少，减幅 12%。由于国内菜籽油处于快速去库存状态。国内菜籽油仍然供大于求基本面偏松，但供给较上年同比减少 5.18%而需求同比增长 7.93%。

四、棉花

1. 全球棉花生产情况。2015 年，全球棉花产量为 2 310 万 t，同比下降 12%，产需缺口 130 万 t。产量最大的五个国家的棉花产量都明显减少。印度产量预计减少 4%，为 630 万 t，中国产量连续第四年下滑，为 530 万 t，同比减少 19%；种植面积减少和单产下降导致美国收获面积减少 13%，产量预计减少 18%，至 290 万 t；巴基斯坦产量预计为 190 万 t，近五年来首次低于 200 万 t；巴西产量预计为 150 万 t，同比减少 6%，原因是国内需求减少以及大豆种植推迟导致植棉面积减少。

2. 中国棉花生产情况。2015 年全国棉花总产量 560.5 万 t，同比下降 9.3%。比 2014 年减少 57.4 万 t，棉花产量减少主要由于面积下降，2015 年全国棉花播种面积 379.9 万 hm^2，同比减少 42.34 万 hm^2，下降 10.0%，因播种面积减少减产 61.9 万 t。新疆棉花播种面积比 2014 年减少 4.9 万 hm^2，下降 2.5%；其他地区减少 37.44 万 hm^2，下降 16.5%，降幅比上年扩大。

国家统计局数据显示：黄河流域棉花面积减少 18.29 万 hm^2，下降 14.8%；单产每公顷减少 30.5kg，下降 2.8%；总产减少 23.1 万 t，下降 17.2%。长江流域棉花面积减少 17.05 万 hm^2，下降 17.8%；但单产每公顷增加 63.3kg，提高 5.8%，致使总产减少 13.6 万 t，下降 13.1%。

3. 进出口情况。2015 年，受国储棉去库存化政策影响，国内棉花价格下跌，国内外棉花价格差距减小。同时，国内纺织企业棉花需求量减少，全年棉花进口量大幅下跌。2015 年，中国进口棉花共 147.27 万 t，比上一年减少 96.68 万 t，同比下降 39%。从 2015 年全年统计来看，棉花进口还是主要集中在五大来源国。2015 年澳大利亚棉共进口 25.17 万 t，占棉花进口总量的 17%；乌兹别克斯坦棉花进口 17.1 万 t，占棉花进口总量的 12%；巴西棉花进口 14.1 万 t，占棉花进口总量的 10%；印度棉花进口 25.46 万 t，占棉花进口总量的 17%；美国棉花 51.85 万 t，占棉花进口总量的 35%。

五、鱼粉

1. 全球鱼粉生产情况。2015 年世界鱼粉供应量将达到 500 万 t，高于去年的 414 万 t；鱼油产量将达到 100 万 t，高于去年的 84.3 万 t。主要生产鱼粉的国家为秘鲁、智利、美国和挪威。

秘鲁：秘鲁堪称鱼粉最大的输出国。主要用用来生产的为鳀鱼、沙丁鱼及鲭鱼，其中前者的量较大，而今鳀鱼逐年在减少而沙丁鱼则逐年增加。其捕获季一般集中在5～7月及10～12月两期，年产量可维持在160万t左右，生产工厂约98家，有1/3为上蒸气干化的工厂。

智利：北智利主要用来生产鱼粉的鱼为鳀鱼、沙丁鱼、及鲭鱼，其中后两者的量较少，较好的捕获季在5～7月，生产工厂仅3家，而其中最大的两家即控制98%之市场，而南智利方面，主要用来产生的亦为鳀鱼、沙丁鱼及鲭鱼，其中前两者的工作较为扎实，而鲭鱼则逐年在减少。南智利的捕获季一般较为稳定，在1～8月捕获量较大，生产的工厂约27家。

美国：美国鱼粉的用途较广，故其市场与其他国家较为不同。主要用来生产的为油鲱鱼、金枪鱼及其他地层鱼，其中油鲱提鱼的量较大约占65%，其油鲱鱼的捕获期为7～10月，而地层鱼则集中在1～3月及6、9、10月。生产的工厂约19家，其中有7家生产油鲱鱼。美国生产主要在7～9月，大部分为出口，其中捕获鱼之15%～17%用来生产鱼骨粉，3%则用来生产鱼油。

挪威：挪威生产的鱼粉年捕获量因最近增加BLUE WHITING项目后较为平稳，捕获季集中在5～7月及11月、12月，主要用来生产的为蓝鳕鱼、玉筋鱼、鲱鱼，其中蓝鳕鱼的量最大，并持续增长，约占38%。生产的工厂由20世纪80年代的70余家缩减至12家。

2. 中国鱼粉生产情况。中国国内年鱼粉生产规模大约为40万t，生产企业主要分布在山东浙江和河北三省，三省合计占全国总产量的82%左右。中国是世界最大的鱼粉消费国，据估计年鱼粉消费量约在130万t左右。全世界鱼粉年产量600万t左右，贸易量约400万t。中国每年进口鱼粉量约为100万t（表2-9）。

表2-9 2015年国产鱼粉产量

单位：万t、%、家

主产地	浙江	山东	辽宁	广东	河北	广西	其他
产量	17	32	10	4	3	6	1
占比	23	43	14	6	4	9	1
企业数量	17	78	44	13	8	7	6

3. 进出口情况。2015年我国累计进口鱼粉102.5万t，同比下降1.2%，其中秘鲁鱼粉进口量为53万t，占进口总量的52%，同比上涨5%；智利鱼粉进口量为6万t，占进口总量的6.4%，同比下降30.6%；美国、越南、泰国、俄罗斯和墨西哥进口量分别为9万t、7万t、6万t、4万t和2万t。其中墨西哥、泰国、美国同比分别下降24.4%、10.8%、6.2%；越南和俄罗斯同比分别增长2.0%、1.6%（图2-37）。

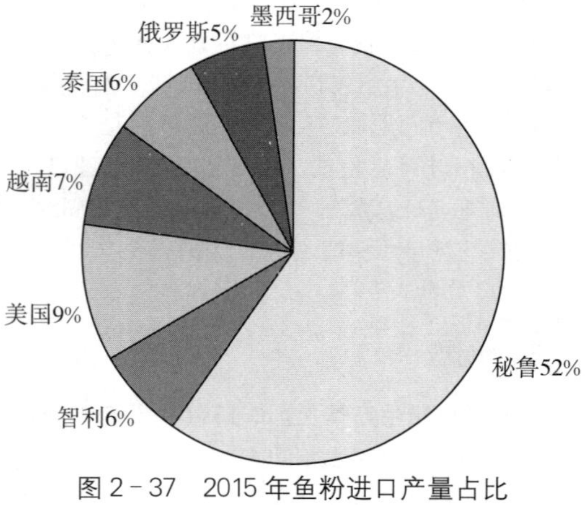

图2-37　2015年鱼粉进口产量占比

我国国产鱼粉产量较少，不能满足内需。国内大部分消费量主要依赖进口，故出口鱼粉产量较少。

（陆泳霖　王欢）

玉米生产、贸易与市场情况

一、总体情况

2015年，我国玉米市场供应中的产量继续提高，加上进口量的提升，玉米供应突出偏宽松。需求中饲料养殖增幅放缓或者停滞，由于生猪和能繁母猪存栏创下历史低位，对占饲料消费比例偏高的生猪市场弱势，大大削弱了玉米的消费增量。2015年玉米深加工企业全年盈利不佳，采购节奏明显缓慢，开工率低于50%。2015年高粱、大麦、木薯、麦麸、DDGS等玉米替代品的进口创下历史纪录，这无疑成为2015年玉米均价首次跌破2 000元/t大关的另一主要推手。下半年随着春季玉米陆续上市，市场供应充足，更加拖累玉米市场价格下行压力。

二、临储玉米托市及进口替代冲击 变相打压玉米市场价格走低

由图2-38显示，2015年我国玉米市场价格回调。年内涨跌幅度超过18%，为近4年来下跌幅度最大的一次。2015年玉米出现了典型的反季节行情，是市场出现扭曲后的大幅调整。上半年随着国家临储收购不断创下纪录，数据显示，截至5月，2014年产玉米临储收购量达到了8 328万t，远高于上一收购年度的6 914万t，增加了1 414万t，增幅20%。

天量的收购成为上半年玉米价格维持高位的重要支撑。随着临储收购结束而拍卖开始，玉米替代品进口开始大幅增加，9 月份在预期新季玉米基本丰产后，价格出现断崖式下跌，均价低至为 1 970 元/t，其中华北个别地区跌至 1 700 元/t，在短短两周内快速下跌了 13.3%。四季度玉米需求并未出现好转，而国家再次提前临储收购，虽然收购价格下调超过了 200 元/t，但仍对玉米市场形成有效提振，玉米价格小幅反弹，年底均价反弹至 1 998 元/t，仍低于年初的 2 278 元/t，下跌了 12.5%。

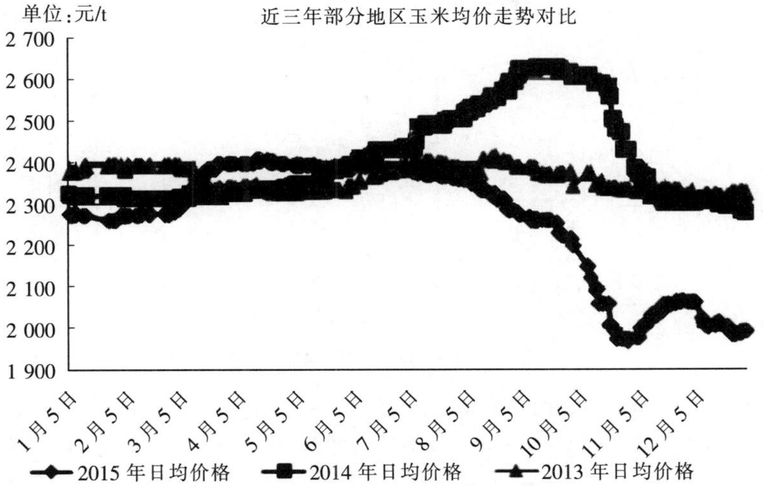

图 2－38　2013 年以来玉米月度价格对比

三、2015 年玉米供需情况

1. 供应。

（1）粮食十二连增。玉米播种面积和产量再次创下历史纪录。2015 年以来，国内玉米主产区气候条件总体正常，但东北地区春播出现气温偏低导致春播及生产期延后的现象，在玉米生长期内东北地区降水偏少，尤其是辽宁、吉林两省旱情较重。另外，在授粉和灌浆期又遭遇卡脖旱，导致部分地区玉米产量下降；华北地区也遭受了内涝及病虫害等灾害。气象数据显示，8 月辽宁、吉林降水量分别为正常值（过去 30 年当月平均降水量）的 76%、92%，9 月分别为正常值的 36%、47%，黑龙江仅为正常值的 27%，这对岗地玉米灌浆不利。这也佐证了玉米产量的增长主要来自转播的粮食品种面积提高。因此，2015 年从大豆、棉花等其他作物转播的面积，成为玉米产量增产的主要原因。图 2－39 显示，2015 年我国玉米播种面积为 3 811.6万 hm^2，同比提高 104 万 hm^2，增幅 2.8%，玉米产量为 2.245 8 亿 t，同比提高了 4.1%。2015 年由于人工成本，特别化肥及租地费用再次提高，2015 年我国玉米种植成本区间 6 500～6 700 元/hm^2。

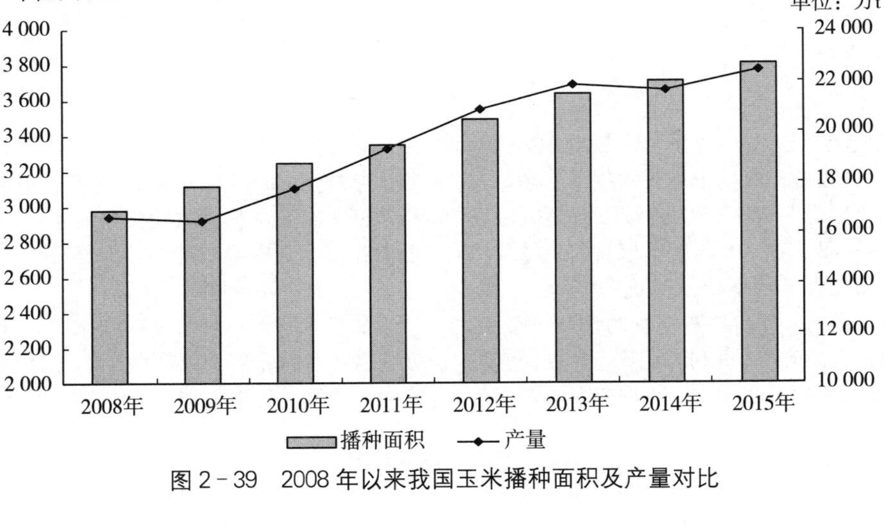

图 2－39　2008 年以来我国玉米播种面积及产量对比

（2）2015 年玉米进口反弹。为近年次高。图 2－40显示，2015 年我国进口玉米 473 万 t，同比增长了 82.0%，但仍低于 2012 年的 512 万 t。2015 年第三季度玉米进口量达最高为 188 万 t，二季度为 141 万 t，同比均提高了 6 倍。2015 年我国出口玉米 1.1 万 t，2014 年出口 2.3 万 t，出口的国家主要为朝鲜。

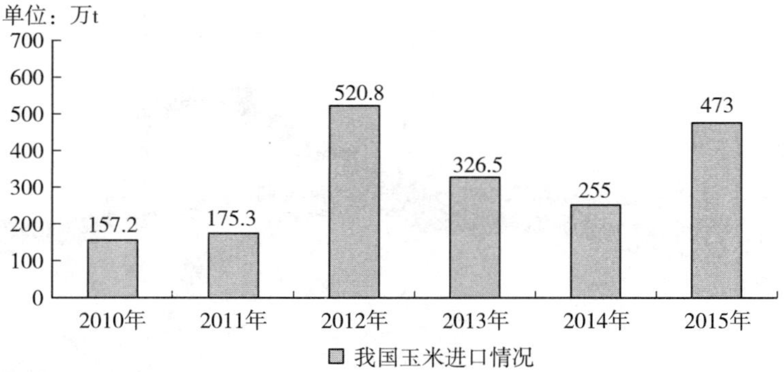

图 2－40　2010 年以来中国玉米进出口变化

2015 年我国玉米进口主要集中在两个国家，一个是乌克兰，另一个是美国。如图 2－41 所示，2015 年进口乌克兰玉米 385.0 万 t，占比 80%，同比上涨了 2.9 倍；进口美国玉米达到 46.3 万 t，占比 10%，同比下降了 54.96%；进口泰国玉米由原来的占比 11%，到进口微量，其中保加利亚、老挝、俄罗斯的进口量比较平稳。2015 年玉米替代品进口的增加制约了玉米的进口步伐，同时，进口玉米配额最高为 720 万 t 的限制，也制约了玉米的进口总量。

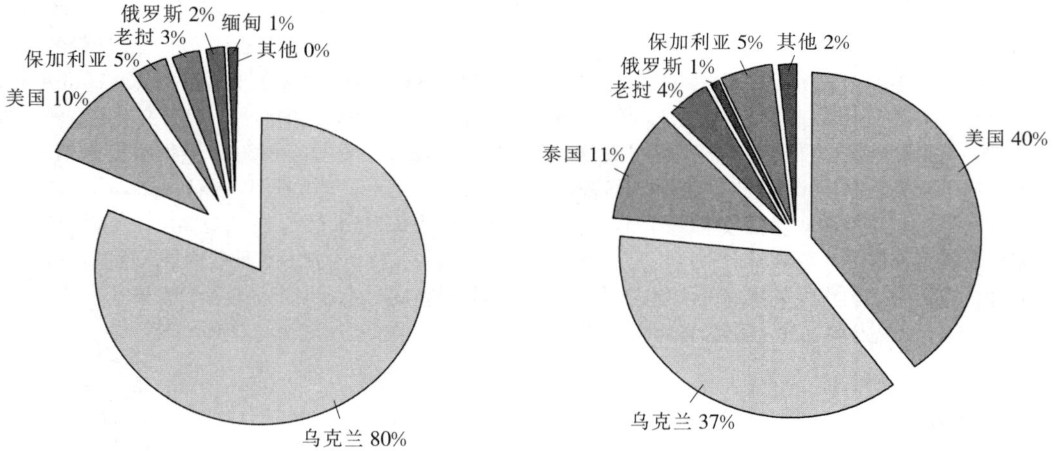

图 2－41　2015 年与 2014 年玉米进口量占比

（3）临储收购。图 2－42 显示，截至 12 月 31 日，2014/2015 年度临储收购玉米再次创下新高，本年度玉米收购总量为 8 328 万 t，连续三年超额完成国家的收储任务。2015/2016 年度玉米收购总量虽然今年的收购价格与往年比下跌了 220～260 元/t，但仍远高于进口玉米的入库价格和市场的预期，而且，本次收购时间再次提前至 9 月份，同比上年度提前近 1 个月，国家担忧再次谷贱伤农，在霉变率的安全范围内，2014/2015 年度再次对农户进行敞开收购。值得注意的是，2015 年是从 2008 年开始国家收购政策以来第一次下调临储收购价格的年份。2015 年临储收购在市场上占绝对优势，但部分贸易商持观望态度，对后市并不看好。

从东北三省一区的收购量来看，如图 2－43 所示，各个省份收购占比有所变化，其中黑龙江省仍居首位，收购总量为 2 833 万 t，明显高于上一年同期

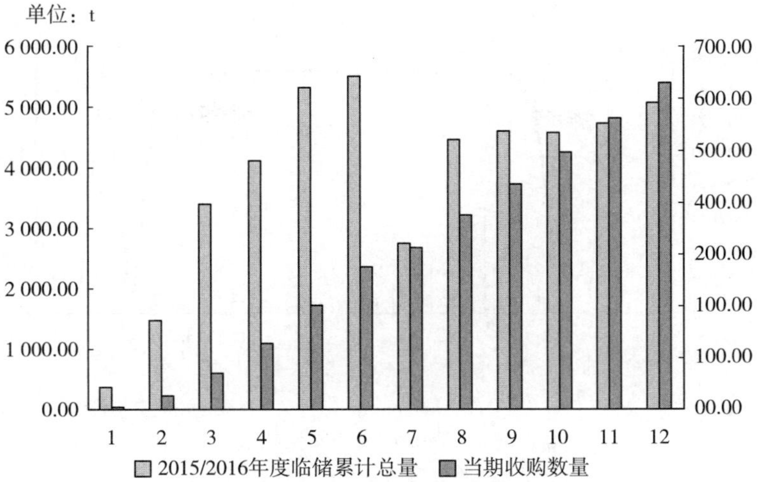

图 2-42　2015—2016 年度玉米临储收购量

的 2 062 万 t；内蒙古自治区收购量比同期高 1.7 倍。但吉林省、辽宁省的收购量同比有所回调。2015 年吉林和辽宁地区分别经历不同的干旱，部分地区玉米质量下降，从而影响玉米的收购量。另外，吉林当地玉米价格偏高，加上部分华北地区的玉米流入东北，导致当地玉米收购量下降。

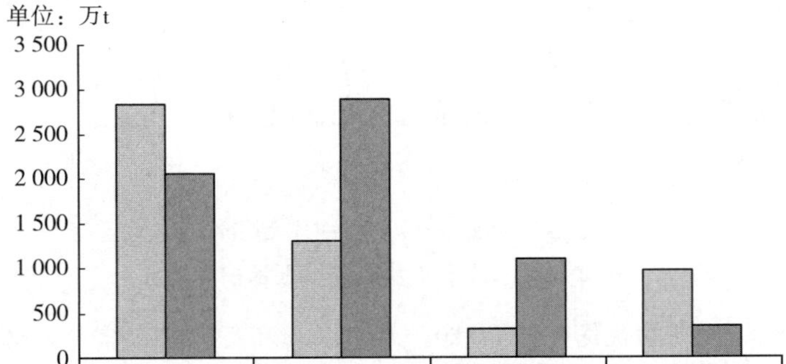

	黑龙江	吉林	内蒙古	辽宁
2015年	2 833	1 296	314	962
2014年	2 062	2 884	1 086	347

图 2-43　2015—2016 年度东北各地区临储收购比例

（4）2015 年临储和进口拍卖情况。2015 年我国共进行 24 次拍卖，并且是拍卖启动比较早的一年。在临储收购的同时，就已同期开始拍卖且战线比较长，从 2015 年 1 月 6 日开始到 10 月 29 日，但拍卖的效果并不尽如人意。如图 2-44 所示，2015 年拍卖总量共计 8 936 万 t，但实际成交还不到 500 万 t，仅成交了 420 万 t，平均成交率为 4.7%。其中只有第一次拍卖成交率超过 35%，在第六次拍卖达到 12%，其他次数的拍卖率均在个位数的百分比徘徊。2015 年拍卖最高均价出现在 4 月，即第二次拍卖，价格高达 2 497 元/t，随后的拍卖均价连连下调，成交率节节败退，而且在华北新季玉米上市后，出现了 5 次流拍的现象。

2015 年进口玉米的拍卖从 4 月份开始，由于近年来我国进口玉米量的增加，进口玉米拍卖也成为新常态。如图 2-45 所示，从 2015 年 4 月 9 日到 10 月 29 日共计 6 个多月的时间，进行了 18 次拍卖，比上年增加了 8 次。从成交情况来看，与国内玉米拍卖的效果也是在伯仲之间，共拍卖了 85.17 万 t，实际仅成交 13.75 万 t，与 2014 年全部成交的比例来看，进口玉米也难逃市场一片看淡的采购心理。从成交价格来看，拍卖均价呈现下跌的态势，最高出现在 4 月 16 日的第二次拍卖，为 2 371 元/t，之后价格不断回调，随着国内玉米拍卖成交率的下降，进口玉米更是出现了 8 次的流拍现象。

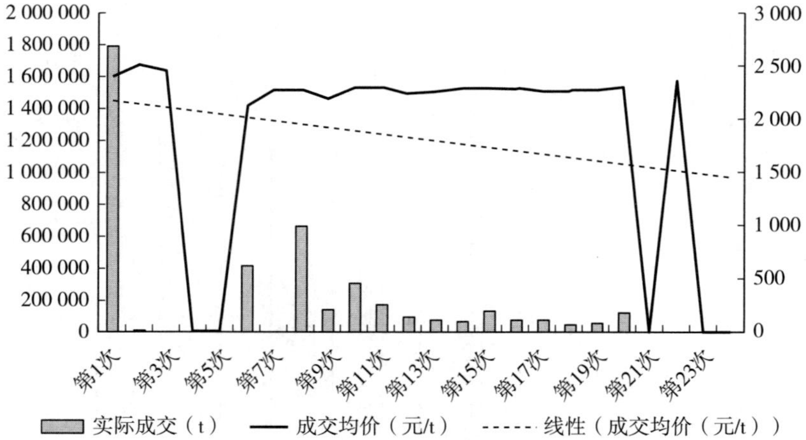

图 2-44　2015 年我国临储拍卖情况

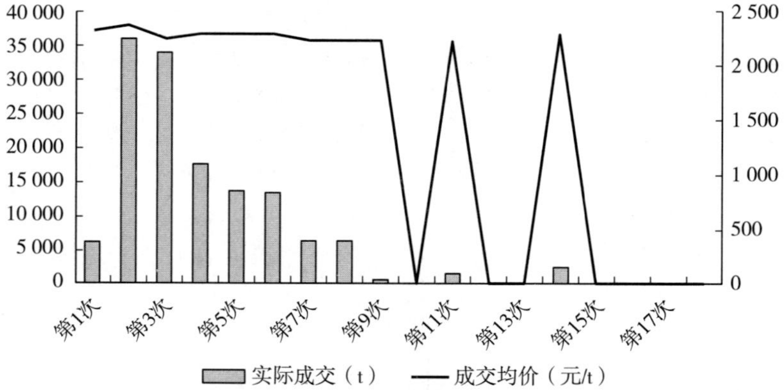

图 2-45　2015 年我国进口玉米拍卖情况

（5）麦麸、DDGS、高粱等替代优势明显。2015 年我国玉米替代品的使用创下新纪录，从而也带动玉米替代品的进口量也创下新纪录。如图 2-46 所示，2015 年全年玉米价格均高于小麦均价，因小麦地域性使用比较强，全年用量并没有太多涨幅。由于麦麸、DDGS 及高粱等价格均低于玉米价格，其中 DDGS 和麦麸与玉米价格差比较大，玉米与 DDGS 的价差最高出现在 7 月，为 1 244 元/t，最低在年初，价差为 470 元/t，按照理论计算，DDGS 价格一般低于豆粕价格而高于玉米价格。2015 年全年玉米价格远高于 DDGS 价格，其被替代的效应非常明显。麦麸及高粱的使用比例也是空前的。

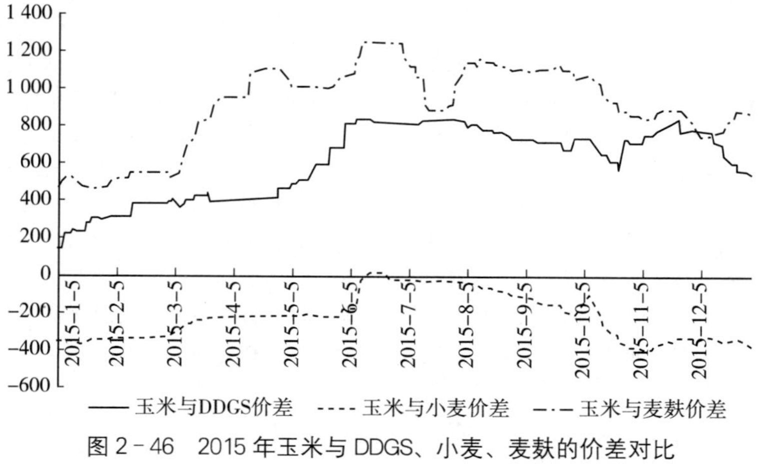

图 2-46　2015 年玉米与 DDGS、小麦、麦麸的价差对比

（6）DDGS、高粱和大麦进口量创新高。如图 2－47所示，2015 年累计进口 DDGS 682 万 t，较上一年进口量 541.5 万 t 提高 25.9%。其中来自美国的 DDGS 进口量为 681.9 万 t。美国占据进口量超过 99%。其他国家只有法国、加拿大、巴西有微量进口。虽然经历年初进口风波，但 DDGS 进口量从 2 月份开始增加，全年进口量并未受太多影响。值得一提的是，美国仍是 DDGS 主要出口国，主要出口至中国和墨西哥。而国产 DDGS 产量相对稳定，年供应量 350 万 t 左右。

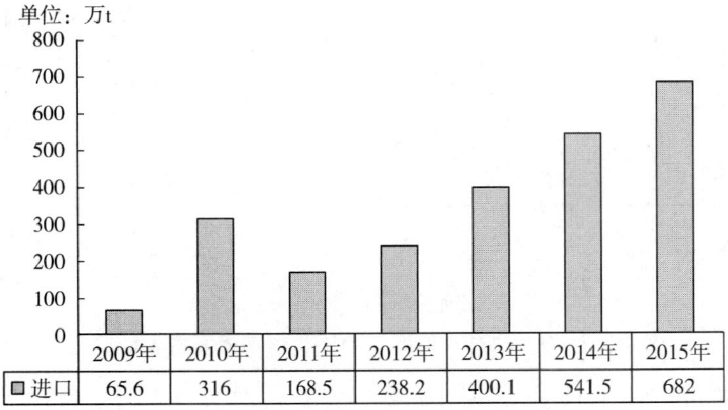

图 2－47　2009—2015 年进口 DDGS 总量对比

如图 2－48 所示，2015 年累计进口高粱 1 070 万 t，与 2014 年同比提高了 86.9%。高粱进口是从 2013 年开始，从 107 万 t，两年间高粱进口提高了 9 倍。进口国家主要为美国，占比 83.8%，其他国家主要为澳大利亚、阿根廷。2015 年进口大麦 1 073 万 t，与高粱进口量相差无几，小麦进口量 300.7 万 t，2015 年进口能量饲料（玉米、小麦、大麦、高粱、DDGS）共计 3 599 万 t，占我国 2014 年玉米产量的 16.7%，此比例已经对我国能量市场产生一定的价格影响。对此，2015 年，商务部、海关总署公告 2015 年第 34 号《关于〈纳入自动进口许可管理货物目录〉的公告》，将大麦、高粱、木薯和玉米酒糟纳入自动进口许可管理，自 2015 年 9 月 1 日起执行。由此可见，高粱、大麦、木薯和玉米酒糟纳入自动进口许可证管理，这一政策实施的目的不仅在于随时关注进口玉米及相关替代品，也在于随时控制此类产品的进口，以降低对我国玉米种植、养殖、饲料等相关产业的深远影响。

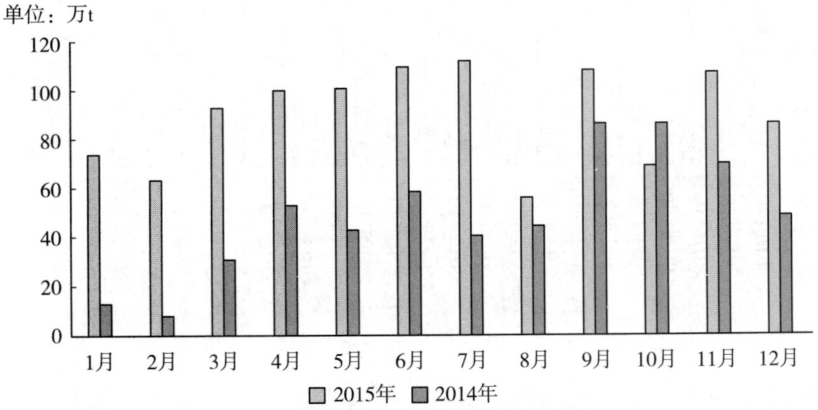

图 2－48　2014 与 2015 年进口高粱对比

2. 需求。

（1）下游消费低迷、饲料产量量增、有效增量下降。2015 年，我国饲料产业集中度更进一步提升，小型饲料企业及散养户的快速淘汰，这一现象无论对饲料总量和饲料产品品种都有深刻的影响。如图 2－49所示，2014 年我国饲料产量为 19 727 万 t，同比上涨 2.0%。虽然饲料总量有所提高，因大型养殖场的增加，饲料产品中的配合饲料比例提高，但增幅已与上个十年不可同日而语。2015 年我国饲料总量超过 2 亿 t，同比上涨了 1.42%，仍延续上一年的小幅增高，而 2015 年生猪存栏量降至近年来的低点，猪饲料品种对饲料产量的贡献率大打折扣，饲料产量增量主要来自家禽饲料产量提升的拉动。

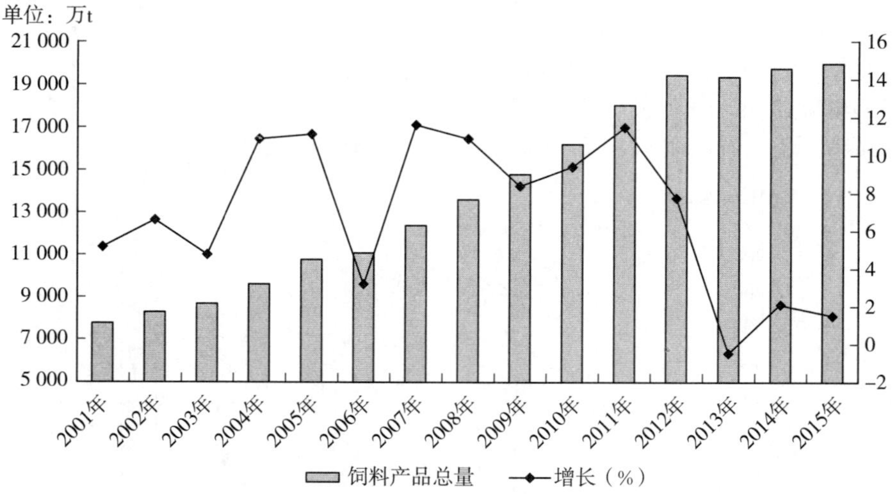

图 2-49　2001—2015 年中国饲料产量及增长情况

（2）猪粮比低位震荡，养殖行情旺季难现。如图 2-50所示，2015 年我国能繁母猪和生猪存栏分别在 4 月和 2 月，均跌破 2010 年以来的 4 亿头和4 000万头的低点。全年呈现右肩头的下降走势。年初环比跌幅达到最高，分别为 3.9%和 2.3%；同比跌幅最大出现在 9 月，分别为 15.4%和 11.8%。大量小型猪场淘汰，是 2015 年能繁母猪存栏和生猪存栏双双下降的主要原因。

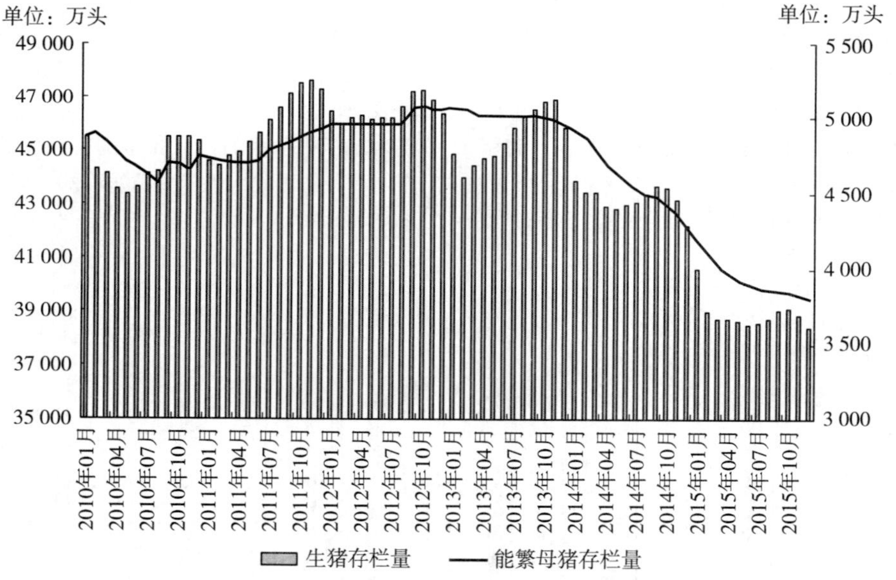

图 2-50　2010—2015 年生猪存栏、能繁母猪产量情况

（3）玉米深加工利润缩水，需求增速放缓。2015 年国家刺激深加工企业消费玉米的政策不断推出。2014 年年底，我国对高附加值、玉米加工产品的出口退税率提高至 13%，但 2015 年深加工产能过剩，终端需求疲软，当年的消费量继续下调。2015 年玉米深加工消费量预计 5 050 万 t，下降了 3.8%。2015 年 4 月份，黑龙江省水稻加工和玉米深加工企业竞购加工政策性粮食补贴办法的通知下发，在 2015 年 4 月 15 日至 10 月 31 日，参加国家和省有关部门组织的政策性玉米拍卖，省级财政按玉米 200 元/t、水稻 100 元/t 的标准给予补贴。吉林省从 2015 年 4 月 1 日起，在国家出台竞购临储玉米加工补贴政策前，对玉米深加工企业给予临时补贴政策，加工玉米补贴 150/t 元。6 月份，黑龙江将玉米补贴标准由原来补贴 200 元/t 提高到 400 元/t，补贴时间从 2015 年 4 月 17 日开始。对于企业从 2014 年新粮收购季节到 2015 年 4 月 17 日前自行收购的，给予玉米补贴 100 元/t。10 月份，吉林省出台针对深加工补贴政策。

将原补贴标准 150 元/t 提高至 350 元/t。对四季度企业在吉林省内自购自用的按实际加工消耗的玉米由该省给予 250 元/t 补贴。2015 年各种政策倾斜玉米深加工企业，但玉米深加工的整体需求仍维持偏低，开工率不足，利润空间大幅缩水，深加工发展动力不足，国内消费疲软及出口竞争优势难现，制约了深加工企业的发展。产业升级、加速创新以提高加工企业的核心竞争力，是未来加工企业的唯一出路（图 2－51）。

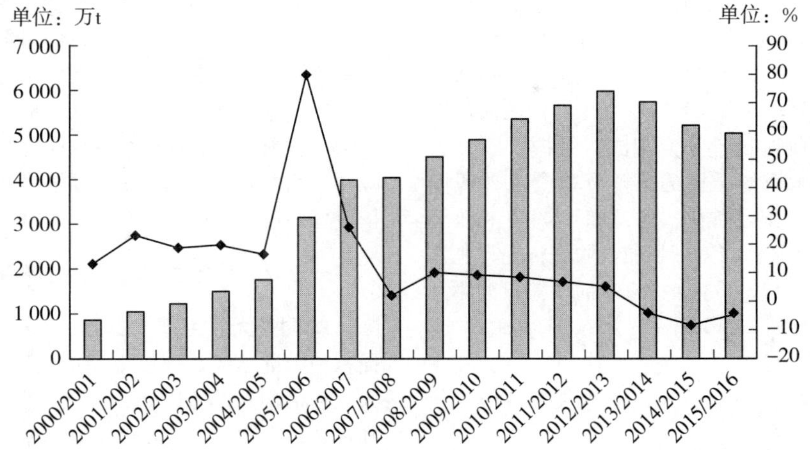

图 2－51　2000/2001—2015/2016 年度工业玉米消费量及增幅情况

3. 全球饲料需求增速放缓 工业需求增速居高。

（1）全球玉米供需情况。美国农业部（以下简称 USDA）数据显示，2015/2016 年度全球玉米产量预估为 10.88 亿 t，同比提高了 1.14 万 t。2015/2016 全球玉米期末库存预估为 2.118 5 亿 t，2014/2015 年度全球玉米期末库存为 2.072 3 亿 t，同比增加 462 万 t，涨幅为 2.2%。而全球玉米消费总量为 9.53 亿 t，同比小幅下调 100 万 t，主要是由于印度和我国台湾省消费量下降。东南亚地区的经济恢复缓慢，国际原油价格跌至历史低位，间接地抑制了玉米工业消费，加上国际政治动荡，地缘经济等对玉米价格也形成利空。

（2）美国供需情况。USDA 数据显示，2015/2016 年度美国玉米产量为 3.47 亿 t，同比下降了 1 800万 t，降幅为 4.9%；预计 2015/2016 年度美国玉米出口为 4 445 万 t，同比下降了 291 万 t，下降了 6.1%。2015/2016 年度美国玉米期末库存预估为 4 397万 t，同比下降了 13.7%。2015/2016 年度因我国市场低迷，东南亚地区采购采购节奏放缓，拖累美国玉米出口下降，但玉米副产品（DDGS）及替代品的出口量大幅增加。2015 年美国玉米农场平均价格持平，在3.35～3.95美元/蒲式耳区间。

（3）阿根廷和巴西的供需情况。位于南美地区的阿根廷和巴西是主要大豆和玉米的出口国，特别是近年来阿根廷出口玉米连年提高，对于国际玉米市场的影响越来越大。USDA 数据显示，阿根廷 2015/2016 年度玉米产量为 2 560 万 t，同比下降 90 万 t，降幅为 3.4%；该年度出口玉米 1 600 万 t，同比提高 150 万 t，上涨了 8.6%，占总产量近 62.5%。

USDA 数据显示，2015/2016 年度巴西玉米产量为 8 150 万 t，同比下降了 450 万 t。虽然国内需求提升，但出口量下降，加上巴西种植大豆效益高于玉米，玉米播种面积有所下降。2015/2016 年度巴西出口玉米 2 500 万 t，同比下降 750 万 t，降幅 23%。

四、2015 年玉米市场的影响因素

（1）饲料养殖产业结构调整加速，饲料原料购销行为发生转变。2015 年，我国饲料养殖结构发生质的变化，在环保及养殖成本的各种因素作用下，我国散养殖户快速淘汰，饲料及下游养殖结构变化，不但改变了部分饲料企业对原料的使用方式，也改变了销售方式。随着集团化的企业占比不断提升，全价配合饲料的使用比例不断增加，也就是成品料的使用比例会增加，大宗饲料原料的消费总量会继续提升。

（2）玉米深加工企业再次陷入补贴尴尬局面。2015 年，为缓解深加工企业的压力，提高企业的开工率，一方面对深加工提高收购玉米原料的补贴政策，这直接降低了其原料成本；另一方面，提高了深加工产品的出口退税比率，对深加工企业消费具有一定的拉动作用。玉米深加工企业开工率提升，对玉米市场消费的拉动也比较重要。

（3）进口玉米及相关替代品。2015 年进口玉米及相关替代品是当年拉低玉米价格走弱主要因素之一，2015 年全年进口量创下历史纪录。特别是进口高粱在华南地区使用量惊人，其在配方中普遍替代玉

米高达50%，在部分鸭饲料的配方已经完全替代玉米。其他产品如DDGS、木薯、大麦、小麦、麦麸等产品也对玉米的用量形成冲击。

(4) 临储收购这把双刃剑 已走到尽头。从2008年以来，我国实行玉米临储收购制度后，收储价格连年上涨，临储收购对我国玉米连年上涨起到了决定的作用，同时，近三年来收购总量也不断提高，临储收购的定价作用明显，一举代替了深加工在产区的定价地位。随着临储收购量价齐升，虽然保护了农民利益，但不利于玉米市场结构的调整及粮食品种的优化，2015年9月，国家首次出台政策下调玉米临储收购价格，从长期来看，玉米临储收购将转变其他方式，以贴近市场化，又可以保护农户的种粮积极性为主要手段。

（王长梅）

大豆和豆粕生产、贸易与市场情况

2015年大豆、豆粕市场进入漫漫熊途。2015年在全球大豆丰产、国内供应宽松、消费低迷，宏观经济大环境不景气的影响下，豆类市场全年萎靡不振。2015年不断创下新高的进口大豆的到港，在终端需求的缓慢恢复跟随油厂压榨量恢复的节奏，部分地区工厂出现胀库压力。港口大豆库存始终居于较高水平，压制国产大豆价格，导致现货价格大幅下跌，使豆粕连续两年处于熊市的格局。整体来看，2015年国内豆粕现货均价为2 830元/t，同比下跌30%。

一、2015年大豆、豆粕供需状况

1. 国产大豆生产情况。2015年，国产大豆播种面积和产量已经是连续下降的第五年。2015年中国大豆种植面积为610万hm^2，同比减少30万hm^2，降幅高达10.04%。国产大豆产量为1 180万t，较2014年减少35万t，减幅为2.88%（表2-10）。

表2-10 2007—2015年国产大豆种植面积、产量及产量同比增幅

单位：万hm^2、万t、%

年份	2007年	2008年	2009年	2010年	2011年	2012年	2013年	2014年	2015年
种植面积	875.4	912.7	919	851.6	788.9	717	679	640	610
产量	1 273	1 555	1 498	1 508	1 449	1 305	1 195	1 150	1 180
产量同比增幅	−20.29	22.15	−3.67	1.47	−3.91	−9.94	−8.43	−3.77	−2.88

2. 大豆、豆粕进出口情况。

(1) 大豆进出口情况。受国内大豆种植面积日益减少，产量不断下降，加之2015年杂粕供应减少，全球大豆继续丰产，支撑我国大豆进口数量进一步加大。根据海关数据显示，2015年我国大豆累计进口量为8 169万t，较2014年同期增加14.42%。大豆进口平均成本为388美元/t，较去年同期的574美元/t下降186美元/t，降幅达32.4%。我国进口大豆数量持续攀升，每年均维持在高位增长速度，2015年进口量再创历史最高纪录（图2-52）。

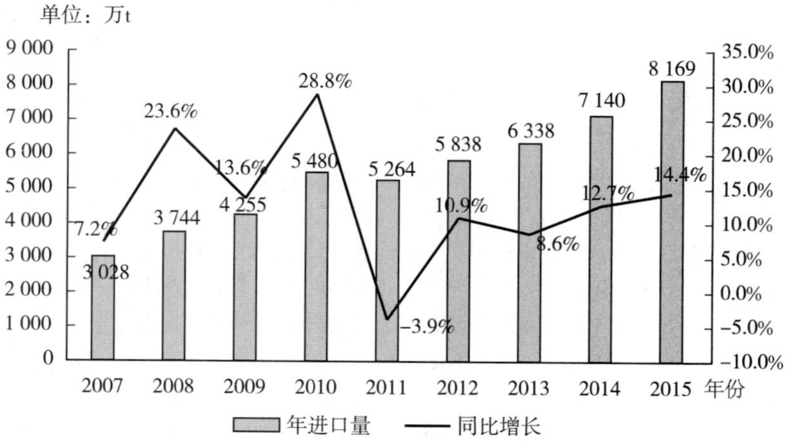

图2-52 2007—2015年大豆年进口量

近年来，随着我国大豆定价权的缺失，压榨企业的亏损，大豆价格波动幅度扩大，需求低迷。从大豆进口来源国看，中国进口的大豆来源地主要为美国、巴西、阿根廷。巴西为中国进口大豆的最大来源国，巴西和阿根廷进口占比为 63.54%；美国进口占比为 36.46%（图 2-53）。

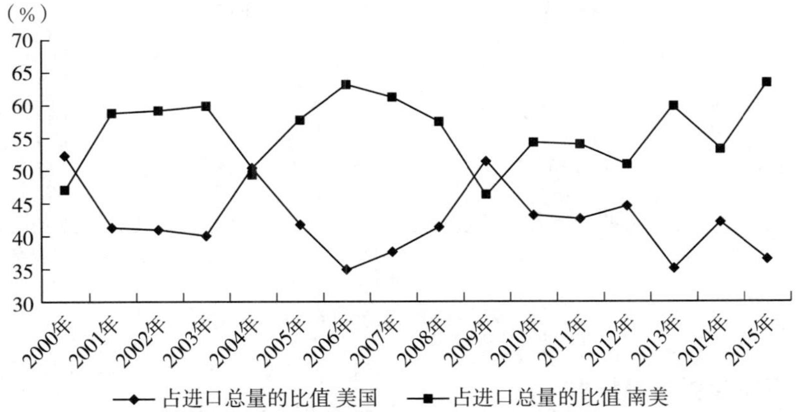

图 2-53　2000—2015 年美国和南美大豆年进口所占比重

海关数据显示，2015 年从美国进口大豆数量为 2 841.5万 t，从巴西进口大豆数量为 4 007.8 万 t，从阿根廷进口大豆数量为 943.8 万 t，分别占总进口量的 34.78%、49.06%和 11.55%。2014 年从美国、巴西、阿根廷进口的大豆数量分别占进口总量的 35.38%、50.63%和 9.26%。美国和巴西进口大豆占进口大豆总量的比例较 2014 年均有所下降，降幅分别为 0.6 个百分点和 1.57 个百分点，但阿根廷进口大豆占进口大豆总量的比例明显提高，增加 2.29 个百分点。

2015 年，我国大豆累计出口量为 13.4 万 t，较 2014 年同期下降 35.44%。大豆出口金额 12 586 万美元，较去年同期下降 36.95%。主要出口国为韩国、日本等国家。

从图 2-54 可以看出，2015 年 2、3、4 月月度大豆进口量低于 2014 年同期，5 月进口大豆数量与去年同期基本持平，其余各月进口量均有所提高，并且月度进口量均超过 650 万 t。其中 7 月份进口大豆数量达到 950 万 t 以上，进口大豆数量创下我国大豆进口量的月度最高纪录。

图 2-54　2012—2015 年月度大豆进口量

(2) 豆粕进出口情况。2015 年我国豆粕进口量较去年大幅上升，出口量下降。如图 2-55 所示，2015 年进口豆粕 5.97 万 t 左右，比 2014 年的 2.26 万 t 上涨了 164.13%。主要进口国家和地区为印度、丹麦、中国台湾等；2015 年我国全年预计出口豆粕 169.6 万 t，比 2014 年的 209.1 万 t 下降了 18.9%，主要出口至日本、韩国和东南亚国家，我国向东南亚出口豆粕在距离、运输时间上存在优势。近年中国的豆粕进口相对较低。整体来看，由于我国油厂产能严重过剩，以进口大豆为主要采购方式，与国内庞大油脂和油料的消费规模相比，豆粕贸易所占份额依然非常低。

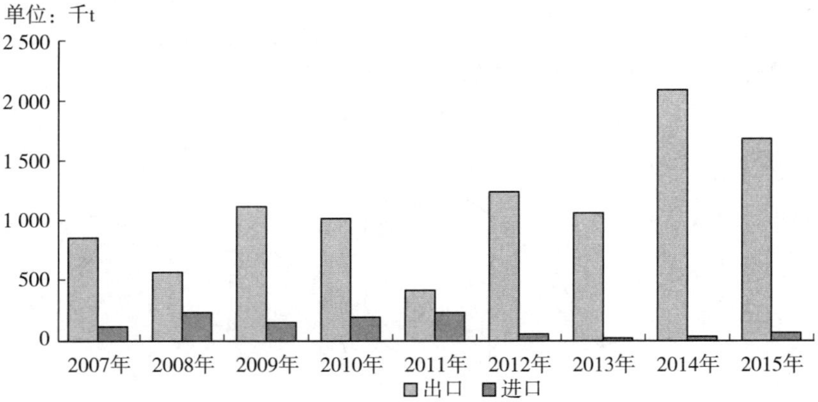

图 2-55　2007—2015 年豆粕进出口总量

二、大豆、豆粕供需市场情况

1. 大豆库存量和消耗情况。中国大豆国际贸易从1995年开始，由净出口国转变为净进口国，且进口量逐年增加。中国的大豆进口量通常占到全球大豆贸易总量近2/3。2015年大豆压榨行业继续偏弱运行，部分企业可通过套期保值、基差定价等在期货市场操作，对冲现货市场价跌的风险，但对于资金状况欠佳企业而言，难以运用期货工具市场降低亏损。从2015年港口大豆库存情况来看，2015年基本呈现持续上涨趋势。截至2015年12月31日，港口进口大豆库存总量约为731万t，较年初的518万t增长41.12%。往年我国大豆库存量基本在下半年均会出现一个下跌的过程，但2015年大豆库存持续高位，预期恢复的养殖需求并没有再现，大豆国内消耗速度大幅放缓。一方面表明2015年大豆进口数量庞大，市场供应宽松；另一方面则表明国内需求低于往年。整体来看，2015年我国大豆港口库存充足。

2. 大豆压榨情况。2015年大豆压榨企业继续偏弱运行，从压榨企业理论毛利看，年内行业基本亏损运营。自2011年起一直处在亏损之中，进口大豆价格高和油粕价格下滑是造成压榨行业长期亏损的原因。2015年全国大豆压榨总量7 947.46万t，较2014年同期增加741.89万t，增幅10.3%。2015年国内油厂全年平均开机率在49%附近仅接近一半，高于去年的47%以及2013年的48%。2015年全年亏损均值为621.55元/t，整体行业运行仍不容乐观。2015年全年大豆压榨利润处于低位震荡状态，油厂理论上是处于大幅度的亏损一年。2015年我国油厂压榨利润从年初开始，压榨开始亏损，且负增长的幅度越来越大。5月底，大豆压榨利润亏损至807.75元/t的低点后，持续弱势震荡，期间油厂压榨一直处于亏损状态。7月初，压榨利润开始震荡回升并持续到12月份，之后再次出现小幅下降。2015年全年压榨利润始终处于亏损状态，美盘大豆榨利润已进入“负”时代，随着豆粕和豆油库存不断增加，豆粕整体消费低迷打压价格长期处于低位，导致年内压榨利润一直处于亏损状态（图2-56）。

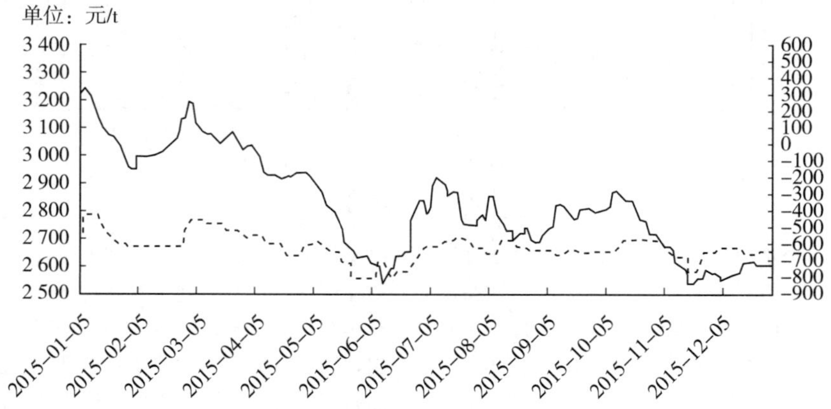

图 2-56　2015 年大连进口大豆压榨利润与豆粕价格走势

（大豆压榨利润数据来源：WIND）

3. 内豆粕供应量和消费量。数据显示，2015年国内豆粕供应量为5 975万t，消费量为5 750万t。如图2－57所示，国内豆粕供应量从2007年的3 090万t增至2015年的5 975万t，增幅达48.3%，年均增长率9.0%。2015年国内豆粕供应量同比上涨了7%。消费量从2007年的2 860万t持续上升到2015年的5 750万t，较2014年增长5.6%，年均增长率9.2%。2015年美元加息日趋升温，大宗商品普遍处于熊市。美豆全年处于偏空氛围，豆粕在震荡下跌中不断适应新的供求关系。国内豆粕市场在供需双重不利的打压下积弱难返。2015年，豆油在压榨利润中贡献率提升后，更进一步压缩豆粕的反弹空间。

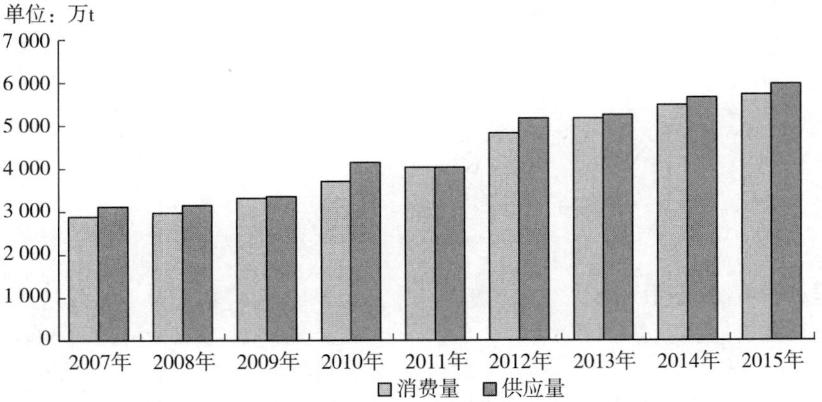

图2－57　2007—2015年国内豆粕供应和消费总量

三、大豆、豆粕市场价格情况

1. 豆粕和豆油的比价关系。如图2－58所示，2015年全年豆油—豆粕比价处于1.7～2.3元，较2014年的1.62～2.02元有所上升，但依旧偏离正常区间2.2～3.0元。全年中，只有5～6月、8月中旬至9月中旬及四季度油粕比在2.0以上，其他时间均在2.0以下震荡。年初豆油—豆粕比价由1.75上升到1.88之后下降至全年最低点1.71，3月初开始油粕比值稳步上升，6月初达到最高点2.25，之后迅速下降，2015年下半年豆油—豆粕比价在1.9～2.29震荡。全年最高值出现在12月中旬，为2.29，此比值也仅比正常区间的下沿略高。从2014年和2015年油粕比价，不难发现，2015年油粕比价虽然高于2014年，说明豆油在油厂中对大豆的支撑作用要强于豆粕，至少在4月份后，豆油对油厂开工率的支撑远会高于豆粕。

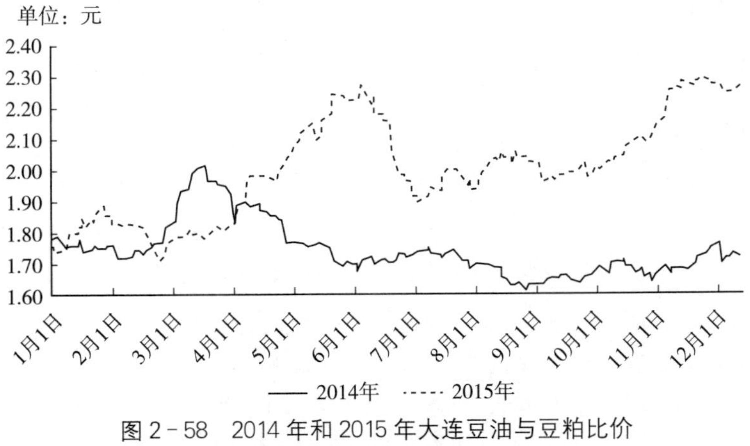

图2－58　2014年和2015年大连豆油与豆粕比价

（豆油数据来源：WIND）

2. 进口大豆分销价格。2015年我国进口大豆港口分销价整体上处于震荡弱行趋势（图2－59），全年价格也低于去年同期水平。2 015年我国进口大豆港口分销价格为3 113元/t左右，较2 014年的3 880元/t下跌767元/t，跌幅为25%。全年价格在2 907～3 328元/t震荡。上半年港口大豆分销价格相对平稳，价格在2 957～3 323元/t。6月初开始价格出现下滑，6月底跌至全年最低点，价格为2 908元/t，而全年的最高点出现在年初，价格为3 323元/t。2015年大豆持续大量到港，油厂开机率高于2013年和2014

年，但在饲料需求增幅放缓的背景下，全年偏高的开机率则意味着豆粕供应相对宽松。

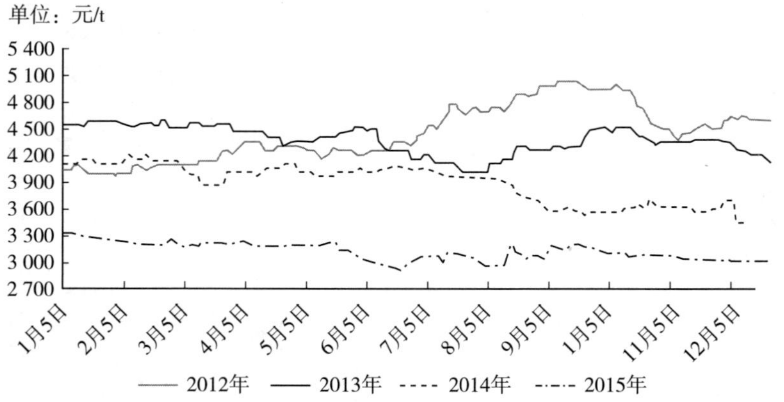

图 2－59　2012—2015 年港口大豆分销价

3. 国产大豆价格行情。2015 年国产大豆收购价格波动幅度较去年相对较大，波动区间在 3 735～4 267元/t（图 2－60），价差为 532 元/t，与 2014 年的波动幅度（143 元/t）相比有所扩大。1～4 月中旬国产大豆价格相对平稳，基本在 3 824～4 184 元/t 震荡。4 月中旬后由于国产大豆市场余粮偏多，价格开始下降，并且持续到 8 月初。8 月中旬到 9 月国家严查进口大豆流向，优质粮源渐少，国产大豆市场价格大幅上涨，最高涨至 4 121 元/t，与最低价相比价差为 385 元/t。国庆节后东北产区新季大豆相继上市，受国内粮食价格持续弱势影响，产区种植户抛售意愿强烈，国产大豆市场供应不断增加，国内食品豆市场需求相对稳定，国产大豆市场供大于求问题凸显，价格承压下行。四季度国产大豆价格在 3 735～4 002元/t 的震荡区间运行。截至 2015 年 12 月 31 日，国产大豆年均价 3 768 元/t，较年初下降 416 元/t，降幅约 9.9%。

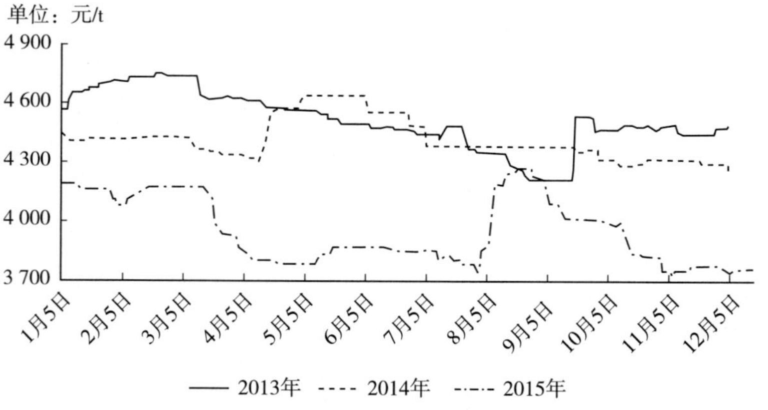

图 2－60　2013—2015 年国产大豆价格走势

4. 国内豆粕价格行情。2015 年国内豆粕均价整体低于去年。国内豆粕市场经历了近年来的低谷期，价格出现两次探底：第一次是在 3 月初的 3 194 元/t 的年内高点跌至 6 月中旬 2 531 元/t，跌破 8 年来历史价格低点，跌幅为 20.76%；第二次探底是从 10 月中旬的 2 870 元/t 跌至 11 月中旬的 2 521 元/t，跌幅为 12.16%。影响此次低迷行情的因素同上一次基本类似，依旧是需求低迷、供应宽松所致。2015 年春节后国内豆粕价格上涨乏力，顶部压力加大，二季度畜禽养殖需求低迷，使大豆价格震荡下行。2015 年年初豆粕均价为 3 241 元/t，春节过后小幅回落，2 月初开始回调至 2 941 元/t，跌幅为 9.2%。6 月份受库存上升的影响，国内豆粕价格开始震荡走低。三季度进口大豆陆续大量到港，大豆库存长时间维持高位；同时油厂开机率较高，豆粕库存攀升，导致下游饲料企业采购较为谨慎，豆粕现货价格整体承压下行。三季度国内豆粕平均价格为 2 785 元/t，同比下降 22.6%，与年初相比下降 10.3%。四季度豆粕受阿根廷选举和关税调整、巴西产量前景向好、美豆出口及宏观经济不景气等利空影响，美豆期价大幅下跌，拖累国内豆粕价格继续弱势运行。尽管四季度是一个传统饲料消费旺季，但因生猪存栏水平依旧偏低，下游豆粕饲用消费并未出现明显好转。四季度国内沿海地区豆粕价格在 2 500～2 600 元/t，虽然低价位及远期基差合同虽然吸引了部分成交，但市场购销依旧清淡。2015 年国内整体豆粕均价格约 2 830 元/t，同比下跌 30%（图 2－61）。

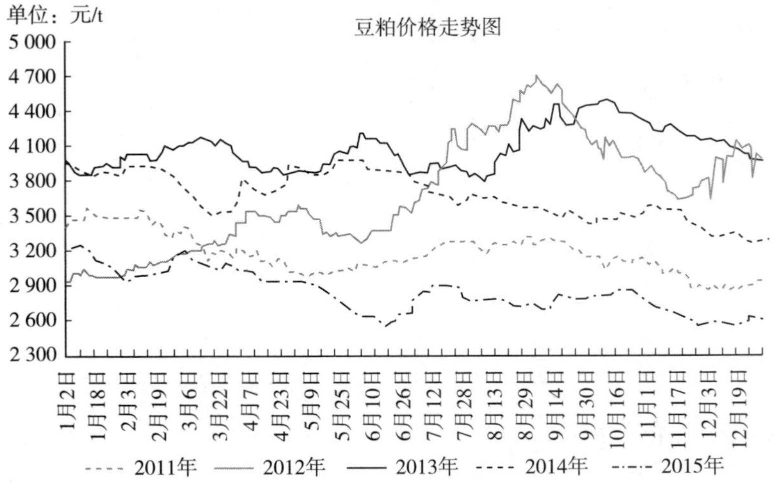

图 2－61　2011—2015 年豆粕价格走势

四、2015 年国内大豆、豆粕市场的主要影响因素

1. 大豆港口库存维持较高水平，库存消耗缓慢。2015 年美豆产量达到历史最高、库存逼近十年最高，而新作供应还需市场进一步消化，且 2015/2016 年度南美大豆播种面积预期依然保持增长，因而全球大豆市场仍面临“高产量、大库存和低需求”的熊市格局。2015 年进口大豆量突破 8 000 万 t，造成库存量明显上升。外围因素中宏观经济疲软，虽然进口量大，但需求量明显不济，下游养殖企业饲料消费低迷，豆粕作为饲料主要原料，饲料的需求疲软在一定程度上制约大豆消费。由于养殖效益低迷，存栏规模偏低抑制饲料蛋白消费，加之大豆到港量巨大，加上豆油消费的不景气，导致 2015 年大豆压榨长期处于亏损状态。总的来看，2015 年全球大豆处在一个持续丰收与去库存化的熊市之中。

2. 养殖业不景气，大豆市场低迷。2015 年从豆粕下游需求来看，由于养殖业不景气，饲料需求不见起色。虽然前期我国猪肉价格持续飙升，带动养殖户生猪积极补栏，但是 2015 年生猪存栏量和能繁母猪存栏量仍位于历史低位，豆粕的需求长期被压制。据统计，2015 年 12 月生猪存栏量为 42 409 万头，虽环比减少 1.1%，但同比减少 9.0%；能繁母猪存栏量为 3 800 万头，同比减少 11.4%，环比减少 0.7%。反映养殖市场景气程度的两大指标均处于历史低位水平，这意味着生猪养殖市场对饲料以及饲料原料的消耗进度缓慢，饲用豆粕需求始终供大于求。由此可见，国内生猪养殖状况依然没有发生实质性的恢复和改善，由于终端市场消费依旧不佳，饲料企业在原料采购方面保持谨慎态度，采用随用随采的策略，市场整体心态依旧悲观使得大豆价格承压。

3. 天气炒作不明显。2015 年厄尔尼诺现象使北美降雨较正常年份偏多，对大豆生长有利。厄尔尼诺现象严重年份一般会影响到我国大豆的产量，但近年来国内大豆产量较低，对我国甚至全球大豆供应都不会产生明显影响。2015 年市场期待已久的天气炒作并未出现，相反，美豆主产区天气表现较好，新季美豆单产持续上调，造成美豆期价震荡下跌，美豆 11 合约创下新低，拖累国内大豆、豆粕市场维持低位震荡，弱势格局明显。

4. 2015 年豆粕价格降至历史低位，家禽养殖提振有限。近两年来，由于下游饲料、养殖、餐饮等行业均不景气，导致豆粕和豆油的需求持续不振。数据显示，自 2013 年以来国内豆粕消费量的增长速度有逐年下降的迹象。2015 年豆粕产量 5 750 万 t，增长 4.6%。增幅同比 2013 年和 2014 年分别下降了 3.5 个百分点和 1.2 个百分点。从生猪产业链来看，生猪养殖市场对豆粕饲料以及饲料原料的消耗进度缓慢且出现了明显下滑趋势，对豆粕的消费的积极拉动作用有限，但家禽及水产饲料中豆粕消费有增长趋势。因为肉禽养殖效益良好，导致肉禽方面饲料消费有所增长（图 2－62）。

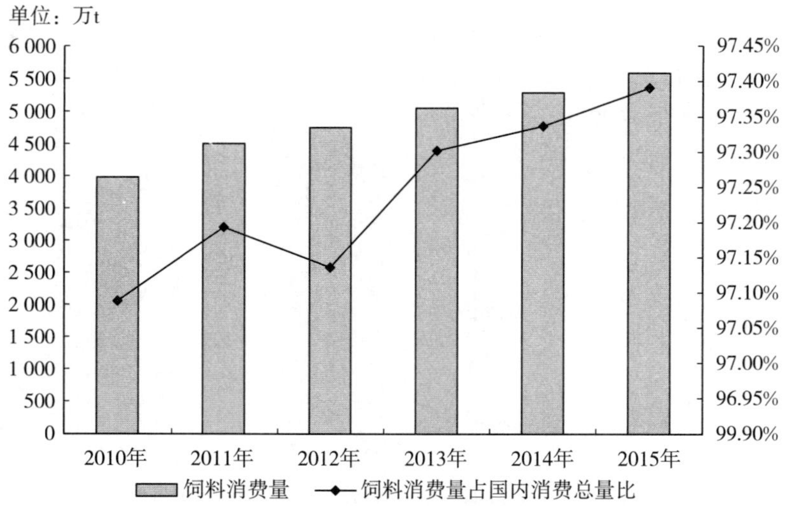

图 2-62　2010—2015 年度我国饲用豆粕消费量及占总量比重

5. 替代效应不明显，豆粕价格疲软。2015 年豆粕价格整体上偏弱运行，其他粕类替代效应不明显。大部分的饲料厂家对饲料配方做出了修改。以水产饲料为例，淡水鱼料中菜粕的添加量通常在 20%～35%，2015 年降至 15%，部分企业甚至不再使用菜粕，以带动豆粕消费量。但是，尽管豆粕消费在 2015 年并未出现明显减少，但这并不能带动豆粕上涨，反而是由于豆粕价格大幅走低而带动的消费增长。同时，由于饲料配方中高粱、小麦及 DDGS 等能量饲料的替代玉米，同样减少了豆粕的使用比例，但这并带动豆粕市场的消费增长，导致国内市场豆粕现货价格持续低迷。

（王长梅）

鱼粉生产、贸易与市场情况

2015 年鱼粉市场整体运行较疲软，鱼粉价格一路走低。2015 年，受厄尔尼诺现象的影响，秘鲁捕捞形势不佳，但我国鱼粉市场整体需求更为清淡，即使在水产养殖旺季期间，日出货量也远低于往年。2015 年鱼粉市场是以需求为导向，这也是鱼粉价格会一路走低的根本原因。2015 年我国港口鱼粉库存与鱼粉价格呈反相关，整体呈上升的趋势，截至 2015 年年底，我国港口鱼粉库存量为 13.71 万 t，同比增加 2.74 倍。

2015 年仍是外盘秘鲁鱼粉市场主导了国内市场的价格走势，2015 年两季捕捞配额并不高，其中秘鲁中北部海域第一季捕捞配额为 258 万 t，第二季为 111 万 t，一般每年捕鱼量在 400 万 t。但鉴于 2014 年第二捕季 0 配额的出现，本年两季配额值就显得偏高。同时，受厄尔尼诺现象的影响，2015 年天气多阴雨，台风肆虐、猖獗，“灿鸿”“莲花”“苏迪罗”“杜鹃”连续来袭，国内水产养殖形势不佳，在我国鱼粉市场需求清淡的整体影响下，我国贸易商与秘鲁外盘之间博弈不断。秘鲁超级蒸汽级别鱼粉价格由年初的 16 000 元/t 下调至 11 900 元/t，下降幅度达 25.63%。截至 12 月 31 日，秘鲁外盘超级蒸汽级别鱼粉价格维持在 CNF1 850 美元/t，同比降低 600 美元/t，降幅达 24.49%。

一、鱼粉进口情况

1. 2015 年我国鱼粉进口情况。据海关数据显示（图 2-63），2015 年我国累计进口鱼粉 102.54 万 t，同比降低 1.26%，其中，7～12 月份同比均有提高，其他月份均出现下降。7 月份进口鱼粉数量为全年最高值 15.3 万 t，同比增加 63.99%。2015 年从秘鲁进口 53.68 万 t，同比增加 5.13%，占总进口量的 52.35%；从美国进口 9.08 万 t，同比下降 6.30%，占总进口量的 8.84%；从俄罗斯进口 5.80 万 t，同比增加 23.14%，占总进口量的 4.95%；从智利进口 6.54 万 t，同比降低 30.57%，占总进口量的 6.38%；从缅甸、朝鲜、马来西亚等其他国家进口约 27.43 万 t，同比降低 5.32%，占总进口量的 26.75%。

2. 2015 年与 2014 年鱼粉进口情况比较。从图 2-64可以看出，2015 年我国从各国进口鱼粉的比例和 2014 年比较有所变化。秘鲁进口鱼粉所占比例提高，由 2014 年的 49%增加至 2015 年的 52%，上升 3 个百分点；美国没有变化；俄罗斯进口增至 6%，同比上升 1 个百分点；智利由 9%，同比下降了 3 个百分点；其他国家下降 1 个百分点。

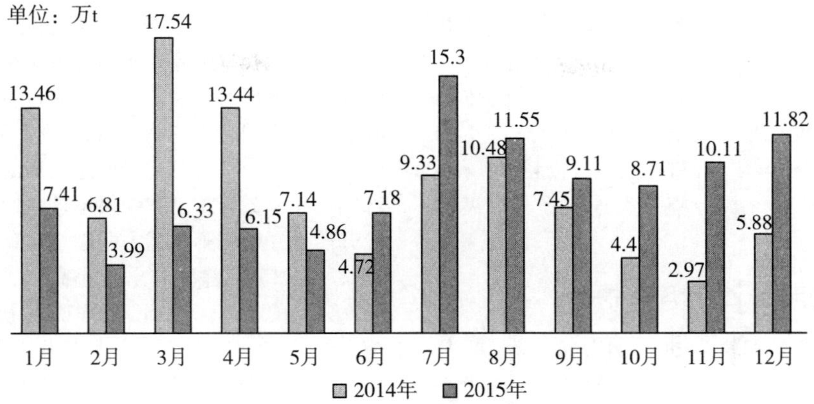

图 2-63　2014—2015 年鱼粉进口情况

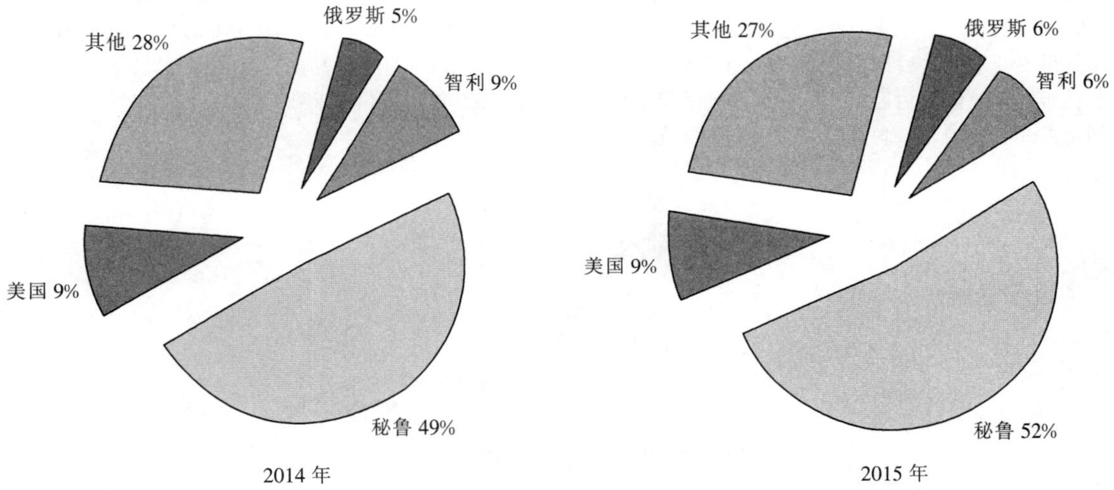

图 2-64　2014 年与 2015 年各国鱼粉进口量所占比例图

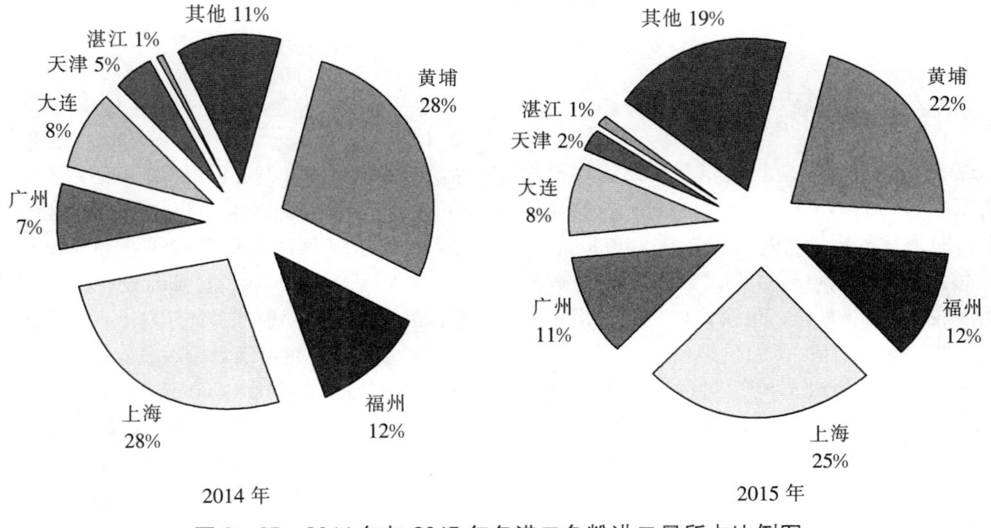

图 2-65　2014 年与 2015 年各港口鱼粉进口量所占比例图

从图 2－65 发现，2015 年我国各港口鱼粉进口比例发生了很大变化。黄埔港、广州港、上海、福州进口鱼粉的比例分别为 22%、11%、25%、12%，这 4 个港口进口量占总进口量的 70%。同比 2014 年，黄埔、上海和天津分别下降了 6 个百分点、3 个百分点和 3 个百分点，广州和其他港口同比 2014 年分别增加 4 个和 8 个百分点，大连、福州、湛江持平。

二、2015 年我国鱼粉库存情况

我国鱼粉库存量相较 2014 年的大起大落，2015 年鱼粉库存相对偏低，全年库存水平介于 5.40 万～13.71 万 t。从图 2－66 可以看出，2015 年我国鱼粉库存整体呈现出一路走高的趋势。年初鱼粉库存量为 5.40 万 t，为全年最低；12 月底达到 2015 年最高值，为 13.71 万 t。1～3 月份，鱼粉到港较为集中，港口库存量呈不断攀升；后期随水产养殖的逐步启动，出货量有所好转，但较为迟缓，库存量呈现缓慢的回落趋势；进入 6 月（24 周）后，由于水产养殖需求低于预期，库存量又呈现出上升的趋势。7～9 月份是我国传统的水产养殖旺季，但由于多阴雨天气的影响，三季度鱼粉市场再次出现了旺季不旺的局面，随着秘鲁中北部第一捕季顺利完成，鱼粉集中到港，库存量不断上升，截至 9 月底，我国鱼粉库存量约为 12.2 万 t。10～11 月初受厄尔尼诺的影响，秘鲁中北部第二捕季鱼资源勘测结果不佳，幼鱼率偏高，市场上开始疯狂炒作第二捕季配额量信息，我国鱼粉市场迎来了 2015 年首次的出货小高峰，库存快速下降。由 9 月底的 12.2 万 t 下降至 11 月初的 7.4 万 t，降幅为 39.3%。11 月 5 日，秘鲁生产部公布了中北部第二捕季配额 111 万 t。并于 11 月 17 日展开捕捞。随着中北部第二捕季捕捞的顺利开展，以及我国饲料市场低迷导致鱼粉出货量缓慢，供需双方博弈不断加强，出货节奏较为缓慢使鱼粉库存持续上升。截至 2015 年年底，我国鱼粉库存量达全年最大值，达到 13.71 万 t，与年内高点比上涨了 12.3%，同比上升了 1.69 倍，但仍比 2014 年的最高值 25.7 万 t。

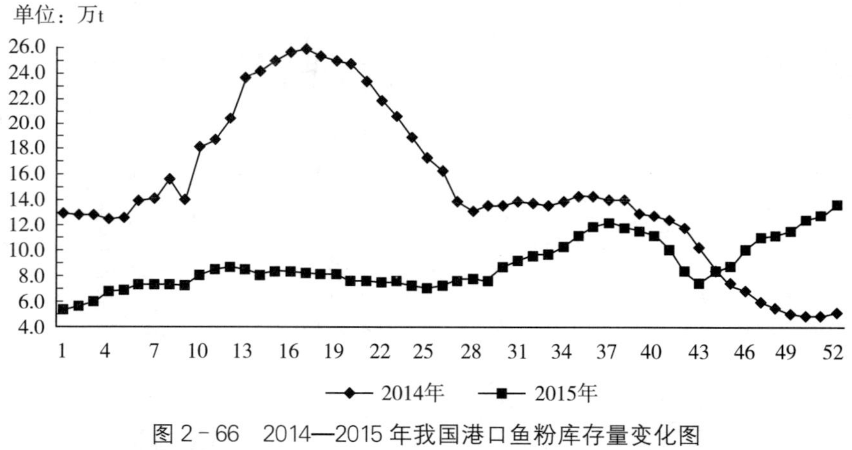

图 2－66　2014—2015 年我国港口鱼粉库存量变化图

三、2015 年鱼粉价格行情

1. 秘鲁超级蒸汽级别鱼粉价格震荡回调后再次上升。由图 2－67 可知，1～3 月初，我国对秘鲁超级蒸汽级别鱼粉现货的报价持稳，维持在 16 000 元/t。3～7 月份鱼粉价格呈现倾斜的“L”型走势，经过三个月震荡寻底，9～12 月份，鱼粉价格再次走出一个倒“V”型的走势。3 月后鱼粉价格持续下调，截至 7 月底，我国对秘鲁超级蒸汽级别鱼粉的报价降至 2015 年最低点，为 11 900 元/t，同比降低 200 元/t，降幅 1.65%。从 8 月份开始，在人民币贬值、“天津爆炸事件”、秘鲁外盘炒作的综合影响下，我国对秘鲁超级蒸汽级别鱼粉的报价缓慢上调，9 月底上调至 12 300 元/t，上涨了 3.36%，但仍比年初下降 23.13%。受厄尔尼诺影响，秘鲁对中北部第二捕季鱼资源的勘测结果不容乐观，配额迟迟不定，关于配额的炒作急剧升温。十一长假后，鱼粉价格大幅上涨，秘鲁超级蒸汽级别鱼粉的报价为 13 500 元/t，较 9 月底上涨 1 200 元/t。随着秘鲁中北部第二捕季配额迟迟未定，秘鲁外盘的顺势上调，我国港口鱼粉出货明显好转，贸易商对超级蒸汽级别鱼粉的报价一度上调至 11 月初的 13 900 元/t。随着 111 万 t 配额公布以后，受捕鱼进展顺利、需求持续观望的影响下，我国鱼粉现货价格再度下调。截至年底，秘鲁超级蒸汽级别鱼粉报价回归至全年最低水平，为 11 900 元/t，同比下降 25.63%。

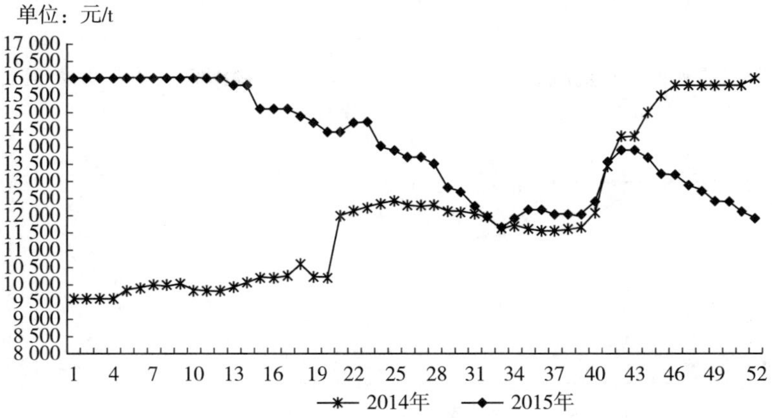

图 2－67　2014—2015 年秘鲁超级蒸汽级别鱼粉价格变化趋势

2. 2015 年国产鱼粉价格。比较图 2－67 和图 2－68 可以看出，2015 年前三季度国产鱼粉价格的变化趋势与秘鲁超级蒸汽级别鱼粉价格的整体变化趋势一致，但相较秘鲁鱼粉的下调和上调都较缓慢，价格呈现“阶梯式”的走势；四季度后国产鱼粉相较进口鱼粉的一路走低，国产鱼粉（山东 65%脱脂鱼粉价格）维持在 10 000～10 500 元/t 的范围内。国产鱼粉的变化主要是由于受进口鱼粉走势影响，但作为跟随者其价格走势具有一定的滞后性和特殊性。四季度，受鲜鱼价格较高影响，国产鱼粉成本维持在较高水平，其价格并未跟随进口鱼粉下调而保持平稳。

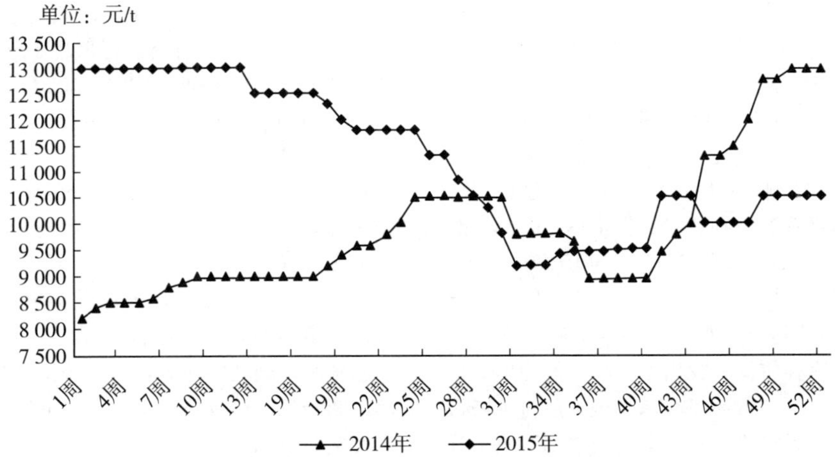

图 2－68　2014—2015 年山东 65%脱脂鱼粉价格变化趋势

3. 2015 年外盘秘鲁鱼粉价格情况。2015 年外盘鱼粉价格整体走势与我国超级蒸汽鱼粉走势相近。除 1 月份秘鲁外盘对超级蒸汽级别鱼粉的报价保持不变外，2～6 月份均下调，截至 6 月底，秘鲁超级蒸汽鱼粉的报价为 CNF1 650 美元/t，较 1 月份下降了 38%，并持续至 8 月初。8 月中旬至 11 月初，秘鲁外盘对超级蒸汽级别鱼粉的报价呈现出上调的趋势。11 月至年底，秘鲁外盘报价再次呈现下调趋势，由 CNF2 100 美元/t 下调至 1 850 美元/t，下调幅度达 11.90%。如图 2－69 显示，除 2～4 月和 7 月间有所区别外，2015 年秘鲁超级蒸汽级别外盘报价走势与国内报价基本一致。2 月初，出现了秘鲁外盘开始下调而我国现货并未跟随的现象，而是滞后了近 2 个月，这缘于现货库存供应紧缺以及持货成本较高，导致贸易商心态坚挺，鱼粉价格维持在 16 000 元/t 的高位水平运行。但对秘鲁厂商而言，起初（2 月份）是为吸引买家入场而采取了下调报价的措施。3 月份后，随秘鲁鱼资源探测结果良好，以及第一捕季进展较为顺利，秘鲁外盘呈现直线式下调趋势。7 月份，是我国传统水产旺季需求的第一个月，此时秘鲁外盘止跌企稳，而我国对秘鲁超级蒸汽级别鱼粉现货的报价却在继续下调并持续至 8 月初。这主要是由于 2015 年旺季多阴雨，水产养殖形势不佳，对鱼粉的需求难以上量，而贸易商出货心态强烈所致。8～11

月份，受厄尔尼诺现象影响，秘鲁对于第二捕季中北部海域鱼资源的勘测结果并不理想，幼鱼率较高。市场对于秘鲁中北部第二捕季捕捞配额的炒作漫天飞，外盘鱼粉和我国现货鱼粉价格同步顺势抬高。随着秘鲁中北部第二捕季捕捞配额111万t的确定，以及后续捕捞进展的顺利，外盘和我国对鱼粉的报价再次同步回落，最终鱼粉市场以弱势运行完成了2015年的收官。

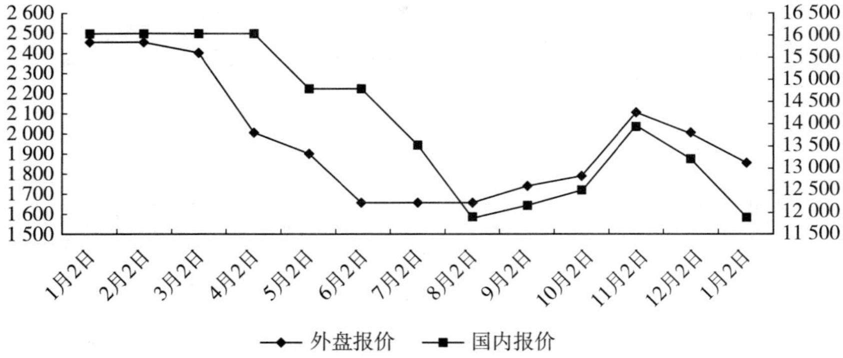

图 2-69　2015 年秘鲁超级蒸汽级别外盘报价与国内报价比较

四、2015 年鱼粉市场分析

综合分析2015年前三季度鱼粉市场，按鱼粉现货价格走势来划分，可将鱼粉市场分为“平台期”“持续下调期”“缓慢上调期”“炒作上调期”和“弱势回调期”五个时期。从这五个时期分析2015年鱼粉市场的主要影响因素。

1. 平台期——秘鲁2014年第二捕季“0配额”支撑鱼粉价格高位平稳。受2014年秘鲁中北部第二捕季“0配额”的影响，我国鱼粉现货价格创造了历史新高，秘鲁超级蒸汽级别鱼粉的报价达1 6 000元/t的历史高位，并一直延续到2015年的上半年。2015年1～3月，秘鲁超级蒸汽级别鱼粉现货报价仍延续1 6 000元/t的高位运行。从供应角度分析，在秘鲁外盘高位、可售库存较低，我国可售库存量为历史最低水平的共同作用下，贸易商心态坚挺，鱼粉价格持续维持在高位。对需求方面而言，虽然往年1～3月一般将迎来“春节备货高峰期”，但在鱼粉价格持续高位、可售库存紧缺、生猪市场低迷、水产养殖未启动等多因素综合的影响下，一季度鱼粉市场需求持续低迷，库存量反而缓慢上升。

2. 持续下调期——第一季捕鱼进展顺利，需求清淡打压鱼粉价格持续下调。持续下调期以7月为节点可以分为两部分。4～6月，虽然我国水产旺季并未开启，但期间秘鲁捕鱼进展形势良好，为吸引买家进场，秘鲁外盘持续下调，对超级蒸汽级别鱼粉的报价由CNF2 000美元/t下调至1 650元/t。由于我国水产养殖形势不佳，秘鲁捕鱼形势良好（截至6月30日，秘鲁中北部累计捕鱼2 524 968t，完成总配额的97.9%），秘鲁外盘直线下调，但新季低价鱼粉并未完全到港，因此，相较外盘，我国对于秘鲁超级蒸汽级别鱼粉的报价下调速度较缓慢，且库存量呈现缓慢下调的趋势。截至6月底，秘鲁超级蒸汽级别鱼粉的报价已回调至12 800元/t，接近往年水平。7～9月份为我国传统的水产旺季，由于厄尔尼诺现象的影响，我国水产旺季多阴雨，对于我国的水产养殖造成了很不利的影响，加上，台风肆虐、猖獗，2015年的水产养殖旺季再度“旺季不旺”。7、8月份为新季鱼粉集中到港的时间，据海关数据显示，7月为前三季度中到港鱼粉数量最多的月份，到港15.30万t，8月份到港11.55万t导致我国鱼粉现货报价快速下调，截至7月底，我国对秘鲁超级蒸汽级别鱼粉的报价为11 900元/t，为前三季度最低。

3. 缓慢上调期——人民币突发性贬值加“天津爆炸”事件外盘报价小幅上调。8～9月份，虽然水产养殖一如既往的惨淡，但随着秘鲁可售鱼粉库存量的不断降低，秘鲁外盘报价小幅上调，加上人民币的突发性贬值和“天津爆炸”事件的意外发生，贸易商挺价心态日益加强。截至9月底，贸易商对秘鲁超级蒸汽级别鱼粉的报价上调至12 300元/t。由于下一捕季存在更多的不确定性，以及水产养殖形势继续不佳，并且即将结束，饲料厂商大部分采取随买随卖策略，市场博弈气氛十分浓厚。

4. 炒作上调期——配额炒作急剧升温，内外鱼粉价格快速上涨。10月～11月初，秘鲁海洋研究院开展对沿海为期48日鱼资源的调查，但勘测结果不佳。随后，秘鲁海洋研究院又开展了2次的勘测均不理想，导致鱼粉价格快速上涨。十一长假过后，秘鲁超级蒸汽级别鱼粉的报价为13 500元/t，较9月底上涨1 200元/t。秘鲁第二捕季配额的迟迟难定，配额炒作持续升温，鱼粉价格乘势而上，截至11月初，超级蒸汽级别鱼粉的报价上涨至13 900元/t，鱼粉市场也迎来了出货小高峰，库存量由9月底的12.2万t下降至11月初的7.4万t。

5. 弱势回调期——需求低于预期鱼粉供应相对充裕。在经过了3次的勘测、渔民强烈的要求及多方的博弈后，秘鲁生产部终于在11月5日公布了中北部第二捕季配额——111万t。11月17日，秘鲁中北部海域第二捕季的捕捞正式展开且较为顺利。在此影响下，大部分饲料厂商持观望态势，鱼粉市场弱势运行，出货节奏缓慢，鱼粉库存再一次上升。截至年底，我国港口鱼粉库存上升至13.7万t，为全年最高库存水平。

五、小结

经历了2014年的跌宕起伏，2015年的鱼粉市场运行情况略显平淡。秘鲁中北部海域两季捕鱼的顺利进行，加上水产养殖情况的不佳，使2015年鱼粉价格一路走弱，鱼粉库存整体以上升的趋势为主。受秘鲁第二捕季的顺利进展的影响，2015年的鱼粉市场以弱势运行的命运结束。

（王长梅）

饲料添加剂工业概况

中国饲料添加剂产量分布与概述

随着我国畜牧行业的转型升级，对于饲料工业的依赖程度逐渐增加，而饲料添加剂作为饲料工业的核心，近几年得到了迅速发展，饲料添加剂产量不断攀升。同时，随着食品安全被重视，饲料添加剂必然朝着绿色、高效、安全、多功能方向发展，新型安全饲料添加剂必然成为发展的主要趋势。截至2015年年底，中国已有饲料添加剂生产企业1 691家，较2014年增加了280家，同比增加19.8%；饲料添加剂总产值616亿元，占饲料工业总产值7.9%，较2014年度提高0.1个百分点，饲料添加剂总营业收入563亿元，占饲料工业总营业收入7.6%，较201年度降低0.2个百分点。

一、主要品种产量有增有降

2015年我国饲料添加剂总产量持续增长。饲料添加剂总产量816.4万t，同比增长1.7%。在主要品种中，氨基酸、维生素、抗氧化剂产量同比增长，矿物元素及其络合物、酶制剂、防腐防霉剂、微生物产量同比下降。从近7年生产情况看，我国饲料添加剂产量逐年增长，产品品质不断提升，随着饲料添加剂科研资金的不断投入，饲料添加剂品种类别和科技含量水平不断提升，促进了饲料添加剂工业的发展，提升了国际竞争力。从近7年主要品种产量看，防腐防霉剂、饲用微生物制剂、维生素平均增幅较高，分别为47.2%、15.1%、13.8%（表2-11）。

表2-11　2009—2015年国内饲料添加剂主要品种产量变化与增幅

单位：万t、%

年份	氨基酸	维生素	矿物元素及其络合物	酶制剂	抗氧化剂	防腐防霉剂	微生物
2015	154.5	109.1	420.2	9.8	5.1	25.4	10.9
2014	125.6	89.2	467.7	10.8	4.0	27.1	11.6
2013	150.4	73.9	460.6	9.1	4.6	22.6	10.8
2012	133.4	79.3	488.4	8.0	5.2	5.5	10.2
2011	90.1	72.2	403.9	7.6	5.1	4.8	8.2
2010	71.3	62.5	384.5	8.5	3.9	3.7	7.3
2009	74.8	50.1	358.0	5.3	4.5	2.5	4.7
年均增幅	12.9%	13.8%	2.7%	10.8%	2.1%	47.2%	15.1%

从全国分布情况看，东部地区（北京、天津、河北、上海、江苏、浙江、福建、山东、广东、海南、辽宁）饲料添加剂产品总量270.3万t，同比增长18.7%，占全国总产量的33.1%；中部地区（山西、安徽、江西、河南、湖北、湖南、黑龙江、吉林）饲料添加剂产品总量101.7万t，同比下降14.7%，占

全国总产量的12.5%；西部地区（内蒙古、广西、重庆、四川、贵州、云南、陕西、甘肃、青海、宁夏、新疆）饲料添加剂产品总量444.4万t，同比下降2.5%，占全国总产量的54.4%。

二、主要品种产量分布情况

1. 氨基酸。2015年氨基酸总产量154.5万t，同比增加23.1%，占添加剂总产量比重为18.9%，较2014年降低3.3个百分点。其中，蛋氨酸11.8万t，同比增长11.3%；赖氨酸95.8万t（含65%赖氨酸），同比增长4.4%；苏氨酸37.9万t，同比增长55.0%；色氨酸1.0万t，同比增长107.8%。

从全国分布情况看，东部地区产量46.9万t，同比增加49.5%，占全国总产量的30.38%；中部地区产量22.4万t，同比下降52.1%，占全国总产量的14.47%；西部地区产量85.2万t，同比增长79.3%，占全国总产量的55.15%。产量较大省区依次是新疆（30.9万t，同比增加78.9%）、内蒙古（29.8万t，同比下降1.2%）、山东（27.6万t，同比增长131.1%）、宁夏（24.5万t，去年产量为0）、吉林（11.8万t，同比下降68.9%）（图2-70～图2-72）。

2. 维生素。2015年维生素总产量109.1万t，同比增长22.3%，占添加剂总产量比重为13.4%，较2014年2.3个百分点。

从全国分布情况看，东部地区总产量107.3万t，同比增长24.7%，占全国总量98.3%；中部地区总产量0.7万t，同比下降48.5%，占全国总量0.6%；西部地区总产量1.2万t，同比下降37.4%，占全国总量1.1%。产量大省主要集中在东部地区，依次是河北（32.3万t，同比下降13.0%），山东（44.3万t，同比增加79.8%），浙江（15.4万t，同比增长10.7%）（图2-70～图2-72）。

3. 矿物元素及其络合物。2015年矿物元素及其络合物总产量420.2万t，同比下降10.2%，占添加剂总产量比重为51.5%，较2014年减少6.8个百分点。主要品种中，磷酸氢钙（含磷酸二氢钙）326.2万t，同比下降9.2%；硫酸铜2.8万t，同比下降4.9%；硫酸亚铁14.6万t，同比下降17.1%；硫酸锌15.4万t，同比下降13.1%；硫酸锰10.5万t，同比增长12.0%。

从全国分布情况看，东部地区总产量45.5万t，同比增加91.2%，占全国总量10.8%；中部地区总产量59.1万t，同比增长0.6%，占全国总量14.1%；西部地区总产量315.6万t，同比下降18.1%，占全国总量75.1%。主导省份为西部地区的云南（139.1万t，同比下降22.3%）、四川（115.6万t，同比下降21.9%）（图2-70～图2-72）。

4. 酶制剂。2015年，全国酶制剂总产量9.8万t，同比下降8.5%，占添加剂总产量比重为1.2%，较2014年降低0.1个百分点。

从全国分布情况看，东部地区总产量6.3万t，同比下降11%，占全国总量64.5%；中部地区总产量2.1万t，同比下降15.1%，占全国总量21.7%；西部地区总产量1.4万t，同比增加23.4%，占全国总量13.8%。主导省份为东部地区的山东（2.0万t，同比增加13.6%）、广东（1.2万t，同比下降14.7%），中部地区的湖北（1.3万t，同比下降15.3%）（图2-70～图2-72）。

5. 抗氧化剂。2015年，全国抗氧化剂产量5.1万t，同比增加26.9%，占添加剂总产量比重为0.6%，较2014年增加0.1个百分点。

从全国分布情况看，东部地区总产量4.6万t，同比增加19.4%，占全国总量91.1%；中部地区总产量236t，同比下降11.9%，占全国总量0.5%；西部地区总产量0.4t，同比增加329.1%，占全国总量8.4%。主导省份为东部地区的江苏（3.3万t，同比增长21.2%）、上海（7 909t，同比增长2.6%）（图2-70～图2-72）。

6. 防腐、防霉剂。2015年防腐、防霉剂总产量25.4万t，同比下降6.3%，占添加剂总产量比重为3.1%，较2014年减少0.3个百分点。

从全国分布情况看，东部地区总产量15.3万t，同比下降28.8%，占全国总量60.2%；中部地区总产量2.6万t，同比下降4.9%，占全国总量10.1%；西部地区总产量7.5万t，同比增长157.9%，占全国总量29.7%。其中，山东（11.7万t）、内蒙古（6.7万t）两省份产量占比最大（图2-70～图2-72）。

7. 饲用微生物制剂。2015年微生物产量10.9万t，同比下降6.3%，占添加剂总产量比重为1.3%，较2014年减少0.1个百分点。

从全国分布情况看，东部地区总产量6.5万t，同比下降14.7%，占全国总量60.2%；中部地区总产量3.3万t，同比增长27.1%，占全国总量30.1%；西部地区总产量1.1万t，同比下降22.5%，占全国总量9.7%。其中，产量大省主要是河北（1.1万t）、山东（3.7万t）、湖北（2.5万t）（图2-70～图2-72）。

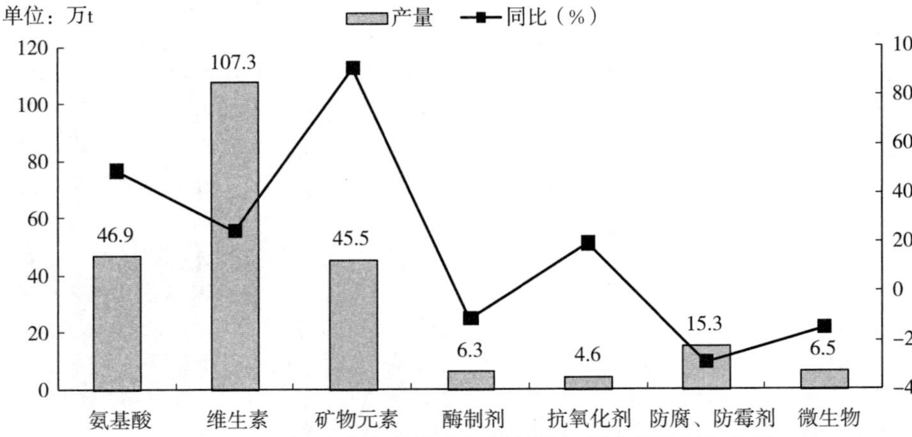

图 2－70　2015 年东部地区主要饲料添加剂产量及同比情况

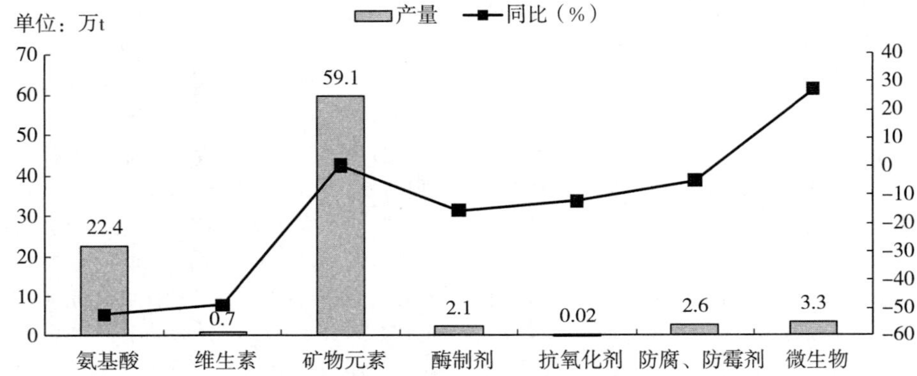

图 2－71　2015 年中部地区主要饲料添加剂产量及同比情况

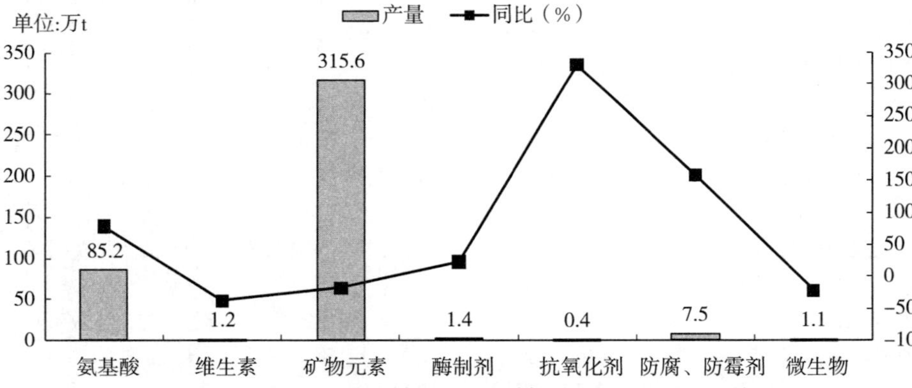

图 2－72　2015 年西部地区主要饲料添加剂产量及同比情况

随着我国新《饲料和饲料添加剂管理条例》《饲料质量安全管理规范》相继实施和示范推广，行业监管、企业发展都面临着新的目标与挑战。饲料添加剂作为饲料工业科技进步和饲料安全的核心，产品质量尤为重要。2015 年上半年全国饲料质量安全监测结果显示，抽检国产饲料添加剂 103 批次，合格率 100%；抽检进口饲料添加剂 110 批次，合格率 93.64%；2015 年下半年全国饲料质量安全监测结果显示，抽检国产饲料添加剂 68 批次，合格率 98.53%；抽检进口饲料添加剂 99 批次，合格率 94.95%；数据表明，我国饲料添加剂质量合格率维持在较高水平，为我国养殖业和饲料工业的持续健康发展起到了重要推动作用。

（陆泳霖　杨义忠）

饲料级氨基酸

2015年随着苏氨酸和色氨酸消费的快速增长，有效拉动了氨基酸在国际市场份额，加上小品种氨基酸如缬氨酸和精氨酸的进入市场，大大提升了氨基酸在全球供应市场的贡献比率。2015年全球赖氨酸产能仍在持续扩张，企业通过扩产、收购重组巩固市场份额。随着安迪苏蛋氨酸的扩产及宁夏紫光的投产，2015年国内蛋氨酸的供应量有所提升。2015年我国氨基酸总产量154.5万t，同比增长23.1%。其中，2015年蛋氨酸产量为11.8万t，同比增长11.3%；2015年赖氨酸产量为95.8万t（含65%赖氨酸），同比增长4.4%；2015年国内苏氨酸产量为37.9万t，同比增长55.0%；2015年国内色氨酸产量为1.0万t，同比增长107.8%。

一、赖氨酸

2015年赖氨酸市场整合之势不改。全球市场上赖氨酸厂家退出、进入、扩产、减产等，赖氨酸市场竞争格局转化。2015年全球赖氨酸产能为341万t，同比仍小幅提升，主要来自欧洲及美洲国家的产能提高。近年来随着我国赖氨酸厂家不断增加，赖氨酸在国际上供应量已近占据半壁江山。2015年随着部分中小企业停产或者退出，国内厂家数量减少至11家，与去年相比减少了11家。梅花、伊品、大成、希杰、成福是主要供应厂家。

2015年我国赖氨酸累计出口量依然较大，同比仍然呈现增长态势，但由于我国赖氨酸下半年出口量下滑，造成2015年全年赖氨酸累计出口量同比增幅缩窄（图2－73），总出口量有所压缩。2015年我国累计出口赖氨酸盐及酯260 356.75t，同比增加3 242.44t，增幅为1.26%。相比于近五年的平均出口量增长62 749.89t，增幅为31.75%。赖氨酸出口量大幅下降，国际竞争激烈。

2015年除8月、10月、11月和12月份以外，赖氨酸单月出口量均在2万t以上，如图2－74所示，尤其是2月份出口量达到24 280.79t，同比增幅为101.94%。但单月出口量从5月份开始出现下滑，由4月份的巅峰26 821.58t下降至8月份的18 574.34t，降幅达30.75%，8月份我国人民币经历了一轮短时、快速地贬值，对我国出口起到提振作用，致使9月份出口量有所回升，但幅度较小。11月和12月出口依然弱势，出口量同比分别下降了27.31%和29.06%。下半年出口疲软与我国部分厂家纷纷停产、减产减量、整体供应量显著下滑有关。

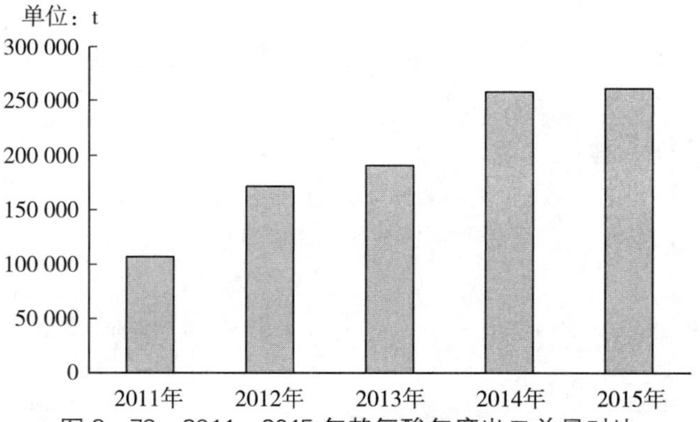

图2－73 2011—2015年赖氨酸年度出口总量对比

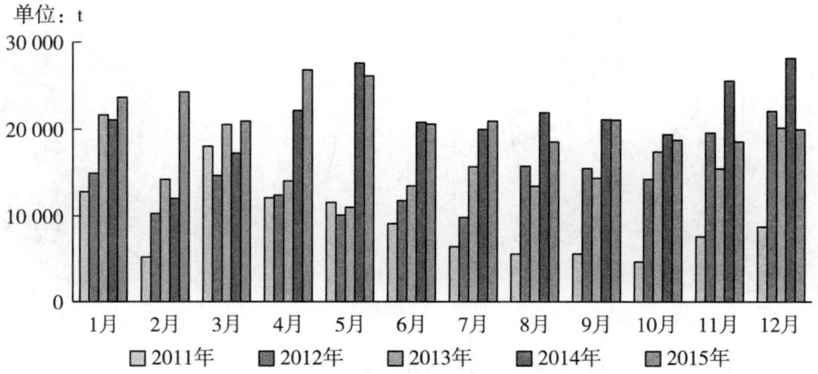

图2－74 2011—2015年赖氨酸月度出口量对比

1. 主要海关出口情况。2015 年我国赖氨酸出口的主要海关有大连海关（32 406.74t）、满洲里海关（44 495.98t）、天津海关（77 783.74t）、青岛海关（39 203.54t）、南京海关（9 505.23t）、合肥海关（11 403.20t）、济南海关（30 816.73t）、乌鲁木齐海关（7 093.80t）等（图 2－76），其中天津港口、大连港口和合肥港口同比出口量大幅缩减，降幅分别高达 16.87%、19.68%和 47.18%。满洲里港口、青岛港口和济南港口同比出口量增加，尤其是满洲里港口同比提高了 4.65 倍。

受 2014 年我国部分厂家新投产、扩产影响，尤其是部分厂家新增产能设在内蒙古，满洲里海关出口量增势十分迅猛。相对而言年，大成开工率极低，无论对国内抑或是国外的供应量均降至历史性冰点。另外，由于中粮生化停产，合肥海关出口量也降至历史性低位水平，我国部分“大”港口出口量萎缩，新港口“异军突起。这或表明我国赖氨酸的出口地域正重新划分。

2. 分国别出口情况。2015 年我国赖氨酸的出口国家主要有俄罗斯（63 282.73t）、荷兰（26 847.94t）、德国（18 737.31t）、比利时（12 346.00t）、立陶宛（13 008.00t）、越南（13 946.11t）、泰国（9 578.63t）、南非（9 136.33t）等。其中我国对俄罗斯、立陶宛、越南、南非和泰国的出口比例与 2014 年相比均有不同程度的增加，其中对俄罗斯的出口比例增加 3 个百分点，对立陶宛的出口比例增加 2 个百分点，对其余几个国家的出口比例增加 1 个百分点。但与 2014 年相比，对荷兰的出口比例下降了 3 个百分点。我国赖氨酸对欧洲出口量仍占据高位，而对整个北美地区出口量逐渐缩减，这主要是由近几年来诸多厂家在北美投产投建赖氨酸工厂、产能大幅扩张、其本土饲料企业对海外采购数量显著减少所致（图 2－75、图 2－76）。

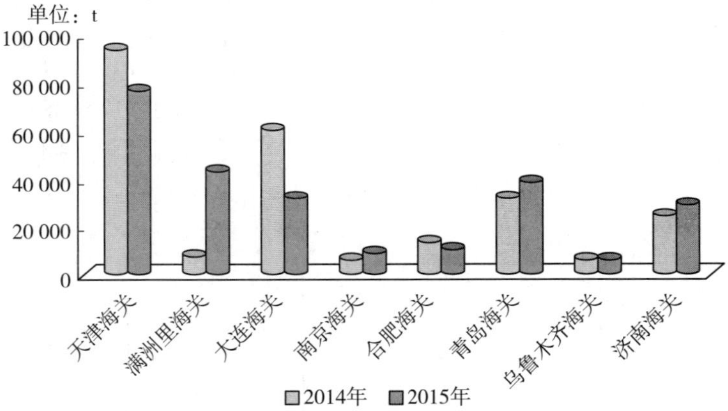

图 2－75　2014 年和 2015 年国内主要港口赖氨酸出口量对比

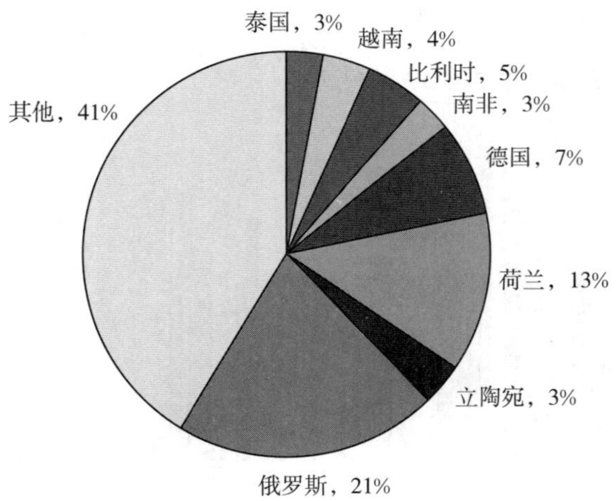

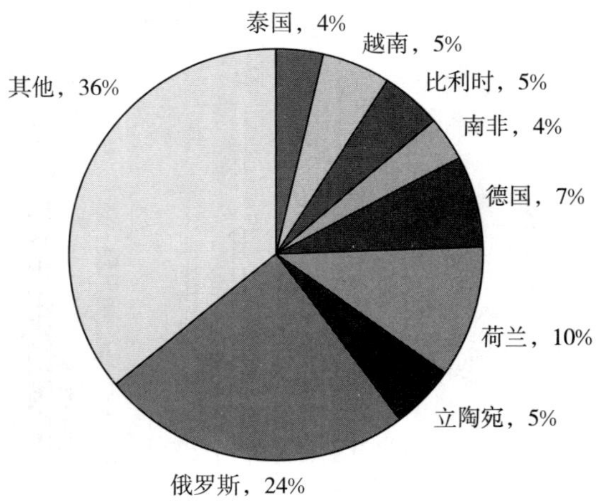

图 2－76　2014 年和 2015 年赖氨酸主要出口国家及所占比例对比

3. 进出口均价状况。2015 年我国赖氨酸出口总额为 32 358.32 万美元，同比下降 1.05%，赖氨酸的出口均价为 1.24 美元/kg，同比下降 2.36%。2015 年我国赖氨酸的出口均以下滑为主，从而拉动了出口量的增长。8 月份出口单价小幅反弹后又继续下跌，12 月份我国赖氨酸出口单价降至 2015 年“冰点”，为近 18 个月以来的价格最低点，为 1.10 美元/kg，与 1 月份相比下降 23.08%，同比下降 23.61%（图 2－77）。

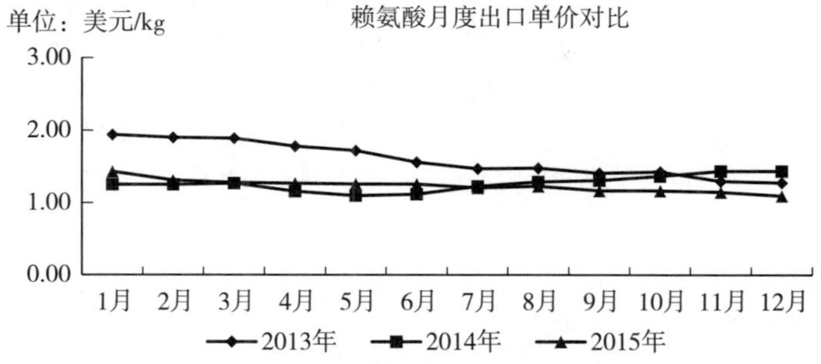

图 2－77　2013—2015 年赖氨酸出口均价对比

（1）国内价格分析。2015 年国内赖氨酸年均价为 8.25 元/kg，同比下跌 5.50%。与近 5 年均值相比下跌 31.82%。由于 2015 年我国赖氨酸供应充足，畜禽养殖行业整体低迷，拖累了赖氨酸的市场需求，赖氨酸价格已经跌到近五年低点（图 2－78）。2015 年年初，受供应原料的玉米价格推动，部分饲料企业提前备货，后因部分厂家宣布检修，供应面逐渐紧缩，猪价持续上涨等利好因素提振，我国赖氨酸市场价格平稳上涨，4 月中旬赖氨酸市场价格上涨至 8.82 元/kg，较年初 8.49 元/kg 上涨了 3.89%。随后玉米临储收购结束，国内豆粕价格低位运行，赖氨酸生产企业理论生产成本降低，而大成生化恢复开工，加上个别厂家扩产、开工接近满产的影响，导致赖氨酸市场利空因素增多，市场价格开始弱势走软，9 月末赖氨酸市场价格大幅下挫，跌破了 8 元/kg 的重要整数关口，并一路下跌至 10 月末，赖氨酸市场价格跌到 7.31 元/kg，较年初下降了 13.90%。进入 11 月份，由于厂家整体库存量偏低而下游饲企同样维持低库存的情况，受到国内玉米价格强势反弹、国内部分赖氨酸厂家停产收紧市场供应等多重利多因素提振，在部分厂家延迟发货的作用下，国内市场迎来一波反弹行情。12 月末，赖氨酸市场价格涨至 8.53 元/kg，较年初 8.49 元/kg 上涨了 0.47%。2015 年我国赖氨酸价格总体低于 2014 年水平，且价格波动的幅度较小。市场价格始终在 7.00～9.00 元/kg 的区间范围内。

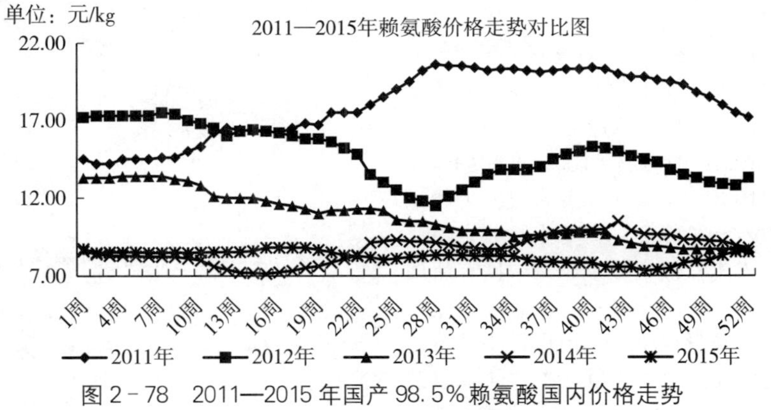

图 2－78　2011—2015 年国产 98.5%赖氨酸国内价格走势

（2）欧洲价格分析。2015 年欧洲赖氨酸市场平均价格为 1.35 欧元/kg，同比上涨 2.27%。2015 年欧洲赖氨酸市场均价走势与国内赖氨酸市场均价较为相似。上半年欧洲的赖氨酸市场平均价格呈“反 N”走势，下半年呈小幅下跌后逐步回升走势（图 2－79）。2015 年年初，欧洲市场用户已备好一季度的库存，部分已采购了远期库存。中国货源报价较低、汇率变化的不确定性和中国供应商竞争激烈导致厂家随买随用，欧洲的赖氨酸价格呈现逐步下降走势。3 月下旬，赖氨酸由年初的 1.50 欧元/kg 降至 1.33 欧元/kg，降幅为 11.33%。4 月初，预订赖氨酸的欧洲终端用户，因汇率波动供应商开始调高报价，国内对于欧洲市场二季度供应相比西方货源不再有任何折扣，推高赖氨酸价格。5月中旬达到1.49欧元/kg，涨幅为12.03%。由于国内赖氨酸供应依然较多，出口量不断上升，生产厂家为市场份额竞争激烈，加上欧洲供应面宽泛，多数终端用户备货较多，使得价格不断走弱。此外，由于汇率波动，以及使用优质蛋白原料（如豆粕）等导致赖氨酸添加比例降低，加上中国地区的赖氨酸生产成本下降，令市场对赖氨酸的预期继续看弱，另外德固赛在巴西的赖氨酸工厂已开工，且年产能达到10万t，促使市场供应面压力继续承压。这令欧洲赖氨酸市场价格稳步下跌。10月末，欧洲赖氨酸市场价格跌到1.25欧元/kg，较年初相比下降了16.67%。由于前期中国市场赖氨酸需求差使得全球赖氨酸市场承压，导致供需失衡，欧洲市场四季度需求大部分已签好合约。中国供应商给了西方生产商很大的压力，相比西方货源，中国货源的报价仍然有很大的折扣。尽管同期中国赖氨酸市场价格上涨幅度较大，但欧洲市场行情回升较慢，12月底，欧洲赖氨酸市场价格涨到1.32欧元/kg，较年初1.50欧元/kg下降了12%，但仍比10月末上升了5.6%。

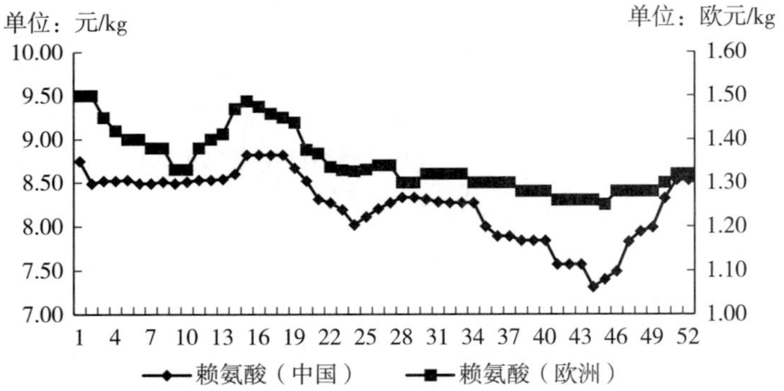

图2-79　2015年欧洲98.5%赖氨酸与国内98.5%赖氨酸价格走势对比

4. 市场行情主要影响因素。

（1）竞争整合加速，产能进一步增加。从近几年的全球赖氨酸产能情况看，2010年新一轮产能扩张开始，中国赖氨酸厂家数量由6家发展到最高22家，产能过剩导致竞争整合加剧，企业通过扩产、收购重组巩固市场份额，在竞争中取得优势。随着小厂退出或者转产，整合加速，2015年赖氨酸厂家降至11家，其中两家暂停生产。2014—2015年大成大幅减产，2015年梅花生物大幅扩产，6月中旬金玉米产能扩增至10万t。2015年厂家利润压缩严重，基本处于盈亏线震荡，主要赖氨酸厂家减量保价。2015年赖氨酸产能进有所回调，国内总产能为199万t，同比下降了15.5%（图2-80）。由于异常过剩的赖氨酸导致价格竞争激烈。2015年，梅花生物收购伊品（最终取消收购），总体看赖氨酸企业集中度有所回升，整合之势不变。

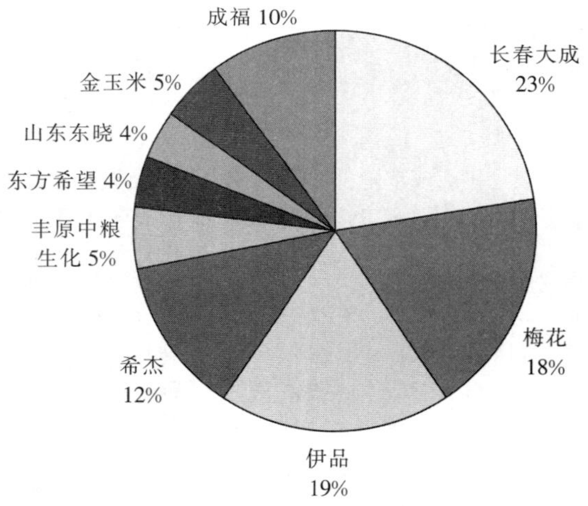

图2-80　2015年国内赖氨酸产能分布（饲料级）

（2）赖氨酸厂家减量保价，但销售策略并不统一。由于厂家不愿再发生亏损竞争，2015年赖氨酸厂家主要以减量保价为主。受到激烈竞争和需求下降的影响，赖氨酸市场价格长期处于偏低水平，盈利能力较差，厂家为降低亏损多数减产挺价。2015年上半年部分厂家停产或减产令赖氨酸市场供应面收窄，部分厂家因检修而暂停开工，导致部分厂家积极提高报价，但由于2014年末我国赖氨酸库存数量庞大，大幅增加了2015年上半年的市场供应压力，导致国内赖氨酸价格难以大幅提升。2015年下半年，大成生化逐步恢复开工，对国内赖氨酸市场供应面形成压力，加上厂家停产检修缩减产量未能全部执行，个别厂家扩产、开工接近满产的影响，减产难见成效，国内整体饲料消费形势难及往年，国内赖氨酸厂家间销售策略并不统一。因此，国内赖氨酸市场整体成交价格的上涨空间受到限制，市场价格一再跌破低点。截至2015年年末，各厂家库存减少，收紧市场供应，才使得赖氨酸行情稍有提振。

（3）猪饲料消费同比下降 赖氨酸刚需减少。

2015我国养殖行业整体低迷，亮点不多，受我国宏观经济增速放缓，人均可支配收入增速减缓，消费终端疲软，畜产品消费量下降。养殖业整体去产能，环保养殖等因素影响下，饲料消费结束增长、而进入调整周期影响下，我国赖氨酸市场也结束消费高增长时代，进入低速增长周期。据农业部公布，2015 年 12 月份生猪存栏，环比下降 1.1%，同比下降 9%；能繁母猪存栏量继续下行（图 2－81），环比下降 0.7%，同比下降 11.4%。能繁母猪存栏量已经连续 28 个月同比下降，生猪存栏量已经连续 39 个月同比下降。据监测数据显示，2015 年我国猪料消费同比下降了 3.2%，猪料消费下降的最主要因素则是我国生猪存栏量同比下降所致。2015 年豆粕价格低迷，DDGS 及高粱在饲料中的使用量增加，赖氨酸市场刚性消费下降，同时市场供过于求的特征十分明显，赖氨酸需求市场低迷、价格下跌态势愈发严重。这也是尽管 11 月我国短期赖氨酸市场供应呈偏紧态势、价格也未能出现“超级”上涨的最主要因素。

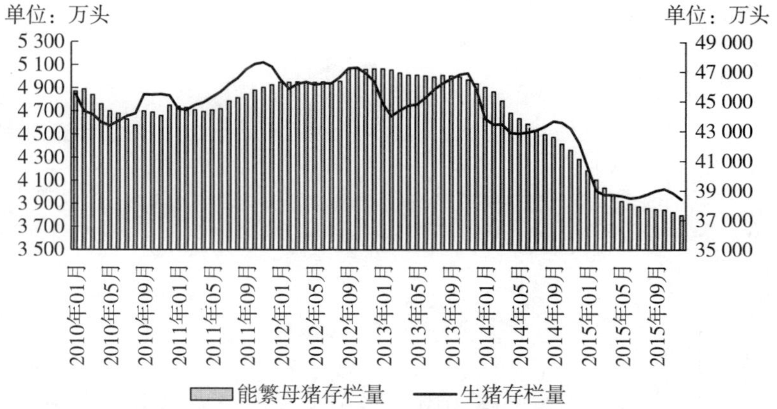

图 2－81　2010—2015 年我国生猪和能繁母猪存栏量对比

（数据来源：农业部畜牧业司）

（4）赖氨酸出口量增幅放缓。对国内市场形成压力。2015 年上半年我国赖氨酸出口量大幅提高，月出口量均达到 2 万 t 以上，较去年同期有很大幅度的提高。出口单价有所下滑，也支撑了我国赖氨酸出口的大幅增加，总体出口形势十分乐观。但 2015 年下半年，我国赖氨酸出口量的逐步缩减，使 2015 年全年出口量同比增幅也愈发缩窄，而这与 11 月份我国部分厂家纷纷停产，整体供应量显著下滑有关。赖氨酸出口增幅缩窄，对国内市场形成一定压力。

（5）玉米市场“熊态”加剧，赖氨酸成本下降。2015 年新季玉米全国总产为 22 458.0 万 t，较 2014 年度 21 567.3 万 t，增幅为 4.13%。2015 年我国玉米再度丰产，在国内玉米市场“大库存”压力，国内玉米供给宽松的局面并未明显改变。进口、替代、美元的冲击，厄尔尼诺、国储玉米拍卖与补贴政策的多空夹击之下，国内玉米现货价格亦受到冲击，这使玉米价格加速下滑。从成本上看，2015 年我国玉米市场难以如往年一般对赖氨酸起到相应支撑，赖氨酸生产企业生产成本下降，意味着赖氨酸价格存在继续下滑的空间，理论上显著利空于赖氨酸市场。而从 2015 年我国玉米市场价格下跌的时间来看，与赖氨酸市场价格走势也相对契合。

二、蛋氨酸

2015 年国际蛋氨酸厂家重新纷纷布局市场，其中住友大连和紫光重庆停产拆迁，赢创和希杰分别在新加坡和马来西亚投产，另外，紫光宁夏也开始生产。2015 年全球蛋氨酸厂家增至 7 家，主导厂家来自赢创、安迪苏、住友、诺伟司和希杰。在国内生产的厂家仍是 2 家。2015 年全球蛋氨酸产能略有回调，降至 165 万 t，全球需求略有增幅，为 111 万 t，同比提高 11.1%。

2014 年蛋氨酸市场价格出现一轮暴涨行情。上半年我国蛋氨酸市场呈现跌宕起伏态势。受供应面主导，蛋氨酸在进口商销售策略的控制下，加上市场囤货、炒货现象异常火爆，3 月中旬蛋氨酸价格出现短时间的飙涨。第二季度后由于我国家禽养殖效益持续下滑直至亏损，加上蛋氨酸进口量持续大幅增提高，国内厂家恢复生产与供应，令国内蛋氨酸市场供大于需的局面产生，蛋氨酸市场尽显疲态，加上原油价格不断下跌，蛋氨酸市场价格开始步入下行通道，直到年底才稳定到 31 元/kg 的低位价格。

1. 蛋氨酸进口量分析。2015 年，我国累计进口蛋氨酸 158 067.32t，创 5 年来同期新高，同比上涨 20.49%，相比于近 5 年的平均进口量上涨 19.43%（图 2－82）。由于全球蛋氨酸产能增长，亚洲供应量也显著增多，2013 年以来我国蛋氨酸进口量处于持续增长之中，新增希杰和德固赛从新加坡的进口，加上我国重庆紫光天化的供应，国内蛋氨酸市场供需失衡之势也越发扩大。

从单月来看，2015 年各月份我国蛋氨酸进口量参差不齐，但全年除了 2 月份外，我国蛋氨酸进口量均达到万 t 以上的相对高位（图 2－83），尤其是 12 月份，蛋氨酸进口量达到 16 885.03t，同比上涨 19.63%。受法国安迪苏检修影响，4、5 月安迪苏对我国进口量下降较多，由于 8 月份人民币大幅贬值近 5%，8 月份我国蛋氨酸进口量大幅回落，但仍在 1.1 万 t 以上。

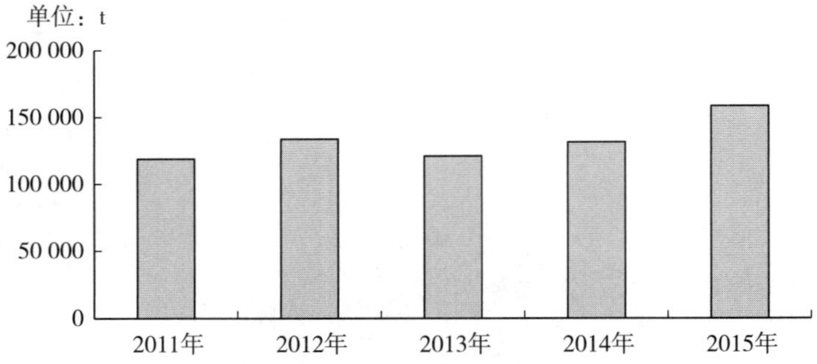

图 2－82　2011—2015 年份蛋氨酸累计出口总量对比

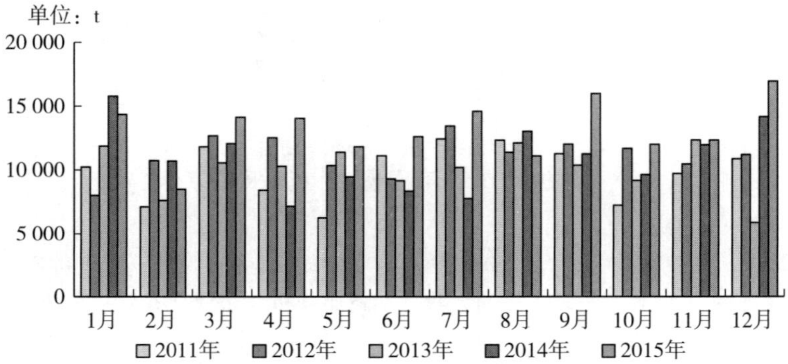

图 2－83　2011—2015 年各年度蛋氨酸月度进口量

2015 年我国蛋氨酸的主要进口国有：比利时、日本、新加坡、马来西亚、法国、美国和德国。2015 年 5 月开始，我国蛋氨酸进口国新增马来西亚，马来西亚与我国之间不仅仅是最惠国，且为东协约国，极大地提高了希杰蛋氨酸的进口价格优势，使其占市场份额增加至 12%。2015 年新增新加坡蛋氨酸进口量也达 13%，与马来西亚所占市场份额相差无几（图 2－84）。

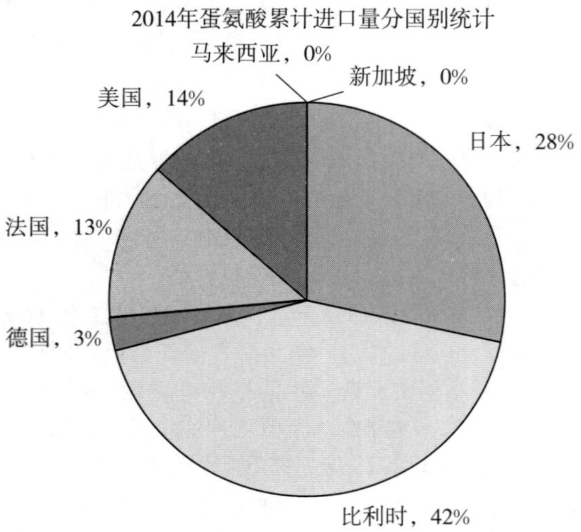

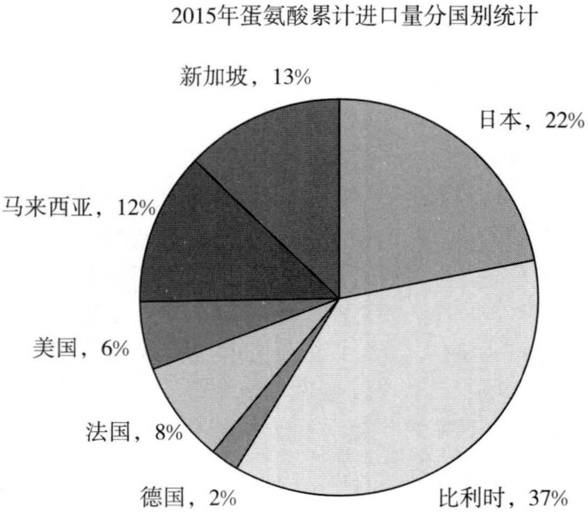

图 2－84　2014 年、2015 年蛋氨酸进口国别统计对比

2. 进口均价分析。2015 年我国蛋氨酸的进口总额为 66 017.54 万美元，同比上涨 38.94%，进口均价为 4.20 美元/kg，较 2014 年同期上涨了 17.32%。我国蛋氨酸进口均价呈反“N”走势（图 2－85），在欧洲实行量化宽松政策，美元大幅走强，蛋氨酸进口成本上涨，从而支撑我国蛋氨酸进口成本，1～8 月处于 4.00 美元/kg 以上的高位价格。但由于 8 月份人民币大幅贬值，伴随而来的就是进口单价大幅回落，逐渐理性回归至 4.00 美元/kg 以下，我国蛋氨酸进口单价持续下滑，使得下半年国内蛋氨酸市场价格下跌“有据可依”。

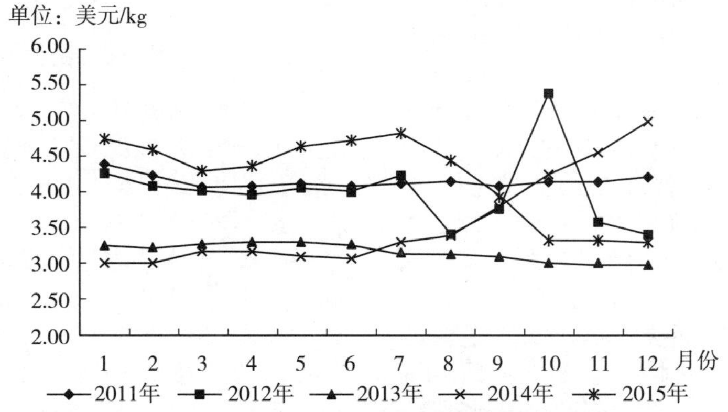

图 2－85　2011—2015 年各年蛋氨酸月度进口均价对比

3. 蛋氨酸出口情况。2015 年我国出口蛋氨酸总量为 8 184.78t，同比提高了七倍，出口量大幅提高。主要出口至巴西、巴基斯坦、伊朗、荷兰及我国台湾省等国家和地区。2015 年南京蓝星安迪苏出口量大增，在国内的市场份额也在提升。出口金额为6 334.08万美元，同比上涨了 335.63%；出口均价为 16.10 美元/kg，同比上涨了 21%。随着南京安迪苏生产的扩大，国内蛋氨酸市场供应增加，出口也同步提升。

4. 国内市场价格分析。2015 年国内蛋氨酸全年均价为 42.88 元/kg，同比下降 10.54%，与近 5 年均值相比上涨 11.87%。2011—2014 年上半年国内蛋氨酸价格维持在 25～45 元/kg 的价格区间，唯有 2014 年和 2015 年出现大幅波动。2015 年上半年，因国内需求面支撑不稳，进口量和进口商的销售策略导致蛋氨酸价格出现短时间剧烈震荡的状况（图 2－86）。3 月份在供应紧缺的影响下，市场囤货、炒作心理再次陡升，国内蛋氨酸进入一轮价格暴涨，市场成交价格由 40 元/kg 上涨至 83 元/kg，涨幅达 107.50%。暴涨后短暂的波动两周后价格即出现暴跌，主要因需求面疲软，加上进口量陡然上升，令国内蛋氨酸市场供需基本面短时失衡的局面。6 月末蛋氨酸价格跌至 38.61 元/kg，较 3 月末蛋氨酸市场价格“峰值”相比，跌幅达 53.48%左右，基本回归到年初水平。2015 年下半年蛋氨酸市场价格呈弱势平稳下跌走势，一再试探价格底部，直到 12 月份才止跌企稳。年末蛋氨酸市场价格为 32.38 元/kg，较年初 40.39 元/kg 相比下降了 19.83%。总体来看，2015 年蛋氨酸价格经历了暴涨后再次回归理性，这与我国蛋氨酸市场基本面供过于求的特征以及国际原油价格低迷运行等因素密不可分。

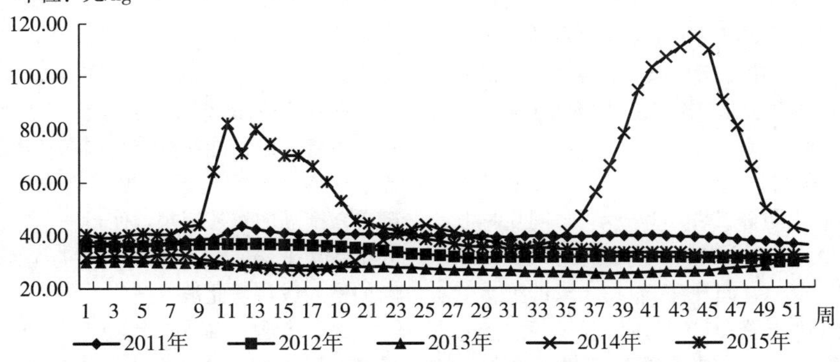

图 2－86　2011—2015 年各年度蛋氨酸周度价格走势图对比

5. 欧洲市场价格分析。2015年国内外蛋氨酸价格走势大体一致（图2-86）。2015年欧洲蛋氨酸全年均价5.84欧元/kg，同比提高42.09%。全球蛋氨酸市场经过生产企业多次竞争整合之后，正处于重塑新平衡的过程中，作为我国主要依赖进口的商品来说，欧洲的蛋氨酸价格对国内价格有较大影响。2015年上半年，欧洲蛋氨酸价格出现了大幅的涨跌。2015年年初，欧洲蛋氨酸市场同样延续2014年末的弱势，价格逐步下跌，2月初价格跌至4.35欧元/kg，较年初相比下降27.50%，同比上涨55.91%。2月份欧洲市场大型终端用户开始了二季度的备货，欧洲市场供应略显紧张，另外，欧洲二季度个别厂家进行停产检修，导致市场上供应紧张，蛋氨酸价格持续走高。由于交货延迟而引发飙升，4月价格涨至7.50欧元/kg，较年初相比上涨了25%，同比上涨了176.75%。随着欧洲工厂重新开工，供应量大幅回升，使得蛋氨酸价格逐步下降，6月末基本稳定。2015年下半年欧洲蛋氨酸市场缺乏成交，随着供应的增加，欧洲蛋氨酸市场维持小幅平稳下跌走势，2015年末欧洲蛋氨酸市场价格为4.45欧元/kg，较年初相比下降了25.83%。亚洲地区价格亦走弱，这对我国蛋氨酸市场持续维持供过于求的局势有显著的影响，也是我国下半年蛋氨酸价格弱势维稳的主要因影响素。

（王长梅）

饲料级维生素

2015年在畜牧养殖结构调整的背景下，在环保政策及需求疲弱压力下，我国维生素市场存在供给侧改革的现实。2015年是我国“十二五”的最后一年，在全球经济预期放缓，在发达经济体需求不强，我国维生素市场迎来调整的时间窗口。随着我国“一带一路”的倡议实施以来，维生素市场受到东盟、印度、非洲及南美洲等新兴市场的出口拉动有望持续提升。2015年维生素市场仍面临着产能过剩，监管力度不断加大，企业转型升级加速，维生素的产品结构调整等各种问题有待解决。由于出口市场及竞争模式的相应转变，这对未来维生素上下游产业市场的影响也会更为深远。

2015年维生素总产量109.1万t，同比增长22.3%。2015年氯化胆碱产量63.6万t，同比增长30.4%；维生素A产量9 858t，同比下降11.2%；维生素E产量6.5万t，同比下降13.6%；维生素B_{12}产量4.4t，同比下降91.0%；维生素B_2产量6 695t，同比下降25.0%；维生素C产量6.8万t，同比增长566.2%。

2015年我国维生素类产品出口总量为23.3万t，同比2014年的21.1万t，提升了1.0%。其中，维生素C和维生素E和氯化胆碱出口数量仍占据主导，占出口总量的87.6%。2015年我国维生素A、维生素B_1、维生素B_2和胆碱及其盐这四种产品的出口均出现小幅下滑，维生素C、维生素E、维生素B_6、维生素B_{12}这四品种出口有所提升。

一、维生素A、维生素E

2015年，全球维生素A产能主要集中在帝斯曼、巴斯夫、浙江新和成、浙江医药、厦门金达威和安迪苏，其中饲用维生素A占比超过80%。2015年中国维生素A产量9 858t，同比下降了11%，连续两年出现下降，国内供应量6 000t，其中包括进口1 157t，国内供应量继续下降，新和成出口份额让占据主导并有扩大趋势。2015年饲料需求低迷，国内需求5 800t，供应略大于需求。

我国维生素A是产业比较集中的品种，缘于原料β-紫罗兰酮和上游柠檬醛的生产主要集中在德国和日本。年初德国巴斯夫扩产维生素A产能25%，以及在马来西亚投产的柠檬醛一体化工厂（预期2016年运行）；加上我国新和成也不断扩大柠檬醛的生产；金达威新建800t维生素A油的项目，国内厂家供应份额在全球占比超过30%，但巴斯夫和帝斯曼仍占据主导地位，而安迪苏近年来由于在原料技术上并没有突破，近年产量相对稳定。

维生素E的厂家相对维生素A更加分散，厂家竞争更为激烈，北大医药剥离资产，退出维生素E的生产，浙江新和成和浙江医药均提高了生产量，海外厂家的帝斯曼和巴斯夫有所回调，国内厂家尤以南海北沙增幅偏大。伴随着退出和增产和扩产，2015年全球维生素E产能预计9.8万t，与去年略低，实际产量预计7.5万t，全球实际需求6.5万t，与去年持平，市场供应仍大于需求，2015年维生素市场更趋于分散格局，但产能进步一步集中。安徽泰格和福建海欣试水维生素E生产。国内维生素E产量继续下降，为6.5万t，同比下跌了13.6%，在饲料中添加占比超过65%，医药和食品添加为辅。

2015年从技术层面上分析维生素E更为抓住市场的关键，由于能特科技公司在三甲酚技术的成功突破，使得全球维生素E格局迎来一次巨变的契机，随着该产品的对外销售，使得一批中小厂家有机会进入维生素E行业，原有国内垄断竞争和国际寡头垄断的格局或将从此被打破。

2015年维生素A和维生素E市场价格均遭遇滑铁卢，虽然出口拉动作用未改，但国内偏弱的需求市场加上供应量充足，拖累量大维生素价格不断震荡寻底，弱势格局持续运行。

1. 维生素A进出口基本概况。2015年，我国维生素A及其衍生物累计出口3 501t（图2-87），同比上升了4.5%；出口金额为7 613万美元，同比下降了13.9%。维生素A主要出口的国家有德国（1 203 t）和美国（1 165.7 t），占出口总量的67.7%，同比下降了3.2个百分点。2015年我国维生素A及其衍生物累计进口1 157.8 t，同比下降了10.5%；进口金额为1 863万美元，同比下降了31.8%。

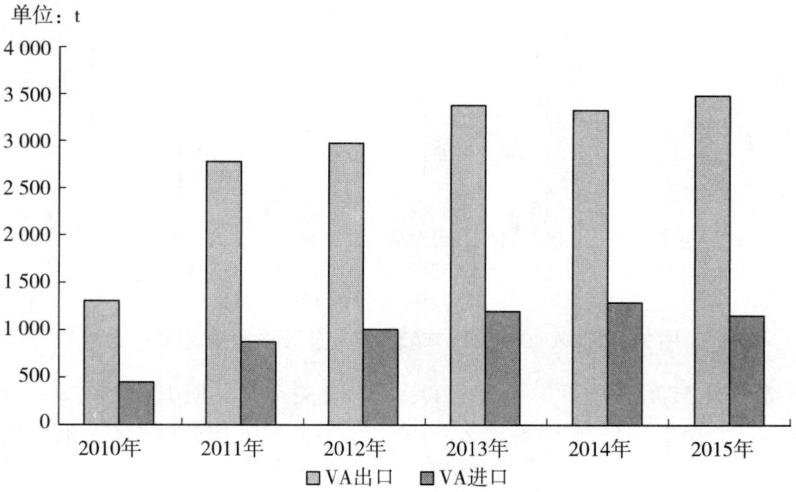

图2-87　2010—2015年我国维生素A进出口总量对比

2015年维生素A出口均价为21.7美元/kg，同比下降了17.8%。2015年我国维生素A进口均价为19.1美元/kg，较2014年下降了2美元/kg，幅度达9.5%（图2-88）。

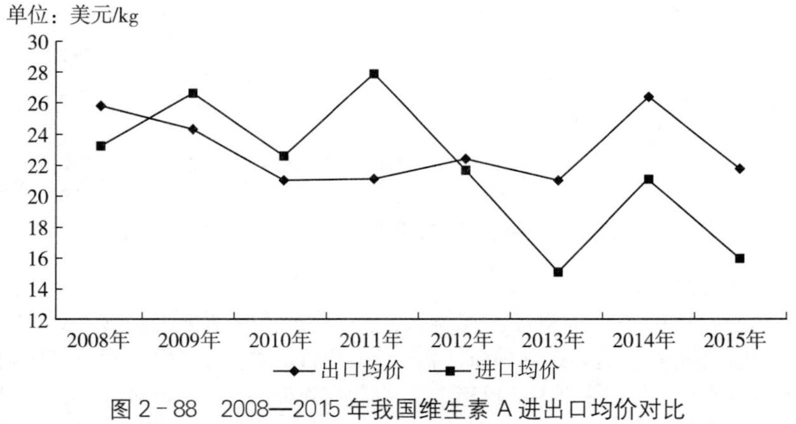

图2-88　2008—2015年我国维生素A进出口均价对比

2. 维生素E进出口基本概况。我国维生素E出口主要用于饲料中。2015年维生素E面临更为激烈的竞争，北沙制药维生素E产能由2014年5 000t扩大到1万t。新和成、浙江医药、西南合成、南海北沙为国内生产维生素E的主要厂家，其中，新和成、浙江医药、西南合成占据主导，但北沙制药继续扩产，再次冲击国内市场。进口企业主要为巴斯夫和帝斯曼。2015年我国饲料级维生素E出口继续稳定增长，但因厂家竞争激烈和国际经济不景气，维生素E出口利润大幅下滑。2015年维生素E也面临继续被印度征收长达5年的反倾销税的现状，在出口市场的反倾销压力不断增大。

2015年，我国维生素E及其衍生物累计出口61 773 t，同比增加12.8%；出口金额39 296万美元，同比下降36.3%（图2-89）。我国维生素E主要出口的国家有美国（15 537t）、德国（16 525t）、荷兰（7 369t）、日本（2 540t）、比利时（1 048t）、泰国（2 056t）、巴西（3 121t）、越南（2 180t），向上述几个国家出口的维生素E占总量的81.4%。

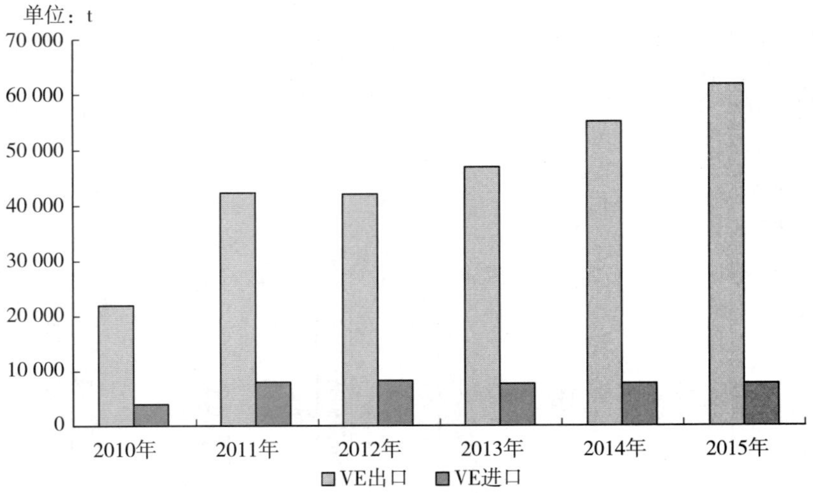

图 2－89　2010—2015 年我国维生素 E 进出口总量对比

2015 年我国维生素 E 及其衍生物累计进口 7 758t，同比增加 0.8%；进口金额为 9 181 万美元，同比下降 34.2%。2015 年我国维生素 E 进口均价为 11.8 美元/kg，同比下降 34.8%；出口均价为 6.4 美元/kg，同比下降 43.1%（图 2－90）。

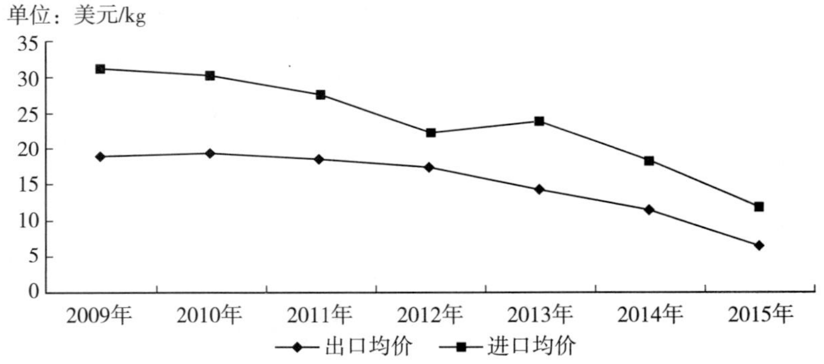

图 2－90　2009—2015 年我国维生素 E 进出口均价对比

3. 2015 年维生素 A 和维生素 E 的价格走势。

（1）维生素 A 内外竞争激烈 价格震荡回调。2015 年，维生素 A 主要生产厂家包括国内的浙江新和成、浙江医药、金达威；国外的帝斯曼、巴斯夫、安迪苏等。2015 年维生素 A 产能继续过剩，在国内厂家竞争激烈，加上上游原料的玉米和小麦均价回调，更为重要的是，饲料市场低迷，拖累了维生素 A 的市场需求，厂家为提高库存周转速度，采取降价销售。图 2－91 显示，2015 年国内维生素 A 价格仅在 4 月份出现一次小幅上调，之后开始慢慢震荡寻底的过程，最低价格出现在 12 月份，均价跌破 100 元/kg，跌至 95 元/kg，与年初比下跌了超过 15%。12 月 2 日，维生素 A 海外巨头帝斯曼宣布停产检修，预计 2016 年 2 月恢复生产，因帝斯曼维生素 A 产能占到全球产能的 30%，导致国内市场供给紧张，在年底国内维生素 A 报价上涨至 180 元/kg，大幅上涨 50%。

（2）维生素 E 熊途漫漫。2015 年维生素 E 没有改变价格震荡走低的走势，不断创下新低。2015 年年底均价 42 元/kg，同比下跌 28.9%，与 2004 年年初和 2013 年相比下跌超过 50%。企业利润被大幅压缩。虽然在年中，五大公司（北大医药、浙江医药、新和成、巴斯夫、帝斯曼）维生素 E 生产商成立一个行业协会，致力于共同推动维生素 E 产业，但仍未改变市场继续下调的命运。如图 2－92 所示，2015 年饲料企业采购节奏明显缓慢，库存充裕，终端采购没有明显的季节性，且下半年的饲料需求峰值也未出现，维生素 E 价格全年呈现“右肩头”的典型震荡下跌的行情。另外，欧元贬值令欧洲厂家价格更具有竞争力，不利于我国维生素 E 的出口，导致国内竞争加剧、价格不断挑战历史低点。

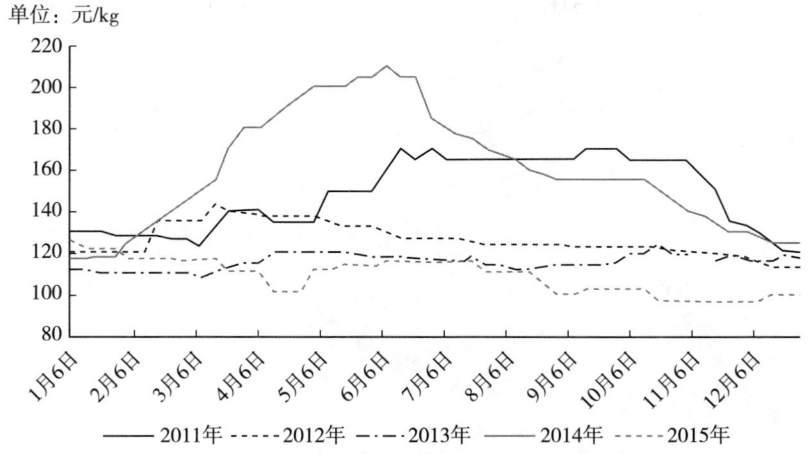

图 2-91 2011—2015 年维生素 A 价格走势

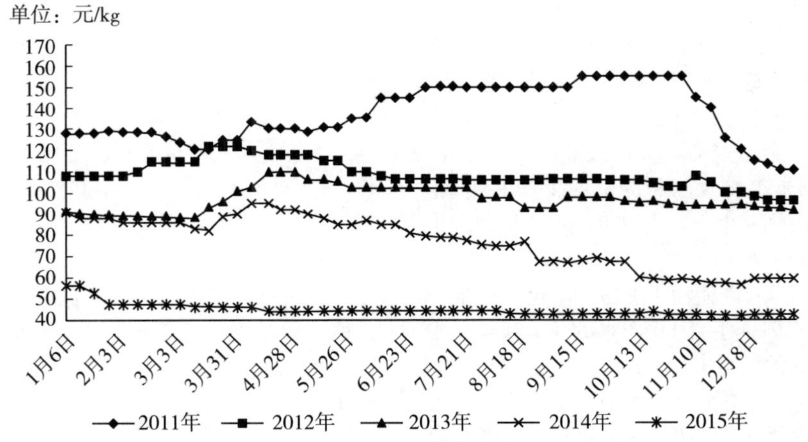

图 2-92 2011—2015 年维生素 E 价格走势

二、维生素 C

全球维生素 C 的供应主要来自中国，其次来自荷兰（帝斯曼），俄罗斯、印度及朝鲜各有一个厂家，但量很小。2015 年国内维生素 C 市场出现新的格局，帝斯曼收购江山制药，山东天力继续扩大生产规模，华北制药搬迁的影响，山东鲁维制药因环保问题停产整顿等，国内维生素 C 市场的格局已经发生了变化，新的格局正在形成。2015 年特别关注帝斯曼和山东天力及上游企业对下游企业的延伸，以降低原料成本和拉伸产业链。由于维生素 C 厂家众多且相对分散，维生素 C 市场竞争比较激烈。饲料及化妆品使用维生素 C 的用量相对偏低，主要在食品和医药保健上。

2015 年全球维生素 C 的产能约 20 万 t，与去年持平，仍为过剩。产量为 15 万 t，同比上涨了 3.4%，2015 年我国饲用维生素 C 产量为 6.8 万 t，同比提高了 5.66 倍。2015 年维生素 C 全年出口总量为 123 710 t，同比 2014 年的 121 983t，上涨了 1.4%；出口总额为 43 422 万美元，同比下降 5.9%。

2015 年国内维生素 C 的价格在弱势中出现一波价格上涨。二季度帝斯曼宣布完成对江苏江山制药的收购后，维生素 C 以消耗库存为主，同时，鲁维制药受环保问题停止生产，价格小幅上涨，报价最高涨至 24.5 元/kg。三季度后国内维生素 C 上游原料的山梨醇价格平稳，石药、江山、天力等企业复产，加上各大企业原本库存量较大，产能严重过剩，维生素 C 报价回调，最低降至 22 元/kg。与全年最高价格相比，下跌了 10.2%。我国维生素 C 约占全球产能的 80%以上（图 2-93）。

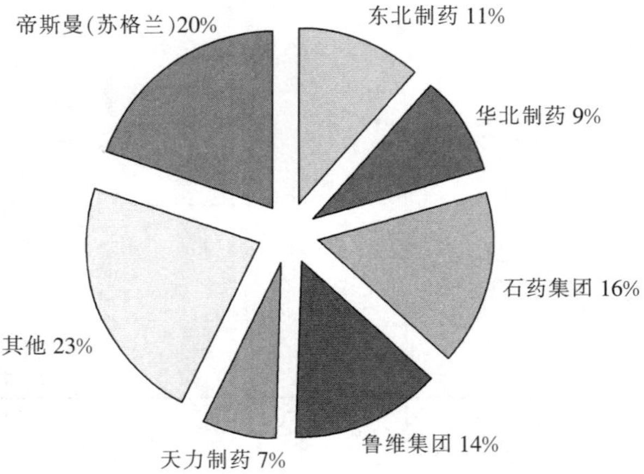

图 2-93　全球维生素 C 产能分布情况

三、维生素 D_3

全球最大的维生素 D_3 生产企业花园生物的产量占全球 40%以上，是国内唯一具有 NF 级胆固醇和维生素 D_3 油自行生产能力的厂商，成本最低。台州海盛（仙琚制药子公司）、新和成、浙江医药可自产光化油，成本次之；金达威的产业链最短，成本最高。2014 年下半年花园生物暂停胆固醇的生产和销售，在 2015 年 10 月底恢复生产。出口市场主要被花园生物、新和成、台州海盛所占据，尤以花园生物为主。2015 年全球维生素 D_3 产能约为 11 万 t，超 80%的产能集中在中国。我国维生素 D_3 产量约 4 500t，其中出口 2 900t，国内供应为 1 600t。国内需求 1 350t。

维生素 D_3 主要用于饲料添加剂领域（占整体需求 70%以上），需求与养殖业景气度相关。2015 年食品医药级维生素 D_3 产能仍主要被国外企业占据，但花园生物、金达威国内等企业也已经通过技术研发、并购等方式拥有了一定量的产能。维生素 D_3 占饲料成本仅千分之一左右，因此维生素 D_3 价格提升对饲养成本影响不大，这进一步巩固了维生素 D_3 的刚性需求。

如图 2-94 所示，2015 年维生素 D_3 价格从高位再次回归低位，受环保及花园生物的胆固醇生产、停产等一系列影响，同时，国内羊毛脂价格不断走低，维生素 D_3 的生产成本下降，虽然国内新进厂家部分停产，原有厂家扩产，市场供应量增加，维生素 D_3 一路下行。从年初的高价 145 元/kg 的相对高位，震荡下跌至 56 元/kg，下跌幅度超过 60%，也是近 5 年来的价格低位。

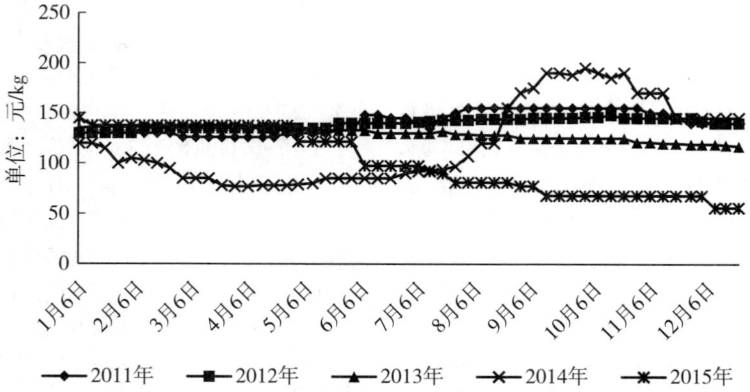

图 2-94　2011—2015 年国内维生素 D_3 价格走势

四、维生素 B_1、维生素 B_6、维生素 K_3、维生素 B_{12}

由于维生素 B_6 的供应厂家相对偏多并与维生素 B_1、维生素 B_2 厂家多有重合，2015 年受到环保压力制约，维生素 B_1、维生素 B_6 价格均从年初震荡上行，价格分别从 175 元/kg 和 145 元/kg 上涨至 300 元/kg 和 350 元/kg，上涨幅度分别为 140%和 71%。而维生素 B_{12}、维生素 K_3 的价格走势也比较相似，均在年初和年尾处于低位，维生素 B_{12} 在 6 月份出现高点，而维生素 K_3 则出现在 10 月份。两个品种的最高价格与年初比分别上涨了 45%和 66%。

1. 维生素 B_1。 2015 年全球市场维生素 B_1 产量主要集中在中国，产能在 9 800t，其中我国维生素产量 6 500t，出口量为 5 505t，同比下降了 4.8%；出口金额 14 669 万美元，同比增加 27.6%。国内供应为 1 000t。近几年受环保影响，国内部分厂家停产，产量下降，国内维生素 B_1 维持紧平衡状态。维生素 B_1 的厂家主要集中在兄弟科技、江西天新药业、华中药业及帝斯曼这 4 家企业中，产品主要出口至美国、德国、荷兰、印度等国家。

2. 维生素 B_6。 2015 年维生素 B_6 全球产能在 1.12 万 t，其中中国产量 5 500t，国内供应 1 050t，出口总量为 4 916 t，同比增加 2.52%；出口金额 11 030万美元，同比增加 0.6%。2015 年出口的国家以美国、荷兰、德国为主，其他国家如巴西、印度、巴基斯坦的出口份额也在增加。微量进口。维生素 B_6 的主要厂家包括江西天新药业、华中药业、海嘉诺、帝斯曼、惠生药业、江西森泰等，帝斯曼主要以医药为主。2015 年江西森泰因停产搬迁，影响了出口量。虽然维生素 B_6 的厂家众多，但江西天新药业占据主导全球的份额。帝斯曼在上海有新项目投产，年产 2 200t 维生素 B_6，预计 2016 年投产，其他厂家动作不大。总体来看，维生素 B_6 的厂家众多，主导厂家占绝对优势，但国内整体产能继续扩张，加上环保压力，以出口为主导的维生素 B_6 市场仍存在一定的变数。

3. 维生素 K_3。 2015 年维生素 K_3 市场竞争更为激烈，兄弟科技主导，加上陆良和平、威尼达、重庆民丰、山东华升和湖北振华等厂家。国外厂家包括土耳其 Oxyvit 和乌拉圭的 Dirox 两家公司。随着陆良和平恢复生产，出口份额也不断提高，但仍以兄弟科技为主。近几年维生素 K_3 市场受新进入者和部分厂家生产的调整影响，同时，也来自维生素 K_3 上游原料生产所得的副产品价格低迷拖累，导致维生素 K_3 厂家为平衡铬粉的市场压力，而降低维生素 K_3 以获得更多供应。2015 年全球维生素 K_3 产能 1.25 万 t，需求 5 000t，中国需求 1 000t。2015 年中国维生素 K_3 生产约 4 400t，出口 3 000t，国内供应1 400t。

4. 维生素 B_{12}。 2015 年我国维生素 B_{12}产量 325t，其中饲用维生素 B_{12} 产量 4.4t，同比下降了 91%，2015 年我国维生素 B_{12} 出口总量为 252t，出口金额 11 895万美元，同比上涨 1.5 倍，国内供应量为 103t。国内维生素 B_{12} 以出口为主，厂家主要有河北玉星、河北华荣、宁夏多维、威可达及安万特。2015 年受上游发酵原料的淀粉糖弱势，从而降低了维生素 B_{12} 的生产成本。虽然维生素 B_{12} 产能供大于求，但由于产能分布相对分散，加上各个厂家产量不相上下，一旦出现退出或者新增产能情况都会改变维生素 B_{12} 的原有市场格局。

五、维生素 B_2

2015 年我国维生素 B_2 产量 6 695t，同比下降了 25%，2015 年我国维生素 B_2 及其衍生物累计出口 2 052t，同比下降了 14.7%，出口金额 6 237 万美元，同比上涨了 2.2%。从海关数据可以看出，2015 年我国维生素 B_2 及其衍生物主要出口美国、德国、荷兰、印度等国家，2015 年荷兰进口量增幅比例提高，比利时进口量下调。由于维生素 B_2 的产品剂型较多，出口市场主要以 80% 含量为主。2015 年国内需求约 2 050t，加上进口 447 万 t，国内总供应量为 2 497t。受欧洲转基因菌种问题影响，海嘉诺产量下降，而国际价格偏高，国内价格下降导致厂家生产积极性下降。

2015 年全球维生素 B_2 厂家主要集中帝斯曼、巴斯夫、湖北广济药业、山东恩贝、山东新发药业、宁夏启元等。2015 年随着市场上对帝斯曼维生素 B_2 的需求增加，帝斯曼计划扩大其在德国维生素 B_2 工厂产能，新的产能预计将在 2016 年投产。2015 年 6 月东营环保局曾披露新发药业拟在原有年产 3 000t 的维生素 B_2 生产项目基础上扩建至 6 000t。由于维生素 B_2生产企业分散，闲置产能较多，加上进口竞争压力不断扩大，未来维生素 B_2 场会在上游玉米淀粉成本的竞争，产品结构调整，新的产能投产的各方压力下，市场价格仍存在反复不断探底或者上摸更高价位的可能。

2015 年维生素 B_2 价格在年末翘尾行情中结束。上半年价格维持 120～145 元/kg，的价格区间，均价在 130 元/kg 上下波动。下半年国家因环保因素的约束，加上进入 9 月份，部分厂家停产检修，且 80% 含量的工厂开工率偏低，国内维生素 B_2 市场价格不断攀升，最高价格出现在年底，均价升至 232 元/kg，与年初比上涨了 70%，年底市场以消化低价库存为主，国内维生素 B_2 价格的暴涨也推动了欧洲市场价格上行，当地货源偏紧（图 2－95）。

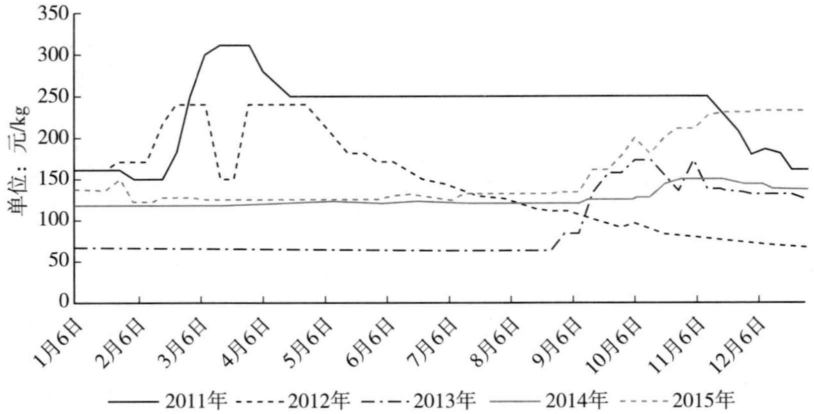

图 2－95　2011—2015 年维生素 B_2 价格走势

六、维生素 B_5（98%泛酸钙）

泛酸钙是 B 族维生素中出口量最大的品种。亿帆鑫富是国内泛酸钙产能最大的公司，出口数量中占比在 60%以上，居世界首位，占全球市场份额的 40%，山东新发药业排名第二；国外主要生产商为帝斯曼（DSM）、巴斯夫（BASF）。2015 年全球泛酸钙需求约 1.9 万 t，中国泛酸钙产量约 1.55 万 t，其中出口 1.25 万 t，国内供应量为 3 000t。

近几年，泛酸钙市场经历了过山车式的市场变化。自 2014 年开始泛酸钙价格涨跌波动较大，泛酸钙市场以亿帆鑫富和新发为主，山东华辰近几年生产量稳定，但生产规模不如亿帆鑫富和新发。小生产规模的企业已经逐渐退出市场。万邦、弘景等厂家价格或随市场价波动较大。2015 年亿帆鑫富在安徽安庆投资年产 6 000t 的维生素 B_5 系列产品，加上兄弟科技在 10 月份获得证监会批复的项目中投建泛酸钙项目 5 000t。有望将中国泛酸钙的产能提高 2.2 万 t 以上，2015 年，国内外共计 5 家规模的泛酸钙市场竞争更加激烈。

2015 年国内泛酸钙价格稳定在 45～57 元/kg。年初价格在 55～57 元/kg，随后由于鑫富药业和新发药业两大厂家官司纠纷继续上诉调解，报价一度中断，其他厂家开工率在 60%左右。饲料市场需求不振，价格震荡下行，7～12 月中旬价格波动区间 45～47 元/kg，幅度变化不大。全年由于上游原料丙烯腈价格低位震荡，泛酸钙难以获得支撑；而下游饲料市场需要不佳，贸易商对市场持悲观心态。随着 12 月份鑫富药业再次停发和停报，泛酸钙价格从小幅度上调，后又出现 20%的上涨，到最后直接上涨超过了 1 倍，年末报价最高 230 元/kg，最低报价也在 130 元/kg，与年初相比分别上涨了 3 倍和 1.2 倍。但由于终端及时采购，实际成交价格超过 100 元/kg，但与年中低价相比仍上涨了近 1 倍。

七、烟酸与烟酰胺（维生素 PP、维生素 B_3）

2015 年烟酰胺市场国内外厂家众多，仍处于激烈的竞争时期。国外厂家包括瑞士龙沙、美国凡特鲁斯、印度吉友联等，国内厂家包括广东龙沙、兄弟科技、威尼达、浙江兰博、浙江爱迪亚（停产状态）、天津亨天利等。烟酰胺出口和进口量均比较高，出口以龙沙为主导，威尼达和兄弟科技出口份额也在扩大。近几年，随着我国厂家对烟酰胺与烟酸的上游原料 3-氰基吡啶获得突破技术瓶颈，国内烟酰胺与烟酸的产能不断释放，其中龙沙在中国产能增至 2.5 万 t；凡特鲁斯在南通新工厂开工，产能 5 000t；2 月份安徽瑞邦 2 万 t 烟酰胺项目开始建设；湖北新诺维化工的 1 000t 建设项目；山东泓达 1 万 t 烟酰胺项目计划等，国内烟酰胺市场更为分散，竞争也更为激烈，市场处于供大于求的格局中，未来一两年烟酰胺市场的竞争和整合有望加速。2015 年全球烟酰胺产能 4.5 万 t，我国产量约 1.8 万 t，仍以饲料消费为主，国内供应为 1.2 万 t。

2015 年烟酰胺市场价格呈现一个反向的“V”型走势，从年初的 38 元/kg，缓慢攀升。5 月 15 日，凡特鲁斯提高全球烟酰胺报价 15%；6 月 17 日，吉友联提高全球烟酰胺报价 10%。这两次全球范围内的烟酰胺提价主要得益于上游原料吡啶开工率不足造成的产能下降。国内烟酰胺厂家随之纷纷提价。国内烟酰胺主流厂家如龙沙、兄弟及兰博对外报价最高 48～50 元/kg，贸易商提货价格稍低。威尼达（烟酸）报价在 47 元/kg 左右。6 月中旬价格上涨至年内高点 50 元/kg，涨幅达到 31.5%，随后饲料级别 VB_3（99%烟酰胺）开始震荡下跌，龙沙、兰博近期价稳在 46 元/kg 左右，湖北地区烟酰胺出厂价降至 42 元/kg，主流价格在 44～48 元/kg 区间，工厂走货稍慢，消耗库存为主。随着气候变冷烟酰胺市场成交冷清，开工率维持7成以上，现货供应充足，下游市场处于淡季，企业走货量难有大幅提高。

八、生物素（维生素H）

2015年生物素厂家主要集中在浙江地区，其中包括浙江医药、浙江新和成及浙江圣达。另外，富阳科兴生物、安徽泰格、海嘉诺等也有生产。2015年受到厂家调整规模影响，中国生物素产量235t，出口205t，国内供应30t，实际消费27t。国内生物素作为B族维生素最后一个实现自主生产技术的品种，近两年，随着技术的不断成熟，国内生物素厂家产能分散，但由于厂家产能均比较大，加上不断有新厂涌入，如安徽泰格挤占出口市场，天新药业正式投产等，加上环保压力，未来生物素市场的竞争也不容乐观。

由于2015年7月欧盟发布2015/723号法规，批准生物素作为所有动物的饲料添加剂使用，法规有效期至2025年5月26日。同月，帝斯曼营养产品公司宣布，将与生物技术公司MedDay建立合作伙伴关系，共同投资生产药品级D—生物素MD1 003。欧盟的这一举措有望增加了生物素的整体供应，但由于帝斯曼再次增加产能，这有望成为国内生物素出口厂家的主要竞争对手。

如图2－96所示，2015年生物素价格走势与2014年相比正好相反。年初因环保因素制约，价格维持90～100元/kg之间，随着终端库存增加，新增生物素厂家增多，下半年价格震荡下行，年底价格65～70元/kg，与年初比下跌26.3%～30%。

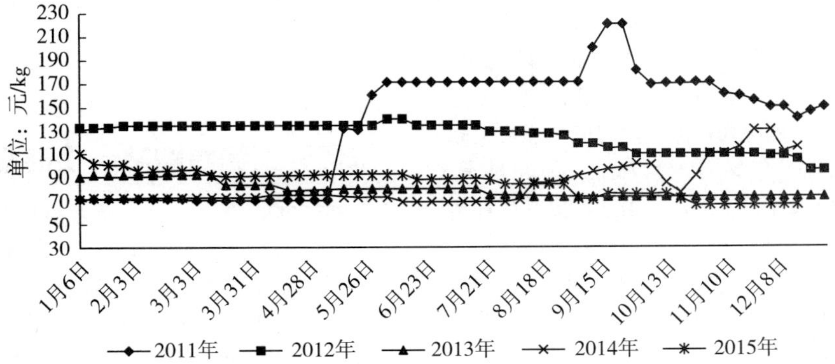

图2－96　2011—2015年国内生物素价格走势

九、维生素B_4（50%氯化胆碱）

2015年，我国氯化胆碱市场仍面临产能过剩的尴尬局面，氯化胆碱的国内消费和出口均居于高位。国内具备生产氯化胆碱的厂家超过了50家，其中奥克特、恩贝、河北碧隆、邹平巨佳、特明科、信诺（汉威）主导出口市场，约占90%。由于氯化胆碱的生产工艺相对其他维生素产品更加简单，加上行业利润基本透明，其上游原料环氧乙烷的价格波动对氯化胆碱的价格影响比较大。近年来，随着国内主要厂家品牌效应显现，部分氯化胆碱生产企业的关注度增加，加上河北、山东地区的环保凸显，未来氯化胆碱的生产企业会日趋下降，产业集中度将进一步提升。

2015年，我国氯化胆碱国内产量63.6万t，同比上涨了30.4%，国内需求19.5万t。国内2015年我国氯化胆碱的出口形势继续保持良好势头，累计出口胆碱及其盐66 936t，同比下降了9.7%；出口金额5 656万美元，同比下降了19.9%。2015年我国胆碱及其盐主要出口的国家有美国（15 449t）、加拿大（5 562t）、巴西（9 648t）、俄罗斯（4 204t）、土耳其（2 426t）、菲律宾（2 691t）、泰国（3 009t）等。海关数据显示，2015年我国向美国、俄罗斯出口的胆碱及其盐均较上年同期有所下降，向巴西、泰国等地区出口有所增长；向其他国家出口所占比例提升。总体来看，2015年我国继续向南美以及欧洲地区出口胆碱及其盐的数量激增，这有助于提高我国胆碱及其盐在国际市场的影响力。2015年我国胆碱及其盐的进口量为109 t，同比下降49%。

2015年，氯化胆碱全年波动幅度较小，全年价格低于前四年的均价走势。由于石油市场环境不景气，上游原料环氧乙烷价格持续走低，进而持续拉低氯化胆碱价格；同时，饲料行业和水产养殖业处于淡季，下游需求不佳，胆碱市场难以放量。1～3月份，氯化胆碱价格走势单边下行，由年初的最高点降至3月下旬的最低点。价格由最高的4 100元/t，下降至3 750元/kg，下降幅度为8.5%。随后在5月份需求有所回暖，贸易商走货顺畅推动价格上调。临近年末，氯化胆碱再次震荡回调，最低报价3 650元/t，与年初比下跌10.9%（图2－97）。

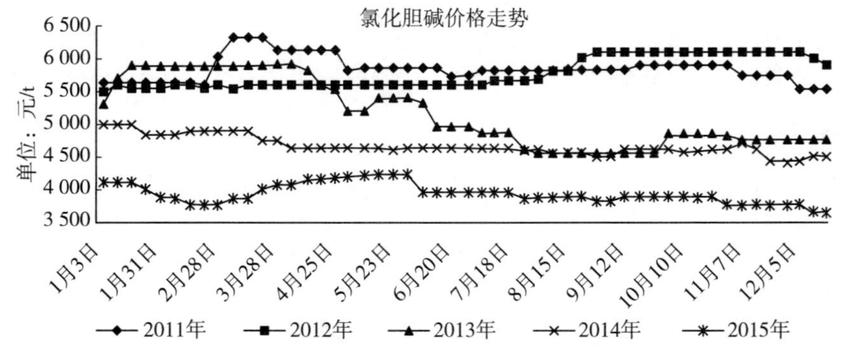

图 2－97　2011—2015 年氯化胆碱价格走势

十、叶酸（维生素 B_9）

2015 年叶酸产量 900t，出口 700t，国内供应 200t，实际需求 300t。2015 年叶酸受到环保治理成本增加，部分厂家转型，国内生产饲料级叶酸主要集中在牛塘化工、新鸿医药、新发药业，浙江圣达、冀衡药业和康瑞化工产量均有下降，其中康瑞化工搬迁停产，冀衡药业转型到医药产品。随着叶酸供应大幅下降价格飙升，2015 年又有天新药业、河北科泰、山东洪智、新疆合兴开始生产，但由于厂家受到环保问题制约加上上游产品供应量约束条件，叶酸整体供应低于市场的需求。2015 年由于叶酸价格仍高于市场预期，饲料厂配方的调整和饲料销量的下降，叶酸的实际使用量在减少。

2015 年叶酸全年经历大幅度过山车式的涨跌，涨跌幅度非常大。受环保压力等影响，国内生产厂家寥寥，牛塘叶酸报价延续 2014 年年底的价格 1 000～1 150 元/kg 开始一路上扬，由于江苏接连暴雨，6 月 17 日牛塘化工叶酸车间进水受损，工厂停产，上涨至 7 月初的 3 300 元/kg，为年底最高价格，涨幅 1.8～2.3倍。随后市场有新厂家供货，并已经取得饲料添加剂生产许可证，不过量比较少。随着新厂的不断加入，叶酸价格震荡回调，年底价格降至 400 元/kg，远低于年初的 1 000 元/kg，但仍较 2014 年同期价格提高 1.2 倍。

十一、小结

2015 年环保问题是维生素生产企业必须要走过的一道坎。2015 年维生素产品的出口格局出现微幅调整，其中 B 族维生素成为出口市场一大亮点。2015 年也是供给端收缩的一年，对于行业小，竞争格局比较好的维生素产品来说，价格很容易出现大幅度的涨跌过程。同时，下游饲料产业结构的变化及养殖模式的转变，也给维生素市场带来一定的机遇和挑战。维生素出口占比在饲料添加剂中处于偏高地位，虽然对美国出口市场下降，但对欧洲市场的提升，将继续支撑维生素市场的未来走势。同时，2015 年应继续关注维生素产业的加速并购和贸易摩擦问题。

（王长梅）

微量元素氨基酸螯合物的应用研究

在动物营养中，微量元素添加剂经历了无机盐类、简单的有机物和微量元素氨基酸螯合物三个发展阶段。微量元素氨基酸螯合物是一种新型有机矿物元素添加剂，被称为第三代微量元素添加剂。本文收集及整理了 2015 年 1 月 1 日～12 月 31 日，在我国期刊杂志上公开发表的有关微量元素氨基酸螯合物在家禽、猪、反刍动物、水产养殖、经济动物生产中的研究及应用文章，供研究、生产、应用者参考。

一、微量元素氨基酸螯合物在家禽生产中的应用研究

1. 微量元素氨基酸螯合物在蛋鸡生产中的应用研究。

（1）有机复合微量元素在蛋鸡生产中应用研究。蛋鸡饲粮中添加高剂量的微量元素能够增加鸡蛋中微量元素的富集，食用后益于人的营养与健康，然而过量的微量元素会通过排泄物进入环境而造成污染。由于对环境污染关注度的增加，提高鸡蛋微量元素富集的同时，减少排泄物中微量元素残留的研究就变得更加重要。薛颖等（2015）试验研究蛋鸡饲粮中添加不同水平的无机（硫酸锰、硫酸亚铁、硫酸铜、硫酸锌、亚硒酸钠）及有机（羟基氨基酸锰、甘氨酸铁、羟基氨基酸铜、羟基氨基酸锌、酵母硒）复合微量元素时，蛋黄中各微量元素沉积和排泄物中微量元素残留的变化情况。试验结果表明，产蛋期蛋鸡饲粮中无机及有机复合微量元素均以 NRC 推荐需要量的

25%、50%添加能够保证蛋黄中微量元素含量不减少的同时避免排泄物中微量元素的排泄过量；与无机复合微量元素相比，有机微量元素能够增加蛋黄中 Fe、Cu 的含量，在 NRC 推荐需要量的 75%、125%添加水平下降低排泄物中微量元素的排泄。龙丽娜等（2015）也报道，产蛋鸡后期使用羟基蛋氨酸螯合锰/锌有机微量元素，在减少微量元素使用量的情况下，降低了粪中微量元素的排放量。

（2）羟基蛋氨酸螯合锰/锌对蛋壳质量的影响。随着设施化、机械化蛋鸡养殖的不断发展，鸡蛋运输、加工等的需要，对蛋壳品质要求越来越高甚至已经成为制约蛋鸡行业健康发展的瓶颈之一，提高蛋壳品质可提高养殖效益、提供优质鸡蛋，因而，调控蛋壳品质具有重要意义。龙丽娜等（2015）报道，有机微量元素和无机盐配合添加可增加蛋壳厚度；喻礼怀等（2015）试验结果是：饲粮添加有机锌、锰可以有效地改善产蛋中后期蛋鸡蛋壳品质，其中基础饲粮分别添加有机锌、锰 11mg/kg、8mg/kg 效果最佳。

（3）复合氨基酸小肽螯合微量元素对蛋鸡生产性能的影响。由于小肽与游离氨基酸在动物体内具有相互独立的吸收机制，动物体内存在着独立的小肽转运系统，小肽能完整地通过肠黏膜细胞进入体循环，具有转运速度快、能耗低、效率高、载体不易饱和等优点。因此，利用小肽的独立吸收机制开发小肽螯合微量元素也将是切实可行的手段之一。杜立武等（2015）随机选取 42 周龄海兰褐蛋鸡 400 只，分为 2 组，对照组预混料中的 Zn、Mn、Se 等 3 种微量元素使用 $ZnSO_4 \cdot H_2O$、$MnSO_4 \cdot H_2O$、$Na_2SeO_3 \cdot 5H_2O$，试验组预混料中的 Zn、Mn、Se 等 3 种微量元素使用复合氨基酸小肽螯合锌、锰、硒。预试期为 1 周时间，试验期为 25d。结果，对照组的平均蛋重始终在 62g 左右，而试验组的平均蛋重从 62.07g 增加到 63.63g。对照组的产蛋率始终在 87% 附近波动，而试验组的产蛋率从 87%上升至 91%，提高了 4%。对照组的平均日产蛋量始终在 54g 左右，而试验组的平均日产蛋量从 54g 增加到 57.9g。在蛋鸡日粮中用复合氨基酸小肽螯合微量元素替代无机微量元素，可以提高蛋鸡和产蛋率平均蛋重，平均日产蛋量提高了 4.13g，提高 7.68%。

2. 微量元素氨基酸螯合物在肉鸡生产中的应用研究。由于微量元素氨基酸螯合物市场价格较贵，限制了其在畜禽饲粮中的应用。探讨有机微量元素低剂量应用的可行性，并筛选出适宜的有机微量元素（OTM）和无机微量元素（ITM）组合比例，以其为生产实践中合理使用微量元素提供科学依据。胥彩玉等（2015）研究 OTM 与无 ITM 元素的不同比例对肉仔鸡生长性能、血液生化指标、血清和组织中微量元素含量及胫骨性能指标的影响。试验选用 1 日龄爱拔益加（AA）肉仔鸡 400 只，随机分成 5 组，每组 8 个重复，每个重复 10 只鸡。试验共设 5 个组，Ⅰ组为对照组，以无机盐形式添加铁（Fe）100 mg /kg、铜（Cu）20 mg /kg、锰（Mn）120 mg /kg 和锌（Zn）120 mg /kg；Ⅱ～Ⅴ组分别用 30%、50%、70% 和 100% 的有机微量元素（OTM）替代对照组相应的无机微量元素（ITM），各组元素的添加水平保持一致。试验期为 42d。结果表明：①肉仔鸡饲粮中使用 30% 和 50%的 OTM 替代 ITM，4～6 周龄和 1～6 周龄的料重比（F/G）显著低于对照组；②饲粮中添加 50% OTM＋50%ITM 的肉仔鸡肝脏 Cu、Mn 含量以及超氧化物歧化酶（SOD）活性最高；③肉仔鸡饲粮中添加 70%OTM＋30%ITM 能显著提高血清中 Fe 的含量。综上所述，在肉仔鸡基础饲粮中用 50% 的有机微量元素替代相应比例的无机微量元素对肉仔鸡生长性能、微量元素沉积和 SOD 活性的提高有良好的效果。

二、微量元素氨基酸螯合物在养猪生产中的应用研究

1. 氨基酸螯合物对断奶仔猪的影响。

（1）氨基酸螯合铜对断奶仔猪的影响。在养猪生产中，日粮添加高剂量的铜可促进猪的生长，提高饲料转化率并增强抗病能力。硫酸铜由于价格低廉，通常作为首选的铜源进行添加。但由于硫酸铜的生物学利用率低，不能被动物利用的铜大量被排出体外，从而对环境造成严重污染。有机铜源因其具有生物学利用率高、对环境污染少等特点而越来越受到关注。

①甘氨酸铜对断奶仔猪的影响。金成龙等（2015）研究了日粮添加低剂量甘氨酸铜替代硫酸铜对断奶仔猪生长性能、血清生化参数及粪铜排放量的影响，以确定甘氨酸铜替代硫酸铜在断奶仔猪上的饲喂效果。试验结果表明，与 200 mg/kg 硫酸铜组相比，100 mg/kg 甘氨酸铜组平均日增重、平均日采食量、料重比和腹泻率等指标均未见显著差异；与其他两组相比，50mg/kg 甘氨酸铜组日增重显著降低、料重比显著升高。各处理组血清铜和铁的含量均无显著差异；100 mg/kg 甘氨酸铜组血清天门冬氨酸氨基转移酶的活性显著高于其他两处理组。50 mg/kg 和 100 mg/kg 甘氨酸铜处理组粪中铜含量显著低于 200 mg/kg硫酸铜组；各处理组粪中铁和锌的含量均未见显著差异。结果提示给我们，在断奶仔猪日粮中添加 100 mg/kg 的甘氨酸铜可有效替代 200 mg/kg 的硫酸铜，甘氨酸铜的使用可大幅度减少饲料中铜的添加量，降低铜排泄对环境的污染。

②蛋氨酸螯合铜对断奶仔猪的影响。赵春雨等(2015)选用75头遗传背景相同、胎次相近、公母各半，约45日龄，体重(14.00±0.30)kg的三元杂交健康仔猪，采用完全随机化设计随机分为5个处理组，每个处理组5个重复，每个重复3头。研究不同添加水平(10、150、300mg/kg)和不同来源的(硫酸铜，蛋氨酸铜)铜对猪部分血液生化指标及含铜酶活性的影响。结果表明：添加不同铜源和水平的铜对猪日增重和饲料增重比均无显著差异；添加不同铜源对甘油三酯、谷草转氨酶、谷丙转氨酶含量、谷胱甘肽过氧化物酶和铜辞超氧化物歧化酶活性无显著影响；300mg/kg铜可显著提高谷丙转氨酶A活性、血清铜蓝蛋白活性；显著降低血清胆固醇、血清尿素氮含量。添加150 mg/kg铜均显著提高血清谷胱甘肽过氧化物酶和铜锌超氧化物歧化酶活性。氨基酸铜源可显著提高血清铜蓝蛋白活性，显著降低血清胆固醇、血清尿素氮含量。

(2)甘氨酸锌对断奶仔猪的影响。王晔等(2015)选择28日龄断奶、健康体重相近的杜×长×大仔猪160头，随机分为对照组和试验组(1，2，3组)，每组40头，设4个重复，每个重复10头，初始体重组间差异不显著。对照组饲喂基础日粮，1，2，3组分别在基础日粮中添加50，100，200 mg /kg甘氨酸锌，试验期为14d。试验结果表明，在断奶仔猪日粮中添加50，100，200mg/kg甘氨酸锌能显著提高淋巴免疫器官指数，但对胸腺和脾脏免疫器官指数影响不显著。添加100，200 mg/kg甘氨酸锌能显著提高胰脏免疫器官指数，添加50mg/kg甘氨酸锌对胰脏指数无显著影响。说明断奶仔猪日粮中添加适量的甘氨酸锌能提高免疫器官指数。

2. 氨基酸螯合物对生长肥育猪的影响。据报道，万头规模猪场全年向猪场周围排放的氮达107t，铜达433.3kg，锌达701.2kg，集约化猪场污染治理问题已迫在眉睫，生态环保型日粮被受重视。兰方菲等(2015))试验旨在研究生态环保型日粮对生长猪生产性能及减排效果的影响。选取120头25kg左右的杜×长×大三元杂交猪分成4个组，每个组3个重复，每个重复10头，其中Ⅰ组为对照组(正常蛋白、无机微量元素)、Ⅱ组为低蛋白日粮组、Ⅲ为有机微量元素日粮组，Ⅳ组为低蛋白日粮和有机微量元素日粮组，测定生长猪的生产性能以及粪氮、粪铜、粪锌、粪铁和粪锰的含量。整个试验期为44d。结果表明，日增重和饲料转化率各组差异不显著；与对照组相比，Ⅱ组和Ⅳ组类氮排放分别减少25.96%和44.21%；Ⅲ组粪铜、粪锌和粪锰排放分别减少51.65%，17.36%和5.61%，Ⅳ组粪铜、粪锌和粪锰排放分别减少，45.50%、33.46%和4.65%，Ⅲ组和Ⅳ组粪铁减排效果不明显。从以上结果可以看出，减排日粮均不影响生长猪的生产性能，但低蛋白日粮能显著降低粪氮的排放，有机微量元素日粮粪铜和粪锌减排明显，粪锰减排有一定效果，对粪铁减排效果不明显。低蛋白结合有机微量元素日粮对氮和微量元素的减排存在增强的趋势。

3. 氨基酸螯合物对种猪生产性能的影响。为探讨初产母猪妊娠后期日粮中补充添加复合有机微量元素对其生产性能、养分利用率及血清指标的影响，李梦云等(2015)挑选体重相近、健康的初产怀孕80d的母猪40头，随机分为对照和试验组，每组5个重复，每个重复4头猪。对照组母猪在基础日粮中添加无机微量元素(五水硫酸铜、硫酸亚铁、硫酸锌、硫酸锰、亚硒酸钠和碘化钾)添加剂，试验组母猪从妊娠85d开始，在对照组日粮基础上再补充添加0.15%的有机微量元素(蛋白质螯合铜、蛋白质螯合铁、蛋白质螯合锌、蛋白质螯合锰、酵母硒和碘化钾)添加剂，至泌乳期结束。结果表明：①母猪饲料中补充有机微量元素后，可显著提高活仔率、健仔数与健仔率；有提高活仔数和断奶重的趋势；对产程、总产仔数、初生重无影响。②补充有机微量元素显著提高了母猪血清中铁含量，也显著提高了母猪和仔猪血清中IgA含量。这表明母猪日粮中添加有机微量元素有利于改善母猪繁殖性能。

三、微量元素氨基酸螯合物对奶牛生产性能的影响

1. 对热应激奶牛生产性能的影响。荷斯坦奶牛是我国饲养的主要奶牛品种，其特点是耐寒怕热，奶牛热应激使产奶性能下降、免疫机能降低，如何缓解高温热应激是奶牛养殖者和研究者普遍重视的问题。李玉丹等(2015)选择年龄、胎次、泌乳天数和产奶量相近的健康荷斯坦奶牛32头，随机分为4组，即在基础饲粮中添加120g/d干酒糟及其可溶物(DDGS)的对照组、120g/d无机微量元素的试验Ⅰ组、15g/d有机微量元素+105g/d DDGS的试验Ⅱ组、10g/d有机微量元素+110g/d DDGS的试验Ⅲ组，每组8头。试验期90d。结果表明：①与对照组相比，试验Ⅰ组产奶量有下降的趋势，试验Ⅱ组和Ⅲ组产奶量有提高的趋势，试验组乳成分、干物质采食量和呼吸频率差异均不显著；②第30d，试验Ⅲ组血清谷胱甘肽过氧化物酶(GSH-Px)活性显著高于其他各组；③第30d，试验Ⅲ组血清铜含量显著高于对照组、试验Ⅰ组，硒含量显著高于试验Ⅱ组，第60d钙含量显著高于试验Ⅰ组；④各组间奶牛血清激素、免疫球蛋白G(IgG)含量差异均不显著。本试验条件下，热应激奶牛饲粮添加有机微量元素能够改善奶牛生产性能，提高奶牛血清抗氧化能力，血清

IgG 和锌、硒含量，并且呈剂量依赖。许国忠等（2015）报道，有机微量元素的添加对于奶牛表现出了一定的预防热应激的效果，并提示同时添加无机与有机微量元素表现出较好的作用效果。

2. 氨基酸螯合铜对奶牛生产性能的影响。目前国内外许多研究表明，铜缺乏是由于土壤中含铜量低，以及在饲草和饮水中含有大量的钼和硫等与铜吸收相颉颃的微量元素。为探讨甘氨酸铜缓释注射制剂对牛铜缺乏症的治疗效果，张艳雯等（2015）以南宁市邕宁区黄牛为试验对象，对铜缺乏牛颈部皮下注射甘氨酸铜缓释注射剂 100mgCu/10mL，监测注射组牛血铜、血浆铜蓝蛋白（CP）和血浆铜一锌过氧化物歧化酶（CuZn-SOD）水平 150d。与对照组相比，注射组牛的外观性状明显改善，牛毛色变亮变深，食欲增强，在检测的 150d 内注射组牛的血浆铜水平均在 1.0～1.6μg/mL，在第 60d 时血浆铜质量浓度达到峰值，随后血浆铜质量浓度缓慢下降。因此，皮下注射甘氨酸铜补充剂能起到明显的补铜作用，且有好的缓释效果（有效期 150d）。

四、氨基酸螯合锰对斜带石斑鱼生长及生化指标的影响

聂家全等（2015）选用甘氨酸锰（GMn）和羟基蛋氨酸锰（HMn）为锰源，斜带石斑鱼（Epinephelus coioides）幼鱼生长、抗氧化功能和矿物元素沉积为测试指标，探讨斜带石斑鱼对不同氨基酸锰螯合物的利用率。在基础饲料中添加 0、2、4、8、16、32 mg/kg（以锰计）的甘氨酸锰或羟基蛋氨酸锰分别制成 11 种试验饲料，在水温为（28±2）℃条件下，投喂初始体质量为 12.26g 的斜带石斑鱼幼鱼 8 周。试验的结果是：①对照组（不添加锰）的增重率（WGR）显著低于锰添加组，两个锰添加组的 WGR 均随锰添加量的增加逐渐升高后趋于稳定；以 WGR 为判据，通过折线模型分析表明，以 GMn 和 HMn 为锰源时，石斑鱼对饲料中锰的最适需要量分别为 9.04、12.87mg/kg，GMn 的生物利用率相当于 HMn 的 1.78 倍。②石斑鱼肝脏中锰超氧化物歧化酶（Mn-SOD）活性随着锰添加水平的增加先升高后下降，丙二醛（MDA）含量随着锰添加水平的增加而减少；以肝脏 Mn-SOD 活性为判据，通过一元二次回归方程分析得出，以 GMn 和 HMn 为锰源时，石斑鱼对饲料中锰的最适需要量分别为 21.15mg/kg、20.61 mg/kg。③石斑鱼脊椎骨和全鱼的锰含量随饲料中锰含量的升高而显著增加；对照组脊椎骨的铁含量显著高于锰添加组，脊椎骨和全鱼的铁含量随饲料中锰含量的升高而显著减少。其研究表明，当饲料中锰含量满足斜带石斑鱼幼鱼生长需要时，进一步补充有机锰源对其生长性能无显著影响，甘氨酸锰的生物利用率高于羟基蛋氨酸锰，而两种锰源的抗氧化能力相似。

五、微量元素氨基酸螯合物在毛皮动物生产中的研究及应用

1. 螯合锌在貉生产饲粮中的添加量。以生长性能、营养物质表观消化率、血清指标、毛皮品质为指标，探讨冬毛期貉饲粮中蛋氨酸的添加量。郑银伟等（2015）选择健康冬毛期貉 120 只，随机分为 4 组，即 3 个试验组（Ⅰ组、Ⅱ组、Ⅲ组）与 1 个对照组（Ⅳ组），每组 30 只（公母各占 1 /2）。以蛋氨酸锌为螯合锌源，一水合硫酸锌（$ZnSO_4$ · H2O）为无机锌源，Ⅰ组、Ⅱ组、Ⅲ组、Ⅳ组分别饲喂基础饲粮＋50 mg/kg 蛋氨酸锌＋20mg/kg $ZnSO_4$ · H_2O、基础饲粮＋60mg/kg 蛋氨酸锌＋10 mg /kg $ZnSO_4$ · H_2O、基础饲粮＋70mg/kg 蛋氨酸锌、基础饲粮＋70mg/kg $ZnSO_4$ · H_2O（数据均为锌含量，基础饲粮中锌含量为 42.89 mg/kg）。试验期为 55d。试验结果表明：①3 个试验组的终末体重和饲料转化率均显著或极显著均高于对照组。Ⅱ组、Ⅲ组的平均日增重显著高于对照组。②3 个试验组的粗蛋白质表观消化率与对照组相比无显著差异，但粗脂肪表观消化率显著高于对照组。③3 个试验组的血清锌含量、碱性磷酸酶活性均极显著高于对照组。④与对照组相比，3 个试验组的颈部、背部、臀部针毛长度以及绒毛长度与绒毛直径均增加，但针毛直径降低，其中Ⅲ组颈部、背部、臀部针毛直径显著或极显著小于对照组。⑤3 个试验组的皮张单位面积重量显著或极显著高于对照组。综上所述，饲粮中添加螯合锌后冬毛期貉体重、平均日增重、饲料转化率、粗脂肪表观消化率、皮张品质均有提升，但针毛直径减小；当螯合锌添加量为 70mg/kg 时，针毛发生卷曲，建议生产中螯合锌添加量为 60 mg/kg（饲粮总锌含量为 102.89 mg/kg）。

2. 微量元素氨基酸螯合物在水貂生产中的研究及应用。

（1）水貂饲料蛋氨酸锌适宜添加量研究。试验采用火焰原子吸收光谱法测定锌，以水貂粪便、肾脏、肝脏和胰脏中锌含量为指标，研究水貂饲料蛋氨酸锌适宜添加量。刘春杨等（2015）选择 60 日龄体重相近（0.934±0.071）kg 的雌性水貂 60 只。随机分为 6 组（每组 10 只），分别饲喂添加剂量不同的水貂饲料，试验 1 组～5 组饲料中分别添加 0、15、30、45、60mg/kg 蛋氨酸螯合锌，6 组添加 60kg/kg 无机锌。试验结果表明，添加 45mg/kg 蛋氨酸螯合锌的水貂肾脏锌含量显著低于饲料中添加 30mg/kg 蛋氨酸螯合锌处理组和 60mg/kg 无机锌处理组的；同时 45mg/kg 蛋氨酸螯合锌组粪便锌含量最低，显著低于 60mg/kg 无机锌处理组。饲料中添加 45mg/kg 蛋

氨酸螯合锌水貂对锌的代谢利用率最高。饲料锌的不同水平添加对肝脏和胰脏锌含量影响差异不显著，统计60日龄水貂肝脏和胰脏锌含量的95%置信区间分别为10.98～37.12ug/g和20.09～53.47ug/g。随日粮有机锌添加水平的增加，肾脏湿重呈上升趋势，胰脏湿重呈下降趋势，30mg/kg的添加水平胰脏重和肾脏锌含量均较高。结论：水貂饲料蛋氨酸锌的添加量在30～45mg/kg为宜。

（2）水貂对不同铜源表观吸收率和生物学利用率的研究。吴学壮等（2015）选择60日龄健康、体重接近的水貂240只，随机分成10组，每组24个重复，每个重复1只貂。试验采用3×3+1试验设计，对照组饲喂基础饲粮，试验组分别在基础饲粮中添加3种铜源（硫酸铜、碱式氯化铜、蛋氨酸铜）和3个铜添加水平（10、25、40 mg /kg），预试期7d，正试期45d。以血清铜蓝蛋白活性为指标，以硫酸铜为参比标准物（100%），碱式氯化铜和蛋氨酸铜的相对生物学利用率分别为109.93%和131.06%。以血清铜锌超氧化物歧化酶活性为指标，以硫酸铜为参比标准物（100%），碱式氯化铜和蛋氨酸铜的相对生物学利用率分别为111.01%和118.10%。由此可见，饲粮添加40 mg /kg的铜（基础饲粮铜含量8.05 mg /kg）能提高育成期水貂血清抗氧化酶的活性；育成期水貂3组铜源的相对生物学利用率为：蛋氨酸螯合铜>碱式氯化铜>硫酸铜。

吴学壮等（2015）还报道，基础饲粮中铜含量为8.05 mg/kg时，饲粮添加40mg/kg的铜能改善育成期雄性水貂生长性能，提高水貂粗脂肪表观消化率；育成期雄性水貂对碱式氯化铜和蛋氨酸铜的表观吸收率高于对硫酸铜的表观吸收率。

（王　安）

黏结剂

黏结剂主要用于加工颗粒饲料，以改善粒料品质（包括粉率、硬度、耐磨度）、增加生产效率及延长铸模寿命，并可减少饲料粉尘，保持颗粒颜色稳定，特别是水产鱼虾、鳖鳗等饵料需要提高其在水中不散、不沉的特性，从而减少养分流失作用的添加剂。水产饲料对饲料粘合剂的要求较高，近年来，国内外对水产饲料粘结剂的研究非常活跃，新的黏结剂种类不断推出。研制出的黏结剂基本上可满足各种养殖对象的需要。

黏结剂的种类有很多，主要分类情况见表2-12。根据对湖北饲料厂家调查结果显示，在畜禽颗粒饲料中一般添加膨润土作黏结剂，这样制粒效果好，饲料品质稳定。许多试验资料结论，稀土对动物具有明显的促生长作用，特别是在哺乳、断奶仔猪方面的应用效果显著。在水产养殖中使用黏土性饲料黏结剂可延长水产饲料在水中耐泡时间，且搬运时不易破损，并对预防鱼病，改善水质都有积极作用。

表2-12　黏结剂种类

分类	代表产品	特点
天然类	树木分泌的胶汁（龙胶、瓜拉胶、果胶等）	易受到pH、湿度、矿物质盐等物质的影响而降低黏度，因此未能得到广泛应用
	稀土、黏土型黏结剂（膨润土、陶土、钠土、凹凸棒等）	黏度较低，添加比例相应加大
	植物淀粉（小麦、玉米、木薯、马铃薯等淀粉或变性淀粉）	此类黏结剂粘结力的大小，取决于淀粉类型和饲料加工设备以及操作技术
	海藻类胶质（海藻酸钠、海带胶、琼脂等）	黏结力强，但价格贵，多用于试验研究饲料中
人工合成类	羧甲基纤维素钠（CMC）	白色纤维状或颗粒状粉末，无臭、无味，有吸湿性，水溶液对热不稳定，其粘度随温度升高而降低。饲料中添加量不宜超过2%
	脲醛树脂	在各种冷、热、湿和化学腐蚀等苛刻的环境中有良好的稳定性，并且价格低廉，是颗粒饲料粘合剂比较好的备选材料。其用量以0.5%较为合适
	木质素磺酸盐	不均匀的醚聚合物，暗褐色，固态物吸湿性强，颗粒状饲料成品中含量不可超过4%
	聚丙烯酸钠	水溶性高分子化合物，具有极强的增稠保水功能，水溶液呈现很高的黏度，黏度约为CMC、海藻酸钠等的15～20倍，为食品级的黏结剂

许多人研究认为 α-淀粉是目前黏结剂中的佳品，是使用量最大的黏结剂。中国是全球最大的水产养殖国，随着水产养殖业的不断发展，α—淀粉的生产规模越来越大，全国现有生产企业 50 余家，主要有广西百色华侨实业有限责任公司淀粉厂，德清县康正面筋厂，广西隆安银丰淀粉有限公司，无锡泰花淀粉有限公司，浙江欣欣生化科技有限公司，广西武鸣泰源食品有限公司等。

与 α-淀粉等天然类黏结剂相比，人工合成黏结剂添加量少、成本低、效果好，已占据主流，被大部分的饲料生产厂家所接受，羧甲基纤维素钠（CMC）是其中的代表产品。我国 CMC 自 1956 年研制成功以来，经过几十年的发展，已形成一个有 40 多个骨干企业组成的行业，年产量达到 5 万 t，主要生产企业有威怡化工（苏州）有限公司，赫克力士化工（江门）有限公司，江苏宜兴市通达化学有限公司等。

目前来看，我国的粘结剂生产能力较强，可为饲料业的生产提供充足的产品。

（武书庚　任冰）

抗结块剂

抗结块剂也称流散剂，本品多系无水硅酸盐，其颜色不一，比重较大，微小颗粒有流散性，除防止结块外，饲料中添加抗结块剂还可防止配料仓中结拱，有利于配料的准确性和饲料的混合均匀。目前国内批准使用的抗结块剂有亚铁氰化钾、硅铝酸钠、磷酸三钙、二氧化硅、微晶纤维素、硬脂酸镁、碳酸镁、滑石粉等，其中亚铁氰化钾在“绿色”标志的食品中禁用。应用较普遍的抗结块剂有二氧化硅及硅酸盐和一些天然矿物，如膨润土及其钠盐、球土、高岭土、硅藻土、某些黏土等，此外，常用的还有硬脂酸钙、硬脂酸钾、硬脂酸钠等。其中二氧化硅价低最为常用。各种抗结块剂在配合饲料中一般不超过 2%。

中国南方地区气候潮湿，饲料极易结块，而南方广东、四川、江西、湖南等省份都是配合饲料和养殖业比较发达的地区，所以对抗结块剂的需求量很大。国内生产饲用抗结块剂的厂家很多，代表企业见表 2-13。

抗结块剂在生产中使用量较少，且非必需添加剂，因此国内生产量完全可以满足饲料行业的需要（表 2-13）。

表 2-13　国内主要饲用抗结块剂生产厂家

企业名称	产品	生产能力（t/a）
罗地亚精细化工添加剂（青岛）有限公司	二氧化硅	—
重庆建峰工业集团有限公司	二氧化硅	20 000
齐河绿之源动物保健品有限公司	二氧化硅	1 500
广州中琦硅业有限公司	二氧化硅	50 000
晋江富联化工有限公司	二氧化硅	25 000
江西兴鼎科技有限公司	硅铝酸钠	7 000
广州正和生物科技有限公司	二氧化硅、三氧化二铝	30 000
泗县天力生物科技有限公司	二氧化硅、三氧化二铝	2 000

（武书庚　任冰）

酸度调节剂

酸度调节剂亦称 pH 调节剂，是用以维持或改变食品酸碱度的物质。酸度调节剂分为单一酸度调节剂和复合酸度调节剂，复合酸度调节剂是利用几种特定有机酸和无机酸复合而成，添加使用时能迅速降低饲料 pH，保持良好的缓冲值和生物性能，添加成本较低。不同酸度调节剂之间往往有协同作用，如较高浓度的乳酸能增强醋酸对大肠杆菌的毒性作用，将不同酸度调节剂按比例复合使用，酸化能力和预防疾病的效果更好，最优化复合体系是饲料酸度调节剂发展的一种趋势。

我国是工业产品生产加工大国，生产酸度调节剂的厂家很多，如厦门惠盈动物科技有限公司，广州先至饲料添加剂有限公司，潍坊加易加生物科技有限公司，河南省瑞特利生物技术有限公司，北京大北农科技集团股份有限公司，诺伟司饲料添加剂（上海）有限公司等，有足够的生产能力可满足国内的饲料工业生产需求。柠檬酸是酸度调节剂中的主要品种，约占总耗量的三分之二。我国生产能力为 300 万 t/a，实际产量不足 200 万 t/a，2015 年 1～12 月中国柠檬酸出口数量为 82 万 t，同比增长 3%；2015 年 1～12 月中国柠檬酸出口金额为 641，178 千美元，同比下降 9%。2015 年 1～12月中国柠檬酸出口量统计表如表 2－14 所示。

表 2－14　2015 年 1～12 月中国柠檬酸出口量统计表

单位：千/美元、t、%

月份	数量	金额	数量同比	金额同比
1 月	7	57 936	－11.4	－15.4
2 月	6	50 768	13.2	3.8
3 月	8	62 141	－7.2	－14.4
4 月	8	66 578	16.9	3.2
5 月	7	58 922	19.3	3.4
6 月	6	50 791	1.6	－12.7
7 月	6	48 993	10.8	－4.2
8 月	6	41 891	－3.5	－21.4
9 月	6	47 839	24.2	4
10 月	6	46 945	4.1	－12.6
11 月	6	47 099	－15.4	－24.8
12 月	8	61 180	－0.1	－10.1

乳酸是目前国家政策优先扶持和重点发展的产品，我国现在的乳酸生产技术创新后劲十足，品牌在国际上的知名度也迅速提升。我国现有乳酸厂家约 40 家，总生产能力超过 20 万 t/a。近年来市场形势看好，年需求量增长 5%左右。国内已有多家企业准备建设 L-乳酸生产装置。目前，国内主要生产厂家有上海东亚橡胶厂、郸城金丹乳酸实业有限公司、湖南生物化工厂、常德乳酸厂、湖南安化乳酸厂等厂家。此外，磷酸、碳酸钠等酸度调节剂国内产量也十分充足，完全可满足饲料工业的生产需要。

（武书庚　任冰）

乳化剂

乳化剂是一种表面活性剂。化学结构上一般都由极性基和非极性基构成。极性基易溶于水，具有亲水性质，故叫做亲水基；非极性基易溶于油，故叫做亲油基。其主要作用是将两种互不相混溶液体中的一种进行乳化，从而使其能够均匀地发布于另一种液体中，形成一种均匀的乳状液。乳化剂普遍应用于食品工业、医药工业、化妆品工业及其他一些工业领域中，近年来乳化剂在饲料中的使用也越来越多。

饲料中使用乳化剂的目的主要有：高脂肪饲料中添加，可提高饲料脂肪和能量的消化利用率，进而达到促进动物生长、改善动物生产性能的目的。因为饲料脂肪在动物的消化道中，必须首先乳化成乳糜微粒，再被消化道所吸收，而乳化剂可促进或加速该乳化作用；液体饲料（如各种幼年动物的代乳料）中添加，可保证其中营养成分（尤其是脂溶性成分）的均匀分布；在采用后喷涂的饲料加工工艺中，可保证脂类物质在喷涂液中的均匀分布，增强雾化效果，提高喷涂质量。其中，尤以提高脂肪消化率为目的的研究最多，应用也最为普遍。

现阶段使用的乳化剂有数十种，用于饲料工业上的主要有磷脂类、脂肪酸酯、糖苷酯类和胆汁酸盐类乳化剂。商品化的乳化剂产品，为获得更好的乳化性能，通常将几种乳化剂按照合适的比率组成复合乳化剂（如美肥、超能等），这些不同乳化剂之间互相配合，加强了乳化剂对油脂的乳化能力。国内现有乳化剂生产企业百余家，产品除用于饲料工业外，大量用于食品工业中。国内主要饲用乳化剂生产企业见表2-15。

表 2-15 国内主要饲用乳化剂生产企业

企业名称	产品名称
九三集团北安大豆制品有限公司	大豆磷脂
广西渤海农业发展有限公司	大豆磷脂
中粮油脂（钦州）有限公司	大豆磷脂
德清麦特生物有限公司	大豆磷脂
泰安市泰山区孚瑞饲料厂	大豆磷脂
中纺粮油（沈阳）有限公司	大豆磷脂
德清县天丰磷脂饲料厂	大豆磷脂
沧州海通生物饲料有限公司	大豆磷脂
潍坊康地恩生物科技有限公司	蔗糖脂肪酸酯、大豆磷脂
潍坊雷曼生物科技有限公司	复合乳化剂
山东龙昌动物保健品有限公司	饲料级胆汁酸

（武书庚　任冰）

抗氧化剂

饲料在加工、运输和贮藏过程中容易腐败变质，主要是因为饲料的自体氧化和微生物污染。饲料中含有很多易氧化的物质，如油脂等，油脂酸败后产生的短链脂肪酸、过氧化物和羟等，具有苦涩味，极大地降低了饲料的适口性，更有甚者还会产生有毒有害物质导致畜禽中毒死亡。在饲料中添加抗氧化剂可以防止饲料的氧化酸败现象的发生。

目前常用的抗氧化剂主要有：乙氧基喹啉、二丁基羟基甲苯（BHT）、丁基羟基茴香醚（BHA）、没食子酸丙酯（PC）和特丁基对苯酚（TBHQ）五个品种。而饲料中主要使用的抗氧化剂为乙氧基喹啉，其余集中主要用作食品抗氧化剂。国内主要饲用抗氧化剂生产企业情况见表2-16。

表 2-16 国内主要饲用抗氧化剂生产企业情况

企业名称	产品名称
潍坊加易加生物科技有限公司	乙氧基喹啉
河南省瑞特利生物技术有限公司	乙氧基喹啉
无锡大江中盛生物科技有限公司	乙氧基喹啉、BHT
安徽天浩生物技术有限责任公司	乙氧基喹啉、BHT、BHA
泰兴瑞泰化工有限公司	乙氧基喹啉、BHT、BHA
厦门牡丹饲料科技发展有限公司	乙氧基喹啉
广州立达尔生物科技股份有限公司	乙氧基喹啉、BHT
上海天昌饲料科技有限公司	乙氧基喹啉、BHT
泰州市丰润生物科技有限公司	乙氧基喹啉、BHT
北京昕地美饲料科技有限公司	乙氧基喹啉
广东瑞生科技有限公司	乙氧基喹啉、PC
诺伟司饲料添加剂（上海）有限公司	乙氧基喹啉、BHT、PC

（武书庚　任冰）

防霉剂

饲料中含有丰富的蛋白质、淀粉、维生素等营养成分，在高温、高湿环境下，容易因微生物的繁殖而产生腐败霉变。霉变后的饲料不只会影响适口性，降低采食量和饲料报酬，甚至还会造成畜禽中毒死亡。因此，饲料防霉保鲜技术的开发和应用极为重要，在饲料中添加防霉剂是一种行之有效的方法。饲料防霉剂是指能降低饲料中霉菌的数量，抑制霉菌毒素的产生，预防饲料贮存期间营养成分的损失，防止饲料发霉变质并延长贮存时间的饲料添加剂。

目前，常用的防霉剂主要有有机酸、有机酸盐及其酯和复合防霉剂三大类。有机酸包括丙酸、山梨酸、苯甲酸、乙酸、脱氢醋酸和富马酸等。有机酸类防霉效果较好，但腐蚀性较强；有机酸盐或酯主要包括丙酸盐、山梨酸钠（钾）、苯甲酸钠和富马酸二甲酯等，防霉效果不如有机酸类，但腐蚀性小；市面复合防霉剂主要有万香保（由丙酸铵、乙酸、富马酸、山梨酸等多种有机酸组成）、克霉霸（由丙酸、乙酸、苯甲酸、氯化钠、磷酸钙等组成），此外还有“克霉灵”“克霉净”和“霉敌101”等。复合防霉剂是目前国际上防霉剂使用的发展趋势。国内防霉剂的主要生产企业见表2-17。

表2-17　国内防霉剂主要生产企业

企业名称	产品名称
潍坊加易加生物科技有限公司	丙酸钙
河南省瑞特利生物技术有限公司	丙酸
深圳市永鲜宝实业有限公司	丙酸、丙酸铵、苯甲酸
无锡大江中盛生物科技有限公司	丙酸、富马酸、双乙酸钠
齐河绿之源动物保健品有限公司	双乙酸钠、丙酸、丙酸钙
鹤山市南华动物药业有限公司	丙酸
济南品佳科技发展有限公司	丙酸、丙酸钙
江西兴鼎科技有限公司	丙酸钙
生物源生物技术（深圳）有限公司	丙酸钠、山梨酸钾
厦门牡丹饲料科技发展有限公司	丙酸、丙酸钙
广州立达尔生物科技股份有限公司	丙酸钙
北京大北农科技集团股份有限公司	山梨酸、富马酸、柠檬酸
安徽天浩生物技术有限责任公司	双乙酸钠、丙酸钙
诺伟司饲料添加剂（上海）有限公司	甲酸、甲酸铵、丙酸、丙酸安、乳酸

（武书庚　任冰）

药物饲料添加剂

兽药产业是促进养殖业健康发展的基础性产业，在保障动物源性食品安全和公共卫生安全等方面具有重要作用。近年来，我国兽药产业发展迅速，产业规模快速增长，产品质量不断提高。但是，兽药产业自主创新能力不强、产品同质化现象突出、市场秩序不规范、市场监管体系不健全等问题普遍存在。在适应我国社会发展现状的前提下，为推动行业健康发展，农业部积极贯彻落实党中央、国务院关于食品安全工作的决策部署：一是加强法规制度建设，2015年启动《兽药管理条例》修订工作，完成了《兽药产品批准文号管理办法》修订发布，鼓励兽药研发创新，限制仿制药生产，减少产品雷同，提高产品质量。二是加大兽药监管力度，2015年度农业部公布了4次兽药质量监督抽检情况，组织开展了12次假兽药查处工作，并按照农业部公告第2071号规定对相关违法企业依法予以处罚；组织实施二维码标识制度，稳步推进兽药产品追溯系统建设，逐步实现我国兽药生产、经营和使用环节全程可追溯管理；制定全国兽药（抗菌药）综合治理五年行动方案，进一步加强兽药抗菌药监管，确保动物产品质量安全。三是调整产品结构，鼓励创新。支持加快发展宠物、牛羊、水产养殖及少数动物专用药，简化该类产品的审评环节、缩短审评周期并鼓励开发新制剂和现代中兽药制剂。

在我国现阶段动物养殖方式和养殖条件下，兽用抗生素在防治动物疫病、提高养殖效率、保障公共卫生安全方面发挥了重要作用。但大量使用抗生素，尤其是作为群体给药的药物饲料添加剂，面临着因超剂量超范围使用、不遵守休药期而导致的细菌耐药性问题。农业部及时修订《药物饲料添加剂使用规范》，制定《药物饲料添加剂品种目录》，并继续实施抗生素类饲料添加剂的安全性研究，持续开展兽用抗生素风险评估，及时淘汰存在安全风险的品种，限制某些用于动物促生长的药物饲料添加剂在饲料中的使用。2015年农业部组织召开人兽共用抗菌药风险评估工作，国家兽药残留基准实验室和相关专家对氟喹诺酮类的洛美沙星、培氟沙星、氧氟沙星、诺氟沙星4种兽药开展安全评价，形成了建议禁止使用以上4种药物作为兽药及药物饲料添加剂使用的评估报告，农业部于9月1日以部公告第2292号停止受理食品动物用上述四种沙星原料药的各种盐、酯及其各种制剂的批准文号申请，12月31日起停止生产该四种沙星的各种盐、酯及其各种制剂，并撤销其相关产品的批准文号。此外，还组织开展了那西肽预混剂的安全性再评价工作。召开多黏菌素风险评估研讨会，专题研究多黏菌素风险管理问题。

为保障动物源性食品安全，2015年农业部公告第2223号发布实施了食品动物用兽药产品注册要求补充规定，明确在我国申请注册用于食品动物的兽药产品，其有效成分尚无国家兽药残留限量标准和兽药残留检测方法标准的，注册申报时应提交兽药残留限量标准和兽药残留检测方法标准建议草案、起草说明及相关数据，以及2家有资质单位出具的该兽药残留检测方法标准验证试验报告与说明。中国兽医药品监察所应应对兽药残留检测方法标准实施复核检验并出具复核检验报告与说明。批准注册时与兽药质量标准一并发布实施。该规定适用于拟申报或已进入兽药评审程序的产品。

一、2015年农业部批准注册兽药品种简述

1. 硫酸头孢喹肟乳房注入剂（干乳期）。由硫酸头孢喹肟与适宜辅料制成的类白色至黄色混悬液。头孢喹肟是动物专用头孢菌素类抗生素，通过抑制细胞壁的合成达到杀菌效果，具有广谱的抗菌活性，对青霉素酶与β-内酰胺酶稳定。体外抑菌试验表明头孢喹肟对常见的大部份革兰氏阳性和革兰氏阴性菌有良好的抗菌作用，包括大肠埃希氏杆菌、枸橼酸杆菌、克雷伯菌、巴氏杆菌、变形杆菌、沙门氏菌、粘质沙雷菌、牛嗜血杆菌、化脓放线菌、芽孢杆菌属的细菌、棒状杆菌、金黄色葡萄球菌、链球菌、类杆菌、梭状芽孢杆菌、梭杆菌属的细菌、普雷沃菌、放线杆菌和猪丹毒杆菌等。本品用于预防干乳期奶牛由大肠杆菌、凝固酶阴性葡萄球菌、乳房链球菌、停乳链球菌、无乳链球菌及金黄色葡萄球菌引起的亚临床型乳房炎和预防干乳期奶牛对硫酸头孢喹肟敏感的细菌引起的乳房炎。以本品计，乳管注入：干乳期奶牛，每乳室一支。仅用于干乳期奶牛，对β-内酰胺类抗生素过敏的动物禁用。干乳期超过5周，弃奶期为产犊后1d；干乳期不足5周，弃奶期为给药后36d。由浙江海正药业股份有限公司和浙江海正动物保健品股份有限公司联合申请注册获得批准。先后获得同品种批准的还有河北远征药业有限公司、中国农业科学院饲料研究所等6家单位、瑞普（天津）生物药业有限公司等3家公司。

2. 盐酸氨丙啉乙氧酰胺苯甲酯磺胺喹 啉可溶性粉。由盐酸氨丙啉、乙氧酰胺苯甲酯、磺胺喹噁啉与适宜辅料配制而成的类白色至淡黄色粉末。盐酸氨丙啉对鸡的各种球虫均有作用，其中对柔嫩与堆型艾美耳球虫的作用最强，对毒害、布氏、巨型、和缓艾美耳球虫的作用较弱。主要作用于球虫第一代裂殖体，阻止其形成裂殖子，作用峰期在感染后的第3天。此外，对有性繁殖阶段和子孢子亦有抑制作用。乙氧酰胺苯甲酯对氨丙啉、磺胺喹噁啉的抗球虫活性有增效作用，其作用机理与抗菌增效剂相似，能阻断球虫四氢叶酸的合成。磺胺喹噁啉为治疗球虫病的专用磺胺药。对鸡的巨型、布氏和堆型艾美耳球虫的作用最强，对柔嫩和毒害艾美耳球虫的作用较弱，需要较高剂量才能见效。盐酸氨丙啉和磺胺喹噁啉或乙氧酰胺苯甲酯合用，可扩大抗球虫范围，增强疗效。乙氧酰胺苯甲酯对巨型和布氏艾美耳球虫及其他小肠球虫具有较强的作用，从而弥补了氨丙啉对这些球虫作用不强的缺点，而乙氧酰胺苯甲酯对柔嫩艾美耳球虫缺乏活性的缺点亦可为氨丙啉的作用特点所补偿，这是乙氧酰胺苯甲酯不能单独应用而多与氨丙啉合用的主要原因。本品用于防治鸡球虫病。以本品计，混饮：每1L水，鸡0.25g，连用5d。若以较大剂量延长给药时间可能引起食欲下降，肾脏出现磺胺喹恶啉结晶，并干扰血液正常凝固。蛋鸡产蛋期禁用。鸡休药期为13d。由洛阳惠中兽药有限公司、普莱柯生物

工程股份有限公司、河南新正好生物工程有限公司联合申请注册获得批准。

3. 氟苯尼考注射液。由氟苯尼考与适宜辅料制成的无菌非水溶液，为微黄色澄明液体。属于酰胺醇类抗生素，对多种革兰氏阳性菌、革兰氏阴性菌由较强的抗菌活性。通过竞争性结合细菌70S核糖体上的50S亚基，抑制肽酰基转移酶，从而抑制肽链的延伸，干扰细菌蛋白的合成。本品用于治疗由胸膜肺炎放线杆菌和多杀性巴氏杆菌引起的猪细菌性呼吸系统疾病。以氟苯尼考计，颈部肌内注射：一次量，每1kg体重，猪15mg，每隔48h一次，连用2次。对氟苯尼考过敏的动物禁用；体重低于2kg的仔猪禁用；疫苗接种或免疫功能严重缺陷的动物禁用；肾功能不全的患畜要减量或延长给药间隔时间。对体重大于60kg的猪注射时，应分次给药，每隔注射部位不超过3mL。猪休药期为16d。由西班牙海博莱生物大药厂申请注册获得批准。

4. 硫酸头孢喹肟子宫注入剂。由硫酸头孢喹肟与注射用大豆油等配制而成的灭菌混悬液，为类白色至淡黄色油状混悬液。属于头孢类抗生素。通过抑制细胞壁的合成达到杀菌效果，具有广谱的抗菌活性，对葡萄球菌、链球菌、隐秘杆菌、大肠杆菌等常见奶牛子宫感染病原有较好的抑菌作用。用于治疗敏感菌引起的奶牛急性、慢性子宫内膜炎。以本品计，子宫内灌注：一次量，牛25g，必要时隔72h追加给药一次，用前摇匀，使用前应进行直肠按摩清除恶露，阴道口及会阴部分进行清洗消毒。对头孢类抗生素或其他β-内酰胺类抗生素过敏的动物禁用。奶牛弃奶期为7d。由河北远征药业有限公司申请注册获得批准。此外年获得同品种批准的还有中国农业科学院饲料研究所等6家单位。

5. 多杀菌素咀嚼片。本品为多杀菌素与人工牛肉味粉、微晶纤维素、羟丙基纤维素、交联羧甲基纤维素钠、硬脂酸镁和胶态二氧化硅等制成的略带有深色斑点的棕褐色片。多杀菌素属于大环内酯类药物，通过激活烟碱型乙酰胆碱受体，兴奋运动神经元，导致肌肉不自主收缩和震颤，诱导昆虫持续过度兴奋而使虫体麻痹、死亡。用于预防、治疗和控制犬的跳蚤感染。内服，每月给药一次，如果两次给药间隔超过一个月，给药剂量应不低于1kg体重30mg。建议用于14周龄以上的犬，妊娠和哺乳犬以及有癫痫史的犬慎用。由美国艾伯维公司申请注册获得批准。

6. 美洛昔康注射液。本品为美洛昔康与适宜辅料配制而成的灭菌水溶液，为淡黄绿色的澄明液体。属于非甾体类解热镇痛抗炎药（NSAIDs），主要通过抑制环氧化酶（COX）的活性，减少前列腺素（PGs）的产生而发挥其镇痛的作用。能选择性地抑制环氧化酶（COX-2），而对环氧化酶（COX-1）的抑制作用较轻。因此，与其他同类药物相比，本品对胃肠道或肾脏的不良反应较轻。用于控制犬骨关节炎引起的疼痛及炎症以及术后疼痛。以美洛昔康计，皮下注射：每1kg体重，犬0.2mg。用于手术止痛，手术麻醉前给药一次；用于脊椎损伤、髋关节发育不良、犬急慢性关节炎，连用7d。禁用于肝功能、心功能或肾功能损伤、出血异常的，或胃肠道溃疡的犬；禁用于对美洛昔康和其他非甾体抗炎药过敏的犬；妊娠犬慎用。由青岛蔚蓝生物股份有限公司、保定阳光本草药业有限公司、山东鲁抗舍里乐药业有限公司高新区分公司、青岛农业大学、潍坊康地恩生物制药有限公司联合申请注册获得批准。

7. 磷酸替米考星可溶性粉。本品为磷酸替米考星与乳糖配制而成的白色或类白色粉末或颗粒。属于动物专用半合成大环内酯类抗生素，抗菌作用与泰乐菌素相似，主要抗革兰氏阳性菌，对少数革兰氏阴性菌和支原体也有效。对禽支原体的活性比泰乐菌素强。主要用于支原体感染引起的鸡呼吸道疾病。以替米考星计，混饮：每1L水，鸡75mg，每日1次，连用3d。仅用于治疗，不用作促生长剂；蛋鸡产蛋期禁用；不宜与其他大环内酯类、林可胺类同时使用。鸡休药期为15d。由湖北龙翔药业有限公司、瑞普（天津）生物药业有限公司、江西省特邦动物药业有限公司、北京中农华威制药有限公司联合申请注册获得批准。

8. 米尔贝肟吡喹酮片。本品为米尔贝肟和吡喹酮与适宜辅料配制而成，为浅黄色椭圆形刻痕片砖红色椭圆形刻痕片。米尔贝肟属于大环内酯类抗体内外寄生虫药物，是广谱抗寄生虫药，对体内、外寄生虫特别是线虫和节肢动物均有良好驱杀作用。吡喹酮对血吸虫、绦虫、囊虫、华支睾吸虫、肺吸虫、姜片虫均有效，主要药理作用为使虫体肌肉发生强直性收缩而产生痉挛性麻痹或使虫体皮层损害与宿主免疫功能参与，还可抑制虫体核酸与蛋白质的合成。用于驱杀猫蛔虫、钩虫、绦虫。以米尔贝肟计，内服：每1kg体重，猫2mg，每三个月一次。不推荐用于6周龄以内或体重小于0.5kg的猫；禁用于肝、肾损伤的猫。由浙江海正动物保健品有限公司、浙江海正药业股份有限公司联合申请注册获得批准。

9. 阿莫西林克拉维酸钾片。本品为阿莫西林、克拉维酸钾与适宜辅料配制而成，为淡粉红色至粉红色片。属于β-内酰胺类抗生素，具有广谱抗菌作用，通过抑制细菌壁黏肽的合成发挥杀菌作用。对大多数革兰氏阳性菌如葡萄球菌、链球菌、棒状杆菌、破伤风梭菌、炭疽杆菌等敏感。对革兰氏阴性菌如大肠杆菌、变形杆菌、沙门氏菌、嗜血杆菌、布氏杆菌和巴氏杆菌等有较强的作用，但这些细菌易产生耐药。克拉维酸钾是β-内酰胺酶抑制剂，能竞争性与β-内酰胺酶不可逆结合，使酶失去水解β-内酰胺类抗生素的活性。用于治疗犬革兰氏阳性和革兰氏阴性敏感细菌的感染，如脓皮病等皮肤感染。按（阿莫西林＋克拉维酸）计，内服：一次量，犬每1kg体重12.5mg，一日2次，连用7d。禁用于对青霉素类药物过敏的动物；禁用于肾脏功能不全，出现少尿无尿症状的动物。本品含有半合成青霉素，会有产生过敏反应的潜在可能。如发生过敏反应可使用肾上腺素和/或类固醇治疗。由上海汉维生物医药科技有限公司申请注册获得批准。

10. 复方咪康唑滴耳液。本品为氢化可的松醋丙酯、硝酸咪康唑、硫酸庆大霉素与液体石蜡配制而成的白色混悬液。氢化可的松醋丙酯属于糖皮质类固醇二酯类药物，具有潜在的内在糖皮质激素活性。二酯类具有更强的亲脂性，对皮肤的穿透力增强，因而低剂量就可以发挥局部作用。二酯类在皮肤结构内转运，水解失活，释放出氢化可的松。硝酸咪康唑为广谱抗真菌药，选择性抑制麦角固醇的合成，改变细胞膜的通透性，阻止营养物摄取，导致菌体死亡。硝酸咪康唑具有明显的抗真菌活性和潜在的抗革兰氏阳性菌效力。硫酸庆大霉素为氨基糖苷类杀菌抗生素，作用细菌的核糖体抑制蛋白质合成，使细菌细胞膜通透性增强，导致细胞内重要物质外漏引起死亡。硫酸庆大霉素的有效抗菌谱包括革兰氏阳性菌和革兰氏阴性菌，如从狗耳部分离出来的中间葡萄球菌、链球菌、铜绿假单胞菌、变形杆菌、大肠杆菌等。用于治疗对庆大霉素敏感的细菌和对硝酸咪康唑敏感的真菌如皮屑芽孢菌等引起的犬外耳道炎和反复发作的犬外耳道炎。室温使用，首次使用时摇匀。使用前将外耳道清洗干净，并剪掉用药部位周围多余的毛发。准备好泵和导管，将导管插入外耳道，用泵给药，给药后轻揉耳根部片刻，以便让药物进入耳道深处。每只感染耳道每日1mL，连用5d。禁用于耳膜穿孔的动物；禁用于患有蠕形螨病的犬；皮肤溃疡处禁用。用药处偶有丘疹发生；可能引起老龄狗暂时性听力障碍。由法国维克有限公司申请注册获得批准。

11. 非罗考昔咀嚼片。本品为非罗考昔与适宜辅料配制而成的棕褐色片。属于非甾体类抗炎药，通过选择性抑制环氧合酶-2（COX-2）介导的前列腺素合成。COX-2是该酶的亚型，主要负责合成前列腺素，调节疼痛，炎症及发烧。在犬体外的全血检测中，非罗考昔对COX-2的选择性是对COX-1的选择性的380倍左右。可用于治疗犬骨关节炎及临床手术等引起的急性、慢性疼痛和炎症。内服：每1kg体重，犬5mg，每日一次。用于治疗临床手术等引起的急性疼痛和炎症时，动物可在手术前约2h开始给药，连续给药3d，可根据兽医的建议按相同剂量继续用药。禁用于怀孕、哺乳期母犬，以及10周龄以下、体重3kg以下的犬；禁用于患有胃肠出血、血液恶液质或者出血性疾病的犬；禁用于与其他潜在的具有肾脏毒性的药物同时使用。如出现反复腹泻、呕吐、粪便潜血、体重突然减轻、厌食、嗜睡、肝肾生化指标下降等反应应停止治疗。由梅里亚有限公司申请注册获得批准。

12. 注射用盐酸替来他明盐酸唑拉西泮。本品为盐酸替拉他明和盐酸唑拉西泮的无菌粉末，为白色至淡黄色结晶性冻干粉末。替来他明是一种分离麻醉剂，其药理作用于氯胺酮类似；唑拉西泮为苯二氮䓬类镇静催眠药，药理作用于安定类似，具有抗焦虑、镇静、抗惊厥和肌肉松弛作用。唑拉西泮可加强替来他明对中枢神经系统的抑制作用，同时又可防止由替来他明引起的惊厥，增强肌肉松弛效果，还可缩短麻醉苏醒时间。本品能迅速使肌肉松弛，引起浅表性痛觉和内脏的痛觉消失，并且不引起呼吸中枢抑制。具有镇静、镇痛和麻醉作用。用于犬、猫的保定和全身麻醉。使用前包装内无菌注射用水溶解固体瓶内粉末。术前用药：在注射本品15min前使用硫酸阿托品，皮下注射：每1kg体重，犬0.1mg，猫0.05mg。全身麻醉：首次剂量，肌内注射：每1kg体重，犬7～25mg，猫10～15mg；或静脉注射：每1kg体重，犬5～10mg，猫5～7.5mg。维持剂量：为首次剂量的1/3～1/2，最好采用静脉注射。禁用于接受系统性有机磷、氨基甲酸酯类杀虫治疗的动物；禁用于患有严重心脏病或呼吸系统缺陷的动物、胰腺缺陷的动物、患有严重高血压的动物。实施麻醉前应禁食12h。由法国维克有限公司申请注册获得批准。

13. 盐酸头孢噻呋乳房注入剂（干乳期）。本品为盐酸头孢噻呋与单硬脂酸甘油酯和大豆油等配制而成的灭菌混悬液，为类白色至淡黄色油性混悬液。属于β-内酰胺类抗生素。通过干扰肽聚糖合成酶而抑制细菌细胞壁的合成，达到杀灭细菌的作用。用于预防由金黄色葡萄球菌、停乳链球菌、乳房链球菌和大肠杆菌等细菌引起的奶牛干乳期乳房炎。以本品计，乳管注入：干乳期奶牛，在最后一次挤奶后，每个乳室注入1支。仅用于干乳期奶牛；禁用于对β-内酰胺类抗生素过敏的动物。产犊前60d给药，弃奶期为0d。由中国农业科学院饲料研究所、北京市畜总站、中牧实业股份有限公司、华秦源（北京）动物药业有限公司、北京中农劲腾生物技术有限公司联合申请注册获得批准。

14. 重组溶葡萄球菌酶阴道泡腾片。本品为重组溶葡萄球菌酶与适宜辅料制备而成的类白色片。属于蛋白类抗菌药，对葡萄球菌、链球菌等革兰氏阳性菌具有杀菌作用，其作用机制是裂解细菌细胞壁肽聚糖中的五甘氨酸肽键桥，使细菌裂解死亡。用于治疗母猪由葡萄球菌、链球菌等革兰氏阳性敏感菌引起的阴道炎。母猪，每次2片（400单位），每日1次，连续2次。由上海高科联合生物技术研发有限公司、昆山博青生物科技有限公司联合申请注册获得批准。

15. 癸氧喹酯干混悬剂。本品为癸氧喹酯与适宜辅料制备而成的白色或淡黄色粉末。属于喹啉类广谱抗球虫药，主要作用是阻碍球虫子孢子的发育，作用峰期为球虫感染后的第1天。对球虫的子孢子和滋养体有强烈的抑制作用，而且对发育中的第一代裂殖体有杀灭作用，对卵囊的孢子化过程亦有抑制作用。本品口服不易吸收，口服给药后24h从血液中几乎无法检测到。用于预防鸡的球虫病。以本品计，混饮，鸡，每1L水250～500mg，连用7d。蛋鸡产蛋期禁用。由广州华农大实验兽药有限公司、成都乾坤动物药业有限公司、广东大华农动物保健品股份有限公司动物保健品厂联合申请注册获得批准。

16. 马波沙星注射液。本品为马波沙星的灭菌水溶液，为黄绿色或黄色的澄明液体。属于喹诺酮类抗菌药，主要抑制细菌脱氧核糖核酸回旋酶的合成，使细菌DNA复制及蛋白质的合成受干扰，从而起到杀菌作用。本品对革兰氏阳性菌（特别是葡萄球菌、链球菌）、革兰氏阴性菌（大肠杆菌、胸膜肺炎放线杆菌等）、支原体均有效。主要用于治疗母猪乳腺炎—子宫炎—无乳综合征（MMA）。肌内注射：一次量，每1kg体重，母猪2.0mg，一日1次，连用3日。仅用于母猪；禁用于对喹诺酮类过敏的动物。猪休药期为7d。由河北远征药业有限公司、浙江凯胜生物药业有限公司联合申请注册获得批准。

17. 亚甲基水杨酸杆菌肽可溶性粉。本品为亚甲基水杨酸杆菌肽与碳酸氢钠配制而成，为类白色至浅黄色粉末。属于多肽类抗生素，通过非特异性的阻断磷酸化酶反应，抑制细菌的黏肽合成而产生抗菌作用。杆菌肽对大多数革兰氏阳性菌如金黄色葡萄球菌、链球菌、肠球菌、梭状芽孢杆菌和棒状杆菌等均有良好的抗菌活性，对放线菌和螺旋体亦有效。敏感菌对其很少产生耐药性。用于治疗产气夹膜梭菌所引起的肉鸡坏死性肠炎。以本品计，混饮：每1L水200mg，连用5d，必要时延长至7d。由绿康生化股份有限公司申请注册获得批准。

18. 马波沙星片。本品为马波沙星与适宜辅料制备而成的米黄色至淡黄色，略带有斑点、中间有裂痕的圆形或椭圆形扁平片或类白色片。属于氟喹诺酮类药抗菌药，通过抑制DNA回旋酶的活性，从而抑制细菌DNA的复制和转录。马波沙星抗菌谱广，对革兰氏阳性菌（葡萄球菌、链球菌）和革兰氏阴性菌（大肠埃希氏菌、鼠伤寒沙门氏菌、弗氏柠檬酸杆菌、阴沟肠杆菌、粘质沙雷氏菌、摩氏摩根氏菌、变形杆菌属、克雷伯氏菌属、志贺氏菌属、巴氏杆菌属、嗜血杆菌属、莫拉菌属、假单胞菌属、犬布鲁氏菌等）以及支原体有效。用于治疗由敏感菌引起的犬皮肤和软组织感染（如皮肤褶皱脓皮病、脓包性皮炎、毛囊炎、疖病和蜂窝组织炎等），治疗伴发或未伴发前列腺炎的尿路感染；用于治疗猫皮肤和软组织感染（如创伤、脓肿和蜂窝组织炎等）。以马波沙星计，内服：每1kg体重2mg，每日1次。用于治疗皮肤和软组织感染，至少持续用药5d，根据病程，给药期最长可延至40d；用于治疗尿路感染，给药期至少为10d，根据病程，给药期最长可延至28d。猫，用于治疗皮肤和软组织感染，给药期为3～5d。由法国威隆制药股份有限公司申请进口注册获得批准。由湖北泱盛生物科技有限公司、天津生机集团股份有限责任公司、广东海纳川药业股份有限公司、武汉回盛生物科技有限公司、长沙施比龙动物药业有限公司联合申请新兽药注册获得批准。

19. 托芬那酸注射液。本品为托芬那酸与苯甲醇、二乙二醇单乙醚等配制而成的无菌水溶液，为无色至微黄色的澄明液体，略粘稠。属于非甾体抗炎性药物，是邻氨基苯甲酸的衍生物，经人工合成，属于甲芬灭酸类化合物。该药物具有非甾体结构，能够发挥抗炎，特别是抗渗出和止痛的作用，同时具有抗高热作用。托芬那酸的主要作用方式和其他非甾体类药物一样，通过抑制环氧化酶，来阻断重要的炎性介质花生四烯酸类物质的合成，如前列腺素。托芬那酸也可能有其他的作用方式，有研究显示，无论在体内或体外，其均可以抑制由多核白细胞到白三烯B4的形成，而且，托芬那酸还有可能对前列腺素受体有直接对抗性反应。用于治疗犬的骨骼一关节和肌肉—骨骼系统疾病引起的炎症和疼痛；用于猫发热综合征。以托芬那酸计，每1kg体重4mg，即每10kg体重用1mL，必要时可在48h后重复给药。犬：皮下或肌内注射；猫：仅皮下注射。患有心脏病或肝病动物可能引起胃肠道溃疡或出血、血质不调等病症，禁止使用本品；禁用于对本品过敏的动物；怀孕动物慎用；全麻动物请勿使用本品；请勿在24h内与其他非甾体类抗炎药同时使用。由法国威隆制药股份有限公司申请注册获得批准。

20. 参龙合剂。由党参、黄芪、龙眼肉等药味制备而成，具有增强机体免疫力之功能，有提高鸡新城疫疫苗免疫效果。混饮：每1L水，鸡，2mL，疫苗免疫同时使用，连用5d。由天津生机集团股份有限公司、天津市圣世莱科技有限公司、天津市天合力药物研发有限公司、天津市万格尔生物工程有限公司联合申请注册获得批准。

21. 射干地龙颗粒。由射干、地龙、北豆根、五味子、乌梅、桔梗、甘草等药味组成，具有清咽利喉，化痰止咳之功能，防治鸡呼吸型传染性支气管炎。混饲：每1kg体重，鸡，0.5g，连用7d。由中国农业科学院兰州畜牧与兽药研究所申请注册获得批准。

22. 芪楂口服液。由黄芪、山楂、麦芽、苍术等药味制备而成，具有增强鸡免疫力之功能，提高鸡新城疫、法氏囊病和禽流感疫苗的免疫效果。饮水：鸡，每1L水中加本品4mL，可连用1周后，隔1周使用1周。由石家庄华骏动物药业有限公司、湖南圣雅凯生物科技有限公司、广州华农大实验兽药有限公司、河北农业大学联合申请注册获得批准。

23. 苦参止痢颗粒。由苦参、白芍、木香等药味组成，具有清热燥湿，止痢之功能，主治仔猪白痢。灌服：每1kg体重，仔猪，0.2g，连用5d。由北京生泰尔生物科技有限公司、爱迪森（北京）生物科技有限公司联合申请注册获得批准。

24. 芪术增免合剂。由黄芪、山药、白术、虎杖等药味制备而成，具有补气健脾，益卫固表至功能，提高鸡新城疫免疫疫苗效果。混饮：每1L水，鸡，2～4mL，连用5d。由湖南农大动物药业有限公司、青岛蔚蓝生物股份有限公司、福建中农牧生物药业有限公司、沈阳伟嘉牧业技术有限公司、菏泽普恩药业有限公司、青岛康地恩动物药业有限公司、潍坊诺达药业有限公司、山西康地恩恒远药业有限公司、潍坊大成生物工程有限公司联合申请注册获得批准。

25. 五加芪粉。由黄芪、刺五加等药味组成，具有补中益气之功能，用于增强鸡对病毒灭活疫苗的免疫应答。混饮：每1L水，鸡，0.2g，疫苗免疫后连用7d。由洛阳惠中兽药有限公司、普莱柯生物工程股份有限公司、河南新正好生物工程有限公司联合申请注册获得批准。

26. 扶正解毒颗粒。由板蓝根、黄芪、淫羊藿等药味组成，具有扶正祛邪，清热解毒之功能，主治鸡传染性法氏囊病。混饮：每1L水，鸡2～4g，连用5d。由北京大北农动物保健科技有限责任公司、韶山大北农动物药业有限公司、北京中农劲腾生物技术有限公司联合申请注册获得批准。

27. 金苓通肾口服液。由金钱草、海金沙、土茯苓等制备而成，具有清热利湿，消肿排石之功能，主治鸡痛风。混饮：每1L水，鸡，2mL，连续使用5～7d。由北京生泰尔生物科技有限公司、爱迪森（北京）生物科技有限公司、北京普尔路威达兽药有限公司、北京华夏本草中药科技有限公司、西南民族大学联合申请注册获得批准。

28. 金葛解毒口服液。由金银花、葛根、甘草等制备而成，具有解毒之功能，用于缓解鸡黄曲霉毒素中毒引起的食欲不振、生长抑制。混饮：每1L水，鸡，2mL，连续使用5～7d。由北京生泰尔生物科技有限公司、爱迪森（北京）生物科技有限公司、北京普尔路威达兽药有限公司、北京华夏本草中药科技有限公司联合申请注册获得批准。

29. 五加芪口服液。由黄芪、刺五加等制备而成，具有补中益气之功能，用于增强鸡对病毒灭活疫苗的免疫应答。混饮：每1L水，鸡，1mL，疫苗免疫后连用7d。由洛阳惠中兽药有限公司、普莱柯生物工程股份有限公司、河南新正好生物工程有限公司联合申请注册获得批准。

30. 苍朴口服液。由苍术、厚朴、黄连、补骨脂等药味制备而成，具有温中健脾，涩肠止泻之功能，主治犊牛虚寒型腹泻，证见耳鼻俱凉、毛焦肷吊、口色淡白、肠鸣腹泻、粪稀色白。内服：一次量，100mL，每日两次，连用2～4d。由中国农业科学院兰州畜牧与兽药研究所申请注册获得批准。

31. 北芪五加可溶性粉。由黄芪、刺五加等药味组成，具有增强动物机体免疫功能之功能，主治鸡免疫功能低下。饮水给药：每1kg体重，鸡，0.4g，疫苗免疫前3天开始用药，连续5日。由江西中成中药原料有限公司申请注册获得批准。

32. 扶正解毒口服液。由板蓝根、黄芪、淫羊藿等制备而成，具有扶正祛邪，清热解毒之功能，主治鸡传染性法式囊病。混饮：每1L水，鸡，1mL，连用7d。由河南牧翔动物药业有限公司、西安市昌盛动物保健品有限公司、河南众翔百成兽药有限公司等联合申请注册获得批准。

33. 蒲地蓝消炎颗粒。由黄芩、蒲公英、苦地丁、板蓝根等药味组成，具有清热解毒，抗炎消肿之功能，用于鸡传染性支气管炎的对症治疗。混饮：每1L水，鸡，4g，连用5d。由西安雨田农业科技有限公司、成都乾坤动物药业有限公司、河南牧翔动物药业有限公司、江西新世纪民星动物保健品有限公司、北京万牧源农业科技有限公司联合申请注册获得批准。

34. 北芪五加颗粒。由黄芪、刺五加等药味组成，具有益气健脾之功能，用于增强猪对猪瘟疫苗和鸡对新城疫疫苗的免疫应答。混饮：每1kg饲料，猪4g，连用7d；混饮：每1L水，鸡，2g，连用7d。由郑州大学、商丘爱己爱牧生物科技股份有限公司、河南碧云天动物药业有限公司、瑞普（天津）生物药业有限公司、郑州百瑞动物药业有限公司、河南省兽药饲料监察所联合申请注册获得批准。

二、兽药及兽药饲料添加剂研发趋势

从上述注册品种类别来看，随着近年来对抗生素低剂量长期添加的药物饲料添加剂带来的耐药性增加，以及兽药残留的对动物源食品安全的影响，世界各国均强化了药物饲料添加剂的监管，研发药物饲料添加剂的品种呈逐年减少趋势。治疗用药物的研制开发趋向于开发一些长效制剂、复方制剂或者增加剂型、增加靶动物应用等品种。开发用于犬、猫等经济动物应用呈增长趋势。采用中药药味配伍组成中药复方制剂防治动物疾病的品种也呈较大幅度增加趋势。随着养殖业对抗生素等药物添加剂应用的逐步减少趋势，近年来开发生乳酸杆菌等微生态制剂品种和生化制剂产品防治动物疾病也呈逐年增多趋势，将会展现其在动物疫病防治疗中的独特作用。

（徐倩　段文龙）

饲料酶制剂

饲用酶制剂被称为“绿色、环保、高效”添加剂。一方面酶本身是一种蛋白质，本身在动物体内存在，因此它不会对畜牧产品造成危害；另一方面，其是微生物发酵的天然产物，迄今不能人工合成，因此不存在化学合成添加剂的各种弊端，既不会残留在动物体内，也不会有抗药性等问题。

在当前食品安全问题突出的情况下，相较于抗生素等化学添加剂，饲用酶制剂更符合民众对安全绿色食品的消费诉求。尤其在畜牧行业规模化、专业化、集约化、现代化生产方式转变的过程中，对健康、环保养殖关注度越来越高，饲用酶制剂具有替代抗生素、提高增重和饲料转化率、增加机体免疫机能等功效，为畜牧业向健康、环保转型起到了重大作用。

一、2015 年饲用酶制剂产量及作用

2015 年全国饲料总产量 2 亿 t，较 2010 年 1.62 亿 t 增长 23.5%；饲用酶制剂由 2010 年的 8.5 万 t，增长至 2015 年 9.8 万 t，较 2010 年增长 15.3%。中国饲用酶制剂行业相比于世界发达国家起步较晚，但市场规模扩张迅速，因此酶制剂的增长大于饲料产量的增加。也从另一方面说明酶制剂的作用得到饲料企业的认可。

近年饲用酶制剂的功能主要体现在以下三个方面：

1. 幼龄动物肠道发育不完善，其内源酶分泌不足，消化功能较弱，饲用复合酶无论是内源性的蛋白酶、淀粉酶还是外源性的非淀粉多糖酶可以使增重、料重比和腹泻有显著改善；

2. 在含有抗营养因子高的非常规饲料原料或原料质量变异大的情况下，酶制剂可以达到显著的改善作用，提高动物群体生产性能的均一度和整齐度；

3. 植酸酶可以酶解饲料中植酸，释放出有效磷，可以减少饲料配方中磷酸氢钙的使用。

二、饲用酶制剂的行业的发展动态

近年来，饲用酶制剂的行业发展呈现新的动态，特别是 2015 年以来，表现更加明显：

（1）饲用酶的种类多样化：由过去的植酸酶扩展到非淀粉多糖酶、消化酶等 10 种单酶及数十种复合酶。

（2）饲用酶的功能多样化：由过去的提高营养物质消化率、减少氮磷排放等深入到动物肠道健康、改善动物福利与促进环境保护。

（3）饲用酶的剂型多样化：由过去的固体粉状剂型、拓展到固体颗粒剂型、固体微丸剂型、固体分散剂型以及液体剂型。

（4）饲用酶的复配技术更成熟：由过去的简单复配经验型、深化到现在的协同增效量化型。同时，饲用酶制剂的饲料加工特性、饲用酶制剂与非常规饲料原料的应用、饲用酶制剂在发酵饲料原料中的应用、饲料中酶制剂的检测技术、饲用酶制剂的作用效果评价体系等均取得了巨大进步。

（5）植酸酶精准添加成常态：以前植酸酶的添加量一直遵循巴斯夫（BASF）公司早期推荐量 60～100 g/t（植酸酶 5 000 U/g），在当时因为植酸酶价格昂贵、添加成本高。而目前植酸酶价格低廉、性价比突出，研究表明，饲粮中添加植酸酶超过 500 U/kg 可以引起植酸大量水解，超剂量（1 000～2 500 U/kg）使用植酸酶可以提高畜禽生产性能，因此很多饲料企业把植酸添加量增加 2～5 倍。

2015 年，饲用酶制剂龙头企业广东溢多利生物科技股份有限公司作为国内最大的饲用酶生产企业，获批了国家级博士后科研工作站，为推动公司与国内外高等院校和科研机构深入合作、打造创新驱动型产业核心竞争力奠定了基础。

其他饲用酶制剂企业厂商也大力投入，加强研发和产品技术创新。

三、2015 年饲用酶制剂新产品及技术特点

目前在饲料中添加的酶制剂包括植酸酶在内 95%以上属于提高饲料原料消化利用率类型，饲料原料无论是淀粉类还是蛋白类改善的空间不超过 15%，未来饲用酶制剂的研究方向朝着功能性酶制剂方向发展。近几年功能性酶制剂进展迅速，主要是在杀菌抑

菌、肠道调节、酶制剂毒素降解和抗氧化等方面。

随着现代生物工程技术的发展，尤其是基因工程、蛋白质工程和发酵工程的进步又使酶制剂生产和产品能够不断满足酶制剂应用领域的需要。

1. 葡萄糖氧化酶的研究及推广。近年来，抗生素的不规范使用已经引起了人们的高度关注。少用、禁用抗生素是未来发展的必然趋势。广东溢多利生物科技股份有限公司率先推出活性成分为葡萄糖氧化酶的溢倍康。葡萄糖氧化酶是用黑曲霉等发酵制得的一种需氧脱氢酶，氧化葡萄糖成为葡萄糖酸和过氧化氢，同时消耗大量的氧气。能够改善动物肠道环境，调节饲粮消化，促进动物生长。

2. α-半乳糖苷酶的研究及推广。如何更好利用豆粕、杂粕及其他植物蛋白质饲料原料，在饲料中添加α-半乳糖苷酶，可以降解其主要抗营养因子，可增加饲料配方使用量，充分利用副产品等非常规饲料资源，降低配方成本。同时α-半乳糖苷酶可以改善家禽肠道环境，提高能量利用率，增强动物的免疫功能和抗病能力，减少饲料中抗生素的用量。

四、饲用酶制剂未来发展方向

在后抗生素时代背景下，酶制剂具有调节肠道功能、提高饲料转化率、提高生产性能等功能，然而在许多方面还有待提高：

(1) 利用先进生物技术筛选改进饲用酶制剂产品性能，如耐温植酸酶在畜禽和水产颗粒料上的应用取得了重大突破；

(2) 后处理工艺技术应充分借鉴药物包被及定点释放技术，提高饲用酶制剂的耐温、耐酸和胃蛋白酶抗逆性，提高有效酶活；

(3) 开发具有特殊功能的酶制剂，在抗氧化、毒素降解、抑制有害菌等方向具有广阔的前景；

(4) 建立饲用酶制剂应用数据库，构建不同饲料配方的酶制剂组合应用最佳方案。

总之，随着酶制剂研究的不断深入，酶的诸多新的作用与功能将被不断开发出来，酶制剂的深入研究将为其在饲料行业中的应用提供坚实的基础，酶制剂的广泛应用将极大地促进饲料行业的持续健康发展，为人类食品的安全与环保作出大的贡献。

（周镇锋　芦雪）

饲料酵母

自20世纪初德国M. 德尔布吕克用啤酒生产中的酵母泥作为补充饲料，饲料酵母经过100多年的发展，特别是最近10多年，饲用酵母从传统意义上的单细胞蛋白饲料原料基础上开发出功效更好的新型功能性酵母源生物饲料系列产品，且在饲料酵母中扮演越来越重要的角色。

饲料酵母发展现在，已分为传统意义上的饲料酵母和新型功能性酵母源生物饲料，前者亦称为单细胞蛋白，利用酵母菌体作饲料，为一优质蛋白质饲料，是解决饲料蛋白质紧缺的重要途径之一；后者为利用现代生物技术对废弃啤酒酵母泥进行深加工或以糖蜜为主要培养基发酵而来专门用于提高饲料品质的功能性生物饲料，此类产品包括：活性干酵母、酵母培养物、酵母水解物、酵母细胞壁、酵母硒及酵母微量元素螯合物、海洋红酵母、酵母发酵饲料等。目前应用比较成熟的产品有活性干酵母、酵母培养物、酵母水解物、酵母细胞壁及酵母硒等酵母源生物饲料产品。每种酵母源生物产品具备独特的产品特性及应用方向，比如：具备益生菌功效的活性干酵母主要用于调节动物胃肠道微生态平衡，提高饲料利用率，减小动物腹泻和怀孕母畜便秘等问题；酵母培养物含则多种酵母代谢产物，在提高奶牛泌乳量等方面有很好的效果；酵母细胞壁含有甘露寡糖和β—1，3/1，6葡聚糖，是一种天然无公害的高效免疫增强剂，同时酵母细胞壁多糖还具备良好的霉菌毒素吸附功能，是霉菌毒素吸附剂的主要成分之一；而酵母硒则是动物补充有机硒的最佳来源，对提高动物的繁殖性能和改善畜禽肉质等具有明显的作用。

一、2015年饲料酵母市场需求旺盛，行业发展迅猛，原料成本上涨，竞争加剧

饲料酵母作为优质的功能性饲料原料，近几年越来越受追捧，据中国饲料工业协会信息中心统计，2015年全国饲料工业总产量为2.00亿t，相比较2014年的1.97亿t增长了1.4%，

其中配合饲料为1.74亿t，按照50%比例的配合饲料中以0.5%添加量计算，全国饲料酵母需求量约为43.49万t，目前饲料酵母主要来源是啤酒企业酿造完啤酒后的废弃酵母干燥而来，其量约占啤酒产量的0.15%（干涸物），2015年度我国啤酒产量为4 715.7×10^3万L（数据来源于啤酒工业信息网），据此计算，啤酒废酵母干涸物的总量为7.07万t，而据不完全统计，目前国内啤酒酵母的60%～70%作为饲料使用，如此看来饲料酵母的需求缺口非常大。

据国家统计局数据显示，2015年中国啤酒市场受经济增速放缓、消费环境整体低迷等因素影响，产量创近五年最低。2015年1～12月，全国累计啤酒产量4 715.72×10^3万L，同比下降5.06%，减产251.41×10^3万L。

由于饲料酵母需求旺盛，而决定饲料酵母产量的

啤酒生产呈现连续 18 个月下降趋势，由于这种供求关系导致了啤酒酵母原料价格不断攀升，也同时挤压了饲料酵母生产厂家的利润空间（表 2－18）。

表 2－18　2007—2015 年全国啤酒酵母总产量统计

单位：万 L、万 t

年份	全国啤酒总产量	全国啤酒酵母总产量	增长率％（相比 2014 年）
2015	4 716	7.07	－4.20
2014	4 921	7.38	－2.77
2013	5 061	7.59	＋3.27
2012	4 902	7.35	＋0.00
2011	4 899	7.35	＋9.38
2010	4 483	6.72	＋5.83
2009	4 236	6.35	＋3.25
2008	4 103	6.15	＋4.23
2007	3 931	5.90	＋11.95
2006	3 515	5.27	—

相比较 2006 年，虽然 2015 年全国啤酒酵母增长了 34.2％，但自 2013—2015 年全国啤酒产量受到经济因素的影响，啤酒消费量出现连续 3 年持续下滑，对应的啤酒酵母产量也呈现持续下降，而饲料酵母的需求却持续火热，供求关系存在一定的矛盾，这种供求关系必然会导致啤酒酵母价格持续上扬，而啤酒酵母终端销售价企稳甚至价格下降，此供需矛盾将持续存在（图 2－98）。

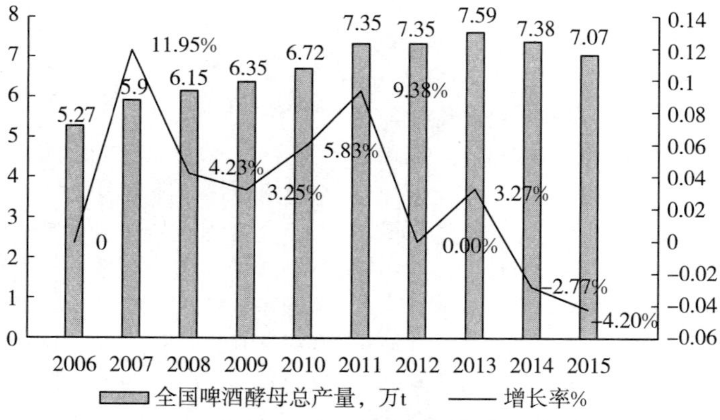

图 2－98　2006—2015 年我国啤酒酵母产量统计

由于啤酒企业废弃的酵母泥在常温下长途运输极易变质，所以啤酒酵母生产一般都是就近原则，在啤酒厂附近设立干燥、粉碎、混合系统，据全国啤酒产业产量区域集中度分析报告中预测，全国啤酒酵母最主要产区是华东，占全国总产量 34％，

另一方面，糖蜜酵母饲料板块在 2015 年保持了强劲的增长势头，近两年也涌现一批新的酵母饲料生产企业，如：山东圣琪生物有限公司、湖北海宜生物科技有限公司、珠海天香苑生物科技股份有限公司等等，特别是酵母水解物、酿酒酵母细胞壁及酵母硒这三种主要的酵母源生物饲料增幅最明显，随着市场竞争激烈，价格也出现大幅度下降。

从表 2－19 分析看出，活性干酵母市场增量不大，但酵母水解物、细胞壁及酵母硒仍然有较大幅度的增加，相信随着准入门槛的降低，这些产品价格仍有下行空间，也会促使酵母类产品的使用量有大幅度增长。

表 2-19　2015 年主要新型酵母源生物饲料产销量统计

单位：t

产品名称	2015 年产销量	2014 年产销量	较 2014 年增长
活性干酵母	6 300	5 500	14.55%
酵母水解物	13 000	12 000	8.33%
酿酒酵母细胞壁	9 200	8 500	8.24%
酵母硒	3 800	3 500	8.57%
合计	32 900	29 000	13.45%

表 2-20　2015 年主要酵母源生物饲料价格走向

单位：元/kg

产品名称	2015 年平均市场价格	2014 年平均市场价格	较 2014 年降低
活性干酵母	23	25	8.00%
啤酒酵母水解物	15	18	16.67%
面包酵母水解物	23	26	11.54%
酿酒酵母细胞壁	16	18	11.11%
酵母硒	80	90	11.11%

新型酵母源生物饲料市场准入门槛降低，使得该类产品进入更加激烈的竞争格局，受益的是饲料生产企业，该类产品的性价比经一步提高，酵母水解物、酵母细胞壁从饲料添加剂目录进入单一饲料原料目录，也使得一些大型饲料企业将该类产品从添加剂采购目录列入到大宗原料目录，降低了采购门槛，但该类产品生产成本仍是高位运行，所以产品的市场价格仍是比较高，大部分饲料企业仍作为饲料添加剂使用，普遍添加量在 1%以下，特别是酵母细胞壁产品，虽是饲料原料，但添加量却只有 0.1%～0.15%，当然会在更多的饲料品种中添加，而作为饲料添加剂的酵母硒产品生产门槛降低，生产技术逐步被掌握，相信酵母硒的市场价格将有更大的下降空间(表 2-20)。

2015 年，我国畜牧业由传统散养生产方式向规模化、集约化、专业化、现代化生产方式深入转变的一年，饲料工业已经由数量型转向数量和质量并重型，全行业的“安全、环保”生产意识得到进一步增强，酵母饲料产品由于其高效安全性的优势发展迅猛。

二、行业产能扩大，行业竞争日趋激烈

2015 年饲料酵母行业竞争越来越激烈，在啤酒酵母饲料板块，由于受到整体国内经济不景气因素原料，全国啤酒产量出现连续三年持续下滑，对应的啤酒酵母必然受其影响产量也出现下滑，而啤酒酵母旺盛的需求，导致从啤酒厂竞标酵母泥的价格也持续上涨，而啤酒酵母饲料出现无序竞争，相互压价，无形中增加了啤酒酵母饲料企业经济压力，其中体现最明显的是普通啤酒酵母粉产量越来越少，进而大部分啤酒酵母企业利用啤酒酵母泥生产附加值更高的啤酒酵母水解物产品。

而在糖蜜酵母饲料板块，进两年涌现出一批糖蜜酵母生产厂家，如：山东圣琪生物有限公司、湖北海宜生物科技有限公司、珠海天香苑生物科技股份有限公司等，加上原来老牌酵母饲料生产厂家如：广东雅琪生物科技有限公司，安琪酵母也在持续增加产能，不可避免饲料酵母行业间打价格战，从糖蜜酵母板块各产品市场平均价格在持续下降体现出这一点，消费者对新型酵母源生物饲料的认知也慢慢地从高端饲料添加剂转变为普通大宗饲料原料，酵母生产企业也要慢慢转变经营观念，将更多的精力放在提高产品品质，降低生产成本及新产品研发方面，只有这样才能在残酷的市场竞争中立于不败之地。

三、酵母饲料发展前景分析

饲用抗生素的使用曾被认为是20世纪畜牧业生产中最伟大的生物技术，它的应用和推广创造了养殖业和饲料业的革命。但随着抗生素的长期、大量滥用带来了严重的负面效应，世界各国迅速采取措施，瑞士在1992年即禁止使用饲用抗生素，欧盟1999年1月起通过立法禁止抗生素作促生长剂使用。

随着行业内对“无抗养殖”的呼声越来越高，在2015年第三届中国生物饲料科技大会上，中科院亚热带农业生态研究所印遇龙院士向与会人员分享了酵母细胞壁半替代抗生素、酵母水解物代替血浆研究的成果，鼓励行业应多关注酵母源生物饲料，认为酵母源生物饲料在减少抗生素的用量、缓解蛋白质资源短缺等方面具有广泛的应用前景。

随着动物微生态学和动物营养学的发展，酵母源生物饲料在动物上的应用研究越来越多，除了单一作为单细胞蛋白原料外，酵母作为生物饲料已经开发出作为益生菌的活性干酵母产品、增强动物免疫力的酵母细胞壁免疫多糖、提高采食量和动物生产性能的酵母水解物、微量元素酵母产品如酵母硒、酵母铬等，大大减少微量元素的毒性和提高了微量元素的利用率，表现出更广阔的应用前景。

随着对酵母源生物饲料的深开发，绿色、高效、环保的新型酵母源生物饲料得到广泛的应用，并迎来了极大的发展机遇。近两年来，在农牧水产饲料行业的使用方法有了新的突破，应用效果与高效安全性得到进一步科学验证和认可，各种产品产销量有了迅速增长。

未来酵母源生物饲料产品将是农牧水产饲料业的一类常规原材料。除了在乳仔猪料中可以部分或完全替代血浆蛋白粉外，在替代鱼粉或其他蛋白原料亦表现出更佳的生产性能。

四、国家出台酵母源生物饲料行业标准，规范市场行为

目前在酵母源生物饲料中，只有饲料酵母和饲用活性干酵母相关的国标或行业标准，其中饲料酵母仍沿用了1994年制定的行业标准QB/T 1940—1994，而饲用活性干酵母则在2008年制定了国家标准；其标准号为：GB/T 22547—2008，其他应用广泛的如酵母酶解物、酵母硒、酵母细胞壁多糖等产品目前没有制定相关的国家标准，导致此类产品在市场上质量良莠不齐、鱼目混珠，酵母源生物饲料极需国家政策的支持，加大对对酵母源生物饲料产品的投入与研究，联合有资质高校、科研机构和相关优秀酵母源生物饲料生产企业共同研究并制定相应的国家标准，以进一步规范市场，规避风险，促进整个酵母生物饲料业健康、良性、快速发展，为推动饲料和食品安全做出积极贡献。

（陈训银　董爱华）

益生素应用研究进展

益生素（probiotics）也称益生菌、微生态制剂或微生物添加剂，是指从动物或自然界分离、鉴定的有益微生物，经发酵培养或后加工等特殊工艺制成的有益活菌制剂，具有生理机能调节、健康保护和营养调控等生物学功能。益生素因其无毒、无不良反应、无残留、无耐药性、无污染等特点，被誉为减少或替代抗生素的理想绿色添加剂，在畜牧生产中得到了广泛应用。

1. 益生素的种类。我国农业部2045号公告《饲料添加剂品种目录（2013年）》规定的可以直接饲喂动物的饲料级微生物添加剂菌种，共34种，包括地衣芽孢杆菌、枯草芽孢杆菌、两歧双歧杆菌、粪肠球菌、屎肠球菌、乳酸肠球菌、嗜酸乳杆菌、干酪乳杆菌、德式乳杆菌乳酸亚种（原名：乳酸乳杆菌）、植物乳杆菌、乳酸片球菌、戊糖片球菌、产朊假丝酵母、酿酒酵母、沼泽红假单胞菌、婴儿双歧杆菌、长双歧杆菌、短双歧杆菌、青春双歧杆菌、嗜热链球菌、罗伊氏乳杆菌、动物双歧杆菌、黑曲霉、米曲霉、迟缓芽孢杆菌、短小芽孢杆菌、纤维二糖乳杆菌、发酵乳杆菌、德式乳杆菌保加利亚种（原名：保加利亚乳杆菌）、产丙酸丙酸杆菌、布氏乳杆菌、副干酪乳杆菌、凝结芽孢杆菌、测孢短芽孢杆菌（原名：侧孢芽孢杆菌）。

近年来研究较多、生产中广泛应用的包括乳酸菌、芽孢杆菌、双歧杆菌及复合菌制剂，相对于单一益生素，2015年国内对复合益生素及益生素与酶制剂、酸化剂、中草药等的联用方面的研究较多。

2. 益生素的作用。益生素通过与有害菌竞争氧、营养或定植位点，抑制有害菌增殖，从而改善肠内菌群的平衡，使肠内环境得到净化，保持宿主肠道微生态平衡，还能促进营养吸收、补充营养成分，提高宿主免疫功能、缓解不良应激反应，分解粪便、改善畜禽舍环境。通过抗氧化作用、抗变异作用、生理活性作用、提高免疫力等方式对宿主发挥生理调节、机体防御等功效。在生产中，益生素具有促进动物生长、提高饲料转化率、改善动物的健康水平和消化分解抗营养因子等作用。

3. 益生素在畜牧生产中的应用。2015年益生素应用于畜牧生产的研究涉及家禽、猪、反刍动物、水

产养殖等。研究对象方面，研究较多的是家禽和猪；益生素种类方面，研究较多的是乳酸菌和芽孢杆菌；应用形式方面，复合益生素及益生素与酶制剂、中草药配伍使用的研究较多；应用效果方面，益生素主要起到促进肠道健康、提高免疫性能、营养物质利用率和生产性能的作用。

（1）益生素在家禽生产中的应用。益生素在家禽生产中的应用大多研究集中在肉鸡和蛋鸡，另外在地方鸡和肉鸭上也有一些研究（表 2－21）。在家禽生产中，益生素的应用形式有单一益生素、复合益生素或益生素与中草药、酶制剂、酸化剂配伍添加到饲料中，益生菌发酵中草药或棉籽粕等，或饮水给药。益生素的使用能够缓解家禽球虫病、沙门氏菌感染等肠道疾病，缓解霉菌毒素对机体的危害，提高免疫性能和抗氧化能力，促进肠道健康、提高营养物质利用率，从而提高生产性能。

表 2－21　益生素在家禽生产中的应用

研究对象	益生素	添加剂量	试验期	应用效果	数据来源
AA 肉鸡	枯草芽孢杆菌（活菌含量≥2×10^{10} cfu/g）	200 mg/kg	1～21 日龄	提高生长性能，优化肠道组织结构	陈彩文等（2015）[1]
AA 肉鸡	分别添加芽孢杆菌（微胶囊，纯度>90%）、屎肠球菌（微胶囊，纯度>90%）、丁酸梭菌（液态，纯度>90%）	饲料中分别添加≥10^6 cfu/g、≥10^6 cfu/g、≥10^6 cfu/g	1～42 日龄	改善胴体性状、免疫器官指数和肉品质	李可等（2015）[2]
AA 肉鸡	植物乳杆菌	0.16%	1～42 日龄	提高生产性能	梁海威等（2015）[3]
AA 肉鸡	黄芪—枯草芽孢杆菌发酵液	400 倍稀释给肉鸡饮水	1～42 日龄	提高生产性能和免疫功能，可替代抗生素	乔宏兴等（2015）[4]
AA 肉鸡	乳酸菌发酵中药制剂（青蒿、常山、马鞭草、黄柏等）	药液按鸡饮水体积 0.2%给药	12～21 日龄	提高感染球虫鸡的生长性能和免疫性能	秦波等（2015）[5]
AA 肉鸡	益生素（主要成分为枯草芽孢杆菌>10^9 cfu/g、乳链球菌>10^8 cfu/g和啤酒酵母菌>10^8 cfu/g）、酶制剂（主要成分为酸性纤维素酶、木聚糖酶）和酸化剂（磷酸型复合酸化剂）组合使用	0.46%＋2%＋0.45%	1～42 日龄	改善生产性能、屠宰性能和免疫性能	王颂萍等（2015）[6]
AA 肉鸡	甘露聚糖酶＋α-半乳糖苷酶＋木聚糖酶＋地衣芽孢杆菌	80 mg/kg＋80 mg/kg＋160 mg/kg＋200 mg/kg	1～42 日龄	提高生产性能和营养物质利用率	王苑等（2015）[7]
AA 肉鸡	益生素（包括芽孢杆菌、乳酸菌和双歧杆菌，有效活菌数 20×10^8 cfu/g）	0.3%	1～42 日龄	提高小肠消化吸收功能	张玉仙等（2015）[8]
白羽肉鸡	鸡源性枯草芽孢杆菌 J－4（1.0×10^{10} cfu/g）	0.1%	1～42 日龄	提高生产性能和免疫性能	杨曦等（2015）[9]
罗斯 308 肉鸡	芽孢杆菌	300 g/t	1～36 日龄	提高生产性能、免疫性能和肠道发育	刘明超等（2015）[10]
黄羽肉鸡	产植酸酶枯草芽孢杆菌发酵棉籽粕	5%	1～64 日龄	提高平均日增重和饲料转化率	冯江鑫等（2015）[11]
黄羽肉鸡	益生菌（乳酸菌、酵母菌和芽孢杆菌等组成）	0.1%	0～17 周龄	提高免疫性能和肠道有益菌数量	廖玉英等（2015）[12]
黄羽肉鸡	芽孢杆菌（活菌数为 5×10^8 个/g	0.1%	1～21 日龄	缓解肠道氧化应激，保护肠道屏障完整	林厦菁等（2015）[13]

（续）

研究对象	益生素	添加剂量	试验期	应用效果	数据来源
黄羽肉鸡	枯草芽孢杆菌发酵棉籽粕	5%	1～64 日龄	提高饲料利用率、生产性能、肉品质和免疫性能	孙焕林（2015）[14]
科宝 500 肉鸡	凝结芽孢杆菌（活菌数≥10^{10} cfu/g）	400 mg/kg	1～42 日龄	缓解因肠炎沙门氏菌感染造成的氧化应激	宫秀燕等（2015）[15]
"817"杂交肉鸡	复合微生态制剂（包括嗜酸乳杆菌、产朊假丝酵母菌、溶菌酶及低聚糖等）	0.05%	1～42 日龄	提高生产性能、免疫性能，改善肠道菌群和组织结构完整性	涂健等（2015）[16]
肉鸡	苦豆籽粕粉与两歧双歧杆菌微胶囊（12：1），活菌数 7.67×10^{7} cfu/g	1%	1～42 日龄	改善肠道发育、提高生产性能	王雪飞等（2015）[17]
海兰褐蛋鸡	酵母菌+中药红曲霉	0.25%+0.25%	400～442 日龄	提高生产性能和营养成分表观代谢率	陈天龙等（2015）[18]
海兰褐蛋鸡	巨大芽孢杆菌 1 259（活菌含量 1×10^{10} cfu/g）	100 mg/kg	300～342 日龄	改善生产性能，降低排泄物中含氮物浓度	丁文骏等（2015）[19]
海兰褐蛋鸡	分别以乳酸菌或枯草芽孢杆菌为主的多种复合菌制剂及其发酵代谢产物和促生长因子	0.15%	280～327 日龄	提高产蛋率和平均蛋重，降低料蛋比和破蛋率	李晓丽等（2015）[20]
海兰褐蛋种鸡	枯草芽孢杆菌和粪肠球菌（活菌数 1.6×10^{9} cfu/g）	200 g/t	160～220 日龄	提高生产性能、改善肠道菌群结构，提高经济效益	潘志乐等（2015）[21]
海兰褐蛋鸡	枯草芽孢杆菌、啤酒酵母菌、植物乳酸菌及其代谢产物（活菌总数 1.5×10^{9} cfu/g）	0.02%	280～317 日龄	提高生产性能和蛋品质	乔利敏等（2015）[22]
海兰褐蛋鸡	枯草芽孢杆菌粉（有效活菌数 2×10^{9} cfu/g）	0.5%	52～58 周龄	缓解 AFB1 对机体的危害	史艳云等（2015）[23]
海蓝褐蛋鸡	枯草芽孢杆菌（含有活菌数≥10^{8} cfu/g）	100 g/t	1～22 日龄	增加育雏期对营养物质的消化吸收，增加体增重	王莹等（2015）[24]
海兰褐蛋鸡	酵母细胞壁+益生素（枯草芽孢杆菌和地衣芽孢杆菌 1：1 混合，含量均≥10^{10} cfu/g）	800 g/t+100 g/t	28～50 周龄	提高生产性能、免疫性能和肠道屏障功能	杨慧等（2015）[25]
海兰褐蛋鸡	中药乳酸菌制剂（在玉米面培养基添加粉碎后的大枣 2%、山楂 2%和山药 1.5%，接种适量的植物乳杆菌菌液）	0.5%	300～381 日龄	提高抗氧化能力	张鑫等（2015）[26,27]

（续）

研究对象	益生素	添加剂量	试验期	应用效果	数据来源
海兰褐蛋雏鸡	枯草芽孢杆菌＋刺五加多糖合生元	0.4％	1～56 日龄	改善回肠组织结构、提高十二指肠消化酶活性	赵国先等（2015）[28]
海兰粉壳蛋鸡	凝结芽孢杆菌（10^6 cfu/g）	150 mg/kg	46～55 周龄	提高生产性能	赵必迁等（2015）[29]
罗曼褐蛋鸡	酵母铬（含铬 1 g/kg）和益生素（嗜酸乳杆菌（5×10^9 cfu/g），干酪乳杆菌（3×10^9 cfu/g）粪链球菌（3.5×10^9 cfu/g）两歧双歧杆菌（5×10^9 cfu/g））联用	600 μg/kg 酵母铬＋800 mg/kg 益生素	40～49 周龄	提高产蛋性能和消化酶活性，改善肠道菌群	郭彤等（2015）[30]
罗曼蛋鸡	复合芽孢菌制剂	200 g/100 kg	260～309 日龄	降低鸡舍内 NH3 浓度、空气中活菌数和鸡粪中氮、磷含量	潘淑惠等（2015）[31]
麻黄鸡	益生素（主要成分包括芽孢杆菌、乳酸菌、酵母菌、植物乳杆菌、各种消化酶、有机酸、氨基酸、超强双歧因子多糖、维生素、微量元素，活菌总数≥10×10^{10} cfu/g，双歧因子≥2 000 mg/kg，消化酶≥1 200 IU）	0.2％	1～28 日龄	提高低蛋白日粮营养物质表观利用率	孙艳发等（2015）[32]
京红 1 号蛋鸡	枯草芽孢杆菌（2×10^{11} cfu/g 枯草芽孢杆菌 PB6 孢子）	100 g/t	28 周龄，试验期 2 个月	提高产蛋性能和 HI 抗体效价，促进肠道发育	马春阳等（2015）[33]
崇仁麻鸡	乳酸粪肠球菌	育雏 80 g/t，后期 70 g/t	1～58 日龄	提高生产性能	万培伟等（2015）[34]
青脚麻鸡	地衣芽孢杆菌＋枯草芽孢杆菌（活菌数均为 1×10^9 cfu/g）	0.66％＋0.33％	1～56 日龄	提高氮利用率	杨家军等（2015）[35]
樱桃谷肉鸭	凝结芽孢杆菌（活菌含量 1×10^9 cfu/g）	200～300 mg/kg	1～42 日龄	提高生长性能、血清碱性磷酸酶活性、总蛋白含量和消化酶活性，改善肠道微生态环境	曾丽莉等（2015）[36]
樱桃谷肉鸭	凝结芽孢杆菌（活菌含量 1×10^9 cfu/g）	200 mg/kg	1～42 日龄	提高生产性能、抗氧化能力和免疫性能	谢丽曲等（2015）[37]
樱桃谷肉鸭	乳酸粪肠球菌（＞800 亿 cfu/g）或复合益生菌（乳酸粪肠球菌＞60 亿 cfu/g，芽孢杆菌＞50 亿 cfu/g，产朊假丝酵母菌＞40 亿 cfu/g）	育雏期 80 g/t，育成期 70 g/t	1～45 日龄	将死料肉比和粪便中大肠杆菌数量	周泉勇等（2015）[38]
樱桃谷肉鸭	枯草芽孢杆菌＋粪肠球菌	50～100 mg/1 000 kg	10～33 日龄	提高生产性能和经济效益	朱建国等（2015）[39]
连城白鸭和樱桃谷肉鸭杂交后代蛋鸭	枯草芽孢杆菌（有效活菌 2×10^{11} cfu/kg）；光合细菌（有效活菌 9×10^{10} cfu/mL）	饲粮添加枯草芽孢杆菌 0.04％；载鸭水体光合细菌有效活菌含量 1.8×10^{12} cfu/m³	预试 7d，试验期 129d	降低载鸭水体 G^- 菌数量和内毒素水平、肠道和血液内毒素浓度、炎症反应和肠道细胞凋亡，提高蛋鸭产蛋性能	应诗家等（2015）[40]

（2）益生素在猪生产中的应用。益生素在猪生产中的应用见表2－22，研究较多的是断奶仔猪和保育猪，生长育肥猪、母猪和地方猪上的研究相对较少。单一益生素或复合益生素及益生素与木寡糖、低聚木糖、氨基酸、中草药、酶制剂配伍使用，以固态或液态添加到饲料中，能够促进胃肠道发育和肠道健康、降低腹泻率、提高免疫性能，提高营养物质消化率，提高肉品质，提高母猪泌乳力，从而改善生长性能。黄芪—枯草芽孢杆菌泡腾颗粒的制备及在保育猪上的应用为微生态制剂的新剂型研究提供了新的思路。复合益生素的使用还能减少氮、磷排放对环境的污染。

表2－22　益生素在猪生产中的应用

研究对象	益生素	添加剂量	试验期	应用效果	数据来源
“杜长大”三元杂交猪	益生素（含有乳酸杆菌6.0×10^8 cfu/g和枯草芽孢杆菌1.6×10^9 cfu/g）＋低聚木糖	1 000 mg/kg＋200 mg/kg	体重11 kg，预试6d，试验期30d	提高生长性能，促进肠道菌群平衡，改善免疫功能	方桂友等（2015）[41]
“杜长大”三元杂交断奶仔猪	复合微生态制剂（主要成分为枯草芽孢杆菌、低聚木糖及其代谢产物，总菌数≥4×10^9 cfu/g）	0.05%	21日龄，试验期42d	提高生产性能、营养物质表观消化率和免疫性能	高林（2015）[42]
“杜长大”三元杂交断奶仔猪	凝结芽孢杆菌制剂（活菌数52亿cfu/g）	0.15%	体重7 kg左右，28±2日龄断奶，预试3d，试验期52d	提高生长性能降低粪样致病菌数量、提高粪样有益菌数量，改善养殖环境	高书锋等（2015）[43]
“杜长大”三元杂交断奶仔猪	木寡糖—地衣芽孢杆菌合生元	0.2%	28±2日龄断奶，试验期30d	提高日增重，降低料重比和腹泻率	应琳琳等（2015）[44]
“杜长大”三元杂交断奶仔猪	二甲酸钾＋凝结芽孢杆菌（活菌含量5×10^{10} cfu/g）	1%＋200 g/t	21日龄断奶，预试期3d，正试期14d	改善生长性能，有替代抗生素的潜能	翟振亚等（2015）[45]
PIC断奶仔猪	耐高温的乳酸肠球菌和生物多肽等（活菌数3×10^9 cfu/g）、乳酸菌和天然酵素（活菌数5×10^9 cfu/g）、枯草芽孢杆菌制剂（活菌数2×10^9 cfu/g）、喷雾干燥的芽孢杆菌孢子浓缩物（活菌数1.28×10^9 cfu/g）、复合菌（乳酸菌1.0×10^9 cfu/g、酵母菌1.0×10^8 cfu/g和枯草芽孢杆菌1.0×10^9 cfu/g）	分别0.3、1.0、1.0、0.8、1.0 g/kg	21日龄断奶仔猪，试验期14d	提高生长性能	田冬冬等（2015）[46]
“杜长大”保育猪	L—苏氨酸＋益生菌（枯草芽孢杆菌、乳酸菌、丁酸梭菌、海洋红酵母，活菌数≥3×10^9 cfu/g）	0.14%＋0.03%	31±1日龄保育猪，预试5d，正试期30d	促进胃肠道发育和肠道健康	黄克宏等（2015）[47]

（续）

研究对象	益生素	添加剂量	试验期	应用效果	数据来源
“杜长大”保育猪	黄芪－枯草芽孢杆菌泡腾颗粒	1 500 倍稀释饮水给药	28 日龄，试验期 30d	提高生产性能、血清总蛋白和 IgG 含量	乔宏兴等（2015）[48]
“杜长大”保育仔猪	微生态制剂（主要由复合芽孢杆菌、复合包被乳酸菌和丁酸梭菌组成，活菌总数 200 亿 cfu/g）＋酶制剂（主要由组合淀粉酶、组合蛋白酶和组合非淀粉多糖酶组成）	200 g＋200 g	35～65 日龄	提高日增重，降低腹泻率	唐明红（2015）[49]
“杜长大”保育仔猪	L－谷氨酰胺＋L－精氨酸＋黄芪多糖＋益生素（含枯草芽孢杆菌、乳酸菌、丁酸梭菌、海洋红酵母及其抑菌代谢产物，活菌总数 30 亿 cfu/g）	1.0％＋0.86％＋0.03％＋0.15％	31±1 日龄保育猪，预试 5d，正试期 30d	提高免疫力	邹知明等（2015）[50]
保育猪	枯草芽孢杆菌＋酿酒酵母菌＋植物乳杆菌	0.5％＋0.5％＋0.5％	体重 57.6±3 kg 预试 3d，空腹 1d，正试 1d	提高氮、磷和粗纤维的表观消化率，减少粪便中氮、磷含量	史慧玲等（2015）[51]
“杜长大”三元生长猪	短乳杆菌（活菌数 3.74×10^{9} cfu/g）＋饲料酵母（活菌数 1.0×10^{10} cfu/g）	1 g/kg＋1 g/kg	体重 13.68±0.41kg，试验期 61d	改善肠道微生态环境、提高养分表观消化率和机体免疫性能，从而提高生长性能	刘辉等（2015）[52]
“长大”二元杂交生长猪	复合微生态制剂（主要含有酵母菌、芽孢杆菌和乳酸菌，活菌总数≥2×10^{8} cfu/g）	0.15％	体重 20kg，预试 4 天，试验期 28d	提高生产性能、降低腹泻率，提高粪中双歧杆菌数量、降低大肠杆菌数量	高环等（2015）[53]
育肥猪	枯草芽孢杆菌 Z－27 菌株发酵液经连续离心、喷雾干燥后，加载体复配而成（活菌（芽孢）含量 1.0×10^{10} cfu/g）	0.1％	试验期 40d，0～30 天饲喂试验日粮，31～40 天饲喂基础日粮	维持肠道微生态平衡、提高饲料转化率和生长性能	姜军坡等（2015）[54]
“长白”生长育肥猪	姜粉＋微生态制剂（枯草芽孢杆菌，菌落含量≥10^{9} cfu/g）	0.1％＋0.1％	80 日龄至出栏	提高生产性能、抗体效价、屠宰性能、肉品质和经济效益	李炳霞等（2015）[55]

（续）

研究对象	益生素	添加剂量	试验期	应用效果	数据来源
"杜长大"三元育肥猪	微生态制剂（主要成分为乳酸菌、枯草芽孢杆菌、酵母菌及其代谢产物，有效活菌含量≥200 亿 cfu/g）	100 g/t	体重 50kg 左右，试验期 65d	提高生产性能、饲料消化率和肉品质	刘爱君等（2015）[56]
托佩克猪	纳豆芽孢杆菌（10 亿 cfu/g）+乳酸菌（10 亿 cfu/g）	0.1%+0.1%	体重 30±0.5kg 至体重 100kg	降低猪肉中粪臭素的含量及血清胆固醇含量，减少猪粪中的臭气，提高肉品质	盛清凯等（2015）[57]
杜长二元杂交母猪	鼠李糖乳杆菌（活菌数 10^{10} cfu/mL）	哺乳母猪 4 mL/头，断奶仔猪 20 mL/kg（饲料），小猪 10 mL/kg（饲料）	分娩母猪，试验期 25d；28d 断奶仔猪，28d；体重 20kg 小猪，30d	断奶仔猪血清葡萄糖、IgA、白蛋白和总蛋白含量升高，血清胆固醇和 IgG 含量降低；提高妊娠母猪、哺乳母猪、断奶仔猪和小猪的生产性能	钟日聪等（2015）[58]
军牧 1 号白猪保育仔猪	中药微生态制剂	800 g/t	2 周龄断奶，预试 7d，正试 28d	提高日增重	王大力等（2015）[59]
莱芜黑猪	复合微生态制剂（乳酸杆菌、芽孢杆菌和酵母菌，活菌总数≥8.0×10^{8} cfu/g）+中草药（王不留行和通草）	0.1%+0.07%	预饲期 7d，正式期从分娩第一天开始至仔猪断奶结束，共 28d	提高母猪泌乳力、降低乳料比提高母猪粪便中乳酸杆菌数量、降低大肠杆菌数量，提高仔猪生产性能、降低仔猪腹泻率	谢全喜等（2015）[60]
苏钟猪	地衣芽孢杆菌活菌总数（活菌数 1.0×10^{10} cfu/g）	300 mg/kg	35 日龄，预试期 7d，正试期 52d	提高消化酶活性及盲肠芽孢杆菌数量，改善生长性能	徐小明等（2015）[61]

（3）益生素在反刍动物生产中的应用。益生素在反刍动物生产中的应用见表 2-23。单一益生素、复合益生素、中药微生态制剂、加酶益生素添加到反刍动物日粮中，能够促进肠道营养物质消化吸收、提高免疫性能和生产性能，还能提高奶牛的产奶性能和乳品质，预防乳房炎，提高肉牛的屠宰率、肉质和经济效益，提高毛养的产毛量、育肥羊的屠宰性能。另外，微生态制剂发酵饲料能够提高饲料利用率、改善生产性能。

表 2-23 益生素在反刍动物生产中的应用

研究对象	益生素	添加剂量	试验期	应用效果	数据来源
荷斯坦奶牛	微生态制剂（含链球菌、乳酸杆菌、枯草芽孢杆菌）	25 g/d/头	泌乳中期，试验期 33d	提高产奶量和抗热应激能力	陈凤梅等（2015）[62]
荷斯坦奶牛	反刍用微生态制剂 F911-200，含耐高温包被乳酸菌、酵母菌和枯草芽孢杆菌，有效活菌数≥200 亿 cfu/g	5 g/头/d	预试 7d，试验期 30d	提高产奶量和乳品质，预防乳房炎	庄宏等（2015）[63]

（续）

研究对象	益生素	添加剂量	试验期	应用效果	数据来源
荷斯坦公犊	复合益生菌（歧杆菌、粪链球菌、光合细菌、乳酸菌、酵母菌等组成）	日粮的1∶1 000	3～4月龄，试验期3个月	增加体斜长的增长量，提高钙吸收	王晓芳等（2015）[64]
荷斯坦母犊牛	刺五加合生元（中草药刺五加提取物与可饲用微生物复合而成，二者质量比1～1.5∶3.5—4）	250 mg/kg	出生5d至哺乳21d	提高牛血清蛋白、T-AOC、IgG、IgA，促进生长	王长文等（2015）[65-67]
西门塔尔牛与威宁黄牛杂交F1代育肥公牛	中药微生态制剂：复合微生态制剂（主要含酿酒酵母、枯草芽孢杆菌、嗜酸乳杆菌等）发酵中草药（主要含松针粉、苏子、贯众、山楂、神曲、苍术、大黄、苦参、甘草等）	1.5%	1.5岁，60d育肥试验	提高屠宰率、肉质和经济效益	吴道义等（2015）[68]
萨福克公羊与小尾寒羊母羊杂交一代	微生态制剂（主要成分酵母菌、乳酸菌、枯草芽孢杆菌）发酵处理鞣制粉碎的青贮玉米秸秆	0.5%	90±6日龄、体重31.8±2.8 kg，育肥试验60d，其中预试7d	提高饲料利用率、改善生产性能	蔡涛等（2015）[69]
道赛特（♂）和小尾寒羊（♀）杂交羔羊	羊源抗腹泻芽孢益生菌（活菌含量100亿cfu/g）	0.1%～1.0%	断奶羔羊（3月龄）预试7d正试30d	促进肠道营养物质的吸收，促进有益菌的增殖，抑制有害菌的生长，提高生产性能，降低腹泻率	郭云霞等（2015）[70]
杜泊羊与本地寒杂母羊杂交羊	膨化豆粕+加酶益生素（粪链球菌、嗜酸乳杆菌、枯草芽孢杆菌、纤维素酶、木聚糖酶、植酸酶等加酶益生素）	文中未说明	50～60日龄，预试7d，正试30d	提高日增重和饲料转化率	张红岗等（2015）[71]
青海细毛羊	微生态制剂（由乳酸菌、芽孢杆菌、双歧杆菌冻干而成，活菌数≥10亿/g）	500～1 000 mg/kg	1.5岁，预试7d，正试60d	提高生产性能、产毛量和毛长、增加经济效益	李光梅等（2015）[72]
绵羊	微生态制剂（分离自羊瘤胃液的芽孢杆菌和双歧杆菌冻干而成，活菌数≥10亿/g）	500～1 000 mg/kg	3月龄，正试期60d	提高生产性能、增强蛋白质合成吸收作用，提高免疫性能、屠宰性能	杨华等（2015）[73,74]

（4）益生素在水产生产中的应用。益生素主要以单一或复合形式添加到水产饲料中或以水体中（表2-24），起到提高肠道消化能力、增强免疫机能和抗氧化能力，促进生长，降低水体中氨态氮、亚硝酸态氮等有害物质改善水质。

表 2-24　益生素在水产生产中的应用

研究对象	益生素	添加剂量	试验期	应用效果	数据来源
鲤鱼	商用微生态制剂	饲料添加 5 mL/kg，每 10d 施用微生态制剂（50∶1 稀释，每次 30 L/hm^2）调节水质	预试 10d，试验期 90d	降低池水氨氮含量，提高溶氧量，增加体重，提高经济效益	李南充等（2015）[75]
建鲤	微生态制剂（3.0×10^8 cfu/g，活菌成分为乳酸菌、芽孢杆菌）	间隔 10d 于塘中泼洒 1 500 mL/hm^2，饲料添加量 1.5×10^{10} cfu/kg	初始质量 242±9.6 g，试验期 80d	增强免疫机能、提高消化酶活性、改变肠道菌群结构	张雯等（2015）[76]
建鲤	微生态制剂（3.6 亿 cfu/g，其中乳酸菌 2.9 亿 cfu/g，枯草芽孢杆菌 0.7 亿 cfu/g）	饲料中添加 150 亿 cfu/kg	初始质量 45.12±1.97 g，试验期 60d	促进生长、提高饲料利用率、调节鱼体脂肪酸组成	钟雷等（2015）[77]
鲫鱼	复合微生态制剂（地衣芽孢杆菌 2×10^9 cfu/g，酵母菌 1.5×10^8 cfu/g，嗜酸乳杆菌 1.2×10^7 cfu/g，乳酸含量 2.1%）	水体添加量 5～10 mg/L，每天投喂 2 次	体长 5.0±0.5 cm，试验期 28d	提高生长性能、净化水体	李泳宁等（2015）[78]
彭泽鲫	枯草芽孢杆菌	饲料中添加 0.12%	试验期 90d	提高生产性能、消化酶活性和抗氧化能力	谢少林等（2015）[79]
异育银鲫	凝结芽孢杆菌（5.0×10^7 cfu/g）	饲料中添加 0.3%	初始体重 17.70±0.07g	促进生长、提高免疫力和抗氧化能力	张维娜等（2015）[80]
斜带石斑鱼	光合细菌、短小芽孢杆菌和嗜酸乳杆菌（有效活菌数分别 1×10^{10} cfu/g、1×10^{10} cfu/g、2×10^{10} cfu/g）	饲料中添加复合菌（20%+2%+78%）10、30、50 g/kg	初始体重 64.69±8.65 g，试验期 30d	促进生长、提高免疫能力	李小梅等（2015）[81]
罗非鱼	枯草芽孢杆菌（菌含量 1.0×10^9 cfu/g）	水体添加 1.0×10^4 cfu/mL、1.0×10^5 cfu/mL	初始体重约 20g，试验期 6 周	改善水质、提高机体免疫力和抗氧化能力，进而提高罗非鱼抗无乳链球菌病的能力	刘观斌等（2015）[82]
黄颡鱼	枯草芽孢杆菌：地衣芽孢杆菌=1∶1（活菌数为 2×10^{10} cfu/g）	基础饲料添加 3×10^9 cfu/kg	1.02±0.01 g，试验期 8 周	提高生长性能	牛凤池等（2015）[83]
军曹鱼	枯草芽孢杆菌和嗜酸乳杆菌	饲料含活菌数 2×10^7 cfu/g	22±0.15 g 军曹鱼，试验期 50d	促进生长、提高免疫酶和消化酶活性	何伟聪等（2015）[84]

（续）

研究对象	益生素	添加剂量	试验期	应用效果	数据来源
凡纳滨对虾	鲍鱼希瓦氏菌、蜡样芽孢杆菌、双壳气单胞菌	饲料中含菌总量 10^9 cfu/g（4∶3∶1或6∶3∶2）	体重5.0±0.5 g，体长6.5±0.6 cm，预试7天，正试44d	提高存活率、抗氨氮	夏磊等（2015）[85]
刺参	光合细菌和海洋红酵母（活菌浓度均为 6×10^{10} cfu/mL），枯草芽孢杆菌和乳酸菌（活菌浓度均为 3×10^{10} cfu/mL）	1.3＋0.325＋2.6＋0.65，mL/m³，每7d加一次	1.50±0.72 g刺参，预试1周，试验期21d	降低水体中氨态氮、亚硝酸态氮等有害物质，促进幼参生长	郝佳等（2015）[86]
刺参	光合细菌和海洋红酵母（活菌浓度均为 6×10^{10} cfu/mL），枯草芽孢杆菌和乳酸菌（活菌浓度均为 3×10^{10} cfu/mL）	2＋0.5＋4＋1，mL/m³，每2d加一次	2.00±0.52 g刺参，预试1周，试验期60d	提高增重和消化酶活性	郝佳等（2015）[87]
刺参	微生态制剂：主要由光合细菌（≥2.5×10^{10} cfu/kg）、二氧化硅（≥11.50%）、三氧化二铝（≥4.66%）、三氧化二铁（≥1.35%）、各种维生素、氨基酸、胆碱等（≥1.1%）组成	5 g/kg	28d	降低水体氨氮浓度和亚硝态氮浓度、促进生长、增强消化和免疫力	王圣等（2015）[88]
仿刺参	乳酸粉菌（乳酸菌为主，含量 2×10^9 cfu/g）	2.0 g/m³，每5d加一次（同时换水）	初始体重1.231 0±0.004 6g，试验期40d	促进生长，提高氮、磷转化效率	贾治超等（2015）[89]

（5）益生素在其他动物生产中的应用。有关益生素在特种经济动物上的研究主要涉及马、鹿、獭兔、鸽等（表2-25）。日粮中添加单一或复合益生素，能够降低腹泻率、维持肠道健康、提高免疫力和抗氧化能力，从而促进生长。

表2-25 益生素在其他动物生产中的应用

研究对象	益生素	添加剂量	试验期	应用效果	数据来源
哺乳期马驹	枯草芽孢杆菌（2×10^{11} cfu/g）和植物乳杆菌（3×10^{10} cfu/g）	0.025 g+0.033 g	1月龄，预试10d，试验期90d	促进生长	杨帆等（2015）[90]
泌乳期伊犁母马	枯草芽孢杆菌（2×10^{11} cfu/g）和植物乳杆菌（3×10^{10} cfu/g）	0.10 g+0.266 g	预试10d，正试80d	增强免疫机能和抗氧化能力，改善氮沉积	臧长江等（2015）[91]
花马杂交F1代仔鹿	枯草芽孢杆菌	0.1%	断奶仔鹿，预试7d，正试21d	促进生长	郑雪等（2015）

（续）

研究对象	益生素	添加剂量	试验期	应用效果	数据来源
獭兔	益生素由50%的地衣芽孢杆菌和50%的枯草芽孢杆菌组成，活性为200×10^{8}个/g	0.2 g/kg	35日龄，预试7天，正试60d	降低腹泻率，提高肠道免疫力	蒋立等（2015）[92]
白羽王鸽	乳酸菌微生态制剂（乳酸菌5×10^8 cfu/g）	5×10^{6}cfu/d	预试2d，正试16d	提高生产性能和免疫性能	陈功义等（2015）[93]
乳鸽	枯草芽孢杆菌（4亿cfu/g）	400～600 mg/kg	预试7d，正试28d	提高肠道消化吸收能力，维持肠道健康	谢鹏等（2015）[94]

4. 小结。益生素作为一种可减少或替代抗生素的理想绿色添加剂，在畜牧生产中得到了广泛的研究与应用，无论是单一益生素、复合益生素还是益生素与酶制剂、中草药饲料添加剂等的配伍使用，都有促进肠道健康、提高免疫力和抗氧化能力、提高生产性能的作用。针对不同的物种、不同的饲养阶段，选择合适的益生素种类、添加形式和剂量及使用时间，以发挥益生素的最大功效。另外，益生素在畜牧生产中的进一步发展需要新菌种、新剂型的开发利用以及现代生物技术在益生素中的研究与应用。

（王　恬）

寡糖

寡糖是一类重要的生物活性物质，能促进双歧杆菌生长，激活植物的自我防卫系统，还具有抗菌、抗病毒、抗肿瘤等作用。随着人们对寡糖各方面性质和生理功能的不断认识，寡糖的应用已在食品、医药、农业、工业等领域取得了一些进展。随着社会对食品安全问题的关注，养殖业中抗生素产品在饲料中的禁用，也使得寡糖作为绿色添加剂替代抗生素的研究逐渐成为热点。

一、寡糖在养殖业中的应用研究进展

寡糖应用于饲料中的主要作用是抑制病原菌的定殖，促进有益菌的增殖，保护动物肠道健康，增强免疫力，降低粪便中氨气等有害气体的产生。在饲料中，研究较多的有木寡糖、果寡糖、壳寡糖、甘露寡糖、大豆低聚糖等。

1. 在养猪生产上的应用。王发明等（2015）研究发现功能性低聚糖应用于仔猪饲料中，对仔猪肠道乳酸菌的多样性具有促进作用。李玉欣等（2015）试验研究了不同剂量毕赤酵母甘露寡糖对断奶仔猪生产性能、肠道肠绒毛形态结构和细胞因子的影响，结果显示，与空白对照组相比，添加0.1%毕赤酵母甘露寡糖和添加0.2%毕赤酵母甘露寡糖均可显著提高日增重和饲料转化效率，显著增加仔猪空肠绒毛长度和肠道绒腺比，显著提高血清IL－10含量，显著降低TNF－a含量（$P<0.05$）。表明毕赤酵母甘露寡糖可通过改善肠绒毛结构，细胞因子含量来调节机体的免疫功能，从而改善断奶仔猪生产性能。张军霞等（2015）在断奶八眉二元仔猪日粮中分别添加0.1%和0.3%甘露寡糖，观察仔猪生产性能和腹泻率，结果表明：添加0.1%甘露寡糖日增重显著高于对照组和0.3%甘露寡糖组（$P<0.05$），添加0.1%和0.3%甘露寡糖均能显著降低料重比（$P<0.05$），而0.1%和0.3%甘露寡糖组间差异不显著。此外，日粮中添加甘露寡糖腹泻率和腹泻指数也明显降低。

龙次民等（2015）发现妊娠后期母猪饲粮中添加壳寡糖可以缩短母猪产程，提高母猪及新生仔猪抗氧化能力，母猪血液中总超氧化物歧化酶（TSOD）活性显著提高（$P<0.05$），血液中丙二醛（MDA）含量有降低的趋势，新生仔猪血液中谷胱甘肽过氧化物酶（GSH-Px）、过氧化氢酶（CAT）活性显著提高（$P<0.05$）。

2. 在养禽生产上的应用。万丹等（2015）研究了果寡糖（FOS）和甘露寡糖（MOS）对黄羽肉种鸡生产性能、养分消化以及血清生化指标的影响，发现在黄羽肉种鸡饲粮中添加FOS、MOS及两者复合物均可一定程度上提高种鸡的产蛋性能和繁殖性能，提高饲料效率，提高血清碱性磷酸酶活性，降低血清胆固醇、甘油三酯和血清尿素氮的水平；同时可一定程度上提高种鸡对饲粮养分代谢率，但FOS、MOS在种鸡饲粮中联合使用，没有明显的协同效应；单独添加FOS组在提高生产性能、增强机体免疫力和提高

饲粮养分代谢率等方面的综合效果最优。

3. 在水产动物中的应用。蔡胜昌等（2015）发现壳寡糖和低聚木糖配合使用可以显著提高大菱鲆幼鱼的生长效果，并且可在一定程度上增强其非特异性免疫能力，降低血脂含量。刘美思等（2016）研究了褐藻酸钠寡糖（AOS）和壳寡糖（COS）对仿刺参生长及免疫功能的影响。发现AOS组和COS组仿刺参体质量分别比对照组增长16.4%和18.2%，AOS组仿刺参的酸性、碱性磷酸酶活性分别提高了75.1%和67.3%，而COS组仿刺参的过氧化氢酶和一氧化氮合酶的活性分别提高了190.3%和55.6%。海洋寡糖COS和AOS作为仿刺参的免疫增强剂，可有效提高幼参的生长性能和免疫力，其中COS的作用效果优于AOS。苏鹏等研究了壳寡糖对红鳍东方鲀血清和血液生化指标及非特异性免疫指标的影响。结果表明：饲料中添加壳寡糖能显著提高血清中碱性磷酸酶、溶菌酶、过氧化氢酶、超氧化物歧化酶活力和全血中血小板数量（$P<0.05$），各项指标随壳寡糖添加量的增加整体呈升高趋势；饲料中添加壳寡糖能显著提高红鳍东方鲀肝脏组织中过氧化氢酶、超氧化物歧化酶活力（$P<0.05$），显著降低丙二醛含量（$P<0.05$）；壳寡糖能明显提高红鳍东方鲀对迟缓爱德华氏菌和哈维弧菌的抵抗力。饲料中添加2 000 mg/kg壳寡糖能够提高红鳍东方鲀的非特异性免疫功能。

4. 在反刍动物中的应用。徐晓锋等综述了寡糖对奶牛瘤胃发酵及乳脂调控的研究进展，指出生产中为满足泌乳牛的能量需求，习惯性做法是提高泌乳牛日粮的能量浓度，虽然在一定程度上满足了泌乳牛的能量需求，但同时也产生了一些不良后果，如瘤胃亚急性酸中毒，日粮纤维消化率降低，乳脂降低等。研究发现，在奶牛日粮中添加外源寡糖对奶牛的瘤胃发酵以及乳脂率有一定的调控作用。胡静等研究了果寡糖（FOS）对奶山羊瘤胃微生物区系及常用粗饲料瘤胃降解率的影响，发现饲粮中添加FOS可提高瘤胃内纤维素分解菌及真菌的数量，提高粗饲料的瘤胃降解率，其中以1.2%的添加量为最佳。

曾燕霞等研究了不同精粗比日粮中添加甘露寡糖对绵羊体外发酵的影响，结果表明：多项指标综合指数（MFAEI）以30∶70日粮中添加1.2%MOS时值最大（0.316 5）。

二、寡糖在农业生产、食品及医药上的应用研究进展

1. 寡糖在农作物上的应用进展。刘航等（2015）研究了褐藻胶寡糖（AOS）对小麦脱落酸（ABA）合成的影响，并试图探究调控机理。结果表明，小麦正常生长条件下，体内ABA水平很低，外用AOS可以刺激小麦积累ABA。与空白对照组相比，AOS组中的内源ABA含量显著增加（$P\leqslant0.05$）。使用氟啶酮抑制ABA合成途径后，AOS不能显著提高ABA含量。同时发现，AOS能够诱导ABA从头合成的两个关键基因TaNCED和TaAOX转录上调。这说明褐藻胶寡糖诱导的小麦叶片中ABA的积累可能是通过ABA从头合成实现的。张运红等（2016）在大田试验条件下，研究海藻寡糖（ADO）增效尿素（即施普通尿素＋ADO）对水稻产量和品质的影响，结果表明，在同等施氮水平下，ADO增效尿素显著提高水稻穗粒数及产量，显著提高水稻精米率、整精米率及稻米蛋白质含量，较普通尿素处理组ADO增效尿素分别提高精米率、整精米率及稻米蛋白质含量1.82%、10.83%、7.59%。此外，稻米透明度、胶稠度、碱消值、最高黏度和崩解值ADO）增效尿素组也高于对照和普通尿素处理，垩白粒率和垩白度低于对照和普通尿素处理，且与对照相比差异均达显著水平。

杨雪彪等（2015）对烤烟品种KRK26施用常规化肥正常量的70%、60%、50%的情况下，分别喷施300倍和400倍稀释浓度壳寡糖水溶性有机肥。结果表明：当减少30%～40%化肥用量时，喷施4次400倍稀释浓度壳寡糖水溶性有机肥，烟叶产量与烟叶品质有明显的提高，同时对炭疽病等有良好防效或抑制作用。为了开发低毒高效的新型抗烟草花叶病毒抑制剂，孙翠红等（2015）试验研究了壳寡糖及其衍生物抗烟草花叶病毒的药效研究。结果表明：壳寡糖及其衍生物都能有效减少叶片感染烟草花叶病毒的枯斑数，以枯斑抑制率为66.39%的水杨醛席夫碱的预防效果最好；壳寡糖及其衍生物可降低侵染病毒烟草中的叶绿素下降幅度，还可以提高叶片中的防御酶超氧化物歧化酶（SOD）、过氧化物酶（POD）、过氧化氢酶（CAT）和苯丙氨酸解氨酶（PAL）的活性。

吴仲珍等（2015）发现用壳寡糖浸泡采收后的天麻，可改善天麻贮藏品质，经壳寡糖处理的天麻还原糖含量显著高于对照组，过氧化氢及丙二醛含量低于对照组，过氧化氢酶及过氧化物酶活性下降减慢，天麻素含量高于对照。曾海红等（2015）发现对茶树喷施壳寡糖，能够提高新梢净生长长度和生长速率，提高茶叶水浸出物、可溶性多糖和茶多酚含量。

2. 寡糖在蔬菜中的应用进展。毕旺华等（2015）试验研究了不同浓度的壳寡糖对真姬菇菌丝体生长的影响。发现添加量为0.001mg/mL的壳寡糖对真姬菇菌丝体生长速度、菌丝体生物量、纤维素酶活性具有明显的促进作用，而添加量提高到0.1mg/mL的壳寡糖对真姬菇菌丝体生长有一定的抑制作用。

3. 寡糖在食品上的应用进展。功能性寡糖在食

品中的应用较为普遍也极为广泛，可应用于面包、饮料、糖果、饼干、乳制品、调味品、挂面、婴幼儿配方食品以及酸奶冰激凌等多种行业中。石良（2015）研究了寡糖和益生菌在婴幼儿配方食品中的应用，发现在婴幼儿配方食品中添加寡糖能够维护婴幼儿的肠道、免疫系统的健康。孟宪昉等证明了果寡糖（FOS）对酸奶冰激凌中的嗜酸乳杆菌具有增菌和保护效果，能增加产品中的活菌数。易文之等研究了果寡糖（FOS）、低聚异麦芽糖（IMO）、大豆低聚糖（SBOS）、木寡糖（XOS）四种低聚糖对褐色饮料稳定性的影响，结果表明四种低聚糖以一定比例复合使用对褐色益生菌乳饮料的稳定性最好。虞娇娇等（2015）研究发现不同质量浓度的 FOS 和 GOS 对发酵乳在发酵期和贮藏期内乳中菌落活菌数、滴定酸度和黏度都有一定的影响。

4. 寡糖在医药上的应用进展。医药领域应用最多的寡糖主要有壳寡糖（COS），壳寡糖可作为广谱抗菌制剂，也可用作片剂、颗粒剂、膜剂、中药制剂等领域，并能抑制癌细胞的转移。韩绍芳等（2015）试验研究了壳寡糖对 Hela 细胞的增殖抑制作用及对凋亡的影响，结果表明：不同浓度 COS 处理 Hela 细胞均能抑制其增殖，5.0mg/mL 并作用 24h 对其增殖抑制率为 52.15%（ $P<0.01$）。Wright's-Giemsa 染色显示细胞形态趋近圆形，贴壁能力减弱，出现凋亡小体。AO－EB 染色时细胞出现早期和晚期凋亡现象。AnnexinV－FITC/PI 检测细胞凋亡率为 31.75%（ $P<0.01$）。免疫组化分析细胞内 Bax 表达量增加，Bcl－2 和 Survivin 表达量降低。表明 COS 能够抑制 Hela 细胞增殖并诱导凋亡，其原因与 Bax 的上调和 Bcl－2 与 Survivin 的下调相关。王健等（2015）试验研究了壳寡糖对 PNPLA3 I148M 转基因小鼠肝脏脂质代谢的影响，发现壳寡糖可降低 PNPLA3 I148M 转基因小鼠血清 TG、TC 水平，而对 ALT 和 AST 水平无影响。表明壳寡糖能减轻 PNPLA3 I148M 转基因小鼠肝脏脂质沉积，这为治疗非酒精性脂肪性肝病（NAFLD）提供了新思路。李萍等（2015）发现壳寡糖可显著增强甲型肝炎病毒疫苗诱导小鼠的体液免疫应答。

新近研究发现半乳甘露聚糖也可用于医药领域，Harshal A. Pawar 等（2015）的研究发现可将半乳甘露聚糖用于卡托普利胶囊的制备。除此之外还有海藻寡糖和木糖醇等，侯丽君等在对海藻寡糖的研究中发现海藻寡糖除了具有一般寡糖的性质之外，还有独特的生物学特性，既能保护生物体免受氧化应激的损伤，又能保护生物体免受缺氧的损伤，可用于治疗眼干综合征、亨廷顿病、降低黏膜给药刺激，保护细胞组织器官等功能；张松青等发现木糖醇在治疗糖尿病、肝病、呼吸道感染病等方面都具有辅助治疗的作用。

三、寡糖的抗菌、抗病机理研究进展

甘露寡糖对乳酸粪肠球菌和沙门菌均具有凝集效果，且甘露寡糖对乳酸粪肠球菌和沙门菌体外凝集的最佳温度均为 39℃，最佳甘露寡糖添加量均为 1.7%。

四、功能性寡糖制备技术的研究进展

郇宏博等（2015）总结了褐藻胶寡糖的制备方法，主要包括化学降解法、物理降解法和酶解法等 3 种方法。化学降解法是生产褐藻胶寡糖的传统方法，主要以酸降解为主，使用的酸包括盐酸、草酸、硫酸、甲酸等。此外，还有碱降解法和氧化还原法。物理降解法主要是通过微波辐射、紫外线照射以及高温高压等物理方法降解褐藻胶。酶解法具有反应更加温和、底物专一性强、产量较高、副产物少、环境友好等优势。因此，酶解法是目前制备褐藻胶寡糖的主要方法。

王俊等（2015）以鲟鱼硫酸软骨素为原料，分别采用盐酸酸解法、过氧化氢氧化法、草酸降解法和辐照降解法对其进行处理，结果使得鲟鱼硫酸软骨素的相对分子质量从 35 193 分别降至 1 841、1 155、2 089和 3 049，且对 DPPH·和·OH 的清除能力及 Fe^{3+} 还原能力明显提高。其中过氧化氢降解所得硫酸软骨素寡糖抗氧化性能最好，当浓度为 500ug/mL 时，对 DPPH·和·OH 的清除率可达 85%和 70%。

（陈旭东）

有机酸对肉鸡消化道内环境的调控作用

现代家禽业为提高饲料转化率和生产水平使用某些饲料添加剂是必不可少的，其中抗生素作为生长促进剂添加在家禽饲料中，在保持肠道菌群平衡、改善综合生产性、预防肠道疾病等方面发挥了重要作用。众所周知，抗生素耐药性、药物残留、超级细菌、食品安全等问题引起消费者的极大关注，因而研究人员在寻找抗生素替代品时，有机酸、有机微量元素、益生菌、益生元、酶制剂等已经被应用于饲料中，以减少抗生素禁用对生产带来的不利影响。在这些替代品中，由于有机酸具有对有害菌的抗菌作用，降低胃肠道 pH，用于改善家禽生产性能而备受重视。本文就有机酸在肉鸡日粮中添加对消化道 pH 及其肠道菌群及养分利用进行探讨，以期阐明有机酸在肉鸡肠道内环境中的有关作用机制，为更好应用有机酸减少抗生素使用提供科学依据。

动物在幼龄时期消化系统发育不完善，在疾病或应激情况下消化系统出现缺陷时，必须依赖外源饲料中帮助“消化环境”改善的物质，有机酸不仅通过降低饲料在消化道中的 pH 而为动物提供适宜消化道环境，而且是可满足营养及抗病需要的一类饲料添加剂。

家禽日粮中酸化剂可以分为无机酸和有机酸，其中有机酸在家禽生成中应用更加普遍，有机酸即为羧酸，其化学结构为 R－COOH。然而并非所有的有机酸可用于家禽饲料中作为添加剂使用，只有短链脂肪酸如甲酸（C1）、乙酸（C2）、丙酸（C3）、丁酸（C4）及其他羧酸如乳酸、酒石酸、柠檬酸、苹果酸、富马酸等，因其具有羧基呈酸性已被广泛应用于家禽日粮中。

有机酸对胃肠道 pH 的影响

有机酸的作用源于其酸化效应，即通过降低胃肠道中的 pH，保持最佳的消化道内环境。侯水生等（1998）分析认为胃内容物 pH 水平稳定在适宜范围内才能维持正常消化生理。高 pH 显著抑制胃蛋白酶原的活化及胃蛋白酶的活性。当胃内容物 pH 为 2.0 时，胃蛋白酶活化迅速；当 pH 提高到 4 时，活化速度缓慢。胃蛋白酶的适宜 pH 为 2.0～3.5。当 pH 大于 3.6 时，活性显著降低；当 pH 大于 6.0 时，胃蛋白酶失活。因此，消化道内 pH 对养分消化吸收等具有重要作用。

有机酸是弱酸，仅能部分解离，降低日粮及食糜中 pH 的程度有赖于各有机酸的解离常数 pKa 及消化道中 pH 内环境。大量实验表明，肉鸡日粮的 pH 随日粮中添加剂量增加而显著降低（见表 1）。其次有机酸添加于肉鸡日粮中，导致在消化道不同阶段其食糜 pH 均降低，结果显示消化道上段（嗉囊、腺胃、肌胃）pH 值降低幅度高于下段（如十二指肠、空肠、回肠、盲肠）。

在表 2－26 中 7 个实验，13 个组中有机酸添加组合，有 11 个组嗉囊中 pH 下降，而且有 7 个组降低是显著的，表 2－26 中的 3 个实验中，随着柠檬酸等添加量增加，嗉囊中 pH 下降程度增大，嗉囊中 pH 降低和有机酸添加量有关，其 pH 平均下降 0.37，在消化道各位点嗉囊 pH 下降最大，这种现象除了与嗉囊中酸性较弱外，可能与有机酸在嗉囊中短暂停留有关（Thompson 等，1997）。综合 Paul（2007）、Samanta（2008）、Panda（2009）、Salgado-Tránsito（2011）所报道的 4 个实验中，10 组添加有机酸组合中，有 6 组 pH 在腺胃中与对照组相比下降，其中只有一个实验组是差异显著的；腺胃中 pH 平均下降 0.12，肌胃中下降 0.14，十二指肠下降 0.04，空肠下降 0.08，回肠下降 0.04，盲肠下降 0.03，这与嗉囊 pH 相比，下降程度较低。据 Samanta（2008）等文献报道，十二指肠中 pH 显著降低，而在其他研究中在十二指肠 pH 没有显著变化，在空肠回肠盲肠有类似趋势，据 Hume 等（1993）报道，只有少量添加的有机酸可以到达肠道的后段，有机酸在上段吸收得比较快。上述研究数据表明，肉鸡日粮中添加有机酸对消化道 pH 的影响对消化道上段较大，这也许解释了添加有机酸对消化道后段 pH 降低程度较少的原因。

表 2－26　添加有机酸对肉鸡日粮及消化道食糜 pH 的影响

（Kim et al.，2015）

有机酸	添加量（g/kg）	pH 在不同位点的变化 2，unit								参考文献
		日粮 pH	嗉囊	脾胃	肌胃	十二指肠	空肠	回肠	盲肠	
柠檬酸	20		−0.15*		0.02	0.26	−0.11	0.13	−0.13	Esmaelipour et al.，2011
	40		−0.31*		0.12	0.28	0.19	−0.15	−0.05	
柠檬酸	6.25	−0.60*		0.10	−0.20	−0.10	−0.10	−0.10		Salgado-Transrito et al.，2011
	12.5	−1.10*		0.00	0.00	−0.20	0.00	0.00		
	25	−1.70*		−0.10	0.30	−0.20	−0.10	−0.10		
	50	−2.3*		−0.10	−0.10	0.10	0.00	−0.10		
柠檬酸	10	−0.64*	−0.3		−0.40			−0.06	−0.20	Atapattu and Neliigaswatta. 2005
	20	−1.14*	−1.1		0.20			−0.26	−0.23	
柠檬酸	30		−0.17*		−0.02	−0.01	−0.14*	−0.01		Nourmohammadi et al，2001
	60		−0.28*		−0.12*	−0.09*	−0.40*	−0.06*		

（续）

有机酸	添加量(g/kg)	pH 在不同位点的变化 2，unit								参考文献
		日粮 pH	嗉囊	腺胃	肌胃	十二指肠	空肠	回肠	盲肠	
柠檬酸	30							−0.08		Aydin et al，2010
丁酸	2		−0.57*	−0.30*	−0.24*	−0.12*	−0.13	−0.18		Panda et al.，2009a
	4		−0.82*	−0.44*	−0.40*	−0.24*	−0.22	−0.22		
	6		−0.83*	−0.46*	−0.42*	−0.27*	−0.18	−0.08		
酸组合 3	6		−0.28			0.12	0.24	0.46		Smulikovsk a et al.，2010
酸组合 4	1		0.15	−0.08	−0.64*	−0.32*		−0.03		Samanta et al. 2008
甲酸铵	3		0	0.00	−0.21	0.30	−0.05	0.00		Paul et al，2007
丙酸钙	3		−0.1	0.20	−0.15	0.10	0.00	0.00		
平均值		−1.25	−0.37	−0.12	−0.14	−0.04	−0.08	−0.04	−0.03	
SE5		0.27	0.1	0.07	0.06	0.06	0.04	0.03	0.13	

1.（*）表示与对照组相比差异显著（P<0.05）
2. pH 变化：饲喂有机酸测得肉鸡各位点 pH 减去未添加有机酸的 pH 之差
3. 酸组合：乳酸＋甲酸＋柠檬酸及其盐
4. 酸组合：甲酸＋丙酸＋丙酸钙＋正磷酸

有机酸对肉鸡养分利用率的影响：

消化道上段 pH 的降低，可提高养分利用率及饲料转化率。在幼龄动物如肉鸡，因胃中 pH 降低，可以激活胃蛋白酶原及其他酶原，胃内酸度改变更接近于酶原所需的酸度，这些消化酶活性增强，可改善蛋白质及其他养分的消化率，酸性食糜还可延缓胃排空的时间，促进养分在肠道中更好地消化吸收（Kidder 等，1978；Mayer，1994），也有研究表明，日粮中添加有机酸，可促进蛋白质及其他养分的存储量，表 2－27中 5 个实验的数据表明，饲以不同添加水平有机酸的肉鸡，其蛋白质干物质养分存留量较对照组高（表 2－27），干物质及蛋白质平均改进幅度分别达 1%及 1.7%，其中去除了 Nezhad（2011）报道中较高的数据。

在 14 个添加有机酸组合中，分别有 7 组和 9 组蛋白质和干物质的存留量增加，而其中差异并不显著。就添加有机酸而产生正效应及负效应的比例而言，肉鸡饲喂有机酸养分存留率具有较大的改善，但也显示了养分存留率与预期相比改进的幅度较低，这也许与不同的有机酸不同的日粮及动物的不同日龄阶段而导致的结果。

表 2－27　肉鸡日粮添加有机酸对干物质、蛋白质吸收率的影响

有机酸	添加量，g/kg	存留位改变，%		参考文献
		DM	Protein	
柠檬酸	15	−0.3	−1.4	Ao et al.，2009
	20	1.3	2.1	
柠檬酸	20	0.9	−0.1	Esmaeilipour et al.，2011
	40	4.4	2.9	
柠檬酸	25	7.2	27.9	Nezhad et al.，2011
	50	−2.2	8.1	
甲酸	5	1.4	−1.6	Hernandez et al. 2006
	10	−1.4	−4.7	
甲酸	2	0.2	1.6	Panda et al.，2009b
	4	−0.7	1.3	

（续）

有机酸	添加量，g/kg	存留位改变，%		参考文献
		DM	Protein	
	6	−1.7	5.9	
	8	−0.2	5.7	
	10	0.0	5.7	
富马酸	5	2.7	2.2	Pirgozliev et al. Pirgozliev et al.
	10	6.4	5.5	
	15	0.8	−1.5	
平均值 2		1.0	1.7	
SE 3		0.60	0.88	

1. 存留量变化：添加有机酸组较对照组干物质和蛋白质存留值变化百分比

2. 平均值：去除其中偏差较大的 Nezhad（2011）数值得到的平均值

添加有机酸对有害病原菌的影响

在有关酸化剂效果的研究中，对肠道中有益菌乳酸杆菌和有害菌大肠杆菌的数量评价较多，同时所用酸化剂的种类也多以有机酸为主。研究的动物对象也以断奶仔猪和肉鸡等幼龄动物较多。消化道内正常菌群的功能包括防止有害菌感染、合成维生素、从未消化的物质中获取能量以及抑制肠道腐败物质及毒素的产生，提高免疫力等。在饲料中添加酸化剂改善了动物肠道内微生物区系，通过降低肠道内 pH，限制肠道内有害菌群的生存，达到降低有害菌群的数量，重新调整并维持动物肠道菌群的生态平衡。

一般而言，胃肠道中有害菌群增多，可导致肉鸡生产性能下降，发病率增加，因此在不用抗生素促生长剂条件下，预防有害菌过度增殖，提高生产性能最重要的策略就是饲料中添加有机酸制剂。通过饲料中添加有机酸，降低胃肠道 pH，可改变有害菌的适宜生存环境或直接抑制杀死病原菌，同时促进乳酸杆菌等有益菌的增殖。Easter 等（1988）报道病原菌如大肠杆菌、葡萄球菌、梭状芽孢杆菌在猪肠道中生长的最适 pH 分别是 6.0～8.0、6.8～7.5、6.0～7.5，pH 小于 4 则大量失活。因此添加有机酸具有双重作用，既减少了微生物的有害作用和对养分的浪费，又大大降低了消化道疾病尤其是腹泻的发病率。

Akyurek（2011）报道，与添加抗生素组相比，饲喂添加有机酸组合的肉鸡，在肉鸡回肠中有益菌如乳酸杆菌较多，有害菌如大肠杆菌、沙门氏菌大量减少，这也许是由于胃肠道中因日粮有机酸导致 pH 下降，进而在日粮或体内环境发挥抑菌杀菌作用有关。综合表 2-28 的实验数据，发现在回肠和盲肠乳酸杆菌作为有益菌的菌落数较对照组分别平均减少 0.44 和 0.37，然而大肠杆菌在回肠和盲肠平均减少达 0.86 和 0.82，较乳酸杆菌减小幅度更大。这种原因可能是由于乳酸菌或产乳酸菌受日粮添加有机酸的影响程度较小，或大肠杆菌在肠道中对 pH 降低更加敏感有关。

表 2-28　日粮添加有机酸对肉鸡消化道中微生物菌群的影响

有机酸	添加量 g/kg	微生物菌落单位变化 2，log10CFU				文献来源
		回肠		盲肠		
		LAC_3	$COLI_4$	LAC_3	$COLI_4$	
柠檬酸	30			−0.2	−0.2	Biggs and Parsons，2008
柠檬酸	30	0.2	−0.5*			Aydin et al，2010
富马酸	5	0.2	−1.7	−0.4	−1.0	Pirgozliev et al，2008
	10	−0.2	−1.1	−0.3	−0.5	
	15	−0.8	−0.6	−0.5	−1.4	
山梨酸	5	−0.6	0.2	−0.5	−0.6	Pirgozilev et al，2008

（续）

有机酸	添加量 g/kg	微生物菌落单位变化 2，log10CFU				文献来源
		回肠		盲肠		
		LAC_3	$COLI_4$	LAC_3	$COLI_4$	
	10	−1.2	−1.1	−0.4	−1.8	
	15	−0.7	−1.2	−0.8	−1.6	
有机酸组合	3			−0.1	−0.2*	Kim et al，2009
	5		−0.1	−0.1*		
平均值		−0.44	−0.86	−0.37	−0.82	
SE_5		0.20	0.23	0.07	0.22	

1. （*）表示与对照组相比差异显著（$P<0.05$）
2. 菌落单位变化：饲喂有机酸测得肉鸡菌落数减去未添加有机酸的菌落单位之差
3. LAC：乳酸杆菌
4. COLI：大肠杆菌

对肉鸡而言，刚出壳的健康雏鸡消化道内通常是无菌的，后通过饮水、母鸡粪便、饲料等途径获得细菌，各种菌均很快开始大量增殖，至 20 日龄后趋于平缓，30 日龄才与成年鸡相一致，从而完成定植过程，且肠道微生物区系很容易受应激、饲料改变、环境等因素的影响。因此在肉鸡饲料中添加有机酸，通过对肠道微生物菌群的调控，促进有益菌双歧杆菌乳酸杆菌等增殖，达到预防疾病提高生产性能的目的。

结语。用一种有机酸或几种混合的有机酸组合在肉鸡日粮中添加可具有类似于抗生素的抗菌效果。有机酸在饲料工业中应用已有数十年的历史，其中甲酸和丙酸在饲料保存防霉方面是特别有效的，因此甲酸、丙酸及其他几种有机酸（如乳酸、柠檬酸、富马酸、山梨酸）均具有抗菌活性。这些有机酸仅部分解离，其解离常数 pKa 一般在 3～5，通过穿透进入细菌细胞壁形成 pH 跨膜梯度，对 pH 敏感的有害菌如大肠杆菌、葡萄球菌、梭状芽孢杆菌等不能正常生长繁殖，而有益菌如乳酸杆菌双歧杆菌等可形成优势菌群，对控制肠道疾病、促进营养物质消化吸收及增强免疫功能、提高饲料转化率及改善生产性能等方面，具有类似抗生素的作用，未来随着对有机酸在家禽饲料中应用研究的深入，在绿色高效安全优质的动物生产中有机酸的应用必将大有作为。

（李　祥）

饲料机械制造工业概况

饲料机械制造工业

2015 年，我国饲料工业面临经济下行压力加大，受畜牧业发展状况影响较大，正在经历着大转型、大联合、大竞争、大淘汰时期，企业整合速度加快，运行模式升级，饲料企业数量将逐年递减，落后产能逐步淘汰，先进产能的潜力进一步释放，克服养殖市场持续波动和商品饲料需求降低的困境，不断调整产品结构，积极适应畜牧生产形势的新变化，保持了我国饲料行业发展向好势头，饲料总产量突破 2 亿 t 大关，表明我国饲料产业集中度和工业饲料普及率进一步提高，饲料工业的发展进入了成熟阶段，由数量的扩张、快速发展，转向优化结构、稳步提高。随着饲料企业数量的减少及产业集中度、规模的提高，先进的饲料生产技术及装备的使用有很大的发展，自动化和智能化的技术与装备的应用也得到了极大的推广，通过提升饲料加工装备水平、推广精细加工工艺、提高安全生产保障能力来提升我国的饲料加工水平。同时，随着国内饲料机械制造企业国际化视野与思路的创新，国际饲料行业的发展也影响着中国饲料机械制造工业的发展方向。

一、饲料加工成套机组生产情况

近 3 年饲料加工成套机组生产情况见表 2 - 29。

表 2 - 29　2013—2015 年饲料加工成套机组产量（套）

年度	≥10t/h	<10t/h	合计
2013	1 024	612	1 636
2014	1 285	425	1 710
2015	968	381	1 349

由表中可以看出，2015 年共生产饲料加工成套机组 1 349 套，生产总数与 2013 年、2014 年相比都有明显下降，分别减少了 287 套和 361 套，下降幅度分别为 17.54%和 21.11%。其中，生产时产 10t 以上的大型饲料加工成套机组 968 套，与 2013 年相比有所降低，减少了 56 套，下降幅度为 5.47%，但与 2014 年相比显著下降，减少了 317 套，下降幅度为 24.67%；生产时产 10t 以下的饲料加工成套机组 381 套，与 2013 年相比显著下降，减少了 231 套，下降幅度为 37.75%，与 2014 年相比也下降明显，，减少了 44 套，下降幅度为 10.35%。2013 年，饲料加工成套机组与前 2 年相比下降明显，主要是“十二五”期间中小型成套设备数量一直持续下降，大型成套设备数量在保持了连续 4 年增长后，已基本达到了饱和，这主要与《饲料生产企业许可条件》提高了饲料企业的准入门槛，中小型成套机组不能满足配合饲料、浓缩饲料的生产许可条件有关，也与饲料行业整合速度加快、生产企业两极分化、向大型化规模化方向发展相适应。

二、饲料加工机械生产情况

近3年饲料加工机械单机设备生产情况见表2-30。由表中可以看出，2015年共生产单机设备25 791台，与2013年、2014年相比分别减少了715台和1 009台，下降幅度分别为2.70%和3.76%。粉碎机、混合机、制粒机等三大主机共生产22 535台，与2013年、2014年相比明显下降，分别减少了1 796台和1 230台，下降幅度分别为7.38%和5.18%。其中，粉碎机8 197台，与2013年、2014年相比分别减少了586台和676台，下降幅度分别为6.67%和7.62%；混合机6 662台，与2013年、2014年相比分别减少了806台和389台，下降幅度分别为10.79%和5.52%；制粒机7 676台，与2013年、2014年相比都有所减少，分别减少了404台和165台，下降幅度分别为5.00%和2.10%；单机其他设备3 256台，与2013年、2014年相比持续增加，分别增加了1 081台和221台，增长幅度分别为49.70%和7.28%。与前2年相比，饲料加工机械三大主机生产总数呈小幅下降趋势，说明饲料加工企业进行技术改造、设备更新换代的速度有所放缓，也与成套机组数量的明显下降有关。

表2-30 2013—2015年饲料加工机械单机产量（台）

年度	粉碎机	混合机	制粒机	其他	合计	
					三大主机	所有设备
2013	8 783	7 468	8 080	2 175	24 331	26 506
2014	8 873	7 051	7 841	3 035	23 765	26 800
2015	8 197	6 662	7 676	3 256	22 535	25 791

三、配合饲料加工设备发展特点

2015年，随着养殖业产业结构进一步深度调整、产业链结构的延伸，饲料行业将逐渐从一个完全独立行业向养殖业投入品角色真正转换，饲料行业整体运行已进入一种新经济常态。一是规模、集约化效益越来越显著；二是产能过剩将持续或进一步加剧；三是产业链发展模式将成为大型饲料企业集团的必然选择；四是进入快速淘汰和重新整合的饲料企业新模式阶段。为了适应新形势下的饲料企业发展模式，配合饲料加工设备应向高效节能、智能、安全、环保等领域发展，一方面抓好现有饲料企业工艺技术创新和设备改造升级，积极研究加工生产技术及市场变化规律，以形成企业发展新的竞争力；另一方面积极开发成套智能化设备，建立真正智能化饲料生产线，提升饲料装备的整体水平和国际市场竞争力。2015年配合饲料加工设备的发展呈现如下特点。

1. 饲料加工设备产品的更新换代及新产品不断推陈出新。为了提高市场竞争力及市场战略布局，饲料设备制造企业一直在不断地对饲料加工关键设备进行更新升级和原创性设备研发，全面提升其工作效率和自动控制水平。牧羊集团在“2015中国饲料工业展览会暨畜牧业科技成果推介会”集中展示了25、35t齿轮式颗粒机、美瑞杰烘干机、真空喷涂机、自动打包机和饲料厂自动化控制系统WEM 4000，参展设备各项指标均国际领先；正昌集团2015年3个产品通过省级鉴定，其中1208环模制粒机和桨叶式真空喷涂系统达到国际先进水平，SFJH210×2回转分级筛达到国内领先水平。

2. 饲料加工成套生产线向规模化、专业化方向发展，以提高生产效率，降低生产成本，减少交叉污染，保证产品质量安全，并解决劳动力短缺、原料物流过程中的劳动强度和速度等问题。成套设备的规模化推动了大型制粒机、粉碎机等单机及配套设备的研发，促进了原料接收、成品发运装卸的机械化，及制粒和包装等工序自动化控制水平的提高，饲料机械设备企业目前可以提供完整的解决方案。

3. 饲料加工成套生产线可基本实现自动化。目前所有规模化饲料生产线已在粉碎、配料混合、液体添加（后喷涂）等工序实现了自动控制，随着制粒机自动控制系统、全自动包装及码垛技术的日益成熟及人力成本增加，部分大型饲料生产企业已在硬颗粒饲料调质制粒工序、微量组分配料工序、包装工序、码垛工序等实现了自动化；原料接收采用机械化卸车，大宗原料、粕类原料等采用散装，直接进筒仓，实现原料储存、进料的高度机械化；成品散装发送、袋装料自助式包装发送。这些工序的自动化、机械化，与饲料厂中央控制系统有机组合，实现饲料加工生产线完全自动化控制，提高生产效率，降低生产成本，解决劳动力短缺。

4. 饲料加工智能化已成为我国饲料生产发展趋势，牧羊、布勒等大型饲料加工成套设备供应商加大

了智能化饲料加工控制系统的推广力度。智能化控制系统包括整厂物流和信息流智能化管控系统、智能化原料出入库系统、智能化生产车间、智能化成品入出库系统等，实现从原料入厂—采样检测—卸载—加工生产—成品打包—装车提货等端到端环节的高度智能化的生产运营，将工艺过程控制和工厂运营管理结合在一起，全面满足工厂管理需求。

5. 饲料热加工处理工序及配套设备的研发及应用越来越受到饲料加工设备企业和饲料生产企业的青睐。饲料热加工过程是一个物料物理化学变化的复杂过程，其对后续无论是制粒还是膨化加工有着至关重要的作用，随着新型饲料资源的开发应用及对饲料产品差异化需求的增加，越来越多的饲料原料采用膨化（膨胀）技术进行原料预处理，以消除抗营养因子、提高饲利用率；为了提高饲料生产效率和饲料利用率，有效保护热敏性饲料添加剂，并提高饲料的安全卫生性，高熟化、低损失的畜禽饲料制粒新工艺将得到推广应用，如粉状饲料熟化工艺及配套设备研发等。

6. 膨化加工技术及膨化设备的研发将更加得到重视。膨化水产饲料是一种低污染、低浪费、高效率、高转化率的优质环保型饲料，在海水鱼类养殖中得到普遍认可，淡水鱼养殖中也在逐渐采用。因此，许多饲料设备制造企业加快了膨化机的研究开发和升级换代，无论产能还是产品质量都得到了较大提升。

7. 饲料加工设备节能技术、可靠性、智能化研究将成为设备研发的关注点。饲料加工单机设备与成套设备的大型化、集约化程度越高，设备使用过程中故障状况对生产过程影响就越大，这就要求配合饲料加工设备的研发要注重关键部件的可靠性研究、精细化制造技术研究，提高设备的可靠性和易损件的使用寿命。同时，大型设备的操作将更加复杂，机械化基础上的智能化、自动化技术需求量将迅速增大。随着高档水产饲料及幼畜饲料产品的开发，对不同物料粉碎粒度的要求不断发生变化，有越来越细化的需求，如何开发既节能又达到饲料产品粒度需求的粉碎设备将一直是饲料加工机械企业的不断创新的动力。

8. 2015 年 5 月 20 日，国际标准化组织饲料机械技术委员会（ISO/TC293）在江苏扬州宣告成立，代表民族企业站上了全球饲料机械标准化事业的制高点，增强了民族企业参与国际标准化活动的信心，为鼓励民族品牌走出去，增强话语权，掌握市场主动权作出了积极的示范代表作用。国际标准化组织饲料机械技术委员会（ISO/TC293）将促进中国饲料机械企业在装备制造、工程服务等领域的国际技术交流和国际贸易，大大缩短国际项目的工程周期，从而降低成本。

（李军国　王红英）

中国饲料机械企业情况

2015 年从饲料机械设备生产情况也可以看出，在成套机组中，时产＜10t 的设备比上年减少 44 台套，而时产≥10t 的设备减少 317 台套。饲料企业在向大型化、集约化方向发展，淘汰一些设备陈旧、管理混乱的企业，饲料生产行业整体提档升级，对整个行业的发展起到积极作用，饲料产品更加安全规范。

一、全国饲料机械概况

2015 年，饲料加工机械设备生产总量 27 140 台套，同比减少 1 370 台套，下降 4.8%。其中，成套机组 1 349 台套，同比减少 361 台套，下降 21.1%；单机 25 791 台，同比减少 1 009 台，下降 3.8%。

在成套机组中，时产≥10 吨设备 968 台套，同比减少 317 台套，下降 24.7%；时产＜10 吨设备 381 台套，同比减少 44 台套，下降 10.4%。

在单机设备中，粉碎机 8 197 台，同比减少 676 台，下降 7.6%；混合机 6 662 台，同比减少 389 台，下降 5.5%；制粒机 7 676 台，同比减少 165 台，下降 2.1%；单机其他 3 256 台，增加 221 台，增长 7.3%。

二、各省份饲料机械情况

2015 年全国饲料加工机械设备总量 27 140 台套，主要集中在江苏省、四川省和湖南省，占全国的 94.1%。其中江苏省 22 067 台套，比 2014 年减少 1 011台套，占全国的 81.3%，排名全国第一。其次是四川省，为 1 770 台套，比 2014 年减少 37 台套，占全国的 6.5%。最后是湖南省，为 1 699 台套，与 2014 年持平，占全国的 6.3%。

在成套机组时产≥10t 设备中，江苏省 791 台套，比 2014 年减少 169 台套；四川省 26 台套，比 2014 年减少 46 套；湖南省 17 台套，比 2014 年增加了 2 台套。

在成套机组时产＜10t 设备中，江苏省 225 台套，比 2013 年减少 3 台套；四川省 48 台套，比 2014 年减少了 5 台套；湖南省为 0。

在单机设备粉碎机中，江苏省 6 645 台套，比 2014 年减少 597 台套；四川省 232 台套，比 2014 年减少了 51 台套；湖南省 801 台套，比 2014 年增加 3 台套。

在单机设备混合机中，江苏省 5 316 台套，比 2014 年减少 455 台套；四川省 211 台套，比 2014 年减少了 33 台套；湖南省 795 台套，比 2014 年增加 3 台套。

在单机设备制粒机中，江苏省 7 344 台套，比 2014 年减少 133 台套；四川省 59 台套，比 2014 年减少了 50

台套；湖南省11台套，比2014年增加3台套。

在单机设备其他中，江苏省1 746台套，比2014年增加346台套；四川省1 194台套，比2014年增加了155台套；湖南省75台套，比2014年减少10台套（表2-31）。

表2-31 2015年各省份饲料机械情况

单位：台套

省份	总计	成套机组		单机			
		时产≥10t	时产<10t	粉碎机	混合机	制粒机	其他
总计	27 140	968	381	8 197	6 662	7 676	3 256
江苏	22 067	791	225	6 645	5 316	7 344	1 746
四川	1 770	26	48	232	211	59	1 194
湖南	1 699	17	—	801	795	11	75
河北	352	30	—	202	20	—	100
辽宁	198	35	22	48	46	14	33
山东	372	15	10	120	185	42	—
浙江	185	4	33	36	29	75	8
上海	205	26	10	32	22	115	—
陕西	204	—	32	48	24	—	100
黑龙江	61	10	—	29	10	12	—
青海	27	14	1	4	4	4	—

三、大型饲料机械企业

我国生产饲料机械的大型企业主要集中在江苏省和四川省，分别是江苏牧羊集团、江苏正昌集团、布勒（常州）机械有限公司、溧阳市裕达机械有限公司、四川隆源机械有限公司、四川光明众望畜牧机械有限公司。

江苏牧羊集团创建于1967年，属于我国最早的定点专业生产粮食饲料机械的厂家，先后获得国家重点高新技术企业、中国企业管理特殊贡献奖、中国科技名牌500强等荣誉，现已成长为集饲料机械与工程、粮食机械与工程、环保设备与工程、食品机械与工程、仓储工程、钢结构工程、自动化控制技术与工程等产品研发与制造，工程设计与安装为一体的著名企业集团。作为中国第一批饲料机械生产厂家，坚持创新驱动，坚持“国际化”“全球化”之路，2015年实现饲料机械全球市场占有率达到25%以上，还积极构建扬州、南京、欧洲三位一体的研发格局，实现由生产型公司向技术型、研发型公司的转变。同时，与美国的知名公司正展开合作，引进世界领先的饲料厂控制技术，实现智能化操作，从而大幅提高饲料厂的控制水平，推动中国饲料业达到国际一流水平。成为饲料机械领域全球第一品牌。

江苏正昌集团有限公司成立于1918年，是中国最大的以饲料工业为主体的饲料机械加工设备和整厂工程制造商，先后被授予“江苏省质量管理奖”“江苏省知识产权先进企业”“国家重点高新技术企业”“全国重信用守合同企业”“全国三十强企业”等多项荣誉称号。现已拥有3 600多家制粒机用户，6 000多台套各类专业制粒机，承建了各类工程1 600多座，工程项目涉及畜禽饲料，水产饲料及特种水产饲料、宠物饲料、牧草饲料、预混合饲料、浓缩饲料、酶蛋白生物饲料、啤酒花颗粒生产线、复混肥、物料仓储等。主导产品达到国际先进水平，全力打造饲料机械行业服务型供应商的企业形象，力争为社会经济和饲料工业的发展做出更大贡献。

布勒（常州）机械有限公司于2006年成立于江苏溧阳，布勒（常州）机械有限公司是布勒集团联系中国饲料工业客户的专门窗口。公司生产的主要单机设备有：粉碎机、超微粉碎机系列设备；配料秤、混合机系列设备；制粒机系列设备；膨化机、膨胀机系列设备；冷却机、碎粒机、分级筛系列设备；稳定器、干燥机、喷涂机、包装秤系列设备；牧草颗粒加工系列设备；牧草压块加工系列设备；积木式饲料加工机组；复合肥加工系列设备；清理、除铁、除尘系列设备；输送和其他通用设备。布勒（常州）机械有限公司每年都投入大量资金进行技术改造，包括从国外引进各种先进的机械加工设备；布勒集团的瑞士、德国、西班牙等各国技术专家定期来到公司，源自欧洲的技术和专业、贴心的服务为布勒（常州）产品打开了通向全球的大门。公司在与正大集团、希望集团、通威集团、伊利集团等大批国内客户开展广泛合作的同时，产品还成功地进入国际市场，除日本、越南、印度尼西亚、孟加拉国、马来西亚、伊朗等亚洲国家外，还远销美洲、欧洲、非洲等地，在全球范围内广受赞誉。

溧阳市裕达机械有限公司成立于2003年，通过了中国ISO 9001：2008质量管理体系认证、欧洲CE认证和SGS认证。是一家专业从事粮油饲料机械、牧草机械、肥料机械制造的高新技术企业，主要产品有生物质燃料颗粒机械和成套工程，其中部分设备产品已获得国家专利和国家高新技术产品认证，裕达专业生物质颗粒生产设备加工为现代清洁环保燃料颗粒。在农业、林业、工业和居民生活中有着广泛的应用潜力。

四川隆源机械有限公司创建于2010年，公司产品通过ISO 9001：2008国际质量体系认证。是一家集科学研究、生产销售，安装调试和售后服务为一体的饲料机械制造企业。主要研发生产饲料机械系列产品、成套饲料机组和设备易损配件，电气及工厂自动化控制工程及钢结构工程的设计和施工等。

四川光明众望畜牧机械有限公司是一家西部地区饲料加工设备研发与制造的主要专业企业。主要生产各类添加剂预混合饲料加工设备、浓缩饲料加工设备、配合饲料及全价颗粒饲料加工成套设备和粉碎、混合、提升、制粒等各种单机。现已形成中大型饲料加工成套设备的设计与生产能力。并且饲料加工成套设备常年出口越南、缅甸的生产制造商。国内销售二十余个省、市、自治区。

（陆泳霖　王欢）

秸秆养畜

我国人均耕地资源短缺，种草养畜条件有限，但秸秆资源丰富，适合草食动物消化利用。自1992年起，中央从促进资源综合利用、保障畜产品供给、节约粮食资源、保护生态环境的大局出发，作出大力推进秸秆养畜的战略决策。24年来，中央累计共投资16.9亿元，参与项目建设的县（市、区）超过900个。项目投资额度也由最初的1 000万元，逐渐增加到20世纪90年代中期的5 000万～6 000万。2011年，项目投资金额首次突破1亿元。2015年中央财政投资额为1.39亿元，支持建设示范项目70个。各级畜牧部门以提高秸秆饲用量、改善秸秆饲用品质为核心，20多年来坚持常抓不懈，不断创新工作思路，取得了显著成绩。

1. 秸秆养畜解决了饲草料不足的问题，有力支撑了牛羊养殖业发展。发展牛羊养殖，饲草料至关重要。2015年秸秆饲用总量达到2.2亿t，其中经过青贮、氨化微贮加工处理的比例达48%，有力支撑了农区牛羊养殖业发展。2015年，全国牛羊肉产量1 140.9万t，是1992年的3.8倍；奶产量3 754.7万t，是1992年的7.5倍。

2. 秸秆养畜减少了饲料粮消耗，有效缓解了粮食安全供给压力。在养殖业刚性增长和加速转型的推动下，我国配合饲料消耗量持续增长，玉米等能量饲料供应趋紧，优质蛋白质饲料原料主要依靠进口。未来粮食安全问题的核心是饲料粮，粮食消费增量大头在饲料、压力也主要在饲料。农作物生产过程中一半以上的能量积累在秸秆中，牛羊等草食动物能够有效利用。全国饲用的2.2亿t秸秆，按对牛羊的营养价值折算，相当于6 000万t饲料粮。2015年，全国反刍动物饲料产量884万t，仅占工业饲料总产量的4%，而牛羊肉占肉类总产的比例超过13%，再加上3 700多万t奶，节粮效果显著。

3. 秸秆养畜实现了变废为宝，同步提升了经济和生态效益。秸秆逐年再生，数量庞大，用则为宝，弃则成害。我国每年秸秆产量约9亿t，秸秆养畜利用的比例达25%。从经济效益看，普通秸秆按每吨收购价格400元计算，每年增加农业产值1 000亿元。再加上牛羊养殖增收，总体效益超过1 500亿元。秸秆养畜还是种养结合的有效途径，每年提供相当于1 400万t标准化肥的优质有机肥，为农业可持续发展创造了基础条件。从生态效益看，每年农作物倒茬时期，地方政府都要投入大量人财物制止秸秆焚烧。2.2亿t饲用的秸秆如果直接焚烧，将排放3.6亿t二氧化碳，造成严重的环境污染。在很多大城市郊区和机场、交通干道周边地区，通过大力发展秸秆养畜，很好地解决了秸秆集中焚烧问题。

（李大鹏）

搭建信息和技术交流平台助力行业转型升级

——饲料原料专业委员会2015年主要工作

中国饲料工业协会饲料原料专业委员会本着服务企业，为行业搭建信息和技术交流平台的宗旨，2015年在继续办好饲料原料论坛和国际玉米产业大会两大品牌会议的基础上，着力强化饲料行业技术交流，助力饲料行业转型升级。

1. 举办2015饲料原料论坛。在2013年以来连续成功举办两届饲料原料论坛的基础上，根据经济形势与行业特点，以新常态下我国宏观经济形势、畜牧饲料行业发展特点、大宗原料供需形势与价格走势、企业发展战略等行业热点和敏感问题为切入点，于2015中国饲料工业展览会期间在南京举办了2015饲料原料论坛。论坛邀请行业领导、国家统计局、国际行业协会、大型饲料企业等政策与市场一线权威专家，对2015年大宗饲料原料供需形势、国家宏观经济政策对原料贸易的影响、饲料和养殖业运行新特征、企业经营思维变革等热点焦点问题进行了多角度全方位的分析，为打造畜牧饲料经济增长新动力献计献策。此次论坛有500余名代表参加，参会人数再创新高，论坛吸引力和品牌效应凸显。

2. 举办第八届国际玉米产业发展大会。为帮助相关企业把握宏观经济形势、了解玉米产业政策、研判市场价格走势，2015年9月17日，协会与大连商品交易所合作举办的以“创新风险管理 助力转型升级”为主题的第八届国际玉米产业大会在武汉召开。协会广泛组织饲料生产企业积极参加，帮助企业了解和把握宏观经济形势，最大限度规避生产经营风险。来自政府相关部门、行业协会、产业链企业、金融投资、信息咨询等单位的700余位代表参加了会议。

3. 举办中美饲料技术交流活动。2015中国饲料工业展览会期间，与美国饲料工业协会（AFIA）联合举办中美饲料技术交流活动。美国饲料工业协会总裁Jeol Newman、中国饲料工业协会副秘书长沙玉圣分别代表两国行业协会致辞。中国工程院院士李德发、中国农业大学教授李胜利、美国伊利诺伊大学教授James Pettigrew博士和James Drackley博士等中美两国猪、奶牛营养权威专家就乳猪、犊牛营养和饲养管理、中国饲料原料数据库的研究进展进行专题报告。300余位畜牧饲料行业专业听众参加了交流活动。活动的举办有力促进了两国饲料行业技术优势互补和共同发展。

（王黎文）

不断强化服务能力 引领宠物食品行业健康发展

——宠物饲料专业委员会2015年主要工作

中国饲料工业协会宠物饲料专业委员会自2011年成立以来，在强化行业服务能力、推动宠物饲料领域标准化进程、加强国际交流合作方面开展了大量开创性工作。2015年，专委会工作又取得了新的进展。

1. 完成宠物饲料专业委员会换届。为充实力量，强化专委会的作用，2015年完成中国饲料工业协会宠物饲料专业委员的换届。第二届专委会以宠物食品生产企业为主体，涵盖宠物食品原料、宠物食品添加剂、宠物食品添加剂预混合饲料、宠物食品机械等全产业链生产和贸易企业以及专家学者，委员共计54人，沙玉圣任主任委员，林德贵、王黎文、夏兆飞、刘颖、许久任副主任委员。专委会在行业中的影响力不断壮大。

2. 稳步推进宠物食品领域标准制定。继《全价宠物食品 犬粮》和《全价宠物食品 猫粮》两个宠物食品产品标准发布以后，2015年专委会着力于《宠物食品标签》和《宠物食品卫生标准》2个宠物食品领域强制性国家标准的编制工作。为充分保证标准的科学性和适宜性，在7～8月将标准面向全社会公开征求意见，在此基础上又利用行业调研、第十八届亚洲宠物展等契机，通过走访和召开专题座谈会进一步听取企业意见，并多次召开讨论会对征集的意见进行分析研究，对两项标准进行了修改完善，目前标准已进入报批阶段。

3. 举办2015宠物饲料（食品）研讨会。为深化我国宠物食品领域的国际交流合作，继续举办2015宠物饲料（食品）国际研讨会。此次研讨会是自专委会成立以来举办的第三届国际研讨会，会议邀请中美欧宠物食品权威专家，就法规标准建设、宠物营养与配方设计、干粮加工技术、原料与生产过程控制等领域最新进展和实用技术与国内行业代表进行了交流，参会人数200余人。研讨会已经成为我国宠物食品行业国内外技术交流的高端平台。

4. 举办宠物食品企业电商运营交流活动。为充分利用专委会的资源优势，拓宽为委员服务的渠道，2015年12月专委会联合京东商城宠物频道共同举办宠物食品企业电商运营交流活动，帮助企业充分了解并利用好电商销售渠道，搭建宠物饲料（食品）企业与电商的交流平台。国内外宠物饲料（食品）生产企业的200余位代表参加了活动。

5. 开展宠物食品行业调研。为全面了解我国宠物食品行业发展现状，摸清行业底数，为行业管理和政策制定提出建议，2015年7、8月间开展了宠物食品行业调研，赴上海、河北、江苏、浙江、广东五个宠物食品集中产区，对20家不同性质、不同产品类型、不同规模的宠物食品生产企业进行了实地调研。通过实地考察、集中召开座谈会、发放调查问卷多种方式，了解了我国宠物食品行业现状，形成了调研报告。

（丁　健）

饲料添加剂和预混合饲料生产许可证管理

表 2－32　饲料添加剂生产许可证名单

企业名称	许可证编号	产品品种
焦作恒辉牧业有限公司	豫饲添（2015）T08016	德氏乳杆菌保加利亚亚种＋酿酒酵母；液态（德氏乳杆菌保加利亚亚种＋酿酒酵母）
深圳市绿泽生物科技有限公司	粤饲添（2015）T02001	枯草芽孢杆菌＋植物乳杆菌＋产朊假丝酵母；液态（植物乳杆菌＋产朊假丝酵母）
河南金百合生物科技股份有限公司	豫饲添（2015）T0520	嗜酸乳杆菌＋丁酸梭菌（固态、液态）；凝结芽孢杆菌＋丁酸梭菌（固态、液态）；丁酸梭菌（固态、液态）；嗜酸乳杆菌（固态、液态）；凝结芽孢杆菌（固态、液态）；枯草芽孢杆菌；地衣芽孢杆菌；产朊假丝酵母；沼泽红假单胞菌
成都华罗生物科技有限公司	川饲添（2015）T05005	4，7－二羟基异黄酮（大豆黄酮）
浙江中盛恒达生物科技有限公司	浙饲添（2015）T10001	dl-α-生育酚乙酸酯（包被）
烟台恒源生物股份有限公司	鲁饲添（2015）T06149	L-丙氨酸；天（门）冬氨酸；富马酸
北京桑普生物化学技术有限公司	京饲添（2015）T07009	L-抗坏血酸-2-磷酸酯；L-抗坏血酸（维生素 C）
北京英惠尔生物技术有限公司	京饲添（2015）T07011	L-抗坏血酸-2-磷酸酯；植酸酶
东北制药集团股份有限公司	辽饲添（2015）T01006	L-抗坏血酸钙、L-抗坏血酸钠
肇东星湖生物科技有限公司	黑饲添（2015）T12008	L-赖氨酸硫酸盐及其发酵副产物（产自谷氨酸棒杆菌、乳糖发酵短杆菌，L-赖氨酸含量不低于 51%）；L-苏氨酸；缬氨酸
长春大合生物技术开发有限公司	吉饲添（2015）T01006	L-赖氨酸硫酸盐及其发酵副产物（产自谷氨酸棒杆菌、乳糖发酵短杆菌，L-赖氨酸含量不低于 51%）；L-苏氨酸；L-赖氨酸盐酸盐
冀州市华阳化工有限责任公司	冀饲添（2015）T08002	L-赖氨酸盐酸盐；DL-蛋氨酸；L-苏氨酸；甘氨酸；L-丙氨酸

（续）

企业名称	许可证编号	产品品种
黑龙江成福生物科技有限公司	黑饲添（2015）T12009	L-赖氨酸盐酸盐；L-赖氨酸硫酸盐及其发酵副产物（产自谷氨酸棒杆菌、乳糖发酵短杆菌，L-赖氨酸含量不低于51%）；L-苏氨酸；L-色氨酸
冀州市华恒生物科技有限公司	冀饲添（2015）T08003	L-赖氨酸盐酸盐 DL-蛋氨酸甘氨酸
东北制药集团股份有限公司	辽饲添（2015）T01007	L-肉碱、L-肉碱盐酸盐
抚顺顺辉化工有限公司	辽饲添（2015）T04002	L-肉碱、L-肉碱盐酸盐
福建省沙县侨丹实业有限公司	闽饲添（2015）T08321	L-苏氨酸
福建和泉生物科技有限公司	闽饲添（2015）T09353	L-苏氨酸
河南巨龙生物工程股份有限公司	豫饲添（2015）T21018	L-苏氨酸；L-色氨酸；L-精氨酸；L-亮氨酸；L-组氨酸；谷氨酰胺；异亮氨酸；缬氨酸
山东丰银饲料科技有限公司	鲁饲添（2015）T13123	L-苏氨酸；核黄素（维生素 B_2）
大成生化科技（松原）有限公司	吉饲添（2015）T07001	L-苏氨酸；L-色氨酸
广西农垦明阳生化集团股份有限公司	桂饲添（2015）T01004	α-淀粉
广西大新荟力淀粉有限公司	桂饲添（2015）T01005	α-淀粉
聚祥（厦门）淀粉有限公司	闽饲添（2015）T02077	α-淀粉
海南东方大慧淀粉制品有限公司	琼饲添（2015）T08006	α-淀粉
山东尤特尔生物科技有限公司	鲁饲添（2015）T08176	β-葡聚糖酶（产自黑曲霉）；木聚糖酶（产自米曲霉）；纤维素酶（产自长柄木霉）；β-甘露聚糖酶（产自迟缓芽孢杆菌）；蛋白酶（产自枯草芽孢杆菌）；α-半乳糖苷酶（产自黑曲霉）；淀粉酶（产自米曲霉）；脂肪酶（产自黑曲霉）；果胶酶（产自黑曲霉）；植酸酶（产自黑曲霉）
武汉新华扬生物股份有限公司	鄂饲添（2015）T01002	β-葡聚糖酶；液态β-葡聚糖酶；β-甘露聚糖酶；液态β-甘露聚糖酶；纤维素酶；液态纤维素酶植酸酶；液态植酸酶；木聚糖酶；液态木聚糖酶；蛋白酶；液态蛋白酶；淀粉酶；液态淀粉酶；果胶酶；液态果胶酶；脂肪酶；液态脂肪酶；α-半乳糖苷酶；液态α-半乳糖苷酶；葡萄糖氧化酶；液态葡萄糖氧化酶；麦芽糖酶；液态麦芽糖酶；角蛋白酶；液态角蛋白酶；溶菌酶；液态溶菌酶；枯草芽孢杆菌；粪肠球菌；嗜酸乳杆菌；酿酒酵母；植物乳杆菌；屎肠球菌；戊糖片球菌；地衣芽孢杆菌；短小芽孢杆菌；侧孢短芽孢杆菌；凝结芽孢杆菌；黑曲霉；米曲霉；丁酸梭菌
湖州阳光饲料制造有限公司	浙饲添（2015）T05003	半胱胺盐酸盐（包被）
浙江明珠动物保健品有限公司	浙饲添（2015）T01001	半胱胺盐酸盐（包被）；dl-α-生育酚（包被）；L-抗坏血酸（维生素C）（包被）

（续）

企业名称	许可证编号	产品品种
山东省同泰维润化工有限公司	鲁饲添（2015）T04200	苯甲酸；苯甲酸钠；丙酸钙；丙酸钠
四川尚元精细化工有限责任公司	川饲添（2015）T01008	吡啶甲酸铬
南京扬子精细化工有限责任公司	苏饲添（2015）T01007	丙酸钙
湖北启明生物工程有限公司	鄂饲添（2015）T05002	侧孢短芽孢杆菌；枯草芽孢杆菌
湖南美可达生物资源有限公司	湘饲添（2015）T01006	茶多酚；4，7-二羟基异黄酮（大豆黄酮）
齐河龙昌生物科技有限公司	鲁饲添（2015）T14105	胆汁酸；杜仲叶提取物（有效成分为绿原酸、杜仲多糖、杜仲黄酮）
宁波它世界生物科技有限公司	浙饲添（2015）T02001	蛋氨酸羟基类似物钙盐
天津奥特奇生物制品有限公司	津饲添（2015）T04001	蛋白铜；蛋白铁；蛋白锌；蛋白锰；甘氨酸铜络（螯）合物；甘氨酸铁络（螯）合物；赖氨酸锌络（螯）合物；蛋氨酸锰络（螯）合物；酵母铬；尿素
宜宾雅泰生物科技有限公司	川饲添（2015）T12001	低聚木糖（木寡糖）
鹤壁市泰新科技有限公司	豫饲添（2015）T06017	低聚木糖（木寡糖）
山东仙普爱瑞科技股份有限公司	鲁饲添（2015）T07095	地衣芽孢杆菌；枯草芽孢杆菌
上海四季生物科技有限公司	沪饲添（2015）T04004	地衣芽孢杆菌；液态地衣芽孢杆菌；枯草芽孢杆菌；液态枯草芽孢杆菌；屎肠球菌；嗜酸乳杆菌；液态嗜酸乳杆菌
内蒙古科为博生物科技有限公司	蒙饲添（2015）T06011	淀粉酶（产自解淀粉芽孢杆菌）；α-半乳糖苷酶（产自黑曲霉）；纤维素酶（产自长柄木霉）；β-葡聚糖酶（产自黑曲霉）；葡萄糖氧化酶（产自黑曲霉）；脂肪酶（产自黑曲霉）；β-甘露聚糖酶（产自黑曲霉）；果胶酶（产自黑曲霉）；植酸酶（产自毕赤酵母）；蛋白酶（产自黑曲霉）；蛋白酶（产自枯草芽孢杆菌）；木聚糖酶（产自黑曲霉）
白银赛诺生物科技有限公司	甘饲添（2015）T00002	淀粉酶（产自枯草芽孢杆菌）；α-半乳糖苷酶（产自黑曲霉）；纤维素酶（产自长柄木霉）；β-葡聚糖酶（产自长柄木霉）；葡萄糖氧化酶（产自黑曲霉）；脂肪酶（产自黑曲霉）；β-甘露聚糖酶（产自长柄木霉）；植酸酶（产自毕赤酵母）；蛋白酶（产自枯草芽孢杆菌）；木聚糖酶（产自毕赤酵母）
山东奥博生物科技有限公司	鲁饲添（2015）T15100	淀粉酶（产自枯草芽孢杆菌、地衣芽孢杆菌）；液态淀粉酶（产自地衣芽孢杆菌、枯草芽孢杆菌）；液态β-甘露聚糖酶（产自迟缓芽孢杆菌）；β-甘露聚糖酶（产自迟缓芽孢杆菌）；植酸酶（产自黑曲霉）；液态植酸酶（产自黑曲霉）；木聚糖酶（产自长柄木霉、枯草芽孢杆菌）；液态木聚糖酶（产自长柄木霉、枯草芽孢杆菌）；纤维素酶（产自长柄木霉）；液态纤维素酶（产自长柄木霉）；蛋白酶（产自黑曲霉、枯草芽孢杆菌）；液态蛋白酶（产自黑曲霉、枯草芽孢杆菌）

（续）

企业名称	许可证编号	产品品种
沧州市圣源生物科技有限公司	冀饲添（2015）T07004	淀粉酶（枯草芽孢杆菌）；纤维素酶（长柄木霉）；液态纤维素酶（长柄木霉）；β-葡聚糖酶（长柄木霉）；β-甘露聚糖酶（迟缓芽孢杆菌）；果胶酶（黑曲霉）；木聚糖酶（长柄木霉）；蛋白酶（枯草芽孢杆菌）；植酸酶（黑曲霉）；葡萄糖氧化酶（特异青霉）；脂肪酶（黑曲霉）
朝阳华星生物工程有限公司	辽饲添（2015）T13001	淀粉酶；α-半乳糖苷酶；纤维素酶；β-葡聚糖酶、脂肪酶；植酸酶；蛋白酶；木聚糖酶；果胶酶；β-甘露聚糖酶；枯草芽孢杆菌；地衣芽孢杆菌；凝结芽孢杆菌；粪肠球菌
邢台思倍特生物科技有限公司	冀饲添（2015）T09003	淀粉酶；蛋白酶；地衣芽孢杆菌；枯草芽孢杆菌；嗜酸乳杆菌；酿酒酵母
龙岩新奥生物科技有限公司	闽饲添（2015）T07220	丁酸钠
湖北神舟化工有限公司	鄂饲添（2015）T07001	丁酸钠；吡啶甲酸铬；烟酸铬；富马酸亚铁；蛋氨酸锌络（螯）合物；甘氨酸铁络（螯）合物；柠檬黄；乙酰氧肟酸；4-氨基丁酸（γ-氨基丁酸）
张家界恒兴生物科技有限公司	湘饲添（2015）T08002	杜仲叶提取物（有效成分为绿原酸、杜仲多糖、杜仲黄酮）
山西同德化工股份有限公司	晋饲添（2015）T04001	二氧化硅
赢创嘉联白炭黑（南平）有限公司	闽饲添（2015）T09316	二氧化硅
安徽确成硅化学有限公司	皖饲添（2015）T12003	二氧化硅
广州中琦硅业有限公司	粤饲添（2015）T01013	二氧化硅
宜春强微生物科技有限公司	赣饲添（2015）T02003	粪肠球菌；屎肠球菌
南京苏科农业开发有限公司	苏饲添（2015）T01006	富马酸
安徽雪郎生物科技股份有限公司	皖饲添（2015）T03003	富马酸
中山市科佳力饲料发展有限公司	粤饲添（2015）T12001	富马酸亚铁；蛋氨酸铜络（螯）合物；蛋氨酸铁络（螯）合物；蛋氨酸锰络（螯）合物；蛋氨酸锌络（螯）合物；甘氨酸铜络（螯）合物；甘氨酸铁络（螯）合物；蛋氨酸铬；甘氨酸锌
四川隆达畜牧科技有限公司	川饲添（2015）T05009	富马酸亚铁；甲酸钙；甘氨酸铜络（螯）合物；甘氨酸铁络（螯）合物；甘氨酸锌；蛋氨酸锌络（螯）合物；蛋氨酸铜络（螯）合物；蛋氨酸锰络（螯）合物；羟基蛋氨酸类似物络（螯）合锌；羟基蛋氨酸类似物络（螯）合锰；羟基蛋氨酸类似物络（螯）合铜；蛋氨酸铁络（螯）合物
宁乡县佳源生物科技有限公司	湘饲添（2015）T01008	富马酸亚铁；硫酸亚铁；甘氨酸铜络（螯）合物；乳酸锌（α-羟基丙酸锌）；甘氨酸锌；蛋氨酸锌络（螯）合物；蛋氨酸铁络（螯）合物；蛋氨酸铜络（螯）合物；蛋氨酸锰络（螯）合物

（续）

企业名称	许可证编号	产品品种
石家庄泽兴氨基酸有限公司	冀饲添（2015）T01012	甘氨酸
成都永安制药有限公司	川饲添（2015）T01009	甘露寡糖
唐山拓普生物科技有限公司	冀饲添（2015）T05001	甘露寡糖；β-1，3-D-葡聚糖（源自酿酒酵母）
固安君德同创生物工程有限公司	冀饲添（2015）T06001	胍基乙酸
山东百龙创园生物科技有限公司	鲁饲添（2015）T14103	果寡糖；液态果寡糖
山东润德生物科技有限公司	鲁饲添（2015）T09133	肌醇
江西高信有机化工有限公司	赣饲添（2015）T05002	甲酸钙
淄博瑞宝化工有限公司	鲁饲添（2015）T03158	甲酸钙
山东宝源化工股份有限公司	鲁饲添（2015）T03170	甲酸钙
赤峰瑞阳化工有限公司	蒙饲添（2015）T06012	甲酸钙
湛江五洲生物工程有限公司	粤饲添（2015）T15003	酵母硒
广州博善生物科技股份有限公司	粤饲添（2015）T01011	酵母硒；酵母铬；蛋白铜；蛋白铁；蛋白锌；蛋白锰；氨基酸铜络合物（氨基酸来源于水解植物蛋白）；氨基酸锰络合物（氨基酸来源于水解植物蛋白）；氨基酸锌络合物（氨基酸来源于水解植物蛋白）；氨基酸铁络合物（氨基酸来源于水解植物蛋白）
安琪酵母（睢县）有限公司	豫饲添（2015）T13021	酵母硒酿酒酵母
领先生物农业股份有限公司	冀饲添（2015）T35001	壳寡糖（寡聚β-（1-4）-2-氨基-2-脱氧-D-葡萄糖）（n=2～10）
肇庆长龙生物科技有限公司	粤饲添（2015）T17003	壳寡糖（寡聚β-（1-4）-2-氨基-2-脱氧-D-葡萄糖）（n=2～10）
四川博思沃生物科技有限公司三台分公司	川饲添（2015）T06004	可食脂肪酸钙盐
江苏天石生物科技有限公司	苏饲添（2015）T02006	枯草芽孢杆菌
广州市欣海利生生物科技有限公司	粤饲添（2015）T01010	枯草芽孢杆菌
湛江大丰收生物科技有限公司	粤饲添（2015）T15002	枯草芽孢杆菌
北京好实沃生物技术有限公司	京饲添（2015）T12001	枯草芽孢杆菌；粪肠球菌、屎肠球菌
大连锦绣生物工程有限公司	辽饲添（2015）T02003	枯草芽孢杆菌；液态枯草芽孢杆菌
沈阳博善英胜生物技术有限公司	辽饲添（2015）T01002	枯草芽孢杆菌；液态枯草芽孢杆菌；地衣芽孢杆菌
广州市微生物研究所	粤饲添（2015）T01012	枯草芽孢杆菌；产朊假丝酵母；嗜酸乳杆菌；（嗜热链球菌＋德氏乳杆菌保加利亚亚种）
沧州康微生物技术有限公司	冀饲添（2015）T07007	枯草芽孢杆菌；地衣芽孢杆菌；产朊假丝酵母；嗜酸乳杆菌

（续）

企业名称	许可证编号	产品品种
济南诺能生物工程有限公司	鲁饲添（2015）T01091	枯草芽孢杆菌；地衣芽孢杆菌；嗜酸乳杆菌；液态嗜酸乳杆菌；粪肠球菌；液态粪肠球菌；酿酒酵母；米曲霉；凝结芽孢杆菌；侧孢短芽孢杆菌；黑曲霉；植酸酶（产自黑曲霉）；液态植酸酶（产自黑曲霉）；木聚糖酶（产自长柄木霉）；液态木聚糖酶（产自长柄木霉）；β-甘露聚糖酶（产自迟缓芽孢杆菌）；液态β-甘露聚糖酶（产自迟缓芽孢杆菌）；纤维素酶（产自长柄木霉）；液态纤维素酶（产自长柄木霉）；α-半乳糖苷酶（产自黑曲霉）；液态α-半乳糖苷酶（产自黑曲霉）；淀粉酶（产自枯草芽孢杆菌、地衣芽孢杆菌、米曲霉）；液态淀粉酶（产自地衣芽孢杆菌、枯草芽孢杆菌、米曲霉）；脂肪酶（产自黑曲霉）；蛋白酶（产自黑曲霉、枯草芽孢杆菌）；液态蛋白酶（产自黑曲霉、枯草芽孢杆菌）；葡萄糖氧化酶（产自黑曲霉）；角蛋白酶（产自地衣芽孢杆菌）；β-葡聚糖酶（产自长柄木霉）；液态β-葡聚糖酶（产自长柄木霉）；（β-甘露聚糖酶＋蛋白酶＋果胶酶＋α-半乳糖苷酶＋β-葡聚糖酶＋纤维素酶＋木聚糖酶）（产自黑曲霉）
沧州旺发生物技术研究所有限公司	冀饲添（2015）T07003	枯草芽孢杆菌；粪肠球菌；屎肠球菌；植物乳杆菌；乳酸片球菌；凝结芽孢杆菌；侧孢短芽孢杆菌；产朊假丝酵母；沼泽红假单胞菌；地衣芽孢杆菌；脂肪酶；木聚糖酶；纤维素酶；β-葡聚糖酶；果胶酶；植酸酶；蛋白酶；淀粉酶
高唐华农生物工程有限公司	鲁饲添（2015）T15122	枯草芽孢杆菌；粪肠球菌；嗜酸乳杆菌；地衣芽孢杆菌；酿酒酵母；凝结芽孢杆菌；黑曲霉；米曲霉；植物乳杆菌
武汉金禾科技发展有限公司	鄂饲添（2015）T01001	枯草芽孢杆菌；酿酒酵母
湖北省新兴地生物技术有限公司	鄂饲添（2015）T10001	枯草芽孢杆菌；酿酒酵母；粪肠球菌；屎肠球菌；嗜酸乳杆菌；黑曲霉；米曲霉
江苏苏微生态科技有限公司	苏饲添（2015）T06003	枯草芽孢杆菌；凝结芽孢杆菌；地衣芽孢杆菌
济南派瑞生物科技有限公司	鲁饲添（2015）T01184	枯草芽孢杆菌；嗜酸乳杆菌；液态嗜酸乳杆菌；产朊假丝酵母
西安乐道生物科技有限公司	陕饲添（2015）T01001	枯草芽孢杆菌；液态枯草芽孢杆菌；地衣芽孢杆菌；液态地衣芽孢杆菌；嗜酸乳杆菌；液态嗜酸乳杆菌；酿酒酵母；液态酿酒酵母
石家庄纯源生物科技有限公司	冀饲添（2015）T01011	枯草芽孢杆菌；液态枯草芽孢杆菌；嗜酸乳杆菌；酿酒酵母；液态酿酒酵母
湖州达威生物科技有限公司	浙饲添（2015）T05001	枯草芽孢杆菌；液态枯草芽孢杆菌；嗜酸乳杆菌；液态嗜酸乳杆菌
无锡市中意生物技术有限公司	苏饲添（2015）T02007	枯草芽孢杆菌；植物乳杆菌
河北东之星生物科技股份有限公司	冀饲添（2015）T10002	辣椒红天然叶黄素（源自万寿菊）

（续）

企业名称	许可证编号	产品品种
四川省绵竹市汉旺无机盐化工有限公司	川饲添（2015）T05006	磷酸；磷酸氢二钾；磷酸二氢钠；磷酸二氢钾；
四川威远鑫南化工有限公司	川饲添（2015）T09001	磷酸二氢钙
福泉市黔宇化工有限责任公司	黔饲添（2015）T04005	磷酸二氢钙
福泉市川福精细磷化工有限责任公司	黔饲添（2015）T04006	磷酸二氢钙
绵阳熙康实业有限公司	川饲添（2015）T06003	磷酸二氢钙；磷酸氢钙
四川省汉源化工总厂	川饲添（2015）T16001	磷酸二氢钙；磷酸氢钙
江苏润普食品科技股份有限公司	苏饲添（2015）T07006	磷酸二氢钾；丙酸钙；山梨酸钾；氯化钾
川恒生态科技有限公司	川饲添（2015）T05011	磷酸二氢钾；磷酸二氢钙
四川宏达股份有限公司	川饲添（2015）T05007	磷酸氢钙
四川绵竹三佳饲料有限责任公司	川饲添（2015）T05010	磷酸氢钙
安县路林磷化工有限公司	川饲添（2015）T06007	磷酸氢钙
云南铜业胜威化工有限公司	滇饲添（2015）T01021	磷酸氢钙
广西鑫益矿物饲料有限公司	桂饲添（2015）T08001	磷酸氢钙
辽宁西洋特肥有限责任公司	辽饲添（2015）T07001	磷酸氢钙
青州金通饲料有限公司	鲁饲添（2015）T07234	磷酸氢钙
山东亿嘉恒基生物科技有限公司	鲁饲添（2015）T13098	磷酸氢钙
湖北楚襄化工股份有限公司	鄂饲添（2015）T08001	磷酸氢钙；磷酸二氢钙
福泉市振华矿物饲料有限公司	黔饲添（2015）T04007	磷酸氢钙磷酸二氢钙
鞍山市兴达大地矿物质预混料有限公司	辽饲添（2015）T03003	硫酸镁；硫酸钠；氧化镁；氧化锌；硫酸铜；硫酸亚铁；硫酸锌；硫酸锰
营口菱镁化工集团有限公司	辽饲添（2015）T08001	硫酸镁；氧化镁
广元蜀星饲料矿物元素有限公司	川饲添（2015）T07002	硫酸锰
灵山长安化工矿业有限公司	桂饲添（2015）T07002	硫酸锰
邵阳天泉矿物饲料添加剂科技有限公司	湘饲添（2015）T05001	硫酸锰
邵阳三佳饲料添加剂有限公司	湘饲添（2015）T05002	硫酸锰
泸溪县顺天冶化有限责任公司	湘饲添（2015）T14002	硫酸锰
宜宾丰源盐业有限公司	川饲添（2015）T12002	硫酸钠；氯化钠
中盐枣阳盐化有限公司	鄂饲添（2015）T03001	硫酸钠；氯化钠
烟台东诚药业集团股份有限公司	鲁饲添（2015）T06096	硫酸软骨素
广东省博罗县湘澧精细化工有限公司	粤饲添（2015）T09004	硫酸铜
深圳市危险废物处理站有限公司	粤饲添（2015）T02002	硫酸铜；碱式氯化铜
衡阳市泰力微量元素生物科技有限公司	湘饲添（2015）T04009	硫酸铜；碱式氯化铜；硫酸锌；氧化锌；硫酸镁；硫酸亚铁

（续）

企业名称	许可证编号	产品品种
江西永惠实业有限公司	赣饲添（2015）T05003	硫酸铜；硫酸锌；硫酸锰；硫酸亚铁；硫酸镁
衡阳新金生物科技有限公司	湘饲添（2015）T04008	硫酸铜；硫酸锌；氧化锌；硫酸锰
诸城市康泰化工有限公司	鲁饲添（2015）T07216	硫酸铜；硫酸亚铁；硫酸锌；硫酸锰；碱式氯化铜；硫酸镁；碘化钾；氯化钴
汕头市金园精细化工厂有限公司	粤饲添（2015）T04001	硫酸铜；硫酸亚铁；硫酸锌；硫酸锰；氧化锌；磷酸二氢钾；硫酸钴；硫酸镁
江西春江科技有限公司	赣饲添（2015）T02002	硫酸铜；稀土（铈和镧）壳糖胺螯合盐；碘化钾；氯化钴；亚硒酸钠
上海华亭化工厂有限公司	沪饲添（2015）T02001	硫酸铜；氧化锌；硫酸钴；蛋氨酸铜络（螯）合物；蛋氨酸锌络（螯）合物；吡啶甲酸铬；甲酸钙；氯化钾
江西宝海微元再生科技股份有限公司	赣饲添（2015）T08001	硫酸锌
广西宏鑫生物科技有限公司	桂饲添（2015）T07003	硫酸锌
藤县中信化工有限公司	桂饲添（2015）T04001	硫酸亚铁
广西贺州建联生物科技有限公司	桂饲添（2015）T14002	硫酸亚铁
衡阳市中宝饲料科技有限公司	湘饲添（2015）T04010	硫酸亚铁；硫酸铜；碱式氯化铜；硫酸锌；硫酸镁
山东康泰化工有限公司	鲁饲添（2015）T08198	氯化胆碱
山东丰银饲料科技有限公司	鲁饲添（2015）T13907	氯化胆碱
杭州东楼生物营养有限公司	浙饲添（2015）T01004	氯化胆碱
济南华菱药业有限公司	鲁饲添（2015）T01175	氯化胆碱；液态氯化胆碱；甜菜碱盐酸盐
生物源生物技术（深圳）有限公司	粤饲添（2015）T02004	氯化钙
连云港景悦食品配料有限公司	苏饲添（2015）T07004	氯化钾
江苏紫东食品有限公司	苏饲添（2015）T07005	氯化钾
潍坊东元连海化工有限公司	鲁饲添（2015）T07113	氯化钾；氯化钠；氯化镁；硫酸镁
四川顺城盐品股份有限公司	川饲添（2015）T10002	氯化钠
四川乐山联峰有限责任公司犍为分公司	川饲添（2015）T10003	氯化钠
四川乐山联峰盐化有限责任公司井研分公司	川饲添（2015）T10004	氯化钠
四川省乐山联峰盐化有限责任公司大同分公司	川饲添（2015）T10005	氯化钠
四川南充顺城盐化有限责任公司	川饲添（2015）T11001	氯化钠
云南盐化股份有限公司昆明盐矿	滇饲添（2015）T01044	氯化钠
云南盐化股份有限公司普洱制盐分公司	滇饲添（2015）T07045	氯化钠
云南盐化股份有限公司乔后盐矿	滇饲添（2015）T13043	氯化钠

（续）

企业名称	许可证编号	产品品种
江西九二盐业有限责任公司	赣饲添（2015）T01001	氯化钠
沈阳市天地饲料有限公司	辽饲添（2015）T01004	氯化钠
大连盐化集团有限公司	辽饲添（2015）T02004	氯化钠
山东省广饶明华盐化有限责任公司	鲁饲添（2015）T05094	氯化钠
莱州海盛丰盐化有限公司	鲁饲添（2015）T06141	氯化钠
莱州市光明盐业有限公司	鲁饲添（2015）T06171	氯化钠
莱州市锦华成盐业有限公司	鲁饲添（2015）T06173	氯化钠
山东海环饲料科技有限公司	鲁饲添（2015）T07128	氯化钠
山东肥城精制盐厂	鲁饲添（2015）T09010	氯化钠
肥城胜利化工有限公司	鲁饲添（2015）T09193	氯化钠
青海乌金化工有限责任公司	青饲添（2015）T28001	氯化钠
中盐榆林盐化有限公司	陕饲添（2015）T10001	氯化钠
乌鲁木齐德鑫旺饲料添加剂有限公司	新饲添（2015）T01007	氯化钠
重庆合川盐化工业有限公司	渝饲添（2015）T17001	氯化钠
云阳盐化有限公司	渝饲添（2015）T35001	氯化钠
河南省平顶山神鹰盐业有限责任公司	豫饲添（2015）T04019	氯化钠
山东海化股份有限公司硫酸钾厂	鲁饲添（2015）T07048	氯化钠；氯化镁
湖南先伟实业有限公司	湘饲添（2015）T01005	没食子酸丙酯
湖南棓雅生物科技股份有限公司	湘饲添（2015）T12001	没食子酸丙酯
四川蓝海洋科技有限公司	川饲添（2015）T06006	苜蓿提取物（有效成分为苜蓿多糖、苜蓿黄酮、苜蓿皂甙）
新疆昇力生物科技有限责任公司	新饲添（2015）T42008	酿酒酵母
杭州果谷生物科技有限公司	浙饲添（2015）T01002	柠檬酸钙；乳酸钙；甲酸钙
湖南润邦生物工程有限公司	湘饲添（2015）T01007	凝结芽孢杆菌；枯草芽孢杆菌；产朊假丝酵母；酿酒酵母；副干酪乳杆菌；液态凝结芽孢杆菌；液态枯草芽孢杆菌；液态产朊假丝酵母；液态酿酒酵母；液态副干酪乳杆菌
福建中农牧生物药业有限公司	闽饲添（2015）T07317	牛至香酚；杜仲叶提取物（有效成分为绿原酸、杜仲多糖、杜仲黄酮）；淫羊藿提取物（有效成分为淫羊藿苷）
保定鲜尔康生物工程有限责任公司	冀饲添（2015）T02001	葡萄糖氧化酶
河北瑞新生物科技有限公司	冀饲添（2015）T01010	氰钴胺（维生素 B_{12}）

（续）

企业名称	许可证编号	产品品种
河北玉星生物工程有限公司	冀饲添（2015）T09004	氰钴胺（维生素 B_{12}）
宁夏金维制药股份有限公司	宁饲添（2015）T01799	氰钴胺（维生素 B_{12}）
浙江艾杰斯生物科技有限公司	浙饲添（2015）T07001	溶菌酶；酿酒酵母；液态酿酒酵母；枯草芽孢杆菌；液态枯草芽孢杆菌；凝结芽孢杆菌；液态凝结芽孢杆菌；侧孢短芽孢杆菌；液态侧孢短芽孢杆菌
四川畜科生物发展有限公司	川饲添（2015）T01006	乳酸锌（α-羟基丙酸锌）；烟酸铬；富马酸亚铁
山东昆达生物科技有限公司	鲁饲添（2015）T16161	山梨酸；山梨酸钾；烟酰胺
内蒙古普泽生物制品有限责任公司	蒙饲添（2015）T01010	嗜酸乳杆菌、干酪乳杆菌、植物乳杆菌、动物双歧杆菌
安阳华大饲料有限公司	豫饲添（2015）T05015	嗜酸乳杆菌；枯草芽孢杆菌；（嗜酸乳杆菌＋枯草芽孢杆菌）
连云港市通源生物科技有限公司	苏饲添（2015）T07003	双乙酸钠
内蒙古碱湖化工有限公司	蒙饲添（2015）T07013	碳酸氢钠
自贡鸿鹤化工股份有限公司	川饲添（2015）T02004	碳酸氢钠；磷酸氢钙
湖南微草生物饲料科技有限公司	湘饲添（2015）T03002	糖萜素（源自山茶籽饼）；液态枯草芽孢杆菌
浙江新维普添加剂有限公司	浙饲添（2015）T04001	天然叶黄素（包被）；虾青素（包被）；β-胡萝卜素（包被）；β，β-胡萝卜素-4，4-二酮（斑蝥黄）（包被）；dl-α-生育酚乙酸酯（包被）；（维生素 A＋维生素 D_3）（包被）；维生素 D_3（包被）；维生素 A 乙酸酯（包被）；D-生物素（包被）
广州广牧丰生物技术有限公司	粤饲添（2015）T01015	天然叶黄素（源自万寿菊）
晨光生物科技集团股份有限公司	冀饲添（2015）T10001	天然叶黄素（源自万寿菊）；辣椒红
佛山立达尔生物科技有限公司	粤饲添（2015）T05003	天然叶黄素（源自万寿菊）；辣椒红；β，β-胡萝卜素-4，4-二酮（斑蝥黄）；虾青素；β-胡萝卜素
北京昕大洋怀安科技发展有限公司	冀饲添（2015）T03001	甜菜碱；地衣芽孢杆菌；枯草芽孢杆菌；粪肠球菌；屎肠球菌；植物乳杆菌；酿酒酵母；凝结芽孢杆菌植酸酶（产自黑曲霉、毕赤酵母）；淀粉酶（产自枯草芽孢杆菌）；α-半乳糖苷酶（产自）；纤维素酶（产自长柄木霉）：β-葡聚糖酶（产自）；葡萄糖氧化酶（产自黑曲霉）；脂肪酶（产自黑曲霉、米曲霉）；β-甘露聚糖酶（产自迟缓芽孢杆菌）；果胶酶（产自黑曲霉）；蛋白酶（产自黑曲霉）；木聚糖酶（产自米曲霉、毕赤酵母）
农安旺泉饲料科技有限公司	吉饲添（2015）T01003	甜菜碱盐酸盐
山东新富莱生物科技有限公司	鲁饲添（2015）T06174	甜菜碱盐酸盐
巴斯夫维生素有限公司	辽饲添（2015）T01003	维生素 A 乙酸酯、dl-α-生育酚乙酸酯

（续）

企业名称	许可证编号	产品品种
帝斯曼维生素（上海）有限公司	沪饲添（2015）T09001	维生素A乙酸酯；dl-α-生育酚乙酸酯；盐酸吡哆醇（维生素 B_6）
肇庆巨元生化有限公司	粤饲添（2015）T17002	维生素A乙酸酯；β-胡萝卜素；D-生物素；β-阿朴-8'-胡萝卜素酸乙酯；β，β-胡萝卜素-4，4-二酮（斑蝥黄）；虾青素
杭州康德权饲料有限公司	浙饲添（2015）T01003	维生素C（包被）；氯化胆碱（包被）；L-赖氨酸盐酸盐（包被）；DL-蛋氨酸（包被）；L-苏氨酸（包被）；苯丙氨酸（包被）；氯化钙（包被）；氧化锌（包被）；富马酸亚铁（包被）；丁酸钠（包被）；半胱胺盐酸盐（包被）；磷酸（包被）；烟酸（包被）；（富马酸＋柠檬酸＋山梨酸＋苹果酸）（包被）；蛋白酶（包被）；尿素（包被）；溶菌酶（包被）；（枯草芽孢杆菌＋嗜酸乳杆菌）（包被）
山东同辉生物科技有限公司	鲁饲添（2015）T13121	维生素 D_3
东营天润生物科技有限责任公司	鲁饲添（2015）T05097	维生素 D_3；液态维生素 D_3
深圳市希科安实业有限公司	粤饲添（2015）T02003	稀土（铈和镧）壳糖胺螯合盐
山东高龙生物科技有限公司	鲁饲添（2015）T09197	纤维素酶（产自长柄木霉）；木聚糖酶（产自枯草芽孢杆菌）；β-葡聚糖酶（产自长柄木霉）；β-甘露聚糖酶（产自迟缓芽孢杆菌）；液态木聚糖酶（产自枯草芽孢杆菌）；液态纤维素酶（产自长柄木霉）；液态β-甘露聚糖酶（产自迟缓芽孢杆菌）；液态β-葡聚糖酶（产自长柄木霉）；枯草芽孢杆菌；液态枯草芽孢杆菌；地衣芽孢杆菌；凝结芽孢杆菌；酿酒酵母；粪肠球菌；液态嗜酸乳杆菌；液态沼泽红假单胞菌
山东苏柯汉生物工程股份有限公司	鲁饲添（2015）T07180	纤维素酶；蛋白酶；淀粉酶；枯草芽孢杆菌
宜昌东阳光药业股份有限公司	鄂饲添（2015）T05001	纤维素酶；液态纤维素酶；β-葡聚糖酶；液态β-葡聚糖酶；β-甘露聚糖酶；液态β-甘露聚糖酶；植酸酶；液态植酸酶；木聚糖酶；液态木聚糖酶
山东奔月生物科技有限公司	鲁饲添（2015）T05136	新甲基橙皮苷二氢查耳酮
梅州金柚康健康科技有限公司	粤饲添（2015）T08001	新甲基橙皮苷二氢查耳酮
山东华升化工科技有限公司	鲁饲添（2015）T13212	亚硫酸氢钠甲萘醌（维生素 K_3）；亚硫酸氢烟酰胺甲萘醌
兄弟科技股份有限公司	浙饲添（2015）T06001	亚硫酸氢钠甲萘醌（维生素 K_3）；亚硫酸氢烟酰胺甲萘醌；烟酰胺；烟酸
黄骅市津骅添加剂有限公司	冀饲添（2015）T07006	亚硒酸钠；碘酸钙；碘酸钾；碘化钾；硫酸钴；氯化钴；碳酸钴；氯化钾；吡啶甲酸铬；硫酸铜
天津亨天利化学有限公司	津饲添（2015）T03001	烟酸；烟酰胺
绵阳市新一美化工有限公司	川饲添（2015）T06005	烟酸铬；吡啶甲酸铬

（续）

企业名称	许可证编号	产品品种
凡特鲁斯特种化学品（南通）有限公司	苏饲添（2015）T06002	烟酰胺
浙江来益生物技术有限公司	浙饲添（2015）T04002	烟酰胺
河北亚诺生物科技股份有限公司	冀饲添（2015）T01014	烟酰胺；烟酸
吉林北沙制药有限公司	吉饲添（2015）T02001	烟酰胺烟酸叶酸
华中药业股份有限公司饲料添加剂分公司	鄂饲添（2015）T03002	盐酸吡哆醇（维生素 B_6）
岫岩满族自治县万友矿业有限公司	辽饲添（2015）T03002	氧化镁
江西广恒胶化科技有限公司	赣饲添（2015）T06003	氧化锌
石家庄寒鹰饲料有限公司	冀饲添（2015）T01016	氧化锌
桂阳瑞丰饲料有限公司	湘饲添（2015）T10001	氧化锌
湖南丰润生物科技有限公司	湘饲添（2015）T03003	氧化锌；硫酸铜；碘酸钙；碘化钾；亚硒酸钠；氯化钴；硫酸钴；氯化钾
宁夏京成天宝饲料添加剂有限公司	宁饲添（2015）T00066	氧化锌；硫酸锌
陕西凤县利德锌业有限公司	陕饲添（2015）T03001	氧化锌；硫酸锌
平江县吉成科技有限责任公司	湘饲添（2015）T06002	氧化锌；碳酸锌
河北科泰生物科技有限公司	冀饲添（2015）T01013	叶酸
河北圣耀化工有限公司	冀饲添（2015）T08004	叶酸
青岛华理琅新技术产业股份有限公司	鲁饲添（2015）T02221	叶酸
重庆市春瑞医药化工股份有限公司	渝饲添（2015）T12001	叶酸
重庆朗天制药有限公司	渝饲添（2015）T15001	叶酸
浙江大为药业有限公司	浙饲添（2015）T05002	叶酸
福建省海欣药业股份有限公司	闽饲添（2015）T01272	叶酸；dl-α-生育酚乙酸酯；液态 dl-α-生育酚乙酸酯
江西天新药业有限公司	赣饲添（2015）T07002	叶酸；硝酸硫胺（维生素 B_1）；盐酸硫胺（维生素 B_1）；盐酸吡哆醇（维生素 B_6）
电白县亚伯兰生物科技有限公司	粤饲添（2015）T16001	液态（酿酒酵母＋嗜酸乳杆菌）；液态（枯草芽孢杆菌＋嗜酸乳杆菌）
石家庄飞龙饲料有限公司	冀饲添（2015）T01015	液态丙酸铵
重庆民泰香料化工有限责任公司	渝饲添（2015）T08001	液态丙酸铵
河北凯特饲料有限公司	冀饲添（2015）T09005	液态甘油脂肪酸酯
扬子石化-巴斯夫有限责任公司	苏饲添（2015）T01005	液态甲酸；液态丙酸
大连三仪动物药品有限公司	辽饲添（2015）T02005	液态枯草芽孢杆菌；液态粪肠球菌

（续）

企业名称	许可证编号	产品品种
江苏绿科生物技术有限公司	苏饲添（2015）T10001	液态枯草芽孢杆菌；液态地衣芽孢杆菌；液态嗜酸乳杆菌；枯草芽孢杆菌；地衣芽孢杆菌；嗜酸乳杆菌；液态（枯草芽孢杆菌＋地衣芽孢杆菌）；液态（枯草芽孢杆菌＋嗜酸乳杆菌）；（枯草芽孢杆菌＋地衣芽孢杆菌）；（枯草芽孢杆菌＋嗜酸乳杆菌）
泰安市新众发生物技术有限公司	鲁饲添（2015）T09167	液态枯草芽孢杆菌；液态植物乳杆菌；液态酿酒酵母
宜兴特明科饲料添加剂有限公司	苏饲添（2015）T02009	液态氯化胆碱；氯化胆碱
青岛根源生物技术集团有限公司	鲁饲添（2015）T02320	液态木聚糖酶（产自长柄木霉）；木聚糖酶（产自长柄木霉、黑曲霉）；β-甘露聚糖酶（产自迟缓芽孢杆菌）；液态β-甘露聚糖酶（产自迟缓芽孢杆菌）；植酸酶（产自黑曲霉）；液态植酸酶（产自黑曲霉）；纤维素酶（产自长柄木霉）；液态纤维素酶（产自长柄木霉）；淀粉酶（产自枯草芽孢杆菌）；液态淀粉酶（产自枯草芽孢杆菌）；α-半乳糖苷酶（产自黑曲霉）；液态α-半乳糖苷酶（产自黑曲霉）；β-葡聚糖酶（产自长柄木霉）；液态β-葡聚糖酶（产自长柄木霉）；果胶酶（产自黑曲霉）；液态果胶酶（产自黑曲霉）；麦芽糖酶（产自枯草芽孢杆菌）；液态麦芽糖酶（产自枯草芽孢杆菌）；脂肪酶（产自黑曲霉）；液态脂肪酶（产自黑曲霉）；蛋白酶（产自枯草芽孢杆菌、黑曲霉）；液态蛋白酶（产自枯草芽孢杆菌、黑曲霉）；枯草芽孢杆菌；地衣芽孢杆菌；侧孢短芽孢杆菌；酿酒酵母；嗜酸乳杆菌；凝结芽孢杆菌
沧州市一德生物新技术研究所	冀饲添（2015）T07005	液态酿酒酵母
辽宁威兰生物技术有限责任公司	辽饲添（2015）T01005	液态凝结芽孢杆菌；凝结芽孢杆菌；液态沼泽红假单胞菌；枯草芽孢杆菌；葡萄糖氧化酶；液态葡萄糖氧化酶；液态枯草芽孢杆菌
山东信得科技股份有限公司	鲁饲添（2015）T07226	液态葡萄糖氧化酶（产自黑曲霉）；液态枯草芽孢杆菌；葡萄糖氧化酶（产自黑曲霉）；蛋白酶（产自枯草芽孢杆菌）；嗜酸乳杆菌；枯草芽孢杆菌
威海金牌生物科技股份有限公司	鲁饲添（2015）T10112	液态嗜酸乳杆菌
江苏科鼐生物制品有限公司	苏饲添（2015）T12002	液态天然维生素E
浙江花园生物高科股份有限公司	浙饲添（2015）T07002	液态维生素D_3；维生素D_3（包被）；25-羟基维生素D_3；25-羟基维生素D_3（包被）
浙江新和成股份有限公司	浙饲添（2015）T04003	液态维生素D_3；液态dl-α-生育酚乙酸酯
上海福达精细材料有限公司	沪饲添（2015）T04003	液态乙氧基喹啉
成都三友特种添加商品研究所	川饲添（2015）T01007	液态沼泽红假单胞菌
希杰（聊城）生物科技有限公司	鲁饲添（2015）T15126	液体L-赖氨酸（L-赖氨酸含量不低于50%）；L-赖氨酸盐酸盐；L-赖氨酸硫酸盐及其发酵副产物（产自谷氨酸棒杆菌、乳糖发酵短杆菌，L-赖氨酸含量不低于51%）；5’-肌苷酸二钠；5’-鸟苷酸二钠

（续）

企业名称	许可证编号	产品品种
宜兴市天石饲料有限公司	苏饲添（2015）T02005	乙氧基喹啉；甜菜碱；液态甜菜碱；甜菜碱（包被）；甜菜碱盐酸盐
湖南希尔天然药业有限公司	湘饲添（2015）T11002	淫羊藿提取物（有效成分为淫羊藿苷）
无锡正大生物股份有限公司	苏饲添（2015）T02008	淫羊藿提取物（有效成分为淫羊藿苷）；杜仲叶提取物（有效成分为绿原酸、杜仲多糖、杜仲黄酮）
天津挑战博德生物技术有限公司	津饲添（2015）T01001	植酸酶（产自黑曲霉）；淀粉酶（产自地衣芽孢杆菌）；木聚糖酶（产自黑曲霉）；β-甘露聚糖酶（产自黑曲霉）；葡萄糖氧化酶（产自黑曲霉）；α-半乳糖苷酶（产自黑曲霉）；纤维素酶（产自长柄木霉）；β-葡聚糖酶（产自黑曲霉）；果胶酶（产自黑曲霉）；蛋白酶（产自黑曲霉）；脂肪酶（产自黑曲霉）；液态植酸酶（产自黑曲霉）；液态淀粉酶（产自地衣芽孢杆菌）；液态木聚糖酶（产自黑曲霉）；液态β-甘露聚糖酶（产自黑曲霉）；液态葡萄糖氧化酶（产自黑曲霉）；液态α-半乳糖苷酶（产自黑曲霉）；液态纤维素酶（产自长柄木霉）；液态β-葡聚糖酶（产自黑曲霉）；液态果胶酶（产自黑曲霉）；液态蛋白酶（产自黑曲霉）；液态脂肪酶（产自黑曲霉）
广东溢多利生物科技股份有限公司	粤饲添（2015）T03001	植酸酶（产自黑曲霉）；木聚糖酶（产自长柄木霉）；β-甘露聚糖酶（产自长柄木霉）；蛋白酶（产自黑曲霉）；纤维素酶（产自长柄木霉）；淀粉酶（产自枯草芽孢杆菌）；脂肪酶（产自米曲霉）；β-葡聚糖酶（产自黑曲霉）；α-半乳糖苷酶（产自黑曲霉）；果胶酶（产自黑曲霉）；葡萄糖氧化酶（产自特异青霉）；角蛋白酶（产自地衣芽孢杆菌）；液态植酸酶（产自黑曲霉）；液态木聚糖酶（产自长柄木霉）；液态β-甘露聚糖酶（产自长柄木霉）；液态蛋白酶（产自黑曲霉）；液态纤维素酶（产自长柄木霉）；液态淀粉酶（产自枯草芽孢杆菌）；液态脂肪酶（产自米曲霉）；液态β-葡聚糖酶（产自黑曲霉）；液态果胶酶（产自黑曲霉）；凝结芽孢杆菌；粪肠球菌；屎肠球菌；德氏乳杆菌保加利亚亚种；枯草芽孢杆菌；地衣芽孢杆菌；产朊假丝酵母；酿酒酵母；嗜酸乳杆菌；植物乳杆菌

表 2－33　添加剂预混合饲料生产许可证名单

企业名称	许可证编号	产品品种
青岛王牌动物健康产品有限公司	鲁饲预（2015）02179	复合预混合饲料（宠物及特种动物）；液态复合预混合饲料（宠物及特种动物）
内江诺亚生物科技有限公司	川饲预（2015）09002	复合预混合饲料（畜禽水产）
四川集能农牧开发有限公司	川饲预（2015）18001	复合预混合饲料（畜禽水产）
武汉绿常青动物科技有限责任公司	鄂饲预（2015）01001	复合预混合饲料（畜禽水产）

（续）

企业名称	许可证编号	产品品种
武汉安佑饲料科技有限公司	鄂饲预（2015）01002	复合预混合饲料（畜禽水产）
武汉阳光饲料新技术有限公司	鄂饲预（2015）01005	复合预混合饲料（畜禽水产）
武汉市鼎丰生物工程技术有限公司	鄂饲预（2015）01006	复合预混合饲料（畜禽水产）
武汉芝华饲料科技有限公司	鄂饲预（2015）01008	复合预混合饲料（畜禽水产）
湖北多维生物科技有限公司	鄂饲预（2015）07002	复合预混合饲料（畜禽水产）
湖北赛格森生物科技有限公司	鄂饲预（2015）07003	复合预混合饲料（畜禽水产）
南昌加万福饲料有限公司	赣饲预（2015）00013	复合预混合饲料（畜禽水产）
南昌东海岸农牧发展有限公司	赣饲预（2015）00018	复合预混合饲料（畜禽水产）
江西旺大动物科技有限公司	赣饲预（2015）00020	复合预混合饲料（畜禽水产）
江西佳腾丰生物科技有限公司	赣饲预（2015）01007	复合预混合饲料（畜禽水产）
江西创欣饲料有限公司	赣饲预（2015）02003	复合预混合饲料（畜禽水产）
广西百大农业集团有限公司	桂饲预（2015）01005	复合预混合饲料（畜禽水产）
南宁市哆莱美生物饲料科技有限公司	桂饲预（2015）01006	复合预混合饲料（畜禽水产）
南宁市康红保生物科技有限公司	桂饲预（2015）01007	复合预混合饲料（畜禽水产）
广西南宁真源点畜牧有限公司	桂饲预（2015）01008	复合预混合饲料（畜禽水产）
广西南宁晶度农牧有限公司	桂饲预（2015）01011	复合预混合饲料（畜禽水产）
南宁艾格菲饲料有限公司	桂饲预（2015）01015	复合预混合饲料（畜禽水产）
北海创禾饲料有限公司	桂饲预（2015）05001	复合预混合饲料（畜禽水产）
贺州乐康动物营养饲料有限公司	桂饲预（2015）14001	复合预混合饲料（畜禽水产）
上海千里生物科技有限公司	沪饲预（2015）02006	复合预混合饲料（畜禽水产）
上海美嘉饲料有限公司	沪饲预（2015）04010	复合预混合饲料（畜禽水产）
上海新牧动物保健品有限公司	沪饲预（2015）04011	复合预混合饲料（畜禽水产）
上海新农饲料股份有限公司松江分公司	沪饲预（2015）04012	复合预混合饲料（畜禽水产）
上海众望饲料有限公司	沪饲预（2015）05004	复合预混合饲料（畜禽水产）
上海成农饲料有限公司	沪饲预（2015）07005	复合预混合饲料（畜禽水产）
吉林省来兴饲料有限公司	吉饲预（2015）01015	复合预混合饲料（畜禽水产）
吉林省金雨牧业科技有限公司	吉饲预（2015）01016	复合预混合饲料（畜禽水产）
四平市慧良牧业有限公司	吉饲预（2015）03003	复合预混合饲料（畜禽水产）
石家庄市栾城区九扬饲料有限公司	冀饲预（2015）01023	复合预混合饲料（畜禽水产）
石家庄博卓饲料有限公司	冀饲预（2015）01030	复合预混合饲料（畜禽水产）
保定市亘泰饲料有限公司	冀饲预（2015）02003	复合预混合饲料（畜禽水产）
河北德宇饲料科技有限公司	冀饲预（2015）02006	复合预混合饲料（畜禽水产）
承德普润生物制药有限公司	冀饲预（2015）04001	复合预混合饲料（畜禽水产）
河北京安饲料科技有限公司	冀饲预（2015）08002	复合预混合饲料（畜禽水产）
天津富民大宇饲料有限公司	津饲预（2015）01002	复合预混合饲料（畜禽水产）

（续）

企业名称	许可证编号	产品品种
天津诺信饲料有限公司	津饲预（2015）02005	复合预混合饲料（畜禽水产）
天津水世纪饲料有限公司	津饲预（2015）03001	复合预混合饲料（畜禽水产）
天津市百思买饲料有限公司	津饲预（2015）09002	复合预混合饲料（畜禽水产）
山西如亮饲料有限责任公司	晋饲预（2015）04001	复合预混合饲料（畜禽水产）
临猗县丰淋牧业有限公司	晋饲预（2015）11002	复合预混合饲料（畜禽水产）
山西劳博尔饲料有限公司	晋饲预（2015）11003	复合预混合饲料（畜禽水产）
北京挑战牧业科技股份有限公司	京饲预（2015）06080	复合预混合饲料（畜禽水产）
亚太兴牧（北京）科技有限公司	京饲预（2015）06083	复合预混合饲料（畜禽水产）
北京华牧伟业科技有限公司	京饲预（2015）06085	复合预混合饲料（畜禽水产）
北京一通科达生物技术有限公司	京饲预（2015）07065	复合预混合饲料（畜禽水产）
北京大公兴业农牧科技有限公司	京饲预（2015）07078	复合预混合饲料（畜禽水产）
北京和昌伟业饲料科技发展有限公司	京饲预（2015）08071	复合预混合饲料（畜禽水产）
北京牧达预混饲料有限责任公司	京饲预（2015）08072	复合预混合饲料（畜禽水产）
北京中农天成科技有限公司	京饲预（2015）09061	复合预混合饲料（畜禽水产）
北京绿摇饲料科技有限公司	京饲预（2015）11059	复合预混合饲料（畜禽水产）
北京瑞先农科技发展有限公司	京饲预（2015）11078	复合预混合饲料（畜禽水产）
沈阳傲农生物科技有限公司	辽饲预（2015）01007	复合预混合饲料（畜禽水产）
沈阳美神农牧科技有限公司	辽饲预（2015）01009	复合预混合饲料（畜禽水产）
沈阳双良饲料有限公司	辽饲预（2015）01010	复合预混合饲料（畜禽水产）
鞍山东来饲料有限公司	辽饲预（2015）03001	复合预混合饲料（畜禽水产）
鞍山市腾鳌东鹏饲料有限公司	辽饲预（2015）03004	复合预混合饲料（畜禽水产）
锦州市太和区锦诚之星饲料厂	辽饲预（2015）07004	复合预混合饲料（畜禽水产）
济南众粮饲料有限公司	鲁饲预（2015）01134	复合预混合饲料（畜禽水产）
青岛海兰饲料有限公司	鲁饲预（2015）02182	复合预混合饲料（畜禽水产）
青岛正康饲料有限公司	鲁饲预（2015）02219	复合预混合饲料（畜禽水产）
淄博六和科技饲料有限公司	鲁饲预（2015）03160	复合预混合饲料（畜禽水产）
潍坊紫鸢牧业发展有限公司	鲁饲预（2015）07192	复合预混合饲料（畜禽水产）
山东恒祥普惠农牧科技有限公司	鲁饲预（2015）07225	复合预混合饲料（畜禽水产）
山东众成饲料科技有限公司	鲁饲预（2015）09108	复合预混合饲料（畜禽水产）
山东金义和生物工程有限公司	鲁饲预（2015）09152	复合预混合饲料（畜禽水产）
泰安市新农方舟饲料有限公司	鲁饲预（2015）09233	复合预混合饲料（畜禽水产）
山东鲁源饲料有限公司	鲁饲预（2015）15168	复合预混合饲料（畜禽水产）
山东莱贝特饲料有限公司	鲁饲预（2015）16154	复合预混合饲料（畜禽水产）
临沂绿康生物科技有限公司	鲁饲预（2015）16190	复合预混合饲料（畜禽水产）
临沂市同盛德饲料有限公司	鲁饲预（2015）16215	复合预混合饲料（畜禽水产）
临沂正大饲料有限公司	鲁饲预（2015）16222	复合预混合饲料（畜禽水产）

（续）

企业名称	许可证编号	产品品种
福州天大饲料有限公司	闽饲预（2015）01012	复合预混合饲料（畜禽水产）
福建兴顺饲料有限公司	闽饲预（2015）01116	复合预混合饲料（畜禽水产）
福州光华百特饲料有限公司	闽饲预（2015）01203	复合预混合饲料（畜禽水产）
福建聚力生物科技有限公司	闽饲预（2015）01207	复合预混合饲料（畜禽水产）
厦门市凤来仪农牧技术有限公司	闽饲预（2015）02046	复合预混合饲料（畜禽水产）
炜光饲料（漳州）有限公司	闽饲预（2015）06067	复合预混合饲料（畜禽水产）
漳州市禾丰牧业有限公司	闽饲预（2015）06074	复合预混合饲料（畜禽水产）
福建旺大生物科技有限公司	闽饲预（2015）06157	复合预混合饲料（畜禽水产）
漳州金猪富饲料有限公司	闽饲预（2015）06225	复合预混合饲料（畜禽水产）
漳州德新远饲料有限公司	闽饲预（2015）06285	复合预混合饲料（畜禽水产）
漳州大新生物科技有限公司	闽饲预（2015）06328	复合预混合饲料（畜禽水产）
漳州大地生物技术有限公司	闽饲预（2015）06345	复合预混合饲料（畜禽水产）
龙岩市精创生物科技有限公司	闽饲预（2015）07334	复合预混合饲料（畜禽水产）
福建南平中大生物科技有限公司	闽饲预（2015）09205	复合预混合饲料（畜禽水产）
福建金新农饲料有限公司	闽饲预（2015）09209	复合预混合饲料（畜禽水产）
南平晟大饲料有限公司	闽饲预（2015）09213	复合预混合饲料（畜禽水产）
杨凌汇泰丰农发有限公司	陕饲预（2015）00004	复合预混合饲料（畜禽水产）
江苏省明天农牧科技有限公司	苏饲预（2015）01011	复合预混合饲料（畜禽水产）
凯帝曼饲料江苏有限公司	苏饲预（2015）01013	复合预混合饲料（畜禽水产）
徐州申江饲料有限公司	苏饲预（2015）03006	复合预混合饲料（畜禽水产）
江苏立华牧业股份有限公司	苏饲预（2015）04003	复合预混合饲料（畜禽水产）
苏州帝凯维动物营养有限公司	苏饲预（2015）05003	复合预混合饲料（畜禽水产）
嘉吉饲料（连云港）有限公司	苏饲预（2015）07002	复合预混合饲料（畜禽水产）
淮安市宏宇科技开发有限公司	苏饲预（2015）08004	复合预混合饲料（畜禽水产）
东台市新生饲料有限公司	苏饲预（2015）09013	复合预混合饲料（畜禽水产）
扬州市扬大饲料厂	苏饲预（2015）10004	复合预混合饲料（畜禽水产）
安徽正大畜禽新技术有限公司	皖饲预（2015）01013	复合预混合饲料（畜禽水产）
合肥亚博农牧有限公司	皖饲预（2015）01016	复合预混合饲料（畜禽水产）
安徽壮大饲料有限公司	皖饲预（2015）03001	复合预混合饲料（畜禽水产）
安徽天邦饲料科技有限公司	皖饲预（2015）05001	复合预混合饲料（畜禽水产）
安徽省正大源饲料集团有限公司	皖饲预（2015）06003	复合预混合饲料（畜禽水产）
安徽牧仕达饲料科技有限公司	皖饲预（2015）06004	复合预混合饲料（畜禽水产）
淮北天蓬饲料有限公司	皖饲预（2015）06005	复合预混合饲料（畜禽水产）
安徽申亚农牧科技股份有限公司	皖饲预（2015）10001	复合预混合饲料（畜禽水产）
安徽宏亮饲料科技有限公司	皖饲预（2015）10002	复合预混合饲料（畜禽水产）
安徽奎硕饲料有限公司	皖饲预（2015）10003	复合预混合饲料（畜禽水产）
安徽金牧饲料有限公司	皖饲预（2015）10004	复合预混合饲料（畜禽水产）

（续）

企业名称	许可证编号	产品品种
宣城木子禽业专业合作社	皖饲预（2015）14001	复合预混合饲料（畜禽水产）
长沙广业饲料科技有限公司	湘饲预（2015）01011	复合预混合饲料（畜禽水产）
长沙华普饲料有限公司	湘饲预（2015）01014	复合预混合饲料（畜禽水产）
长沙金土地饲料科技有限公司	湘饲预（2015）01015	复合预混合饲料（畜禽水产）
湖南惠众饲料科技有限公司	湘饲预（2015）01016	复合预混合饲料（畜禽水产）
长沙新起点生物科技有限公司	湘饲预（2015）01017	复合预混合饲料（畜禽水产）
湖南鑫广安农牧股份有限公司	湘饲预（2015）01019	复合预混合饲料（畜禽水产）
湖南华佑生物科技有限公司	湘饲预（2015）01020	复合预混合饲料（畜禽水产）
湖南树人牧业科技股份有限公司	湘饲预（2015）01021	复合预混合饲料（畜禽水产）
湖南昌业生物科技有限公司	湘饲预（2015）01023	复合预混合饲料（畜禽水产）
长沙市长农生物科技有限公司	湘饲预（2015）01025	复合预混合饲料（畜禽水产）
湖南浏阳河饲料有限公司	湘饲预（2015）01026	复合预混合饲料（畜禽水产）
岳阳康利农生物科技有限公司	湘饲预（2015）06002	复合预混合饲料（畜禽水产）
湖南盛东生物科技有限公司	湘饲预（2015）06003	复合预混合饲料（畜禽水产）
岳阳市新宏饲料有限公司	湘饲预（2015）06004	复合预混合饲料（畜禽水产）
湖南爱贝佳生物应用科技股份有限公司	湘饲预（2015）06005	复合预混合饲料（畜禽水产）
岳阳长江饲料有限公司	湘饲预（2015）06006	复合预混合饲料（畜禽水产）
湖南九鼎科技（集团）有限公司	湘饲预（2015）06007	复合预混合饲料（畜禽水产）
重庆民泰香料化工有限责任公司	渝饲预（2015）08001	复合预混合饲料（畜禽水产）
郑州鼎盛饲料有限公司	豫饲预（2015）01074	复合预混合饲料（畜禽水产）
郑州北牧大饲料有限公司	豫饲预（2015）01075	复合预混合饲料（畜禽水产）
河南通洲生物科技有限公司	豫饲预（2015）01078	复合预混合饲料（畜禽水产）
河南丰瑞生物科技有限公司	豫饲预（2015）01079	复合预混合饲料（畜禽水产）
郑州大德水产生物科技有限公司	豫饲预（2015）01085	复合预混合饲料（畜禽水产）
河南资源亿家饲料有限公司	豫饲预（2015）01086	复合预混合饲料（畜禽水产）
郑州市大北农饲料科技有限公司	豫饲预（2015）01087	复合预混合饲料（畜禽水产）
河南升元牧丰饲料有限公司	豫饲预（2015）01090	复合预混合饲料（畜禽水产）
河南泛亚农大饲料科技有限公司	豫饲预（2015）01099	复合预混合饲料（畜禽水产）
郑州天宇饲料科技有限公司	豫饲预（2015）01132	复合预混合饲料（畜禽水产）
开封市瑞得饲料有限公司	豫饲预（2015）02105	复合预混合饲料（畜禽水产）
洛阳市鲲鹏饲料有限公司	豫饲预（2015）03119	复合预混合饲料（畜禽水产）
河南省萌发科技有限责任公司	豫饲预（2015）05096	复合预混合饲料（畜禽水产）
安阳天合成饲料有限公司	豫饲预（2015）05097	复合预混合饲料（畜禽水产）
新乡市众富生物饲料有限公司	豫饲预（2015）07077	复合预混合饲料（畜禽水产）
新乡市天鹏饲料有限公司	豫饲预（2015）07095	复合预混合饲料（畜禽水产）

（续）

企业名称	许可证编号	产品品种
焦作恒辉牧业有限公司	豫饲预（2015）08081	复合预混合饲料（畜禽水产）
焦作市东方常安生物科技有限公司	豫饲预（2015）08110	复合预混合饲料（畜禽水产）
南阳华佑饲料有限公司	豫饲预（2015）13137	复合预混合饲料（畜禽水产）
南阳仲盛生物质能发电有限公司	豫饲预（2015）13144	复合预混合饲料（畜禽水产）
河南海创牧业有限公司	豫饲预（2015）16122	复合预混合饲料（畜禽水产）
西平县邦威牧业有限公司	豫饲预（2015）17083	复合预混合饲料（畜禽水产）
遂平县昌大饲料养殖有限公司	豫饲预（2015）17134	复合预混合饲料（畜禽水产）
河南宏翔生物科技有限公司	豫饲预（2015）21113	复合预混合饲料（畜禽水产）
广州市旺众饲料制造有限公司	粤饲预（2015）01026	复合预混合饲料（畜禽水产）
广州市猪王饲料有限公司	粤饲预（2015）01031	复合预混合饲料（畜禽水产）
广州市中富饲料科技有限公司	粤饲预（2015）01041	复合预混合饲料（畜禽水产）
广州市众望饲料有限公司	粤饲预（2015）01042	复合预混合饲料（畜禽水产）
广州格拉姆生物科技有限公司	粤饲预（2015）01052	复合预混合饲料（畜禽水产）
广州农信饲料有限公司	粤饲预（2015）01054	复合预混合饲料（畜禽水产）
广州科太饲料科技有限公司	粤饲预（2015）01055	复合预混合饲料（畜禽水产）
深圳比利美英伟生物技术股份有限公司	粤饲预（2015）02003	复合预混合饲料（畜禽水产）
深圳市农牧实业有限公司饲料分公司	粤饲预（2015）02008	复合预混合饲料（畜禽水产）
深圳市奇可大生物科技有限公司	粤饲预（2015）02009	复合预混合饲料（畜禽水产）
深圳市顺然饲料有限公司	粤饲预（2015）02011	复合预混合饲料（畜禽水产）
河源市瑞昌饲料有限公司	粤饲预（2015）07001	复合预混合饲料（畜禽水产）
梅州市丰泰饲料科技有限公司	粤饲预（2015）08001	复合预混合饲料（畜禽水产）
惠州市南牧饲料有限公司	粤饲预（2015）09002	复合预混合饲料（畜禽水产）
东莞正大康地饲料有限公司	粤饲预（2015）11004	复合预混合饲料（畜禽水产）
东莞市远方生物科技有限公司	粤饲预（2015）11008	复合预混合饲料（畜禽水产）
广东汇海农牧科技集团有限公司	粤饲预（2015）13003	复合预混合饲料（畜禽水产）
佛山市顺德区顺康动物营养饲料有限公司	粤饲预（2015）22003	复合预混合饲料（畜禽水产）
广东养宝生物制药有限公司	粤饲预（2015）22004	复合预混合饲料（畜禽水产）
佛山市顺德区喜德宝企业有限公司	粤饲预（2015）22006	复合预混合饲料（畜禽水产）
佛山市顺德区容大饲料有限公司	粤饲预（2015）22007	复合预混合饲料（畜禽水产）
杭州润琪饲料科技有限公司	浙饲预（2015）01001	复合预混合饲料（畜禽水产）
宁波市明星饲料有限公司	浙饲预（2015）02002	复合预混合饲料（畜禽水产）
嘉兴红太阳饲料有限公司	浙饲预（2015）06001	复合预混合饲料（畜禽水产）
浙江欣欣饲料股份有限公司	浙饲预（2015）06002	复合预混合饲料（畜禽水产）

（续）

企业名称	许可证编号	产品品种
丹棱北农大生物科技有限公司	川饲预（2015）17002	复合预混合饲料（畜禽水产、宠物及特种动物）
昆明帝普生物技术有限公司	滇饲预（2015）01016	复合预混合饲料（畜禽水产、宠物及特种动物）
哈尔滨富康牧业有限公司	黑饲预（2015）01011	复合预混合饲料（畜禽水产、宠物及特种动物）
哈尔滨市联丰饲料有限公司	黑饲预（2015）01020	复合预混合饲料（畜禽水产、宠物及特种动物）
天津正大康生物技术有限公司	津饲预（2015）04002	复合预混合饲料（畜禽水产、宠物及特种动物）
北京久盈天生物科技有限公司	京饲预（2015）10062	复合预混合饲料（畜禽水产、宠物及特种动物）
北京大北农科技集团股份有限公司	京饲预（2015）11066	复合预混合饲料（畜禽水产、宠物及特种动物）
沈阳市海德威牧业有限公司	辽饲预（2015）01012	复合预混合饲料（畜禽水产、宠物及特种动物）
山东开心牧场饲料有限公司	鲁饲预（2015）01107	复合预混合饲料（畜禽水产、宠物及特种动物）
济南新星饲料有限公司	鲁饲预（2015）01156	复合预混合饲料（畜禽水产、宠物及特种动物）
莒县永康动物保健品厂	鲁饲预（2015）11210	复合预混合饲料（畜禽水产、宠物及特种动物）
得利斯（莱芜）畜牧科技有限公司	鲁饲预（2015）12199	复合预混合饲料（畜禽水产、宠物及特种动物）
临沂市布恩饲料有限公司	鲁饲预（2015）16172	复合预混合饲料（畜禽水产、宠物及特种动物）
山东天德圣邦动物营养有限公司	鲁饲预（2015）16214	复合预混合饲料（畜禽水产、宠物及特种动物）
菏泽鲁衡饲料有限公司	鲁饲预（2015）17195	复合预混合饲料（畜禽水产、宠物及特种动物）
山东曼普动物营养有限公司	鲁饲预（2015）01202	复合预混合饲料（畜禽水产、宠物及特种动物）；液态复合预混合饲料（畜禽水产、反刍动物、宠物及特种动物）
昆明华曦饲料有限公司	滇饲预（2015）01008	复合预混合饲料（畜禽水产、反刍动物）
云南云大饲料有限公司	滇饲预（2015）01015	复合预混合饲料（畜禽水产、反刍动物）
云南快大多畜牧科技有限公司	滇饲预（2015）03010	复合预混合饲料（畜禽水产、反刍动物）
宜昌天佑饲料有限公司	鄂饲预（2015）05001	复合预混合饲料（畜禽水产、反刍动物）
广西南宁市宝都畜牧科技有限公司	桂饲预（2015）01010	复合预混合饲料（畜禽水产、反刍动物）
上海新杨饲料工业有限公司	沪饲预（2015）02005	复合预混合饲料（畜禽水产、反刍动物）
上海澳斯菲德牧业科技有限公司	沪饲预（2015）04014	复合预混合饲料（畜禽水产、反刍动物）
上海双元饲料科技有限公司	沪饲预（2015）06003	复合预混合饲料（畜禽水产、反刍动物）
吉林市映山红饲料有限公司	吉饲预（2015）02003	复合预混合饲料（畜禽水产、反刍动物）
石家庄市中亚饲料有限公司	冀饲预（2015）01021	复合预混合饲料（畜禽水产、反刍动物）
石家庄天牧生物科技有限公司	冀饲预（2015）01024	复合预混合饲料（畜禽水产、反刍动物）
河北海金生物饲料有限公司	冀饲预（2015）01032	复合预混合饲料（畜禽水产、反刍动物）
邢台梦成饲料有限公司	冀饲预（2015）09003	复合预混合饲料（畜禽水产、反刍动物）
天津五岳饲料有限公司	津饲预（2015）02001	复合预混合饲料（畜禽水产、反刍动物）
天津中腾牧业有限公司	津饲预（2015）02003	复合预混合饲料（畜禽水产、反刍动物）
天津禾普饲料有限公司	津饲预（2015）02006	复合预混合饲料（畜禽水产、反刍动物）
中牧实业股份有限公司天津华罗预混饲料厂	津饲预（2015）03002	复合预混合饲料（畜禽水产、反刍动物）
天津市爱都饲料有限公司	津饲预（2015）07001	复合预混合饲料（畜禽水产、反刍动物）

（续）

企业名称	许可证编号	产品品种
奥为（天津）环保科技有限公司	津饲预（2015）07002	复合预混合饲料（畜禽水产、反刍动物）
天津市启悦饲料有限责任公司	津饲预（2015）09001	复合预混合饲料（畜禽水产、反刍动物）
太原康牧科技有限公司	晋饲预（2015）01001	复合预混合饲料（畜禽水产、反刍动物）
山西禾木生物科技有限公司	晋饲预（2015）06003	复合预混合饲料（畜禽水产、反刍动物）
山西立达饲料科技有限公司	晋饲预（2015）06004	复合预混合饲料（畜禽水产、反刍动物）
沁水县源通饲料有限公司	晋饲预（2015）09001	复合预混合饲料（畜禽水产、反刍动物）
北京三元禾丰牧业有限公司	京饲预（2015）06086	复合预混合饲料（畜禽水产、反刍动物）
北京九州大地生物技术集团股份有限公司	京饲预（2015）08073	复合预混合饲料（畜禽水产、反刍动物）
英联饲料（辽宁）有限公司	辽饲预（2015）03002	复合预混合饲料（畜禽水产、反刍动物）
内蒙古凯嘉生物技术有限责任公司	蒙饲预（2015）01009	复合预混合饲料（畜禽水产、反刍动物）
内蒙古广业牧丰生物科技有限责任公司	蒙饲预（2015）01012	复合预混合饲料（畜禽水产、反刍动物）
杨凌双实农牧发展有限公司	陕饲预（2015）00006	复合预混合饲料（畜禽水产、反刍动物）
西安九州大地农牧发展有限公司	陕饲预（2015）01005	复合预混合饲料（畜禽水产、反刍动物）
江苏盛大生物科技有限公司	苏饲预（2015）06011	复合预混合饲料（畜禽水产、反刍动物）
江苏卜蜂饲料科技有限公司	苏饲预（2015）06015	复合预混合饲料（畜禽水产、反刍动物）
泰州市正中饲料有限公司	苏饲预（2015）12002	复合预混合饲料（畜禽水产、反刍动物）
安徽金格力生物科技有限公司	皖饲预（2015）01015	复合预混合饲料（畜禽水产、反刍动物）
湖南美龙饲料科技有限公司	湘饲预（2015）01024	复合预混合饲料（畜禽水产、反刍动物）
湖南蒙生生物科技股份有限公司	湘饲预（2015）03004	复合预混合饲料（畜禽水产、反刍动物）
新疆伊宁保健饲料有限公司	新饲预（2015）40004	复合预混合饲料（畜禽水产、反刍动物）
郑州天福牧业饲料有限公司	豫饲预（2015）01100	复合预混合饲料（畜禽水产、反刍动物）
河南诺富特饲料有限公司	豫饲预（2015）01108	复合预混合饲料（畜禽水产、反刍动物）
河南亿万中元生物技术有限公司	豫饲预（2015）01126	复合预混合饲料（畜禽水产、反刍动物）
河南亿万饲料有限公司	豫饲预（2015）01137	复合预混合饲料（畜禽水产、反刍动物）
平顶山市九州同心饲料有限公司	豫饲预（2015）04123	复合预混合饲料（畜禽水产、反刍动物）
河南精华饲料有限公司	豫饲预（2015）07102	复合预混合饲料（畜禽水产、反刍动物）
新乡市金诺饲料有限公司	豫饲预（2015）07104	复合预混合饲料（畜禽水产、反刍动物）
新乡市快佳饲料有限公司	豫饲预（2015）07107	复合预混合饲料（畜禽水产、反刍动物）
新乡市中原康地饲料有限公司	豫饲预（2015）07128	复合预混合饲料（畜禽水产、反刍动物）
舞阳金牧源饲料有限公司	豫饲预（2015）11089	复合预混合饲料（畜禽水产、反刍动物）
新野县千里生物科技有限公司	豫饲预（2015）13082	复合预混合饲料（畜禽水产、反刍动物）
河南正本清源科技发展股份有限公司	豫饲预（2015）14133	复合预混合饲料（畜禽水产、反刍动物）
河南金源饲料有限公司	豫饲预（2015）17141	复合预混合饲料（畜禽水产、反刍动物）
永城市正佳饲料有限责任公司	豫饲预（2015）22094	复合预混合饲料（畜禽水产、反刍动物）
浙江科盛饲料股份有限公司	浙饲预（2015）04002	复合预混合饲料（畜禽水产、反刍动物）

（续）

企业名称	许可证编号	产品品种
曲靖友美动物食品有限公司	滇饲预（2015）02011	复合预混合饲料（畜禽水产、反刍动物、宠物及特种动物）
吉林省明天饲料有限公司	吉饲预（2015）03005	复合预混合饲料（畜禽水产、反刍动物、宠物及特种动物）
石家庄华耀牧业有限公司	冀饲预（2015）01027	复合预混合饲料（畜禽水产、反刍动物、宠物及特种动物）
唐山兴牧源饲料有限公司	冀饲预（2015）05002	复合预混合饲料（畜禽水产、反刍动物、宠物及特种动物）
唐山农道众成饲料有限公司	冀饲预（2015）05003	复合预混合饲料（畜禽水产、反刍动物、宠物及特种动物）
河北禾嘉牧业有限公司	冀饲预（2015）05004	复合预混合饲料（畜禽水产、反刍动物、宠物及特种动物）
唐山美佳饲料有限公司	冀饲预（2015）05005	复合预混合饲料（畜禽水产、反刍动物、宠物及特种动物）
廊坊聚慧饲料有限公司	冀饲预（2015）06004	复合预混合饲料（畜禽水产、反刍动物、宠物及特种动物）
天津牧佳饲料有限公司	津饲预（2015）02007	复合预混合饲料（畜禽水产、反刍动物、宠物及特种动物）
北京桑普科澳饲料有限责任公司	京饲预（2015）07080	复合预混合饲料（畜禽水产、反刍动物、宠物及特种动物）
辽宁正成农牧科技有限公司	辽饲预（2015）01015	复合预混合饲料（畜禽水产、反刍动物、宠物及特种动物）
山东菁华农牧发展有限公司	鲁饲预（2015）07159	复合预混合饲料（畜禽水产、反刍动物、宠物及特种动物）
艾地盟动物保健及营养（南京）有限公司	苏饲预（2015）01009	复合预混合饲料（畜禽水产、反刍动物、宠物及特种动物）
上海申炎饲料有限公司	沪饲预（2015）06004	复合预混合饲料（反刍动物）
上海光明荷斯坦牧业有限公司	沪饲预（2015）06005	复合预混合饲料（反刍动物）
长春皓月饲料有限公司	吉饲预（2015）01011	复合预混合饲料（反刍动物）
保定伊和生物科技有限责任公司	冀饲预（2015）02005	复合预混合饲料（反刍动物）
北京永和荣达饲料有限公司邯郸分公司	冀饲预（2015）10002	复合预混合饲料（反刍动物）
大成永康营养技术（天津）有限公司	津饲预（2015）05001	复合预混合饲料（反刍动物）
现代牧业（商河）饲料有限公司	鲁饲预（2015）01229	复合预混合饲料（反刍动物）
内蒙古牧泉元兴饲料有限责任公司	蒙饲预（2015）01011	复合预混合饲料（反刍动物）

（续）

企业名称	许可证编号	产品品种
北京永和荣达饲料有限公司磴口分公司	蒙饲预（2015）08014	复合预混合饲料（反刍动物）
宜宾众恩饲料有限公司	川饲预（2015）12001	微量元素预混合饲料（畜禽水产）
江西省元昌工业有限公司	赣饲预（2015）06004	微量元素预混合饲料（畜禽水产）
黄骅市津骅添加剂有限公司	冀饲预（2015）07001	微量元素预混合饲料（畜禽水产）
北京强大浓缩饲料有限责任公司	京饲预（2015）09062	微量元素预混合饲料（畜禽水产）
衡阳市华地饲料添加剂有限公司	湘饲预（2015）04001	微量元素预混合饲料（畜禽水产）
广州隆达饲料有限公司	粤饲预（2015）01046	微量元素预混合饲料（畜禽水产）
广州和牧饲料科技有限公司	粤饲预（2015）01060	微量元素预混合饲料（畜禽水产）
中山市科佳力饲料发展有限公司	粤饲预（2015）12003	微量元素预混合饲料（畜禽水产）
四川金太阳畜牧饲料集团有限公司	川饲预（2015）06003	微量元素预混合饲料（畜禽水产）；复合预混合饲料（畜禽水产）
广西兴腾科生物饲料有限公司	桂饲预（2015）01013	微量元素预混合饲料（畜禽水产）；复合预混合饲料（畜禽水产）
石家庄海贝饲料科技有限公司	冀饲预（2015）01035	微量元素预混合饲料（畜禽水产）；复合预混合饲料（畜禽水产）
河北瑞高动物药业有限公司	冀饲预（2015）02004	微量元素预混合饲料（畜禽水产）；复合预混合饲料（畜禽水产）
河北乐寿农牧集团股份有限公司	冀饲预（2015）07003	微量元素预混合饲料（畜禽水产）；复合预混合饲料（畜禽水产）
沈阳天康瑞孚饲料科技有限公司	辽饲预（2015）01008	微量元素预混合饲料（畜禽水产）；复合预混合饲料（畜禽水产）
湖南德邦百嘉生物科技有限公司	湘饲预（2015）01022	微量元素预混合饲料（畜禽水产）；复合预混合饲料（畜禽水产）
益阳金山生物饲料科技有限公司	湘饲预（2015）09001	微量元素预混合饲料（畜禽水产）；复合预混合饲料（畜禽水产）
开封伟嘉生物技术有限公司	豫饲预（2015）02116	微量元素预混合饲料（畜禽水产）；复合预混合饲料（畜禽水产）
广州市正百饲料科技有限公司	粤饲预（2015）01025	微量元素预混合饲料（畜禽水产）；复合预混合饲料（畜禽水产）
广州白云华南生物科技有限公司	粤饲预（2015）01043	微量元素预混合饲料（畜禽水产）；复合预混合饲料（畜禽水产）
广州市畜宝饲料有限公司	粤饲预（2015）01047	微量元素预混合饲料（畜禽水产）；复合预混合饲料（畜禽水产）

（续）

企业名称	许可证编号	产品品种
杭州后秀饲料有限公司	浙饲预（2015）01005	微量元素预混合饲料（畜禽水产）；复合预混合饲料（畜禽水产）
宁波市鄞州康盛饲料有限公司	浙饲预（2015）02001	微量元素预混合饲料（畜禽水产）；复合预混合饲料（畜禽水产）
嘉兴德邦生物科技有限公司	浙饲预（2015）06003	微量元素预混合饲料（畜禽水产）；复合预混合饲料（畜禽水产）
南通荣达生物科技有限公司	苏饲预（2015）06010	微量元素预混合饲料（畜禽水产）；复合预混合饲料（畜禽水产、反刍动物）
南通大正牧业有限公司	苏饲预（2015）06012	微量元素预混合饲料（畜禽水产）；复合预混合饲料（畜禽水产、反刍动物）
威海农佳福饲料有限公司	鲁饲预（2015）10111	微量元素预混合饲料（畜禽水产、宠物及特种动物）；复合预混合饲料（畜禽水产、宠物及特种动物）
杭州宝积生物科技有限公司	浙饲预（2015）01007	微量元素预混合饲料（畜禽水产、宠物及特种动物）；复合预混合饲料（畜禽水产、宠物及特种动物）
江西春江科技有限公司	赣饲预（2015）02002	微量元素预混合饲料（畜禽水产、反刍动物）
长春新成饲料有限公司	吉饲预（2015）01009	微量元素预混合饲料（畜禽水产、反刍动物）
西安易发饲料科技有限公司	陕饲预（2015）01001	微量元素预混合饲料（畜禽水产、反刍动物）
四川省绵阳市恒力通企业有限责任公司	川饲预（2015）06004	微量元素预混合饲料（畜禽水产、反刍动物）；复合预混合饲料（畜禽水产）
四川天农饲料有限公司	川饲预（2015）08002	微量元素预混合饲料（畜禽水产、反刍动物）；复合预混合饲料（畜禽水产）
张掖市迪高维尔生物科技有限公司	甘饲预（2015）00009	微量元素预混合饲料（畜禽水产、反刍动物）；复合预混合饲料（畜禽水产、反刍动物）
康地饲料（天津）有限公司	津饲预（2015）06001	微量元素预混合饲料（畜禽水产、反刍动物）；复合预混合饲料（畜禽水产、反刍动物）
湖南华大饲料有限公司	湘饲预（2015）01012	微量元素预混合饲料（畜禽水产、反刍动物）；复合预混合饲料（畜禽水产、反刍动物）
长沙兴嘉生物工程股份有限公司	湘饲预（2015）01027	微量元素预混合饲料（畜禽水产、反刍动物）；复合预混合饲料（畜禽水产、反刍动物）
河南大畜牧业生物科技有限公司	豫饲预（2015）01117	微量元素预混合饲料（畜禽水产、反刍动物）；复合预混合饲料（畜禽水产、反刍动物）
安阳中农健泰饲料有限公司	豫饲预（2015）05129	微量元素预混合饲料（畜禽水产、反刍动物）；复合预混合饲料（畜禽水产、反刍动物）
哈尔滨德邦鼎立生物科技有限公司	黑饲预（2015）01018	微量元素预混合饲料（畜禽水产、反刍动物、宠物及特种动物）
鞍山市兴达大地矿物质预混料有限公司	辽饲预（2015）03006	微量元素预混合饲料（畜禽水产、反刍动物、宠物及特种动物）

（续）

企业名称	许可证编号	产品品种
广汉隆达饲料有限公司	川饲预（2015）05005	微量元素预混合饲料（畜禽水产、反刍动物、宠物及特种动物）；复合预混合饲料（畜禽水产、反刍动物、宠物及特种动物）
石家庄飞龙饲料有限公司	冀饲预（2015）01033	微量元素预混合饲料（畜禽水产、反刍动物、宠物及特种动物）；复合预混合饲料（畜禽水产、反刍动物、宠物及特种动物）
天津奥特奇生物制品有限公司	津饲预（2015）04001	微量元素预混合饲料（畜禽水产、反刍动物、宠物及特种动物）；复合预混合饲料（畜禽水产、反刍动物、宠物及特种动物）
济南华牧饲料有限公司	鲁饲预（2015）01120	微量元素预混合饲料（畜禽水产、反刍动物、宠物及特种动物）；复合预混合饲料（畜禽水产、反刍动物、宠物及特种动物）
营口瑞谷耐火材料有限公司饲料分厂	辽饲预（2015）08001	微量元素预混合饲料（反刍动物）
烟台富康生物科技有限公司	鲁饲预（2015）06119	微量元素预混合饲料（反刍动物）
内蒙古壮源生物技术有限责任公司	蒙饲预（2015）07008	微量元素预混合饲料（反刍动物）
湖南常德万生隆科技饲料有限责任公司	湘饲预（2015）07002	微量元素预混合饲料（反刍动物）
天津市大洋饲料有限公司	津饲预（2015）09003	微量元素预混合饲料（反刍动物）；复合预混合饲料（畜禽水产、反刍动物）
内蒙古远通伟业饲料有限责任公司	蒙饲预（2015）01013	微量元素预混合饲料（反刍动物）；复合预混合饲料（反刍动物）
宁夏沃尔金发科技产业发展有限公司	宁饲预（2015）01696	微量元素预混合饲料（反刍动物）；复合预混合饲料（反刍动物）
广西百跃农牧发展有限公司	桂饲预（2015）01004	维生素预混合饲料；微量元素预混合饲料；复合预混合饲料
北京四方红饲料科技有限公司	京饲预（2015）07070	维生素预混合饲料（宠物及特种动物）；微量元素预混合饲料（畜禽水产、宠物及特种动物）；复合预混合饲料（畜禽水产、宠物及特种动物）
河北新华科极兽药集团有限公司	冀饲预（2015）01040	维生素预混合饲料（畜禽水产）；液态维生素预混合饲料（畜禽水产）
江西高胜动物保健品有限公司	赣饲预（2015）00015	维生素预混合饲料（畜禽水产）
南昌同裕生物工程有限公司	赣饲预（2015）00016	维生素预混合饲料（畜禽水产）
石家庄高科动物保健品有限公司	冀饲预（2015）01025	维生素预混合饲料（畜禽水产）
河北伯瑞动物药业有限公司	冀饲预（2015）01037	维生素预混合饲料（畜禽水产）
石家庄盛联赫动物保健品有限公司	冀饲预（2015）01038	维生素预混合饲料（畜禽水产）
石家庄骐骥生物技术有限公司	冀饲预（2015）01039	维生素预混合饲料（畜禽水产）
保定市牧丰源动物药业有限公司	冀饲预（2015）02002	维生素预混合饲料（畜禽水产）
沧州市正欣源兽药有限公司	冀饲预（2015）07004	维生素预混合饲料（畜禽水产）
河北宝典药业有限公司	冀饲预（2015）09005	维生素预混合饲料（畜禽水产）
常州市武进动物药品有限公司	苏饲预（2015）04001	维生素预混合饲料（畜禽水产）
郑州普罗动物药业有限公司	豫饲预（2015）01109	维生素预混合饲料（畜禽水产）

（续）

企业名称	许可证编号	产品品种
广州市丰收饲料添加剂有限公司	粤饲预（2015）01032	维生素预混合饲料（畜禽水产）
广州市维健生物科技有限公司	粤饲预（2015）01039	维生素预混合饲料（畜禽水产）
东莞泛亚太生物科技有限公司	粤饲预（2015）11005	维生素预混合饲料（畜禽水产）
江西派尼生物科技有限公司	赣饲预（2015）00019	维生素预混合饲料（畜禽水产）；复合预混合饲料（畜禽水产）
江西成必信生物科技有限公司	赣饲预（2015）13001	维生素预混合饲料（畜禽水产）；复合预混合饲料（畜禽水产）
江西华兴保鲜剂有限公司	赣饲预（2015）14001	维生素预混合饲料（畜禽水产）；复合预混合饲料（畜禽水产）
天津挑战博德生物技术有限公司	津饲预（2015）01001	维生素预混合饲料（畜禽水产）；复合预混合饲料（畜禽水产）
北京益农博创生物科技有限公司	京饲预（2015）09060	维生素预混合饲料（畜禽水产）；复合预混合饲料（畜禽水产）
济南壮大有限公司	鲁饲预（2015）01228	维生素预混合饲料（畜禽水产）；复合预混合饲料（畜禽水产）
徐州耐尔动物药业有限公司	苏饲预（2015）03007	维生素预混合饲料（畜禽水产）；复合预混合饲料（畜禽水产）
湖南湘大兽药有限公司	湘饲预（2015）01013	维生素预混合饲料（畜禽水产）；复合预混合饲料（畜禽水产）
广州金水动物保健品有限公司	粤饲预（2015）01062	维生素预混合饲料（畜禽水产）；复合预混合饲料（畜禽水产）
东莞市虎门美德华动物保健药有限公司	粤饲预（2015）11006	维生素预混合饲料（畜禽水产）；复合预混合饲料（畜禽水产）
湛江粤海水产生物有限公司	粤饲预（2015）15003	维生素预混合饲料（畜禽水产）；复合预混合饲料（畜禽水产）
杭州加润营科生物科技有限公司	浙饲预（2015）01008	维生素预混合饲料（畜禽水产）；复合预混合饲料（畜禽水产）
浙江艾杰斯生物科技有限公司	浙饲预（2015）07001	维生素预混合饲料（畜禽水产）；复合预混合饲料（畜禽水产）
衢州市丰收饲料有限公司	浙饲预（2015）08001	维生素预混合饲料（畜禽水产）；复合预混合饲料（畜禽水产）
上海同仁药业股份有限公司上海兽药厂	沪饲预（2015）01002	维生素预混合饲料（畜禽水产）；复合预混合饲料（畜禽水产）；液态维生素预混合饲料（畜禽水产）
中鲨动物保健品（厦门）有限公司	闽饲预（2015）02035	维生素预混合饲料（畜禽水产）；复合预混合饲料（畜禽水产）；液态维生素预混合饲料（畜禽水产、宠物及特种动物）

（续）

企业名称	许可证编号	产品品种
北京市饲料科学技术研究所	京饲预（2015）07064	维生素预混合饲料（畜禽水产）；复合预混合饲料（畜禽水产、反刍动物、宠物及特种动物）
北京新京牧饲料科技有限公司	京饲预（2015）12084	维生素预混合饲料（畜禽水产）；复合预混合饲料（畜禽水产、反刍动物、宠物及特种动物）
成都雪樱动物科技实业有限公司	川饲预（2015）01015	维生素预混合饲料（畜禽水产）；微量元素预混合饲料（畜禽水产）；复合预混合饲料（畜禽水产）
四川太平洋生物技术有限公司	川饲预（2015）08003	维生素预混合饲料（畜禽水产）；微量元素预混合饲料（畜禽水产）；复合预混合饲料（畜禽水产）
乐山市巨星科技有限公司	川饲预（2015）10003	维生素预混合饲料（畜禽水产）；微量元素预混合饲料（畜禽水产）；复合预混合饲料（畜禽水产）
康地饲料（中国）有限公司	鄂饲预（2015）01003	维生素预混合饲料（畜禽水产）；微量元素预混合饲料（畜禽水产）；复合预混合饲料（畜禽水产）
武汉正大有限公司	鄂饲预（2015）01007	维生素预混合饲料（畜禽水产）；微量元素预混合饲料（畜禽水产）；复合预混合饲料（畜禽水产）
湖北博华农牧科技有限公司	鄂饲预（2015）07001	维生素预混合饲料（畜禽水产）；微量元素预混合饲料（畜禽水产）；复合预混合饲料（畜禽水产）
湖北浩华生物技术有限公司	鄂饲预（2015）11001	维生素预混合饲料（畜禽水产）；微量元素预混合饲料（畜禽水产）；复合预混合饲料（畜禽水产）
江西悦农实业有限公司	赣饲预（2015）00014	维生素预混合饲料（畜禽水产）；微量元素预混合饲料（畜禽水产）；复合预混合饲料（畜禽水产）
江西正邦科技股份有限公司桑海分公司	赣饲预（2015）00017	维生素预混合饲料（畜禽水产）；微量元素预混合饲料（畜禽水产）；复合预混合饲料（畜禽水产）
双胞胎饲料有限公司	赣饲预（2015）01005	维生素预混合饲料（畜禽水产）；微量元素预混合饲料（畜禽水产）；复合预混合饲料（畜禽水产）
赣州八维生物科技有限公司	赣饲预（2015）01006	维生素预混合饲料（畜禽水产）；微量元素预混合饲料（畜禽水产）；复合预混合饲料（畜禽水产）
广西商大科技股份有限公司	桂饲预（2015）01012	维生素预混合饲料（畜禽水产）；微量元素预混合饲料（畜禽水产）；复合预混合饲料（畜禽水产）
广西南宁诺惠生物科技有限公司	桂饲预（2015）01014	维生素预混合饲料（畜禽水产）；微量元素预混合饲料（畜禽水产）；复合预混合饲料（畜禽水产）
上海申亚动物保健品有限公司	沪饲预（2015）07004	维生素预混合饲料（畜禽水产）；微量元素预混合饲料（畜禽水产）；复合预混合饲料（畜禽水产）
河北澳仕诺生物工程有限公司	冀饲预（2015）01029	维生素预混合饲料（畜禽水产）；微量元素预混合饲料（畜禽水产）；复合预混合饲料（畜禽水产）

（续）

企业名称	许可证编号	产品品种
衡水金益农饲料有限公司	冀饲预（2015）08001	维生素预混合饲料（畜禽水产）；微量元素预混合饲料（畜禽水产）；复合预混合饲料（畜禽水产）
山西华兽生物技术有限公司	晋饲预（2015）06001	维生素预混合饲料（畜禽水产）；微量元素预混合饲料（畜禽水产）；复合预混合饲料（畜禽水产）
北京康桥饲料有限公司	京饲预（2015）06081	维生素预混合饲料（畜禽水产）；微量元素预混合饲料（畜禽水产）；复合预混合饲料（畜禽水产）
中牧实业股份有限公司	京饲预（2015）07077	维生素预混合饲料（畜禽水产）；微量元素预混合饲料（畜禽水产）；复合预混合饲料（畜禽水产）
北京市开元饲料有限责任公司	京饲预（2015）07083	维生素预混合饲料（畜禽水产）；微量元素预混合饲料（畜禽水产）；复合预混合饲料（畜禽水产）
北京富育康饲料有限公司	京饲预（2015）08082	维生素预混合饲料（畜禽水产）；微量元素预混合饲料（畜禽水产）；复合预混合饲料（畜禽水产）
北京忠诚普德生物科技有限公司	京饲预（2015）08083	维生素预混合饲料（畜禽水产）；微量元素预混合饲料（畜禽水产）；复合预混合饲料（畜禽水产）
北京农职正旺科技有限公司	京饲预（2015）09058	维生素预混合饲料（畜禽水产）；微量元素预混合饲料（畜禽水产）；复合预混合饲料（畜禽水产）
海城市盛利饲料有限公司	辽饲预（2015）03005	维生素预混合饲料（畜禽水产）；微量元素预混合饲料（畜禽水产）；复合预混合饲料（畜禽水产）
辽宁众博饲料科技有限公司	辽饲预（2015）07003	维生素预混合饲料（畜禽水产）；微量元素预混合饲料（畜禽水产）；复合预混合饲料（畜禽水产）
朝阳天勤饲料有限责任公司	辽饲预（2015）13002	维生素预混合饲料（畜禽水产）；微量元素预混合饲料（畜禽水产）；复合预混合饲料（畜禽水产）
青岛希牛饲料有限公司	鲁饲预（2015）02220	维生素预混合饲料（畜禽水产）；微量元素预混合饲料（畜禽水产）；复合预混合饲料（畜禽水产）
山东邦基饲料有限公司	鲁饲预（2015）03195	维生素预混合饲料（畜禽水产）；微量元素预混合饲料（畜禽水产）；复合预混合饲料（畜禽水产）
潍坊秋实饲料有限公司	鲁饲预（2015）07181	维生素预混合饲料（畜禽水产）；微量元素预混合饲料（畜禽水产）；复合预混合饲料（畜禽水产）
梁山恒丰饲料有限公司	鲁饲预（2015）08099	维生素预混合饲料（畜禽水产）；微量元素预混合饲料（畜禽水产）；复合预混合饲料（畜禽水产）
德州禾鑫饲料有限公司	鲁饲预（2015）14083	维生素预混合饲料（畜禽水产）；微量元素预混合饲料（畜禽水产）；复合预混合饲料（畜禽水产）
福建省新闽科生物科技开发有限公司	闽饲预（2015）01006	维生素预混合饲料（畜禽水产）；微量元素预混合饲料（畜禽水产）；复合预混合饲料（畜禽水产）

（续）

企业名称	许可证编号	产品品种
连云港惠牧饲料有限公司	苏饲预（2015）07001	维生素预混合饲料（畜禽水产）；微量元素预混合饲料（畜禽水产）；复合预混合饲料（畜禽水产）
合肥华盟生物技术有限公司	皖饲预（2015）01014	维生素预混合饲料（畜禽水产）；微量元素预混合饲料（畜禽水产）；复合预混合饲料（畜禽水产）
黄山德青源种禽有限公司	皖饲预（2015）09001	维生素预混合饲料（畜禽水产）；微量元素预混合饲料（畜禽水产）；复合预混合饲料（畜禽水产）
正大岳阳有限公司	湘饲预（2015）06008	维生素预混合饲料（畜禽水产）；微量元素预混合饲料（畜禽水产）；复合预混合饲料（畜禽水产）
岳阳岳泰集团有限公司	湘饲预（2015）06009	维生素预混合饲料（畜禽水产）；微量元素预混合饲料（畜禽水产）；复合预混合饲料（畜禽水产）
重庆远弘饲料有限公司	渝饲预（2015）15001	维生素预混合饲料（畜禽水产）；微量元素预混合饲料（畜禽水产）；复合预混合饲料（畜禽水产）
河南省智祥饲料有限公司	豫饲预（2015）01084	维生素预混合饲料（畜禽水产）；微量元素预混合饲料（畜禽水产）；复合预混合饲料（畜禽水产）
河南省华盛联邦科技有限公司	豫饲预（2015）01088	维生素预混合饲料（畜禽水产）；微量元素预混合饲料（畜禽水产）；复合预混合饲料（畜禽水产）
郑州亿邦饲料有限公司	豫饲预（2015）01091	维生素预混合饲料（畜禽水产）；微量元素预混合饲料（畜禽水产）；复合预混合饲料（畜禽水产）
新郑市金利饲料厂	豫饲预（2015）01093	维生素预混合饲料（畜禽水产）；微量元素预混合饲料（畜禽水产）；复合预混合饲料（畜禽水产）
河南正大邦农饲料有限公司	豫饲预（2015）01106	维生素预混合饲料（畜禽水产）；微量元素预混合饲料（畜禽水产）；复合预混合饲料（畜禽水产）
河南新明磊生物科技有限公司	豫饲预（2015）01140	维生素预混合饲料（畜禽水产）；微量元素预混合饲料（畜禽水产）；复合预混合饲料（畜禽水产）
河南金福祥饲料有限公司	豫饲预（2015）07131	维生素预混合饲料（畜禽水产）；微量元素预混合饲料（畜禽水产）；复合预混合饲料（畜禽水产）
商丘光华生物科技有限公司	豫饲预（2015）14130	维生素预混合饲料（畜禽水产）；微量元素预混合饲料（畜禽水产）；复合预混合饲料（畜禽水产）
商丘爱己爱牧生物科技股份有限公司	豫饲预（2015）14138	维生素预混合饲料（畜禽水产）；微量元素预混合饲料（畜禽水产）；复合预混合饲料（畜禽水产）
商丘惠普饲料有限公司	豫饲预（2015）14140	维生素预混合饲料（畜禽水产）；微量元素预混合饲料（畜禽水产）；复合预混合饲料（畜禽水产）
广州艾旺生物科技有限公司	粤饲预（2015）01027	维生素预混合饲料（畜禽水产）；微量元素预混合饲料（畜禽水产）；复合预混合饲料（畜禽水产）

（续）

企业名称	许可证编号	产品品种
广州市欣海利生生物科技有限公司	粤饲预（2015）01029	维生素预混合饲料（畜禽水产）；微量元素预混合饲料（畜禽水产）；复合预混合饲料（畜禽水产）
广州天科生物科技有限公司	粤饲预（2015）01030	维生素预混合饲料（畜禽水产）；微量元素预混合饲料（畜禽水产）；复合预混合饲料（畜禽水产）
广州旺大饲料科技有限公司	粤饲预（2015）01033	维生素预混合饲料（畜禽水产）；微量元素预混合饲料（畜禽水产）；复合预混合饲料（畜禽水产）
广州浙农饲料有限公司	粤饲预（2015）01034	维生素预混合饲料（畜禽水产）；微量元素预混合饲料（畜禽水产）；复合预混合饲料（畜禽水产）
广东海大集团股份有限公司广州海因特生物技术分公司	粤饲预（2015）01035	维生素预混合饲料（畜禽水产）；微量元素预混合饲料（畜禽水产）；复合预混合饲料（畜禽水产）
广州饲料添加剂厂	粤饲预（2015）01037	维生素预混合饲料（畜禽水产）；微量元素预混合饲料（畜禽水产）；复合预混合饲料（畜禽水产）
广东科润生物制药有限公司	粤饲预（2015）01038	维生素预混合饲料（畜禽水产）；微量元素预混合饲料（畜禽水产）；复合预混合饲料（畜禽水产）
广州市能佳特种饲料厂	粤饲预（2015）01040	维生素预混合饲料（畜禽水产）；微量元素预混合饲料（畜禽水产）；复合预混合饲料（畜禽水产）
广州市番禺力加饲料科技有限公司	粤饲预（2015）01044	维生素预混合饲料（畜禽水产）；微量元素预混合饲料（畜禽水产）；复合预混合饲料（畜禽水产）
广州吉农生物科技有限公司	粤饲预（2015）01045	维生素预混合饲料（畜禽水产）；微量元素预混合饲料（畜禽水产）；复合预混合饲料（畜禽水产）
广东新南都饲料科技有限公司	粤饲预（2015）01049	维生素预混合饲料（畜禽水产）；微量元素预混合饲料（畜禽水产）；复合预混合饲料（畜禽水产）
广州市汇邦动物药业有限公司	粤饲预（2015）01051	维生素预混合饲料（畜禽水产）；微量元素预混合饲料（畜禽水产）；复合预混合饲料（畜禽水产）
广州市和生堂动物药业有限公司	粤饲预（2015）01053	维生素预混合饲料（畜禽水产）；微量元素预混合饲料（畜禽水产）；复合预混合饲料（畜禽水产）
广州市江丰实业股份有限公司	粤饲预（2015）01056	维生素预混合饲料（畜禽水产）；微量元素预混合饲料（畜禽水产）；复合预混合饲料（畜禽水产）
广州名为饲料有限公司	粤饲预（2015）01057	维生素预混合饲料（畜禽水产）；微量元素预混合饲料（畜禽水产）；复合预混合饲料（畜禽水产）
广州市畜牧科学研究所动物保健药实验厂	粤饲预（2015）01059	维生素预混合饲料（畜禽水产）；微量元素预混合饲料（畜禽水产）；复合预混合饲料（畜禽水产）
广州市博仕奥水产饲料科技有限公司	粤饲预（2015）01061	维生素预混合饲料（畜禽水产）；微量元素预混合饲料（畜禽水产）；复合预混合饲料（畜禽水产）

（续）

企业名称	许可证编号	产品品种
广州桂龙生物技术有限公司	粤饲预（2015）01063	维生素预混合饲料（畜禽水产）；微量元素预混合饲料（畜禽水产）；复合预混合饲料（畜禽水产）
深圳市裕农科技股份有限公司	粤饲预（2015）02004	维生素预混合饲料（畜禽水产）；微量元素预混合饲料（畜禽水产）；复合预混合饲料（畜禽水产）
深圳市金新农饲料股份有限公司	粤饲预（2015）02005	维生素预混合饲料（畜禽水产）；微量元素预混合饲料（畜禽水产）；复合预混合饲料（畜禽水产）
正大康地（蛇口）有限公司	粤饲预（2015）02006	维生素预混合饲料（畜禽水产）；微量元素预混合饲料（畜禽水产）；复合预混合饲料（畜禽水产）
共鳞实业（深圳）有限公司	粤饲预（2015）02010	维生素预混合饲料（畜禽水产）；微量元素预混合饲料（畜禽水产）；复合预混合饲料（畜禽水产）
广东畜宝生物科技有限公司汕头分公司	粤饲预（2015）04001	维生素预混合饲料（畜禽水产）；微量元素预混合饲料（畜禽水产）；复合预混合饲料（畜禽水产）
汕头市庄园植物科技有限公司	粤饲预（2015）04002	维生素预混合饲料（畜禽水产）；微量元素预混合饲料（畜禽水产）；复合预混合饲料（畜禽水产）
佛山市南海区富维生物饲料有限公司	粤饲预（2015）05005	维生素预混合饲料（畜禽水产）；微量元素预混合饲料（畜禽水产）；复合预混合饲料（畜禽水产）
惠州市海牛饲料有限公司	粤饲预（2015）09003	维生素预混合饲料（畜禽水产）；微量元素预混合饲料（畜禽水产）；复合预混合饲料（畜禽水产）
东莞市泰盛饲料有限公司	粤饲预（2015）11003	维生素预混合饲料（畜禽水产）；微量元素预混合饲料（畜禽水产）；复合预混合饲料（畜禽水产）
东莞市年丰饲料有限公司	粤饲预（2015）11007	维生素预混合饲料（畜禽水产）；微量元素预混合饲料（畜禽水产）；复合预混合饲料（畜禽水产）
东莞瀚中水产科技有限公司	粤饲预（2015）11009	维生素预混合饲料（畜禽水产）；微量元素预混合饲料（畜禽水产）；复合预混合饲料（畜禽水产）
东莞市广利饲料有限公司	粤饲预（2015）11011	维生素预混合饲料（畜禽水产）；微量元素预混合饲料（畜禽水产）；复合预混合饲料（畜禽水产）
中山市福大生物科技有限公司	粤饲预（2015）12001	维生素预混合饲料（畜禽水产）；微量元素预混合饲料（畜禽水产）；复合预混合饲料（畜禽水产）
中山市康泰生物科技有限公司	粤饲预（2015）12004	维生素预混合饲料（畜禽水产）；微量元素预混合饲料（畜禽水产）；复合预混合饲料（畜禽水产）
江门市康来达牧业科技有限公司	粤饲预（2015）13002	维生素预混合饲料（畜禽水产）；微量元素预混合饲料（畜禽水产）；复合预混合饲料（畜禽水产）
湛江市国诚饲料有限公司	粤饲预（2015）15001	维生素预混合饲料（畜禽水产）；微量元素预混合饲料（畜禽水产）；复合预混合饲料（畜禽水产）

（续）

企业名称	许可证编号	产品品种
新兴县希曼生物科技有限公司	粤饲预（2015）21002	维生素预混合饲料（畜禽水产）；微量元素预混合饲料（畜禽水产）；复合预混合饲料（畜禽水产）
广东德宁生物技术有限公司	粤饲预（2015）22002	维生素预混合饲料（畜禽水产）；微量元素预混合饲料（畜禽水产）；复合预混合饲料（畜禽水产）
佛山市顺德区活源生物技术有限公司	粤饲预（2015）22005	维生素预混合饲料（畜禽水产）；微量元素预混合饲料（畜禽水产）；复合预混合饲料（畜禽水产）
杭州正平生物技术有限公司	浙饲预（2015）01004	维生素预混合饲料（畜禽水产）；微量元素预混合饲料（畜禽水产）；复合预混合饲料（畜禽水产）
宁波科瑞特动物药业有限公司	浙饲预（2015）02003	维生素预混合饲料（畜禽水产）；微量元素预混合饲料（畜禽水产）；复合预混合饲料（畜禽水产）
浙江中大饲料集团有限公司	浙饲预（2015）04001	维生素预混合饲料（畜禽水产）；微量元素预混合饲料（畜禽水产）；复合预混合饲料（畜禽水产）
湖州达威生物科技有限公司	浙饲预（2015）05001	维生素预混合饲料（畜禽水产）；微量元素预混合饲料（畜禽水产）；复合预混合饲料（畜禽水产）
浙江东立生物饲料有限公司	浙饲预（2015）05003	维生素预混合饲料（畜禽水产）；微量元素预混合饲料（畜禽水产）；复合预混合饲料（畜禽水产）
浙江大飞龙动物保健品股份有限公司	浙饲预（2015）07002	维生素预混合饲料（畜禽水产）；微量元素预混合饲料（畜禽水产）；复合预混合饲料（畜禽水产）
四川省环亚生物科技有限公司	川饲预（2015）08004	维生素预混合饲料（畜禽水产）；微量元素预混合饲料（畜禽水产）；复合预混合饲料（畜禽水产）；液态维生素预混合饲料（畜禽水产）
上海浦强动物保健品有限公司	沪饲预（2015）09004	维生素预混合饲料（畜禽水产）；微量元素预混合饲料（畜禽水产）；复合预混合饲料（畜禽水产）；液态维生素预混合饲料（畜禽水产）
广州环球生物药品有限公司	粤饲预（2015）01050	维生素预混合饲料（畜禽水产）；微量元素预混合饲料（畜禽水产）；复合预混合饲料（畜禽水产）；液态维生素预混合饲料（畜禽水产）
广东天地本草饲料科技股份有限公司	粤饲预（2015）12002	维生素预混合饲料（畜禽水产）；微量元素预混合饲料（畜禽水产）；复合预混合饲料（畜禽水产）；液态维生素预混合饲料（畜禽水产）
湖南微草生物饲料科技有限公司	湘饲预（2015）03002	维生素预混合饲料（畜禽水产）；微量元素预混合饲料（畜禽水产）；复合预混合饲料（畜禽水产）；液态维生素预混合饲料（畜禽水产）；液态微量元素预混合饲料（畜禽水产）；液态复合预混合饲料（畜禽水产）

（续）

企业名称	许可证编号	产品品种
广州市恒博生物科技有限公司	粤饲预（2015）01048	维生素预混合饲料（畜禽水产）；微量元素预混合饲料（畜禽水产）；复合预混合饲料（畜禽水产）；液态维生素预混合饲料（畜禽水产）；液态微量元素预混合饲料（畜禽水产）；液态复合预混合饲料（畜禽水产）
青岛中农华商生物工程有限公司	鲁饲预（2015）02125	维生素预混合饲料（畜禽水产）；微量元素预混合饲料（畜禽水产）；复合预混合饲料（畜禽水产）；液态维生素预混合饲料（畜禽水产）；液态微量元素预混合饲料（畜禽水产）；液态复合预混合饲料（畜禽水产）
新乡市八牧科技有限公司	豫饲预（2015）07115	维生素预混合饲料（畜禽水产）；微量元素预混合饲料（畜禽水产）；复合预混合饲料（畜禽水产）；液态维生素预混合饲料（畜禽水产）；液态微量元素预混合饲料（畜禽水产）；液态复合预混合饲料（畜禽水产）
南阳中农高盛生物工程有限公司	豫饲预（2015）13120	维生素预混合饲料（畜禽水产）；微量元素预混合饲料（畜禽水产）；复合预混合饲料（畜禽水产）；液态维生素预混合饲料（畜禽水产）；液态微量元素预混合饲料（畜禽水产）；液态复合预混合饲料（畜禽水产）
广州市梅诺生物科技有限公司	粤饲预（2015）01028	维生素预混合饲料（畜禽水产）；微量元素预混合饲料（畜禽水产）；复合预混合饲料（畜禽水产）；液态维生素预混合饲料（畜禽水产）；液态微量元素预混合饲料（畜禽水产）；液态复合预混合饲料（畜禽水产）
北京爱地科技有限公司	京饲预（2015）08084	维生素预混合饲料（畜禽水产）；微量元素预混合饲料（畜禽水产）；复合预混合饲料（畜禽水产、宠物及特种动物）
泸州正泰生物工程有限公司	川饲预（2015）04001	维生素预混合饲料（畜禽水产）；微量元素预混合饲料（畜禽水产）；复合预混合饲料（畜禽水产、反刍动物）
广汉正大饲料科技有限公司	川饲预（2015）05004	维生素预混合饲料（畜禽水产）；微量元素预混合饲料（畜禽水产）；复合预混合饲料（畜禽水产、反刍动物）
天津彩虹饲料有限公司	津饲预（2015）06002	维生素预混合饲料（畜禽水产）；微量元素预混合饲料（畜禽水产）；复合预混合饲料（畜禽水产、反刍动物）
济南瑞达动物保健品有限公司	鲁饲预（2015）01230	维生素预混合饲料（畜禽水产）；微量元素预混合饲料（畜禽水产）；复合预混合饲料（畜禽水产、反刍动物）
泰兴市东兴动物保健品有限公司	苏饲预（2015）12003	维生素预混合饲料（畜禽水产）；微量元素预混合饲料（畜禽水产）；复合预混合饲料（畜禽水产、反刍动物）
河南中亚神鹏医药科技有限公司	豫饲预（2015）01124	维生素预混合饲料（畜禽水产）；微量元素预混合饲料（畜禽水产）；复合预混合饲料（畜禽水产、反刍动物）

（续）

企业名称	许可证编号	产品品种
河南海润饲料有限公司	豫饲预（2015）01136	维生素预混合饲料（畜禽水产）；微量元素预混合饲料（畜禽水产）；复合预混合饲料（畜禽水产、反刍动物）
河南北方五谷饲料有限公司	豫饲预（2015）08103	维生素预混合饲料（畜禽水产）；微量元素预混合饲料（畜禽水产）；复合预混合饲料（畜禽水产、反刍动物）
杭州科皇饲料有限公司	浙饲预（2015）01002	维生素预混合饲料（畜禽水产）；微量元素预混合饲料（畜禽水产）；复合预混合饲料（畜禽水产、反刍动物）
杭州康德权饲料有限公司	浙饲预（2015）01006	维生素预混合饲料（畜禽水产）；微量元素预混合饲料（畜禽水产）；复合预混合饲料（畜禽水产、反刍动物）
四川成邦药业有限公司	川饲预（2015）07002	维生素预混合饲料（畜禽水产）；微量元素预混合饲料（畜禽水产、反刍动物）；复合预混合饲料（畜禽水产、反刍动物）
沧州市东方兽药有限公司	冀饲预（2015）07002	维生素预混合饲料（畜禽水产）；微量元素预混合饲料（畜禽水产、反刍动物、宠物及特种动物）
河南省广联饲料有限公司	豫饲预（2015）07080	维生素预混合饲料（畜禽水产）；微量元素预混合饲料（畜禽水产、反刍动物、宠物及特种动物）；复合预混合饲料（畜禽水产、反刍动物）
河北新世纪药业有限公司	冀饲预（2015）01036	维生素预混合饲料（畜禽水产）；液态维生素预混合饲料（畜禽水产）
山东启宏生物科技有限公司	鲁饲预（2015）07148	维生素预混合饲料（畜禽水产）；液态维生素预混合饲料（畜禽水产）
湛江大丰收生物科技有限公司	粤饲预（2015）15002	维生素预混合饲料（畜禽水产）；液态维生素预混合饲料（畜禽水产）
日照超凡生物技术有限公司	鲁饲预（2015）11137	维生素预混合饲料（畜禽水产、宠物及特种动物）
唐山牧养道生物科技有限公司	冀饲预（2015）05006	维生素预混合饲料（畜禽水产、宠物及特种动物）；复合预混合饲料（畜禽水产、宠物及特种动物）
河北华邦生物科技有限公司	冀饲预（2015）09004	维生素预混合饲料（畜禽水产、宠物及特种动物）；复合预混合饲料（畜禽水产、宠物及特种动物）
北京挑战生物技术有限公司	京饲预（2015）06079	维生素预混合饲料（畜禽水产、宠物及特种动物）；复合预混合饲料（畜禽水产、宠物及特种动物）
北京中农华正兽药有限责任公司	京饲预（2015）07082	维生素预混合饲料（畜禽水产、宠物及特种动物）；复合预混合饲料（畜禽水产、宠物及特种动物）
青岛新康生物科技有限公司	鲁饲预（2015）02143	维生素预混合饲料（畜禽水产、宠物及特种动物）；复合预混合饲料（畜禽水产、宠物及特种动物）

（续）

企业名称	许可证编号	产品品种
富氏饲料（潍坊）有限公司	鲁饲预（2015）07231	维生素预混合饲料（畜禽水产、宠物及特种动物）；复合预混合饲料（畜禽水产、宠物及特种动物）
上海骑骠动物保健品有限公司	沪饲预（2015）04013	维生素预混合饲料（畜禽水产、宠物及特种动物）；复合预混合饲料（畜禽水产、宠物及特种动物）；液态维生素预混合饲料（畜禽水产、宠物及特种动物）；液态复合预混合饲料（畜禽水产、宠物及特种动物）
石家庄国农饲料有限公司	冀饲预（2015）01031	维生素预混合饲料（畜禽水产、宠物及特种动物）；复合预混合饲料（畜禽水产、反刍动物、宠物及特种动物）
中慧农牧股份有限公司昌乐分公司	鲁饲预（2015）07206	维生素预混合饲料（畜禽水产、宠物及特种动物）；微量元素预混合饲料（畜禽水产、宠物及特种动物）；复合预混合饲料（畜禽水产、宠物及特种动物）
潍坊利可生生物科技有限公司	鲁饲预（2015）07213	维生素预混合饲料（畜禽水产、宠物及特种动物）；微量元素预混合饲料（畜禽水产、宠物及特种动物）；复合预混合饲料（畜禽水产、宠物及特种动物）
齐鲁动物保健品有限公司	鲁饲预（2015）01201	维生素预混合饲料（畜禽水产、宠物及特种动物）；微量元素预混合饲料（畜禽水产、宠物及特种动物）；复合预混合饲料（畜禽水产、宠物及特种动物）；液态维生素预混合饲料（畜禽水产、宠物及特种动物）
黑龙江省三禾饲料有限公司	黑饲预（2015）01009	维生素预混合饲料（畜禽水产、宠物及特种动物）；微量元素预混合饲料（畜禽水产、宠物及特种动物）；复合预混合饲料（畜禽水产、宠物及特种动物）
中粮（北京）饲料科技有限公司哈尔滨分公司	黑饲预（2015）01012	维生素预混合饲料（畜禽水产、宠物及特种动物）；微量元素预混合饲料（畜禽水产、宠物及特种动物）；复合预混合饲料（畜禽水产、宠物及特种动物）
大成农牧（黑龙江）有限公司	黑饲预（2015）01015	维生素预混合饲料（畜禽水产、宠物及特种动物）；微量元素预混合饲料（畜禽水产、宠物及特种动物）；复合预混合饲料（畜禽水产、宠物及特种动物）
黑龙江北农大农牧科技有限公司	黑饲预（2015）01016	维生素预混合饲料（畜禽水产、宠物及特种动物）；微量元素预混合饲料（畜禽水产、宠物及特种动物）；复合预混合饲料（畜禽水产、宠物及特种动物）
黑龙江索奥生物科技有限公司	黑饲预（2015）01017	维生素预混合饲料（畜禽水产、宠物及特种动物）；微量元素预混合饲料（畜禽水产、宠物及特种动物）；复合预混合饲料（畜禽水产、宠物及特种动物）
哈尔滨北亚牧业有限公司	黑饲预（2015）01021	维生素预混合饲料（畜禽水产、宠物及特种动物）；微量元素预混合饲料（畜禽水产、宠物及特种动物）；复合预混合饲料（畜禽水产、宠物及特种动物）

（续）

企业名称	许可证编号	产品品种
哈尔滨市中旭光大牧业有限公司	黑饲预（2015）01022	维生素预混合饲料（畜禽水产、宠物及特种动物）；微量元素预混合饲料（畜禽水产、宠物及特种动物）；复合预混合饲料（畜禽水产、宠物及特种动物）
哈尔滨百亿嘉动物营养品有限公司	黑饲预（2015）01025	维生素预混合饲料（畜禽水产、宠物及特种动物）；微量元素预混合饲料（畜禽水产、宠物及特种动物）；复合预混合饲料（畜禽水产、宠物及特种动物）
哈尔滨神农微维饲料有限公司	黑饲预（2015）01027	维生素预混合饲料（畜禽水产、宠物及特种动物）；微量元素预混合饲料（畜禽水产、宠物及特种动物）；复合预混合饲料（畜禽水产、宠物及特种动物）
哈尔滨中大饲料有限责任公司	黑饲预（2015）01077	维生素预混合饲料（畜禽水产、宠物及特种动物）；微量元素预混合饲料（畜禽水产、宠物及特种动物）；复合预混合饲料（畜禽水产、宠物及特种动物）
拜泉县新龙大饲料有限责任公司	黑饲预（2015）02001	维生素预混合饲料（畜禽水产、宠物及特种动物）；微量元素预混合饲料（畜禽水产、宠物及特种动物）；复合预混合饲料（畜禽水产、宠物及特种动物）
讷河市文丰饲料厂	黑饲预（2015）02009	维生素预混合饲料（畜禽水产、宠物及特种动物）；微量元素预混合饲料（畜禽水产、宠物及特种动物）；复合预混合饲料（畜禽水产、宠物及特种动物）
黑龙江康泰生物科技开发有限公司	黑饲预（2015）03003	维生素预混合饲料（畜禽水产、宠物及特种动物）；微量元素预混合饲料（畜禽水产、宠物及特种动物）；复合预混合饲料（畜禽水产、宠物及特种动物）
四平市铁西区金丰饲料有限公司	吉饲预（2015）03002	维生素预混合饲料（畜禽水产、宠物及特种动物）；微量元素预混合饲料（畜禽水产、宠物及特种动物）；复合预混合饲料（畜禽水产、宠物及特种动物）
北京生泰尔科技股份有限公司	京饲预（2015）06084	维生素预混合饲料（畜禽水产、宠物及特种动物）；微量元素预混合饲料（畜禽水产、宠物及特种动物）；复合预混合饲料（畜禽水产、宠物及特种动物）
北京邦士富生物科技有限公司	京饲预（2015）08063	维生素预混合饲料（畜禽水产、宠物及特种动物）；微量元素预混合饲料（畜禽水产、宠物及特种动物）；复合预混合饲料（畜禽水产、宠物及特种动物）
北京民生牧业股份有限公司	京饲预（2015）12067	维生素预混合饲料（畜禽水产、宠物及特种动物）；微量元素预混合饲料（畜禽水产、宠物及特种动物）；复合预混合饲料（畜禽水产、宠物及特种动物）

（续）

企业名称	许可证编号	产品品种
北京友谊恒泰科技有限公司	京饲预（2015）12086	维生素预混合饲料（畜禽水产、宠物及特种动物）；微量元素预混合饲料（畜禽水产、宠物及特种动物）；复合预混合饲料（畜禽水产、宠物及特种动物）
大连天地人饲料有限公司	辽饲预（2015）02003	维生素预混合饲料（畜禽水产、宠物及特种动物）；微量元素预混合饲料（畜禽水产、宠物及特种动物）；复合预混合饲料（畜禽水产、宠物及特种动物）
山东省大发饲料有限公司	鲁饲预（2015）01157	维生素预混合饲料（畜禽水产、宠物及特种动物）；微量元素预混合饲料（畜禽水产、宠物及特种动物）；复合预混合饲料（畜禽水产、宠物及特种动物）
济南天狼饲料有限公司	鲁饲预（2015）01162	维生素预混合饲料（畜禽水产、宠物及特种动物）；微量元素预混合饲料（畜禽水产、宠物及特种动物）；复合预混合饲料（畜禽水产、宠物及特种动物）
山东明发兽药股份有限公司	鲁饲预（2015）01194	维生素预混合饲料（畜禽水产、宠物及特种动物）；微量元素预混合饲料（畜禽水产、宠物及特种动物）；复合预混合饲料（畜禽水产、宠物及特种动物）
潍坊牧杰饲料厂	鲁饲预（2015）07163	维生素预混合饲料（畜禽水产、宠物及特种动物）；微量元素预混合饲料（畜禽水产、宠物及特种动物）；复合预混合饲料（畜禽水产、宠物及特种动物）
山东鲁抗舍里乐药业有限公司高新区分公司	鲁饲预（2015）08177	维生素预混合饲料（畜禽水产、宠物及特种动物）；微量元素预混合饲料（畜禽水产、宠物及特种动物）；复合预混合饲料（畜禽水产、宠物及特种动物）
山东京良饲料科技有限公司	鲁饲预（2015）08178	维生素预混合饲料（畜禽水产、宠物及特种动物）；微量元素预混合饲料（畜禽水产、宠物及特种动物）；复合预混合饲料（畜禽水产、宠物及特种动物）
山东碧蓝生物科技有限公司	鲁饲预（2015）09139	维生素预混合饲料（畜禽水产、宠物及特种动物）；微量元素预混合饲料（畜禽水产、宠物及特种动物）；复合预混合饲料（畜禽水产、宠物及特种动物）
山东博泰生物制药有限公司	鲁饲预（2015）11217	维生素预混合饲料（畜禽水产、宠物及特种动物）；微量元素预混合饲料（畜禽水产、宠物及特种动物）；复合预混合饲料（畜禽水产、宠物及特种动物）
禹城保立康生物饲料有限公司	鲁饲预（2015）14188	维生素预混合饲料（畜禽水产、宠物及特种动物）；微量元素预混合饲料（畜禽水产、宠物及特种动物）；复合预混合饲料（畜禽水产、宠物及特种动物）

（续）

企业名称	许可证编号	产品品种
山东和瑞源农牧科技有限公司	鲁饲预（2015）15169	维生素预混合饲料（畜禽水产、宠物及特种动物）；微量元素预混合饲料（畜禽水产、宠物及特种动物）；复合预混合饲料（畜禽水产、宠物及特种动物）
临沂大北农饲料有限公司	鲁饲预（2015）16153	维生素预混合饲料（畜禽水产、宠物及特种动物）；微量元素预混合饲料（畜禽水产、宠物及特种动物）；复合预混合饲料（畜禽水产、宠物及特种动物）
山东达福盛农牧科技有限公司	鲁饲预（2015）16218	维生素预混合饲料（畜禽水产、宠物及特种动物）；微量元素预混合饲料（畜禽水产、宠物及特种动物）；复合预混合饲料（畜禽水产、宠物及特种动物）
山东成武旺泰饲料有限公司	鲁饲预（2015）17155	维生素预混合饲料（畜禽水产、宠物及特种动物）；微量元素预混合饲料（畜禽水产、宠物及特种动物）；复合预混合饲料（畜禽水产、宠物及特种动物）
南京禾嘉牧业有限公司	苏饲预（2015）01010	维生素预混合饲料（畜禽水产、宠物及特种动物）；微量元素预混合饲料（畜禽水产、宠物及特种动物）；复合预混合饲料（畜禽水产、宠物及特种动物）
重庆市福旺达饲料有限公司	渝饲预（2015）26001	维生素预混合饲料（畜禽水产、宠物及特种动物）；微量元素预混合饲料（畜禽水产、宠物及特种动物）；复合预混合饲料（畜禽水产、宠物及特种动物）
广州自然实业有限公司	粤饲预（2015）01036	维生素预混合饲料（畜禽水产、宠物及特种动物）；微量元素预混合饲料（畜禽水产、宠物及特种动物）；复合预混合饲料（畜禽水产、宠物及特种动物）
山东信得科技股份有限公司	鲁饲预（2015）07226	维生素预混合饲料（畜禽水产、宠物及特种动物）；微量元素预混合饲料（畜禽水产、宠物及特种动物）；复合预混合饲料（畜禽水产、宠物及特种动物）；液态维生素预混合饲料（畜禽水产、宠物及特种动物）；液态复合预混合饲料（畜禽水产、宠物及特种动物）
潍坊中牧利德药业有限公司	鲁饲预（2015）07227	维生素预混合饲料（畜禽水产、宠物及特种动物）；微量元素预混合饲料（畜禽水产、宠物及特种动物）；复合预混合饲料（畜禽水产、宠物及特种动物）；液态维生素预混合饲料（畜禽水产、宠物及特种动物）；液态微量元素预混合饲料（畜禽水产、宠物及特种动物）；液态复合预混合饲料（畜禽水产、宠物及特种动物）
青州金牧生物技术有限公司	鲁饲预（2015）07127	维生素预混合饲料（畜禽水产、宠物及特种动物）；微量元素预混合饲料（畜禽水产、宠物及特种动物）；复合预混合饲料（畜禽水产、宠物及特种动物）；液态维生素预混合饲料（畜禽水产、宠物及特种动物）；液态复合预混合饲料（畜禽水产、宠物及特种动物）

（续）

企业名称	许可证编号	产品品种
山东嘉恒药业有限公司	鲁饲预（2015）11151	维生素预混合饲料（畜禽水产、宠物及特种动物）；微量元素预混合饲料（畜禽水产、宠物及特种动物）；复合预混合饲料（畜禽水产、宠物及特种动物）；液态维生素预混合饲料（畜禽水产、宠物及特种动物）；液态复合预混合饲料（畜禽水产、宠物及特种动物）
济南大东农生物技术有限公司	鲁饲预（2015）01144	维生素预混合饲料（畜禽水产、宠物及特种动物）；微量元素预混合饲料（畜禽水产、宠物及特种动物）；复合预混合饲料（畜禽水产、宠物及特种动物）；液态维生素预混合饲料（畜禽水产、宠物及特种动物）；液态微量元素预混合饲料（畜禽水产、宠物及特种动物）；液态复合预混合饲料（畜禽水产、宠物及特种动物）
山西福瑞沃农大生物技术工程有限公司	晋饲预（2015）06002	维生素预混合饲料（畜禽水产、反刍动物）
山东中谷饲料有限公司	鲁饲预（2015）01166	维生素预混合饲料（畜禽水产、反刍动物）
江苏万瑞达生物科技股份有限公司	苏饲预（2015）09004	维生素预混合饲料（畜禽水产、反刍动物）
河南省路易德生物科技有限公司	豫饲预（2015）21143	维生素预混合饲料（畜禽水产、反刍动物）；复合预混合饲料（畜禽水产、反刍动物）
济南天惠饲料有限公司	鲁饲预（2015）01135	维生素预混合饲料（畜禽水产、反刍动物）；微量元素预混合饲料（畜禽水产）；复合预混合饲料（畜禽水产）
北京英惠尔生物技术有限公司	京饲预（2015）07081	维生素预混合饲料（畜禽水产、反刍动物）；微量元素预混合饲料（畜禽水产）；复合预混合饲料（畜禽水产、反刍动物）
成都东方希望动物营养食品有限公司	川饲预（2015）01016	维生素预混合饲料（畜禽水产、反刍动物）；微量元素预混合饲料（畜禽水产、反刍动物）；复合预混合饲料（畜禽水产）
郑州市普凡饲料有限公司	豫饲预（2015）01098	维生素预混合饲料（畜禽水产、反刍动物）；微量元素预混合饲料（畜禽水产、反刍动物）；复合预混合饲料（畜禽水产）
河南千百万饲料有限公司	豫饲预（2015）07118	维生素预混合饲料（畜禽水产、反刍动物）；微量元素预混合饲料（畜禽水产、反刍动物）；复合预混合饲料（畜禽水产）
成都艾博新生物科技有限公司	川饲预（2015）01010	维生素预混合饲料（畜禽水产、反刍动物）；微量元素预混合饲料（畜禽水产、反刍动物）；复合预混合饲料（畜禽水产、反刍动物）
四川乾坤生物科技有限公司	川饲预（2015）01011	维生素预混合饲料（畜禽水产、反刍动物）；微量元素预混合饲料（畜禽水产、反刍动物）；复合预混合饲料（畜禽水产、反刍动物）
成都欣牧生物科技有限公司	川饲预（2015）01012	维生素预混合饲料（畜禽水产、反刍动物）；微量元素预混合饲料（畜禽水产、反刍动物）；复合预混合饲料（畜禽水产、反刍动物）

（续）

企业名称	许可证编号	产品品种
拜耳（四川）动物保健有限公司	川饲预（2015）01013	维生素预混合饲料（畜禽水产、反刍动物）；微量元素预混合饲料（畜禽水产、反刍动物）；复合预混合饲料（畜禽水产、反刍动物）
四川中农致远生物科技有限公司	川饲预（2015）09001	维生素预混合饲料（畜禽水产、反刍动物）；微量元素预混合饲料（畜禽水产、反刍动物）；复合预混合饲料（畜禽水产、反刍动物）
四川省精华饲料发展有限公司	川饲预（2015）18002	维生素预混合饲料（畜禽水产、反刍动物）；微量元素预混合饲料（畜禽水产、反刍动物）；复合预混合饲料（畜禽水产、反刍动物）
武汉万林生物科技有限公司	鄂饲预（2015）01004	维生素预混合饲料（畜禽水产、反刍动物）；微量元素预混合饲料（畜禽水产、反刍动物）；复合预混合饲料（畜禽水产、反刍动物）
甘肃合众生物技术有限公司	甘饲预（2015）00006	维生素预混合饲料（畜禽水产、反刍动物）；微量元素预混合饲料（畜禽水产、反刍动物）；复合预混合饲料（畜禽水产、反刍动物）
兰州联邦饲料有限公司	甘饲预（2015）00007	维生素预混合饲料（畜禽水产、反刍动物）；微量元素预混合饲料（畜禽水产、反刍动物）；复合预混合饲料（畜禽水产、反刍动物）
甘肃新天马制药股份有限公司	甘饲预（2015）00008	维生素预混合饲料（畜禽水产、反刍动物）；微量元素预混合饲料（畜禽水产、反刍动物）；复合预混合饲料（畜禽水产、反刍动物）
天祝新金祥饲料有限公司	甘饲预（2015）00011	维生素预混合饲料（畜禽水产、反刍动物）；微量元素预混合饲料（畜禽水产、反刍动物）；复合预混合饲料（畜禽水产、反刍动物）
广西宾阳县盛邦生物工程有限公司	桂饲预（2015）01009	维生素预混合饲料（畜禽水产、反刍动物）；微量元素预混合饲料（畜禽水产、反刍动物）；复合预混合饲料（畜禽水产、反刍动物）
吉林正大实业有限公司	吉饲预（2015）01010	维生素预混合饲料（畜禽水产、反刍动物）；微量元素预混合饲料（畜禽水产、反刍动物）；复合预混合饲料（畜禽水产、反刍动物）
天津通和饲料有限公司宝坻分公司	津饲预（2015）02004	维生素预混合饲料（畜禽水产、反刍动物）；微量元素预混合饲料（畜禽水产、反刍动物）；复合预混合饲料（畜禽水产、反刍动物）
康地饲料添加剂（天津）有限公司	津饲预（2015）10002	维生素预混合饲料（畜禽水产、反刍动物）；微量元素预混合饲料（畜禽水产、反刍动物）；复合预混合饲料（畜禽水产、反刍动物）
山西广源饲料科技有限公司	晋饲预（2015）01002	维生素预混合饲料（畜禽水产、反刍动物）；微量元素预混合饲料（畜禽水产、反刍动物）；复合预混合饲料（畜禽水产、反刍动物）
北京伟嘉人生物技术有限公司	京饲预（2015）07079	维生素预混合饲料（畜禽水产、反刍动物）；微量元素预混合饲料（畜禽水产、反刍动物）；复合预混合饲料（畜禽水产、反刍动物）

（续）

企业名称	许可证编号	产品品种
北京福乐维生物科技股份有限公司	京饲预（2015）08085	维生素预混合饲料（畜禽水产、反刍动物）；微量元素预混合饲料（畜禽水产、反刍动物）；复合预混合饲料（畜禽水产、反刍动物）
沈阳亿万饲料科技有限公司	辽饲预（2015）01016	维生素预混合饲料（畜禽水产、反刍动物）；微量元素预混合饲料（畜禽水产、反刍动物）；复合预混合饲料（畜禽水产、反刍动物）
山东百力和生物药业有限公司	鲁饲预（2015）07048	维生素预混合饲料（畜禽水产、反刍动物）；微量元素预混合饲料（畜禽水产、反刍动物）；复合预混合饲料（畜禽水产、反刍动物）
内蒙古蒙泰大地生物技术发展有限责任公司	蒙饲预（2015）01015	维生素预混合饲料（畜禽水产、反刍动物）；微量元素预混合饲料（畜禽水产、反刍动物）；复合预混合饲料（畜禽水产、反刍动物）
陕西杨凌德佳牧业科技有限公司	陕饲预（2015）00001	维生素预混合饲料（畜禽水产、反刍动物）；微量元素预混合饲料（畜禽水产、反刍动物）；复合预混合饲料（畜禽水产、反刍动物）
杨凌旺德福生物技术有限公司	陕饲预（2015）00002	维生素预混合饲料（畜禽水产、反刍动物）；微量元素预混合饲料（畜禽水产、反刍动物）；复合预混合饲料（畜禽水产、反刍动物）
杨凌迪高维尔生物科技有限公司	陕饲预（2015）00003	维生素预混合饲料（畜禽水产、反刍动物）；微量元素预混合饲料（畜禽水产、反刍动物）；复合预混合饲料（畜禽水产、反刍动物）
杨凌益佳泰生物科技有限公司	陕饲预（2015）00005	维生素预混合饲料（畜禽水产、反刍动物）；微量元素预混合饲料（畜禽水产、反刍动物）；复合预混合饲料（畜禽水产、反刍动物）
陕西秦乐饲料科技有限责任公司	陕饲预（2015）01002	维生素预混合饲料（畜禽水产、反刍动物）；微量元素预混合饲料（畜禽水产、反刍动物）；复合预混合饲料（畜禽水产、反刍动物）
西安禾丰饲料科技有限公司	陕饲预（2015）01003	维生素预混合饲料（畜禽水产、反刍动物）；微量元素预混合饲料（畜禽水产、反刍动物）；复合预混合饲料（畜禽水产、反刍动物）
陕西金冠牧业有限公司	陕饲预（2015）04001	维生素预混合饲料（畜禽水产、反刍动物）；微量元素预混合饲料（畜禽水产、反刍动物）；复合预混合饲料（畜禽水产、反刍动物）
陕西康大饲料有限公司	陕饲预（2015）04002	维生素预混合饲料（畜禽水产、反刍动物）；微量元素预混合饲料（畜禽水产、反刍动物）；复合预混合饲料（畜禽水产、反刍动物）
咸阳金星畜牧有限公司	陕饲预（2015）04003	维生素预混合饲料（畜禽水产、反刍动物）；微量元素预混合饲料（畜禽水产、反刍动物）；复合预混合饲料（畜禽水产、反刍动物）

（续）

企业名称	许可证编号	产品品种
陕西渭南扬之生物科技有限责任公司	陕饲预（2015）05001	维生素预混合饲料（畜禽水产、反刍动物）；微量元素预混合饲料（畜禽水产、反刍动物）；复合预混合饲料（畜禽水产、反刍动物）
南京华牧动物科技研究所有限公司	苏饲预（2015）01008	维生素预混合饲料（畜禽水产、反刍动物）；微量元素预混合饲料（畜禽水产、反刍动物）；复合预混合饲料（畜禽水产、反刍动物）
南通正大科技饲料有限公司	苏饲预（2015）06018	维生素预混合饲料（畜禽水产、反刍动物）；微量元素预混合饲料（畜禽水产、反刍动物）；复合预混合饲料（畜禽水产、反刍动物）
长沙绿叶生物科技有限公司	湘饲预（2015）01018	维生素预混合饲料（畜禽水产、反刍动物）；微量元素预混合饲料（畜禽水产、反刍动物）；复合预混合饲料（畜禽水产、反刍动物）
郑州帝豪饲料有限公司	豫饲预（2015）01072	维生素预混合饲料（畜禽水产、反刍动物）；微量元素预混合饲料（畜禽水产、反刍动物）；复合预混合饲料（畜禽水产、反刍动物）
河南扬翔饲料有限公司	豫饲预（2015）01073	维生素预混合饲料（畜禽水产、反刍动物）；微量元素预混合饲料（畜禽水产、反刍动物）；复合预混合饲料（畜禽水产、反刍动物）
郑州正虹饲料有限公司	豫饲预（2015）01101	维生素预混合饲料（畜禽水产、反刍动物）；微量元素预混合饲料（畜禽水产、反刍动物）；复合预混合饲料（畜禽水产、反刍动物）
河南北农大饲料有限公司	豫饲预（2015）01112	维生素预混合饲料（畜禽水产、反刍动物）；微量元素预混合饲料（畜禽水产、反刍动物）；复合预混合饲料（畜禽水产、反刍动物）
河南环山饲料有限公司	豫饲预（2015）01139	维生素预混合饲料（畜禽水产、反刍动物）；微量元素预混合饲料（畜禽水产、反刍动物）；复合预混合饲料（畜禽水产、反刍动物）
爱阁瑞奇（开封）饲料有限公司	豫饲预（2015）02121	维生素预混合饲料（畜禽水产、反刍动物）；微量元素预混合饲料（畜禽水产、反刍动物）；复合预混合饲料（畜禽水产、反刍动物）
新乡市正大康地农牧有限公司	豫饲预（2015）07076	维生素预混合饲料（畜禽水产、反刍动物）；微量元素预混合饲料（畜禽水产、反刍动物）；复合预混合饲料（畜禽水产、反刍动物）
河南春秋生物科技有限公司	豫饲预（2015）07092	维生素预混合饲料（畜禽水产、反刍动物）；微量元素预混合饲料（畜禽水产、反刍动物）；复合预混合饲料（畜禽水产、反刍动物）
武威牛满加药业有限责任公司	甘饲预（2015）00010	维生素预混合饲料（畜禽水产、反刍动物）；微量元素预混合饲料（畜禽水产、反刍动物）；复合预混合饲料（畜禽水产、反刍动物）；液态维生素预混合饲料（畜禽水产、反刍动物）；液态微量元素预混合饲料（畜禽水产、反刍动物）；液态复合预混合饲料（畜禽水产、反刍动物）

（续）

企业名称	许可证编号	产品品种
佛山市南海东方澳龙制药有限公司	粤饲预（2015）05006	维生素预混合饲料（畜禽水产、反刍动物）；微量元素预混合饲料（畜禽水产、反刍动物）；复合预混合饲料（畜禽水产、反刍动物）；液态维生素预混合饲料（畜禽水产）；液态复合预混合饲料（畜禽水产）
河南白云牧港生物科技有限公司	豫饲预（2015）01111	维生素预混合饲料（畜禽水产、反刍动物）；微量元素预混合饲料（畜禽水产、反刍动物）；复合预混合饲料（畜禽水产、反刍动物）；液态维生素预混合饲料（畜禽水产、反刍动物）；液态微量元素预混合饲料（畜禽水产、反刍动物）；液态复合预混合饲料（畜禽水产、反刍动物）
新奥兰生物科技（石家庄）有限公司	冀饲预（2015）01026	维生素预混合饲料（畜禽水产、反刍动物）；微量元素预混合饲料（畜禽水产、反刍动物）；复合预混合饲料（畜禽水产、反刍动物、宠物及特种动物）
北京大北农科技集团股份有限公司	京饲预（2015）11068	维生素预混合饲料（畜禽水产、反刍动物）；微量元素预混合饲料（畜禽水产、反刍动物）；复合预混合饲料（畜禽水产、反刍动物、宠物及特种动物）
邢台奥福斯贸易有限公司	冀饲预（2015）09002	维生素预混合饲料（畜禽水产、反刍动物）；液态维生素预混合饲料（畜禽水产、反刍动物）
德力美克（天津）生物科技有限公司	津饲预（2015）02002	维生素预混合饲料（畜禽水产、反刍动物、宠物及特种动物）
金河生物科技股份有限公司	蒙饲预（2015）01010	维生素预混合饲料（畜禽水产、反刍动物、宠物及特种动物）
北京天地大科技有限责任公司	京饲预（2015）07084	维生素预混合饲料（畜禽水产、反刍动物、宠物及特种动物）；复合预混合饲料（畜禽水产、反刍动物、宠物及特种动物）
青岛普兴生物科技有限公司	鲁饲预（2015）02110	维生素预混合饲料（畜禽水产、反刍动物、宠物及特种动物）；复合预混合饲料（畜禽水产、反刍动物、宠物及特种动物）
广东兴腾科生物科技有限公司	粤饲预（2015）17001	维生素预混合饲料（畜禽水产、反刍动物、宠物及特种动物）；微量元素预混合饲料（畜禽水产）；复合预混合饲料（畜禽水产）
中粮（北京）饲料科技有限公司	京饲预（2015）12085	维生素预混合饲料（畜禽水产、反刍动物、宠物及特种动物）；微量元素预混合饲料（畜禽水产、反刍动物）；复合预混合饲料（畜禽水产、反刍动物）

（续）

企业名称	许可证编号	产品品种
溧阳正昌饲料科技有限公司	苏饲预（2015）04002	维生素预混合饲料（畜禽水产、反刍动物、宠物及特种动物）；微量元素预混合饲料（畜禽水产、反刍动物、宠物及特种动物）；复合预混合饲料（畜禽水产、反刍动物、宠物及特种动物）
山东鲁诺动物药业有限公司	鲁饲预（2015）17196	维生素预混合饲料（畜禽水产、反刍动物、宠物及特种动物）；微量元素预混合饲料（畜禽水产、反刍动物、宠物及特种动物）
嘉吉饲料（南京）有限公司	苏饲预（2015）01012	维生素预混合饲料（畜禽水产、反刍动物、宠物及特种动物）；微量元素预混合饲料（畜禽水产、反刍动物、宠物及特种动物）；复合预混合饲料（畜禽水产、宠物及特种动物）
河南优佳福饲料科技有限公司	豫饲预（2015）01135	维生素预混合饲料（畜禽水产、反刍动物、宠物及特种动物）；微量元素预混合饲料（畜禽水产、反刍动物、宠物及特种动物）；复合预混合饲料（畜禽水产、反刍动物、宠物及特种动物）
河北京阳饲料有限公司	冀饲预（2015）01034	维生素预混合饲料（畜禽水产、反刍动物、宠物及特种动物）；微量元素预混合饲料（畜禽水产、反刍动物、宠物及特种动物）；复合预混合饲料（畜禽水产、反刍动物、宠物及特种动物）
新乡好运农牧股份有限公司	豫饲预（2015）07127	维生素预混合饲料（畜禽水产、反刍动物、宠物及特种动物）；微量元素预混合饲料（畜禽水产、反刍动物、宠物及特种动物）；复合预混合饲料（畜禽水产、反刍动物、宠物及特种动物）
正大预混料（天津）有限公司	津饲预（2015）10001	维生素预混合饲料（畜禽水产、反刍动物、宠物及特种动物）；微量元素预混合饲料（畜禽水产、反刍动物、宠物及特种动物）；复合预混合饲料（畜禽水产、反刍动物）
新疆泰昆集团昌吉饲料有限责任公司	新饲预（2015）23003	维生素预混合饲料（畜禽水产、反刍动物、宠物及特种动物）；微量元素预混合饲料（畜禽水产、反刍动物、宠物及特种动物）；复合预混合饲料（畜禽水产、反刍动物）
嘉吉饲料（天津）有限公司	津饲预（2015）03003	维生素预混合饲料（畜禽水产、反刍动物、宠物及特种动物）；微量元素预混合饲料（畜禽水产、反刍动物、宠物及特种动物）；复合预混合饲料（畜禽水产、反刍动物、宠物及特种动物）
天津牧丰饲料有限公司	津饲预（2015）08001	维生素预混合饲料（畜禽水产、反刍动物、宠物及特种动物）；微量元素预混合饲料（畜禽水产、反刍动物、宠物及特种动物）；复合预混合饲料（畜禽水产、反刍动物、宠物及特种动物）
海城市兴盛饲料有限公司	辽饲预（2015）03003	维生素预混合饲料（畜禽水产、反刍动物、宠物及特种动物）；微量元素预混合饲料（畜禽水产、反刍动物、宠物及特种动物）；复合预混合饲料（畜禽水产、反刍动物、宠物及特种动物）

（续）

企业名称	许可证编号	产品品种
辽阳县金之谷饲料厂	辽饲预（2015）10002	维生素预混合饲料（畜禽水产、反刍动物、宠物及特种动物）；微量元素预混合饲料（畜禽水产、反刍动物、宠物及特种动物）；复合预混合饲料（畜禽水产、反刍动物、宠物及特种动物）
商丘市华康动物药业有限公司	豫饲预（2015）14116	维生素预混合饲料（畜禽水产、反刍动物、宠物及特种动物）；微量元素预混合饲料（畜禽水产、反刍动物、宠物及特种动物）；复合预混合饲料（畜禽水产、反刍动物、宠物及特种动物）
广州远图生物科技有限公司	粤饲预（2015）01058	维生素预混合饲料（畜禽水产、反刍动物、宠物及特种动物）；微量元素预混合饲料（畜禽水产、反刍动物、宠物及特种动物）；复合预混合饲料（畜禽水产、反刍动物、宠物及特种动物）
河南索康生物技术有限公司	豫饲预（2015）08142	维生素预混合饲料（畜禽水产、反刍动物、宠物及特种动物）；微量元素预混合饲料（畜禽水产、反刍动物、宠物及特种动物）；复合预混合饲料（畜禽水产、反刍动物、宠物及特种动物）；液态维生素预混合饲料（畜禽水产、反刍动物、宠物及特种动物）；液态微量元素预混合饲料（畜禽水产、反刍动物、宠物及特种动物）；液态复合预混合饲料（畜禽水产、反刍动物、宠物及特种动物）
新津邦得科技有限公司	川饲预（2015）01014	维生素预混合饲料（畜禽水产、反刍动物、宠物及特种动物）；微量元素预混合饲料（畜禽水产、反刍动物、宠物及特种动物）；复合预混合饲料（畜禽水产、反刍动物、宠物及特种动物）
四川新一美生物科技有限公司	川饲预（2015）06002	维生素预混合饲料（畜禽水产、反刍动物、宠物及特种动物）；微量元素预混合饲料（畜禽水产、反刍动物、宠物及特种动物）；复合预混合饲料（畜禽水产、反刍动物、宠物及特种动物）
谷实农牧集团股份有限公司	黑饲预（2015）01019	维生素预混合饲料（畜禽水产、反刍动物、宠物及特种动物）；微量元素预混合饲料（畜禽水产、反刍动物、宠物及特种动物）；复合预混合饲料（畜禽水产、反刍动物、宠物及特种动物）
哈尔滨市道外区宏达动物药品厂	黑饲预（2015）01028	维生素预混合饲料（畜禽水产、反刍动物、宠物及特种动物）；微量元素预混合饲料（畜禽水产、反刍动物、宠物及特种动物）；复合预混合饲料（畜禽水产、反刍动物、宠物及特种动物）
帝斯曼维生素（上海）有限公司	沪饲预（2015）09003	维生素预混合饲料（畜禽水产、反刍动物、宠物及特种动物）；微量元素预混合饲料（畜禽水产、反刍动物、宠物及特种动物）；复合预混合饲料（畜禽水产、反刍动物、宠物及特种动物）
石家庄中农同创生物科技有限公司	冀饲预（2015）01022	维生素预混合饲料（畜禽水产、反刍动物、宠物及特种动物）；微量元素预混合饲料（畜禽水产、反刍动物、宠物及特种动物）；复合预混合饲料（畜禽水产、反刍动物、宠物及特种动物）

（续）

企业名称	许可证编号	产品品种
芮城县华农康源饲料有限公司	晋饲预（2015）11001	维生素预混合饲料（畜禽水产、反刍动物、宠物及特种动物）；微量元素预混合饲料（畜禽水产、反刍动物、宠物及特种动物）；复合预混合饲料（畜禽水产、反刍动物、宠物及特种动物）
北京万利和科技发展有限责任公司	京饲预（2015）06069	维生素预混合饲料（畜禽水产、反刍动物、宠物及特种动物）；微量元素预混合饲料（畜禽水产、反刍动物、宠物及特种动物）；复合预混合饲料（畜禽水产、反刍动物、宠物及特种动物）
北京北农大动物科技有限责任公司	京饲预（2015）06082	维生素预混合饲料（畜禽水产、反刍动物、宠物及特种动物）；微量元素预混合饲料（畜禽水产、反刍动物、宠物及特种动物）；复合预混合饲料（畜禽水产、反刍动物、宠物及特种动物）
泰高营养科技（北京）有限公司	京饲预（2015）07075	维生素预混合饲料（畜禽水产、反刍动物、宠物及特种动物）；微量元素预混合饲料（畜禽水产、反刍动物、宠物及特种动物）；复合预混合饲料（畜禽水产、反刍动物、宠物及特种动物）
北京中农盛达科技有限公司	京饲预（2015）07076	维生素预混合饲料（畜禽水产、反刍动物、宠物及特种动物）；微量元素预混合饲料（畜禽水产、反刍动物、宠物及特种动物）；复合预混合饲料（畜禽水产、反刍动物、宠物及特种动物）
北京中农希望生物技术中心	京饲预（2015）07085	维生素预混合饲料（畜禽水产、反刍动物、宠物及特种动物）；微量元素预混合饲料（畜禽水产、反刍动物、宠物及特种动物）；复合预混合饲料（畜禽水产、反刍动物、宠物及特种动物）
辽宁众友饲料有限公司	辽饲预（2015）01011	维生素预混合饲料（畜禽水产、反刍动物、宠物及特种动物）；微量元素预混合饲料（畜禽水产、反刍动物、宠物及特种动物）；复合预混合饲料（畜禽水产、反刍动物、宠物及特种动物）
辽宁禾丰牧业股份有限公司	辽饲预（2015）01013	维生素预混合饲料（畜禽水产、反刍动物、宠物及特种动物）；微量元素预混合饲料（畜禽水产、反刍动物、宠物及特种动物）；复合预混合饲料（畜禽水产、反刍动物、宠物及特种动物）
艾地盟动物保健及营养（大连）有限公司	辽饲预（2015）02002	维生素预混合饲料（畜禽水产、反刍动物、宠物及特种动物）；微量元素预混合饲料（畜禽水产、反刍动物、宠物及特种动物）；复合预混合饲料（畜禽水产、反刍动物、宠物及特种动物）
沈阳中牧生物科技有限公司	辽饲预（2015）10003	维生素预混合饲料（畜禽水产、反刍动物、宠物及特种动物）；微量元素预混合饲料（畜禽水产、反刍动物、宠物及特种动物）；复合预混合饲料（畜禽水产、反刍动物、宠物及特种动物）

（续）

企业名称	许可证编号	产品品种
日照普惠动物营养科技有限公司	鲁饲预（2015）11138	维生素预混合饲料（畜禽水产、反刍动物、宠物及特种动物）；微量元素预混合饲料（畜禽水产、反刍动物、宠物及特种动物）；复合预混合饲料（畜禽水产、反刍动物、宠物及特种动物）
西安汉堡生物技术发展有限公司泾河分公司	陕饲预（2015）01004	维生素预混合饲料（畜禽水产、反刍动物、宠物及特种动物）；微量元素预混合饲料（畜禽水产、反刍动物、宠物及特种动物）；复合预混合饲料（畜禽水产、反刍动物、宠物及特种动物）
江苏易实生物科技有限公司	苏饲预（2015）10003	维生素预混合饲料（畜禽水产、反刍动物、宠物及特种动物）；微量元素预混合饲料（畜禽水产、反刍动物、宠物及特种动物）；复合预混合饲料（畜禽水产、反刍动物、宠物及特种动物）
杭州百瑞特饲料科技有限公司	浙饲预（2015）01003	维生素预混合饲料（畜禽水产、反刍动物、宠物及特种动物）；微量元素预混合饲料（畜禽水产、反刍动物、宠物及特种动物）；复合预混合饲料（畜禽水产、反刍动物、宠物及特种动物）
辽宁凯为生物技术有限公司	辽饲预（2015）07002	维生素预混合饲料（畜禽水产、反刍动物、宠物及特种动物）；微量元素预混合饲料（畜禽水产、反刍动物、宠物及特种动物）；复合预混合饲料（畜禽水产、反刍动物、宠物及特种动物）；液态复合预混合饲料（畜禽水产、反刍动物、宠物及特种动物）
河北远征药业有限公司	冀饲预（2015）01028	维生素预混合饲料（畜禽水产、反刍动物、宠物及特种动物）；微量元素预混合饲料（畜禽水产、反刍动物、宠物及特种动物）；复合预混合饲料（畜禽水产、反刍动物、宠物及特种动物）；液态维生素预混合饲料（畜禽水产、反刍动物、宠物及特种动物）
哈尔滨中精生物科技有限公司	黑饲预（2015）01010	维生素预混合饲料（畜禽水产、反刍动物、宠物及特种动物）；微量元素预混合饲料（畜禽水产、反刍动物、宠物及特种动物）；复合预混合饲料（畜禽水产、反刍动物、宠物及特种动物）；液态维生素预混合饲料（畜禽水产、反刍动物、宠物及特种动物）；液态复合预混合饲料（畜禽水产、反刍动物、宠物及特种动物）
辽宁威兰生物技术有限责任公司	辽饲预（2015）01014	维生素预混合饲料（畜禽水产、反刍动物、宠物及特种动物）；微量元素预混合饲料（畜禽水产、反刍动物、宠物及特种动物）；复合预混合饲料（畜禽水产、反刍动物、宠物及特种动物）；液态维生素预混合饲料（畜禽水产、反刍动物、宠物及特种动物）；液态复合预混合饲料（畜禽水产、反刍动物、宠物及特种动物）
山东德州神牛药业有限公司	鲁饲预（2015）14189	维生素预混合饲料（畜禽水产、反刍动物、宠物及特种动物）；微量元素预混合饲料（畜禽水产、反刍动物、宠物及特种动物）；复合预混合饲料（畜禽水产、反刍动物、宠物及特种动物）；液态维生素预混合饲料（畜禽水产、反刍动物、宠物及特种动物）；液态复合预混合饲料（畜禽水产、反刍动物、宠物及特种动物）

（续）

企业名称	许可证编号	产品品种
山东润华兽药有限公司	鲁饲预（2015）01203	维生素预混合饲料（畜禽水产、反刍动物、宠物及特种动物）；液态维生素预混合饲料（畜禽水产、反刍动物、宠物及特种动物）
建明工业（珠海）有限公司	粤饲预（2015）03003	维生素预混合饲料（反刍动物）；复合预混合饲料（反刍动物）
山东高密奇力饲料有限公司	鲁饲预（2015）07132	维生素预混合饲料（反刍动物）；微量元素预混合饲料（反刍动物）；复合预混合饲料（反刍动物）
诸城市富华饲料有限责任公司	鲁饲预（2015）07164	维生素预混合饲料（反刍动物）；微量元素预混合饲料（反刍动物）；复合预混合饲料（反刍动物）
山东大草原农牧发展有限公司	鲁饲预（2015）07207	维生素预混合饲料（反刍动物）；微量元素预混合饲料（反刍动物）；复合预混合饲料（反刍动物）
滨州天宝生物科技有限公司	鲁饲预（2015）13204	维生素预混合饲料（反刍动物）；微量元素预混合饲料（反刍动物）；复合预混合饲料（反刍动物）
济南中农昊正生物技术有限公司	鲁饲预（2015）01140	液态维生素预混合饲料（畜禽水产、宠物及特种动物）
山东富利特药业有限公司	鲁饲预（2015）07109	液态维生素预混合饲料（畜禽水产、宠物及特种动物）
河南金大众生物工程有限公司	豫饲预（2015）08125	液态维生素预混合饲料（畜禽水产、宠物及特种动物）
深圳市红瑞生物科技有限公司	粤饲预（2015）02007	液态维生素预混合饲料（畜禽水产、宠物及特种动物）；液态微量元素预混合饲料（畜禽水产、宠物及特种动物）；液态复合预混合饲料（畜禽水产、宠物及特种动物）
山东金瑞生物科技有限公司	鲁饲预（2015）07186	液态维生素预混合饲料（畜禽水产、反刍动物、宠物及特种动物）
山东大禹动物药业有限公司	鲁饲预（2015）14223	液态维生素预混合饲料（畜禽水产、反刍动物、宠物及特种动物）；液态复合预混合饲料（畜禽水产、反刍动物、宠物及特种动物）
山东宝益泽生物工程有限公司	鲁饲预（2015）01014	液态维生素预混合饲料（畜禽水产、反刍动物、宠物及特种动物）；液态微量元素预混合饲料（畜禽水产、反刍动物、宠物及特种动物）；液态复合预混合饲料（畜禽水产、反刍动物、宠物及特种动物）

表 2－34　配合饲料、浓缩饲料、精料补充料生产许可证名单

企业名称	许可证编号	产品品种
上海雪米宠物食品有限公司	沪饲证（2015）09011	配合饲料（宠物）
邢台贝娇宠物食品有限公司	冀饲证（2015）09061	配合饲料（宠物）
南和县联众宠物饲料有限公司	冀饲证（2015）09062	配合饲料（宠物）
大连信贝特宠物食品有限公司	辽饲证（2015）02050	配合饲料（宠物）

（续）

企业名称	许可证编号	产品品种
菏泽开饭乐宠物食品科技有限公司	鲁饲证（2015）17054	配合饲料（宠物）
西安心连心生物技术有限公司	陕饲证（2015）01001	配合饲料（宠物）
陕西嘉龙信鸽用品有限公司	陕饲证（2015）01003	配合饲料（宠物）
陕西三原爱丽丝生物科技有限公司	陕饲证（2015）04005	配合饲料（宠物）
南京青山生物科技开发有限公司	苏饲证（2015）01035	配合饲料（宠物）
江苏长乐动物营养科技有限公司	苏饲证（2015）08066	配合饲料（宠物）
安徽赛澳生物工程有限公司	皖饲证（2015）10017	配合饲料（宠物）
广州市漳春宠物食品有限公司	粤饲证（2015）01097	配合饲料（宠物）
中山耀翔塑胶制品有限公司	粤饲证（2015）12014	配合饲料（宠物）
嘉兴佳福饲料有限公司	浙饲证（2015）06305	配合饲料（宠物）
好侣（中国）有限公司	浙饲证（2015）06405	配合饲料（宠物）
浙江道格凯特实业有限公司	浙饲证（2015）06604	配合饲料（宠物）
上海仕林生物科技有限公司	沪饲证（2015）04017	配合饲料（宠物、特种动物）
石家庄金丰宠物蛋白饲料有限公司	冀饲证（2015）01111	配合饲料（宠物、特种动物）
天津中农饲料技术开发有限公司	津饲证（2015）08002	配合饲料（宠物、特种动物）
南京警犬研究所科技开发中心动物食品厂	苏饲证（2015）01026	配合饲料（宠物、特种动物）
青岛加中永嘉宠物营养品有限公司	鲁饲证（2015）02088	配合饲料（宠物、特种动物）；浓缩饲料（宠物、特种动物）
当阳市齐强饲料有限公司	鄂饲证（2015）05002	配合饲料（畜禽）
湖北富强家禽养殖有限公司	鄂饲证（2015）10004	配合饲料（畜禽）
樟树市神龙实业有限公司	赣饲证（2015）02024	配合饲料（畜禽）
峡江县惠民饲料有限公司	赣饲证（2015）03016	配合饲料（畜禽）
吉安市正邦畜禽有限公司	赣饲证（2015）03017	配合饲料（畜禽）
抚州吉达生物有限公司	赣饲证（2015）05010	配合饲料（畜禽）
大连亿兴饲料有限公司	辽饲证（2015）02053	配合饲料（畜禽）
大连众益三发饲料有限公司	辽饲证（2015）02055	配合饲料（畜禽）
大连煜凤饲料有限公司	辽饲证（2015）02057	配合饲料（畜禽）
瓦房店市赋阳肉鸡养殖专业合作社	辽饲证（2015）02058	配合饲料（畜禽）
普兰店市大刘家超宏养殖场	辽饲证（2015）02061	配合饲料（畜禽）
大石桥市虎庄富祥饲料厂	辽饲证（2015）08035	配合饲料（畜禽）
温氏（朝阳）农牧有限公司	辽饲证（2015）13018	配合饲料（畜禽）
无棣县亨通饲料有限公司	鲁饲证（2015）13072	配合饲料（畜禽）
闽侯县竹岐大龙丰饲料有限公司	闽饲证（2015）01325	配合饲料（畜禽）
莆田市秀屿区华荣胜实业有限公司	闽饲证（2015）04323	配合饲料（畜禽）
莆田市荔城区进兴旺饲料有限公司	闽饲证（2015）04337	配合饲料（畜禽）
莆田市涵江区富民饲料有限公司	闽饲证（2015）04351	配合饲料（畜禽）

（续）

企业名称	许可证编号	产品品种
漳州市海扬饲料有限公司	闽饲证（2015）06327	配合饲料（畜禽）
徐州恒杰牧业科技有限公司	苏饲证（2015）03123	配合饲料（畜禽）
江苏梅林畜牧有限公司	苏饲证（2015）09086	配合饲料（畜禽）
岳阳湘佳牧业有限公司	湘饲证（2015）06153	配合饲料（畜禽）
三门峡雏鹰农牧有限公司陕县分公司	豫饲证（2015）12003	配合饲料（畜禽）
佛山市高明区温氏家禽有限公司	粤饲证（2015）05045	配合饲料（畜禽）
阳江海大饲料有限公司	粤饲证（2015）14016	配合饲料（畜禽）
嘉兴海大永旺生物饲料有限公司	浙饲证（2015）06306	配合饲料（畜禽）
常山温氏畜牧有限公司	浙饲证（2015）08001	配合饲料（畜禽）
江山大北农农牧科技有限公司	浙饲证（2015）08003	配合饲料（畜禽）
湖北金新农饲料有限公司	鄂饲证（2015）01002	配合饲料（畜禽）；浓缩饲料（畜禽）
襄阳安佑生物科技有限公司	鄂饲证（2015）03001	配合饲料（畜禽）；浓缩饲料（畜禽）
襄阳九鼎牧业有限公司	鄂饲证（2015）03002	配合饲料（畜禽）；浓缩饲料（畜禽）
襄阳傲农生物科技有限公司	鄂饲证（2015）03003	配合饲料（畜禽）；浓缩饲料（畜禽）
红安绿色巨农饲料科技有限公司	鄂饲证（2015）04003	配合饲料（畜禽）；浓缩饲料（畜禽）
湖北优百特生物工程有限公司	鄂饲证（2015）04004	配合饲料（畜禽）；浓缩饲料（畜禽）
宜昌市昌伟饲料科技有限公司	鄂饲证（2015）05001	配合饲料（畜禽）；浓缩饲料（畜禽）
湖北多维生物科技有限公司	鄂饲证（2015）07002	配合饲料（畜禽）；浓缩饲料（畜禽）
荆州市裕茂田园牧业有限公司	鄂饲证（2015）10001	配合饲料（畜禽）；浓缩饲料（畜禽）
襄阳正大有限公司随州饲料厂	鄂饲证（2015）12001	配合饲料（畜禽）；浓缩饲料（畜禽）
高台县佳牧直通牧业有限公司	甘饲证（2015）02013	配合饲料（畜禽）；浓缩饲料（畜禽）
武威一统饲料有限公司	甘饲证（2015）03022	配合饲料（畜禽）；浓缩饲料（畜禽）
庄浪县大北农农牧科技有限责任公司	甘饲证（2015）06004	配合饲料（畜禽）；浓缩饲料（畜禽）
静宁县精威饲料有限责任公司	甘饲证（2015）06005	配合饲料（畜禽）；浓缩饲料（畜禽）
靖远北湾宏源饲料厂	甘饲证（2015）13006	配合饲料（畜禽）；浓缩饲料（畜禽）
白银成农饲料科技有限公司	甘饲证（2015）13008	配合饲料（畜禽）；浓缩饲料（畜禽）
江西省强龙实业有限公司	赣饲证（2015）01022	配合饲料（畜禽）；浓缩饲料（畜禽）
宜春联和实业有限公司	赣饲证（2015）02022	配合饲料（畜禽）；浓缩饲料（畜禽）
江西永惠实业有限公司	赣饲证（2015）05005	配合饲料（畜禽）；浓缩饲料（畜禽）
抚州万事兴饲料有限公司	赣饲证（2015）05006	配合饲料（畜禽）；浓缩饲料（畜禽）
江西汇和科技有限公司	赣饲证（2015）05011	配合饲料（畜禽）；浓缩饲料（畜禽）
新余众望饲料科技有限公司	赣饲证（2015）09003	配合饲料（畜禽）；浓缩饲料（畜禽）
天津市蓟县成建饲料厂	津饲证（2015）01001	配合饲料（畜禽）；浓缩饲料（畜禽）
太原市天丰饲料科技有限公司	晋饲证（2015）01001	配合饲料（畜禽）；浓缩饲料（畜禽）
原平市大林黄河饲料厂	晋饲证（2015）04002	配合饲料（畜禽）；浓缩饲料（畜禽）
五寨县顺喜强农饲料有限公司	晋饲证（2015）04003	配合饲料（畜禽）；浓缩饲料（畜禽）
山西迅达饲料有限公司	晋饲证（2015）06005	配合饲料（畜禽）；浓缩饲料（畜禽）

（续）

企业名称	许可证编号	产品品种
临汾市永恒饲料有限公司	晋饲证（2015）10001	配合饲料（畜禽）；浓缩饲料（畜禽）
山西晋龙集团临汾饲料有限公司	晋饲证（2015）10002	配合饲料（畜禽）；浓缩饲料（畜禽）
山西奥优特饲料有限公司	晋饲证（2015）11001	配合饲料（畜禽）；浓缩饲料（畜禽）
稷山县大鹏饲料有限公司	晋饲证（2015）11002	配合饲料（畜禽）；浓缩饲料（畜禽）
稷山县天和饲料有限公司	晋饲证（2015）11006	配合饲料（畜禽）；浓缩饲料（畜禽）
稷山县昌宏饲料养殖农民专业合作社	晋饲证（2015）11007	配合饲料（畜禽）；浓缩饲料（畜禽）
芮城县富邦饲料有限公司	晋饲证（2015）11008	配合饲料（畜禽）；浓缩饲料（畜禽）
临猗县丰淋牧业有限公司	晋饲证（2015）11013	配合饲料（畜禽）；浓缩饲料（畜禽）
夏县起瑞农牧发展有限公司	晋饲证（2015）11015	配合饲料（畜禽）；浓缩饲料（畜禽）
沈阳奇正饲料有限公司	辽饲证（2015）01111	配合饲料（畜禽）；浓缩饲料（畜禽）
沈阳和美华饲料有限公司	辽饲证（2015）01114	配合饲料（畜禽）；浓缩饲料（畜禽）
沈阳泰高牧业饲料有限公司	辽饲证（2015）01115	配合饲料（畜禽）；浓缩饲料（畜禽）
沈阳质德饲料有限公司	辽饲证（2015）01116	配合饲料（畜禽）；浓缩饲料（畜禽）
沈阳市博瑞得饲料有限公司	辽饲证（2015）01117	配合饲料（畜禽）；浓缩饲料（畜禽）
沈阳天康瑞孚饲料科技有限公司	辽饲证（2015）01118	配合饲料（畜禽）；浓缩饲料（畜禽）
沈阳众成永丰饲料有限公司	辽饲证（2015）01119	配合饲料（畜禽）；浓缩饲料（畜禽）
沈阳市昊明禽业有限公司宝丰饲料厂	辽饲证（2015）01120	配合饲料（畜禽）；浓缩饲料（畜禽）
沈阳六和博丰饲料有限公司	辽饲证（2015）01121	配合饲料（畜禽）；浓缩饲料（畜禽）
沈阳市于洪区金大饲料厂	辽饲证（2015）01127	配合饲料（畜禽）；浓缩饲料（畜禽）
沈阳市茂盛饲料厂	辽饲证（2015）01128	配合饲料（畜禽）；浓缩饲料（畜禽）
沈阳市沈河区良宇饲料厂	辽饲证（2015）01129	配合饲料（畜禽）；浓缩饲料（畜禽）
沈阳市苏家屯区天助众帮饲料厂	辽饲证（2015）01132	配合饲料（畜禽）；浓缩饲料（畜禽）
沈阳新北农饲料厂	辽饲证（2015）01142	配合饲料（畜禽）；浓缩饲料（畜禽）
沈阳亿万饲料科技有限公司	辽饲证（2015）01144	配合饲料（畜禽）；浓缩饲料（畜禽）
大连诚德牧业有限公司	辽饲证（2015）02051	配合饲料（畜禽）；浓缩饲料（畜禽）
大连宏利饲料有限公司	辽饲证（2015）02054	配合饲料（畜禽）；浓缩饲料（畜禽）
普兰店市泰源饲料厂	辽饲证（2015）02056	配合饲料（畜禽）；浓缩饲料（畜禽）
大连众义牧业有限公司	辽饲证（2015）02059	配合饲料（畜禽）；浓缩饲料（畜禽）
普兰店市田润饲料厂	辽饲证（2015）02060	配合饲料（畜禽）；浓缩饲料（畜禽）
大连胡氏饲料有限公司	辽饲证（2015）02062	配合饲料（畜禽）；浓缩饲料（畜禽）
海城市振东饲料有限公司	辽饲证（2015）03051	配合饲料（畜禽）；浓缩饲料（畜禽）
海城市盛利饲料有限公司	辽饲证（2015）03052	配合饲料（畜禽）；浓缩饲料（畜禽）
鞍山市腾鳌经济开发区科业稼饲料厂	辽饲证（2015）03053	配合饲料（畜禽）；浓缩饲料（畜禽）
鞍山市腾鳌益佳饲料有限公司	辽饲证（2015）03054	配合饲料（畜禽）；浓缩饲料（畜禽）
鞍山市尊基特牧业有限公司	辽饲证（2015）03056	配合饲料（畜禽）；浓缩饲料（畜禽）
海城市大海饲料厂	辽饲证（2015）03057	配合饲料（畜禽）；浓缩饲料（畜禽）
台安县永生饲料厂	辽饲证（2015）03058	配合饲料（畜禽）；浓缩饲料（畜禽）

（续）

企业名称	许可证编号	产品品种
台安县三阳饲料有限责任公司	辽饲证（2015）03059	配合饲料（畜禽）；浓缩饲料（畜禽）
辽宁华强牧业有限责任公司	辽饲证（2015）05002	配合饲料（畜禽）；浓缩饲料（畜禽）
北镇市华越饲料厂	辽饲证（2015）07041	配合饲料（畜禽）；浓缩饲料（畜禽）
锦州市松山新区玉兴饲料厂	辽饲证（2015）07044	配合饲料（畜禽）；浓缩饲料（畜禽）
锦州市明大饲料厂	辽饲证（2015）07052	配合饲料（畜禽）；浓缩饲料（畜禽）
锦州万丰饲料有限公司	辽饲证（2015）07054	配合饲料（畜禽）；浓缩饲料（畜禽）
营口康生饲料厂	辽饲证（2015）08033	配合饲料（畜禽）；浓缩饲料（畜禽）
辽宁羽丰牧业有限公司	辽饲证（2015）08034	配合饲料（畜禽）；浓缩饲料（畜禽）
营口经济技术开发区丰辉牧业有限公司	辽饲证（2015）08036	配合饲料（畜禽）；浓缩饲料（畜禽）
盖州市富翔饲料加工厂	辽饲证（2015）08038	配合饲料（畜禽）；浓缩饲料（畜禽）
辽阳芯雨禾牧业有限公司	辽饲证（2015）10011	配合饲料（畜禽）；浓缩饲料（畜禽）
辽阳市诺维特饲料有限公司	辽饲证（2015）10012	配合饲料（畜禽）；浓缩饲料（畜禽）
盘山县众丰饲料厂	辽饲证（2015）11017	配合饲料（畜禽）；浓缩饲料（畜禽）
铁岭丰大牧业有限公司	辽饲证（2015）12040	配合饲料（畜禽）；浓缩饲料（畜禽）
铁岭市兴旺嘉牧业有限责任公司	辽饲证（2015）12041	配合饲料（畜禽）；浓缩饲料（畜禽）
铁岭市博历康牧业有限公司	辽饲证（2015）12042	配合饲料（畜禽）；浓缩饲料（畜禽）
铁岭华农饲料有限公司	辽饲证（2015）12044	配合饲料（畜禽）；浓缩饲料（畜禽）
朝阳亨瑞饲料有限公司	辽饲证（2015）13012	配合饲料（畜禽）；浓缩饲料（畜禽）
北票市元丰饲料有限公司	辽饲证（2015）13013	配合饲料（畜禽）；浓缩饲料（畜禽）
朝阳市龙城区祥云饲料厂	辽饲证（2015）13015	配合饲料（畜禽）；浓缩饲料（畜禽）
辽宁省朝阳市喀左县裕丰饲料厂	辽饲证（2015）13016	配合饲料（畜禽）；浓缩饲料（畜禽）
北票市友丰饲料厂	辽饲证（2015）13017	配合饲料（畜禽）；浓缩饲料（畜禽）
葫芦岛盛大牧业有限公司	辽饲证（2015）14016	配合饲料（畜禽）；浓缩饲料（畜禽）
葫芦岛市百丰牧业有限公司	辽饲证（2015）14017	配合饲料（畜禽）；浓缩饲料（畜禽）
土默特左旗蒙利饲料有限责任公司	蒙饲证（2015）01239	配合饲料（畜禽）；浓缩饲料（畜禽）
赤峰家育饲料有限公司	蒙饲证（2015）06211	配合饲料（畜禽）；浓缩饲料（畜禽）
福州正阳饲料有限公司	闽饲证（2015）01009	配合饲料（畜禽）；浓缩饲料（畜禽）
厦门市凤来仪农牧技术有限公司	闽饲证（2015）02046	配合饲料（畜禽）；浓缩饲料（畜禽）
漳州市禾丰牧业有限公司	闽饲证（2015）06074	配合饲料（畜禽）；浓缩饲料（畜禽）
福建旺大生物科技有限公司	闽饲证（2015）06157	配合饲料（畜禽）；浓缩饲料（畜禽）
海龙威（漳州）饲料有限公司	闽饲证（2015）06244	配合饲料（畜禽）；浓缩饲料（畜禽）
漳州大新生物科技有限公司	闽饲证（2015）06328	配合饲料（畜禽）；浓缩饲料（畜禽）
福建永益康饲料有限公司	闽饲证（2015）06356	配合饲料（畜禽）；浓缩饲料（畜禽）
龙岩市百特饲料科技有限公司	闽饲证（2015）07058	配合饲料（畜禽）；浓缩饲料（畜禽）
龙岩市东岳生物饲料有限公司	闽饲证（2015）07318	配合饲料（畜禽）；浓缩饲料（畜禽）
中卫市正通饲料有限公司	宁饲证（2015）05032	配合饲料（畜禽）；浓缩饲料（畜禽）
西安华成饲料有限公司	陕饲证（2015）01002	配合饲料（畜禽）；浓缩饲料（畜禽）

（续）

企业名称	许可证编号	产品品种
西安邦泰饲料科技有限公司	陕饲证（2015）01004	配合饲料（畜禽）；浓缩饲料（畜禽）
咸阳渭北饲料有限公司	陕饲证（2015）04003	配合饲料（畜禽）；浓缩饲料（畜禽）
西咸新区牧德帮饲料有限公司	陕饲证（2015）04006	配合饲料（畜禽）；浓缩饲料（畜禽）
蒲城兴盛饲料有限公司专业猪料分公司	陕饲证（2015）05001	配合饲料（畜禽）；浓缩饲料（畜禽）
富平县瑞泰源牧业有限公司	陕饲证（2015）05002	配合饲料（畜禽）；浓缩饲料（畜禽）
商南县丰源饲料有限责任公司	陕饲证（2015）08001	配合饲料（畜禽）；浓缩饲料（畜禽）
陕西华西牧业有限责任公司	陕饲证（2015）10002	配合饲料（畜禽）；浓缩饲料（畜禽）
凯帝曼饲料江苏有限公司	苏饲证（2015）01013	配合饲料（畜禽）；浓缩饲料（畜禽）
徐州市润农饲料有限公司	苏饲证（2015）03005	配合饲料（畜禽）；浓缩饲料（畜禽）
徐州永顺饲料有限公司	苏饲证（2015）03009	配合饲料（畜禽）；浓缩饲料（畜禽）
徐州万星农牧科技有限公司	苏饲证（2015）03049	配合饲料（畜禽）；浓缩饲料（畜禽）
徐州申江饲料有限公司	苏饲证（2015）03097	配合饲料（畜禽）；浓缩饲料（畜禽）
徐州华阳饲料有限公司	苏饲证（2015）03100	配合饲料（畜禽）；浓缩饲料（畜禽）
海安源耀阳光饲料有限公司	苏饲证（2015）06008	配合饲料（畜禽）；浓缩饲料（畜禽）
亚太星原农牧科技海安有限公司	苏饲证（2015）06052	配合饲料（畜禽）；浓缩饲料（畜禽）
连云港市舜兴饲料有限公司	苏饲证（2015）07016	配合饲料（畜禽）；浓缩饲料（畜禽）
连云港市欧亚饲料有限公司	苏饲证（2015）07031	配合饲料（畜禽）；浓缩饲料（畜禽）
连云港丰瑞饲料有限公司	苏饲证（2015）07032	配合饲料（畜禽）；浓缩饲料（畜禽）
连云港尚生饲料有限公司	苏饲证（2015）07041	配合饲料（畜禽）；浓缩饲料（畜禽）
连云港惠牧饲料有限公司	苏饲证（2015）07061	配合饲料（畜禽）；浓缩饲料（畜禽）
盐城市希农饲料有限公司	苏饲证（2015）09082	配合饲料（畜禽）；浓缩饲料（畜禽）
泰兴市佳欣饲料有限公司	苏饲证（2015）12036	配合饲料（畜禽）；浓缩饲料（畜禽）
宿迁牧童生物科技有限公司	苏饲证（2015）13035	配合饲料（畜禽）；浓缩饲料（畜禽）
淮北瑞农饲料有限公司	皖饲证（2015）06021	配合饲料（畜禽）；浓缩饲料（畜禽）
安徽奎硕饲料有限公司	皖饲证（2015）10016	配合饲料（畜禽）；浓缩饲料（畜禽）
安徽省亿佳饲料有限公司	皖饲证（2015）11023	配合饲料（畜禽）；浓缩饲料（畜禽）
宿州市富家饲料有限公司	皖饲证（2015）11028	配合饲料（畜禽）；浓缩饲料（畜禽）
安徽伟业饲料科技有限公司	皖饲证（2015）13015	配合饲料（畜禽）；浓缩饲料（畜禽）
湖南树人牧业科技股份有限公司	湘饲证（2015）01063	配合饲料（畜禽）；浓缩饲料（畜禽）
湘潭浏阳河饲料科技有限公司	湘饲证（2015）03028	配合饲料（畜禽）；浓缩饲料（畜禽）
湖南永益康饲料有限公司湘潭分公司	湘饲证（2015）03030	配合饲料（畜禽）；浓缩饲料（畜禽）
湖南普爱生物饲料有限公司	湘饲证（2015）06152	配合饲料（畜禽）；浓缩饲料（畜禽）
湖南中农联成生物科技有限公司	湘饲证（2015）06154	配合饲料（畜禽）；浓缩饲料（畜禽）
辰溪县远大锦沅饲料有限公司	湘饲证（2015）12015	配合饲料（畜禽）；浓缩饲料（畜禽）
新疆傲农生物科技有限公司	新饲证（2015）01010	配合饲料（畜禽）；浓缩饲料（畜禽）
新郑市农神饲料配料有限公司	豫饲证（2015）01087	配合饲料（畜禽）；浓缩饲料（畜禽）
河南大畜牧业生物科技有限公司	豫饲证（2015）01091	配合饲料（畜禽）；浓缩饲料（畜禽）

（续）

企业名称	许可证编号	产品品种
郑州天宇饲料科技有限公司	豫饲证（2015）01093	配合饲料（畜禽）；浓缩饲料（畜禽）
开封伟嘉生物技术有限公司	豫饲证（2015）02021	配合饲料（畜禽）；浓缩饲料（畜禽）
舞钢市福瑞吉饲料有限责任公司	豫饲证（2015）04007	配合饲料（畜禽）；浓缩饲料（畜禽）
河南恒久饲料科技有限公司	豫饲证（2015）06044	配合饲料（畜禽）；浓缩饲料（畜禽）
驻马店市驿城区程翔饲料有限公司	豫饲证（2015）07047	配合饲料（畜禽）；浓缩饲料（畜禽）
河南神龙畜牧饲料有限公司	豫饲证（2015）07048	配合饲料（畜禽）；浓缩饲料（畜禽）
河南彩虹饲料有限公司	豫饲证（2015）07051	配合饲料（畜禽）；浓缩饲料（畜禽）
新乡市三丰饲料厂	豫饲证（2015）07052	配合饲料（畜禽）；浓缩饲料（畜禽）
封丘县富乡畜牧有限公司	豫饲证（2015）07053	配合饲料（畜禽）；浓缩饲料（畜禽）
河南千百万饲料有限公司	豫饲证（2015）07056	配合饲料（畜禽）；浓缩饲料（畜禽）
河南益和恒泰饲料有限公司	豫饲证（2015）09021	配合饲料（畜禽）；浓缩饲料（畜禽）
濮阳市汇丰饲料有限公司	豫饲证（2015）09022	配合饲料（畜禽）；浓缩饲料（畜禽）
濮阳市春禾牧业有限公司	豫饲证（2015）09027	配合饲料（畜禽）；浓缩饲料（畜禽）
许昌县卓达饲料有限公司	豫饲证（2015）10004	配合饲料（畜禽）；浓缩饲料（畜禽）
禹州市富源饲料厂	豫饲证（2015）10015	配合饲料（畜禽）；浓缩饲料（畜禽）
禹州市禹大饲料有限公司	豫饲证（2015）10016	配合饲料（畜禽）；浓缩饲料（畜禽）
临颍县四方饲料有限公司	豫饲证（2015）11027	配合饲料（畜禽）；浓缩饲料（畜禽）
南阳市卧龙牧原养殖有限公司	豫饲证（2015）13022	配合饲料（畜禽）；浓缩饲料（畜禽）
南阳大北农农牧科技有限公司	豫饲证（2015）13023	配合饲料（畜禽）；浓缩饲料（畜禽）
河南金晶生化有限责任公司	豫饲证（2015）14029	配合饲料（畜禽）；浓缩饲料（畜禽）
商丘惠普饲料有限公司	豫饲证（2015）14033	配合饲料（畜禽）；浓缩饲料（畜禽）
潢川县新亚饲料有限公司	豫饲证（2015）15012	配合饲料（畜禽）；浓缩饲料（畜禽）
信阳广安益丰饲料科技有限公司	豫饲证（2015）15014	配合饲料（畜禽）；浓缩饲料（畜禽）
周口广联饲料有限公司	豫饲证（2015）16020	配合饲料（畜禽）；浓缩饲料（畜禽）
上蔡县龙朝商都生物科技有限公司	豫饲证（2015）17049	配合饲料（畜禽）；浓缩饲料（畜禽）
汝南乾坤饲料有限公司	豫饲证（2015）17050	配合饲料（畜禽）；浓缩饲料（畜禽）
驻马店市天鹏牧业有限公司	豫饲证（2015）17052	配合饲料（畜禽）；浓缩饲料（畜禽）
平舆县安佑饲料有限公司	豫饲证（2015）17053	配合饲料（畜禽）；浓缩饲料（畜禽）
西平县北斗星牧业科技有限责任公司	豫饲证（2015）17054	配合饲料（畜禽）；浓缩饲料（畜禽）
遂平县鑫东海饲料厂	豫饲证（2015）17055	配合饲料（畜禽）；浓缩饲料（畜禽）
西平县金龙牧业有限公司	豫饲证（2015）17056	配合饲料（畜禽）；浓缩饲料（畜禽）
济源市农大饲料有限公司	豫饲证（2015）18007	配合饲料（畜禽）；浓缩饲料（畜禽）
河南省平康饲料有限公司	豫饲证（2015）18012	配合饲料（畜禽）；浓缩饲料（畜禽）
兰考禾丰牧业有限公司	豫饲证（2015）20001	配合饲料（畜禽）；浓缩饲料（畜禽）
永城九虹饲料有限公司	豫饲证（2015）22011	配合饲料（畜禽）；浓缩饲料（畜禽）
广州吉农生物科技有限公司	粤饲证（2015）01098	配合饲料（畜禽）；浓缩饲料（畜禽）
广州桂龙生物技术有限公司	粤饲证（2015）01100	配合饲料（畜禽）；浓缩饲料（畜禽）

（续）

企业名称	许可证编号	产品品种
广州正伟农牧科技有限公司江门分公司	粤饲证（2015）13067	配合饲料（畜禽）；浓缩饲料（畜禽）
宁波佳诚海洋生物科技有限公司	浙饲证（2015）02005	配合饲料（畜禽）；浓缩饲料（畜禽）
浙江成农饲料有限公司	浙饲证（2015）07016	配合饲料（畜禽）；浓缩饲料（畜禽）
大同市大地恒益饲料有限公司	晋饲证（2015）02001	配合饲料（畜禽）；浓缩饲料（畜禽）；精料补充料（反刍）
辽宁众联农业开发股份有限公司	辽饲证（2015）01122	配合饲料（畜禽）；浓缩饲料（畜禽）；精料补充料（反刍）
鞍山市高达饲料有限公司	辽饲证（2015）03055	配合饲料（畜禽）；浓缩饲料（畜禽）；精料补充料（反刍）
阜新蒙古族自治县缘月饲料厂	辽饲证（2015）09011	配合饲料（畜禽）；浓缩饲料（畜禽）；精料补充料（反刍）
辽宁方胜饲料有限公司	辽饲证（2015）09012	配合饲料（畜禽）；浓缩饲料（畜禽）；精料补充料（反刍）
调兵山市宏大饲料厂	辽饲证（2015）12039	配合饲料（畜禽）；浓缩饲料（畜禽）；精料补充料（反刍）
朝阳新兴畜牧科技有限公司	辽饲证（2015）13011	配合饲料（畜禽）；浓缩饲料（畜禽）；精料补充料（反刍）
朝阳圣丰牧业有限公司	辽饲证（2015）13014	配合饲料（畜禽）；浓缩饲料（畜禽）；精料补充料（反刍）
贵州金凤农牧有限公司	黔饲证（2015）07069	配合饲料（畜禽）；浓缩饲料（畜禽）；精料补充料（反刍）
郑州广联畜禽有限公司	豫饲证（2015）01081	配合饲料（畜禽）；浓缩饲料（畜禽）；精料补充料（反刍）
张掖市绿色巨农饲料有限公司	甘饲证（2015）02010	配合饲料（畜禽）；浓缩饲料（畜禽、反刍）；精料补充料（反刍）
张掖市迪高维尔生物科技有限公司	甘饲证（2015）02011	配合饲料（畜禽）；浓缩饲料（畜禽、反刍）；精料补充料（反刍）
甘肃合众生物技术有限公司	甘饲证（2015）03023	配合饲料（畜禽）；浓缩饲料（畜禽、反刍）；精料补充料（反刍）
天祝新金祥饲料有限公司	甘饲证（2015）03027	配合饲料（畜禽）；浓缩饲料（畜禽、反刍）；精料补充料（反刍）
通辽市永恒饲料有限公司	蒙饲证（2015）05226	配合饲料（畜禽）；浓缩饲料（畜禽、反刍）；精料补充料（反刍）
龙岩市益发畜牧发展有限公司	闽饲证（2015）07087	配合饲料（畜禽、宠物）；浓缩饲料（畜禽）
锦州龙栖湾新区娘娘宫镇全鑫饲料厂	辽饲证（2015）07055	配合饲料（畜禽、宠物）；浓缩饲料（畜禽、宠物、特种动物）

（续）

企业名称	许可证编号	产品品种
锦州市松山新区鑫兴饲料厂	辽饲证（2015）07040	配合饲料（畜禽、宠物、特种动物）；浓缩饲料（畜禽、宠物、特种动物）
锦州市松山新区永昌饲料厂	辽饲证（2015）07043	配合饲料（畜禽、宠物、特种动物）；浓缩饲料（畜禽、宠物、特种动物）
锦州肯利莱饲料厂	辽饲证（2015）07045	配合饲料（畜禽、宠物、特种动物）；浓缩饲料（畜禽、宠物、特种动物）
锦州市松山新区兴农饲料厂	辽饲证（2015）07046	配合饲料（畜禽、宠物、特种动物）；浓缩饲料（畜禽、宠物、特种动物）
山西祁源饲料有限责任公司	晋饲证（2015）06002	配合饲料（畜禽、反刍）；精料补充料（反刍）
呼伦贝尔市鸿发生物科技有限公司	蒙饲证（2015）00212	配合饲料（畜禽、反刍）；浓缩饲料（畜禽、反刍）；精料补充料（反刍）
扎鲁特旗晓东饲料有限责任公司	蒙饲证（2015）05203	配合饲料（畜禽、反刍）；浓缩饲料（畜禽、反刍）；精料补充料（反刍）
通辽隆道牧业有限公司	蒙饲证（2015）05208	配合饲料（畜禽、反刍）；浓缩饲料（畜禽、反刍）；精料补充料（反刍）
赤峰瑞康牧业有限责任公司	蒙饲证（2015）06220	配合饲料（畜禽、反刍）；浓缩饲料（畜禽、反刍）；精料补充料（反刍）
赤峰兴牧饲料有限公司	蒙饲证（2015）06221	配合饲料（畜禽、反刍）；浓缩饲料（畜禽、反刍）；精料补充料（反刍）
陕西安佑生物科技有限公司	陕饲证（2015）11002	配合饲料（畜禽、反刍）；浓缩饲料（畜禽、反刍）；精料补充料（反刍）
通辽经济技术开发区河西镇新丰田饲料厂	蒙饲证（2015）05234	配合饲料（畜禽、反刍、幼畜禽）；浓缩饲料（畜禽、反刍、幼畜禽）；精料补充料（反刍、其他）
哈尔滨市誉丰牧业有限公司	黑饲证（2015）01118	配合饲料（畜禽、反刍、幼畜禽、种畜禽）；浓缩饲料（畜禽、反刍、幼畜禽、种畜禽）；精料补充料（反刍）
上海牧迪饲料有限公司	沪饲证（2015）07008	配合饲料（畜禽、反刍、幼畜禽、种畜禽）；浓缩饲料（畜禽、反刍、幼畜禽、种畜禽）；精料补充料（反刍）
绿园区牧大饲料厂	吉饲证（2015）01118	配合饲料（畜禽、反刍、幼畜禽、种畜禽）；浓缩饲料（畜禽、反刍、幼畜禽、种畜禽）；精料补充料（反刍）
梨树县瀚帮饲料厂	吉饲证（2015）03051	配合饲料（畜禽、反刍、幼畜禽、种畜禽）；浓缩饲料（畜禽、反刍、幼畜禽、种畜禽）；精料补充料（反刍）

（续）

企业名称	许可证编号	产品品种
吉林齐全共享饲料有限公司	吉饲证（2015）07333	配合饲料（畜禽、反刍、幼畜禽、种畜禽）；浓缩饲料（畜禽、反刍、幼畜禽、种畜禽）；精料补充料（反刍）
吉林丰润饲料有限公司	吉饲证（2015）07777	配合饲料（畜禽、反刍、幼畜禽、种畜禽）；浓缩饲料（畜禽、反刍、幼畜禽、种畜禽）；精料补充料（反刍）
吉林郭尔罗斯生物饲料有限公司	吉饲证（2015）07999	配合饲料（畜禽、反刍、幼畜禽、种畜禽）；浓缩饲料（畜禽、反刍、幼畜禽、种畜禽）；精料补充料（反刍）
通辽市宏程饲料有限责任公司	蒙饲证（2015）05224	配合饲料（畜禽、反刍、幼畜禽、种畜禽）；浓缩饲料（畜禽、反刍、幼畜禽、种畜禽）；精料补充料（反刍）
吉林省梨树县吉泰饲料有限公司	吉饲证（2015）03069	配合饲料（畜禽、反刍、幼畜禽、种畜禽）；浓缩饲料（畜禽、反刍、幼畜禽、种畜禽）；精料补充料（反刍、其他）
新疆克利尔饲料有限公司	新饲证（2015）31004	配合饲料（畜禽、反刍、幼畜禽、种畜禽）；浓缩饲料（畜禽、反刍、幼畜禽、种畜禽）；精料补充料（反刍、其他）
讷河市五丰农牧科技发展有限公司	黑饲证（2015）02031	配合饲料（畜禽、反刍、幼畜禽、种畜禽）；浓缩饲料（反刍、幼畜禽、种畜禽）；精料补充料（反刍）
开鲁县义和镇方园饲料厂	蒙饲证（2015）05225	配合饲料（畜禽、反刍、幼畜禽、种畜禽、水产育苗、宠物、特种动物）；浓缩饲料（畜禽、反刍、幼畜禽、种畜禽、水产育苗、宠物、特种动物）；精料补充料（反刍、其他）
哈尔滨众诚牧业有限公司	黑饲证（2015）01155	配合饲料（畜禽、反刍、幼畜禽、种畜禽、特种动物）；浓缩饲料（畜禽、反刍、幼畜禽、种畜禽、特种动物）；精料补充料（反刍）
哈尔滨神农维微饲料有限公司	黑饲证（2015）01130	配合饲料（畜禽、反刍、幼畜禽、种畜禽、特种动物）；浓缩饲料（畜禽、反刍、幼畜禽、种畜禽、特种动物）；精料补充料（反刍、其他）
武汉正大水产有限公司	鄂饲证（2015）01001	配合饲料（畜禽、水产）
黄石晨科饲料科技有限公司	鄂饲证（2015）02001	配合饲料（畜禽、水产）
黄冈新希望饲料科技有限公司	鄂饲证（2015）04002	配合饲料（畜禽、水产）
公安县玉强米业有限责任公司	鄂饲证（2015）10002	配合饲料（畜禽、水产）
湖北佳园饲料有限公司	鄂饲证（2015）10006	配合饲料（畜禽、水产）
江西益丰实业有限公司	赣饲证（2015）02026	配合饲料（畜禽、水产）
江西正宇生物科技有限公司	赣饲证（2015）02028	配合饲料（畜禽、水产）
江西深信饲料有限公司	赣饲证（2015）02029	配合饲料（畜禽、水产）
江西新泰饲料有限公司	赣饲证（2015）03015	配合饲料（畜禽、水产）

（续）

企业名称	许可证编号	产品品种
江西宏通饲料有限公司	赣饲证（2015）05007	配合饲料（畜禽、水产）
丰城市长风饲料有限公司	赣饲证（2015）13003	配合饲料（畜禽、水产）
扬帆（福州）生物营养技术有限公司	闽饲证（2015）01335	配合饲料（畜禽、水产）
福建省福清华龙饲料有限公司	闽饲证（2015）01352	配合饲料（畜禽、水产）
龙海市嘉兴旺饲料有限公司	闽饲证（2015）06315	配合饲料（畜禽、水产）
南靖县日旺饲料有限公司	闽饲证（2015）06319	配合饲料（畜禽、水产）
漳州市广吉工贸有限公司	闽饲证（2015）06322	配合饲料（畜禽、水产）
龙海市全兴诚信饲料有限公司	闽饲证（2015）06339	配合饲料（畜禽、水产）
漳州市九舟饲料有限公司	闽饲证（2015）06347	配合饲料（畜禽、水产）
漳州市华荣昌盛饲料有限公司	闽饲证（2015）06348	配合饲料（畜禽、水产）
漳州市加益饲料有限公司	闽饲证（2015）06357	配合饲料（畜禽、水产）
江苏冠乾特种水产饲料有限公司	苏饲证（2015）04005	配合饲料（畜禽、水产）
金坛市天和饲料有限公司	苏饲证（2015）04055	配合饲料（畜禽、水产）
南通富景饲料销售有限公司	苏饲证（2015）06137	配合饲料（畜禽、水产）
连云港万源饲料有限公司	苏饲证（2015）07040	配合饲料（畜禽、水产）
扬州市江都区红东方饲料有限公司	苏饲证（2015）100016	配合饲料（畜禽、水产）
丹阳市乐福饲料有限公司	苏饲证（2015）11022	配合饲料（畜禽、水产）
临湘市正好饲料有限责任公司	湘饲证（2015）06142	配合饲料（畜禽、水产）
益阳国强农牧发展有限公司	湘饲证（2015）09011	配合饲料（畜禽、水产）
益阳市光大饲料有限公司	湘饲证（2015）09017	配合饲料（畜禽、水产）
河南大德农牧科技有限有限公司	豫饲证（2015）01089	配合饲料（畜禽、水产）
广州市容川饲料有限公司	粤饲证（2015）01093	配合饲料（畜禽、水产）
汕头市瑞纳饲料有限公司	粤饲证（2015）04016	配合饲料（畜禽、水产）
佛山市高明区粤大饲料有限公司	粤饲证（2015）05046	配合饲料（畜禽、水产）
嘉兴市奥力丰饲料有限公司	浙饲证（2015）06106	配合饲料（畜禽、水产）
中粮饲料（茂名）有限公司武汉分公司	鄂饲证（2015）01005	配合饲料（畜禽、水产）；浓缩饲料（畜禽）
湖北联隆农业科技有限公司	鄂饲证（2015）04005	配合饲料（畜禽、水产）；浓缩饲料（畜禽）
钟祥市富源饲料有限公司	鄂饲证（2015）08001	配合饲料（畜禽、水产）；浓缩饲料（畜禽）
荆门市元凤饲料有限公司	鄂饲证（2015）08003	配合饲料（畜禽、水产）；浓缩饲料（畜禽）
石首市田园饲料有限公司	鄂饲证（2015）10005	配合饲料（畜禽、水产）；浓缩饲料（畜禽）
荆州安佑生物科技有限公司	鄂饲证（2015）10008	配合饲料（畜禽、水产）；浓缩饲料（畜禽）
湖北楚旺农牧饲料有限公司	鄂饲证（2015）13001	配合饲料（畜禽、水产）；浓缩饲料（畜禽）
仙桃市华大饲料有限公司	鄂饲证（2015）14001	配合饲料（畜禽、水产）；浓缩饲料（畜禽）
红马饲料（仙桃）有限公司	鄂饲证（2015）14002	配合饲料（畜禽、水产）；浓缩饲料（畜禽）
武汉佳士得饲料科技有限公司	鄂饲证（2015）16001	配合饲料（畜禽、水产）；浓缩饲料（畜禽）
兰州正大有限公司张掖分公司	甘饲证（2015）02012	配合饲料（畜禽、水产）；浓缩饲料（畜禽）
江西省春丰饲料有限公司	赣饲证（2015）02021	配合饲料（畜禽、水产）；浓缩饲料（畜禽）

（续）

企业名称	许可证编号	产品品种
天津市振华饲料有限公司	津饲证（2015）08001	配合饲料（畜禽、水产）；浓缩饲料（畜禽）
沈阳圣运饲料有限公司	辽饲证（2015）01112	配合饲料（畜禽、水产）；浓缩饲料（畜禽）
沈阳丰瑞饲料有限公司	辽饲证（2015）01113	配合饲料（畜禽、水产）；浓缩饲料（畜禽）
沈阳市亚萍饲料厂	辽饲证（2015）01141	配合饲料（畜禽、水产）；浓缩饲料（畜禽）
大洼县宏达饲料厂	辽饲证（2015）11016	配合饲料（畜禽、水产）；浓缩饲料（畜禽）
福州闽鑫恒饲料有限公司	闽饲证（2015）01340	配合饲料（畜禽、水产）；浓缩饲料（畜禽）
西安永康饲料有限公司	陕饲证（2015）01005	配合饲料（畜禽、水产）；浓缩饲料（畜禽）
西安格润牧业股份有限公司	陕饲证（2015）01006	配合饲料（畜禽、水产）；浓缩饲料（畜禽）
陕西金科生物科技有限公司	陕饲证（2015）01007	配合饲料（畜禽、水产）；浓缩饲料（畜禽）
咸阳和信牧业科技有限责任公司	陕饲证（2015）04001	配合饲料（畜禽、水产）；浓缩饲料（畜禽）
泾阳科友饲料有限责任公司	陕饲证（2015）04002	配合饲料（畜禽、水产）；浓缩饲料（畜禽）
陕西三原中农希望饲料科技有限公司	陕饲证（2015）04004	配合饲料（畜禽、水产）；浓缩饲料（畜禽）
陕西美的尔饲料畜牧有限公司	陕饲证（2015）04007	配合饲料（畜禽、水产）；浓缩饲料（畜禽）
汉中汇泉饲料有限公司	陕饲证（2015）06001	配合饲料（畜禽、水产）；浓缩饲料（畜禽）
榆林市猪老大饲料科技有限责任公司	陕饲证（2015）10001	配合饲料（畜禽、水产）；浓缩饲料（畜禽）
杨凌科旺牧业科技有限公司	陕饲证（2015）11001	配合饲料（畜禽、水产）；浓缩饲料（畜禽）
杨凌迪高维尔生物科技有限公司	陕饲证（2015）11004	配合饲料（畜禽、水产）；浓缩饲料（畜禽）
徐州神飞扬饲料科技有限公司	苏饲证（2015）03092	配合饲料（畜禽、水产）；浓缩饲料（畜禽）
常州市万丰饲料有限公司	苏饲证（2015）04020	配合饲料（畜禽、水产）；浓缩饲料（畜禽）
江苏卜蜂饲料科技有限公司	苏饲证（2015）06133	配合饲料（畜禽、水产）；浓缩饲料（畜禽）
连云港市仁通饲料有限公司	苏饲证（2015）07045	配合饲料（畜禽、水产）；浓缩饲料（畜禽）
淮安凯帝曼饲料科技有限公司	苏饲证（2015）08028	配合饲料（畜禽、水产）；浓缩饲料（畜禽）
江苏大北农水产科技有限公司	苏饲证（2015）08070	配合饲料（畜禽、水产）；浓缩饲料（畜禽）
江苏艾生牧饲料有限公司	苏饲证（2015）09088	配合饲料（畜禽、水产）；浓缩饲料（畜禽）
镇江市中润饲料有限公司	苏饲证（2015）11023	配合饲料（畜禽、水产）；浓缩饲料（畜禽）
江苏泰航饲料有限公司	苏饲证（2015）12035	配合饲料（畜禽、水产）；浓缩饲料（畜禽）
宿迁市大江饲料有限公司	苏饲证（2015）13032	配合饲料（畜禽、水产）；浓缩饲料（畜禽）
宿迁中慧农牧科技有限公司	苏饲证（2015）13033	配合饲料（畜禽、水产）；浓缩饲料（畜禽）
安徽安得利饲料有限公司	皖饲证（2015）13012	配合饲料（畜禽、水产）；浓缩饲料（畜禽）
湖南汇大生物饲料有限责任公司	湘饲证（2015）01088	配合饲料（畜禽、水产）；浓缩饲料（畜禽）
衡阳市广泰升饲料有限公司	湘饲证（2015）04021	配合饲料（畜禽、水产）；浓缩饲料（畜禽）
衡阳正邦越高饲料有限公司	湘饲证（2015）04063	配合饲料（畜禽、水产）；浓缩饲料（畜禽）
衡阳华农神饲料有限公司	湘饲证（2015）04064	配合饲料（畜禽、水产）；浓缩饲料（畜禽）
岳阳宏泰饲料科技有限公司	湘饲证（2015）06035	配合饲料（畜禽、水产）；浓缩饲料（畜禽）
岳阳大润发饲料科技有限公司	湘饲证（2015）06111	配合饲料（畜禽、水产）；浓缩饲料（畜禽）
岳阳市科阳饲料科技有限公司	湘饲证（2015）06144	配合饲料（畜禽、水产）；浓缩饲料（畜禽）
湖南首一饲料科技有限公司	湘饲证（2015）06150	配合饲料（畜禽、水产）；浓缩饲料（畜禽）

（续）

企业名称	许可证编号	产品品种
中粮饲料（黄石）有限公司湘阴分公司	湘饲证（2015）06151	配合饲料（畜禽、水产）；浓缩饲料（畜禽）
沅江华康饲料有限公司	湘饲证（2015）09006	配合饲料（畜禽、水产）；浓缩饲料（畜禽）
湖南金塘农牧发展有限公司	湘饲证（2015）09058	配合饲料（畜禽、水产）；浓缩饲料（畜禽）
湖南洞庭海大饲料有限公司	湘饲证（2015）09088	配合饲料（畜禽、水产）；浓缩饲料（畜禽）
益阳市农望饲料科技有限公司	湘饲证（2015）09089	配合饲料（畜禽、水产）；浓缩饲料（畜禽）
湖南联翼农业生物科技有限公司	湘饲证（2015）12016	配合饲料（畜禽、水产）；浓缩饲料（畜禽）
郑州帝豪饲料有限公司	豫饲证（2015）01079	配合饲料（畜禽、水产）；浓缩饲料（畜禽）
河南扬翔饲料有限公司	豫饲证（2015）01080	配合饲料（畜禽、水产）；浓缩饲料（畜禽）
河南德佳饲料有限公司	豫饲证（2015）01082	配合饲料（畜禽、水产）；浓缩饲料（畜禽）
河南神农膨化饲料科技有限公司	豫饲证（2015）01083	配合饲料（畜禽、水产）；浓缩饲料（畜禽）
郑州北牧大饲料有限公司	豫饲证（2015）01084	配合饲料（畜禽、水产）；浓缩饲料（畜禽）
河南丰瑞生物科技有限公司	豫饲证（2015）01085	配合饲料（畜禽、水产）；浓缩饲料（畜禽）
河南资源亿家饲料有限公司	豫饲证（2015）01086	配合饲料（畜禽、水产）；浓缩饲料（畜禽）
河南升元牧丰饲料有限公司	豫饲证（2015）01088	配合饲料（畜禽、水产）；浓缩饲料（畜禽）
郑州辉瑞生物科技有限公司	豫饲证（2015）01090	配合饲料（畜禽、水产）；浓缩饲料（畜禽）
河南北农大饲料有限公司	豫饲证（2015）01092	配合饲料（畜禽、水产）；浓缩饲料（畜禽）
开封永丰饲料有限公司	豫饲证（2015）02018	配合饲料（畜禽、水产）；浓缩饲料（畜禽）
山西晋龙集团内黄饲料有限公司	豫饲证（2015）05018	配合饲料（畜禽、水产）；浓缩饲料（畜禽）
河南澳华饲料有限公司	豫饲证（2015）06035	配合饲料（畜禽、水产）；浓缩饲料（畜禽）
河南蓝牌饲料有限公司	豫饲证（2015）06040	配合饲料（畜禽、水产）；浓缩饲料（畜禽）
鹤壁市柳江饲料有限公司	豫饲证（2015）06043	配合饲料（畜禽、水产）；浓缩饲料（畜禽）
新乡市正大康地农牧有限公司	豫饲证（2015）07049	配合饲料（畜禽、水产）；浓缩饲料（畜禽）
新乡市旭日中慧饲料有限公司	豫饲证（2015）07055	配合饲料（畜禽、水产）；浓缩饲料（畜禽）
卫辉市宏运正大农牧有限公司	豫饲证（2015）07057	配合饲料（畜禽、水产）；浓缩饲料（畜禽）
长葛达康饲料有限公司	豫饲证（2015）10013	配合饲料（畜禽、水产）；浓缩饲料（畜禽）
舞阳金牧源饲料有限公司	豫饲证（2015）11028	配合饲料（畜禽、水产）；浓缩饲料（畜禽）
南阳市牧黄金饲料有限公司	豫饲证（2015）13016	配合饲料（畜禽、水产）；浓缩饲料（畜禽）
新野县千里生物科技有限公司	豫饲证（2015）13017	配合饲料（畜禽、水产）；浓缩饲料（畜禽）
南阳瑞发饲料有限公司	豫饲证（2015）13018	配合饲料（畜禽、水产）；浓缩饲料（畜禽）
淅川县金运饲料有限公司	豫饲证（2015）13020	配合饲料（畜禽、水产）；浓缩饲料（畜禽）
商丘市和昌饲料有限公司	豫饲证（2015）14028	配合饲料（畜禽、水产）；浓缩饲料（畜禽）
河南省业丰饲料有限公司	豫饲证（2015）14030	配合饲料（畜禽、水产）；浓缩饲料（畜禽）
信阳市华豫粮油饲料综合加工厂	豫饲证（2015）15013	配合饲料（畜禽、水产）；浓缩饲料（畜禽）
永城市倍丽肽饲料有限公司	豫饲证（2015）22012	配合饲料（畜禽、水产）；浓缩饲料（畜禽）
永城市华清饲料有限公司	豫饲证（2015）22013	配合饲料（畜禽、水产）；浓缩饲料（畜禽）
永城市富源饲料有限公司	豫饲证（2015）22014	配合饲料（畜禽、水产）；浓缩饲料（畜禽）
嘉兴安佑饲料有限公司	浙饲证（2015）06702	配合饲料（畜禽、水产）；浓缩饲料（畜禽）

（续）

企业名称	许可证编号	产品品种
天津君威特饲料有限公司	津饲证（2015）03001	配合饲料（畜禽、水产）；浓缩饲料（畜禽）；精料补充料（反刍）
河南亿万饲料有限公司	豫饲证（2015）01095	配合饲料（畜禽、水产）；浓缩饲料（畜禽）；精料补充料（反刍）
开封市瑞得饲料有限公司	豫饲证（2015）02020	配合饲料（畜禽、水产）；浓缩饲料（畜禽）；精料补充料（反刍）
河南三星牧业科技有限公司	豫饲证（2015）07054	配合饲料（畜禽、水产）；浓缩饲料（畜禽）；精料补充料（反刍、其他）
武汉万林生物科技有限公司	鄂饲证（2015）01003	配合饲料（畜禽、水产）；浓缩饲料（畜禽、水产）
湖北邦业饲料有限公司	鄂饲证（2015）04001	配合饲料（畜禽、水产）；浓缩饲料（畜禽、水产）
张掖市成功农牧科技有限公司	甘饲证（2015）02014	配合饲料（畜禽、水产）；浓缩饲料（畜禽、水产）
江西瑞泰生物科技有限公司	赣饲证（2015）02030	配合饲料（畜禽、水产）；浓缩饲料（畜禽、水产）
江西省乐美旺饲料有限责任公司	赣饲证（2015）08003	配合饲料（畜禽、水产）；浓缩饲料（畜禽、水产）
北京兴农饲料有限责任公司	京饲证（2015）21114	配合饲料（畜禽、水产）；浓缩饲料（畜禽、水产）
西安富水源饲料有限公司	陕饲证（2015）01008	配合饲料（畜禽、水产）；浓缩饲料（畜禽、水产）
杨凌联合营养生物科技有限公司	陕饲证（2015）11003	配合饲料（畜禽、水产）；浓缩饲料（畜禽、水产）
河南北方五谷饲料有限公司	豫饲证（2015）08038	配合饲料（畜禽、水产）；浓缩饲料（畜禽、水产）
长葛市永辉饲料厂	豫饲证（2015）10014	配合饲料（畜禽、水产）；浓缩饲料（畜禽、水产）
商丘欣牧川饲料有限公司	豫饲证（2015）14032	配合饲料（畜禽、水产）；浓缩饲料（畜禽、水产）
河南宏翔生物科技有限公司	豫饲证（2015）21004	配合饲料（畜禽、水产）；浓缩饲料（畜禽、水产）
广州市吉丰饲料有限公司	粤饲证（2015）01094	配合饲料（畜禽、水产）；浓缩饲料（畜禽、水产）
东莞市远方生物科技有限公司	粤饲证（2015）11035	配合饲料（畜禽、水产）；浓缩饲料（畜禽、水产）
辽宁华唯环球生物科技有限公司	辽饲证（2015）01133	配合饲料（畜禽、水产）；浓缩饲料（畜禽、水产）；精料补充料（反刍）
甘肃傲农饲料科技有限公司	甘饲证（2015）03021	配合饲料（畜禽、水产）；浓缩饲料（畜禽、水产、反刍）；精料补充料（反刍）
浙江科盛饲料股份有限公司	浙饲证（2015）04002	配合饲料（畜禽、水产、宠物）；精料补充料（反刍）
东莞市兴隆饲料有限公司	粤饲证（2015）11034	配合饲料（畜禽、水产、宠物）；浓缩饲料（畜禽）
南京帅丰饲料有限公司	苏饲证（2015）01003	配合饲料（畜禽、水产、宠物、特种动物）；浓缩饲料（畜禽）
营口瑞丰科技有限公司	辽饲证（2015）08031	配合饲料（畜禽、水产、宠物、特种动物）；浓缩饲料（畜禽、宠物、特种动物）
沈阳嘉润惠众牧业有限公司	辽饲证（2015）01135	配合饲料（畜禽、水产、宠物、特种动物）；浓缩饲料（畜禽、水产、宠物、特种动物）
锦州市松山新区东牧绿洲饲料厂	辽饲证（2015）07048	配合饲料（畜禽、水产、宠物、特种动物）；浓缩饲料（畜禽、水产、宠物、特种动物）

（续）

企业名称	许可证编号	产品品种
锦州牧壮饲料有限公司	辽饲证（2015）07051	配合饲料（畜禽、水产、宠物、特种动物）；浓缩饲料（畜禽、水产、宠物、特种动物）
凌源金阳（集团）饲料有限公司	辽饲证（2015）13019	配合饲料（畜禽、水产、宠物、特种动物）；浓缩饲料（畜禽、水产、宠物、特种动物）
河南省西霞湖生物科技有限公司	豫饲证（2015）18011	配合饲料（畜禽、水产、宠物、特种动物）；浓缩饲料（畜禽、水产、宠物、特种动物）
沈阳市兴发饲料厂	辽饲证（2015）01140	配合饲料（畜禽、水产、宠物、特种动物）；浓缩饲料（畜禽、水产、宠物、特种动物）；精料补充料（反刍）
铁岭盛泰牧业饲料有限公司	辽饲证（2015）12043	配合饲料（畜禽、水产、宠物、特种动物）；浓缩饲料（畜禽、水产、幼畜禽、种畜禽）
江苏盛大生物科技有限公司	苏饲证（2015）06132	配合饲料（畜禽、水产、反刍）；浓缩饲料（畜禽）；精料补充料（反刍）
安徽皇佳生物工程技术有限公司	皖饲证（2015）10015	配合饲料（畜禽、水产、反刍、宠物）；浓缩饲料（畜禽）；精料补充料（反刍）
通辽市长大饲料有限公司	蒙饲证（2015）05204	配合饲料（畜禽、水产、反刍、水产育苗、宠物、特种动物）；浓缩饲料（畜禽、水产、反刍、水产育苗、宠物、特种动物）；精料补充料（反刍、其他）
潍坊美亚饲料有限公司	鲁饲证（2015）07212	配合饲料（畜禽、水产、反刍、幼畜禽、种畜禽、宠物、特种动物）；浓缩饲料（畜禽、水产、反刍、幼畜禽、种畜禽、宠物、特种动物）；精料补充料（反刍）
云南云大饲料有限公司	滇饲证（2015）01218	配合饲料（畜禽、水产、反刍、幼畜禽、种畜禽、水产育苗）；浓缩饲料（畜禽、反刍、幼畜禽、种畜禽）；精料补充料（反刍）
中江县方源饲料有限公司	川饲证（2015）05030	配合饲料（畜禽、水产、反刍、幼畜禽、种畜禽、水产育苗）；浓缩饲料（畜禽、反刍、幼畜禽、种畜禽）；精料补充料（反刍、其他）
通辽市通大饲料有限公司	蒙饲证（2015）05206	配合饲料（畜禽、水产、反刍、幼畜禽、种畜禽、水产育苗）；浓缩饲料（畜禽、水产、反刍、幼畜禽、种畜禽、水产育苗）；精料补充料（反刍、其他）
安徽安佑饲料科技有限公司	皖饲证（2015）13013	配合饲料（畜禽、水产、反刍、幼畜禽、种畜禽、水产育苗、宠物、特种动物）；浓缩饲料（畜禽、水产、反刍、幼畜禽、种畜禽、水产育苗、宠物、特种动物）
天津佳鹏饲料有限公司	津饲证（2015）02002	配合饲料（畜禽、水产、反刍、幼畜禽、种畜禽、水产育苗、宠物、特种动物）；浓缩饲料（畜禽、水产、反刍、幼畜禽、种畜禽、水产育苗、宠物、特种动物）；精料补充料（反刍）

（续）

企业名称	许可证编号	产品品种
通辽市创新饲料有限责任公司	蒙饲证（2015）05194	配合饲料（畜禽、水产、反刍、幼畜禽、种畜禽、水产育苗、宠物、特种动物）；浓缩饲料（畜禽、水产、反刍、幼畜禽、种畜禽、水产育苗、宠物、特种动物）；精料补充料（反刍、其他）
通辽市绿野牧业有限责任公司	蒙饲证（2015）05202	配合饲料（畜禽、水产、反刍、幼畜禽、种畜禽、水产育苗、宠物、特种动物）；浓缩饲料（畜禽、水产、反刍、幼畜禽、种畜禽、水产育苗、宠物、特种动物）；精料补充料（反刍、其他）
通辽华牧饲料有限公司	蒙饲证（2015）05214	配合饲料（畜禽、水产、反刍、幼畜禽、种畜禽、水产育苗、宠物、特种动物）；浓缩饲料（畜禽、水产、反刍、幼畜禽、种畜禽、水产育苗、宠物、特种动物）；精料补充料（反刍、其他）
唐山正维饲料有限责任公司	冀饲证（2015）05078	配合饲料（畜禽、水产、水产育苗）；浓缩饲料（畜禽）
沈阳聚慧饲料有限公司	辽饲证（2015）01134	配合饲料（畜禽、水产、特种动物）；浓缩饲料（畜禽）
新乡好运农牧股份有限公司	豫饲证（2015）07058	配合饲料（畜禽、水产、特种动物）；浓缩饲料（畜禽）
甘肃长宁饲料有限公司	甘饲证（2015）13007	配合饲料（畜禽、水产、特种动物）；浓缩饲料（畜禽、水产、特种动物）
齐齐哈尔圣龙牧业有限公司	黑饲证（2015）02030	配合饲料（畜禽、水产、特种动物）；浓缩饲料（畜禽、水产、特种动物）
吉林省公主岭市谷源饲料有限公司	吉饲证（2015）03059	配合饲料（畜禽、水产、特种动物）；浓缩饲料（畜禽、水产、特种动物）
公主岭市安佑饲料有限公司	吉饲证（2015）03099	配合饲料（畜禽、水产、特种动物）；浓缩饲料（畜禽、水产、特种动物）
艾地盟动物保健及营养（南京）有限公司	苏饲证（2015）01036	配合饲料（畜禽、水产、特种动物）；浓缩饲料（畜禽、水产、特种动物）
沈阳市科典饲料厂	辽饲证（2015）01110	配合饲料（畜禽、水产、特种动物）；浓缩饲料（畜禽、水产、特种动物）；精料补充料（反刍）
齐齐哈尔鹏博饲料科技有限公司	黑饲证（2015）02021	配合饲料（畜禽、水产、特种动物）；浓缩饲料（反刍）；精料补充料（反刍）
江西省格利奇饲料有限公司	赣饲证（2015）00050	配合饲料（畜禽、水产、幼畜禽）
南昌县焯远饲料厂	赣饲证（2015）00052	配合饲料（畜禽、水产、幼畜禽）
玉田县亿发饲料有限公司	冀饲证（2015）05080	配合饲料（畜禽、水产、幼畜禽）
绵阳普及饲料有限公司	川饲证（2015）06021	配合饲料（畜禽、水产、幼畜禽）；浓缩饲料（畜禽、水产、幼畜禽）

（续）

企业名称	许可证编号	产品品种
天津胜腾饲料有限公司	津饲证（2015）03002	配合饲料（畜禽、水产、幼畜禽）；浓缩饲料（畜禽、水产、幼畜禽）
江西赣星生态食品有限公司	赣饲证（2015）00046	配合饲料（畜禽、水产、幼畜禽）；浓缩饲料（畜禽、幼畜禽）
江西广太饲料有限公司	赣饲证（2015）02020	配合饲料（畜禽、水产、幼畜禽）；浓缩饲料（畜禽、幼畜禽）
齐齐哈尔添宝饲料有限公饲	黑饲证（2015）02024	配合饲料（畜禽、水产、幼畜禽）；浓缩饲料（畜禽、幼畜禽）
石家庄田牛正大牧业有限公司	冀饲证（2015）01109	配合饲料（畜禽、水产、幼畜禽）；浓缩饲料（畜禽、幼畜禽）
牡丹江新中旭牧业有限公司	黑饲证（2015）03006	配合饲料（畜禽、水产、幼畜禽、水产育苗）；浓缩饲料（畜禽、水产、幼畜禽、水产育苗）
重庆合美饲料有限公司	渝饲证（2015）40002	配合饲料（畜禽、水产、幼畜禽、水产育苗、宠物、特种动物）；浓缩饲料（畜禽、水产、幼畜禽、水产育苗、宠物、特种动物）；精料补充料（其他）
滦南县坤红饲料有限公司	冀饲证（2015）05083	配合饲料（畜禽、水产、幼畜禽、特种动物）；浓缩饲料（畜禽、幼畜禽、特种动物）
江西农合饲料科技有限公司	赣饲证（2015）01023	配合饲料（畜禽、水产、幼畜禽、种畜禽）
北海市华港农牧发展有限公司	桂饲证（2015）05015	配合饲料（畜禽、水产、幼畜禽、种畜禽）
泉州市洛江玉丰饲料有限公司	闽饲证（2015）05349	配合饲料（畜禽、水产、幼畜禽、种畜禽）
化州市旺来饲料有限公司	粤饲证（2015）16067	配合饲料（畜禽、水产、幼畜禽、种畜禽）
茂名市新辉饲料有限公司	粤饲证（2015）16068	配合饲料（畜禽、水产、幼畜禽、种畜禽）
济南壮大有限公司	鲁饲证（2015）01050	配合饲料（畜禽、水产、幼畜禽、种畜禽）（粉料）；浓缩饲料（畜禽、水产、幼畜禽、种畜禽）
江西宏成饲料有限公司	赣饲证（2015）00051	配合饲料（畜禽、水产、幼畜禽、种畜禽）；浓缩饲料（畜禽）
江西普莱特饲料有限公司	赣饲证（2015）00054	配合饲料（畜禽、水产、幼畜禽、种畜禽）；浓缩饲料（畜禽）
赤峰蒙川动物食品科技有限公司	蒙饲证（2015）06216	配合饲料（畜禽、水产、幼畜禽、种畜禽）；浓缩饲料（畜禽、反刍、幼畜禽、种畜禽）；精料补充料（反刍）
益阳市盛和农牧科技有限公司	湘饲证（2015）09046	配合饲料（畜禽、水产、幼畜禽、种畜禽）；浓缩饲料（畜禽、水产、幼畜禽）
成都登一饲料有限公司	川饲证（2015）01078	配合饲料（畜禽、水产、幼畜禽、种畜禽）；浓缩饲料（畜禽、水产、幼畜禽、种畜禽）
四川省精华饲料发展有限公司	川饲证（2015）18008	配合饲料（畜禽、水产、幼畜禽、种畜禽）；浓缩饲料（畜禽、水产、幼畜禽、种畜禽）

（续）

企业名称	许可证编号	产品品种
牡丹江市阳明区兴业饲料厂	黑饲证（2015）03005	配合饲料（畜禽、水产、幼畜禽、种畜禽）；浓缩饲料（畜禽、水产、幼畜禽、种畜禽）
鸡西市贝格三友饲料有限公司	黑饲证（2015）06002	配合饲料（畜禽、水产、幼畜禽、种畜禽）；浓缩饲料（畜禽、水产、幼畜禽、种畜禽）
鸡西市正丰饲料有限公司	黑饲证（2015）06003	配合饲料（畜禽、水产、幼畜禽、种畜禽）；浓缩饲料（畜禽、水产、幼畜禽、种畜禽）
吉林市佳龙饲料厂	吉饲证（2015）02029	配合饲料（畜禽、水产、幼畜禽、种畜禽）；浓缩饲料（畜禽、水产、幼畜禽、种畜禽）
天津市亚农饲料有限公司	津饲证（2015）01002	配合饲料（畜禽、水产、幼畜禽、种畜禽）；浓缩饲料（畜禽、水产、幼畜禽、种畜禽）
康地饲料添加剂（天津）有限公司	津饲证（2015）10002	配合饲料（畜禽、水产、幼畜禽、种畜禽）；浓缩饲料（畜禽、水产、幼畜禽、种畜禽）
莱阳环山饲料有限公司	鲁饲证（2015）06092	配合饲料（畜禽、水产、幼畜禽、种畜禽）；浓缩饲料（畜禽、水产、幼畜禽、种畜禽）
邹城新希望六和饲料有限公司	鲁饲证（2015）08009	配合饲料（畜禽、水产、幼畜禽、种畜禽）；浓缩饲料（畜禽、水产、幼畜禽、种畜禽）
山东百福生物科技有限公司	鲁饲证（2015）08052	配合饲料（畜禽、水产、幼畜禽、种畜禽）；浓缩饲料（畜禽、水产、幼畜禽、种畜禽）
济宁九牧饲料有限公司	鲁饲证（2015）08057	配合饲料（畜禽、水产、幼畜禽、种畜禽）；浓缩饲料（畜禽、水产、幼畜禽、种畜禽）
乐陵市纽培因饲料有限公司	鲁饲证（2015）14087	配合饲料（畜禽、水产、幼畜禽、种畜禽）；浓缩饲料（畜禽、水产、幼畜禽、种畜禽）
山东华肽生物科技有限公司	鲁饲证（2015）14094	配合饲料（畜禽、水产、幼畜禽、种畜禽）；浓缩饲料（畜禽、水产、幼畜禽、种畜禽）
乐陵市鲁瑞饲料有限公司	鲁饲证（2015）14096	配合饲料（畜禽、水产、幼畜禽、种畜禽）；浓缩饲料（畜禽、水产、幼畜禽、种畜禽）
沂水玖瑞饲料有限公司	鲁饲证（2015）16200	配合饲料（畜禽、水产、幼畜禽、种畜禽）；浓缩饲料（畜禽、水产、幼畜禽、种畜禽）
山东达福盛农牧科技有限公司	鲁饲证（2015）16212	配合饲料（畜禽、水产、幼畜禽、种畜禽）；浓缩饲料（畜禽、水产、幼畜禽、种畜禽）
岳阳七星生物科技有限公司	湘饲证（2015）06023	配合饲料（畜禽、水产、幼畜禽、种畜禽）；浓缩饲料（畜禽、水产、幼畜禽、种畜禽）
重庆赛源科技有限公司	渝饲证（2015）13003	配合饲料（畜禽、水产、幼畜禽、种畜禽）；浓缩饲料（畜禽、水产、幼畜禽、种畜禽）
重庆健佳科技有限公司	渝饲证（2015）25001	配合饲料（畜禽、水产、幼畜禽、种畜禽）；浓缩饲料（畜禽、水产、幼畜禽、种畜禽）

（续）

企业名称	许可证编号	产品品种
丰都县凌月农业发展有限公司	渝饲证（2015）30002	配合饲料（畜禽、水产、幼畜禽、种畜禽）；浓缩饲料（畜禽、水产、幼畜禽、种畜禽）
东莞正大康地饲料有限公司	粤饲证（2015）11001	配合饲料（畜禽、水产、幼畜禽、种畜禽）；浓缩饲料（畜禽、水产、幼畜禽、种畜禽）
阳江漓源饲料有限公司	粤饲证（2015）14014	配合饲料（畜禽、水产、幼畜禽、种畜禽）；浓缩饲料（畜禽、水产、幼畜禽、种畜禽）
拜泉县新龙大饲料有限责任公司	黑饲证（2015）02023	配合饲料（畜禽、水产、幼畜禽、种畜禽）；浓缩饲料（畜禽、水产、幼畜禽、种畜禽）；精料补充料（反刍）
济南富田本富达饲料有限公司	鲁饲证（2015）01048	配合饲料（畜禽、水产、幼畜禽、种畜禽）；浓缩饲料（畜禽、水产、幼畜禽、种畜禽）；精料补充料（反刍）
新疆伊宁保健饲料有限公司	新饲证（2015）40013	配合饲料（畜禽、水产、幼畜禽、种畜禽）；浓缩饲料（畜禽、水产、幼畜禽、种畜禽）；精料补充料（反刍）
成都优而优饲料有限公司	川饲证（2015）01075	配合饲料（畜禽、水产、幼畜禽、种畜禽）；浓缩饲料（畜禽、幼畜禽、种畜禽）
南充巨星通旺农牧有限公司	川饲证（2015）11008	配合饲料（畜禽、水产、幼畜禽、种畜禽）；浓缩饲料（畜禽、幼畜禽、种畜禽）
钦州市康华饲料有限责任公司	桂饲证（2015）07009	配合饲料（畜禽、水产、幼畜禽、种畜禽）；浓缩饲料（畜禽、幼畜禽、种畜禽）
梅河口市大地饲料有限责任公司	吉饲证（2015）05019	配合饲料（畜禽、水产、幼畜禽、种畜禽）；浓缩饲料（畜禽、幼畜禽、种畜禽）
山东卓信农牧有限公司	鲁饲证（2015）09065	配合饲料（畜禽、水产、幼畜禽、种畜禽）；浓缩饲料（畜禽、幼畜禽、种畜禽）
东平普信饲料有限公司	鲁饲证（2015）09069	配合饲料（畜禽、水产、幼畜禽、种畜禽）；浓缩饲料（畜禽、幼畜禽、种畜禽）
齐河县众邦饲料有限公司	鲁饲证（2015）14100	配合饲料（畜禽、水产、幼畜禽、种畜禽）；浓缩饲料（畜禽、幼畜禽、种畜禽）
莘县根牌饲料有限公司	鲁饲证（2015）15101	配合饲料（畜禽、水产、幼畜禽、种畜禽）；浓缩饲料（畜禽、幼畜禽、种畜禽）
莘县三磊饲料有限公司	鲁饲证（2015）15102	配合饲料（畜禽、水产、幼畜禽、种畜禽）；浓缩饲料（畜禽、幼畜禽、种畜禽）
莘县宏昌饲料有限公司	鲁饲证（2015）15103	配合饲料（畜禽、水产、幼畜禽、种畜禽）；浓缩饲料（畜禽、幼畜禽、种畜禽）
莘县鲁强饲料厂	鲁饲证（2015）15105	配合饲料（畜禽、水产、幼畜禽、种畜禽）；浓缩饲料（畜禽、幼畜禽、种畜禽）

（续）

企业名称	许可证编号	产品品种
贵州创新思维农牧科技有限公司	黔饲证（2015）09067	配合饲料（畜禽、水产、幼畜禽、种畜禽）；浓缩饲料（畜禽、幼畜禽、种畜禽）
池州通威饲料有限公司	皖饲证（2015）15003	配合饲料（畜禽、水产、幼畜禽、种畜禽）；浓缩饲料（畜禽、幼畜禽、种畜禽）
重庆腾安农业发展有限公司	渝饲证（2015）15007	配合饲料（畜禽、水产、幼畜禽、种畜禽）；浓缩饲料（畜禽、幼畜禽、种畜禽）
嘉吉饲料（阳江）有限公司	粤饲证（2015）14015	配合饲料（畜禽、水产、幼畜禽、种畜禽）；浓缩饲料（畜禽、幼畜禽、种畜禽）
深圳市农牧实业有限公司高要饲料分公司	粤饲证（2015）17020	配合饲料（畜禽、水产、幼畜禽、种畜禽）；浓缩饲料（畜禽、幼畜禽、种畜禽）
临沂沣牧饲料有限公司	鲁饲证（2015）16198	配合饲料（畜禽、水产、幼畜禽、种畜禽）；浓缩饲料（畜禽、幼畜禽、种畜禽）；精料补充料（反刍）
新疆万丰饲料有限公司	新饲证（2015）28004	配合饲料（畜禽、水产、幼畜禽、种畜禽）；浓缩饲料（畜禽、幼畜禽、种畜禽）；精料补充料（反刍）
重庆新希望饲料有限公司	渝饲证（2015）13004	配合饲料（畜禽、水产、幼畜禽、种畜禽）；浓缩饲料（畜禽、幼畜禽、种畜禽）；精料补充料（其他）
赛罕区农富饲料厂	蒙饲证（2015）01205	配合饲料（畜禽、水产、幼畜禽、种畜禽、宠物、特种动物）；浓缩饲料（畜禽、水产、反刍、幼畜禽、种畜禽、宠物、特种动物）；精料补充料（反刍）
锦州市钢健饲料有限公司	辽饲证（2015）07042	配合饲料（畜禽、水产、幼畜禽、种畜禽、宠物、特种动物）；浓缩饲料（畜禽、水产、幼畜禽、种畜禽、宠物、特种动物）
日照普惠动物营养科技有限公司	鲁饲证（2015）11041	配合饲料（畜禽、水产、幼畜禽、种畜禽、宠物、特种动物）；浓缩饲料（畜禽、水产、幼畜禽、种畜禽、宠物、特种动物）
山东京良饲料科技有限公司	鲁饲证（2015）08059	配合饲料（畜禽、水产、幼畜禽、种畜禽、宠物、特种动物）；浓缩饲料（畜禽、水产、幼畜禽、种畜禽、宠物、特种动物）；精料补充料（反刍）
河北禾嘉牧业有限公司	冀饲证（2015）05081	配合饲料（畜禽、水产、幼畜禽、种畜禽、宠物、特种动物）；浓缩饲料（畜禽、幼畜禽、种畜禽、特种动物）
江西华杰牧业有限公司	赣饲证（2015）00043	配合饲料（畜禽、水产、幼畜禽、种畜禽、水产育苗）

（续）

企业名称	许可证编号	产品品种
江西巨仁科技集团有限公司	赣饲证（2015）00045	配合饲料（畜禽、水产、幼畜禽、种畜禽、水产育苗）
桂林海兰饲料有限责任公司	桂饲证（2015）03016	配合饲料（畜禽、水产、幼畜禽、种畜禽、水产育苗）
北海市鑫牧霖饲料有限公司	桂饲证（2015）05012	配合饲料（畜禽、水产、幼畜禽、种畜禽、水产育苗）
绵阳市沪川饲料科技有限公司	川饲证（2015）06022	配合饲料（畜禽、水产、幼畜禽、种畜禽、水产育苗）；浓缩饲料（畜禽）
江油科飞饲料有限公司	川饲证（2015）06023	配合饲料（畜禽、水产、幼畜禽、种畜禽、水产育苗）；浓缩饲料（畜禽）
德阳集合饲料科技有限公司	川饲证（2015）05027	配合饲料（畜禽、水产、幼畜禽、种畜禽、水产育苗）；浓缩饲料（畜禽、水产、幼畜禽、种畜禽、水产育苗）
四川国喜饲料科技有限公司	川饲证（2015）06020	配合饲料（畜禽、水产、幼畜禽、种畜禽、水产育苗）；浓缩饲料（畜禽、水产、幼畜禽、种畜禽、水产育苗）
哈尔滨康鑫威饲料科技开发有限责任公司	黑饲证（2015）01153	配合饲料（畜禽、水产、幼畜禽、种畜禽、水产育苗）；浓缩饲料（畜禽、水产、幼畜禽、种畜禽、水产育苗）
肇东市涝洲镇阳光饲料厂	黑饲证（2015）12015	配合饲料（畜禽、水产、幼畜禽、种畜禽、水产育苗）；浓缩饲料（畜禽、水产、幼畜禽、种畜禽、水产育苗）
六和饲料（肥城）有限公司	鲁饲证（2015）09064	配合饲料（畜禽、水产、幼畜禽、种畜禽、水产育苗）；浓缩饲料（畜禽、水产、幼畜禽、种畜禽、水产育苗）
沂南海鼎饲料有限公司	鲁饲证（2015）16205	配合饲料（畜禽、水产、幼畜禽、种畜禽、水产育苗）；浓缩饲料（畜禽、水产、幼畜禽、种畜禽、水产育苗）
安徽壮大饲料有限公司	皖饲证（2015）03008	配合饲料（畜禽、水产、幼畜禽、种畜禽、水产育苗）；浓缩饲料（畜禽、水产、幼畜禽、种畜禽、水产育苗）
广州农信饲料有限公司	粤饲证（2015）01101	配合饲料（畜禽、水产、幼畜禽、种畜禽、水产育苗）；浓缩饲料（畜禽、水产、幼畜禽、种畜禽、水产育苗）
重庆新同连饲料有限公司	渝饲证（2015）16001	配合饲料（畜禽、水产、幼畜禽、种畜禽、水产育苗）；浓缩饲料（畜禽、水产、幼畜禽、种畜禽、水产育苗）；精料补充料（反刍）

（续）

企业名称	许可证编号	产品品种
江门鑫肽生物蛋白有限公司	粤饲证（2015）13069	配合饲料（畜禽、水产、幼畜禽、种畜禽、水产育苗）；浓缩饲料（畜禽、水产、幼畜禽、种畜禽、水产育苗、特种动物）
泸州荣丰农牧科技有限公司	川饲证（2015）04004	配合饲料（畜禽、水产、幼畜禽、种畜禽、水产育苗）；浓缩饲料（畜禽、幼畜禽）
南昌海联饲料有限公司	赣饲证（2015）00044	配合饲料（畜禽、水产、幼畜禽、种畜禽、水产育苗）；浓缩饲料（畜禽、幼畜禽）
成都东方希望动物营养食品有限公司	川饲证（2015）01072	配合饲料（畜禽、水产、幼畜禽、种畜禽、水产育苗）；浓缩饲料（畜禽、幼畜禽、种畜禽）
成都邦基饲料有限公司	川饲证（2015）01076	配合饲料（畜禽、水产、幼畜禽、种畜禽、水产育苗）；浓缩饲料（畜禽、幼畜禽、种畜禽）
成都恒昌饲料有限责任公司	川饲证（2015）01080	配合饲料（畜禽、水产、幼畜禽、种畜禽、水产育苗）；浓缩饲料（畜禽、幼畜禽、种畜禽）
自贡市金饭碗饲料有限公司	川饲证（2015）02017	配合饲料（畜禽、水产、幼畜禽、种畜禽、水产育苗）；浓缩饲料（畜禽、幼畜禽、种畜禽）
自贡金川农农牧科技有限公司	川饲证（2015）02018	配合饲料（畜禽、水产、幼畜禽、种畜禽、水产育苗）；浓缩饲料（畜禽、幼畜禽、种畜禽）
四川步财饲料有限公司	川饲证（2015）05024	配合饲料（畜禽、水产、幼畜禽、种畜禽、水产育苗）；浓缩饲料（畜禽、幼畜禽、种畜禽）
四川纵腾生物科技有限责任公司	川饲证（2015）05029	配合饲料（畜禽、水产、幼畜禽、种畜禽、水产育苗）；浓缩饲料（畜禽、幼畜禽、种畜禽）
乐山巨星生物科技有限公司	川饲证（2015）10016	配合饲料（畜禽、水产、幼畜禽、种畜禽、水产育苗）；浓缩饲料（畜禽、幼畜禽、种畜禽）
渠县特驱饲料有限公司	川饲证（2015）14010	配合饲料（畜禽、水产、幼畜禽、种畜禽、水产育苗）；浓缩饲料（畜禽、幼畜禽、种畜禽）
彭山尚品饲料有限公司	川饲证（2015）17054	配合饲料（畜禽、水产、幼畜禽、种畜禽、水产育苗）；浓缩饲料（畜禽、幼畜禽、种畜禽）
昆明市富港饲料有限公司	滇饲证（2015）01178	配合饲料（畜禽、水产、幼畜禽、种畜禽、水产育苗）；浓缩饲料（畜禽、幼畜禽、种畜禽）
昆明中亚饲料有限公司	滇饲证（2015）01191	配合饲料（畜禽、水产、幼畜禽、种畜禽、水产育苗）；浓缩饲料（畜禽、幼畜禽、种畜禽）
昆明方向盘饲料有限公司	滇饲证（2015）01198	配合饲料（畜禽、水产、幼畜禽、种畜禽、水产育苗）；浓缩饲料（畜禽、幼畜禽、种畜禽）
云南新快长饲料有限公司	滇饲证（2015）01215	配合饲料（畜禽、水产、幼畜禽、种畜禽、水产育苗）；浓缩饲料（畜禽、幼畜禽、种畜禽）
马龙美能农牧科技有限公司	滇饲证（2015）02156	配合饲料（畜禽、水产、幼畜禽、种畜禽、水产育苗）；浓缩饲料（畜禽、幼畜禽、种畜禽）

（续）

企业名称	许可证编号	产品品种
云南省陆良县海丰饲料有限公司	滇饲证（2015）02197	配合饲料（畜禽、水产、幼畜禽、种畜禽、水产育苗）；浓缩饲料（畜禽、幼畜禽、种畜禽）
马龙县金正饲料有限公司	滇饲证（2015）02201	配合饲料（畜禽、水产、幼畜禽、种畜禽、水产育苗）；浓缩饲料（畜禽、幼畜禽、种畜禽）
玉溪市金利畜牧科技有限公司	滇饲证（2015）03202	配合饲料（畜禽、水产、幼畜禽、种畜禽、水产育苗）；浓缩饲料（畜禽、幼畜禽、种畜禽）
玉溪汇微生物科技有限公司饲料分公司	滇饲证（2015）03203	配合饲料（畜禽、水产、幼畜禽、种畜禽、水产育苗）；浓缩饲料（畜禽、幼畜禽、种畜禽）
云南南天饲料有限公司	滇饲证（2015）03204	配合饲料（畜禽、水产、幼畜禽、种畜禽、水产育苗）；浓缩饲料（畜禽、幼畜禽、种畜禽）
云南立旺生物饲料有限公司	滇饲证（2015）13207	配合饲料（畜禽、水产、幼畜禽、种畜禽、水产育苗）；浓缩饲料（畜禽、幼畜禽、种畜禽）
大理广红饲料有限公司	滇饲证（2015）13211	配合饲料（畜禽、水产、幼畜禽、种畜禽、水产育苗）；浓缩饲料（畜禽、幼畜禽、种畜禽）
瑞丽市畹町方熊贸易有限公司	滇饲证（2015）14217	配合饲料（畜禽、水产、幼畜禽、种畜禽、水产育苗）；浓缩饲料（畜禽、幼畜禽、种畜禽）
钦州市钦新饲料厂	桂饲证（2015）07007	配合饲料（畜禽、水产、幼畜禽、种畜禽、水产育苗）；浓缩饲料（畜禽、幼畜禽、种畜禽）
武宣正大畜牧有限公司	桂饲证（2015）12003	配合饲料（畜禽、水产、幼畜禽、种畜禽、水产育苗）；浓缩饲料（畜禽、幼畜禽、种畜禽）
哈尔滨通威饲料有限公司	黑饲证（2015）01152	配合饲料（畜禽、水产、幼畜禽、种畜禽、水产育苗）；浓缩饲料（畜禽、幼畜禽、种畜禽）
重庆蓝鑫络饲料有限公司	渝饲证（2015）01004	配合饲料（畜禽、水产、幼畜禽、种畜禽、水产育苗）；浓缩饲料（畜禽、幼畜禽、种畜禽）
重庆安佑饲料有限公司	渝饲证（2015）26019	配合饲料（畜禽、水产、幼畜禽、种畜禽、水产育苗）；浓缩饲料（畜禽、幼畜禽、种畜禽）
重庆金来饲料有限公司	渝饲证（2015）27003	配合饲料（畜禽、水产、幼畜禽、种畜禽、水产育苗）；浓缩饲料（畜禽、幼畜禽、种畜禽）
重庆嘉翔饲料有限公司	渝饲证（2015）30001	配合饲料（畜禽、水产、幼畜禽、种畜禽、水产育苗）；浓缩饲料（畜禽、幼畜禽、种畜禽）
重庆市万虹饲料有限公司	渝饲证（2015）36001	配合饲料（畜禽、水产、幼畜禽、种畜禽、水产育苗）；浓缩饲料（畜禽、幼畜禽、种畜禽）
台山市向星饲料有限公司	粤饲证（2015）13070	配合饲料（畜禽、水产、幼畜禽、种畜禽、水产育苗）；浓缩饲料（畜禽、幼畜禽、种畜禽）
重庆市大发饲料有限责任公司	渝饲证（2015）18006	配合饲料（畜禽、水产、幼畜禽、种畜禽、水产育苗）；浓缩饲料（畜禽、幼畜禽、种畜禽）；精料补充料（其他）

（续）

企业名称	许可证编号	产品品种
山东海威生物科技有限公司	鲁饲证（2015）04018	配合饲料（畜禽、水产、幼畜禽、种畜禽、水产育苗、宠物）
海南西南红农牧科技有限公司	琼饲证（2015）06026	配合饲料（畜禽、水产、幼畜禽、种畜禽、水产育苗、宠物）
安徽东升农牧科技有限公司	皖饲证（2015）12014	配合饲料（畜禽、水产、幼畜禽、种畜禽、水产育苗、宠物、特种动物）
重庆大农科技有限公司	渝饲证（2015）26016	配合饲料（畜禽、水产、幼畜禽、种畜禽、水产育苗、宠物、特种动物）；浓缩饲料（畜禽、水产、反刍、幼畜禽、种畜禽、水产育苗、宠物、特种动物）；精料补充料（反刍）
重庆市明晖饲料有限责任公司	渝饲证（2015）26017	配合饲料（畜禽、水产、幼畜禽、种畜禽、水产育苗、宠物、特种动物）；浓缩饲料（畜禽、水产、幼畜禽、种畜禽）；精料补充料（其他）
哈尔滨禾丰饲料有限公司	黑饲证（2015）01161	配合饲料（畜禽、水产、幼畜禽、种畜禽、水产育苗、宠物、特种动物）；浓缩饲料（畜禽、水产、幼畜禽、种畜禽、水产育苗、宠物、特种动物）
绥化鼎汇农牧科技有限公司	黑饲证（2015）12010	配合饲料（畜禽、水产、幼畜禽、种畜禽、水产育苗、宠物、特种动物）；浓缩饲料（畜禽、水产、幼畜禽、种畜禽、水产育苗、宠物、特种动物）
重庆利方饲料有限公司	渝饲证（2015）26020	配合饲料（畜禽、水产、幼畜禽、种畜禽、水产育苗、宠物、特种动物）；浓缩饲料（畜禽、水产、幼畜禽、种畜禽、水产育苗、宠物、特种动物）
重庆永大饲料有限责任公司	渝饲证（2015）40001	配合饲料（畜禽、水产、幼畜禽、种畜禽、水产育苗、宠物、特种动物）；浓缩饲料（畜禽、水产、幼畜禽、种畜禽、水产育苗、宠物、特种动物）
重庆普乐美饲料有限责任公司	渝饲证（2015）26018	配合饲料（畜禽、水产、幼畜禽、种畜禽、水产育苗、宠物、特种动物）；浓缩饲料（畜禽、幼畜禽、种畜禽）
四川瑞斯特饲料有限公司	川饲证（2015）05028	配合饲料（畜禽、水产、幼畜禽、种畜禽、水产育苗、宠物、特种动物）；浓缩饲料（畜禽、幼畜禽、种畜禽、宠物、特种动物）；精料补充料（反刍）
哈尔滨吉粮农牧科技有限公司	黑饲证（2015）01133	配合饲料（畜禽、水产、幼畜禽、种畜禽、水产育苗、特种动物）；浓缩饲料（畜禽、水产、幼畜禽、种畜禽、水产育苗、特种动物）
哈尔滨禾秾饲料有限公司	黑饲证（2015）01135	配合饲料（畜禽、水产、幼畜禽、种畜禽、水产育苗、特种动物）；浓缩饲料（畜禽、水产、幼畜禽、种畜禽、水产育苗、特种动物）

（续）

企业名称	许可证编号	产品品种
黑龙江省科威牧业科技有限公司	黑饲证（2015）01136	配合饲料（畜禽、水产、幼畜禽、种畜禽、水产育苗、特种动物）；浓缩饲料（畜禽、水产、幼畜禽、种畜禽、水产育苗、特种动物）
双城市兴仪有限责任公司	黑饲证（2015）01151	配合饲料（畜禽、水产、幼畜禽、种畜禽、水产育苗、特种动物）；浓缩饲料（畜禽、水产、幼畜禽、种畜禽、水产育苗、特种动物）
哈尔滨双龙盛饲料有限责任公司	黑饲证（2015）01158	配合饲料（畜禽、水产、幼畜禽、种畜禽、水产育苗、特种动物）；浓缩饲料（畜禽、水产、幼畜禽、种畜禽、水产育苗、特种动物）
哈尔滨源泰牧业有限责任公司	黑饲证（2015）01159	配合饲料（畜禽、水产、幼畜禽、种畜禽、水产育苗、特种动物）；浓缩饲料（畜禽、水产、幼畜禽、种畜禽、水产育苗、特种动物）
哈尔滨佳奥饲料有限公司	黑饲证（2015）01160	配合饲料（畜禽、水产、幼畜禽、种畜禽、水产育苗、特种动物）；浓缩饲料（畜禽、水产、幼畜禽、种畜禽、水产育苗、特种动物）
重庆五岗饲料有限公司	渝饲证（2015）40003	配合饲料（畜禽、水产、幼畜禽、种畜禽、水产育苗、特种动物）；浓缩饲料（畜禽、水产、幼畜禽、种畜禽、水产育苗、特种动物）；精料补充料（其他）
成都农心饲料有限公司	川饲证（2015）01077	配合饲料（畜禽、水产、幼畜禽、种畜禽、水产育苗、特种动物）；浓缩饲料（畜禽、幼畜禽、种畜禽）
唐山农道众成饲料有限公司	冀饲证（2015）05074	配合饲料（畜禽、水产、幼畜禽、种畜禽、特种动物）；浓缩饲料（畜禽、反刍、幼畜禽、种畜禽）；精料补充料（反刍）
天津兴海饲料有限公司	津饲证（2015）02001	配合饲料（畜禽、水产、幼畜禽、种畜禽、特种动物）；浓缩饲料（畜禽、反刍、幼畜禽、种畜禽）；精料补充料（反刍）
齐齐哈尔市同鑫生物饲料有限公司	黑饲证（2015）02034	配合饲料（畜禽、水产、幼畜禽、种畜禽、特种动物）；浓缩饲料（畜禽、反刍、幼畜禽、种畜禽、特种动物）；精料补充料（反刍）
哈尔滨龙威牧业发展有限公司	黑饲证（2015）01132	配合饲料（畜禽、水产、幼畜禽、种畜禽、特种动物）；浓缩饲料（畜禽、水产、幼畜禽、种畜禽、特种动物）
哈尔滨大唐民生饲料有限公司	黑饲证（2015）01150	配合饲料（畜禽、水产、幼畜禽、种畜禽、特种动物）；浓缩饲料（畜禽、水产、幼畜禽、种畜禽、特种动物）

（续）

企业名称	许可证编号	产品品种
公主岭市北方牧禾饲料有限责任公司	吉饲证（2015）03047	配合饲料（畜禽、水产、幼畜禽、种畜禽、特种动物）；浓缩饲料（畜禽、水产、幼畜禽、种畜禽、特种动物）
公主岭市正强饲料厂	吉饲证（2015）03049	配合饲料（畜禽、水产、幼畜禽、种畜禽、特种动物）；浓缩饲料（畜禽、水产、幼畜禽、种畜禽、特种动物）
公主岭市牧康饲料加工厂	吉饲证（2015）03057	配合饲料（畜禽、水产、幼畜禽、种畜禽、特种动物）；浓缩饲料（畜禽、水产、幼畜禽、种畜禽、特种动物）
吉林省新展望饲料有限公司	吉饲证（2015）03066	配合饲料（畜禽、水产、幼畜禽、种畜禽、特种动物）；浓缩饲料（畜禽、水产、幼畜禽、种畜禽、特种动物）
青岛百信饲料有限公司	鲁饲证（2015）02092	配合饲料（畜禽、水产、幼畜禽、种畜禽、特种动物）；浓缩饲料（畜禽、水产、幼畜禽、种畜禽、特种动物）
潍坊玖瑞金枫饲料有限公司张氏分公司	鲁饲证（2015）07205	配合饲料（畜禽、水产、幼畜禽、种畜禽、特种动物）；浓缩饲料（畜禽、水产、幼畜禽、种畜禽、特种动物）
昌邑八方牧歌农牧科技有限公司	鲁饲证（2015）07226	配合饲料（畜禽、水产、幼畜禽、种畜禽、特种动物）；浓缩饲料（畜禽、水产、幼畜禽、种畜禽、特种动物）
东平隆泽饲料有限公司	鲁饲证（2015）09066	配合饲料（畜禽、水产、幼畜禽、种畜禽、特种动物）；浓缩饲料（畜禽、水产、幼畜禽、种畜禽、特种动物）
吉林省公主岭国家农业科技园区铭津饲料厂	吉饲证（2015）03056	配合饲料（畜禽、水产、幼畜禽、种畜禽、特种动物）；浓缩饲料（畜禽、水产、幼畜禽、种畜禽、特种动物）；精料补充料（反刍）
山东正邦养殖有限公司东平分公司	鲁饲证（2015）09067	配合饲料（畜禽、水产、幼畜禽、种畜禽、特种动物）；浓缩饲料（畜禽、幼畜禽、种畜禽）
唐山曹妃甸区渤大饲料有限公司	冀饲证（2015）05075	配合饲料（畜禽、水产、幼畜禽、种畜禽、特种动物）；浓缩饲料（畜禽、幼畜禽、种畜禽、特种动物）
宿松县春润食品有限公司	皖饲证（2015）08008	配合饲料（畜禽、水产、种畜禽）
锦州滨海新区富尔康饲料厂	辽饲证（2015）07047	配合饲料（畜禽、特种动物）；浓缩饲料（畜禽）
沈阳大北农饲料有限责任公司	辽饲证（2015）01126	配合饲料（畜禽、特种动物）；浓缩饲料（畜禽）；精料补充料（反刍）

（续）

企业名称	许可证编号	产品品种
沈阳久强农牧有限责任公司	辽饲证（2015）01130	配合饲料（畜禽、特种动物）；浓缩饲料（畜禽）；精料补充料（反刍）
北京科恩柯生物科技有限公司	京饲证（2015）06069	配合饲料（畜禽、特种动物）；浓缩饲料（畜禽、反刍、特种动物）；精料补充料（反刍）
北京顺志鹏发饲料有限公司	京饲证（2015）12112	配合饲料（畜禽、特种动物）；浓缩饲料（畜禽、特种动物）
锦州市松山新区鼎立饲料厂	辽饲证（2015）07053	配合饲料（畜禽、特种动物）；浓缩饲料（畜禽、特种动物）
葫芦岛宏兴饲料科技有限公司	辽饲证（2015）14015	配合饲料（畜禽、特种动物）；浓缩饲料（畜禽、特种动物）
南京禾嘉牧业有限公司	苏饲证（2015）01037	配合饲料（畜禽、特种动物）；浓缩饲料（畜禽、特种动物）
河南省广联饲料有限公司	豫饲证（2015）07050	配合饲料（畜禽、特种动物）；浓缩饲料（畜禽、特种动物）
北京久盈天生物科技有限公司	京饲证（2015）10120	配合饲料（畜禽、特种动物）；浓缩饲料（畜禽、特种动物）；精料补充料（反刍）
沙河市翔康饲料有限公司	冀饲证（2015）09058	配合饲料（畜禽、幼畜禽）
宁夏顺宝现代农业股份有限公司	宁饲证（2015）03031	配合饲料（畜禽、幼畜禽）
阳西温氏禽畜有限公司	粤饲证（2015）14017	配合饲料（畜禽、幼畜禽）
上海澳全饲料有限公司	沪饲证（2015）04016	配合饲料（畜禽、幼畜禽）；浓缩饲料（畜禽、水产、幼畜禽、种畜禽）
江西正邦科技股份有限公司桑海分公司	赣饲证（2015）00053	配合饲料（畜禽、幼畜禽）；浓缩饲料（畜禽、幼畜禽）
白城市天龙饲料有限公司	吉饲证（2015）08018	配合饲料（畜禽、幼畜禽）；浓缩饲料（畜禽、幼畜禽）
灵寿县诚悦饲料加工有限公司	冀饲证（2015）01120	配合饲料（畜禽、幼畜禽）；浓缩饲料（畜禽、幼畜禽）
河北鲲鹏饲料集团沧州有限公司	冀饲证（2015）07028	配合饲料（畜禽、幼畜禽）；浓缩饲料（畜禽、幼畜禽）
深州市晨泰饲料有限公司	冀饲证（2015）08028	配合饲料（畜禽、幼畜禽）；浓缩饲料（畜禽、幼畜禽）
饶阳县宏杰饲料有限公司	冀饲证（2015）08030	配合饲料（畜禽、幼畜禽）；浓缩饲料（畜禽、幼畜禽）
沙河市天红饲料有限公司	冀饲证（2015）09054	配合饲料（畜禽、幼畜禽）；浓缩饲料（畜禽、幼畜禽）
沙河市欣华奥饲料有限公司	冀饲证（2015）09057	配合饲料（畜禽、幼畜禽）；浓缩饲料（畜禽、幼畜禽）

（续）

企业名称	许可证编号	产品品种
沙河市丰牧源饲料科技有限公司	冀饲证（2015）09059	配合饲料（畜禽、幼畜禽）；浓缩饲料（畜禽、幼畜禽）
河北奥佰康饲料有限公司	冀饲证（2015）09063	配合饲料（畜禽、幼畜禽）；浓缩饲料（畜禽、幼畜禽）
定州市帝禾饲料有限公司	冀饲证（2015）13006	配合饲料（畜禽、幼畜禽）；浓缩饲料（畜禽、幼畜禽）
山东华农生物饲料有限公司	鲁饲证（2015）10051	配合饲料（畜禽、幼畜禽）；浓缩饲料（畜禽、幼畜禽）
湖南美龙饲料科技有限公司	湘饲证（2015）01092	配合饲料（畜禽、幼畜禽）；浓缩饲料（畜禽、幼畜禽）
岳阳康利农生物科技有限公司	湘饲证（2015）06148	配合饲料（畜禽、幼畜禽）；浓缩饲料（畜禽、幼畜禽）
佛山市顺德区容大饲料有限公司	粤饲证（2015）22043	配合饲料（畜禽、幼畜禽）；浓缩饲料（畜禽、幼畜禽、种畜禽）
秦皇岛龙川饲料有限公司	冀饲证（2015）35039	配合饲料（畜禽、幼畜禽、特种动物）；浓缩饲料（畜禽、幼畜禽）
秦皇岛永佳饲料有限公司	冀饲证（2015）35036	配合饲料（畜禽、幼畜禽、特种动物）；浓缩饲料（畜禽、幼畜禽、反刍、特种动物）；精料补充料（反刍）
德惠市夏家店街道龙宇饲料厂	吉饲证（2015）01123	配合饲料（畜禽、幼畜禽、特种动物）；浓缩饲料（畜禽、幼畜禽、特种动物）
承德吉兆饲料有限公司	冀饲证（2015）04004	配合饲料（畜禽、幼畜禽、特种动物）；浓缩饲料（畜禽、幼畜禽、特种动物）
秦皇岛东源饲料有限公司	冀饲证（2015）35033	配合饲料（畜禽、幼畜禽、特种动物）；浓缩饲料（畜禽、幼畜禽、特种动物）
秦皇岛普乐源饲料有限公司	冀饲证（2015）35034	配合饲料（畜禽、幼畜禽、特种动物）；浓缩饲料（畜禽、幼畜禽、特种动物）
秦皇岛富昌饲料有限公司	冀饲证（2015）35037	配合饲料（畜禽、幼畜禽、特种动物）；浓缩饲料（畜禽、幼畜禽、特种动物）
卢龙县成华饲料有限公司	冀饲证（2015）35038	配合饲料（畜禽、幼畜禽、特种动物）；浓缩饲料（畜禽、幼畜禽、特种动物）
唐山市丰润区瑞欣饲料有限公司	冀饲证（2015）05082	配合饲料（畜禽、幼畜禽、特种动物）；浓缩饲料（畜禽、幼畜禽、种畜禽）
彭州康大饲料有限公司	川饲证（2015）01074	配合饲料（畜禽、幼畜禽、种畜禽）
大余温氏畜牧有限公司	赣饲证（2015）01029	配合饲料（畜禽、幼畜禽、种畜禽）
吉安傲农生物科技有限公司	赣饲证（2015）03014	配合饲料（畜禽、幼畜禽、种畜禽）

（续）

企业名称	许可证编号	产品品种
广西武鸣利源科技养殖有限责任公司	桂饲证（2015）01068	配合饲料（畜禽、幼畜禽、种畜禽）
南宁真品饲料有限公司	桂饲证（2015）01069	配合饲料（畜禽、幼畜禽、种畜禽）
南宁市新宏源饲料有限责任公司	桂饲证（2015）01071	配合饲料（畜禽、幼畜禽、种畜禽）
桂林邦达农业发展有限公司	桂饲证（2015）03017	配合饲料（畜禽、幼畜禽、种畜禽）
广西园丰牧业有限公司	桂饲证（2015）07010	配合饲料（畜禽、幼畜禽、种畜禽）
黑龙江翔宇实业有限责任公司	黑饲证（2015）08001	配合饲料（畜禽、幼畜禽、种畜禽）
石家庄市顺发饲料有限公司	冀饲证（2015）01114	配合饲料（畜禽、幼畜禽、种畜禽）
盐山温氏畜牧有限公司	冀饲证（2015）07042	配合饲料（畜禽、幼畜禽、种畜禽）
辛集市健鸿饲料有限公司	冀饲证（2015）12012	配合饲料（畜禽、幼畜禽、种畜禽）
兖州市绿源食品有限公司	鲁饲证（2015）08050	配合饲料（畜禽、幼畜禽、种畜禽）
无棣龙胜饲料有限公司	鲁饲证（2015）13071	配合饲料（畜禽、幼畜禽、种畜禽）
厦门银谷饲料有限公司	闽饲证（2015）02333	配合饲料（畜禽、幼畜禽、种畜禽）
海南青牧原实业有限公司	琼饲证（2015）01029	配合饲料（畜禽、幼畜禽、种畜禽）
海南温氏畜禽有限公司	琼饲证（2015）05028	配合饲料（畜禽、幼畜禽、种畜禽）
荣达禽业股份有限公司	皖饲证（2015）14015	配合饲料（畜禽、幼畜禽、种畜禽）
桂阳县星星饲料有限公司	湘饲证（2015）10006	配合饲料（畜禽、幼畜禽、种畜禽）
重庆阿兴记食品有限公司兔业分公司	渝饲证（2015）12005	配合饲料（畜禽、幼畜禽、种畜禽）
潮州市银龙联成饲料科技有限公司	粤饲证（2015）19010	配合饲料（畜禽、幼畜禽、种畜禽）
乐清市江南饲料有限公司	浙饲证（2015）03001	配合饲料（畜禽、幼畜禽、种畜禽）
山西福隆达农牧科技有限公司	晋饲证（2015）09001	配合饲料（畜禽、幼畜禽、种畜禽）；浓缩饲料（畜禽）
长春市兴华农牧科技有限公司	吉饲证（2015）01126	配合饲料（畜禽、幼畜禽、种畜禽）；浓缩饲料（畜禽、反刍、幼畜禽、种畜禽）；精料补充料（反刍）
沈阳康博营养科技有限公司	辽饲证（2015）01138	配合饲料（畜禽、幼畜禽、种畜禽）；浓缩饲料（畜禽、反刍、幼畜禽、种畜禽）；精料补充料（反刍）
通辽隆鑫饲料厂	蒙饲证（2015）05207	配合饲料（畜禽、幼畜禽、种畜禽）；浓缩饲料（畜禽、反刍、幼畜禽、种畜禽）；精料补充料（反刍）
内蒙古壮大饲料有限公司	蒙饲证（2015）06219	配合饲料（畜禽、幼畜禽、种畜禽）；浓缩饲料（畜禽、反刍、幼畜禽、种畜禽）；精料补充料（反刍）
翁牛特旗乌丹镇属新饲料加工厂	蒙饲证（2015）06228	配合饲料（畜禽、幼畜禽、种畜禽）；浓缩饲料（畜禽、反刍、幼畜禽、种畜禽）；精料补充料（反刍）
赤峰市草原天宇牧工商有限责任公司	蒙饲证（2015）06229	配合饲料（畜禽、幼畜禽、种畜禽）；浓缩饲料（畜禽、反刍、幼畜禽、种畜禽）；精料补充料（反刍）

（续）

企业名称	许可证编号	产品品种
赤峰金太阳生物科技有限公司	蒙饲证（2015）06230	配合饲料（畜禽、幼畜禽、种畜禽）；浓缩饲料（畜禽、反刍、幼畜禽、种畜禽）；精料补充料（反刍）
重庆市奇罗特饲料有限公司	渝饲证（2015）33001	配合饲料（畜禽、幼畜禽、种畜禽）；浓缩饲料（畜禽、水产、幼畜禽、种畜禽、水产育苗）
雅安市圣通饲料有限责任公司	川饲证（2015）16001	配合饲料（畜禽、幼畜禽、种畜禽）；浓缩饲料（畜禽、幼畜禽）
江西信泽饲料有限公司	赣饲证（2015）00048	配合饲料（畜禽、幼畜禽、种畜禽）；浓缩饲料（畜禽、幼畜禽）
成都佳佳乐饲料有限公司	川饲证（2015）01073	配合饲料（畜禽、幼畜禽、种畜禽）；浓缩饲料（畜禽、幼畜禽、种畜禽）
德阳驰阳饲料科技有限公司	川饲证（2015）05025	配合饲料（畜禽、幼畜禽、种畜禽）；浓缩饲料（畜禽、幼畜禽、种畜禽）
四川正鹏农牧科技有限公司	川饲证（2015）05026	配合饲料（畜禽、幼畜禽、种畜禽）；浓缩饲料（畜禽、幼畜禽、种畜禽）
绵阳大北农农牧科技有限公司	川饲证（2015）06024	配合饲料（畜禽、幼畜禽、种畜禽）；浓缩饲料（畜禽、幼畜禽、种畜禽）
内江全正饲料有限公司	川饲证（2015）09012	配合饲料（畜禽、幼畜禽、种畜禽）；浓缩饲料（畜禽、幼畜禽、种畜禽）
南充益民饲料有限公司	川饲证（2015）11009	配合饲料（畜禽、幼畜禽、种畜禽）；浓缩饲料（畜禽、幼畜禽、种畜禽）
眉山市红美饲料科技有限公司	川饲证（2015）17051	配合饲料（畜禽、幼畜禽、种畜禽）；浓缩饲料（畜禽、幼畜禽、种畜禽）
四川省彭山恒源农业发展有限公司	川饲证（2015）17052	配合饲料（畜禽、幼畜禽、种畜禽）；浓缩饲料（畜禽、幼畜禽、种畜禽）
眉山驰阳饲料科技有限公司	川饲证（2015）17055	配合饲料（畜禽、幼畜禽、种畜禽）；浓缩饲料（畜禽、幼畜禽、种畜禽）
昆明金正旺饲料有限公司	滇饲证（2015）01190	配合饲料（畜禽、幼畜禽、种畜禽）；浓缩饲料（畜禽、幼畜禽、种畜禽）
昆明百福得饲料科技有限公司	滇饲证（2015）01196	配合饲料（畜禽、幼畜禽、种畜禽）；浓缩饲料（畜禽、幼畜禽、种畜禽）
云南安佑饲料科技有限公司	滇饲证（2015）01199	配合饲料（畜禽、幼畜禽、种畜禽）；浓缩饲料（畜禽、幼畜禽、种畜禽）
马龙联合实业发展有限公司	滇饲证（2015）02209	配合饲料（畜禽、幼畜禽、种畜禽）；浓缩饲料（畜禽、幼畜禽、种畜禽）
玉溪双胞胎饲料有限公司	滇饲证（2015）03214	配合饲料（畜禽、幼畜禽、种畜禽）；浓缩饲料（畜禽、幼畜禽、种畜禽）

（续）

企业名称	许可证编号	产品品种
保山市利农饲料有限责任公司	滇饲证（2015）04192	配合饲料（畜禽、幼畜禽、种畜禽）；浓缩饲料（畜禽、幼畜禽、种畜禽）
宁洱迴龙饲料有限公司	滇饲证（2015）07194	配合饲料（畜禽、幼畜禽、种畜禽）；浓缩饲料（畜禽、幼畜禽、种畜禽）
凤庆县安丰营饲料有限公司	滇饲证（2015）08206	配合饲料（畜禽、幼畜禽、种畜禽）；浓缩饲料（畜禽、幼畜禽、种畜禽）
大理正大有限公司	滇饲证（2015）13200	配合饲料（畜禽、幼畜禽、种畜禽）；浓缩饲料（畜禽、幼畜禽、种畜禽）
大理吉田牧业有限公司	滇饲证（2015）13210	配合饲料（畜禽、幼畜禽、种畜禽）；浓缩饲料（畜禽、幼畜禽、种畜禽）
南昌华达饲料有限公司	赣饲证（2015）00049	配合饲料（畜禽、幼畜禽、种畜禽）；浓缩饲料（畜禽、幼畜禽、种畜禽）
赣州朱师傅预混饲料事业有限公司	赣饲证（2015）01025	配合饲料（畜禽、幼畜禽、种畜禽）；浓缩饲料（畜禽、幼畜禽、种畜禽）
赣州安佑生物科技有限公司	赣饲证（2015）01026	配合饲料（畜禽、幼畜禽、种畜禽）；浓缩饲料（畜禽、幼畜禽、种畜禽）
江西佳腾丰生物科技有限公司	赣饲证（2015）01027	配合饲料（畜禽、幼畜禽、种畜禽）；浓缩饲料（畜禽、幼畜禽、种畜禽）
广西百大农业集团有限公司	桂饲证（2015）01065	配合饲料（畜禽、幼畜禽、种畜禽）；浓缩饲料（畜禽、幼畜禽、种畜禽）
广西商大科技股份有限公司	桂饲证（2015）01070	配合饲料（畜禽、幼畜禽、种畜禽）；浓缩饲料（畜禽、幼畜禽、种畜禽）
梧州新希望六和饲料有限公司	桂饲证（2015）04002	配合饲料（畜禽、幼畜禽、种畜禽）；浓缩饲料（畜禽、幼畜禽、种畜禽）
哈尔滨爱普罗斯牧业有限公司	黑饲证（2015）01109	配合饲料（畜禽、幼畜禽、种畜禽）；浓缩饲料（畜禽、幼畜禽、种畜禽）
哈尔滨傲农饲料科技有限公司	黑饲证（2015）01137	配合饲料（畜禽、幼畜禽、种畜禽）；浓缩饲料（畜禽、幼畜禽、种畜禽）
黑龙江惠德福丰牧业有限公司	黑饲证（2015）04009	配合饲料（畜禽、幼畜禽、种畜禽）；浓缩饲料（畜禽、幼畜禽、种畜禽）
佳木斯市郊区金箭饲料厂	黑饲证（2015）04010	配合饲料（畜禽、幼畜禽、种畜禽）；浓缩饲料（畜禽、幼畜禽、种畜禽）
佳木斯市郊区永康饲料厂	黑饲证（2015）04012	配合饲料（畜禽、幼畜禽、种畜禽）；浓缩饲料（畜禽、幼畜禽、种畜禽）
黑龙江广联农牧有限公司	黑饲证（2015）12009	配合饲料（畜禽、幼畜禽、种畜禽）；浓缩饲料（畜禽、幼畜禽、种畜禽）

（续）

企业名称	许可证编号	产品品种
上海奥登饲料科技有限公司	沪饲证（2015）04015	配合饲料（畜禽、幼畜禽、种畜禽）；浓缩饲料（畜禽、幼畜禽、种畜禽）
上海久肽生物科技有限公司	沪饲证（2015）09010	配合饲料（畜禽、幼畜禽、种畜禽）；浓缩饲料（畜禽、幼畜禽、种畜禽）
长春诺达饲料有限公司	吉饲证（2015）01117	配合饲料（畜禽、幼畜禽、种畜禽）；浓缩饲料（畜禽、幼畜禽、种畜禽）
长春市泽丰牧业有限公司	吉饲证（2015）01119	配合饲料（畜禽、幼畜禽、种畜禽）；浓缩饲料（畜禽、幼畜禽、种畜禽）
吉林省春升牧业有限公司	吉饲证（2015）01121	配合饲料（畜禽、幼畜禽、种畜禽）；浓缩饲料（畜禽、幼畜禽、种畜禽）
长春市博凯饲料有限公司	吉饲证（2015）01122	配合饲料（畜禽、幼畜禽、种畜禽）；浓缩饲料（畜禽、幼畜禽、种畜禽）
长春昌禾饲料有限公司	吉饲证（2015）01127	配合饲料（畜禽、幼畜禽、种畜禽）；浓缩饲料（畜禽、幼畜禽、种畜禽）
长春永旭牧业有限公司	吉饲证（2015）01130	配合饲料（畜禽、幼畜禽、种畜禽）；浓缩饲料（畜禽、幼畜禽、种畜禽）
公主岭蓝天饲料有限责任公司	吉饲证（2015）03043	配合饲料（畜禽、幼畜禽、种畜禽）；浓缩饲料（畜禽、幼畜禽、种畜禽）
梨树县中兴牧业有限公司	吉饲证（2015）03045	配合饲料（畜禽、幼畜禽、种畜禽）；浓缩饲料（畜禽、幼畜禽、种畜禽）
公主岭市恒信饲料厂	吉饲证（2015）03048	配合饲料（畜禽、幼畜禽、种畜禽）；浓缩饲料（畜禽、幼畜禽、种畜禽）
公主岭国家农业科技园区富祥饲料有限公司	吉饲证（2015）03050	配合饲料（畜禽、幼畜禽、种畜禽）；浓缩饲料（畜禽、幼畜禽、种畜禽）
吉林荣大牧业有限公司	吉饲证（2015）03053	配合饲料（畜禽、幼畜禽、种畜禽）；浓缩饲料（畜禽、幼畜禽、种畜禽）
吉林省盛华牧业有限公司	吉饲证（2015）03060	配合饲料（畜禽、幼畜禽、种畜禽）；浓缩饲料（畜禽、幼畜禽、种畜禽）
吉林省盈瑞饲料有限公司	吉饲证（2015）04011	配合饲料（畜禽、幼畜禽、种畜禽）；浓缩饲料（畜禽、幼畜禽、种畜禽）
通化市德隆饲料厂	吉饲证（2015）05020	配合饲料（畜禽、幼畜禽、种畜禽）；浓缩饲料（畜禽、幼畜禽、种畜禽）
松原惠勃饲料有限公司	吉饲证（2015）07012	配合饲料（畜禽、幼畜禽、种畜禽）；浓缩饲料（畜禽、幼畜禽、种畜禽）
吉林雏鹰农牧有限公司	吉饲证（2015）08007	配合饲料（畜禽、幼畜禽、种畜禽）；浓缩饲料（畜禽、幼畜禽、种畜禽）

（续）

企业名称	许可证编号	产品品种
石家庄农盈美丹饲料有限公司	冀饲证（2015）01110	配合饲料（畜禽、幼畜禽、种畜禽）；浓缩饲料（畜禽、幼畜禽、种畜禽）
石家庄宏邦饲料有限公司	冀饲证（2015）01116	配合饲料（畜禽、幼畜禽、种畜禽）；浓缩饲料（畜禽、幼畜禽、种畜禽）
石家庄市广盛饲料有限公司	冀饲证（2015）01117	配合饲料（畜禽、幼畜禽、种畜禽）；浓缩饲料（畜禽、幼畜禽、种畜禽）
石家庄新威饲料有限公司	冀饲证（2015）01118	配合饲料（畜禽、幼畜禽、种畜禽）；浓缩饲料（畜禽、幼畜禽、种畜禽）
石家庄宜旭饲料有限公司	冀饲证（2015）01119	配合饲料（畜禽、幼畜禽、种畜禽）；浓缩饲料（畜禽、幼畜禽、种畜禽）
徐水县杰出饲料有限公司	冀饲证（2015）02030	配合饲料（畜禽、幼畜禽、种畜禽）；浓缩饲料（畜禽、幼畜禽、种畜禽）
河北托瑞生物科技有限公司	冀饲证（2015）02031	配合饲料（畜禽、幼畜禽、种畜禽）；浓缩饲料（畜禽、幼畜禽、种畜禽）
定兴县春泉饲料加工有限公司	冀饲证（2015）02035	配合饲料（畜禽、幼畜禽、种畜禽）；浓缩饲料（畜禽、幼畜禽、种畜禽）
河北德宇饲料科技有限公司	冀饲证（2015）02036	配合饲料（畜禽、幼畜禽、种畜禽）；浓缩饲料（畜禽、幼畜禽、种畜禽）
承德博亚农牧发展有限责任公司滦平饲料厂	冀饲证（2015）04005	配合饲料（畜禽、幼畜禽、种畜禽）；浓缩饲料（畜禽、幼畜禽、种畜禽）
唐山汇农饲料有限公司	冀饲证（2015）05077	配合饲料（畜禽、幼畜禽、种畜禽）；浓缩饲料（畜禽、幼畜禽、种畜禽）
衡水利元饲料有限公司	冀饲证（2015）08029	配合饲料（畜禽、幼畜禽、种畜禽）；浓缩饲料（畜禽、幼畜禽、种畜禽）
河北星火农业开发有限公司	冀饲证（2015）08031	配合饲料（畜禽、幼畜禽、种畜禽）；浓缩饲料（畜禽、幼畜禽、种畜禽）
河北富润滋饲料有限公司	冀饲证（2015）09034	配合饲料（畜禽、幼畜禽、种畜禽）；浓缩饲料（畜禽、幼畜禽、种畜禽）
沙河市佳威饲料有限公司	冀饲证（2015）09055	配合饲料（畜禽、幼畜禽、种畜禽）；浓缩饲料（畜禽、幼畜禽、种畜禽）
威县龙邦畜牧饲料有限公司	冀饲证（2015）09056	配合饲料（畜禽、幼畜禽、种畜禽）；浓缩饲料（畜禽、幼畜禽、种畜禽）
邢台市兴吉乐饲料有限公司	冀饲证（2015）09060	配合饲料（畜禽、幼畜禽、种畜禽）；浓缩饲料（畜禽、幼畜禽、种畜禽）
邯郸市意栏德饲料有限公司	冀饲证（2015）10040	配合饲料（畜禽、幼畜禽、种畜禽）；浓缩饲料（畜禽、幼畜禽、种畜禽）

（续）

企业名称	许可证编号	产品品种
邯郸市申佳饲料有限公司	冀饲证（2015）10041	配合饲料（畜禽、幼畜禽、种畜禽）；浓缩饲料（畜禽、幼畜禽、种畜禽）
邯郸市炳鑫饲料有限公司	冀饲证（2015）10042	配合饲料（畜禽、幼畜禽、种畜禽）；浓缩饲料（畜禽、幼畜禽、种畜禽）
秦皇岛高扬农牧科技有限公司	冀饲证（2015）35035	配合饲料（畜禽、幼畜禽、种畜禽）；浓缩饲料（畜禽、幼畜禽、种畜禽）
天津水世纪饲料有限公司	津饲证（2015）03003	配合饲料（畜禽、幼畜禽、种畜禽）；浓缩饲料（畜禽、幼畜禽、种畜禽）
山西正润生物饲料有限公司	晋饲证（2015）05001	配合饲料（畜禽、幼畜禽、种畜禽）；浓缩饲料（畜禽、幼畜禽、种畜禽）
文水县晋标饲料厂	晋饲证（2015）06003	配合饲料（畜禽、幼畜禽、种畜禽）；浓缩饲料（畜禽、幼畜禽、种畜禽）
文水县河西晋宝饲料厂	晋饲证（2015）06004	配合饲料（畜禽、幼畜禽、种畜禽）；浓缩饲料（畜禽、幼畜禽、种畜禽）
武乡县绿农农牧科技有限公司饲料分公司	晋饲证（2015）08001	配合饲料（畜禽、幼畜禽、种畜禽）；浓缩饲料（畜禽、幼畜禽、种畜禽）
陕西正能农牧科技有限责任公司新绛分公司	晋饲证（2015）11014	配合饲料（畜禽、幼畜禽、种畜禽）；浓缩饲料（畜禽、幼畜禽、种畜禽）
北京市通州华盛饲料厂	京饲证（2015）07118	配合饲料（畜禽、幼畜禽、种畜禽）；浓缩饲料（畜禽、幼畜禽、种畜禽）
北京雨清大地生物技术研究中心	京饲证（2015）07121	配合饲料（畜禽、幼畜禽、种畜禽）；浓缩饲料（畜禽、幼畜禽、种畜禽）
北京绿摇饲料科技有限公司	京饲证（2015）11119	配合饲料（畜禽、幼畜禽、种畜禽）；浓缩饲料（畜禽、幼畜禽、种畜禽）
济南国泰生物饲料有限公司	鲁饲证（2015）01046	配合饲料（畜禽、幼畜禽、种畜禽）；浓缩饲料（畜禽、幼畜禽、种畜禽）
青岛希普饲料有限公司	鲁饲证（2015）02087	配合饲料（畜禽、幼畜禽、种畜禽）；浓缩饲料（畜禽、幼畜禽、种畜禽）
青岛海牧生物科技有限公司	鲁饲证（2015）02089	配合饲料（畜禽、幼畜禽、种畜禽）；浓缩饲料（畜禽、幼畜禽、种畜禽）
淄博晟和牧业有限公司	鲁饲证（2015）03024	配合饲料（畜禽、幼畜禽、种畜禽）；浓缩饲料（畜禽、幼畜禽、种畜禽）
枣庄金科农业科技有限公司	鲁饲证（2015）04021	配合饲料（畜禽、幼畜禽、种畜禽）；浓缩饲料（畜禽、幼畜禽、种畜禽）
烟台旺族饲料有限公司	鲁饲证（2015）06085	配合饲料（畜禽、幼畜禽、种畜禽）；浓缩饲料（畜禽、幼畜禽、种畜禽）

（续）

企业名称	许可证编号	产品品种
烟台东来宏盛饲料有限公司	鲁饲证（2015）06086	配合饲料（畜禽、幼畜禽、种畜禽）；浓缩饲料（畜禽、幼畜禽、种畜禽）
烟台金德生物有限公司	鲁饲证（2015）06091	配合饲料（畜禽、幼畜禽、种畜禽）；浓缩饲料（畜禽、幼畜禽、种畜禽）
莱阳海牧生物科技有限公司	鲁饲证（2015）06095	配合饲料（畜禽、幼畜禽、种畜禽）；浓缩饲料（畜禽、幼畜禽、种畜禽）
莱阳瑞禾源农牧有限公司	鲁饲证（2015）06096	配合饲料（畜禽、幼畜禽、种畜禽）；浓缩饲料（畜禽、幼畜禽、种畜禽）
诸城金聚农牧发展有限公司	鲁饲证（2015）07208	配合饲料（畜禽、幼畜禽、种畜禽）；浓缩饲料（畜禽、幼畜禽、种畜禽）
潍坊海牧生物科技有限公司	鲁饲证（2015）07209	配合饲料（畜禽、幼畜禽、种畜禽）；浓缩饲料（畜禽、幼畜禽、种畜禽）
潍坊市大华农牧科技有限公司	鲁饲证（2015）07211	配合饲料（畜禽、幼畜禽、种畜禽）；浓缩饲料（畜禽、幼畜禽、种畜禽）
潍坊鲁韵生物科技有限公司	鲁饲证（2015）07213	配合饲料（畜禽、幼畜禽、种畜禽）；浓缩饲料（畜禽、幼畜禽、种畜禽）
潍坊市华恩饲料有限公司	鲁饲证（2015）07215	配合饲料（畜禽、幼畜禽、种畜禽）；浓缩饲料（畜禽、幼畜禽、种畜禽）
潍坊迈腾饲料有限公司	鲁饲证（2015）07217	配合饲料（畜禽、幼畜禽、种畜禽）；浓缩饲料（畜禽、幼畜禽、种畜禽）
中粮饲料（茂名）有限公司潍坊分公司	鲁饲证（2015）07219	配合饲料（畜禽、幼畜禽、种畜禽）；浓缩饲料（畜禽、幼畜禽、种畜禽）
潍坊瑞孚饲料有限公司	鲁饲证（2015）07220	配合饲料（畜禽、幼畜禽、种畜禽）；浓缩饲料（畜禽、幼畜禽、种畜禽）
山东鼎大农牧科技有限公司	鲁饲证（2015）07221	配合饲料（畜禽、幼畜禽、种畜禽）；浓缩饲料（畜禽、幼畜禽、种畜禽）
安丘欣阳饲料有限公司	鲁饲证（2015）07225	配合饲料（畜禽、幼畜禽、种畜禽）；浓缩饲料（畜禽、幼畜禽、种畜禽）
微山县恒杰饲料工业有限公司	鲁饲证（2015）08049	配合饲料（畜禽、幼畜禽、种畜禽）；浓缩饲料（畜禽、幼畜禽、种畜禽）
济宁市沃福蒂饲料有限公司	鲁饲证（2015）08056	配合饲料（畜禽、幼畜禽、种畜禽）；浓缩饲料（畜禽、幼畜禽、种畜禽）
泰安市爰都饲料有限公司	鲁饲证（2015）09063	配合饲料（畜禽、幼畜禽、种畜禽）；浓缩饲料（畜禽、幼畜禽、种畜禽）
泰安和美畜牧有限公司	鲁饲证（2015）09068	配合饲料（畜禽、幼畜禽、种畜禽）；浓缩饲料（畜禽、幼畜禽、种畜禽）

（续）

企业名称	许可证编号	产品品种
荣成宇昌生物科技有限公司	鲁饲证（2015）10043	配合饲料（畜禽、幼畜禽、种畜禽）；浓缩饲料（畜禽、幼畜禽、种畜禽）
日照富基饲料有限公司	鲁饲证（2015）11040	配合饲料（畜禽、幼畜禽、种畜禽）；浓缩饲料（畜禽、幼畜禽、种畜禽）
莒县众鑫农牧有限公司	鲁饲证（2015）11042	配合饲料（畜禽、幼畜禽、种畜禽）；浓缩饲料（畜禽、幼畜禽、种畜禽）
日照泰森家禽有限公司	鲁饲证（2015）11043	配合饲料（畜禽、幼畜禽、种畜禽）；浓缩饲料（畜禽、幼畜禽、种畜禽）
山东荷友饲料有限公司	鲁饲证（2015）12012	配合饲料（畜禽、幼畜禽、种畜禽）；浓缩饲料（畜禽、幼畜禽、种畜禽）
莱芜贝好农牧科技有限公司	鲁饲证（2015）12013	配合饲料（畜禽、幼畜禽、种畜禽）；浓缩饲料（畜禽、幼畜禽、种畜禽）
莱芜鲁韵生物科技有限公司	鲁饲证（2015）12014	配合饲料（畜禽、幼畜禽、种畜禽）；浓缩饲料（畜禽、幼畜禽、种畜禽）
山东浩大沃农生物科技有限公司	鲁饲证（2015）13074	配合饲料（畜禽、幼畜禽、种畜禽）；浓缩饲料（畜禽、幼畜禽、种畜禽）
邹平同裕饲料有限公司	鲁饲证（2015）13075	配合饲料（畜禽、幼畜禽、种畜禽）；浓缩饲料（畜禽、幼畜禽、种畜禽）
庆云浩诚饲料有限公司	鲁饲证（2015）14082	配合饲料（畜禽、幼畜禽、种畜禽）；浓缩饲料（畜禽、幼畜禽、种畜禽）
德州禾鑫饲料有限公司	鲁饲证（2015）14083	配合饲料（畜禽、幼畜禽、种畜禽）；浓缩饲料（畜禽、幼畜禽、种畜禽）
禹城市禹鸣饲料有限公司	鲁饲证（2015）14088	配合饲料（畜禽、幼畜禽、种畜禽）；浓缩饲料（畜禽、幼畜禽、种畜禽）
临邑新希望六和饲料有限公司	鲁饲证（2015）14089	配合饲料（畜禽、幼畜禽、种畜禽）；浓缩饲料（畜禽、幼畜禽、种畜禽）
平原宏祥饲料有限公司	鲁饲证（2015）14093	配合饲料（畜禽、幼畜禽、种畜禽）；浓缩饲料（畜禽、幼畜禽、种畜禽）
德州天人饲料有限公司	鲁饲证（2015）14103	配合饲料（畜禽、幼畜禽、种畜禽）；浓缩饲料（畜禽、幼畜禽、种畜禽）
平原翔宇饲料有限公司	鲁饲证（2015）14105	配合饲料（畜禽、幼畜禽、种畜禽）；浓缩饲料（畜禽、幼畜禽、种畜禽）
山东海利德生物科技有限公司	鲁饲证（2015）14106	配合饲料（畜禽、幼畜禽、种畜禽）；浓缩饲料（畜禽、幼畜禽、种畜禽）
乐陵市嘉合饲料有限公司	鲁饲证（2015）14108	配合饲料（畜禽、幼畜禽、种畜禽）；浓缩饲料（畜禽、幼畜禽、种畜禽）

（续）

企业名称	许可证编号	产品品种
东阿六和绿佳饲料有限公司	鲁饲证（2015）15094	配合饲料（畜禽、幼畜禽、种畜禽）；浓缩饲料（畜禽、幼畜禽、种畜禽）
山东益赛饲料有限公司	鲁饲证（2015）15095	配合饲料（畜禽、幼畜禽、种畜禽）；浓缩饲料（畜禽、幼畜禽、种畜禽）
高唐双胞胎饲料有限公司	鲁饲证（2015）15096	配合饲料（畜禽、幼畜禽、种畜禽）；浓缩饲料（畜禽、幼畜禽、种畜禽）
山东质德农牧有限责任公司	鲁饲证（2015）15098	配合饲料（畜禽、幼畜禽、种畜禽）；浓缩饲料（畜禽、幼畜禽、种畜禽）
高唐县丰润饲料有限公司	鲁饲证（2015）15099	配合饲料（畜禽、幼畜禽、种畜禽）；浓缩饲料（畜禽、幼畜禽、种畜禽）
临沂澳威饲料科技有限公司	鲁饲证（2015）16189	配合饲料（畜禽、幼畜禽、种畜禽）；浓缩饲料（畜禽、幼畜禽、种畜禽）
山东瑞祥饲料有限公司	鲁饲证（2015）16190	配合饲料（畜禽、幼畜禽、种畜禽）；浓缩饲料（畜禽、幼畜禽、种畜禽）
临沂宏牧饲料有限公司	鲁饲证（2015）16191	配合饲料（畜禽、幼畜禽、种畜禽）；浓缩饲料（畜禽、幼畜禽、种畜禽）
临沂市罗庄区奥丹饲料厂	鲁饲证（2015）16201	配合饲料（畜禽、幼畜禽、种畜禽）；浓缩饲料（畜禽、幼畜禽、种畜禽）
临沂双胞胎饲料有限公司	鲁饲证（2015）16208	配合饲料（畜禽、幼畜禽、种畜禽）；浓缩饲料（畜禽、幼畜禽、种畜禽）
山东贝乐舒饲料科技有限公司	鲁饲证（2015）16209	配合饲料（畜禽、幼畜禽、种畜禽）；浓缩饲料（畜禽、幼畜禽、种畜禽）
临沂时瑞特饲料有限公司	鲁饲证（2015）16210	配合饲料（畜禽、幼畜禽、种畜禽）；浓缩饲料（畜禽、幼畜禽、种畜禽）
曹县玖瑞饲料有限公司	鲁饲证（2015）17048	配合饲料（畜禽、幼畜禽、种畜禽）；浓缩饲料（畜禽、幼畜禽、种畜禽）
郓城县聚丰饲料有限公司	鲁饲证（2015）17051	配合饲料（畜禽、幼畜禽、种畜禽）；浓缩饲料（畜禽、幼畜禽、种畜禽）
郓城县顺和饲料有限公司	鲁饲证（2015）17052	配合饲料（畜禽、幼畜禽、种畜禽）；浓缩饲料（畜禽、幼畜禽、种畜禽）
郓城县龙泽饲料厂	鲁饲证（2015）17053	配合饲料（畜禽、幼畜禽、种畜禽）；浓缩饲料（畜禽、幼畜禽、种畜禽）
包头市润生饲料有限责任公司	蒙饲证（2015）02233	配合饲料（畜禽、幼畜禽、种畜禽）；浓缩饲料（畜禽、幼畜禽、种畜禽）
厦门涌丰农业科技有限公司	闽饲证（2015）02146	配合饲料（畜禽、幼畜禽、种畜禽）；浓缩饲料（畜禽、幼畜禽、种畜禽）

（续）

企业名称	许可证编号	产品品种
厦门创和美饲料科技有限公司	闽饲证（2015）02254	配合饲料（畜禽、幼畜禽、种畜禽）；浓缩饲料（畜禽、幼畜禽、种畜禽）
福鼎市欣兴农业发展有限公司	闽饲证（2015）03361	配合饲料（畜禽、幼畜禽、种畜禽）；浓缩饲料（畜禽、幼畜禽、种畜禽）
福建资源益君饲料有限公司	闽饲证（2015）09330	配合饲料（畜禽、幼畜禽、种畜禽）；浓缩饲料（畜禽、幼畜禽、种畜禽）
贵阳远大饲料有限公司	黔饲证（2015）01066	配合饲料（畜禽、幼畜禽、种畜禽）；浓缩饲料（畜禽、幼畜禽、种畜禽）
湖南华仕德生物科技有限公司	湘饲证（2015）01110	配合饲料（畜禽、幼畜禽、种畜禽）；浓缩饲料（畜禽、幼畜禽、种畜禽）
长沙双胞胎饲料有限公司	湘饲证（2015）01141	配合饲料（畜禽、幼畜禽、种畜禽）；浓缩饲料（畜禽、幼畜禽、种畜禽）
湖南傲农生物科技有限公司	湘饲证（2015）03027	配合饲料（畜禽、幼畜禽、种畜禽）；浓缩饲料（畜禽、幼畜禽、种畜禽）
湘乡双胞胎饲料有限公司	湘饲证（2015）03029	配合饲料（畜禽、幼畜禽、种畜禽）；浓缩饲料（畜禽、幼畜禽、种畜禽）
衡阳双胞胎饲料有限公司	湘饲证（2015）04062	配合饲料（畜禽、幼畜禽、种畜禽）；浓缩饲料（畜禽、幼畜禽、种畜禽）
新疆昌业生物科技有限公司	新饲证（2015）01011	配合饲料（畜禽、幼畜禽、种畜禽）；浓缩饲料（畜禽、幼畜禽、种畜禽）
重庆市涪州双胞胎饲料有限公司	渝饲证（2015）02008	配合饲料（畜禽、幼畜禽、种畜禽）；浓缩饲料（畜禽、幼畜禽、种畜禽）
高州市安佑生物科技有限公司	粤饲证（2015）16070	配合饲料（畜禽、幼畜禽、种畜禽）；浓缩饲料（畜禽、幼畜禽、种畜禽）
北京天缘泽牧饲料有限公司	京饲证（2015）12081	配合饲料（畜禽、幼畜禽、种畜禽）；浓缩饲料（畜禽、幼畜禽、种畜禽）；精料补充料（反刍）
青岛正大农业发展有限公司青州分公司	鲁饲证（2015）07216	配合饲料（畜禽、幼畜禽、种畜禽）；浓缩饲料（畜禽、幼畜禽、种畜禽）；精料补充料（反刍）
山东圣地源农牧发展有限公司	鲁饲证（2015）08055	配合饲料（畜禽、幼畜禽、种畜禽）；浓缩饲料（畜禽、幼畜禽、种畜禽）；精料补充料（反刍）
丹富仕（德州）饲料有限公司	鲁饲证（2015）14104	配合饲料（畜禽、幼畜禽、种畜禽）；浓缩饲料（畜禽、幼畜禽、种畜禽）；精料补充料（反刍）
烟台大裕饲料有限公司	鲁饲证（2015）06089	配合饲料（畜禽、幼畜禽、种畜禽）；浓缩饲料（畜禽、种畜禽）
河北海金生物饲料有限公司	冀饲证（2015）01113	配合饲料（畜禽、幼畜禽、种畜禽）；浓缩饲料（畜禽、种畜禽、幼畜禽、反刍动物）；精料补充料（反刍动物）

（续）

企业名称	许可证编号	产品品种
哈尔滨华邦牧业有限公司	黑饲证（2015）01168	配合饲料（畜禽、幼畜禽、种畜禽、宠物、特种动物）；浓缩饲料（畜禽、幼畜禽、种畜禽、宠物、特种动物）
海阳市仁和科技有限公司	鲁饲证（2015）06083	配合饲料（畜禽、幼畜禽、种畜禽、宠物、特种动物）；浓缩饲料（畜禽、幼畜禽、种畜禽、宠物、特种动物）
四川省荣县九阳红饲料厂	川饲证（2015）02015	配合饲料（畜禽、幼畜禽、种畜禽、水产育苗）；浓缩饲料（畜禽、幼畜禽）
山东奕和饲料有限公司	鲁饲证（2015）06093	配合饲料（畜禽、幼畜禽、种畜禽、水产育苗、宠物、特种动物）；浓缩饲料（畜禽、幼畜禽、种畜禽、水产育苗、宠物、特种动物）；精料补充料（反刍）
河北博源饲料有限公司	冀饲证（2015）01115	配合饲料（畜禽、幼畜禽、种畜禽、特种动物）
讷河市爱农牧业有限公司	黑饲证（2015）02028	配合饲料（畜禽、幼畜禽、种畜禽、特种动物）；浓缩饲料（畜禽、反刍、幼畜禽、种畜禽、特种动物）；精料补充料（反刍）
哈尔滨大运饲料有限公司	黑饲证（2015）01131	配合饲料（畜禽、幼畜禽、种畜禽、特种动物）；浓缩饲料（畜禽、幼畜禽、种畜禽、特种动物）
前郭县经济开发区秋实饲料加工厂	吉饲证（2015）07555	配合饲料（畜禽、幼畜禽、种畜禽、特种动物）；浓缩饲料（畜禽、幼畜禽、种畜禽、特种动物）
乐亭县新世纪饲料有限公司	冀饲证（2015）05073	配合饲料（畜禽、幼畜禽、种畜禽、特种动物）；浓缩饲料（畜禽、幼畜禽、种畜禽、特种动物）
海阳市华隆饲料有限公司	鲁饲证（2015）06081	配合饲料（畜禽、幼畜禽、种畜禽、特种动物）；浓缩饲料（畜禽、幼畜禽、种畜禽、特种动物）
潍坊金艾农生物科技有限公司	鲁饲证（2015）07210	配合饲料（畜禽、幼畜禽、种畜禽、特种动物）；浓缩饲料（畜禽、幼畜禽、种畜禽、特种动物）
潍坊泉慧饲料有限公司	鲁饲证（2015）07214	配合饲料（畜禽、幼畜禽、种畜禽、特种动物）；浓缩饲料（畜禽、幼畜禽、种畜禽、特种动物）
邹平县荣泰饲料厂	鲁饲证（2015）13077	配合饲料（畜禽、幼畜禽、种畜禽、特种动物）；浓缩饲料（畜禽、幼畜禽、种畜禽、特种动物）
沂南邦和饲料有限公司	鲁饲证（2015）16192	配合饲料（畜禽、幼畜禽、种畜禽、特种动物）；浓缩饲料（畜禽、幼畜禽、种畜禽、特种动物）
临沂市布恩饲料有限公司	鲁饲证（2015）16207	配合饲料（畜禽、幼畜禽、种畜禽、特种动物）；浓缩饲料（畜禽、幼畜禽、种畜禽、特种动物）
莒南联慧饲料有限公司	鲁饲证（2015）16199	配合饲料（畜禽、幼畜禽、种畜禽、特种动物）；浓缩饲料（畜禽、幼畜禽、种畜禽、特种动物）；精料补充料（反刍）

（续）

企业名称	许可证编号	产品品种
敦化市福兴粮油商贸有限责任公司	吉饲证（2015）09013	配合饲料（畜禽、种畜禽）
黄山德青源种禽有限公司	皖饲证（2015）09003	配合饲料（畜禽、种畜禽）；浓缩饲料（畜禽、种畜禽）
赤峰牧龙饲料有限公司	蒙饲证（2015）06223	配合饲料（畜禽、种畜禽）；浓缩饲料（畜禽、种畜禽）；精料补充料（反刍）
锦州晟元生物科技有限公司	辽饲证（2015）07050	配合饲料（反刍）
江苏双沣农牧科技有限公司	苏饲证（2015）06066	配合饲料（反刍）
哈尔滨市新世纪饲料加工厂	黑饲证（2015）01156	配合饲料（反刍）；浓缩饲料（反刍）；精料补充料（反刍）
齐齐哈尔绿科饲料有限公司	黑饲证（2015）02029	配合饲料（反刍）；浓缩饲料（反刍）；精料补充料（反刍）
七星泡农场鲁豫饲料厂	黑饲证（2015）11003	配合饲料（反刍）；浓缩饲料（反刍）；精料补充料（反刍）
望奎沃朝生物科技有限公司	黑饲证（2015）12007	配合饲料（反刍）；浓缩饲料（反刍）；精料补充料（反刍）
天津中联饲料有限公司	津饲证（2015）03004	配合饲料（反刍）；浓缩饲料（反刍）；精料补充料（反刍）
法库县茂泰饲料有限公司	辽饲证（2015）01124	配合饲料（反刍）；浓缩饲料（反刍）；精料补充料（反刍）
锦州信邦饲料有限公司	辽饲证（2015）07049	配合饲料（反刍）；浓缩饲料（反刍）；精料补充料（反刍）
包头市蒙正饲料有限责任公司	蒙饲证（2015）02236	配合饲料（反刍）；浓缩饲料（反刍）；精料补充料（反刍）
内蒙古亿利康牧生物科技有限公司	蒙饲证（2015）07235	配合饲料（反刍）；浓缩饲料（反刍）；精料补充料（反刍）
银川天卓生物科技有限公司	宁饲证（2015）01029	配合饲料（反刍）；浓缩饲料（反刍）；精料补充料（反刍）
贵州凤冈长博饲料有限公司	黔饲证（2015）02065	配合饲料（反刍）；浓缩饲料（反刍）；精料补充料（反刍）
徐州申牛饲料有限公司	苏饲证（2015）03095	配合饲料（反刍）；浓缩饲料（反刍）；精料补充料（反刍）
巫山县开印山羊养殖股份合作社饲料厂	渝饲证（2015）37002	配合饲料（反刍）；浓缩饲料（反刍）；精料补充料（反刍）
海东市乐都区双惠饲料厂	青饲证（2015）21003	配合饲料（反刍）；浓缩饲料（反刍）；精料补充料（反刍、其他）
新疆云龙饲料有限公司	新饲证（2015）23010	配合饲料（反刍）；浓缩饲料（反刍）；精料补充料（反刍、其他）

（续）

企业名称	许可证编号	产品品种
灵武市欣兴饲草产业有限公司	宁饲证（2015）01033	配合饲料（反刍、特种动物）；精料补充料（反刍、其他）
应城海泰饲料有限公司	鄂饲证（2015）07001	配合饲料（水产）
洪湖通威饲料有限公司	鄂饲证（2015）10003	配合饲料（水产）
洪湖市巨仁饲料有限公司	鄂饲证（2015）10007	配合饲料（水产）
玉田县正银饲料有限公司	冀饲证（2015）05079	配合饲料（水产）
山西帮大生物技术开发有限公司	晋饲证（2015）11003	配合饲料（水产）
沈阳市于洪区义文饲料厂	辽饲证（2015）01123	配合饲料（水产）
沈阳昌润达淡水鱼养殖有限公司	辽饲证（2015）01125	配合饲料（水产）
沈阳市大奇饲料厂	辽饲证（2015）01136	配合饲料（水产）
新民市胡台镇春荣饲料厂	辽饲证（2015）01139	配合饲料（水产）
沈阳市陈万祥饲料厂	辽饲证（2015）01143	配合饲料（水产）
大连海德饲料有限公司	辽饲证（2015）02052	配合饲料（水产）
丹东成宇饲料有限公司	辽饲证（2015）06010	配合饲料（水产）
大石桥市顺发饲料厂	辽饲证（2015）08032	配合饲料（水产）
营口鑫荣饲料有限公司	辽饲证（2015）08037	配合饲料（水产）
大石桥市明大饲料厂	辽饲证（2015）08039	配合饲料（水产）
大石桥市高坎镇华益饲料厂	辽饲证（2015）08040	配合饲料（水产）
大石桥市高坎龙凤饲料厂	辽饲证（2015）08041	配合饲料（水产）
大石桥市东旺饲料有限公司	辽饲证（2015）08042	配合饲料（水产）
盘锦正泽农业发展有限责任公司	辽饲证（2015）11018	配合饲料（水产）
青岛七好营养科技有限公司	鲁饲证（2015）02093	配合饲料（水产）
福州市珊瑚饲料有限公司	闽饲证（2015）01344	配合饲料（水产）
福清市溯龙饲料有限公司	闽饲证（2015）01358	配合饲料（水产）
厦门海灵宝水产饲料有限公司	闽饲证（2015）02326	配合饲料（水产）
漳州海瑞水产生物科技有限公司	闽饲证（2015）06336	配合饲料（水产）
福建鹭江生物科技有限公司	闽饲证（2015）06346	配合饲料（水产）
漳州海之味生物科技有限公司	闽饲证（2015）06350	配合饲料（水产）
临高思远饲料有限公司	琼饲证（2015）14027	配合饲料（水产）
溧阳市立志饲料有限公司	苏饲证（2015）04029	配合饲料（水产）
溧阳市永丰生物饲料有限公司	苏饲证（2015）04030	配合饲料（水产）
常州润益饲料制造有限公司	苏饲证（2015）04032	配合饲料（水产）
常州市万叶饲料科技有限公司	苏饲证（2015）04033	配合饲料（水产）
常州市鱼神饲料有限公司	苏饲证（2015）04056	配合饲料（水产）
常州市建大饲料有限公司	苏饲证（2015）04057	配合饲料（水产）
溧阳市清溪渔牧饲料有限公司	苏饲证（2015）04058	配合饲料（水产）
连云港苏兰林饲料有限公司	苏饲证（2015）07013	配合饲料（水产）

（续）

企业名称	许可证编号	产品品种
连云港大江饲料有限公司	苏饲证（2015）07030	配合饲料（水产）
连云港成业饲料有限公司	苏饲证（2015）07063	配合饲料（水产）
淮安天参有限公司	苏饲证（2015）08069	配合饲料（水产）
射阳县云昭饲料有限公司	苏饲证（2015）09020	配合饲料（水产）
大丰市金裕饲料有限公司	苏饲证（2015）09083	配合饲料（水产）
大丰市鸿兴饲料科技有限公司	苏饲证（2015）09087	配合饲料（水产）
射阳县定海饲料科技有限公司	苏饲证（2015）09089	配合饲料（水产）
江苏恒兴饲料科技有限公司	苏饲证（2015）10007	配合饲料（水产）
高邮市盛昌饲料有限公司	苏饲证（2015）10014	配合饲料（水产）
扬州双富饲料有限公司	苏饲证（2015）10017	配合饲料（水产）
扬州市振兴饲料有限公司	苏饲证（2015）10018	配合饲料（水产）
扬州市苏龙饲料有限公司	苏饲证（2015）10019	配合饲料（水产）
扬州市江都区广源饲料有限公司	苏饲证（2015）10020	配合饲料（水产）
扬州市双诚饲料有限公司	苏饲证（2015）10021	配合饲料（水产）
宿迁洪祥饲料科技有限公司	苏饲证（2015）13034	配合饲料（水产）
滁州中海饲料有限公司	皖饲证（2015）12015	配合饲料（水产）
常德正佳饲料有限公司	湘饲证（2015）07066	配合饲料（水产）
南阳市绿原饲料有限责任公司	豫饲证（2015）13021	配合饲料（水产）
珠海源沣饲料有限公司	粤饲证（2015）03013	配合饲料（水产）
珠海市活力宝饲料有限公司	粤饲证（2015）03014	配合饲料（水产）
江门市海众饲料有限公司	粤饲证（2015）13068	配合饲料（水产）
鹤山市锦峰膨化饲料有限公司	粤饲证（2015）13071	配合饲料（水产）
湛江粤昌饲料有限公司	粤饲证（2015）15050	配合饲料（水产）
广东上上生物科技有限公司	粤饲证（2015）15053	配合饲料（水产）
揭阳海福水产发展有限公司	粤饲证（2015）20015	配合饲料（水产）
杭州翔马饲料科技有限公司	浙饲证（2015）01003	配合饲料（水产）
宁波市镇海大丰饲料有限公司	浙饲证（2015）02004	配合饲料（水产）
绍兴市上虞区新海岸饲料有限公司	浙饲证（2015）04001	配合饲料（水产）
浙江海惠生物科技有限公司	浙饲证（2015）05058	配合饲料（水产）
湖州通利饲料有限公司	浙饲证（2015）05061	配合饲料（水产）
湖州海皇生物科技有限公司	浙饲证（2015）05062	配合饲料（水产）
沈阳双金瑞饲料有限公司	辽饲证（2015）01131	配合饲料（水产）；浓缩饲料（水产）
沈阳市同富饲料厂	辽饲证（2015）01137	配合饲料（水产）；浓缩饲料（水产）
浏阳东海堂农林科技有限公司	湘饲证（2015）01111	配合饲料（水产）；浓缩饲料（水产）
简阳市佳旺饲料有限责任公司	川饲证（2015）18007	配合饲料（水产、水产育苗）
广西隆林山樵饲料有限公司	桂饲证（2015）10001	配合饲料（水产、水产育苗）
天津市随家庄饲料有限公司	津饲证（2015）02003	配合饲料（水产、水产育苗）

（续）

企业名称	许可证编号	产品品种
天津市益多利来水产养殖有限公司	津饲证（2015）09001	配合饲料（水产、水产育苗）
宁夏精海生物技术有限责任公司	宁饲证（2015）01028	配合饲料（水产、水产育苗、特种动物）
唐山力源生物技术有限公司	冀饲证（2015）05076	配合饲料（水产、特种动物）
厦门华普水产开发有限公司	闽饲证（2015）02338	配合饲料（水产、特种动物：观赏鱼）
厦门市海集水产实业有限公司	闽饲证（2015）02342	配合饲料（水产育苗）
湛江市华海水产饲料有限公司	粤饲证（2015）15054	配合饲料（水产育苗）
青岛仁海水产饲料科技有限公司	鲁饲证（2015）02091	配合饲料（水产育苗、特种动物）
威海市家禾饲料有限公司	鲁饲证（2015）10049	配合饲料（水产育苗、特种动物）
威海志诚饲料有限公司	鲁饲证（2015）10037	配合饲料（特种动物）
临沂伟达牧业有限公司	鲁饲证（2015）16214	配合饲料（特种动物）
梵乐宠物食品（常熟）有限公司	苏饲证（2015）05029	配合饲料（特种动物）
喜瑞水族生物科技（昆山）有限公司	苏饲证（2015）05036	配合饲料（特种动物）
安徽正杰饲料有限公司	皖饲证（2015）03007	配合饲料（特种动物）
佛山市顺德区源大饲料有限公司	粤饲证（2015）22045	配合饲料（特种动物）
临沂济泰饲料有限公司	鲁饲证（2015）16204	配合饲料（特种动物）；浓缩饲料（特种动物）
北京翠绿兴宇科技有限公司顺义饲料分公司	京饲证（2015）12113	配合饲料（特种动物）；浓缩饲料（特种动物）；精料补充料（其他）
福州天凯生物科技有限责任公司	闽饲证（2015）01320	配合饲料（特种动物：鲍鱼）
山东省蚕业研究所烟台绿宝蚕用饲料厂	鲁饲证（2015）06084	配合饲料（特种动物：蚕用饲料）
福建昌琪生物工程有限公司	闽饲证（2015）01324	配合饲料（特种动物：甲鱼、鳗鱼）
福清市聚丰饲料有限公司	闽饲证（2015）01341	配合饲料（特种动物：甲鱼、鳗鱼）
福建冠丰饲料有限公司	闽饲证（2015）01343	配合饲料（特种动物：鳗鲡、甲鱼）
福州保税区天农科技开发有限公司	闽饲证（2015）01313	配合饲料（特种动物：鳗鱼、甲鱼）
福州恒源水产饲料有限公司	闽饲证（2015）01329	配合饲料（特种动物：鳗鱼、甲鱼）
福清市励治饲料有限公司	闽饲证（2015）01331	配合饲料（特种动物：鳗鱼、甲鱼）
潍坊恒德祥饲料科技有限公司	鲁饲证（2015）07206	配合饲料（特种动物：水貂、狐狸、貉鲜料）
山东助邦饲料科技有限公司	鲁饲证（2015）10050	配合饲料（特种动物：水貂、狐狸、貉鲜料）
荣成市祥和饲料有限公司	鲁饲证（2015）10073	配合饲料（特种动物：水貂；狐狸；貉鲜料）
漳浦县海园饲料加工有限公司	闽饲证（2015）06332	配合饲料（特种动物：虾）
衢州市丰收饲料有限公司	浙饲证（2015）08002	配合饲料（幼畜禽）；浓缩饲料（畜禽）
广安舒渝饲料厂	川饲证（2015）13004	配合饲料（幼畜禽）；浓缩饲料（幼畜禽）
中粮（北京）饲料科技有限公司	京饲证（2015）12116	配合饲料（幼畜禽）；浓缩饲料（幼畜禽）
石家庄实德饲料有限公司	冀饲证（2015）01108	配合饲料（幼畜禽、特种动物）；浓缩饲料（幼畜禽、特种动物）
云南禾丰饲料有限公司	滇饲证（2015）01205	配合饲料（幼畜禽、种畜禽）；浓缩饲料（幼畜禽、种畜禽）

（续）

企业名称	许可证编号	产品品种
北京伟嘉人生物技术有限公司青岛分公司	鲁饲证（2015）02090	配合饲料（幼畜禽、种畜禽）；浓缩饲料（幼畜禽、种畜禽）
江苏优泰生物科技有限公司	苏饲证（2015）06135	配合饲料（幼畜禽、种畜禽）；浓缩饲料（幼畜禽、种畜禽）
安阳市富之源饲料有限责任公司	豫饲证（2015）05017	配合饲料（幼畜禽、种畜禽）；浓缩饲料（幼畜禽、种畜禽）
宁波市明星饲料有限公司	浙饲证（2015）02002	配合饲料（幼畜禽、种畜禽）；浓缩饲料（幼畜禽、种畜禽）
德保司宠物饲料用品（东莞）有限公司	粤饲证（2015）11031	配合饲料（幼畜禽、种畜禽、宠物、特种动物）
临沂大北农饲料有限公司	鲁饲证（2015）16202	配合饲料（幼畜禽、种畜禽、宠物、特种动物）；浓缩饲料（幼畜禽、种畜禽、宠物、特种动物）
武汉市强盛饲料有限公司	鄂饲证（2015）01004	配合饲料（幼畜禽、种畜禽、水产育苗）；浓缩饲料（幼畜禽、种畜禽）
宜昌正标饲料有限公司	鄂饲证（2015）05003	配合饲料（幼畜禽、种畜禽、水产育苗）；浓缩饲料（幼畜禽、种畜禽）
牡丹江市金特农牧业科技有限公司	黑饲证（2015）03008	配合饲料（幼畜禽、种畜禽、特种动物）；浓缩饲料（畜禽、幼畜禽、种畜禽、特种动物）
新疆绿洲大洋生物科技有限公司	新饲证（2015）28005	配合饲料［秸秆颗粒］（反刍）
新疆常顺饲料有限公司	新饲证（2015）40014	配合饲料［秸秆颗粒］（反刍、特种动物：鹅、鹿、兔等）；浓缩饲料（反刍、特种动物：鹅、鹿、兔等）；精料补充料（反刍、其他）
江西微冠生物技术有限公司	赣饲证（2015）00047	浓缩饲料（畜禽）
兴城市威丰饲料厂	辽饲证（2015）14018	浓缩饲料（畜禽）
福建聚力生物科技有限公司	闽饲证（2015）01207	浓缩饲料（畜禽）
合肥正美动物营养食品有限公司	皖饲证（2015）01022	浓缩饲料（畜禽）
浙江华太生物科技有限公司	浙饲证（2015）12001	浓缩饲料（畜禽）
赣州澳德饲料科技有限公司	赣饲证（2015）01024	浓缩饲料（畜禽、幼畜禽）
成都世纪投资有限公司	川饲证（2015）01079	浓缩饲料（畜禽、幼畜禽、种畜禽）
淄博六和科技饲料有限公司	鲁饲证（2015）03001	浓缩饲料（畜禽、幼畜禽、种畜禽）
贵州联胜饲料有限公司	黔饲证（2015）09064	浓缩饲料（畜禽、幼畜禽、种畜禽）
九源岳阳生物科技饲料有限公司	湘饲证（2015）06147	浓缩饲料（畜禽、幼畜禽、种畜禽）
滨州天宝生物科技有限公司	鲁饲证（2015）13082	浓缩饲料（反刍）
四川贡牛生物饲料有限公司	川饲证（2015）02016	浓缩饲料（反刍）；精料补充料（反刍）
荆门龙谷饲料有限公司	鄂饲证（2015）08002	浓缩饲料（反刍）；精料补充料（反刍）
高台县兴农牧业科技有限责任公司	甘饲证（2015）02009	浓缩饲料（反刍）；精料补充料（反刍）
甘肃兆丰生态农牧有限公司	甘饲证（2015）03020	浓缩饲料（反刍）；精料补充料（反刍）

（续）

企业名称	许可证编号	产品品种
武威汉丁汉农牧饲料有限公司	甘饲证（2015）03024	浓缩饲料（反刍）；精料补充料（反刍）
武威市宝源饲料科技有限责任公司	甘饲证（2015）03025	浓缩饲料（反刍）；精料补充料（反刍）
武威金天马生物科技有限公司	甘饲证（2015）03026	浓缩饲料（反刍）；精料补充料（反刍）
克东县格瑞恩饲料有限公司	黑饲证（2015）02032	浓缩饲料（反刍）；精料补充料（反刍）
黑龙江农垦博瑞茏益牧业有限公司	黑饲证（2015）11005	浓缩饲料（反刍）；精料补充料（反刍）
河北鸿隆牧业有限公司	冀饲证（2015）02032	浓缩饲料（反刍）；精料补充料（反刍）
保定伟昌饲料加工有限公司	冀饲证（2015）02033	浓缩饲料（反刍）；精料补充料（反刍）
张家口天之阳生物科技有限公司	冀饲证（2015）03015	浓缩饲料（反刍）；精料补充料（反刍）
山西如亮饲料有限公司忻州分公司	晋饲证（2015）04001	浓缩饲料（反刍）；精料补充料（反刍）
祁县永发饲料厂	晋饲证（2015）06001	浓缩饲料（反刍）；精料补充料（反刍）
山东大草原农牧发展有限公司	鲁饲证（2015）07222	浓缩饲料（反刍）；精料补充料（反刍）
内蒙古英伦畜牧业科技发展有限公司	蒙饲证（2015）00227	浓缩饲料（反刍）；精料补充料（反刍）
内蒙古蒙锐牧兴饲料有限公司	蒙饲证（2015）01198	浓缩饲料（反刍）；精料补充料（反刍）
土默特左旗草原万家生物饲料有限公司	蒙饲证（2015）01200	浓缩饲料（反刍）；精料补充料（反刍）
呼和浩特市科农饲料厂	蒙饲证（2015）01201	浓缩饲料（反刍）；精料补充料（反刍）
内蒙古正正生物科技有限公司	蒙饲证（2015）01215	浓缩饲料（反刍）；精料补充料（反刍）
内蒙古奥德威农业科技有限公司	蒙饲证（2015）01217	浓缩饲料（反刍）；精料补充料（反刍）
呼和浩特市玉泉区康兴饲料加工厂	蒙饲证（2015）01232	浓缩饲料（反刍）；精料补充料（反刍）
土默特左旗金山生物饲料厂	蒙饲证（2015）01237	浓缩饲料（反刍）；精料补充料（反刍）
包头市富源祥饲料有限责任公司	蒙饲证（2015）02209	浓缩饲料（反刍）；精料补充料（反刍）
商都县科丰饲料农民专业合作社	蒙饲证（2015）04210	浓缩饲料（反刍）；精料补充料（反刍）
赤峰市华宇饲料有限公司	蒙饲证（2015）06195	浓缩饲料（反刍）；精料补充料（反刍）
内蒙古北大农饲料有限责任公司	蒙饲证（2015）06238	浓缩饲料（反刍）；精料补充料（反刍）
巴彦淖尔市临河区品正饲料加工厂	蒙饲证（2015）08199	浓缩饲料（反刍）；精料补充料（反刍）
杭锦后旗陕坝镇恒大饲料厂	蒙饲证（2015）08213	浓缩饲料（反刍）；精料补充料（反刍）
巴彦淖尔市富川畜牧兽医实用技术研究所	蒙饲证（2015）08218	浓缩饲料（反刍）；精料补充料（反刍）
宁夏盈泰饲料加工有限公司	宁饲证（2015）02030	浓缩饲料（反刍）；精料补充料（反刍）
徐州牧标饲料有限公司	苏饲证（2015）03122	浓缩饲料（反刍）；精料补充料（反刍）
伊犁家佳福牧业发展有限公司	新饲证（2015）40010	浓缩饲料（反刍）；精料补充料（反刍）
伊宁县奔牛饲料有限责任公司	新饲证（2015）40011	浓缩饲料（反刍）；精料补充料（反刍）
河南全赫饲料有限公司	豫饲证（2015）04008	浓缩饲料（反刍）；精料补充料（反刍）
伊犁绿岗农牧科技发展有限公司	新饲证（2015）40012	浓缩饲料（反刍）；精料补充料（反刍、其他）
保定伊和生物科技有限责任公司	冀饲证（2015）02034	浓缩饲料（反刍动物）；精料补充料（反刍动物）
石家庄吉成大地饲料有限公司	冀饲证（2015）01112	浓缩饲料（反刍动物）；精料补充料（反刍动物）

（续）

企业名称	许可证编号	产品品种
吉林市船营区永大饲料厂	吉饲证（2015）02031	精料补充料（反刍）
天津首农东疆牧业有限责任公司	津饲证（2015）10001	精料补充料（反刍）
现代牧业（商河）饲料有限公司	鲁饲证（2015）01049	精料补充料（反刍）
欧力菲德（山东）饲料科技有限公司	鲁饲证（2015）07223	精料补充料（反刍）
山东润弘生物科技有限公司	鲁饲证（2015）13080	精料补充料（反刍）
祁连县泽丰农牧机械服务专业合作社饲料厂	青饲证（2015）22002	精料补充料（反刍）
重庆恒都饲料开发有限公司	渝饲证（2015）30003	精料补充料（反刍）
温县田丰饲料有限公司	豫饲证（2015）08037	精料补充料（反刍）

表 2－35　混合型饲料添加剂生产许可证名单

企业名称	许可证编号	产品品种
四川新一美生物科技有限公司	川饲添（2015）H06001	5'-肌苷酸二钠＋5'-鸟苷酸二钠；谷氨酸钠＋5'-肌苷酸二钠；糖精钠；单硬脂酸甘油酯＋磷酸；茶多酚＋乙氧基喹啉；没食子酸丙酯＋茶多酚；乙氧基喹啉＋没食子酸丙酯；磷酸＋苯甲酸；乳酸＋苯甲酸；磷酸＋乳酸；脂肪酶＋葡萄糖氧化酶；木聚糖酶＋葡萄糖氧化酶；木聚糖酶＋脂肪酶；乳酸亚铁；酵母硒；钼酸钠；硫酸钴；亚硒酸钠；碘酸钙；4，7-二羟基异黄酮（大豆黄酮）；烟酸铬；吡啶甲酸铬；丙酸铬
杭州科皇饲料有限公司	浙饲添（2015）H01001	dl-α-生育酚乙酸酯＋亚硒酸钠；双乙酸钠；乙氧基喹啉＋二丁基羟基甲苯（BHT）；L-肉碱；L-抗坏血酸（维生素C）；维生素A＋维生素D_3＋dl-α-生育酚乙酸酯；枯草芽孢杆菌；地衣芽孢杆菌＋枯草芽孢杆菌；半胱胺盐酸盐；磷酸＋乳酸＋柠檬酸；糖精钠；吡啶甲酸铬；富马酸亚铁＋氰钴胺（维生素B_{12}）
山东德州神牛药业有限公司	鲁饲添（2015）H14189	DL-蛋氨酸＋L-赖氨酸＋L-苏氨酸＋牛磺酸；液态（DL-蛋氨酸＋L-赖氨酸＋L-苏氨酸＋牛磺酸）；液态氰钴胺（维生素B_{12}）；液态烟酰胺；L-抗坏血酸（维生素C）；吡啶甲酸铬；葡萄糖氧化酶；液态葡萄糖氧化酶；低聚木糖（木寡糖）；液态低聚木糖（木寡糖）；牛磺酸；液态牛磺酸；柠檬酸钠；山梨酸钾；苯甲酸；液态半胱胺盐酸盐；食品用香料［4-氨基丁酸（γ-氨基丁酸）］；谷氨酸钠；乳酸＋富马酸＋柠檬酸；液态（柠檬酸＋乳酸）；液态食品用香料（肉桂醛）；液态牛至香酚；淫羊藿提取物（有效成分为淫羊藿苷）；液态淫羊藿提取物（有效成分为淫羊藿苷）；杜仲叶提取物（有效成分为绿原酸、杜仲多糖、杜仲黄酮）；液态杜仲叶提取物（有效成分为绿原酸、杜仲多糖、杜仲黄酮）；甘露寡糖

（续）

企业名称	许可证编号	产品品种
瑞普（天津）生物药业有限公司	津饲添（2015）H06001	DL-蛋氨酸+纤维素酶产自长柄木霉；山梨酸钾+丙酸钙；硝酸硫胺（维生素 B_1）+核黄素（维生素 B_2）+盐酸吡哆醇（维生素 B_6）+氯化钠+氯化钾；蛋白酶产自黑曲霉+淀粉酶产自黑曲霉+果胶酶产自黑曲霉；磷酸二氢钾+亚硒酸钠+碳酸氢钠+氯化钾；碳酸氢钠+亚硒酸钠；氯化钠+氯化钾+磷酸二氢钾+果寡糖；dl-α-生育酚+硫酸锌；dl-α-生育酚+硫酸锌+乳酸钙；枯草芽孢杆菌；液态（柠檬酸+苹果酸+液态甲酸+液态丙酸）；液态（DL-蛋氨酸+L-苏氨酸+果寡糖）
昆明佰佳益康生物科技有限公司	滇饲添（2015）H01018	β-葡聚糖酶+蛋白酶+脂肪酶+木聚糖酶+纤维素酶+淀粉酶；枯草芽孢杆菌+地衣芽孢杆菌；植酸酶；木聚糖酶；枯草芽孢杆菌
埃特亚（广州）饲料添加剂有限公司	粤饲添（2015）H01033	β-葡聚糖酶+木聚糖酶；α-半乳糖苷酶+木聚糖酶；富马酸+柠檬酸+磷酸；丙酸+丙酸铵；糖精钠+新甲基橙皮苷二氢查耳酮
武汉润泛生物科技有限公司	鄂饲添（2015）H09001	百里香酚+肉桂酸；谷氨酸钠+肉桂酸
天津东大化工集团有限公司	津饲添（2015）H10001	苯甲酸+二氧化硅（沉淀并经干燥的硅酸）
南京苏科农业开发有限公司	苏饲添（2015）H01005	丙酸+丙酸铵；乙氧基喹啉；乙氧基喹啉+二丁基羟基甲苯（BHT）+丁基羟基茴香醚（BHA）；二丁基羟基甲苯（BHT）+丁基羟基茴香醚（BHA）+没食子酸丙酯；二丁基羟基甲苯（BHT）+丁基羟基茴香醚（BHA）+特丁基对苯二酚（TBHQ）；二丁基羟基甲苯（BHT）+丁基羟基茴香醚（BHA）+特丁基对苯二酚（TBHQ）+茶多酚；茶多酚；磷酸+富马酸+乳酸+柠檬酸；富马酸+乳酸+柠檬酸；丁酸钠；糖精钠；聚氧乙烯 20 山梨醇酐单油酸酯；蔗糖脂肪酸酯；β-1，3-D-葡聚糖（源自酿酒酵母）+甘露寡糖
内蒙古科为博生物科技有限公司	蒙饲添（2015）H06011	蛋白酶；蛋白酶+淀粉酶+木聚糖酶+β-葡聚糖酶+纤维素酶；蛋白酶+淀粉酶+β-甘露聚糖酶+木聚糖酶+β-葡聚糖酶+纤维素酶；β-甘露聚糖酶+木聚糖酶+β-葡聚糖酶+纤维素酶+果胶酶；蛋白酶+淀粉酶+木聚糖酶+β-葡聚糖酶+纤维素酶+果胶酶；蛋白酶+淀粉酶+β-甘露聚糖酶+木聚糖酶+纤维素酶+果胶酶；蛋白酶+淀粉酶+α-半乳糖苷酶+β-甘露聚糖酶+木聚糖酶+β-葡聚糖酶+纤维素酶；蛋白酶+淀粉酶+β-甘露聚糖酶+木聚糖酶+纤维素酶+果胶酶+植酸酶；蛋白酶+淀粉酶+β-甘露聚糖酶+木聚糖酶+β-葡聚糖酶+纤维素酶+植酸酶；蛋白酶+淀粉酶+β-甘露聚糖酶+β-葡聚糖酶；蛋白酶+淀粉酶+脂肪酶+果胶酶+木聚糖酶+纤维素酶；蛋白酶+脂肪酶+木聚糖酶+葡萄糖氧化酶；蛋白酶+淀粉酶+β-葡聚糖酶+葡萄糖氧化酶+木聚糖酶+纤维素酶+果胶酶

（续）

企业名称	许可证编号	产品品种
天津挑战博德生物技术有限公司	津饲添（2015）H01001	蛋白酶＋淀粉酶＋β-甘露聚糖酶＋木聚糖酶＋β-葡聚糖酶＋纤维素酶＋植酸酶；蛋白酶＋淀粉酶＋木聚糖酶＋β-葡聚糖酶＋纤维素酶＋果胶酶＋植酸酶；蛋白酶＋淀粉酶＋β-甘露聚糖酶＋木聚糖酶＋β-葡聚糖酶＋纤维素酶＋果胶酶＋植酸酶；蛋白酶＋淀粉酶＋木聚糖酶＋β-葡聚糖酶＋纤维素酶＋植酸酶；β-甘露聚糖酶＋木聚糖酶＋β-葡聚糖酶＋纤维素酶；蛋白酶＋淀粉酶＋β-甘露聚糖酶＋木聚糖酶＋β-葡聚糖酶＋纤维素酶；蛋白酶＋淀粉酶＋β-甘露聚糖酶＋木聚糖酶＋β-葡聚糖酶＋纤维素酶＋果胶酶；β-甘露聚糖酶＋木聚糖酶＋β-葡聚糖酶＋纤维素酶＋果胶酶；蛋白酶＋淀粉酶＋β-甘露聚糖酶＋木聚糖酶＋α-半乳糖苷酶；蛋白酶＋淀粉酶＋β-甘露聚糖酶＋木聚糖酶＋葡萄糖氧化酶＋α-半乳糖苷酶；蛋白酶＋淀粉酶＋β-甘露聚糖酶＋木聚糖酶＋纤维素酶＋α-半乳糖苷酶；蛋白酶＋淀粉酶＋β-甘露聚糖酶＋木聚糖酶＋β-葡聚糖酶＋纤维素酶＋α-半乳糖苷酶；蛋白酶＋淀粉酶＋β-甘露聚糖酶＋木聚糖酶＋β-葡聚糖酶＋α-半乳糖苷酶；蛋白酶＋淀粉酶＋β-甘露聚糖酶＋木聚糖酶＋β-葡聚糖酶＋纤维素酶＋果胶酶＋α-半乳糖苷酶；β-甘露聚糖酶＋木聚糖酶＋β-葡聚糖酶＋纤维素酶＋α-半乳糖苷酶；蛋白酶＋淀粉酶＋β-甘露聚糖酶＋木聚糖酶＋β-葡聚糖酶＋纤维素酶＋葡萄糖氧化酶；蛋白酶＋β-甘露聚糖酶＋木聚糖酶＋β-葡聚糖酶＋纤维素酶＋葡萄糖氧化酶；β-甘露聚糖酶＋木聚糖酶＋β-葡聚糖酶＋纤维素酶＋葡萄糖氧化酶；β-甘露聚糖酶＋木聚糖酶＋葡萄糖氧化酶＋α-半乳糖苷酶；蛋白酶＋淀粉酶＋β-甘露聚糖酶＋木聚糖酶＋葡萄糖氧化酶＋α-半乳糖苷酶；β-甘露聚糖酶＋葡萄糖氧化酶；木聚糖酶＋葡萄糖氧化酶；枯草芽孢杆菌＋地衣芽孢杆菌；蛋白酶＋淀粉酶＋β-甘露聚糖酶＋木聚糖酶＋植酸酶
朝阳华星生物工程有限公司	辽饲添（2015）H13001	蛋白酶＋木聚糖酶＋纤维素酶＋β-甘露聚糖酶＋果胶酶＋植酸酶＋枯草芽孢杆菌＋地衣芽孢杆菌＋β-葡聚糖酶＋淀粉酶
无锡正大生物股份有限公司	苏饲添（2015）H02003	蛋白酶＋纤维素酶＋木聚糖酶；牛磺酸；半胱胺盐酸盐；乳酸＋柠檬酸＋磷酸；谷氨酸钠＋5'-肌苷酸二钠＋5'-鸟苷酸二钠；糖精钠；氧化锌
广州市恒博生物科技有限公司	粤饲添（2015）H01032	地衣芽孢杆菌＋枯草芽孢杆菌；枯草芽孢杆菌＋粪肠球菌；柠檬酸＋苹果酸＋牛磺酸＋乳酸＋富马酸；柠檬酸＋苹果酸＋富马酸＋牛磺酸；糖萜素（源自山茶籽饼）
山东中裕建信生物技术有限公司	鲁饲添（2015）H01145	地衣芽孢杆菌＋枯草芽孢杆菌；酿酒酵母；苦木提取物＋甘草提取物（粉）；蒲公英根固体提取物＋红三叶草提取物（固体）

（续）

企业名称	许可证编号	产品品种
济南绿宝康农业科技有限公司	鲁饲添（2015）H01117	地衣芽孢杆菌＋酿酒酵母；富马酸亚铁
昆明三正生物科技（集团）有限公司	滇饲添（2015）H01020	淀粉酶＋脂肪酶；淀粉酶＋蛋白酶；木聚糖酶＋蛋白酶＋淀粉酶；纤维素酶＋木聚糖酶；木聚糖酶＋β-甘露聚糖酶；木聚糖酶＋β-葡聚糖酶；枯草芽孢杆菌＋地衣芽孢杆菌；凝结芽孢杆菌；淀粉酶＋木聚糖酶＋纤维素酶＋β-甘露聚糖酶＋β-葡聚糖酶＋蛋白酶；脂肪酶；植酸酶；蛋白酶；纤维素酶；木聚糖酶；沼泽红假单胞菌；α-淀粉
天津奥特奇生物制品有限公司	津饲添（2015）H04001	淀粉酶产自枯草芽孢杆菌＋β-葡聚糖酶产自长柄木霉＋纤维素酶产自长柄木霉＋蛋白酶产自黑曲霉、米曲霉；木聚糖酶产自长柄木霉；纤维素酶产自长柄木霉＋蛋白酶产自黑曲霉；酵母硒；酵母铬；酿酒酵母；乙氧基喹啉＋丁基羟基茴香醚（BHA）＋二丁基羟基甲苯（BHT）＋没食子酸丙酯
溧阳正昌饲料科技有限公司	苏饲添（2015）H04001	果寡糖＋甘露寡糖；β-胡萝卜素＋天然叶黄素（源自万寿菊）；嗜酸乳杆菌＋枯草芽孢杆菌＋地衣芽孢杆菌＋屎肠球菌＋酿酒酵母＋丁酸梭菌
上海邦成生物工程有限公司	沪饲添（2015）H05002	甲酸钙＋双乙酸钠；双乙酸钠＋丙酸；双乙酸钠＋苯甲酸；乳酸＋磷酸；乳酸＋富马酸＋磷酸；乙氧基喹啉＋二丁基羟基甲苯（BHT）；地衣芽孢杆菌；枯草芽孢杆菌；地衣芽孢杆菌＋粪肠球菌；枯草芽孢杆菌＋粪肠球菌；枯草芽孢杆菌＋酿酒酵母；粪肠球菌＋酿酒酵母；枯草芽孢杆菌＋粪肠球菌＋酿酒酵母；液态（甲酸＋丙酸）；乙氧基喹啉；丙酸＋苯甲酸；丙酸＋甲酸；丙酸＋丙酸铵；γ-氨基丁酸
湖南润邦生物工程有限公司	湘饲添（2015）H01011	枯草芽孢杆菌＋产朊假丝酵母；凝结芽孢杆菌＋酿酒酵母；副干酪乳杆菌＋酿酒酵母；副干酪乳杆菌＋酿酒酵母＋枯草芽孢杆菌；液态（枯草芽孢杆菌＋产朊假丝酵母）；液态（凝结芽孢杆菌＋酿酒酵母）；液态（副干酪乳杆菌＋酿酒酵母）
辽宁凯为生物技术有限公司	辽饲添（2015）H07001	枯草芽孢杆菌＋地衣芽孢杆菌、液态枯草芽孢杆菌、液态枯草芽孢杆菌＋液态植物乳杆菌、植物乳杆菌、地衣芽孢杆菌、枯草芽孢杆菌＋植物乳杆菌、液态植物乳杆菌、枯草芽孢杆菌、液态枯草芽孢杆菌＋液态地衣芽孢杆菌、液态地衣芽孢杆菌、植酸酶、液态植酸酶、β-葡聚糖酶、木聚糖酶、液态木聚糖酶、液态β-葡聚糖酶
山东高龙生物科技有限公司	鲁饲添（2015）H09197	枯草芽孢杆菌＋地衣芽孢杆菌；枯草芽孢杆菌＋酿酒酵母；枯草芽孢杆菌＋地衣芽孢杆菌＋粪肠球菌；枯草芽孢杆菌＋地衣芽孢杆菌＋凝结芽孢杆菌＋乳酸片球菌；液态（嗜酸乳杆菌＋酿酒酵母）

（续）

企业名称	许可证编号	产品品种
湖北绿天地生物科技有限公司	鄂饲添（2015）H07002	枯草芽孢杆菌＋地衣芽孢杆菌＋粪肠球菌；枯草芽孢杆菌＋地衣芽孢杆菌；枯草芽孢杆菌＋凝结芽孢杆菌；凝结芽孢杆菌＋枯草芽孢杆菌＋地衣芽孢杆菌；枯草芽孢杆菌＋地衣芽孢杆菌＋粪肠球菌＋凝结芽孢杆菌；凝结芽孢杆菌＋屎肠球菌＋枯草芽孢杆菌；粪肠球菌＋屎肠球菌
山东鲁抗舍里乐药业有限公司高新区分公司	鲁饲添（2015）H08177	枯草芽孢杆菌＋地衣芽孢杆菌＋粪肠球菌＋酿酒酵母；β-甘露聚糖酶＋蛋白酶＋β-葡聚糖酶＋纤维素酶＋木聚糖酶；富马酸＋柠檬酸＋乳酸；杜仲叶提取物（有效成分为绿原酸、杜仲多糖、杜仲黄酮）；枯草芽孢杆菌＋凝结芽孢杆菌＋侧孢短芽孢杆菌＋粪肠球菌＋纤维素酶＋木聚糖酶＋蛋白酶；淫羊藿提取物（有效成分为淫羊藿苷）；枯草芽孢杆菌＋地衣芽孢杆菌＋粪肠球菌＋酿酒酵母＋纤维素酶；枯草芽孢杆菌＋凝结芽孢杆菌＋粪肠球菌＋纤维素酶＋木聚糖酶；D-生物素；L-色氨酸
济南诺能生物工程有限公司	鲁饲添（2015）H01091	枯草芽孢杆菌＋地衣芽孢杆菌＋粪肠球菌＋酿酒酵母；木聚糖酶＋β-甘露聚糖酶＋α-半乳糖苷酶＋纤维素酶＋β-葡聚糖酶；木聚糖酶＋β-甘露聚糖酶＋α-半乳糖苷酶＋纤维素酶＋淀粉酶＋蛋白酶；木聚糖酶＋β-甘露聚糖酶＋α-半乳糖苷酶＋纤维素酶＋β-葡聚糖酶＋淀粉酶＋蛋白酶；木聚糖酶＋β-甘露聚糖酶＋纤维素酶＋淀粉酶＋蛋白酶；β-甘露聚糖酶＋纤维素酶；木聚糖酶＋β-甘露聚糖酶＋β-葡聚糖酶＋淀粉酶＋蛋白酶；木聚糖酶＋β-甘露聚糖酶＋纤维素酶＋β-葡聚糖酶＋淀粉酶＋蛋白酶；液态（木聚糖酶＋β-甘露聚糖酶＋α-半乳糖苷酶＋纤维素酶＋β-葡聚糖酶）；液态（木聚糖酶＋β-甘露聚糖酶＋α-半乳糖苷酶＋纤维素酶＋β-葡聚糖酶＋淀粉酶＋蛋白酶）
广东绿百多生物开发有限公司	粤饲添（2015）H15003	枯草芽孢杆菌＋地衣芽孢杆菌＋植物乳杆菌；植物乳杆菌＋产朊假丝酵母；枯草芽孢杆菌；地衣芽孢杆菌；枯草芽孢杆菌＋地衣芽孢杆菌；枯草芽孢杆菌＋植物乳杆菌；枯草芽孢杆菌＋地衣芽孢杆菌＋酿酒酵母；酿酒酵母＋枯草芽孢杆菌＋粪肠球菌；地衣芽孢杆菌＋枯草芽孢杆菌＋酿酒酵母；酿酒酵母＋枯草芽孢杆菌＋粪肠球菌
山东鲁诺动物药业有限公司	鲁饲添（2015）H17196	枯草芽孢杆菌＋粪肠球菌；丙酸钙；食品用香料（乙基香兰素＋乙基麦芽酚）
武汉诺见生物技术有限公司	鄂饲添（2015）H07004	枯草芽孢杆菌＋粪肠球菌；低聚壳聚糖
内蒙古普泽生物制品有限责任公司	蒙饲添（2015）H01010	枯草芽孢杆菌＋干酪乳杆菌＋粪肠球菌；枯草芽孢杆菌＋粪肠球菌＋植物乳杆菌；植物乳杆菌＋干酪乳杆菌＋屎肠球菌；酿酒酵母；干酪乳杆菌＋植物乳杆菌＋动物双歧杆菌＋嗜热链球菌

（续）

企业名称	许可证编号	产品品种
山西大禹生物工程股份有限公司	晋饲添（2015）H11001	枯草芽孢杆菌＋酿酒酵母＋蛋白酶＋纤维素酶＋植酸酶；β-1，3-D-葡聚糖（源自酿酒酵母）＋植酸酶＋杜仲叶提取物（有效成分为绿原酸、杜仲多糖、杜仲黄酮）；枯草芽孢杆菌＋β-1，3-D-葡聚糖（源自酿酒酵母）；甘氨酸锌＋酵母硒＋β-1，3-D-葡聚糖（源自酿酒酵母）；地衣芽孢杆菌＋酿酒酵母；丁酸钠＋地衣芽孢杆菌；地衣芽孢杆菌＋维生素A乙酸酯＋维生素D_3＋dl-α-生育酚乙酸酯
济南华牧饲料有限公司	鲁饲添（2015）H01120	枯草芽孢杆菌＋嗜酸乳杆菌＋酿酒酵母；地衣芽孢杆菌
宝鸡市星星协力生物有限公司	陕饲添（2015）H03001	枯草芽孢杆菌＋沼泽红假单胞菌＋产朊假丝酵母＋植物乳杆菌＋地衣芽孢杆菌；淀粉酶＋蛋白酶＋木聚糖酶＋纤维素酶；枯草芽孢杆菌＋地衣芽孢杆菌＋产朊假丝酵母＋淀粉酶＋蛋白酶＋木聚糖酶＋纤维素酶；盐酸硫胺（维生素B_1）；核黄素（维生素B_2）；dl-α-生育酚乙酸酯；L-抗坏血酸（维生素C）
中天格特生物科技（天津）有限公司	津饲添（2015）H09001	枯草芽孢杆菌＋植物乳杆菌；枯草芽孢杆菌＋产朊假丝酵母＋酿酒酵母；枯草芽孢杆菌＋酿酒酵母＋嗜酸乳杆菌；植物乳杆菌＋酿酒酵母＋嗜酸乳杆菌；维生素A；核黄素（维生素B_2）；L-抗坏血酸（维生素C）；液态（枯草芽孢杆菌＋植物乳杆菌）；液态（枯草芽孢杆菌＋产朊假丝酵母＋酿酒酵母）；液态（枯草芽孢杆菌＋酿酒酵母＋嗜酸乳杆菌）；液态（植物乳杆菌＋酿酒酵母＋嗜酸乳杆菌）；液态维生素A；液态核黄素（维生素B_2）；液态L-抗坏血酸（维生素C）
浙江大飞龙动物保健品股份有限公司	浙饲添（2015）H07001	枯草芽孢杆菌＋植物甾醇＋蛋白酶；蛋白酶＋植物甾醇；植物甾醇＋枯草芽孢杆菌；植物甾醇＋dl-α-生育酚乙酸酯；dl-α-生育酚乙酸酯＋半胱胺盐酸盐；枯草芽孢杆菌＋双乙酸钠；乳酸＋柠檬酸
宁波科瑞特动物药业有限公司	浙饲添（2015）H02002	磷酸＋柠檬酸＋乳酸；乳酸＋柠檬酸＋富马酸；低聚壳聚糖；枯草芽孢杆菌＋L-抗坏血酸（维生素C）；葡萄糖氧化酶；丙酸钙＋双乙酸钠
浙江东立生物饲料有限公司	浙饲添（2015）H05001	磷酸＋乳酸＋富马酸＋柠檬酸；dl-α-生育酚乙酸酯＋吡啶甲酸铬＋酵母硒＋硫酸镁；糖精钠＋谷氨酸钠＋氯化钾
河南仰韶生化工程有限公司	豫饲添（2015）H12011	木聚糖酶＋β-葡聚糖酶＋蛋白酶＋植酸酶＋枯草芽孢杆菌；纤维素酶＋木聚糖酶＋β-葡聚糖酶＋果胶酶＋β-甘露聚糖酶＋蛋白酶＋淀粉酶；纤维素酶＋木聚糖酶＋β-葡聚糖酶＋果胶酶＋β-甘露聚糖酶＋蛋白酶；纤维素酶＋木聚糖酶＋β-葡聚糖酶＋果胶酶＋β-甘露聚糖酶；纤维素酶＋木聚糖酶＋β-葡聚糖酶＋果胶酶＋植酸酶＋β-甘露聚糖酶；地衣芽孢杆菌＋枯草芽孢杆菌；粪肠球菌＋枯草芽孢杆菌＋酿酒酵母；地衣芽孢杆菌＋凝结芽孢杆菌＋两歧双歧杆菌

（续）

企业名称	许可证编号	产品品种
青岛根源生物技术集团有限公司	鲁饲添（2015）H02320	木聚糖酶＋纤维素酶＋β-甘露聚糖酶＋蛋白酶＋淀粉酶；木聚糖酶＋纤维素酶＋β-甘露聚糖酶＋蛋白酶；木聚糖酶＋纤维素酶＋β-甘露聚糖酶；木聚糖酶＋β-葡聚糖酶＋纤维素酶＋β-甘露聚糖酶＋蛋白酶＋淀粉酶；木聚糖酶＋β-葡聚糖酶＋β-甘露聚糖酶＋蛋白酶＋淀粉酶；木聚糖酶＋纤维素酶＋β-甘露聚糖酶；木聚糖酶＋β-甘露聚糖酶＋蛋白酶＋淀粉酶；木聚糖酶＋纤维素酶＋蛋白酶＋淀粉酶；蛋白酶＋淀粉酶；纤维素酶；淀粉酶；α-半乳糖苷酶；β-葡聚糖酶；果胶酶；麦芽糖酶；脂肪酶；蛋白酶；液态纤维素酶；液态淀粉酶；液态α-半乳糖苷酶；液态β-葡聚糖酶；液态果胶酶；液态麦芽糖酶；液态脂肪酶；液态蛋白酶；液态（木聚糖酶＋纤维素酶＋β-甘露聚糖酶）；液态（植酸酶＋淀粉酶）；液态（嗜酸乳杆菌＋酿酒酵母）；液态（嗜酸乳杆菌＋枯草芽孢杆菌）；枯草芽孢杆菌；地衣芽孢杆菌；侧孢短芽孢杆菌；酿酒酵母；嗜酸乳杆菌；凝结芽孢杆菌；枯草芽孢杆菌＋地衣芽孢杆菌＋嗜酸乳杆菌＋酿酒酵母；酿酒酵母＋嗜酸乳杆菌；枯草芽孢杆菌＋地衣芽孢杆菌＋蛋白酶＋木聚糖酶；蛋白酶＋枯草芽孢杆菌；嗜酸乳杆菌＋枯草芽孢杆菌；枯草芽孢杆菌＋酿酒酵母
沈阳伟嘉牧业技术有限公司	辽饲添（2015）H01005	酿酒酵母＋枯草芽孢杆菌、液态屎肠球菌、维生素A＋维生素D_3、硫酸钠、L-抗坏血酸-2-磷酸酯、枯草芽孢杆菌＋地衣芽孢杆菌、枯草芽孢杆菌＋地衣芽孢杆菌＋酿酒酵母、核黄素（维生素B_2）、硝酸硫胺（维生素B_1）、枯草芽孢杆菌、屎肠球菌、地衣芽孢杆菌＋枯草芽孢杆菌＋屎肠球菌＋酿酒酵母
湖北浩华生物技术有限公司	鄂饲添（2015）H11001	柠檬酸＋磷酸；富马酸＋酒石酸＋柠檬酸＋乳酸；糖精钠；糖精钠＋4-氨基丁酸（γ-氨基丁酸）；中国肉桂油；甜橙油；三丁酸甘油酯；中国肉桂油＋百里香油＋牛至香酚；中国肉桂油＋儿茶粉；4-氨基丁酸（γ-氨基丁酸）；地衣芽孢杆菌＋枯草芽孢杆菌＋屎肠球菌＋干酪乳杆菌；枯草芽孢杆菌；地衣芽孢杆菌；屎肠球菌；干酪乳杆菌；凝结芽孢杆菌；甘露寡糖；L-半胱氨酸＋谷氨酸＋谷氨酰胺＋L-精氨酸＋甘氨酸；L-半胱氨酸＋L-精氨酸；L-半胱氨酸＋谷氨酰胺＋甘氨酸；L-半胱氨酸＋谷氨酸；甘油脂肪酸酯
广州远图生物科技有限公司	粤饲添（2015）H01039	柠檬酸钾＋氯化钾＋山梨酸钾＋碳酸钠＋碳酸氢钠；糖精钠＋饲用香味物质
哈尔滨中精生物科技有限公司	黑饲添（2015）H01002	葡萄糖酸钙＋核黄素（维生素B_2）；L-抗坏血酸（维生素C）；dl-α-生育酚乙酸酯；亚硫酸氢钠甲萘醌（维生素K_3）；磷酸二氢钠＋磷酸氢二钠；嗜酸乳杆菌＋枯草芽孢杆菌＋产朊假丝酵母＋沼泽红假单胞菌；枯草芽孢杆菌；糖萜素（源自山茶籽饼）；4,7-二羟基异黄酮（大豆黄酮）；液态葡萄糖酸钙＋液态核黄素（维生素B_2）；液态嗜酸乳杆菌＋液态枯草芽孢杆菌＋液态产朊假丝酵母；液态丙三醇

（续）

企业名称	许可证编号	产品品种
成都华罗生物科技有限公司	川饲添（2015）H05004	肉桂醛＋百里香酚；4，7-二羟基异黄酮（大豆黄酮）
惠民县润和生物科技有限公司	鲁饲添（2015）H13187	乳酸＋富马酸＋柠檬酸；β-甘露聚糖酶＋木聚糖酶＋淀粉酶；枯草芽孢杆菌＋甘露寡糖；甘露寡糖
上海隆佑生物科技有限公司	沪饲添（2015）H06003	乳酸＋柠檬酸；乳酸＋富马酸＋柠檬酸；乳酸＋柠檬酸＋磷酸；乳酸＋富马酸＋柠檬酸＋磷酸
重庆威士化工有限公司	渝饲添（2015）H08001	山梨酸＋山梨酸钾＋丙酸钙＋乙酸＋甲酸钙＋苯甲酸＋苯甲酸钠＋双乙酸钠＋富马酸＋亚硫酸钠；丙酸＋丙酸铵＋甲酸＋丙酸钠＋柠檬酸；丙酸＋丙酸铵＋乳酸＋酒石酸＋苹果酸；乙氧基喹啉＋二丁基羟基甲苯（BHT）＋特丁基对苯二酚（TBHQ）＋丁基羟基茴香醚（BHA）＋维生素 E＋L-抗坏血酸-6-棕榈酸酯＋没食子酸丙酯＋迷迭香提取物；糖精钠＋糖精；糖精钠＋谷氨酸钠＋山梨糖醇＋新甲基橙皮苷二氢查耳酮；饲用香味物质；甘油脂肪酸酯＋蔗糖脂肪酸酯＋羧甲基纤维素钠＋聚乙二醇甘油蓖麻酸酯＋卵磷脂；蔗糖脂肪酸酯＋单硬脂酸甘油酯＋聚丙烯酸树脂Ⅱ＋山梨醇酐单硬脂酸酯
大连三仪动物药品有限公司	辽饲添（2015）H02003	嗜酸乳杆菌＋枯草芽孢杆菌＋屎肠球菌、粪肠球菌＋枯草芽孢杆菌＋嗜酸乳杆菌、凝结芽孢杆菌、粪肠球菌＋枯草芽孢杆菌、屎肠球菌＋枯草芽孢杆菌、地衣芽孢杆菌、短小芽孢杆菌、侧孢短芽孢杆菌、干酪乳杆菌、枯草芽孢杆菌＋粪肠球菌＋屎肠球菌＋嗜酸乳杆菌
江西鑫维生物技术有限公司	赣饲添（2015）H00009	嗜酸乳杆菌＋酿酒酵母＋枯草芽孢杆菌
乐达（广州）香味剂有限公司	粤饲添（2015）H01026	饲用香味物质＋谷氨酸钠；饲用香味物质＋谷氨酸钠＋糖精钠；山梨糖醇＋饲用香味物质＋糖精钠；柠檬酸＋乳酸＋磷酸＋苹果酸；磷酸＋苹果酸＋乳酸；磷酸氢二钠＋乙氧基喹啉＋没食子酸丙酯；饲用香味物质；糖精钠＋饲用香味物质；糖精钠＋山梨糖醇；谷氨酸钠＋5'-肌苷酸二钠＋5'-鸟苷酸二钠；糖精；钠；磷酸；磷酸＋乳酸＋甲酸；柠檬酸＋磷酸＋苹果酸＋酒石酸；柠檬酸＋磷酸＋乳酸＋甲酸；丁酸＋磷酸＋乳酸＋甲酸＋丙酸；乳酸＋苹果酸＋酒石酸；柠檬酸＋磷酸；磷酸＋乳酸＋苹果酸＋酒石酸；磷酸＋乳酸；丁酸＋柠檬酸＋磷酸＋乳酸＋甲酸；柠檬酸＋磷酸＋乳酸；乳酸＋甲酸＋丁酸＋苹果酸＋酒石酸＋富马酸；丙酸铵＋丙酸；丙酸铵＋丙酸＋丙酸钠；甲酸＋丙酸；丙酸；苯甲酸钠＋甲酸钙＋丁酸钠；乙酸＋苯甲酸＋甲酸铵＋丙酸钠；乙氧基喹啉＋没食子酸丙酯；没食子酸丙酯＋丁基羟基茴香醚（BHA）；没食子酸丙酯＋二丁基羟基甲苯（BHT）；液态饲用香味物质；液态糖精钠；液态磷酸；液态乳酸；液态（甲酸＋丙酸）；液态丙酸；液态乙氧基喹啉；液态［二丁基羟基甲苯（BHT）维生素E］；液态二丁基羟基甲苯（BHT）；液态（乙酸＋丙酸＋乳酸＋磷酸＋甲酸）

（续）

企业名称	许可证编号	产品品种
上海彼福艾饲料科技有限公司	沪饲添（2015）H04006	糖精钠+山梨糖醇；饲用香味物质
肇庆巨元生化有限公司	粤饲添（2015）H17003	天然叶黄素（源自万寿菊）+乙氧基喹啉；β-阿朴-8'-胡萝卜素酸乙酯+天然叶黄素（源自万寿菊）+乙氧基喹啉；液态（虾青素+dl-α-生育酚乙酸酯）
海南育奇药业有限公司	琼饲添（2015）H07005	维生素A+维生素D_3+天然维生素E+L-抗坏血酸（维生素C）+盐酸硫胺（维生素B_1）+核黄素（维生素B_2）+盐酸吡哆醇（维生素B_6）+氰钴胺（维生素B_{12}）+叶酸+D-生物素+亚硫酸氢钠甲萘醌（维生素K_3）+烟酸+烟酰胺；液态［维生素A+维生素D_3+天然维生素E+L-抗坏血酸（维生素C）+盐酸硫胺（维生素B_1）+核黄素（维生素B_2）+盐酸吡哆醇（维生素B_6）+氰钴胺（维生素B_{12}）+叶酸+D-生物素+亚硫酸氢钠甲萘醌（维生素K_3）+烟酸+烟酰胺+D-泛酸钙］；L-赖氨酸盐酸盐+氧化锌；甘露寡糖+果寡糖；液态（天然维生素E+亚硒酸钠）；硅铝酸钠+丙酸铵；盐酸硫胺（维生素B_1）+盐酸吡哆醇（维生素B_6）+氰钴胺（维生素B_{12}）；液态［L-苏氨酸+天（门）冬氨酸+丝氨酸+甘氨酸+胱氨酸+缬氨酸+L-亮氨酸+苯丙氨酸+L-精氨酸］；L-苏氨酸+天（门）冬氨酸+丝氨酸+甘氨酸+胱氨酸+缬氨酸+L-亮氨酸+苯丙氨酸+L-精氨酸；甜菜碱盐酸盐；液态枯草芽孢杆菌；维生素A+维生素D_3+D-泛酸钙；液态（柠檬酸+苹果酸）；液态（枯草芽孢杆菌+嗜酸乳杆菌+产朊假丝酵母）；叶酸+甘露寡糖
长沙为民生物科技有限公司	湘饲添（2015）H01010	维生素A乙酸酯+维生素D_3+dl-α-生育酚乙酸酯+杜仲叶提取物（有效成分为绿原酸、杜仲多糖、杜仲黄酮）；盐酸硫胺（维生素B_1）+核黄素（维生素B_2）+木聚糖酶；L-赖氨酸+DL-蛋氨酸；木聚糖酶；淫羊藿提取物（有效成分为淫羊藿苷）
湖南农大动物药业有限公司	湘饲添（2015）H01008	维生素D_3+D-生物素+叶酸+淫羊藿提取物（有效成分为淫羊藿苷）+壳寡糖［寡聚β-（1-4）-2-氨基-2-脱氧-D-葡萄糖（n=2～10）+dl-α-生育酚乙酸酯］；壳寡糖［寡聚β-（1-4）-2-氨基-2-脱氧-D-葡萄糖］（n=2～10）+淫羊藿提取物（有效成分为淫羊藿苷）+L-抗坏血酸（维生素C）
山东苏柯汉生物工程股份有限公司	鲁饲添（2015）H07180	纤维素酶+β-葡聚糖酶+淀粉酶+蛋白酶；纤维素酶+β-葡聚糖酶+淀粉酶+蛋白酶+枯草芽孢杆菌+酿酒酵母；植物乳杆菌+枯草芽孢杆菌+酿酒酵母
福建省新闽科生物科技开发有限公司	闽饲添（2015）H01006	纤维素酶+木聚糖酶+β-葡聚糖酶；木聚糖酶+植酸酶；地衣芽孢杆菌+酿酒酵母

（续）

企业名称	许可证编号	产品品种
山东奥博生物科技有限公司	鲁饲添（2015）H15100	纤维素酶＋木聚糖酶＋脂肪酶；植酸酶＋木聚糖酶＋β-甘露聚糖酶＋纤维素酶；木聚糖酶＋β-甘露聚糖酶＋纤维素酶＋淀粉酶＋蛋白酶；木聚糖酶＋纤维素酶＋β-甘露聚糖酶＋果胶酶＋β-葡聚糖酶＋蛋白酶＋淀粉酶；液态（植酸酶＋木聚糖酶＋β-甘露聚糖酶＋纤维素酶）；液态（木聚糖酶＋纤维素酶＋β-甘露聚糖酶＋果胶酶＋β-葡聚糖酶＋蛋白酶＋淀粉酶）
内蒙古肽康生物饲料有限责任公司	蒙饲添（2015）H08014	液态枯草芽孢杆菌＋嗜酸乳杆菌＋酿酒酵母
上海三维同力生物科技有限公司	沪饲添（2015）H07001	乙氧基喹啉＋二丁基羟基甲苯（BHT）；二丁基羟基甲苯（BHT）＋特丁基对苯二酚（TBHQ）；二丁基羟基甲苯（BHT）＋没食子酸丙酯＋特丁基对苯二酚（TBHQ）；丙酸＋丙酸铵＋苯甲酸＋苯甲酸钠；丙酸＋丙酸钠＋苯甲酸＋苯甲酸钠；甲酸＋甲酸钙＋丙酸＋丙酸钙＋苯甲酸＋苯甲酸钠；液态（丙酸＋丙酸铵）；甲酸＋乳酸＋富马酸＋柠檬酸；甲酸＋乳酸＋柠檬酸＋磷酸；乳酸＋苯甲酸＋苯甲酸钠＋富马酸＋柠檬酸＋磷酸；液态（甲酸＋丙酸＋丙酸铵＋乳酸＋柠檬酸＋磷酸）
宁波它世界生物科技有限公司	浙饲添（2015）H02001	乙氧基喹啉＋二丁基羟基甲苯（BHT）＋柠檬酸
河南金百合生物科技股份有限公司	豫饲添（2015）H0518	植物乳杆菌＋酿酒酵母＋枯草芽孢杆菌；乳酸片球菌＋枯草芽孢杆菌
太仓安佑生物科技有限公司	苏饲添（2015）H05002	dl-α-生育酚乙酸酯
青岛润博特生物科技有限公司	鲁饲添（2015）H02147	DL-蛋氨酸；半胱胺盐酸盐；L-赖氨酸盐酸盐；氯化胆碱；氧化锌；丁酸钠；dl-α-生育酚乙酸酯；维生素A乙酸酯；葡萄糖氧化酶；单硬脂酸甘油酯；柠檬酸钙；硫酸钙；富马酸亚铁；乳酸；丙酸钙；丁酸；磷酸；乙氧基喹啉；甘露寡糖；牛至香酚；枯草芽孢杆菌＋嗜酸乳杆菌＋酿酒酵母
山东金瑞生物科技有限公司	鲁饲添（2015）H07186	L-抗坏血酸（维生素C）；木聚糖酶＋纤维素酶＋蛋白酶＋β-葡聚糖酶；核黄素（维生素 B_2）
山东润华兽药有限公司	鲁饲添（2015）H01203	L-抗坏血酸（维生素C）；乳酸＋富马酸＋柠檬酸；牛磺酸；DL-蛋氨酸＋L-赖氨酸＋L-苏氨酸；液态（酿酒酵母＋嗜酸乳杆菌）；液态大蒜素；液态（低聚壳聚糖）
齐鲁动物保健品有限公司	鲁饲添（2015）H01201	L-抗坏血酸（维生素C）；亚硒酸钠＋dl-α-生育酚乙酸酯；牛磺酸；丁酸钠；食品用香料（肉桂醛）＋苯甲酸；甘露寡糖；液态（甲酸＋丙酸＋乳酸）；液态食品用香料（三丁酸甘油酯）；液态食品用香料［d-苧烯＋桉叶油（蓝桉油）＋亚洲薄荷油］；液态（亚硒酸钠＋dl-α-生育酚乙酸酯）；液态［食品用香料（肉桂醛）＋牛至香酚］

（续）

企业名称	许可证编号	产品品种
河北华邦生物科技有限公司	冀饲添（2015）H09003	L-抗坏血酸（维生素 C）；dl-α-生育酚乙酸酯
北京桑普生物化学技术有限公司	京饲添（2015）H07020	L-抗坏血酸（维生素 C）；L-肉碱盐酸盐；二丁基羟基甲苯（BHT）＋柠檬酸
黑龙江康泰生物科技开发有限公司	黑饲添（2015）H03001	L-抗坏血酸（维生素 C）；吡啶甲酸铬；β-甘露聚糖酶＋果胶酶＋木聚糖酶；枯草芽孢杆菌＋嗜酸乳杆菌；乙氧基喹啉；乙氧基喹啉＋柠檬酸；双乙酸钠；乳酸＋富马酸＋柠檬酸；双乙酸钠＋丙酸钙；糖精钠；谷氨酸钠；甘露寡糖；乙酰氧肟酸
山东贝瑞康生物科技有限公司	鲁饲添（2015）H07116	L-抗坏血酸（维生素 C）；枯草芽孢杆菌；酿酒酵母；乳酸钙；DL-蛋氨酸；产朊假丝酵母
杨凌益佳泰生物科技有限公司	陕饲添（2015）H00001	L-抗坏血酸（维生素 C）；枯草芽孢杆菌；植物乳杆菌；酿酒酵母；枯草芽孢杆菌＋植物乳杆菌＋酿酒酵母＋沼泽红假单胞菌；维生素 A＋维生素 D_3＋dl-α-生育酚＋L-抗坏血酸（维生素 C）；维生素 A＋维生素 D_3＋dl-α-生育酚＋亚硫酸氢钠甲萘醌（维生素 K_3）＋盐酸硫胺（维生素 B_1）＋核黄素（维生素 B_2）＋盐酸吡哆醇（维生素 B_6）＋烟酰胺＋DL-泛酸钙＋叶酸＋L-抗坏血酸（维生素 C）＋氯化钠＋亚硒酸钠
哈尔滨锐康益泰生物科技有限公司	黑饲添（2015）H01005	L-抗坏血酸（维生素 C）；磷酸氢钙；葡萄糖酸钙；蛋白酶；枯草芽孢杆菌；酿酒酵母；嗜酸乳杆菌＋酿酒酵母＋枯草芽孢杆菌；嗜酸乳杆菌＋酿酒酵母；液态葡萄糖酸钙；液态嗜酸乳杆菌；液态嗜酸乳杆菌＋液态枯草芽孢杆菌；液态嗜酸乳杆菌＋液态酿酒酵母；液态嗜酸乳杆菌＋液态枯草芽孢杆菌＋液态酿酒酵母
山东润牧生物科技有限公司	鲁饲添（2015）H16106	L-抗坏血酸（维生素 C）；没食子酸丙酯；枯草芽孢杆菌
济南东方农夫饲料有限公司	鲁饲添（2015）H01191	L-抗坏血酸（维生素 C）；糖精钠；乙氧基喹啉；乙酰氧肟酸；乳酸；双乙酸钠；富马酸＋苹果酸＋柠檬酸＋山梨酸；木聚糖酶＋植酸酶；枯草芽孢杆菌
青岛中农华商生物工程有限公司	鲁饲添（2015）H02125	L-抗坏血酸（维生素 C）；亚硫酸氢钠甲萘醌（维生素 K_3）；枯草芽孢杆菌；纤维素酶＋果胶酶＋蛋白酶
北京英惠尔生物技术有限公司	京饲添（2015）H07023	L-抗坏血酸（维生素 C）＋聚丙烯酸树脂Ⅱ；甜菜碱盐酸盐；枯草芽孢杆菌＋地衣芽孢杆菌＋粪肠球菌＋丁酸梭菌
佛山市南海东方澳龙制药有限公司	粤饲添（2015）H05004	L-抗坏血酸-2-磷酸酯；蛋白酶；蛋白酶＋淀粉酶；植物乳杆菌；蛋白酶＋枯草芽孢杆菌；蛋白酶＋纤维素酶＋枯草芽孢杆菌；蛋白酶＋淀粉酶＋纤维素酶；枯草芽孢杆菌＋粪肠球菌＋嗜酸乳杆菌；蛋白酶＋纤维素酶＋枯草芽孢杆菌＋酿酒酵母＋屎肠球菌；枯草芽孢杆菌＋粪肠球菌＋紫苏籽提取物（有效成分为α-亚油酸、

（续）

企业名称	许可证编号	产品品种
佛山市南海东方澳龙制药有限公司	粤饲添（2015）H05004	亚麻酸、黄酮）；三氧化二铝＋二氧化硅；液态植物乳杆菌；液态（乳酸＋柠檬酸＋磷酸）；屎肠球菌；屎肠球菌＋枯草芽孢杆菌＋酿酒酵母；枯草芽孢杆菌＋屎肠球菌＋蛋白酶＋淀粉酶＋纤维素酶＋木聚糖酶；蛋白酶＋淀粉酶＋纤维素酶＋木聚糖酶＋枯草芽孢杆菌＋酿酒酵母；液态葡萄糖酸钙
山东博泰生物制药有限公司	鲁饲添（2015）H11217	L-抗坏血酸-2-磷酸酯；枯草芽孢杆菌＋嗜酸乳杆菌；枯草芽孢杆菌＋乳酸片球菌；枯草芽孢杆菌＋植物乳杆菌；牛磺酸；乳酸＋柠檬酸＋富马酸
广东科润生物制药有限公司	粤饲添（2015）H01031	L-抗坏血酸-2-磷酸酯；甜菜碱盐酸盐；L-肉碱盐酸盐；L-半胱氨酸；乳酸＋富马酸＋柠檬酸
山东阜力康动物营养有限公司	鲁饲添（2015）H13001	L-赖氨酸盐酸盐；DL-蛋氨酸；氯化胆碱；食品用香料（三丁酸甘油酯）；半胱胺盐酸盐；食品用香料［4-氨基丁酸（γ-氨基丁酸）］；牛至香酚；胍基乙酸；枯草芽孢杆菌
潍坊中牧利德药业有限公司	鲁饲添（2015）H07227	L-赖氨酸盐酸盐；液态 L-赖氨酸盐酸盐；DL-蛋氨酸；液态 DL-蛋氨酸；牛磺酸；液态牛磺酸；L-抗坏血酸（维生素 C）；液态 L-抗坏血酸（维生素 C）；液态（dl-α-生育酚乙酸酯＋亚硒酸钠）；双乙酸钠；液态（乙酸＋甲酸＋甲酸铵）；液态（嗜酸乳杆菌＋酿酒酵母＋枯草芽孢杆菌）；液态（嗜酸乳杆菌＋酿酒酵母）；液态（嗜酸乳杆菌＋枯草芽孢杆菌）；液态（嗜酸乳杆菌＋地衣芽孢杆菌）；液态（粪肠球菌＋酿酒酵母）；液态（嗜酸乳杆菌＋产朊假丝酵母）；嗜酸乳杆菌＋酿酒酵母；嗜酸乳杆菌＋酿酒酵母＋枯草芽孢杆菌；嗜酸乳杆菌＋枯草芽孢杆菌；枯草芽孢杆菌＋酿酒酵母；液态（粪肠球菌＋枯草芽孢杆菌）；液态（粪肠球菌＋地衣芽孢杆菌）
抚顺顺辉化工有限公司	辽饲添（2015）H04001	L-肉碱
诚达药业股份有限公司黄河路分公司	浙饲添（2015）H06001	L-肉碱
东北制药集团股份有限公司	辽饲添（2015）H01004	L-肉碱、L-肉碱酒石酸盐
广州南沙龙沙有限公司	粤饲添（2015）H01030	L-肉碱；L-肉碱＋吡啶甲酸铬
佛山立达尔生物科技有限公司	粤饲添（2015）H05005	L-色氨酸；L-精氨酸；甘氨酸；L-丙氨酸；牛磺酸；维生素 A；L-抗坏血酸（维生素 C）；L-抗坏血酸-2-磷酸酯；dl-α-生育酚乙酸酯；L-肉碱盐酸盐；甜菜碱；氯化钠；乳酸钙；富马酸亚铁；氧化锌；氧化锰；烟酸铬；乳酸锌（α-羟基丙酸锌）；脂肪酶；β-甘露聚糖酶；植酸酶；地衣芽孢杆菌；枯草芽孢杆菌；嗜酸乳杆菌；乙氧基喹啉；二丁基羟基甲苯（BHT）；乙氧基喹啉＋二丁基羟基甲苯（BHT）；丙酸；丙酸钙；丁酸钠；乳酸；富马酸；碳酸氢钠；（乳酸＋富马酸）；β-阿朴-8’-胡萝卜素酸乙酯；红法夫酵母；诱惑红；糖精钠；5’-肌苷酸二钠；单硬脂酸甘油酯；淫羊藿提取物（有效成分为淫羊藿苷）；糖萜素（源自山茶籽饼）；饲用香味物质

（续）

企业名称	许可证编号	产品品种
双胞胎饲料有限公司	赣饲添（2015）H01005	β，β-胡萝卜素-4，4-二酮（斑蝥黄）；木聚糖酶＋植酸酶；柠檬酸
武汉新华扬生物股份有限公司	鄂饲添（2015）H01004	β-葡聚糖酶；β-甘露聚糖酶；纤维素酶；植酸酶；木聚糖酶；蛋白酶；淀粉酶；果胶酶；脂肪酶；α-半乳糖苷酶；葡萄糖氧化酶；麦芽糖酶；角蛋白酶；枯草芽孢杆菌；粪肠球菌；嗜酸乳杆菌；酿酒酵母；植物乳杆菌；屎肠球菌；戊糖片球菌；地衣芽孢杆菌；短小芽孢杆菌；侧孢短芽孢杆菌；凝结芽孢杆菌；黑曲霉；米曲霉；溶菌酶，丁酸梭菌；β-葡聚糖酶＋β-甘露聚糖酶＋纤维素酶＋植酸酶＋木聚糖酶＋蛋白酶＋淀粉酶＋果胶酶＋脂肪酶＋α-半乳糖苷酶＋葡萄糖氧化酶＋麦芽糖酶＋角蛋白酶＋溶菌酶；β-葡聚糖酶＋β-甘露聚糖酶＋纤维素酶＋木聚糖酶；β-葡聚糖酶＋纤维素酶＋木聚糖酶；木聚糖酶＋β-葡聚糖酶＋蛋白酶；木聚糖酶＋β-甘露聚糖酶＋蛋白酶；β-葡聚糖酶＋β-甘露聚糖酶＋木聚糖酶＋淀粉酶＋蛋白酶；木聚糖酶＋植酸酶；β-葡聚糖酶＋β-甘露聚糖酶＋纤维素酶＋木聚糖酶＋植酸酶；β-葡聚糖酶＋纤维素酶＋木聚糖酶＋植酸酶；β-葡聚糖酶＋β-甘露聚糖酶＋木聚糖酶＋蛋白酶；β-葡聚糖酶＋β-甘露聚糖酶＋木聚糖酶；β-甘露聚糖酶＋纤维素酶＋木聚糖酶＋淀粉酶＋蛋白酶；β-葡聚糖酶＋β-甘露聚糖酶＋纤维素酶＋木聚糖酶＋淀粉酶＋蛋白酶；β-葡聚糖酶＋β-甘露聚糖酶＋木聚糖酶＋淀粉酶＋蛋白酶；β-葡聚糖酶＋纤维素酶＋木聚糖酶＋淀粉酶＋蛋白酶；β-甘露聚糖酶＋纤维素酶＋木聚糖酶＋蛋白酶；β-葡聚糖酶＋纤维素酶＋木聚糖酶＋淀粉酶；β-葡聚糖酶＋纤维素酶＋木聚糖酶＋淀粉酶＋蛋白酶；纤维素酶＋木聚糖酶；β-葡聚糖酶＋β-甘露聚糖酶＋纤维素酶＋木聚糖酶＋蛋白酶；枯草芽孢杆菌＋粪肠球菌＋嗜酸乳杆菌＋酿酒酵母＋植物乳杆菌＋屎肠球菌＋戊糖片球菌＋地衣芽孢杆菌＋短小芽孢杆菌＋侧孢短芽孢杆菌＋凝结芽孢杆菌＋黑曲霉＋米曲霉＋丁酸梭菌；枯草芽孢杆菌＋地衣芽孢杆菌；枯草芽孢杆菌＋地衣芽孢杆菌＋粪肠球菌＋凝结芽孢杆菌＋丁酸梭菌；枯草芽孢杆菌＋粪肠球菌＋嗜酸乳杆菌＋酿酒酵母＋植物乳杆菌＋屎肠球菌＋戊糖片球菌＋地衣芽孢杆菌＋短小芽孢杆菌＋侧孢短芽孢杆菌＋凝结芽孢杆菌＋黑曲霉＋米曲霉＋丁酸梭菌＋β-葡聚糖酶＋β-甘露聚糖酶＋纤维素酶＋植酸酶＋木聚糖酶＋蛋白酶＋淀粉酶＋果胶酶＋脂肪酶＋α-半乳糖苷酶＋葡萄糖氧化酶＋麦芽糖酶＋角蛋白酶＋溶菌酶
北京绿康牧生物科技有限公司	京饲添（2015）H01021	β-葡聚糖酶＋木聚糖酶
北京安瑞博特生物技术有限公司	京饲添（2015）H13023	β-葡聚糖酶＋木聚糖酶
中牧实业股份有限公司北京华罗饲料添加剂厂	京饲添（2015）H07021	β-葡聚糖酶＋木聚糖酶＋淀粉酶＋蛋白酶；木聚糖酶＋β-葡聚糖酶；木聚糖酶＋淀粉酶＋蛋白酶；木聚糖酶

（续）

企业名称	许可证编号	产品品种
河北威远动物药业有限公司	冀饲添（2015）H01003	百里香酚＋香芹酚＋肉桂醛；山梨酸钾＋丙酸钙；丁酸钠；糖萜素（源自山茶籽饼）
沈阳天佳华生物科技有限公司	辽饲添（2015）H01002	半胱胺盐酸盐＋蛋白酶＋木聚糖酶＋纤维素酶＋β-葡聚糖酶＋低聚木糖（木寡糖）＋盐酸硫胺（维生素 B_1）＋枯草芽孢杆菌＋酿酒酵母＋嗜酸乳杆菌＋植物乳杆菌
四川尚元精细化工有限责任公司	川饲添（2015）H01008	吡啶甲酸铬
济南赛博生物技术有限公司	鲁饲添（2015）H01092	吡啶甲酸铬；富马酸亚铁；丙酸；丁酸钠；甘露寡糖；半胱胺盐酸盐；甜菜碱；维生素 D_3；L-抗坏血酸（维生素 C）；乙酰氧肟酸；木聚糖酶＋β-甘露聚糖酶＋α-半乳糖苷酶＋纤维素酶＋β-葡聚糖酶＋淀粉酶＋蛋白酶；枯草芽孢杆菌＋嗜酸乳杆菌；富马酸＋柠檬酸＋乳酸
深圳市永鲜宝实业有限公司	粤饲添（2015）H02006	丙酸＋丙酸铵
江西华兴保鲜剂有限公司	赣饲添（2015）H14001	丙酸＋乙酸＋苯甲酸钠；甲酸钙＋乳酸＋富马酸＋柠檬酸；乙氧基喹啉＋二丁基羟基甲苯（BHT）＋茶多酚＋柠檬酸；丁酸＋牛磺酸＋柠檬酸＋天然维生素 E＋L-抗坏血酸（维生素 C）
重庆佳美香料有限公司	渝饲添（2015）H08003	丙酸钙；丙酸＋丙酸钙；甲酸＋甲酸钙；甲酸＋甲酸钙＋丙酸钙；乙氧基喹啉；乙氧基喹啉＋二丁基羟基甲苯（BHT）；糖精钠＋饲用香味物质；糖精钠；乳酸；乳酸＋柠檬酸；乳酸＋柠檬酸＋富马酸；乳酸＋柠檬酸＋磷酸；饲用香味物质
江西省百思特动物药业有限公司	赣饲添（2015）H00006	丙酸钙；丙酸＋丙酸钙
陕西金冠牧业有限公司	陕饲添（2015）H04001	丙酸钙＋双乙酸钠；柠檬酸＋甲酸铵；二丁基羟基甲苯（BHT）＋乙氧基喹啉；维生素 A；维生素 D_3；dl-α-生育酚
杭州加润营科生物科技有限公司	浙饲添（2015）H01005	丙酸铬；二丁基羟基甲苯（BHT）；枯草芽孢杆菌＋β-甘露聚糖酶；淀粉酶；蛋白酶
宜春强微生物科技有限公司	赣饲添（2015）H02003	产朊假丝酵母＋枯草芽孢杆菌＋乳酸片球菌；粪肠球菌＋产朊假丝酵母＋枯草芽孢杆菌；乳酸片球菌＋酿酒酵母＋纤维素酶＋木聚糖酶；纤维素酶＋木聚糖酶＋蛋白酶＋酿酒酵母
沧州市一德生物新技术研究所	冀饲添（2015）H07004	产朊假丝酵母＋枯草芽孢杆菌＋嗜酸乳杆菌；酿酒酵母＋枯草芽孢杆菌＋嗜酸乳杆菌
山东邹平兴隆科技有限公司	鲁饲添（2015）H13007	大蒜素
广西壮族自治区化工研究院	桂饲添（2015）H13001	大蒜素；磷酸＋乳酸＋柠檬酸
济南瑞达动物保健品有限公司	鲁饲添（2015）H01230	大蒜素；枯草芽孢杆菌；丙酸钙；乳酸钙；dl-α-生育酚乙酸酯；L-抗坏血酸（维生素 C）；亚硫酸氢钠甲萘醌维生素 K_3

（续）

企业名称	许可证编号	产品品种
沧州市荣盛生物科技有限公司	冀饲添（2015）H07002	大蒜素；枯草芽孢杆菌＋植物乳杆菌＋产朊假丝酵母＋沼泽红假单胞菌；枯草芽孢杆菌＋植物乳杆菌＋产朊假丝酵母；淀粉酶＋纤维素酶＋木聚糖酶＋蛋白酶＋植酸酶＋β-葡聚糖酶
北京盛拓达生物科技有限公司	京饲添（2015）H12011	蛋白酶＋淀粉酶＋β-甘露聚糖酶＋木聚糖酶＋β-葡聚糖酶＋α-半乳糖苷酶；蛋白酶＋淀粉酶＋β-甘露聚糖酶＋木聚糖酶＋葡萄糖氧化酶＋α-半乳糖苷酶；蛋白酶＋淀粉酶＋β-甘露聚糖酶＋木聚糖酶＋β-葡聚糖酶＋纤维素酶＋α-半乳糖苷酶；蛋白酶＋淀粉酶＋β-甘露聚糖酶＋木聚糖酶＋β-葡聚糖酶＋纤维素酶＋葡萄糖氧化酶；蛋白酶＋淀粉酶＋β-甘露聚糖酶＋木聚糖酶＋植酸酶；蛋白酶＋淀粉酶＋β-甘露聚糖酶＋木聚糖酶＋β-葡聚糖酶＋纤维素酶＋葡萄糖氧化酶＋α-半乳糖苷酶＋脂肪酶；蛋白酶＋β-甘露聚糖酶＋木聚糖酶＋β-葡聚糖酶＋纤维素酶；β-甘露聚糖酶＋木聚糖酶＋β-葡聚糖酶＋纤维素酶＋脂肪酶；β-甘露聚糖酶＋木聚糖酶＋β-葡聚糖酶＋纤维素酶＋葡萄糖氧化酶；β-甘露聚糖酶＋葡萄糖氧化酶；木聚糖酶＋葡萄糖氧化酶；木聚糖酶＋β-葡聚糖酶＋纤维素酶；蛋白酶＋淀粉酶＋β-甘露聚糖酶＋木聚糖酶＋β-葡聚糖酶＋纤维素酶＋植酸酶；蛋白酶＋淀粉酶＋木聚糖酶＋β-葡聚糖酶＋纤维素酶＋果胶酶＋植酸酶；蛋白酶＋淀粉酶＋β-甘露聚糖酶＋木聚糖酶＋β-葡聚糖酶＋纤维素酶＋果胶酶＋植酸酶；蛋白酶＋淀粉酶＋木聚糖酶＋β-葡聚糖酶＋纤维素酶＋植酸酶；β-甘露聚糖酶＋木聚糖酶＋β-葡聚糖酶＋纤维素酶；蛋白酶＋淀粉酶＋β-甘露聚糖酶＋木聚糖酶＋β-葡聚糖酶＋纤维素酶；β-甘露聚糖酶＋木聚糖酶＋β-葡聚糖酶＋纤维素酶＋果胶酶；蛋白酶＋淀粉酶＋β-甘露聚糖酶＋木聚糖酶＋β-葡聚糖酶＋纤维素酶＋果胶酶；植酸酶；木聚糖酶；β-甘露聚糖酶；α-半乳糖苷酶；葡萄糖氧化酶；β-葡聚糖酶；淀粉酶；果胶酶；脂肪酶；纤维素酶；蛋白酶；甜菜碱；地衣芽孢杆菌＋枯草芽孢杆菌
河南百部饲料科技有限公司	豫饲添（2015）H14010	低聚壳聚糖
滨州海迈德动物营养有限公司	鲁饲添（2015）H13012	低聚壳聚糖；枯草芽孢杆菌；糖精钠；甲酸钙；双乙酸钠；柠檬酸；富马酸；虾青素；富马酸亚铁；L-抗坏血酸（维生素 C）；dl-α-生育酚乙酸酯；牛磺酸；甜菜碱；枯草芽孢杆菌＋植物乳杆菌＋酿酒酵母；枯草芽孢杆菌＋嗜酸乳杆菌；枯草芽孢杆菌＋粪肠球菌；甘露寡糖；蛋白酶；木聚糖酶＋淀粉酶＋纤维素酶＋蛋白酶；植酸酶＋木聚糖酶＋纤维素酶＋β-甘露聚糖酶；木聚糖酶＋β-葡聚糖酶＋纤维素酶＋β-甘露聚糖酶
江苏康维生物有限公司	苏饲添（2015）H09002	低聚木糖（木寡糖）；低聚木糖（木寡糖）＋枯草芽孢杆菌

（续）

企业名称	许可证编号	产品品种
山东益通益健生物科技有限公司	鲁饲添（2015）H09124	低聚木糖（木寡糖）；丙酸钙；地衣芽孢杆菌；枯草芽孢杆菌＋木聚糖酶；凝结芽孢杆菌；牛磺酸；乳酸；屎肠球菌；乳酸＋富马酸＋柠檬酸；枯草芽孢杆菌＋粪肠球菌＋木聚糖酶；β-甘露聚糖酶；枯草芽孢杆菌；枯草芽孢杆菌＋低聚木糖（木寡糖）；木聚糖酶＋纤维素酶＋蛋白酶；木聚糖酶＋纤维素酶＋淀粉酶＋蛋白酶；木聚糖酶；木聚糖酶＋β-葡聚糖酶；酿酒酵母；嗜酸乳杆菌＋低聚木糖（木寡糖）；嗜酸乳杆菌＋木聚糖酶；脂肪酶；植物乳杆菌＋低聚木糖（木寡糖）
福建宁德贝迪生物科技有限公司	闽饲添（2015）H03360	地衣芽孢杆菌；枯草芽孢杆菌＋地衣芽孢杆菌；枯草芽孢杆菌；嗜酸乳杆菌；维生素 A＋硝酸硫胺（维生素 B_1）＋核黄素（维生素 B_2）＋氰钴胺（维生素 B_{12}）＋枯草芽孢杆菌；维生素 A＋维生素 D_3＋枯草芽孢杆菌；硝酸硫胺（维生素 B_1）＋核黄素（维生素 B_2）＋盐酸吡哆醇（维生素 B_6）＋氰钴胺（维生素 B_{12}）＋枯草芽孢杆菌；维生素 A＋硝酸硫胺（维生素 B_1）＋核黄素（维生素 B_2）＋盐酸吡哆醇（维生素 B_6）＋氰钴胺（维生素 B_{12}）＋枯草芽孢杆菌；维生素 A＋维生素 D_3＋硝酸硫胺（维生素 B_1）＋核黄素（维生素 B_2）＋盐酸吡哆醇（维生素 B_6）＋氰钴胺（维生素 B_{12}）＋L-抗坏血酸（维生素 C）＋枯草芽孢杆菌；沼泽红假单胞菌
广州南方动物保健药厂	粤饲添（2015）H01036	地衣芽孢杆菌；谷氨酸钠；碳酸氢钠＋氯化钾；双乙酸钠；碳酸氢钠；L-赖氨酸盐酸盐；碳酸钠；氯化钾；山梨酸钾；甜菜碱盐酸盐；丙酸钙；丙酸钠；DL-泛酸钙；β-胡萝卜素；亚硫酸氢钠甲萘醌（维生素 K_3）；烟酸
上海创博生态工程有限公司	沪饲添（2015）H04007	地衣芽孢杆菌；枯草芽孢杆菌；枯草芽孢杆菌＋植物乳杆菌＋酿酒酵母
漳州六维生物科技有限公司	闽饲添（2015）H06354	地衣芽孢杆菌；枯草芽孢杆菌；酿酒酵母；嗜酸乳杆菌
河南金大众生物工程有限公司	豫饲添（2015）H08017	地衣芽孢杆菌；枯草芽孢杆菌；乳酸片球菌；蛋白酶；纤维素酶；木聚糖酶；枯草芽孢杆菌＋酿酒酵母；枯草芽孢杆菌＋乳酸片球菌
镇江润程生物科技有限公司	苏饲添（2015）H11001	地衣芽孢杆菌；枯草芽孢杆菌；糖精钠；丙酸钙；柠檬酸＋富马酸
江西永惠实业有限公司	赣饲添（2015）H05003	碘化钾；碘酸钙；氯化钴；氧化锌
广西兴腾科生物饲料有限公司	桂饲添（2015）H01003	碘酸钙；硫酸钴；硫酸锰；硫酸锌；硫酸铜；硫酸亚铁；硫酸镁；氧化锌；碱式氯化铜
江苏易实生物科技有限公司	苏饲添（2015）H10001	碘酸钙；氯化钴；吡啶甲酸铬；乙氧基喹啉＋二丁基羟基甲苯（BHT）；果寡糖

（续）

企业名称	许可证编号	产品品种
上海华亭化工厂有限公司	沪饲添（2015）H02009	碘酸钙；氯化钴；硫酸钴；亚硒酸钠；烟酸铬；吡啶甲酸铬
广州市江丰实业股份有限公司	粤饲添（2015）H01035	碘酸钙；氯化钴；亚硒酸钠；L-肉碱盐酸盐
长春新成饲料有限公司	吉饲添（2015）H01005	碘酸钙；亚硒酸钠；氯化钴；硫酸锌；碘化钾；硫酸铜；碘酸钾
北京挑战生物技术有限公司	京饲添（2015）H06024	淀粉酶＋蛋白酶＋β-甘露聚糖酶＋木聚糖酶＋β-葡聚糖酶＋纤维素酶＋植酸酶；蛋白酶＋淀粉酶＋木聚糖酶＋β-葡聚糖酶＋纤维素酶＋果胶酶＋植酸酶；蛋白酶＋淀粉酶＋β-甘露聚糖酶＋木聚糖酶＋β-葡聚糖酶＋纤维素酶＋果胶酶＋植酸酶；β-甘露聚糖酶＋木聚糖酶＋β-葡聚糖酶＋纤维素酶；淀粉酶＋蛋白酶＋β-甘露聚糖酶＋木聚糖酶＋β-葡聚糖酶＋纤维素酶；蛋白酶＋淀粉酶＋β-甘露聚糖酶＋木聚糖酶＋β-葡聚糖酶＋纤维素酶＋果胶酶：蛋白酶＋淀粉酶＋β-甘露聚糖酶＋木聚糖酶＋β-葡聚糖酶＋纤维素酶＋果胶酶；蛋白酶＋淀粉酶＋β-甘露聚糖酶＋木聚糖酶＋β-葡聚糖酶＋纤维素酶；β-甘露聚糖酶＋木聚糖酶＋β-葡聚糖酶＋纤维素酶＋果胶酶；淀粉酶＋蛋白酶＋β-甘露聚糖酶＋木聚糖酶＋β-葡聚糖酶＋纤维素酶＋果胶酶；蛋白酶＋淀粉酶＋β-甘露聚糖酶＋木聚糖酶＋；蛋白酶＋淀粉酶＋β-甘露聚糖酶＋木聚糖酶＋葡萄糖氧化酶＋α-半乳糖苷酶；蛋白酶＋淀粉酶＋β-甘露聚糖酶＋木聚糖酶＋纤维素酶＋α-半乳糖苷酶；淀粉酶＋蛋白酶＋β-甘露聚糖酶＋木聚糖酶＋β-葡聚糖酶＋纤维素酶＋α-半乳糖苷酶；淀粉酶＋蛋白酶＋β-甘露聚糖酶＋木聚糖酶＋β-葡聚糖酶＋α-半乳糖苷酶；淀粉酶＋蛋白酶＋β-甘露聚糖酶＋木聚糖酶＋β-葡聚糖酶＋纤维素酶＋果胶酶＋α-半乳糖苷酶；β-甘露聚糖酶＋木聚糖酶＋β-葡聚糖酶＋纤维素酶＋α-半乳糖苷酶；淀粉酶＋β-甘露聚糖酶＋木聚糖酶＋β-葡聚糖酶＋纤维素酶；蛋白酶＋淀粉酶＋β-甘露聚糖酶＋木聚糖酶＋β-葡聚糖酶＋纤维素酶＋葡萄糖氧化酶；蛋白酶＋β-甘露聚糖酶＋木聚糖酶＋β-葡聚糖酶＋纤维素酶＋葡萄糖氧化酶；β-甘露聚糖酶＋木聚糖酶＋β-葡聚糖酶＋纤维素酶＋葡萄糖氧化酶；β-甘露聚糖酶＋木聚糖酶＋葡萄糖氧化酶＋α-半乳糖苷酶；蛋白酶＋淀粉酶＋β-甘露聚糖酶＋木聚糖酶＋葡萄糖氧化酶＋α-半乳糖苷酶；葡萄糖氧化酶＋β-甘露聚糖酶；木聚糖酶＋葡萄糖氧化酶；地衣芽孢杆菌＋枯草芽孢杆菌；淀粉酶＋蛋白酶＋β-甘露聚糖酶＋木聚糖酶＋植酸酶；植酸酶；木聚糖酶；β-甘露聚糖酶；α-半乳糖苷酶；β-葡聚糖酶；葡萄糖氧化酶；甜菜碱；富马酸亚铁
广州百遨盛生物科技有限公司	粤饲添（2015）H01024	淀粉酶＋蛋白酶＋木聚糖酶
湖北神舟化工有限公司	鄂饲添（2015）H07003	丁酸钠；吡啶甲酸铬；烟酸铬；富马酸亚铁；甘氨酸铁络（螯）合物；蛋氨酸锌络（螯）合物；柠檬黄；乙酰氧肟酸；4-氨基丁酸（γ-氨基丁酸）

（续）

企业名称	许可证编号	产品品种
河南易达菲动物药业有限公司	豫饲添（2015）H01013	丁酸钠；木聚糖酶；L-半胱氨酸；枯草芽孢杆菌＋地衣芽孢杆菌；β-胡萝卜素；L-肉碱盐酸盐；大蒜素；杜仲叶提取物；淫羊藿提取物；牛磺酸；糖萜素；乳酸＋柠檬酸
河南索康生物技术有限公司	豫饲添（2015）H08023	丁酸钠；木聚糖酶；枯草芽孢杆菌＋地衣芽孢杆菌；牛磺酸；淫羊藿提取物（有效成分为淫羊藿苷）；β-胡萝卜素；L-半胱氨酸
安徽天安生物科技股份有限公司	皖饲添（2015）H13001	杜仲叶提取物（有效成分为绿原酸、杜仲多糖、杜仲黄酮）；枯草芽孢杆菌
广州市天农生物科技有限公司	粤饲添（2015）H01028	粪肠球菌；枯草芽孢杆菌＋粪肠球菌＋酿酒酵母；木聚糖酶＋纤维素酶＋蛋白酶；枯草芽孢杆菌＋粪肠球菌＋蛋白酶＋纤维素酶；酿酒酵母＋蛋白酶＋β-1，3-D-葡聚糖（源自酿酒酵母）；嗜酸乳杆菌＋酿酒酵母＋酵母硒
长沙金方堂生物科技有限公司	湘饲添（2015）H01007	粪肠球菌；维生素A乙酸酯＋维生素D_3＋dl-α-生育酚乙酸酯＋杜仲叶提取物（有效成分为绿原酸、杜仲多糖、杜仲黄酮）
广州绿动饲料有限公司	粤饲添（2015）H01019	粪肠球菌＋产朊假丝酵母
沧州市东方兽药有限公司	冀饲添（2015）H07005	粪肠球菌＋嗜酸乳杆菌＋枯草芽孢杆菌＋产朊假丝酵母；沼泽红假单胞菌＋枯草芽孢杆菌；产朊假丝酵母；盐酸硫胺（维生素B_1）；核黄素（维生素B_2）；L-抗坏血酸（维生素C）；维生素A＋维生素D_3；亚硒酸钠＋dl-α-生育酚乙酸酯
北京安海维饲料有限公司	京饲添（2015）H07024	富马酸＋柠檬酸；柠檬酸＋乳酸；乳酸＋富马酸；dl-α-生育酚＋茶多酚；dl-α-生育酚＋二丁基羟基甲苯（BHT）；二丁基羟基甲苯（BHT）＋茶多酚；维生素A＋dl-α-生育酚
潍坊加易加生物科技有限公司	鲁饲添（2015）H07205	富马酸亚铁；吡啶甲酸铬；半胱胺盐酸盐；L-抗坏血酸（维生素C）；甜菜碱；枯草芽孢杆菌；乙氧基喹啉＋二丁基羟基甲苯（BHT）；乳酸＋柠檬酸＋磷酸；乳酸＋柠檬酸＋富马酸；食品用香料（乙基香兰素＋乙基麦芽酚）；丙酸＋丙酸钙；大蒜素；糖精钠；牛至香酚；液态（乳酸＋柠檬酸＋丙酸）
广州广牧丰生物技术有限公司	粤饲添（2015）H01034	富马酸亚铁；枯草芽孢杆菌；枯草芽孢杆菌＋嗜酸乳杆菌；乳酸＋富马酸；富马酸＋乳酸＋枯草芽孢杆菌；液态（乳酸＋柠檬酸）
北京天地大科技有限责任公司	京饲添（2015）H07025	甘氨酸铁络（螯）合物；淀粉酶＋纤维素酶＋蛋白酶；地衣芽孢杆菌＋枯草芽孢杆菌；乳酸＋柠檬酸＋磷酸；大蒜素；糖精钠

（续）

企业名称	许可证编号	产品品种
西安泰乐星生物科技有限公司	陕饲添（2015）H01004	甘露寡糖
东营德高生物技术有限责任公司	鲁饲添（2015）H05131	甘露寡糖；甜菜碱；甜菜碱盐酸盐；丁酸钠；食品用香料（4-氨基丁酸（γ-氨基丁酸））；食品用香料（香芹酚）；大蒜素
河北凯特饲料有限公司	冀饲添（2015）H09004	甘油脂肪酸酯
山东省大鸡制药有限公司平阴分公司	鲁饲添（2015）H01146	甘油脂肪酸酯；液态甘油脂肪酸酯；植酸酶＋木聚糖酶；牛磺酸；液态（乳酸＋柠檬酸）；酿酒酵母；杜仲叶提取物（有效成分为绿原酸、杜仲多糖、杜仲黄酮）；甘露寡糖；枯草芽孢杆菌；香芹酚＋百里香酚；枯草芽孢杆菌＋酿酒酵母；低聚木糖（木寡糖）；柠檬酸；dl-α-生育酚乙酸酯
固安君德同创生物工程有限公司	冀饲添（2015）H06001	胍基乙酸
河北新华科极兽药集团有限公司	冀饲添（2015）H01009	果寡糖；L-抗坏血酸（维生素 C）；大蒜素；糖萜素（源自山茶籽饼）
北京国盛祥科技有限公司	京饲添（2015）H07018	果胶酶＋木聚糖酶；木聚糖酶＋果胶酶＋β-甘露聚糖酶；β-甘露聚糖酶＋纤维素酶＋木聚糖酶；木聚糖酶＋蛋白酶＋淀粉酶；木聚糖酶＋纤维素酶
林州亚太兴牧科技有限公司	豫饲添（2015）H05019	混合型饲料添加剂 N-氨甲酰谷氨酸
广州市正百饲料科技有限公司	粤饲添（2015）H01020	甲酸；乳酸＋柠檬酸＋富马酸＋磷酸；甲酸＋甲酸钙＋富马酸＋磷酸＋柠檬酸＋乳酸；甲酸＋甲酸钙；乳酸＋富马酸＋柠檬酸；柠檬酸＋乳酸；乳酸＋富马酸＋苯甲酸；苯甲酸
山东深海生物科技股份有限公司	鲁饲添（2015）H06118	枯草芽孢杆菌
山东仙普爱瑞科技股份有限公司	鲁饲添（2015）H07095	枯草芽孢杆菌
山东微尔生物工程有限公司	鲁饲添（2015）H09101	枯草芽孢杆菌
山东益海生物技术有限公司	鲁饲添（2015）H09102	枯草芽孢杆菌
广州百仕肽生物科技有限公司	粤饲添（2015）H01021	枯草芽孢杆菌
湛江大丰收生物科技有限公司	粤饲添（2015）H15002	枯草芽孢杆菌
厦门市科环海洋生物科技有限公司	闽饲添（2015）H02355	枯草芽孢杆菌；L-抗坏血酸-2-磷酸酯；核黄素（维生素 B_2）；dl-α-生育酚乙酸酯；
武汉安瑞生物科技有限公司	鄂饲添（2015）H04001	枯草芽孢杆菌；枯草芽孢杆菌＋地衣芽孢杆菌＋凝结芽孢杆菌；L-抗坏血酸（维生素 C）；柠檬酸
湛江市丹谷生物科技有限公司	粤饲添（2015）H15001	枯草芽孢杆菌；枯草芽孢杆菌＋酿酒酵母
四川中农致远生物科技有限公司	川饲添（2015）H09001	枯草芽孢杆菌；枯草芽孢杆菌＋嗜酸乳杆菌
广州市博仕奥水产饲料科技有限公司	粤饲添（2015）H01037	枯草芽孢杆菌；L-肉碱盐酸盐；茶多酚；乳酸；纤维素酶＋蛋白酶

（续）

企业名称	许可证编号	产品品种
德力美克（天津）生物科技有限公司	津饲添（2015）H02001	枯草芽孢杆菌；粪肠球菌；产朊假丝酵母；嗜酸乳杆菌+粪肠球菌；粪肠球菌+产朊假丝酵母+嗜酸乳杆菌；粪肠球菌+嗜酸乳杆菌+枯草芽孢杆菌；粪肠球菌+产朊假丝酵母+枯草芽孢杆菌；粪肠球菌+嗜酸乳杆菌+枯草芽孢杆菌+产朊假丝酵母；L-抗坏血酸（维生素C）；亚硫酸氢钠甲萘醌（维生素K_3）；杜仲叶提取物（有效成分为绿原酸、杜仲多糖、杜仲黄酮）+dl-α-生育酚+L-抗坏血酸钠；DL-蛋氨酸+L-苏氨酸+果寡糖；磷酸二氢钾+亚硒酸钠+碳酸氢钠+氯化钾；乳酸钙+氯化钙+维生素D_3；液态嗜酸乳杆菌；液态粪肠球菌+液态嗜酸乳杆菌+液态枯草芽孢杆菌；液态［杜仲叶提取物（有效成分为绿原酸、杜仲多糖、杜仲黄酮）+dl-α-生育酚+L-抗坏血酸钠］；液态（DL-蛋氨酸+L-苏氨酸+果寡糖）；液态（乳酸钙+氯化钙+维生素D_3）
武汉新宏玑生物科技有限公司	鄂饲添（2015）H01003	枯草芽孢杆菌；酿酒酵母；酵母硒
安琪酵母股份有限公司	鄂饲添（2015）H05001	枯草芽孢杆菌；酿酒酵母；酵母硒；酿酒酵母+酵母硒；酿酒酵母+枯草芽孢杆菌
山东蓝道夫生物科技有限公司	鲁饲添（2015）H09232	枯草芽孢杆菌；酿酒酵母；壳寡糖（寡聚β-（1-4）-2-氨基-2-脱氧-D-葡萄糖）（n=2～10）
武汉科缘生物发展有限责任公司	鄂饲添（2015）H01001	枯草芽孢杆菌；酿酒酵母；植物乳杆菌；屎肠球菌；动物双歧杆菌；枯草芽孢杆菌+酿酒酵母；枯草芽孢杆菌+植物乳杆菌；植物乳杆菌+酿酒酵母；枯草芽孢杆菌+酿酒酵母+植物乳杆菌；枯草芽孢杆菌+屎肠球菌；枯草芽孢杆菌+地衣芽孢杆菌+凝结芽孢杆菌
商丘爱己爱牧生物科技股份有限公司	豫饲添（2015）H14021	枯草芽孢杆菌；葡萄糖氧化酶；枯草芽孢杆菌+乳酸片球菌
广州科盛生物科技有限公司	粤饲添（2015）H01027	枯草芽孢杆菌；嗜酸乳杆菌
宜宾新举措科技有限公司	川饲添（2015）H12001	枯草芽孢杆菌；硬脂酸钙；丙酸铬
陕西易奇生物科技有限责任公司	陕饲添（2015）H05001	枯草芽孢杆菌；沼泽红假单胞菌；酿酒酵母；枯草芽孢杆菌+嗜酸乳杆菌+酿酒酵母
沧州康微生物技术有限公司	冀饲添（2015）H07003	枯草芽孢杆菌+产朊假丝酵母+嗜酸乳杆菌+地衣芽孢杆菌；枯草芽孢杆菌+嗜酸乳杆菌+地衣芽孢杆菌；嗜酸乳杆菌+地衣芽孢杆菌；枯草芽孢杆菌+产朊假丝酵母+地衣芽孢杆菌
西安乐道生物科技有限公司	陕饲添（2015）H01003	枯草芽孢杆菌+地衣芽孢杆菌+嗜酸乳杆菌+酿酒酵母；液态枯草芽孢杆菌+液态地衣芽孢杆菌+液态嗜酸乳杆菌+液态酿酒酵母

（续）

企业名称	许可证编号	产品品种
河南牧翔动物药业有限公司	豫饲添（2015）H10020	枯草芽孢杆菌＋丁酸梭菌；葡萄糖氧化酶；牛磺酸；柠檬酸；维生素C＋牛磺酸；L-抗坏血酸（维生素C）；杜仲叶提取物；柠檬酸＋富马酸；半胱胺盐酸盐；枯草芽孢杆菌＋地衣芽孢杆菌＋丁酸梭菌；枯草芽孢杆菌；淫羊藿提取物；吡啶甲酸铬＋淫羊藿提取物；维生素A乙酸酯＋维生素D_3＋淫羊藿提取物；维生素A乙酸酯＋维生素D_3＋dl-α-生育酚乙酸酯＋淫羊藿提取物；淫羊藿提取＋硝酸硫胺（维生素B_1）＋核黄素（维生素B_2）＋亚硫酸氢钠甲萘醌（维生素K_3）；维生素A乙酸酯＋维生素D_3＋dl-α-生育酚乙酸酯＋硝酸硫胺（维生素B_1）＋核黄素（维生素B_2）＋盐酸吡哆醇（维生素B_6）＋烟酰胺＋淫羊藿提取；淫羊藿提取＋杜仲叶提取
泰安市新众发生物技术有限公司	鲁饲添（2015）H09167	枯草芽孢杆菌＋粪肠球菌
北京好实沃生物技术有限公司	京饲添（2015）H12010	枯草芽孢杆菌＋粪肠球菌＋屎肠球菌＋酿酒酵母
上海安丁生物（汤阴）药业有限公司	豫饲添（2015）H05010	枯草芽孢杆菌＋酿酒酵母
深圳绿色环球生物科技有限公司	粤饲添（2015）H02005	枯草芽孢杆菌＋酿酒酵母＋乳酸片球菌
西安骏宝生物有限责任公司	陕饲添（2015）H01001	枯草芽孢杆菌＋酿酒酵母＋嗜酸乳杆菌
陕西蓝牧生物科技有限公司	陕饲添（2015）H04003	枯草芽孢杆菌＋酿酒酵母＋植物乳杆菌；维生素A乙酸酯＋维生素D_3＋dl-α-生育酚＋硝酸硫胺（维生素B_1）＋核黄素（维生素B_2）＋盐酸吡哆醇（维生素B_6）＋氰钴胺（维生素B_{12}）＋D-泛酸钙＋枯草芽孢杆菌＋嗜酸乳杆菌＋酿酒酵母
临沂海蓝生物科技有限公司	鲁饲添（2015）H16115	枯草芽孢杆菌＋嗜酸乳杆菌
江西高胜动物保健品有限公司	赣饲添（2015）H00005	枯草芽孢杆菌＋嗜酸乳杆菌＋地衣芽孢杆菌＋酿酒酵母；牛磺酸；碳酸氢钠；果寡糖＋β-1，3-D-葡聚糖（源自酿酒酵母）；地衣芽孢杆菌＋木聚糖酶；L-抗坏血酸（维生素C）；磷酸＋柠檬酸＋乳酸＋富马酸＋丁酸＋丁酸钠；枯草芽孢杆菌；地衣芽孢杆菌；枯草芽孢杆菌＋嗜酸乳杆菌＋地衣芽孢杆菌；酿酒酵母；枯草芽孢杆菌＋嗜酸乳杆菌；磷酸＋柠檬酸＋乳酸＋富马酸＋丁酸；柠檬酸＋乳酸＋富马酸；柠檬酸＋丁酸钠；β-1，3-D-葡聚糖（源自酿酒酵母）；果寡糖
泰安天宝动物保健品厂	鲁饲添（2015）H09208	枯草芽孢杆菌＋嗜酸乳杆菌＋粪肠球菌
大连阳光白奥科技有限公司	辽饲添（2015）H02002	枯草芽孢杆菌＋嗜酸乳杆菌＋酿酒酵母
济南中农昊正生物技术有限公司	鲁饲添（2015）H01140	枯草芽孢杆菌＋嗜酸乳杆菌＋酿酒酵母
河北远征药业有限公司	冀饲添（2015）H01007	枯草芽孢杆菌＋嗜酸乳杆菌＋维生素A＋维生素E；枯草芽孢杆菌＋维生素A＋盐酸硫胺（维生素B_1）＋核黄素（维生素B_2）＋盐酸吡哆醇（维生素B_6）；枯草芽孢杆菌＋酿酒酵母＋盐酸硫胺（维生素B_1）＋核黄素（维生素B_2）＋盐酸吡哆醇（维生素B_6）

（续）

企业名称	许可证编号	产品品种
山东众成饲料科技有限公司	鲁饲添（2015）H09108	枯草芽孢杆菌+植物乳杆菌
诸城东荣农业科技有限公司	鲁饲添（2015）H07211	辣椒红；天然叶黄素（源自万寿菊）；天然叶黄素（源自万寿菊）+辣椒红；丙酸+丁酸；液态天然叶黄素（源自万寿菊）；液态辣椒红；液态［天然叶黄素（源自万寿菊）+辣椒红］
沈阳华飞生物技术有限公司	辽饲添（2015）H01006	磷酸
生物源生物技术（深圳）有限公司	粤饲添（2015）H02007	磷酸；嗜酸乳杆菌；甲酸+甲酸钙；丙酸+丙酸钠；枯草芽孢杆菌+嗜酸乳杆菌；植物乳杆菌+酿酒酵母；糖精钠+谷氨酸钠；糖精钠+新甲基橙皮苷二氢查耳酮；乳酸+柠檬酸+磷酸；柠檬酸+乳酸+富马酸；液态（乳酸+柠檬酸+甲酸）；丙酸钠+丙酸+山梨酸钾；液态（丙酸钠+丙酸+氯化镁）；液态（枯草芽孢杆菌+嗜酸乳杆菌+酿酒酵母）；酿酒酵母+植物乳杆菌+枯草芽孢杆菌；糖精钠+谷氨酸钠+饲用香味物质；乳酸+柠檬酸+富马酸+苯甲酸；富马酸+柠檬酸+乳酸+磷酸；液态（丙酸钠+丙酸+山梨酸钾+氯化镁）；枯草芽孢杆菌+嗜酸乳杆菌+植物乳杆菌+酿酒酵母；液态（甲酸+乳酸+柠檬酸+嗜酸乳杆菌）；乳酸+富马酸+柠檬酸+磷酸+苯甲酸；乳酸+柠檬酸+磷酸+丙酸+丙酸钠；丙酸+丙酸钠+乳酸+富马酸+柠檬酸；液态嗜酸乳杆菌；液态（枯草芽孢杆菌+嗜酸乳杆菌）；液态（枯草芽孢杆菌+嗜酸乳杆菌+酿酒酵母）
上海新锦化工有限公司	沪饲添（2015）H02008	硫酸钠；硫酸镁；硫酸亚铁；硫酸铜；氧化锌；硫酸锌；硫酸锰；碘化钾；碘酸钾；碘酸钙；氯化钴；亚硒酸钠；甲酸钙；氯化钾
杭州后秀饲料有限公司	浙饲添（2015）H01003	硫酸铜；碘酸钙；氯化钴；亚硒酸钠
广州饲料添加剂厂	粤饲添（2015）H01029	硫酸铜；硫酸亚铁；硫酸锌；硫酸锰；硫酸镁；氧化锌；硫酸钴；碘酸钙；亚硒酸钠；氯化钴；氯化钾；碘化钾
广东兴腾科生物科技有限公司	粤饲添（2015）H17002	硫酸亚铁；硫酸锰；硫酸铜；硫酸锌；硫酸镁；氧化锌；碱式氯化铜；碘酸钙；亚硒酸钠；硫酸钴；亚硒酸钠+硫酸钴+碘酸钙；酵母硒；甘氨酸铁络（螯）合物+蛋氨酸铁络（螯）合物+乳酸亚铁；甘氨酸锌；甘氨酸铁络（螯）合物；吡啶甲酸铬
特明科氯化胆碱（上海）有限公司	沪饲添（2015）H09002	氯化胆碱
徐州汉威饲料有限公司	苏饲添（2015）H03003	氯化胆碱、甜菜碱
西安易发饲料科技有限公司	陕饲添（2015）H01002	氯化钴；碘酸钙；氧化锌；氧化镁；亚硒酸钠；硫酸铜；硫酸锌；硫酸亚铁；硫酸锰；硫酸镁
泰安汉威化工有限公司	鲁饲添（2015）H09004	氯化钴；硫酸钴；碘酸钙；亚硒酸钠

（续）

企业名称	许可证编号	产品品种
河南新明磊生物科技有限公司	豫饲添（2015）H01022	木聚糖酶；丁酸钠；枯草芽孢杆菌＋地衣芽孢杆菌；枯草芽孢杆菌
湖南盛东生物科技有限公司	湘饲添（2015）H06004	木聚糖酶；纤维素酶；β-葡聚糖酶；β-甘露聚糖酶；植酸酶；蛋白酶；淀粉酶；葡萄糖氧化酶；果胶酶；脂肪酶；α-半乳糖苷酶；木聚糖酶＋蛋白酶＋淀粉酶＋脂肪酶；木聚糖酶＋β-葡聚糖酶＋蛋白酶＋淀粉酶；木聚糖酶＋纤维素酶＋β-葡聚糖酶＋蛋白酶＋淀粉酶；木聚糖酶＋纤维素酶＋β-葡聚糖酶；木聚糖酶＋淀粉酶＋蛋白酶；木聚糖酶＋纤维素酶＋β-葡聚糖酶＋淀粉酶
青岛蓝泰生物科技有限公司	鲁饲添（2015）H02209	木聚糖酶＋β-葡聚糖酶；甘氨酸铁络（螯）合物；糖精钠；甘露寡糖；丙酸钙；乳酸＋柠檬酸；低聚壳聚糖；杜仲叶提取物（有效成分为绿原酸、杜仲多糖、杜仲黄酮）
四川蓝海洋科技有限公司	川饲添（2015）H06002	苜蓿提取物（有效成分为苜蓿多糖、苜蓿黄酮、苜蓿皂甙）
广东雅琪生物科技有限公司	粤饲添（2015）H01022	酿酒酵母；枯草芽孢杆菌；地衣芽孢杆菌；嗜酸乳杆菌；甘露寡糖；酵母硒；甲酸钙；枯草芽孢杆菌＋地衣芽孢杆菌＋嗜酸乳杆菌＋酿酒酵母；枯草芽孢杆菌＋地衣芽孢杆菌＋酿酒酵母；枯草芽孢杆菌＋地衣芽孢杆菌
湖北省新兴地生物技术有限公司	鄂饲添（2015）H10001	酿酒酵母；枯草芽孢杆菌；粪肠球菌；屎肠球菌；嗜酸乳杆菌；粪肠球菌＋屎肠球菌＋嗜酸乳杆菌；粪肠球菌＋屎肠球菌＋嗜酸乳杆菌＋酿酒酵母；枯草芽孢杆菌＋酿酒酵母；枯草芽孢杆菌＋嗜酸乳杆菌＋粪肠球菌＋屎肠球菌
武汉金禾科技发展有限公司	鄂饲添（2015）H01002	酿酒酵母＋枯草芽孢杆菌
新疆海星资环生物科技有限公司	新饲添（2015）H01006	酿酒酵母＋植物乳杆菌＋枯草芽孢杆菌
哈尔滨兴普饲料有限公司	黑饲添（2015）H01009	尿素
北京博农利生物科技有限公司	京饲添（2015）H07022	柠檬酸＋富马酸＋磷酸；磷酸＋柠檬酸＋乳酸；氨基酸铜络合物（氨基酸来源于水解植物蛋白）＋L-赖氨酸＋L-苏氨酸＋L-色氨酸；L-色氨酸＋L-苏氨酸＋L-赖氨酸＋氨基酸锌络合物（氨基酸来源于水解植物蛋白）；氨基酸锰络合物（氨基酸来源于水解植物蛋白）＋L-赖氨酸＋L-苏氨酸＋L-色氨酸；L-色氨酸＋L-苏氨酸＋L-赖氨酸；氨基酸铁络合物（氨基酸来源于水解植物蛋白）＋L-赖氨酸＋L-苏氨酸＋L-色氨酸；甘氨酸＋甘氨酸铁络（螯）合物

（续）

企业名称	许可证编号	产品品种
哈尔滨百亿嘉动物营养品有限公司	黑饲添（2015）H01010	牛磺酸；L-抗坏血酸（维生素C）；dl-α-生育酚乙酸酯；葡萄糖酸钙；富马酸亚铁；蛋白酶；葡萄糖氧化酶；枯草芽孢杆菌；嗜酸乳杆菌；酿酒酵母；枯草芽孢杆菌＋嗜酸乳杆菌＋酿酒酵母；乳酸＋富马酸＋柠檬酸；糖精钠；谷氨酸钠；甘露寡糖；糖萜素（源自山茶籽饼）；液态牛磺酸；液态葡萄糖酸钙；液态葡萄糖氧化酶；液态蛋白酶；液态酿酒酵母；液态枯草芽孢杆菌＋液态嗜酸乳杆菌＋液态酿酒酵母；液态枯草芽孢杆菌＋液态嗜酸乳杆菌；液态乳酸＋液态富马酸＋液态柠檬酸；液态甘露寡糖；液态糖萜素（源自山茶籽饼）
新乡市八牧科技有限公司	豫饲添（2015）H07016	牛磺酸；糖萜素；淫羊藿提取物；杜仲叶提取物；L-肉碱盐酸盐；大蒜素；β-胡萝卜素；木聚糖酶；L-半胱氨酸；丁酸钠；乳酸＋柠檬酸
福建中农牧生物药业有限公司	闽饲添（2015）H07317	牛至香酚
山东和瑞源农牧科技有限公司	鲁饲添（2015）H15169	牛至香酚；双乙酸钠；甲酸钙；杜仲叶提取物（有效成分为绿原酸、杜仲多糖、杜仲黄酮）
广州美瑞泰科生物工程技术有限公司	粤饲添（2015）H01038	牛至香酚；糖精钠；磷酸；丙酸；柠檬酸＋磷酸；磷酸＋乳酸；丙酸＋丙酸铵；甲酸＋乳酸＋富马酸；丙酸铵＋丙酸＋苯甲酸；三氧化二铝＋二氧化硅（沉淀并经干燥的硅酸）；乙氧基喹啉＋没食子酸丙酯；纤维素酶＋木聚糖酶＋β-葡聚糖酶；液态牛至香酚；液态（甲酸＋丙酸）；液态（丙酸＋乳酸）
重庆民泰香料化工有限责任公司	渝饲添（2015）H08002	纽甜；糖精钠＋纽甜；糖精钠＋纽甜＋新甲基橙皮苷二氢查耳酮；乙氧基喹啉；大蒜素；乳酸＋富马酸＋磷酸＋甲酸；磷酸；甲酸＋丙酸＋山梨酸＋苯甲酸＋氢氧化钠；丙酸＋丙酸铵；肉桂醛＋苯甲酸＋丙酸＋丙酸铵＋氢氧化钠；丙酸＋丙酸铵；甲酸＋甲酸铵＋丙酸＋丙酸铵；富马酸亚铁；4-氨基丁酸（γ-氨基丁酸）；饲用香味物质；甜味物质（糖精钠）
河北瑞新生物科技有限公司	冀饲添（2015）H01004	氰钴胺（维生素B_{12}）
石家庄华丰维生素有限公司	冀饲添（2015）H01006	氰钴胺（维生素B_{12}）
河北华荣制药有限公司	冀饲添（2015）H01008	氰钴胺（维生素B_{12}）
河北玉星生物工程有限公司	冀饲添（2015）H09002	氰钴胺（维生素B_{12}）
山东嘉恒药业有限公司	鲁饲添（2015）H11151	溶菌酶；牛磺酸；牛磺酸＋L-抗坏血酸（维生素C）；牛磺酸＋dl-α-生育酚乙酸酯；盐酸硫胺（维生素B_1）；核黄素（维生素B_2）；盐酸吡哆醇（维生素B_6）；氰钴胺（维生素B_{12}）；L-抗坏血酸（维生素C）；亚硫酸氢钠甲萘醌（维生素K_3）；枯草芽孢杆菌＋嗜酸乳杆菌；双乙酸钠；丙酸钙；柠檬酸；碳酸氢钠；氯化钾；杜仲叶提取物（有效成分为绿原酸、杜仲多糖、杜仲黄酮）；D-生物素；甜菜碱；维生素D_3；木聚糖酶＋β-甘露聚糖酶＋枯草芽孢杆菌；葡萄糖氧化酶；低聚木糖（木寡糖）；木聚糖酶＋β-甘露聚糖酶；吡啶甲酸铬；硫酸锌＋食品用香料（美国栗树叶提取物）；淫羊藿提取物（有效成分为淫羊藿苷）

（续）

企业名称	许可证编号	产品品种
湖北博华农牧科技有限公司	鄂饲添（2015）H07001	肉桂醛；硫酸镁；硫酸亚铁；硫酸铜；氧化锌；硫酸锌；硫酸锰；碘酸钙；硫酸钴
南昌科利源生物技术有限公司	赣饲添（2015）H00008	三丁酸甘油酯；乙酰氧肟酸；富马酸亚铁；丁酸钠；甘氨酸铁络（螯）合物；蛋氨酸锌络（螯）合物
济南海华生物科技有限公司	鲁饲添（2015）H01114	食品用香料（三丁酸甘油酯）；半胱胺盐酸盐；丁酸钠；丙酸钙＋双乙酸钠；糖精钠＋食品用香料（乙基麦芽酚）
济南牧德生物科技有限公司	鲁饲添（2015）H01183	食品用香料（三丁酸甘油酯）；食品用香料［4-氨基丁酸（γ-氨基丁酸）］；食品用香料（肉桂醛＋百里香酚）；牛至香酚；甲酸钙；丙酸钙；吡啶甲酸铬；乳酸＋富马酸＋柠檬酸；半胱胺盐酸盐；氯化钠；糖精钠；氧化锌；乙酰氧肟酸；甘氨酸铁络（螯）合物；甜菜碱；葡萄糖氧化酶；甘露寡糖；单硬脂酸甘油酯；丁酸钠；食品用香料（茶树油＋酒花浸膏）；枯草芽孢杆菌＋嗜酸乳杆菌＋酿酒酵母；液态单硬脂酸甘油酯；液态（嗜酸乳杆菌＋酿酒酵母）；液态牛至香酚；液态（乳酸＋富马酸＋柠檬酸）
上海申亚动物保健品有限公司阜阳分公司	皖饲添（2015）H10001	嗜酸乳杆菌；枯草芽孢杆菌＋嗜酸乳杆菌
济南同创饲料有限公司	鲁饲添（2015）H01093	嗜酸乳杆菌＋产朊假丝酵母＋沼泽红假单胞菌
江西志创高科生物科技有限公司	赣饲添（2015）H00007	嗜酸乳杆菌＋粪肠球菌＋地衣芽孢杆菌＋产朊假丝酵母
河北臻佳生物科技有限公司	冀饲添（2015）H10001	嗜酸乳杆菌＋葡萄糖氧化酶
重庆华睿隆生物科技有限公司	渝饲添（2015）H18001	饲用香味物质；甜味物质（糖精钠）；丙酸＋丙酸钠；液态丙酸＋丙酸钠＋山梨酸＋苯甲酸；甲酸＋饲用香味物质；丙酸＋丙酸钠＋苯甲酸；甲酸＋丙酸＋丙酸钠
杭州康德权饲料有限公司	浙饲添（2015）H01004	糖精钠；硫酸钠＋氯化钾＋碳酸氢钠；磷酸＋乳酸＋柠檬酸＋富马酸；硫酸锌＋富马酸亚铁＋氯化钴＋维生素 K_3；硫酸锌＋富马酸亚铁＋氯化钴；枯草芽孢杆菌＋维生素 C；枯草芽孢杆菌；单硬脂酸甘油酯；葡萄糖氧化酶
潘可士玛（上海）饲料添加剂有限公司	沪饲添（2015）H02007	糖精钠；饲用香味物质
青岛爱迪福生物技术有限公司	鲁饲添（2015）H02150	糖精钠；乙基香兰素；香兰素＋桃醛（γ-十一烷内酯）；磷酸＋富马酸＋柠檬酸＋乳酸；乳酸＋富马酸＋柠檬酸；糖精钠＋谷氨酸钠；芳樟醇＋香叶醇；食品用香料（香芹酚＋丁香酚＋肉桂醛）
江苏科莆生物制品有限公司	苏饲添（2015）H12004	天然维生素 E

（续）

企业名称	许可证编号	产品品种
广州天科生物科技有限公司	粤饲添（2015）H01023	天然维生素 E；甘氨酸铜络（螯）合物；氨基酸锰络合物（氨基酸来源于水解植物蛋白）；蛋氨酸铬；二丁基羟基甲苯（BHT）＋乙氧基喹啉；双乙酸钠＋富马酸＋甲酸钙；甲酸钙＋富马酸＋柠檬酸；糖精钠；饲用香味物质
吉林省百利生物科技有限公司	吉饲添（2015）H01006	天然叶黄素（源自万寿菊）
广州品悦生物科技有限公司	粤饲添（2015）H01025	天然叶黄素（源自万寿菊）；丙酸；丙酸＋甲酸；乙氧基喹啉；苯甲酸；乙氧基喹啉＋没食子酸丙酯
石家庄瑞邦化工有限公司	冀饲添（2015）H01005	甜菜碱
山东一飞药业有限公司	鲁饲添（2015）H14224	甜菜碱
宜兴市天石饲料有限公司	苏饲添（2015）H02002	甜菜碱；甜菜碱盐酸盐；乙氧基喹啉；乙氧基喹啉＋二丁基羟基甲苯（BHT）＋特丁基对苯二酚（TBHQ）；乳酸；乳酸＋甲酸钙；大蒜素；丙酸钙＋甲酸钙；甲酸＋丙酸＋丙酸钙；甜菜碱＋氯化钠
内蒙古牧益乐生物科技有限公司	蒙饲添（2015）H01012	维生素 A；维生素 D_3；乳酸钙；硫酸亚铁；硫酸锌
陕西三原爱丽丝生物科技有限公司	陕饲添（2015）H04002	维生素 A＋维生素 D_3＋dl-α-生育酚＋亚硫酸氢钠甲萘醌（维生素 K_3）＋盐酸硫胺（维生素 B_1）＋核黄素（维生素 B_2）＋盐酸吡哆醇（维生素 B_6）＋叶酸＋烟酸＋L-色氨酸；维生素 A＋维生素 D_3＋dl-α-生育酚＋盐酸硫胺（维生素 B_1）＋核黄素（维生素 B_2）＋盐酸吡哆醇（维生素 B_6）＋嗜酸乳杆菌＋酿酒酵母＋枯草芽孢杆菌
湖北立业生物制品有限公司	鄂饲添（2015）H08001	纤维素酶＋木聚糖酶
山东明发兽药股份有限公司	鲁饲添（2015）H01194	硝酸硫胺（维生素 B_1）；核黄素（维生素 B_2）；山梨酸钾；枯草芽孢杆菌；枯草芽孢杆菌＋酿酒酵母
兄弟科技股份有限公司	浙饲添（2015）H06002	亚硫酸氢钠甲萘醌（维生素 K_3）；亚硫酸氢烟酰胺甲萘醌
建德市正大生物科技有限公司	浙饲添（2015）H01002	亚硒酸钠；硫酸亚铁＋硫酸钴；硫酸锌＋亚硒酸钠
黄骅市津骅添加剂有限公司	冀饲添（2015）H07006	亚硒酸钠；碘化钾；碘酸钙；氯化钴
湖南丰润生物科技有限公司	湘饲添（2015）H03001	亚硒酸钠；碘酸钙；碘化钾；氯化钾；氯化钴；硫酸钴
衡阳市中宝饲料科技有限公司	湘饲添（2015）H04002	亚硒酸钠；碘酸钙；硫酸钴；氯化钴；氯化钾；硫酸锰；氧化锌
汕头市金园精细化工厂有限公司	粤饲添（2015）H04001	亚硒酸钠；硫酸钴；碘化钾
江西春江科技有限公司	赣饲添（2015）H02002	亚硒酸钠；氯化钴；碘化钾；碘酸钙；硫酸锌；硫酸亚铁；硫酸锰；硫酸镁；稀土（铈和镧）壳糖胺螯合盐
衡阳市华地饲料添加剂有限公司	湘饲添（2015）H04001	亚硒酸钠；氯化钴；碘酸钙；氯化钾；甲酸钙；吡啶甲酸铬；氧化锌；氧化镁；硫酸镁；硫酸锌

（续）

企业名称	许可证编号	产品品种
四川畜科生物发展有限公司	川饲添（2015）H01007	烟酸铬；富马酸亚铁；磷酸＋乳酸；乳酸＋富马酸；糖精钠
黑龙江索奥生物科技有限公司	黑饲添（2015）H01007	盐酸硫胺（维生素 B_1）；核黄素（维生素 B_2）；L-抗坏血酸（维生素C）；dl-α-生育酚乙酸酯；地衣芽孢杆菌＋干酪乳杆菌＋酿酒酵母；酿酒酵母＋枯草芽孢杆菌；液态地衣芽孢杆菌＋液态干酪乳杆菌＋液态酿酒酵母；液态嗜酸乳杆菌＋液态枯草芽孢杆菌
哈尔滨市道外区宏达动物药品厂	黑饲添（2015）H01018	盐酸硫胺（维生素 B_1）；核黄素（维生素 B_2）；L-抗坏血酸（维生素C）；dl-α-生育酚乙酸酯；磷酸氢钙；葡萄糖酸钙；蛋白酶；枯草芽孢杆菌；酿酒酵母；嗜酸乳杆菌＋酿酒酵母；枯草芽孢杆菌＋酿酒酵母；柠檬酸；乳酸＋柠檬酸；糖精钠；谷氨酸钠；液态葡萄糖酸钙；液态蛋白酶；液态嗜酸乳杆菌；液态酿酒酵母；液态嗜酸乳杆菌＋液态酿酒酵母；液态枯草芽孢杆菌＋液态酿酒酵母；液态乳酸
四川隆达畜牧科技有限公司	川饲添（2015）H05003	氧化锌；硫酸锌；硫酸锰；碘化钾；碘酸钾；碘酸钙；氯化钴；硫酸钴；亚硒酸钠；氯化钾；吡啶甲酸铬；磷酸二氢钠；磷酸二氢钾；硫酸镁；氧化镁；硫酸亚铁；硫酸铜；碱式氯化铜
安徽华澳生物技术有限公司	皖饲添（2015）H01005	叶酸；维生素 K_3；氧化锌；杜仲叶提取物（有效成分为绿原酸、杜仲多糖、杜仲黄酮）；淫羊藿提取物（有效成分为淫羊藿苷）；植酸酶；维生素 B_1＋维生素 B_2＋维生素 B_6＋D-泛酸钙＋烟酰胺；L-抗坏血酸（维生素C）；纤维素酶；富马酸亚铁；L-赖氨酸盐酸盐；低聚木糖（木寡糖）；糖萜素（源自山茶籽饼）；嗜酸乳杆菌；酿酒酵母；氯化钾＋碳酸氢钠；地衣芽孢杆菌；枯草芽孢杆菌；地衣芽孢杆菌＋枯草芽孢杆菌
上海富朗特动物保健有限公司	沪饲添（2015）H05001	液态（甲酸＋甲酸铵＋柠檬酸）
沧州旺发生物技术研究所有限公司	冀饲添（2015）H07001	液态（枯草芽孢杆菌＋乳酸片球菌＋产朊假丝酵母＋沼泽红假单胞菌）
合肥华创生物技术有限公司	皖饲添（2015）H01006	液态（枯草芽孢杆菌＋嗜酸乳杆菌）；枯草芽孢杆菌＋嗜酸乳杆菌；酿酒酵母＋枯草芽孢杆菌；嗜酸乳杆菌＋酿酒酵母；枯草芽孢杆菌＋嗜酸乳杆菌＋酿酒酵母；液态（枯草芽孢杆菌＋嗜酸乳杆菌＋沼泽红假单胞菌）
石家庄飞龙饲料有限公司	冀饲添（2015）H01010	液态（酿酒酵母＋嗜酸乳杆菌＋植物乳杆菌）；液态（酿酒酵母＋枯草芽孢杆菌＋植物乳杆菌）；液态（酿酒酵母＋嗜酸乳杆菌＋枯草芽孢杆菌）；酿酒酵母＋嗜酸乳杆菌＋植物乳杆菌；酿酒酵母＋枯草芽孢杆菌＋植物乳杆菌；酿酒酵母＋嗜酸乳杆菌＋枯草芽孢杆菌
巴彦淖尔市浩通生物科技有限公司	蒙饲添（2015）H08013	液态（嗜酸乳杆菌＋酿酒酵母）

（续）

企业名称	许可证编号	产品品种
山东潍坊华夏药业有限公司诸城分公司	鲁饲添（2015）H07165	液态粪肠球菌；液态单硬脂酸甘油酯；液态乳酸；液态杜仲叶提取物（有效成分为绿原酸、杜仲多糖、杜仲黄酮）；液态淫羊藿提取物（有效成分为淫羊藿苷）；液态嗜酸乳杆菌；液态（乳酸＋柠檬酸）；液态嗜酸乳杆菌＋酿酒酵母＋枯草芽孢杆菌；液态葡萄糖氧化酶；液态［核黄素（维生素 B_2）＋牛磺酸］；液态维生素 A 乙酸酯；液态 DL-蛋氨酸；（蛋白酶＋木聚糖酶）；杜仲叶提取物（有效成分为绿原酸、杜仲多糖、杜仲黄酮）；淫羊藿提取物（有效成分为淫羊藿苷）；单硬脂酸甘油酯；地衣芽孢杆菌；枯草芽孢杆菌；枯草芽孢杆菌＋嗜酸乳杆菌＋酿酒酵母；甘露寡糖；
辽宁威兰生物技术有限责任公司	辽饲添（2015）H01003	液态嗜酸乳杆菌＋液态酿酒酵母；嗜酸乳杆菌＋酿酒酵母；淀粉酶＋纤维素酶＋蛋白酶＋木聚糖酶
潍坊昊丰牧业有限公司	鲁饲添（2015）H07142	乙基麦芽酚；甜菜碱盐酸盐；二丁基羟基甲苯（BHT）；丙酸钙
河南邑鸿善成生物技术有限公司	豫饲添（2015）H08024	乙基香兰素；糖精钠
上海福达精细材料有限公司	沪饲添（2015）H04005	乙氧基喹啉；丙酸；丙酸＋丙酸铵；乙氧基喹啉＋二丁基羟基甲苯（BHT）
龙岩台迈三略制药有限公司	闽饲添（2015）H07359	乙氧基喹啉；糖精钠；丙酸钙；D-生物素
河南白云牧港生物科技有限公司	豫饲添（2015）H01015	淫羊藿提取物；丁酸钠；木聚糖酶；L-肉碱盐酸盐；牛磺酸；缬氨酸；L-半胱氨酸；枯草芽孢杆菌＋地衣芽孢杆菌；DL-蛋氨酸＋L-赖氨酸
郑州普罗动物药业有限公司	豫饲添（2015）H01014	淫羊藿提取物；甜菜碱；植酸酶；牛磺酸；低聚木糖；葡萄糖酸钙；硅铝酸钠；乳酸钙＋葡萄糖酸钙；枯草芽孢杆菌＋嗜酸乳杆菌；酿酒酵母＋枯草芽孢杆菌；木聚糖酶＋纤维素酶＋β-葡聚糖酶；维生素 B_1＋酿酒酵母；β-葡聚糖酶＋嗜酸乳杆菌；维生素 E＋氯化镁；维生素 A＋乳酸钙
河北誉诚生物技术有限公司	冀饲添（2015）H13001	脂肪酶；植物乳杆菌＋低聚木糖（木寡糖）；乳酸＋柠檬酸＋富马酸；枯草芽孢杆菌＋粪肠球菌＋木聚糖酶；牛磺酸
武汉芝华饲料科技有限公司	鄂饲添（2015）H01005	植酸酶；糖精钠；糖精钠＋谷氨酸钠；乳酸＋柠檬酸＋磷酸；地衣芽孢杆菌＋枯草芽孢杆菌
浙江华太生物科技有限公司	浙饲添（2015）H07002	植物甾醇；植物甾醇＋dl-α-生育酚乙酸酯

表 2－36　单一饲料生产许可证名单

企业名称	许可证编号	产品品种
成都国发制胶有限公司	川饲证（2015）01923	猪骨粉（粒）；牛骨粉（粒）；猪肉骨粉；牛肉骨粉

（续）

企业名称	许可证编号	产品品种
成都市温江区公平鸡鸣骨粉厂	川饲证（2015）01924	猪油
四川宏凯制胶有限公司	川饲证（2015）01925	骨源磷酸氢钙
崇州市双丰骨粉厂（普通合伙）	川饲证（2015）01926	猪肉骨粉
中储粮油脂成都有限公司	川饲证（2015）01927	菜籽粕［菜粕］；豆粕［大豆粕］
路德生物环保技术（古蔺）有限公司	川饲证（2015）04905	酿酒酵母发酵白酒糟；酿酒酵母培养物
四川省广汉市油脂有限公司	川饲证（2015）05913	菜籽粕［菜粕］
什邡市恒源油脂有限责任公司	川饲证（2015）05914	菜籽粕［菜粕］
四川瑞宝生物科技股份有限公司	川饲证（2015）05915	骨源磷酸氢钙
罗江县甘甜油脂有限公司	川饲证（2015）05916	猪油；猪油渣（饼）
四川御康农业科技有限公司	川饲证（2015）05917	菜籽粕［菜粕］
绵阳菊红饲料有限公司	川饲证（2015）06913	啤酒酵母粉
中纺粮油（广元）有限公司	川饲证（2015）07904	豆粕［大豆粕］
遂宁市辉峰酒糟加工厂（普通合伙）	川饲证（2015）08902	干白酒糟；干啤酒糟
峨眉山市龙腾生物科技有限公司	川饲证（2015）10906	酸解羽毛粉
四川省宜宾五粮液酒厂有限公司	川饲证（2015）12910	大米干全酒精糟］［DDGS］
四川恒康植物油脂有限公司	川饲证（2015）17912	菜籽粕［菜粕］
千禾味业食品股份有限公司	川饲证（2015）17913	酵母水解物；酿酒酵母提取物；酿酒酵母细胞壁
彭山区天河肉骨粉厂	川饲证（2015）17914	猪肉粉；牛肉粉
资阳市富友农副产品开发有限公司	川饲证（2015）18906	猪油
资阳市禾粒饲料油脂有限公司	川饲证（2015）18907	猪油；猪肉粉
昆明纵成饲料有限公司乌撒分公司	滇饲证（2015）01212	猪骨粉（粒）；猪肉粉；猪肉骨粉
昆明梁田饲料加工有限公司	滇饲证（2015）01213	水解羽毛粉
云南新海丰水产科技集团有限公司	滇饲证（2015）02193	鱼排粉；鱼油
保山九隆酵母有限公司	滇饲证（2015）04216	酿酒酵母提取物
云南鸿浩水产有限公司	滇饲证（2015）11195	鱼排粉；鱼油
武汉科泰生化科技有限公司	鄂饲证（2015）01901	小麦水解蛋白
武汉洋森大农牧有限公司	鄂饲证（2015）01902	发酵豆粕
武汉良之友饲料有限公司	鄂饲证（2015）01903	膨化豆粕
湖北劲牌酒业有限公司	鄂饲证（2015）02901	干白酒糟
湖北海宜生物科技有限公司	鄂饲证（2015）03901	大豆酶解蛋白；食品酵母粉；酵母水解物；酿酒酵母提取物；酿酒酵母细胞壁
枣阳元大粮油工业有限公司	鄂饲证（2015）03902	菜籽粕［菜粕］；棉籽粕［棉粕］
襄阳中利杰粮油有限公司	鄂饲证（2015）03903	菜籽粕［菜粕］；棉籽粕［棉粕］
湖北双明粮棉油有限公司	鄂饲证（2015）04901	菜籽粕［菜粕］；棉籽粕［棉粕］
武穴市江隆棉业有限公司	鄂饲证（2015）04902	菜籽粕［菜粕］；棉籽粕［棉粕］
湖北绿科乐华生物科技有限公司	鄂饲证（2015）04903	发酵棉籽蛋白；酿酒酵母培养物
宜昌宏果粮油有限责任公司	鄂饲证（2015）05901	菜籽粕［菜粕］；棉籽粕［棉粕］

（续）

企业名称	许可证编号	产品品种
宜昌环星油脂化工有限责任公司	鄂饲证（2015）05902	菜籽粕［菜粕］；棉籽粕［棉粕］
宜昌圣品油脂有限公司	鄂饲证（2015）05903	菜籽粕［菜粕］；豆粕［大豆粕］；棉籽粕［棉粕］
湖北佳富实业有限公司	鄂饲证（2015）07901	菜籽粕［菜粕］；豆粕［大豆粕］；棉籽粕［棉粕］
应城市明星油脂加工有限责任公司	鄂饲证（2015）07902	菜籽粕［菜粕］；棉籽粕［棉粕］
钟祥市永鑫工贸有限责任公司	鄂饲证（2015）08901	菜籽粕［菜粕］；棉籽粕［棉粕］
京山华贝油脂化工有限责任公司	鄂饲证（2015）08902	菜籽粕［菜粕］；豆粕［大豆粕］；棉籽粕［棉粕］
英博金龙泉啤酒（湖北）有限公司	鄂饲证（2015）08903	干啤酒糟
石首市健纯油脂有限公司	鄂饲证（2015）10901	菜籽粕［菜粕］；棉籽粕［棉粕］
湖北刘阳油脂化工有限责任公司	鄂饲证（2015）10902	菜籽粕［菜粕］；棉籽粕［棉粕］
湖北金香缘农业科技开发有限公司	鄂饲证（2015）10903	菜籽粕［菜粕］；棉籽粕［棉粕］
荆州市盛利农业有限公司	鄂饲证（2015）10904	鱼排粉
荆州市正兴生物科技有限公司	鄂饲证（2015）10905	猪油；猪油渣（饼）
洪湖市宏业生物科技有限公司	鄂饲证（2015）10906	鱼排粉
赣州东琪饲料有限责任公司	赣饲证（2015）01028	猪油；猪油渣
江西博莱特生物饲料有限公司	赣饲证（2015）02023	发酵豆粕
江西锦源生物科技股份有限公司	赣饲证（2015）02025	含可溶物的干酒精糟玉米干全酒精糟］［DDGS］
樟树市荣信生物科技有限公司	赣饲证（2015）02027	干白酒糟
抚州金顶生物科技有限公司	赣饲证（2015）05008	酿酒酵母发酵白酒糟
抚州市牧康源生物科技有限公司	赣饲证（2015）05009	酿酒酵母发酵白酒糟
乐安县丰信生物科技有限公司	赣饲证（2015）05012	发酵豆粕
南宁市鑫本饲料有限公司	桂饲证（2015）01064	猪油；猪油渣（饼）；猪肉粉
广西南宁正牧羽毛粉有限公司	桂饲证（2015）01066	水解羽毛粉
南宁牧威饲料有限责任公司	桂饲证（2015）01067	猪油；猪肉粉；猪肉骨粉
安琪酵母（柳州）有限公司	桂饲证（2015）02016	食品酵母粉；酿酒酵母提取物；酿酒酵母细胞壁；酵母水解物
桂林海源生物科技有限公司	桂饲证（2015）03015	喷雾干燥猪血浆蛋白粉；喷雾干燥猪血球蛋白粉
桂林金宇阳生物科技有限责任公司	桂饲证（2015）03018	发酵苹果渣
北海茜南鱼粉有限公司	桂饲证（2015）05013	鱼粉
北海市华港农牧发展有限公司	桂饲证（2015）05014	鱼粉
北海市福林鱼粉有限公司	桂饲证（2015）05016	鱼粉
北海市银海区祥丰鱼粉有限公司	桂饲证（2015）05017	鱼粉
广西中粮生物质能源有限公司	桂饲证（2015）05018	薯类干酒精糟［DDG］；玉米干酒精糟［DDG］
中山市蓝藻生物食品开发有限公司北海分公司	桂饲证（2015）05019	螺旋藻粉
广西港青油脂有限公司	桂饲证（2015）07008	菜籽粕［菜粕］；豆粕［大豆粕］

（续）

企业名称	许可证编号	产品品种
安琪酵母（崇左）有限公司	桂饲证（2015）13001	食品酵母粉；酵母水解物；酿酒酵母提取物；酿酒酵母细胞壁
哈尔滨澳必利生物科技有限公司	黑饲证（2015）01825	酿酒酵母提取物；酿酒酵母细胞壁
哈尔滨恒顺动物源性饲料有限公司	黑饲证（2015）01826	饲料级猪油、饲料级鸡油、饲料级猪油渣（饼）、饲料级鸡油渣（饼）
东宁宏达高蛋白饲料有限公司	黑饲证（2015）03806	含可溶物的干酒精糟［玉米干全酒精糟］［DDGS］
黑龙江省赤牛饲料添加剂有限公司	黑饲证（2015）06801	腐殖酸钠
鸡西市金鸡饲料添加剂厂	黑饲证（2015）06802	腐殖酸钠
友谊县丰源油脂有限责任公司	黑饲证（2015）07801	豆粕［大豆粕］
黑龙江合兴粮油米业有限责任公司	黑饲证（2015）07802	含可溶物的干酒精糟［玉米干全酒精糟］［DDGS］
集贤县盛园粮油有限公司	黑饲证（2015）07803	含可溶物的干酒精糟［玉米干全酒精糟］［DDGS］
黑龙江惠丰牧业有限公司	黑饲证（2015）09801	腐殖酸钠
黑龙江翔河油脂有限公司	黑饲证（2015）11815	豆粕［大豆粕］
长春大成生化饲料开发有限公司	吉饲证（2015）01095	赖氨酸渣
农安县合隆镇长达饲料厂	吉饲证（2015）01120	喷浆玉米皮
长春铂琪生物科技有限公司	吉饲证（2015）01128	食品酵母粉；酵母水解物；酿酒酵母培养物；酿酒酵母提取物；酿酒酵母细胞壁
长春市博发牧业有限公司	吉饲证（2015）01129	水解羽毛粉
吉林龙升饲料有限公司	吉饲证（2015）01666	酿酒酵母培养物
吉林省添正医药股份有限公司	吉饲证（2015）02030	骨源磷酸氢钙
公主岭市晟源生物饲料有限公司	吉饲证（2015）03042	发酵苹果渣
公主岭祥德骨制品有限公司	吉饲证（2015）03046	猪、牛骨粉（粒）；猪、牛肉粉；猪、牛肉骨粉；猪、牛、鸡油；猪、牛、鸡油渣（饼）
公主岭市富邦动物油加工厂	吉饲证（2015）03052	饲料级猪油；猪油渣（饼）
四平绿健生物技术有限公司	吉饲证（2015）03055	玉米蛋白粉
大成生化科技（松原）有限公司	吉饲证（2015）07018	赖氨酸渣
吉林敖东生物科技股份有限公司	吉饲证（2015）09012	骨源磷酸氢钙
石家庄康利饲料有限公司	冀饲证（2015）01937	喷浆玉米皮
无极县亨运生物科技有限公司	冀饲证（2015）01938	猪肉粉；鸡肉粉；猪肉骨粉
石家庄市藁城区金牧饲料有限公司	冀饲证（2015）01939	喷浆玉米皮
石家庄九扬生物技术有限公司	冀饲证（2015）01940	发酵豆粕；酿酒酵母培养物
新乐市实好饲料有限公司	冀饲证（2015）01941	发酵枣渣
石家庄市田地生物饲料有限公司	冀饲证（2015）01942	干啤酒糟；发酵枣渣；产朊假丝酵母蛋白；啤酒酵母粉；酿酒酵母培养物
晋州市联润饲料有限公司	冀饲证（2015）01943	发酵梨渣；酿酒酵母培养物

（续）

企业名称	许可证编号	产品品种
石家庄市栾城区盛牧生物科技有限公司	冀饲证（2015）01944	酿酒酵母培养物
石家庄亚星饲料有限公司	冀饲证（2015）01945	喷浆玉米皮
石家庄市金鼎动物药业有限公司	冀饲证（2015）01946	发酵枣渣
河北香地生物科技有限公司	冀饲证（2015）02910	啤酒酵母粉
兴隆县鹏生热力有限公司	冀饲证（2015）04903	喷浆玉米皮；玉米蛋白粉
秦皇岛益尔动物科技有限公司平泉分公司	冀饲证（2015）04904	水解鸡血粉；大豆酶解蛋白
玉田县弘泰饲料有限公司	冀饲证（2015）05911	猪肉骨粉；鸡肉骨粉；猪肉粉；鸡肉粉；猪油；鱼粉；水解羽毛粉
玉田县亚南饲料有限公司	冀饲证（2015）05912	喷雾干燥鸡血浆蛋白粉；喷雾干燥鸡血球蛋白粉
乐亭县三兴饲料有限公司	冀饲证（2015）05913	鱼粉
乐亭县碧海水产品深加工有限公司	冀饲证（2015）05914	鱼粉
乐亭县坤越饲料有限公司	冀饲证（2015）05915	猪油；鸡油；鸭油；猪 油渣（饼）；鸡油渣（饼）；鸭油渣（饼）；猪肉粉；鸡肉 粉；鸭肉粉；猪肉骨 粉；鸡肉骨粉；鸭肉骨粉
邢台华兴饲料有限公司	冀饲证（2015）09922	猪肉粉；鸡肉粉；鸭肉粉
邢台澳利饲料加工有限公司	冀饲证（2015）09923	猪油；鸡油；鸭油；猪肉粉；鸡肉粉；鸭肉粉
新河金波绿泰科技有限公司	冀饲证（2015）09924	水解羽毛粉
秦皇岛德瑞普农牧有限公司	冀饲证（2015）35918	水解羽毛粉
秦皇岛市迪扬饲料有限公司	冀饲证（2015）35919	猪肉骨粉
秦皇岛东烨饲料有限公司	冀饲证（2015）35920	喷浆玉米皮
秦皇岛三融益尔动物源性饲料有限公司	冀饲证（2015）35921	水解羽毛粉
秦皇岛益尔动物科技有限公司	冀饲证（2015）35922	水解羽毛粉
天津市牧丰城达动物油脂有限公司	津饲证（2015）01901	猪油；猪油饼
天津吉隆生物科技有限公司	津饲证（2015）01902	猪油；猪油饼
万荣县通化震霆肉骨粉厂	晋饲证（2015）11004	水解羊肉粉
运城市盐湖区盛源蛋白饲料厂	晋饲证（2015）11005	水解羽毛粉；羊肉骨粉
山西大禹生物工程股份有限公司	晋饲证（2015）11009	发酵豆粕；发酵苹果渣；发酵棉籽蛋白
北京英惠尔生物技术有限公司	京饲证（2015）07126	酿酒酵母培养物
北京友谊恒远科技有限公司	京饲证（2015）07127	发酵豆粕；发酵棉籽蛋白
沈阳市卓洋饲料厂	辽饲证（2015）01909	干白酒糟；DDGS；喷浆玉米皮
辽宁威兰生物技术有限责任公司	辽饲证（2015）01910	发酵豆粕；发酵棉籽蛋白；产朊假丝酵母蛋白；酵母水解物；酿酒酵母细胞壁
沈阳市昊明禽业有限公司	辽饲证（2015）01911	水解羽毛粉
辽中县大黑岗子镇保健饲料加工厂	辽饲证（2015）01912	猪油；猪肉粉

（续）

企业名称	许可证编号	产品品种
瓦房店宏达生物科技有限公司	辽饲证（2015）02935	鸡油；鸡油渣（饼）
大连益尔保成肽业有限公司	辽饲证（2015）02936	大豆酶解蛋白；水解羽毛粉；水解鸡血粉
大连普湾新区炮台百利普动物油加工厂	辽饲证（2015）02937	鸡油；鸡油渣
大连珍奥生物技术股份有限公司	辽饲证（2015）02938	食品酵母粉；酿酒酵母细胞壁
大连顺鑫鱼粉厂	辽饲证（2015）02939	鱼粉
大连顺祥牧业有限公司	辽饲证（2015）02940	鸡油
台安县四隆动物油脂加工有限公司	辽饲证（2015）03904	猪油；猪油渣
鞍山星河肉禽有限公司	辽饲证（2015）03905	水解羽毛粉
丹东市方龙水产有限公司开发区分公司	辽饲证（2015）06907	鱼粉；鱼溶浆；鱼虾粉；鱼油
丹东边境经济合作区东泰鱼粉有限公司	辽饲证（2015）06908	鱼粉；鱼油
营口百丰科技有限公司	辽饲证（2015）08906	猪油；鸡油；猪肉粉；鸡肉粉
营口万胜饲料有限公司	辽饲证（2015）08907	猪、鸡肉粉
阜新双芮蛋白质饲料厂	辽饲证（2015）09904	猪、鸡油；猪、鸡骨粉；猪、鸡肉粉；猪、鸡肉骨粉
阜新市海州区福利骨粒厂	辽饲证（2015）09905	猪、鸡油；猪、鸡油渣（饼）；水解羽毛粉；猪、牛骨粉（粒）
辽阳东阳农牧产品有限公司	辽饲证（2015）10904	水解羽毛粉
盘锦天承和润饲料有限公司	辽饲证（2015）11907	鸡、鸭油；鸡、鸭油渣
北票市大三家秀富骨粉饲料厂	辽饲证（2015）13903	猪骨粉
济南众海饲料油脂有限公司	鲁饲证（2015）01043	鸡油；鸭油；猪油；鸡油渣；鸭油渣；猪油渣
济南海华生物科技有限公司	鲁饲证（2015）01044	腐殖酸钠
济南盛源饲料厂	鲁饲证（2015）01045	高温高压水解羽毛粉
章丘市恒利饲料油脂有限公司	鲁饲证（2015）01047	鸡油；鸭油；鸡油饼；鸭油饼
青岛康境海洋生物科技有限公司	鲁饲证（2015）02086	磷虾粉
淄博华威生物科技有限公司	鲁饲证（2015）03025	脱酚棉籽蛋白［脱毒棉籽蛋白］
山东翔誉农业发展有限公司	鲁饲证（2015）04019	花生粕［花生仁粕］
枣庄市广来饲料有限公司	鲁饲证（2015）04020	干啤酒糟
东营市恒茂工贸有限公司	鲁饲证（2015）05019	鸡油；鸭油；鸡油渣；鸭油渣
山东澳洋生物科技有限公司	鲁饲证（2015）06082	鱼粉
烟台鹏华生化制品有限公司	鲁饲证（2015）06087	水解鱼蛋白粉
山东鱼公生物科技有限公司	鲁饲证（2015）06090	虾粉；鱼粉；鱼溶浆；鱼油
安丘市万维饲料添加剂有限公司	鲁饲证（2015）07207	鸡血粉；鸭血粉
潍坊市峡山生态经济发展区嘉隆油脂加工有限公司	鲁饲证（2015）07218	鸡油；鸭油；猪油；鸡油渣（饼）；鸭油（饼）；猪油渣（饼）
潍坊市仁诚油脂有限公司	鲁饲证（2015）07224	猪油；猪油渣（饼）；鸡油；鸡油渣（饼）；鸭油；鸭油渣（饼）

（续）

企业名称	许可证编号	产品品种
济宁市兖州区恒旺饲料有限公司	鲁饲证（2015）08051	猪骨粉；猪肉粉；鸡肉粉；猪肉骨粉；鸡肉骨粉
梁山菱花生物科技有限公司	鲁饲证（2015）08060	喷浆玉米皮；玉米蛋白粉；谷氨酸渣
山东鸿海生物科技有限公司	鲁饲证（2015）10036	虾粉；鱼粉；鱼溶浆
荣成市金丰鱼粉有限公司	鲁饲证（2015）10038	虾粉；鱼粉；鱼溶浆
荣成市蓝海海洋生物科技有限公司	鲁饲证（2015）10039	鱼粉；鱼溶浆；鱼虾粉；鱼油
荣成市河口渔业公司鱼粉厂	鲁饲证（2015）10040	虾粉；鱼粉；鱼溶浆
荣成市海丰海洋生物科技有限公司	鲁饲证（2015）10041	虾粉；鱼粉；鱼油
荣成市栋森鱼油有限公司	鲁饲证（2015）10042	鱼油
威海市永恒海产品加工厂	鲁饲证（2015）10044	鱼粉
荣成海庆海洋生物科技有限公司	鲁饲证（2015）10045	虾粉；鱼粉；鱼溶浆
荣成市东渔水产有限公司	鲁饲证（2015）10046	鱼粉
荣成市恒发鱼粉有限公司	鲁饲证（2015）10047	虾粉；鱼粉；鱼油
乳山市君达粮油有限公司	鲁饲证（2015）10048	花生粕
荣成市华通海洋生物科技有限公司	鲁饲证（2015）10052	虾粉；水解鱼蛋白粉；鱼粉；鱼油
荣成市恒通生物科技有限公司	鲁饲证（2015）10053	虾粉；鱼粉
荣成市齐泰鱼粉有限公司	鲁饲证（2015）10054	虾粉；鱼粉
荣成市海彬鱼粉有限公司	鲁饲证（2015）10055	鱼粉
荣成市裕兴鱼粉厂	鲁饲证（2015）10056	鱼粉
荣成龙威渔业有限公司	鲁饲证（2015）10057	虾粉；鱼粉；鱼溶浆
荣成市鹏远鱼粉有限公司	鲁饲证（2015）10058	鱼粉；鱼虾粉
荣成市东霞口渔业有限公司华龙分公司	鲁饲证（2015）10059	鱼粉
山东圣洋龙源海洋生物科技有限公司	鲁饲证（2015）10060	虾粉；鱼粉；鱼油
荣成烟墩角水产有限公司鱼粉厂	鲁饲证（2015）10061	鱼粉
荣成市卧龙实业公司鱼粉厂	鲁饲证（2015）10062	虾粉；鱼粉；鱼溶浆
荣成市佳恒鱼粉有限公司	鲁饲证（2015）10063	虾粉；鱼粉
威海金牌生物科技股份有限公司	鲁饲证（2015）10064	发酵豆粕
荣成市日鑫海洋生物科技有限公司	鲁饲证（2015）10065	虾粉；鱼粉；鱼溶浆；鱼油
荣成市人和镇永顺鱼粉厂	鲁饲证（2015）10066	虾粉；鱼粉；鱼溶浆
荣成市寰宇水产鱼油制品厂	鲁饲证（2015）10067	鱼油
荣成市人和金鑫水产饲料加工厂	鲁饲证（2015）10068	鱼粉
荣成市港湾顺发鱼粉厂	鲁饲证（2015）10069	虾粉；鱼粉；鱼溶浆；鱼油
荣成市人和健安鱼粉厂	鲁饲证（2015）10070	虾粉；鱼粉
荣成市虎山万顺水产品加工厂	鲁饲证（2015）10071	虾粉；鱼粉
荣成市人和伟杰饲料加工厂	鲁饲证（2015）10072	鱼粉
荣成市海川海洋生物科技有限公司	鲁饲证（2015）10074	虾粉；鱼粉；鱼溶浆；鱼油

（续）

企业名称	许可证编号	产品品种
荣成锦瑞海洋生物科技有限公司	鲁饲证（2015）10075	虾粉；鱼粉；鱼溶浆
荣成市港湾泰源鱼粉有限公司	鲁饲证（2015）10076	虾粉；鱼粉
荣成市人和镇西河口第一鱼粉厂	鲁饲证（2015）10077	鱼粉
荣成市港湾健行鱼粉厂	鲁饲证（2015）10078	虾粉；鱼粉；鱼溶浆
荣成市恒源海洋生物科技有限公司	鲁饲证（2015）10079	虾粉；鱼粉；鱼溶浆
荣成市成荣水产有限公司	鲁饲证（2015）10080	虾粉；鱼粉；鱼溶浆
荣成市德泰丰饲料原料有限公司	鲁饲证（2015）10081	虾粉；鱼粉；鱼溶浆
荣成市港湾鸿海鱼粉厂	鲁饲证（2015）10082	虾粉；鱼粉；鱼溶浆
荣成市港湾茂盛鱼粉厂	鲁饲证（2015）10083	虾粉；鱼粉；鱼溶浆；鱼油
荣成市港湾永昌鱼粉厂	鲁饲证（2015）10084	虾粉；鱼粉；鱼溶浆
威海格蓝鱼粉饲料有限公司	鲁饲证（2015）10085	虾粉；鱼粉；鱼油
荣成市海洋鱼油精炼厂	鲁饲证（2015）10086	鱼油
荣成市华林水产饲料有限公司	鲁饲证（2015）10087	虾粉；鱼粉；鱼溶浆
荣成市建海鱼粉有限公司	鲁饲证（2015）10088	虾粉；鱼粉
荣成市龙凤海洋鱼粉厂	鲁饲证（2015）10089	虾粉；鱼粉；鱼溶浆
荣成市龙凤海洋鱼粉厂一分厂	鲁饲证（2015）10090	虾粉；鱼粉；鱼溶浆
荣成市人和镇金平鱼粉厂	鲁饲证（2015）10091	虾粉；鱼粉；鱼溶浆
荣成市人和镇盛鑫鱼粉厂	鲁饲证（2015）10092	虾粉；鱼粉
荣成市裕新水产饲料有限公司成大路分公司	鲁饲证（2015）10093	虾粉；鱼粉
荣成市煜达水产饲料有限公司	鲁饲证（2015）10094	虾粉；鱼粉
荣成市豪骏鱼粉有限公司	鲁饲证（2015）10095	虾粉；鱼粉
荣成市博强海洋生物科技有限公司	鲁饲证（2015）10096	虾粉；鱼粉；鱼溶浆
荣成市宏发海洋生物科技有限公司	鲁饲证（2015）10097	虾粉；鱼粉
荣成忠伟海洋生物科技有限公司	鲁饲证（2015）10098	虾粉；鱼粉；鱼溶浆
荣成市利祥生物科技有限公司	鲁饲证（2015）10099	虾粉；鱼粉；鱼溶浆
荣成市兴达水产饲料有限公司	鲁饲证（2015）10100	虾粉；鱼粉；鱼溶浆
荣成昌明鱼粉有限公司	鲁饲证（2015）10101	虾粉；鱼粉；鱼溶浆
荣成市港湾聚盛鱼粉厂	鲁饲证（2015）10102	虾粉；鱼粉；鱼溶浆
荣成市德进水产饲料有限公司	鲁饲证（2015）10103	虾粉；鱼粉；鱼溶浆
荣成市宏大海洋生物科技有限公司	鲁饲证（2015）10104	虾粉；鱼粉；鱼溶浆
荣成市振江鱼粉饲料有限公司	鲁饲证（2015）10105	虾粉；鱼粉；鱼溶浆
荣成市华建鱼粉有限公司	鲁饲证（2015）10106	虾粉；鱼粉
荣成市石岛圣达鱼油精炼厂	鲁饲证（2015）10107	鱼油
荣成市福星海产有限公司	鲁饲证（2015）10108	虾粉；鱼粉；鱼溶浆
荣成市煜达水产饲料有限公司分厂	鲁饲证（2015）10109	虾粉；鱼粉

（续）

企业名称	许可证编号	产品品种
荣成市海源鱼油厂	鲁饲证（2015）10110	鱼油
荣成市人和伟盛鱼油厂	鲁饲证（2015）10111	鱼油
莒县润和油脂有限公司	鲁饲证（2015）11044	猪油；猪油渣（饼）；鸡油；鸡油渣（饼）；鸭油；鸭油渣（饼）
安琪酵母（滨州）有限公司	鲁饲证（2015）13073	食品酵母粉；酵母水解物
山东惠民飞佳饲料有限公司	鲁饲证（2015）13076	高温高压水解羽毛粉
无棣县碣石山镇恒德膨化羽毛粉厂	鲁饲证（2015）13078	膨化羽毛粉
阳信县红方油脂有限公司	鲁饲证（2015）13079	棉籽粕［棉粕］
惠民县金立油脂有限公司	鲁饲证（2015）13081	猪油；鸡油；鸭油；猪油渣；鸡油渣；鸭油渣
夏津县新恒泉油脂有限公司	鲁饲证（2015）14084	棉籽粕［棉粕］
夏津县民生油脂有限公司	鲁饲证（2015）14085	棉籽粕［棉粕］
德州金玥饲料有限公司	鲁饲证（2015）14086	膨化羽毛粉
夏津县泓晟油脂有限公司	鲁饲证（2015）14090	棉籽粕［棉粕］
夏津县宏兴油脂有限公司	鲁饲证（2015）14091	棉籽粕［棉粕］
夏津县聚良油脂有限公司	鲁饲证（2015）14092	棉籽粕［棉粕］
禹城市奥博生物科技有限公司	鲁饲证（2015）14095	鸡油；鸡油饼；鸭油；鸭油饼；猪油；猪油饼
夏津县光大油脂有限公司	鲁饲证（2015）14098	棉籽粕［棉粕］
夏津县华坤植物油有限公司	鲁饲证（2015）14099	棉籽粕［棉粕］
夏津县鄃北油脂有限公司	鲁饲证（2015）14101	棉籽粕［棉粕］
夏津县诚合植物油有限公司	鲁饲证（2015）14102	棉籽粕［棉粕］
山东海利德生物科技有限公司	鲁饲证（2015）14107	发酵豆粕
山东满江鸿花生科技有限公司	鲁饲证（2015）15097	花生粕［花生仁粕］
临清市科威油脂有限公司	鲁饲证（2015）15100	棉籽粕［棉粕］
高唐华农生物工程有限公司	鲁饲证（2015）15104	酿酒酵母培养物
阳谷景阳冈蛋白饲料有限公司	鲁饲证（2015）15106	猪油；鸭油；猪油渣（饼）；鸭油渣（饼）
山东吉宇生物科技有限公司	鲁饲证（2015）16193	喷雾干燥猪血浆蛋白粉；喷雾干燥猪血球蛋白粉
山东德益生物科技有限公司	鲁饲证（2015）16194	高温高压水解羽毛粉
平邑盈和粮油有限公司	鲁饲证（2015）16195	花生粕［花生仁粕］
临沂市普利特饲料有限公司	鲁饲证（2015）16196	高温高压水解羽毛粉
临沂宜通饲料有限公司	鲁饲证（2015）16197	猪骨粉；猪肉骨粉；鸡肉骨粉
莒南县宇飞饲料生物科技有限公司	鲁饲证（2015）16203	高温高压水解羽毛粉
临沂市瑞升蛋白饲料有限公司	鲁饲证（2015）16206	鸡油；鸡油渣（饼）；猪油；猪油渣（饼）；鸭油；鸭油渣（饼）；猪骨粉（粒）
临沂市钜杭饲料有限公司	鲁饲证（2015）16211	猪油；猪油渣；猪骨粉；猪肉粉；猪肉骨粉；鸡油；鸡油渣；鸡骨粉；鸡肉粉；鸡肉骨粉；鸭油；鸭油渣；鸭骨粉；鸭肉 粉；鸭肉骨粉
临沂市慧泽源油脂有限公司	鲁饲证（2015）16213	花生粕［花生仁粕］

（续）

企业名称	许可证编号	产品品种
临沂斯凯尔生物技术有限公司	鲁饲证（2015）16215	玉米浆干粉；鱼溶浆粉；啤酒酵母粉
曹县鑫发蛋白饲料有限公司	鲁饲证（2015）17049	鸭油；鸭油饼
菏泽翔达油脂有限公司	鲁饲证（2015）17050	鸡油；鸭油；猪油；鸡油饼；鸭油饼；猪油饼
内蒙古金达威药业有限公司	蒙饲证（2015）01196	微藻粕
内蒙古蒙贝宠物食品有限责任公司	蒙饲证（2015）01231	牛肉粉；羊肉粉；鸡肉粉
通辽万顺达淀粉有限公司	蒙饲证（2015）05197	喷浆玉米皮；玉米蛋白粉
赤峰市华业商贸有限公司	蒙饲证（2015）06222	喷浆玉米皮
福建高龙实业有限公司	闽饲证（2015）01939	鱼油
福州科汇生物技术有限公司	闽饲证（2015）01946	大豆酶解蛋白；水解鱼蛋白粉
厦门银瑞生物科技有限公司	闽饲证（2015）02941	产朊假丝酵母蛋白；啤酒酵母粉
百威英博雪津啤酒有限公司	闽饲证（2015）04942	干啤酒糟；啤酒酵母粉
泉州市闽联工贸发展有限公司	闽饲证（2015）05943	鱼粉
漳州智强饲料有限公司	闽饲证（2015）06944	鱼粉
平和县益祥生物科技有限公司	闽饲证（2015）06945	发酵豆粕
龙海市联成鱼粉饲料有限公司	闽饲证（2015）06948	鱼粉；鱼油
润科生物工程（福建）有限公司	闽饲证（2015）06949	裂壶藻粉
龙岩市新罗区绿怡饲料厂	闽饲证（2015）07940	发酵红枣果渣
福建华灿制药有限公司	闽饲证（2015）08947	喷雾干燥猪血浆蛋白粉；喷雾干燥猪血球蛋白粉
宁夏玉元生物科技有限公司	宁饲证（2015）01034	喷浆玉米皮；玉米蛋白粉
贵州金沙金龙生物科技开发有限责任公司	黔饲证（2015）07068	干白酒糟
湟中弘大农副产品购销有限公司	青饲证（2015）01001	菜籽粕［菜粕］
海南雄欣生物工程有限公司	琼饲证（2015）01031	螺旋藻粉
陕西汉宝科技发展（集团）有限公司西安饲料分公司	陕饲证（2015）00001	发酵豆粕；发酵苹果渣；发酵棉籽蛋白；酿酒酵母发酵白酒糟
西安大兴生物科技有限公司	陕饲证（2015）00002	谷物干全酒精糟［DDGS］；喷浆玉米皮
西安恒丰源生物饲料有限公司	陕饲证（2015）00003	玉米干全酒精糟［DDGS］；喷浆玉米皮
西安新博商贸有限公司	陕饲证（2015）00004	玉米干全酒精糟［DDGS］；喷浆玉米皮
西安鑫汉宝生物科技有限公司	陕饲证（2015）00005	酿酒酵母培养物
大荔泰然生物科技有限公司	陕饲证（2015）00006	喷浆玉米皮
富平县佳香油脂有限公司	陕饲证（2015）05901	菜籽粕［菜粕］
西乡县汉晶粮油有限责任公司	陕饲证（2015）06901	菜籽粕［菜粕］
榆林市榆阳区正大油脂有限公司	陕饲证（2015）10901	豆粕［大豆粕］
榆林市益丰粮油工贸有限公司	陕饲证（2015）10902	菜籽粕［菜粕］；豆粕［大豆粕］
西安华祥生物饲料科技有限公司	陕饲证（2015）12001	猪肉粉
岐山县伯农动物蛋白饲料有限责任公司	陕饲证（2015）12002	高温高压水解羽毛粉；猪肉骨粉

（续）

企业名称	许可证编号	产品品种
华县秦兴动物源性饲料有限公司	陕饲证（2015）12003	猪肉骨粉；牛肉骨粉
西安合力骨制品有限公司	陕饲证（2015）12004	猪骨粒；猪肉骨粉；牛骨粒；牛肉骨粉
富平县科旺家禽养殖专业合作社	陕饲证（2015）12005	水解畜毛粉
西安市临潼区裕丰骨粉加工有限公司	陕饲证（2015）12006	猪骨粉
江苏康科食品工程技术有限公司	苏饲证（2015）02032	大米酶解蛋白；小麦水解蛋白；玉米酶解蛋白；大豆酶解蛋白；棉籽酶解蛋白
常州亚源生化科技有限公司	苏饲证（2015）04002	玉米浆干粉；谷氨酸渣；赖氨酸渣
江苏耀东饲料科技有限公司	苏饲证（2015）04031	猪油；鸡油；鸭油；猪油渣（饼）；鸡油渣（饼）；鸭油渣（饼）
南通银琪生物科技有限公司	苏饲证（2015）06048	啤酒酵母粉；酵母水解物；酿酒酵母细胞壁
启东市吕四粮油制品有限公司	苏饲证（2015）06129	菜籽粕［菜粕］
北京中科景明生物技术南通有限公司	苏饲证（2015）06134	猪肠膜蛋白粉
启东市隆恩油脂有限公司	苏饲证（2015）06136	菜籽粕［菜粕］
江苏联益生物科技有限公司	苏饲证（2015）08068	鸡肝脏粉；鸡肝脏水解液
江苏金阳光粮油工业有限公司	苏饲证（2015）09025	菜籽粕［菜粕］；豆粕［大豆粕］；花生粕［花生仁粕］；棉籽粕［棉粕］
江苏佳丰粮油工业有限公司	苏饲证（2015）09084	菜籽粕［菜粕］；棉籽粕［棉粕］
东台市苏北油脂有限公司	苏饲证（2015）09085	菜籽粕［菜粕］
泰州福益生物科技有限公司	苏饲证（2015）12034	大豆酶解蛋白
安徽双福粮油工贸集团有限公司	皖饲证（2015）01906	菜籽粕［菜粕］
合肥市金汇油脂有限公司	皖饲证（2015）01907	菜籽粕［菜粕］
合肥市鑫海油脂有限公司	皖饲证（2015）01908	菜籽粕［菜粕］
安徽佳源食品有限公司	皖饲证（2015）02904	大米蛋白粉
安徽省光明粮油工业有限公司	皖饲证（2015）02905	菜籽粕［菜粕］；豆粕［大豆粕］；棉籽粕［棉粕］
安庆市金鑫油脂有限公司	皖饲证（2015）08903	菜籽粕［菜粕］
临泉县明利油脂加工有限公司	皖饲证（2015）10908	猪油；鸡油；鸭油
宿州市皖神面制品有限公司	皖饲证（2015）11906	谷朊粉［活性小麦面筋粉］［小麦蛋白粉］；豌豆粉浆蛋白粉
安徽皖北畜禽良种繁育推广有限公司	皖饲证（2015）11907	鸭油；猪油；鸡油；鸭油渣；猪油渣；鸡油渣
滁州绿之源动物蛋白饲料有限公司	皖饲证（2015）12907	水解羽毛粉
安徽迎驾贡酒股份有限公司	皖饲证（2015）13912	干白酒糟
寿县南天门油脂有限公司	皖饲证（2015）13913	菜籽粕［菜粕］
寿县庆丰植物油有限责任公司	皖饲证（2015）13914	菜籽粕［菜粕］
安徽东方新新生物技术有限公司	皖饲证（2015）16903	酿酒酵母培养物
长沙优多农业科技有限公司	湘饲证（2015）01142	猪油；猪油渣（饼）
岳阳市正茂油脂有限公司	湘饲证（2015）06143	猪油；猪油渣（饼）

（续）

企业名称	许可证编号	产品品种
岳阳县辉祥油脂有限责任公司	湘饲证（2015）06145	猪油；猪油渣（饼）
岳阳县天创饲料有限公司	湘饲证（2015）06146	鱼粉；鱼排粉
湖南爱贝佳生物应用科技股份有限公司	湘饲证（2015）06149	啤酒酵母粉；食品酵母粉；酵母水解物；酿酒酵母培养物；酿酒酵母提取物；酿酒酵母细胞壁
岳阳市金圣利饲料有限公司	湘饲证（2015）06155	猪油；猪油渣
澧县千诺拉油脂有限责任公司	湘饲证（2015）07028	菜籽粕［菜粕］；棉籽粕［棉粕］
澧县弘福油脂有限公司	湘饲证（2015）07030	菜籽粕［菜粕］；棉籽粕［棉粕］
常德市跃进米业有限责任公司	湘饲证（2015）07046	菜籽粕［菜粕］；棉籽粕［棉粕］
桃源县盛大油脂有限公司	湘饲证（2015）07065	菜籽粕［菜粕］；棉籽粕［棉粕］
湖南欣瑞生物科技有限公司	湘饲证（2015）07067	脱酚棉籽蛋白［脱毒棉籽蛋白］
安乡欣瑞生物科技有限公司	湘饲证（2015）07068	脱酚棉籽蛋白［脱毒棉籽蛋白］
怀化市光大工业油脂有限公司	湘饲证（2015）12037	猪油；猪油渣
新疆海星资环生物科技有限公司	新饲证（2015）01907	发酵豆粕；发酵棉籽蛋白；酿酒酵母发酵白酒糟
哈密市正商油脂有限公司	新饲证（2015）22902	棉籽粕［棉粕］
呼图壁县隆盛油脂有限公司	新饲证（2015）23917	棉籽粕［棉粕］
新疆新光油脂有限公司新湖分公司	新饲证（2015）23918	棉籽粕［棉粕］
新疆希普生物科技股份有限公司新湖饲料分公司	新饲证（2015）23919	发酵棉籽蛋白
新疆震企油脂有限公司	新饲证（2015）23920	棉籽粕［棉粕］
库尔勒晨光油脂有限责任公司	新饲证（2015）28915	棉籽粕［棉粕］
阿克苏恒都工贸有限公司	新饲证（2015）29924	棉籽粕［棉粕］
新疆拜城万帮淀粉制造有限公司	新饲证（2015）29925	玉米蛋白粉
阿瓦提县海丰油脂化工有限责任公司	新饲证（2015）29926	棉籽粕［棉粕］
新疆前海惠农生物科技股份有限公司	新饲证（2015）31911	棉籽粕［棉粕］
新疆鲁创油脂有限公司	新饲证（2015）40918	棉籽粕［棉粕］
中粮塔原红花（新疆）有限公司	新饲证（2015）42912	菜籽粕［菜粕］
重庆市铜梁区顺平饲料有限公司	渝饲证（2015）24002	猪骨粉（粒）
尉氏县大桥成达植物油厂	豫饲证（2015）02019	棉籽粕［棉粕］
鹤壁市平安饲料有限公司	豫饲证（2015）06037	喷浆玉米皮
浚县昌盛饲料厂	豫饲证（2015）06038	猪油；猪油渣（饼）
鹤壁市亿盛饲料有限公司	豫饲证（2015）06039	猪油；猪油渣（饼）；鸡油；鸡油渣（饼）；水解羽毛粉
鹤壁市恒威生物饲料有限公司	豫饲证（2015）06041	猪油；猪油渣（饼）；猪肉粉；猪肉骨粉
浚县祥瑞饲料厂	豫饲证（2015）06042	猪血粉
焦作利尔达农业开发有限公司	豫饲证（2015）08039	菜籽粕；花生粕
河南邑鸿善成生物技术有限公司	豫饲证（2015）08040	酿酒酵母培养物
濮阳训达粮油股份有限公司	豫饲证（2015）09023	花生粕

（续）

企业名称	许可证编号	产品品种
南乐县阳磊油脂有限公司	豫饲证（2015）09024	猪油；猪油渣（饼）；鸡油；鸡油渣（饼）
南乐县宏鑫油脂有限公司	豫饲证（2015）09025	菜籽粕；花生粕；棉籽粕
河南省天缘油脂有限公司	豫饲证（2015）09026	花生粕
漯河双汇万中禽业加工有限公司	豫饲证（2015）11029	水解羽毛粉
漯河天嘉生化有限公司	豫饲证（2015）11030	喷浆玉米皮；玉米蛋白粉
漯河青莱饲料有限公司	豫饲证（2015）11031	猪骨粉（粒）；鸭肉骨粉
河南天冠燃料乙醇有限公司	豫饲证（2015）13009	谷朊粉［活性小麦面筋粉］［小麦蛋白粉］
新野华兴酒精有限公司	豫饲证（2015）13019	玉米干全酒精糟［DDGS］
南阳市瑞丰粮油有限公司	豫饲证（2015）13026	菜籽粕［菜粕］；花生粕［花生仁粕］
夏邑县园升动物油脂加工厂	豫饲证（2015）14027	猪油；猪油渣（饼）；鸭油；鸭油渣（饼）
柘城县众信饲料厂	豫饲证（2015）14031	猪油；猪油渣（饼）；鸡油；鸡油渣（饼）；鸭油；鸭油渣（饼）；鸡肉骨粉；鸭肉骨粉
光山县四方植物油有限公司	豫饲证（2015）15015	菜籽粕
淮阳县旺发饲料油脂有限公司	豫饲证（2015）16021	猪油；鸡油；鸭油；猪油渣；鸡油渣；鸭油渣
河南普爱饲料股份有限公司	豫饲证（2015）16022	发酵豆粕；发酵棉籽蛋白
河南阜华农产品有限公司	豫饲证（2015）17048	发酵豆粕
河南双成生物科技有限公司	豫饲证（2015）17051	大豆酶解蛋白；发酵豆粕；酿酒酵母发酵白酒糟
河南巨龙生物工程股份有限公司	豫饲证（2015）21003	玉米蛋白粉
广州永兴浓缩饲料有限公司	粤饲证（2015）01095	鱼油
广州赤花饲料有限公司	粤饲证（2015）01096	干啤酒糟
广州市宏溢油脂有限公司	粤饲证（2015）01099	猪油；猪油渣（饼）
广东五润生物科技有限公司	粤饲证（2015）01102	干啤酒糟；啤酒酵母粉；酵母水解物；酿酒酵母提取物；酿酒酵母细胞壁
深圳市维德营养饲料有限公司	粤饲证（2015）02019	蛋粉；蛋黄粉
佛山市信豚生物科技有限公司	粤饲证（2015）05047	酵母水解物；酿酒酵母提取物；酿酒酵母细胞壁
博罗金谷饲料有限公司	粤饲证（2015）09025	发酵豆粕
广东源耀生物科技有限公司	粤饲证（2015）11033	发酵豆粕
吴川市粤西羽毛粉有限公司	粤饲证（2015）15047	水解羽毛粉
吴川市一帆饲料蛋白有限公司	粤饲证（2015）15048	水解羽毛粉
雷州市泰源鱼粉有限公司	粤饲证（2015）15049	鱼油；虾粉；鱼粉
吴川市浅水羽毛粉厂	粤饲证（2015）15051	水解羽毛粉
吴川市长岐永锋羽毛粉厂有限公司	粤饲证（2015）15052	水解羽毛粉
吴川市富华蛋白饲料有限公司	粤饲证（2015）15055	水解羽毛粉
吴川市馨羽蛋白饲料有限公司	粤饲证（2015）15056	水解羽毛粉
吴川市城东蛋白饲料有限公司	粤饲证（2015）15057	水解羽毛粉
吴川市光华羽毛粉有限公司	粤饲证（2015）15058	水解羽毛粉
广东美瑞科海洋生物科技有限公司	粤饲证（2015）15059	微藻粕

（续）

企业名称	许可证编号	产品品种
广东上上生物科技有限公司	粤饲证（2015）15060	鱼油
茂名市电白区圆华鱼粉有限公司	粤饲证（2015）16069	鱼粉
高州市源顺油脂有限公司	粤饲证（2015）16071	猪油；鱼油
高要市新桥镇星强饲料有限公司	粤饲证（2015）17021	猪油；牛油；猪油渣（饼）；牛肉骨粉（粒）
肇庆焕发生物科技有限公司	粤饲证（2015）17022	喷浆玉米皮；玉米蛋白粉
饶平县地平线生物科技有限公司	粤饲证（2015）19009	鸡油；鸡肉骨粉
佛山市顺德区盛南饲料有限公司	粤饲证（2015）22044	猪油渣（饼）
杭州富阳新发生物技术有限公司	浙饲证（2015）01001	干白酒糟
杭州光耀饲料科技有限公司	浙饲证（2015）01002	水解羽毛粉
象山超星水产饲料有限公司	浙饲证（2015）02001	水解鱼蛋白粉；鱼溶浆；鱼溶浆粉；鱼油
象山县海中洲鱼油鱼粉有限公司	浙饲证（2015）02003	鱼油
德清鑫港羽毛粉有限公司	浙饲证（2015）05059	水解羽毛粉
浙江深友生物技术有限公司	浙饲证（2015）05060	食品酵母粉；酵母水解物；酿酒酵母提取物；酿酒酵母细胞壁
浙江恒利生物科技有限公司	浙饲证（2015）05063	猪油；猪肉粉
浙江肽鲜乐生物技术有限公司	浙饲证（2015）07017	水解鱼蛋白粉；鱼溶浆粉
舟山龙鸿海洋生物开发有限公司	浙饲证（2015）11001	鱼粉

（李大鹏）

进口饲料和饲料添加剂管理

附件 1：

进口饲料和饲料添加剂产品登记证目录（2015－01）

登记证号	通用名称	商品名称	使用范围	生产厂家	有效期限	备注
(2015)外饲准字 001 号	DL-蛋氨酸 DL-Methionine	饲料级蛋氨酸 DL-Methionine Feed Grade	养殖动物 All species or categories of animals	赢创蛋氨酸(新加坡)有限公司 Evonik Methionine(SEA) Pte. Ltd., Singapore	2015.01-2020.01	
(2015)外饲准字 002 号	DL-蛋氨酸 DL-Methionine	过瘤胃蛋氨酸 Mepron	奶牛 Cow	克罗地亚 Genera Inc. 公司 Genera Inc., Croatia	2015.01-2020.01	
(2015)外饲准字 003 号	酿酒酵母 *Saccharomyces cerevisiae*	丰长肽 TopEnrich	猪 Swine 鸡 Chicken 牛 Cattle	台湾丰展生物科技股份有限公司 Enriching Innovation Biotech Co., Ltd.	2015.01-2020.01	
(2015)外饲准字 004 号	酿酒酵母 *Saccharomyces cerevisiae*	益生酵母(浓缩物) YEA-SACC Concentrate	养殖动物 All species or categories of animals	美国奥特奇公司 Alltech Inc., USA	2015.01-2020.01	

（续）

登记证号	通用名称	商品名称	使用范围	生产厂家	有效期限	备注
(2015)外饲 准字 005 号	天然类固醇萨洒皂角苷(源自丝兰) Yucca Schidigera Extract	除臭灵 De-Odorase	畜禽 Livestock and Poultry 水产动物 Aquaculture 宠物 Pet 马 Horse	美国奥特奇公司 Alltech Inc.，USA	2015.01- 2020.01	
(2015)外饲 准字 006 号	尿素 Urea	纽舒 NitroShure	奶牛 Cow	美国百尔康公司 Balchem Corporation, USA	2015.01- 2020.01	
(2015)外饲 准字 007 号	包被烟酸 Niacin	耐信 NiaShure	奶牛 Cow	美国百尔康公司 Balchem Corporation，USA	2015.01- 2020.01	
(2015)外饲 准字 008 号	混合型饲料添加剂 微生物 酶制剂 Feed Additives Mixture Live Micro-organisms Enzymes	宜生贮宝 Sila-Max	青贮饲料 Silage Feed	美国瑞科营养公司 Ralco Nutrition，Inc.，USA	2015.01- 2020.01	
(2015)外饲 准字 009 号	混合型饲料添加剂 微生物 酶制剂 矿物元素 稳定剂 乳酸 Feed Additives Mixture Live Micro-organisms Enzymes Minerals Stabilizing Lactic Acid	宜生贮康 Sila-Mix®	青贮饲料 Silage Feed	美国瑞科营养公司 Ralco Nutrition，Inc.，USA	2015.01- 2020.01	
(2015)外饲 准字 010 号	混合型饲料添加剂 防霉剂 抗结块剂 Feed Mixture Additives Preservatives Anticaking	纽埃特立霉净 MOLD- NIL MC Dry	青贮饲料 Silage Feed	比利时纽埃特国际营养公司（Waas 工厂） NUTRI-AD International N. V.，Waas Plant，Belgium	2015.01- 2020.01	

（续）

登记证号	通用名称	商品名称	使用范围	生产厂家	有效期限	备注
(2015)外饲准字 011 号	混合型饲料添加剂 防霉剂 抗结块剂 Feed Mixture Additives Preservatives Anticaking	纽埃特克霉宝 MOLD- NIL Dry	青贮饲料 Silage Feed	比利时纽埃特国际营养公司（Waas工厂） NUTRI-AD International N. V. , Waas Plant, Belgium	2015. 01-2020. 01	
(2015)外饲准字 012 号	混合型饲料添加剂 酸度调节剂 Feed Additives Mixture Acidity Regulators	乐力酸 Latibon®Plus ME	猪 Swine 家禽 Poultry 兔 Rabbit 犊牛 Calf	德国 Dr. Eckel GmbH 公司 Dr. Eckel GmbH, Germany	2015. 01-2020. 01	
(2015)外饲准字 013 号	奶牛维生素预混合饲料 Vitamin Premix for Cow	维产康 Transition VB™	奶牛 Cow	加拿大 Jefagro 科技有限公司 Jefagro Technologies Inc. , Canada	2015. 01-2020. 01	
(2015)外饲准字 014 号	奶牛维生素预混合饲料 Vitamin Premix for Cow	维奶康 Lactation VB™	奶牛 Cow	加拿大 Jefagro 科技有限公司 Jefagro Technologies Inc. , Canada	2015. 01-2020. 01	
(2015)外饲准字 015 号	母猪微量元素预混合饲料 Trace Mineral Premix for Sow	优知乐 MZ Sow Advantage	母猪 Sow	美国奥特奇公司 Alltech Inc. , USA	2015. 01-2020. 01	
(2015)外饲准字 016 号	猫犬复合预混合饲料 Premix for Cat and Dog	新生宠物能量增强剂 Puppy' Boost	猫 Cat 犬 Dog	法国 Synergie Prod 公司 Synergie Prod, France	2015. 01-2020. 01	
(2015)外饲准字 017 号	猫配合饲料 Cat Compound Feed	冠能成猫均衡营养配方猫粮 Pro Plan Cat Adult Balanced Nutrition Formula	猫 Cat	澳大利亚雀巢普瑞纳宠物食品有限公司 Nestle Purina Petcare, Australia	2015. 01-2020. 01	
(2015)外饲准字 018 号	猫配合饲料 Cat Compound Feed	冠能绝育猫配方猫粮 Pro Plan Cat Sterilised Formula	猫 Cat	澳大利亚雀巢普瑞纳宠物食品有限公司 Nestle Purina Petcare, Australia	2015. 01-2020. 01	
(2015)外饲准字 019 号	猫配合饲料 Cat Compound Feed	冠能控制毛球配方猫粮 Pro Plan Cat Hairball Management Formula	猫 Cat	澳大利亚雀巢普瑞纳宠物食品有限公司 Nestle Purina Petcare, Australia	2015. 01-2020. 01	

（续）

登记证号	通用名称	商品名称	使用范围	生产厂家	有效期限	备注
(2015)外饲准字 020 号	猫配合饲料 Cat Compound Feed	冠能体重管理配方猫粮 Pro Plan Cat Weight Management Formula	猫 Cat	澳大利亚雀巢普瑞纳宠物食品有限公司 Nestle Purina Petcare，Australia	2015. 01-2020. 01	
(2015)外饲准字 021 号	猫配合饲料 Cat Compound Feed	冠能老年猫配方猫粮 Pro Plan Cat Senior Formula	猫 Cat	澳大利亚雀巢普瑞纳宠物食品有限公司 Nestle Purina Petcare，Australia	2015. 01-2020. 01	
(2015)外饲准字 022 号	猫配合饲料 Cat Compound Feed	冠能胃肠及皮肤敏感配方猫粮 Pro Plan Cat Sensitive Skin, Stomach and Intestine Formula	猫 Cat	澳大利亚雀巢普瑞纳宠物食品有限公司 Nestle Purina Petcare，Australia	2015. 01-2020. 01	
(2015)外饲准字 023 号	犬配合饲料 Dog Compound Feed	善陪金牌超越干狗粮 Champion Premium Superior	犬 Dog	塞浦路斯 An Animal Fodder Mill 公司 An Animal Fodder Mill，Cyprus	2015. 01-2020. 01	
(2015)外饲准字 024 号	犬配合饲料 Dog Compound Feed	善陪幼犬干狗粮 Champion Puppy	犬 Dog	塞浦路斯 An Animal Fodder Mill 公司 An Animal Fodder Mill，Cyprus	2015. 01-2020. 01	
(2015)外饲准字 025 号	犬配合饲料 Dog Compound Feed	善陪优越成犬干狗粮 Champion Adult Superior	犬 Dog	塞浦路斯 An Animal Fodder Mill 公司 An Animal Fodder Mill，Cyprus	2015. 01-2020. 01	
(2015)外饲准字 026 号	犬配合饲料 Dog Compound Feed	善陪倍跃成犬干狗粮 Champion Active Plus	犬 Dog	塞浦路斯 An Animal Fodder Mill 公司 An Animal Fodder Mill，Cyprus	2015. 01-2020. 01	
(2015)外饲准字 027 号	白鱼粉 White Fishmeal	白鱼粉（Ⅰ） White Fishmeal（Ⅰ）	畜禽 Livestock and Poultry 水产动物 Aquaculture	俄罗斯“OKEANRYBFLOT” JSC(工船加工，工船名:"Mys Olyutorskiy"，工船号:CH-38N) “OKEANRYBFLOT” JSC (Produced on Board at vessel "Mys Olyutorskiy", Official No. CH-38N)，Russia	2015. 01-2020. 01	

（续）

登记证号	通用名称	商品名称	使用范围	生产厂家	有效期限	备注
(2015)外饲准字 028 号	鱼粉 Fishmeal	红鱼粉(三级) Red Fishmeal（Ⅲ）	畜禽 Livestock and Poultry 水产动物 Aquaculture	印度莎瑞福海产品私人有限公司 Sharief Marine Products Pvt. Ltd.，India	2015.01-2020.01	
(2015)外饲准字 029 号	鱼粉 Fishmeal	秘鲁红鱼粉(三级) Peruvian Red Fishmeal（Ⅲ）	畜禽 Livestock and Poultry 水产动物 Aquaculture	秘鲁 Pesquera Diamante S. A. 公司 Pisco 工厂 Pesquera Diamante S. A.，Pisco Plant，Peru	2015.01-2020.01	
(2015)外饲准字 030 号	含可溶物干玉米酒糟 DDGS	舶莱欣乙醇 DDGS Blue Flint Ethanol DDGS	猪 Swine 牛 Cattle 家禽 Poultry	美国舶莱欣乙醇有限公司 Blue Flint Ethanol LLC.，USA	2015.01-2020.01	
(2015)外饲准字 031 号	大豆酶解蛋白 Enzymed Soybean Protein	哈姆雷特蛋白 HP300 Hamlet Protein HP300	仔猪 Piglet	丹麦哈姆雷特蛋白质公司 Hamlet Protein A/S, Denmark	2015.01-2020.01	
(2015)外饲准字 032 号	叶酸 Folic Acid	罗维素®叶酸 80 SD ROVIMIX® Folic 80 SD	养殖动物 All species or categories of animals	帝斯曼营养产品法国有限公司 DSM Nutritional Products France SAS, France	2015.01-2020.01	续展
(2015)外饲准字 033 号	D-泛酸钙 D-Calcium Pantothenate	露他维 泛酸钙 Lutavit® Calpan	养殖动物 All species or categories of animals	巴斯夫欧洲公司 BASF SE, Germany	2015.01-2020.01	续展
(2015)外饲准字 034 号	氯化胆碱 Choline Chloride	75%氯化胆碱 Choline Chloride 75%	养殖动物 All species or categories of animals	比利时特胺有限公司 Taminco BVBA, Belgium	2015.01-2020.01	续展
(2015)外饲准字 035 号	蛋氨酸羟基类似物 Methionine Hydroxy Analog	速牧美®-L Sumimet®-L	猪 Swine 牛 Cattle 家禽 Poultry	日本住友化学株式会社 Sumitomo Chemical Co.，Ltd.，Japan	2010.03-2015.03	续展

（续）

登记证号	通用名称	商品名称	使用范围	生产厂家	有效期限	备注
(2015)外饲准字 036 号	甜菜碱 Betaine	芬莱碱® S4 Betafin® S4	养殖动物 All species or categories of animals	芬兰饲料国际有限公司 Finnfeeds Finland Oy，Finland	2010.05-2015.05	续展
(2015)外饲准字 037 号	甜菜碱 Betaine	芬莱碱®S1 Betafin® S1	养殖动物 All species or categories of animals	芬兰饲料国际有限公司 Finnfeeds Finland Oy，Finland	2010.05-2015.05	续展
(2015)外饲准字 038 号	混合型饲料添加剂 碳酸钠 碳酸氢钠 氯化钾 柠檬酸 Feed Additives Mixture Sodium Carbonate Sodium Bicarbonate Potassium Choride Citric Acid	快补 Nutrifizz	犊牛 Calf 仔猪 Piglet	荷兰纽维德公司 Nutrifeed，the Netherlands	2010.04-2015.04	续展
(2015)外饲准字 039 号	混合型饲料添加剂 酶制剂 Feed Additives Mixture Enzymes	速美肥 SB UP Capsozyme SB UP	猪 Swine 牛 Cattle	西班牙埃特亚公司 Industrial Tecnica Pecuaria，Spain	2010.01-2015.01	续展
(2015)外饲准字 040 号	混合型饲料添加剂 酶制剂 Feed Additives Mixture Enzymes	钮莱思酶-木聚糖酶(产自枯草芽孢杆菌) Nutrase Xyla-Xylanase (by *Bacillus subtilis*)	单胃动物 Monogastric Animals	比利时 Beldem 公司 Beldem S. A.，Belgium	2015.01-2020.01	续展
(2015)外饲准字 041 号	混合型饲料添加剂 酶制剂 Feed Additives Mixture Enzymes	艾克拿斯-木聚糖酶和β-葡聚糖酶(源自长柄木霉) Econase Wheat P Plus	单胃动物 Monogastric Animals	芬兰罗尔公司 Roal Oy，Finland	2015.01-2020.01	续展
(2015)外饲准字 042 号	混合型饲料添加剂 酶制剂 Feed Additives Mixture Enzymes	钻石强力酵素特配 Nopcozyme X Plus	养殖动物 All species or categories of animals	新加坡大祥资源有限公司 Diasham Resources Pte Ltd.，Singapore	2015.01-2020.01	续展

（续）

登记证号	通用名称	商品名称	使用范围	生产厂家	有效期限	备注
(2015)外饲准字 043 号	混合型饲料添加剂 维生素 矿物元素 酸度调节剂 Feed Addtives Mixture Vitamins Minerals Acidity Regulators	赐益 Nopstress	猪 Swine 家禽 Poultry	新加坡大祥资源有限公司 Diasham Resources Pte Ltd.，Singapore	2015.01-2020.01	续展
(2015)外饲准字 044 号	混合型饲料添加剂 酸度调节剂 矿物元素 Feed Additives Mixture Acidity Regulators Minerals	活力健 BESTLYTES	养殖动物 All species or categories of animals	中国派斯德股份有限公司 China Bestar Laboratories Ltd.	2015.01-2020.01	续展
(2015)外饲准字 045 号	牛羊精料补充料 Concentrate Supplement for Cattle and Sheep	黄洛奇 Yellow Rockies	牛 Cattle 羊 Sheep	英国泰邦公司 Tithebarn Limited，UK	2015.01-2020.01	续展
(2015)外饲准字 046 号	牛羊精料补充料 Concentrate Supplement for Cattle and Sheep	5%富磷洛奇 5% Phos Rich Rockies	牛 Cattle 羊 Sheep	英国泰邦公司 Tithebarn Limited，UK	2015.01-2020.01	续展
(2015)外饲准字 047 号	牛羊精料补充料 Concentrate Supplement for Cattle and Sheep	红洛奇 Red Rockies	牛 Cattle 羊 Sheep	英国泰邦公司 Tithebarn Limited，UK	2015.01-2020.01	续展
(2015)外饲准字 048 号	牛羊精料补充料 Concentrate Supplement for Cattle and Sheep	富磷洛奇 Phos Rich Rockies	牛 Cattle 羊 Sheep	英国泰邦公司 Tithebarn Limited，UK	2015.01-2020.01	续展
(2015)外饲准字 049 号	牛羊精料补充料 Concentrate Supplement for Cattle and Sheep	KNZ 牛羊盐添块 KNZ Multi	牛 Cattle 羊 Sheep	荷兰阿克苏诺贝尔功能化学品公司 Akzo Nobel Functional Chemicals B. V.，the Netherlands	2015.01-2020.01	续展

（续）

登记证号	通用名称	商品名称	使用范围	生产厂家	有效期限	备注
(2015)外饲准字 050 号	牛精料补充料 Concentrate Supplement for Cattle	KNZ 传统盐添块 KNZ Tradition	牛 Cattle	荷兰阿克苏诺贝尔功能化学品公司 Akzo Nobel Functional Chemicals B. V. , the Netherlands	2015. 01-2020. 01	续展
(2015)外饲准字 051 号	牛精料补充料 Concentrate Supplement for Cattle	KNZ 生物素盐添块 KNZ Lick with Biotin	牛 Cattle	荷兰阿克苏诺贝尔功能化学品公司 Akzo Nobel Functional Chemicals B. V. , the Netherlands	2015. 01-2020. 01	续展
(2015)外饲准字 052 号	犬配合饲料 Dog Compound Feed	沛克乐牌养身五谷活力餐（成犬） Pets Corner Adult Dog Formula 1-Flavor	犬 Dog	台湾富崴饲料有限公司 Foray Forage Co. Ltd.	2015. 01-2020. 01	续展
(2015)外饲准字 053 号	犬配合饲料 Dog Compound Feed	沛克乐牌保护皮肤低敏餐（成犬） Pets Corner Adult Dog Formula	犬 Dog	台湾富崴饲料有限公司 Foray Forage Co. Ltd.	2015. 01-2020. 01	续展
(2015)外饲准字 054 号	虾配合饲料 Shrimp Compound Feed	兰西-PL LANSY-Shrimp PL	虾苗 Shrimp Larva	英伟(泰国)饲料有限公司 INVE (Thailand) Ltd. , Thailand	2015. 01-2020. 01	续展
(2015)外饲准字 055 号	虾配合饲料 Shrimp Compound Feed	兰西-ZM LANSY-Shrimp ZM	虾苗 Shrimp Larva	英伟(泰国)饲料有限公司 INVE (Thailand) Ltd. , Thailand	2015. 01-2020. 01	续展
(2015)外饲准字 056 号	海水鱼苗配合饲料 Marine Larval Compound Feed	NRD 鱼苗饲料(1/2,2/3,3/5,5/8,G8,G12) NRD Fry Feed (1/2, 2/3, 3/5, 5/8, G8, G12)	鱼苗 Fish Larva	英伟(泰国)饲料有限公司 INVE (Thailand) Ltd. , Thailand	2015. 01-2020. 01	续展
(2015)外饲准字 057 号	混合型饲料添加剂 大茴香脑 糖精钠 Feed Additives Mixture Anethole Sodium Saccharin	潘康乐 TakTik® X-IN 150	猪 Swine 牛 Cattle 羊 Sheep 马 Horse	瑞士潘可士玛公司 Pancosma S. A. , Switzerland	2015. 01-2020. 01	

（续）

登记证号	通用名称	商品名称	使用范围	生产厂家	有效期限	备注
(2015)外饲准字 058 号	喷雾干燥猪血球蛋白粉 Spray Dried Porcine Blood Cells Protein Meal	喷雾干燥猪血球蛋白（粉剂） AP301	猪 Swine 家禽 Poultry 水产动物 Aquaculture	加拿大 APC 营养公司 APC Nutrition Inc.，Canada	2015.01-2020.01	续展
(2015)外饲准字 059 号	喷雾干燥猪血浆蛋白粉 Spray Dried Porcine Plasma Protein Meal	喷雾干燥猪血浆蛋白粉 AP920	猪 Swine 家禽 Poultry 水产动物 Aquaculture	加拿大 APC 营养公司 APC Nutrition Inc.，Canada	2015.01-2020.01	续展
(2015)外饲准字 060 号	鸡肉粉 Poultry By-product Meal	TBP 鸡肉粉 TBP Poultry Meal	鸡 Chicken 猪 Swine 水产动物 Aquaculture 宠物 Pet	新西兰塔拉纳奇副产品公司 Taranaki By Products Ltd.，New Zealand	2015.01-2020.01	续展
(2015)外饲准字 061 号	鱼粉 Fishmeal	鲶鱼鱼粉(三级) Catfish Meal（Ⅲ）	畜禽 Livestock and Poultry 水产动物 Aquaculture	越南顺安劳务生产商贸责任有限公司 Thuan An Production Trading and Service Co.，Ltd.，Vietnam	2015.01-2020.01	续展
(2015)外饲准字 062 号	鱼粉 Fishmeal	秘鲁红鱼粉(三级) Peruvian Red Fishmeal（Ⅲ）	畜禽 Livestock and Poultry 水产动物 Aquaculture	秘鲁 Tecnologica De Alimentos S. A. 公司 Atico 工厂 Tecnologica De Alimentos S. A.，Atico Plant，Peru	2015.01-2020.01	续展
(2015)外饲准字 063 号	鱼粉 Fishmeal	秘鲁红鱼粉(三级) Peruvian Red Fishmeal（Ⅲ）	畜禽 Livestock and Poultry 水产动物 Aquaculture	秘鲁 Corporacion Pesquera Inca S. A. C. 公司 Chimbote 工厂 Corporacion Pesquera Inca S. A. C.，Chimbote Plant，Peru	2015.01-2020.01	续展

进口饲料和饲料添加剂产品登记证目录(2015－02)

登记证号	通用名称	商品名称	使用范围	生产厂家	有效期限	备注
(2015)外饲准字 064 号	尿素 Urea	胜利佳 Victurea	反刍动物 Ruminant	德国 Palital GmbH & Co. KG 公司 Palital GmbH & Co. KG，Germany	2015. 03-2020. 03	
(2015)外饲准字 065 号	氯化胆碱 Choline Chloride	派乳高 Fatrix® Choline	奶牛 Dairy Cow	德国 Palital GmbH & Co. KG 公司 Palital GmbH & Co. KG，Germany	2015. 03-2020. 03	
(2015)外饲准字 066 号	DL-蛋氨酸 DL- Methionine	派乳安 Fatrix® Methionine	奶牛 Dairy Cow	德国 Palital GmbH & Co. KG 公司 Palital GmbH & Co. KG，Germany	2015. 03-2020. 03	
(2015)外饲准字 067 号	甜菜碱 Betaine	爱它勇 ARTIRED-C	家禽 Poultry	法国亚帝门公司 ARTIMON-FRANCE，France	2015. 03-2020. 03	
(2015)外饲准字 068 号	混合型饲料添加剂 微生物 Feed Additives Mixture Live Micro-organisms	拉曼优贮 CL HC LALSIL® CL HC	青贮饲料 Silage	拉曼特种益生菌公司 Lallemand Specialties，USA	2015. 03-2020. 03	
(2015)外饲准字 069 号	混合型饲料添加剂 BHT 维生素 E Feed Additives Mixture BHT Vitamin E	脱霉素-XXL TOXO®-XXL	猪 Swine 家禽 Poultry	荷兰赛尔可公司 Selko B. V.，the Netherlands	2015. 03-2020. 03	
(2015)外饲准字 070 号	混合型饲料添加剂 己酸 辛酸 癸酸 月桂酸 乙酸异戊酯 Feed Additives Mixture Hexanoic Acid Octanoic Acid Decanoic Acid Dodecanoic Acid (Lauric Acid) Isopentyl Acetate	抑菌宝 Aromabiotic	猪 Swine	比利时维他麦公司 Vitamex N. V.，Belgium	2015. 03-2020. 03	
(2015)外饲准字 071 号	混合型饲料添加剂 香味物质 天然三萜烯皂角苷(源自可来雅皂角树) Feed Additives Mixture Flavouring Substances Triterpenic saponins (Quillaja Saponaria Extract)	爱吉福 ACTIFOR® Boost	反刍动物 Ruminant	地绿康(奥地利)有限公司 DELACON Biotechnik GmbH，Austria	2015. 03-2020. 03	

（续）

登记证号	通用名称	商品名称	使用范围	生产厂家	有效期限	备注
(2015)外饲准字 072 号	混合型饲料添加剂 着色剂 抗氧化剂 Feed Additives Mixture Coloring Agents Antioxidants	埃特红 CAPSANTAL FS 20 NT	肉鸡 Broiler 蛋鸡 Laying Hen	西班牙埃特亚公司 Industrial Tecnica Pecuaria, S. A., Spain	2015.03-2020.03	
(2015)外饲准字 073 号	混合型饲料添加剂 酶制剂 Feed Additives Mixture Enzymes	速美肥 SB CAPSOZYME SB	猪 Swine 家禽 Poultry	西班牙埃特亚公司 Industrial Tecnica Pecuaria, S. A., Spain	2015.03-2020.03	
(2015)外饲准字 074 号	混合型饲料添加剂 酶制剂 Feed Additives Mixture Enzymes	乐多仙 MultiGrain(GT) RONOZYME MultiGrain (GT)	家禽 Poultry 仔猪 Piglet	丹麦诺维信公司 Novozymes A/S, Denmark	2015.03-2020.03	
(2015)外饲准字 075 号	蛋粉 Egg Product-Granulated	兰博 46 Ova 46	养殖动物 All Species or Categories of Animals	美国 IsoNova 科技有限责任公司 Verona 工厂 IsoNova Technologies LLC, Verona Plant, USA	2015.03-2020.03	
(2015)外饲准字 076 号	鱼油 Fish Oil	鱼油 Fish Oil	畜禽 Livestock and Poultry 水产养殖动物 Aquaculture Animals	槟椥鹅堂一成员有限公司 Go Dang Ben Tre Co., Ltd., Vietnam	2015.03-2020.03	
(2015)外饲准字 077 号	鱼粉 Fishmeal	红鱼粉(三级) Fishmeal (Ⅲ)	畜禽 Livestock and Poultry 水产养殖动物 Aquaculture Animals	槟椥鹅堂一成员有限公司 Go Dang Ben Tre Co., Ltd., Vietnam	2015.03-2020.03	
(2015)外饲准字 078 号	白鱼粉 White Fishmeal	白鱼粉(三级) White Fishmeal (Ⅲ)	畜禽 Livestock and Poultry 水产养殖动物 Aquaculture Animals	纳米比亚 Exigrade 饲料有限公司 Exigrade Feeds (Pty) Ltd., Namibia	2015.03-2020.03	

（续）

登记证号	通用名称	商品名称	使用范围	生产厂家	有效期限	备注
(2015)外饲准字 079 号	猪维生素预混合饲料 Swine Vitamin Premix	必安宁 MAGIC-EP	猪 Swine	台湾凯迈化学制药股份有限公司 Kaimight Chemicial & Pharmaceutical Co.，Ltd.	2015.03-2020.03	
(2015)外饲准字 080 号	鱼粉 Fishmeal	金枪鱼粉(60)(三级) Tuna Fishmeal（Protein 60)（Ⅲ）	畜禽 Livestock and Poultry 水产养殖动物 Aquaculture Animals	泰国 T.C. 联合农业技术有限公司 T.C. Union Agrotech Co.，Ltd.，Thailand	2015.03-2020.03	
(2015)外饲准字 081 号	鱼粉 Fishmeal	金枪鱼粉(50)(三级) Tuna Fishmeal（Protein 50)（Ⅲ）	畜禽 Livestock and Poultry 水产养殖动物 Aquaculture Animals	泰国 T.C. 联合农业技术有限公司 T.C. Union Agrotech Co.，Ltd.，Thailand	2015.03-2020.03	
(2015)外饲准字 082 号	仔猪配合饲料 Piglet Compound Feed	妙可味 优格 Milkiwean Yoghurt	仔猪 Piglet	荷兰司劳特公司 Sloten B.V.，the Netherlands	2015.03-2020.03	
(2015)外饲准字 083 号	仔猪配合饲料 Piglet Compound Feed	速补猪奶 Milkiwean Milk	仔猪 Piglet	荷兰司劳特公司 Sloten B.V.，the Netherlands	2015.03-2020.03	重新登记
(2015)外饲准字 084 号	犊牛配合饲料 Calf Compound Feed	普瑞福 一号 Sprayfo Green	犊牛 Calf	荷兰司劳特公司 Sloten B.V.，the Netherlands	2015.03-2020.03	重新登记
(2015)外饲准字 085 号	犊牛配合饲料 Calf Compound Feed	普瑞福 二号 Sprayfo Red	犊牛 Calf	荷兰司劳特公司 Sloten B.V.，the Netherlands	2015.03-2020.03	重新登记
(2015)外饲准字 086 号	犊牛配合饲料 Calf Compound Feed	普瑞福 三号 Sprayfo Yellow	犊牛 Calf	荷兰司劳特公司 Sloten B.V.，the Netherlands	2015.03-2020.03	
(2015)外饲准字 087 号	犊牛配合饲料 Calf Compound Feed	福克美⁺ Fokkamel Plus	犊牛 Calf	荷兰 Nukamel Productions B.V. 公司 Nukamel Productions B.V.，the Netherlands	2015.03-2020.03	

（续）

登记证号	通用名称	商品名称	使用范围	生产厂家	有效期限	备注
(2015)外饲准字 088 号	仔猪配合饲料 Piglet Compound Feed	普特美 Porcomel	仔猪 Piglet	荷兰 Nukamel Productions B. V. 公司 Nukamel Productions B. V., the Netherlands	2015.03-2020.03	
(2015)外饲准字 089 号	虾苗配合饲料 Shrimp Larva Compound Feed	金丰牌草虾-虾苗前期用饲料 Kingfeng Shrimp-Small Feed	虾苗 Shrimp Larva	台湾富崴饲料有限公司 Foray Forage Co., Ltd.	2015.03-2020.03	
(2015)外饲准字 090 号	虾青素 Astaxanthin	露康定 粉红 Lucantin® Pink	三文鱼 Salmon 鳟鱼 Trout 观赏鱼 Ornamental Fish	巴斯夫欧洲公司 BASF SE, Germany	2015.03-2020.03	续展
(2015)外饲准字 091 号	α-生育酚乙酸酯 Alpha-Tocopherol Acetate	露他维 E50 Lutavit®E50	养殖动物 All Species or Categories of Animals	巴斯夫欧洲公司 BASF SE, Germany	2015.03-2020.03	续展
(2015)外饲准字 092 号	酵母硒 Selenium Yeast	阿富硒 2000 SelenoSource AF™ 2000	养殖动物 All Species or Categories of Animals	美国达农威公司 Diamond V Mills, Inc., USA	2015.03-2020.03	续展
(2015)外饲准字 093 号	嗜酸乳杆菌 *Lactobacillus acidophilus*	优福素 Kimchi Stoc-P	猪 Swine 家禽 Poultry	韩国 ELT 药业公司 ELT Pharma Corporation, Korea	2015.03-2020.03	续展
(2015)外饲准字 094 号	蛋白酶(源自黑曲霉) Protease (by *Aspergillus niger*)	多喜福 Lira-zyme	猪 Swine 家禽 Poultry	台湾生百兴业有限公司 Life Rainbow Biotech Co., Ltd.	2015.03-2020.03	续展
(2015)外饲准字 095 号	混合型饲料添加剂 木聚糖酶 β-葡聚糖酶(产自长柄木霉) Feed Additives Mixture Xylanase β-Glucanase (by *Trichoderma longibrachiatum*)	速美肥 T/2 CAPSOZYME T/2	肉鸡 Broiler	西班牙埃特亚公司 Industrial Tecnica Pecuaria, S. A., Spain	2015.03-2020.03	续展

(续)

登记证号	通用名称	商品名称	使用范围	生产厂家	有效期限	备注
(2015)外饲准字 096 号	鱼粉 Fishmeal	红鱼粉(三级) Red Fishmeal (Ⅲ)	畜禽 Livestock and Poultry 水产养殖动物 Aquaculture Animals	南非先锋渔业(西海岸)有限公司 Pioneer Fishing (West Coast) (Pty) Ltd., South Africa	2015.03-2020.03	续展

进口饲料和饲料添加剂产品登记证目录(2015－03)

登记证号	通用名称	商品名称	使用范围	生产厂家	有效期限	备注
(2015)外饲准字 098 号	混合型饲料添加剂酸度调节剂 丙二醇 Feed Additives Mixture Acidity Regulators 1,2-Propanediol	露保卫 NC Luprosil NC	养殖动物 All species or categories of animals	巴斯夫欧洲公司 BASF SE, Germany	2015.04-2020.04	
(2015)外饲准字 099 号	混合型饲料添加剂 酸度调节剂 Feed Additives Mixture Acidity Regulators	加强肥酸宝 Selacid® Green Growth-MP	猪 Swine 家禽 Poultry 兔 Rabbit	荷兰赛尔可公司 Selko B. V., the Netherlands	2015.04-2020.04	
(2015)外饲准字 100 号	混合型饲料添加剂 微生物 Feed Additives Mixture Live Micro-organisms	保时青(玉米) Bonsilage Maize Liquid	青贮饲料 Silage	奥地利力多生有限责任公司 Lactosan GmbH & Co. KG, Austria	2015.04-2020.04	
(2015)外饲准字 101 号	混合型饲料添加剂 微生物 Feed Additives Mixture Live Micro-organisms	保时青(牧草) Bonsilage Extra Liquid	青贮饲料 Silage	奥地利力多生有限责任公司 Lactosan GmbH & Co. KG, Austria	2015.04-2020.04	
(2015)外饲准字 102 号	混合型饲料添加剂 微生物 Feed Additives Mixture Live Micro-organisms	保时青(加强型 C) Bonsilage Plus C	青贮饲料 Silage	奥地利力多生有限责任公司 Lactosan GmbH & Co. KG, Austria	2015.04-2020.04	

（续）

登记证号	通用名称	商品名称	使用范围	生产厂家	有效期限	备注
(2015)外饲准字 103 号	混合型饲料添加剂 微生物 Feed Additives Mixture Live Mirco-organisms	拉曼优贮 DRY HC LALSIL DRY HC	青贮饲料 Silage	美国拉曼特种益生菌公司 Lallemand Specialties, Inc., USA	2015.04-2020.04	
(2015)外饲准字 104 号	混合型饲料添加剂 微生物 Feed Additives Mixture Live Micro-organisms	青贮宝 AS 200 SiloSolve® AS 200	青贮饲料 Silage	捷克科汉森捷克有限公司 Chr. Hansen Czech Republic S. R. O., Czech Republic	2015.04-2020.04	
(2015)外饲准字 105 号	维生素预混合饲料 Vitamin Premix	强力维 Liquivit® Strong	家禽 Poultry 猪 Swine 兔 Rabbit 牛 Cattle 羊 Sheep	德国 Biochem 添加剂贸易和生产有限公司 Biochem Zusatzstoffe Handels-und Produktionsgesellschaft mbH, Germany	2015.04-2020.04	
(2015)外饲准字 106 号	饲料添加剂 枯草芽孢杆菌 Feed Additive *Bacillus subtilis*	必优素 Biomix	家禽 Poultry 猪 Swine 牛 Cattle 水产动物 Aquaculture	台湾信逢股份有限公司 New Well Power Co., Ltd.	2015.04-2020.04	
(2015)外饲准字 107 号	犬配合饲料 Dog Compound Feed	加卉手工制作犬粮鸡肉味 Carnaflora Hand Crafted Dog Fresh Chinken Flavor	犬 Dog	加拿大贝儿脆宠物食品有限公司 Bio Biscuit Inc., Canada	2015.04-2020.04	
(2015)外饲准字 108 号	犬配合饲料 Dog Compound Feed	加卉手工制作犬粮鸭肉味 Carnaflora Hand Crafted Dog Food Duck Flavor	犬 Dog	加拿大贝儿脆宠物食品有限公司 Bio Biscuit Inc., Canada	2015.04-2020.04	
(2015)外饲准字 109 号	猫配合饲料 Cat Compound Feed	加卉手工制作猫粮鸡肉味 Carnaflora Hand Crafted Cat Food Fresh Chinken Flavor	猫 Cat	加拿大贝儿脆宠物食品有限公司 Bio Biscuit INC., Canada	2015.04-2020.04	

（续）

登记证号	通用名称	商品名称	使用范围	生产厂家	有效期限	备注
(2015)外饲准字110号	白鱼粉 White Fishmeal	白鱼粉(一级) White Fishmeal（Ⅰ）	鱼 Fish 猪 Swine 家禽 Poultry	俄罗斯Poronay有限公司(工船名"Langusta",工船号CH-72H) Poronay LLC, F/V "Langusta" CH-72H, Russia	2015.04-2020.04	
(2015)外饲准字111号	白鱼粉 White Fishmeal	白鱼粉(一级) White Fishmeal（Ⅰ）	鱼 Fish 猪 Swine 家禽 Poultry	俄罗斯Poronay有限公司(工船名"Vasily Kalenov",工船号CH-V17) Poronay LLC, F/V "Vasily Kalenov" CH-V17, Russia	2015.04-2020.04	
(2015)外饲准字112号	白鱼粉 White Fishmeal	白鱼粉(一级) White Fishmeal（Ⅰ）	鱼 Fish 猪 Swine 家禽 Poultry	俄罗斯P. A. Sakhalinrybaksoyuz有限公司(工船名"Iolanta",CH-83A) LLC. "P. A. Sakhalinrybaksoyuz", F/V "Iolanta" CH-83A, Russia	2015.04-2020.04	
(2015)外饲准字113号	鸡肉粉 Poultry By-Product Meal	宠物级鸡肉粉 Pet Food Grade Poultry By-Product Meal	猪 Swine 鸡 Chicken 鱼 Fish 宠物 Pet	美国贵芬有限责任公司 Griffin Industries, LLC, USA	2015.04-2020.04	
(2015)外饲准字114号	猪肠膜蛋白粉 Porcine Protein Concentrate	猪肠膜蛋白粉 Porcine Protein Concentrate	猪 Swine 鸡 Chicken 鱼 Fish 宠物 Pet	美国国际营养公司 International Nutrition, USA	2015.04-2020.04	
(2015)外饲准字115号	菜籽粕 Rapeseed Meal	菜籽粕 Rapeseed Meal	鱼 Fish 猪 Swine 家禽 Poultry	巴基斯坦A&Z Agro Industries (Private)有限公司 A&Z Agro Industries (Private) Limited, Pakistan	2015.04-2020.04	

（续）

登记证号	通用名称	商品名称	使用范围	生产厂家	有效期限	备注
(2015)外饲准字 116 号	菜籽粕 Rapeseed Meal	菜籽粕(菜籽来源加拿大) Canola Meal (Canadian Seeds)	鱼 Fish 猪 Swine 家禽 Poultry	巴基斯坦 A&Z Agro Industries (Private)有限公司 A&Z Agro Industries (Private) Limited, Pakistan	2015. 04-2020. 04	
(2015)外饲准字 117 号	鱼粉 Fishmeal	秘鲁红鱼粉(三级) Peruvian Red Fishmeal (Ⅲ)	鱼 Fish 猪 Swine 家禽 Poultry	秘鲁 Corporacion Pesquera Inca S. A. C. 公司 Ilo 工厂 Corporacion Pesquera Inca S. A. C., Plant Ilo, Peru	2015. 04-2020. 04	续展登记
(2015)外饲准字 118 号	鱼粉 Fishmeal	秘鲁红鱼粉(三级) Peruvian Red Fishmeal (Ⅲ)	鱼 Fish 猪 Swine 家禽 Poultry	秘鲁 Corporacion Pesquera Inca S. A. C. 公司 Chancay 工厂 Corporacion Pesquera Inca S. A. C., Plant Chancay, Peru	2015. 04-2020. 04	续展登记
(2015)外饲准字 119 号	猴配合饲料 Primate Compound Feed	5C48C 优质灵长类动物饲料 5C48 Certified Primate C	猴 Primate	美国 PMI 营养国际有限责任公司 PMI Nutrition International, LLC, USA	2015. 04-2020. 04	续展登记
(2015)外饲准字 120 号	猴配合饲料 Primate Compound Feed	5K9C 12G 高纤维灵长类动物饲料 5K9C HF Primate C 12G	猴 Primate	美国 PMI 营养国际有限责任公司 PMI Nutrition International, LLC, USA	2015. 04-2020. 04	续展登记
(2015)外饲准字 121 号	鸡肉粉 Poultry By-Product Meal	宠物级鸡肉粉 Poultry By-Product Meal	猪 Swine 鸡 Chicken 水产动物 Aquaculture 宠物 Pet	美国贵芬有限责任公司 Griffin Industries, LLC., USA	2015. 04-2020. 04	续展登记
(2015)外饲准字 122 号	混合型饲料添加剂 抗氧化剂 防腐剂 Feed Additives Mixture Antioxidants Preservatives	克氧 E2 Oxicap E2	养殖动物 All species or categories of animals	西班牙埃特亚公司 Industrial Tecnica Pecuaria, S. A., Spain	2015. 04-2020. 04	续展登记

（续）

登记证号	通用名称	商品名称	使用范围	生产厂家	有效期限	备注
(2015)外饲准字 123 号	混合型饲料添加剂 防霉剂 Feed Additives Mixture Preservatives	克霉 N CH FUNGICAP N CH	养殖动物 All species or categories of animals	西班牙埃特亚公司 Industrial Tecnica Pecuaria, S. A. , Spain	2015. 04-2020. 04	续展登记
(2015)外饲准字 124 号	饲料添加剂 天然类固醇萨洒皂角苷（源自丝兰） Feed Additive YUCCA（Yucca Schidigera Extract）	富兰宝 Micro-Aid®	养殖动物 All species or categories of animals	美国 DPI 配送加工有限公司 Distributors Processing Inc. , USA	2015. 04-2020. 04	续展登记
(2015)外饲准字 125 号	饲料添加剂 25-羟基维生素 D3 Feed Additive 25-Hydroxy Vitamin D3	罗维素 Hy. D® 1. 25% ROVIMIX Hy. D® 1. 25%	养殖动物 All species or categories of animals	帝斯曼营养产品美国有限公司 DSM Nutritional Products Inc. , USA	2015. 04-2020. 04	续展登记

进口饲料和饲料添加剂产品登记证目录（2015－04）

登记证号	通用名称	商品名称	使用范围	生产厂家	有效期限	备注
(2015)外饲准字 126 号	甜菜碱 Betaine	肠益素 IgOne-S	仔猪 Piglet	韩国西梯茜公司 CTCBIO INC. , Korea	2015. 06-2020. 06	
(2015)外饲准字 127 号	甜菜碱 Betaine	Vista 甜菜碱 96 Vistabet 96	养殖动物 All species or categories of animals	美国 Amalgamated Sugar 有限责任公司 The Amalgamated Sugar Company LLC. , USA	2015. 06-2020. 06	
(2015)外饲准字 128 号	枯草芽孢杆菌 *Bacillus subtilis*	霍曼特 Fermentab	发酵豆粕 Fermented Soybean Meal	信逢股份有限公司 New Well Power Co. Ltd.	2015. 06-2020. 06	

（续）

登记证号	通用名称	商品名称	使用范围	生产厂家	有效期限	备注
(2015)外饲准字 129 号	植酸酶(产自黑曲霉) Phytase (by *Aspergillus niger*)	特威宝 SSF ALLZYME® SSF	畜禽 Livestock and Poultry 水产养殖动物 Aquaculture 宠物 Pet	美国奥特奇公司 Alltech Inc., USA	2015.06-2020.06	
(2015)外饲准字 130 号	混合型饲料添加剂 丙酸铬 Feed Additives Mixture Chromium Propionate	微生康™铬 04 粉剂 KemTRACE™ Chromium Propionate 0.4% Dry	奶牛 Dairy Cow	美国建明工业有限公司 Kemin Industries, Inc., USA	2015.06-2020.06	
(2015)外饲准字 131 号	混合型饲料添加剂 微生物 Feed Additives Mixture Live Micro-organisms	利生素(浓缩物) LACTO-SACC® CONCENTRATE	养殖动物 All species or categories of animals	美国奥特奇公司 Alltech Inc., USA	2015.06-2020.06	
(2015)外饲准字 132 号	混合型饲料添加剂 屎肠球菌 Feed Additives Mixture *Enterococcus faecium*	普乐高宁 Protexin Pro-Kolin+	犬 Dog	英国普碧欧堤丝国际有限公司 Probiotics International Ltd., UK	2015.06-2020.06	
(2015)外饲准字 133 号	混合型饲料添加剂 屎肠球菌 Feed Additives Mixture *Enterococcus faecium*	施百科狄 Protexin Synbiotic D-C	犬 Dog	英国普碧欧堤丝国际有限公司 Probiotics International Ltd., UK	2015.06-2020.06	
(2015)外饲准字 134 号	混合饲料添加剂 酸度调节剂 Feed Additives Mixture Acidity Regulators	克沙净-SP Fysal -SP	养殖动物 All species or categories of animals	荷兰赛尔可公司 Selko B. V., the Netherlands	2015.06-2020.06	
(2015)外饲准字 135 号	混合饲料添加剂 酸度调节剂 Feed Additives Mixture Acidity Regulators	克沙净-液体 Fysal Liquid	养殖动物 All species or categories of animals	荷兰赛尔可公司 Selko B. V., the Netherlands	2015.06-2020.06	

（续）

登记证号	通用名称	商品名称	使用范围	生产厂家	有效期限	备注
(2015)外饲准字136号	混合饲料添加剂 甲酸 甲酸铵 Feed Additives Mixture Formic Acid Ammonium Formate	荷必福 Selko® Herbiphorm	养殖动物 All species or categories of animals	荷兰赛尔可公司 Selko B. V.，the Netherlands	2015.06-2020.06	
(2015)外饲准字137号	混合饲料添加剂 酸度调节剂 Feed Additives Mixture Acidity Regulators	利多百 Liptobac Plus	养殖动物 All species or categories of animals	西班牙 Lipidos Toledo 有限公司 Lipidos Toledo S. A.，Spain	2015.06-2020.06	
(2015)外饲准字138号	混合饲料添加剂 酸度调节剂 Feed Additives Mixture Acidity Regulators	利多安 Liptosafe	养殖动物 All species or categories of animals	西班牙 Lipidos Toledo 有限公司 Lipidos Toledo S. A.，Spain	2015.06-2020.06	
(2015)外饲准字139号	混合型饲料添加剂 防腐剂 丙二醇 Feed Additives Mixture Preservatives Monopropylene Glycol	沙门克星 Salstop® Sd	养殖动物 All species or categories of animals	比利时英派克斯有限公司 Impextraco N V，Belgium	2015.06-2020.06	
(2015)外饲准字140号	混合饲料添加剂 酸度调节剂 Feed Additives Mixture Acidity Regulators	福适 pHorce	猪 Swine 家禽 Poultry	英国 Kiotechagil 公司 Kiotechagil，UK	2015.06-2020.06	
(2015)外饲准字141号	混合型饲料添加剂 香味剂 Feed Additives Mixture Flavouring Agent	潘牛乐 XTRACT® 7065，code X60-7065	反刍动物 Ruminant	瑞士潘可士玛公司 Pancosma S. A.，Switzerland	2015.06-2020.06	
(2015)外饲准字142号	混合型饲料添加剂 酶制剂 Feed Additives Mixture Enzymes	饲乐酶 Selfeed CF	畜禽 Livestock and Poultry	日本新水株式会社 Sinsui Inc.，Japan	2015.06-2020.06	
(2015)外饲准字143号	混合型饲料添加剂 酶制剂 Feed Additives Mixture Enzymes	新乐酶 Sinfeed	畜禽 Livestock and Poultry	日本新水株式会社 Sinsui Inc.，Japan	2015.06-2020.06	
(2015)外饲准字144号	仔猪浓缩饲料 Piglet Concentrate Feed	优口料 2.5 Nucleo 2.5	仔猪 Piglet	创荷美营养-泰高比利时有限公司 Trouw Nutrition - Nutreco Belgium NV，Belgium	2015.06-2020.06	

（续）

登记证号	通用名称	商品名称	使用范围	生产厂家	有效期限	备注
(2015)外饲准字 145 号	仔猪浓缩饲料 Piglet Concentrate Feed	优口料 4.0 Nucleo 4.0	仔猪 Piglet	创荷美营养-泰高比利时有限公司 Trouw Nutrition - Nutreco Belgium NV，Belgium	2015.06-2020.06	
(2015)外饲准字 146 号	仔猪配合饲料 Piglet Compound Feed	妙可味 哺力快 Milkiwean Precoce	仔猪 Piglet	创荷美营养-泰高比利时有限公司 Trouw Nutrition - Nutreco Belgium NV，Belgium	2015.06-2020.06	
(2015)外饲准字 147 号	犬配合饲料 Dog Compound Feed	耐吉斯火鸡肉米离乳犬干粮 Holistic Recipe Solution Turkey and Rice Weaning Puppy Dry Dog Food	犬 Dog	加拿大艾尔麦乐宠物食品公司 Elmira Pet Products Ltd.，Canada	2015.06-2020.06	
(2015)外饲准字 148 号	犬配合饲料 Dog Compound Feed	耐吉斯火鸡肉米玩赏犬干粮 Holistic Recipe Solution Turkey and Rice Toy Breed Dry Dog Food	犬 Dog	加拿大艾尔麦乐宠物食品公司 Elmira Pet Products Ltd.，Canada	2015.06-2020.06	
(2015)外饲准字 149 号	虾苗配合饲料 Shrimp Larva Compound Feed	白虎 White Tiger	虾苗 Shrimp Larva	创荷美法国有限公司 Trouw France S. A.，France	2015.06-2020.06	
(2015)外饲准字 150 号	牛肉骨粉 Bovine Meat and Bone Meal	牛肉骨粉 Bovine Meat and Bone Meal	猪 Swine 家禽 Poultry 鱼 Fish	阿根廷 JBS 公司（工厂位于 Rosario） JBS Argentina S. A.（Plant in Rosario），Argentina	2015.06-2020.06	
(2015)外饲准字 151 号	牛肉骨粉 Bovine Meat and Bone Meal	牛肉骨粉 Bovine Meat and Bone Meal	猪 Swine 家禽 Poultry 鱼 Fish	巴西 Industria de Racoes Patense Ltda 有限公司(Itauna 工厂) Industria de Racoes Patense Ltda（Plant in Itauna），Brazil	2015.06-2020.06	

（续）

登记证号	通用名称	商品名称	使用范围	生产厂家	有效期限	备注
(2015)外饲准字152号	牛肉骨粉 Bovine Meat and Bone Meal	牛肉骨粉 Bovine Meat and Bone Meal	猪 Swine 家禽 Poultry 鱼 Fish	巴西 Industria de Racoes Patense Ltda 有限公司(Patos de Minas 工厂) Industria de Racoes Patense Ltda (Plant in Patos de Minas), Brazil	2015.06-2020.06	
(2015)外饲准字153号	羊肉骨粉 Ovine Meat and Bone Meal	FB羊肉骨粉 FB Ovine Meat and Bone Meal	猪 Swine 家禽 Poultry 宠物 Pet 水产养殖动物 Aquaculture	新西兰南坎特伯雷副产品(2009)有限公司 South Canterbury By-products (2009) Limited, New Zealand	2015.06-2020.06	
(2015)外饲准字154号	菜籽粕 Rapeseed Meal	菜籽粕 Rapeseed Meal	猪 Swine 家禽 Poultry 鱼 Fish	巴基斯坦 M. M. Oil Mills(私人)有限公司 M. M. Oil Mills (PVT.) Ltd., Pakistan	2015.06-2020.06	
(2015)外饲准字155号	鱼油 Fish Oil	金枪鱼油 Tuna Fish Oil	猪 Swine 家禽 Poultry 宠物 Pet 水产养殖动物 Aquaculture	泰国 T.C. 联合农业技术有限公司 T.C. Union Agrotech Co., Ltd., Thailand	2015.06-2020.06	
(2015)外饲准字156号	鱼油 Fish Oil	鱼油(饲料级) Fish Oil (Feed Grade)	猪 Swine 家禽 Poultry 鱼 Fish 虾 Shrimp	印度 BAWA 鱼粉鱼油公司 BAWA Fishmeal & Oil Co., India	2015.06-2020.06	
(2015)外饲准字157号	鱼粉 Fishmeal	毛里塔尼亚红鱼粉 Mauritania Red Fishmeal	畜禽 Livestock and Poultry 水产养殖动物 Aquaculture	毛里塔尼亚祥和顺海洋渔业开发有限公司 Xiangheshun-Mauritanie SA, Mauritanie	2015.06-2020.06	

（续）

登记证号	通用名称	商品名称	使用范围	生产厂家	有效期限	备注
(2015)外饲准字 158 号	鱼溶浆 Fish Soluble Extract	金枪鱼溶蛋白 Tuna Soluble Extract	猪 Swine 家禽 Poultry 鱼 Fish	泰国 T. C. 联合农业技术有限公司 T. C. Union Agrotech Co., Ltd., Thailand	2015.06-2020.06	
(2015)外饲准字 159 号	花生粕 Peanut Meal	花生粕 Peanut Meal	家畜 Livestock 水产养殖动物 Aquaculture	苏丹 K. C. C 进出口公司 K. C. C. Import & Export, Sudan	2015.06-2020.06	
(2015)外饲准字 160 号	DL-蛋氨酸 DL-Methionine	百佳美 Bergamet	奶牛 Dairy Cow	马来西亚百事美有限公司 Berg^{+} Schmidt (M) Sdh Bhd, Malaysia	2015.06-2020.06	续展
(2015)外饲准字 161 号	枯草芽孢杆菌 *Bacillus subtilis*	枯草芽孢杆菌 PB6 粉剂 PB6 Dry	养殖动物 All species or categories of animals	金颖生物科技股份有限公司 GeneFerm Biotechnology Co., Ltd.	2015.06-2020.06	续展
(2015)外饲准字 162 号	酿酒酵母 *Saccharomyces cerevisiae*	威灵赐康 Virucideine	养殖动物 All species or categories of animals	艾立生物股份有限公司 ANIBIO Co. Ltd.	2015.06-2020.06	续展
(2015)外饲准字 163 号	天然类固醇萨洒皂角苷(源自丝兰) YUCCA(Yucca Schidigera Extract)	惠康宝-30 DK Sarsaponin-30- Yucca	养殖动物 All species or categories of animals	Desert King 墨西哥 Desert King de Mexico, Mexico	2015.06-2020.06	续展
(2015)外饲准字 164 号	混合型饲料添加剂 防腐剂 丙二醇 Feed Additives Mixture Preservatives Propylene Glycol	康富鲜全混日粮防腐剂 KOFA® TMR	养殖动物 All species or categories of animals	德国爱德康欧洲有限公司 ADDCON Europe GmbH, Germany	2015.06-2020.06	续展
(2015)外饲准字 165 号	混合型饲料添加剂 防腐剂 Feed Additives Mixture Preservatives	康富鲜谷物防腐剂 - pH 5- KOFA®Grain - pH 5-	养殖动物 All species or categories of animals	德国爱德康欧洲有限公司 ADDCON Europe GmbH, Germany	2015.06-2020.06	续展

（续）

登记证号	通用名称	商品名称	使用范围	生产厂家	有效期限	备注
(2015)外饲准字 166 号	混合型饲料添加剂 硫酸亚铁 甘氨酸 Feed Additives Mixture Ferrous Sulfate Glycine	爱铁旺-100 IRON G-100	猪 Swine 鸡 Chicken	中国派斯德股份有限公司 China Bestar Laboratories Ltd.	2015.06-2020.06	续展
(2015)外饲准字 167 号	混合型饲料添加剂 维生素 矿物元素 Feed Additives Mixture Vitamins Minerals	易普威 Eservit AD_3 EB + Trace Elements	畜禽 Livestock and Poultry	威隆（意大利）大药厂 Vétoquinol Italia S. r. l.，Italy	2015.06-2020.06	续展
(2015)外饲准字 168 号	混合型饲料添加剂 维生素 氨基酸 Feed Additives Mixture Vitamins Amino Acids	艾佳力 Hepavit	畜禽 Livestock and Poultry	威隆（意大利）大药厂 Vétoquinol Italia S. r. l.，Italy	2015.06-2020.06	续展
(2015)外饲准字 169 号	犬配合饲料 Dog Compound Feed	5C07C 优质犬类动物饲料 5C07 Certified Canine C	犬 Dog	美国 PMI 营养国际有限责任公司 PMI Nutrition International，LLC，USA	2015.06-2020.06	续展
(2015)外饲准字 170 号	鼠配合饲料 Rodent Compound Feed	5C02C 优质啮齿类动物饲料 5C02 Certified Rodent Diet C Irradiated	啮齿类动物 Rodent	美国 PMI 营养国际有限责任公司 PMI Nutrition International，LLC，USA	2015.06-2020.06	续展
(2015)外饲准字 171 号	鱼粉 Fishmeal	红鱼粉（二级） Red Fishmeal（Ⅱ）	畜禽 Livestock and Poultry 水产养殖动物 Aquaculture	美国 Daybrook 渔业有限公司 Daybrook Fisheries Inc.，USA	2015.06-2020.06	续展
(2015)外饲准字 172 号	鱼粉 Fishmeal	丹麦红鱼粉（三级至一级） Danish Red Fishmeal（Ⅲ to Ⅰ）	畜禽 Livestock and Poultry 水产养殖动物 Aquaculture	丹麦三九鱼蛋白有限公司 Thyborøn 工厂 TripleNine Fish Protein A/S，Thyborøn Plant，Denmark	2015.06-2020.06	续展

（续）

登记证号	通用名称	商品名称	使用范围	生产厂家	有效期限	备注
(2015)外饲准字 173 号	鱼粉 Fishmeal	999LT 鱼粉(三级至一级) 999 LT Fishmeal (Ⅲ to Ⅰ)	畜禽 Livestock and Poultry 水产养殖动物 Aquaculture	丹麦三九鱼蛋白有限公司 Thyborøn 工厂 TripleNine Fish Protein A/S, Thyborøn Plant, Denmark	2015.06-2020.06	续展

进口饲料和饲料添加剂产品登记证目录(2015－05)

登记证号	通用名称	商品名称	产品类别	使用范围	生产厂家	有效期限	备注
(2015)外饲准字 174 号	木聚糖酶(产自长柄木霉) Xylanase (by *Trichoderma longibrachiatum*)	艾克拿斯木聚糖酶 XCP Econase XCP	饲料添加剂 Feed Additive	猪 Swine 家禽 Poultry	芬兰罗尔公司 Roal Oy, Finland	2015.07-2020.07	
(2015)外饲准字 175 号	禽维生素预混合饲料 Poultry Vitamin Premix	Glife 维宝 Glife Multi-Vitamin Oral Solution	添加剂预混合饲料 Premix	家禽 Poultry	加拿大 Glife 生物技术有限公司 Canada Glife Biotech Ltd., Canada	2015.07-2020.07	
(2015)外饲准字 176 号	猪禽维生素预混合饲料 Vitamin Premix for Swine and Poultry	Glife 维康 Glife Multi-Vitamin Powder	添加剂预混合饲料 Premix	猪 Swine 家禽 Poultry	加拿大 Glife 生物技术有限公司 Canada Glife Biotech Ltd., Canada	2015.07-2020.07	
(2015)外饲准字 177 号	仔猪浓缩饲料 Piglet Concentrate Feed	娃立昂 Vario	浓缩饲料 Concentrate Feed	仔猪 Piglet	创荷美营养-泰高比利时有限公司 Trouw Nutrition - Nutreco Belgium NV, Belgium	2015.07-2020.07	
(2015)外饲准字 178 号	犬配合饲料 Dog Compound Feed	灵动幼狗粮 Meaty Square Dry Dog Food(Puppy)	配合饲料 Compound Feed	犬 Dog	澳大利亚 Grainfeeds 有限公司 Grainfeeds Pty Ltd, Australia	2015.07-2020.07	

（续）

登记证号	通用名称	商品名称	产品类别	使用范围	生产厂家	有效期限	备注
(2015)外饲准字 179 号	犬配合饲料 Dog Compound Feed	灵动成狗粮 Meaty Square Dry Dog Food(Adult)	配合饲料 Compound Feed	犬 Dog	澳大利亚 Grainfeeds 有限公司 Grainfeeds Pty Ltd，Australia	2015. 07-2020. 07	
(2015)外饲准字 180 号	犬配合饲料 Dog Compound Feed	深海鱼幼犬配方 Fish4Dogs Finest Ocean White Fish Puppy	配合饲料 Compound Feed	犬 Dog	挪威 AM Nutrition AS 公司 AM Nutrition AS，Norway	2015. 07-2020. 07	
(2015)外饲准字 181 号	犬配合饲料 Dog Compound Feed	深海鱼成犬配方 Fish4Dogs Finest Ocean White Fish Adult	配合饲料 Compound Feed	犬 Dog	挪威 AM Nutrition AS 公司 AM Nutrition AS，Norway	2015. 07-2020. 07	
(2015)外饲准字 182 号	犬配合饲料 Dog Compound Feed	三文鱼成犬配方 Fish4Dogs Finest Salmon Adult	配合饲料 Compound Feed	犬 Dog	挪威 AM Nutrition AS 公司 AM Nutrition AS，Norway	2015. 07-2020. 07	
(2015)外饲准字 183 号	犬配合饲料 Dog Compound Feed	爱诺幼犬粮 Eminent Puppy	配合饲料 Compound Feed	犬 Dog	捷克泰可欧有限公司 Tekro，spol. s r. o.，Czech Republic	2015. 07-2020. 07	
(2015)外饲准字 184 号	犬配合饲料 Dog Compound Feed	爱诺成犬粮 Eminent Adult	配合饲料 Compound Feed	犬 Dog	捷克泰可欧有限公司 Tekro，spol. s r. o.，Czech Republic	2015. 07-2020. 07	
(2015)外饲准字 185 号	犬配合饲料 Dog Compound Feed	爱诺大型犬幼犬粮 Eminent Puppy Large Breed	配合饲料 Compound Feed	犬 Dog	捷克泰可欧有限公司 Tekro，spol. s r. o.，Czech Republic	2015. 07-2020. 07	
(2015)外饲准字 186 号	犬配合饲料 Dog Compound Feed	爱诺大型犬成犬粮 Eminent Adult Large Breed	配合饲料 Compound Feed	犬 Dog	捷克泰可欧有限公司 Tekro，spol. s r. o.，Czech Republic	2015. 07-2020. 07	

（续）

登记证号	通用名称	商品名称	产品类别	使用范围	生产厂家	有效期限	备注
(2015)外饲准字 187 号	肉牛精料补充料 Beef Cattle Concentrate Supplement	KMS 肉牛全价精料 KMS Beef Cattle Concentrate	精料补充料 Concentrate Supplement	肉牛 Beef Cattle	印度尼西亚 PT Kerta Mulya Saripakan 公司 PT Kerta Mulya Saripakan，Indonesia	2015.07-2020.07	
(2015)外饲准字 188 号	双低菜籽粕 Double Low Rapeseed Meal	加拿大菜籽粕颗粒（加拿大双低菜籽） Canola Meal Pellet（Canadian Double Low Rapeseed Meal）	单一饲料 Single Feed	猪 Swine 家禽 Poultry 肉牛 Beef Cattle 奶牛 Dairy Cow 水产养殖动物 Aquaculture	嘉吉有限公司 Cargill Limited，Canada	2015.07-2020.07	
(2015)外饲准字 189 号	双低菜籽粕 Double Low Rapeseed Meal	双低菜籽粕 Double Low Rapeseed Meal	单一饲料 Single Feed	猪 Swine 家禽 Poultry 肉牛 Beef Cattle 奶牛 Dairy Cow 水产养殖动物 Aquaculture	嘉吉公司澳大利亚有限公司 Cargill Australia Limited，Australia	2015.07-2020.07	
(2015)外饲准字 190 号	鱼粉 Fishmeal	秘鲁红鱼粉(三级) Peruvian Red Fishmeal（Ⅲ）	单一饲料 Single Feed	畜禽 Livestock and Poultry 水产养殖动物 Aquaculture	秘鲁 Pesquera Pelayo S. A. C. 公司 Supe 工厂 Pesquera Pelayo S. A. C.，Supe Plant，Peru	2015.07-2020.07	
(2015)外饲准字 191 号	鱼粉 Fishmeal	秘鲁红鱼粉(三级) Peruvian Red Fishmeal（Ⅲ）	单一饲料 Single Feed	畜禽 Livestock and Poultry 水产养殖动物 Aquaculture	秘鲁 Procesadora de Productos Marinos S. A. 公司 Chimbote 工厂 Procesadora de Productos Marinos S. A.，Chimbote Plant，Peru	2015.07-2020.07	

（续）

登记证号	通用名称	商品名称	产品类别	使用范围	生产厂家	有效期限	备注
(2015)外饲准字 192 号	鱼粉 Fishmeal	秘鲁红鱼粉(三级) Peruvian Red Fishmeal (Ⅲ)	单一饲料 Single Feed	畜禽 Livestock and Poultry 水产养殖动物 Aquaculture	秘鲁 Procesadora de Productos Marinos S. A. 公司 Huacho 工厂 Procesadora de Productos Marinos S. A.，Huacho Plant，Peru	2015.07-2020.07	
(2015)外饲准字 193 号	鱼粉 Fishmeal	秘鲁红鱼粉(三级) Peruvian Red Fishmeal (Ⅲ)	单一饲料 Single Feed	畜禽 Livestock and Poultry 水产养殖动物 Aquaculture	秘鲁 Langostinera Caleta Dorada S. A. C. 公司 Razuri 工厂 Langostinera Caleta Dorada S. A. C.，Razuri Plant，Peru	2015.07-2020.07	
(2015)外饲准字 194 号	鱼粉 Fishmeal	红鱼粉(三级) Red Fishmeal (Ⅲ)	单一饲料 Single Feed	畜禽 Livestock and Poultry 水产养殖动物 Aquaculture	智利 Corpesca S. A. 公司 Arica 北厂 Corpesca S. A.，Arica North Plant，Chile	2015.07-2020.07	
(2015)外饲准字 195 号	鱼粉 Fishmeal	红鱼粉(三级) Red Fishmeal (Ⅲ)	单一饲料 Single Feed	畜禽 Livestock and Poultry 水产养殖动物 Aquaculture	智利 Corpesca S. A. 公司 Iquique 南厂 Corpesca S. A.，Iquique South Plant，Chile	2015.07-2020.07	
(2015)外饲准字 196 号	鱼粉 Fishmeal	红鱼粉(三级) Red Fishmeal (Ⅲ)	单一饲料 Single Feed	畜禽 Livestock and Poultry 水产养殖动物 Aquaculture	智利 Corpesca S. A. 公司 Mejillones 工厂 Corpesca S. A.，Mejillones Plant，Chile	2015.07-2020.07	
(2015)外饲准字 197 号	鱼粉 Fishmeal	红鱼粉(三级) Red Fishmeal (Ⅲ)	单一饲料 Single Feed	畜禽 Livestock and Poultry 水产养殖动物 Aquaculture	厄瓜多尔 URISA S. A. 公司 URISA S. A.，Ecuador	2015.07-2020.07	

（续）

登记证号	通用名称	商品名称	产品类别	使用范围	生产厂家	有效期限	备注
(2015)外饲准字198号	鱼粉 Fishmeal	红鱼粉(三级) Red Fishmeal（Ⅲ）	单一饲料 Single Feed	畜禽 Livestock and Poultry 水产养殖动物 Aquaculture	巴基斯坦 Shamsi Industries 公司 Shamsi Industries，Pakistan	2015.07-2020.07	
(2015)外饲准字199号	鱼粉 Fishmeal	红鱼粉(三级) Red Fishmeal（Ⅲ）	单一饲料 Single Feed	畜禽 Livestock and Poultry 水产养殖动物 Aquaculture	泰国黄镇源鱼粉厂有限公司 Nivat Fishmeal Industry Company Limited，Thailand	2015.07-2020.07	
(2015)外饲准字200号	鱼粉 Fishmeal	东风红鱼粉(二级) East Wind Red Fishmeal（Ⅱ）	单一饲料 Single Feed	畜禽 Livestock and Poultry 水产养殖动物 Aquaculture	越南东风鱼粉有限公司 East Wind Fish Meal CO.，LTD，Vietnam	2015.07-2020.07	
(2015)外饲准字201号	鱼油 Fish Oil	鱼油(饲料级) Fish Oil（Feed Grade)	单一饲料 Single Feed	鱼 Fish 家禽 Poultry 猪 Swine	墨西哥 Guaymas Protein Company，S. A. de C. V. 公司 Guaymas Protein Company，S. A. de C. V.，Mexico	2015.07-2020.07	
(2015)外饲准字202号	磷虾粉 Krill Meal	Qrill 牌，南极磷虾粉 Qrill™ Antarctic Krill Meal	单一饲料 Single Feed	鱼 Fish 虾 Shrimp	挪威 Aker 生物海产南极公司(工船加工，工船名 Saga Sea，工船号 N-301-VV) Aker BioMarine Antarctic AS.（Produced on Board at Vessel “Saga Sea”，Official No. N-301-VV)，Norway	2015.07-2020.07	
(2015)外饲准字203号	叶酸 Folic Acid	富尔玛柏噢米斯 2 PHARMA BIO MIX2	饲料添加剂 Feed Addictive	家禽 Poultry	日本富士化学工业株式会社 Fuji Chemical Industry，Co.，Ltd.，Japan	2015.07-2020.07	续展

（续）

登记证号	通用名称	商品名称	产品类别	使用范围	生产厂家	有效期限	备注
(2015)外饲准字 204 号	β-葡聚糖酶(产自长柄木霉) β-Glucanase（by *Trichoderma longibrachiatum*）	艾克拿斯 BP 700 Econase Barley P 700	饲料添加剂 Feed Additive	仔猪 Piglet 育肥鸡 Fattening Chicken	芬兰罗尔公司 Roal Oy，Finland	2015. 07-2020. 07	续展
(2015)外饲准字 205 号	α-淀粉酶(产自米曲霉) α-Amylase（by *Aspergillus oryzae*）	艾美福 AMAFERM®	饲料添加剂 Feed Additive	养殖动物 All species or categories of animals	美国 BioZyme 公司 BioZyme Incorporated，USA	2015. 07-2020. 07	续展
(2015)外饲准字 206 号	混合型饲料添加剂 BHA 乙氧基喹啉 柠檬酸 磷酸 Feed Additives Mixture BHA Ethoxyquin Citric Acid Phosphoric Acid	抗氧灵 Feedox® Dry	混合型饲料添加剂 Feed Additives Mixture	养殖动物 All species or categories of animals	比利时英派克斯国际有限公司 Impextraco N. V.，Belgium	2015. 07-2020. 07	续展
(2015)外饲准字 207 号	混合型饲料添加剂 硫酸亚铁甘氨酸 Feed Additives Mixture Ferrous Sulfate Glycine	乳铁素 Top＃98	混合型饲料添加剂 Feed Additives Mixture	仔猪 Piglet	中国派斯德股份有限公司 China Bestar Laboratories Ltd.	2015. 07-2020. 07	续展
(2015)外饲准字 208 号	混合型饲料添加剂 维生素 葡萄糖酸钙 Feed Additives Mixture Vitamins Calcium Gluconate	科能优 Di. E. Ci. CALCIUM Liquido	混合型饲料添加剂 Feed Additives Mixture	养殖动物 All species or categories of animals	威隆(意大利)大药厂 Vétoquinol Italia S. r. l.，Italy	2015. 07-2020. 07	续展
(2015)外饲准字 209 号	猪鸡复合预混合饲料 Premix for Swine and Chicken	氨基维他 AMINOVITA	添加剂预混合饲料 Premix	猪 Swine 鸡 Chicken	中国派斯德股份有限公司 China Bestar Laboratories Ltd.	2015. 07-2020. 07	续展
(2015)外饲准字 210 号	犊牛精料补充料 Calf Concentrate Supplement	优乳代 Eurolac Red	精料补充料 Concentrate Supplement	犊牛 Calf	荷兰希尔斯公司 Schils B. V.，the Netherlands	2015. 07-2020. 07	续展

（续）

登记证号	通用名称	商品名称	产品类别	使用范围	生产厂家	有效期限	备注
(2015)外饲准字 211 号	马配合饲料 Horse Compound feed	10%温和型混合马饲料 10% Cool N Cooked Mix	配合饲料 Compound feed	马 Horse	爱尔兰康诺利红磨坊动物饲料有限公司 Connolly's Red Mills, Ireland	2015.07-2020.07	续展
(2015)外饲准字 212 号	虾浓缩饲料 Shrimp Concentrate Feed	草虾成虾浓缩饲料 Grow Out Tiger Shrimp Feed	浓缩饲料 Concentrate Feed	虾 Shrimp	英伟(泰国)饲料有限公司 INVE (Thailand) Ltd., Thailand	2015.07-2020.07	续展
(2015)外饲准字 213 号	鱼粉 Fishmeal	秘鲁红鱼粉(三级至一级) Peruvian Red Fishmeal (Ⅲ to Ⅰ)	单一饲料 Single Feed	畜禽 Livestock and Poultry 水产养殖动物 Aquaculture	秘鲁 Pesquera Diamante S. A. 公司 Callao 工厂 Pesquera Diamente S. A., Callao Plant, Peru	2015.07-2020.07	续展
(2015)外饲准字 214 号	鱼粉 Fishmeal	秘鲁红鱼粉(三级至一级) Peruvian Red Fishmeal (Ⅲ to Ⅰ)	单一饲料 Single Feed	畜禽 Livestock and Poultry 水产养殖动物 Aquaculture	秘鲁 Pesquera Diamante S. A. 公司 Samanco 工厂 Pesquera Diamante S. A., Samanco Plant, Peru	2015.07-2020.07	续展
(2015)外饲准字 215 号	鱼粉 Fishmeal	秘鲁红鱼粉(三级至一级) Peruvian Red Fishmeal (Ⅲ to Ⅰ)	单一饲料 Single Feed	畜禽 Livestock and Poultry 水产养殖动物 Aquaculture	秘鲁 Pesquera Rubi S. A. 公司 Ilo 工厂 Pesquera Rubi S. A. Ilo Plant, Peru	2015.07-2020.07	续展
(2015)外饲准字 216 号	鱼粉 Fishmeal	秘鲁红鱼粉(三级至一级) Peruvian Red Fishmeal (Ⅲ to Ⅰ)	单一饲料 Single Feed	畜禽 Livestock and Poultry 水产养殖动物 Aquaculture	秘鲁 Pesquera Diamante S. A. 公司 Mollendo 工厂 Pesquera Diamante S. A., Mollendo Plant, Peru	2015.07-2020.07	续展
(2015)外饲准字 217 号	鱼粉 Fishmeal	秘鲁红鱼粉(三级至一级) Peruvian Red Fishmeal (Ⅲ to Ⅰ)	单一饲料 Single Feed	畜禽 Livestock and Poultry 水产养殖动物 Aquaculture	秘鲁 Pesquera Diamante S. A. 公司 Supe 工厂 Pesquera Diamante S. A., Supe Plant, Peru	2015.07-2020.07	续展

（续）

登记证号	通用名称	商品名称	产品类别	使用范围	生产厂家	有效期限	备注
(2015)外饲准字 218 号	鱼粉 Fishmeal	红鱼粉(三级至一级) Red Fishmeal（Ⅲ to Ⅰ）	单一饲料 Single Feed	畜禽 Livestock and Poultry 水产养殖动物 Aquaculture	墨西哥 Heras 有限公司 Industrial Pesquera Heras，S. A. de C. V.，Mexico	2015. 07-2020. 07	续展
(2015)外饲准字 219 号	鱼粉 Fishmeal	红鱼粉(三级至二级) Red Fishmeal（Ⅲ to Ⅱ）	单一饲料 Single Feed	畜禽 Livestock and Poultry 水产养殖动物 Aquaculture	厄瓜多尔 Fortidex S. A. 公司 Data de Posorja 工厂 Fortidex S. A.，Data de Posorja Plant，Ecuador	2015. 07-2020. 07	续展
(2015)外饲准字 220 号	白鱼粉 White Fishmeal	白鱼粉(三级至特级) White Fishmeal（Grade Ⅲ to Super Fine)	单一饲料 Single Feed	畜禽 Livestock and Poultry 水产养殖动物 Aquaculture	美国冰川渔业有限公司(工船加工,工船名：Alaska Ocean,工船号 1499) Glacier Fish Company, LLC.（Produced on Board at Vessel：Alaska Ocean，Official No. 1499)，USA	2015. 07-2020. 07	续展
(2015)外饲准字 221 号	鱼油 Fish Oil	鱼油(饲料级) Fish Oil（Feed Grade)	单一饲料 Single Feed	虾 Shrimp 鱼 Fish 猪 Swine	厄瓜多尔 Polar 渔业公司 Empresa Pesquera Polar S. A.，Ecuador	2015. 07-2020. 07	续展
(2015)外饲准字 222 号	鱼油 Fish Oil	鱼油(饲料级) Fish Oil（Feed Grade)	单一饲料 Single Feed	畜禽 Livestock and Poultry 水产养殖动物 Aquaculture	智利 Orizon S. A. 公司 Coronel 工厂(注册号 8313) Orizon S. A.，Coronel Plant (Register No. 8313)，Chile	2015. 07-2020. 07	续展

进口饲料和饲料添加剂产品登记证目录(2015－06)

登记证号	通用名称	商品名称	产品类别	使用范围	生产厂家	有效期限	备注
(2015)外饲准字 223 号	碱式氯化锌 Basic Zinc Chloride	泰棒 锌 IntelliBond Z	饲料添加剂 Feed Additive	养殖动物 All species or categories of animals	美国微营养公司 Micronutrients Inc. , USA	2015. 08-2020. 08	
(2015)外饲准字 224 号	混合型饲料添加剂 枯草芽孢杆菌 嗜酸乳杆菌 Feed Additives Mixture *Bacillus subtilis Lactobacillus acidophilus*	生菌剂 1 号 BIO90	混合型饲料添加剂 Feed Additives Mixture	畜禽 Livestock and Poultry	韩国浦项发酵饲料公司 POBAL (Pohang Fermentation Feed LP.), Korea	2015. 08-2020. 08	
(2015)外饲准字 225 号	酵母硒 Selenium Yeast Complex	莱硒乐® Selemax® 2000	饲料添加剂 Feed Additive	养殖动物 All species or categories of animals	巴西库塔糖业公司(Quatá 工厂) Acucareira Quatá, S. A. (Plant Quatá), Brazil	2015. 08-2020. 08	
(2015)外饲准字 226 号	混合型饲料添加剂 辛酸 香芹酚 Feed Additives Mixture Octanoic acid Carvacrol	利多康消食 LIPTOCITRO AP	混合型饲料添加剂 Feed Additives Mixture	鱼 Fish 虾 Shrimp	西班牙利多赛公司 Lipidos Toledo, S. A. , Spain	2015. 08-2020. 08	
(2015)外饲准字 227 号	混合型饲料添加剂 香味剂 Feed Additives Mixture Flavouring Agent	创荷美阿欧米克斯单胃动物 100C Trouw AO-mix for Monogastrics 100C	混合型饲料添加剂 Feed Additives Mixture	猪 Swine 兔 Rabbit 家禽 Poultry	法国 Phytosynthese 有限公司 Phytosynthese SASU, France	2015. 08-2020. 08	
(2015)外饲准字 228 号	混合型饲料添加剂 微生物 Feed Additives Mixture Live Micro-organisms	芯来旺 II-饲用益生菌 SYN LAC FP-POR	混合型饲料添加剂 Feed Additives Mixture	畜禽 Livestock and Poultry	台湾生合生物科技股份有限公司 Synbio Tech Inc.	2015. 08-2020. 08	
(2015)外饲准字 229 号	猪牛微量元素预混合饲料 Mineral Premix for Swine and Cattle	泌乐多 OCM GLOBAL	添加剂预混合饲料 Premix	猪 Swine 牛 Cattle	美国 PharmTech 国际公司 PharmTech International, USA	2015. 08-2020. 08	

（续）

登记证号	通用名称	商品名称	产品类别	使用范围	生产厂家	有效期限	备注
(2015)外饲准字 230 号	大豆酶解蛋白 Enzymatic Soybean Protein	环永泰大豆酶解蛋白 Huan Yong Tai Enzymatic Soybean Protein	单一饲料 Single Feed	畜禽 Livestock and Poultry 水产养殖动物 Aquaculture	台湾环球胜肽股份有限公司 Universal Peptide Co.，Ltd.	2015. 08-2020. 08	
(2015)外饲准字 231 号	鱼油 Fish Oil	秘鲁鱼油(饲料级) Peruvian Fish Oil (Feed Grade)	单一饲料 Single Feed	猪 Swine 水产养殖动物 Aquaculture	秘鲁 Pesquera Exalmar S. A. A. 公司 Huacho 工厂 Pesquera Exalmar S. A. A.，Huacho Plant，Peru	2015. 08-2020. 08	
(2015)外饲准字 232 号	鱼油 Fish Oil	秘鲁鱼油(饲料级) Peruvian Fish Oil (Feed Grade)	单一饲料 Single Feed	猪 Swine 水产养殖动物 Aquaculture	秘鲁 Pesquera Exalmar S. A. A. 公司 Callao 工厂 Pesquera Exalmar S. A.，Callao Plant，Peru	2015. 08-2020. 08	
(2015)外饲准字 233 号	枯草芽孢杆菌 *Bacillus subtilis*	可速必宁 CALSPORIN	饲料添加剂 Feed Additive	畜禽 Livestock and Poultry	可尔必思株式会社(日本)群马工厂 Calpis Co.，Ltd.，Gunma Plant，Japan	2015. 08-2020. 08	续展
(2015)外饲准字 234 号	可食脂肪酸钙盐 Calcium Salt of Edible Fatty Acid	营大哥 Nutracor	饲料添加剂 Feed Additive	奶牛 Dairy Cow 羊 Sheep	马来西亚万山宝有限公司 Wawasan Agrolipids Sdn. Bhd.，Malaysia	2015. 08-2020. 08	续展
(2015)外饲准字 235 号	蛋氨酸羟基类似物钙盐 Methionine Hydroxy Analogue Calcium	艾全美 MHA®	饲料添加剂 Feed Additive	猪 Swine 鸡 Chicken 牛 Cattle 水产养殖动物 Aquaculture	诺伟司国际有限公司 Novus International，Inc.，USA	2015. 08-2020. 08	续展

（续）

登记证号	通用名称	商品名称	产品类别	使用范围	生产厂家	有效期限	备注
(2015)外饲准字 236 号	鱼油 Fish Oil	鱼油(饲料级) Fish Oil (Feed Grade)	单一饲料 Single Feed	猪 Swine 水产养殖动物 Aquaculture	智利 Orizon S. A. 公司 Coronel 工厂(注册号:08309) Orizon S. A., Coronel Plant (Register No. 08309), Chile	2015. 08-2020. 08	续展
(2015)外饲准字 237 号	鱼粉 Fishmeal	秘鲁红鱼粉(三级) Peruvian Red Fishmeal (Ⅲ)	单一饲料 Single Feed	畜禽 Livestock and Poultry 水产养殖动物 Aquaculture	秘鲁 Tecnologica De Alimentos S. A. 公司 Chimbote 工厂 Tecnologica De Alimentos S. A., Chimbote Plant, Peru	2015. 08-2020. 08	续展
(2015)外饲准字 238 号	鱼粉 Fishmeal	红鱼粉(三级至特级) Red Fishmeal (Ⅲ to Superfine)	单一饲料 Single Feed	畜禽 Livestock and Poultry 水产养殖动物 Aquaculture	智利苟尔贝斯卡股份有限公司 Iquique 东厂(注册号:01101) Corpesca S. A., Iquique East Plant (Register No. 01101), Chile	2015. 08-2020. 08	续展
(2015)外饲准字 239 号	鱼粉 Fishmeal	红鱼粉(三级至特级) Red Fishmeal (Ⅲ to Superfine)	单一饲料 Single Feed	畜禽 Livestock and Poultry 水产养殖动物 Aquaculture	智利苟尔贝斯卡股份有限公司 Arica 南厂(注册号:01095) Corpesca S. A., Arica South Plant (Register No. 01095), Chile	2015. 08-2020. 08	续展
(2015)外饲准字 240 号	鱼粉 Fishmeal	红鱼粉(三级) Red Fishmeal (Grade Ⅲ)	单一饲料 Single Feed	畜禽 Livestock and Poultry 水产养殖动物 Aquaculture	智利 Orizon S. A. 公司 Coronel 工厂(注册号:08309) Orizon S. A., Coronel Plant (Register No. 08309), Chile	2015. 08-2020. 08	续展
(2015)外饲准字 241 号	鱼粉 Fishmeal	红鱼粉(三级至一级) Red Fishmeal (Ⅲ to Ⅰ)	单一饲料 Single Feed	畜禽 Livestock and Poultry 水产养殖动物 Aquaculture	厄瓜多尔 Junin S. A. 渔业公司 (JUNSA) Industrial Pesquera Junin S. A., (JUNSA), Ecuador	2015. 08-2020. 08	续展

(续)

登记证号	通用名称	商品名称	产品类别	使用范围	生产厂家	有效期限	备注
(2015)外饲准字 242 号	鱼粉 Fishmeal	红鱼粉(二级) Red Fishmeal (Ⅱ)	单一饲料 Single Feed	畜禽 Livestock and Poultry 水产养殖动物 Aquaculture	巴基斯坦 M/S 俾路支省海产品公司 M/S. Balochistan Marines Products, Pakistan	2015.08-2020.08	续展
(2015)外饲准字 243 号	猪油 Lard	饲料用热炸猪油 Lard Feed Grade	单一饲料 Single Feed	家禽 Poultry	香港权丰猪油有限公司 Hong Kong Kun Fung Lard Limited	2015.08-2020.08	续展
(2015)外饲准字 244 号	猪油渣 Greaves	饲料用热炸猪油渣 Greaves Feed Grade	单一饲料 Single Feed	家禽 Poultry	香港权丰猪油有限公司 Hong Kong Kun Fung Lard Limited	2015.08-2020.08	续展

进口饲料和饲料添加剂产品登记证目录(2015－07)

登记证号	通用名称	商品名称	产品类别	使用范围	生产厂家	有效期限	备注
(2015)外饲准字 245 号	枯草芽孢杆菌 *Bacillus subtilis*	旺能 POWERCAN	饲料添加剂 Feed Additive	养殖动物 All species or categories of animals	成胜生物科技有限公司 Bonanza Biotechnology CO., LTD.	2015.09-2020.09	新办
(2015)外饲准字 246 号	植物乳杆菌 *Lactobacillus plantarum*	先锋先牧®1152 青贮接种剂 Pioneer® 1152 Silage Inoculant	饲料添加剂 Feed Additive	反刍动物 Ruminant	丹尼斯克美国有限公司 Danisco USA Inc., USA	2015.09-2020.09	新办

（续）

登记证号	通用名称	商品名称	产品类别	使用范围	生产厂家	有效期限	备注
(2015)外饲准字 247 号	混合型饲料添加剂 微生物 Feed Additives Mixture Live Micro-organisms	先锋先牧®1168 青贮接种剂 Pioneer® 1168 Silage Inoculant	混合型饲料添加剂 Feed Additives Mixture	反刍动物 Ruminant	丹尼斯克美国有限公司 Danisco USA Inc.，USA	2015.09-2020.09	新办
(2015)外饲准字 248 号	混合型饲料添加剂 微生物 Feed Additives Mixture Live Micro-organisms	农秘-F NongLac-F	混合型饲料添加剂 Feed Additives Mixture	肉鸡 Broiler 生长育肥猪 Growing-finishing swines	韩国农协饲料株式会社 Nonghyup Feed Inc.，Korea	2015.09-2020.09	新办
(2015)外饲准字 249 号	混合型饲料添加剂 微生物 Feed Additives Mixture Live Micro-organisms	农秘-S NongLac-S	混合型饲料添加剂 Feed Additives Mixture	养殖动物 All species or categories of animals	韩国农协饲料株式会社 Nonghyup Feed Inc.，Korea	2015.09-2020.09	新办
(2015)外饲准字 250 号	混合型饲料添加剂 地衣芽孢杆菌 Feed additive Mixture *Bacillus licheniformis*	保卫菌 B-Act	混合型饲料添加剂 Feed Additives Mixture	猪 Swine 家禽 Poultry	保加利亚标伟特股份有限公司 Biovet Joint Stock Company，Bulgaria	2015.09-2020.09	新办
(2015)外饲准字 251 号	混合型饲料添加剂 植酸酶(产自毕赤酵母) Feed Additives Mixture Phytase (by *Pichia pastoris*)	好特美 P 5000 PF Hostazym P 5000 PF	混合型饲料添加剂 Feed Additives Mixture	猪 Swine 家禽 Poultry	保加利亚标伟特股份有限公司 Biovet Joint Stock Company，Bulgaria	2015.09-2020.09	新办
(2015)外饲准字 252 号	混合型饲料添加剂 植酸酶(产自毕赤酵母) Feed Additives Mixture Phytase (by *Pichia pastoris*)	好特美 P 10000 PF Hostazym P 10000 PF	混合型饲料添加剂 Feed Additives Mixture	猪 Swine 家禽 Poultry	保加利亚标伟特股份有限公司 Biovet Joint Stock Company，Bulgaria	2015.09-2020.09	新办

（续）

登记证号	通用名称	商品名称	产品类别	使用范围	生产厂家	有效期限	备注
(2015)外饲准字253号	混合型饲料添加剂 酶制剂 Feed Additives Mixture Enzymes	特威宝V(浓缩物) ALLZYME® VEGPRO CONCENTRATE	混合型饲料添加剂 Feed Additives Mixture	猪 Swine 家禽 Poultry	美国奥特奇公司 Alltech Inc.，USA	2015.09-2020.09	新办
(2015)外饲准字254号	混合型饲料添加剂 二十二碳六烯酸 Feed Additives Mixture DHA	奥奇喜 SSA	混合型饲料添加剂 Feed Additives Mixture	养殖动物 All species or categories of animals	美国奥特奇公司 Alltech Inc.，USA	2015.09-2020.09	新办
(2015)外饲准字255号	混合型饲料添加剂 酸度调节剂 香味剂 Feed Additives Mixture Acidity Regulators Flavouring Agent	普瑞沙FX Presan® FX	混合型饲料添加剂 Feed Additives Mixture	猪 Swine 兔 Rabbit	荷兰赛尔可公司 Selko B. V.，the Netherlands	2015.09-2020.09	新办
(2015)外饲准字256号	混合型饲料添加剂 酸度调节剂 香味剂 Feed Additives Mixture Acidity Regulators Flavouring Agent	普瑞沙FY Presan®FY	混合型饲料添加剂 Feed Additives Mixture	家禽 Poultry	荷兰赛尔可公司 Selko B. V.，the Netherlands	2015.09-2020.09	新办
(2015)外饲准字257号	混合型饲料添加剂 矿物质 香味剂 Feed Additives Mixture Minerals Flavouring Agent	宜生饲宝 Rum-A-Fresh	混合型饲料添加剂 Feed Additives Mixture	奶牛 Dairy cow	美国瑞科动物营养公司 Ralco Nutrition，Inc.，USA	2015.09-2020.09	新办
(2015)外饲准字258号	混合饲料添加剂 酸度调节剂 香味剂 Feed Additives Mixture Acidity Regulators Flavouring Agent	猪利康+™ PORCINAT+™	混合型饲料添加剂 Feed Additives Mixture	猪 Swine	加拿大Jefagro科技有限公司 Jefagro Technologies Inc.，Canada	2015.09-2020.09	新办

（续）

登记证号	通用名称	商品名称	产品类别	使用范围	生产厂家	有效期限	备注
(2015)外饲准字 259 号	混合饲料添加剂 酸度调节剂 香味剂 Feed Additives Mixture Acidity Regulators Flavouring Agent	欧乐宝+™ GALLINAT+™	混合型饲料添加剂 Feed Additives Mixture	家禽 Poultry	加拿大 Jefagro 科技有限公司 Jefagro Technologies Inc.，Canada	2015.09-2020.09	新办
(2015)外饲准字 260 号	混合型饲料添加剂 酸度调节剂 Feed Additives Mixture Acidity Regulators	特明科蓝酸宝 LF1 TAMINCO PROTAQ LF1	混合型饲料添加剂 Feed Additives Mixture	猪 Swine 家禽 Poultry 兔 Rabbit	荷兰 Vendrig Verhuur B. V. 公司 Vendrig Verhuur B. V.，the Netherlands	2015.09-2020.09	新办
(2015)外饲准字 261 号	混合型饲料添加剂 酸度调节剂 Feed Additives Mixture Acidity Regulators	特明科胃肠益生剂 SF2 TAMINCO PRO GIT SF2	混合型饲料添加剂 Feed Additives Mixture	养殖动物 All species or categories of animals	荷兰 Peti B. V. 公司 Peti B. V.，the Netherlands	2015.09-2020.09	新办
(2015)外饲准字 262 号	混合型饲料添加剂 氨基酸 维生素 卵磷脂 Feed Additives Mixture Amino Acids Vitamins Lecithin	诺维佳 NOVIMIX PLUS C	混合型饲料添加剂 Feed Additives Mixture	反刍动物 Ruminant	比利时 INNOV AD NV 公司 INNOV AD NV，Belgium	2015.09-2020.09	新办
(2015)外饲准字 263 号	混合型饲料添加剂 氯化胆碱 卵磷脂 Feed Additives Mixture Choline Chloride Lecithin	诺维宝 NOVICHOL	混合型饲料添加剂 Feed Additives Mixture	牛 Cow	比利时 INNOV AD NV 公司 INNOV AD NV，Belgium	2015.09-2020.09	新办
(2015)外饲准字 264 号	混合型饲料添加剂 DL-蛋氨酸 卵磷脂 Feed Additives Mixture DL-Methionine Lecithin	诺维美 NOVIMET	混合型饲料添加剂 Feed Additives Mixture	牛 Cow 羊 Sheep	比利时 INNOV AD NV 公司 INNOV AD NV，Belgium	2015.09-2020.09	新办

（续）

登记证号	通用名称	商品名称	产品类别	使用范围	生产厂家	有效期限	备注
(2015)外饲准字 265 号	混合型饲料添加剂 dl-α-生育酚虾青素 Feed Additives Mixture dl-alpha-Tocopherol Astaxanthin	美尼旺 Eye Meni one Eye	混合型饲料添加剂 Feed Additives Mixture	犬 Dog	中央药品株式会社 西部工厂 West Factory of CHUOH Pharmaceutical Co.，Ltd.，Japan	2015.09-2020.09	新办
(2015)外饲准字 266 号	鱼浓缩饲料 Fish Concentrate Feed	鱼佳宝 Upro	浓缩饲料 Concentrate Feed	鱼 Fish	鸿福生态技术股份有限公司 Gene Agri-Aqua Ecosystem Biotech Co.，Ltd.	2015.09-2020.09	新办
(2015)外饲准字 267 号	犬配合饲料 Dog Compound Feed	小型犬挑嘴美毛成犬粮 Size Health Nutrition Mini Exigent	配合饲料 Compound Feed	犬 Dog	法国皇家宠物食品有限公司康布雷工厂 Royal Canin S. A. S.，Les Rues de Vignes Plant，France	2015.09-2020.09	新办
(2015)外饲准字 268 号	仔猪配合饲料 Piglet Compound Feed	猪宝布斯特 PIGGYBOOST	配合饲料 Compound Feed	仔猪 Piglet	法国 Synergie Prod 公司 Synergie Prod，France	2015.09-2020.09	新办
(2015)外饲准字 269 号	犊牛复合预混合饲料 Calf Premix	犊康宝 Frondita Calf Booster	添加剂预混合饲料 Premix	犊牛 Calf	美国福蓝迪他生物集团有限公司 Frondita Biogroup，Inc.，USA	2015.09-2020.09	新办
(2015)外饲准字 270 号	牛肉骨粉 Bovine Meat and Bone Meal	牛肉骨粉 Bovine Meat and Bone Meal	单一饲料 Single Feed	家禽 Poultry 宠物 Pets 鱼 Fish	阿根廷 Marfrig S. A. 有限公司（注册号 1113） Marfrig Argentina S. A. （No. 1113），Argentina	2015.09-2020.09	新办
(2015)外饲准字 271 号	双低菜粕 Double Low Rapeseed Meal	Bunge 双低菜粕-颗粒（4 级） Bunge Canola Meal（# 4）-- Pellet	单一饲料 Single Feed	养殖动物 All species or categories of animals	邦基加拿大 Bunge Canada，Canada	2015.09-2020.09	新办

（续）

登记证号	通用名称	商品名称	产品类别	使用范围	生产厂家	有效期限	备注
(2015)外饲准字 272 号	双低菜籽粕 Double Low Rapeseed Meal	ADM 双低菜籽粕 ADM-Canola （Double-Low Rapeseed） Meal Pellets	单一饲料 Single Feed	养殖动物 All species or categories of animals	加拿大 ADM 农产公司 ADM Agri-Industries Company，Canada	2015.09-2020.09	新办
(2015)外饲准字 273 号	白鱼粉 White Fishmeal	白鱼粉（三级） White Fishmeal（Grade Ⅲ）	单一饲料 Single Feed	畜禽 Livestock and Poultry 水产养殖动物 Aquaculture animals	俄罗斯"BLAF"有限公司(工船加工，工船名"PETROPAVLOVSK"，工船号：CH-174) JSC "BLAF"((Produced on Board at Vessel "PETROPAVLOVSK"，Register No. CH-174)，Russia	2015.09-2020.09	新办
(2015)外饲准字 274 号	混合型饲料添加剂 香味剂 Feed Additives Mixture Flavouring Agent	新德吉 CINERGY	混合型饲料添加剂 Feed Additives Mixture	仔猪 Piglet	法国普乐维美公司 PROVIMI France，France	2015.09-2020.09	续展
(2015)外饲准字 275 号	混合型饲料添加剂 维生素 氨基酸 Feed Additives Mixture Vitamins Amino Acids	海博莱新胺基维他 HIPRACHOCK-A	混合型饲料添加剂 Feed Additives Mixture	猪 Swine 家禽 Poultry 牛 Cattle	西班牙海博莱生物大药厂 LABORATORIOS HIPRA，S. A.，Spain	2015.09-2020.09	续展
(2015)外饲准字 276 号	混合型饲料添加剂 α-淀粉酶和β-葡聚糖酶(均源自解淀粉芽孢杆菌) Feed Additives Mixture α-amylase & β-glucanase（both by *Bacillus amyloliquefaciens*）	乐多仙 A(包被颗粒) Ronozyme® A（CT）	混合型饲料添加剂 Feed Additives Mixture	猪 Swine 家禽 Poultry	丹麦诺维信公司 Novozymes A/S，Denmark	2015.09-2020.09	续展

（续）

登记证号	通用名称	商品名称	产品类别	使用范围	生产厂家	有效期限	备注
(2015)外饲准字 277 号	混合型饲料添加剂 矿物元素 Feed Additives Mixture Minerals	鱼用矿物精 Mineral Premix for Fish Feeds	混合型饲料添加剂 Feed Additives Mixture	鱼 Fish	台湾全兴国际水产股份有限公司桃园厂 Ye Cherng Industrial Products Co. Ltd.，Tao-Yuan Factory	2015. 09-2020. 09	续展
(2015)外饲准字 278 号	鱼微量元素预混合饲料 Fish Mineral Premix	健鳗矿 Mineral Premix for Eel Feeds	添加剂预混合饲料 Premix	鳗鱼 Eel	台湾全兴国际水产股份有限公司桃园厂 Ye Cherng Industrial Products Co. Ltd.，Tao-Yuan Factory	2015. 09-2020. 09	续展
(2015)外饲准字 279 号	仔猪复合预混合饲料 Piglet Premix	天梭预混料 TECZOMIX	添加剂预混合饲料 Premix	仔猪 Piglet	比利时英伟公司 Inve Belgie N. V.，Belgium	2015. 09-2020. 09	续展
(2015)外饲准字 280 号	鱼油 Fish Oil	鱼油（饲料级） Fish Oil (Feed Grade)	单一饲料 Single Feed	猪 Swine 水产养殖动物 Aquaculture animals	智利 Blumar S. A. 公司 Talcahuano 工厂 Blumar S. A.，Talcahuano Plant，Chile	2015. 09-2020. 09	续展

进口饲料和饲料添加剂产品登记证目录(2015－08)

登记证号	通用名称	商品名称	产品类别	使用范围	生产厂家	有效期限	备注
(2015)外饲准字 281 号	甲酸 Formic Acid	甲酸 85% F Formic Acid 85% F	饲料添加剂 Feed Additive	养殖动物 All species or categories of animals	巴斯夫欧洲公司 BASF SE，Germany	2015. 11-2020. 11	新办
(2015)外饲准字 282 号	丙酸 Propionic Acid	丙酸 F Propionic Acid F	饲料添加剂 Feed Additive	养殖动物 All species or categories of animals	巴斯夫欧洲公司 BASF SE，Germany	2015. 11-2020. 11	新办

（续）

登记证号	通用名称	商品名称	产品类别	使用范围	生产厂家	有效期限	备注
(2015)外饲准字283号	液体L-赖氨酸 Liquid L-Lysine	液体赖氨酸 Liquid Lysine	饲料添加剂 Feed Additive	养殖动物 All species or categories of animals	希杰印度尼西亚有限公司 PT CHEIL JEDANG INDONESIA，Indonesia	2015.11-2020.11	新办
(2015)外饲准字284号	赖氨酸渣 Lysine Residue	普乐金 Prosin	单一饲料 Single Feed	养殖动物 All species or categories of animals	希杰印度尼西亚有限公司 PT CHEIL JEDANG INDONESIA，Indonesia	2015.11-2020.11	新办
(2015)外饲准字285号	枯草芽孢杆菌 *Bacillus subtilis*	效益密码 Benefit Cryptogram	饲料添加剂 Feed Additive	畜禽 Livestock and Poultry 水产养殖动物 Aquaculture animals	得荣生物科技股份有限公司 Glory Biotech Co.，Ltd.	2015.11-2020.11	新办
(2015)外饲准字286号	蛋白酶（源自米曲霉） Protease (by *Aspergillus oryzae*)	六畜旺®（粉末） Toxi-free®(powder)	饲料添加剂 Feed Additive	猪 Swine 家禽 Poultry	台湾生百兴业有限公司 Life Rainbow Biotech Co.，Ltd.	2015.11-2020.11	新办
(2015)外饲准字287号	氯化钠 Sodium Chloride	SP尚品-矿物盐舔砖 SP Natural	饲料添加剂 Feed Additive	养殖动物 All species or categories of animals	瑞典汉森莫宁公司 Ab Hanson & Mohring，Sweden	2015.11-2020.11	新办
(2015)外饲准字288号	牛微量元素预混合饲料 Cattle Trace Mineral Premix	SP尚品-牛矿物舔砖 SP Red Block	添加剂预混合饲料 Premix	牛 Cattle	瑞典汉森莫宁公司 Ab Hanson & Mohring，Sweden	2015.11-2020.11	新办
(2015)外饲准字289号	牛羊微量元素预混合饲料 Trace Mineral Premix for Cattle and Sheep	SP尚品-牛羊矿物舔砖 SP Universal	添加剂预混合饲料 Premix	牛 Cattle 羊 Sheep	瑞典汉森莫宁公司 Ab Hanson & Mohring，Sweden	2015.11-2020.11	新办
(2015)外饲准字290号	复合预混合饲料 Premix	菲图电解多维 TOXIDREN	添加剂预混合饲料 Premix	养殖动物 All species or categories of animals	意大利菲图公司 FATRO S. p. A.，Italy	2015.11-2020.11	新办

（续）

登记证号	通用名称	商品名称	产品类别	使用范围	生产厂家	有效期限	备注
(2015)外饲准字 291 号	畜禽复合预混合饲料 Premix for Livestock and Poultry	奥茵美 Stress Pack SL	添加剂预混合饲料 Premix	畜禽 Livestock and Poultry	德国 Biochem 添加剂贸易和生产有限公司 Biochem Zusatzstoffe Handels-und Produktionsges. mbH，Germany	2015. 11-2020. 11	新办
(2015)外饲准字 292 号	赛鸽复合预混合饲料 Racing Pigeon Premix	比尔佳液体维矿预混剂 Belgasol®	添加剂预混合饲料 Premix	赛鸽 Racing Pigeon	荷兰比尔佳迪威德公司 Belgica de Weerd B. V.， the Netherlands	2015. 11-2020. 11	新办
(2015)外饲准字 293 号	鱼粉 Fishmeal	Special Select 牌鲱鱼红鱼粉(三级至二级) Special Select Menhaden Red Fishmeal（Ⅲ to Ⅱ）	单一饲料 Single Feed	畜禽 Livestock and Poultry 水产养殖动物 Aquaculture animals	美国欧米茄蛋白公司 Abbeville 工厂 Omega Protein，Inc.，Abbeville Plant，USA	2015. 11-2020. 11	续展
(2015)外饲准字 294 号	鱼粉 Fishmeal	Special Select 牌鲱鱼红鱼粉(三级至二级) Special Select Menhaden Red Fishmeal（Ⅲ to Ⅱ）	单一饲料 Single Feed	畜禽 Livestock and Poultry 水产养殖动物 Aquaculture animals	美国欧米茄蛋白公司 Moss Point 工厂 Omega Protein，Inc.，Moss Point Plant，USA	2015. 11-2020. 11	续展
(2015)外饲准字 295 号	混合型饲料添加剂 酶制剂 Feed Additives Mixture Enzymes	耐得酵素 G50 NATUZYME G50	混合型饲料添加剂 Feed Additives Mixture	猪 Swine 家禽 Poultry 牛 Cattle 兔 Rabbit	澳大利亚普乐腾生物化学公司 Bioproton Pty. Ltd.，Australia	2015. 11-2020. 11	新办
(2015)外饲准字 296 号	混合型饲料添加剂 调味剂 Feed Additives Mixture Flavouring Agent	果香宝 Guo Xiangbao	混合型饲料添加剂 Feed Additives Mixture	养殖动物 All species or categories of animals	台湾信逢股份有限公司 New Well Power Co. Ltd.	2015. 11-2020. 11	新办

（续）

登记证号	通用名称	商品名称	产品类别	使用范围	生产厂家	有效期限	备注
(2015)外饲准字 297 号	混合型饲料添加剂 调味剂 Feed Additives Mixture Flavouring Agent	艾可替 ACTIVO	混合型饲料添加剂 Feed Additives Mixture	养殖动物 All species or categories of animals	益威益营养科技(巴西)有限公司 Grasp Industria E Comercio Ltda, Brazil	2015. 11-2020. 11	新办
(2015)外饲准字 298 号	混合型饲料添加剂 香味剂 Feed Additives Mixture Flavouring Agent	普乐 E 50 Proviox 50	混合型饲料添加剂 Feed Additives Mixture	养殖动物 All species or categories of animals	荷兰普乐维美公司 Provimi B. V., the Netherlands	2015. 11-2020. 11	新办
(2015)外饲准字 299 号	混合型饲料添加剂 防腐剂 Feed Additives Mixture Preservatives	爱德康超纯酸化剂 ADDCON XF Superfine	混合型饲料添加剂 Feed Additives Mixture	养殖动物 All species or categories of animals	爱德康欧洲有限公司 ADDCON Europe GmbH, Germany	2015. 11-2020. 11	新办
(2015)外饲准字 300 号	混合型饲料添加剂 烟酰胺 碳酸钴 丙二醇 Feed Additives Mixture Niacinamide Cobalt Carbonate Propylene Glycol	强能宝 Glucose Booster	混合型饲料添加剂 Feed Additives Mixture	奶牛 Dairy Cow	美国斯图尔企业有限责任公司 Stuhr Enterprises, LLC., USA	2015. 11-2020. 11	新办
(2015)外饲准字 301 号	混合型饲料添加剂 酿酒酵母香味物质 Feed Additives Mixture *Saccharomyces cerevisiae* Flavouring Substances	助消化营养补充剂 FLORA	混合型饲料添加剂 Feed Additives Mixture	马 Horse	法国萨尔蒂伊工业有限责任公司 SARL Sartilly Industries, France	2015. 11-2020. 11	新办
(2015)外饲准字 302 号	混合型饲料添加剂 矿物元素 维生素 酸度调节剂 甘氨酸 Feed Additives Mixture Minerals Vitamins Acidity Regulators Glycine	电解质营养补充剂 ELECTROLYTES	混合型饲料添加剂 Feed Additives Mixture	马 Horse	法国萨尔蒂伊工业有限责任公司 SARL Sartilly Industries, France	2015. 11-2020. 11	新办

（续）

登记证号	通用名称	商品名称	产品类别	使用范围	生产厂家	有效期限	备注
(2015)外饲准字 303 号	混合型饲料添加剂 果寡糖 谷氨酰胺 调味剂 Feed Additives Mixture Fructo-oligosaccharides Glutamine Flavouring Agent	养肠胃营养补充剂 CARE	混合型饲料添加剂 Feed Additives Mixture	马 Horse	法国萨尔蒂伊工业有限责任公司 SARL Sartilly Industries，France	2015. 11-2020. 11	新办
(2015)外饲准字 304 号	混合型饲料添加剂 氨基酸 维生素 矿物质螯合物 Feed Additives Mixture Amino Acids Vitamins Minerals Chelates	生物素营养补充剂 BIOTIN	混合型饲料添加剂 Feed Additives Mixture	马 Horse	法国萨尔蒂伊工业有限责任公司 SARL Sartilly Industries，France	2015. 11-2020. 11	新办
(2015)外饲准字 305 号	混合型饲料添加剂 维生素 矿物元素及其螯合物 Feed Additives Mixture Vitamins Minerals and Their Chelates	能量棒营养补充剂 BOOSTER	混合型饲料添加剂 Feed Additives Mixture	马 Horse	法国萨尔蒂伊工业有限责任公司 SARL Sartilly Industries，France	2015. 11-2020. 11	新办
(2015)外饲准字 306 号	混合型饲料添加剂 维生素 矿物元素 Feed Additives Mixture Vitamins Minerals	维生素矿物微量元素营养补充剂 Oligovit Mineral	混合型饲料添加剂 Feed Additives Mixture	马 Horse	法国萨尔蒂伊工业有限责任公司 SARL Sartilly Industries，France	2015. 11-2020. 11	新办
(2015)外饲准字 307 号	混合型饲料添加剂 柠檬酸 硫酸镁 维生素 C Feed Additives Mixture Magnesium Sulphate Citric Acid Vitamin C	斯力特(泡腾片) SEALYT SPARK	混合型饲料添加剂 Feed Additives Mixture	猪 Swine 犊牛 Calf 鸡 Chicken 马 Horse	法国协同生产公司 Synergie Prod，France	2015. 11-2020. 11	新办

（续）

登记证号	通用名称	商品名称	产品类别	使用范围	生产厂家	有效期限	备注
(2015)外饲准字 308 号	混合型饲料添加剂 微生物 Feed Additives Mixture Micro-organism	运宝 WINPRO	混合型饲料添加剂 Feed Additives Mixture	畜禽 Livestock and Poultry 水产养殖动物 Aquaculture animals	马来西亚极品营养生技有限公司 JP Nutritional Biotechnology SDN. BHD., Malaysia	2015.11-2020.11	新办
(2015)外饲准字 309 号	犬配合饲料 Dog Compound Feed	GO！抗敏美毛系列三文鱼全犬粮 GO！SENSITIVITY + SHINE Salmon Dog Food Recipe	配合饲料 Compound Feed	犬 Dog	埃尔迈拉宠物产品有限公司 Elmira Pet Products Ltd., Canada	2015.11-2020.11	新办
(2015)外饲准字 310 号	犬配合饲料 Dog Compound Feed	GO！健康无限系列无谷七种肉全犬粮 GO！FIT+FREE Grain Free Dog Food Recipe	配合饲料 Compound Feed	犬 Dog	埃尔迈拉宠物产品有限公司 Elmira Pet Products Ltd., Canada	2015.11-2020.11	新办
(2015)外饲准字 311 号	犬配合饲料 Dog Compound Feed	GO！生命防护系列羊肉全犬粮 GO！FIT + FREE Chicken, Turkey + Duck Cat Food Recipe	配合饲料 Compound Feed	犬 Dog	埃尔迈拉宠物产品有限公司 Elmira Pet Products Ltd., Canada	2015.11-2020.11	新办
(2015)外饲准字 312 号	犬配合饲料 Dog Compound Feed	GO！生命防护系列鸡肉全犬粮 GO！DAILY DEFENCE Chicken Dog Food Recipe	配合饲料 Compound Feed	犬 Dog	埃尔迈拉宠物产品有限公司 Elmira Pet Products Ltd., Canada	2015.11-2020.11	新办

（续）

登记证号	通用名称	商品名称	产品类别	使用范围	生产厂家	有效期限	备注
(2015)外饲准字 313 号	犬配合饲料 Dog Compound Feed	NOW FRESH 无谷全年龄小型犬粮 NOW FRESH Grain Free Small Breed Dog Food Recipe	配合饲料 Compound Feed	犬 Dog	埃尔迈拉宠物产品有限公司 Elmira Pet Products Ltd.，Canada	2015.11-2020.11	新办
(2015)外饲准字 314 号	犬配合饲料 Dog Compound Feed	NOW FRESH 无谷全犬种幼犬粮 NOW FRESH Grain Free Puppy Dog Food Recipe	配合饲料 Compound Feed	犬 Dog	埃尔迈拉宠物产品有限公司 Elmira Pet Products Ltd.，Canada	2015.11-2020.11	新办
(2015)外饲准字 315 号	犬配合饲料 Dog Compound Feed	NOW FRESH 无谷全犬种成犬粮 NOW FRESH Grain Free Adult Dog Food Recipe	配合饲料 Compound Feed	犬 Dog	埃尔迈拉宠物产品有限公司 Elmira Pet Products Ltd.，Canada	2015.11-2020.11	新办
(2015)外饲准字 316 号	犬配合饲料 Dog Compound Feed	NOW FRESH 无谷全犬种老犬粮 NOW FRESH Grain Free Senior Dog Food Recipe	配合饲料 Compound Feed	犬 Dog	埃尔迈拉宠物产品有限公司 Elmira Pet Products Ltd.，Canada	2015.11-2020.11	新办
(2015)外饲准字 317 号	猫配合饲料 Cat Compound Feed	NOW FRESH 无谷幼猫粮 NOW FRESH Grain Free Kitten Cat Food Recipe	配合饲料 Compound Feed	猫 Cat	埃尔迈拉宠物产品有限公司 Elmira Pet Products Ltd.，Canada	2015.11-2020.11	新办

（续）

登记证号	通用名称	商品名称	产品类别	使用范围	生产厂家	有效期限	备注
(2015)外饲准字318号	猫配合饲料 Cat Compound Feed	NOW FRESH 无谷成猫粮 NOW FRESH Grain Free Adult Cat Food Recipe	配合饲料 Compound Feed	猫 Cat	埃尔迈拉宠物产品有限公司 Elmira Pet Products Ltd.，Canada	2015.11-2020.11	新办
(2015)外饲准字319号	猫配合饲料 Cat Compound Feed	NOW FRESH 无谷老猫粮 NOW FRESH Grain Free Senior Cat Food Recipe	配合饲料 Compound Feed	猫 Cat	埃尔迈拉宠物产品有限公司 Elmira Pet Products Ltd.，Canada	2015.11-2020.11	新办
(2015)外饲准字320号	猫配合饲料 Cat Compound Feed	GO！生命防护系列鸡肉全猫粮 GO！DAILY DEFENCE Chicken Cat Food Recipe	配合饲料 Compound Feed	猫 Cat	埃尔迈拉宠物产品有限公司 Elmira Pet Products Ltd.，Canada	2015.11-2020.11	新办
(2015)外饲准字321号	猫配合饲料 Cat Compound Feed	GO！健康无限系列无谷九种肉全猫粮 GO！ FIT ＋ FREE Chicken，Turkey ＋ Duck Cat Food Recipe	配合饲料 Compound Feed	猫 Cat	埃尔迈拉宠物产品有限公司 Elmira Pet Products Ltd.，Canada	2015.11-2020.11	新办
(2015)外饲准字322号	猫配合饲料 Cat Compound Feed	GO！抗敏美毛系列无谷三种鱼全猫粮 GO！ SENSITIVITY ＋ SHINE Freshwater Trout ＋ Salmon Cat Food Recipe	配合饲料 Compound Feed	猫 Cat	埃尔迈拉宠物产品有限公司 Elmira Pet Products Ltd.，Canada	2015.11-2020.11	新办

（续）

登记证号	通用名称	商品名称	产品类别	使用范围	生产厂家	有效期限	备注
(2015)外饲准字 323 号	马配合饲料 Horse Compound Feed	马驹饲料 Yearling	配合饲料 Compound Feed	马 Horse	法国萨尔蒂伊工业有限责任公司 SARL Sartilly Industries，France	2015. 11-2020. 11	新办
(2015)外饲准字 324 号	马配合饲料 Horse Compound Feed	成年马饲料 ADULT	配合饲料 Compound Feed	马 Horse	法国萨尔蒂伊工业有限责任公司 SARL Sartilly Industries，France	2015. 11-2020. 11	新办
(2015)外饲准字 325 号	马配合饲料 Horse Compound Feed	谷物平衡补充饲料 CEREAL BALANCER	配合饲料 Compound Feed	马 Horse	法国萨尔蒂伊工业有限责任公司 SARL Sartilly Industries，France	2015. 11-2020. 11	新办
(2015)外饲准字 326 号	马配合饲料 Horse Compound Feed	成年马能量饲料 ADULT ENERGY	配合饲料 Compound Feed	马 Horse	法国萨尔蒂伊工业有限责任公司 SARL Sartilly Industries，France	2015. 11-2020. 11	新办
(2015)外饲准字 327 号	马配合饲料 Horse Compound Feed	成年马科学能量饲料 ADULT SCIENCE ENERGY	配合饲料 Compound Feed	马 Horse	法国萨尔蒂伊工业有限责任公司 SARL Sartilly Industries，France	2015. 11-2020. 11	新办
(2015)外饲准字 328 号	马配合饲料 Horse Compound Feed	成年马混合能量饲料 ADULT MIX ENERGY	配合饲料 Compound Feed	马 Horse	法国萨尔蒂伊工业有限责任公司 SARL Sartilly Industries，France	2015. 11-2020. 11	新办
(2015)外饲准字 329 号	虾苗配合饲料 Shrimp Larval Compound Feed	福星初期虾苗饲料（粉状） Lucky Star Initial Shrimp Larval Feed (Powder)	配合饲料 Compound Feed	虾苗 Shrimp Larva	洪国实业股份有限公司 Taiwan Hung Kuo Industrial Co.，Ltd.	2015. 11-2020. 11	新办
(2015)外饲准字 330 号	鱼苗配合饲料 Fish Larval Compound Feed	福星初期鱼苗饲料（粉状） Lucky Star Initial Fish Feed (Powder)	配合饲料 Compound Feed	鱼苗 Fish Larva	洪国实业股份有限公司 Taiwan Hung Kuo Industrial Co.，Ltd.	2015. 11-2020. 11	新办
(2015)外饲准字 331 号	仔猪配合饲料 Piglet Compound Feed	猪奶优 PIGIPRO MILK	配合饲料 Compound Feed	仔猪 Piglet	荷兰希尔斯公司 Schils B. V.，the Netherlands	2015. 11-2020. 11	新办

（续）

登记证号	通用名称	商品名称	产品类别	使用范围	生产厂家	有效期限	备注
(2015)外饲准字 332 号	犊牛配合饲料 Calf Compound Feed	优乳佳 1 号 Novilac Start	配合饲料 Compound Feed	犊牛 Calf	荷兰希尔斯公司 Schils B. V.，the Netherlands	2015.11-2020.11	新办
(2015)外饲准字 333 号	犊牛配合饲料 Calf Compound Feed	优乳佳 2 号 Novilac Finish	配合饲料 Compound Feed	犊牛 Calf	荷兰希尔斯公司 Schils B. V.，the Netherlands	2015.11-2020.11	新办
(2015)外饲准字 334 号	犊牛配合饲料 Calf Compound Feed	优乳优 Eurolac Blue	配合饲料 Compound Feed	犊牛 Calf	荷兰希尔斯公司 Schils B. V.，the Netherlands	2015.11-2020.11	新办
(2015)外饲准字 335 号	犊牛配合饲料 Calf Compound Feed	元亨 1 号 Eurolac Blue 22/20	配合饲料 Compound Feed	犊牛 Calf	荷兰希尔斯公司 Schils B. V.，the Netherlands	2015.11-2020.11	新办
(2015)外饲准字 336 号	鱼粉 Fishmeal	红鱼粉(三级至二级) Red Fishmeal（Grade Ⅲ to Grade Ⅱ）	单一饲料 Single Feed	畜禽 Livestock and Poultry 水产养殖动物 Aquaculture animals	厄瓜多尔皇家贸易公司(简称 N. I. R. S. A.） Negocios Industriales Real "N. I. R. S. A." S. A.，Ecuador	2015.11-2020.11	新办
(2015)外饲准字 337 号	水解羽毛粉 Hydrolyzed Feather Meal	水解解羽毛粉 GIC-F80	单一饲料 Single Feed	猪 Swine 家禽 Poultry 水产养殖动物 Aquaculture animals	美国全球原料公司 Global Ingredients Corporation，USA	2015.11-2020.11	新办
(2015)外饲准字 338 号	鸡肉粉 Poultry Meal	鸡肉粉 GIC-P65 GIC-P65	单一饲料 Single Feed	猪 Swine 家禽 Poultry 水产养殖动物 Aquaculture animals	美国全球原料公司 Global Ingredients Corporation，USA	2015.11-2020.11	新办
(2015)外饲准字 339 号	棉粕 Cottonseed Meal	棉粕 GIC-HiPro GIC-HiPro	单一饲料 Single Feed	奶牛 Dairy Cow 肉牛 Beef Cattle	美国全球原料公司 Global Ingredients Corporation，USA	2015.11-2020.11	新办

（续）

登记证号	通用名称	商品名称	产品类别	使用范围	生产厂家	有效期限	备注
(2015)外饲准字 340 号	酵母培养物 Yeast Culture	犊牛益康 SmartCare	单一饲料 Single Feed	犊牛 Calf	美国达农威公司 Diamond V Mills, Inc., USA	2015.11-2020.11	新办
(2015)外饲准字 341 号	酿酒酵母提取物 Yeast Extract	成胜牧宝 MOREPOWER	单一饲料 Single Feed	家畜 Livestock 水产养殖动物 Aquaculture animals	成胜生物科技有限公司 Bonanza Biotechnology CO., LTD.	2015.11-2020.11	新办
(2015)外饲准字 342 号	混合型饲料添加剂 植酸酶（产自黑曲霉） Feed Additives Mixture Phytase（by *Aspergillus niger*）	酶他富®10000G Natuphos® 10000G	混合型饲料添加剂 Feed Additives Mixture	猪 Swine 肉鸡 Broiler	巴斯夫欧洲公司 BASF SE, Germany	2015.11-2020.11	续展
(2015)外饲准字 343 号	L-色氨酸 L-Tryptophan	L-色氨酸 L-Tryptophan	饲料添加剂 Feed Additive	畜禽 Livestock and Poultry	希杰印度尼西亚有限公司 PT CHEIL JEDANG INDONESIA, Indonesia	2015.11-2020.11	续展
(2015)外饲准字 344 号	混合型饲料添加剂 木聚糖酶（产自长柄木霉） Feed Additives Mixture Xylanase（by *Trichoderma longibrachiatum*）	毒排清 Elitox®	混合型饲料添加剂 Feed Additives Mixture	畜禽 Livestock and Poultry	比利时英派克斯有限公司 Impextraco N V, Belgium	2015.11-2020.11	续展
(2015)外饲准字 345 号	混合型饲料添加剂 微生物 Feed Additives Mixture Live Micro-organisms	优比-他 UB-Ta	混合型饲料添加剂 Feed Additives Mixture	猪 Swine 牛 Cattle 家禽 Poultry 马 Horse	韩国柳柅生物科技有限公司 Uni Biotech Co., Ltd., Korea	2015.11-2020.11	续展
(2015)外饲准字 346 号	混合型饲料添加剂 酸度调节剂 Feed Additives Mixture Acidity Regulators	艾维康 PRO Acidomatrix PRO	混合型饲料添加剂 Feed Additives Mixture	猪 Swine 家禽 Poultry	诺伟司德国公司 Novus Deutschland GmbH, Germany	2015.11-2020.11	续展

（续）

登记证号	通用名称	商品名称	产品类别	使用范围	生产厂家	有效期限	备注
(2015)外饲准字347号	仔猪维生素预混合饲料 Piglet Vitamin Premix	补能佳 BioProtect Plus	添加剂预混合饲料 Premix	仔猪 Piglet	美国ACG产品有限公司 ACG Products Ltd.，USA	2015.11-2020.11	续展
(2015)外饲准字348号	鱼油 Fish Oil	鲶鱼鱼油 Catfish Oil	单一饲料 Single Feed	猪 Swine 家禽 Poultry 水产养殖动物 Aquaculture animals	越南顺安劳务生产商贸责任有限公司 Thuan An Production Trading and Service Co.，Ltd.，Vietnam	2015.11-2020.11	续展
(2015)外饲准字349号	牛肉骨粉 Bovine Meat and Bone Meal	艾菲科501牛肉骨粉 501 Protein Meal	单一饲料 Single Feed	猪 Swine	新西兰艾菲科有限公司 AFFCO，New Zealand	2015.11-2020.11	续展

进口饲料和饲料添加剂产品登记证目录（2015－09）

登记证号	通用名称	商品名称	产品类别	使用范围	生产厂家	有效期限	备注
(2015)外饲准字350号	烟酸铬 Chromium Nicotinate	烟酸铬 Chromium Polynicotinate	饲料添加剂 Feed Additive	猪 Swine	印度Harkia Drugs Private Limited Harkia Drugs Private Limited，India	2015.12-2020.12	新办
(2015)外饲准字351号	吡啶甲酸铬 Chromium Tripicolinate	吡啶甲酸铬 Chromium Picolinate	饲料添加剂 Feed Additive	猪 Swine	印度Harkia Drugs Private Limited Harkia Drugs Private Limited，India	2015.12-2020.12	新办
(2015)外饲准字352号	丁基羟基茴香醚 Butylated Hydroxyanisole	丁基羟基茴香醚 Butylated Hydroxyanisole	饲料添加剂 Feed Additive	养殖动物 All species or categories of animals	印度Camlin Fine Sciences有限公司 Camlin Fine Sciences Ltd.，India	2015.12-2020.12	新办

（续）

登记证号	通用名称	商品名称	产品类别	使用范围	生产厂家	有效期限	备注
(2015)外饲准字353号	L-赖氨酸硫酸盐及其发酵副产物 L-Lysine Sulfate and its by-products from fermentation	赖氨酸70 Lysine 70	饲料添加剂 Feed Additive	养殖动物 All species or categories of animals	希杰印度尼西亚有限公司 PT CHEIL JEDANG INDONESIA，Indonesia	2015.12-2020.12	新办
(2015)外饲准字354号	混合型饲料添加剂 抗氧化剂 Feed Additives Mixture Antioxidants	宠鲜液剂 TERMOX Liquid	混合型饲料添加剂 Feed Additives Mixture	养殖动物 All species or categories of animals	新加坡建明工业（亚洲）私人有限公司 Kemin Industries (Asia) Pte Ltd，12 Senoko Drive，Singapore	2015.12-2020.12	新办
(2015)外饲准字355号	混合型饲料添加剂 抗氧化剂 Feed Additives Mixture Antioxidants	宠鲜粉剂 TERMOX Dry	混合型饲料添加剂 Feed Additives Mixture	宠物 Pets	新加坡建明工业（亚洲）私人有限公司 Kemin Industries (Asia) Pte Ltd，Singapore	2015.12-2020.12	新办
(2015)外饲准字356号	混合型饲料添加剂 抗氧化剂 Feed Additives Mixture Antioxidants	宠鲜-OX液剂 PET-OX Liquid	混合型饲料添加剂 Feed Additives Mixture	宠物 Pets	新加坡建明工业（亚洲）私人有限公司 Kemin Industries (Asia) Pte Ltd，Singapore	2015.12-2020.12	新办
(2015)外饲准字357号	混合型饲料添加剂 卵磷脂 单硬脂酸甘油酯 Feed Additives Mixture Lecithin Glyceryl Monosterate	百佳宝 BergaPur	混合型饲料添加剂 Feed Additives Mixture	养殖动物 All species or categories of animals	新加坡 CAROTINO BIOCHEM PTE LTD公司 CAROTINO BIOCHEM PTE LTD，Singapore	2015.12-2020.12	新办
(2015)外饲准字358号	混合型饲料添加剂 丝兰提取物 磷酸氢二钠 Feed Additives Mixture Yucca extract，Disodium phosphate，Silicon dioxide	舒肝保 Liverfree	混合型饲料添加剂 Feed Additives Mixture	养殖动物 All species or categories of animals	西班牙 Industrial Tecnica Pecuaria S. A. 公司 Industrial Tecnica Pecuaria S. A.，Spain	2015.12-2020.12	新办

（续）

登记证号	通用名称	商品名称	产品类别	使用范围	生产厂家	有效期限	备注
(2015)外饲准字 359 号	混合型饲料添加剂 酶制剂 Feed Additives Mixture Enzymes	英威 02CS 液体复合酶 AveMix 02CS L	混合型饲料添加剂 Feed Additives Mixture	单胃动物 Monogastric animal	比利时艾威有限公司 Aveve NV, Belgium	2015. 12-2020. 12	新办
(2015)外饲准字 360 号	混合型饲料添加剂 酶制剂 Feed Additives Mixture Enzymes	英威 XG10 液体复合酶 AveMix XG10 L	混合型饲料添加剂 Feed Additives Mixture	单胃动物 Monogastric animal	比利时艾威有限公司 Aveve NV, Belgium	2015. 12-2020. 12	新办
(2015)外饲准字 361 号	混合型饲料添加剂 酶制剂 Feed Additives Mixture Enzymes	英威 02CS 复合酶 AveMix 02CS	混合型饲料添加剂 Feed Additives Mixture	单胃动物 Monogastric animal	比利时艾威有限公司 Aveve NV, Belgium	2015. 12-2020. 12	新办
(2015)外饲准字 362 号	混合型饲料添加剂 酶制剂 Feed Additives Mixture Enzymes	英威 XG10 复合酶 AveMix XG10	混合型饲料添加剂 Feed Additives Mixture	单胃动物 Monogastric animal	比利时艾威有限公司 Aveve NV, Belgium	2015. 12-2020. 12	新办
(2015)外饲准字 363 号	混合型饲料添加剂 硫酸锌 DL-蛋氨酸 Feed Additives Mixture Zinc Sulfate DL-Methionine	锌旺 ZINENOSTRESS	混合型饲料添加剂 Feed Additives Mixture	猪 Swine 肉鸡 Broiler 蛋鸡 Laying hen 水产养殖动物 Aquaculture animals	贸立实业股份有限公司 More-standing Enterprise Co., Ltd	2015. 12-2020. 12	新办
(2015)外饲准字 364 号	混合型饲料添加剂 木聚糖酶（产自李氏木霉） Feed Additives Mixture Xylanase (Source: *Trichoderma reesei*)	小肽宝 Xiao Tai Bao	混合型饲料添加剂 Feed Additives Mixture	猪 Swine	台湾农鹤企业有限公司 Nung Ho Enterprise Co., Ltd	2015. 12-2020. 12	新办
(2015)外饲准字 365 号	混合型饲料添加剂 维生素 甲酸 Feed Additives Mixture Vitamins Formic Acid	斯诺补(液) SEARUP STILL	混合型饲料添加剂 Feed Additives Mixture	鸡 Chicken 猪 Swine 牛 Cattle 马 Horse	法国协同生产公司 Synergie Prod, ZI A CTIPOLE A TLNTIQUE, France	2015. 12-2020. 12	新办

（续）

登记证号	通用名称	商品名称	产品类别	使用范围	生产厂家	有效期限	备注
(2015)外饲准字366号	混合型饲料添加剂 维生素 柠檬酸 Feed Additives Mixture Viatmins Citric Acid	斯诺补(泡腾片) SEARUP SPARK	混合型饲料添加剂 Feed Additives Mixture	鸡 Chicken 猪 Swine 牛 Cattle 马 Horse	法国协同生产公司 Synergie Prod，ZI A CTIPOLE A TLNTIQUE，France	2015.12-2020.12	新办
(2015)外饲准字367号	牛用复合预混合饲料 Cattle Premix	爱牧益 IMMUN E	添加剂预混合饲料 Premix	牛 Cattle	意大利艾格威公司 AGROVIT srl，Via Ro San Bernardino，Italy	2015.12-2020.12	新办
(2015)外饲准字368号	犬配合饲料 Dog Compound Feed	小型犬幼犬粮鸡肉 PUPPY SMALL BREED CHICKEN	配合饲料 Compound Feed	犬 Dog	比利时联合宠物食品公司 United Petfood Producers NV，Belgium	2015.12-2020.12	新办
(2015)外饲准字369号	犬配合饲料 Dog Compound Feed	大型犬幼犬粮鸡肉 PUPPY LARGE BREED CHICKEN	配合饲料 Compound Feed	犬 Dog	比利时联合宠物食品公司 United Petfood Producers NV，Belgium	2015.12-2020.12	新办
(2015)外饲准字370号	犬配合饲料 Dog Compound Feed	小型犬成犬粮鸡肉 ADULT SMALL BREED CHICKEN	配合饲料 Compound Feed	犬 Dog	比利时联合宠物食品公司 United Petfood Producers NV，Belgium	2015.12-2020.12	新办
(2015)外饲准字371号	犬配合饲料 Dog Compound Feed	成犬三文鱼无谷粮 ADULT DOG SALMON GRAIN FREE	配合饲料 Compound Feed	犬 Dog	比利时联合宠物食品公司 United Petfood Producers NV，Belgium	2015.12-2020.12	新办
(2015)外饲准字372号	犬配合饲料 Dog Compound Feed	大型犬成犬粮鸡肉 ADULT LARGE BREED CHICKEN	配合饲料 Compound Feed	犬 Dog	比利时联合宠物食品公司 United Petfood Producers NV，Terdonkkaai 16，9042 Gent，Belgium	2015.12-2020.12	新办

（续）

登记证号	通用名称	商品名称	产品类别	使用范围	生产厂家	有效期限	备注
(2015)外饲准字 373 号	鱼粉 Fishmeal	红鱼粉(三级) Steam Dried Fishmeal (GradeⅢ)	单一饲料 Single Feed	畜禽 Livestock and Poultry 水产养殖动物 Aquaculture animals	秘鲁 Pesquera Jada S. A. 公司 Chimbote 工厂 Pesquera Jada S. A.，Chimbote Plant，Peru	2015. 12-2020. 12	新办
(2015)外饲准字 374 号	啤酒酵母粉 Brewers Dried Yeast	康畜美 COSME	单一饲料 Single Feed	畜禽 Livestock and Poultry 水产养殖动物 Aquaculture animals	台湾玉众实业有限公司 YU ZHONG INDUSTRIAL LTD，No. 690，Sec. 5，Yishi Rd.，Liuying Dist.，Tainan City	2015. 12-2020. 12	新办
(2015)外饲准字 375 号	β-甘露聚糖酶（产自迟缓芽孢杆菌） β-Mannanase（by *Bacillus lentus*）	和美酵素®-强效型 Hemicell®-TS	饲料添加剂 Feed Additive	猪 Swine 家禽 Poultry	美国礼来公司印第安纳州工厂 Eli Lilly and Company，Plant in Indiana，USA	2015. 12-2020. 12	续展
(2015)外饲准字 376 号	蛋氨酸羟基类似物 Methionine Hydroxy Analogue	艾丽美 Alimet®	饲料添加剂 Feed Additive	鸡 Chicken 猪 Swine 牛 Cattle 水产养殖动物 Aquaculture animals	诺伟司国际公司 Novus International，Inc.，USA	2015. 12-2020. 12	续展
(2015)外饲准字 377 号	混合型饲料添加剂 糖精钠 Feed Additives Mixture Sodium Saccharin	诺味美 SACCHAZEN	混合型饲料添加剂 Feed Additives Mixture	猪 Swine	韩国 Eunjin 国际生物技术株式会社 Eunjin International Biotechnology Co.，Ltd.，Korea	2015. 12-2020. 12	续展

（续）

登记证号	通用名称	商品名称	产品类别	使用范围	生产厂家	有效期限	备注
(2015)外饲准字 378 号	混合型饲料添加剂 维生素 磷酸氢钙 淀粉酶(产自解淀粉芽孢杆菌) Feed Additives Mixture Vitamins Dicalcium Phosphate Amylase (Source: *Bacillus amyloliquefaciens*)	发育宝-S (猫用) Haimix-S Kitty	混合型饲料添加剂 Feed Additives Mixture	猫 Cat	信元制药厂 Singen Animal Health Industry	2015. 12-2020. 12	续展
(2015)外饲准字 379 号	混合型饲料添加剂 维生素 磷酸氢钙 淀粉酶(产自解淀粉芽孢杆菌) Feed Additives Mixture Vitamins Dicalcium Phosphate Amylase (Source: *Bacillus amyloliquefaciens*)	发育宝-S(犬用) Haimix-S Puppy	混合型饲料添加剂 Feed Additives Mixture	犬 Dog	信元制药厂 Singen Animal Health Industry	2015. 12-2020. 12	续展
(2015)外饲准字 380 号	混合型饲料添加剂 磷酸氢钙 维生素 D3 嗜酸乳杆菌 Feed Additives Mixture Dicalcium Phosphate Vitamin D3 *Lactobacillus acidophilus*	钙胃能 Caweline	混合型饲料添加剂 Feed Additives Mixture	猫 Cat 犬 Dog	信元制药厂 Singen Animal Health Industry	2015. 12-2020. 12	续展
(2015)外饲准字 381 号	鱼粉 Fish Meal	秘鲁红鱼粉(三级) PERUVIAN RED FISHMEAL (Ⅲ)	单一饲料 Single Feed	畜禽 Livestock and Poultry 水产养殖动物 Aquaculture animals	秘鲁 Tecnologica De Alimentos S. A. 公司 Tecnologica De Alimentos S. A., Peru	2015. 12-2020. 12	续展

（续）

登记证号	通用名称	商品名称	产品类别	使用范围	生产厂家	有效期限	备注
(2015)外饲准字 382 号	鱼粉 Fishmeal	毕尔福红鱼粉(二级) Bilfish Red Fish Meal (Grade Ⅱ)	单一饲料 Single Feed	畜禽 Livestock and Poultry 水产养殖动物 Aquaculture animals	巴基斯坦英特玛克国际公司 Intermarker International，Pakistan	2015. 12-2020. 12	续展
(2015)外饲准字 383 号	马骨粉 Horse Bone Meal	马骨粉 Horse Bone Meal	单一饲料 Single Feed	鸡 Chicken 猪 Swine 水产养殖动物 Aquaculture animals	蒙古恒生实业公司 KHAN SHINSHE LLC，Mongolia	2015. 12-2020. 12	新办
(2015)外饲准字 384 号	木聚糖酶和 β-葡聚糖酶(产自长柄木霉) Xylanase and β-glucanase (Source：*Trichoderma longibrachiatum*)	艾克拿斯 L Econase Wheat L Plus	饲料添加剂 Feed Additive	鸡 Chicken 仔猪 Piglet	芬兰罗尔公司 Roal Oy，Finland	2015. 12-2020. 12	续展

附件 2：

换发进口饲料和饲料添加剂产品登记证目录(2015－01)

登记证号	产品名称	生产厂家名称	变更内容	原名称	变更名称
(2014)外饲准字 188 号	特明科防霉剂 SP1 Taminco Mould Control SP1	荷兰耐赛特有限公司 Niacet B. V., the Netherlands	产品名称	凯米拉防霉剂 SP1 Kemira Mould Control SP1	特明科防霉剂 SP1 Taminco Mould Control SP1
			申请企业名称	芬兰凯米拉有限公司 Kemira Oyj，Finland	芬兰特明科有限公司 Taminco Finland Oy，Finland

换发进口饲料和饲料添加剂产品登记证目录(2015－02)

登记证号	商品名称	产品类别	变更内容	原名称	变更名称
(2011)外饲准字 257 号	益宁易 SCP NC Celmanax SPC NC	饲料添加剂 Feed Additive	生产厂家和申请企业名称	美国伟克公司 Varied Industries Corporation，USA	美国切迟-杜威公司 Church & Dwight Co.，USA
(2012)外饲准字 285 号	益宁易 NC Celmanax NC	饲料添加剂 Feed Additive	生产厂家和申请企业名称	美国伟克公司 Varied Industries Corporation，USA	美国切迟-杜威公司 Church & Dwight Co.，USA
(2013)外饲准字 142 号	麦可食超浓缩型 A-MAX Yeast Culture XTRA	饲料添加剂 Feed Additive	生产厂家和申请企业名称	美国伟克公司 Varied Industries Corporation，USA	美国切迟-杜威公司 Church & Dwight Co.，USA
(2013)外饲准字 301 号	倍吉美 Bg-Max	饲料添加剂 Feed Additive	生产厂家和申请企业名称	美国伟克公司 Varied Industries Corporation，USA	美国切迟-杜威公司 Church & Dwight Co.，USA
(2013)外饲准字 302 号	爱旺达 Aviator	饲料添加剂 Feed Additive	生产厂家和申请企业名称	美国伟克公司 Varied Industries Corporation，USA	美国切迟-杜威公司 Church & Dwight Co.，USA
(2013)外饲准字 303 号	爱旺达液体 Aviator Liquid	饲料添加剂 Feed Additive	生产厂家和申请企业名称	美国伟克公司 Varied Industries Corporation，USA	美国切迟-杜威公司 Church & Dwight Co.，USA

（续）

登记证号	商品名称	产品类别	变更内容	原名称	变更名称
(2013)外饲准字 304 号	爱旺达 SCP Aviator SCP	饲料添加剂 Feed Additive	生产厂家和申请企业名称	美国伟克公司 Varied Industries Corporation，USA	美国切迟-杜威公司 Church & Dwight Co.，USA
(2013)外饲准字 305 号	益宁易 液体 NC Celmanax Liquid NC	饲料添加剂 Feed Additive	生产厂家和申请企业名称	美国伟克公司 Varied Industries Corporation，USA	美国切迟-杜威公司 Church & Dwight Co.，USA
(2013)外饲准字 342 号	麦可食浓缩型 A-Max Yeast Culture Concentrate	饲料添加剂 Feed Additive	生产厂家和申请企业名称	美国伟克公司 Varied Industries Corporation，USA	美国切迟-杜威公司 Church & Dwight Co.，USA

换发进口饲料和饲料添加剂产品登记证目录(2015－03)

登记证号	产品名称	生产厂家名称	变更内容	原名称	变更名称
(2012)外饲准字 258 号	肉骨粉(牛和绵羊) Meat and Bone Meal (Bovine and Ovine)	澳大利亚 Thomas Foods International Murray Bridge Pty 有限公司 Thomas Foods International Murray Bridge Pty Limited，Australia	申请企业名称	澳大利亚 T&R (Murray Bridge) Pty Ltd T & R (Murray Bridge) Pty Ltd，Australia	澳大利亚 Thomas Foods International Murray Bridge Pty 有限公司 Thomas Foods International Murray Bridge Pty Limited，Australia
			生产企业名称	澳大利亚 T&R (Murray Bridge) Pty Ltd T & R (Murray Bridge) Pty Ltd，Australia	澳大利亚 Thomas Foods International Murray Bridge Pty 有限公司 Thomas Foods International Murray Bridge Pty Limited，Australia

换发进口饲料和饲料添加剂产品登记证目录(2015-04)

登记证号	产品名称	生产厂家名称	变更内容	原名称	变更名称
(2011)外饲准字 179 号	和美酵素-强效型 Hemicell-TS	美国礼来公司印第安纳州工厂 Eli Lilly and Company, Plant in Indiana, USA	申请企业名称	美国 ChemGen 公司 ChemGen Corp., USA	美国礼来公司 Eli Lilly and Company, USA
			生产厂家名称	美国 ChemGen 公司 ChemGen Corp., USA	美国礼来公司印第安纳州工厂 Eli Lilly and Company, Plant in Indiana, USA
(2015)外饲准字 063 号	秘鲁红鱼粉(三级) Peruvian Red Fishmeal (Ⅲ)	秘鲁 Corporacion Pesquera Inca S. A. C. 公司 Chimbote 工厂 Corporacion Pesquera Inca S. A. C., Chimbote Plant, Peru	生产地址	Calle El Milagro S/N, Zona Industrial 27 De Octubre, Distrito De Chimbote, Provincia De Santa, Departamento De Ancash, Peru	Calle 2 (Calle El Milagro) N°101, Mza. E, Lote O, Zona Lotizacion Industrial Gran Trapecio, Distrito de Chimbote, Provincia Del Santa, Departamento de Ancash, Peru

换发进口饲料和饲料添加剂产品登记证目录(2015-05)

登记证号	产品名称	生产厂家名称	变更内容	原名称	变更名称
(2012)外饲准字 263 号	安佑牌人工乳(好离奶) ANS Artificial Milk	台湾隆佑兴业股份有限公司 LONG YOUTH Industry Co., Ltd.	申请企业名称	台湾昆昌企业股份有限公司 Kung Victory Co., Ltd	台湾隆佑兴业股份有限公司 LONG YOUTH Industry Co., Ltd.
			生产厂家名称	台湾昆昌企业股份有限公司 Kung Victory Co., Ltd	台湾隆佑兴业股份有限公司 LONG YOUTH Industry Co., Ltd.
(2012)外饲准字 264 号	安佑牌哺乳猪 100 ANS Piglet 100	台湾隆佑兴业股份有限公司 LONG YOUTH Industry Co., Ltd.	申请企业名称	台湾昆昌企业股份有限公司 Kung Victory Co., Ltd	台湾隆佑兴业股份有限公司 LONG YOUTH Industry Co., Ltd.
			生产厂家名称	台湾昆昌企业股份有限公司 Kung Victory Co., Ltd	台湾隆佑兴业股份有限公司 LONG YOUTH Industry Co., Ltd.

（续）

登记证号	产品名称	生产厂家名称	变更内容	原名称	变更名称
(2015)外饲准字 223 号	泰棒 锌 IntelliBond Z	美国微营养公司 Micronutrients, A Division of Heritage Technologies, LLC, USA	申请企业名称	美国微营养公司 Micronutrients Inc. , USA	美国微营养公司 Micronutrients, A Division of Heritage Technologies, LLC, USA
			生产厂家名称	美国微营养公司 Micronutrients Inc. , USA	美国微营养公司 Micronutrients, A Division of Heritage Technologies, LLC, USA
(2015)外饲准字 227 号	赛尔可阿欧米克斯单胃动物 100C Selko AO-mix for Monogastrics 100C	法国 Phytosynthese 有限公司 Phytosynthese SASU, France	产品的中文及外文商品名称	创荷美阿欧米克斯单胃动物 100C Trouw AO-mix for Monogastrics 100C	赛尔可阿欧米克斯单胃动物 100C Selko AO-mix for Monogastrics 100C
(2015)外饲准字 194 号	红鱼粉(三级至特级) Red Fishmeal (gradeⅢ to superfine)	智利 Corpesca S. A. 公司 Arica 北厂(注册号:01096) Corpesca S. A. , Arica North Plant, (Register No. 01096), Chile	产品的中文及外文商品名称	红鱼粉(三级) Red Fishmeal (Ⅲ)	红鱼粉(三级至特级) Red Fishmeal (gradeⅢ to superfine)
(2015)外饲准字 195 号	红鱼粉(三级至特级) Red Fishmeal (gradeⅢ to superfine)	智利 Corpesca S. A. 公司 Iquique 南厂(注册号:01102) Corpesca S. A. , Iquique South Plant (Register No. 01102), Chile	产品的中文及外文商品名称	红鱼粉(三级) Red Fishmeal (Ⅲ)	红鱼粉(三级至特级) Red Fishmeal (gradeⅢ to superfine)
(2015)外饲准字 196 号	红鱼粉(三级至特级) Red Fishmeal (gradeⅢ to superfine)	智利 Corpesca S. A. 公司 Mejillones 工厂(注册号:02092) Corpesca S. A. , Mejillones Plant (Register No. 01102), Chile	产品的中文及外文商品名称	红鱼粉(三级) Red Fishmeal (Ⅲ)	红鱼粉(三级至特级) Red Fishmeal (gradeⅢ to superfine)

换发进口饲料和饲料添加剂产品登记证目录(2015－06)

登记证号	产品名称	生产厂家名称	变更内容	原名称	变更名称
(2013)外饲准字 069 号	奥优藻 ALL-G RICH	美国奥特奇公司 Alltech Inc.，USA	产品的中文或外文商品名称	绿为乐 SSB	奥优藻 ALL-G RICH
(2015)外饲准字 012 号	卫常酸 Latibon®PlusME	德国 Dr. Eckel GmbH 公司 Dr. Eckel GmbH，Germany	产品的中文商品名称	乐力酸	卫常酸

（李大鹏）

科学评审　严把饲料行业准入关

——全国饲料评审委员会 2015 年主要工作

2015 年，全国饲料评审委员会（以下简称“评审委”）紧密围绕农业部中心任务和饲料行业重点工作，继续以“保饲料安全、促行业发展”为宗旨，着力加强饲料评审能力建设，科学公正公平开展新饲料技术评审，参与饲料行业法规体系建设，充分发挥了技术把关、咨询和建议等支撑作用。

1. 科学开展新饲料评审工作。严格按照新产品评审流程，科学开展评审工作。2015 年，共对 21 个（次）新饲料和新饲料添加剂产品的申报材料进行形式审查；组织召开 6 次专家评审会，对 15 个（次）产品进行评审，4 个产品通过评审，纽甜等 3 个产品获得饲料和饲料添加剂新产品证书。此外，着力加强行政许可事前服务，通过召开专家咨询会和开展行业调研，及时给企业新产品申报提出合理化建议，不断提高新饲料证书的申办效率。

2. 加强新饲料获证产品上市后监督。为加强行政许可事后监督，保障获证新产品质量安全，对监测期内的 6 个新饲料添加剂就其上市后的安全性、有效性和质量可控性进行考查，全面了解新产品生产、使用和质量安全状况，对检查中发现的问题及时向企业和管理部门提出有针对性的意见和建议。

3. 完成全国饲料评审委员会换届。组织开展全国饲料评审委员会换届工作，召开第三届全国饲料评审委员会成立大会。通过公开征集、定向邀请等多种方式，在反刍和水产动物营养、生物技术、饲料安全风险评估等重点领域大规模扩充了专家队伍，委员人数由上一届的 58 人增加到 116 位。农业部畜牧业司副司长王俊勋任主任委员，全国畜牧总站副站长、中国饲料工业协会副秘书长沙玉圣任常务副主任委员，麦康森、李德发、印遇龙、沈建忠、石波、苏晓鸥、呙于明、汪以真、陈代文任副主任委员。换届同时还对新一届委员进行了法规和业务技能培训。第三届全国饲料评审委员会的成立为评审工作持续开展打好了坚实的人才基础。

4. 组织第二批饲料评价机构的遴选。2014 年年底，农业部启动新一批饲料评价机构的遴选工作。评审委组织召开专题会议根据申报材料对申报机构进行初步遴选，在此基础上又对遴选出的 16 家耐受性、17 家有效性、6 家毒理学评价机构以及 4 家微生物菌种鉴定和保藏机构进行实地考查，了解其工作基础和业务能力，根据考查结果向管理部门提出了评价机构的增补建议。

5. 修订《饲料原料目录》。《饲料原料目录》是饲料行业品种准入的基础性文件。为保证目录的充分性和适用性，评审委根据行业需求对目录进行不定期的维护更新。2015 年，通过专家评议将初乳（粉）的适用范围扩大到养殖动物，原料目录不断得到完善。

6. 加强法规宣贯培训。为加强行业法规宣贯力度，2015 年举办了一期进口饲料和饲料添加剂产品在华登记注册培训班和一期饲料法规标准宣贯培训班，分别就进口饲料和新饲料行政许可申报材料要求和程序、饲料行业法规体系、饲料质量安全管理规范、《饲料标签》标准等内容进行了系统培训，企业代表和部分省级饲料管理部门共计 300 余人参加培训。

7. 开展饲料管理国际交流。2015 年 6 月 23 日，接待美国食品药品管理局（FDA）兽药中心（CVM）饲料安全代表团来访。FDA 兽药中心饲料处的 Phares Okelo 博士、李欣博士以及美国饲料管理官员协会（AAFCO）主席 Richard TenEyck 博士等专家就美国饲料法规体系、饲料原料和饲料添加剂管理、动物促生长类抗生素使用管理、企业在保障饲料安全中的义务等议题作了专题报告，并与全国饲料评审委员会、饲料有效性和安全性评价机构及相关单位专家就中美两国饲料管理和饲料评价技术进行了深入的交流与研讨，建立了中美两国在饲料安全评价领域长效交流机制。

（王黎文）

饲料质量安全管理规范工作

2014年1月13日，农业部以2014年第1号令发布了《饲料质量安全管理规范》（以下简称"《规范》"）。

《规范》作为《饲料和饲料添加剂管理条例》配套的一项新的重要法规，针对企业生产过程中的原料采购与管理、生产过程控制、产品质量控制、产品贮存运输、产品投诉与召回、培训卫生和记录管理等各个关键环节提出了明确的管理要求，同时也为饲料管理部门监督执法提供了重要依据。在全面深化改革和加快建成现代饲料工业的新形势下，《规范》的实施对于加强饲料安全监管、促进企业转型升级和提高饲料产品质量安全水平意义重大。《饲料质量安全管理规范》于2015年7月1日起正式施行，标志着《规范》进入全面实施阶段。2015年，农业部出台了《规范》实施意见，要求重点做好《规范》的宣贯培训、示范企业创建等工作，切实推动《规范》全面实施。

1. 出台实施意见，推动《规范》全面深入实施。为推动《规范》的实施，指导各级饲料管理部门做好《饲料质量安全管理规范》（农业部令2014年第1号）的实施，农业部下发了《关于全面实施〈饲料质量安全管理规范〉的意见》（农牧发［2015］8号），要求充分认识实施《规范》的重要性和紧迫性，从实施《规范》的基本思路、重点工作、保障措施等方面，对《规范》实施进行了明确具体的部署，制定明确目标和实施路线图，细化分解落实工作任务，确保《规范》实施有目标、有重点、有保障，做到可操作、可评估。

2. 大力开展《规范》宣贯培训，营造整体推动氛围。《规范》一经发布，农业部即迅速行动，精心部署，开展了一系列内容丰富、形式活泼、深入一线的宣传培训活动。一是精心制作《规范》宣传教学视频。由中国饲料工业协会牵头，协作相关单位、广泛组织专家、精心打磨剧本，拍摄了《饲料质量安全管理规范》教学片，向各级饲料管理部门和企业发放光盘10 000多张，同时在大型的饲料展会上循环播放，在饲料行业内引起了巨大反响。这也是饲料行业第一次将法规转化为视频教学形式，是法规宣传推广方式的一次探索和创新；2015年，又组织编辑出版了《饲料质量安全管理规范实施指南》，共向各级饲料管理部门和企业发放14 000多册，为《规范》的顺利实施提供强有力的技术支撑和指导服务。二是大规模培训基层专业骨干队伍。中国饲料工业协会组织，先后举办了7期《规范》培训班，共培训800多人次，及时为各级饲料行业管理部门和示范创建企业培养了一批懂《规范》的专家和技术人员。在农业部的引导和带动下，省市县各级饲料管理部门都积极行动起来，组织开展不同层级不同形式的宣贯培训活动。据不完全统计，全国共组织举办了50多期《规范》宣贯培训班，共培训3 000多人次，为行业监管和企业培养了一批熟法规、懂《规范》、善管理的人才。

3. 积极开展示范企业创建活动，强化示范引领。农业部组织开展了规范示范企业创建活动，在工作上预先谋划，逐步推进，坚持高标准、严要求，树立行业标杆企业。

在《规范》起草期间，农业部就组织遴选了130多家企业，进行《规范》实施的试点示范，并组织200多人次的饲料生产许可审核方面的专家深入试点企业开展指导服务。同时，积极引导大型集团企业率先垂范，参与规范示范创建活动，选择规范基础条件相对较好的文登六和饲料有限公司、文登环山饲料有限公司两家企业进行重点试点，派专家驻厂进行现场指导，在农业部专家的悉心指导和企业全体员工的共同努力下，这两家企业通过现场审核，率先成为农业部规范示范企业，为示范企业的创建树立了学习的样板。

《规范》发布后，农业部立即在山东文登召开了饲料质量安全管理规范现场会，全面启动部级示范企业创建工作。全国30多个省、区、市的近200家企业相继参与了部级示范创建活动，基本做到了规范示范企业创建工作在全国范围内的统筹协调推进。为配合农业部做好规范示范企业创建工作，中国饲料工业协会组织专家深入饲料企业生产现场，从帮忙企业建立制度体系文件和规范现场管理等方面，对19家示范创建企业进行面对面的指导。经过各级饲料管理部门、中国饲料工业协会、行业专家、生产企业的共同努力，截至2015年年底，全国共有83家企业通过农业部专家组审核验收，成为农业部饲料质量安全管理规范示范企业（名单见附件）。此外，福建、山东等饲料大省参照农业部的做法，也相继启动了省级示范企业创建活动。

为充分发挥示范企业的带动辐射作用，2015年4月，农业部在中国饲料工业展览会开幕式上举办了盛大的授牌仪式，于康震副部长等领导为获得第一批部级饲料质量安全管理规范示范的企业颁牌。此举极大地鼓舞和宣传了规范示范企业，在饲料行业得到广泛好评，有力推动全行业迅速形成学规范、用规范、争做示范企业的良好社会环境。

表2-37　农业部饲料质量安全管理规范示范企业名单

省（区、市）	企业名称	许可证号
北京市	北京大北农科技集团股份有限公司	京饲预（2015）11066 京饲证（2014）11023
	泰高营养科技（北京）有限公司	京饲预（2015）07075
天津市	天津正大饲料科技有限公司	津饲预（2015）10001 津饲证（2014）10005
	天津昌农科技有限责任公司	津饲证（2013）02005
	天津海大饲料有限公司	津饲证（2014）03003
	天津通威饲料有限公司	津饲证（2014）02009
河北省	大成食品（河北）有限公司	冀饲证（2014）07016
	河北方田饲料有限公司	冀饲证（2013）02002
山西省	晋中大北农农牧科技有限公司	晋饲证（2014）06002
黑龙江省	谷实农牧集团股份有限公司	黑饲证（2013）01001
	哈尔滨绿色巨农牧业有限公司	黑饲证（2013）01003
上海市	上海富朗特动物保健有限公司	饲预（2012）3865
	帝斯曼维生素（上海）有限公司	饲预（2010）0237
	上海黑马饲料有限公司	沪饲预（2014）02003 沪饲证（2014）02009
江苏省	太仓安佑生物科技有限公司	苏饲预（2014）05001 苏饲证（2014）05035
	江苏天参有限公司	苏饲证（2013）08048
	江苏奥迈生物科技有限公司	苏饲预（2014）01001
	南通海大生物科技有限公司	苏饲证（2013）06113
	江苏万瑞达生物科技股份有限公司	苏饲预（2015）09004
	英联动物营养（南通）有限公司	苏饲证（2014）06126
	扬州通威饲料有限公司	苏饲证（2014）10002
浙江省	浙江大北农农牧科技有限公司	饲预（2013）00039 浙饲证（2013）07004
	浙江成农饲料有限公司	浙饲证（2015）07016

（续）

省（区、市）	企业名称	许可证号
安徽省	安徽海大饲料有限公司	皖饲证（2014）15001
	通威股份有限公司合肥分公司	皖饲证（2014）01015
福建省	福建天马科技集团股份有限公司	闽饲证（2014）01055
	漳州大北农农牧科技有限公司	闽饲预（2014）06062 闽饲证（2013）06062
	福建省漳州市华龙饲料有限公司	闽饲证（2014）06102
	福州海马饲料有限公司	闽饲证（2013）01041
	福建闽科饲料有限公司	饲预（2011）4663 闽饲证（2014）01136
	福建新正阳饲料科技有限公司	闽饲预（2014）01091 闽饲证（2014）01091
	三明傲农生物科技有限公司	闽饲证（2014）08161
江西省	吉安傲农生物科技有限公司	赣饲证（2015）03014
	南昌正大畜禽有限公司	赣饲证（2014）00009
	江西大北农科技有限责任公司	饲预（2012）6751 赣饲证（2013）00001
山东省	文登六和饲料有限公司	鲁饲证（2013）10007
	文登环山饲料有限公司	鲁饲证（2013）10008
	山东丰沃新农农牧科技有限公司	饲预（2013）00030 鲁饲证（2013）07012
	潍坊中基饲料有限公司	饲预（2011）1565 鲁饲证（2014）07173
	山东众成饲料科技有限公司	饲预（2011）1630 鲁饲证（2013）09008
	临沂六和配合饲料有限公司	鲁饲证（2013）16020
	山东通威饲料有限公司	鲁饲证（2013）03007
	山东峪口禽业有限公司	鲁饲预（2014）08002 鲁饲证（2013）08017
河南省	河南广安生物科技股份有限公司高新区中草药饲料基地	豫饲证（2014）01030
	新乡市大北农农牧有限责任公司	豫饲证（2014）07008
	河南雄峰科技有限公司新郑分公司	饲预（2012）1454 豫饲证（2013）01004
湖北省	襄阳正大有限公司	鄂饲证（2014）03001
	康地饲料（中国）有限公司	饲预（2010）5970 鄂饲证（2014）01007
	中粮粮油工业（黄冈）有限公司	鄂饲证（2013）04001

（续）

省（区、市）	企业名称	许可证号
湖北省	洪湖通威饲料有限公司	鄂饲证（2015）10003
	襄阳九鼎牧业有限公司	鄂饲证（2015）03002
	武汉通威饲料有限公司	鄂饲证（2013）01007
	武汉国雄饲料科技有限公司	鄂饲证（2013）01009
湖南省	郴州湘大骆驼饲料有限公司	湘饲证（2013）10016
	湖南大北农农业科技有限公司	饲预（2012）6639 湘饲证（2014）01006
	湖南帝亿生物科技有限公司	湘饲预（2014）01006 湘饲证（2014）01086
	湖南金霞九鼎农牧有限公司	湘饲证（2014）01134
	长沙成农饲料有限公司	饲预（2011）6197 湘饲证（2013）01108
	常德大北农饲料有限公司	湘饲证（2013）07063
广东省	广州市江丰生物科技有限公司	饲预（2013）00045
	金钱饲料（东莞）有限公司	粤饲证（2014）11011
	广东金新农饲料有限公司	饲预（2013）00026 粤饲证（2013）09001
	佛山市高明通威饲料有限公司	粤饲证（2013）05003
	揭阳海大饲料有限公司	粤饲证（2014）20002
广西壮族自治区	宾阳通威饲料有限公司	桂饲证（2013）01004
海南省	通威股份有限公司海南分公司	琼饲证（2014）06007
	海南恒兴饲料实业有限公司	琼饲证（2014）01004
重庆市	重庆通威饲料有限公司	渝饲证（2013）18002
四川省	广汉正大饲料科技有限公司	饲预（2010）1090
	通威股份有限公司德阳分公司	川饲证（2013）05002
	成都正大有限公司	川饲证（2014）01017
	嘉吉饲料（成都）有限公司	川饲证（2014）01026
	四川大北农农牧科技有限责任公司	饲预（2011）3842 川饲证（2013）01012
	四川铁骑力士实业有限公司	川饲证（2014）06004
	宜宾市旺达饲料有限公司	川饲证（2014）12005
云南省	云南海大生物科技有限公司	滇饲证（2014）01069
陕西省	陕西正大有限公司	陕饲证（2013）04003
甘肃省	甘肃傲农饲料科技有限公司	甘饲证（2015）03021
	甘肃禾丰牧业有限公司	甘饲证（2013）03003
	兰州正大有限公司	甘饲证（2014）11004
宁夏壮族自治区	宁夏杨哈吉清真农牧产业发展有限公司	宁饲证（2014）03005

（续）

省（区、市）	企业名称	许可证号
宁夏壮族自治区	宁夏大北农科技实业有限公司	饲预（2011）1740 宁饲证（2014）01017
新疆维吾尔自治区	新疆泰昆集团昌吉饲料有限责任公司	新饲预（2015）23003 新饲证（2014）23009

（胡广东　粟胜兰）

饲料安全监管

2015年，农业部以深入贯彻实施新的饲料法规制度为主线，创新行业管理方式，全面加强饲料质量安全监管，着力完善事前、事中、事后有效衔接的饲料质量安全管理体系，切实保障饲料质量安全。

1. 贯彻“放管结合”要求，创新行业管理方式。探索饲料生产许可下放后加强行业管理的新机制，以新的饲料法规制度贯彻实施情况和企业安全生产为主线，针对各地建立饲料行业管理工作定期评估制度，组织对广东等8个重点省进行了检查评估。组建第三届全国饲料评审委员会，专家从58名增加到116名，重点充实风险评估、毒理学评价和新型饲料添加剂等领域的技术力量。

2. 启动实施《饲料质量安全管理规范》，健全事中监管制度。印发《农业部关于全面实施〈饲料质量安全管理规范〉的意见》，启动规范监督执法工作；组织编制《饲料质量安全管理规范实施指南》，为企业实施规范提供技术指导；开展部级示范企业创建，60家企业通过验收获得部级示范企业称号；指导省级饲料管理部门开展省级示范企业创建工作，培训省级饲料管理部门人员300人次。

3. 组织开展饲料质量安全监测执法，提高风险管控水平。继续组织开展饲料产品质量安全监测、饲料中禁用物质监测和反刍动物饲料中牛羊源性成分监测，对各类风险和突出问题保持持续跟踪。全年共抽检各类饲料产品6 865批次，合格率96.23%，比2014年上升0.03个百分点。依托信息化管理系统及时将不合格样品信息通报各地进行查处，将不合格产品和企业名单向社会公布。针对新型非法添加物、饲料中病源微生物、矿物原料中重金属污染等潜在安全风险，组织开展隐患排查，进一步完善主动防控风险的技术体系。

（李大鹏）

“瘦肉精”专项整治

2015年农业部继续组织开展“瘦肉精”专项整治工作，针对问题多发地区加大检查力度，采取高压态势打击“瘦肉精”违法行为，严防问题反弹。

1. 继续组织实施养殖环节“瘦肉精”监测计划。 对全国15 192个养殖场户实施监督抽查，抽查检测46 953批次，检出率为0。“瘦肉精”异地拉网监测向牛羊养殖重点地区集中，在内蒙古、吉林、辽宁等11个重点省份抽检1 116个养殖场户，对已公布禁用的16种“瘦肉精”类物质进行了全面排查，抽检样品3 341批次，检出率为0。

2. 加强对问题多发区域的督导抽查。 针对近两年专项整治中发现的新动向，监督抽查中增加牛羊养殖场抽检数量，异地拉网监测中增加对外调活畜问题多发地区的突击抽检。根据舆情监测信息，责成山东省畜牧兽医局查找肉制品“瘦肉精”检出率高的原因，对问题突出地区加大督促检查力度。针对浙江省通报从江西、黑龙江和吉林调入活畜中检出“瘦肉精”的情况，督促产地追根溯源，安排质检机构实施突击抽检。

3. 完善健全长效监管机制。 健全上下联动、区域联动、部门联动的案件查处机制，加大跨省案件督办力度和工作薄弱地区督查力度。省与省之间、部门之间协调配合渠道基本畅通，跨省案件通报协查、涉嫌犯罪移送等工作机制有效运转。继续组织开展“瘦肉精”速测产品质量评价，指定技术机构开展可疑样品筛查，强化对基层监管的技术支持。

（李大鹏）

饲料质量监督与检测

(2015年度)

为加强饲料产品质量安全监督管理，提高饲料和养殖产品质量安全水平，根据《农业部办公厅关于下达2015年全国饲料产品质量安全监测计划的通知》（农办牧［2015］5号）和《2015年养殖环节“瘦肉精”专项监测计划》（农办牧［2015］6号）的要求，北京市饲料监察所等35个饲料质检机构在各省（区、市）畜牧饲料主管部门的支持和指导下，2015年对全国30个省（区、市）、新疆生产建设兵团的饲料生产、经营和使用环节的饲料产品质量、瘦肉精、三聚氰胺等违禁添加物、养殖环节“瘦肉精”等进行了监测，并对饲料标签进行了检查。

一、监测计划完成情况

全年计划监测59 310批次，2015年完成了70 824批次，占全年计划的119.41%。其中全国饲料产品质量安全监测完成6 865批次，占计划5 460批次的125.73%；养殖环节饲料中违禁添加物监测完成6 491批次，占计划6 260批次的103.69%；养殖环节“瘦肉精”专项监测中监督抽检15 192个养殖场（户）的46 953批次动物尿液，占计划37 500批次动物尿液的125.21%；重点省养殖场（户）β-兴奋剂类违禁物质排查监测完成3 341批次，占计划3 300批次的101.24%；饲料中苯乙醇胺A、可乐定、赛庚啶专项监测完成1 102批次，占计划1 080批次的102.04%；奶牛养殖集中区域奶牛饲料中三聚氰胺监测完成647批次，占计划630批次的102.70%；蛋白饲料中三聚氰胺监测完成1 608批次，占计划1 500批次的107.20%（图2-99）。

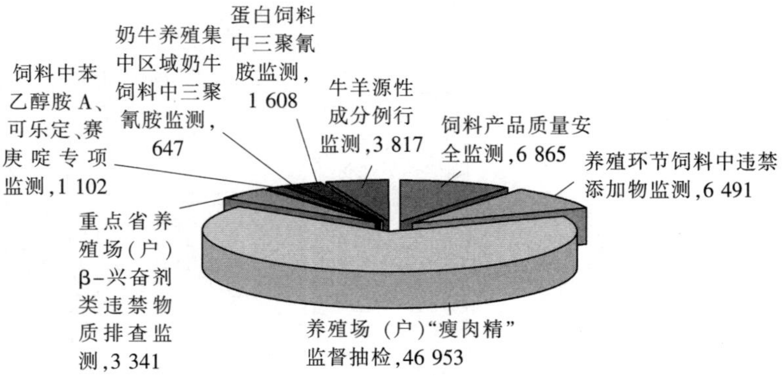

图2-99　2015年监测计划完成情况（批次）

二、监测结果总体情况

（一）饲料产品质量安全监测

对全国30个省（区、市）、新疆生产建设兵团3 280个饲料生产、经营企业的饲料产品进行了抽检，抽查检测6 865批次，合格6 606批次，合格率96.23%，与2014年（96.20%）相比上升0.03个百分点，不同饲料产品合格率对比见图2-100。与2014年相比，配合饲料、浓缩饲料、复合预混合饲料、国产饲料添加剂、进口宠物饲料、动植物性饲料原料的合格率基本相同；微量元素预混合饲料合格率（95.71%）和维生素预混合饲料合格率（93.85%）

与2014年（87.50%和84.31%）相比，有较大程度改善，分别上升了8.21和9.54个百分点；进口饲料及饲料添加剂的合格率（94.26%），与2014年（96.14%）相比合格率略有下降；国产宠物饲料合格率（90.48%）下降较为明显，与2014年（99.50%）相比下降9.02个百分点，需引起重视。

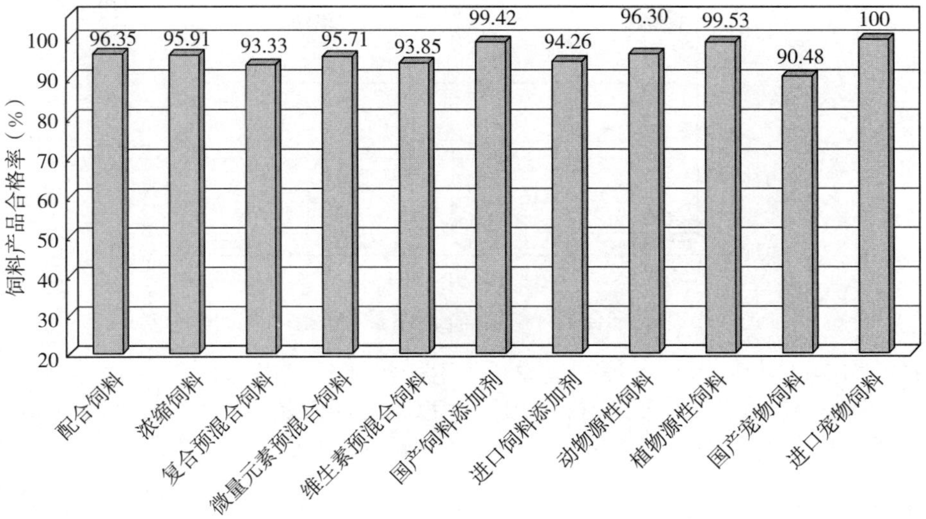

图2-100　不同饲料产品合格率

（二）饲料安全专项监测

1. 饲料使用环节违禁添加物专项监测。对全国30个省（区、市）、新疆生产建设兵团5 685个养殖场（户）的商品饲料和自配饲料进行了抽检，共抽检5 387批次猪、禽、水产、肉牛、肉羊用饲料，全部未检出违禁添加物，与2014年相比，各类饲料中的各种违禁添加物的检出率持平。

2. 饲料中苯乙醇胺A、可乐定、赛庚啶专项监测。对河北、上海、浙江、安徽、福建、江西、山东、河南、湖北、湖南、广东、四川等12省的849个饲料生产和使用企业的育肥猪添加剂预混合饲料、浓缩饲料和配合饲料进行苯乙醇胺A、可乐定、赛庚啶等违禁添加物的专项监测，抽查检测苯乙醇胺A等违禁添加物1 102批次，检出0批次，检出率为0%。

3. 饲料中三聚氰胺专项监测

（1）奶牛养殖集中区域奶牛饲料中三聚氰胺监测。对北京、河北、内蒙古、黑龙江、山东、河南、陕西、甘肃、新疆等9省（市）527个奶牛养殖场（户）的奶牛饲料中三聚氰胺进行专项监测，抽查检测647批次奶牛精料补充料、全混合日粮和自配饲料，全部未检出三聚氰胺。

（2）蛋白饲料中三聚氰胺监测。对全国范围内1 134个蛋白饲料生产、经营和使用者的蛋白饲料原料中三聚氰胺进行监测，共抽查检测1 608批次，未检出三聚氰胺，与2014年（0%）相比持平。

（三）养殖环节"瘦肉精"专项监测

1. 养殖场（户）"瘦肉精"监督抽检。对全国30个省（区、市）15 192个养殖场（户）育肥后期的生猪、肉牛和肉羊尿液中克仑特罗、莱克多巴胺和沙丁胺醇进行了抽检，抽查检测46 953批次，检出率为0%。

2. 重点省养殖场（户）β-兴奋剂类违禁物质排查监测。2015年，对内蒙古、辽宁、吉林、黑龙江、安徽、福建、江西、山东、湖北、湖南、宁夏等11省27市县1 116个养殖场（户）进行监测，抽检生猪、肉牛和肉羊尿液样品3 341批次，样品均未检出克仑特罗、莱克多巴胺、沙丁胺醇、齐帕特罗、氯丙那林、特布他林、西马特罗、西布特罗、马布特罗、溴布特罗、班布特罗等11种β-兴奋剂类违禁物质。

三、监测结果分析

（一）饲料产品质量安全监测结果分析

1. 不同饲料产品质量状况比较。配合饲料和浓缩饲料。共监测4 337批次配合饲料和浓缩饲料产品，不合格产品170批次，不合格率为3.92%。不合格产品中有94批次饲料粗蛋白不合格，占不合格配合饲料和浓缩饲料产品的55.29%。粗蛋白不合格依然是配合饲料和浓缩饲料产品不合格的主要原因。

从配合饲料和浓缩饲料的卫生指标检测结果看，主要是铅、黄曲霉毒素B_1和沙门氏菌超标。配合饲料和浓缩料主要卫生指标不合格率（图2-101）。

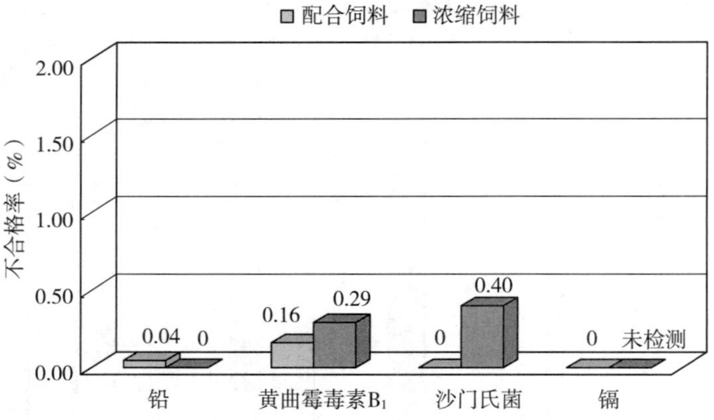

图 2-101　配合饲料和浓缩饲料主要卫生指标不合格率

动物源性饲料原料。共抽查 483 个生产、经营企业的动物源性饲料原料产品 622 批次，合格 599 批次，合格率为 96.30%。与 2014 年（95.15%）相比上升 1.15 个百分点。在 23 批次不合格的动物源性饲料原料产品中，其中有 19 批次是鱼粉，2 批次是肉骨粉，2 批次是骨粉。

从鱼粉的质量指标检测结果看，沙门氏菌超标是主要问题，超标率为 2.17%；其次是粗蛋白不达标，不合格率 1.38%；砂分不合格率均为 0.79%，好于 2014 年（3.37%）；镉全部合格，与 2014 年情况一致。

添加剂预混合饲料。抽检添加剂预混合饲料 690 批次，合格 646 批次，合格率为 93.62%。其中：复合预混合饲料合格率为 93.33%，微量元素预混合饲料合格率为 95.71%，维生素预混合饲料合格率为 93.85%。其中，经营环节的复合预混合饲料、微量元素预混合饲料和维生素预混合饲料合格率分别为 90.34%、86.67%和 66.67%。复合预混合饲料合格率比 2014 年（93.57%）下降 0.24 个百分点，微量元素预混合饲料合格率比 2014 年（87.5%）上升 8.21 个百分点，维生素预混合饲料比 2014 年（84.31%）上升 9.54 个百分点。

抽检的 70 批次微量元素预混合饲料中有 3 批次铜、锌不合格，其中 2 批次铜和 1 批次锌的含量几乎为 0，情况比 2014 年向好（抽检的 80 批次中有 8 批次铜、锌不合格，其中 5 批次铜的含量几乎为 0，3 批次锌的含量几乎为 0）。抽检的 65 批次维生素预混合饲料有 4 批次维生素 A、维生素 E 和维生素 D_3 不合格。抽检的 555 批次复合预混合饲料中有 18 批次铜、锌不合格，其中 5 批次铜、4 批次锌含量几乎为 0。有 16 批次维生素不合格，9 批次含量为 0。经营环节，抽检的 145 批次复合预混合饲料中 8 批次铜、2 批次锌不合格。

国产饲料添加剂。抽检饲料添加剂 171 批次，合格 170 批次，合格率 99.42%。抽检维生素添加剂 54 批次、氯化胆碱 47 批次、甜菜碱 3 批次，合格率均为 100%。

进口饲料及饲料添加剂。共抽查来自 24 个国家、77 家生产企业的进口饲料及饲料添加剂 209 批次，合格 197 批次，合格率为 94.26%，其中抽查氨基酸类产品 57 批次，合格率为 98.25%；维生素类产品 9 批次，合格率为 100%；其他添加剂产品 99 批次，合格率为 90.91%；蛋白饲料产品 30 批次，合格率为 93.33%；其他产品 14 批次，合格率为 100%。

进口/国产宠物饲料。共抽查北京、上海、天津、重庆 4 个直辖市和湖南省的 30 家宠物饲料经销单位的宠物饲料产品 202 批次。其中，狗、猫干粮 143 批次、罐头 59 批次。检测了宠物饲料的粗蛋白、粗脂肪、沙门氏菌，产品合格 190 批次，合格率为 94.06%。

2. 主要卫生指标检测结果比较。对饲料产品的主要卫生指标进行了监测，结果表明：沙门氏菌超标最严重，达到 1.53%，共有 14 批次超标样品。其次是砷超标，达到 0.71%，其中预混合饲料超标较严重，为 0.82%。与 2014 年饲料添加剂超标较严重（3.96%）的情形略有不同。第三是黄曲霉毒素 B_1 超标，共有 7 批次超标样品，超标率为 0.20%，与 2014 年（0.63%）相比下降 0.43 个百分点。另外，有 1 批次样品中的铅超标，超标率为 0.02%。

3. 配合饲料中铜、锌监测结果。为了解农业部 1224 号公告执行情况，在猪、禽和水产配合饲料中增测了铜和锌两项指标，并依据 1224 号公告的限量规定作单项判定，且计入产品综合判定。共检测 2 555 批次配合饲料中铜和锌含量，其中：猪配合料 1 364 批次，禽配合饲料 926 批次，水产配合饲料 265 批次。从检测结果看，铜合格率为 99.18%，锌合格率 98.98%。

按配合饲料的种类统计，铜、锌合格率最高的是水产配合饲料（均为 100%）；其次是禽配合饲料（分别为 99.46%和 99.78%）；猪配合饲料最低（分别为 98.83%和 98.24%）。

4. 生产环节和经营环节的饲料产品质量对比。 2015 年，共抽查生产环节的配合饲料、浓缩饲料、饲料添加剂、添加剂预混合饲料和动物源性饲料 3 515批次，合格 3 445 批次，合格率 98.01%，与 2014 年（96.68%）相比上升 1.33 个百分点。抽查经营环节的配合饲料、浓缩饲料、饲料添加剂、添加剂预混合饲料和动物源性饲料 1 586 批次，合格1 449 批次，合格率 91.36%，与 2014 年（94.44%）相比下降 3.08 个百分点。总体生产企业产品合格率比经营企业高 6.65 个百分点。

（二）饲料安全专项监测结果分析

1. 饲料使用环节违禁添加物监测结果分析。 育肥猪饲料。抽检育肥猪饲料 2 964 批次，未检出克仑特罗、莱克多巴胺、沙丁胺醇等违禁药物，违禁添加物检出率为 0%。

肉牛饲料。抽检肉牛饲料 885 批次，未检出盐酸克仑特罗、莱克多巴胺、沙丁胺醇。

肉羊饲料。抽检肉牛饲料 471 批次，未检出盐酸克仑特罗、莱克多巴胺、沙丁胺醇。

禽饲料。抽检肉禽和蛋禽饲料 1 632 批次，未检出呋喃唑酮、氯霉素和苏丹红。

水产饲料。抽检 33 批次大菱鲆、鳗鱼、甲鱼等特种水产饲料，未检出呋喃唑酮；抽检 297 批次草鱼、鲤鱼、河蟹和罗氏召虾等水产饲料，未检出氯霉素、已烯雌酚；抽检 105 批次其他水产饲料，均合格。

2. 饲料中苯乙醇胺 A、可乐定、赛庚啶专项监测。 对河北、上海、浙江、安徽、福建、江西、山东、河南、湖北、湖南、广东、四川等 12 省的 849 个饲料生产和使用企业的育肥猪添加剂预混合饲料、浓缩饲料和配合饲料进行苯乙醇胺 A、可乐定、赛庚啶等违禁添加物的专项监测，抽查检测苯乙醇胺 A 等违禁添加物 1 102 批次，检出率为 0%。

3. 饲料中三聚氰胺专项监测

（1）奶牛养殖集中区域奶牛饲料中三聚氰胺监测。对北京、河北、内蒙古、黑龙江、山东、河南、陕西、甘肃、新疆等 9 省（市）527 个奶牛养殖场（户）的奶牛饲料中三聚氰胺进行专项监测。抽查检测 647 批次奶牛精料补充料、全混合日粮和自配饲料，未检出三聚氰胺。

（2）蛋白饲料中三聚氰胺监测。对全国范围内 1 134个蛋白饲料生产、经营和使用者的蛋白饲料原料中三聚氰胺进行监测。抽查检测 1 608 批次，检出率 0%，继续保持上一年度持平的良好态势。

4. 饲料中不同违禁添加物检出情况对比。 检测饲料中克仑特罗、莱克多巴胺、沙丁胺醇 4 320 批次，检测齐帕特罗、特布他林、西马特罗、西布特罗、马布特罗、溴布特罗、克仑普罗、氯丙那林 1 618批次，检测妥布特罗 1 619 批次，检测班布特罗 1 642 批次，检测苏丹红 976 批次，检测氯霉素 2 171 批次，检测已烯雌酚 297 批次，检测呋喃唑酮、呋喃西林、呋喃妥因、呋喃它酮 1 665 批次，全部未检出。由此可见，饲料中克仑特罗、莱克多巴胺、苏丹红、呋喃唑酮、已烯雌酚、氯霉素等违规使用已经基本得到了抑制。

（三）养殖环节“瘦肉精”专项监测

1. 养殖场（户）“瘦肉精”监督抽检。 对全国 30 个省（区、市）15 192 个养殖场（户）育肥后期的生猪、肉牛和肉羊尿液中克仑特罗、莱克多巴胺和沙丁胺醇进行了抽检，抽查检测 46 953 批次，检出率为 0%。

2. 重点省养殖场（户）β-兴奋剂类违禁物质排查监测。 全年，对内蒙古、辽宁、吉林、黑龙江、安徽、福建、江西、山东、湖北、湖南、宁夏等 11 省 40 县市 1 116 个生猪、肉牛和肉羊养殖场（户）进行监测，现场筛查克仑特罗、莱克多巴胺和沙丁胺醇 3 种 β-兴奋剂类违禁物质。除现场筛查呈阳性的样品外，每个养殖场（户）选 1 份样品，实验室检测 11 种 β-兴奋剂类违禁物质。抽检抽检生猪、肉牛和肉羊尿液样品 3 341 批次，共排查监测 887 个生猪养殖场（户），2 660 批次猪尿；109 个肉牛养殖场（户），322 批次牛尿；120 个肉羊养殖场（户），359 批次羊尿。均未检出违禁药物，检出率为 0%。

（四）《饲料标签》执行情况

在全国范围内，每省抽取不同饲料生产企业的 10 个标签统一进行了判定，通过比较饲料产品标签合格率与质量合格率，可以发现：饲料产品标签合格率逐渐逼近饲料产品质量合格率。

四、存在的问题

（一）粗蛋白等质量指标制约提高饲料合格率

随着近年来饲料监测和处罚力度的加大，质量指标的合格率逐年提高，但合格率平均值仍低于卫生指标合格率。全年共抽检 4 337 批次配合饲料和浓缩饲料产品，不合格产品 170 批次，不合格率为 3.92%。不合格产品中有 94 批次饲料粗蛋白不合格，占不合格配合饲料和浓缩饲料产品的 55.29%。造成饲料粗蛋白不达标的原因主要是人为因素。少数中小企业人为调低配方中的蛋白原料的用量或选用低质原料，从而降低了饲料产品质量。部分企业虽然配备了相关检化验设备，但没有对饲料原料及成品对粗蛋白进行检测和质量把关。同时存在标签上标示的质量指标虚高的问题。

（二）经营环节微量元素预混合饲料和维生素预混合饲料存在严重造假问题

抽检添加剂预混合饲料 690 批次，合格 646 批次，合格率为 93.62%。其中生产环节的复合预混合饲料合格率为 95.94%；微量元素预混合饲料合格率为 94.74%；维生素预混合饲料合格率为 100%。但经营环节的复合预混合饲料、微量元素预混合饲料、维生素预混合饲料分别为 90.34%、86.67% 和 66.67%。经营环节，添加剂预混合饲料存在严重造假现象。微量元素预混合饲料、维生素预混合饲料通过经营环节销售的主要是小包装产品。这类成产品多为小公司生产，加之销售环节多，销售地点多为老少边穷地区，监管难度大，质量难以保证。

（三）猪配合饲料"高铜、高锌"问题依然存在

抽检 2 555 批配合饲料中铜和锌含量，其中猪配合料 1 364 批次，禽配合饲料 926 批次，水产配合饲料 265 批次。铜合格率为 99.18%，锌合格率 98.98%，与 2014 年相比，铜合格率持平，锌合格率下降 0.23 个百分点。其中猪配合饲料中铜的合格率最低，为 98.83%，与 2014 年（99.00%）相比下降 0.17 个百分点。猪配合饲料中锌的合格率最低，为 98.24%，与 2014 年（98.61%）相比下降 0.37 个百分点。依据农业部 1 224 号公告，"高铜、高锌"问题突出，其中不乏国内知名饲料生产企业。

（四）部分进口饲料添加剂产品质量问题凸显

共抽查来自 24 个国家、77 家生产企业的进口饲料及饲料添加剂 209 批次，合格率为 94.26%，与 2014 年（96.14%）相比下降 1.88 个百分点。其中抽查氨基酸类产品 57 批次，合格率为 98.25%；维生素类产品 9 批次，合格率为 100%；其他添加剂产品 99 批次，合格率为 90.91%，其中微生物饲料添加剂、酸化剂、霉菌毒素吸附剂的合格率分别只有 78.57%、83.33%、87.50%。蛋白饲料产品 30 批次，合格率为 93.33%；其他产品 14 批次，合格率为 100%。

（五）部分省养殖环节"瘦肉精"监测抽检数据上报不及时

《2015 年养殖环节"瘦肉精"专项监测计划》（农办牧［2015］6 号）规定，各抽样单位应按时将抽检结果和总结分析报告报送监测工作小组办公室。2015 年江西省和宁夏回族自治区因各种理由没有上报抽检数据，影响了数据汇总工作和汇总数据的完整性。

五、对策措施和建议

（一）严格准入条件，积极推进《饲料质量安全管理规范》

近年来，随着监测工作的进一步加强，饲料产品的质量安全水平有了很大的提高，但由于饲料行业整体水平不高，受生产条件、管理水平、人员素质、检验化验条件和能力、市场因素等方面的影响，部分饲料产品质量不稳定，合格率波动较大。一些潜在安全隐患依然存在。因此，需要严格饲料生产企业，特别是添加剂预混料生产企业的准入条件，加强《饲料质量安全管理规范》的培训和指导，帮助饲料生产企业全面贯彻实施《饲料质量安全管理规范》。同时，加强销售环节从业人员的法规培训和教育，加强检验化验人员的培训和再教育。

（二）建立"黑名单"制度，惩戒质量严重失信企业

要严格按照《饲料和饲料添加剂管理条例》的规定，对不合格产品的企业实施处罚并曝光，使监督检查取得成效。彻底改变部分地区"重查轻处或只查不处"的状况。逐步通过建立"黑名单"制度，定期通过有关媒体公布饲料产品质量指标严重不合格的劣质产品及企业，让市场淘汰制售不合格产品和违法添加违禁添加物的企业。同时，增加对列入黑名单企业的检查频次，并将其产品列为重点监测对象。加强从业人员的法规、标准、诚信等方面的教育，开展行业诚信管理体系建设，推动生产经营主体诚信自律、手法经营。

（三）转变工作思路，提高养殖环节"瘦肉精"监管成效

以提升养殖环节"瘦肉精"监管效能为目标，优化绩效考核和奖惩方式，鼓励发现问题和解决问题。同时，推进适度规模化养殖，完善各种补贴制度，提高养殖效益。加强养殖环节从业人员的法规培训。加强处理"瘦肉精"案件的透明度和宣传力度，使所有人都不敢碰这道高压线。利用现代技术手段，提高养殖环节"瘦肉精"样品的抽样效率，并确保样品的代表性。

（四）综合利用多种手段，加强进口饲料和饲料添加剂的监管

依据《饲料和饲料添加剂管理条例》《进口饲料和饲料添加剂登记管理办法》及配套规章，加强对进口饲料和饲料添加剂的监管。针对进口环节和流通环节，加强对境外企业在中国境内的销售机构或代理机构的培训和管理，建立境外企业及其在中国境内的销售机构或代理机构的信息数据库。逐步在国内建立重要进口饲料和饲料添加剂产品的样品库。并充分利用互联网技术、信息技术，扩展现有《饲料和饲料添加剂进口登记信息管理系统》的功能，并与其他相关饲料质量安全信息管理平台融合，实现进口饲料和饲料添加剂产品的可追溯，提高监管效能。

（五）加强监督检查，提高饲料质量安全和"瘦肉精"监测监测工作质量

随着饲料监管工作的深入，各省饲料质检机构承

担的任务逐年增加，需要检测的新项目也不断增加，为确保饲料质量安全监测工作质量，应加强抽样人员、检测人员、结果处置和数据录入人员的培训，提高业务水平，增强工作责任心。加强检测技术培训和预警监测技术交流，提高监测技术水平。同时，依据《农业部饲料质量安全监测工作规范（修订）》，逐步对承担任务单位的饲料监测工作质量进行监督检查和实地评估。对监测工作不得力的任务承担单位予以通报。积极开展 GB/T 31880—2015《检验检测机构诚信基本要求》（2015 年 11 月 1 日实施）的培训和应用示范，提高饲料质检机构的诚信意识，适时构建饲料监管、监测诚信体系。

（樊霞　李俊）

科技与推广

2015年，由中国农业大学谯仕彦教授主持，吉林农业大学，双胞胎（集团）股份有限公司，上海源耀生物股份有限公司，北京龙科方舟生物工程技术有限公司，江西农业大学等单位参与完成的“畜禽饲料中大豆蛋白源抗营养因子研究与应用”项目获得国家科技进步二等奖。我国畜禽饲料中最主要的蛋白质来源于大豆及其加工产品，约占70%以上，主要制约因素是大豆中的抗营养因子（ANFs）。尽管世界上美国、阿根廷、巴西、日本、欧盟等国家在该领域中做过很多研究，但长期以来仍然存在着大豆ANFs对畜禽的危害机理不清、检测手段缺乏、钝化降解技术单一等关键性技术难题。项目在国家和部委科技计划的支持下，历时32年，取得了一系列的研究成果，其中多项技术研究已经达到世界领先地位，推动了我国在本领域的科技进步与发展。项目主要科技贡献：①在国内外首次系统揭示了饲料中主要大豆ANFs对畜禽的危害作用，解决了大豆ANFs作用机理长期不明的难题。阐明了胰蛋白酶抑制因子通过抑制胰蛋白酶活性负反馈调节胰腺分泌功能、凝集素诱发多胺依赖的小肠和胰腺增生的危害机制，提出了大豆抗原蛋白引起的迟发型过敏反应是仔猪断奶综合征原发性原因的新观点并阐明了致敏机制，为大豆蛋白源在畜禽饲料中的技术研究和高效利用奠定了理论基础。②在国内外首次创建了大豆ANFs检测技术体系，解决了大豆ANFs快速准确检测的关键技术难题。分离鉴定到大豆球蛋白酸性亚基和β-大豆伴球蛋白α'亚基，创制出大豆球蛋白、β-伴大豆球蛋白和胰蛋白酶抑制因子单克隆抗体ELISA检测试剂盒，开发出寡糖、异黄酮等小分子大豆ANFs的仪器同步检测技术，为饲料中大豆蛋白源的高效利用提供了技术依据。③发明了常压湿热、高压湿热、干法挤压膨化、湿法挤压膨化、膨胀、酶降解、微生物降解等大豆ANFs钝化降解系列新技术、新工艺和新方法，解决了低抗营养性优质大豆产品的生产工艺关键技术难题，推动了大豆制油工艺的技术改进和功能性蛋白饲料的研究与发展。④确定了大豆ANFs对不同种属和生理阶段动物的抗营养阈值，建立了大豆资源饲用价值数据库，构建了高效利用技术体系。应用该体系使大豆蛋白消化率从不足70%提高至近90%，实现了大豆蛋白源在畜禽饲料中的高效产业化利用。创制出双胞胎等乳仔猪配合饲料产品，国内市场占有量达30%以上，使乳仔猪腹泻率下降20%～30%，成活率提高20%～25%，打破了外资企业对乳仔猪饲料的市场垄断。项目在全国29个省市自治区7 000多个饲料企业进行了推广和应用，推广应用面超过70%，近3年来，年平均饲料产量达1.35亿吨，新增产值300亿，新增利税30.3亿元，创造了显著的社会经济效益。成果不仅推动了饲料行业、动物营养与饲料学科的发展，还促进了大豆制油、大豆深加工等相关领域的技术进步与发展。

2015年是“十二五”的收官之年，由饲料产业技术创新战略联盟（中国农业科学院饲料研究所为理事长单位）组织实施的“十二五”科技支撑计划项目“安全高效饲料产业化发展关键技术研究与示范”全面完成了项目目标和任务，通过了专家验收。12个科研院所、18个大专院校、35个企业等66个单位的386人参加了项目研究。经过5年的科技攻关，项目取得的成果包括：新产品、新工艺、新装置、计算机软件等31项；发表科技论文340篇，其中向国外发表122篇，出版科技著作15部；获得国内专利授权58项，其中获得国内发明专利授权47项，获得国外发明专利授权2项；研制国家标准6项，行业标准13项；成果应用数59项；获得省部级科技奖励12项。“十二五”科技支撑计划获得重大创新成果30项。分别为：

（1）渣饲料增值利用关键技术研究与应用。以马铃薯渣、甘薯渣、木薯渣、醋糟、白酒糟、苹果渣和柑橘渣等糟渣饲料作为主要基础原料，通过分析其营养成分及抗营养因子特点，筛选出了针对不同糟渣饲料原料专用的固态发酵菌种组合与比例及发酵条件，研究提出了甘薯渣、木薯渣、醋渣、白酒糟、苹果渣、柑橘渣的固态发酵增殖工艺6套，改善了这些糟渣饲料的营养价值，增加了适口性，提高了附加值，节约了饲料成本。研制出直投式马铃薯渣发酵剂1个，发酵饲用产品12个；研究提出了发酵马铃薯渣在育肥猪、獭兔、奶牛和肉羊上的高效利用技术4套，发酵甘薯渣、木薯渣、白酒糟在猪上的高效利用技术各1套，发酵柑橘渣在猪上的应用技术3套，苹果渣特色饲料产品在奶牛、育肥羊、育肥牛和犊牛上使用技术4套，提高了这些糟渣非常规饲料的利用率，拓展了糟渣原料的开发利用途径，并在一定程度上节省了常规饲料用量，同时减少了由糟渣直接丢弃造成的环境污染与破坏，具有显著的社会效益和生态效益。

（2）油杂粕资源高效饲料转化和增值化研究与应用。以菜籽粕、棉籽粕和花生粕为原料，结合低温制油工艺与液-固发酵酶解工艺，通过生物发酵增值化研究，提出了棉籽粕、菜籽粕、花生粕的固态发酵工艺3套，提高了杂粕的饲用价值。配套高效环保的流态化低温干燥技术，开发出全程无高温，确保高活性、高品质的新型高效脱毒生物蛋白饲料产品，其有益活菌数达108以上，生物酶种类丰富，有机酸含量高，显著改善了动物肠道菌群结构和免疫能力，显著减少了饲用抗生素的使用。研究提出了发酵棉粕在蛋鸡、肉鸡和生长猪上的高效利用技术3套，发酵菜粕替代豆粕在生长猪上应用技术1套，实现了日粮豆粕的部分或完全替代，一定程度上缓解了优质蛋白质饲料资源短缺的矛盾。

（3）同类型日粮高效利用关键技术研究与示范。根据区域非常规饲料资源分布与营养价值特点及畜禽营养需求特性，通过添加专用复合酶和营养平衡技术，提出了小麦—杂粕、稻米—杂粕、大麦—杂粕、高DDGS水平等不同类型日粮的高效利用技术与营养素平衡的配套技术，在华北、华中、东北等不同地区建立了非常规特色日粮示范基地，并集成组装了相关技术，进行了产业化示范和产品推广，获得了较好的生产性能和经济效益。用小麦、稻米和大麦部分替代日粮中的玉米，用杂粕部分替代豆粕，生产性能与玉米—豆粕型日粮组相当，而且降低了生产成本。高效利用非常规饲料资源，不仅能缓解玉米、豆粕市场的供求矛盾，降低饲粮成本，缓解人畜争粮；同时非常规特色日粮的使用，可以有效利用不同地域的饲料资源，对促进饲料和养殖产业升级具有重要的意义。

（4）效饲用抗菌肽产品研制与产业化。天蚕素抗菌肽：不仅突破了真核生物抗菌肽难于在细菌中表达的难题，还建立了高效液相色谱的检测方法，研究形成分离纯化的中试工艺，在河南林州建立了占地2 000多亩的饲用天蚕素抗菌肽产业化生产基地，是国内首个将抗菌肽实现其产业化生产的单位，对于抗生素耐药性的解决提供了有效途径，对于新药开发和绿色饲料添加剂等战略性新型产业的发展有重要推动作用。

枯草菌素抗菌肽：完成了毒理学、药理学和临床适应证的兽药评价工作，获得了临床试验许可证，进入临床试验，目前已完成Ⅰ期和Ⅱ期临床试验，进入Ⅲ期临床试验，建立了枯草菌素原料药和可溶性粉制剂生产线各1条。

肠杆菌肽抗菌肽：完成了耐酸耐胆盐研究，一种专杀革兰氏阴性菌的抗菌肽，目前已获得其检测方法、纯化工艺和生产工艺。

（5）型饲用酶制剂的研制与产业化。项目创立了高效的酶及其基因资源挖掘技术体系，突破了酶的构效机理和高效表达机制研究，构建了表达水平达10～50g/L级的高效表达技术体系。创制多种饲料用酶，生产水平较同类技术高3倍以上。

（6）态型饲料添加剂关键技术研究与开发。果胶寡糖及其金属螯合物工程化高效制备及功效评价：针对果胶分子结构特征，在前期研究果胶寡糖的构效关系的基础上，选择具有定向降解活性的内切型果胶裂解酶和商业化苹果果胶为原料，通过生物酶法制备果胶寡糖，并采用定向监测产物聚合度的方式，判断反应进行的程度，来获得所需的目标寡糖。课题组从果胶酶降解果胶制备果胶寡糖的反应特性入手，依据反应体系中果胶分子的变化以及产物的生成状况，在控制反应温度和pH的前提下，采用定时补加果胶和果胶酶的方式提高果胶寡糖的产量，反应体系中参与反应的果胶浓度达到10%，反应15h，果胶转化率可达到80%以上。突破了果胶寡糖生产效率低、工业化程度不高的难点问题，实现“一锅法”酶解高浓度果胶制备果胶寡糖的研制开发目标。在成功制得高浓度果胶寡糖的同时，本课题组根据果胶寡糖中的半乳糖醛酸可与金属微量元素通过离子键和共价键形成稳定螯合物的性质，进一步合成了果胶寡糖锌。技术突破了困扰果胶寡糖制备过程中反应效率低的瓶颈问题，解决了制约果胶寡糖产业化生产的关键技术问题，并实现了果胶寡糖规模化高效生产，创制了新型饲料添加剂果胶寡糖锌，总体技术水平达到国际先进水平，为我国安全、环保型饲料添加剂的发展提供了一条新的途径。

高活性壳寡糖锌中试生产技术及饲用功效评价：

通过筛选可定向高效降解壳聚糖制备相应聚合度壳寡糖产物的酶制剂木瓜蛋白酶和纤维素酶，极大地提高了底物浓度，提升了生产效率，实现了壳寡糖锌产业化程度，产品饲用性能优良，技术水平达到国际先进水平。

(7) 用微生态制剂研制。“饲料和饲料添加剂新产品—约氏乳杆菌”获得中华人民共和国农业部颁发的新饲料添加剂证书［新饲证 2015-03 号］。

(8) 用活性肽和防御肽的研制。采用与不同分子伴侣进行重组实现了改良肽 OG2、AP2、AvBD103b 在大肠杆菌、枯草芽孢杆菌和酵母表达系统中的外源表达。筛选分泌抗菌肽的丁酸梭菌和地衣芽孢杆菌，抑制肠道中大肠杆菌、金黄色葡萄球菌和产气荚膜梭菌等致病菌的繁殖。通过仔猪饲喂证实，丁酸梭菌和地衣芽孢杆菌配伍可有效地替代饲用抗生素，降低腹泻率。通过抗菌肽 buforinⅡ和猪 INF-α 融合表达研究获得抗菌肽 buforinⅡ酵母工程菌 1 个，发酵模型 1 个，成功实现了 bufforinⅡ在毕赤酵母中的表达，bufforinⅡ具有较好的抑菌功能，能够降低腹泻率，改善肠道微生物区系，保护肠粘膜，提高断奶仔猪生长性能和免疫力。建立具有产海藻糖合成酶菌株的高通量筛选方法，采集自然资源样品分离与筛选具有产海藻糖合成酶的菌株。完成酶基因的克隆表达研究，建立发酵工艺技术。

(9) 肉鸡低排放环保饲料配制技术。在肉鸡低排放环保饲料配制技术方面，开展了基于可消化氨基酸的适宜能蛋比、低蛋白日粮配方技术、植酸酶应用和微量元素平衡模式的研究，集成组装肉鸡低排放环保饲料技术 1 套并进行产业化验证。主要的创新性成果包括：研究确立了 1～21 日龄肉鸡饲粮代谢能和可消化赖氨酸水平适宜比例；研究确立了 21～42 日龄肉仔鸡饲粮代谢能和可消化赖氨酸水平适宜比例；集成肉鸡低蛋白饲料配方技术，经中试验证，氮减排效果明显。

研究确定了耐高温植酸酶适宜添加剂量；比较了不同类型不同水平木聚糖酶在肉鸡日粮中的应用效果；建立了体外法评价蛋白酶的方法，并采用该方法评价了 4 种蛋白酶（酸性、中性、碱性和角蛋白酶）对饲料原料（玉米蛋白粉、玉米、豆粕）的作用效果，确定了各蛋白酶对玉米蛋白粉和豆粕的最适添加剂量；进一步研究了影响蛋白酶作用效果的因素（pH、蛋白酶的复性、作用部位及蛋白酶对内源消化酶的影响）。验证了蛋白酶作用效果体外评价方法的可靠性。研制肉鸡复合酶产品并进行了中试验证。

比较研究了有机锰相对于无机锰的生物学效价。研究发现肉鸡日粮有机和无机微量元素联合供应的优势。初步建立了肉鸡日粮主要微量元素平衡模式。

在上述研究基础上集成肉鸡低排放饲料配制技术，通过降低蛋白水平 1.5 个点，添加植酸酶和有机微量元素使用，将氮利用率提高了 3.3%～10.1%，磷利用率提高了 12.8%～17.8%，粪氮含量最多可降低 16.4%，粪磷最多可降低 16.0%，铜铁锌锰总排泄量最多可降低 23.3%。

(10) 低排放环保饲料配制关键技术。开展了不同阶段生长育肥猪适宜蛋白质水平和氮减排量研究。研究低蛋白杂粕日粮对育肥猪生产性能、肉质和氮排放的影响。研究发现神经肽 Y（NPY）对猪无机磷吸收的调控作用。研究了新型耐热植酸酶在断奶仔猪日粮中的适宜添加量。设计 3 种生长猪复合酶配方，并筛选出最优配方。评估了有机铁（苏氨酸亚铁）在仔猪日粮中的应用效果。研究新型铜源对生长猪铜铁锌锰组织沉积和排放的影响。研究了揭示了不同铁、铜、锰、锌微量元素组合模式对不同生长阶段猪生长性能、微量元素沉积和排放的影响，提出猪不同生长阶段微量元素应用技术。评价了研制的新型复方除臭剂的效果。开发不同生长阶段猪环保型配合饲料典型配方。

(11) 蛋鸡低排放饲料配制关键技术与产业化示范。蛋肉鸡低排放环保饲料配制技术方面，开展了基于可消化氨基酸的适宜能蛋比、低蛋白日粮配方技术、植酸酶应用和除臭剂研究，集成组装蛋鸡低排放环保饲料技术并进行产业化示范。确定“京红 1 号”蛋种鸡育雏期适宜的日粮代谢能和粗蛋白水平组合。探讨了相同 SID（标准回肠可消化）氨基酸（AA）模式下，日粮不同蛋白水平对初产蛋鸡生产性能、蛋品质、血液与氮平衡参数的影响。确立了蛋鸡必需氨基酸的需要量参数。初步建立产蛋高峰期蛋鸡理想氨基酸模式。探讨了理想氨基酸模式下低蛋白日粮低蛋白日粮对产蛋鸡生产性能及氨氮排放的影响。初步建立了蛋鸡产蛋高峰期低蛋白饲养模式。确定标准回肠可消化氨基酸模式下蛋鸡代谢能和粗蛋白适宜比例。研究了植酸酶和木聚糖酶组合对蛋鸡钙、磷、能量利用的影响。探讨了玉米—杂粕型饲粮添加不同来源植酸酶对蛋鸡的效应。筛选蛋鸡杂粕复合酶配方，并进行了中试验证。探讨有机锌在产蛋鸡日粮中的应用效果。探讨了植物源乳酸菌作为禽用除臭剂的效果。集成上述研究成果开发的低排放环保饲料已经推广示范。

(12) 牛和奶牛甲烷减排营养调控和饲料配制关键技术。在肉牛甲烷减排方面，通过研究日粮营养对瘤胃甲烷产量的调控、甲烷产量预测模型、控制甲烷排放的添加剂应用，形成适于肉牛甲烷减排的饲料配制技术方案，并开发甲烷排放测定的新装置 3 个，主要在以下几个方面取得创新性进展：建立了甲烷产量预测模型。发现了高精料饲粮 NSC/NDF 与甲烷产量之间的关系。探讨了维生素 E 在调控体外培养发酵产气指标等方面的效果。开展延胡索酸二钠作为瘤胃甲烷抑制剂的研究。开展延胡索酸二钠调控氨化稻草人工瘤胃发酵甲烷及挥发性脂肪酸产量的研究。研究了稀土元素镧对瘤胃纤维素降解及甲烷生成规律调控机理。开展了γ-氨基丁酸对微生物发酵温室气体排放的调节作用研究。研究发现单宁抑制肉牛瘤胃甲烷排放的作用。研究了延胡索酸对奶牛产奶量、乳脂率、乳蛋白率以及瘤胃甲烷排放的影响。

(13) 排放环保饲料配制技术研究。在肉鸭低排放环保饲料配制技术方面，开展了植酸酶、氨基酸平衡、有机微量元素、杂粕酶应用研究，集成肉鸭环保饲料配制技术一套。主要取得如下创新性进展：研究植酸酶对樱桃谷肉鸭生长和氮磷排泄的影响，探讨了不同合成赖氨酸与可利用赖氨酸比值对肉鸭生产性能的影响。研究了低蛋白日粮中添加复合蛋白酶对肉鸭生长性能、胴体组成以及经济效益的影响。研究了不同蛋白来源配方以及添加杂粕酶对肉鸭生长性能的影响。开展了肉鸭低成本配方及添加杂粕酶对肉鸭生长性能以及经济效益的影响研究。研究了肉鸭有机和无机微量元素组合对肉鸭生长性能和鸭粪矿物元素排泄量的影响。开展了肉鸭饲料中玉米适宜粉碎粒度的研究。开展了肉鸭饲粮中蛋氨酸水平对肉鸭生长性能、屠宰性能和羽毛生长的影响的研究，并比较使用甜菜碱替代蛋氨酸的效果。

(14) 保饲料添加剂研制。在除臭添加剂研究方面，以硫酸铵为唯一氮源，从发酵三天的肉鸡粪便中富集、分离、筛选出 15 株具有氨氮降解功能的菌种，并对其中 4 株最优秀的菌株进行了鉴定和功能验证。

(15) 料加工过程质量安全可追溯体系的研究建立与示范。在进行饲料加工过程（包括原料、生产过程、成品）质量安全追溯信息管理研究、条形码控制技术应用研究的基础上，根据饲料生产质量安全管理可追溯的要求，以《饲料质量安全管理规范》（以下简称《规范》）为蓝本，采用条形码识别、机电、计算机信息技术，研究开发了适合生产企业的饲料质量安全管理系统，系统将原料采购、原料验收、原料库存管理、配方管理、小料配料称量及投料控制、成品管理融为一体，实现从饲料原料、生产、产品全程信息记录电子化、规范化和可追溯性，归纳理顺《规范》所要求的记录、规程、制度，有效解决人工纸质记录的繁琐、信息不完整、难于统计管理、可追溯性差等问题。

(16) 料产品质量稳定一致性控制技术研究与示范。基于统计过程控制（SPC）技术，建立了一套实时监控饲料产品质量——颗粒饲料粉化率（或颗粒饲料耐久度 PDI）、颗粒饲料含粉率、硬度等指标变化状况的质量控制系统，并将此系统应用于北京首农畜牧发展公司饲料分公司和北京正大饲料有限公司，使他们的颗粒饲料品质一致性水平提高 5%以上。

(17) 料加工过程药物、微生物污染防控关键技术研究与示范。通过对代表性畜禽配合饲料厂、水产配合饲料厂的有害微生物污染水平和药物交叉污染水平及冲洗技术进行综合研究与总结，制定了针对药物交叉污染的综合防控技术措施，包括产品生产排序、冲洗技术规程、设备清洁规程，并在河南广安生物科技股份有限公司、广东揭阳通威饲料股份有限公司和新乡大北农农牧有限责任公司进行了实施。项目组还为河南广安生物科技股份有限公司制定了“畜禽饲料生产中药物交叉污染综合防控技术标准”的企业标准并实施。这些技术的应用，初步取得成效，有效降低了饲料生产中的交叉污染水平，提高了饲料的安全性。

(18) 料产品安全储运控制技术研究。通过开展研究，找出了颗粒饲料霉变形式、原因，得出了不同储藏时间、运输距离和装卸次数对颗粒饲料含粉率的影响，包装材料、颗粒直径和水分含量对储存期间饲料的水分活度、脂肪酸值、过氧化值和霉菌毒素含量等饲料品质的影响，饲料产品从打包口到养殖场储运中有害微生物含量的变化规律，这些调查或试验结论对提高饲料产品安全储运水平有较强的指导作用。

(19) 型粉状熟化聚粒饲料加工技术研究及产业化示范。根据国内饲料厂常用的工艺，结合所选择的试验基地，在“充分利用原有工艺设备，综合考虑生产灵活性与投资改造合理性”的原则之上，提出最适用的粉状饲料熟化工艺。对畜禽聚粒饲料加工成套技术工艺进行了完善，该工艺技术采用高温高湿调质熟化（温度 90℃、时间 240S）＋烘干冷却，粉料经过高温处理，淀粉糊化、蛋白质组织化，确保 100%杀灭沙门氏菌等致病菌，有利于提高蛋饲料的转化率；淀粉糊化的淀粉产生粘附特性，将物料中的微量元素、维生素等维细颗粒吸附，微量组份的营养均衡性更好，同时可改善粉料中粗糙颗粒与破碎颗粒的状态，改变颗粒大小与产品容重，使其流动性更强，这将极大地减少生产设备，如运输，仓储等设备的故障率，并节能降耗。利用该工艺技术既可以生产熟化粉状蛋鸡饲料、熟化粉状乳猪教槽料，也可以作为乳猪料低温制粒的前处理工艺，提高饲料的熟化度，保护营养成分。

(20) 型颗粒饲料调质工艺技术研究及产业化示范。对研究开发的新型高效调质器 MZTZ90x60 增效性调质器进行了试验研究，研究了不同喂料速度（不同产量）、桨叶角度、转子转速下该调质器的调质时间和充满系数的变化。用于中大猪饲料、乳猪饲料、水产饲料的生产，采用该工艺技术，与常规调质工艺相比，制粒机吨料电耗可以降低15%左右，成形率和颗粒饲料的耐久性指数分别提高2～3个百分点，淀粉糊化度提高5%以上。

（21）料挤压膨胀加工工艺技术研究及产业化示范。研究开发了338新型高效膨胀器和用于膨胀料配套的破碎机和干燥冷却机，并对调质器配置，主传动箱结构及挤压螺杆进行了优化设计。在SPZL338膨胀器的研究基础上，改进结构，优化工艺，研制开发了SPZL338N牛羊料膨胀器，拓展应用在牛羊料加工上。目前高熟化度颗粒饲料生产主要采用高效调质后直接制粒、挤压膨化制粒和原料膨化/膨胀后再制粒等工艺，采用这些工艺生产的饲料产品要么热敏性物质损失大，要么工艺设备配置较复杂，吨料电耗高，生产成本大。为克服现有工艺中畜禽饲料生产的不足，设计了一种粉料高效调质冷却后再低温制粒的畜禽饲料生产新工艺。该工艺先将大料粉碎、配料、混合后，在高效调质器中经蒸汽加热进行熟化、杀菌处理制成熟化粉状料，再经冷却器脱水降温后与微量元素、热敏性物质二次混合、低温制粒成型，可以在保证颗粒饲料熟化的同时最大程度保留热敏性物质的活性。

（22）殖动物的抗病饲料配制技术研究与产业化示范。研究了微生物饲料添加剂对肉鸡免疫功能的调控作用，通过在日粮中添加复合芽孢杆菌，测定对肉鸡肠道黏膜组织结构及黏膜免疫功能的影响，探讨芽孢杆菌对肉鸡健康的促进作用。研究了微量元素铬、锌和铜对肉鸡免疫功能的影响，系统地研究了锌对感染沙门氏菌肉鸡肠道黏膜屏障的影响及其机理。研究了葡萄糖氧化酶为主的非营养性添加剂对肉鸡免疫功能的调控作用。研究了葡萄糖氧化酶饲料添加剂对肉鸡品质的影响。研究了抗菌肽对肉鸡生产性能和免疫功能的影响。研究了褐藻酸钠、油脂、L-肉碱与辅酶Q在改善肉鸡免疫机能和控制营养代谢病方面的应用，研究了褐藻酸钠及其酶解后寡糖对肉仔鸡生长性能、免疫机能和肠道微生物的影响，研究了不同类型油脂对环磷酰胺（CY）诱导的体液免疫抑制与环孢霉素A（CsA）诱导的细胞免疫抑制的调控作用，研究了日粮中添加L-肉碱与辅酶Q对肉鸡生产性能以及腹水症发生敏感性的影响。研究了吡咯喹啉醌（PQQ）在蛋鸡生产中的应用效果，研究了PQQ对蛋鸡产蛋性能和抗氧化机能的影响，研究了PQQ预防蛋鸡脂肪肝综合征的效果。研究了不同储存期玉米对肉仔鸡抗氧化和免疫功能的影响。

（23）质禽蛋生产的饲料配制关键技术研究与产业化示范。提出了预防蛋鸡脂肪肝代谢病调控的饲料配制技术1套，并在相关基地示范。在前期系统研究吡咯喹啉醌预防蛋鸡脂肪肝综合征效果的基础上，结合日粮大豆黄酮、茶多酚对蛋鸡脂类代谢调控研究、L-肉碱等对蛋鸡抗氧化机能影响研究的积累，通过控制日粮能量水平、合理利用日粮嗜脂因子、适量补充抗氧化护肝因子以及调节钙磷代谢为肝脏减负等技术多管齐下地降低肝脏脂肪沉积和保护肝脏健康，以上述关键技术为依托提出了控制脂肪肝症专用饲料配制技术。提出了蛋品富集功能性脂质成分、增加蛋品抗氧化性能的饲料配制技术一套，系统研究了功能性脂质脑黄金（二十二碳六烯酸，DHA）的生产方法，提出了富集DHA并增加蛋品抗氧化性能的饲料配制技术，并在相关养殖场和基地进行了示范应用。

（24）质肉品生产的饲料配制关键技术研究与产业化示范。研究了新型饲料添加剂吡咯喹啉醌二钠盐（PQQ. Na2）在肉仔鸡中的应用，提出了增加肌肉产量和增加肉品抗氧化性能的饲料配制技术。研究了β-羟基-β-甲基丁酸（HMB）对肉仔鸡生长性能、胴体组成和血浆激素指标的影响，提出了调控肉品品质的饲料配制技术，并在相关中试基地重点开展示范推广。在系统研究β-羟基-β-甲基丁酸、吡咯喹啉醌钠盐调控肉仔鸡肌肉生长基础上，结合葡萄原花青素、橙皮苷、绿原酸、壳寡糖、β-丙氨酸、没食子酸等对肉仔鸡抗氧化机能和肌肉品质影响研究的积累，通过促进早期肌肉发育、增加肌肉肌肽含量、提高肌肉抗氧化能力以及宰前优饲等技术在肉鸡生长全程全方位地调控肌肉生长和保证产品品质，以上述关键技术为依托提出了调控肉品品质专用饲料配制技术。

（25）饲料原料及添加剂物理化学性质的无损检测技术研究。对近红外光谱分析技术、拉曼光谱分析技术和热分析技术对饲料原料及添加剂的检测进行了研究，开发建立了豆粕、鱼粉、乳清蛋白粉3种大宗饲料原料中掺杂使假的快速检测方法；建立了氯化胆碱、维生素A、维生素D3、维生素K3等多种饲料添加剂的饲料添加剂快速定性定量鉴别方法；建立了常用饲料添加剂拉曼图谱库一套；建立饲料用油和饲料添加剂热分析标准图谱各一套。

（26）用X射线衍射技术进行金属元素无损检测技术研究。对利用X荧光光谱技术进行饲用微量元素添加剂进行了系统研究，除对现有的应用较多的无标定量法和标准曲线定量等定量方法进行了研究以外，还利用X荧光光谱的指纹特性建立标准指纹数据库，从而通过PCA匹配算法对产品X荧光光谱的比对进行溯源分析，为微量元素产品质量安全快速检测提供了一个全新的思路。

（27）于现代光谱技术进行痕量化学污染物残留

的无损检测技术研究。利用近红外成像光谱技术、表面增强拉曼光谱技术和小分子适配体技术对饲料原料及产品中的违禁添加物进行检测进行了研究。基于显微近红外技术建立了三聚氰胺、三聚氰酸、苏丹红3种违禁添加物的快速定性定量检测方法。基于表面增强显微拉曼光谱技术，建立鱼粉中污染孔雀石绿的快速检测方法。基于小分子适配体建立了饲料中违禁添加药物-克伦特罗的快速检测方法。

（28）料中违禁药物全集成芯片检测系统研究。研制了基于荧光标记的纸质免疫芯片，解决了多重标记和多指标检测过程中液体行为统一性、空间位阻和反应化学条件等关键技术问题，实现了克伦特罗、莱克多巴胺和沙丁胺醇等违禁药物同时定量检测，并开发了配套的纸质芯片荧光检测平台。

（29）料中赭曲霉毒素A等危害物质荧光偏振快速检测技术研究。针对目前饲料中黄曲霉素毒素、赭曲霉毒素、T-2毒素和呕吐毒素等污染较为严重霉菌毒素，结合饲料样品基质特点，利用免疫亲和柱净化，高效液相色谱测定，研究建立了饲料中黄曲霉毒素、赭曲霉毒素、T-2毒素和呕吐毒素的快速检测方法。应用荧光偏振技术研究建立了饲料原料中黄曲霉毒素、呕吐毒素、伏马毒素和赭曲霉毒素快速筛选技术。

（30）饲料中违禁化合物表面增强拉曼光谱等速测技术研究和饲料真伪显微鉴别平台研发。应用表面增强拉曼光谱技术，合成新型纳米金粒子，建立更优的样品前处理方法，建立了一套更加行之有效的饲料中三聚氰胺的SERS速测方法。研究建立了显微鉴别样品库，建立了饲料添加剂产品显微近红外光谱快速鉴别和分析技术，建立了饲料原料和添加剂预混料中主要营养成分快速分析技术研究。

2015年国家星火计划立项推广饲料项目45项，国家火炬计划立项饲料产业化示范项目4项（表2-38、表2-39）。

表2-38 2015年度国家星火计划立项的饲料项目清单

序号	项目名称	承担单位
1	乳酸菌复合添加剂的开发与示范推广	北京大北农科技集团股份有限公司
2	食用菌菌糠高蛋白饲料的开发	天津市天寿食用菌科技有限公司
3	畜禽安全高效养殖关键技术示范与推广	天津市畜牧兽医研究所
4	木聚糖酶在肉仔鸡玉米基础日粮中的应用技术示范	天津博菲德科技有限公司
5	益生菌及粪污资源化利用技术在生猪健康养殖上的应用	河北省科学院生物研究所
6	安全环保型猪鸡预混合饲料生产技术集成与产业化示范	河北工程大学
7	肉羊系列预混料及营养平衡技术示范与推广	山西农业大学
8	牧区肉羊规模化高效养殖技术集成与示范	内蒙古农业大学
9	高效家蚕饲料添加剂的产业化	苏州大学
10	固态发酵膨化水产饲料关键技术集成与产业示范	盐城工学院
11	沿海滩涂梭鱼健康养殖抗应激功能性饲料的示范推广	盐城工学院
12	集约化蛋鸡场污染物减量化排放营养调控技术集成与推广	宝应县金鸡禽业有限公司
13	利用酵母发酵白酒糟生产生物饲料关键技术及产业化	江苏高生生物饲料有限公司
14	河蟹池中有益微生物制剂的推广应用	句容市三岔蟹业专业合作社
15	绿色添加剂在奶牛日粮中的利用技术示范	靖江市马洲乳业有限公司
16	海滨锦葵新型饲料添加剂研发及产业化	江苏海力发生物科技有限公司
17	低值原料发酵生物饲料及生态健康养殖技术集成与示范	浙江农林大学
18	金蝉花虫草培养基用作畜禽饲料技术示范推广	浙江泛亚生物医药股份有限公司
19	农作物秸秆发酵饲料关键技术集成与应用	安徽科技学院
20	棉籽粕微生物固态发酵技术示范推广	安徽新华学院
21	青贮玉米新品种“明青贮1号”繁育与示范推广	三明市农业科学研究院
22	高效花鳗鲡专用配合饲料产业化开发与应用	福建天马科技集团股份有限公司

（续）

序号	项目名称	承担单位
23	畜禽免疫调节功能性饲料配方技术应用与开发	江西省农业科学院畜牧兽医研究所
24	非粮型发酵 TMR 加工与黑山羊高效利用技术示范与推广	江西和倍沃生物科技有限公司
25	植物提取物及非矿物磷在饲料产业化中的应用	江西赣达牧业有限公司
26	功能性母猪生物饲料产业化示范推广	江西双胞胎实业有限公司
27	生物发酵饲料在畜禽养殖中的应用与示范	泰安巴夫巴夫农业科技有限公司
28	枯草芽孢杆菌生产抗菌肽的产业化	山东仙普爱瑞科技股份有限公司
29	农作物秸秆饲料化的技术集成与示范	河南农业大学
30	中药超微粉功能性预混合饲料的推广	河南省康星生物科技有限公司
31	农作物秸秆饲料化利用技术推广应用	沈丘县杰瑞槐山羊良种繁育场
32	无抗生素生物预混合饲料产业化示范与推广	湖北绿科乐华生物科技有限公司
33	桑叶粉全价配合饲料生产与推广示范	湖南省畜牧兽医研究所
34	节粮型猪配合饲料的研制及产业化	广东恒兴饲料实业股份有限公司
35	猪饲料中木薯的应用技术及产业化	广东恒兴饲料实业股份有限公司
36	改善凡纳滨对虾肉质品质的配合饲料研制与产业化	湛江恒兴特种饲料有限公司
37	新型杂合抗菌肽的产业化示范和推广	广州格拉姆生物科技有限公司
38	饲料 T2 毒素生物降解及其机制	岭南师范学院
39	鸽用复合微生态制剂应用技术推广	广东科贸职业学院
40	秸秆生物发酵饲料与肉牛健康养殖关键技术示范与推广	广西汇生牧业发展有限公司
41	功能性杂合抗菌肽生物饲料添加剂技术示范推广	张掖市生产力促进中心
42	肉羊专用秸秆复合颗粒饲料生产及补饲技术示范与推广	平罗县畜牧技术推广服务中心
43	一种促进大黄鱼生长的重组蛋白在大黄鱼养殖中的应用	宁波大学
44	抗生素替代性饲料添加剂的技术集成及示范	浙江医药高等专科学校
45	新型海洋活性抗菌肽功能制剂的产业化示范与推广	青岛贝宝海洋科技有限公司

表 2－39　2014 年度国家火炬计划立项的饲料产业化示范项目清单

序号	项目名称	承担单位
1	一种中药保健型乳猪料在饲料产业化中的应用	江西赣达牧业有限公司
2	新型糖萜素生物饲料产业化	杨凌联合营养生物科技有限公司
3	节粮环保非常规生物饲料的研发及产业化示范	明博医药技术开发（上海）有限公司
4	勃乐	上海源耀生物股份有限公司

（吴子林）

饲料行业职业技能鉴定

按照农业部2015年农业职业技能开发工作要点要求，积极开展饲料行业职业技能鉴定工作，较好地完成了年初制定的工作目标和任务，现总结如下：

1. 做好指导和服务工作。加强对行业鉴定管理，做好指导和服务，严格把好发证审核关。2015年指导各鉴定机构开展101批次职业技能鉴定，培训8 583人次，通过审核发放国家职业资格证书7 098人次，其中饲料检验化验员4 015人次（其中初级1 951人次，中级1 034人次，高级1 030人次），饲料加工设备维修工1 258人次（其中初级895人次，中级235人次，高级128人次），饲料厂中央控制室操作工1 514人次（其中初级857人次，中级476人次，高级181人次），饲料营销员311人次。

2. 完成《国家职业分类大典》修订及职业工种的清理工作。配合部指导中心做好农业行业职业分类大典（饲料部分）职业（工种）后续的职业工种职业定义修订工作，职业分类大典（2015版）已颁布。配合部畜牧业司完成对饲料行业职业工种的清理工作。

3. 开展职业技能开发人才队伍建设工作。一是组织召开行业职业技能鉴定管理人员培训班。来自全国30省市饲料行业鉴定站负责人及工作人员60多人参加培训班，主要是了解掌握饲料行业发展现状和趋势、农业职业技能鉴定工作要点和质量管理工作要求，进行总结、交流和研讨及修订后国家职业标准《饲料检验化验员》的宣贯培训，更好地推动行业职业技能鉴定工作的开展。二是职业技能鉴定考评员队伍建设。两员队伍建设是职业技能鉴定的重点工作，2015年共举办3期职业技能鉴定考评人员培训班，有338人经过培训并通过了考评员资格认证考核。

4. 全面开展职业技能鉴定现场督考工作。职业技能鉴定质量督导工作是提高鉴定质量的重要保证。2015年我们对10个鉴定站在鉴定准备、程序规范、考场秩序、考试纪律、成绩评判等方面开展了现场督考工作。

5. 完成饲料检验化验员培训教学光盘的拍摄工作。饲料检验化验员是饲料行业重要职业之一，为使大家更直观、更便捷地进行检测操作技能学习，制作饲料检验化验员职业技能考核培训教学光盘。目前，已完成实验内容的素材拍摄。

6. 积极开展职业技能鉴定调研工作。对天津等4个鉴定站就质量督导现场督考工作及鉴定工作中遇到的问题难题和意见建议等内容开展调研。

（田　莉）

饲料工业标准化

全国饲料工业标准化技术委员会重点开展了饲料原料、饲料添加剂产品质量标准和禁限用物质检测标准的制修订工作，提出饲料标准项目建议 48 项，推动饲料工业标准项目立项 45 项，审查报批饲料工业标准 44 项，推动发布《饲料中苯丙酸诺龙的测定》等标准 20 项。其中，完成行业重大基础性强制性国家标准——《饲料卫生标准》的修订工作，提出了 24 项安全限量指标，为新形势下加强饲料质量安全监管提供了支撑。在南京举办一期饲料标准编制培训班，重点就国务院关于深化标准化工作改革的要求、标准制修订程序、标准编制要求等内容对标准项目承担单位的代表和有关饲料标准化工作人员进行了培训。配合国家标准委完成了 33 项饲料添加剂强制性国家标准的通报工作。开展了饲料强制性标准精简整合的预评估工作（表 2－40）。

表 2－40　2015 年饲料工业国家标准和行业标准

序号	标准编号	标准名称
1	GB/Z 31812—2015	饲料和饲料添加剂水产靶动物有效性评价试验技术指南
2	GB/Z 31813—2015	饲料和饲料添加剂畜禽靶动物有效性评价试验技术指南
3	GB/T 32140—2015	中华鳖配合饲料
4	GB/T 32141—2015	饲料中挥发性盐基氮的测定
5	农业部 2224 号公告－1－2015	饲料中赛地卡霉素的测定　高效液相色谱法
6	农业部 2224 号公告－2－2015	饲料中炔雌醇的测定　高效液相色谱法
7	农业部 2224 号公告－3－2015	饲料中雌二醇的测定　液相色谱—串联质谱法
8	农业部 2224 号公告－4－2015	饲料中苯丙酸诺龙的测定　高效液相色谱法
9	农业部 2349 号公告－1－2015	饲料中妥曲珠利的测定　高效液相色谱法
10	农业部 2349 号公告－2－2015	饲料中赛杜霉素钠的测定—柱后衍生高效液相色谱法
11	农业部 2349 号公告－3－2015	饲料中巴氯芬的测定　高效液相色谱法
12	农业部 2349 号公告－4－2015	饲料中可乐定和赛庚啶的测定　高效液相色谱法
13	农业部 2349 号公告－5－2015	饲料中磺胺类和喹诺酮类药物的测定　液相色谱—串联质谱法
14	农业部 2349 号公告－6－2015	饲料中硝基咪唑类、硝基呋喃类和喹噁啉类药物的测定　液相色谱—串联质谱法
15	农业部 2349 号公告－7－2015	饲料中司坦唑醇的测定　液相色谱—串联质谱法
16	农业部 2349 号公告－8－2015	饲料中二甲氧苄氨嘧啶、三甲氧苄氨嘧啶和二甲氧甲基苄氨嘧啶的测定　液相色谱—串联质谱法

（续）

序号	标准编号	标准名称
17	NY/T 2693—2015	斑点叉尾鮰配合饲料
18	NY/T2694—2015	饲料添加剂氨基酸锰及蛋白锰络（螯）合强度的测定
19	NY/T2713—2015	水产动物表观消化率测定方法
20	NY/T2770—2015	有机铬添加剂（原粉）中有机形态铬的测定

（武玉波）

饲料行业质量认证

一、认证行业工作概述

2015年，是中国认证认可行业主动适应经济发展新常态，深化改革创新的一年。行业管理部门通过加强事中事后监管，构建多元共治新格局，推动了认证认可行业的发展。

行业深化改革全面推进。主要在完善认证机构审批程序方面，减少10项审批、6项备案事项，取消6项申请材料要求，审批时限由90d缩短为45d。落实《整合检验检测认证机构实施意见》相关要求，建立统一的检验检测机构资质认定制度，将原先3项资质认定项目合并为1项，首次发布我国检验检测行业统计信息，强化了资质认定在检验检测行业管理中的基础作用。实施认证技术规范备案改革，由审查式备案改为告知式备案，新增备案数量同比增长4.5倍。加快人员注册改革和认可工作改革，初次认可时限减少18%、复评时限减少42%。

建立起认证监管部门、认可机构、行业自律组织间联动机制；修订了《认证机构认证认可条例》，明确了县级以上质监部门的认证监督管理和执法责任。多元共治的格局完善了监管模式，对发挥各相关部门/区域监督管理职能，提升监管效能起到了良好促进作用。

认证认可行业持续发展，截至2015年年底，我国累计颁发有效认证证书147.9万张，认可证书7 592张，证书及获证组织数量连续多年位居世界第一，成为认证认可大国。

二、饲料行业质量安全管理工作概述

2015年饲料行业变数很大，行业发展步履维艰，但饲料产量仍实现从2007年起的连续增长，全年饲料产量突破2亿t，比2014年的1.97亿t略有增加。

产品结构仍处于调整期，进口猪肉的增加、新《环保法》的实施，使得猪料同比下降3%；蛋禽料、肉禽料同比分别增长4%、10%。

行业继续整合，2015年年底，配合饲料（浓缩饲料，精料补充料）生产企业减少到6 764个。行业内企业数量下降，但规模在变大，集中度提高，行业内年产50万t以上的饲料企业集团达到48个，产量占全国总产量的56.5%。企业集团延伸产业链，从饲料延伸到上游的原料、养殖，下游的食品，更关注整个链条的食品安全及人类健康。

行业产业升级，产品质量和安全保障能力增强。2015年7月1日，《饲料质量安全管理规范》（以下简称《规范》）正式实施。农业部将推动饲料生产企业执行《规范》作为全年的工作重点之一，通过各层级的宣贯、培训、立项并拨专项资金用于企业的现场指导、组织《规范》示范企业的验收等工作，推动了《规范》的执行、落地。《规范》对生产设备设施的硬性要求，为行业准入设立了门槛，让行业认识到未达到要求的生产设备设施必须进行改造。在符合《规范》的同时，企业着眼未来，对设备改造升级，执行《规范》让管理上台阶，对产品推陈出新，推动了行业产业升级。《规范》的强制执行，让饲料企业再次意识到企业是产品质量安全的第一责任人，而落实这一责任的是企业一把手。因此出现了一把手主动接受《规范》培训，布置并跟踪管理制度补充和完善的进度，优化管理流程，主动投资进行设备设施改造的现象。执行《规范》的过程，使行业全员质量安全意识得到提高，管理体系得以完善，业务各环节衔接和运行更加规范，产品质量和安全保障能力增强。

三、行业质量认证工作开展情况

2015年，北京华思联认证中心（以下简称“中心”），作为畜牧行业专业的第三方认证机构，开展了如下工作：

1. 深耕与开拓并举，持续开展饲料行业质量及

安全管理体系认证及培训工作。2015 年，中心深耕饲料企业集中、产量占全国总产量 80%以上的东部地区（北京、天津、河北、上海、江苏、浙江、福建、山东、广东、海南、辽宁）、中部地区（山西、安徽、江西、河南、湖北、湖南、黑龙江、吉林），在部分未进行过 GB/T 19001、GB/T 22000 认证的大型企业集团及获得上述认证的企业集团下的未认证的企业开展认证工作。开拓体系认证业务开展不够普遍的甘肃、宁夏、新疆等边远省份市场，新增了企业集团客户，开展了培训及管理体系认证工作。

中心充分发挥在饲料及饲料添加剂领域开展认证及培训的独特优势，从行业主管部门、行业企业的需求出发，为企业客户提供了个性化的管理体系认证与《规范》相结合的培训和认证服务，全年举办或参与培训 44 次，培训人员近 5 000 人次，为 42 家企业进行了 GB/T 19001、GB/T 22000 与《规范》相结合的现场指导。

中心通过上述工作，帮助企业建立或完善了质量安全管理体系，协助行业主管部门推动了《规范》的执行，带动了管理薄弱地区的饲料企业，促进了行业质量安全管理能力的全面提升。

2. 拓展认证领域业务。本年度，中心获得国家认监委正式批准，具有了开展环境管理体系、职业健康安全管理体系认证业务的资质。至此，中心的认证业务范围已经涵盖质量管理体系认证、食品安全管理体系认证、良好农业规范认证、环境管理体系认证、职业健康安全管理体系认证。认证业务范围的扩大，有益于中心满足各类组织多体系结合认证的需求，也将进一步提升中心在畜牧行业、食品行业建立起的审核认证的核心专业能力。

3. 参与《规范》示范企业验收工作。2015 年，中心多名审核专家作为农业部专家组成员，对近 90 家企业进行了《规范》示范企业现场验收工作，此项工作体现出中心在饲料行业开展质量和安全管理体系认证工作的专业性和权威性，强化了企业对管理体系认证的认识。

4. 开展国际合作，引入发达国家成熟的质量安全管理体系。2015 年，中心继续推进欧盟 FAMI－QS 认证，满足饲料添加剂和添加剂预混合饲料生产企业出口欧盟的需要。为促进行业质量和安全管理能力的不断提升，中心持续关注 FAMI－QS 体系的更新并及时应用。

按照新西兰 Asure Quality 专家为中国规模化牧场量身定做的《牧场食品安全保障标准》，中心接受蒙牛集团的委托，对其合作牧场进行了二方审核。

与西班牙 ACERTA CERTIFICATIÓN，S.L. 签订了合作协议，分包其 BRC、IFS 认证业务。

中心作为荷兰 GMP＋ International 授权可从事 GMP＋认证的唯一中国认证机构，在为企业提供了 GMP＋认证和增值服务同时，持续对 GMP＋、英国 FEMAS 等饲料认证标准进行了跟踪研究，拟吸收其成熟有效的管控经验，为中国饲料行业质量和安全管理提供借鉴。

5. 为企业提供进口饲料及饲料添加剂产品注册的技术指导。中心依托精通行业各项法规及进口饲料和饲料添加剂评审细则，熟悉进口饲料和饲料添加剂登记法规和流程等方面具有的绝对优势，为企业提供了有关进口饲料及饲料添加剂产品注册的技术指导，帮助企业及时了解相关法规的动态，解读重点的变化，同时为企业提供产品初评、申请材料收集汇总、组卷上报、产品测试、证书代办等全程托管服务。

四、饲料行业质量及安全管理体系认证工作中存在的问题

随着《规范》的强制执行，饲料行业对质量及安全管理体系认证工作的认识有了明显提高，特别是大型企业集团、非集团的大中型企业主动按照 GB/T 19001、GB/T 22000 标准的要求建立、运行质量和安全管理体系，并通过第三方认证。通过建立规范的质量和安全管理体系，实现了从原料采购到产品销售的全程质量控制。

但质量及安全管理体系认证在饲料行业仍存在一定的问题，特别是在中小型企业，主要有：认识上存在误区，部分企业片面地认为质量安全管理体系只是文件化的体系，按标准要求编好文件，取得证书就完成了全部工作，未按照体系的要求动态的管理日常的经营；部分企业请不熟悉行业的咨询公司建立体系，编写文件，造成管理体系与企业原有管理体系的脱节；中小型企业在经营中更多的考虑经济效益，产品质量和安全的风险控制意识和投入不足。以上原因造成质量和安全管理体系第三方认证工作在饲料行业的中小型企业进展相对较慢。

五、建议

执行《规范》工作与第三方认证工作有机结合，提升饲料行业管理水平，实现从原料采购到产品销售的全程质量安全控制。

《规范》是行政管理部门实施的强制性行业准则，是行业企业从事生产所必须遵从的要求。而第三方认证借助专业性服务机构的技术能力帮助企业建立系统、规范的管理体系，提升管理能力，确保产品质量满足客户要求，是企业自愿性行为。《规范》工作与第三方质量认证有机结合，可促进企业改变经营思路，摒弃价格竞争，规范日常生产经营，提高产品质量，保障畜产品及饲料产品安全。

表 2-41　2015 年北京华思联认证中心部分获证企业名单

序号	企业名称	序号	企业名称
1	北京九州大地生物技术集团股份有限公司	38	浙江大北农牧科技有限公司
2	北京科兴大地饲料有限公司	39	柳州亿万饲料科技有限公司
3	上海朝翔生物技术有限公司	40	中粮饲料（佛山）有限公司
4	江苏天成科技集团有限公司	41	中粮饲料（茂名）有限公司
5	河南大陆农牧技术股份有限公司	42	广汉正大饲料科技有限公司
6	河南聚丰饲料科技有限公司	43	通威股份有限公司海南分公司
7	沈阳正大畜牧有限公司	44	天津市圆鼎饲料有限公司
8	金朝生物科技（上海）有限公司	45	北京科为博生物科技有限公司
9	北京康华远景科技股份有限公司	46	上海艾格菲饲料有限公司
10	广东希普生物科技股份有限公司	47	山东佑润生物技术股份有限公司
11	淮安通威饲料有限公司	48	连云港通威饲料有限公司
12	北京三元禾丰牧业有限公司	49	广东兴腾科生物科技有限公司
13	广东科邦饲料科技有限公司	50	湖南旺大生物科技有限公司
14	黑龙江省荣耀牧业有限公司	51	广东雅琪生物科技有限公司
15	海南海壹水产饲料有限公司	52	天津北英伟生物技术饲料有限公司
16	河南普爱饲料股份有限公司	53	广东海因特生物技术集团有限公司
17	上海黑马饲料有限公司	54	康地饲料（银川）有限公司
18	河南广安生物科技股份有限公司	55	南昌比利美英伟营养饲料有限公司
19	谷实农牧集团股份有限公司	56	爱科（三河）饲料有限公司
20	广州市番禺区大川饲料有限公司	57	唐山禾丰饲料有限公司
21	广州南宝饲料有限公司	58	青岛和美饲料有限公司
22	广州市海维饲料有限公司	59	沈阳谷实饲料有限公司
23	广州市众望饲料有限公司	60	长春谷实饲料有限公司
24	广州市骏宝饲料有限公司	61	全能生物科技（天津）有限公司
25	通威（大丰）饲料有限公司	62	唐山天康饲料有限公司
26	北京英惠尔生物技术有限公司	63	深圳康达尔（邵阳）饲料有限公司
27	诺伟司饲料添加剂（上海）有限公司	64	北京三元种业科技股份有限公司滦平饲料分公司
28	西安通威饲料有限公司	65	河南雄峰科技有限公司新郑分公司
29	山东升索渔用饲料研究中心	66	北京福乐维生物科技股份有限公司
30	通威股份有限公司无锡分公司	67	广东天邦饲料科技有限公司
31	江门珊瑚饲料有限公司	68	江苏比利美英伟营养饲料有限公司
32	宇星饲料（德州）有限公司	69	内蒙古草原天邦饲料有限公司
33	天津彩虹饲料有限公司	70	内蒙古博瑞饲料有限公司
34	广州绿安康饲料科技有限公司	71	广西旺大饲料有限公司
35	蒲城兴盛饲料有限公司	72	天津通威饲料有限公司
36	烟台大韩饲料有限公司	73	北京菲迪饲料科技有限责任公司
37	厦门汇盛生物有限公司	74	北京亚禾营养高新技术有限责任公司

（续）

序号	企业名称	序号	企业名称
75	固安君德同创生物工程有限公司	105	天津硕普饲料有限公司
76	湖北天海饲料有限公司	106	天津通和饲料有限公司宝坻分公司
77	甘肃禾丰牧业有限公司	107	英赉动物营养（吉林）有限公司
78	张家口九州大地饲料有限公司	108	临沂市环山饲料有限公司
79	佛山市高明通威饲料有限公司	109	吉林大北农农牧科技有限责任公司
80	天津昌农科技有限责任公司	110	山东龙昌动物保健品有限公司
81	太仓安佑生物科技有限公司	111	廊坊瑞康饲料有限公司
82	滨州和达农牧有限公司	112	陕西正立乳业有限责任公司泾阳饲料厂
83	山东和达农牧有限公司	113	北京首农畜牧发展有限公司饲料分公司
84	潍坊硕昌中慧饲料有限公司	114	凌源禾丰牧业有限责任公司
85	山东惠康饲料有限公司	115	赤峰家育饲料有限公司
86	宁夏银川通威饲料有限公司	116	淮安禾丰饲料有限公司
87	山东博瑞饲料有限公司	117	大理东道农业产业有限公司
88	天津光明荷斯坦牧业有限公司	118	云南东道饲料有限公司
89	中粮饲料（黄石）有限公司	119	安徽申亚农牧科技股份有限公司
90	赤峰大北农农牧科技有限公司	120	广州市联鲲生物科技有限公司
91	西安禾丰饲料科技有限公司	121	广东君有饲料有限公司
92	常德大北农饲料有限公司	122	茂名君有饲料有限公司
93	黑龙江九三农垦科菲特饲料有限公司	123	青岛大信饲料有限公司
94	梁平大北农饲料科技有限责任公司	124	新希望六和饲料股份有限公司邹平分公司
95	泰高营养科技（北京）有限公司	125	莱阳新希望六和饲料有限公司
96	泰高营养科技（湖南）有限公司	126	上海延华饲料有限公司泗阳分公司
97	饶阳大北农农牧科技有限责任公司	127	武汉安佑饲料科技有限公司
98	诸城中慧饲料有限公司	128	漳州日高饲料有限公司
99	青岛明慧饲料有限公司	129	南通新希望饲料有限公司
100	成都蜀星饲料有限公司	130	邦基玖瑞（德州）农牧有限公司
101	哈尔滨绿色巨农牧业有限公司	131	泰安六和经纬农牧有限公司饲料厂
102	哈尔滨大北农牧业科技有限公司	132	上海延华饲料有限公司奉贤分公司
103	通辽大北农牧业科技有限公司	133	上海延华饲料有限公司天津分公司
104	中粮饲料（茂名）有限公司衡水分公司	134	嘉吉饲料（镇江）有限公司

（王　峰　雷学锋）

国际交流与合作

一、李希荣秘书长率团参加国际饲料联合会/联合国粮农组织年度工作会议暨国际饲料联合会会员代表大会

国际饲料联合会（International Feed Industry Federation，以下简称“国饲联”）和联合国粮农组织（FAO，以下简称“粮农组织”）于2015年10月12～13日在意大利罗马联合国粮农组织总部联合召开年度工作会议和会员代表大会。会议期间，举行了多场分会，分别为国饲联理事会常务理事会、会员代表大会以及粮农组织/国饲联双方合作项目工作进展会议。

参加大会的有：美国饲料工业协会、欧盟饲料工业协会、加拿大饲料工业协会、巴西饲料工业协会、印度饲料工业协会、日本饲料工业协会、澳大利亚饲料工业协会、南非饲料工业协会、土耳其饲料生产协会、法国质量与食品添加剂安全协会、欧洲饲料原料及混合料协会以及国际肉类协会代表参加了此次大会。参加大会的还有全球饲料行业的知名企业，如奥特奇、巴斯夫、嘉吉、杜邦、诺伟司、孟山都欧洲公司、布勒等数十家公司的董事长或企业高管。国饲联会长、理事会常务理事、会员代表以及约60多位代表参加了这次会议。

粮农组织副总干事出席会议并讲话。粮农组织畜牧生产处、食品安全处、畜牧生产与保健处、畜牧业分析及政策办公室等粮农组织官员参加了会议。

中国饲料工业协会秘书长、全国畜牧总站站长李希荣率团出席会议并发表主旨发言。

李希荣指出，中国饲料工业经过30多年的快速发展，现已成为全球最大的饲料生产国，形成了以饲料加工业、饲料原料工业、饲料添加剂工业、饲料机械工业为核心，饲料科研教育、质量安全管理、信息统计服务等为支撑的现代饲料工业体系，有力地促进畜牧业持续健康发展，为保障畜产品有效供给作出了重要贡献。

李希荣强调指出，自加入国际饲料联合会以来，中国重视支持并积极参与国际饲料联合会的工作，会费缴纳及时，也注重国际饲料联合会与联合国粮农组织之间开展的合作，取得了显著的成效。中国与全球饲料业者科技合作成果丰富，国际市场已成为中国饲料业创新的动力，中国在国际饲料产品贸易的加快发展惠及了全球饲料业，实现了产业的互利共赢。今后，中国饲料业发展将进入一个较长的稳定发展期，产业化步伐进一步加快，企业数量进一步减少，产品结构进一步优化，科技水平进一步提高，法规体系进一步完善。我们将更加注重解决好保护环境、资源利用和产业创新发展等问题，为中国畜牧业发展和全球饲料业发展做出更大贡献。

会议期间，李希荣分别拜会了国际饲料联合会上届卸任主席马里奥先生及本届新当选的主席纽曼先生，并与巴西饲料业协会主席、南非饲料生产商协会主席、美国饲料业协会主席、欧洲饲料业商会以及印度畜牧业协会主席、秘书长等进行了会晤，双方就搭建饲料业信息交流及合作平台、饲料监管及质检等议题进行了磋商，达成了许多共识。

大会回顾并总结了全球饲料业过去一年发展情况和国际饲料联合会的工作。

会议指出，每年的世界饲料产量已近10亿t，其商业饲料生产的销售额超过4 000亿美元，全球130多个国家有饲料加工业生产。预计到2050年，世界人口将增加至90亿，对动物蛋白的需求或呈持续增长趋势。饲料行业乃至相关农业产业链要以可持续发展的方式和安全的方式迎接这一挑战。

国饲联在应对这一挑战方面已经或继续起到领导作用，其目的是引导世界各国的饲料行业继续努力，源源不断的提供安全、健康饲料，最终提供安全、健康的食品。

会议强调指出，2010—2050年，世界对畜产品的需求将呈刚性增长趋势，动物蛋白生产将以每年

1.7% 的速度增长，肉类增长将达到 58%。要达到这个目标，就必须加强各国饲料行业间的合作，还要遵循可持续发展的原则和动物福利的原则强化畜牧业生产发展，这是唯一的选择，也是生产者和消费者所期望的，其目的就是提供更多更好的食品。

会议还制定了下一年度国饲联工作计划并讨论了主要饲料生产国之间合作等事宜；讨论并通过第五届全球饲料及食品大会和第八届国际饲料监管者大会内容、日程及活动安排等项日程。

二、中国饲料工业协会赴瑞士、德国、丹麦饲料和饲料添加剂安全评价与生产技术交流活动

应瑞士联邦农业办公厅（FOAG）、德国食品与农业部（BMEL）、丹麦兽医与食品管理局邀请，2015 年 12 月 1 日至 10 日，全国畜牧总站、中国饲料工业协会副站长、副秘书长沙玉圣同志率团执行饲料和饲料添加剂安全评价与生产技术交流任务。代表团先后与瑞士联邦农业办公厅 Swiss Federal Office of Agriculture（FOAG）、德国联邦风险评估研究所 Germany BfR、德国联邦食品及农业部（BMEL）、丹麦兽药与食品管理局（DVFA）、丹麦农业和食品委员会（DAFC）等饲料管理部门、风险评估机构、行业协会进行了工作会谈，围绕饲料和饲料添加剂安全评价、管理、质量控制等方面的工作进行深入交流，并初步探讨了合作方向和意愿。期间，代表团还实地参观考察了 Switzerland DSM 帝斯曼（瑞士）公司及 Novozymeseyr 诺维信公司两个企业的实验室和生产工厂。

访问期间，沙玉圣副秘书长向 3 个国家的有关机构和企业介绍了我国饲料安全监管和安全风险评价方面的工作情况；代表团与 3 个国家的相关工作人员在饲料安全监管、饲料和饲料添加剂安全评价、进口饲料注册等方面进行了广泛和深入的交流。同时，代表团就外方关注的中国饲料产品进出口、转基因微生物生产的饲料用酶制剂在中国境内注册等有关问题进行了答疑。3 个国家有关机构表达了与我国在饲料领域进行进一步合作和交流的强烈意愿，并将形成了会议纪要，圆满完成了本次访问和交流预定计划的内容。

（刘晓辉）

地方篇

北京市饲料工业

【发展概况】

2015年北京市有各类饲料及饲料添加剂生产企业239家，其中添加剂企业48家，预混料企业182家，饲料行业职工8 802人，其中博士107人，硕士391人，本科及其以上有2 178人，占全体职工24.7%。年生产饲料273.5万t，产值118.9亿元。

【主要工作】

1. 继续开展行政许可工作。修订后的《饲料和饲料添加剂管理条例》明定了《饲料添加剂和添加剂预混合饲料生产许可证审批》由省级饲料主管部门核发，据此，本市的饲料和饲料添加剂生产许可证审批及核发工作由北京市农业局承担，包括饲料添加剂，添加剂预混合饲料、配合饲料、浓缩饲料和单一饲料的行政许可。2015年共组织专家252人次对113家饲料企业进行现场验收108家企业获得生产许可证。

2. 严格执行专家评审制度。在现有饲料生产许可证专家审核库的基础上，根据企业类型和特点，完善了北京市饲料生产许可证专家委员会，其成员由来自生产、管理、科研、教育、检测、监督等方面的科研技术和管理专家组成，专业包括饲料加工、饲料机械、动物营养、化工合成、微生物、发酵工程、生物技术、毒理、药理、质量标准和环境保护等相关学科。严格执行现场专家审核制度，专家委员会会议在现场专家审核的基础上每月召开一次，主要职责是对企业申报材料提出技术审核结论。2015年本市共召开专家委员会会议12次，会议审核通过的企业113家。

3. 严格执行饲料行政许可程序。①北京市饲料和饲料添加剂生产企业（包括设立、迁址、增加品种和类别、更址、更名、更法人），须向所在辖区农业局（动监局）提出书面申请并提交相关材料。②区农业局在接到企业申报材料后应进行现场核实，核实无误的，将申报材料报送市农业局。③市农业局在收到企业申请后组织专家现场审核，审核合格的，由专家组出具书面意见后报市农业局；现场审核不合格的，专家组出具书面意见，企业进行整改，市农业局做出不予通过审批结论。④定期召开饲料行政审批专家委员会评审会议，提出评审意见。⑤市农业局根据饲料评审专家委员会评审意见，按照行政审批有关规定办理批件。

4. 强化饲料产品质量日常监管工作。①加强企业原料采购环节监管，督促企业落实原料质量安全监控措施，做到来源明确，防止含“瘦肉精”、三聚氰胺等违禁物的问题原料流入生产环节。重点对企业原料采购合同、蛋白原料检测报告、原料使用记录、供应商资质证明等方面进行检查。加强饲料生产过程监管，严格要求企业按照企业标准开展生产，不得使用《饲料原料目录》《饲料添加剂品种目录》和《药物饲料添加剂品种目录》以外的任何物质生产饲料，杜绝企业不按国家法律法规规定用药的行为。重点对企业生产记录、药品使用记录，配料单、销售记录等方面进行检查。②加强企业自检环节监管，严格要求企业按照企业标准进行产品的出厂检验和型式检验。重点对企业留样记录、化验原始记录、人员资质证书、化验室设备、水电路、化学药品和试剂等方面进行检查。③加强无证企业查处，增加日常巡查力度，取缔无生产许可证、无批准文号、无产品标签的“三无”饲料生产企业。2015年全市饲料环节共出动执法人员3 440人次，检查监管单位1 345个，查处案件38起，罚没款263万元，其中罚没款超百万元案件1起，超10万元案件4起，超万元案件20起，没收不合格饲料15.2t。

5. 强化饲料质量安全监测。2015年按照饲料产品质量安监测计划，完成国家级饲料样品652批次，完成市级检测任务饲料样品700批次，完成饲料风险预警监测190批次，完成重大活动保障专项监测饲料样品69批次，受理企业委托、批准文号、免税等三类企业送检1 237批次，检测项目以违禁添加物、重金属和卫生指标为主，检测样品合格。饲料质量检测有利于企业的优化升级和质量控制水平的提高，确保了产品安全。

6. 推进《饲料质量安全管理规范》工作。①抓典型，培育一批《饲料质量安全管理规范》示范企业典型；②搞培训，通过通告、媒体、会议等途径，加大对《饲料质量安全管理规范》认证企业的宣传，采取现场观摩、典型交流、专家讲解等形式，对全市饲料生产企业进行《饲料质量安全管理规范》培训；③开展验收，全面按照农业部的验收程序和现场验收表组织初审。2015年北京市共有4家饲料生产企业获得农业部饲料质量安全管理规范示范企业，它们是：北京大北农科技集团股份有限公司、泰高营养科技（北京）有限公司、北京英惠尔生物技术有限公司、北京伟嘉人生物技术有限公司。

7. 提高产品科技含量。利用北京技术和人才优势，通过产学研联盟等方式把科研成果快速转化成产品，使饲料产品尤其是添加剂产品的科技含量高，在酶制剂、微生态制剂以及高密度发酵等领域取得重大成果，荣获国家科学技术奖，安全、高效、无污染、功能性的新型饲料、生物饲料。

（北京市农业局畜牧处）

天津市饲料工业

【发展概况】

2015年天津有各类型饲料生产企业151家，淘汰了小乱差等产能落后企业，年产2万t以上的饲料企业30余家。年产10万t以上的饲料企业有3家。2015年全市共颁发新的《饲料生产许可证》47份(不含变更)，其中配合饲料、浓缩饲料和精料补充料许可证14份，预混合饲料23份，单一饲料2份，饲料添加剂3份，混合型饲料添加剂5份。

受国内养殖业持续低迷和饲料企业许可证换证等多重因素的影响，2015年天津市饲料总产量215.8万t，同比下降5.4%；总产值165.7亿元，同比上升62.9%。其中配合饲料146.5万t，同比下降1.8%；浓缩饲料42.8万t，同比下降16.2%；预混料26.4万t，同比下降4.7%。添加剂总产量5.2万t，同比上升40.5%。单一饲料396.91万t，同比上升4.45%。

【组织机构】

天津市畜牧兽医局是天津市的饲料行政管理部门。

【主要工作】

按照年初制定的工作方案，突出重点，狠抓各环节监管工作任务落实，严格饲料生产条件准入管理，全面贯彻落实《饲料质量安全管理规范》，饲料安全生产专项整治行动取得成效，质量安全意识进一步增强，饲料质量安全维持在较高水平。

1. 全面实施《饲料质量安全管理规范》，提高企业产品质量控制能力。《规范》自2015年7月份起正式实施，天津市各级饲料管理部门按照《规范》要求开展日常监督检查，并开展为期两个月的全市饲料质量安全管理规范落实专项检查活动，市级督导组督导检查饲料生产企业35家。2015年，天津共有四家饲料企业获得农业部《规范》示范企业称号。

2. 加强饲料监管，有效落实月巡查制度。各区县饲料管理部门通过强化对生产企业和经营门店日常监管，指导养殖场户依法科学使用饲料产品，有效落实月巡查制度和经营门店登记备案制度，截至11月底，全市各级饲料管理部门共出动执法人员5 000多人次，检查饲料生产经营企业2 500余个次，排除安全隐患150余处，保障了全市饲料产品质量安全。全年持续性开展饲料打假行动，对全市170余家饲料生产企业、500余家饲料经营场所以及800余家成规模的养殖场进行了巡查和抽样检查，主要检查饲料生产企业的原料使用情况、经营店经营饲料的规范情况以及对养殖场自配料等。在农资打假专项检查中发放宣传材料2.5万份，抽取样品500余批次。组织区县开展交叉互查活动，重点针对无证生产、违规使用非目录原料和不按规定对饲料及原料进行检验、饲料标签不规范等行为，对照《条例》和三个《目录》《饲料标签》等强制标准、进行检查，对于违规行为和问题隐患下达责令改正通知书，由所在区县饲料主管部门进行查处并监督企业落实整改。

3. 加大监测力度，落实检打联动机制。采取各级饲料监管部门日常巡查、专项检查相结合的工作机制。计划。截至11月份已完成饲料样品检测3 669批次，完成了全年安排饲料监督抽检任务3 600批，监测合格率均达到99%以上。

4. 2015年第一季度，天津市畜牧兽医局开展饲料和饲料添加剂生产企业年度备案工作。按照《饲料和饲料添加剂管理条例》和《饲料和添加剂添加剂生产许可证管理办法》有关规定，天津市共有165家饲料企业参加2015年度备案，通过市、县两级逐级审核、层层把关，通过审查备案的企业共160家，因生产条件不符合要求而未通过审查备案的企业有5家，经过整改全部达到生产企业设立要求。对于正在进行整改、换证的暂停产饲料企业，未参加本次备案。各区县组织执法人员对上报材料合格的饲料生产企业进行了现场检查核实，依据《条例》要求对饲料和饲料添加剂生产企业的原料采购、生产、检验、留样观察等记录表单及各项管理制度进行检查。特别对企业设备变化相关证明材料、主要检化验仪器变化相关证明材料、形式检验报告、企业执行《规范》的情况说明、年度统计报表、企业标准等进行核查。在5月份随机抽取10%饲料和饲料添加剂生产企业进行现场核实，未发现违规生产行为。

5. 加强《饲料质量安全管理规范》的宣传培训。组织开展全市饲料企业《规范》培训，讲解规范的各项具体要求，包括技术人员配备、生产设施及环境改善、各项制度的建立健全等。全市137家饲料生产企业负责人、品控负责人，各区县饲料监管部门负责人、饲料监督执法人员约350余人参加了本次培训。各级饲料主管部门对《饲料质量安全管理规范》《饲料标签》国家标准等规章规范开展宣传培训，培训饲料从业人员15余场次，培训人数为300余人次。

【存在问题】

1. 经营门店监管难度较大。虽然采取向工商查询执照、利用乡镇、村级防疫员巡查等措施对经营门店进行了摸底，但受人员、业务和经营者素质不高等原因，真正监管存在较大困难。

2. 各项统计信息上报不及时，准确性有待提高。部分饲料企业对材料报表管理体制不健全，对上报数据审查不严，数据准确性无法保证。

3. 执法队伍有待健全。目前，部分区县的畜牧兽医综合执法工作还没有整体推进，缺乏饲料执法队伍，监管和执法工作很难落到实处。一些区县虽然指定了专门的监督执法机构，但人员还需进一步充实、业务素质还需进一步提高、工作条件还需进一步改善。

（天津市畜牧兽医局）

河北省饲料工业

【发展概况】

河北省饲料行业平稳发展。2015 年饲料总产量 1 338.3 万 t、总产值 388.1 亿元，分别比上年增长 6.3%、0.4%。企业做大做强成效显著。年产 10 万 t 以上饲料生产企业发展到 28 家，其中兴达饲料集团有限公司年产量 100 万 t 以上，凯特、大午、康达、鲲鹏年产量达到 50 万 t 以上。饲料行业“两个安全”得到有效保障。省级以上饲料监督抽检合格率 98%以上，全年未发生安全生产事故，实现了饲料质量、饲料生产“两个安全”。宠物饲料和氯化胆碱两大特色产业健康发展。河北省宠物饲料总产量达到 15 万 t，占全国总产量的 50%以上，宠物饲料由单纯的宠物干粮不断向干、湿粮为主，宠物零食、奶糕等多品种发展。南和县已成为全国最大的宠物饲料生产基地。氯化胆碱产业通过采取有力措施，淘汰落后产能，培育大型企业。狠抓安全环保管理等措施，年产量 20 万 t，出口 8 万 t 左右，呈现出企业数量减少，产量增长的良好发展势头。饲料名牌产品数量创历史新高。省级以上有效期内名牌产品数量达到 25 个，为历年来最多的一年。秸秆饲料化利用取得新进展。全省秸秆青贮达到 2 200 万 t（鲜重），比上年增长了 200 万 t。

【主要工作】

1. 强力推进《饲料质量安全管理规范》实施。为推进《饲料质量安全管理规范》在河北省的实施，印发了《2015 年实施饲料质量安全管理规范指导意见》，组织专家分两批对各市申报的饲料质量安全管理规范示范创建企业进行了现场验收，确定了河北兴达等 25 家企业为省级示范企业并授牌。同时，筛选了河北方田、河北大成、唐山三福三家企业作为第一批国家级示范创建企业，申请农业部验收。河北方田、河北大成两家企业通过了验收，通过率全国最高（平均通过率 30%）。为加大《规范》实施力度，7 月份印发了《河北省畜牧兽医局关于全面实施饲料质量安全管理规范的意见》，再次强调了《规范》实施的重要性和紧迫性，同时对《规范》实施的基本思路、重点工作、保障措施进行了安排部署。

2. 召开饲料工业发展峰会。经过精心准备，3 月 17～19 日，在石家庄国源朗怡酒店召开了饲料工业发展峰会暨饲料法规培训班。饲料生产企业的经理、技术骨干以及各市饲料办主任、重点县饲料办主任、行业组织、科研院所、新闻媒体等方面代表 1 000 余人参加了会议和培训。本次峰会嘉宾队伍规格高、阵容强，内容丰富、针对性强、效果好，取得了圆满成功。

3. 修改完善《河北省饲料生产企业定点联系管理办法》。为适应饲料行业新形势，对《河北省饲料生产企业定点联系质量安全监督管理办法》进行了修订，将饲料质量安全管理规范相关要求纳入日常监管范围，使长效监管机制更符合当前饲料新形势。

4. 稳妥做好行政许可工作。本着便民高效原则，进一步规范了行政许可申报流程，共审核发放饲料和饲料添加剂生产许可证 116 个，全部按照规定办理，未出现超期办理现象。为了便于对行政许可工作监督，所有发证企业均在中国饲料科技网（我省饲料工业协会网站）等媒体进行了公示。

5. 狠抓饲料安全生产。一是印发了《河北省畜牧兽医局关于加强饲料生产企业安全生产管理的通知》，明确了各级饲料管理部门安全监管责任、饲料生产企业安全生产主体责任以及安全生产监管内容。二是印制饲料安全生产手册，发放至市、县饲料管理部门及重点企业。三是开展了饲料生产企业安全生产应急演练活动，通过专家讲座、模拟演练、参观学习等方式，进一步提升各级管理部门安全生产意识及管理水平。四是制定《饲料安全生产专项整治工作方案》，于 2015 年 8 月 26 日～12 月 20 日，开展饲料安全生产专项整治。

6. 集中严厉打击了无证生产饲料和饲料添加剂

行为。为进一步规范饲料生产经营秩序，切实保障我省饲料和饲料添加剂产品质量安全，严防饲料质量安全事件发生，2015年6月1日至2015年7月15日，在全省范围内集中严厉打击了无证生产饲料和饲料添加剂行为。利用1个半月时间，出动执法人员6 944人次，检查未获证饲料加工厂（点）数量304个，取缔非法加工厂点17个，其中捣毁数量2个，查处案件37起，移交公安5起，处罚金额24.85万元，对无证生产等违规行为起到了较大震慑作用，为获证饲料生产企业创造了一个公平竞争的发展环境。

7. 召开了全省饲料行业形势分析会暨统计培训班。为深入了解全省饲料行业整体形势，进一步提升饲料统计质量，全省召开了饲料行业形势分析会暨统计培训班。各设区市、直管县（市）饲料办主任及统计员、省局饲料处、饲料监察所、饲料工业协会相关人员共52人参加了会议（培训）。会议（培训）听取各设区市、直管县汇报了本辖区1～8月份饲料工业生产形势，对饲料统计报表制度进行了解读，安排部署了下一步饲料统计工作。通过会议，全面了解了全省饲料行业整体形势，为科学决策和管理奠定了基础。

8. 制定蛋粉、蛋黄粉等生产企业许可条件。受全国饲料工作办公室委托，全省组织专家，完成了蛋粉、蛋黄粉、蛋壳粉、蛋清粉等产品的标准起草说明、申报材料要求、生产许可条件、现场审核表的起草和审核校对工作。

【存在问题】

1. 无证生产饲料和饲料添加剂行为没有彻底根除。换证工作结束后，未能获得生产许可的300多家企业，彻底转产或关停的不足一半，未转产或关停的部分企业转为合作社生产自配料，还有一部分存在无证生产的隐患。

2. 《规范》推行力度有待进一步加强。部分企业对《规范》还没有充分认识和理解，没有按照《规范》建章立制、组织生产。部分企业虽然按照《规范》要求建立了相应的管理制度、操作规程以及记录表单，但存在着照抄照搬、制定制度不符合企业实际情况、不按《规范》要求实施等问题。

3. 监管能力有待进一步提高。部分市、县监管队伍不稳定，不能够对企业进行有效监管。

（河北省畜牧兽医局饲料处）

山西省饲料工业

【发展概况】

2015年山西省饲料行业努力克服畜产品价格低迷和经济下行带来的压力，内挖潜力提素质，外塑形象闯市场，团结协作、开拓进取，饲料质量稳定向好，饲料产量稳中有增，行业发展迈入良性发展轨道。

【生产情况及特点】

1. 企业更新换代，生产条件明显改善。新的饲料生产许可管理办法实施以来，通过淘汰落后产能，严格行政审批，严把生产企业审核关，企业整体素质提升明显。截至2015年12月，全省共有获证饲料生产企业177家，较2014年底的146家同比增加21%。其中，配合饲料、浓缩饲料165家，单一饲料18家，添加剂预混合饲料24家，饲料添加剂生产企业10家。在现有的177家企业中，年产50万t以上2家，大象农牧74万t，晋龙集团70万t，占全省总产量的50%。2015年增加的企业不少是新建设企业，这些新建企业不仅起点高，投资规模大，生产条件好，而且人员素质好，产品技术含量高，发展潜力大。

2. 产品结构进一步调整，品种呈现特色性优化。2015年全省饲料总产量达284.8万t，比2014年同期增长10.8%，其中配合饲料243.5万t，浓缩饲料38.5万t，预混料2.8万t，分别占到85.5%、13.5%和1.0%。按饲喂对象分，生产的猪饲料、蛋禽料、肉禽料、水产料、反刍料和其他料分别为53.5万t、90.6万t、114.0万t、0.06万t、9.4万t和17.2万t，所占比例分别为18.8%、31.8、40.0%、0.02%、3.3%和6.0%。总体来看，产品结构呈现以下几个特点：一是肉禽料、蛋禽料和猪饲料三分天下，但与2014年同期相比，除肉禽料增长幅度较大，增长了37.3%外，其他品种如蛋禽料、猪饲料和反刍料都有所下降，分别降低10.2%、10.1%和19.0%；二是由于本年度主要大宗原料玉米和豆粕价格一直在低价位运行，规模化养殖场又有技术和设备的优势，因此大量选择购买预混料，自己加工饲料，以节约养殖成本，提高经济效益。

2015年以来，无论是大型企业，还是中小型企业，都把产品结构调整和销售模式紧密结合起来。如大象农牧集团一改以往主打生产肉鸡饲料，2015年增加了猪饲料和蛋鸡饲料的份额。山西大北农饲料有限公司、山西安佑饲料有限公司将产品重心集中到了投入成本大、技术含量高、利润回报好的教槽料、乳猪料等品种上来，中小饲料企业也充分挖掘自身潜力，不贪多而求精，将产品研发集中到某种特定养殖动物和特定养殖阶段上来，努力将产品做到极致，稳定自己的销售市场。

3. 产业发展不平衡，优势区域异军突起。从区域布局看，山西省饲料企业主要集中在中部和南部地区，北部和西部饲料企业较少；从企业数量看，晋中市、运城市、临汾市企业数占到全省的70%以上，大同、朔州仅占3%；从产能看，太原、晋中两市所占份额最大，占全省总产能的40%，仅晋中市，就新建成投产了山西正大有限公司、山西大北农饲料有限公司、山西金粮饲料股份有限公司3个年单班生产能力20万t以上的大型饲料企业。

4. 产业链条进一步延长，一条龙发展优势明显。以大象集团、晋龙集团、粟海集团、山西金粮为代表的大型龙头企业，实行饲料加工、畜禽养殖、屠宰加工一条龙经营，着力打造从田间地头到餐桌的模式，推广公司加农户的农业产业化发展模式，通过延长产业链，集团化管理等方式，趋利避险，在追求利润最大化上做文章，走出了一条产业化经营的路子。

【组织机构】

得益于国务院颁布的《饲料和饲料添加剂管理条例》，山西省的饲料管理工作逐步走上了行业归口和依法治饲的轨道。特别是在2009年12月成立了山西省农业厅饲料奶站管理办公室，作为农业厅的独立行政处承担全省的饲料行业管理工作，结束了省级饲料管理部门长期挂靠畜牧部门的历史，管理职能进一步明确，监管力度进一步加强。现在，省市两级以及多数县（市）都设立有饲料行业管理机构，并能按照《条例》赋予职能，有效地开展企业设立审查、行业监管和制定发展规划等行政管理工作。

【主要工作】

1. 开展农业部例行监测，确保饲料质量安全。根据农业部和全省监测计划，印发了《关于下达2015年饲料质量安全监测工作的通知》，会同省饲料兽药监察所分发采样器具。全年共完成饲料监测任务630批次，其中农业部监测任务530批次，其中饲料产品质量安全例行监测191批次，合格率95.8%，饲料安全专项监测236批次，合格率100%，牛羊源性成分例行监测103批次，合格率100%。除了完成国家的抽检任务，还完成省级监测任务100批次，合格率98%。对于被判定为不合格的产品，我们依据《饲料和饲料添加剂管理条例》，责成当地畜牧饲料管理部门予以了查处。

2. 严格饲料行政审批，积极推进饲料质量安全管理规范。年初，省饲料兽药监察所同11个市饲料奶业管理部门签订了《2015年饲料和生鲜乳质量安全监管责任书》，进一步强化生鲜乳生产、收购、运输环节，饲料生产、经营、使用环节的监管，层层落实了监管责任和生产经营企业的主体责任。按照农业部要求，依托“山西省饲料审核专家委员会”的饲料审核专家，对饲料生产企业实施严格的生产审批。2015年以来，共审核验收饲料和饲料添加剂生产企业40家，逐步完善了饲料生产许可专家审核机制和审批权力清单制度，确保了全省饲料行政许可工作依法规范运行。从7月1日起规范正式实施后，制订下发了实施方案。通过全省上下努力，山西大北农饲料有限公司通过了农业部示范企业验收，为全省饲料企业示范创建树立了标杆。

3. 开展质量安全专项整治，组织市际间交叉检查。年初，印发了《关于印发〈2015年全省生鲜乳和饲料质量安全专项整治行动方案〉的通知》，确保整治工作环环相扣、节节相连、扎实有效，始终保持对违法违规行为的高压严打态势。具体做法：由省里采取随机抽样，异地检查的方式对50个饲料和饲料添加剂生产企业的生产条件和质量控制两个部分共68个项目进行现场检查，同时对受查企业所在市、县饲料管理部门履行行业管理的情况进行了督查。

4. 日常监管日趋规范，行业自律意识显著增强。全省饲料管理部门严格落实农业部各项规定，认真履职尽责，加强监管，依法依规严厉打击非法生产经营行为。在日常监管中，严格饲料产前、产中、产后三个关键环节的过程监管，重点落实原料进厂检验查验制度、产品出厂检验留样检验制度，有效保障了饲料产品和畜产品的质量安全。在工作中，坚持监管与服务相结合，分批次、分层次邀请农科院校专家举办法律法规和技术规范培训班，指导帮助企业开展科学生产，有效抵御市场风险。通过一年多实施换证工作，企业一改过去小、乱、差的现象，逐步走向规范合理。在2015年下半年饲料生产企业交叉检查中，大家一致反映，通过实施新的许可，淘汰落后产能，企业整体素质大幅提升，自律意识明显增强，饲料工业步入一个崭新的发展平台。

【存在问题】

1. 饲料品种相对单一，新增产能相对过剩。由于山西省处于中西部地区，科技力量和人才相对缺乏，饲料行业中的科技含量高、附加值高的饲料添加剂和预混料生产企业仅有34家，而且饲料产品结构不合理，品种单一，多数产品依赖从外省的经销商购买，尤其是一些酶制剂、微生态产品更加稀缺，严重制约了饲料工业的全面发展。按照新的饲料生产许可要求，新获证的饲料企业产能大幅提高，但是受到市场和销售因素制约，多数企业的新增产能未能真正发挥作用，多数企业的销量仍然停留在以前，销售市场需要进一步开拓。

2. 关键环节把关不严，检验检测相对滞后。虽然按照新的饲料生产许可条件，企业对产品质量把关意识较从前有了明显提高。但是，由于人员素质的参差不齐，个别企业在原料把关、索票索证以及出厂检验上执行不力，给产品质量带了诸多的安全隐患。其次，由于饲料企业普遍存在重销售轻检验的思想，虽然配备了化验设施，但在日常生产中很难做到批批进行出厂检验，而且检验项目仍停留在粗蛋白、水分、钙、磷等项目，缺乏对产品质量的全面把控。

3. 对《饲料质量安全管理规范》的重要性认识不足，推行《规范》创建工作积极性不高。虽然《规范》在2013年12月27日已由农业部审议通过，并规定在2015年7月1日起正式实施。但由于企业片面追求生产效益和增长速度，忽视产品质量安全的问题依然存在，再加上《规范》要求的制定、记录、规程内容较多，需要投入大量的人力和精力，而且有的企业确实也没有能力完成这项工作，因此，我们管理部门着力推行，但企业反映并不积极。

（山西省饲料兽药监察所）

内蒙古自治区饲料工业

【发展概况】

2015年内蒙古自治区饲料工作认真贯彻执行《饲料和饲料添加剂管理条例》，全面推进《饲料质量安全管理规范》，积极努力工作，创新工作方法，圆满完成了年度工作任务，未发生饲料质量安全重大责任事故。

一、饲料产量和饲料质量安全总体情况

2015年饲料产量延续下降趋势，饲料质量安全水平稳步上升。2015年全区饲料总产量为270.5万t，同比下降1.8%，总产值80.1亿元，同比下降11.5%，营业收入74.8亿元，同比下降13.6%。年实际产量超过10万t企业5家，5～10t企业8家，产量占到总产量的34%。饲料产品质量安全监测完成1 159批次，合格率92.3%，较上年提高了3.8个百分点；养殖环节违禁添加物监测完成301批次，合格率100%；奶牛饲料和蛋白饲料中三聚氰胺监测完成1 266批次，合格率100%；反刍动物饲料预警监测完成202批次，合格率93.1%；反刍动物饲料牛羊源性成分监测完成304批次，合格率100%。

二、采取的主要措施

1. 严格把好准入关。完善饲料和饲料添加剂行政审批制度和程序，加强审核专家队伍建设和管理，充分发挥专家的技术把关作用，增强审核的科学性、规范性，严格把好饲料和饲料添加剂生产许可审批的准入关。截至2015年12月底，全区获证饲料生产企业279家，获得生产许可证303个，其中双证企业18家，三证企业3家。所获生产许可证中饲料添加剂生产许可证19个，混合型饲料添加剂生产许可证14个，添加剂预混合饲料生产许可证30个，单一饲料生产许可证50个，配合饲料、浓缩饲料、精料补充料生产许可证190个。2014年全区共有200家饲料企业参加年度备案，年度备案率87.7%，55家企业符合法定注销情形，予以注销。家庭作坊式小散企业全部淘汰，规模较大的企业不断增加，企业总体素质得到普遍提升。

2. 加强饲料质量安全检测及时查处不合格产品。为了有效监控饲料质量安全，加大了饲料质量安全监督抽检覆盖面，各级饲料检测机构满负荷运行。2015年各类饲料样品和牛羊尿样监测计划9 155批次，比2014年增加3 733批次，实际完成抽取样品10 786批次，完成任务的117.8%。一是各类饲料样品监测完成3 232批次，完成计划3 080批次的104.9%，合格率为96.8%，较上年提高了1个百分点。二是养殖场（户）“瘦肉精”专项监测牛羊尿样完成7 554批次，抽取1 548个养殖场（户），完成计划6 073批次的124.3%，合格率为100%。结合督察中随机抽样对获证饲料生产企业做到了监督抽检全覆盖，对各类已知风险和突出问题保持了持续的跟踪监督监测。按照2015年饲料质量安全监测抽检方案，自治区、盟市饲料监督检验站抽检各类饲料样品3 232批次，不合格103批次。依据上报监测抽检结果，及时通报属地监管部门对监测抽检不合格饲料企业和产品进行查处。目前，已经查处违规案件11起，处罚金额3.08万元，责令整改不合格项目98起，整治重点地区35个。

3. 建立严格的巡查制度。依据内蒙古农业厅加强饲料监管和安全生产文件通知要求，从4月份开始组成督查组，对全区12个盟市饲料质量安全工作进行了全面督查和巡查。内蒙古自治区饲料草种监督检验组织专业技术人员分4个组，9～10月份对12个盟市饲料质检机构开展技术指导，对获得生产许可证的饲料生产企业进行了监督抽查。各盟市、旗县饲料监管部门按照饲料监管“212”巡查制度，旗县每月巡查2次以上、盟市每月巡查1次以上、饲料处和饲料草种监督检验站对各盟市每年巡查2次以上。开展

了重点检查和普遍巡查工作，使日常监督检查工作做到常态化、踪迹化和统一化。按照“全覆盖、零容忍、严执法、重实效”的总要求，全面进行了排查治理安全生产隐患，未发生任何重大饲料质量安全事件和安全生产责任事故。

4. 大力推进饲料生产质量安全管理规范。按照农业部的部署，从2015年7月1日起强制实施《饲料质量安全管理规范》，推进饲料生产全过程质量安全管理制度。4月份开始组织2个专项督察组，对实施《规范》饲料生产企业进行了专项督察，并组织4个专家小组深入219家饲料企业实施《规范》辅导。8月份在通辽市和包头市举办了两期以饲料生产企业负责人为主要对象的《饲料质量安全管理规范》培训班，全区近350名饲料企业负责人、盟市分管局长、饲料科长和质检站长参加了培训班。通过培训起到了准确把握规范要求，稳步推进质量安全管理和积极履行法定职责的作用，保障了《饲料质量安全管理规范》的顺利实施。建立健全了事前、事中、事后有机衔接的监管制度，为饲料质量安全提供了基础保障。

5. 做好农业综合开发秸秆养畜示范项目。通过前期积极努力的申报工作，农业部批复内蒙古自治区2015年立项秸秆养畜项目5个，争取国家财政投资1 000万元。并根据农业部要求，组织专家对批复内蒙古自治区的5个2015年秸秆养畜项目进行了初步设计及实施计划编报，项目正在实施中。对2014年批准立项的6个项目进行了检查，目前正在进行项目建设的收尾工作，进入验收准备阶段，秸秆养畜示范项目工作进展顺利。

【主要工作】

1. 大力推进《饲料质量安全管理规范》。对饲料生产企业实施《规范》后进行全覆盖专项执法检查，积极推进饲料生产全过程质量安全管理制度的落实。面向饲料企业和基层管理部门举办专题培训，指导基层监管人员加强对获证企业的日常监管，督促饲料生产经营企业建立健全内部管理制度和体系。

2. 进一步加强饲料质量安全监管工作。不断加强饲料生产、经营和使用环节全程监管和对获证饲料企业、产品的追踪检查。以自治区饲料草种监督检验站为依托，加强对盟市饲料质检站的技术指导，对存在风险隐患的检测项目进行重点跟踪检测，增加检测频率，扩大检测覆盖面。把《条例》及其规章贯彻到饲料生产、经营、使用每个环节，有效开展检打联动，严厉查处违法违规企业。加强应急体系建设，落实应急处置职责任务。加强饲料行业统计、备案工作，进一步提高行业预测预警能力及服务水平。重点进行一次饲料标签、执行标准、管理档案建设专项检查。

3. 始终保持“瘦肉精”专项整治的高压态势。紧抓“瘦肉精”等违禁药品专项整治工作不放松，不断加强对饲料生产、经营、使用环节“瘦肉精”等违禁药品监管力度，始终对使用“瘦肉精”等违禁添加物的行为保持高压态势，加大有毒有害物质检测频率，确保畜产品质量安全。

4. 谋划“十三五”饲料质量安全规划及发展战略。依据农业部饲料工业和我区农牧业“十三五”规划，准确定位内蒙古自治区饲料行业发展、监管的新常态，明确适应新常态下饲料行业发展与监管工作思路。召开饲料行业发展与监管形势分析会，系统研判我区未来一段时间内饲料质量安全主要风险，准确把握我区“十三五”期间饲料工业发展和质量安全面临的全局性重大问题，制定切实可行的发展规划。

5. 依托农业综合开发部门项目促进农副资源饲料化利用。按照农副资源能用尽用、高效利用的原则，从开源和提质两方面入手，进一步扩大对粮食、果蔬、油料等农作物生产及其加工过程中产生的饲料原料产物进行饲料工业化开发，挖掘农副资源饲料化利用潜力，减少原粮、原材料出区销售比例，增加产成品出区销售比例，通过加工增值增加效益。按照“扶优、扶大、扶强”的原则，以财政投资为引导，带动饲草料加工、养殖、农产品加工企业、专业合作社、家庭农牧场加大投入，培育壮大一批起点高、规模大、带动力强的饲草料生产加工龙头企业，推动粮食作物及其农副资源饲料化利用。

【存在问题】

1. 饲料工业发展形势严峻。内蒙古自治区饲料工业发展规模化程度在不断提高，但是与全国饲料工业发展形势一样，饲料工业经济下行压力较大，企业生产经营处在微利时代。由于饲料市场需求乏力，加之饲料原料价格波动较大，饲料企业生产经营举步维艰，产量下降，效益下跌。而且，这种状态仍在持续，因此，饲料工业发展形势严峻。

2. 饲料监管经费不足检测装备薄弱。盟市级饲料质检机构只有5家是独立法人单位，旗县级饲料监管机构设置兼职过多，上下级业务协调管理不顺畅，制约着监督执法的各项能力建设。饲料监管检测经费投入的不足，严重制约着监管效率和监管力度的提高，检测机构检测设备老化，检测能力不足，严重影响到经常性监督管理工作的开展。

3. 生产经营企业整体素质有待提高。从目前形势来看，虽然内蒙古自治区饲料质量安全状况有较大改善，但质量安全隐患依然存在。个别饲料生产企业质量安全意识不强，生产过程质量安全控制不到位、饲料原料污染等非人为因素导致的质量安全问题也时有发生。加之养殖企业自配饲料生产不断增多，饲料经营市场无序竞争的现象依然存在。

4. 质量安全形势复杂监管压力增大。从目前全国形势来看，非法使用违禁添加物、制售假冒伪劣饲料等问题虽然有所遏制，但还没有从根本上解决，而且花样翻新。内蒙古自治区形势也不容乐观，饲料生产过程操作不当、饲料原料污染等非人为因素导致的质量安全问题也时有发生。特别是东部区外阜饲料的大量销售，渠道、质量难以把控，一定时期内监管压力加重，市场监管难度不断加大。

（内蒙古自治区农牧业厅饲料处）

辽宁省饲料工业

【发展概况】

2015年，辽宁省受蛋价、猪价低迷影响，养殖户补栏积极性不高，存栏数量逐渐下降，饲料使用量减少。随着养殖规模化程度提高，散养户逐渐减少，玉米、豆粕等大宗原料价低位运行，养殖场自配饲料增加明显。

一、饲料工业基本情况

1. 饲料工业。据统计，2015年饲料产品总产量1 148.4万t，较上年同比下降7.3%；其中配合饲料822.1万t，同比下降10.4%；浓缩饲料310.5万t，同比上升1.4%；添加剂预混合饲料15.9万t，同比上升0.6%。全年实现饲料工业总产值401.7亿元，同比下降8.2%。

2. 饲料原料工业稳步发展。据统计，2015年单一饲料生产企业134家。单一饲料总产量507.5万t，同比增长6.3%。其中，豆粕产量为422.7万t，同比增长9.3%；鱼粉产量为10.3万t，同比减少9.6%。实现产值153.0亿元，同比增长减少17.3%。

3. 饲料添加剂产量稳步上升。据统计，2015年饲料添加剂总产量为21.2万t，与上年相比增长23.3%。其中氨基酸9.5万t，同比减少20.8%；维生素6.6万t，同比增加127.6%；矿物元素及络合物4.5t，同比增长125%。实现产值23.4亿元，同比增长3.1%。

4. 饲料机械成套设备产量下降。据统计，2015年全省饲料机械企业生产饲料加工成套设备为57套，同比下降26.0%。其中时产10t以上成套机组35套，与上年相比减少28.6%。生产单机台数为141台，同比下降23.4%。其中粉碎机48台，同比下降29.4%；混合机46台，同比下降9.8%；制粒机14台，同比下降51.7%。实现产值3 749万元，同比下降31.5%。

二、饲料行业运行特点

1. 饲料产量下降明显。一是受去年底和上半年蛋价、猪价低迷影响，养殖户补栏积极性不高，存栏数量逐渐下降，饲料使用量减少。二是随着养殖规模化程度提高，散养户逐渐减少，玉米、豆粕等大宗原料价低位运行，养殖场自配饲料增加明显。三是配合料、浓缩料的销售半径小，而预混料完全可以跨省销售，随着预混料使用量的加大，一些外省预混料产品逐渐进入东北市场。

2. 预混料上升趋势明显。随着近几年来养殖户科学养殖理念的不断提高，养殖规模的逐渐增大，使用浓缩料、预混料的养殖户在明显增加，尤其今年上半年大宗原料豆粕、玉米等价格下降，养殖户自配饲料情绪高涨，预混料明显增加。9月中下旬，随着玉米新粮上市兼临储政策实施，玉米价格大幅下滑，进一步刺激养殖户使用浓缩料或预混料。企业配合料生产必然减少。

3. 主要饲料原料价格变化幅度大。主要饲料原料特别是豆粕下降幅度非常大，已经接近10年来的最低点，但是氨基酸，鱼粉等原料价格一直走高，波动比较大，企业间造成饲料生产企业成本升高。

4. 饲料行业竞争愈加激烈，兼并重组成为发展趋势。市场竞争加剧和国家提高准入门槛双重压力下，小企业生产设备、技术、人才劣势明显，主动退出市场增多。饲料生产企业数量大幅减少，但是规模和管理水平有了提高。通过2014年的饲料换证工作，全省饲料生产企业规模和水平有了较大提升。数量由高峰期的1 300多家减少为目前的723家。

5. 专业化、规模化成为行业发展主题。随着竞争加剧，饲料企业更加注重在专业化、规模化上下功夫，以降低管理成本，发挥专业优势。双良貂貉料、大成鸡料、双胞胎猪料，禾丰集团不同动物品种饲料产品分厂生产，效率高，无交叉污染。

6. 饲料行业产业化发展将成为发展方向。饲料企业将充分发挥资金、技术、人才和专业优势，向上下游种植、贸易、养殖、加工领域延伸，实现产业化发展。如禾丰、大成、曙光、华美、新希望六和等饲料企业。

7. 新技术、新设备得到广泛应用，生产方式发生转变。一是饲料散装运输将改变饲料行业传统营销模式，如辽宁大成、铁岭曙光、沈阳华美、新希望六和等饲料企业已成功实现饲料散装运输。二是禾丰等公司垛码机器人代替人工在生产环节广泛应用，提高效率，降低成本。三是“互联网+”在饲料工业崭露头角。禾丰公司在线下订单、交易，并预约拉货时间。国内一些企业与电商合作，试水产品网上销售。四是禾丰公司尝试原料钢板仓和房仓的使用，以及成品散装仓的使用，将进一步提高生产效率。

【主要工作】

1. 开展“3·15”打假月活动。按照年初工作部署，2015 年 3 月 1 日～3 月 31 日，在全省范围内开展了“3·15”饲料打假月活动。广泛开展了饲料法规宣传。全省共印发宣传材料 18 万份，在市级以上新闻媒体宣传 20 次，开办各种现场咨询活动 42 场次。

2. 开展专项督查活动。为加强饲料质量安全监管工作，6 月份和 11 月份辽宁省畜牧兽医局组织两次进行饲料生产经营企业监督检查工作。共派出 14 个检查组检查全省近 300 余家不同类型生产和经营企业，对企业设备设施、人员素质、日常管理、质量控制、质量安全、生产安全等方面进行全面检查，发现问题均给企业留下整改意见，并由各地监督整改，违法行为也建议各地依法进行查处。

3. 做好《规范》的实施工作。一是通过辽宁省饲料监管人员 QQ 群和辽宁省饲料生产企业 QQ 群，对相关政策开展咨询、答疑解惑、信息发布、在线培训。二是年初开展《饲料质量安全管理规范》的专项培训工作，邀请《规范》起草专家进行授课，省级培训监管人员 230 人次，使广大饲料监管人员能更深的理解《规范》内容。三是 5 月份在禾丰公司召开《规范》实施的现场会，统一标准、统一尺度，积极推动《规范》的有效实施。四是指导 9 家饲料生产企业开展《规范》实施工作，从中筛选做得比较好的 4 家企业报农业部进行现场验收。

4. 强化监督监测和执法工作。按照 2015 年饲料监测计划，全省共计监测饲料产品 7 181 批次，合格率为 99%。充分发挥检打联动监管制度作用，检测、执法、管理部门三位一体对监督抽检中发现的不合格产品和假劣产品一律予以了查处。根据监督检测结果，发布不合格饲料查处通知，全省共查处饲料案件 30 起，罚没款 11 万元。

5. 做好饲料行政审批工作。2014 年农业部将饲料添加剂、添加剂预混合饲料生产许可证审批权限下放省级，辽宁省畜牧兽医局克服人员不足困难，接好农业部下放两项重要审批工作。共受理网上饲料行政审批共计 420 项次，审批 310 项。

6. 编制了饲料和监管工作两个“十三五”规划。为做好全省饲料行业发展和管理的十三个五年规划，结合实际，通过调研、起草和征求意见，顺利完成了《辽宁省兽药饲料行业监管十三五规划》《辽宁省饲料工业十三五规划》两个规划的编制工作。

（辽宁省饲料工业办公室）

吉林省饲料工业

【发展概况】

2015年，吉林省饲料工业在不断深化改革中，取得了稳步增长的可喜成就。2015年，吉林省共有注册饲料生产企业296家。全省饲料工业产品总产量454.6万t，其中，配合饲料产量321.5万t，浓缩饲料产量128.3万t，添加剂预混合饲料产量4.9万t。

【组织机构】

吉林省饲料工作办公室隶属于吉林省畜牧业管理局，与草原饲料处合署办公。在全省各市（州）、县（市、区）政府畜牧业管理部门中，都设立了饲料工业行政管理部门。在质量检验上，有3个具有资质的省级饲料质量检验机构，分别隶属于省畜牧业管理部门，省质量监督管理部门和省商检管理部门。全省有12个市级饲料质量检验机构，其中3个隶属于畜牧业管理部门，9个隶属于质量监督管理部门。目前，县级还没有设立饲料质量监督检验机构。

【主要工作】

1. 为巩固饲料质量安全监管工作成果，进一步提升全省饲料产品质量安全水平。2015年，全省突出抓了饲料质量安全检测工作，2015年9月，省畜牧业管理局组织全省各市（州）及有关县（市，区），开展了安全生产及质量安全大检查，狠抓了“三个重点”：一是重点区域，就是蛋白饲料原料主产地区及发生使用违禁药物和非法添加物现象多发地区；二是重点产品，就是蛋白原料、自配料及其他非蛋白氮及其类似物；三是重点内容，就是三聚氰胺、瘦肉精、镇静剂类、苏丹红、孔雀石绿等违禁药物和非法添加物。2015年共抽样检测2 500批次，其中，违禁添加物检测440批次，常规五项检测2 060批次，合格率分别达到100%和95%。有力地保障了饲料产品质量安全。

2. 开展了全省饲料生产企业的备案工作。2015年4～6月份，对全省从事饲料生产的企业进行了备案检查，并为符合备案要求的288家企业办理了相关手续。

3. 开展了饲料生产许可证的核发工作，严格准入标准。2015年，全省共核发饲料，饲料添加剂生产许可证50家，其中，浓缩饲料，配合饲料，精料补充料生产许可证30家，单一饲料生产许可证8家，饲料添加剂生产许可证4家，添加剂预混合饲料生产许可证8家。全省新增饲料生产线7条。

4. 深入开展了修订后的《饲料和饲料添加剂管理条例》（以下简称《条例》）的宣传贯彻工作。2015年全省先后举办两次《条例》宣传贯彻培训班，系统地学习了《条例》的有关规定，进一步提高了企业从业人员执行《条例》，贯彻《条例》的自觉性和守法意识。

5. 充分发挥饲料行业协会作用，坚持开展行业自律。为了深入开展好吉林省饲料质量安全监管工作，吉林省饲料工业协会按照吉林省饲料工作办公室的要求，在3月份向全省饲料生产企业发出了“吉林省饲料行业确保饲料质量安全承诺”的倡议，组织企业签订《吉林省饲料行业确保饲料质量安全承诺书》，进一步营造注重饲料质量安全的良好氛围，提高企业的社会责任感，在确保饲料质量安全上，发挥了重要作用。

6. 组织饲料企业参加了中国饲料工业博览会暨畜牧业科技成果推介会。2015年4月，我们按照中国饲料工业协会的要求，组成了有20家大中型企业参加的吉林省饲料工业代表团参加。参会期间，我们还参观了一些饲料企业，进行了沟通和交流，开阔了眼界，学习了经验，对于进一步提升我省的饲料生产质量和管理水平，必将产生积极的影响。

【存在问题】

1. 企业对《条例》执行力度不够，总体管理水平不高。如：擅自改变生产线；随意占用检化验室空间；原料采购，生产，检化验及销售记录不全；产品包装，标签不规范等。

2. 还存在违规生产现象。如：超范围生产；擅自委托加工；生产冒牌产品等。

3. 饲料质量安全存在隐患。如：非法使用违禁添加物，制售假冒伪劣饲料等问题虽然有所遏制，但还没有根本解决；行业监管和企业自律还有很大差距。

4. 饲料企业采购原料把关不严。仍然存在个别企业采购“三无”原料及劣质原料的现象。

5. 安全生产意识淡薄，存在安全隐患。个别企业私拉乱扯供电线路，生产车间粉尘浓度过高，人工采光灯具不具备防爆功能等。

（吉林省饲料工作办公室）

黑龙江省饲料工业

【发展概况】

2015年，黑龙江省农业局以实施新饲料许可制度和加强企业规范化管理为抓手，以饲料质量安全监管为重点，通过“抓换证、严执法、打禁物、促规范”，进一步提升了饲料产业素质及质量安全水平，为质量效益型现代畜牧产业建设提供了强有力的物质支撑。

全省饲料行业运行及质量安全监管工作进展情况

2015年，黑龙江省饲料行业运行特点可概括为“一降三升一凸显”。“一降”：一是饲料总产量同比下降。全省饲料总产量611.3万t，同比下降6.0%。其中：配合（精补）饲料292.6万t，同比下降8.1%；浓缩饲料289.1万t，同比下降5%；添加剂及预混合饲料29.6万t，同比增长7.2%。实现饲料工业产值210.1亿元，同比持平。主要原因是：猪群结构调整压缩；养殖场户自配料增加，以降低成本等。“三升”：一是饲料行业整体效益水平同比上升。行业整体效益水平同比上升3%以上。主要原因是：玉米、豆粕、进口鱼粉、蛋氨酸等低价位运行。二是饲企规模化、标准化、现代化水平明显提升。通过实施新的许可制度，218家新获证企业总生产能力达到1 400万t以上，相当于过去650多家企业的产能，饲料企业规模化、标准化、现代化生产水平有了大幅提高。二是饲料产业化、专业化、集团化水平明显提升。具体表现为企业自主延伸产业链、扩张建厂、专业化生产（反刍、狐貉、鱼）饲料企业明显增多。如大北农在巴彦、宾县新上三个种猪场；绥化大北农、湖南岳泰、正邦集团、四川特驱、通威集团等纷纷在全省投资建厂。饲料集团的扩张和产业链条的延伸，进一步构建了企业竞争新优势，极大增强了牵动养殖业发展的能力，已经成为全省饲料企业发展的新趋势、新亮点。“一凸显”：大企业较中小企业竞争优势更加凸显。大型企业依托自身的资金、技术、品牌、人力和服务等方面的优势，实现了产量和效益同步增长。如黑龙江大牧人牧业有限公司同比增长10%以上，哈尔滨华隆饲料开发有限公司产量和效益同比增长15%以上。中小型企业产销、效益下滑明显，多数小型企业处于以销定产或半停产状况，优胜劣汰格局凸显。

【主要工作】

1. 认真组织开展新饲料条例规章宣传培训工作。①利用媒体广泛宣传。利用《黑龙江畜牧兽医政务网》《东北饲料信息网》等有关媒体及时刊载新修订的《条例》等法规，并通过龙广新闻（行风热线）、农村天地节目解答饲料政策法规，全省共发放有关宣传资料1万余份，进行媒体宣传30余次。②通过活动宣传。连续5年组织开展了“放心饲料兽药下乡进村暨质量安全宣传周活动”，通过现场开展宣传咨询、培训讲座、优质饲料兽药产品展示推介、入户服务指导等，仅省本级发放资料2 000多份，现场参与人员400多人，培训养殖场户200多个。

2. 依法健全完善和强力推行新的饲料许可审批制度。为进一步着力推进新许可制度的实施和企业整合提升、创新发展，全局继续将2015年确定为“饲料许可换证及整合提升年”。一是及时将《规范》纳入生产许可审核内容。全省从2015年7月1日起在许可审核时除按国家要求进行审核之外，还同时审核企业《规范》执行情况。全省将规范内容转换成企业检查表并印2 000份，发放到地市县饲料管理部门。三是依法严把审核审批关。认真贯彻农业公告第1849号、第1867号和许可程序制度等，严格许可条件。截至12月23日，全省共申换证企业218个，审核发放《饲料生产许可证》218个，浓缩（配合）饲料企业数量比原来减少470多家，淘汰率达70%左右。

3. 全面深入开展饲料质量安全专项整治行动。按照农业部农资打假的有关要求，黑龙江省办起草制定了《全省饲料打假专项治理行动实施方案》和《饲料执法检查方案》，要求各级畜牧兽医部门以非法生产经营和添加使用“瘦肉精”、三聚氰胺、非饲料原料等为重点，强化饲料生产企业源头和经营使用环节治理，依法严惩非法添加使用和经营门店拆包分装、再加工、“前店后厂”等违法行为。据统计，全省共出动饲料执法人员 1 200 多人次，检查饲料生产经营使用企业（单位）5 000 多家，查处问题 300 多个，立案查处 12 起，罚款 4 万余元。在饲料监测方面，农业部任务实际抽样 739 批，合格 721 批，总体抽检合格率 97.56％。

4. 组织开展了《饲料质量安全管理规范》示范创建和实施推进工作。一是认真开展《规范》宣传培训。黑龙江省制定了《饲料质量安全管理规范宣传方案》，下发了“关于全面认真贯彻农业部关于全面实施《规范》的意见通知”，利用媒体广泛宣传《规范》和《意见》。二是积极开展《规范》示范企业创建工作。按照农业部的统一部署，积极配合农业部做好部级示范企业创建工作。经农业部专家组现场审核，谷实、绿色巨农通过农业部验收，成为全国首批 21 家农业部授牌示范企业。并于 2015 年 7 月 16 日在哈尔滨绿色巨农获牌企业加工厂召开了“新饲料法规培训暨质量安全管理规范示范创建现场推进会”，组织各市、农垦和有关县（市）以及饲料企业的主要负责人等共计 200 余人，参观了该饲料加工厂，听取了企业实施《饲料质量安全管理规范》的具体做法、经验介绍和体会，为《规范》的全面实施树立了样板、奠定了基础。

5. 全面推进和落实饲企安全生产管理工作。黑龙江省在抓好饲料质量安全工作的同时，切实把安全生产摆上了重要位置，做到“两个安全”一手抓。①安排部署安全生产工作。全省根据国务院安委办明电［2015］14 号和省政府安委会办公室黑安办发［2015］34 号、黑安办函字［2015］50 号文件精神，下发了《关于深入开展饲料生产企业防范粉尘爆炸检查实施方案》（黑牧饲［2015］116 号文件）和《检查表》等，确定了总体要求、工作目标、检查内容、检查方式、时间安排等，要求各地饲料管理部门和饲料企业严格按照文件要求自查，防范饲料企业发生粉尘爆炸和重大饲料质量安全事件。②成立安全生产监督检查组织领导工作组。全省成立了专门领导小组，领导小组组长由省畜牧兽医局分管副局长担任，另外组建了四个督导检查组，成员由省饲料办、药检所和部分专家组成。各市也相应成立了组织领导机构，具体统筹负责饲企安全生产监管职责和监督检查工作。③组织开展安全生产监督检查。全省制定了《省畜牧兽医局饲料生产企业防范粉尘爆炸督导检查组工作方案》，省检查组检查了哈尔滨、齐齐哈尔、牡丹江、佳木斯、大庆、绥化六个饲料重点市的 60 多个饲企。

6. 开展饲料行业预测预警和指导服务。①认真落实农业部新的饲料统计报表制度。按要求将各类饲料企业纳入统计范围，确定管理部门和企业的饲料统计报表人员，认真完成月报、季报。及时对企业报表进行整理分析，对饲料市场和行业形势进行研判、预警，及时有效指导行业和企业发展，提高了饲料管理部门指导行业发展的前瞻性和科学性。②积极帮助企业协调落实免税政策。经与国税部门多次协调沟通，国税同意对新建企业和老企业新上饲料品种随报随免，对初次检验结果有异议的可以申请复检，减小了企业负担。③积极受理群众来访和开展行业指导服务。指导饲料协会开展了饲料行业发展战略、企业财务管理、企业营销策略等讲坛交流活动；热心指导和帮助企业进行设备工艺改造；帮助养殖场户协调解决质量纠纷案件 1 起，认真受理群众来信来电举报和群众咨询 20 多个，做到热情接待，件件有着落等。

（黑龙江省饲料工业办公室）

上海市饲料工业

【主要工作】

规范行业，严格许可，推进《规范》贯彻实施。

2015年，本市各级畜牧兽医部门、监督、监测机构和行业协会采取各种有效措施，围绕投入品安全监管和畜产品质量安全，以保障饲料质量安全为目标，以推进《饲料质量安全管理规范》实施为抓手，严格准入，强化监管，努力规范饲料生产、经营和使用行为，促进饲料行业不断向规模化、标准化、集约化方向发展。

实施《规范》，严格许可，做好2015年各项监管工作

1. 行业结构调整，生产稳定发展。2015年，上海市共有140家企业正常生产经营，同比减少0.7%。添加剂预混合饲料生产企业80家；饲料添加剂生产41家，行业发展保持稳定良好态势。2015年本市饲料行业生产保持稳定发展态势，全年饲料加工产品总产量159.1万t，同比增长2.4%，其中：配合饲料120.2万t，同比增长3.4%；浓缩饲料15.0万t，同比减少0.4%；添加剂预混合饲料24万t，同比减少0.4%；饲料添加剂5.7万t，同比减少12.3%。2015年饲料加工总产值达到80.2亿元，同比增加1.8%。

2. 严格行政许可，强化准入监管。上海市以生产许可证换证审核为抓手，贯彻落实《饲料和饲料添加剂管理条例》及其配套规章，实行饲料许可专家评审制度，严把行业准入门槛，进一步保证行政许可的公开、公正、公平。促使企业增加生产安全防护设施，降低生产安全隐患，在人员、场地与设施、生产工艺与设备、检化验仪器和功能室设立等软硬件方面大幅度提升水平。2015年共完成审核发证46张，其中饲料生产许可证27张，饲料添加剂生产许可证19张，注销饲料和饲料添加剂生产许可证20张。本市强化属地管理和获证企业监管，加强未换证企业的后续跟踪，在市区两级执法人员的复查中，未发现无证生产情况。由于部署周密及时，本市按期完成了单一饲料、配合饲料、浓缩饲料、精料补充料生产企业的换证审核和后续跟踪监管工作，保障了农业部许可审核权限下放后行政审核工作的平稳承接。

3. 推进《规范》实施，提升行业水平。全面组织实施《饲料质量安全管理规范》推进工作，大力推进《饲料质量安全管理规范》示范创建活动；一是本市制定了《规范》的实施方案，明确目标任务和工作重点；二是组织开展《饲料质量安全管理规范》专题培训，培训对象涉及饲料专家库专家、饲料管理与执法人员以及饲料生产企业负责人，共培训200余人，发放《规范实施指南》300份，提高了饲料管理和从业人员的专业素质和对规范的认知程度；三是积极开展《规范》部级示范企业的创建工作，组织举办了示范创建工作现场交流会暨首批部级示范创建企业授牌仪式，组织专家组对本市3家申报部级示范创建的企业开展了预验收和指导工作，并配合农业部专家组完成了验收工作，目前，上海市已有3家企业通过农业部部级示范企业的验收。本市以规范实施推进为契机，不断督促企业建立健全各项制度、完善管理体系，加速软硬件升级，提高企业规范化和标准化程度。

4. 强化行政管理，提升人员素质。继续实行饲料和饲料添加剂生产企业年度备案审核，强化属地管理职能，对备案企业进行全覆盖的现场审核，组织开展集中审核、评定和现场督察，并与日常监管情况相结合，2015年的通过率为98.55%；建立完善批准文号监管档案，2015年共核发产品批准文号1 861个，并按季度公示审核结果，不断提高批准文号审批许可事项的透明与公开程度；强化饲料新政宣贯工作，市区两级饲料管理部门全年共开办饲料法规培训班10余期，规范专题培训班2期，参加人员千余人次，发放《饲料法律法规文件资料汇编》300余份；组织对

饲料从业人员开展多层次培训，针对负责人进行法规培训，明晰管理要求，提高守法意识。针对标准化、行业统计管理人员，进行专业知识培训，提高统计工作质量和效率。针对饲料行业特有工种人员，进行专业培训和职业技能鉴定考核，选拔优秀操作工人。针对质检人员，进行精密仪器运用的检测能力提高班，全年培训500余人。

5. 提高监测力度，保障产品质量。根据农业部和上海市饲料质量安全监测任务，依据各区县生产实际，制定并下发了本年度的饲料质量安全监测计划和地产生猪出栏前“瘦肉精”及其替代品监测计划，不断加强技术创新和标准制订，保质保量完成了农业部和本市的饲料中违禁添加物监测任务。2015年完成监测计划总数为3 200批次、项目批次，饲料安全状况总体可控。

加强对地产生猪的残留安全管理，重点加强对出栏前生猪的检测，强化源头管理和生产监控，及时掌控本市出栏生猪的质量情况，2015年本市累计共完成对生猪出栏前瘦肉精等违禁药物监测产地监测60 095批次，飞行监测37 657批，检测项目包括盐酸克仑特罗、沙丁胺醇、莱克多巴胺、齐帕特罗、赛庚啶等，检测结果均为未检出。

6. 强化执法力度，维护市场秩序。为规范行业生产，上海市依托行政审批、质量安全监测、案件查处三方联动机制，继续加强监督检查，推行告知承诺制度，严肃查处违法违规饲料企业，坚决查扣销毁无生产许可证、无产品批准文号、无产品标签的“三无”产品，严格规范饲料安全用药。2015年全市累计出动执法人员10 501人次，检查相关生产经营企业、畜禽养殖场、批发市场等4 757家次，查处案件33起，维护和净化了本市饲料生产经营市场秩序。2015年本市组织开展了多项结合《规范》推进实施工作的专项检查行动，如对使用原子吸收仪、高效液相色谱仪等设备企业的检化验人员进行现场操作技能考核，检查企业的自检能力；在高温季节，对生产企业的原料管理情况进行专项检查。

7. 加强跟踪督查，引导企业发展。为确保饲料企业的有效监管，规范和督导企业的生产经营行为，本市饲料监管部门不断加强对获证企业的跟踪督查。建立完善饲料行业从业人员信息档案、设备档案、标准标签档案和监管档案；加强对过期证号的监管，坚决杜绝企业迁址后未获新证擅自生产的行为；建立企业诚信监管档案，实施诚信评级，并开展企业分级监督管理制度，跟踪调查质量安全、生产运行、违规情况等项目，并完成对辖区内饲料生产企业的评级；配合中国饲料工业协会开展了宠物饲料调研活动，参与召开了宠物饲料行业研讨会，并对本市5家宠物饲料生产企业开展现场检查；根据农业部开展饲料质量安全管理规范推进实施工作的有关要求，采取企业自查、区县督查和专家组检查的方式，对本市20家饲料和饲料添加剂生产企业进行设备设施、人员素质、日常管理、质量控制等的全面检查组织，指导企业按照《饲料质量安全管理规范》的要求进一步完善管理制度，不断增强企业的品控能力和管理水平，引导本市饲料行业进入自律、规范的良好发展状态。

（上海市饲料工作办公室）

江苏省饲料工业

【发展概况】

2015 年，江苏省饲料工业克服养殖生产和大宗原料价格波动等不利因素影响，饲料产量继续稳定增长，产品质量、企业素质和产业竞争力明显提高。2015 年，全省商品饲料总产量为 1 027.7 万 t，同比增长 2.7%。全省饲料工业总产值 489.0 亿元（不含饲料原料产值），同比增长 0.9%；其中，商品饲料工业总产值 392.8 亿元，饲料添加剂总产值 42.0 亿元，饲料机械设备总产值 54.1 亿元。

2015 年年底，全省共有各类生产企业 664 个，共持生产许可证 779 张，其中，饲料原料生产企业 76 个，配合、浓缩饲料、精料补充料生产企业 394 个，饲料添加剂企业 118 个，预混料企业 182 个。

主要特点：

1. 产品结构优化，适应规模养殖发展。江苏省商品饲料总产量为 1 027.7 万 t，其中配合饲料 961.9 万 t，同比增长 2.8%；浓缩饲料 32.5 万 t，同比下降 3.0%；预混合饲料 33.3 万 t，同比增长 6.4%。按养殖动物品种分，猪料 300.4 万 t，同比增长 0.3%；蛋禽料 138.9 万 t，同比增长 10.77%；肉禽料 296.4 万 t，同比增长 12.03%；水产料 266.2 万 t，同比下降 7.3%；反刍动物料 7.1 万 t，同比增长 24.6%。配合饲料、浓缩饲料、添加剂预混合饲料产量占总产量比重分别为 93.6%、3.2%、3.2%。

2. 添加剂产量增长，产业体系更加健全。2015 年饲料添加剂总产量 40.1 万 t，同比增长 39.2%。其中，饲料添加剂 36.9 万 t，同比增长 38.2%，混合型饲料添加剂 2.7 万 t，同比增长 79.9%；Ⅱ型 0.6 万 t，同比下降 2.5%。其中饲料添加剂蛋氨酸羟基类似物、氯化钠、磷酸氢钙、抗氧化剂、防腐剂、防霉剂增长较多。

3. 加强安全监管，饲料质量安全稳步提高。2015 年江苏省加强饲料企业质量安全监督管理，组织“瘦肉精”专项整治行动，有效提高了饲料质量安全水平。2015 年，完成饲料产品质量监测 208 批，合格率 98.73%，同比提高 6.7%；完成饲料中违禁添加物监测 188 批，合格率 100%；完成反刍动物饲料中牛羊源性成分监测 111 批，合格率 100%。

【主要工作】

1. 规范行政审批，加强饲料行业准入管理。一是简化办事程序。按照国家简政放权的基本要求，修订《配合饲料、浓缩饲料和精料补充料生产企业生产许可证核发工作程序》，下放配合饲料、浓缩饲料和精料补充料的现场审核和委托生产备案工作，取消了饲料企业年度备案。二是规范审批行为。建立并完善现场审核评审专家组组长负责制和评审专家例会交流制，加强了对化验员检验技能的现场操作考核和对企业相关负责人饲料法规和业务知识的现场检查考核，把好企业准入关，2015 年共核发饲料生产许可证 153 个、产品批准文号 1 246 个、注销饲料生产企业 11 家。

2. 强化监管措施，保障饲料质量安全水平。一是全面落实监督巡查制度。各地不断加大对辖区内饲料生产、经营企业的巡查力度，落实监督记录制度，完善饲料监管档案，对日常巡查、监督检查和飞行检查工作实施“痕迹管理”，2015 年全省共检查饲料生产及经营场所 5 732 个。二是深入推进饲料安全专项整治。继续强化饲料生产、畜禽养殖等环节的“瘦肉精”、非法添加和药物残留的监管，加大检测力度，严厉打击各类违法行为。三是充分发挥检打联动监管作用。强化协同机制，织密监管网络，管理、执法、检测“三位一体”，对监督抽检中发现的不合格产品和假劣产品一律予以查处，2015 年立案查处 9 起不合格饲料产品生产企业、罚没金额 13.4 万元。

3. 推进《规范》实施，提升行业管理水平。一是制订实施方案。根据农业部的统一部署，我委组织制定了《全面推进饲料质量安全管理规范实施方案》，明确了具体工作任务、时间要求和工作要求。二是开展现场指导。各地主动帮助企业解决《规范》实施过程中的困难和问题，并提出改进意见和建议，督促企业建立完善规范化管理、标准化生产、程序化操作、全过程追溯等制度。2015 年，南通市两次组织辖区内 109 家饲料企业到示范企业现场观摩，指导企业按要求、分阶段分解落实《规范》实施工作。三是组织《规范》示范创建。我省组织参加农业部《规范》示范创建工作，经过主管部门的精心辅导，相关企业的主动参与，江苏天参有限公司、安佑生物科技集团股份有限公司、江苏奥迈生物科技有限公司、江苏万瑞达生物科技股份有限公司、英联动物营养（南通）有限公司、南通海大生物科技有限公司、扬州通威饲料有限公司 7 家企业通过农业部示范创建验收。

4. 开展宣传培训，营造学法守法氛围。一是加强法规宣传。各地积极做好《饲料和饲料添加剂管理条例》《饲料质量安全管理规范》（以下简称“《规范》”）等一系列法律法规宣传工作，通过电视、报纸、网络等媒体，加大宣传力度。2015 年全省共发放宣传材料 3 万余册、播放宣传资料 8 000 余次。淮安市全年印发 3 000 余册宣传资料，分发到辖区内的生产、经营和养殖企业，保证每个企业都及时了解最新饲料法律法规要求。二是加大培训力度。2015 年 10 月，在东台市召开全省《规范》实施工作培训观摩会，对全面推进《规范》实施工作进行专题培训。2015 年全省共举办饲料法规培训 20 多场次，培训企业人员超过 2 000 人次，全省上下形成了“学法规、抓《规范》、保安全”的良好氛围。

5. 增强服务意识，充分发挥行业协会作用。一是承办中国饲料工业协会活动。2015 年 4 月，江苏省承办了 2015 中国饲料工业展示交易会，展位超过 2 000 个，近 20 个国家和地区以及国内近 500 家企业参展，参会人数达 6 万人次。我省共有 50 多家企业参加展览，展位数量达 400 个，参加企业数和展位数均位居全国第一。二是强化特有工种培训。2015 年，我省加强企业检化验人员、加工设备维修工和中央控制操作工的培训工作，全年共培训 6 批 419 名学员，提高了饲料企业一线人员的操作技能水平。三是组织饲料行业 30 强评比。为进一步鼓励和引导我省饲料企业做大做强，提高产业核心竞争力，2015 年 4 月，协会组织开展了 2013—2014 年度饲料企业三十强评选活动，江苏天成科技集团有限公司等 30 家生产经营业绩突出的企业获得授牌。

（江苏省动物卫生监督所）

浙江省饲料工业

【发展概况】

2015年，浙江省饲料产业发展继续以“加快饲料产业转型升级、保障饲料质量安全”为目标，积极应对省委省政府“三改一拆”三年行动、“五水共治”、畜牧业转型升级等重大决策和工作部署，严格准入、强化监管、从严执法，推进饲料产业向规模化、标准化、集约化方向发展，努力确保饲料和饲料添加剂产品质量安全。

据统计，截至2015年年底，全省共有饲料和饲料添加剂生产企业363家，比去年减少27家。单一饲料生产企业56家，饲料添加剂和添加剂预混料企业165家。饲料和饲料添加剂总产量424.5万t，同比减少18.9%，其中饲料加剂23.4万t，同比增加6.8%；配合饲料382.0万t，同比减少20.8%；单一饲料198.97万t，同比减少36.65%。受全省生猪存栏大幅下降影响，猪配合饲料产量164.3万t，同比下降36.2%，降幅明显。全省饲料及饲料添加剂产品工业总产值243.2亿元，同比减少15.8%。

【主要工作】

根据饲料行政许可管理工作和饲料工业“加快转型升级、保障产品质量安全”的要求，2015年着重开展了以下工作：

1. 完善行政许可制度，依法抓行政许可工作。根据省政府有关行政许可事项审批改革的规定，统一在浙江政务信息网上公布有关饲料和饲料添加剂行政许可审批事项、审批程序和工作流程，并逐步推行网上受理许可事项。坚持依法、公正、高效地做好行政许可审批工作，及时将农业部发布的《饲料质量安全管理规范》实施要求和企业执行情况纳入许可审核范围，严把企业准入关。2015年全省共依法办理饲料生产许可证审批55件，其中新增或换发证企业39件，信息变更16家；注销生产许可证15个；审批饲料添加剂、添加剂预混料批准文号936件。同时省级对委托市县级审批的许可事项加强事中指导和事后监管，及时指导各地解决许可工作中碰到的问题，督导各地严格执行许可条件，并对各地实施许可后报备的申报材料，及时按规定进行审查、登记，发现问题及时督促整改。

2. 着力推进《饲料质量安全管理规范》实施，提升企业规范化管理水平。一是继续开展实施《规范》宣贯工作。在2014年省级统一组织开展了实施《规范》系列培训的基础上，各市均组织举办实施《规范》培训班，邀请专家和省级派员对市、县饲料管理人员和饲料生产企业进行再培训，在农业部组织出版《规范》实施指南后，省级统一订购发给各级饲料管理部门和各饲料企业学习借鉴，推动《规范》的实施。二是抓《规范》示范企业培育和全面实施。由11个市确定1～2家饲料生产企业作为示范试点企业，并组织专家进行指导和培训，继续推进《规范》示范企业创建工作，对申请部级示范的企业进行预审指导，2015年经农业部组织专家组验收考核，我省有2家饲料企业顺利通过了部级《规范》实施示范企业现场验收。三是抓《规范》执行情况监督检查活动。组织开展了全省《饲料质量安全管理规范》实施情况监督检查行动，通过企业对照《规范》和《饲料质量安全管理规范实施情况现场检查表》自查整改、市级按20%比例抽查和督导整改、省级抽查通报，推进了《规范》的实施。

3. 组织开展监督执法检查，维护饲料生产经营秩序。浙江省每年将饲料和饲料添加剂违法生产经营行为列入“绿剑”集中执法行动，在今年组织开展的春季、夏季两次集中行动中，全省共出动执法人员3 936人次，检查饲料生产经营主体2 561个，监督抽检饲料256批次，立案查处各类违法行为35起，货值金额23.9余万元，罚没款58.8万余元，有力地维护了饲料生产经营秩序，推动饲料产业健康发展。

4. 抓生产许可证年度备案，组织完成行业统计

工作。根据《饲料和饲料添加剂生产许可证管理办法》的相关规定，分别由省级和市级开展饲料和饲料添加剂生产许可证年度备案工作，及时掌握辖区内企业的生产经营状况，清理停产企业。同时根据行业统计制度，组织完成行业统计工作，按时完成全省饲料季度和年度统计，及时掌握行业发展动态。

【存在问题】

1. 饲料监管队伍力量薄弱。由于饲料产业是跨行业、跨部门的新兴产业，在农业各产业中产业规模总体上小于种养殖业，在县（市、区）域内的产业主体也较少，有的甚至没有，因此，在农业部门内部从事饲料行业监管的力量较薄弱，除省级和宁波、温州两个市设有饲料办外，市、县农业部门未设饲料专管机构，饲料的生产许可和日常管理工作主要由各地畜牧兽医局承担监督管理职能的处、科室承担，少数市、县由农业综合执法机构承担，管理人员大多为兼职，监督执法工作主要由农业综合机构承担。

2. 饲料企业的管理水平有待提升。由于饲料生产企业，特别是部分添加剂预混合饲料、浓缩饲料和配合饲料生产企业规模仍较小，生产管理水平不高，特别是在执行《饲料质量安全管理规范》方面还存在实施不到位的情况。

3. 与饲料法规配套的规章和标准还需完善。由于单一饲料和饲料添加剂品种多，生产条件要求不同，与之相适应的许可条件相对滞后；对养殖者自行配制饲料缺乏管理规定；饲料卫生标准部分指标与推行农牧结合、生态养殖的要求不相适应等。

（浙江省饲料工作办公室）

安徽省饲料工业

【发展概况】

2015年安徽省饲料产品总产量542.8万t，与2014年的516.0万t相比增长5.2%，其中配合饲料511.0万t，浓缩饲料17.3万t，添加剂预混合饲料14.6万t，同比分别增长5.4%、-4.4%、9.8%。全省饲料产品总产值154.9亿元，与2014年的125.7亿元相比增长23.2%。2015年我省饲料产量排名前五的企业分别为安徽省正大源集团有限公司、萧县强英饲料有限公司、合肥华仁农牧集团、嘉吉动物蛋白（安徽）有限公司、滁州温氏畜牧有限公司，合计产量为148万t，占全省饲料总产量的27.2%。

截至2015年年底安徽省共颁发生产许可证（包括到期换证）349个，其中饲料添加剂生产许可证33个，混合型饲料添加剂生产许可证11个，添加剂预混合饲料生产许可证74个，单一饲料生产许可证69个，配合饲料、浓缩饲料、精料补充料生产许可证173个。

【组织机构】

安徽省畜牧兽医局和安徽省饲料工作办公室一个机构两块牌子，负责全省饲料和饲料添加剂行政管理工作；省兽药饲料监察所负责饲料质量监测工作。行政主管部门为安徽省农业委员会。

安徽省饲料工业协会主要职责：调查研究省内外饲料行业的发展动态和趋势，为政府制定饲料行业发展方针、政策、行业规划和措施提出建议；协助政府有关部门制定饲料行业有关法规和标准，向政府有关部门反映本行业要求；宣传、普及饲料工业的基本知识和科学技术，推广最新科技成果的先进经验，为企业增训人才，帮助企业改善经营管理，以提高企业整体素质；组织经济贸易合作与科学技术交流，沟通科研、生产、销售的联系与合作，提供经济技术信息和咨询服务，组织展览、专题研讨会和学术讲座等活动；编辑出版饲料行业有关书籍、资料、报刊，做好宣传报道工作；创办行业服务经济实体和发展饲料工业的公益事业；办理政府委托或交办的事项。

【主要工作】

一、饲料监管主要工作

1. 强化获证企业监管，规范饲料生产行为。 2015年获证企业年度备案现场检查为100%，各市、县饲料行政管理部门共检查获证企业260家，同意备案企业204家，不同意备案企业49家，年度备案合格达78.4%。对不同意备案企业要求限期整改，经整改仍达不到要求饲料生产企业，坚决依法予以取缔。2015年上报申请注销饲料及饲料添加剂生产企业7家，促进了企业规范化管理。

2. 加强流通环节监管，严厉打击饲料“三无”产品。 全年安徽省有关部门监督抽查饲料产品450批次，有442批次合格，合格率为98.2%，比上年（97.2%）略有提高。省级监管部门组织监督检查一次，抽查企业60家；各市、县共出动执法人员980多人次，对辖区内饲料生产、经营和使用环节进行检查，查处问题28起，其中不合格饲料案8起，分别给予了整改、罚款、建议注销等处理；同时对2家企业涉嫌生产保护期内的饲料添加剂产品，由辖区内饲料执法部门进行了查处，给予停产整改和建议注销处理，规范和净化了饲料市场经营行为。

3. 落实监管责任，推行饲料质量安全管理规范。 省畜牧兽医局建立了行政许可专家库，成立了行政许可专家评审委员会，在专家库中随机抽取专家对申报的企业进行现场核实检查；上报8家试点企业申报农业部《饲料质量安全管理规范》示范创建企业，有2家企业通过了农业部专家组的验收；按照属地管理的原则，积极推行产品溯源制度和监管责任制，逐级落实饲料质量安全监管责任。

二、行业协会主要工作

1. 履行特有工种职业技能鉴定站职能工作。全年共有53家饲料企业93人参加培训鉴定，其中中控工23人，化验员46人，维修工24人。

2. 做好企业标准审查工作。全年共召开标准审查会20余次，其中会审7次，累计完成100多家企业225本标准备案工作，其中特殊标准64本。

3. 做好信息服务工作。编辑出版了《饲料与饲养》杂志4期，向会员单位累计发送技术和市场信息短信400余条20多万人次，《饲料与饲养网》全年更新文章300多篇，协会微信公众平台也正式投入运行，另印发了协会《简报》两期，及时向有关部门通报行业信息动态。

4. 完成饲料行业统计工作。全年共向农业部和省畜牧局报送饲料工业统计季报4次，年报1次。

5. 创建互联网＋饲料养殖电商平台项目。协会与北京科维云端数据技术有限公司确定了战略合作关系，并参与成立了安徽壹号圈电子商务有限公司，旨在营造第一产业健康稳定发展圈，参与开发互联网肉类禽蛋批发市场。

6. 组织开展了安徽省饲料行业爱岗敬业模范、安徽省饲料行业技术能手等评选表彰活动。

7. 与省畜牧总站联合开展玉米产业化利用模式研究，选择四个试验点，从玉米种植、脱粒、烘干、收储、成本比较等环节调研并数据采集，总结出饲料玉米产业化利用的167 300和1 130模式，能够实现玉米的优质优价，提高省产玉米利用率。

8. 根据会员反应的盐业部门不当执法饲料添加剂氯化钠的问题，拟文向省政府法制办进行了递交，并参与调解了数家会员单位和盐务局的纠纷问题。

【存在问题】

1. 饲料企业产品标准由“备案制”一刀切改成“声明制”将对食品安全后患极大。基于国务院《深化标准化工作改革方案》精神，安徽省有关部门也出台了实施企业产品和服务标准自我声明公开和监督制度，一刀切地要求所有企业产品标准实行“声明制”，包括饲料企业的预混合饲料、饲料添加剂以及单一饲料等，这些将对未来食品安全管理带来很大隐患。

2. 饲料企业正常使用饲料添加剂氯化钠的道路仍然没有畅通。尽管前期国务院公布了《盐业体制改革方案》，即将放开食盐出厂、批发和零售价格，取消食盐产销区域限制，但“氯化钠与盐”的饲料企业与盐务部门问题之争仍没有根本解决，我省很多饲料企业仍在困惑、等待之中。

3. 沿海城市向内陆地区产能转移趋势增强，外来大企业陆续加入本地市场竞争，使本省饲料市场规模有所扩大，竞争性进一步加剧，行业整体产能利用率下降。

4. “混合型饲料添加剂”生产经营市场开始显现不规范性。依据农业部1849号公告中对“混合型饲料添加剂”的定义，陆续有饲料企业通过买进高纯度的饲料添加剂（如赖氨酸、蛋氨酸、维生素等），以不同数量或很少量的添加剂成分配以大量的载体或稀释剂，都以同样名称“混合型饲料添加剂×××”，价格有高有低，导致生产经营市场中出现一定的不规范性或混乱性。

（安徽省饲料工业办公室）

福建省饲料工业

【发展概况】

2015年，共有饲料和饲料添加剂生产企业362家，其中添加剂预混料生产企业103家；饲料添加剂企业36家；配合饲料、浓缩饲料（含精料补充料）234家；单一饲料51家。

2015年饲料总产量816.0万t，同比增长0.2%；其中配合饲料775.4万t，同比增长1.2%；浓缩饲料14.8万t，同比减少29.9%；添加剂预混料25.8万t，同比减少6.2%。猪饲料404.4万t，蛋禽饲料84.9万t，肉禽饲料210.3万t，水产饲料112.0万t；反刍饲料0.2万t，其他饲料4.2万t。

饲料添加剂产量6.1万t，产值6.9亿元，出口1.4亿元，主要有α-淀粉、二氧化硅、维生素、酶制剂、微生物制剂等，其中维生素A产量2 341t，维生素D_3产量489t，维生素AD_3产量280t，维生素E产量381t，苏氨酸134t。

饲料原料（单一饲料）285万t，鱼油1.37万t，豆粕143.4万t，膨化豆粕98.7万t，菜籽粕40.0万t，发酵豆粕1 935t。

【组织机构】

福建省农业厅和各市、县、区农业局为饲料主管部门，省农业厅内设饲料兽药管理处，负责全省饲料行政管理的日常工作，福建省动物卫生监督所承担饲料行政执法职能；福建省农产品质量安全检验检测中心（福建省兽药饲料监察所）负责饲料质量检测工作。

【主要工作】

1. 简政放权，依法审批。2015年依法核发92个饲料和饲料添加剂生产许可证；核发68家饲料和饲料添加剂企业饲料添加剂和添加剂预混合饲料产品批准文号。下放现场勘查。2015年9月，下发了《福建省农业厅关于委托部分省级行政审批事项现场勘查权的通知》（闽农政［2015］205号），将饲料和饲料添加剂生产许可（饲料添加剂、添加剂预混合饲料生产许可除外）的现场勘查权委托给市（县）农业部门行使。根据省审改办规定，属福州新区和福建自贸区辖区内的企业，福建省将饲料及饲料添加剂审批事项授权福州新区及福建自贸区实施。

2. 开展宣传培训活动，落实饲料兽药法规规章。2015年6月，在福州举办全省饲料安全生产培训班。全省各市、县（区）饲料管理机构具体负责人、饲料质量安全管理规范指导专家组成员、全省饲料及饲料添加剂生产企业负责人共450人参加了培训。

3. 组织开展年度备案以及实地核实工作，淘汰不符合条件饲料生产企业。根据《饲料和饲料添加剂生产许可管理办法》等有关规定，组织全省各地农业局开展饲料生产企业备案材料初审和企业实地核实工作，企业实地检查率100%。经审查，福建省新兴达饲料开发有限公司等253家饲料和饲料添加剂（单一饲料除外）生产企业通过年度备案；建阳市家富饲料有限公司等38家单一饲料生产企业通过年度备案；福州金恒达饲料有限公司等17家饲料或饲料添加剂生产企业未通过年度备案；福建省华龙饲料有限公司等21家企业饲料或饲料添加剂生产企业生产许可证予以注销。

4. 组织开展专项检查和督查。2015年5月份和11月份，省厅组织检查组，开展专项检查工作，检查组通过听取汇报、查阅资料、现场检查等方式，对设区市饲料企业年度备案情况、饲料监管情况进行专项检查，对检查中发现的问题，要求企业限期整改。

5. 加强自配料管理。为进一步加强食品安全管理，印发了《福建省农业厅关于加强养殖场自配料监管的通知》（闽农牧［2015］110号），规范自配料管理，消除养殖场户自行配制的饲料质量安全隐患，明确了监管重点，要求各级管理部门落实主体责任，强化监管措施，加强监督执法。

6. 推进《饲料质量安全管理规范》实施。福建省通过开展饲料质量安全管理规范活动，引导饲料企业实施《规范》，促进企业全面提高质量安全管控能力，提升产品质量安全水平。一是积极参与全国示范创建工作。2015年，福建省又有3家企业通过农业部专家组现场验收。二是开展省级示范创建活动。经过省级专家组现场验收，我省有12家企业成为省级规范示范企业，树立了饲料质量安全管理的“样板”和“标杆”。三是严格考核。福建省在验收时，坚持标准不降低，不走过场，充分发挥示范带动作用。通过培训、部署和推动、指导、检查，使参与示范创建企业在实践中纠正偏差，不断完善提升管理水平，使之更加符合规范要求。

7. 集中开展饲料和饲料添加剂安全生产专项整治工作。

（1）及早部署，全面检查。年初发文部署饲料安全生产监督检查，要求饲料管理部门对所有企业安全生产情况进行了实地检查，对发现的安全隐患，必须下达整改通知限期整改。

（2）监督检查，督促整改。5月份，结合年度备案抽查工作，抽取4个设区市，每个设区市检查2家企业进行安全生产专项检查，对检查中发现的问题，要求企业限期整改。10月份，结合日常监督检查，开展了饲料生产安全管理督导检查工作，抽查了4个设区市，8家企业，对饲料生产安全管理执行情况进行了督促检查。

（3）落实企业安全生产责任体系。印发了《企业安全生产责令体系五落实五到位》挂图1 000份，将《防粉尘爆炸五条规定》和《企业安全生产责令体系五落实五到位》挂图分发给企业，并有专门人员签收，明确企业安全生产的主体责任，要求宣传挂图在各企业显眼位置进行张贴。

（4）开展安全生产专项抽查。根据福建省政府安委会有关文件要求，印发了《关于持续深化饲料和饲料添加剂生产企业粉尘防爆安全生产专项整治的通知》（闽农厅办［2015］81号）等安全生产专项检查有关文件，印发了《福建省农业厅关于开展饲料和饲料添加剂生产企业防范粉尘爆炸专项检查的通知》，按照《粉尘作业场所检查情况表》，对每家企业均进行了安全生产专项检查。通过专项检查，排查事故隐患，要求企业在规定时间内完成自查自纠整改工作，并将自查自改情况书面上报。

（5）完善应急管理。福建省农业厅制定下发了《饲料兽药安全生产事件应急预案》（闽农医［2015］182号），完善饲料兽药安全生产事件的应急管理，指导基层开展饲料兽药安全生产事件应急处置工作。转发了《关于进一步加强安全生产应急预案管理工作的通知》（闽农牧函［2015］905号），要求各地结合《福建省饲料兽药安全生产事件应急预案》，督促本辖区内饲料和饲料添加剂生产企业编制、落实本企业安全生产应急预案，要将企业应急预案编制、修订、备案、演练、培训等内容作为安全生产检查的重要内容，提高企业安全生产应急处理能力。

8. 饲料工业职业技能培训鉴定工作。2015年，共举办了3期特有工种培训鉴定班，133人获得由农业部职业技能指导中心颁发的职业资格证书，其中中级饲料检验化验员39人，中级饲料检验化验员48人；饲料加工设备维修工合格46人。

（福建省农业厅饲料兽药管理处）

江西省饲料工业

【发展概况】

2015年江西省饲料工作以全面实施《饲料质量安全管理规范》为目标，以实施《全省饲料质量安全整治专项实施方案》为抓手，进一步完善监管机制，大力推进现代企业制度建设，着力构建企业管理规范、产品优质安全、资源高效利用的现代化饲料工业体系，畜牧水产养殖业持续健康发展提供可靠物质保障。2015年开展饲料质量安全专项整治行动，加强对饲料生产和经营企业的监督、管理，切实做好指导、协调和服务工作，圆满实现了全省饲料工业目标任务。

1. 产量产值增长速度加快。2015年饲料工业总产量881.4万t，同比增长22.0%。其中配合饲料797.9万t，同比增长22.7%；浓缩饲料24.9万t，同比减少1.6%；添加剂预混合饲料58.5万t，同比增长25.5%；添加剂11.2万t，同比增长195.7%。实现饲料工业总产值313.4亿元，同比增长14.8%。

2. 行业品牌名牌意识稳步提高。江西省双胞胎集团、正邦集团评为中国制造业500强、中国畜牧行业百强优秀企业，江西赣达饲料有限公司、江西华达集团5家企业被认定为农业产业化国家重点龙头企业，20家企业被认定为农业产业化省级重点龙头企业，34家企业被认定为农业产业化市级重点龙头企业。全省58家企业通过ISO 9001产品质量管理体系认证，11家企业通过了HACCP安全管理体系认证。“双胞胎牌”猪饲料，“正邦牌”猪、禽饲料荣获中国名牌。“赣达牌”“华达牌”“海联牌”“加大牌”和“朱师傅牌”饲料产品获得省政府名牌产品称号。正邦集团、南昌正大有限公司、赣州裕丰大成有限公司、江西赣达集团等企业以饲料产业为龙头，充分挖掘潜力，发挥优势，向产前、产中、产后延伸，形成了现代农业经营产业链，提高了产品附加值，取得了产量、产值和效益的同步增长，增强了企业的竞争水平，呈现出较强的抗风险能力。

3. 产业集中度进一步提升。江西省各级饲料管理部门充分利用市场优势和现有饲料生产基地，抓住各地工业园、经济开发区招商引资的大好机遇，积极引导饲料企业进区入园，逐步形成了以正邦、正大、格力特为代表的南昌市经济技术开发区饲料产业集群，以南昌柯恩、南昌比利美英伟为代表的南昌县小蓝工业园饲料产业集群，以加大、八维、朱师傅、宝宝仔为代表的赣州市经济技术开发区饲料产业集群，以傲农、华农恒青为代表的高安市八景工业项目区饲料产业集群，以正邦、联和、凯日、鑫达为代表的新干县城南（北）工业园饲料产业集群，以双胞胎、吉星、天邦为代表的新余市高新开发区饲料产业集群，以正邦、九鼎、饲料原料物流中心为代表的东乡工业园饲料产业集群等七大饲料产业集群。

【组织机构】

1. 机构。江西省饲料工业办公室为全额拨款事业单位，编制12人。内设机构3个，名称分别是：综合科、监督管理科、行业指导科。

2. 职能。受饲料行政主管部门委托，负责全省饲料工业的行业管理工作。负责提出和编制全省饲料行业发展规划，并组织实施；负责组织全省饲料和饲料添加剂产品在生产环节、养殖环节、流通环节的质量安全监管；负责饲料添加剂和添加剂预混料生产许可证审核发放、产品批准文号的核准发放；负责饲料企业的培训、饲料行业职业技能鉴定、饲料标准化技术工作；牵头畜产品质量安全监督管理工作。

【主要工作】

1. 加强饲料安全监管。在江西省范围内全力推进《饲料质量安全管理规范》的示范企业创建工作。2015年召开了全省《饲料质量安全管理规范》推进会和全省《饲料质量安全管理规范》培训班。

2. 加大“瘦肉精”等违禁物查处力度。为深入推进“瘦肉精”专项整治，严厉打击畜牧养殖环节中添加“瘦肉精”等违禁添加物的违法行为，保障畜产品安全，2015年全国饲料产品质量安全监测，江西省企业合格率为94.1%，产品合格率为96.1%。我省2015年饲料安全专项监测，企业合格率为100%，产品合格率为100%。

3. 开展饲料专项整治行动。2015年下发了《全省饲料质量安全专项整治行动方案》，根据2015年7月1日实施的《饲料质量安全管理规范》和江西省《全省饲料质量安全专项整治行动方案》的要求，把《专项整治行动》与《规范》的示范创建工作结合起来，深入各设区市、各饲料企业开展工作。

4. 加强省际交流，增进同行间友谊。配合中国饲料工业协会信息中心来赣对江西省饲料产业集中度进行调研，重点调研江西省饲料企业集团综合发展情况；河南省饲料工业协会组织30多家企业老总考察江西省饲料工业，重点到双胞胎集团调研。通过交流，增进了友谊，加深了了解，提高了江西省饲料企业的知名度。

（江西省饲料工业办公室）

山东省饲料工业

【发展概况】

2015年，山东省畜牧业虽然承受强大的下行压力，但实现了止跌回稳，据畜牧行业统计，全年全省肉类产量762万t，同比增长0.52%；蛋类产量423万t，同比增长9.25%；牛奶产量275万t，同比减少1.51%。

2015年山东省有饲料生产企业1 231家，饲料生产总量达到2 288.1万t，较去年上涨6.0%，其中配合饲料2 102.4万t，浓缩饲料99.0万t，添加剂预混合饲料86.6万t，较去年分别增长9.3%、下降27.5%、下降12.0%。

行业发展呈现的主要特点：①配合饲料在肉禽料、猪料恢复的带动下实现大幅度的提升；②原料价格波动明显，进一步挤压了浓缩饲料、预混合饲料市场，大部分预混合饲料转向企业集团自用；③集团大型企业借低势扩张、抄底势头不减，但效益成为集团间分化的关键，一些近年来追求规模扩张的新兴集团后劲不足，出现收缩疲态；④受中小企业进一步分化，一些规模适中、产品针对性强、拥有核心客户群的中型企业成长起来。

【组织机构】

根据中共中央、国务院批准的《山东省人民政府机构改革方案》（厅字［2009］22号）和《中共山东省委山东省人民政府关于山东省人民政府机构改革的实施意见》（鲁发［2009］14号），设立山东省畜牧兽医局，由省农业厅管理。内设7个职能处室。

饲料处负责拟定饲料、饲料添加剂管理及草原（场）保护、建设的政策并组织实施；负责饲料、饲料添加剂、草原（场）和草种监督管理工作；负责饲料、饲料添加剂生产企业设立条件审查和动物源性饲料生产企业安全卫生审查；负责饲草资源的保护及开发利用；负责草种生产经营、草原（场）征占用审核审批；按规定负责有关饲料及饲料添加剂、牧草项目的筛选、实施和管理；承担省草场防火办公室的具体工作。对上可使用“山东省饲料工作办公室”的名义。

【主要工作】

2015年，山东省农业局认真贯彻国家省市有关精神，以“转调并举、保障安全”为方针，以行政审批、安全抽检、监督检查、专项行动、案件查处、规范实施为抓手，扎实开展饲料监督管理工作，主要做了以下五个方面：

1. 认真做好行政审批工作。2015年，共核换发饲料生产许可证544个，注销生产许可证220个，核发饲料添加剂和添加剂预混合饲料产品批准文号3 639个，核换发草种生产许可证2个，草种经营许可证4个，草种进出口审批件2件。为确保工作严格高效，着力做好两个方面：首先一切许可进大厅。认真贯彻落实各级关于行政审批信息化的有关精神，扎实推进行政审批信息化建设，安排专人负责，确保审批要求全公开，审批受理走大厅，审批信息全上网，审批结果全公开。规范非审批工作办理机制，发公告规范委托生产、自由销售证明办理说明，明确了办事流程和材料要求。第二是设立现场审核“观察员”。根据工作情况，委派一名观察员负责行程安排、沟通协调和现场监督审核工作开展。观察员有权向省局反馈专家工作情况，并作为专家考核评价依据。同时，积极面向服务对象征求意见，确保现场审核公平公正。

2. 积极推进贯彻《饲料质量安全管理规范》。2015年，围绕《规范》贯彻落实，重点做好摸底排查、示范推进两个方面，全省已有4家企业被农业部授予饲料质量安全管理规范示范企业称号，8家企业被授予省级示范企业称号。着力抓好四点：

（1）开展摸底排查，掌握有积极性的企业，进行重点指导。通过年度备案工作，对全省相关企业进行了大排查，重点检查持有预混料老证的企业，及时督促企业着手硬件改造和检验设备配备，并列入重点监控名单。同时，在日常许可验收中，区别对待新建企业和续展企业，明确要求对于续展企业首先检查《规范》实施后的运行情况，在对其进行许可审核。

（2）积极开展《规范》示范创建工作。本着“慎重选择，重点培养”的原则，把示范企业创建作为提升企业水平的重要抓手，在选择示范企业时，着重考虑企业素质，同时注重企业积极性，侧重规范贯彻实施，对于条件好、积极性高的企业重点服务，以点带面，积极推进示范企业创建，同时积极开展省级示范企业验收和部级示范企业遴选工作，2015 年对全省 7 个市申报的 8 家企业开展示范企业验收，兼顾集中指导，从通过企业中择优选择 4 家上报农业部，积极申报农业部示范企业。

（3）加强对示范企业后续跟踪管理，建立定期回访检查制度，督促企业对规范运行情况进行自查，并加强对示范企业的监督指导和后续跟踪、回访。开展《规范》推进督导检查，采取跨地交互的方式，促进全省监管工作平衡开展。

（4）通过验收促规范。对换证企业开展验收时，认真按照《规范》查阅企业制度、记录及其运行情况。

3. 开展饲草料质量安全监督抽检和质量风险预警。按照农业部、省食安办统一要求，2015 年，山东省继续开展饲草料监督监测，主要任务涉及养殖环节“瘦肉精”监督抽检、饲料质量安全监督抽检、饲料原料动物油脂风险监测、草种质量监督抽检草产品质量风险监测。全省抽取 29 个动物用油（其中 8 个鸡油、17 个鸭油、4 个猪油）样品，进行了酸价、过氧化值、丙二醛、苯并芘等指标风险监测，抽检猪、肉牛、肉羊尿液 3 100 批，抽检各类饲料样品 364 批，抽检草种 95 批次，草产品 304 批次。

4. 扎实开展企业日常监督监管。2015 年充分利用信息化手段，不断创新监管模式，探索开展多维度、大数据化监管。

（1）企业备案、饲料统计全部实现电子化。安排专人具体负责相关工作和信息的梳理、发布，确保全部数据网上可查，并及时对外发布。以省行政审批系统为主线，建立台账，公开信息，建立全省百余家饲料生产企业月报体系，及时掌握全省饲料生产微观动态。定期开展，系统间数据比对，排查信息异常企业（如：特有工种兼职、未报生产报表等）重点监控。

（2）开展监督检查。定期开展专项监督检查，采取交互检查的模式，促进全省工作平衡开展。明确县级每 6 个月对辖区企业检查一次，市级每 6 个月至少对 1 个县的饲料管理工作情况进行巡查并至少检查 1 家饲料生产企业，省级在每次派出现场审核组审核许可时，选取申报企业所在市辖区内 1～2 家已获证企业进行监督检查。2015 年省级抽查 79 家企业，对确认具有重大质量安全问题的企业，实施 1 年期的重点监管。

（3）积极开展案件查处工作。积极受理各类案件举报、转办、移送和抽检发现违法行为，2015 年全省各级共督办案件 107 起，查处涉案企业或法人 100 个，处罚款 39.5 万元。部分重点案件采取领导亲自挂靠督办，处室负责人亲赴一线督导案件调查办理工作。

5. 理顺饲料添加剂氯化钠监管职责。积极与省府和相关部门沟通，终于促成省府发文（鲁编办函［2015］30 号）明确了农业（畜牧）部门对饲料添加剂氯化钠的监管职责，为山东省行业健康发展营造了良好环境。

6. 全省“粮改饲”工作实现破题。初步统计，2015 年全省种植青贮玉米连片 1 000 亩以上地块有 102 块，面积 40 多万亩，较 2014 年增加近 30 万亩。种植连片 50 亩以上苜蓿 25 块，面积 5.5 万亩；其中连片 1 000 亩以上苜蓿 15 块，面积 5.4 万亩。主要做法：一是全省“粮改饲”实施方案完成调研、初稿起草、专家论证、部门会签、征求意见工作，并报请省长常务会议研究。二是积极开展“粮改饲”技术试验、技术集成和种养结合模式探索。争取国家相关扶持资金。争取国家专用青贮玉米推广项目资金 240 万元，建立了阳信、临清、肥城 3 个专用青贮玉米示范点开展相关试验研究、技术集成和种养结合模式探索。三是积极协调安排项目扶持资金。2015 年争取省级扶持资金 4 000 万元用于“粮改饲”试点，目前，8 个试点县正在实施中。四是整合现有相关秸秆养畜、苜蓿种植项目引导试点。

（山东省饲料工作办公室）

河南省饲料工业

【发展概况】

2015年，河南省饲料工业总体形势不太乐观，生产量呈现出先降后升的态势。上半年，受肉类消费下降、养殖行情低迷的影响，猪、蛋禽饲料产量总体下降，其中猪饲料264万t，同比下滑了9.89%，蛋禽饲料产量60.7万t，同比下滑了15.6%。进入7月份后，随着畜产品价格的回升、养殖行情的逐渐恢复，特别是生猪价格的迅速上涨，猪饲料生产形势逐渐好转，蛋禽养殖利润也有所回升，蛋禽饲料的产量也和同期比有所上升，全年水产饲料价高利好，增幅较大，反刍饲料持续平稳运行。据统计，2015年，全省全年商品饲料总产量达1 236.2万t，同比下降1.2%。其中配合饲料产量1 050.8万t，同比下降0.2%；浓缩饲料产量156.7万t，同比下降10.5%；预混合饲料产量28.6万t，同比增长20.7%。其中猪饲料产量664.8万t，同比下降8.1%；蛋禽饲料产量163.7万t，同比增长9.1%；肉禽饲料产量332.6万t，同比增长6.8%；水产饲料产量49.5万t，同比增长16.7%；反刍饲料产量17.9万t，同比增长1.1%；其他饲料产量7.6万t，同比增长11.15%。

2015年，河南省饲料工业发展主要呈现如下几个特点：

1. 饲料生产企业数量急剧减少。由于国务院新修订出台了《饲料和饲料添加剂管理条例》，饲料生产企业由原来审查合格证更换为生产许可证，抬高了准入门槛，一部分饲料生产企业达不到条件被淘汰。2013年年底河南省共有饲料生产企业989家，到2015年年底，全年共有饲料生产企业710家，减少了279家，减幅近三分之一。

2. 两极分化加剧。随着市场竞争加剧，质量监管越来越严和散养户的逐渐退出，大型饲料企业实力越来越强，市场份额越来越大，小型饲料企业生存空间越来越小，产业集中度不断提高。华英、牧原、雏鹰、正大、六和等位居河南前三十位的饲料企业产销量已占全省饲料产销量的近40%，并呈现扩大趋势。

3. 产业对接更加紧密。实力雄厚的饲料企业更多地选择从源头到终端的全产业链经营模式，如正大集团等企业，由单纯饲料生产经营延伸到了饲料原料种植、畜禽养殖、畜产品冷熟食的加工、连锁专卖、融资担保、商贸等全产业链条经营。中小型饲料企业更多地采取联合原料企业、养殖企业、畜产品深加工企业等产业链中的企业，以股份制、合作社等形式共同组成紧密型或松散型的一条龙经营模式，共同提高竞争力和抵御市场风险能力，如广安与个体养猪场的合作模式、商都六和等企业的合作模式等。产业整合加快，饲料企业之间的兼并、联盟现象涌现。

4. 饲料生产集聚发展态势初现。随着河南产业集聚区建设和发展，饲料生产企业依托原料优势、交通优势、品牌优势等出现集聚发展态势。如河南省饲料工业（荥阳）示范园区有12家饲料生产企业集聚，产能达238万t；周口市的商水县、安阳市的汤阴县、驻马店市等地饲料产业园区正在形成，并已初具雏形。

5. 产品生产日趋专业化、精细化。产品品种多而全的现象逐渐发展成产品专业化、精细化、特色化。如：广安专做猪饲料，雄峰专做猪预混合饲料，大用、永达等企业专做禽料，大德专做水产料、焦作美博士专做鹌鹑开口料等。

6. 饲料散装化趋势明显。2015年，集团化的企业自产自用饲料基本实现了饲料的散装散运，如牧原、雏鹰、大用、永达等；大型饲料企业已与部分客户实现了饲料散装化，如宏展、正大、广安、新乡大北农等；中小型饲料企业也都在结合各自实际积极探索尝试饲料散装化。散装饲料由于具有节约成本、利于环保、稳定客户等优势，发展趋势明显。

7. 预混合饲料崛起。由于近两年玉米、豆粕等大宗饲料原料价格低迷和自配料生产份额加大的原因，预混合饲料产量增幅较大。2015年预混合饲料产量比2014年增长20.65%，而且发展势头有增无减。

8. 饲料电商发展成为亮点。随着互联网应用的快速发展，电子商务成为了饲料行业营销新模式，改变了饲料传统的营销理念，减少了销售环节，降低了成本，提高了效率。全省各饲料企业都在积极探索发展饲料营销电子商务。如新乡大北农、汤阴益农等企业在饲料电商方面发展较快，取得显著收益。

【组织机构】

2014年6月10日，河南省政府办公厅下发了《河南省畜牧局主要职责内设机构和人员编制规定》（豫政办［2014］74号），省畜牧局设12个内设机构，其中，省畜牧局饲料处为省级饲料管理部门，取消了原有的河南省饲料工业管理办公室。省畜牧局饲料处为正处级行政处室，现有行政编制4人，其主要职责是组织制定饲料工业发展和草原保护建设政策、规划并组织实施；监督执行饲料产品质量标准和行业技术规范；负责饲料行业质量监督管理工作、饲草饲料资源保护和开发利用工作；组织饲料行业新技术、新产品推广应用；负责草场建设、保护和监理工作；负责设立饲料添加剂、添加剂预混合饲料生产企业草种进出口审批，草种质量检验机构及检验员资格认证等工作并承担相应责任。全省18个省辖市畜牧局有10个设立正科级饲料科，其他省辖市饲料管理合并到其他科室。

【主要工作】

1. 严格饲料生产行政许可。认真落实《饲料生产许可审批工作程序》《饲料生产许可现场审核专家管理办法》等各项制度，严格审批核程序，实行专家现场审核和现场审核“三不告知”和“三不准”规定，即不告知当地饲料管理部门现场审核哪家企业、不告知验收专家去哪家企业开展现场审核、不告知企业专家组成，不准接送、不准吃请、不准收受红包及土特产，确保了现场审核的严肃性、公正性和廉洁性。到2015年年底，全省共现场审核饲料生产企业705家，通过审核获取新证的饲料生产企业共计688家，颁发生产许可证725个，其中，配合饲料、浓缩饲料生产许可证456个、单一饲料生产许可证111个、新发和到期换发预混合饲料、饲料添加剂生产许可证158个。核发添加剂预混合饲料、饲料添加剂产品批准文号2 783个。

2. 深入推进《饲料质量安全管理规范》的落实。2015年切实把《规范》落实工作作为饲料管理的重中之重，放到突出位置来抓。一是深入开展宣传培训。按照分片分期的原则，对河南省饲料企业进行了《规范》轮训。省级先后在开封、南阳、济源等地开展了6期《规范》培训班，共培训饲料生产企业负责人、品管负责人和市县饲料管理部门负责人、畜牧兽医执法人员1 080人，各省辖市共培训各类人员3 000多人，全省共发放《规范》培训教材4 000多册，为《规范》的顺利实施打下了坚实基础。二是开展《规范》示范试点。全省共培育《规范》示范试点企业46个，从原料采购、生产过程和产品检验、贮存、运输、追溯及召回等方面，严格按照《规范》进行管理，示范带动全省《规范》的落实。三是开展《规范》技术指导。省畜牧局成立了《规范》专家指导组，选调10名相关专家组成专家指导组，深入饲料生产企业现场解疑，指导饲料生产企业制订符合企业实际、切实可行的管理制度、操作规程及各项记录。同时，积极邀请农业部相关专家对河南普爱饲料股份有限公司、河南广安集团、河南雄峰科技有限公司、新乡大北农农牧有限责任公司等四家条件较好的饲料企业开展《规范》现场指导工作。四是积极推动示范企业挂牌工作。及时启动了省级《规范》示范企业挂牌活动，在做好省级示范企业培育挂牌的同时，积极申报农业部示范企业挂牌，新乡大北农、广安、雄峰和普爱四家企业已经过农业部专家组现场验收。其中，新乡大北农、广安和雄峰三家饲料生产企业通过验收，成为部级规范示范企业。五是开展监督检查。省畜牧局抽调人员组成4个《规范》监督检查组，对全省《规范》落实情况开展了交叉监督检查，有效督促《规范》全面落实。

3. 强化饲料质量安全监管。一是强化监测预警。结合河南省饲料监测工作开展情况，2015年下达了2 800批次省级饲料产品质量检测计划和700批次风险监测计划，重点对饲料中兽药及违禁物质、饲料原料中霉菌毒素、饲料中致病微生物等进行风险监测。二是深化饲料原料专项整治。为更好地从源头控制饲料质量安全，对全省饲料原料企业进行了检查和抽检，重点监测饲料原料霉菌毒素含量和动物源性饲料原料沙门氏菌污染情况。三是及时开展了蛋鸡饲料集中治理。根据风险监测结果，针对出现的问题，全省开展了为期一个月的蛋鸡饲料专项监督检查，重点对蛋鸡饲料生产环节、经营环节、养殖（使用）环节进行了专项检查，并对生产、经营和使用企业进行了样品抽样和检测，共抽检了131个饲料样品，省质检中心检测项目为16大类100种药物筛选，共筛选出12个饲料产品属于不合理使用和非法使用药物，其中11个属于非法使用、1个属于不合理使用，并依法进行了查处。

4. 加大监督检查力度。一是开展监督检查。省局组织了三次全省性监督检查，共检查饲料企业205家，重点检查了企业生产环境、生产条件、检化验条件等有无发生变化，是否有影响畜产品质量安全的风险隐患和有无超范围生产，是否认真落实饲料原料评价和再评价制度等。二是充分发挥检打联动的机制，加强案件的查处力度。依托畜牧兽医综合执法，对违法违规饲料生产、经营企业，建立“黑名单”制度并实施跟踪监管，严厉打击不法行为，构成犯罪的，依法追究刑事责任。2015 年共查处饲料案件 143 起，结案 121 起，移送公安机关 2 起。其中：生产环节 32 起，经营环节 96 起，使用环节 15 起。达到“发现一起，严打一起，警示一片”的效果。

5. 研究制定草种等草业方面的行政审批程序和条件。为认真贯彻落实《国务院关于取消和下放一批行政审批项目的决定》，规范河南省草业行政许可工作，根据《种子法》和《草种管理办法》等法律法规，结合我省实际，制定了草种进出口审批、在草原上修建直接为草原保护和畜牧业生产服务的工程设施使用 $70hm^2$ 以上草原审批、草种质量检验机构资格认定、草种检验员资格认定和草种生产、经营审核程序及申报材料要求等。并积极联合饲草站对我省主要草种生产经营企业情况进行了调研。

6. 出台了《河南饲料工业发展白皮书》。为了准确掌握全省饲料发展情况，科学指导全省饲料业健康发展，对全省所有饲料、饲料添加剂生产企业和经营门店、养殖场自配料加工企业的从业人员、用地情况、生产经营情况、生产能力等数据进行了全面摸底调查。抽调专家、部分省辖市饲料管理工人员等组成 6 个联合调研组，分赴周口、焦作等 10 个省辖市 25 个饲料生产企业和部分经营门市部、自配料养殖场开展了数据抽样核实和现场调研。组织撰写出台了《河南饲料工业发展白皮书》。

7. 指导协调协会和商会开展工作。以协会、商会为载体加强行业宣传和行业服务，努力推进我省饲料业健康发展。一是依托河南饲料工业信息网和《中原饲料》杂志加强行业宣传。2015 年共在河南饲料工业信息网发布信息 320 条，印发《中原饲料》杂志 12 期。二是指导完成了饲料行业职业技能鉴定工作，全年共鉴定饲料企业化验员、中控工、维修工共 350 人。三是积极组织大型饲料生产企业“走出去”学习交流。先后组织部分协会、商会副会长单位和部分常务理事赴山东、广东、江西等省份学习交流协会管理工作、企业质量管理、技术研发、发展模式等，召开了座谈会，实地参观了山东六和、广东温氏和海大、江西双胞胎等饲料企业集团。还组织我省正昌、中大等饲料机械企业赴江苏牧羊集团参观学习。四是积极组团参加全国 2015 年全国饲料工业展览会。15 家饲料生产企业和饲料机构企业 80 多人参加了展会，9 家饲料添加剂和饲料机构企业开展了布展。五是加强行业自律。探索推行全省饲料质量安全诚信体系建设，起草了全省饲料质量安全诚信体系建设指导意见。六是举办了协会会员单位青年交流活动。激发了团队精神和干事创业的热情。

【存在问题】

1. 创新能力不强、科技投入不足。饲料企业科技投入不足，高新技术人才缺乏，自主研发能力弱，产品升级换代较慢。科研与生产和市场脱节问题严重，使许多科研院所、大专院校的科研成果不能得到有效转化。

2. 饲添加剂、专用饲料等高端饲料产品少。饲料添加剂生产企业数量少、规模小、影响力弱，难以同饲料大省相匹配。宠物饲料、特种养殖动物饲料等高附加值的高端饲料产品生产企业较少。

3. 部分中小型饲料企业主体责任意识差。仍存在着有不规范使用饲料添加剂和药物饲料添加剂的现象，产品质量仍存在安全隐患。四是大型龙头企业少，辐射带动能力不强。河南省饲料企业无一家进入全国前 10 强企业，也无上市饲料企业。

（河南省畜牧局饲料处）

湖北省饲料工业

【发展概况】

2015年，湖北省饲料行业继续“转方式、调结构”，着力“谋发展、抓换证、推规范、严监管”，为饲料工业发展增添持久动力。全年全省饲料和饲料添加剂生产总量834.3万t、增幅15.4%，总产值308.7亿元、增幅9.4%，饲料质量总体合格率98.57%。

1. 饲料生产情况。全年湖北省饲料生产总量790.6万t、增幅16.3%，总产值278.4亿元、增幅10.6%。一至四季度产量分别为110.7万t、223.6万t、233.1万t、223.3万t，占全年生产的14%、28.3%、29.5%、28.2%。按品种分，生产猪料266.3万t，同比增6.1%；蛋禽料166.6万t，增20.5%；肉禽料124.5万t，增30.8%；水产料233.1万t，增19.2%。按类型分，配合饲料748.1万t，同比增17.1%；浓缩饲料27.5万t，增0.4%；预混合饲料15.0万t，增10.3%。2015年生产饲料前10名的企业是：宜城襄大、荆州海大、监利温氏、襄阳正大、湖北同星、浠水晨科、宜昌正大、湖北海大、浠水海大、鄂州海大。

2. 添加剂生产情况。湖北省生产各类饲料添加剂43.8万t，总产值30.3亿元。主要为矿物元素及其络合物、维生素、微生物、氨基酸、酶制剂。主导产品有磷酸氢钙32.8万t、硫酸亚铁4.5万t、微生物2.5万t、酶制剂1.3万t、赖氨酸0.4万t、蛋氨酸0.4万t、维生素B_2 0.3万t。

【发展特点】

1. 企业生产方式有新变化。为适应消费市场和养殖业结构变化，饲料企业加快转变饲料生产方式，发展引擎上由“过去的饲料业拉动养殖业发展换挡到养殖业推动饲料业发展”；生产方式上由过去的粗放式生产向精细化生产、以供定产转变。一些没有技术、资金、服务链优势的中小饲料企业处于停产、半停产状态，面临退出市场窘境。一些有实力的企业积极应对行业变化，改造或投产了起点高、投资大、自动化程度高的饲料企业，以规模化、标准化、产业化兼顾个性化、差异化发展，真正满足客户需求、降低生产成本，抢占市场份额，在市场转型中发展，在发展中谋求适应新常态。

2. 大企业市场份额有显著提升。湖北省持许可证饲料企业334个，其中，国有的6个、私营的208个、股份有限公司70个、股份责任公司111个、联营的1个、其他的1个。从企业数上看，我省变化不大，但从实质上看，饲料企业完成了新旧更替，去掉的大多数是中小饲料企业，新补充的或改造提升的都是有实力的企业。据企业2015年报显示，生产20万t以上企业4家，共生产饲料184t、占比23.3%；10万～20万t以上企业有11家，共生产饲料181万t、占比22.8%；5万～10万t企业有29家，生产饲料200万t、占比25.3%；5万t以下的企业有160家，生产饲料226万t、占比28.6%。新增的企业中有通威、海大、中粮、正大、新希望等知名饲料企业建设的新厂，新增产能150万t，也有技术含量高的饲料添加剂生产企业。

3. 禽饲料、水产饲料高速增长。饲料产品中猪饲料、禽饲料、水产饲料占比分别达33.7%、36.8%、29.5%，较2014年猪饲料、禽饲料、水产饲料占比分别达36.9%、34.3%、28.8%有了新的变化，养殖结构深度调整。从生产增速看，蛋禽料增20.5%、肉禽料增30.8%，水产料增19.2%，猪料增6.1%。禽料继续保持快速增长得益于家禽养殖业快速发展，饲养量大幅度增加，特别是全省地方鸡（江汉鸡、洪山鸡、双莲鸡、郧阳大鸡、景阳鸡、郧阳白羽乌鸡、麻城绿壳蛋鸡）、生态鸡养殖激增；全年家禽出笼5.3亿只，禽蛋产量165.29万吨，有生态养鸡专业合作社120多家，注册的土鸡、土鸡蛋商标品牌100多个；但2015年饲料生产增幅较前两年明显收窄，主要是受活鸡和鸡蛋价格高位回落和各地划定限养区域、治污力度加大影响。水产料高速增长的主因是下游需求拉动效应，以及各大厂家纷纷提升生产工艺，膨化料占比大幅提升，传统畜牧行业企业大举进军水产饲料。

4. 配合饲料成为市场主力。湖北省经过持续政策支持，全省万头以上规模猪场总数781个，农户建立各类标准化养殖场80 834栋，畜禽标准化养殖率达到45%，为饲料生产提供了较大的市场空间和增长潜力。全年配合饲料产量748.1万t，同比增17.1%，配合饲料作为可直接喂养的全价饲料，符合养殖规模化、合作社、家庭农场等新型业态发展方向，延续增长势头，占比达全部商品饲料的94.6%。

5. 原料市场新变化。玉米采购均价在2 400元左右，基本持平。豆粕价格2 600元左右，近五年内最低。菜粕均价2 200元左右，持续低位徘徊，再加上现在饲料行业大量用玉米的替代产品，饲料原料成本下降比较明显，给饲料企业带来了利润增长空间。

【主要工作】

1. “推规范”、促发展。把推进规范的落地作为头等大事来抓，制订方案、整体推进。在措施上采取在全省饲料企业中开展“饲料质量安全管理规范示范企业创建”活动。在推进方式上采取“多管齐下”：省、市州上下联动，开展了多层次、多形式的宣传，多批次、多专题的培训，把在全省有影响力的24家饲料企业作为第一批重点孵化对象，列为省级质量安全创建试点企业；制定了《饲料质量安全管理规范操作规程》标准和软件；组织华农等院校饲料专家进行“一对一”的技术指导和饲料管理部门及时跟进服务。创建活动也取得了可喜成绩：有4家企业获农业部第3批饲料质量安全管理规范示范企业称号，分别是武汉国雄饲料科技有限公司、武汉通威饲料有限公司、襄阳九鼎牧业有限公司、洪湖通威饲料有限公司。

2. “抓换证”、促提升。①如期完成饲料企业换证工作。在企业换发新生产许可证中，严格执行新的行业准入条件及标准，做到“四个坚持”：坚持审批事项以清单方式挂网，对清单外的一律不做要求；坚持行业准入门槛，对不符合许可条件要求的一律不放行；坚持以大专院校饲料专家牵头组织技术评审；坚持便利化服务，采取县市饲料办对辖区内饲料企业申报材料初审、饲料专家到建设现场指导、省饲料办电话解答、网站公布材料申报样本等多种形式，变企业“多次跑路”为“企业一次申报”。全年全省受理饲料企业申请103个，发放生产许可证84个（添加剂9个、混合型11个、预混料9个、浓配31个、单一饲料24个）。②及时公布新一轮获证企业信息，便于饲料企业查询，接受各级饲料管理部门和社会监督。③利用企业按照新标准大批换发新许可证的良机，推动饲料企业技术装备升级、联合重组做强和饲料产品定制、委托生产及互联网＋新模式。④严格年度备案管理。依据《饲料和饲料添加剂生产许可证管理办法》和农业部第1954号公告的要求，我厅在全省开展了2014年度的饲料、饲料添加剂生产企业年度备案工作。到备案截止日期，有108家持饲料添加剂和添加剂预混合饲料生产许可证企业，230家持配合饲料、浓缩饲料及单一饲料生产许可证企业通过备案；有4家持饲料生产许可证的企业未通过年度备案；有25家持饲料和饲料添加剂生产许可证的企业未参加年度备案。各地饲料管理部门进一步加强了监管，对未参加年度备案的企业不定期开展饲料质量安全监督抽查，并督促其参加年度备案，对未通过年度备案的企业，督促企业按照有关规定要求认真整改。⑤规范委托生产加工备案管理。明确备案管理权限，对未备案非法进行委托加工的，依法予以查处，有效遏制非法委托加工行为。

3. “严监管”、保安全。加强事中事后监管，实行“宽进严管”，把稳当前、着眼长远和增强后劲结合起来。①开展了企业年度备案、饲料产品抽检监测、饲料标签及企业标准监督检查行动，以及以无证生产、非法生产经营和添加使用“瘦肉精”等为重点的上下联动集中整治，对发现的问题采取严厉打击、重拳出击。②“两个安全”一起抓。即把饲料生产安全与饲料质量安全摆在同等重要位置一起安排、一起检查，9月份下发了饲料生产企业安全生产大检查的通知，并组织了为期2个月的饲料生产安全大检查，治理安全生产隐患21处，堵塞了生产安全漏洞。

4. 开展饲料质量安全监测。根据《农业部办公厅关于下达2015年饲料质量安全监测计划的通知》文件要求，结合全省实际，制定了《2015年湖北省饲料产品质量安全监测计划》《2015年湖北省饲料安全专项监测计划》和《2015年湖北省反刍动物饲料中牛羊源性成分例行监测计划》，并组织实施。全省共抽检17个市（州）生产、经营企业和使用环节的饲料产品1 080批次，其中普遍性检测293批、牛羊源性成分检测123批、违禁药物检测223批、检测三聚氰胺项目59批、型式检验检测382批。产品合格率98.57%，较去年提高0.19%。全省饲料质量安全水平高位企稳，为饲料产业持续健康发展提供了安全保障。

5. 完成饲料工业“十三五”规划编制。①全面总结饲料工业“十二五”发展情况。②成立工作专班，制定三个层面的调研计划，即在规划编制前期调研的基础上形成规划编制提纲，分专题组织专家、学者和饲料办主任进行调研，召开大中小企业家代表参加的座谈会，充分听取各方意见和建议。③科学制定我省“十三五”饲料工业发展的指导思想、总体目标，以及饲料工业发展重点、饲料工业发展的对策和措施。

6. 加强饲料生产统计和行业指导服务。①认真落实饲料统计报表制度。省饲料管理部门按照“一级抓一级”“谁主管谁负责”的原则，督促各类饲料企业进入报表统计软件平台，认真完成月报、季报、年报，做到数据上报的完整性、准确性、及时性。②认真做好季度、年度饲料生产形势分析研判。省、市州饲料管理部门对企业报表进行整理分析，对饲料市场和行业形势进行研判，建立行业预警机制，切实提高饲料管理部门指导行业发展的前瞻性和科学性。③切实为饲料行业和企业服好务。积极开展职业技能培训，全年培训化验员、中控工、维修工158人，解决了企业岗位人员需求。加快特种养殖所需原料的开发，培育发展反刍饲料、保健饲料，探索建立以本地资源为主的非豆粕体系饲料配方，缓解饲料原料资源短缺矛盾。

（湖北省饲料工业办公室）

湖南省饲料工业

【发展概况】

2015 年，由于受生猪存栏量下降，饲料市场销售不旺的影响，加上饲料产能严重过剩的冲击，饲料产业面临销售不畅和效益下降的严峻形势，产量产值出现了近三十年来的首次下降。2015 年湖南省各类商品饲料总产量 1 074.9 万 t，同比减少 0.7%，其中配合饲料 973.8 万 t、浓缩饲料 46.4 万 t，预混合饲料 54.7 万 t，分别比上年减少 0.1%、12.0%、0.7%。全省饲料总产值 400.6 亿元，同比减少 1.4%。

运行特点：

1. 产量产值下降。浓缩饲料持续递减；连续两年半猪价连续走低，导致生猪养殖减少，下半年猪价开始回升，但不足以刺激养殖场户补栏的积极性，生猪存栏较少，导致饲料需求减少。

2. 饲料原料价格偏低。散养户和中小规模养殖场购买预混合饲料的比例在增长。从原料价格走势来看，大宗饲料原料价格普遍有所下降，菜粕价格跌幅明显。豆粕 2 750 元左右，同比降低 14%；棉粕 2 650元左右，同比降低 11%；菜粕 2 200 元左右，同比降低 28%。

3. 企业集中度增加。年内衡阳康地和江西正邦、湖南创新与海大集团、长江和伟业合作，正昌收购康利农、正得利收购岳星，金河和长沙中大、伟牧、旺森、万希等 5 家合并成惠众一家；牧达邦与汉高、海斯谷润与森大合并。

4. 创新营销方式。湖南百宜利用“互联网＋”平台技术开出百宜云商淘宝店，分布全国各地区的 200 多家服务站，仅双十一当天，百宜云对外销售饲料 700 多万元，双十二单日销售达 640 万元，居淘宝网畜牧/养殖物资类第一名。

【组织机构】

湖南省饲料工业办公室，2015 年 10 月起与湖南省饲料工业协会脱钩，编制 14 人，正处级，参照公务员法管理事业单位，隶属于湖南省畜牧水产局。

【主要工作】

1. 扎实开展饲料行政执法与专项整治行动。湖南省各级饲料管理部门共出动执法人员 3.4 万人次，检查饲料生产企业 1 032 个次，检查饲料经销门店 6 276个次，检查养殖场（户）13 701 个次，下达整改通知 1 483 份，查处违法违规案件 98 起，查获违法违规饲料 233t，涉案金额 78.2 万元。3 月，饲料办参与了养殖业农资打假专项治理行动，结合饲料抽样监测工作，对长沙、株洲、湘潭、衡阳、邵阳、岳阳、益阳、娄底等地的饲料兽药生产企业、经营门店和养殖场进行了地毯式检查和抽样，对现场检查不规范的企业和经营门店下达了整改通知书。10 月份，对邵阳、娄底、湘潭 3 市开展了养殖环节“瘦肉精”专项检查。

2. 加强饲料质量安全抽样检测工作。完成农业部下达的 706 批次饲料质量安全监测任务，合格率为 99.2%；完成省局下达的 701 批次饲料质量安全监测任务，合格率为 98.4%。根据部、省抽样监测结果，省饲料办已下达案件查处通知，市县饲料管理部门依法对辖区内不合格产品的饲料企业进行了严肃查处。

3. 开展饲料企业安全生产大检查。重点检查了安全防护设施与警示标志、生产作业现场、粉尘控制、危险品管理等。检查中发现部分企业仍然存在安全隐患：生产区域防爆电源开关、防爆灯安装不到位；除尘器除尘效果不好；危险品管理不到位等。各市（州）饲料管理部门针对检查发现的问题对企业提出了整改意见，并对整改落实情况进行了跟踪督查，督促企业全面整改到位，取得了较好的安全生产整治效果。

4. 全面推行《饲料质量安全管理规范》实施。首先是强化组织领导、制订实施方案。成立了规范推进工作小组。制订《湖南省推进〈饲料质量安全管理规范〉实施方案》。其次是强化宣贯工作。宣贯形式多样、内容丰富多彩。①制作了以饲料质量安全宣传为专题的板报。②编制 2 000 份宣传手册和 2 000 份彩色挂图。组织专家总结提炼规范核心内容和实施要点，编成顺口溜和标语，印制成宣传手册、宣传挂图和《制度规程记录材料》范本，分发给饲料生产企业和基层管理部门，受到广泛好评。③下基层进厂区宣传，强化培训工作。采取培训、集训、轮训相结合，集中学习与现场教学相结合，企业自学与各地轮训相结合方式，为基层饲料管理人员和饲料企业负责人举办了三次全省范围集中培训，邀请农业部专家到培训班进行授课，参训人员近 800 多人。第四是抓好示范创建、发挥带动作用。对创建部、省两级示范企业做出详细的部署和安排，郴州湘大骆驼、湖南大北农、湖南帝亿、金霞九鼎、长沙成龙、常德大北农 6 家饲料生产企业获农业部规范示范企业荣誉称号；怀化正大、正虹科技等 10 家企业获得了第一批省级示范企业荣誉称号。湖南省这些做法得到了农业部的肯定，并在农业部畜牧业司《畜牧业工作动态》第 64 期刊载。长沙市财政预算中每年安排 100 万元饲料质量安全监管专项经费，对参加国家级和省级示范创建并获得国家级和省级示范企业的给予一定资金扶持，有力地推进了《规范》的实施，长沙市现有国家级示范企业 4 家、省级示范企业 5 家，占全省示范企业的 56%。

5. 严格规范饲料生产许可行政审批工作。按照“网上政务”的统一要求，开展网上政务审批发证工作，进一步规范了饲料企业生产许可证现场审核与产品批准文号复核检测的时间要求，年内对近百个饲料企业的生产许可证申请进行了材料审查与现场审核发证工作，办理了 89 个饲料添加剂和添加剂预混合饲料生产企业的产品批准文号 1 883 个。各个环节未出现超时亮红灯事故，办结率 100%，群众满意率 100%。

6. 按照规定开展年度备案工作。全省上年底各类饲料生产许可证持证企业有 507 家。通过年检备案的企业 441 家，未备案企业 44 家，有 24 家企业未通过年度备案予以注销。

7. 切实开展饲料职业技能培训与鉴定工作。省饲料工业特有工种职业技能鉴定站举办了“饲料检验化验员”“饲料厂中央控制室操作工”“饲料机械设备维修工”共 3 期职业技能培训与鉴定，共有 194 名从业人员通过了理论考试和实际操作考核并获得相应的资格证书。

8. 开展单一饲料生产许可条件调研和制订。近年来湖南省饲料办先后承担了农业部下达的 7 个单一饲料生产许可条件的制订任务。为完成好这一任务，我们先后到相关单位进行实地调研，掌握生产企业及生产现场第一手材料，将许可条件确定为先进、适用的程度。年内开展了酒糟生产许可条件的调研，完成了单一动物油生产许可条件的评审。

9. 举办全省饲料行政执法培训班。全省各市州、县（区）200 多名饲料执法人员参加了此次培训。

10. 推进饲料名牌战略。经湖南名牌产品评定委员会评定，正虹、九鼎、百宜等 12 家饲料企业的猪用系列饲料产品评为湖南名牌产品。

【存在问题】

1. 部分饲料企业还没有意识到实施《规范》的重要性。有的企业还没有按照《规范》要求建章立制、组织生产。有的企业照抄照搬，制定制度规程不符合企业实际情况；有的企业虽然建立了相关制度、制定了规程、编制了记录，但在实际生产中并没有落实到位。少数基层饲料管理人员对实施《规范》的重要性还没有充分认识和理解，对实施《规范》的监管执法力度不够。

2. 对获证企业监管有待加强。有些企业因现场审核时重点放在硬件达标上，获证后生产过程及现场管理较差，与《规范》要求差距较大；有些企业在生产过程中，硬件设备发生了变化，达不到许可条件的要求。

3. 养殖企业自配料监管难度大。养殖企业自配料生产点多面广，业主在自配料中添加物随意性大，目前国家在法规层面对养殖企业自配料生产监管还存在真空。

（湖南省饲料工业办公室）

广东省饲料工业

【发展概况】

2015年，广东省各级饲料管理部门认真按照国家、省的部署和要求，紧紧围绕“调优结构，发展牛羊，强化种业，延伸链条，提高质量，保障安全”的畜牧饲料业发展总体思路，着力强化贯彻落实饲料行业管理新规，加快产业结构调整和转型升级，扎实开展饲料质量安全监管等各项管理工作，实现了强监管、保安全、促发展目标，推进了广东饲料业稳定健康发展。据统计，2015年全省共有饲料和饲料添加剂企业895个，其中，单一饲料、添加剂预混料、饲料添加剂企业分别为105个、285个和175个；全省饲料总产量2 573.0万t、产值962.1亿元，产量同比增长7.3%。其中，配合饲料2 464.4万t、增长7.7%，浓缩料43.8万t、下降2.6%，添加剂预混合饲料64.8万t，下降2.6%。在配合饲料产量中，猪料1 042.5万t、蛋禽料168.3万t、肉禽料803.6万t、水产料434.7万t、其他饲料12.3万t，分别比上年增长1.4%、30.4%、14.5%、4.1%、13.9%；饲料添加剂产量11.4万t、产值45.9亿元，产量同比增长11.8%。

主要特点：①饲料产量增幅大、再创新高。广东饲料产业发展速度快、规模大，饲料总产量再创新高、连续十三年位居全国前列，占全国1/8强；②饲料产品质量安全水平良好。全省饲料行业总体素质、饲料产品质量安全水平持续提高，全省饲料产品质量例行监测抽检合格率99.7%，保持较高水平，饲料中“瘦肉精”等违禁添加物保持“零检出”，保障了畜禽水产产品质量安全；③饲料产业规范发展转型升级加快。自实施饲料管理新规以来，严把生产许可准入关，饲料企业做大做强规范发展，大型企业强强联合及产业链发展进程明显加快，转型升级加速，行业发展主体力量不断壮大，规模化现代化水平进一步提高。全省饲料产量超过10万t的企业共有80个、产量占全省总量的63%，行业集中度进一步提高；④产业技术不断创新，行业品牌显佳绩。饲料企业积极进行设备改造更新和产品升级，科技投入稳步增加，技术和经营模式创新能力明显增强，努力打造终端产品品牌。2015年，全省共有150个饲料产品为广东省名牌产品，占农业名牌产品的16%；⑤行业自律日益加强。充分发挥行业协会的桥梁与纽带作用，通过组织举办培训班、饲料发展论坛、学术交流等，增强了行业凝聚力和约束力，有力地促进了饲料业健康发展。

【组织机构】

广东省畜牧兽医局为省农业厅内设副厅级行政管理机构，负责全省畜牧、兽医防疫、饲料、兽药管理工作。内设3个处室：综合处、畜牧处（加挂省饲料工作办公室牌子）、兽医处。广东省饲料工作办公室具体负责饲料管理工作。

【主要工作】

1. 依法行政，规范管理。认真贯彻实施饲料管理新规，严把饲料生产许可准入关，对申请饲料和饲料添加剂生产许可的企业，严格按照许可条件进行审核，着力提升全省饲料业规模化、产业化程度。同时，加快推进实施《饲料质量安全管理规范》，通过举办培训班、创建示范企业、印发宣传手册等，督促指导改造升级和完善管理制度等，提高生产管理水平。2015年，全省创建了《饲料质量安全管理规范》国家级、省级示范企业各5家和21家，核（换）发饲料和饲料添加剂生产许可证185个，核发饲料添加剂和添加剂预混合饲料产品批准文号3 298个；全省发放宣传材料84 980份、媒体宣传179次、集中对基层饲料管理人员及饲料、养殖企业主要负责人培训194场次、培训9 466人次。

2. 强化监管，确保安全。①制订方案、落实责任。2015年年初，制订印发了饲料和饲料添加剂产品打假专项治理行动实施方案、饲料产品质量安全监测方案等，各地切实落实责任，细化监测监管目标和任务，抓好实施工作；②加强日常监管，落实管理制度。以辖区监管为主体，督导企业认真贯彻落实《饲料质量安全管理规范》，完善各项管理制度，强化企业责任意识和提高管理水平；③强化监督检测，严格落实监测计划。认真组织实施2015年饲料质量安全和生猪养殖场（户）“瘦肉精”专项监测计划，突出抓好“瘦肉精”等违禁添加剂物整治及重金属超标整治监测工作；④强化督导检查，保障安全生产。各地饲料管理部门彻底核查辖区内饲料生产经营主体，督导企业建立并落实粉尘防爆安全管理制度及关键措施，落实主体责任，确保安全生产。2015年，全省出动执法检查人员35 203人次，检查饲料生产企业2 059个次、饲料经营店5 330个次、养殖场（户）22 224个次，检测饲料和饲料添加剂样品2 156个，合格率为99.73％；全年省级对448家饲料生产、经营企业及养殖场（户）的饲料产品进行质量安全监督检查，监测饲料产品511个，合格率为100％，其中“瘦肉精”检测95个，合格率100％。

3. 突出重点，狠抓整治。按照“瘦肉精”监管工作职责，狠抓“瘦肉精”专项整治。①制订方案、落实责任。制订印发了《2015年广东省“瘦肉精”专项整治行动方案》《2015年广东省生猪养殖环节“瘦肉精”专项监测方案》，明确整治目标和任务，突出了重点区域和环节，落实监管主体责任。②落实经费，加大投入。各地高度重视“瘦肉精”监管工作，加大投入监管经费，用于改善农业部门基层“瘦肉精”监管执法条件。全省共投入2 366.94万元，其中省财政安排500万元、各市县财政共安排1 866.94万元，为进一步强化“瘦肉精”监管工作提供了有力的保障。③认真开展饲料生产经营、生猪养殖和收购贩运、屠宰环节“瘦肉精”专项整治，重点强化生猪养殖、屠宰环节“瘦肉精”监测。同时，各级管理部门不定期开展“瘦肉精”等违禁添加物飞行检查，强化监督抽查。④严厉打击饲料生产和生猪养殖中使用“瘦肉精”等违法行为，确保畜产品质量安全。2015年，省累计召开“瘦肉精”整治会议、举办培训265场次，培训人数11 026人次，印发宣传资料222 873份，媒体宣传121次，出动监督执法人员95 293人（次），检查饲料生产经营企业5 448个、检查养殖场31 565户、活畜收购贩运企业2 213个、检查屠宰企业（场、点）14 341个，监督抽查企业及养殖场户62 645个，抽检样品数为2 033 975个，抽检合格率为99.99％以上，饲料中“瘦肉精”保持零检出；全年省级对600个生猪养殖场进行生猪尿样“瘦肉精”现场筛查1 200批次，无检出阳性，全部合格。

4. 加大力度，严格执法。各地高度重视饲料质量安全，加大对违法案件的查处力度，着力抓好“瘦肉精”、重金属超标及制售假劣饲料、饲料添加剂产品案件的查处，重点加大对举报案件及抽查检测中发现的问题产品生产经营企业的查处力度，对不法分子形成了强大震慑力，对饲料生产企业和畜禽养殖场起到了很好的警示作用，违法案件发生率明显减少。省级先后组织多宗饲料案件查处，并高度重视茂名化州市养猪场“瘦肉精”案件的处置工作，派出工作组，督导地方管理部门迅速查封猪场、对问题生猪进行无害化处理、开展溯源排查、将案件移交公安部门严惩等。2015年，全省累计查处饲料及饲料添加剂生产及经营企业55家，其中无证生产2家，行政立案53起、涉案金额366 473元、无害化处理饲料34t；“瘦肉精”专项整治中，立案查处6起，并移送司法机关。

5. 强化服务，规范生产。认真指导企业开展技术和管理创新、及时调整战略布局、实施企业联合与重组、推进饲料企业与养殖场“厂场对接”经营模式，开展评选饲料企业100强，示范带动创先争优，倡导行业诚信自律，开展5期饲料检验化验员、中控工、维修工培训班，培训360多人，从多方面着力提升饲料规模化、规范化和现代化生产水平，壮大行业发展主体力量。

6. 广泛宣传，营造氛围。组织做好质量安全法律法规及知识宣传工作，广泛深入宣传“瘦肉精”等有毒有害物质及重金属超标对人体健康的危害性及政府部门整治的决心和成效，切实提高饲料生产经营企业和养殖者的质量安全意识和守法诚信意识，形成群防群控的良好氛围。2015年，全省发放宣传材料84 980份、媒体宣传179次、集中对基层饲料管理人员及饲料、养殖企业主要负责人培训194场次、培训9 466人次。

【存在问题】

尽管广东省饲料业取得了较好成效，但仍然存在一些问题：一是部分企业不重视实施《饲料质量安全管理规范》，管理制度不完善，管理不到位；二是饲料和畜禽产品检测体系不健全，特别是县级检测机构不完善，饲料和畜禽产品质量安全监管难度大；三是从业者素质参差不齐，特别是部分养殖者质量安全意识淡薄、守法意识不强，在生猪养殖环节“瘦肉精”案件仍然存在，畜产品质量安全存在隐患；四是饲料业进入产量规模瓶颈期。目前，广东猪料、禽料、蛋禽料已达较高使用率，产量规模瓶颈突显；五是规模化产业化水平有待进一步提高。

（广东省饲料工作办公室）

广西壮族自治区饲料工业

【发展概况】

2015年，伴随着经济发展进入新常态，广西壮族自治区饲料行业受畜牧业发展转型升级影响，呈现饲料总产量小幅下降，总体效益缓慢增长态势。饲料和饲料添加剂生产企业230家，同比增长9.38%；饲料产品产量1 058.3万t，产值328.1亿元，同比产量下降1.5%，产值下降2.1%。全区饲料产品合格率为99.54%，商品饲料已连续十一年未检出违禁药物。

【发展特点】

1. 饲料总产量小幅下降，呈现配合饲料、浓缩饲料下降，预混料小幅增长的产品结构模式。2015年广西壮族自治区饲料行业也逐步迈入了整合转型期，企业竞争激烈，饲料产量需求平缓，除第二季度、第四季度增长外，其余两个季度均呈现减幅。全年饲料产品产量1 058.3万t，同比下降1.5%；其中配合饲料1 025.4万t，同比下降1.1%；浓缩饲料19.4万t，同比下降21.1%；预混料13.5万t，同比增长8.9%。在产品结构上，猪、水产料均呈现减幅，且猪料是首次减幅，禽料保持缓慢增长，全年猪饲料575.4万t、蛋禽料39.2万t、肉禽料391.2万t、水产料52.5万t，同比猪料及水产料分别减少5.2%、5.6%，蛋禽料及肉禽料分别增长4.8%、4.5%，蚕料、兔料等其他料244.85t，同比减少10.05%。由于生产反刍精料补充料的生产企业要求单独生产线，目前只有一家企业获反刍精料补充料的生产资格，而皇氏乳业等本地乳企倾向于使用自配料，故反刍料仍然为0。

2. 集团企业扩张步伐有所减慢，饲料产量有所减幅。2015年，广西饲料和饲料添加剂生产企业有245家（其中获饲料添加剂生产许可证企业41家，获添加剂预混合饲料生产许可证企业56家，获单一饲料生产许可证企业34家，获配合饲料、浓缩饲料、精料补充料生产许可证企业152家，交叉获证33家，获三证1家），同比增长9.3%；全区年产量10万t以上的企业有37家，比上年减少3家，占了同类企业数150家的24.67%，产量735.08万t，同比减少5.92%，占全区饲料总产量的69.45%，比上年减少3. 3个百分点。全区年产量50万t以上的集团企业有4个，产量573.41万t，同比减少5.19%，占全区饲料总产量的54.18%，比上一年减少2.1个百分点。

3. 发挥区位优势，豆粕、菜粕等植物蛋白原料聚集发展。广西壮族自治区年进口粮食达800多万t，约占全国进口总量的10%，其中进口大豆、油菜籽分别占全国的一成和四成，已成为我国进口粮油加工重要产业基地，部分大型粮油加工企业看好广西沿海港口的区位优势和海运成本低廉优势，相继落户钦州、北海和防城港，全区豆粕、菜粕生产企业达9家，比去年增加1家。全区植物蛋白饲料原料生产再创新高，豆粕、菜粕、大豆浓缩蛋白产量达714万t，同比增长16.75%。

【主要工作】

1. 积极争取支持，落实监管资金，确保监管工作有效开展。2015年共落实饲料质量安全监管经费283万元（其中自治区财政224万元、农业部59万元），用于全区饲料质量监测体系建设，饲料和饲料添加剂生产许可评审，饲料质量安全管理规范示范创建，饲料生产、经营、使用环节的质量监督抽查，饲料执法、法规宣贯培训等工作，有效确保了饲料监管等各项任务顺利完成。

2. 加强《规范》宣传培训及指导，有序推进饲料质量安全管理规范示范创建工作。举办省级饲料质量安全管理规范示范企业创建暨安全生产管理培训班，培训各市局（农委）饲料行政管理工作负责人、省级示范创建饲料生产企业、部分饲料和饲料添加剂生产许可证技术评审专家及执法人员共计150人。组织指导饲料生产企业开展饲料质量安全管理规范示范创建活动，一方面通过开展国家级、省级示范企业创建活动，以培训、咨询、现场指导等多种形式，协助企业实施《规范》并运行各项管理制度，为《规范》全面施行建立标杆、积累经验；另一方面在国家级、省级示范创建企业的带动下，饲料企业能自觉贯彻落实新的饲料法规体系，加大《规范》的运行力度，对照规范要求理顺、修订、执行内部管理制度，严格执行原料进厂把关、产品出厂检验、问题产品召回及报告等制度，实现从原料采购到产品销售的全程质量控制，按规范要求组织生产，为《规范》的进一步实施推进奠定良好基础。宾阳通威饲料有限公司申请并通过国家级饲料质量安全管理规范示范验收，广西双胞胎饲料有限公司等20多家省级饲料质量安全管理规范示范创建工作，目前处于自查提高阶段。

3. 抓住关键环节，突出监管重点，确保饲料质量安全。①严格资格审核，从源头把关，对不符合条件的一律不予许可，全年共受理106家饲料和饲料添加剂生产企业许可申请，不予许可5家；核发31家企业的751个产品批准文号。②加大对获证生产企业日常监管，结合年度备案工作，各市对辖区内饲料生产企业实行全覆盖现场检查，对存在问题的及时查处溯源。③加大对饲料生产企业的执法监督力度。年内共出动执法人员6 061人次，检查饲料生产企业620家次，饲料经营企业2 649家次，养殖场（户）8 389家次，查处“三无”假冒伪劣产品5个，查处违法饲料产品10.05t，立案调查违法企业、养殖场8家，涉及金额13.27万元，共挽回经济损失5.5万元。10～11月开展了全区饲料执法监督检查工作，对全区32家饲料生产企业进行了监督执法检查，对检查结果予以通报，落实问题企业的查处。④强化检打联动，落实对不合格产品及企业的追踪溯源。全年共抽检饲料和饲料添加剂生产企业、经营单位和养殖场（户）1 316家次的饲料和饲料添加剂样品2 823批次，合格率为99.54%。加强对不合格产品的追踪溯源，及时消除质量安全隐患。⑤将监测不合格及被投诉、被举报企业作为重点监控对象进行认真排查，重点突击检查原料库房和记录，督促企业质量安全制度的落实。

4. 开展饲料生产企业防范粉尘爆炸大检查，消除安全隐患。根据《自治区安全生产委员会关于印发深入开展粉尘作业和使用场所防范粉尘爆炸大检查实施方案的通知》（桂安委办〔2015〕63号）要求，我局牵头负责饲料加工粉尘防爆整治，从8月底至12月底在全区深入开展饲料和饲料添加剂生产企业防范粉尘爆炸大检查工作，努力防范和遏制重特大生产安全事故发生。截至12月底，全区共组织执法检查组337次，参加执法检查人员1 383人次（其中参加执法检查专家345人次），检查生产企业491家次，采取“四不两直”方式实施暗查暗访45次，存在违反《严防企业粉尘爆炸五条规定》的安全隐患59条，均已整改合格。

5. 开展饲料用油情况摸底调查，加强对饲料用油的隐患排查。为全面准确掌握我区饲料生产企业的用油来源，消除风险隐患，确保饲料质量安全，8～9月对全区配合饲料和浓缩饲料生产企业用油情况进行摸底调查，根据产品配方及出入库、生产记录、发票等，核对2015年上半年企业用油量及来源，共核查134家企业用油情况，对使用无证油脂的饲料企业依法开展查处。

6. 开展饲料添加剂氯化钠专项监督检查，规范氯化钠的采购和使用。根据《自治区人民政府关于印发广西治理制贩假盐专项行动方案的通知》（桂政办发〔2015〕115号）要求，组织开展全区开展饲料添加剂氯化钠专项监督检查。检查表明，饲料生产企业采购饲料添加剂氯化钠合同、发票及合格供应商名称、原料通用名称及商品名称、许可证明文件（含生产许可证、产品批准文号、营业执照）、饲料生产企业的进货台账和使用记录等材料基本齐全。未发现饲料生产企业使用工业用盐生产饲料的问题；未发现饲料生产企业采购的饲料添加剂氯化钠流向社会用于饲料生产之外其他用途。

7. 抓好饲料行业的基础性及服务工作。一是抓行业统计，督促企业及各市统计人员及时上报核实统计数据，分析饲料行业发展形势；二是继续配合南宁等市质监局，做好饲料标准技术指标的审核，全年组织审核企业标准205个，修改单45份，从产品标准入手引导企业生产优质高效的产品；三是积极主动与国税、粮食、质检部门沟通、联系，做好协调工作，确保饲料企业能公平享受优惠政策；四是加大饲料特有工种培训鉴定力度，年度全区共开展2期160人培训鉴定，有102人新获职业资格证书，提高了饲料行业从业者的素质。

【存在问题】

1. 企业主体责任仍然难以落实到位。养殖户、饲料和饲料添加剂经营企业生产经营档案仍不规范、不健全，自我管理能力不足，发生产品质量安全问题后难以追溯，养殖环节不按规定使用药物，流通环节制售假冒伪劣饲料、无证生产饲料等问题依然无法杜绝。

2. 畜牧兽医综合执法工作还没有全部整体推进，执法人员依法监管的能力和水平仍然有待提高。部分市的畜牧兽医综合执法工作还没有全部整体推进，饲料执法仅靠几个行政管理人员，监管工作难以落到实处。一些市虽然将饲料执法委托给动物卫生监督所，但对委托执法情况未加强指导和监管，执法人员仍存在有案不会办、不敢办、不想办的现象。特别是随着

《饲料质量安全管理规范》的实施，对企业执行规范的监管主要由县级执法人员承担，基层监管人员的监管能力迫切需要提升。

3. 自配料监管难度大。目前条例对自配料侧重于对违禁品和限制性物质的使用管理，没有出台自配料使用规范，自配料仍是监管难点和薄弱环节。

4. 对《饲料质量安全管理规范》管理制度理解不一致。企业对“长期库存原料质量监控制度”的理解不到位，无法界定企业采购的原料品种是否需要作为长期库存原料，即使制定了制度，也没有相应的操作规程及记录表格。大部分企业还存在制度不完善，缺少与规范要求相匹配的内容，造成所有企业均未达到规范要求，是否是按《条例》第四十条规定处罚，还是给企业整改期限，建议农业部对规范开展培训，理清规则，便于县级以上饲料行政执法人员提高认识、统一尺度。

5. 饲料添加剂和单一饲料的监管问题。《饲料质量安全管理规范》只适用于添加剂预混合饲料、浓缩饲料、配合饲料和精料补充料生产企业，而不适用于饲料添加剂和单一饲料生产企业，造成前类企业有相应条款规范企业生产，而后类企业除了按许可要求及规范中共性的问题执行外，目前没有一套针对此类企业的使用规范。建议农业部出台针对饲料添加剂和单一饲料生产企业的许可条件及相应的质量安全管理规范。

（广西壮族自治区饲料工业办公室）

海南省饲料工业

【发展概况】

2015年，海南省认真贯彻落实《饲料和饲料添加剂管理条例》，积极推进《饲料质量安全管理规范》实施工作，不断提升饲料产品质量，指导服务企业克服全球经济下行和环保压力等不利因素影响，全省饲料行业经济保持平稳发展，产量保持增长。据全省饲料统计，全省商品饲料总产量225.5万t，同比增长5.0%，总产值67.6亿元，同比下降3.2%。其中配合饲料225.1万t，同比增长6.3%，饲料添加剂预混全饲料0.4万t，同比下降85.2%。从不同品种看，猪饲料88.6万t，同比增长3.6%，蛋禽饲料18.3万t，同比增长2.2%，肉禽饲料79.6万t，同比增长12.6%，水产饲料39.1万t，同比下降3.7%。另外，全省饲料添加剂90t，单一饲料7 674.6t。

【组织机构】

2006年海南省农业厅内设海南省畜牧兽医局，分设畜牧兽医局内设兽医处、畜牧处，海南省饲料工作办公室附属于畜牧处，2009年7月份经海南省编委批准，海南省农业厅增设饲料兽药管理处（加挂“海南省饲料工作办公室”牌子），现定编人员5人，主要承担全省饲料兽药、畜产品质量及饲料兽药行业监督管理职能。

海南省兽药饲料监察所主要承担农业部和省农业厅下达的各类产品抽样监测计划和本省兽药饲料产品质量安全监督、检验、委托检验、技术仲裁及提供监管技术支撑等工作职能。

全省18个市县畜牧兽医局分别负责辖区内的违禁药物查处、兽药饲料生产、经营和使用环节的监督执法管理和配合省饲料检测机构做好各类产品抽样送样等工作。

【主要工作】

1. 积极开展饲料许可监督管理。注重加强饲料企业事前、事中、事后的监管，严格执行《饲料和饲料添加剂管理条例》规定和行政许可审批程序，严格行业准入条件，全年新增许可3家饲料企业；同时认真抓好饲料企业生产证备案工作，2月底印发了《海南省农业厅办公室关于做好饲料生产企业年度备案工作的通知》（琼农办［2015］19号），对全省所有企业实施备案，抽查了海口、文昌、澄迈等市县10多家饲料生产企业，进一步促进企业规范管理，提高饲料行业自律能力，保证全省饲料生产企业持证率100%，备案率100%。

2. 大力抓好饲料企业安全生产。在新常态新形势下，特别重视安全生产工作，把饲料企业安全生产作为一项经常性长期性工作抓紧抓好。根据国家和省安委会有关安全生产工作文件精神，按照厅安全生产领导小组工作部署要求，年初制订了《2015年全省饲料行业安全生产工作计划》《2015年全省饲料兽药行业安全生产工作方案》《2015年全省饲料行业安全生产暗查抽查工作方案》，下发了《海南省农业厅办公室关于做好饲料企业安全生产工作的通知》（琼农办［2015］11号）、《2015年海南省饲料行业开展“安全生产月”活动工作方案》等文件，重点在饲料生产企业开展粉尘整治工作，采取全面整治与检查、突击检查与抽查相结合的方式，坚持落实好安全生产工作监督制度，使暗查抽查工作制度化、常态化、标准化，建立完善企业安全生产台账，确保全省饲料生产企业安全无事故。

3. 积极推进《规范》实施工作。为有效推进全省饲料质量安全管理规范实施工作，制定下发了《海南省农业厅关于开展饲料质量安全管理规范示范企业申报工作的通知》（琼农字［2015］18号），积极开展《饲料质量安全管理规范》示范创建活动，推行10家示范企业，主要采取如下措施：一是加强《规范》培训工作。一方面要求各市县积极组织辖区内的饲料生产企业开展《规范》培训，另一方面选派示范企业人员参加农业部组织培训班学习，同时组织省级《规范》培训班，邀请农业部专家进行培训。6 月 24 日组织了一期全省饲料质量安全管理规范培训班，共培训了 140 多人。还分别于 7 月和 9 月召开了饲料安全生产管理和实施《规范》示范企业 2 个现场会，近 300 人参加了会议，进一步增强各级管理人员和企业人员理解掌握《规范》的认知感。二是争取经费，落实规范实施资金。今年编制扶持《饲料质量安全管理规范》示范企业创建资金 15 万元，积极支持海南通威、恒兴等 5 家示范企业做好《规范》实施工作，为全省树立起《规范》实施样板标杆，进一步发挥好示范引领作用。三是组织专家现场指导。今年先后两次组织省级专家进行饲料质量安全管理规范检查指导，推动企业按照《规范》要求建立并运行各项管理制度，同时积极向农业部申请示范企业挂牌验收，农业部于 11 月初组织专家组审核了海南通威和恒兴两家《规范》示范企业，顺利通过考核验收。

4. 注重饲料品牌建设工作。为实施饲料产品品牌战略，2015 年 4 月印发了《海南省农业厅关于开展海南省饲料品牌产品评选活动的通知》（琼农字[2015] 68 号），同时制定完善《海南省品牌产品评选办法》，全省各市县积极组织饲料企业开展饲料品牌产品评选推荐工作，按照企业申报、市县推荐、专家评审、公示通报的程序实施，9 月份开展了海南省饲料品牌产品评选活动，省农业厅组织专家对申报企业生产现场和饲喂效果进行考察，经会议评审，专家组一致同意推荐海南裕泰科技饲料有限公司、海南远生渔业有限公司、海南澄迈新希望农牧有限公司和文昌琼文哥颂饲料厂 4 家企业猪、鸡、鱼三大品种 20 个产品为 2015 年海南省饲料品牌产品，并进行了公示通报，有效促进饲料企业产业并组转型升级、技术创新驱动、产品绿色安全品牌化发展。

5. 扎实抓好饲料质量检测工作。按照农业部饲料监测计划，结合本省实际，认真组织开展饲料产品质量安全监测与饲料安全（违禁药物）专项监测工作，在饲料生产、经营和养殖环节抽检了 257 家次（其中饲料生产企业 25 家、经营企业 105 家与养殖企业 127 家），抽检各类饲料产品 502 批次，检测合格 498 批次，不合格 4 批次，总合格率为 99.2%，较 2014 年（合格率 98.6%）提高 0.6 个百分点。

同时，对 300 家生猪养殖场实施“瘦肉精”专项监测，抽检大猪尿 1 500 头份，合格率 100%。

6. 加强饲料监督执法工作。结合农资打假和安全生产检查工作，强化饲料监督执法力度，开展了全省饲料生产企业安全生产大检查，突出检查执行原料进厂、产品出厂检验、各种登记统计、饲料标签、问题产品召回及报告等方面，发现问题限时进行整改。先后组织 4 个督查组重点对海口、文昌、琼海、万宁、屯昌、定安、澄迈等 8 个市县饲料批发市场、生产经营店及养殖场进行监督执法检查，严厉查处无证生产、违规生产和在饲料中非法添加违禁药物行为，进一步规范饲料生产经营市场秩序及质量安全。截至 11 月 30 日，全省共出动饲料执法人员 983 人次，车辆 380 多台次，检查饲料生产企业 36 家，经营店 1 395家，养殖场（户）168 家，立案 11 起，查处罚金 5 万多元。现场抽样生猪尿快速检测“瘦肉精”等违禁药物 10 000 多头次，合格率 100%。

【存在问题】

1. 微量元素预混料质量问题突出。全年抽检微量元素预混合饲料 25 批次，合格为 23 批次，不合格产品均为铜含量超标，合格率 88%。

2. 养殖企业饲料原料把关不严。有些养殖户购进使用不合格原料，最为严重的是鱼粉，其标示企业为非法生产企业，其粗蛋白含量不合格，远低于标签标示值，潜在安全隐患。

3. 全省饲料监管体制不完善，市县没有饲料检测机构，省级检测能力不强，难以适应日益繁重的监管形势要求。

4. 学习贯彻《饲料质量安全管理规范》有待于进一步深化。

（海南省饲料工作办公室）

重庆市饲料工业

【发展概况】

2015年，面对经济下行压力、猪价持续低迷、大宗原料价格异常波动等不利因素，重庆饲料工业按照农业部的总体部署和要求，对全市饲料工业进行了合理规划、布局，科学引导、有效整合，综合生产能力和从业人员素质显著提高，优质工业饲料得到大力推广，饲料工业健康有序发展。同时，全市各级饲料管理部门进一步细化监管措施，加强监管力度，严格行政审批，有力地保证了重庆及周边地区饲料产品质量安全。

2015年重庆市饲料工业总产量207.2万t，同比下降12%。其中，配合饲料185.9万t，同比下降8.8%；浓缩饲料20.1万t，同比下降32.8%；添加剂预混合饲料1.2万t，同比下降33.3%。单一饲料产量51万t，同比增长44%。各类饲料添加剂总产量4.7万t，同比下降40.0%。不同品种饲料产量有增有降，总体增量不及下降幅度。2015年全市猪饲料120.5万t，同比下降12.1%；蛋禽饲料23.9万t，同比下降20.3%；肉禽饲料38.7万t，同比下降12.8%；水产饲料12.3万t，同比下降10.2%；反刍饲料9.2万t，同比增长53.3%；其他饲料2.6万t，同比下降39.5%。全市饲料工业总产值93.6亿元。

【组织机构】

重庆市饲料工业办公室于1986年正式成立，挂靠市农办。1996年转到市农业局后改为市农业局内设机构。2000年机构改革时不再是市农业局单独的内设机构，改为挂靠重庆市农业局畜牧兽医处。2005年重庆畜牧兽医体制改革，畜牧兽医处分为畜牧处和兽医处，重庆市饲料工业办公室挂靠在畜牧处。2008年成立市农委后，又挂靠在重庆市农委畜牧业发展处。

【主要工作】

1. 检打联动，净化生产经营环境。为维护良好的生产经营环境，规范饲料企业生产经营行为。2015年以来，各级饲料管理部门联合农业行政执法部门进一步加大检查频率和打击违法行为的力度，对超出许可范围生产饲料、饲料添加剂的；对生产许可证有效期届满继续生产、销售饲料的等不法行为，一律按照《饲料和饲料添加剂管理条例》的相关规定从严、从重处罚。2015年，立案查处9起违法行为，其中3起为在饲料中添加其他物质的不法行为；2起为超许可范围违法生产饲料添加剂的行为；3起为生产许可证有效期届满继续生产销售饲料的行为；1起对配合饲料进行拆包分销的行为。通过监督执法工作的有力开展，有效打击了各种违法行为，净化了饲料生产经营环境。

2. 加强监督检测，产品质量稳步提高。2015年，根据《农业部办公厅关于印发〈2015年全国饲料产品质量安全监测计划〉等3项监测计划的通知》（农办牧［2015］5号）文件的精神，全市继续开展了“全覆盖”饲料质量安全监督检查行动，并下发了《重庆市农业委员会关于下达2015年重庆市饲料质量安全监测计划的通知》（渝农发［2015］43号），在全市抽检饲料500批次，合格497批次，合格率99.40%。同时，全市自开展“瘦肉精”项目监测以来连续14年未检出“瘦肉精”。

3. 加强行政许可，严格条件准入。根据《饲料和饲料添加剂管理条例》及其配套规章的相关要求，对申请设立饲料生产企业的，组织饲料生产许可专家委员会成员，对饲料企业的申报材料及生产办公场地、人员配备、设备条件、检化验设施等，逐条逐项严格审查和审核，对不符合许可条件的，要求企业按照专家组意见整改，整改不到位的一律不予通过发证。2015年，对37家饲料生产企业核发了《饲料生产许可证》，其中配合饲料、浓缩饲料生产企业24家；单一饲料生产企业1家；饲料添加剂生产企业5家；添加剂预混合饲料生产企业3家；混合型饲料添加剂生产企业4家。在农业部对重庆饲料生产企业许可工作检查中，得到了检查组的一致好评，认为我市对饲料生产企业许可条件把关严，申报材料质量高，符合国家相关规定。

4. 加强行业宣传将于，增强守法意识。为提高饲料行业的遵纪守法意识，2015年全市各级饲料监管部门通过发放宣传资料，现场咨询、答疑，播放影像资料等多种形式，大力宣传《农产品质量安全法》《饲料和饲料添加剂管理条例》等法律法规；宣传饲料质量安全的重要性、饲料及畜产品安全知识、饲料及畜产品质量安全生产技术。全市共印发《农产品质量安全法》《饲料和饲料添加剂管理条例》《饲料药物添加剂使用规范》《标签标准》《饲料识假辨假常识》和《饲料安全使用须知》以及其他相关方面的宣传资料共25 880份（册）。媒体宣传报道65次，开展现场咨询答疑活动89场次，参加人数3.6万人次。通过这些工作，提高了饲料生产、经营和使用企业的法律法规意识和产品质量意识。

5. 切实加强饲料数据统计分析使用。2015年，重庆市进一步加强了对饲料数据的统计工作，举办培训班对所有区县饲料管理人员及饲料企业相关人员进行培训，同时要求饲料生产企业普及信息统计系统应用，实行专人负责上报，实现数据报送网络化。目前，通过网络上报农业部的生产数据的饲料企业占总企业数的87%，其中包括农业部重点跟踪的企业6家。通过多方收集整理与行业密切相关的各种信息，为饲料行政管理部门和企业提供了科学决策的依据。

【存在问题】

1. 监督执法工作有待进一步强化。执法机构设置不健全，缺人、缺经费、缺手段，造成部分地方、部分环节管理“真空”，监督、服务不到位，造成工作主动积极性不高，管理连续性脱节。

2. 工作经费投入不足，饲料质量安全监管举步维艰。对饲料生产、经营、使用环节的产品进行检测，需要相应的工作经费，特别是三聚氰胺、瘦肉精等化学物质的检测费用特别高。而从目前的情况看，各级财政特别是区县一级对饲料检测的经费投入不足，从而影响饲料质量安全监管工作的效果。

（重庆市饲料工业办公室）

四川省饲料工业

【发展概况】

2015年上半年受养殖行业整体低迷的影响，四川省饲料产量下降，且降幅明显。下半年随着生猪价格的好转，养殖积极性增加，养殖补栏情况良好，饲料生产强势反弹，饲料产量降幅收窄，但全省饲料产量继2012年突破1 000万t以来首次跌回1 000万t以下。据统计，2015年全省工业饲料产量为977.5万t，比去年减少60.8万t，减幅5.9%。从饲料种类来看，配合饲料产量891.5万t，同比下降4.8%，配合饲料产量占全省总产量的91.2%，比2014年上升1个百分点；浓缩饲料产量59.7万t，同比下降18.4%；预混料产量26.3万t，同比下降7.4%（表3-1）。

表3-1 全省饲料产量汇总

单位：万t

时间	总产量	配合饲料	浓缩饲料	添加剂预混料
2015年	977.5	891.5	59.7	26.3
2014年	1 038.3	936.7	73.3	28.4
同比（%）	−5.9	−4.8	−18.4	−7.4

从饲料品种来看，2015年全省猪饲料产量588.9万t，同比下降7.1%，猪饲料产量占全省总产量的60.2%，比2014年下降约1个百分点；蛋禽料产量101.8万t，同比下降8.5%，肉禽料产量191.8万t，同比上涨0.5%；水产料产量65.4万t，同比下降11.5%；反刍料产量13.9万t，同比下降1.4%（表3-2）。

2015年年底，全省共有饲料加工企业425家，比2010年减少369家，减幅达到46.47%。但全省饲料加工能力达到5 456t/h，较2010年提升31 %。饲料工业总产值达386.4亿元。

表3-2 全省不同品种饲料生产情况

单位：万t

时间	猪料	蛋禽料	肉禽料	水产料	反刍料
2015年	588.9	101.8	191.8	65.4	13.9
2014年	634.1	111.2	190.9	73.9	14.1
同比（%）	−7.1	−8.5	0.5	−11.5	−1.4

四川省饲料质量安全形势良好。2015年全省共抽检饲料样品2 548批，产品合格率98.6%，均未检出“瘦肉精”等违禁添加物，未发生重大饲料质量安全事件。首次组织开展养殖场（小区）自配料风险监测，全省共抽检养殖环节自配料167批，对“瘦肉精”等违禁物质开展监测，合格率100%。

【主要工作】

1. 严格饲料生产许可审核。①提升审核水平。组织召开了全省饲料和饲料添加剂生产许可现场审核培训班，对各市（州）饲料管理机构负责人和许可审核委专家进行培训，严格评审要求，统一评审尺度。调整充实许可审核委专家队伍，新增饲料加工工艺、无机化工、生物化工、微生物以及资源开发利用方面的专家，进一步加大专家的技术支持作用，保证了许可工作的科学性、专业性。②严格许可审核。认真执行国家规定的许可条件，严把行业准入关，从产前、从源头入手加强饲料质量安全监管。2015年，共受理各类许可资料294件，其中饲料企业生产许可209件，书面评审合格171件，合格率81.8%；现场审核171件，合格132件，合格率77.2%。

2. 全力推进《规范》实施。一是省厅成立了《饲料质量安全管理规范》（以下简称《规范》）推进工作领导小组和省级指导专家组，组织制订工作方案，明确工作责任。转发了农业部关于全面实施《规范》的意见，并结合四川省实际提出了宣传贯彻的具体要求。二是召开了全省饲料工作座谈会，对推进《规范》全面实施进行再部署；组织各市（州）饲料管理人员参观考察农业部《规范》示范企业；深入成都、德阳、绵阳、眉山、乐山、资阳、南充、广安等地开展《规范》贯彻情况的检查指导；委派专家在成都、德阳组织的《规范》培训会上进行专题授课。三是抓好《规范》示范企业创建。在企业自愿申请的基础上，按照市（州）遴选推荐、省厅确定、学习培训、专家咨询、现场指导、企业整改、检查验收、授牌公告、示范带动的程序，指导一批基础较好的企业创建"《规范》省级示范企业"。首批已有10家企业通过省级专家组考核验收，获得"《规范》省级示范企业"称号，其中7家通过了农业部组织的部级《规范》示范企业验收。

3. 多措并举完善日常监管。①不断深化"全覆盖"监测。制订下达了2015年云南省饲料质量安全监督抽检计划并监督实施。全省共抽检饲料样品2 548批，合格率达到98.6%，均未检出"瘦肉精"等违禁添加物，未发生重大饲料质量安全事件。首次组织开展养殖场（小区）自配料风险监测，切实规范饲料使用行为。全省共抽检养殖环节自配料167批，对"瘦肉精"等违禁物质开展监测，合格率100%。②实行检打联动，严格查办违法案件。省厅先后3次发文对检测出的36批不合格饲料产品及其生产经营和使用单位进行通报，要求各地饲料管理部门依法予以查处。针对违法行为的不同情况，提出了具体处理指导意见，切实要求各地严格执法、逗硬办案，确保取得保障质量安全、维护公平有序市场环境、提升执法权威的良好效果。③严格备案审查，强化许可后续监管。对企业报送的年度备案材料进行逐一审查，对未上报备案材料和备案审查不符合要求的，分类提出责令企业限期整改或依法予以处罚或报请注销等处理意见，责成所在地饲料管理部门依法处理。2015年共注销饲料企业55家。四是加强执法检查，强化市场监管。专门组织4个督查组赴成都、绵阳、资阳、遂宁、雅安、内江等地，对饲料企业开展监督检查，强化市场监管，不断规范全省饲料市场。

4. 切实抓好饲料资源开发工作。①以国家级秸秆养畜项目为依托，抓好农作物秸秆饲料化利用。组织2013年承担秸秆养畜项目建设任务的8个单位进行项目建设情况自查工作，并对部分项目县进行了抽查；牵头组织对渠县、岳池、荣县、射洪、汶川、北川6县承担建设的国家级秸秆养畜项目进行了省级验收；组织2015年秸秆养畜项目4个承担单位编制项目初步设计及年度实施计划上报农业部，目前已下达投资批复，财政资金达960万元。②以国家农副资源饲料化利用项目为契机，加大饲料资源开发利用工作。按照农业部《2016年农业综合开发农业部项目申报指南》，积极推荐云南省以农作物秸秆为原料的商品饲料生产和以油籽加工副产物为原料的蛋白原料生产项目3个上报农业部。

2015年11月，农业部组织饲料行业管理督导检查组，对四川省饲料行政许可、行业日常监管、《规范》推进、饲料安全生产等4大方面26项内容进行了为期3天的检查，检查组对我省饲料工作给予了高度评价，认为我省组织机构健全、支撑体系完善、管理扎实细致、工作落实有力，管理规范，亮点突出，为饲料行业保安全、促发展作出了贡献。

【存在问题】

2015年，四川省饲料行业发展虽然取得了一定成绩，但仍存在一些问题，主要表现在：一是部分饲料企业对《规范》的重视程度有待进一步提高；二是在饲料企业在执行《规范》的过程中，存在对条款理解不到位，记录记载不规范的现象；三是部分饲料企业标签不规范的情况依然存在。

（四川省饲料工业办公室）

贵州省饲料工业

【发展概况】

2015年，贵州省进一步贯彻新修订的《饲料和饲料添加剂管理条例》及配套法规，大力开展饲料质量安全专项整治，全省工业饲料产销量稳中有升，行业整体生产技术水平持续提高。全省共有饲料生产企业80家，其中配合饲料及浓缩饲料、精料补充料企业56家，饲料添加剂企业13家，单一饲料企业13家。全省工业饲料总产量为98.9万t，同比增长3.5%，其中配合饲料产量67.8万t，同比增长5.8%，浓缩饲料产量31.1万t，同比增长1.3%。

【组织机构】

贵州省饲料工作办公室为贵州省农业委员会内设机构，与草业饲料处合署办公，正处级行政单位，编制5人，在编2人。主要负责全省饲料监管与服务工作。全省9个市（州）农业行政管理部门均设立了饲料工作办公室。

【主要工作】

1. 加大宣传培训，提升行业管理水平。①组织开展了2期全省《饲料质量安全管理规范》培训班，并邀请农业部专家现场讲授，省、市、县饲料管理部门和各饲料生产企业负责人共200余人参训，为《规范》的顺利实施打牢了基础；②根据贵州省人民政府令第164号，将饲料、饲料添加剂生产企业设立审查及饲料添加剂、添加剂预混合饲料产品批准文号核发等2项行政审批项目下放到市（州）农业行政主管部门实施。为切实做好上下承接工作，在贵阳举办了各市（州）及部分县饲料管理部门负责人50余人的培训班，为饲料许可事项顺利下放、无缝对接做了扎实的工作，并获农业部延伸绩效管理（农业行政审批制度改革落实）优秀单位通报表扬；③积极协调省饲料工业协会，组织全省各市（州）饲料部门负责人和部分企业共计37人赴山东考察学习文登六和饲料有限公司规范化管理的成功经验和主要做法，全面提升了我省饲料管理部门和企业对饲料法规的执行能力和水平。

2. 严格企业准入制，推进行业规范化建设。①严把企业准入关。在许可未下放之前，严格按照新修订的《饲料和饲料添加剂管理条例》及配套法规，在企业设立时，全部由省级饲料管理部门组织专家进行现场审核，保证全省饲料生产企业准入门槛和企业管理、技术水平的一致；在许可下放之后，要求各市（州）饲料管理部门按要求严格审核，并把《规范》纳入许可的必要条件，确保企业规范化水平进一步提高。2015年，我省严格按照行政审批程序，按时完成7家企业核发《饲料生产许可证》，完成14家公司名称、法人或生产线的变更工作，完成2家企业续展工作。②全面推进《饲料质量安全管理规范》实施。印发了《贵州省全面推进饲料质量安全管理规范实施工作方案》（黔农发［2015］113号）、《关于成立贵州省饲料质量安全管理规范领导小组的通知》（黔农办发［2015］244号），成功创建部级示范企业3家，省级示范企业4家。③严把企业质量关。加强企业标准和饲料标签管理工作，确保饲料生产企业严格按照国家、行业和企业标准生产，对检查出的问题限期加以整改。

3. 强化监督检查，确保饲料质量安全。①开展执法检查行动。督促各市（州）对辖区范围内的饲料生产经营企业进行检查，重点查处不符合规定的证号、产品质量标准、产品质量检验合格证和饲料标签，全省各市（州）查处违法生产、经营饲料及饲料添加剂案件7起；②严厉打击非法添加剂和使用违禁药品的违法行为，严厉查处在饲料生产经营和使用环节非法添加和使用三聚氰胺等有害物质的违法行为，要求在生产环节饲料生产企业对购进的饲料原料和生产的产品要批批检测，确保饲料产品不含三聚氰胺等有害化学物质；③加强饲料抽样监测。全年饲料检验计划为755批次，检测合格率为93.29%；完成国家抽检347批（年度任务330批），检测合格率94.81%；接收社会委托检测饲料样品180批次，检测合格率为90.42%。

【存在问题】

1. 原料供应不稳定。其中玉米、豆粕、鱼粉等大宗原料主要依靠外省购入，购入价格约占饲料成本的60%以上；鱼粉、氨基酸、药物添加剂、单项维生素主要依靠进口。

2. 产业结构不合理。饲料添加剂仅有饲料级磷酸氢钙因资源因素略具优势，常规饲料企业因规模小，设备陈旧，工艺落后，技术水平低，缺乏市场竞争能力。

3. 企业投入不足。饲料工业的科技投入不足，行业的整体技术水平同全国有较大差距，大量外省产品涌入贵州。

4. 企业布局不合理。饲料工业主要集中在贵阳周边，加工能力相对较强，而其他市（州）则较少，制约了全省养殖业的协调发展。

5. 从业人员素质不高。饲料企业职工尤其是生产工人文化水平、技术水平较低，整体素质不高，大专以下学历从业人员占60.0%。

（贵州省饲料工作办公室）

云南省饲料工业

【发展概况】

2015年云南省工业饲料总产量328.6万t，比上年下降11.6%，其中配合饲料总产量241.7万t，比上年下降12.7%；浓缩饲料总产量81.4万t，比上年下降9.3%；添加剂预混合饲料总产量5.5万t，比上年增长7.8%。云南省饲料添加剂优势产品饲料级磷酸氢钙和二氢钙的总产量136.2万t，比上年下降23.7%。全省饲料工业总产值181.6亿元，比上年下降20.9%。

【组织机构】

云南省饲料工作办公室，为云南省农业厅内设机关处室，与省农业厅畜牧局草山饲料处合署办公。主要负责全省拟订草原、草山保护建设和饲料业发展的政策、规划、计划并组织实施；负责饲料和草原监督管理工作；负责牧草种子经营和生产许可证、饲料和饲料添加剂生产许可证审核发放及草原征用或者使用的审核审批工作；负责饲料资源和草原资源的保护工作；组织实施草原保护建设和饲料业的重大技术推广项目；指导草原病虫鼠害防治和防火工作；指导饲料产品质量安全监督检测和生鲜乳质量安全检测体系建设。

【主要工作】

以贯彻国务院新修订的《饲料和饲料添加剂管理条例》和国务院行政审批制度改革为契机，全面提升饲料行业管理水平，促进饲料工业又好又快发展。①严把行业准入关。严格按照“提高门槛、减少数量、转变方式、增加效益、加强监管、保证安全”的总体要求，严把饲料生产企业准入关。2015年，组织审查并发证39家。②严把标准标签审查关。2015年，共组织审查标准270份，标签1 900个，饲料标准标签管理进一步规范。③严把饲料产品质量关。在全省获证企业全面推行饲料质量安全管理规范，认真组织开展饲料产品质量卫生状况监测，饲料中禁用物质监测和反刍动物饲料中牛羊源性成分监测。2015年，经省级验收的饲料质量安全管理规范企业达10家，组织抽检饲料产品1 486批，产品合格率为95.5%。④有序推进行政审批制度改革。认真做好农业部行政许可事项下放的承接工作。2015年，农业部下放的饲料许可事项2项，云南省认真按照国务院行政审批制度改革和饲料行政许可下放的相关要求，做好承接工作，确保各项工作有力、有序、有效开展。

2015年，是全面贯彻实施农业部2014年行1号令《饲料质量安全管理规范》十分关键的一年。该规范要求饲料企业建立并执行一整套严格的管理体系，实现从原料采购到产品销售的全程质量安全控制。为帮助生产企业学习、领会《饲料质量安全管理规范》，云南省于6月25日邀请中国饲料工业云南省行业指导处处长胡广东、华中农业大学教授牛智友、中国农业科学院农业质量标准与检测技术研究所副研究员樊霞等行业内资深专家及教授为云南省饲料生产企业进行培训。参训企业普遍觉得此次培训适应企业的学习需要、具有较强的指导意义，也为企业具体落实《饲料质量安全管理规范》指明了方向。

2015年，云南省仍坚持贯彻落实《饲料和饲料添加剂管理条例》。为了帮助企业做好生产许可申报材料，云南省始终坚持按照农业部公告第1867号颁布实施的《饲料添加剂生产许可申报材料要求》《混合型饲料添加剂生产许可申报材料要求》《饲料添加剂预混合饲料生产许可申报材料要求》《浓缩饲料、配合饲料、精料补充料生产许可申报材料要求》和《单一饲料生产许可申报材料要求》，帮助和指导企业准确、全面理解农业部第1867号公告的要求，对照公告编制出符合要求的规范的申报材料，做到不缺项、漏项或缺少相关内容，也不要夹带无关的或不要求提供的材料。在帮助企业建立管理制度方面始终坚持按照农业部2014年第1号令《饲料质量安全管理规范》要求指导和帮助企业建立健全企业质量管理制度。

2015年，云南省内刊《云南饲料》在云南邦格农业集团有限公司和云南西尔南饲料有限公司的大力支持下，在《云南饲料》编辑部及广大科技人员努力和支持下，坚持定期按时出版了行业内刊《云南饲料》，为会员单位提供了政策法规、行业管理动态、科技动向、企业管理经验交流，新技术、新产品的推广、市场行情、专业培训等多方面的信息，为会员单位、科研院校和技术部门提供了学术交流的平台，深受企业和行业同仁的喜爱和欢迎。

1. 帮助饲料和饲料添加剂生产企业认真做好产品质量标准制订、修订、审查和申报备案工作。 饲料是发展畜、禽、水产养殖业的主要物质基础，饲料和饲料添加剂生产企业产品质量不仅影响养殖业的发展，而且还涉及畜、禽、水产品安全，特别是农业部第1224号公告《饲料添加剂安全使用规范》颁布实施后，增加了企业产品标准审定难度，再加之企业产品标准有效期只有3年，企业根据市场需求又不断开发新产品，加上新办企业的出现，企业标准制定、修订、审查修改任务十分繁重。一年来，云南省先后为全省90家企业270份企业产品标准制定、修改、审查申报备案做了大量工作。企业制定、修订、修改标准有困难的，云南省都尽心、尽力给予耐心指导和帮助。为便于企业修改和制定产品质量标准，我省还专门制定了各类饲料及饲料添加剂标准格式模版供企业参考使用，受到生产企业和技术监督标准化部门的好评。通过企业标准的审定，对进一步树立产品质量安全及标准化意识、提高企业产品质量安全和技术管理水平都具有十分重要的意义。

2. 指导和帮助企业认真贯彻落实《饲料标签》强制性国家标准。 新修订的《饲料标签》标准GB 10648—2013已于2014年7月1日起强制执行，根据云南省《饲料标签》实行认可证制度管理的规定，为指导和监督企业认真贯彻落实执行国家强制性《饲料标签》标准，云南省工作人员利用企业按照新修订的《饲料标签》标准要求标示的内容、重新修订企业标准和制作企业标准修改单申办《饲料标签》认可证的机会，耐心说服企业纠正不符合《饲料药物添加剂使用规范》和《饲料添加剂安全使用规范》要求的标示。对《饲料标签》标准要求标示的项目有漏项或标示不符合要求的项目帮助修改完善。一年来，云南省共协助全省近150家企业审定、修改了《饲料标签》1 500份。通过对饲料标签的审定，对指导和监督企业认真执行国家强制性《饲料标签》标准，规范企业生产、经营行为，提高和保证产品质量，确保饲料和养殖业安全都起到了重要指导和监督作用。

3. 坚持为企业和社会各界做好咨询服务工作。《饲料和饲料添加剂管理条例》规定：饲料添加剂；混合型饲料添加剂；添加剂预混合饲料；配合饲料、浓缩饲料、精料补充料；单一饲料等五大类饲料实行生产许管理，同时生产这些饲料的企业均提高了入门条件，因此，云南省工作人员始终坚持有求必应，热情接待，尽力满足其要求，耐心热情提供服务，认真解答咨询者提出的各种问题。如新办企业应具备的条件，如何申报饲料生产企业生产许可证，申报材料的初审、修改、饲料生产、机械设备要求、企业管理制度修改完善、企业产品质量标准制定、修改、审定、备案及政策法规等诸多方面咨询，基本使咨询者满意而归。

一年来，云南省虽然做了不少工作，也取得了一定成绩，但云南省工作仍存在许多不足之处，如云南省工作班子在岗人员少，机构也不健全，活动经费不足，开展技术讲座、培训、交流、座谈等各种形势活动仍然不足，深入企业调查研究不够，工作上离上级主管部门和会员单位的要求仍有一定差距，云南省真诚希望到会的各位同志对全省工作多提出一些批评和建议，有利于进一步改进工作，把工作做得更好。

【存在问题】

1. 部分企业对新《饲料和饲料添加剂管理条例》及其配套法规的实施，还持有观望态度，没有及时更新设备技术，甚至还未到饲料管理部门申办饲料生产许可证。部分饲料企业还存在无证生产、超范围生产等现象。

2. 饲料行业整体资金流动性差，赊欠问题严重，金额巨大，欠款时间长。 由于以前饲料企业无序经营恶意竞争造成现在的终端养殖户认为，欠款购买饲料是理所当然的事情，给饲料企业的正常运作带来一定的难度。

3. 饲料企业人员稳定性较差。 一个公司能干上三五年的员工较少，特别是需要持证上岗的岗位，人员经常变动，给企业带来的就是重新反复培训，花时间花精力招聘新人、花时间花精力重新培养，周而复始地进行着人员招聘、人员培训、人员流失，为企业的正常动作带来相当大的损失。

（云南省饲料工作办公室）

陕西省饲料工业

【发展概况】

1. 饲料工业生产总体形势基本稳定。2015年陕西省饲料工业总产量624.18万t，其中饲料加工产品总产量427.0万t，动物源性饲料产品3.33万t，单一饲料190.71万t，饲料添加剂3.2万t。饲料加工产品总产量较2014年总产量456.81万t，下降6.53%；总产值158.0亿元，较去年的164.3亿元下降3.8%。饲料加工产品中：配合饲料产量272.5万t，同比下降4.1%，浓缩饲料产量136.8万t，同比下降12.0%，添加剂预混合饲料17.7万t，同比增长2.3%。

2. 主要饲料品种四降两增。2015年，陕西省饲料加工产品中，猪料182.9万t，同比下降8.9%；蛋禽料113.2万t，同比下降9.4%；水产料24.8万t，同比下降9.5%；反刍料46.7万t，同比下降12.7%；肉禽料50.1万t，同比增长17.3%；其他料9.2万t，同比增长24.3%。

3. 产品结构跟进调整。按照陕西省养殖业发展趋势，饲料产品结构跟进调整。在饲料加工产品总产量中，猪料比重42.8%，蛋禽料比重26.5%，肉禽料比重11.7%，水产料比重5.8%，反刍料比重10.9%，其他料比重2.2%。饲料类别中，配合饲料比重63.8%，浓缩饲料比重32.0%，添加剂预混合饲料比重4.1%。

4. 产品质量安全水平持续提高。2015年，陕西省共实施部省级饲料样品抽检2 370批次，合格2 365批次，合格率99.8%。饲料生产企业的原料和成品双检意识不断增强，"十二五"期间，饲料抽检合格率始终保持在99%以上，饲料中"瘦肉精"连续十六年未检出。

【主要工作】

1. 认真开展饲料行业专项整治工作。制定下发了《2015年陕西省饲料质量安全专项整治行动实施方案》，部署了饲料原料、违禁添加品、饲料生产企业检化验室、饲料产品标签、饲料产品标准和饲料经营企业六个专项检查任务。按照全省统一安排，各市饲料行业管理部门结合各地实际情况，制订了专项整治工作实施方案。对2014年评选的28个饲料产品质量安全专项整治行动先进单位、49名先进个人进行了表彰。西安市和商洛市分别对辖区执法人员开展了一次业务培训，提升市县行业管理部门人员业务素质。6月底，在西安市饲料经营企业相对集中的三个批发市场开展了一次飞行检查。9月份，分三个组对陕西省30家企业开展了一次监督检查工作。一年来，全省饲料产品质量安全监管工作共出动执法人员9 671人次，出动督查人员1 450人次，检查饲料企业698个次，检查经营企业1 747个次，检查养殖场（户）6 275个次，取缔违法企业4个，培训科学养殖和饲料科技方面人员20 931人次，印发宣传单（图册）61 482份，为不断净化饲料产品市场奠定了基础。

2. 做好产品质量安全和生产安全监管工作。为确保饲料产品质量安全监管工作的顺利实施，省饲料工业办公室与12个市（区）行业监管部门签订了2015年饲料质量安全监管责任书，与171家饲料生产企业签订了2015年饲料生产企业责任书。制定了《关于下发2015年全省饲料质量安全监测计划的通知》，由全省8个质监机构承担，共下达抽检任务1 070批次，下拨抽检经费55.6万元，加大了生产和经营环节饲料原料和饲料产品的抽检力度。并对8个监测机构2014年监测情况和经费使用情况开展一次全面检查，确保了监测数据真实，经费使用合理。在天津港"8·12"瑞海公司危险品仓库特别重大火灾爆炸事故发生后，立刻下发了《关于在全省饲料行业开展安全生产大检查的紧急通知》，要求各饲料生产企业进一步明确安全生产责任，细致排查安全隐患，各级饲料管理部门结合饲料质量安全专项整治工作，对辖区内所有饲料生产企业开展一次拉网式巡查。9月底在杨凌召开了全省饲料行业首次安全生产现场观摩会，会上为各企业发放了《饲料厂的安全标志应用》，在全行业形成了齐抓共管，确保安全生产的良好局面，全年未发生一起安全生产责任事故。

3. 依法强化行业准入工作。依据《饲料和饲料添加剂生产企业许可管理办法》规定，按时完成207家饲料生产企业的年度备案工作。同时，依据新的饲料生产许可条件，严格对申报生产许可证的企业进行现场审核。今年以来，陕西省共核发生产许可证65个（其中浓缩饲料、配合饲料、单一饲料30个、动物源性单一饲料6个，添加剂和预混料新发证26个，变更法人代表、注册地址换证3个），注销10家饲料生产企业生产许可证。截至年底，全省饲料生产企业252个，比2014年年底227个增加25个。

4. 开展部级《规范》示范创建工作。在组织做好农业部2015年《饲料质量安全管理规范》示范企业创建工作的基础上，制定下发了《关于开展全省实施〈饲料质量安全管理规范〉暨示范企业创建活动的通知》，确定了25家示范企业，对开展《规范》的示范创建工作进行了安排部署。3月底，组织陕西华秦农牧科技有限公司和陕西正大有限公司各一人到深圳参加全国《规范》实施培训班。4月底，组织省饲料工业办公室5名同志赴扬州参加全国《规范》实施培训班。5月份，在全省饲料工业重点工作推进会上，确定了8家企业，于上、下半年分两批参加农业部部级《规范》示范企业创建工作。9月底在杨凌组织召开了《规范》创建现场观摩会，目前陕西正大有限公司顺利通过农业部部级《规范》示范企业验收。

5. 积极开展调查研究工作。联系陕西省饲料行业发展新常态，在全省开展了饲料用粮和肉羊饲料生产的调研，为单一饲料企业和肉羊饲料生产企业提供参考依据。调整确定了陕西华秦农牧科技有限公司等50家企业为2015年全省饲料生产信息重点跟踪企业，为及时准确掌握行业生产信息，科学指导行业健康发展奠定了基础。根据农业部下达的喷浆玉米皮、玉米蛋白粉两个产品准入条件制定工作进展情况，抽调专人，集中力量赴户县进行了为期一周的实地调研，起草了《喷浆玉米皮生产企业许可条件（评审稿）》和《玉米蛋白粉生产企业许可条件（评审稿）》，在邀请有关专家对评审稿进行了评审修改基础上，上报了全国饲料工作办公室。

6. 推进饲料行业行风建设。下发了《全省饲料行业开展“诚信农企”创建活动实施方案》，组织100家饲料生产企业开展“诚信农企”创建活动。下发了《全省饲料行业精神文明建设工作实施方案》，对行业精神文明建设工作进行了安排部署，确定了30家行业文明示范企业。对2014年评选出的20家全省饲料行业精神文明建设先进单位和21家诚信企业进行了表彰。并建立了行业诚信联盟，发布了诚信宣誓誓词，印发了《致全省饲料行业的一封信》，组织100家企业开展了诚信宣誓活动。

7. 加强培训和技能鉴定工作。着眼强化技能鉴定工作实际需要，在陕西华秦农牧科技有限公司筹备建立了陕西省饲料工业技能鉴定基地。5月底，派2名同志参加了在重庆举办的全国技能鉴定培训班。6月和10月先后两次派8人参加了由农业部畜牧饲料行业职业技能鉴定指导站举办的畜牧饲料行业职业技能鉴定考评员培训班，经考试合格，均取得了考评员证书。发布了2015年职业技能鉴定公告，并于1月27～28日，组织对61名特有工种人员进行了理论和技能操作双考，成绩合格59人，综合合格率达97%，整个鉴定工作严谨细致，受到了农业部督导组的充分肯定。

8. 做好行业宣传和交流工作。重新编印《饲料行业法律法规汇编》1 000余本，《饲料知识100问》和《饲料法规知识100问》各5 000本，发放给各级饲料管理部门和饲料生产企业，促进陕西省饲料行业新法规贯彻落实工作取得实效。全年共发行《陕西饲料》报刊24期，在陕西饲料网上发布信息8万余字，更换了5期宣传栏，充分展示陕西省饲料工业发展动态。4月23～26日，组织19家企业参加了在南京举办的2015中国饲料工业暨畜牧业科技推介会。3月25日，由省办牵头并设置展位，组织三个影响力大的饲料企业参加了全国第十一届放心农资下乡进村现场咨询活动，在咨询现场认真解答前来咨询的养殖户有关饲料质量安全问题，并现场发放《饲料法规知识100问》和《饲料产品质量安全知识100问》资料1 000余册。

【存在问题】

1. 从监管能力看，基层监督执法机构不健全，监管力量薄弱，绝大多数县区执法力量为兼职人员，依托综合执法机构开展日常监管的机制、人员、装备、经费还不到位；市级质检机构还未普及，还有五个市区未设立饲料产品检测机构，已有的部分质检机构装备落后、人才缺乏，严重滞后于工作需求；监管工作信息化程度低，陕西省互联互通的饲料监管基础信息平台尚未形成。

2. 从生产企业看，近几年饲料生产企业硬件条件改善快，但管理提升慢，水平依然参差不齐；更为严重的是，还存在不少未获得生产许可证而非法生产的无证企业；饲料中非法添加和掺假造假屡打不绝，新型添加物时有发现，霉菌毒素超标、重金属污染等因管理不当造成的问题也时有暴露，为行业监督管理带来新挑战。

（陕西省饲料工业办公室）

甘肃省饲料工业

【发展概况】

1. 主要原料持续走低。2015 年以来，玉米、豆粕、氨基酸、菜粕、棉粕等主要原料价格下降，磷酸氢钙、进口鱼粉等价格稳定。其中，玉米：1.8～1.9 元/kg，同比下降 30%；豆粕：2.9～3.0 元/kg，同比下降 20%；赖氨酸：8.5～9.5 元/kg，同比下降 10%；棉粕：2.1～2.2 元/kg，同比下降 15%；菜粕：1.9～2.0 元/kg，同比下降 20%。磷酸氢钙：2.0～2.1 元/kg，进口鱼粉 14 元/kg，与去年基本持平。主要饲料原料价格下降，企业利润增加，稳定了生产，为产量的提高带来了利好空间。

2. 产品质量逐年提高。2015 年甘肃省饲料质量安全监测合格率 96%，比去年增长 3 个百分点；反刍动物饲料中牛羊源性成分例行监测合格率 100%；瘦肉精、三聚氰胺等违禁药物专项监测合格率 100%，养殖环节“瘦肉精”专项监测合格率 100%。

3. 企业数量稳步增加。2015 年甘肃省有各类饲料生产企业 85 家，比 2014 年增加 13 家。其中配合饲料、浓缩饲料、精料补充料生产企业 58 家，单一饲料生产企业 8 家，添加剂预混合饲料企业 17 家，饲料添加剂企业 2 家。企业从业人数 4 343 人，其中博士生 8 人，硕士生 35 人，大专以上 1 000 人。

4. 生产能力不断加大。按照饲料生产企业生产条件规定，甘肃省企业全部进行了生产厂区和设备改造。其中 20 家拥有畜禽和反刍饲料两条生产线，每条生产线能力达 10t/h 以上，生产设备全部为电脑控制、自动配料的成套设备。目前生产能力达到 430 万 t，比 2014 年增加 100 万 t。

【主要工作】

1. 加强领导，推行饲料质量安全管理规范。2015 年是《规范》实施的关键年，甘肃省将《规范》实施作为饲料监管工作的重中之重。①领导重视。为确保甘肃省《规范》顺利实施，各级领导和企业负责人将该项工作纳入重要议事日程，并将《规范》推行作为饲料管理的重要抓手，一级抓一级，层层抓落实。省上按照农业部要求，及时召开了《规范》宣贯、部署工作会议，并制定了《规范》实施方案下发各地执行。②组织开展检查审核。督促企业建立各项管理制度，实现从原料采购到产品销售的全程控制，达到《规范》的各项要求。对实施《规范》进度滞后或存在安全生产隐患的饲料生产企业，约谈了主要负责人，明确提出整改要求和整改期限，并进行跟踪回访。对新建或改扩建换证企业要求制定《规范》规定的制度、操作规程和记录表单，严格企业申报材料审查，并在现场检查时，有针对性的指导企业有关《规范》知识。由于措施到位，甘肃省应实施《规范》的 82 家企业现已按要求建立了相应的制度、操作规程和记录表单，并予以实施。③加强扶持引导。选择积极性较高、软硬件条件较好的 5 家企业，鼓励企业改造升级，争取通过国家级规范验收。并协调农业部专家对 2 家企业进行规范指导，省上还协调拿出 6 万元资金，对另外 3 家企业进行《规范》实施工作扶持。经过多方努力，甘肃省年内有 3 家企业通过国家级规范验收，成为西北地区首批通过国家级认证企业。

2. 履职尽责，切实加大饲料监管力度。“重监管、保安全”是饲料管理的主要任务，为了全力做好饲料监管工作，全面提高饲料质量，一是制定下发了《关于进一步加强饲料监管工作的通知》，对饲料生产、经营和使用环节监管工作重点进行了安排部署。二是向市（州）安排饲料监管工作经费 100 万元，筹集经费 4.5 万元印制了饲料生产、经营和使用环节监督检查记录 6 000 余份下发各地，用于监督检查“痕迹化”管理。三是积极推行告知承诺制度，省级制定印发了《饲料质量安全承诺书》和《饲料使用安全承诺书》样本，由各地饲料管理部门统一印制，并负责完成辖区饲料生产企业和养殖场承诺书签订工作，承诺制度已在全省80余家饲料生产企业和1万多家规模养殖场推行。四是对饲料生产企业《规范》执行情况进行检查。重点检查制度、操作规程等执行是否到位，各项生产记录填写是否规范，原料和成品型式检验工作是否正常开展，标签管理和安全生产措施是否符合要求等。五是组织对武威、张掖等市（州）饲料监管工作进行了监督抽查，对兰州市小西湖饲料市场和陈官营粮库进行了突击检查。对检查中发现的问题，及时责令进行了查处。重点打了击非法饲料生产行为，对群众举报和发现线索的，及时安排当地饲料管理部门进行了查处，2015年仅省级安排查处非法饲料生产案件4起。

3. 加强宣传培训，营造饲料行业发展的良好氛围。2015年甘肃省将饲料宣传工作纳入重要议事日程，突出饲料发展成效宣传。一是平均每月在甘肃农业信息网上发布饲料简报4篇，累计刊登50余篇，发布饲料预警信息2篇。二是建立了饲料生产企业负责人12316短信息平台，及时发布饲料行业各类信息。同时，加大培训力度。三是开展业务培训，5月14日在甘肃农大动物科技学院举办了饲料检验化验员职业技能鉴定培训班，培训生产企业检化验员和大专院校应届毕业生117人；5月28～30日省饲料办在张掖市举办了全省饲料质量安全管理规范培训班，市（州）县（区）饲料监管人员和企业负责人员共计270余人参加了培训。四是开展了形式多样的宣传培训工作。白银市制定并印发了《宣贯方案》，利用广播、电视、报纸等开展宣传12次，编写和发放宣传材料1万余份，制作横幅布标18幅。举办饲料兽药监察培训班6期，对饲料管理人员、乡镇站站长、部分养殖企业和饲料生产企业负责人，分层次进行了《饲料和饲料添加剂管理条例》《饲料质量安全管理规范》等饲料兽药法律法规知识培训。武威市举办了全市执法人员和生产企业负责人《规范》培训班，参加人员100余人，并对该市通过国家级《规范》验收的2家企业通过武威电视台和武威日报进行了广泛宣传。

4. 衔接协调，积极帮助饲料生产企业排忧解难。2015年以来，甘肃省盐务部门组织人员到饲料生产企业查处饲料级氯化钠，对一些企业合法购进的饲料级氯化钠进行没收查封，严重干扰了企业的正常生产经营活动。为了维护企业的合法利益，各级领导高度重视，依据《饲料和饲料添加剂管理条例》等法规规定，省级饲料管理部门专题请示了农业部，依据农业部复函，搜集整理了外省情况，向省农牧厅领导和省法制办进行了汇报，并制定下发了《关于饲料生产企业使用饲料级氯化钠的复函》，并要求各地立即协调当地政府及相关部门，明确饲料生产企业的主导地位，为饲料企业创造公平、公正、稳定、有序的市场秩序。此外，为了减轻企业负担，及时转发了国家税务总局关于执行《西部地区鼓励类产业目录》有关企业所得税问题的公告（国家税务总局公告2015年第14号）、《产业结构调整指导目录（2011年本）》（修正版）、甘肃省发展和改革委员会《关于做好西部大开发鼓励类产业确认工作的通知》（甘发改产业［2015］560号）等文件，并要求市（州）饲料管理部门及时将精神传达到生产企业，使符合条件的企业能够积极争取免税。

5. 严格把关，确保行政许可工作依法展开。按照“抬高门槛、严格准入”的要求，对新建或改扩建企业申报行政许可资料严格把关，依法审批，对审核企业力争做到公平、公正，严格按程序开展审批工作，确保一个标准评定、一把尺子度量。今年，全省共审核发证19家企业。对所有发证企业进行了网上公示，经公示无疑议的，予以核发《饲料生产许可证》，并对发证情况进行网上公告。此外，加强饲料添加剂和添加剂预混料生产文号核发工作，严格按照文号核发要求，对企业申报材料、产品检测项目和产品标签进行严格审查，并在产品批文后附产品标签样本，以利于执法检查。

6. 开展饲料安全监测，不断提高产品质量。制定下发了《甘肃省2015年饲料质量安全监测及监督检查实施方案》和《2015年养殖环节“瘦肉精”专项监测计划》，全年完成饲料质量安全样品153批，合格率为96%；牛羊源性成分例行监测150批，合格率100%；违禁药物监测任务304批，合格率100%；养殖场（户）“瘦肉精”监测任务426个，样品1 236批，合格率100%。对检测发现的不合格产品及时安排市（州）进行查处，查处不合格企业32家，产品33批。

【存在问题】

1. 部分企业《规范》落实不到位。个别企业虽然制定了完善的制度和操作规程，但实际生产中不能严格按照制度和规程执行，主要表现在记录表单填写不规范、原料和成品型式检验达不到要求，标签的技术指标和基本内容不符合《饲料标签GB 10648—2013》规定，无独立的标签库或标签柜，标签领用记录不齐全等。

2. 饲料经营环节产品抽检数量较少。由于甘肃省饲料添加剂预混料产品单一，价格相对较高，外省大量质次价低的添加剂预混料产品涌入甘肃省市场，由于每年抽检经费有限，流通环节抽检量不足300批，致使一些不合格添加剂预混料产品不能有效查处，安全隐患较大。

3. 养殖水平较低，自配饲料存在安全隐患。甘肃省养殖水平相对落后，部分养殖户为了降低饲养成本，利用浓缩饲料和预混合饲料自行配料，饲料营养成分不足，品质低下，存在饲料质量安全隐患。

（甘肃省畜牧兽医局饲料办）

青海省饲料工业

【发展概况】

2015年，青海省采取项目补贴和饲料企业自筹的方式，年内扩建或新建年加工能力2.5万t以上的饲料加工企业7家，随着新修订的《饲料和饲料添加剂管理条例》的颁布，要求饲料行业提高准入门槛，饲料行业因此正在进行着市场结构和产品结构的转型。全省饲料获证生产企业11家，年单班加工能力达到40万t。青海省年实际生产各类饲料产品达到44万t，工业商品饲料12.7万t，比上年增加6万t，比上年增长89.6%，自配料27.8万t。其中：配合饲料类12.5万t，单一饲料（菜子饼3.5万t，饲料添加剂0.79万t），工业产值近30亿元。

【组织机构】

青海省饲料工作办公室隶属于青海省农牧厅，与厅草原处合署办公，草原处处长兼任饲料办主任。

【主要工作】

1. 开展饲料法规宣传培训工作。举办全省“养殖场环节‘瘦肉精’现场筛查技术培训班和饲料质量安全管理规范暨饲料质量安全监管培训会”，累计培训6州（市）20县（市、区）饲料主管部门、专家审核委员会及获证企业170余人，重点讲解和宣贯饲料法律法规和规范性文件，并现场培训“瘦肉精”监测样品采集方法及操作技术要点，确保落实属地监管责任、强化许可现场审核条件、明确主体责任及“瘦肉精”整治工作有序开展。

2. 重视备案工作，提高饲料监管水平。在各级农牧（饲料）管理部门的配合下，完成了13家饲料生产企业年度审查备案工作，备案合格率为86.7%，通过备案工作，进一步加强饲料企业的监管力度，规范了企业的生产经营行为。

3. 加大“瘦肉精”专项整治力度，确保饲料产品质量安全。按照农业部的安排布置，青海省加强“瘦肉精”的整治工作，及时举办了6州（市）20个县“瘦肉精”专项整治及样品采集培训班，安排落实“瘦肉精”监管经费6.6万元，共抽样检测400个牛羊养殖场（户）、牛羊尿液样品802批次。其中抽检197个牛养殖场（户）、402批次样品，198个羊养殖场（户）、400批次，监测结果均为阴性，合格率为100%。同时组织各级农牧（饲料）管理部门开展“瘦肉精”整治行动。截至2015年12月底，全省共出动出动“瘦肉精”专项整治执法人员1 620（人次），执法车辆82车次，检查饲料生产经营企业（户）124余家，取缔无证照饲料企业8（个）；现场指导培训61场次，培训人员3 400人次。通过开展整治工作，青海省饲料生产、经营和养殖场（户）进一步提高了遵纪守法的意识，自觉遵守饲料添加剂和饲料药物添加剂使用规范。

4. 强化饲料质量监测，保证饲料质量安全。青海省在农业部下达的抽检任务的基础上，制定下发《关于开展2014年青海省饲料产品质量及养殖环节“瘦肉精”专项监测工作的通知》，组织有关部门对省内饲料生产、经营和养殖场（户）开展抽样检测。共完成对6个州（市）20个县、区的饲料生产企业、经营企业、饲料加工点和养殖企业（户）的配合饲料、浓缩饲料、动物源性饲料、预混合饲料、反刍动物饲料和蛋白饲料原料抽样检测任务。共完成587批次饲料产品抽样检测任务，其中：饲料产品质量安全监测计划140批次，饲料中违禁添加物专项监测计划170批次，产品合格率为100%；饲料中三聚氰胺专项监测计划30批次，产品合格率为100%；反刍动物饲料产品和动物源性饲料产品抽样121批次，产品合格率为100%，与上年同期保持一致。完成青南牧区牲畜越冬饲料监督抽检28批次，产品合格率100%。完成饲料委托性检验131批次。

5. 组织开展饲料行业职业技能鉴定工作。分别于6月和8月开展青海省饲料行业职业技能鉴定培训班，并对具备条件的饲料检验化验、饲料厂加工设备维修工和中控工从业人员进行鉴定，共培训71人次。其中，参加饲料检化验员培训共40人，经鉴定考试，合格率为92%。参加饲料加工设备维修和中央控制室操作人员共计31名，经鉴定考试，合格率25.8%。

6. 强化饲料企业监管，及时开展饲料执法工作。根据农业部办公厅《关于下达2015年饲料质量安全监测计划的通知》精神和省农牧厅具体安排，查处饲料产品质量监测不合格的饲料生产企业和责任人。农业部办公厅对青海省2014年下半年和2015年上半年全省饲料产品质量抽检情况进行了通报，各市、州农牧部门按照通报要求，依照《条例》规定及时进行了查处。同时，现场检查获证饲料企业10家，发出整改通知2家，同时对企业整改进行备案并督促企业在规定时间内完成整改工作。下达饲料质量安全监管工作经费22万元。

【存在问题】

1. 农牧主管部门法律法规意识淡薄。在2015年定期不定期对饲料生产企业检查和抽检过程中发现，大部分农牧饲料主管部门负责人和具体执法、抽样人员对于《饲料和饲料添加剂管理条例》等相关法律法规认识不足，重视不到位，没有很好地落实属地监管责任，不按照采样规范要求抽样，对获证企业监管不到位，对无生产许可证或生产合格证实效过期后非法饲料生产行为查处不力。

2. 监管、监测工作经费不足。由于青海省牛羊养殖方式主要以天然草场放牧为主，牛羊养殖场（户）分散，采样工作难度大、成本高，无法保证监管的常规化。建议加大“瘦肉精”监测工作经费和各州（市）监督经费的投入。

3. 宣传工作还需加强。在监督和抽样监测工作中发现，各级农牧饲料主管部门和养殖场（户）从业人员对饲料法律法规及违禁添加物的认识不足，部分饲料从业人员思想认识淡薄，监督和抽样监测中工作难度较大，需加大宣传和培训力度。

（青海省饲料工作办公室）

宁夏回族自治区饲料工业

【发展概况】

2015年，宁夏回族自治区办公室主动适应产业发展新常态，抓许可、抓规范、抓监测、抓监管体系建设，强化科技支撑，推动产业提质增效。把“三严三实”专题教育与推动饲料工作紧密结合，以严的要求谋划工作，以实的作风推动发展。支持企业技术改造、采用先进设备与工艺，降耗提效，首次实现了反刍与非反刍饲料分线生产，增强持续发展能力。指导建立现代企业制度，构建行业诚信体系，增强质量安全意识。2015年各类饲料总产量95.8万t，比2010年增长9.2%，总产值34.4亿元。其中赖氨酸产量占全国市场份额的15.0%、饲料添加剂出口货值达8.2亿元，成为全区农业经济的新亮点和增长点。全区固定饲料经营网点267个，流动性、季节性经营网点500多家。全区饲料行业从业人员371余人，带动农户93万户。

【组织机构】

一、自治区饲料办的机构设置与工作职责

1. 自治区饲料办的机构沿革与职责变更情况。宁夏回族自治区饲料工业办公室，最早成立于1986年1月，成立之初隶属于自治区经济委员会，1996年3月划归自治区畜牧局，2000年合并到农牧厅。为正处级事业单位，经费为全额拨款，人员编制5人。2002年，依照国家公务员制度进行管理。

2. 全区饲料行政执法监管机构的设置与工作职责。2007年10月，农牧厅依据国务院《饲料和饲料添加剂管理条例》属地管理原则，要求各市、县（区）农牧部门明确饲料执法监管机构，指定监管人员，初步建立了全区饲料行政执法监管体系。自2008年起，对市县执法监管人员多次进行培训，制定了监管制度、日常监管与执法工作规范、应急预案，建立了突发事件快速反应机制。将饲料市场监管、违禁添加行为的查处，及饲料产品质量合格率等指标纳入考核范围，年底依据考核结果进行表彰奖励。各市县监管机构基本上都能按期完成各项监管任务。

3. 饲料质量检测机构与职责。对于市场流通的饲料产品和专项整治所需要的检测，先由各市县监管机构现场进行快速检测，有问题的报送自治区兽药饲料监察所化验确认，确认后由相关市县进行处罚。对于农业部和农牧厅安排的例行检测，由各市县配合药监所抽取检测样品，由药监所负责检测并报告农牧厅和农业部。

【主要工作】

1. 落实生产企业和市县监管主体责任。按照“产出来”与“管出来”，两手抓、两手都要硬的原则，制发全区饲料质量安全监管要点、指导意见和执法监管工作规范等12项工作制度。进一步强化属地监管责任，做到责任明确、分工到人。年内，各市县普遍对饲料生产企业、经营网点和规模养殖场户进行两次拉网式检查。注重把问题解决在基层、解决在萌芽状态。

2. 严格生产许可审核。本着制度和组织先行的原则，成立并按规定适时调整自治区饲料生产许可证审核专家委员会，确保专家队伍的纯洁性和专业性。率先在全国实行专家审核流程、责任追究、考核评价与例会制度。依法审核，严把源头准入，不符合条件的决不核发生产许可证。同时，加强获证后监督检查。2015年新审核企业8家（总数47家）、新颁发生产许可证8个、换证5个（总数55个）。

3. 全面实施饲料质量安全管理规范。成立自治区示范企业创建指导小组，举办培训班，邀请农业部专家解读《饲料质量安全管理规范》（简称“规范”），

深入企业进行指导，组织现场观摩示范创建企业，创建企业成立工作小组，对照《规范》110项内容逐条落实。促使饲料生产企业对采购、仓储、加工、品控、运输等环节采取严格的管理措施，实现从原料入厂到成品出厂的全过程质量安全控制，建立产品质量安全追溯体系。2015年10月26～28日，宁夏大北农和杨哈吉公司通过了农业部规范化管理示范企业现场验收。

4. 持续实施饲料质量安全检测。持续组织实施饲料产品质量安全等各项检测，始终对违法添加行为保持严打高压态势，建立"黑名单"，将不合格产品查处信息在网上公示，形成社会舆论压力，杜绝违法添加物。2015年，监测饲料产品质量安全样品164批次、违禁添加物专项样品259批次、反刍动物饲料中牛羊源性成分样品175批次，质量安全追溯样品257批，4项检测合格率均为100%。养殖环节"瘦肉精"检测，在全区835场户、现场抽取1 880个尿液样检测均为阴性，合格率为100%。2015年8月14～18日，农业部对宁夏沙坡头、青铜峡、中宁县100个重点养殖场户猪牛羊尿液兴奋剂类物质排查样品300个，检测合格率100%。以上6项检测100%合格。

5. 开展饲料产业统计分析。及时完成了年度和季度生产信息的报送工作。定期公布饲料生产统计数据，召开生产形势分析会议，邀请全国著名专家分析饲料生产数据，解读行业发展信息。推行企业按季度网上报送、市县年终上报生产、经营数据制度。预判生产经营中可能出现的隐患问题，制定了预备方案。

6. 加强饲料法规普及和先进典型宣传。认真总结了全区饲料行业"六五"普法工作的主要做法、取得的成效和经验。举办培训班2期，市县监管人员与生产企业技术、质量、统计人员共281余人参加，着力打造监管和企业两个层面熟法规、懂《规范》、善管理的团队。2015年，由饲料办主导在宁夏日报发稿2篇、宁夏电视台播放节目1期，编辑出版《宁夏饲料通讯》2期，在宁夏农业信息网饲料办网页发信息15篇，被厅信息中心采发5篇。4月份，由饲料办倡导开展行业自律，向全社会发出了饲料质量安全承诺。

7. 与蒙古国饲草料专家及企业进行了交流。蒙古国2015年饲草料交易及国际合作研修班的专家及企业经理，于5月29日～6月2日来宁夏考察访问。蒙古国食品农业部农业处高级专家巴达日·奥敦胡等20名各省、院校、企业专家，在宁夏有关市县重点考察了饲草料加工企业、草原及苜蓿基地、奶牛肉牛肉羊养殖场等。共同举办研讨会，进行专题讲座。分别就两国畜牧饲草料产业现状、发展趋势、合作意向等交流研讨，双方专家、企业家介绍了各自的主要做法、经验成就、运行模式、存在问题、开发潜力等。

8. 抓队伍建设，强化科技支撑。坚持抓好饲料行政执法监管、生产许可证审核、产品标准评审、职业技能鉴定考评员和科技研发5支队伍建设。推进产学研结合，率先开展省级特色非常规资源和餐厨剩余食物饲料化利用研究，编制首部宁夏饲料资源数据库、营养成分数据库和安全性评价数据库，建立了首家饲料资源网络快速查询与检索平台，为生产企业研制产品配方提供基础支撑。目前，宁夏饲料行业已获批国家级企业技术中心1个、工程中心1个，省级企业技术中心、工程中心、创新中心5个，省级重点实验室1个，企业科技发展研究院4家。增强了宁夏饲料行业依靠科技自主创新发展的能力。

9. 制定了《宁夏饲料产业"十三五"发展规划》。邀请自治区和农业部的专家，会诊行业发展，找准问题，提出思路、目标与重大举措，为构建管理规范、产品优质安全、资源高效利用的现代饲料工业进行顶层设计。提出了"十三五"发展思路、目标任务、重点项目。

【存在问题】

总结一年来的工作，饲料产业还存在一些问题和制约因素，一是饲料资源结构性制约趋紧，大宗原料波动较大；二是中小企业科技创新和市场竞争能力仍然较弱；三是饲料产品价格持续下滑，生产比较效益下降；四是影响饲料质量安全因素增多，质量安全监管压力加大，市场监管和监测装备亟待加强等。

（宁夏饲料工业办公室）

新疆维吾尔自治区饲料工业

【发展概况】

截至2015年12月31日，新疆有饲料和饲料添加剂生产许可证230份（9家重复），各类饲料生产企业216家。按产品类别分：饲料添加剂生产企业10家，添加剂预混合饲料生产企业20家，配合饲料、浓缩饲料和精料补充料生产企业66家，单一饲料生产企业134家。

2015年新疆维吾尔自治区饲料总产量172.0万t，同比减少2.4%。其中配合饲料154.3万t，同比减少0.4%；浓缩饲料13.6万t，同比减少20.9%，添加剂预混合饲料4.1万t，同比减少2.4%。饲料添加剂总产量31.3万t，同比增长76.8%。饲料添加剂产量明显增加（主要是新疆梅花氨基酸产量增加）。各类饲料中配合饲料占89.7%，浓缩饲料占7.9%，添加剂预混合饲料占2.4%。2015年饲料工业总产值71.7亿元。

1. 从产品结构看。

（1）配合饲料：猪料占15.1%，蛋禽料占29.6%，肉禽料占22.7%，水产料占8.7%，反刍料占22.8%，其他料占1.1%。

（2）浓缩饲料：猪料占49.0%，蛋禽料占30.1%，肉禽料占9.1%，水产料占比例0.1%，反刍料占11.7%，其他占0.01%。

（3）预混合饲料：猪料占36.1%，蛋禽料占17.5%，肉禽料占5.6%，水产料占4.0%，反刍料占33.1%，其他料占3.6%。

2. 从畜禽品种看。

（1）猪料：2015年新疆维吾尔自治区猪饲料产量31.5万t，比去年增长0.3%。其中猪配合饲料23.3万t、浓缩饲料6.7万t、添加剂预混合饲料1.5万t，同比分别增长7.4%、－19.3%和7%。

（2）蛋禽料：2015年蛋禽饲料产量50.4万t，同比增长0.2%。其中配合饲料45.6万t，浓缩饲料4.1万t，添加剂预混合饲料0.7万t，同比分别增长2.9%、－24.1%和7.4%。

（3）肉禽料：2015年肉禽饲料产量36.5万t，同比增长－6.2%。其中肉禽配合饲料35.1万t、浓缩饲料1.2万t、添加剂预混合饲料0.2万t，同比增长－6.1%、2.4%和－8.8%。

（4）水产料：2015年水产料产量13.6万t，同比增长－7.5%。其中配合饲料13.5万t、浓缩饲料产量112t、预混合饲料0.2万t，同比分别增长－6.9%、57.7%和－5.5%。因水产料基数较小，产量稍有变化增减幅度就较明显。

（5）反刍料：2015年受畜产品牛羊肉价格持续走低的影响，反刍动物饲料产量减小，总产量38.1万t，同比增长－2.8%。其中，精料补充料35.2万t、浓缩饲料1.6万t、预混合饲料1.4万t，同比分别增长－0.6%、－30.4%和－12.5%。

【组织机构】

2014年3月，根据新疆维吾尔自治区分类推进事业单位改革工作领导小组办公室《关于印发〈新疆维吾尔自治区畜牧厅所属事业单位分类改革方案〉的通知》（新事改办［2014］19号）精神，撤销“自治区饲料工业领导小组办公室（自治区饲料行业管理办公室）”，职能归畜牧厅，现按自治区畜牧厅办公室（饲料办）行使职能。

新疆维吾尔自治区各地州（市）饲料管理职能归畜牧兽医局。目前，除阿克苏地区畜牧兽医局内设独立的饲料管理机构（阿克苏地区饲料工业领导小组办公室）外，其他地州（市）均由畜牧兽医局或兽医局委托动物卫生监督所、兽药饲料监察所等机构监管饲料工作。

新疆维吾尔自治区兽药饲料监察所（加挂新疆饲

料质量监督监测站）为国家级监测机构，承担全区饲料质量的监督监测工作；石河子市、阿克苏地区、喀什地区 3 个地州设有自治区级饲料监（检）测站（所）。全区 3 所农业院校（新疆农业大学、石河子大学、塔里木大学）均设有动物营养及饲料专业；新疆畜牧科学院设有饲料研究所。

【主要工作】

1. 深入开展饲料法律法规宣贯工作。2015 年根据农业部的安排，结合区域实际先后组织地州（市）饲料管理机构、企业相关负责人等 30 多人次前往江苏、广西、河南、兰州等地参加了农业部举办的饲料法规培训班；阿克苏、巴州、昌吉州等地分别举办了饲料管理人员及生产企业负责人饲料法规培训。11 月 28～30 日，自治区畜牧厅办公室（饲料办）在乌鲁木齐市举办了《饲料质量安全管理规范》培训班，邀请了农业部专家授课，共培训人员 100 多人。

2. 积极开展饲料质量安全监测和专项监测工作。根据《农业部办公厅关于印发 2015 年饲料质量安全监测计划的通知》《农业部办公厅关于印发 2015 年养殖环节“瘦肉精”专项监测计划的通知》，2015 年共完成饲料监测任务 4 790 批次。一是饲料产品质量安全监测工作。对各地饲料生产、经营企业进行监督抽查，共抽取饲料质量安全监测样品 415 批次（农业部任务 250 批次），合格率为 100%。二是饲料安全专项监测工作。对全疆动物养殖场（户）进行违禁药物的专项监督抽查，共完成饲料中违禁添加物专项监测样品 748 批次（农业部任务 260 批次，蛋白饲料中三聚氰胺监测任务 50 批次），合格率为 100%，各环节均未检出以上违禁药物。三是反刍动物饲料中牛羊源性成分例行监测工作。完成反刍动物饲料中牛羊源性成分例行监测任务 462 批次（农业部任务 220 批次），总体合格率 100%。四是完成报批复核检验样品 23 批次；免税检验 29 批次；其他委托检验 738 批次。五是完成全疆饲料生产、经营、养殖等环节三聚氰胺专项监测样品 462 批次，盐酸克伦特罗专项监测样品 462 批次，莱克多巴胺专项监测样品 462 批次，合格率 100%。六是养殖场（户）动物尿液中“瘦肉精”专项监测工作。完成生猪、肉牛（羊）尿液 989 头（批），涉及养殖场（户）545 家。监测项目为盐酸克仑特罗、莱克多巴胺、沙丁胺醇，监测结果全部合格。

3. 完成了 2014 年度饲料生产企业年度备案工作。按照“一证一备”的要求，对饲料生产企业备案材料认真审查、核实、确认，共审查备案饲料生产企业 196 家，6 家未备（3 家停产，1 家倒闭、1 家申请注销、1 家搬迁）。

4. 严格程序，严格标准，规范饲料企业生产许可。根据国务院《饲料和饲料添加剂管理条例》及农业部规章的规定，不断规范审批程序，严格审核标准，2015 年共审查申报材料 58 份，审核发放饲料生产许可证 29 份。其中饲料添加剂生产许可证 3 份，饲料生产许可证 26 份（含添加剂预混合饲料 2 份，配合饲料、浓缩饲料和精料补充料 11 份，单一饲料 13 份）。变更饲料生产许可证 25 份，注销饲料生产许可证 13 份。核发饲料产品批准文号 154 个，审查备案 131 个产品标准。

5. 强化监督检查，全面推行饲料质量安全管理规范。按照《农业部关于全面实施〈饲料质量安全管理规范〉的意见》“农牧发［2015］8 号”，畜牧厅及时下发了《关于贯彻落实农业部全面实施〈饲料质量安全管理规范〉的意见的通知》“新牧办字［2015］19 号”，加强对《饲料质量安全管理规范》的宣传培训，突出对企业生产管理、质量控制等环节的监督检查，推动了饲料质量安全管理规范的全面实施。9 月份邀请农业部专家对新疆创建示范企业进行了现场指导，11 月 28 日农业部对新疆泰昆集团昌吉饲料有限责任公司创建工作进行了验收。据统计，2015 年全区共出动执法人员 1 000 多人次，检查饲料生产企业 350 多家（次），检查饲料经营门店 620 多家（次）。

6. 加强秸秆养畜项目管理。一是完成了 2014 年度秸秆养畜示范项目统计报表上报工作；二是会同自治区农业综合开发领导小组办公室、厅计财处、纪检监察对 2011—2013 年度 10 个承担秸秆养畜示范项目的项目县［2011 年新疆巴楚县秸秆养畜联户示范项目；2012 年（4 个）新疆昭苏县秸秆养畜联户示范项目、新疆疏勒县秸秆养畜联户示范项目、新疆莎车县秸秆养畜联户示范项目、新疆策勒县秸秆养畜联户示范项目；2013 年（5 个）新疆绿欣养殖有限公司秸秆养畜示范场项目、昌吉市新峰奶牛养殖专业合作社秸秆养畜联户示范项目、新疆吉木萨尔县秸秆养畜联户示范项目、新疆于田县秸秆养畜联户示范项目、新疆岳普湖县秸秆养畜联户示范项目］进行了省级竣工验收并将验收报告上报农业部；三是组织编制并上报了 2015 年度我区 6 个秸秆养畜示范项目的实施计划及编制说明书并下达项目批复；四是根据《农业部畜牧业司关于开展 2015 年畜牧业建设项目现场督查工作的通知》（农牧行便函［2015］第 129 号）文件要求，在各地自查基础上，陪同农业部检查组对 2014 年新疆禾润畜牧股份有限公司秸秆养畜示范场建设项目进行了现场检查。从检查验收情况看，我区项目县市基本都能按照秸秆养畜示范项目管理要求按照批复组织实施，示范县市领导重视，群众利用秸秆养畜的积极性也很高，项目的实施不仅促进了项目县市农区畜牧业的发展，而且带动了周边县市秸秆养畜工作的开展，取得了较好的经济、社会、生态效益。

7. 做好饲料行业特有工种职业技能鉴定管理，提升饲料从业者素质。 2015 年 7 月 27 日～8 月 2 日在乌鲁木齐对饲料检验化验员（初、中、高级）、饲料厂中央控制室操作工（初、中级）、饲料加工设备维修工（初、中级）3 个工种 7 个级别进行了培训考核与鉴定。136 人参加培训考核鉴定，113 人通过考核鉴定，合格率 83.09%。

8. 2015 年继续推进非常规饲料研发利用工作。 在 2014 年赴南北疆进行秸秆养畜示范项目、秸秆颗粒配合饲料生产利用、畜牧业机械利用、南疆非常规饲料研发利用等工作调研的基础上，形成了南疆五地州非常规饲料利用现状调研报告，为推动农区秸秆转化利用奠定了良好基础。

9. 完成了全区 2014 年度饲料工业统计综合上报及 2015 年度各季度饲料统计上报工作。

【存在问题】

1. 饲料管理机构不健全，缺乏专业的饲料管理执法队伍。

2. 饲料质量安全监测体系薄弱，与当前饲料产品质量安全要求有差距。

3. 饲料生产企业、经营者、养殖（场）户等饲料法规意识有待于加强。

4. 饲料行业科技创新少，产品研发能力弱，农副资源（农作物秸秆类）饲料转化利用率还比较低。

（新疆饲料行业管理办公室）

大连市饲料工业

【发展概况】

2015年，大连市以饲料产品质量安全和饲料生产安全为重点，继续深入贯彻实施《饲料和饲料添加剂管理条例》，依据《饲料和饲料添加剂生产许可管理办法》《饲料质量安全管理规范》，按照“提高门槛、减少数量，转变方式、增加效益，加强监管、保证安全”的要求，严把饲料行业行政许可准入关，全面加强饲料产品质量和生产安全监管。在全行业人员的共同努力下，行业秩序更加规范，产品质量进一步提高。

2015年，大连市各类饲料加工产品产量328.9万t，累计工业产值105.1亿元。其中配合饲料130万t，浓缩饲料12.3万t，添加剂预混合饲料1.7万t，饲料添加剂0.02万t，鱼粉等单一动物源性饲料7.9万t，豆177万t。通过清理整顿和升级改造，全市共有饲料生产企业118家，其中饲料添加剂生产企业8家，添加剂预混合饲料生产企业9家，单一饲料生产企业40家，浓缩饲料、配合饲料和精料补充料生产企业61家。

【组织机构】

大连市政府对饲料工业发展十分重视，设立了大连市饲料工作办公室，主管全市的饲料工业工作，7个涉农区市县也设立了相应的饲料工作办公室。大连市兽药饲料监察所，编制35人，其中，中、高级以上专业技术人员19人，配有大型检测仪器设备194台套，其检测资质通过国家和省级认定，承担着全市饲料等生产、流通、使用环节的监督检测工作。大连市饲料工业协会为独立的法人社团组织，是联系政府与企业的桥梁与纽带。企业职工总数1 663人，其中博士12人、硕士27人、大学学历244人、大专学历295人，分别从事着企业管理、产品开发、产品生产、产品检验、产品销售及售后技术指导等工作，在饲料行业发展、产品质量提高等方面发挥了重要作用。

【主要工作】

1. 加强饲料生产企业安全监管。

（1）按照“管行业必须管安全，管业务必须管安全，管生产经营必须管安全”的要求，印发了《关于印发大连市饲料生产企业安全生产监管工作方案的通知》（大农发［2015］23号），把饲料生产安全工作作为全年重点工作进行部署。为确保整治工作成效，全年分别于2～6月和8～12月开展了两次专项整治工作，检查饲料企业236家/次，覆盖率100%，对存在安全隐患的25家饲料企业和1家饲料油脂加工企业进行了限期整改处理。

（2）为提高饲料生产企业安全意识，举办了培训班，对全市150名饲料监管人员及生产企业负责人进行了培训。委领导在培训班上做了“认真搞好粉尘作业防爆检查，切实保障企业作业安全”的重要讲话，对整治行动提出了具体要求。

2. 推进饲料质量安全管理规范实施。为确保全市饲料生产企业按照农业部规定在2015年6月底前完成《饲料质量安全管理规范》的实施工作，实施多措并举，加强饲料生产企业规范实施的指导。

（1）加强培训。采取组织人员参加农业部、省局举办的培训班以及自主举办培训班两种方式，对全市210名饲料行业监管、从业人员进行了系统的实施《规范》培训工作。

（2）编写《规范》创建范本。组织有关专家编写了大连市实施《规范》创建范本，对进行《规范》创建的饲料生产企业进行指导，确保《规范》创建顺利实施。

（3）组成专家组进行工作指导。成立了由7人组成的3个专家组，对实施《规范》创建的饲料企业进行具体指导，帮助企业建章立制、规范生产经营、强化投入品管控等。

(4) 组成考评组对实施《规范》企业进行评审验收。经过考评组对49家《规范》创建企业考核和评审，评选出7家饲料生产企业为《规范》创建示范典型。

3. 加强饲料产品监测。按照《2015年大连市饲料产品质量安全监测方案》，要求，在全市范围内组织开展了生产、经营和使用环节饲料产品监测工作，全年共监测饲料产品500批次。

4. 加强执法监管。

(1) 采取专项整治与日常监管相结合，组织各区市县饲料办按照属地化管理原则，对全市饲料生产、经营企业进行了全面检查，重点加大对三聚氰胺、瘦肉精等违禁物质及、饲料原料的清理检查力度，坚决取缔无产品质量标准、无产品批准文号、无产品标签的“三无”饲料生产企业。

(2) 按照省局的统一部署，完成了饲料生产企业年度登记备案工作，全市共有114家企业通过年度备案，对4家未达标企业，不予备案，建议吊销生产许可证。

(3) 以监督监测为依据，强化风险预警，落实“检打联动”工作机制，加强饲料产品质量安全监管。全年对抽检的11批次不合格饲料产品，下发了查处督办单，做到了检测不合格样品发现一起查处一起，对违法违规者予以打击，产生了较强的震慑力。

(4) 组织开展了饲料生产经营主体清理整顿活动，下发了《关于加强饲料生产企业监管工作的通知》(大农发［2015］348号)，对未取得《饲料生产许可证》的原47家饲料生产企业进行了彻底排查，坚决取缔无生产许可证行为。

5. 积极发挥行业协会作用。市饲料工业协会组织全市饲料生产企业认真学习《饲料和饲料添加剂管理条例》等法规规章，加强政策宣传；举办了全市饲料生产企业法人和技术质量负责人培训班，全面贯彻《饲料和饲料添加剂安全使用规范》；积极开展《饲料标签》宣贯工作，对全市获证饲料企业人员进行了新的国家饲料标签标准培训；动态掌握会员单位产品质量安全情况，完善了饲料生产企业管理制度和表单记录；积极组织企业参加职业技能培训，企业普遍达到了特有工种持证上岗的要求。通过服务、引导、行业自律，提高了企业依法生产经营意识，规范了生产经营行为，杜绝生产企业在饲料中非法添加违禁物质。

【存在问题】

1. 产业素质较低、技术落后。全市大型企业较少，小微型企业偏多，相当一部分饲料生产企业职工尤其生产工人文化水平及技术水平低，整体素质差，人员不足，资金缺乏，设备、工艺、配方一成不变，没有自己品牌，产品市场占有率低，经济效益低下，甚至亏损。

2. 外部影响因素加大、盈利水平下滑。畜产品价格受国际国内各种因素影响而频繁波动，导致养殖业生产不确定性加剧，同时，大宗原料、能源、运输、劳动力等价格大幅上升，行业整体盈利水平下滑。

3. 缺乏有效监管手段、管理不到位。由于基层受编制所限，监管执法人员不足，加之企业自律意识给强，法制观念淡薄，至使行业管理难以到位，产品质量难以保证。

(大连市饲料工作办公室)

青岛市饲料工业

【发展概况】

2015年，青岛市饲料工业克服畜牧养殖业下滑、饲料市场疲软等困难，保持了较稳定的态势，饲料生产企业优胜劣汰局面更加明显，规模化企业继续增加，规模化较小、竞争力较弱的企业逐步退出市场，饲料总产量呈下降趋势。截至2015年12月31日，全市共有饲料生产企业126家，去年同期增加5家，全年新建饲料生产企业12家，注销生产资质7家。全年饲料总产量230余万t，同比减少9.5%；总产值减少16.5亿元，同比减少20%。

发展特点：

1. 饲料产量下滑。2015年，尽管全市饲料生产企业数量有所增加，但受到全国畜禽养殖业不景气、饲料需求量减少的影响，饲料总产量呈下降趋势，总产量237万t，较去年减少25万t。

2. 产业规模化程度不断提高。2015年，受市场规律的调节，一批小型企业自动退出市场，较大规模企业陆续设立。先后有北京市伟嘉人生物技术有限公司青岛市分公司、青岛中农华商生物工种有限公司等12家投资规模大、研发能力强、设计产能高的饲料生产企业相继设立，表现出了规模大、起点高的新特点；有青岛富康源饲料有限公司、青岛牧通饲料有限公司等7家公司规模小、抗市场风险能力弱的生产企业注销生产资质，退出了市场。

3. 产品质量持续向好。通过持续深入开展饲料专项整治，强化日常监管和监督检测，全市饲料产品质量保持较好的水平。2015年，青岛市根据问题导向科学制定检测计划，有针对性地抽检疑似问题产品和问题较多企业的产品，全年监督抽检300批次，飞行抽检100批次，合格率均在98.5%以上，始终保持了较好的水平。

4. 企业发展参差不齐。低水平经营、低产品质量、低层次竞争等问题仍然比较突出。年产量超过1万t的由2014年的38家减少至35家，超过10万t的由2014年的8家增加至9家。

5. 饲料产品结构的变化。一是产品结构变化明显，在配合饲料保持稳定、浓缩饲料急剧萎缩的同时，添加剂预混合饲料和混合型添加剂企业相对增长较快；二是不同规模或综合经营的添加剂预混合饲料企业产量呈现上升趋势。

6. 安全生产意识增强。2015年，在青岛市范围内开展饲料行业安全生产培训，提高了从业人员的生产安全意识。根据“管行业要安全，管业务要管安全，管生产经营要管安全”总要求，全市各级饲料管理部门多次进行安全生产隐患排查，强化了从业人员的安全生产意识。

【主要工作】

2015年以来，青岛市饲料行业管理工作以行政许可、专项整治和案件查办为抓手，狠抓“四项”制度的落实；按照“管行业要安全，管业务要管安全，管生产经营要管安全”的总要求，严格安全生产资质审查；强化属地化监管责任，加强源头治理和市场秩序整治，监管工作扎实有效，饲料产品质量稳步提升，市场秩序得到规范和净化。

1. 全面落实网格化监管模式。为消除饲料执法监管的死角和盲区，对全市58处基层动监站的432名工作人员，划定监管区域，明确监管职责，实行了定区域、定职责、定奖惩的网格化监管模式，实现市、区（市）和基层动监站三级条块监管责任无缝隙对接，确保了兽药饲料行业执法监管责任的落实。饲料生产企业126家全部实现了网格化监管。

2. 落实“四项”管理制度。严格落实饲料行业管理检打联动制度、有奖举报制度、“黑名单”制度和集中销毁制度等“四项”管理制度，为行业监管提供了有力的保障。

3. 加强饲料生产企业资质清查清理。以企业备案和生产许可审查为契机，对全市所有饲料生产企业生产资质进行了清查，关停、注销了有效期届满未延续、不符合生产条件的生产企业等共7家，有效规范了行业秩序。

4. 监督执法和案件查办能力不断加强。按照“全过程、全环节、全覆盖、零容忍”的要求，扎实开展饲料打假专项整治、饲料用动物油脂专项整治等专项整治活动，对饲料生产、经营及使用环节进行拉网式检查。通过案件举报、督办等形式，严厉查处饲料违法行为，全年受理、查处违法线索、案件12条，有效震慑了违法违规行为。

5. 集中销毁假劣饲料产品。2015年6月30日，青岛市农业局对全市2014年下半年至2015年上半年清缴的部分不合格饲料产品及假劣兽用生物制品、化药制剂、原料药等近5t进行了集中销毁，公开曝光了一批典型安全，始终保持打假的高压态势，有力打击了制售假劣饲料产品的违法违规行为，规范了全市饲料市场秩序。

6. 强化饲料行业遵纪守法意识。全市各级畜牧兽医局主管部门通过举办培训班、张贴公告、发放明白纸等媒介宣传、咨询活动，强化对饲料生产、经营和养殖环节的指导，使生产企业、经销商、养殖户都能了解、熟悉、掌握饲料行业有关政策、法律法规。监管部门与生产、经营企业、养殖场（户）逐个签订责任书、承诺书，签订率达到100%。企业自律意识不断提高，饲料生产、经营和养殖环节能够合法生产、守法经营、规范使用。

7. 依法行政文明行政。按照政府部门公布的责任清单、权力清单依法行政、文明行政、严把行业准入门槛，加大了对新建企业和续展企业的初审力度，全年完成12家新建饲料生产企业、9家续展企业的初审和协助验收，验收通过率达100%。

8. 严格年度备案。备案工作中，结合我市实际，统筹安排，采取备案工作与换证工作相结合、与日常监管检查相结合、与饲料工业信息统计工作相结合，及时清理了以往备案不通过、因换证不及时被农业部、省局注销的企业以及被列入诚信监管“黑名单”的企业，坚决淘汰生产、检验达不到条件的企业。

9. 严格安全生产资质审查。为从源头上把好安全生产关，减少和杜绝饲料生产企业安全生产责任事故的发生，我市严格饲料生产企业安全生产资质审核，对未通过消防验收、备案抽查和压力容器无《特种设备使用登记证》的，则视为安全生产不符合要求，在受理其行政许可申请事项初审时不予通过，并对这部分企业分别通报市消防局、安监局和质监局，形成部门间合力，共同杜绝安全生产责任事故的发生。

【存在问题】

1. 企业规模化程度仍然较低。规模化企业偏少，部分企业素质偏低，“大而强、小而精”的企业较少，无序竞争的现象仍然存在。

2. 质量安全形势更加复杂。个别饲料生产企业非法使用“三个《目录》”外物质、超范围生产行为仍然存在；制假售假和无证生产等违法行为没有完全遏止。

3. 执法监督体系不够健全。执法人员数量少、装备落后限制了检测能力的提高和检测范围的全覆盖。

4. 安全生产压力大。部分企业建厂时间久，厂房简陋、设施简单，线路老化、消防设施、压力容器不符合要求现象不同程度存在；大部分企业厂房等设施没有通过公安消防机关消防验收或备案抽查，安全隐患不同程度存在。

（青岛市饲料工作办公室）

宁波市饲料工业

【发展概况】

2015 年宁波市各类饲料加工产品产量 79.6 万 t，累计工业产值 29.7 亿元。其中配合饲料 19.8 万 t，同比下降 4.8%；浓缩饲料产量 3 263t，同比下降 30.5%；添加剂预混合饲料产量 1 320.5t，同比下降 36.2%。饲料添加剂生产总量 2 158.5t，比去年同期增加了近 4 倍；单一饲料（鱼粉、豆粕）生产总量 59.1 万 t，同比下降了 2.9%。目前，我市共有饲料和饲料添加剂持证生产企业 27 家，其中浓缩饲料、配合饲料生产加工企业 13 家，鱼粉、豆粕等单一饲料生产企业 8 家，添加剂和预混料生产企业 6 家，产品遍及畜禽、水产系列，饲料种类较为齐全。

饲料生产特点总体来看，2015 年全市饲料产量呈下降趋势。

1. 猪料产量有所下降。2015 年，宁波市猪料产量 79 249.5t，与去年同期产量 80 076.0t 相比下降了 1.03%，其中：配合饲料 75 010t、浓缩饲料3 263t、预混饲料 976.5t。

主要原因及分析：猪料产量下降主要跟生猪饲养量下降有关。2015 年全市生猪饲养总量为 229 万头，与去年同期 242 万头相比减少了 13 万头。主要原因有两点：①受去年初猪价暴跌影响，大部分规模养殖户普遍处于亏损状态，虽然后期受宏观因素影响也经历过价格反弹，但消费需求没有根本提升，许多养殖户因亏损严重无力支撑企业发展，纷纷选择退出转产，市场供应量明显下降；②随着浙江省五水共治的深入推进，畜禽养殖污染治理力度加大，“脏乱散小”的养殖场纷纷被关停淘汰，导致能繁母猪存栏量急剧下降，2015 年能繁母猪存栏量同比下降 17 个百分点以上，生猪产能大幅下降，这直接影响了饲料的消费需求，导致猪料产量明显下降。随着五水共治力度加大和环保治理成本的提高，宁波市猪源短缺的情况近期无法转变，特别是去年以来母猪大量的淘汰减少，生产后劲不足，严重影响明年猪料生产。

2. 禽料产量大幅下降。2015 年，宁波市禽料总产量 49 138t，与去年同期产量 55 709.25t 相比下降 11.8%。其中蛋禽料 13 440t，同比下降 3.0%；肉禽料 35 698t，同比下降 14.7%。

主要原因及分析：受前两年人感染 H7N9 流感影响和“五水共治”水环境整治工作的深入推进，我市家禽养殖规模总体出现萎缩，饲养量大幅减少，产能降低。据统计，2015 年全市家禽饲养总量为 2 053 万只，与去年同期饲养量 2 546 万只相比下降 19.3%，其中家禽存栏 810 万只，同比下降了 15.4%；家禽出栏 1 243 万只，同比下降了 21.8%。由于家禽饲养量的大幅下降，对禽料的需求量也随之下降，禽料生产总体情况下降。虽然受元旦、春节假期消费需求拉动影响，会出现补栏现象，但家禽总体饲养量依然呈现下降趋势，预计明年禽料生产将不会出现大幅上升。

3. 水产料产量略有下降。每年的第二、第三季度都是水产养殖的旺季，但 2015 年宁波市水产料总体生产情况不如往年。水产料总产量为 71 475t，其中海水饲料 58 972t，淡水饲料 12 503t，生产多以海水饲料为主；与去年同期相比总产量下降了 3.1%，海水饲料、淡水饲料分别下降了 2.3%、22.3%，水产料总体生产水平下降。

【组织机构】

2006 年年初，在宁波市畜牧兽医总站的基础上，组建宁波市畜牧兽医局，挂宁波市饲料工作办公室牌子，具体负责全市的饲料和饲料添加剂管理工作。

【主要工作】

2015 年主要工作有以下三个方面：

1. 全面贯彻实施《饲料质量安全管理规范》（以

下简称《规范》)。根据农业部关于全面实施《规范》的意见和省饲料办《关于开展饲料生产企业〈规范〉实施情况检查的通知》要求，宁波市立即着手，迅速部署，对纳入《规范》实施范畴的添加剂预混合饲料、浓缩饲料、配合饲料和精料补充料等 17 家饲料生产企业全面开展规范管理提升和贯彻落实工作。①组织培训。为督促企业严格按照规范要求组织生产，6 月 25 日，宁波市组织召开了全市《规范》现场培训会，组织全市饲料生产企业参观《规范》实施示范企业，学习和借鉴该企业先进的生产模式和规范管理经验；并且邀请专家就《规范》的要点进行解读和培训，全面推进我市《规范》的贯彻实施工作。②企业自查。宁波市饲料办第一时间通知辖区内的饲料生产企业，要求企业对照《规范》开展自查。纳入《规范》实施范畴的饲料生产企业按照部、省、市相关通知要求，对照《规范》和《检查表》认真进行了自查，并根据自查中发现的问题进行了全面整改提高。③监督检查。7 月份，宁波市成立检查组在各地饲料企业自查总结的基础上，抽查了余姚、慈溪和象山等地的宁波天邦股份有限公司宁波分公司、北京伟嘉人生物技术有限公司宁波分公司和象山九龙江饲料加工厂等 8 家饲料生产企业，对饲料生产企业设备设施、人员素质、日常管理、质量控制等方面进行全面检查，针对检查中发现的个别问题，要求企业在两个月内对照《规范》要求整改到位，督促企业加快《规范》的实施。

2. 切实把好饲料行政许可审核关。加强饲料质量安全监管，行政许可工作是第一关口，宁波市饲料办高度重视，严格按照《饲料和饲料添加剂管理条例》和《饲料质量安全管理规范》等法律法规的有关规定，对申请饲料生产许可证的企业进行认真审查、分类指导，严格把好准入审查关。目前，全市共有 20 家浓配、单一饲料生产企业通过审核新获得了生产许可证。此外，宁波市还开通运行了饲料行政审批网络平台，实现了饲料行政许可网上申报、网上审核与现场审验相结合的方式，既方便了群众办事，也提高了工作效率。

3. 圆满完成饲料和饲料添加剂生产企业年度备案工作。按照省饲料办开展饲料和饲料添加剂生产企业年度备案工作的要求，市饲料办督促生产企业如实、规范填写备案表，并要求企业认真开展自查自纠，对发现的问题要及时进行整改。2015 年度全市圆满完成了 27 家饲料生产企业备案工作。

【存在问题】

1. 综合监管能力不足。由于当前宁波市监督监测体系不够完善，机构设置不够合理，导致日常监管不力。目前，只有宁波市本级设有饲料工作办公室，县（市）、区一级没有专门的饲料管理机构，而且管理人员大多数是兼职的，使得饲料安全监管工作处于心有余而力不足的尴尬局面。同时市、县两级畜牧兽医局（站）尚未建立起专门的饲料化验和检测实验室，严重制约了饲料和饲料添加剂监管工作的开展。

2. 饲料产品质量安全问题仍然突出。当前，饲料市场竞争日趋激烈，部分企业片面追求生产效益和增长速度，而忽视了饲料产品的质量安全。再加上部分饲料生产企业存在经济实力不足、创新能力不强、经营规模较小、技术水平相对落后、管理方式粗放、缺乏从原料入厂到成品出厂的全过程质量安全控制等原因，导致饲料产品质量安全问题依然突出，隐患难除。

（宁波市畜牧兽医局）

厦门市饲料工业

【发展概况】

截至2015年年底，厦门市共有饲料和饲料添加剂生产企业54家，其中配合饲料、浓缩饲料、单一饲料生产企业34家，添加剂预混合饲料生产企业27家，添加剂生产企业7家。全市2015年饲料和饲料添加剂年总产量达156.2万t，同比去年160.3万t，下降2.6%。其中配合饲料46.8万t，同比去年62.3万t，下降24.9%；浓缩饲料1.1万t，同比去年4.0万t，下降72.8%；添加剂预混合饲料2.9万t，同比去年4.6万t，下降36.6%；添加剂1.1万t，同比去年1.3万t，下降15.3%；混合型饲料添加剂0.15万t，同比去年0.2万t，下降31.8%；单一饲料104.2万t，同比去年88.0万t，增长18.5%。累计营业收入58.3亿元，同比去年63.1亿元，下降7.7%，工业总产值59.5亿元，同比去年62.5亿元，下降4.9%。

【组织机构】

厦门市农业局负责厦门市饲料行业管理，工作职能由内设机构畜牧兽医处承担，日常监管工作由市农产品质量安全检验测试中心及各区动物卫生监督机构具体负责，行业执法工作由市、区农业行政执法部门具体负责。

【主要工作】

1. 严控饲料安全生产。①严格工作部署。为贯彻落实国务院安委办、省政府安办、省农业厅有关饲料安全生产文件要求，深刻吸取事故教训，夏门市先后下发《厦门市农业局关于持续深化饲料和饲料添加剂生产企业粉尘防爆安全生产专项整治的通知》等相关文件布置各项任务，从法规标准、安全责任、使用管理、现场防控、人员组织、应急处置等方面，全面排查粉尘作业和使用场所存在的安全隐患，依法依规、从严治理，有效防范粉尘爆炸事故的发生。②抓好宣传贯彻。各区及时将上级下发的各项文件传达到每一家饲料生产企业。严格落实《企业安全生产责任体系五落实五到位规定》，将宣传挂图发放到全市每一家饲料生产企业，张贴覆盖率100%，跟踪完成五落实五到位覆盖率100%。③开展教育培训。为进一步增强企业消防安全意识和抵御火灾能力，提高面对突发事故应急自救能力，市农业局举办了全市饲料生产企业消防及粉尘防爆安全培训，市、区两级饲料监管人员及全市60余家饲料生产企业相关人员共计100多人参加。④严格监督检查。现场安全检查以各区为主。在各区检查的基础上，市农业局加强监督检查，不定期组织抽查各区饲料生产企业情况。从整体情况来看，经过各级管理部门的不断宣传教育、培训、检查，饲料生产企业安全生产意识普遍提高。

2. 严把企业审核关。对新建、换证的饲料生产企业，夏门市按照新修订的饲料和饲料添加剂管理条例的要求，对企业申请材料严格审核，对申报情况坚持现场逐项核实、逐项验收，做到宁缺毋滥，通过一家规范一家，对不符合条件的，坚决不予上报。2015年全年共审核上报浓缩饲料生产企业设立申请1家，协助省农业厅饲料兽药管理处现场审核各类企业4家（包括新设立、到期换证、迁址、增项）。

3. 严抓产品质量安全关。为加强饲料产品质量安全监控，厦门市农业局印发了《厦门市2015年饲料监管工作方案》（厦农［2015］36号），分上、下半年对我市33家饲料生产企业进行了产品抽检，全年共抽检样品140份，重点对饲料中重金属残留、饲料品质、兽药残留、违禁药物进行监测，本年度监测合格率为100%。

4. 严格执行企业备案。为加强饲料、饲料添加剂的管理，及时掌握饲料、饲料添加剂生产企业生产经营状况，市农业局根据《福建省农业厅关于开展饲料和饲料添加剂生产企业2015年度备案及安全生产检查工作的通知》（闽农牧［2015］31号）要求，结合本市实际，认真部署开展了2015年饲料和饲料添加剂生产企业备案工作。各区共出动检查人员100余人次，对饲料生产企业逐家进行现场检查、核实，责令3家企业进行整改。2015年度厦门市共上报备案饲料添加剂生产企业7家、添加剂预混合饲料生产企业24家、单一饲料生产企业7家、配合料和浓缩料生产企业25家。

（厦门市农业局）

2016 中国饲料工业年鉴

企业篇

重点企业经验介绍

创新科技　打造世界级动物营养企业

——北京英惠尔生物技术有限公司

诞生于中国农业科学院饲料研究所的北京英惠尔生物技术有限公司，自 2000 年成立之日起，聚焦动物营养，紧密围绕动物健康需求，倾力开发预混料、稳定化 VC、酵母培养物和发酵液态饲料四大类动物营养品。

公司以动物营养与健康需求为导向，成立英惠尔生物技术研究院，下设五个研究室，即水产动物营养研究室，单胃动物营养研究室，反刍动物营养研究室、微生态研究室和精益生产研究室。公司聚集了一批动物营养与饲料科学、生物技术等方面的知名专家，聚焦于动物营养品的研发，科研人员比例达 11%，科研投入占公司收入的 4%～5%。

践行“全身心的投入，让生命更美丽”的健康理念，英惠尔在行业内率先引入精益生产，对产品质量、成本和交货期持续改善；开创性实施质量控制与可追溯系统管理，实现产品全程可追溯。一系列前瞻性的举措打造英惠尔产品的极限竞争力，合作伙伴遍及全球，产品远销欧洲、非洲、大洋洲、美洲和亚洲的 60 多个国家和地区。

秉承“精益求精，为合作伙伴创造快乐”的宗旨，英惠尔构建了“好产品＋好方法”的双引擎合作模式，成为动物营养类企业的标杆。展望未来，英惠尔将投入所有时间和智慧，全身心致力于动物营养与健康产品的研究与推广，以创新科技打造世界级动物营养企业，为推动健康养殖、改善人类生活品质而不懈努力。

一、荣誉追求

2015 年，英惠尔公司迎来了 15 岁的生日。在 11 月于北京举办的中国饲料科技与经济高层论坛上，北京英惠尔生物技术有限公司被评为“2015 年中国畜牧饲料行业最具投资价值企业”。公司产品销售至 63 个国家，国际市场销售收入占比达 35%，公司董事长任泽林博士被聘任为北京市饲料工业协会国际合作专业分会主任委员。在北京市成立 30 周年纪念大会上，公司喜获“首都饲料行业发展腾飞奖”和“首都饲料行业科技创新奖”；惠尔 C、百惠邦、奶师傅入选“首都饲料行业影响力品牌”；任泽林博士荣获“首都饲料行业功勋人物奖”，公司副总经理郭庆先生和王鲁保先生分别入选“首都饲料行业领军人物奖”和“首都饲料行业管理才俊奖”。这一系列荣誉的取得源于我们对生物营养方向的选择，源于我们对创新的不懈追求。

二、战略布局

历经 15 年的积淀，英惠尔逐渐明晰了公司的两大定位，第一是做国际市场与国内市场并举的国际化企业；第二是要用创新思维和创新手段研发和推广差异化生物营养品。总结起来就是我们要以创新科技打造世界级动物营养企业。当然，这一战略目标并非公司成立之初就确立，而是在经营过程中不断总结和提炼的。

创业之初的英惠尔，公司骨干主要来自于中国农业科学院饲料研究所水产研究室，公司的产品自然也主要关注水产动物营养相关的产品。雄厚的研发实力，对产品的高度聚焦让英惠尔在正式营业的第一年就实现 1 000 万的销售收入，惠尔 C（包膜维生素 C）、安尔 C（VC 磷酸酯）等差异化产品的陆续推出让英惠尔驶上发展的快车道。随着公司的快速发展，水产动物营养相关产品的经营已不能满足公司发展的需求，于是在配套人力和技术资源的背景下，英惠尔从水产动物营养向动物营养拓展，植酸酶，氯化胆碱，甜菜碱等产品相继推出让公司团队日益壮大，销售收入节节攀升。然而，由于植酸酶、氯化胆碱、甜菜碱等产品缺乏核心竞争优势，所以，即使我们的销售在产品推出之初在政策、热情的带动下也曾一炮而红，但注定是昙花一现。正是在这种只见销量不见效益的背景下，英惠尔公司在任泽林博士的带领下走出去，请进来，重新梳理公司的战略选择，于 2006 年启动产品出口业务，2008 年正式进军生物营养领域，并最终确定了“安全、健康、创新、价值”的战略方针。其中安全是基础，健康是方向，创新是手段，价值是目标，具体而言，英惠尔要在保证产品质量安全和稳定的基础上，依靠科技创新和管理创新手段，研发和推广改善动物健康的生物营养品，做动物营养行业的差异化价值提供者。

都说 21 世纪是生物技术的时代，在 21 世纪过去的 15 年里，生物技术给我们带来的改变比人们预期的要大得多。世界正一往无前地进入生物技术时代，即使站在前沿的科学家也无法预期生物技术革命将达到的深度和广度。英惠尔作为一家嗅觉敏锐的创新型动物营养企业，在前期调研和论证的基础上，于 2008 年正式进军生物营养领域，并于 2014 年成功推出中国第一款酵母培养物，2016 年成功推出行业开创性产品——发酵液态乳猪料，助推英惠尔进入生物营养新时代。

三、创新发展

英惠尔传承农科院饲料所的科技创新基因，是一群从事科研工作的知识分子组建而成的企业，而且这些科研人员很多在研究所工作多年，一直在做科研工作，所以英惠尔公司有着天然的创新基因。用任泽林博士的话说，这个群体智商本来就很高，他们的工作就是做创新的事情，有这样的基础，还有很多的学习和培训机会，这种求新求异的意识和精神由于惯性自动地到了英惠尔公司。公司创立之初每年研发推广 1～2 项新产品，成立第二年即入选高新技术企业。

英惠尔的团队骨子里有创新的欲望，也有创新的能力，但是科研院所的创新与企业的创新有着很大的区别，因为企业的创新要走上市场，要能够获得市场的认可，创造出经济价值。而这一切，是英惠尔团队经历了血的教训之后才认识到的。成立 15 年来，英惠尔公司开发并推广了 11 类产品，有 7 个是失败的，也就是成功率只有 35%。通过总结这些失败的教训，英惠尔把对创新的认识归纳为了三点：一要做能实现的创新，二要做有市场容量的创新，三是要做有未来的创新。

产品的失败不能叫做真正的失败，真正的失败是团队被失败击倒。英惠尔公司流传一句话，“我们永远在失败的路上前进，永远在前进的路上失败，但是归根结底还是在前进”。越挫越勇的英惠尔团队在失败中锤炼了超强的承受能力，敢于在创新路上挑战失败、忍受失败、超越失败。也正是得益于这种长期坚持创新的努力，才有酵母培养物和发酵液态乳猪料这样的开创性产品诞生，开启了英惠尔生物营养新时代。

酵母培养物和发酵液态乳猪料的创新关键在于理念的创新。其中酵母培养物以拥有专利的高性能酿酒酵母为菌种，分别经液态和固态两级发酵而制成，成品含寡糖、氨基酸、肽类、核酸等营养物质 200 余种，这一系列的“微营养物质”能营养胃肠道有益微生物，调节胃肠道微生态平衡进而改善动物健康。

发酵液态乳猪料的研发更是很好地诠释了英惠尔人的创新精神和创新思维。英惠尔团队发现，在喂养孩子的过程中，无论是喂奶时添加的辅食还是断奶初期的食物都是以易消化的流体为主。养孩子有过渡期，养猪自然也一样。如果有一款口感好、消化率高、能够有效促进乳猪消化和免疫系统发育的一款产品，而且是粥状的，就能很好地解决仔猪断奶应激了。在这样的构思下，英惠尔历经了 10 余年的技术沉淀和市场调研，2016 年，国内首款发酵液态乳猪料——八宝猪横空出世。

八宝猪是英惠尔生物技术研究院联合中科院筛选出耐酸耐高温国家专利菌种，通过全球领先的全熟化深层液态发酵技术研制而成，有效解决了乳猪的断奶应激，实现了由母乳到饲料的完美过渡。为解决液态饲料的饲喂壁垒，英惠尔颠覆传统料槽，在饲喂装置研发过程中引入 3D 打印技术，独创专利饲喂设备，采用空气压力原理，设计出集存放饲喂为一体的新型料槽，更加环保无污染，易于饲养员操作和乳猪采食。

四、国际接轨

英惠尔于 2006 年启动产品出口业务，历经十年辛勤耕耘，我们的市场范围从东南亚这样的养殖落后区域，拓展到欧洲、北美等发到国家，产品累积销售至全球 63 个国家，国际市场销售收入占公司销售收入的 35%。

当然，英惠尔公司的国际化绝不只是产品的销售国际化，而是要通过国际化运作，一方面培育在世界范围有知名度的品牌产品，2015 年，公司安尔 C（VC 磷酸酯）和惠尔 C（包膜 VC）两个产品成长为世界第一品牌，国际市场份额的占比分别达 30%和

25%。其次，通过和国际化农牧业集团的合作，能够促使产品的安全性和稳定性进一步提升。一个产品想进入大型农牧业集团的采购目录都需要经过一系列严格的审查和论证，英惠尔公司在和 Cargill 和 Nutreco 等集团合作之前也不例外，而这也正是推动产品的安全性和稳定性提升的动力之一。第三，通过国际化的合作，我们能够很好地了解国际畜牧业发展趋势和需求，从而激发我们的创新灵感。正所谓读万卷书不如行万里路，英惠尔每年都要安排参加好几场国际展会或参观考察活动，这是在这些参观与交流中，英惠尔总结出一条非常简单确又十分重要，但是经常被多数企业忽视的企业经营基本信条“企业一定要做差异化价值提供者”。如何实现差异化，唯有创新，而创新没有那么复杂，我们只需要回归动物需求这一原点思考问题，可以做的创新还有很多很多，英惠尔公司的酵母培养物和发酵液态乳猪料也是在这样的思考中应运而生。

英惠尔生物时代的代表产品酵母培养物和发酵液态乳猪料目前正在 10 多个国家开展注册工作，我们相信未来的日子里，公司将借助生物营养的东风，迎来公司在国际市场的大踏步前进。

坚持产品质量　保障产业链源头安全

——北京首农畜牧发展有限公司饲料分公司

北京首农畜牧发展有限公司饲料分公司（以下简称“饲料分公司”）隶属于北京首都农业集团，坐落于北京市通州区永乐店镇，占地面积 8.4 万 m^2，项目建设投资 1.3 亿元人民币，于 2011 年 10 月注册成立，于 2013 年 5 月份正式投产。饲料分公司科技力量雄厚，人员结构合理，共有职工 160 余人，硕士研究生以上学历 20 人，高学历人才和专业技术人员占公司人数 40%以上。

饲料分公司是目前中国华北地区单体规模最大的饲料加工基地，饲料加工设备和工艺国内一流，配备了“牧羊”全套最先进的配合饲料、预混料、原料膨化、玉米压片等七条生产线，其中玉米蒸汽压片设备引进了国际领先品牌英国 AB 公司的谷物蒸汽压片生产设备。公司主要生产反刍动物精料补充料，畜禽配合饲料，浓缩饲料及各种预混料，可年产全价配合饲料 18 万 t，精料补充料 18 万 t，玉米蒸汽压片 6 万 t、预混料 3 万 t，年设计产能达 42 万 t。目前年产为 22 万 t，包括三十多个产品品种，销售收入达 6 亿元人民币。

一、品质永远是我们的生命线

我们的立业之本为质量！公司成立之初，首农集团对它的定义为“食品安全的源头，健康养殖的保障”，集团公司耗巨资建立一座饲料加工基地的初衷就是保障自有牧场获得健康优质的饲料。饲料分公司始终将质量视为生命线，为保障产品品质，公司在建厂时耗资近千万打造专属的检测中心，配备了多种大型分析检测仪器和相关的辅助检测仪器：高效液相色谱仪、气相色谱仪、原子吸收光谱仪、近红外分析仪等各类高端设备，为的是保障饲料产品和畜禽养殖的安全。这些检测设备能准确及时地检测原料和产品的各项营养指标，监测原料农残、药残及各类毒素，检测能力不仅囊括了国家要求和规定的饲料检测项目，我们还根据实际需要，自主研发了多项检测项目。现在，我们正在努力通过 ISO/IEC 17025 检测和校准实验室能力的国家实验室认可工作，努力实现成为行业一流的饲料质量监督检测中心。

2015 年，在质量管理工作中，我们严把“三关”，即原料进厂关、生产过程关和成品出厂关。公司全年对原料进厂的监控严格执行：大宗原料、无机盐矿物载体原料、矿物元素原料做到每批到货前取样，规范外观查验、常规项目检测的验收程序和添加剂原料进行供应商检测报告追车查验程序，对各类大宗原料进行车车检测，全年对饲料原料的检测率为 100%。生产过程的监控一直是公司质量管理的工作重心，饲料分公司严格监督检查各岗位的关键控制点，有条不紊的对生产过程各环节进行巡检、从细节中发现潜在隐患。在本年度中出现的为数不多的不合格产品总能在第一时间进行现场处理，生成翔实记录，准确及时的解决生产现场问题。对所有生产批次产品，特别是黄曲霉毒素卫生指标进行全面检测，做到产品检测合格后方可放行。作为集团公司下属全部养殖企业所使用原料的检测中心，我们还承担着多家单位原料的毒素检测工作，且做到及时准确地提供检测数据，为其安全养殖提供了有力的保障。

饲料分公司遵循“科学的管理，高效的生产，优质的产品”的经营理念，成立半年内通过了 ISO 9001、ISO 22000 认证。我们始终坚持我们根据企业规范化、科学化的标准要求，坚持建设科学系统的产品质量保障体系，确保饲料产品质量达到国际领先的技术水平，为畜禽养殖提供科学、安全的饲料营养套餐，也从首农产业链的源头上保障畜禽产品安全优质。

二、市场是检验产品的试金石

2015 年，伴随畜牧行业整体萧条的大环境，饲料加工业由高速增长步入结构性增长期，行业管理更加严格、规范，饲料企业快速整合，规模迅速扩大，企业由数量增长向质量提升转变。同时，在国家进一步加大对外贸易平等、原料进出口额度增加的国际贸易大环境下，饲料行业的发展即面临挑战更存在机遇。

首农集团建立饲料公司的初衷是严控各养殖单位的饲料安全，保障内供。但是，随着政府对产业布局的调整和对环境的要求，首农自有牛场陆续迁至外省市，导致内部需求减少。我们的企业，优势在于顺应行业发展趋势，站在行业前沿，生产规模大，生产设备新，质量管理与国际管理体系接轨，人员配置合理，以自身养殖单位为依托，技术力量雄厚，研发力量强大。鉴于此，公司领导清晰的洞察形势，发挥自身优势，适时转变经营策略，利用优质的产品和完善的服务，一步一个脚印的开展外部市场营销。

有了前期内部企业饲料供应的经验，我们从“自家厨房”转型到“社会餐厅”变得有的放矢，加上“保障质量”一直是公司始终坚持的信念，无论是内部供应还是走向市场，我们始终坚持高标准，严要求，公司自 2014 年开展外销初期至今，外部市场月销售量增长了近 13 倍，产品得到了广大客户的一致好评！我们规划在两年内完成销售队伍的组织构架建设，打造一支 100 人以上的精英型销售队伍，年销量稳定在 10 万 t 以上，在京津冀地区市场占有稳定的市场份额。

目前，公司先后完成了国内三家特大型知名乳品企业的饲料采购招标入围工作；全面实现了与国内多家大型牧场的饲料销售与牧场服务的战略合作；与内蒙古某大型乳品企业建立了良好的合作关系，开展了压片玉米及膨化大豆等业务往来。

三、我们代表饲料企业的未来

作为一个仅有三年成长历程的饲料企业而言，首农畜牧饲料分公司取得的成就令人瞩目。作为北京市一家涉农国企，它承担着非凡的历史责任和社会责任，肩负着首都食品安全的重担。

三年时间，它坚持质量为本，从原料进厂到现场品控到产品出厂，它一丝不苟、精益求精，再苦再难，为的是每一粒饲料的健康优质！

三年时间，它坚持以人为本，从新人入职到悉心培养到人尽其用，它宽厚待人、平等公正，促人进步，为的是每一位员工的健康发展！

三年时间，它坚持科学发展，从企业诞生到稳定成长到开拓市场，它把握机遇、奋勇开拓，历尽沧桑，为的是身上肩负的责任和希望。

在未来的时间里，它将继续发挥自身优势，以技术推动发展，以管理保障发展，以质量树立品牌，以市场检验产品，立足行业，发展外销，开疆拓土，迎难而上，为取得更大的成就而奋勇向前，成就梦想。

“适健营养十综合保障”助推养猪企业效益倍增

——河北方田饲料有限公司

河北方田饲料有限公司是坐落在保定市蠡县永盛南大街经济开发区内的一家专业高档猪饲料生产、销售及养猪综合服务的大型现代化企业。是由国内农牧业领导企业大北农集团投资，以付学平首的数百名行业精英合伙创业，授权管理的公司。

公司占地 70 余亩，注册资金 5 000 万元，总投资 1 亿元，单厂投资河北第一，美国进口 CPM 制粒机、奥特拉斯空压机、梅特勒托利多配料秤、第三代牧羊超越微粉、斯派莎克蒸汽阀门等七项关键设备世界领先，产品“教、保、母”，客户口碑相传，无与伦比！

河北方田饲料有限公司自 2013 年 4 月 24 日成立以来，仅用三个月时间单月销量突破 6 000t，行业震惊！到目前为止的两年多时间里，河北方田饲料有限公司陆续获得了河北省饲料质量安全管理规范示范企业（2015 年 2 月）、全国饲料质量安全管理规范示范企业（2015 年 6 月）、蠡县创业创新示范企业（2015 年 11 月），蠡县成长型企业（2015 年 11 月）、蠡县十佳诚信企业（2016 年 1 月）、河北省畜牧养殖综合服务标杆企业（2016 年 4 月）等荣誉。更重要的是河北省多家国家级农业重点龙头企业，与河北方田饲料有限公司全面战略合作，比如，石家庄双鸽集团，河北宏都实业集团、满城东奥牧业、辛集辛安、涞水益群牧业等。究其原因，是因为河北方田精准的定位、独特的服务模式和卓越的成绩表现！

河北方田饲料有限公司作为全国标杆企业，一开始就立意高远，秉承“报国兴农、争创第一、共同发展”核心理念，聚焦猪场，高端高档，以“最大限度地接近客户，最大限度地满足客户需求，最大限度地超越自我”为行为准则，全心全意地服务猪场，全力以赴帮助猪场提升指标，提高效益，产业报国。以“创业方田、专业表现、聚焦猪场、全国标杆”战略定位，目标分解三步走，第一步，到 2016 年实现河北第一，第二步，2018 年成立集团，走向全国，到 2020 年成全国规模化猪场综合服务标杆企业！致力于中国养猪事业伟大复兴！

河北方田作为一家专业猪饲料和综合猪服务的公司，对养猪事业有着深入的研究和深刻的认识。在付学平总经理的带领下，聚焦猪场，重点攻关。非常清楚猪场成长的艰辛和苦难，熟练掌握了制约猪场效益提升的关键点所在，因此，对于规模化猪场，河北方田坚持“适健营养＋综合保障”模式，也就是“三四五”工厂化标准养猪模式对猪场进行全面、系统、持续的帮扶服务，关注过程，强调结果！

河北方田员工80%为专业工种，市场推广及服务人员90%以上为畜牧兽医及相关专业。其中中国农业大学、河北农业大学、河北技术师范学院等相关院校专业人员150余人，科班出身，规模猪场从业十年以上大专家10人，具有深厚的技术功底和丰富的实际经验，与五年以上一线小专家40人，技术员100余人组成了河北方田强大的技术服务团队，能够对规模猪场进行系统帮扶服务、技术协管、技术托管以及全面接管。是规模猪场的得力助手和托付伙伴，深受猪场老板喜欢！

作为高端高档的标杆，河北方田依托科技、重视研发，视质量为生命！原料甄选严格认真，公司配备高标准化验室对原料的40多项理化指标进行跟踪监督，确保产品优质高效，确保猪场放心，指标高，效益好！

方田“三四五”工厂化标准养猪模式是指猪场经营的“三”个要点，对猪场进行的“四”项综合服务和“五”S管理。

即制约猪场效益提升的初生重、断奶重、70日龄重三个关键指标，河北方田帮助猪场实现初生重1.5kg/头以上（窝产仔数10头以上），28日龄断奶重8kg/头以上，70日龄保育结束重达到30kg/头。

四大服务的第一项是以猪联网为工具的大数据管理，“谁掌握了数据，谁就掌握了管理的核心，谁就掌握了主动权”，先进的猪联网工具以计算机云计算手段，快速分析，实施管理，解放了人的智力分工冲突，重点提示，异常预警，指标分析，经营评估等，高效、快捷，是实现猪场高产高效的基础。河北方田有专业猪联网服务小组，帮助猪场培训技术或直接派驻，确保猪场实施掌握猪场动态，管理无忧，安全放心。

四大服务的第二项是指以母猪背膘监测管理为手段的生产经营管理，因为母猪P2背膘是国际通用的衡量母猪繁殖性能的关键指标，比如，后备母猪150日龄P2背膘12～14mm体重100kg是理想的，但达不到标准就需要调整饲喂策略，调整至220～240日龄，体重135kg左右，P2背膘18～20mm，发情2～3次，就是一个优秀母猪，高产稳产，否则，问题就会很多，效率也会大打折扣。配种以后立即进入限饲程序，来提高受精率和胚胎着床率，是实现增加窝产仔数的重要技术之一，以此等等，直至分娩、断奶再配种。这个过程出了正确的饲喂程序和规范操作管理外，精准高效的营养是整个过程的核心，是保证“三”的重要手段！

四大服务的第三项是指以实验室化验为平台的生物安全管理。“猪场辛苦好几年，一场大病全不见”是养猪行业对重大疫情的恐惧和无奈的体现，因此，做好生物安全管理是猪场效益的保障手段。河北方田深知其中奥妙，建厂初期就一次性投资，在保定、邯郸、唐山建成三个疾病抗体检测实验室，采用世界最好的普兰德移液器、美国进口热电酶标仪和爱德士试剂盒，能对猪场猪瘟、伪狂犬、蓝耳病等进行抗体化验，依据抗体水平对猪场出具分析报告，制定改善方案，进行技术培训。确保猪场种群稳定，抗体整齐，对外来感染具有良好的抵御和自我保护能力，将风险降到最低，利益最大化。

四大服务的第四项内容是以“流动服务车＋基地化验室”为平台的现场营养监控，公司城里有现场营养监控小组和现场服务车，车配各种先进检测设备，比如美国进口塞恩斯霉变检测设备、温度、湿度、空气质量检测设备等，特别是入口的饲料，公司生产的饲料安全卫生，营养全面，但并不能保证猪吃到口完全保真，实际上由于部分猪场饲喂方法、饲喂工具、人员素质等因素造成很大的饲料浪费、污染。通过现场营养监控，及时发现问题，分析原因，培训纠偏，保证猪只吃得好，长得好，健康快长。

五S管理是指针对国内猪场管理粗放、操作随意等顽固问题进行的系统整改监督体系，即管理制度、操作规程、指标标准等的治理、整治、上墙公示等整理整顿工作；以场区生活生产环境，卫生、整洁、条理等清理清扫和以化学性的消毒隔离等清洁项目；形成以上四项内容后，进行有计划的培训、培养，形成习惯，成为猪场文化的一部分，是员工从内心热爱企业，技术娴熟，会抓重点，能出成绩。由此形成积极向上的正能量团队。

基于以上，做好“四”项综合服务，落实“五”向管理，实现“三”个要点定位完美呈现，助推猪场效益倍增，使猪场业主满意、放心。

河北方田是这样想的，也是这样做的。近三年来，和方田合作的规模猪场事业伙伴近百家，生产成绩不断提升。比如，石家庄双鸽集团大型猪场与方田合作后出栏时间提前了20余天，效益提升可见一斑。

精良的设备、高效的产品、完善的服务、独特的模式，使方田自成立以来，在各界的大力支持下，在事业合作伙伴的关注信任下，抓住大好机遇，幸运的在自己的专业范畴内如鱼得水，大显身手。

精进的方田理想远不仅如此，正像方田董事长兼总经理付学平老师所说，我们的事业很广阔也很精彩，我们虽有些成绩，但做得还不够好，还有很大提升空间，我们要发扬艰苦奋斗，追求卓越的作风，极致当下，继往开来！全力以赴的服务养猪事业，成为全国规模猪场综合服务标杆企业，造福养猪事业！

十数载沉潜匠心 精雕行业之利器

——唐山金鼎自控技术有限公司

唐山金鼎自控技术有限公司位于凤凰涅槃的新生城市、近代工业文明的摇篮——唐山，成立于1999年，是一个以工业智能化、机电一体化产品研发制造为主的专业实体，公司现有员工150余人，其中大专及以上各类专业人才80余人，初步形成一支有较强战斗力与创新精神的研发、服务型团队。

十几年前，公司紧抓机遇，以技术及产品优势率先进入饲料行业这一与民生息息相关的广阔市场，紧贴客户需求，不断研发生产贴近现场的产品，不断积累相关技术和经验，使得公司踏上一条稳步发展、强体图存的经营之路。不盲目冒进，也不守旧徘徊，十几载创业，风雨兼程，公司赢得了来自社会各界的广泛认同和赞誉，公司发起组织的“饲料行业自动化技术交流会”获得了行业内的高度认可和好评，为饲料行业的自动化技术交流与发展做出了应有的贡献。各门类产品获得了广泛好评和认可：“小料配料条码监控系统”荣获“2013年度畜牧工程行业最佳解决方案奖”；“微机控制定量包装秤”荣获“2013年畜牧工程行业年度畅销产品奖”；公司产品被评为“十佳畜牧机械品牌”；2014年，在“中国梦—品牌梦”的评选中并被评为“年度畜牧行业诚信合作伙伴”；2015年，获得八项“计算机软件著作权”；2015年，五项产品获得“实用新型专利证书”；2015年，被评为“河北省高新技术企业”及“河北省科技型中小企业”；2015年，当选“中国畜牧业协会畜牧工程分会副会长单位”等。一项项荣誉，凝聚着全体金鼎人的智慧与汗水，更满载着各级领导、各职能部门对金鼎的悉心关怀和对公司发展始终如一的信任和支持。

为了跟踪前沿工业智能技术，不断开拓进取，公司在市、区科技部门的大力支持下，于2014年2月成立了唐山市饲料工业自动化技术研究中心，并与武汉理工大学达成技术合作，为公司产品的技术引领、技术创新，以及公司的可持续发展奠定了坚实基础。公司自主研发的整厂全电脑控制系统、智能高位码垛机器人、智能型自动上袋包装系统、手投料验证系统、配料系统、制粒机自控系统、定量包装机等设备的技术水平在行业内均处于领先地位。产品广泛应用于饲料、粮食、化工等行业，客户遍及全国近二十个省市自治区，并配套远销至新加坡、芬兰、印度、印度尼西亚、越南、坦桑尼亚、吉尔吉斯斯坦等国。

我国工业4.0产业尚在起步阶段，推动产业发展的核心产品大多依赖于进口品牌，致使产业的实用化进程受制于人。在这样的产业背景下，公司毅然决定，克服产业政策不明晰、缺乏必要资金支持等困难，不惜代价组织力量攻关，努力解决进口设备采购及维护成本高昂、交货周期长、人员培训困难等问题，成功推出完全自主产权的智能高位码垛机器人系列产品；为了解决生产企业人工费用居高不下，人员安全及管理存在的实际困难等问题，研发中心的工作人员仅用一年的时间便研发出满足工厂生产需求，降能减耗的全智能自动上袋包装系统，并得到用户广泛的认可和很高的评价。目前，随着这两种全智能化产品在行业内稳定可靠地运行，使得金鼎公司越来越成为行业智能化产品领域一张亮丽的名片。

十几年的风风雨雨，已将金鼎人锻造成为一支思想可靠、技术过硬、市场反应迅速的现代化创新型团队，也使它收获了行业内越来越多的赞誉。但金鼎人始终不忘以匠心工精细之器用，以至诚播服务于悉心；始终不忘，以技术创新带动团队的学习、以稳健的发展烘托积极向上的文化氛围。

公司始终坚信，“资源总会枯竭，唯有文化生生不息”，始终将企业文化建设放在公司经营的突出位置，初步形成“厚德至诚 秉旧维新”为核心的企业文化体系，立志成为饲料乃至农牧行业智能化系统研发制造的创新型、领先型企业，为客户持续提升价值的同时努力发展自己，并坚持“品质立本、服务至道”的经营理念，在专业化与多元化并行的轨道上稳健持续地前行。

创新促跨越　转型谋发展

——山西大象农牧集团有限公司

山西大象农牧集团有限公司成立于1998年，依靠300只雏鸡起步的小养殖场，通过二十八年的滚动发展和努力经营，目前已发展成山西省最大的集种畜禽繁育、饲料加工、畜禽养殖及屠宰为一体的国家级农业产业化重点龙头企业。回首二十八年来大象集团的发展历程，我们认识到，解放思想，更新观念是实现企业转型发展、跨越发展的根本途径和必然要求，畜禽行业只有在转型发展、跨越发展中才能实现新一轮又好又快的发展。

一、提升企业形象，优化投资环境，创造和谐优越的发展环境

企业要发展，发展环境是关键。大象集团在二十八年的发展壮大过程中，通过产业运营、诚信经营，积极塑造大象集团良好的市场信誉，逐步提升大象集团的企业形象，优化发展环境。不断提升企业经营管理水平，提高员工文化素质和专业技能水平，推行“6S”管理模式，将一个“科技大象、创新大象、信用大象”的现代化企业新形象展示在大家面前。

公司认识到优化发展和投资环境的极端重要性，与各级政府及相关职能部门建立合作、互信的良好关系。优化融资环境，与银行部门建立了长期友好的合作关系，保持良好的贷款信用记录，并通过多方引资，为公司可持续发展提供了优越的资金支持。在各级政府部门的关心支持下，公司成功入选国家星火计划技术创新中心、全国少数民族特需商品定点生产企业、全国农产品加工业示范企业、新农村建设百强示范企业等诸多荣誉，为企业发展交流学习搭建起了更为广阔的平台。

二、扩大基地建设，开发生猪产业，完善公司产业链发展

公司始终坚持走产业化经营之路，通过适度有序的基地扩张，在全省范围内建立了28个公（子）公司和80个生产基地，总投资累计近10亿元。

目前，公司拥有全封闭式种鸡场16个、孵化厂4个，存栏父母代肉种鸡80万套；有6条现代化饲料生产线，年共可生产鸡猪牛等系列饲料百余个品种100万t；建有稳定的肉鸡放养基地，年可放养回收肉鸡1.5亿只，6个屠宰加工车间，日可宰肉鸡50万只，年屠宰加工2亿只。

2015年以来，公司在原有存栏1 500头的祖代种猪场和9 000头的二元种猪场的基础上，大力发展商品育肥生猪产业，利用三固定、五统一的公司+基地+家庭农场（农户）模式，来保障养殖户的利益，短短一年时间，放养生猪17万头，有力地促进了生猪产业迅速发展。目前，集团已形成肉鸡、生猪两条完整的产业链。

三、实现重大战略重组，加强股权合作，走集团化跨越发展之路

要想将企业做大做强，必须走集团化发展合作共赢之路，实施重大战略重组，加强全国范围内的股权合作。2007年7月，公司正式与山东六和集团股权合作。通过股权合作、资源整合、优化配置，合作短短三年，收入翻了两番，实现了以往六年才能达到的目标，完成了公司的跨越式发展。

企业管理水平进一步强化。股权合作后大象集团实行了所有权与经营权两权分离的现代企业管理制度，为企业的发展注入了新的生机与活力。通过股份制实行股东间的相互制衡合作，遇大事股东会决策，确保了企业内部机制的协调和运行效率。董事会聘用经营团队负责企业日常生产经营，经营团队每月召开一次经营检讨会，一季度召开一次季度检讨会，分析本月量化目标完成情况和工作中存在的不足，对月初经费预算和本月实际核算进行严格审查，降低了经营成本，提高了经营利润，实现了经营成本的内部控制，企业经营机制更加合理规范，规避市场风险能力进一步提高。大象集团依托合作方提供的供销渠道、技术平台、人力资本，多领域实行资源共享，多方位开展交流协作，大范围实施对外扩张，大幅度降低经营成本，一年一大步，三年大跨越，全面加快了企业跨越发展的步伐。

以人为本理念进一步深化。企业的竞争根本是人才的竞争。大象农牧集团全面引进先进的现代企业人才管理制度，全面实施“人性化”管理，落实工资发放固定化，伙食补贴标准化、培训深造常年化、提薪目标透明化、员工住宿公寓化、私车公用补贴化等一系列事关员工利益的管理措施，让员工感到工作有所得、有所为、有进步、有盼头，从而吸引了一大批优秀人才加盟企业。

二十八年来，公司始终以“以人为本、诚信至上、造福乡邻、发展农经”为经营理念，引进先进的现代化企业管理制度和一流的现代化企业运作流程，科学规范的“6S”管理模式，始终努力承担着更多的社会责任，始终将公司的发展与农户的利益联结起来，始终将社会效益最大化作为公司追求的目标，使公司步入了快速、健康、稳定的发展快车道。

十二五期间，大象农牧集团各项业务突飞猛进，经营业绩逐年增长，销售收入连续翻番，2011年销售收入32亿元，2012年销售收入45亿元，2013年销售收入53亿元，2014年销售收入65亿元，2015年销售收入73亿元。实现了公司由量变到质变的跨越式发展。公司直接安排农村富余劳动力8 000余人，以合同订单形式连带山西及周边（省、市）10万余农户的创收发展，其中养殖户28 000余户，种植户64 000余户，饲料和雏鸡经销商325户、运输户2 000余户，造纸、包装、服务、维修、机械等行业5 000余户。年创经济效益20亿元以上，走出了一条稳健经营、跨越发展的产业化经营之路。

四、构绘十三五宏伟蓝图，解放思想创新理念，实现产业化经营新跨越

“十三五”期间，公司将以稳定肉鸡屠宰2亿只

为中心，按照环保、可持续发展的现代农业发展要求，完善配套种鸡生产、雏鸡孵化、饲料生产各环节，同时扩大现有鸡肉调理产品的生产能力。加大开发猪产业链，以集团种猪场建设和猪产业基地聚落为载体，以互联网＋全产业链技术服务为保障，形成多产业链齐头并进的农业产业集群。

到“十三五”末，公司完成“33222”战略规划，即形成放养300万头生猪，3万t调理品销售，2亿只肉鸡宰杀，200万t饲料销售、200亿元的销售收入，直接带动农户30万户，员工达1万余人的大型农牧业龙头企业。

以标准化养殖场示范辐射带动发展。通过现代标准化肉鸡养殖示范场、现代标准化商品猪育肥示范场等示范基地的建设，利用互联网＋的产业服务平台，让养殖户看到建立标准厂的必要性，公司实施的三固定、五统一的优惠政策，让养殖户认识到加盟集团产业链上的必要性。

将大公司发展成大家的公司。企业做大了以后，如何做强、如何保证基业常青，企业掌陀人吕锐锋董事长一直在探索实践，由企业高管入股集团来留住人才、吸引人才，到建立全员持股的企业集团，员工与集团利益一致、目标一致，极大地焕发了集团活力，全员创新、全员创业空前高涨

将更加发力承担社会责任。吕锐锋董事长一直强调发展企业不能只为了钱，还有企业家的社会责任，作为山西最大的农业产业化龙头企业，我们有责任、有义务在我省转型发展、跨越发展中做出自己更大的贡献，在我省“精准扶贫”攻坚战中勇往直前，利用集团制定的“211和1＋1＋1”产业扶贫模式来带动更多农户脱贫，在“十三五”伟大征程中交出一份人民满意、社会满意、政府满意的答卷。

服务大升级　转型促发展

——山西晋中大北农农牧科技有限公司

晋中大北农农牧科技有限公司是北京大北农科技集团在山西省设立的子公司，成立于2012年12月份，注册资本3 500万元，是山西省饲料工业协会副会长单位。公司秉承大北农集团优秀的企业文化和管理，以“报国兴农，争创第一，共同发展”为核心理念，致力于以高科技发展山西农牧事业，坚持“晋中大北农，专做好猪料”的经营思路，同时还承接大北农集团研发生产的国内技术一流的高档教槽料、预混料、微生态和动保产品，服务于广大的养殖户，努力在山西省建立以产品为载体，服务为内容，培训为手段，服务人才为主体的无处不到、无时不在的知识型服务网络。

晋中大北农农牧科技有限公司坐落于风景秀丽、气候宜人的祁县经济开发区，总占地面积40亩，年生产能力18万t，第一期共投资1亿多元，拥有320名员工，形成了集配合料、浓缩料、高档乳猪料的生产、科研、示范、培训于一体的农业现代化科技园。

2015年1月通过安全生产标准化三级企业。

2015年11月30日，以91.36分通过农业部饲料质量安全管理规范验收，成为山西省饲料行业首家通过国家级规范验收的企业。

大北农集团总裁邵根伙博士在2016年年会报告中提出的服务大升级，全员转型。如果说我们的业务体系的服务大升级就是销售已死，服务才刚刚开始，所有业务人员都要驻点、驻场，熟悉养猪管理流程，全力做好服务工作；那我们后勤制造体系呢？我们怎么服务大升级，我们升级的方向在哪里？我们后勤体系的服务大升级就是要形成以产品（质量、成本、供给）为核心的协作流程，这是经营；形成以安全为核心的管理流程，这是管理！一切要为产品服务，不是为流程、为部门、为领导服务，要以流程为渠道，产品为核心，服务为目的，全面提升专业（管理、技术）能力。就像业务体系转型的根本目的就是为了更好地更全面地服务我们的“最终客户”——猪！我们科技园转型的最终结果就是要打造一个全方位全立体的服务平台，就像我们是一艘航空母舰，我们要为我们的舰载飞机（业务团队）做好一切服务工作，同时我们也要展示自己的能力，后方变前方只是我们展示的一个方面，我们自身也要有协助前方战斗的能力，有威慑对手的实力，向我们的合作伙伴展示我们的强大，加强他们与我们合作的信心，给我们的业务团队家一样的温暖，给我们竞争对手一种高山仰止的压迫感，不战而屈人之兵！我们有全球一流的科技园，我们有素质一流的后勤团队，我们有无懈可击的产品！我们怎么能不无往而不利，剑锋所指，所向披靡！这才是我们服务大升级的根本目的！

谈到大北农企业文化就是高绩效文化，落实文化就是提效益促效益，要激励团队，引爆激情，薪酬是必要激励，薪酬应该是优秀员工工作的成果，不应是初衷，否则即使有效也是等价交换，难以实现高绩效或不可持续；参与是高效激励：参与是对下属的尊重的组织认同，广泛的参与给员工归属感，是对优秀员工的高效激励；托付是最高激励：充分信任、充分授权。其次要求做到简化工作、卓越团队，要简化流程，扁平组织，直接沟通；简化决策，权责对等。适当分工：产销分离，品种独立，聚焦关键工作。要做

到价值统一，团结一心，“大创业”可以在梦想层面实现个人与企业价值的统一。

人心经营是提高效率的第一要素，其次是技能和团队，重要性和差异性，如何开好体系会，如何开好专业培训会，这是我们产业要不断思考的问题。通过发挥体系的作用，提高运营效率，只有完美的团队没有完美的个人，越是困难的地方越是我们愿意接受挑战的地方。最后围绕经营，重点突破，强化大北农单元的经营成本核算，为PK工作开展提供参考依据而不断完善自己。

内部管理从精益制造，全面提升效率的价值着手，从品质、费用、效率、人员、利润各方面阐述，提出饲料企业提升效率的四大瓶颈—采购、计划、物流、人，精益制造要有提高单机效率、单人单时效益转向提高系统效率，销产供要一起建立精益制造的理念，并协同推进，是销产供而不是产供销，销售是源头，精益制造并不仅仅是后勤生产体系自己的事情，我们要和业务销售紧密结合才能提高整个公司的系统效率。战略做正确的事，提升效率就是把事情作对，做到极致。通过精益制造创造的利润比高价格带来的利润更长久。

大北农的事业时我们大家的事业——我们是平凡、团结有共同理想、充满激情的人，有渴望、有坚定的文化信仰的大北农人。

全方位精准服务
促进区域养殖业大发展

——山西晋龙集团饲料有限公司

山西晋龙集团饲料有限公司是农业产业化国家重点龙头企业和山西省高新技术企业，以及中国蛋鸡饲料产销量最大的企业，蛋鸡存栏量目前位居全国第二。

山西晋龙集团是一个集蛋鸡养殖、饲料产销、蛋品加工于一体的纵向一条龙企业，下有十三个企业，其中有太原、临汾、稷山、运城、稷山科技园、河南省内黄六个饲料公司和晋华、风柏、均和、宁翟、吴嘱、三界庄六个蛋鸡养殖公司与一个合资公司。去年各公司饲料总产销量70万t。目前，六个养殖公司现饲养蛋鸡500万只。晋龙的健康快速发展主要得益于以下三方面：

一、服务方面

企业从建厂初期就提出了“没有成功的用户，就没有成功的晋龙”的经营服务理念。多年来，始终坚持在信息、技术、防疫等各个方面为养鸡户开展全方位的服务，不仅帮助广大养殖户提高了养殖效益，还最大限度降低了养殖风险。

1. 技术服务。每年投资数百万元，用两个月时间，将1万多养殖户接回公司进行分期培训。帮助客户提高饲养、管理与经营技术，进而提高效益。

2015年共进行了35场养殖技术讲座，共培训客户15 000人次。今年已培训客户6 000人次。

我们坚持每月出版一期《晋龙快讯》，分别发到各养殖户，指导养殖生产和疫病防控。

每天给养殖户发三至五条短信和在网络、微信公众号上，指导饲养管理、疫病防治等养殖生产，推广最新技术。

2. 信息服务。《晋龙快讯》每期均为用户传递最新养殖技术、市场行情、未来趋势预测等信息。

每天给养殖户发三至五条短信和在网络、微信公众号上提供市场行情，预测未来养殖效益。让销售畜禽及其产品者，销得最高价，获得最大利；让购买仔猪、鸡苗、药品、器具的养殖户，买到质量高、价格低、最适宜的养殖必需物品。

3. 预防疫病。为了帮助养殖户搞好传染病的防控，公司主要做了四个方面的工作：一是根据本地的疫病流行情况，为用户制定了合理有效的免疫程序；二是通过动物试验和化验室检测、分析，帮助养殖户选择优质疫苗；三是建立抗体检测中心，通过检测，让养殖户使用的疫苗切实有效；四是建立了动物医院和病理化验室，成立了售后服务大队，针对疑难病症，一方面做药敏试验，另一方面进行细菌和病毒的分离鉴定，帮助养殖户及时准确有效地诊治疫病。

二、以点带面，牵动区域养殖业大发展

为促进周边地区养殖业的大发展，我们在30多个县、市、区的多数乡村分别选择养殖大户，为引路典型。先对他们进行集中培训：帮助他们首先学精畜禽饲养管理、品种选择、疫病防治、圈舍建设、经营方式等知识技术。待他们成功并获益后，再通过他们引导和带动本村及本区其他养殖户养殖致富。以点带面，促进区域养殖业大发展。

三、乘势而为，延伸产业链

多年来，晋龙公司每年投入上千万元研究经费用于饲料对比试验、蛋鸡高效养殖科研攻关与六高蛋的研发。晋龙人研制的高效饲料产品，经过对比，使用效果比其他产品的每只鸡全期可多赚10元左右；研究出的震惊世界养禽界的蛋鸡“9012”健康养殖技术，在使用晋龙饲料的前提下，可使蛋鸡产蛋率90%以上维持12个月，这项养殖技术可使每只蛋鸡

全期多赚25元左右；研发的六高蛋，其以安全的品质、极高的营养，奇特的效能，彻底颠覆了国人对鸡蛋食品的常规看法和思维，并填补了国内无高端蛋品的空白，解决了人体常缺、健康长寿必需而通过一般食品又很难补足的六种养分的供给问题。为人类的生长发育、健脑益智、预防疾病、延缓衰老、健康长寿提供了丰富而可靠的营养来源。

为了尽快将这些高效的产品和国际领先的养殖技术及多种科研成果迅速转化为生产力与企业的财富，惠泽广大用户，加之规模化鸡场的迅速增多，以及豆粕、玉米价格的长期大幅下跌的形势，集团领导因势利导，扬长避短，乘势而为，大胆延伸产业链。

到目前为止，我们已建起六个蛋鸡场，总投资突破了5亿元，目前养殖存栏达到了500万只，比上年存栏的300万只增加了200万只。蛋鸡存栏量位居全国第二。

养殖场所有蛋鸡实行集中饲养、封闭管理，供料、供水、控温、通风、换气、清粪和鸡蛋的输送、消毒、光检、清洗、烘干、喷蜡、称重、喷码、分级、落盘等全部实现自动化，整个过程按照自动化作业、制度化防疫、信息化管理、集约化生产、产业化经营的模式进行。在现代化鸡舍养鸡比在普通鸡舍养鸡具有节省劳力、节约土地、节省饲料、节省兽药，鸡群产蛋率高，死淘率低，经济效益高等特点。在本公司每养一只鸡的效益是当地普通规模户每养一只鸡效益的2.5倍以上。

晋龙二十多年的发展，创造了许多中国农牧业的发展奇迹，其中：蛋鸡饲料产量与销量、蛋鸡饲料配制技术、生产性能与效益、蛋鸡养殖技术、蛋鸡舍建造技术、蛋鸡育雏量、企业创新数量、蛋鸡养殖设备现代化水平等均位居全国同行前列。

恪守产品质量
与时俱进促发展

——山西晋星牧业有限公司

坐落在三晋大地、大禹故里的山西晋星牧业有限公司是河东大地饲料行业的领头雁，是黄河金三角先进养殖理念的影响者，在风云变幻的经济大潮中不断发展壮大，为当地的农牧行业撑起了一片蓝天！

一、企业基本情况

山西晋星牧业有限公司位于大禹故里——山西夏县，是一家集畜禽饲料新产品研发、生产、销售、肉鸡养殖、肉鸡屠宰、销售为一体的农业产业化公司。企业总占地面积43 355m^2，拥有员工300余人。公司的“晋星牌”商标主要生产猪浓缩饲料、配合饲料；种鸡浓缩饲料、配合饲料；蛋鸡浓缩饲料、配合饲料；肉杂鸡浓缩饲料、配合饲料；三黄肉鸡专用颗粒饲料等。公司依托山西农业大学、西北农林科技大学等知名院校的先进技术优势，应用国内外最新科研成果，依靠以动物营养学博士为核心的高新技术人才，将畜禽的营养需求和饲料技术有机结合。公司以发展优质、专业、高效的产品为市场定位，创立“一流企业、一流品质”的企业形象和品牌形象。

公司致力于农业产业化发展，恪守“以质量求生存，向管理要效益”的企业宗旨，遵循“开拓进取，务实创新”的企业精神，紧抓质量锲而不舍，售后服务热情周到，使企业赢得了市场的信赖与支持，也得到了各级政府和社会各界的认可与好评。2002年被山西省农业厅授予“饲料生产先进企业”，2004年中共山西省委农工办、山西省农业厅联合授予“民营饲料工业先进企业”，2005年被山西省饲料工业协会授予“常务理事单位”，2009年被山西省工商行政管理局授予“守合同、重信用企业”，2009年被山西省质量技术监督局授予“山西省质量信誉AA级企业”，2011年被山西省社会科学院、山西省统计协会、山西省质量新闻工作者协会、山西省经济日报社联合授予“转型跨越新锐企业”，2013年被山西科技传媒集团、山西科技报社联合授予“山西科学消费信得过品牌”，2013年被山西名牌推介委员会评为“名牌产品”，2013年被山西省农业产业化领导组评为“省级重点龙头企业”，2014年、2016年连续两次取得国家工商总局“守合同、重信用”的企业公示资格，“晋星牌”商标连续三届被评为山西省著名商标。

二、扩大规模促发展

2004年，一个家庭作坊式的饲料公司——山西晋星牧业有限公司成立了，在市场经济的大潮中，公司恪守“以质量求生存，向管理要效益”的经营理念，遵循“开拓进取，务实创新”的企业精神，坚持传播科学养殖技术，帮助农民脱贫致富，从而赢得了大量的客户，使企业效益如同芝麻开花节节高。随着业务的不断扩大，市场需求也不断增加，不足之处的问题也开始暴露出来。工艺落后，产品质量无保证，常常与客户发生质量纠纷；办公条件简陋艰苦，高薪聘来的专业技术人员留不住；厂容厂貌不堪入目，千方百计阻拦客户参观考察；名不见经传，洽谈业务拿不出过硬的证件。面临种种窘迫，公司有过萧条冷落的苦涩。然而，执着寻求发展机遇的决心、胆识和才智，促使公司在困境中凛然而立。公司深深体会到技术和设备影响了产品的品质和销售，技术和工艺是企业能够生存的唯一出路。

在饱经艰辛之后，公司终于迎来了黎明的曙光。2006年，公司多方筹措资金1 200万元，建起了高标准的新厂。新公司占地面积16 000m^2、拥有现代化办公大楼、大仓容的原料库、成品库和一条年产10万t饲料的微控自动生产线、玉米膨化线、预混合饲料生产线，聘请了专业技术人才。最终，产品畅销运城十三个县市和临汾部分县市，并辐射到河南、陕西等地。

三、延长产业链做大做强

为了扩大生产规模，延长产业链，带动一方经济迅猛发展。2012年，公司高喊着震撼人心的“打造山西最大的三黄鸡产业基地”口号，一个占地26 680 m^2、年屠宰1 000万只肉鸡的屠宰厂拔地而起。采用公司+农户的模式，全程提供肉鸡饲料，仅此一项使公司饲料销售量每年增加25 000t，为300多农民、下岗工人、退伍军人提供了劳动就业的平台；带动农户发展肉鸡养殖，仅此一项为农民增收6 000万元；肉鸡养殖每年消化玉米4万t，可带动农民种植玉米6万余亩，又可为农民增收600余万元，同时带动2 000多人从事加工、种植、养殖、孵化和运输等相关产业的发展。

四、坚持诚信经营的准则

几年来，企业通过自己的以身作则、坚持诚信求实的经营理念，将诚信经营纳入了企业生产经营的各个环节，力求实现与客户的双赢。通过“请进来、走出去”的方式，不仅派业务人员定期做好产品的售后服务，还将客户请到厂里，让其亲临其境的感受饲料生产过程，洁净的生产环境，严格的管理体系，加深了客户对企业的认可，也促进了企业与客户的沟通、融合，不断地扩大了企业的产品市场占有率，拓宽了公司的发展空间。

五、聚集人才促未来

为使公司持续、高速、健康发展，公司高度重视人才在公司发展中的作用，建立并不断完善了一套激励与约束并重的“选、育、用、留”用人机制。从员工招聘、培训、绩效考核到企业文化建设，始终注重人才内部培养和外部引进相结合，采取“事业留人、感情留人、待遇留人”的积极措施，培养和使用好人才。一方面，公司十分重视员工素质培养，每年都要出资对员工进行各类培训，包括输送在职员工到高校攻读相关专业的管理硕士研究生学历或参加短期专业技术培训；另一方面，公司十分重视员工的经济利益，建立了完善的激励机制，从不拖欠员工工资。由于公司实行了长期性共同发展的人事政策，增强了员工的荣誉感和归属感，使公司聚集了一批一流的人才。公司已建立了一支高素质的研制、生产、销售和管理团队，这支团队是公司未来发展的中流砥柱。

六、市场导向促创新

企业的生存和发展，必须以市场为导向，市场需求就是企业技术创新的方向。一方面，市场需求促进了企业加强技术创新和科技成果产业化；另一方面，企业依靠技术进步促进产业升级，最大限度地满足市场需求，提高了企业的经济效益。几年来，公司以市场需求为导向，不断开发新技术、新工艺和新产品，采用先进的经营管理方法和组织形式科学地组织生产、销售和服务，取得了良好的社会效益和经济效益。

多年来，山西晋星牧业有限公司积极适应农业和农村新阶段、新形势的发展要求，依据国家有关政策和政府导向，依靠科学，面向市场，创品牌，在繁荣农村经济和增加农民收入的大潮中，充分发挥了带头作用，撑起当地经济的一方蓝天。

互利共赢　协同发展

——赤峰市大中高科技
饲料有限公司

一、基本情况

赤峰市大中高科技饲料有限公司始建于2002年，是一家集饲料研发、生产的现代化饲料企业。公司位于赤峰市红山区农畜产品产业园。拥有复合预混料、猪、鸡、牛、羊浓缩料、颗粒配合料三条全自动生产线，设计年生产能力30万t。多年来，公司以科技为先导，以产业为支撑，在饲料科技发展领域不断探索，与国内外专家学者紧密合作。以“科技强企，靠高科技保质量”，以科技创新为指导，以微生态、绿色、环保、安全、无污染、无公害饲料产品研发生产形成了我公司的核心特色。早在2003年通过了内蒙古自治区微生态环保型饲料认定，并评为内蒙古科技创新示范企业；连续八年通过国家农业部饲料安全检测；两次进入人民大会堂，通过ISO 9001国际质量体系认证，荣国中华人民共和国国家专利；中国AAA级质量诚信企业；内蒙古科技创新示范企业；内蒙古自治区民营科技企业；赤峰市人民政府农牧业产业化重点龙头企业；赤峰市消费者协会重点推荐产品和赤峰市“质量服务双满意”企业；2013年1月大中商标被认定为内蒙古著名商标，自治区农牧业产业化重点龙头企业，国家星火计划项目承担单位。

公司总投资 2 800 万元，其中固定资产 1 450 万元，现有员工 68 名，大专以上学历占 59 名，知识型员工占员工总人数的 85%以上。2015 年度，销售产品 38 400 多 t，实现销售收入 15 236 万元，实现利税 800 多万元。公司现有养殖基地 5 个，基地养殖户 85 个，畜禽养殖量 12 万头（只），培育养殖示范户 126 户。

二、企业与农牧户利益联结机制

我公司 2013 年被评为自治区农牧业产业化重点龙头企业以来，在狠抓内部管理促进自身发展的同时，充分发挥龙头企业的带动作用，以“公司加农户”的形式有针对性的一对一帮扶。引领产业发展，促进农牧民用户增收，实现共同发展。

（一） 为种植户前期预付种籽、化肥等农业生产资料，赤峰市为玉米的主产区，完全可以满足公司生产对玉米原料的需求，公司每年饲料产量 30 000t 左右，玉米作为主要原材料年用量在 18 000t 左右。2015 年年初，我公司与周边 400 多玉米种植大户签订了收购协议，为玉米种植户提供免费的技术指导，提供指定品种种籽和玉米专用有机肥及生物农药等农用生产资料。既保证了我公司的原料品质和绿色需求又提升了种植户的种粮积极性，为下一步产业链条的延伸“开发有机养殖”发挥了基础性作用。从源头把住了饲料安全关和食品安全关。

（二）其他方式利益联结机制

1. 公司对养殖基地的养殖户统一提供饲料及疫病防治，为基地农户生产解除后顾之忧。

2. 大中公司开创了“大中科技民生工程 1－2S 创富联合体”新型养殖模式，即以提升养殖效益为中心，一对一的技术支持，减掉两个环节——中间商和业务员。公司与养殖户零距离对接，一对一服务，减少中间环节，既能保证产品在中间商存贮过程中的污染又能降低成本。以育肥牛为例，通过养殖户与公司加盟合作，每吨饲料因减少中间环节降低费用在 500 元以上，另外公司对加盟的养殖户实行免费送货，运输费用每吨节约在 40～200 元。以养殖肉牛为例，6～8 个月出栏，消耗饲料 1.1t，一头牛从饲喂到出栏平均至少低成本 200 元左右。通过推广 1－2S 养殖创富联合体模式，直接带动了与公司合作的 3 000 多户养殖户增收。2014 年一季度新增与公司合作的养殖户 500 多户，新增带动养殖畜禽 39 500 头（只）。

3. 通过公司技术培训改变传统养殖观念。让用户真正掌握养殖技能，提高养殖水平，为此大中公司开展了科技下乡活动，投入科技下乡服务车 15 辆，开办养殖技能培训班，定期培训，从根本上解决用户在饲养过程中遇到的各种问题，对当地科学养殖的快速发展起到了积极的带动作用。

三、十二五取得的成果

作为自治区农牧业产业化重点龙头企业，实现自身快速发展，切实带动养殖户和农民增收，创造更大的价值是公司发展的目标。对此，在今后的发展中，公司将树立企业发展的决心和信心，克服各种困难。

一是加大投入，巩固企业发展的基础。二是进一步加大产品开发力度，提升企业发展规模。三是积极拓展市场，实现产品价值，在巩固赤峰市场的同时逐步加大省外市场的拓展力度。四是强化 1～2s 养殖创富联合体对养殖户的优惠政策和原料当地采购的保护价收购政策，更好地促进养殖户和农民增收。五是在 1～2 年内扶持和带动万头以上的养殖基地 10 家，发展千头以上基地养殖户 150～200 个，培育百头以上养殖科技示范户 300 个，使其达到现代化和规模化养殖，以养殖基地和养殖示范户带动周边养殖户，形成以点带面的养殖格局，使公司的重点龙头企业的带动作用达到最大化。通过利益联结机制年均可直接为养殖户增收 800 多万元。从而达到降低养殖成本，提高养殖效益，增强养殖户发展动力，真正起到龙头企业的带头作用。

在科研方面，公司的“微生物平衡蛋白饲料的研发与应用”已被国家科技部列为“国家星火计划项目”。针对饲料成品在生产过程中易造成的饲料分级问题。公司设计研发了“具有防分级缓冲结构的饲料成品仓”及相关专利技术，实现饲料产品高质大规模生产。解决了由于饲料粉碎粒度、比重不同，在自流和真空现象的作用下导致饲料成品分级问题，应用此技术以达到理想的均匀度，变异系数小于 3%的目标，从而减少原料、能源和人力的浪费，年可降低生产费用 330 多万元，经济和社会效益显著。

卓越技术　品质保证

——英联饲料（辽宁）有限公司

英联饲料（辽宁）有限公司隶属于英联（中国）动物营养集团（ABNA）和英联农业中国（AB Agri China），是欧洲最大的食品公司一英国联合食品集团（ABF）在中国投资的全资子公司。主营饲料研发、生产和销售，是致力于生产并提供高效禽料、猪料和反刍饲料的专业化大型饲料生产企业。公司投资总额为 3.8 亿元人民币，注册资本为 2.4 亿元人民币。年生产销售饲料 22 万吨，销售收入 7 亿元人民币，在职员工 350 人。

1998年，ABNA集团开始进入中国，并与海城当地一家信誉良好的民营企业合资成立辽宁辽河英鹏（爱民）饲料有限公司。2004年9月，ABNA集团加大了在中国的投资力度，辽宁辽河英鹏（爱民）饲料有限公司转变为ABNA在华独资企业。2006年3月，英鹏与爱民合并，公司正式更名为英联饲料（辽宁）有限公司。

2005年至今，英联饲料（辽宁）有限公司多次被评为工商局免检企业、省饲料行业“3·15”宣言承诺单位、省名牌产品、省著名商标、海城市纳税五十强企业、腾鳌开济开发区纳税前十强企业等称号。

来自英国、服务中国。英联饲料（辽宁）有限公司依托其在英国企业的标准全面管理其禽料、猪料、反刍料、预混料生产线的运营。全套引进行业先进水平的饲料生产设备（0.2%预混合机、叉车作业、自动码垛机、智能扫码系统等），生产和加工过程全程计算机监控。通过并严格执行国际品质控制程序（ISO 22000食品安全体系和ISO 9001质量管理体系），配备近红外分析仪（NIR）、液相色谱、原子吸收和酶标仪等检测设备。从原料供应商的选择、原料采购及储存、配方执行、生产到成品全程实行严格的品控程序，并建立产品追溯制度，以确保饲料安全。英联饲料（辽宁）有限公司立志向农产品消费者提供高品质的具有高附加值的产品，确保我们使用最优质的原材料以及每一批出厂的成品不仅是国家标准合格产品也满足ABNA自身高水平的要求。公司使用的饲料配方是由英国总部控制的先进配方系统，并配备有多名专业的畜禽营养、管理专家，专门收集各种产品的使用反馈信息，及时与ABNA的动物营养专家沟通，ABNA的营养专家定期来中国进行指导、监督，并综合所有的反馈信息，及时地对产品进行营养设置的调整与更新换代，确保了英联产品优越的品质及畜禽良好的生产性能表现。有了好的设备及好的配方，还需要有一整套严格的质量控制程序来做保障。英联公司的品控部会对饲料生产的全过程进行系统的监控，这包括：原料进厂前30%的抽检、入库后全面的化学分析检验、进配料仓前100%的检验，对所有出、入口的工时记录，对投料口、配药间、手添料口、制粒、打包、中控室等作现场监控，对每批成品料作出厂前的检测及3～6个月的留样等，确保每批出厂产品100%的合格。

近红外技术的INGOT校准技术对原材料和成品进行快速营养分析，相比传统的实验室化学技术，可以节约大量成本。Aunir是近红外技术的INGOT校准技术，Specman Gold QC软件，近红外技术支持合同和顾问服务的开发商和供应商。我们使用的NIR软件产品已应用于35个国家，涵盖多个食品和饲料应用领域。此外，在中国装备精良的实验室帮助我们实现卓越的产品性能，从而确保我们使用最优质的材料。

以关键控制点（CCP）的危害分析为基础，综合分析潜在危害及成因，用科学的方式保障我们的饲料产品安全。危害可能发生在整个生产链条中的各个阶段，每一步的严格管控都是确保饲料安全的关键，通过委会分析关键控制点，我们可以从原材料开始进行逐步的分析和评估，最大化地减少可能发生的一切物理，化学及生物危害，为最终确保ABNA饲料质量安全提供了最大保障。

经过品牌整合，英联饲料（辽宁）有限公司在售产品包括“英联”“英联爱农”和“英联爱博恩”三大主要品牌，产品涵盖蛋鸡、肉鸡、种鸡、肉鸭、肉鹅、乳猪、中大猪、母猪、奶牛、肉牛和肉羊等多个动物品种的不同饲喂阶段。公司主要从事猪料、预混料和反刍料的生产、经营和销售，以英国ABNA集团最擅长的猪料作为主导产品，产品种类非常齐全，几乎涵盖了可供不同品种和不同生长阶段猪只使用的饲料。产品可分为配合饲料、浓缩饲料和预混合饲料三大类，各类产品又有多种系列的饲料可供用户选择；如有公司生产的N/M系列的乳仔猪配合饲料，专门针对中国市场研制，独家添加英联“动力宝”，以抗断奶应激效果好、控下痢效果佳、生长速度快、料肉比低而满足不同客户的需要，广受广大用户的青睐；英联母猪料：增加母猪泌乳量，改善奶水质量。浓缩饲料和预混合饲料同样也分为不同品种的仔猪、生长育肥猪及种猪饲料等。

英联饲料（辽宁）有限公司以优秀的企业文化为引导，造就了一批诚实严谨、团队协作、积极向上的员工队伍，以员工满意、客户满意、股东满意、社会满意作为企业的发展目标，形成了科技领先、品质领先、服务领先、回报领先的企业核心竞争力优势。为养殖户带去满意的服务，满足客户的不同需求是我们孜孜不倦的追求。其销售范围覆盖东北三省以及河北、内蒙古、北京等省市，通过直销和经销将产品销往农户手中。同时，我们还与诸多养殖场建立合作，与广大养殖战略伙伴共同成长。

企业在创造良好经济效益的同时，也创造了巨大的社会效益。有力地促进了辽宁省养殖业、粮食加工业的发展（年转化粮食50万t）；对饲料原料业、种植业、原料加工业、养殖业、养殖产品深加工业、营销业等相关产业模式起到了良好的推动作用。对辽宁省农业、畜牧业及食品业的良性发展起到了不可估量的作用。在未来的发展道路上，英联饲料（辽宁）有限公司将与业界同仁和广大养殖户一道为中国饲养业的健康发展和人类健康做出积极的贡献。

强化管理 健康发展

——沈阳禾丰牧业有限公司

沈阳禾丰牧业有限公司成立于 2014 年 8 月 22 日，其发展历史可追溯到禾丰牧业成立之初的 1995 年。沈阳禾丰一直发挥着集团核心企业的重要作用，是禾丰集团销售最大，利润最好，发展最强劲的全资子公司。目前沈阳禾丰位于沈阳市辉山经济开发区辉山大街 145 号，前后总投资约 50 万元，年生产能力 30 万 t，有三个生产车间，包括集团专业生产教槽料的三车间，专业生产猪全价颗粒料的二车间，以及生产保育料和浓缩料的一车间。公司现有近 160 人的销售队伍，包括六个销售区域和两个猪场事业部，其中不乏吉林大学、沈阳农业大学等优秀院校的硕士毕业生，还包括近 80 人的生产队伍，主要生产管理者全部是具有本科以上学历且具有 5 年以上工作现场经验的专家。除此两大部门之外，公司还有辽宁区采购中心的全力支持，专业化程度最高的技术品控团队来为质量保障，以及财务部和人力资源部在人财方面最坚实的后盾，因此沈阳禾丰是东三省单厂猪料销量最大的企业，同时禾丰牧业也是全国猪浓缩饲料销量最大的企业。

自 2012 年起，经历了 3 年多的猪价低迷，养殖户承受着巨大的经济压力，导致母猪淘汰率非常高，由原来近 5 000 万头能繁母猪下降到 3 700 万头。仔猪价格一路走低，散养户纷纷退出了养猪行业，转向牛羊的饲养，更有甚者彻底退出了养殖行业，整个养猪业一片黯淡。饲料企业此时处于销量压力最大的时期，养殖量少，使用浓缩料的添加比例低，全价料产品几乎没有市场空间，经销商赊款情况严重。唯一有利的局势就是部分原料的价格走低，导致相关蛋白类原料随着下降，玉米等能量原料价格基本稳定。但在 2015 年上半年玉米紧缺的情况下，企业采购玉米也存在着不小的压力，到 2015 年下半年，由于市场上生猪的大量紧缺，生猪价格持续上涨，上涨过程震荡波动，养殖水平高的中小养殖场和国家重点扶持的养殖企业在这个回暖过程中，扩充了养殖量，散养户恢复非常缓慢，经销商面对有技术的养殖场，无能为力，在这样一个背景下，沈阳禾丰也进行了大胆的改革。

1. 架构调整。在经历一年多的转变之后，发现，辽宁省的养殖行业正在发生悄无声息的变化，更加趋向欧洲的管理模式。顺应市场浪潮，饲料企业必须拥有能够在技术上服务猪场的专业化人才。因此，沈阳禾丰销售部门进行了重新的划分，成立了两个专业化的猪场事业部。猪场事业部就是要打造一个全新的客户服务平台。因为它不仅仅要为客户提供产品技术支持，更要结合猪场的实际饲养情况，为客户量身定制产品，并指导客户进行动物喂养。为了加深猪场和饲料厂的密切配合，沈阳禾丰定期组织专家小组赴合作猪场调研分析，寻找提升猪场生产水平的关键点，提供合理化的养殖改善方案，开发适用于猪场的超级浓缩产品。未来辽宁省养殖业一定是向着养殖者专业化水平更高，从业者更年轻，信息技术沟通更广泛的趋势发展。如果养猪场有饲料混合等设备，那么一定会选择添加比例小的饲料产品，自己再额外添加豆粕、鱼粉、麸皮和豆油等原料；如果没有饲料混合设备，养殖场会趋向选择全价产品，并且配套自动上料线，同饲料厂定制产品。因此随着行业的发展，25%左右的浓缩产品慢慢会退出历史舞台。配合公司发展战略，销售团队与经销商一同精耕细作、开发市场；在经销商培养上，淘汰思维陈旧的经销商，选择具有合作思维，低利润思维，服务思维的优秀经销商。这是市场的要求，更是趋势的必然。

2. 质量管理。沈阳禾丰紧紧抓住原料的走势，采用豆粕基差、集团大单采购等方式进行采购，严格按照国家饲料质量安全管理规范要求采购原料，保证原料质优价优。技术品控部门围绕各生产环节定期进行了《饲料质量安全管理规范》的检查，并且已经上报了农业部的规范试点企业。成立了专门的规范小组，由总经理任组长，品控经理任副组长，各部门主管领导作为组员。规范是质量相关部门的行为准则，必须要完善制度文件、规范操作流程、清晰记录管理，对工艺参数、采购标准和产品标准的设计也要符合法律法规的要求、符合企业的实际情况、符合市场的发展需求、符合基本的科学逻辑思维方式。

3. 人力资源管理。人力资源对人才的选用育留更加的完善，集团每年会对全员进行专业技能和基础办公技能进行考核，并不定期举办辩论赛、知识问答等活动进行知识的提升。

4. 信贷管理。沈阳禾丰每年向国家诚信缴纳税款，是优秀的银行合作伙伴，由于业务量越来越大，经销商的资金压力越来越大，公司联合各大国有银行，对经销商进行了信用贷款，缓解了资金压力，促进现金流的快速流通，这是一个大胆的担保和突破，不仅仅使得银行的资金投入到更好的投资渠道，也使得我们的经销商焕发了活力，其中的纽带和链接就是沈阳禾丰这一个坚强后盾保障。

沈阳禾丰凭借高效务实的人才团队和与时俱进的

管理理念、行业领先的配方技术和集中采购的价格优势、现代化的专业生产设备和规范严谨的生产管理流程，以及具有禾丰特殊的营销模式和“专家化”的技术服务实力，形成了独树一帜的企业形象和品牌美誉度，深受经销商、养殖场和养殖户朋友的支持和信赖，公司生产经营水平及经营效益处于同行业前列。

优质诚信　创造行业明珠

——长春禾丰牧业有限责任公司

长春禾丰牧业有限责任公司坐落于风景秀丽的北国春城——吉林省长春市。于 2004 年 1 月 8 日正式成立。是一家从事各种畜禽浓缩饲料和配合饲料的生产经营及粮食收购的专业化饲料公司。公司现有产品都是禾丰自创品牌，计 30 个品种。产品销售范围主要在吉林省。在禾丰集团的领导下，在全体长春禾丰员工的共同努力下，经过 10 余年的生产经营，长春禾丰已得到很大的发展，销量和客户人数稳步增长。从最初的长春市绿园区长沈路 169 号老工厂到现在的长春市经济开发区 3098 号的正在运营的工厂到今年即将要投入生产使用的农安开安新工厂，开安新厂预计固定资产投资 7 000 万元，采用瑞士布勒最先进的全套自动化设备，年生产总量达到 25 万 t，开安新厂占地面积 65 000m^2，其中工程一期建筑面积20 000 m^2，新厂建设已经竣工，预计 2016 年 8 月，公司将整体搬迁农安县开安镇新厂，新工厂建成后将成为禾丰集团在吉林区的样板企业。长春禾丰经历了一次次的蜕变与成长。经历过行情的巨大波动，市场的低迷，但这些都无法阻挡长春禾丰人的坚韧与勇气，公司乘风破浪，披荆斩棘，精诚协作，团结一气。公司有信心在开安新厂继续续写我们的荣誉我们的传奇。

长春禾丰能有今日的规模与业绩离不开集团的支持与指引，我们拥有集团化的管理模式，有近百余家的兄弟企业，技术共享，互相学习，一同交流。集团总部有可以和科研机构比肩的中心化验室，有强大的博士后工作站，尤其是近两年更是吸纳了很多高精尖的人才到我们的队伍中来，为产品质量保驾护航。在 2015 年年初长春禾丰为化验室购进了一台近 40 万元的化验设备——近红外分析仪，此设备可以在 20s 内测定出原料和成品的所有营养成分指标，大大提高了化验的准确性，提高了工作效率。专家才是赢家，依附于集团配方及产品质量的保证，公司前方销售只顾奋勇向前，没有后顾之忧。集团近两年来也一直大力倡导互联网＋的经营销售思维模式，为企业的发展打开了新的思路。EAS 工作流的应用也日益精进高效，所有原料从入厂的化验数据指标，成品的化验数据直接进入系统，财务系统对各项费用账目的处理，清晰工整，一目了然，客户网上订货，短信订货模块的开发与应用，使得货款在网页上可以直接核算，大大降低了误差及错误的出现，让客户有更好的使用感受。同时也带动了合作伙伴对互联网＋的认识及信息化的应用。信息化的推动，使公司的管理又迈向了新的台阶。

2006 年禾丰集团与荷兰最大的饲料企业——荷兰皇家德赫斯公司成功合作，禾丰成为中荷合资，中方控股的企业。此次合作使不论从管理上还是技术上都向国际化迈进，公司的财务管理制度，人事管理制度，生产管理制度，行政管理制度等等也越来越完善，达到了同行业领先水平。我们还在集团的领导下实行了几年的员工绩效考核管理工作，大大地提高了员工的工作效率，为企业长久稳健的发展做好基础。

长春禾丰拥有一支年轻、高效、有拼劲、不畏艰苦的销售队伍，经过多年的市场磨炼，他们一直以客户的发展壮大为已任，把客户的事业当成是自己的事业，他们提供的不仅仅是产品更是解决问题的方案。坚持以双赢为理念，以服务为宗旨，不畏严寒酷暑，将好的产品，先进的技术，完善的服务，前卫的经营理念，新兴的市场思路送给客户，从而赢得了广大经销商和养殖户的一致好评。长春禾丰把客户研讨培训会作为重要的营销手段，并且扎实推进。每月要召开养殖培训会议二十场左右，受训农民约 500 人。通过培训，提高了农户养殖的综合素质，增强养殖户的信心，帮助其少走弯路，同时这种方式也增强了客户对公司的信赖程度，这对提高公司声誉及养殖效益起到重要作用。公司十分注重品牌效应，良好的品牌形象能够助力企业更加快速的发展，目前，公司已成为吉林省的知名企业，2008 年 1 月长春禾丰被长春市政府评为“长春市牧业龙头企业”。2008 年 1 月 28 日被吉林省饲料工业协会评为“吉林省饲料行业诚信企业”。并先后在 2007 年、2008 年、2009 年、2013 年度获得由禾丰集团授予的“优秀管理团队奖”“快速成长企业奖”“优秀团队奖”“经营进步奖”。2011—2012 诚信示范企业，中国饲料行业最具竞争力企业，我们相信长春禾丰在广大客户，供应商，社会各界朋友的支持和配合下，在全体员工的共同努力下，本着“优质诚信，和谐共赢”的经营理念，一定会成为吉林省饲料行业里一颗璀璨的明珠！

长春禾丰一直注重年轻，优秀人才的培养，公司与多家高校建立了紧密的联系，在高校开展具有禾丰特色的禾丰班，设立禾丰奖学金，为学校提供实习基地，与学院共同研究科研课题。现在公司里有很多高管都是大学毕业即加盟了禾丰，一直到今天。人力资源政策是：不断地寻求人才、发现人才，创造人才发展空间；按绩取酬、公平、公正；永远致力于员工的发展进步与价值提升，引领员工共建幸福人生。在培训上，公司对内有员工培训体系：中层管理者培训体系、高层管理者培训体系；对外有客户培训体系，五会模式：研讨会，实证会，参观会，经销商培训会，新产品推介会。帮助员工和客户一起快速发展。

禾丰人都具有从企业创业初期就形成的统一的价值观，这个企业的灵魂已经深深地根植于每名禾丰人的心中，正因为这个共同的理想，共同的人生观，共同的价值观，让禾丰集团二十年间在业内创造了奇迹，并于2014年8月8日，在上海证券交易所成功挂牌上市，这是每一个禾丰人的骄傲，我们为集团的强大而自豪。我们不会忘记：

禾丰的宣言：禾丰公司立志成为中国饲料行业最优秀的公司，以先进的技术、科学的管理、完善的人才配置和为社会服务的决心，向全中国畜牧饲料界庄严保证：禾丰公司永远从客户的需要出发，不断开发新产品绝不因循守旧，禾丰公司永远诚实经营，禾丰公司永远以服务社会为宗旨，靠科学技术和创造性劳动来发展自己。

禾丰的企业宗旨：以先进的技术，完善的服务，优秀的产品促进中国畜牧业的发展，节省资源，保护生态环境，实现食品安全，造福人类社会。

禾丰的质量方针为六个永远不，公司的每名员工都能张口即来，包括生产一线的工人。“永远不采用不合格原料；永远不使用不正常设备；永远不允许不规范操作；永远不生产不达标产品；永远不忽视不满意顾客；永远不容忍不完善服务”。禾丰也始终如一地这样坚守着！

入眼，入脑，入心，入行，一直坚持把各项制度落到实处，严格按照公司的各项规章去要求自己，为公司的发展贡献自己的力量。

长春禾丰成立十二载，一路走来，要感谢那些曾经及现在与我们彼此信任的合作伙伴们，因为有了你们，公司的事业才会不断发展；感谢集团的正确指引，战略制定，确认方向；感谢所有员工的辛勤付出，爱厂如家，是你们的青春年华陪伴着公司的发展壮大；感谢业界领导和同仁的鼎力支持，是你们让我们有情可依。只能以不断的拼搏奋斗发展来回报与我们一路同行的所有员工和伙伴们，回报我们的行业，回报社会。

发展，从未止步！

依靠产品质量优势
促进企业健康发展

——长春金新农饲料有限公司

长春金新农饲料有限公司成立于2012年，是深圳市金新农饲料股份有限公司旗下的第12家全资子公司，总投资5 000多万，占地26 000m²，坐落在北国春城长春经济技术开发区玉米工业园区。自投产以来，长春金新农外抓市场拓展，强化服务意识；内抓企业管理，严格进行质量控制体系管理，保障内部质量运行控制的可靠性，确保产品质量，努力实现将金新农饲料打造成吉林省第一品牌的目标。近年来，长春金新农在吉林省饲料行业中一直保持稳健快速的发展态势，为促进吉林省饲料工业及养殖产业的快速发展作出了应有的贡献。目前，公司拥有国内一流生产线，通过自主研发，掌握教槽料核心技术、配方和工艺，主要生产猪用教槽料、浓缩料及猪用全价配合料，已建设成为专业的现代化样板工厂。在2016年，为了依法推进《饲料质量安全管理规范》，树立饲料企业质量安全管理标杆，长春金新农积极响应农业部及股份公司的号召，争创示范企业，3月17日顺利通过农业部《饲料质量安全管理规范》验收专家组现场验收，成为吉林省首家通过农业部《饲料质量安全管理规范》的猪用饲料生产企业。

长春金新农成立伊始，就秉承着“伙伴天下，共同成长”的核心价值观。围绕这一核心价值观，企业在运营管理的方方面面，构建了一套内涵丰富、全面系统的行为习惯和经营理念，成为公司在吉林省发展壮大的内生动力。2016年公司秉承“伙伴天下，共同成长”的经营理念；以“致力于成为中国优质猪饲料最佳供应商，打造中国健康养猪的标杆企业，成为中国养猪企业首选的合作伙伴”为愿景；以“共赢、创新、担当、低调”为核心价值观；“全情投入，持续卓越”的企业精神；“科技兴农，行业典范”的企业使命，促进中国养猪业健康、持续发展，并忠实担负起为广大消费者提供健康安全食品的社会责任。金新农股份公司拥有两项教槽料发明专利，通过自主研发，掌握教槽料核心技术、配方和工艺。长春金新农依托股份公司先进的技术支持，已形成猪用饲料的规模化生产与销售体系，促进吉林省养猪业健康、持续的发展。

公司为了完善新厂的建设，提高员工整体素质，在强化内部管理的同时，加大对员工素质和技能的培训力度。公司特邀饲料行业专家教授对员工进行培训，并在全公司范围内实施“7S”现场管理。对公司各岗位实行定岗定责，奖罚分明的管理制度。同时，狠抓质量关，把“精准、精英、精品”作为我们金新农人的战略目标。质量是企业的生命，要把好质量关，就要从源头抓起。饲料行业的源头就在于原料。公司每一批原料的使用，都经过了严格的化验检测。只有经过检测合格的原料才能投入生产使用，凡检测不合格的原料，一律不允许使用，并立即作退货处理。在生产过程中，由公司品控部进行全程跟踪，对整个生产过程做到严格控制、层层把关。只有这样才能有效地保证产品质量安全。股份公司大力发展科技创新，专门成立了饲料研究中心，在饲料安全和营养配方上进行研究，每个新的配方产品在推出市场前，必须在基地试验成功后才投入市场。长春金新农积极响应股份公司的号召，把科技创新作为企业发展的原动力，大力引进高精尖技术人才，一流的检化验设备。随着科技投入的加大，长春金新农的产品在吉林省市场上逐渐成效，得到了广大用户的一致好评，为吉林省农牧经济的发展和养殖户增收做出了一定的贡献。

在对外经营方面，长春金新农与吉林省养猪企业结成战略联盟，建立合作共识，共同推动养猪产业化发展。长春金新农不止向客户提供优质的饲料和超值的服务，让经销伙伴赚钱，让用户养猪更轻松，更重要的是向客户提供养猪整体解决方案。多年来，长春金新农依托金新农股份强大的技术、研发平台，通过拉网式的宣传培训、典型带动，向广大养殖户传播先进的养殖观念和养殖技术，全面规范饲养管理，特别是针对不同养殖条件提供成套的养殖方案，主要通过免疫程序设计、保健方案制定、猪场疾病诊断、养猪目标数字化分析，建立饲养饲喂程序，最终发挥生产潜能，使养猪效益最大化。争取在未来的终端竞争中，通过服务体系建立一套培训终端、发展终端、抢夺终端的强大模式，不定期通过专家服务团队对用户组织培训，使其经营和管理保持良性发展，将长春金新农帮扶农户、共同成长的共赢理念深植到每个养殖用户的心中，让广大养殖户得到真正地信服，并切实地得到了实惠，打造数字化金新农养猪模型。

自2016年起，由于各地物价不断上涨，各种饲料原料价格也随之上涨。针对这种情况，公司为了保证养殖户的根本利益，保持产品价格稳定，采取了降低成本的措施。在生产方面，我们努力做到节能降耗，如降低电耗、气耗、油耗，减少浪费等。长春金新农大力强化内部管理，不断完善公司各种规章制度，提高员工整体素质。我们知道只有不断完善自身，努力前进，才能把企业做大做强，以适应当前发展形势。长春金新农还将大力扩展业务，扩大现有畜牧养殖的规模。这样以养殖带动饲料，不仅可以增加饲料的需求量，还可以带动养殖户共同发展，实现企业与合作伙伴的共赢。

“金新农，金品质!”，长春金新农必将在历史的责任使命中开拓创新，不断前进，成为行业典范。

安全制度确保健康发展
品质追求实现领先地位

——哈尔滨普凡饲料有限公司

“品质是产品的灵魂，科学品控是为其提供保障的有效手段。”卢德秋董事长持此信念，于2001年创立哈尔滨普凡饲料有限公司。立志将其创办成膨化、熟化类原料加工质量最稳定、最优秀的制造者。“普凡”从成立至今已走过15年的风雨创业路，现已成为年生产能力50余万t，年销售20余万t各类膨化、熟化类饲料原料的制造企业。为合作伙伴提供稳定、易消化吸收的饲料原料在全国范围内广泛使用并得到认可与好评，有些伙伴还将普凡产品列入免检。

经过十余年的打拼，在原料膨化领域用品质确立了自己应有的领先地位，并形成了很强的企业竞争力。现拥有哈尔滨兴普、大连分公司、临沂普凡、一普农牧、普凡饲料工程技术研究中心等。企业要发展、产品要完善就要有科技为后盾，饲料工程技术中心应运而生，本中心由哈尔滨普凡中试基地、长春普凡-吉大联合实验室两部分组成。中心主要开展原料新产品的工艺参数优化，制造出生产试验所需的中试产品，为新产品研发提供支撑。中心现有全职科技研发人员6名，兼职人员8名。其中博士10名，硕士2名，其他2名。拥有研发中试设备如膨化、压榨、包被、发酵、烘干等。中心重视与科研院校进行合作，与吉林大学在长春建立普凡-吉大化学实验室，开展饲料原料深度开发；与东北农业大学合作进行饲料原料加工机械的改良及产品验证；与内蒙古农业大学进行反刍动物原料过瘤胃蛋白产品及尿素缓释、包被产品的生产实践验证；与浙江农业科学院合作进行动物肠道健康相关产品的研发。注重品质、注重研发的发展理念始终贯穿企业经营方针。借助于产品的影响力，哈尔滨普凡饲料有限公司于2005年成为《饲用大豆国家标准》制定者之一。

企业归根结底就是由人组成的团队。企业为什么会成功？是员工努力拼搏的结果。尊重和信赖会使他们从内心焕发出朝气和干劲，克服一切困难，奋力实现企业发展的目标。普凡在“人”这方面是如何做的呢？如何有效调动人的积极性呢？有人就有需求，平凡的人除了生活的简单需求之外还有自我实现的需求，平凡中孕育着不平凡的理想和追求。公司依据马斯洛需求理论分析公司各个层面的需求，高层管理人员、销售人员面临着有挑战性的工作，公司制定合理且通过努力既可实现的激励政策，让他们在工作中得到自我实现的需求。激励政策制定中的数据支持不是凭空想象而是用历史数据和行业数据推算出切实可行的，制定的政策让人心服口服、且充满信任，为目标的实现夯实基础。另一方面基本管理人员比较多，而且是从事常规性的工作。公司依据这部分员工的工作、年龄、文化背景来满足员工需求。胜任工作得到及时的晋升，激发和满足员工的尊重需求。餐厅有每天品种翻新的餐后水果，自用自取幸福感十足。员工宿舍干净整洁，电视、wifi、洗衣机还有自己的写字桌，完全是家的感觉。为满足年轻人社交需求，住宿员工在市区宿舍也拥有自己的床位为假期准备，同事们戏称“行宫”。车间浴室配有工作服专用洗衣机、烘干机，洗去一天的汗水，干净每一天。图书室是知识的海洋可以静静地坐在这里看书、思考、充充电、发发呆。每年的春季大家最兴奋的事情是自己的菜园要播种了，这里的蔬菜绿色有机，不仅能满足自己也可同父母、朋友一起尝尝自己亲手种植的蔬菜很有成就感。普凡野外拓展训练不仅仅是突破自我、战胜自我，更是团队精神的打造。每年公司都会让兢兢业业工作的员工轻松一下陪陪家人，看看祖国大好河山。在这里员工的需求能不断的得到满足，忙碌、亲切、关爱的氛围令企业充满勃勃生机。

“没有规矩，不成方圆”在企业经营活动中制度起到保驾护航的作用。普凡结合经营实际制定各种制度，杜绝存在高、大、上内容，注重可操作性。制度一旦制定，就反复确认检查，使制度在公司固定、扎根。安全制度是企业健康快速发展、员工幸福的根本。2016 年 3 月“香坊区人大司法委员会、安监局安全检查汇报现场会”在此举行。对普凡安全委员会的设立、企业全员培训检查机制、健全的安全生产防范措施，给予高度肯定和表扬。企业经营管理细节很重要，细微之处见管理。普凡废品处理制度要求品控员现场检查，采购部负责定价处理，废品产生者不参与买与卖。制度的建立减少了浪费。普凡有一张告知板上面最常见的是我们员工做了哪些维护产品品质、维护公司制度、维护公司利益正能量的表彰及奖励。对工作中违反制度、损害公司利益的行为常常给予警告，重奖轻罚效果显著。现行制度依然存在这样那样不尽如人意的地方，敢于正视、敢于面对、敢于学习总会有更好的解决方案。

做高性价、高品质的产品是合作伙伴赋予我们的使命。“普凡”发展中遇到过困惑、挫折是合作伙伴真诚的支持和期待让我们鼓足勇气踏步向前。行业精英永远是我们学习的典范，用服务回报合作伙伴，与合作伙伴共同成长。

普凡永远伴随您左右！

坚持品质　打造高质量猪饲料

——黑龙江大牧人牧业有限公司

2015 年堪称饲料界的“红海”，这一年，行业的整合持续不断，可谓“大鱼吃小鱼的年代”。在黑龙江这块养殖最北端的区域，同样激烈的上演着。企业如何能在关键的时候披荆斩棘、剥离红海、独树旗帜，继续生存，发展？这是每一个企业掌舵人时刻都在思考的问题。

一、稳定压倒一切

黑龙江以猪料最具代表性，固有的散养模式，也支撑了一部分企业持续生存和发展，在 2015 年上半年，毛猪价格跌破 9 元/kg 的时候，一部分企业为了迎合散养户的心理，开发了相对低档的产品，对市场的冲击很大。经销商、业务员利益逐渐压迫底线，并不断要求公司开发此类产品，但均被上层领导一一否决。总经理王广玉先生给出了这样的答复：“大牧人一直坚持做猪料的高端价值产品，坚持品质稳定第一，在行情低迷下，我们不能往下走，这是对养殖户的不负责任，也是对品牌的伤害。”在经过了商讨之后，公司决定：继续开发高端产品，利用养殖户自留的玉米来配合使用，并研发了全程饲喂模式，以降低养殖户的饲养成本。越是行情低迷时，越要稳定。公司各个部门全力配合市场，指导养殖户玉米质量的鉴别、粉碎粒度的调整，帮助检测霉菌毒素、指导饲喂方法以及猪病抗体的检测等服务。通过产品的升级改造以及全程饲喂模式的应用，养殖户在降低饲养成本的同时，也加大了对大牧人牧业的黏度。双方实现了共赢。在 2015 年上半年，每月销量均以 10%的速度在递增。

二、持续研发—产品的坚实保障

大牧人牧业自成立以来，坚持持续研发，每年拿出利润的 10%作为研发经费，进行原材料的评估和动物实验工作。2015 年，在原有产品的更新换代上又与哈尔滨市科学技术局联手，研发高端母猪料，通过一系列的实验及市场应用，该母猪料在活产数上提高 5%，断奶体重提高 8%，。初乳中免疫球蛋白 G 含量提高了 20%。同时。这项研发也申请了国家专利。并为 2016 年的母猪料市场做好了充足的准备。“坚持做猪料高”价值产品，不断提高产品的竞争力，坚持稳定压倒一切“这在 2015 年的下半年得到了更确凿的市场验证，低端产品的用户群不断向大牧人牧业移动，带动了销量的逐步上升。

三、掌握市场脉搏

2015的市场是残酷和充满血腥的，在互联网的时代，信息越来越透明，客户的需求在不断地上升，淘宝、乐视、苏宁、京东充斥着大街小巷。也吹进了养殖户的心理。在基于市场调研分析的基础上，大牧人牧业率先在本行业进行了销售模式的转变——直销。目的在于：砍掉传统营销模式中的种种利益环节、让利于终端，推进生产厂家与终端群体的快速链接、使信息更透明与对等、沟通更畅通与便捷。与终端消费者实现利益共享！不言而喻，直销模式不仅是利益上的价值体现，更重要的是它使生产商与终端用户紧密连接起来，一荣共荣、一损俱损！所以说，生产厂家在产品的稳定性、升级换代及管控上会更加严格与紧密！做到精益求精。

直营店为大牧人牧业员工直接经营管理，从订货、送货、回访、饲养管理、技术指导等方面为养殖户朋友提供服务。产品线从幼龄到种用，配套齐全。在一年多的运营当中，等到了广大用户的支持和认可。这也是直营店平均每月有15家新店开张的巨大动力！

在饲料的红海中，大牧人牧业激流勇进、完善自我、不断探索和寻找。走出了一条自我发展的宽阔大路！2015年猪料销量稳稳立足于本土企业第一的位置，较14年销量增长了21%。这也是本土企业内销量不掉反而快速上升的首例。

物竞天择，适者生存。在不断变化的市场和环境下，只有不断适应这个环境，做出大胆改变，才能最终成为胜者。没有竞争的企业，就像温室的花朵，虽然娇艳一时，但不可能长久的明艳。任何竞争，最后带来的都是消费者利益的最大化和企业不断的健全与发展。大牧人牧业时刻准备着迎接明天的挑战。

专注宠物食品　实现精准运营

——上海比瑞吉宠物用品有限公司

一、企业概况

上海比瑞吉宠物用品有限公司注册上海市金山工业区亭卫公路6383号，公司由海外归国留学人员现公司总经理许久先生创始于2002年，企业性质为有限责任公司（台港澳与境内合资），公司注册资本为4 373.690 8万元。公司专心、专注于宠物食品的研发、生产和销售，拥有产品研发的核心技术，集生产、研发为一体。

比瑞吉宠物用品有限公司因产品细分和品质优先而著称，在国内一直处于领先地位，2015年销售额39 677万元，2015年纳税3 577万元；预计未来3年每年增长不低于30%。持有“比瑞吉”“开饭乐”“诺瑞”等多个中高档品牌，已跃居于国内领先品牌，赢得市场口碑。这得益于公司在以市场需求为导向，坚持技术创新，组织创新、机制创新建设为前提，注重创新理念转化为行动的结果。

二、创新体系建设情况

1. 创新机构建设。

①成立企业技术中心：宠物营养研究与开发中心、宠物食品安全质量测试中心（并认定为金山区企业技术中心）。

②中试车间建设：建筑面积1 500m^2，建设有3个工段的中试系统，预混料系统、双螺杆熟化系统、真空调理系统，为产学研建立相关试验场所，每年的产品验证达19 000多次。

③梦工厂建设：公司投资亿元人民币新建成比瑞吉梦工厂、由国际专家和国内团队共同完成，采用国际先进的设备，流水线机器人与设备全球采购，卫生水平参考食品级标准，精准控制与洁净卫生标准已达到世界宠物食品行业领先水平。

④信息化中心：进行信息建设投入数百万元，成立运营中心和供应链中心，实现客户在哪里产品到哪里服务到哪里，对复杂的市场交付要求都能有针对性的方案和服务。

2. 企业技术创新模式。

①专业技能创新建设：产学研长期战略合作、技术转移、引进消化吸收、留学生自主技术、企业自主开发等。

②商业创新模式的建设：公司以市场为导向的商业创新模式为源头，带来了消费者更多的附加价值，以人为本的创新平台建设，创造了各层面合作运营的共赢局面线下、线上同时发力。

③定位于理念创新建设：针对天然环保理念逐渐深入人心，当食品安全逐渐成为饮食首选时，为增强国内宠物食品消费者的信心，规范自主知识产权的天然粮的品质和生产，起草并率先实行《比瑞吉犬猫用配合饲料（比瑞吉犬猫天然粮）》标准。

3. 创新激励机制建设。为保障公司的创新机制，对科研人员、市场销售人员实行绩效积分制、年中、年终奖励、课题项目激励、对于新产品开发承担者，遵循贡献大小、按劳分配的原则，实行具有薪资挂钩制，向创新贡献者倾斜，保障与助推了技术创新持续发展。市场销售人员服务于近万家分销终端，公司拥有整个宠物行业最大的分销网络之一。

三、企业文化、竞争优势

1. 品牌、价值观。比瑞吉公司成立至今，实践着“让天下人和宠物得到关爱”的企业愿景。公司确立的目标是：提供世界宠物一流的食品；公司的使命是：提供独特价值的宠物食品；公司的价值观是：共赢。

2. 大数据信息下的精准运营。公司在研发、生产、供应链、销售、消费者行为、运行中心采用自动化、数据化、标准化管理，积累了大量的数据，以系统化、差异化、精细化、高端化为产业特色，确保坚持以市场需求为核心的研究与产业化方向的精准落实。

3. 团队建设。公司全国 500 多名员工，拥有 17 个销售大区、52 个办事处；有独立的研发中心，优秀的研发团队，集合了多名动物营养、兽医、食品加工、经济学、运营专业的技术团队，技术力量处同行的领先水平，为公司在知识产权和品牌建设、市场份额上提供了有力的技术保障。研发团队建设新增科研人员增加 16 人，现有 49 人，其中本科以上学历 31 人。提高研发人员创新能力，增强创新意识、竞争意识、拼搏意识、效率意识以适应不断前进的技术创新的需要。梦工厂投产，培训新线技术人员 11 名，以满足生产线的正常运行。横向协作：与国内、国际知名业界科研院所有良好的合作。公司与中国农业大学、中国农业科学院上海兽医研究所、上海交通大学建立良好的合作关系，资源共享。

4. 获得自主知识产权成果。已授权国家发明专利 5 项、申请受理中的国家发明专利 4 项、已授权实用新型专利 3 项、授权外观设计 1 项、国内商标注册 6 项、国外商标注册 5 项、参与国家宠物标准评审 1 项、专业杂志公开发表文章 5 篇。

四、公司荣誉

作为上海市宠物行业副理事长单位，先后获得第七届亚洲宠物展评选的“2004 年度中国宠物及水族行业品牌大奖”、中国宠物行业品牌评选：“2010 年度推荐十大品牌”、第十三届亚洲宠物展评选的“2011 年度中国宠物食品年度大奖—天然比瑞吉”；2012 年度影响中国互联网宠物品牌评选的“明星产品”奖和“最具影响品牌”奖。2013 年获批“金山区科技小巨人企业”项目，同年被评为“上海市专精特新企业”；2015 年认定为高新技术企业、上海名牌产品、金山区企业技术中心等。

五、结语

公司以市场为导向坚持创新机制建设，标准化精准运营，持续满足客户需求为目标，不断增长国内和国际市场份额，使比瑞吉公司逐步向国际化公司。

服务是根本　创新促发展

——上海新农饲料股份有限公司松江分公司

上海新农饲料股份有限公司成立于 1994 年，地处上海市松江工业区，是一家针对规模化猪场研究、开发、生产、销售高档教槽料、乳猪料、预混料、高档原料、功能性饲料添加剂，并提供优质种猪和规模化猪场全方位技术及管理服务的上海市农业产业化重点龙头企业和高新技术企业。现拥有 4 家饲料生产基地，其中拥有 3 条高档膨化教槽料生产线，2 条预混料生产线，拥有 1 家功能性饲料添加剂厂，7 个标准化养猪场，2 家祖代原种猪场和 1 家进口原料贸易公司。

公司采用一流生产工艺设备，严格遵循 ISO 9001 和 HACCP 质量管理体系，“踏实、专业、忠诚、创新”，取得多项荣誉：“上海市农业产业化重点龙头企业”“上海市高新技术企业”“上海市百强私营企业”“上海市著名商标”“中国商业名牌企业”“中国饲料行业百强企业”“中国饲料工业科技进步先进企业”“中国饲料行业信得过产品”“上海市名牌产品”“上海市科学技术成果奖（新农 810）”和多次科技进步奖。

一、企业文化

使命：让农牧业成为受人尊重，令人羡慕的行业。

愿景：中国规模化猪场教槽料第一品牌

精神：踏实、专业、忠诚

集团战略：聚焦教槽料，做互补型专业化集团公司

企业价值观：

客户：为客户提供系统解决方案，创造超出客户期望的独特价值

员工：快速发展，成就员工

事业：焦点利众，成就大业

团队：团队就是生命力

创新：打破平衡，追求创新

经营理念：

营销：营销就是帮助客户创造价值

成果：只做第一，不做第二

用人：立场坚定，渡人之心，独当一面

发展：一流待遇、一流平台、一流业绩

公司以“和谐、合作、共赢”为文化理念，打造公司与员工利益共同体。以“专业、合作、诚信、创新”的经营理念，努力为客户创造价值，走共同发展之路。

二、企业自主创新能力

2011年，公司成立企业技术中心，2013年被评为上海市企业技术中心。中心由研发部，技术市场部，分析诊断室，新农研究所，中试车间，种猪育种室，动物试验场7个功能性部门组成，有以新加坡国立大学畜牧专业资深博士担任企业技术总监的核心技术开发人员135人，博士7人、硕士25人。公司每年投入销售收入的3%～5%进行技术研发，在原料加工工艺和优选、成套产品开发、技术服务体系方面已取得9项授权技术发明专利，15项实审技术发明专利，研发成果专有技术16项，并成功将高档乳化均衡脂肪粉、优质全溶性肠膜蛋白粉、粉粒状高档教槽料、高档颗粒教槽料、功能性饲料添加剂制粒肠溶包衣、谷物熟化共6项科技成果产业化。公司投入800万元新建先进的饲料化验室、动物疾病诊断中心、12套美国奥斯本FIRE全自动生产性能测定系统。技术中心与江南大学食品科学院、上海交通大学、中科院亚热带农业生态研究所、四川农业大学、南京农业大学、中国农业大学共同紧密合作，不断推动科技创新和成果产业化。

三、企业战略

未来新农将在战略及商业模式的指导下，打造年销20万t教保种，100万头商品猪出栏规模的高端猪料专业化服务公司。通过资本市场的进入以及基于客户价值的全价料平台、种猪合作平台、信息化平台、兽药联合采购平台、种猪平台的建设，通过特定目标市场的逐步介入和整合，建立生态圈，帮助600万出栏规模的猪场实现6.0～6.5元/500g增重成本。通过新农营销创新及新农养猪事业部榜样的力量，影响300万出栏规模猪场，通过提供系统解决方案，赢得客户信任与认同。

恪守产品品质　诚实守信经营

——上海黑马饲料有限公司

上海黑马饲料有限公司创立于1995年，公司坐落在上海市嘉定区，办公、生产环境优美，是一家以研究、生产、销售畜禽预混料、浓缩料及乳猪教槽料、保育料的专业厂家，公司现有员工50多人。公司是农业部公布的第三批《饲料质量安全管理规范》示范企业之一，上海市守合同重信用AAA企业，上海市饲料兽药行业协会理事单位，ISO 9001国际质量管理和ISO 22000食品安全管理体系认证企业。公司还先后获得过“上海市饲料兽药行业名优产品”“上海市饲料行业统计工作先进单位”“上海城市公众满意企业”“出口猪场饲用饲料生产许可企业”等多项荣誉资质。

公司依靠良好的用人机制和人文环境，吸纳聚集了一批高素质的团队成员，各功能模块的中高层管理人员全部具有大学以上的学历，其中大多数毕业于国内一流农业大学的动物营养与饲料加工、动物科学等相关专业，且具有多年相关的从业经验。这让企业能在专业化道路上良好的发展有了最根本的保障。

工欲善其事，必先利其器。公司现有一条配合饲料生产线和一条预混合饲料生产线，是由知名的饲料设备供应商——牧羊集团于2014年7月建成的，设计年生产能力10万t，生产线均配置业内最先进的设备和WEM生产设备管理系统，具体亮点在于：①全线均采用单点除尘，因此生产时粉尘从设备里外溢的很少，生产现场环保又卫生。②自清装置的配置，大大减少了生产线上物料在料仓中的残留，从而有效解决了产品交叉污染问题。③变频出仓机和大、小料复核系统，保证了配方的精准执行。④WEM生产设备管理系统的使用，让整个生产过程高度智能化和直观化。因此，公司现有生产设备完全满足高质量乳猪教槽料、浓缩料及各种畜禽预混料生产设计要求。

公司设置有功能齐全的标准化检测中心，完全符合农业部《饲料质量安全管理规范》要求，对原料进厂要求检验项目及产品出厂检验项目都能做到100%自检，原子吸收、高压液相色谱、霉菌检测仪等高端设备的使用已常态化，为原料与成品的品质控制提供强有力的保证。

公司从成立到现在，一直不放弃对产品品质的坚持，合格稳定的产品质量不是靠意愿就可达到的，它需要企业“立法”并付诸实施。因此公司早在2005年就开始导入HACCP质量管理体系，再到后面升级到ISO 9001国际质量管理和ISO 22000食品安全质量管理体系，目的就是要让公司全体员工在产品质量管控上制度化、规范化。由于有这些体系的基础，到2015年7月1日农业部《饲料质量安全管理规范》开始实施时，公司的日常营运就比较容易并入这条新的轨道了。根据国家相关法规和企业实际情况，公司现已构建起了完善的产品质量安全管理体系：原料品种的选择与确定、原料供应商的评估与考核、原料质量的检测与验收、生产过程中质量的严格管控、产品营养指标的检测、产品的销售、原料及成品的留样等，每一个环节都有严格的操作标准和记录，每一个质量安全控制点都有详细的管理流程，以确保公司真正符合农业部《饲料质量安全管理规范》要求，产品的质量真正做到可控制可追溯，让我们的每一位客户用到的产品都是安全的、合格的、放心的。2016年，国家农业部把"饲料质量安全管理规范示范企业"这个荣誉授予我们公司，既是对我们公司一直坚持品质的肯定，也是对我们公司提出了更高的要求：那就是今后在饲料质量安全管理上只能做得比以前更好！

公司非常注重自己的商誉，一直诚实守信经营。从2002年开始获得"上海市守合同重信用A企业"，一步一个脚印，到后面的"AA企业"，再到现在的"上海市守合同重信用AAA企业"，公司用实际行动积淀了良好的口碑，得到了社会的认可。

企业的产品，自己认为或检测的再好，最后还是要由消费终端使用结果说了算。因此公司一直把产品研发的重心移到养殖场，根据不同的原料（包括新技术运用）、不同的使用群体（例如散养和规模养殖）、同类但不同品种的畜禽以及使用结果，进行产品配方的调试饲喂实验，直到达到甚至超过畜禽生长、生产性能的设定要求，然后再定型产品。这样，公司生产的产品性能好且品质稳定，因此得到了广大客户的认可。现在公司生产的猪、鸡、鸭、牛、羊等系列饲料产品已销售到上海、江苏、浙江、安徽、山东、河南、河北、甘肃、新疆、湖南、湖北、云南、陕西、山西、新疆、辽宁等国内十几个省市。

今后，公司将继续秉承"自信、责任、超越"的企业精神，"安全、效率、价值"的经营理念，以"为客户提供最有价值的产品和服务"为使命，默默耕耘，踏实奋进，力争早日实现我们的愿景：成为行业中一流的农牧企业！

互联网十 推动企业转型 打造全产业链发展模式

——安佑生物科技集团有限公司

一、安佑集团基本情况

安佑生物科技集团股份有限公司是一家以饲料研发、生产和销售为主业，同时经营生猪养殖、有机肥、农作物联网设备、农业金融服务的综合性农牧业企业。1992年，安佑品牌始创于台湾，是乳猪断奶专用饲料观念的提出者和先行者。1999年，安佑品牌进入大陆。2009年，集团总部落户江苏省太仓市。目前，安佑集团已拥有60余家子公司，近4 000名员工，产品销售覆盖全国26个省市和东南亚地区。

二、安佑集团最新成就

安佑集团饲料产品包括猪饲料、水产饲料、禽饲料等。其中猪饲料是最主要的产品。公司经营的猪饲料产品主要包括"安佑三奶一旺乳猪专用系列产品"（主要包括教槽料和保育料等）、"安佑牌肉猪环保饲料系列产品"、"安佑牌种猪专用系列产品"等。2015年，安佑集团饲实现营业收入38.82亿元，实现利润总额2.13亿元。

2015年，安佑集团被世界环保大会（WEC）组织授予"2014年度国际碳金奖——碳金生态实践奖"，并荣获"2015年度中国畜牧饲料行业最具投资价值企业""2015年度十大畜牧业环保创新企业""全国十大最受欢迎母猪料品牌""江苏省省级农业产业化重点龙头企业""2015年度畜牧饲料行业最具投资价值企业"等称号。

2016年，安佑集团董事长洪平先生被世界环保大会（WEC）组织授予"2016年度国际碳金奖——绿色低碳发展变革力人物"称号、荣获"2015年度太仓市科学技术奖——太仓市科技创新创业市长奖"。

三、安佑集团发展新经验

1. 以科技创新引领企业发展。安佑集团自成立以来一直注重产品研发与技术创新。公司于1999年成立安佑技术中心，2009年更名为安佑研究院，成为集技术创新、产品研发、国际交流于一体的企业研发机构。

安佑研究院下设猪营养研究所、微生物研究所、副产品研究所、生态农业研究所、水产研究所、低碳环保研究所、专家服务中心、国际交流中心。公司研发领域涉及饲料新产品计新配方开发、饲料新原料开发、养殖新技术及管理模式开发、养殖相关微生物技术开发、生态农业技术开发、养殖及饲料加工智能化技术开发。安佑研究院拥有两个大型实验室和九个试验养殖场。其中两座实验室——微生物实验室和中心实验室——共占地面积1 200m^2，配备有高效液相色谱仪、原子吸收风光光度计、近红外光谱仪等先进的仪器设备。2016年2月中心实验室通过了中国合格评定国家认可委员会（CNAS）认证。

安佑研发系统总人数98人（全职51人），其中博士11人，硕士30人，本科42人，专科15人。在公司董事长兼总配方师洪平先生的带领下，公司积累了58项专利和14件著作权，创建了江苏省高新技术企业、江苏省企业技术中心、江苏省重点研发机构、江苏省企业研究生工作站、江苏省博士后创新实践基地、江苏省生物农业示范基地等研发平台。

2. 以信息化、智能化、互联网+推动企业转型升级。安佑集团信息中心拥有信息化专职人员25名，已建设1个大型中心机房、1个分机房和2个设备间，服务器硬件设备投入30多台。公司网络搭建遵循三层设计原则，服务器网络和办公网络各汇聚，根据服务器网路、办公网络、视频网络、监控网络和地域分段等业务进行了VLAN划分和访问Qos制定，满足了公司多业务组网需求。

安佑集团信息化系统包含OA系统、SAP系统、LIMS系统、RDM系统、HR系统、CRM系统等。上述系统使全集团实现了囊括生产管理、供应链管理、营销管理、人力资源管理、财务管理、资产管理、行政审批、研发管理在内的全方位的信息化与自动化，极大了提高了公司内部管理的效率和精度。

2014年以来，公司在全集团范围内引进饲料生产管理及质量追溯系统（WinCos系统）和工业机器人对原有饲料生产车间进行智能化改造。通过车间智能化改造，安佑集团实现了对饲料产品包括生产计划、配方、配料、投料、成品包装和发运的全生产周期的精细化、自动化管控，实现了对产品质量的双向追溯。车间智能化改造后，饲料产品生产效率提高约40%，成本（品质成品、管理成本、原料成本）降低15%～20%，因产品质量提高退货率降低至万分之二。

安佑集团信息中心自主开发了“安佑云端农牧智慧平台”（简称“安佑云”）。“安佑云”是由“猪事通、云端照护、产品体验、养猪百科、安佑大学、猪猪理财”六大系统构成。“安佑云”建立起覆盖养猪产业链全部环节的智能化管理平台，包括养殖生产标准管理、计划管理、养殖过程管理、饲养目标管理、供应链管理、业务流程体系管理和猪场经营决策，并对养殖企业提供互联网融资服务，帮助客户提升猪场整体盈利能力和企业竞争力。2015年安佑云登录移动互联网，为养殖人提供更高效、更便捷的服务。

3. 以全产业链布局带动行业进步。安佑在以饲料业务为核心的基础上，向产业链上下游进行了拓展。经过多年的技术、人才和市场资源的储备，近年来安佑集团在饲料原料、饲料添加剂、生猪养殖、品牌肉、养殖废弃物处理（功能性有机肥）、养殖金融服务、技术服务、农作物联网设备等领域相继有一批项目投入量产或运营，形成了一定规模，初步形成了安佑特色的增值型生态产业链。

在生猪养殖领域，安佑集团设立养殖事业部，在全国建立20余家规模化养猪场，目前已拥有母猪存栏量近两万头、生猪年出栏量40万头的生产规模。

在养殖废弃物处理领域，公司从猪粪尿作为肥料和有机能源的功能出发，将猪粪尿作为资源加以综合利用。近年来，公司已发展出功能性有机肥、猪粪养殖黑水虻、猪尿液养藻等综合利用技术。目前上述技术已进入产业化推广阶段。

在金融服务领域，安佑集团开发了“猪猪理财”互联网金融平台，该平台致力于为养殖户提供低成本的借贷资金。目前，“猪猪理财”平台累计撮合贷款总额约5 000万元，已经成功为100多家养殖企业解决了资金困难。

在农作物联网领域，安佑集团自主开发了“猪聚宝”“水聚宝”系列产品。该产品能够对20种养殖环境指标进行自动测定和云端大数据分析，处于行业领先地位。

在品牌肉领域，安佑自主品牌“安佑小肉铺子”推出腊肉、贡丸等特色肉制品，满足消费者对肉类产品品质与安全越来越高的要求，获得市场一致好评。

扎根实况　整合资源
探讨模式　共赢共生

——溧阳市久和饲料有限公司

溧阳市久和饲料有限公司是一家以专业生产和销售，畜禽、水产等饲料为主，集科研为一体的现代化农牧企业，隶属于江苏正昌集团。经过二十多年的努力和发展，已成为华东地区规模较大，技术先进的综合性农牧企业之一。自2012年来，饲料行业屡屡受挫，优胜劣汰的格局让许多饲料企业举步维艰，土地复耕政策，自然灾害等不可抗力严重影响了企业的前景，久和公司秉承可持续发展的经营理念，完善自身，选择远方，风雨兼程！

一、精细生产，严管品质

溧阳市久和饲料有限公司遵循精细化管理三大原则①注重细节；②立足专业；③科学量化。在生产工序，技术改进和质量管控上保证了产品质量全套化稳定。引进高端的专业化机械设备，加强机械化程度，保障生产稳定。其次，公司引进了先进的技术配方专家，组建了一支强大的技术队伍，严格把控产品配方，所有产品设计由追求性价比向追求性能比优化升级，趋于同行较领先水平。

质量是企业的生命，质量管控是饲料行业之重头。公司树立全员质量管理意识，质量意识已成为久和经营管理思想至关重要的一部分。久和质量管控始终秉承着从原料中来，到产品中去，从规定采购原料的品质和标准，到各指标的严密检测把关。从进厂到出厂，要求每个环节都有相应员工负责。良好的品质保障，使“正昌”、“久和”系列禽、畜、水产饲料产品深受客户们的青睐，在华东地区具有较高的市场占有率。

二、市场导向，合作共赢

“顾客至上”是所有产品销售秉承的宗旨，谦逊的销售态度，精湛的销售手段，和缜密的售后服务，才会让产品更为深入人心。久和销售团队接近客户，深入一线，帮助和提供客户专业技术支持，稳定客户心态，指引发展方向，以“合作共赢，合作共生”为目的，夯实基础，稳定市场，“得客户心得市场，得民心得天下”。2015 年，公司各类饲料产品产量达到 20 万 t，实现销售 5.67 亿元，实属不易。“以市场为导向”是久和销售的核心，市场决定发展，久和销售多元化拓展市场，包括区域多元化，品系多元化，品种多元化。这些多元化紧密联系，也壮大了品牌影响力，使得久和在常州甚至江苏地区崭露头角。

三、团队夯实，以人为本

团队建设是企业真正的核心竞争力。特别是当行业出现萧条迹象，团队的力量会直接决定企业的生死存亡，居安思危，“一加一大于二”，即团队能力大于个人能力的总和，是久和追求团队建设的目标。除了技术品控团队和销售团队外，还建立了优秀完善的生产，采购，储运团队等同样具有活力的管理团队。公司尊重人才，热爱人才，不惜代价，引进了行业资深管理人员，培养生产优秀人才，团队内部分工明确，相互协调，统筹兼顾。着眼于未来，公司将人才优势逐步转化为产品优势，品牌优势，致力于共同打造行业领先品牌。

团队建设的专业化固然能壮大团队力量，而个人利益与集体利益并行，才能将团队成员的凝聚力和向心力握稳。公司热爱人才，更以人为本，从各岗选拔优秀人才，提供管理层晋升机会；组织企业文娱类活动，设置奖励机制，提高员工积极性；定期组织企业文化教育，夯实基础等。人文化管理，给所有员工公平公正的机会，更稳固了民心，增加了企业的无形资产。

四、打造文化，经营之魂

企业文化的创建和发展需要一段很漫长的过程，也是企业成功管理的精髓和灵魂。久和公司通过多年饲料行业经验和管理理念，总结归纳了久和公司企业文化的部分内容，包括：“信誉、信心、信任”的经营理念和“共创、共赢、共享”的合作理念，提倡“安全意识、质量意识、危机意识、服务意识”的经营思想，建立以“明晰价值、以事为本，以身作则，激励众行，实事求是、调战现状，拒绝抱怨、拒绝惰怠，主观能动、勇于担当，结果文化、能上能下”的职员行为准则，广纳人才，不断加强团队建设，重视技术创新，抓住优质资源，探索最佳经营模式，在精锐的管理团队下，朝着大型化，规模化的饲料企业发展。

“长风破浪会有时，直挂云帆济沧海”饲料行业形势严峻，竞争惨烈，我们唯有做好自我！对内“精简人员，提升服务，精细管理，降本创效”；对外“多途公关，夯实客情，多元发展，链接供销”。饲料产业的竞争归根结底将是斤肉成本的竞争。我们必须扎根实况，整合资源，探讨模式，共赢共生，做有久和特色的一体化，拼出生存之机！

精诚合作　实现共赢

——南通正大有限公司

南通正大有限公司（以下简称南通正大）于 1990 年 4 月成立，是泰国正大集团与南通东正农工商有限公司合资经营的大型农、工、贸一体化企业，主要生产经营系列配合饲料、复合预混料、水产饲料、商品代鸡苗、良种肉鸡、蛋鸡、种猪饲养及食品加工贸易等项目，经营业务遍及华东各地。

南通正大经过 26 年的发展，现拥有 3 个饲料厂、3 个父母代种鸡场、1 个孵化厂、4 个种猪场及两个参股联营企业，具有年产畜禽料 36 万 t，水产料 24 万 t，预混料 4 万 t，饲养种鸡 15 万套，蛋鸡 30 万套，肉鸡 1 500 万只，孵化鸡苗 2 000 万羽，祖代种猪 3 600 头的生产能力，另有多个父母代种猪场以及众多畜禽一条龙（公司+农户）合作项目，投资总额 2.77 亿元，注册资本 1.46 亿元，年销售收入近 12 亿元，利润 6 000 多万元，是江苏省最大的饲料生产基地和畜禽养殖基地，也是江苏省农业产业化重点龙头企业和高新技术企业。

中外双方精诚合作，为公司发展保驾护航。南通正大作为中外合资企业，既是中外双方密切协作的结晶，也是实现双方利益的共同体。一荣俱荣，一损俱损的利益机制，客观上要求中外双方精诚合作，和衷共济，而中方人员诚实、勤勉和对事业是孜孜以求使外方深深感动。双方不分彼此、齐心协力，始终把公司的发展壮大作为自身的崇高职责，注重协调好公司内部的各种关系，努力在公司形成团结一致，奋发向上的生动局面和良好氛围。多年来南通正大的中外双方以诚相待，加强沟通，增进理解，良好合作，真正做到合资、合智、合心，为公司的经营发展提供了有力的保障。

引进先进设备技术，为产品领先奠定基础。南通正大饲料采用世界一流的美国豪孚公司工艺技术和国外最先进的饲料生产设备，具有国际一流的、成熟稳定的生产工艺水平，生产性能优越。饲料生产配方由合资企业外方泰国正大集团提供，并配备齐全的国际一流的检测设备。泰国正大集团饲料生产配方技术在国际上处于领先水平，其饲料生产总量也名列前茅。南通正大凭借一流的生产工艺和一流的生产配方，保证了公司产品的先进性。公司在引进技术设备的同时，引进了国际先进管理方法。2001年公司建立ISO 9001国际质量管理体系，2005年通过定量包装C标志认证，2008年公司引进KPI及平衡计分卡等先进管理工具，2010年公司引入卓越绩效管理模式，2014年被认定为江苏省高新技术企业。

坚持严格质量管理，为市场拓展注入根本。南通正大始终把以质量求生存、以质量求壮大作为企业的发展策略。公司的发展历程，是以质量为本，创名牌、做民牌的过程。公司产品以其过硬的质量多次获得国家、省、市级的殊荣，先后被评为江苏省农林厅首推产品、江苏省免检产品、国家免检产品、江苏省重点保护产品、江苏省质量信得过产品、中国农业博览会金奖、中国饲料工业博览会认定产品、全国饲料行业信得过产品、江苏省著名商标、江苏名牌产品、中国名牌等。2010年公司凭先进的质量管理荣获“江苏省质量奖”。2012年率先通过国家农业部首批《饲料安全管理规范》试点企业。2015年申请并顺利通过ISO 22000食品安全管理体系认证。南通正大将进一步严格质量安全管理，打造正大饲料食品安全放心品牌，为不断扩大产品市场注入根本。

推进实施产业融合，为企业壮大激发活力。在正大集团坚持“利国、利民、利公司”的原则下，南通正大遵循“心系‘三农’、惠及于民”的企业宗旨，利用“公司+基地+农户”的产业链发展模式，制定实施了以“草根化”为主体的经营政策，使南通正大和农户建立起紧密联系，铺就了一条农业产业化的道路。公司不仅能提供饲料生产、种猪繁育、种鸡饲养、鸡苗孵化、商品猪销售，而且还为广大畜禽养殖户提供一条龙作业服务，利用猪鸡养殖产业化带动了农村养殖户走上了脱贫致富的道路。公司在抓好饲料生产经营的同时，坚持循环经营理念，着力一、二、三产业的融合，组织服务工作站送科技下乡，促进养殖发展，靠养殖业发展带动公司优质饲料和优良种猪、肉鸡、鸡蛋和水产品的销售；收购农户畜禽产品及其副产品发展食品贸易，以食品贸易得来的实惠激发农户养殖热情，以群众的养殖热情再形成新一轮的经营循环，使公司和农户都在这一轮轮的循环中不断发展壮大。

随着公司的发展规模的扩大，南通正大由当初的一家公司逐渐分立为南通正大有限公司（主营饲料加工）、正大预混料（南通）有限公司（主营预混合饲料加工）、南通正大畜禽有限公司（主营禽类养殖、蛋品加工）、南通正大农业发展有限公司（主营畜类养殖）、以及新成立的正大（食品）南通有限公司（主营肉鸡屠宰、食品加工）、江苏正大农业融资担保有限公司（主营融资担保）。南通正大不满足于做生产者，将进一步推进实施产业融合，要从生产者变成市场创导者，为不断拓展产业链，创造出低成本、高附加值的经营绩效，不断满足客户需求，也为企业发展壮大激发活力。

遵循正大集团“做世界的厨房 人类能源供应者”的宏伟愿景，南通正大已经基本形成了生产布局的区域化；生产方式的专业化；生产规模的集约化；产品加工的工业化；质量控制的标准化和市场营销的品牌化，促进了区域经济的快速发展。

绿色科技　健康生活

——浙江惠嘉生物科技股份有限公司

浙江惠嘉生物科技股份有限公司（以下简称惠嘉股份）创立于2007年12月，是一家致力于添加剂制剂工程、生物发酵工程的研发、生产、销售、服务于一体的高科技企业，公司总部位于浙江省安吉县梅溪镇晓墅工业功能区。下设四个生产基地，浙江铭嘉——注册资本2 000万元，专业各类原料添加剂及抗菌肽类制剂3 000t；浙江惠嘉——注册资本8 480万元，专业的益生菌制剂生产商，年产优秀的益生菌制剂5 000t；浙江万方——注册资本3 000万元，专业的添加剂与兽药制剂生产商，年产丁酸钠各类制剂3 000t，微囊缓释制剂3 000t，各类兽药制剂2 000t；深州万嘉——注册资本1 000万元，年产杆菌肽锌制剂5 000t，BMD产品3 000t。独家拥有丁酸梭菌、地衣芽孢杆菌新产品证书，是国内唯一具有新产品许可证的微生态制剂生产企业。

一、科技引领，技术创新

公司自创建以来，一直坚持“惠心咸顾 嘉物惠人”的创业宗旨，重视技术的研发和创新，以满足市场上对新产品的需求。同时也非常重视人才管理，为提升公司内部的文化层次，提高产品开发能力和市场应变能力，近年来公司积极引进了大批人才。根据现代企业管理制度建立了一套聘用人才、重用人才、培养人才的公司造血机制，本着以人为本、推己及人的管理理念，充分发挥公司人员的主观能动性，全力缔造惠嘉股份新的未来！

以浙江大学博士生导师动物营养专家陈安国教授、汪以真教授、冯杰教授，浙江农科院博士生导师微生物研究专家汤江武研究员，浙江农林大学研究生导师杨彩梅教授等专家，形成强大的创新核心。拥有科技人员32人，其中包括博士3名，硕士12名，特聘专家2名，组成了一支由毕业于美国北卡罗来纳州立大学的杨彩梅博士为领军人的核心研发团队。

惠嘉股份建立独立的企业技术中心，并与浙江大学、浙江省农科院、华中农业大学等多所重点科研院校建立长期的合作项目，科研力量强，分析仪器和检测设备在行业中始终处于先进水平，不仅在科研和开发上得到技术支持，而且在信息的交流和公司员工的培训上有良好的优势。公司还与全国年生产饲料十万吨以上的数十家著名饲料厂、数十个万头良种猪场、万羽禽场、全国数千家经销商有良好的战略合作伙伴关系。

惠嘉股份于2009年通过兽药GMP验收，2010年被认定为浙江省农业科技企业，2012年被认定为国家高新技术企业，公司研发中心也同时被认定为浙江省农业企业科技研发中心和浙江省高新技术研发中心，饲料产业科技创新平台成员单位。通过FAMI-QS、GMP＋、ISO 22000认证，是国家农业部兽药GMP认证的规范化企业。拥有2个农业部新饲料添加剂证书——丁酸梭菌和地衣芽孢杆菌，承担了1项科技部农业科技成果转化项目、1项浙江省重大科技攻关项目和1项浙江省国际合作项目。并且公司的《年产1 000t新型饲用抗生素替代品——国家级新饲料添加剂丁酸梭菌和地衣芽孢杆菌产业化项目》为国家高技术产业化示范工程项目，受到国家发改委的资金支持。

二、设备一流，检测高效

惠嘉股份拥有一流的科研、中试、检验设备；如整套饲料添加剂研究开发的仪器，包括高效液相色谱仪、可见光紫外分光光度仪等大型检测仪器。公司内部形成了从筛选、论证、立项、研究开发、中试放大、标准化生产到销售一整套技术系统，所选用的设备与国际先进科研接轨，配套和选型均达到国际先进水平。公司质量检测中心建筑面积400m^2，设置了菌种室、微生物准备室、微生物计数室、抗生素效价检验室、理化检验室、仪器室、天平室、标定室、留样室和试剂储存室等。分析检验设备配置有3台高效液相色谱、紫外可见分光光度计、微量分析天平、全自动抑菌圈测量仪，旋光仪、真空干燥箱、烘箱、马福炉等检验的全套设备。

三、规模生产，品质领先

惠嘉股份拥有国内最新的微生物发酵技术，从国外合作单位引进了全新的微生物发酵菌株，并采用国外先进的发酵工艺，在国内第一次实现了严格厌氧的生物发酵产品和服务。拥有一流的生产设备，已建有饲用微生态制剂车间2 000多m^2，配备了全自动微生物发酵试验系统，可以进行厌氧深层静止发酵、液体好氧发酵等各类微生物的液体发酵。同时，公司拥有4套20t的发酵系统和5套60t的发酵系统，发酵总规模达到500t。除此以外，公司还拥有4台喷雾干燥塔、1套多功能流化包衣机组、1套双轴桨叶混合机、2套高速混合—旋转制粒机组、3台流化干燥混合机、均质机、包衣机等全不锈钢制药及混合设备，30米高日产能20t的冷凝塔，国际首创，国内领先。

四、科学运营，引领全球

惠嘉股份形成了五大业务运营支柱：以科学的制剂工艺，提升添加剂的利用率的饲添制剂；以全新的生物技术，关注动物肠道健康的益生菌制剂；以制药的工艺，提高生物利用度，减少药物的使用量的药添制剂；集中公司的生物与制剂技术，以全新的思路服务于养殖的动保兽药制剂；以严格的品质、先进的工艺，产品走向全球的外贸产品等五大业务板块。

产品遍及国内及远销美国、日本、韩国、意大利，比利时、德国、巴西等海外市场。

自2007年一期项目投产后，相继于2013年、2015年成功扩建并投产二、三期项目，2015年生产总值2.23亿元，实现收入2.12亿元，上缴利税4 514.51万元，2015年12月完成股改，2016年4月18日挂牌上市。

惠嘉——绿色完全服务商！以全新的生物技术和科学的制剂工艺，为绿色低抗日粮提供专业的产品和服务，为人类食品安全奉献智慧和能量！

惠风广披，泽洎幽荒 嘉木立，美竹露，奇石显。

惠嘉秉承惠心咸顾，嘉物惠人的理念，撷一份真诚、揣一腔热忱，把清新自然和安康生活推诸于手！

菁菁惠嘉，与您同行！

发展新模式　创造新辉煌

——安徽正大集团

正大集团是一家以农牧食品、零售、电信三大事业为核心，同时涉足金融、房地产、制药、机械加工等10多个行业领域的多元化跨国集团公司，业务遍及近20个国家和地区，员工超30万人，2015年集团销售额430亿美元。截至目前，正大集团在中国设立企业300多家，总投资超1 100亿元，年销售额近1 000亿元。

1992年，正大集团开始投资安徽，先后在合肥、滁州、芜湖、长丰、六安、颍上等地兴建了多家饲料及畜禽养殖企业。目前在安徽投资兴建的企业共8家：合肥正大有限公司、滁州正大有限公司、正大（芜湖）有限公司、合肥爱莲超市有限公司、安徽卜蜂畜禽有限公司、滁州正大猪业有限公司、合肥正大畜禽有限公司、正大食品企业（上海）有限公司安徽分公司，均属外商独资企业，其中合肥正大、滁州正大、正大（芜湖）是全省最大的三家现代化农牧饲料企业，年设计产能54万t，主要生产“正大”品牌饲料，覆盖猪、鸡、鸭、鱼四大系列，配方科学、营养全面、产品性能稳定、适口性好、料肉比低，能有效帮助养殖户提升养殖效益。

在发展饲料事业的同时，正大集团结合安徽省的农业现代化建设，创新推广“政府＋农民（合作组织）企业＋金融机构”的“四位一体”模式，推进标准、完善的现代养殖体系建设，大力发展100万头生猪产业化。从建猪舍，到培育种猪，到生产饲料，到屠宰生猪，到猪肉加工，到猪肉销售和食品销售，贯穿“猪舍—品种—营养—屠宰—加工—上市—餐桌”各个环节，通过正大品牌化经营来增加经济效益，提高竞争力。

近年来随着国家对食品安全和环保的日益重视，猪场生产管理的需求与技术人才的匮乏，养殖规模的扩大与养殖成本认识模糊的矛盾激增，物料采购无计划、高价格等问题不断显现。为了加快社会规模猪场产业化的发展进程，正大与社会规模猪场采取“八统一”合作战略，组成合作联盟共同推动猪产业化的发展。

“八统一”选用优良的品种、优质的饲料，建造标准化猪舍来调控内环境，并采用先进科学的养殖技术和先进的饲养管理、疫病综合防治体系，提高生产效率、降低生产成本，从而生产出安全、优质、新鲜的畜产品，并且通过畜产品的品牌化经营来增加经济效益，提高竞争力。

“八统一”战略具体内容为：

一、统一品种来源：为联盟猪场提供正大优良种猪

由正大出资完成最难做的、投资最大的种猪培育体系。为确保正大种猪的优良品种，种猪须经过5个世代选育。

统一正大种猪的价值点：

（1）品种优良、健康无特异性疾病的种猪利于联盟猪场改善猪只的品种（Whiteshire）。

（2）避免因引种对本场或所引种猪健康造成威胁。

（3）延长种猪使用年限，提高联盟猪场生产效益。

（4）在正大配种前严格防疫程序的指导下，避免配种后造成的损失。

（5）完善的系谱和档案能对种猪优良与否做出评价。

（6）正大种猪生产性能优越，每头育肥猪料肉比可降低0.1，每头猪增加效益20元。

二、统一营养体系：为联盟猪场提供全价、均衡的饲料

正大饲料套餐模式具备三高一低的特点：高价格、高价值、高效益、低成本。

统一正大饲料的价值点：

（1）使用正大饲料稳定性更好（猪群、产品）、安全，效益更佳，利益最大化。

（2）避免因原料质量不合格、营养不平衡、制作工艺差等素造成的损失。

（3）熟化的饲料更利于消化、吸收、转化，利于猪只的健康生长，减少无谓的损失，降低成本。

（4）配方的重要性得到更加突出的表现。

（5）利于双方的合作，使正大品牌价值得到更大程度的体现，猪场能得到最大程度的配套服务和效益。

（6）用正大全价料料肉比降低0.3，每头猪多赚50元。

三、统一环境控制：为联盟猪场提供猪场规划、设计、建造服务

随着食品安全问题日渐突出，消费者对畜产品的品牌意识不断增强。为了提升畜产品的质量安全水平，推行正大标准化生产已势在必行。

统一正大标准化的价值点：

（1）按照正大理念进行猪舍设计和建造，提高联盟猪场的硬件设施水平，科学养猪，确保赢在起跑线。

（2）降低劳动力成本，环境舒适，降低粉尘、氨气，节约用水，利于降温和保温，自由采食，利于疾病控制，使养猪获得最大收益。

（3）利于生物安全控制，利于环保。

（4）有利于提供优质安全的畜产品。

（5）猪只在标准化的猪舍，生产性能可以提高5%～10%，相当于每头猪增加效益30元。

四、统一生产管理：为联盟猪场提供驻场服务、安装正大IPAD农场管理系统

猪场生产的目标就是获得最佳的经济效益，最佳的经济效益来源于最高的生产效率，最高的生产效率＝（种猪＋环境＋营养）×生产管理。

统一正大生产管理的价值点：

（1）统一人员配置，按照正大标准化流程进行操作和管理，确保所有程序有条不紊的进行。

（2）接受正大培训，养殖理念前卫，能为猪场不断地进行改善提供原动力。

（3）技术员是正大服务体系的一个要素，联盟猪场可以通过这一要素得到正大整个服务体系的支持和有力的保障，使猪场没有后顾之忧。

（4）可以让管理在生产中得到最大程度的展现。

（5）正大IPAD农场管理系统可以使生产指标一览无余，利于客户随时掌握猪场实质性的运转状况，能随时查找出现问题的原因，做到防患于未然。

正大IPAD农场管理系统简介：

泰国总部开发，与苹果公司合作，是目前世界上最先进的猪场生产管理系统。为进一步推动养殖标准化及信息网络化工程整体进展，推动中大规模客户养猪场信息化、系统化进程，以及系统数据收集及时性与真实性，用IPAD在生产中进行实时数据收集的新系统。

五、统一屠宰加工：为联盟猪场提供毛猪回收、屠宰、品牌化销售服务

统一正大屠宰加工的价值点：

（1）通过对出肉率、损耗等数据的监控，充分了解猪的品种差异，用料的不同对屠宰指标造成的影响，找到改善的切入点；

（2）在食品安全形势异常严峻的情况下，借助正大严格的控制体系，大大降低猪场社会风险，共筑安全堡垒；

（3）优质优价，售价在正大屠宰场得到体现，每头猪可以多卖10～20元。

六、统一生物安全：正大与合作联盟猪场共同建造生物安全管理体系

统一生物安全的价值点：

（1）正大动保中心定期为合作猪场检测抗体，并建立档案，可追溯查询；

（2）在正大的指导下，利用合理的防疫程序和用药方案，保障生产安全；

（3）降低猪场在市场采购药物和疫苗的时间成本，方便、快捷、省心；

（4）免费检测水质，确保猪只饮水安全；

（5）在正大的指导下，采取正确的消毒程序，保证消毒效果；

（6）正大统一采购药品疫苗，具备价格优势，每头猪降低5～10元的药物成本。

七、统一物流

正大为联盟猪场统一配送饲料、种猪、肥猪、疫苗药品、精液，降低风险，减少损耗，保证品质、加快流通。

八、统一融资担保：为联盟猪场提供资金担保，维系资金链

正大找银行和担保公司为标杆客户猪场（符合正大标准化）提供融资服务，以帮助合作联盟猪场渡过资金难关。

正大协助融资的价值点：

（1）为标杆客户部分资金提供融资服务；

（2）为有改造价值的标杆客户猪场更新、添加和改造设备提供部分融资；

（3）为缺乏流动资金的标杆客户提供一定额度的饲料、种猪、药品和疫苗融资。

“八统一”战略，统合发展了饲料业、养殖业、加工业以及销售网络，致力于建设城乡一体化、上下游一条龙、产供销相配套的正大集团（安徽区）产业链，推动实现正大集团“做世界的厨房，人类能源的供应者”的战略目标。

技术创新　开发优质产品

——福建新正阳饲料科技有限公司

福建新正阳饲料科技有限公司是由福州正阳饲料有限公司投资的一家专业生产高档乳猪料、猪用浓缩料、复合预混料的高科技企业。

福建新正阳饲料科技有限公司（以下简称新正阳）占地37亩，于2012年投资1亿元，引进了瑞士布勒公司成套设备，年产能达12万t，生产能力和自动化程度及质检设备和品控能力处于同行业领先水平，自投产以来获得诸多荣誉称号：2014年6月建立李德发院士福建省专家工作站，2014年12月福建省《饲料质量安全管理规范》示范企业，2015年9月福建省科技型企业，2016年1月农业部《饲料质量安全管理规范》示范企业。

新正阳自成立以来，注重职工队伍建设，以诚信

行天下，做好长远规划，以技术为公司的核心竞争力，技术创新，顺应时代及客户需求不断更新换代，打造高效、特色化、差异化产品，加强企业规范化管理，为客户提供安全、稳定、优质产品，为客户创造更多价值。同时带动行业共同发展、共同进步、造福社会，打造受人敬重的高科技农牧企业。

一、加强职工队伍建设，充分发挥职工的积极性创造性

职工是企业的主人，没有良好而稳定的职工队伍，要使企业发展壮大那是一句空话。公司十分注重职工队伍建设，把职工队伍建设摆在日常工作的首位，在职工的录取、使用上严格把关，选择身体素质好，能吃苦耐劳，有上进心的员工进入，对新员工进行岗前培训、安全知识教育，使每一个职工在思想上行为上有一个标准，确保了员工的思想素质。根据企业的经营情况，不断改善职工的报酬福利待遇，为员工提供多条职业发展通道，并根据每个员工的特点为其制定职业生涯规划，培养出有激情、梦想、敢当、坚持的人才。同时要严格执行绩效考核制度，根据态度和绩效确定激励程度，而且各种激励方式与关键员工长期利益紧密结合，保持员工队伍的活力、创造力及稳定性。

二、诚信是新正阳企业发展的核心组成部分

企业不讲诚信，在社会上将举步维艰，早早被市场所淘汰。企业成功的前提是传递信任给合作伙伴，比如销售，销售最核心的不完全是产品的价值，第一步即是传递信任，只有先得到客户的信任，才有可能进一步合作；供应商也是一样，只有做到诚信，做到资金回笼，并且善待供应商，才能够长久合作。对员工也是同样道理，绩效考核要说到做到，如若言而无信，则有可能分崩离析。企业做大做强，需要有良好的客户关系、供应关系、内部人士关系，所有维护这种关系最核心的要求即是信任，归其本质就是诚信。而诚信，最终需要很多方面来衡量，商业中具体表现为价值。创造价值，帮客户获得更多的利润，教会客户盈利的方法，比单纯买卖产品更为重要，更容易得到客户信任。员工、供应商也是基于同理，不单只发放工资，必须教会其如何获取更高工资，领到更好薪水，才能产生企业的核心凝聚力。

三、制定企业发展规划，做好定位

新正阳从创建初期就制订了公司发展规划：前5年做技术科技型企业，后5年做有技术和营销能力的企业，再用5年时间使之获得重大发展。新正阳明白：企业想生存，只能通过前期的沉淀，花更多的时间去做企业最本质的东西：技术，即技术是企业的核心竞争力。而很多企业会用资本方式来赢得竞争，用团队、营销、人海战术来赢得竞争。“公司成立初期没有资本、召集不到人才，一直凭借技术蹒跚前进。那时就在考虑企业的未来究竟如何选择，即使今天仍旧如此，所以一直努力发挥公司的专长，凭借专业的技术来解决面临的问题，扩展新正阳”。第一个5年新正阳基本完成了产品的系统性研发，产品从普通到高档，基本实现了特色化、差异化。作为行业领头羊之一，即使未来竞争愈发激烈，新正阳也会一直坚持走产品的特色化、差异化、高效化道路。

四、技术是企业的核心竞争力，技术按市场需求不断升级

新正阳公司总经理/技术总监林登峰先生是动物营养与饲料加工专业，在饲料行业兢兢业业二十几年，专注做好饲料，产品按市场需求不断更新换代。技术升级包括生产工艺升级、品控技能升级及研发团队升级。

1. 引进布勒公司全套生产设备：保证工艺的先进性和产品的稳定性 超微粉碎机：原料玉米超微粉碎，提高饲料消化率；单轴高效混合机：混合均匀度变异系数<3%，混合更均匀，保证产品的稳定；特殊的环模制粒、稳定的温度设置，提高乳猪料的采食量。

2. 先进的品控设备：保证原料和成品的质量稳定。先进的品控设备（酶标仪：可检测原料毒素；waters高效液相色谱仪：可检测维生素、氨基酸、药物等指标；最先进的多功能近红外分析仪：可检测饲料中大部分成分，可对原料、成品实时品控。），可快速、全面测定原料、成品的各项指标，可针对性的检测原料的关键指标，买到安全、性价比高的原料；也可快速检测竞争对手的各项指标，知己知彼，选取对方的优点，再发挥自己的长处，开发出差异化产品。

3. 技术研发团队升级。新正阳研发团队与李德发院士团队合作，建立院士工作站，每年投入300万元用于产品研发，保证产品的创新性和技术领先，为客户创造更多价值。

五、实现技术创新策略，保证技术领先于同行

1. 人无我有。在创新对象上追求能为市场所接受的第一。

2. 人有我优。在已有产品和技术的基础上进一步创新以更好满足市场需求。

3. 人优我新。在现有的产品和技术的基础上，根据市场需求，充分利用现代科学技术，以产品的新

功能而出新制胜的一种技术创新策略。

充分研究顾客和竞争者、建立技术监控系统，及时跟踪企业外部技术变化，勇于和善于强占制高点，挑战领先，在技术创新上走在前列，开发出高效、差异化、竞争力产品。

六、打造高效、特色化、差异化产品，为客户创造更多价值

打造拳头产品，切入市场，抢占市场制高点，为客户创造更多价值，互惠互利，合作共赢。

1. 特色教槽料（赢在起跑线）彻底解决诱食问题，高采食，抗下痢。

（1）断奶后 3d 总采食量达 500～700g/头。

（2）断奶后 14d 日增重速度达 300～380g/d。

2. 特色母猪料（猪场管理技术关键点）。

（1）解决裂蹄问题，产程缩短，难产减少，每胎多产一头活仔猪，每窝初生 2kg 以上。

（2）改善乳汁品质 20%，提高采食量 10%，提高 28d 断奶重，乳猪断奶重达 9kg。

（3）基本解决哺乳期乳猪下痢，母猪膘情正常，断奶后发情提前 2d 以上。

3. 特色大猪料（决胜终端）。

（1）日增重同比多长 150～200g/d，料肉比同比下降 0.3～0.5，利用率提高 15%～20%。

（2）提高瘦肉率 5%～8%，屠宰率 2%～5%；胴体肉色鲜红，无滴水现象。

七、企业管理体系持续改进，为客户提供安全、稳定优质产品

没有规矩，不成方圆。依据建立现代企业管理制度要求，制定了本企业的管理规章，落实各种岗位责任制，因管设岗，因岗定人，以责定酬，做到职责明确，奖罚分明，各司其职，各就各位，合理管理层次，实行分级管理，统分结合的企业管理模式，使企业在规模、产值日益壮大的情况下，始终保持企业良好的运作状态，为企业的大踏步发展奠定了基础。企业的各项管理工作走上了规范化之路，于 2016 年 1 月，荣获农业部《饲料质量安全管理规范》示范企业荣誉称号，在管理体系运行中，发现不足，持续改进，实现生产标准化、规范化管理，实现从原料采购到产品销售全程质量安全控制，为客户提供安全、稳定产品。

新正阳第一个 5 年所有精力都放在研发上，下个 5 年不仅会继续做好研发，而且会投入更多的人力、物力，强化原先的短板——营销，寻找更好的营销模式，来服务于客户。林登峰总经理非常愿意将自身 20 余年从市场磨砺中探索出的经营、发展经验分享给同行、上下游，同时也将带领团队孜孜不倦地努力，将资本、营销同技术研发成果完美结合。新正阳一直坚持自己的理念，相信新正阳未来的 5 年是一个飞跃的突进，同时希望能带动行业共同发展、共同进步、造福社会，打造受人敬重的高科技农牧企业。

以质量打造名牌产品

——福建天马科技集团股份有限公司

福建天马科技集团股份有限公司自成立以来坚定地依靠技术进步，完善和调整产品结构，走抓质量，创名牌，质量兴企的必由之路，实现了企业持续、稳定、健康地发展，造就了企业的辉煌。集团现已发展成为鳗鲡配合饲料产销量居世界首位，主营的种苗料及石斑鱼、大黄鱼、龟、鳖、鲟鱼、鲑鳟、鲆鲽鳎、鲍、海参等特种水产动物的配合饲料产销量位居全国前列，目前亚洲生产能力最大、品种最齐的特种水产饲料企业之一。集团生产的高端特种水产饲料荣获了“中国名牌产品”称号，健马商标被评为“中国驰名商标”。集团获得了“国家火炬计划重点高新技术企业”“全国饲料行业履行社会责任先进企业”等诸多荣誉。

一、定位名牌

随着人民生活水平的提高，我国特种水产品养殖产业发展较快，大黄鱼、鲆鲽鳎等在华东地区；石斑鱼、金鲳等在华南地区；黄鳝等在华中地区均已形成较为成熟的区域性养殖带。天马集团创始团队充分意识到这些特种水产养殖动物配合饲料市场的巨大投资效益和发展潜力，在依靠技术实力成功进入该市场后，专注于特种水产配合饲料研发、生产走名牌发展之路。集团秉承“以质量求生存，以科技促发展，以管理创效益，以服务树品牌，争创世界一流企业”的宗旨，根据结合养殖户的需求和产品的特点，依托多年积累的科技研发实力、品牌影响力，以安全、高效、稳定的产品质量为保障，因地制宜地采取相应的营销组合策略，提高产品知名度和市场占有率。

集团在员工中培养“发展中创名牌，提高中保名牌”的思想意识，鼓励员工不比说功比做功，不比困难比办法，不比资历比作为，埋头苦干，勤于实干，干好干成，用实实在在的工作绩效赢得拥护和支持，让员工知道名牌是干出来的，从而使每一个员工自觉地、持之以恒地用自己一流的工作质量、产品质量、服务质量来创造名牌，保护名牌。

二、科技创名牌

特种水产配合饲料作为水产配合饲料行业的高端技术领域。天马集团始终将科技研发作为企业发展第一要素。集团成立了以中国工程院桂建芳院士为主任委员，由国内知名的水产动物营养与饲料学、水产养殖学、水产病害学等专家学者组成的科技专家委员会；承建了院士专家工作站、博士后科研流动站工作基地、国家水生动物病原库研究生培养基地、鳗鲡现代产业技术教育部工程研究中心、福建省特种水产配合饲料企业工程技术研究中心、福建省省级企业技术中心等技术平台，构建了亚洲最强大的科研平台之一。同时，集团与农科院饲料研究所、上海海洋大学、厦门大学、集美大学等达成战略合作，博采国内外最新科技成果，结合中国水产养殖业的实际，研发高新技术产品。

天马集团研发的膨化软颗粒配合饲料改变了使用冰鲜杂鱼鱼糜直接投喂的传统养殖模式，其在大黄鱼、河豚、石斑鱼等特种水产养殖上推广应用，减少了近海养殖带来的海区污染，取得了良好的生态效益和经济效益；国内首家研制出的玻璃鳗配合饲料不但解决了我国养鳗业长期使用水蚯蚓带来的水环境污染问题，而且解决了养殖安全与鳗鲡食品安全问题，打破了日本多年来对该项技术的垄断。

目前，天马集团已获得授权专利 39 项，制定国家、行业、地方标准 7 项。其中，天马集团所研发的具有自主知识产权的玻璃鳗配合饲料等多项技术填补了国内技术空白，大黄鱼中成鱼慢沉膨化颗粒配合饲料、超概念微粒子配合饲料等具有国内先进水平。强大的研发实力为集团的高质量产品提供了坚强后盾，有力支撑了集团创造名牌。

三、管理巩固名牌

天马集团对于长期服务于县、乡、村等终端市场的销售人员，摈弃了通用的市场营销型人才，全部聘用水产相关专业大专以上毕业生，真正做到以专业技术服务于客户，实现“价值型营销”。集团现已组建了平均年龄在 35 岁以下，充满活力的由动物营养与饲料科学、水产养殖学、水产病害学等专业人员构成的研发团队；从业时间长、管理经验丰富、具有良好的团队协作精神和较强的管理创新思维能力的管理团队；专业知识扎实、学科齐全、市场开拓意识和能力强、技术服务能力强的服务营销团队。

天马集团通过强化管理，充分调动广大员工的积极性，使“天马”、“健马”品牌兴旺蓬勃。集团大力推行“5S”管理，要求每天所有的事都有人管，做到控制不漏项；所有的均有管理、控制内容，并依据工作标准对各自控制的事项按规定计划执行，每日将实施结果与计划指标对照、总结、纠偏，达到对事物发展过程日控、事控的目的，确保事物向预定目标发展。由此形成了独特的企业管理文化，为企业带来了无穷的效益。

四、质量保名牌

“安全、高效、环保”是集团产品永恒不变的承诺，更是集团发展的生命线。集团产品通过了 CIQ 备案、ISO 9001 质量管理体系、ISO 22000 食品安全管理体系、ISO 14001 环境管理体系及无公害农产品认证。历经十多年快速发展，集团具备了较强的生产实力，与全球最大的食品和饲料机械制造商之一的瑞士布勒集团建立了长期战略合作伙伴关系，引进高端全自动化、数控化和智能化生产设备，以 ERP、云营销等信息化管理系统对采购、生产、销售、库存等信息进行实时整合，形成配方科学合理、质量管理严格、营销网络完善的大型特种水产配合饲料集团化企业。“健马”商标是中国驰名商标，“健马”牌产品是中国名牌产品，在业界享有较高的知名度、美誉度和信赖度。

五、服务发展名牌

在努力开拓市场的同时，天马以严苛、细致的标准来提高售后服务的质量。集团在提供安全高效饲料产品的同时，成立了一支主要由本科以上养殖专业人员组成的高素质、专业化、技术力量强、实践经验足、充满活力的售后服务团队，并专门设立了天马鱼病防治中心，为养殖户提供从养殖规划、苗种投放、饲料投喂、环境调节、病害防控到养殖产品销售信息等全方位的技术、信息支持，提高养殖户的抗风险能力和养殖效益。

自创立以来，天马集团积极加强与养殖户间的沟通交流，共享市场最新信息。集团不但联合承办了世界上水产动物与营养领域规模最大的学术交流会——世界华人鱼虾营养学术研讨会，而且每年组织多场鳗鲡、鳖、海水鱼等大型产业发展论坛、技术讲座，聘请国内知名养殖、病害专家对养殖户进行现场技术指导，为养殖户提供最新的行业动态、养殖技术、病害防控和管理经验等方面的信息，帮助养殖户“养好鱼、卖好鱼”，创造更好的经济效益。

六、打造特种水产饲料行业全球最大的集团化企业

伴随着品牌发展战略的深入实施，天马集团从当年名不经传的福清市天马水产饲料有限公司发展成了拥有多家子公司，经营业务涉及高端特种水产饲料、国际贸易、生物工程领域的综合性农业产业化集团型

龙头企业。目前，天马集团的市场已涵盖我国整个沿海线，以及内陆的云贵川、北方的东北三省，产品出口东南亚等国家和地区。2011 年至 2014 年天马集团的特种水产配合饲料产销量连续四年位居福建省第一位，石斑鱼、鲟鱼等配合饲料产销量居全国前列，鳗鲡、大黄鱼配合饲料产销量位居全国第一位。

天马集团必将在董事长陈庆堂先生的领导下，以“德行并重，惠利民生”为己任，在“天马寻求共赢，合作促进发展”的经营理念指引下，整合产业链资源，倾力与上下游企业、养殖户达成合作多赢共识，全面推进“五大一中心，九大事业部”的中长期战略规划，构建北起渤海湾南至北部湾覆盖中国沿海地区的完善的战略销售网络，打造特种水产配合饲料行业全球最大的集团化企业，为中国特种水产行业的健康可持续发展树立典范。

创新科技产品　打造生态饲料

——江西正邦集团

近年来，正邦饲料不断加强研发投入，确立了以健康、安全的猪饲料研发目标，并投入了大量资金及人员进行新一代猪饲料研发。目前，正邦将拥有1 000头母猪的猪场作为研发专用场，配备 4 名动物营养专家长年进行猪饲料研究及试验，并建立了拥有近红外分析议、高效液相色谱议、原子吸收光谱议等精密检测仪器的中心实验室。生态饲料的打造。

正邦饲料加强研发试验，通过多种营养调控原理来提高生长猪的免疫力，并使用免疫多糖、植物提取物等免疫增强剂来打造新一代生态饲料。这种生态饲料大大减少了抗生素的用量，以增强猪免疫力的方法来防治各种疾病及促进健康生长，并避免使用抗生素的不良作用，并明显提高了猪肉产品的安全水平。

原料的深加工

对常规饲料原料进行深加工。正邦设立了发酵豆粕工厂及膨化大豆工厂，分别对豆粕及大豆进行生物发酵及膨化工艺的深加工，大大提高了这两种饲料原料的使用性能及效果。发酵豆粕含有高比例的小肽及有机酸，膨化大豆含有大豆磷脂及大豆异黄酮，都能明显提高动物的非特异性免疫功能，并能降低鱼粉、血浆蛋白粉、肉骨粉等动物性原料的使用量，能有效地保护资源及降低同源蛋白对生猪健康及猪肉安全的不良影响。

饲料添加剂新模式的创立

在对饲料添加剂的使用上，正邦创立了一种新的模式，即通过添加剂的微营养调控来提高动物的免疫力及打造安全猪肉产品。一方面，通过使用 OVN 最佳维生素需求标准，高于美国 NRC 标准 3～8 倍的含量，可让饲料满足猪最大的需求；另一方面，拥有国家专利的矿物元素有机化和低铜低磷配制技术，有效避免了硫酸盐矿物元素、铜、磷等对环境的污染。正邦饲料建立了严格的质量品控体系，外购所有原料不但需要供应商资质，而且每批原料和成品必检，公司引进快速有效监测手段，如快速取样和近红外结合技术等。正邦集团还紧跟行业最新研究进展，如净能和可消化氨基酸体系，使用酶制剂，减少氮磷排放，提高瘦肉率和饲料利用效率等。引入抗病营养理念，在不使用或少使用药物来改善动物健康，进而保证动物食品安全。

除此之外，正邦还和高校、科研院所合作加快产品研发，不但要解决动物快速生长，饲料有效利用，还有解决动物健康及食品安全等。例如，与南昌大学研究院建立了稳固、长期的合作关系，并联合致力于生物技术在饲料养殖行业中的应用研究，合作承担江西省科技厅支撑项目“微生物发酵豆粕的研究”，合作开展“种母猪饲养自动化与信息化研究”等课题；与广西农科院共同研究开发香蕉茎叶青贮饲料加工技术等。

创新发展　成就典范

——江西双胞胎集团

双胞胎集团地处江西省南昌市高新技术产业开发区，是一家专业生产饲料的全国性大型企业集团。集团现有 80 多家子公司，员工总数 8 000 余人，分布在江西、广东、广西、四川、福建、湖南、湖北、云南、重庆、海南、河南、辽宁等 21 个省、市、自治区，集团年产能超 1 000 万 t，生猪养殖规模 20 万头。

双胞胎集团连续 5 年保持 50%的复合增长速度，连续四年销量保持 100 万 t 递增速度，2011 年销售量突破 470 万 t，实现销售收入 176 亿元，猪料销售高居全国第一；2012 年销量达 700 万 t，实现销售收入近 300 亿元。

多年来，公司不断创新、自主研发，为社会和经济的发展做出了突出的贡献。2010 年 3 月被授予“农业产业化国家重点龙头企业”，此外，公司还被农业部评为“全国首批农产品加工示范企业”。2010 年 5 月，双胞胎“绿色安全的功能性乳猪料的产业化”获得国家火炬计划项目证书，同年 11 月，《仔猪肠道健康调控关键技术及其在饲料产业化中的应用》获得

"国家科技进步二等奖"。2011年企业被江西省工信委、科技厅等4部门联合评定为2011年江西省创新性试点企业，2011年12月，"双胞胎乳猪奶粉研发与应用技术项目"获得中国饲料重大技术进步项目奖。2012年，双胞胎乳猪奶粉产品通过江西省省级重点新产品（科技口）、江西省省级新产品（工信口）鉴定，同年双胞胎（集团）股份有限公司检测中心通过了国家实验室认定（CNAS）。2012年"双胞胎乳猪奶粉乳猪配合饲料"项目获得南昌市科技进步一等奖，乳猪奶粉江西省省级新产品获得2012年江西省工信委新产品二等奖、南昌市工信委一等奖，公司目前拥有发明专利20余项，通过高新技术企业认定子公司11家。公司始终坚持科技创新之路，领导着饲料行业发展的最新潮流，不断开发出国内具有前瞻性、科技含量高的新产品。

双胞胎（集团）股份有限公司是农业产业化国家重点龙头企业，于2011年列为江西省创新型试点企业。公司拥有一支由近十名高级职称的技术人员与高校博士、科研院所研究员组成的高素质研发团队。

公司拥有高效液相、气相、近红外仪、细菌培养箱、PCR仪等一批先进的设备，领先的技术和强大的研发队伍，科学规范化的管理制度和高效的运行机制，先后通过了ISO 9001国际质量认证和HACCP食品安全认证。至目前已经购入的仪器、设备原值近3 000万元。研究经费的投入占年总销售收入的3%以上，保证了研究开发工作的正常进行。

公司拥有仔猪肠道调控关键技术、仔猪前期料配方核心技术，在行业内处于领先地位。断奶乳猪饲料及其饲喂方式（即420模式）的大力推广，使养殖实现规范化、标准化、简单化，利于市场的快速复制推广，该项核心技术及其使用方法已申报国家发明专利并获授权（ZL 201010516573.1）。

公司的主导产品双胞胎乳猪奶粉、乳猪料预混料、小猪料预混料是高科技含量、高附加值、高养殖效益的"三高"产品，产品效果在市场上深受养殖户欢迎。公司运用全新的技术、全新的工艺、开发出具有前瞻性、科技含量高的新产品，公司的技术力量、仪器设备和企业业绩都处于同行业领先地位，成为整个行业竞相学习和效仿的典范。

发挥龙头企业优势
带动产业发展

——河南东方正大有限公司

河南东方正大有限公司是由泰国正大集团和华润五丰肉类食品（河南）有限公司合资兴办的大型农牧企业，总投资2 000万美元，1995年建成投产。公司下设洛阳饲料厂和种猪场两个企业，业务范围涉及饲料加工销售、良种繁育、畜禽养殖、养殖技术推广、大型畜禽生产企业托管等方面。

东方正大洛阳饲料厂年设计生产能力36万t，拥有从美国引进的电脑控制的全套现代化生产设备，采用正大集团的科学配方及严格的质量控制体系，选用优质原料，生产"正大"牌猪、鸡、鸭、牛、羊等优质全价配合饲料和浓缩饲料。东方正大洛阳饲料厂先后荣获"河南省先进技术企业""农业产业化重点龙头企业""孟津县重点企业"等荣誉称号。并通过了ISO 9001国际质量管理体系认证，生产的饲料产品多次获得"河南省重点保护产品""河南省免检产品""中国名牌产品"等荣誉。是河南省无公害供港活猪指定专用饲料生产厂家。

东方正大种猪场是河南省最大的种猪场之一，是集规模化、标准化、现代化于一体的大型种猪场，在猪场规模化生产、人工授精技术、育种技术、饲养管理流程标准化等方面开创了国内养猪行业的先河，被河南省授予"量化管理五星级单位""省一级种猪场"等荣誉称号。是河南省供港活猪企业指定引种场，被河南省政府核定为"供港活猪生产基地"，同时还被河南省评选为"无公害畜产品生产基地""生猪无公害农产品基地"。

河南东方正大有限公司自成立以来，一直秉承"利国、利民、利企业"的经营理念，不断地探索实践，闯出了一条适合企业自身发展的道路，形成了独特的竞争优势。目前饲料年销量达20万t，累计上缴税收5 430多万元。

20年来，河南东方正大有限公司在致力于提高产品品质、不断开拓市场、增加销量、创造经济效益、谋求企业发展的同时，更注重企业的社会价值，始终发挥着"农业产业化重点龙头企业"的示范带动作用，不断地改变着当地农村落后的养殖现状，用全新的理念，先进的技术，有效的模式，带动着当地农村的经济发展，带领广大农民增收致富，为当地的经济发展做出了卓越的贡献，赢得了政府和社会的广泛支持和赞誉。

20世纪90年代，河南东方正大有限公司成立之初，饲料工业刚刚起步，养殖业也相对比较落后，以传统散养模式为主，为推广公司产品，公司组建了专业的营销服务团队，致力于养殖技术推广，大量组织召开养殖技术培训会，帮助养殖户建立科学的养殖理念，培养了一大批懂养殖、会管理、科学饲养的农村致富带头人。

随着养殖户观念的改变和养殖水平的提高，2004

年河南东方正大有限公司开始大力倡导、推广标准化养殖技术，所谓标准化就是集约饲养、全进全出——阻断疾病传播；保温隔热、机械通风、水帘降温、暖风（地热）供暖-改善热环境和空气质量；自动饮水、自由采食——提高效率；设立猪厕所、漏缝地沟，减少废气-改善空气质量。这一技术的推广，不仅大大提高了养殖效益，降低了养殖对环境的污染，更增加了养殖户的收入，推动了当地养殖业的科学、健康发展。

为快速推进这一事业的发展，2006 年河南东方正大有限公司确立了“三个下沉”（网络下沉、服务下沉、客户下沉）的工作方针，提出了“工作站”模式的营销策略，深入农村基层建立工作站，对养殖户进行全方位的技术指导和培训。通过大量的对比（饲喂）试验，树立典型示范户，总结养殖经验，进行普及和推广，带动公司销量增长和农民养殖技术提高。每年产品推广及技术培训会约 500 多场，年培训达 1.5 万多人次。在本地区建立标准化猪场 300 多家，存栏约 20 万头，标准化鸡场 80 余家，存栏约 200 万只。

随着时代的发展变化，养殖业发生了翻天覆地的变化，中国传统养殖正在快速退出历史舞台，为顺应畜牧业深刻改革和快速发展的潮流，2012 年河南东方正大有限公司提出了“产业化、八统一”的战略发展思路，改变单一的产品销售、技术推广这一传统经营模式，转型升级到为客户提供全方位服务。服务范围涵盖养殖场规划建设-生产管理-营养体系-生物安全-信息系统-融资担保-畜产品回收-物流八个方面。2013 年成立了专业的饲养管理团队，进驻合作场，帮助合作场建立规范化、标准化的生产管理流程，同时推广养殖场信息管理系统，实施可视模板化管理，切实帮助猪场提高了生产效率和养殖效益。这一模式的推广，使公司与养殖场由单纯的买卖关系变成了合作伙伴，实现了战略共赢。目前与公司战略合作猪场 97 个，存栏母猪 3 万多头；蛋鸡场 41 个，存栏 100 多万只；奶牛场 39 个，存栏 2 万多头。

为更好地与养殖场合作，2014 年河南东方正大有限公司又推出了养殖场托管服务，公司饲养管理团队对养殖场进行全方位生产管理，托管养殖场生产指标、生产成本，使养殖场与公司的合作更为紧密。目前公司托管猪场 9 个，存栏母猪 6 400 头；奶牛场 4 个，存栏 2 200 头。

在新的经济形势下，为实现正大集团“做世界的厨房，人类能源的供应者”的企业愿景，河南东方正大有限公司以“发展安全食品、保障健康消费、促进社会进步”为使命，开始致力于构建从农场到餐桌的全产业链安全食品生产体系。计划围绕洛阳正大食品有限公司（正大集团第一个生猪屠宰及猪肉产品加工销售企业），2017 年底建成 100 万头安全猪源基地。采用“政府＋银行＋公司＋养殖户”四位一体的产业新型组织模式，在公司 150km 范围内发展父母代种猪基地为我们提供优质、健康的猪苗，通过租赁、承包、托管等多种形式合作，在 2016 年完成 5 万头母猪的存栏规模，年提供 100 万头安全、健康、优质的猪苗。在公司周围 50km 范围内大力发展“公司＋家庭生态农场”的育肥猪基地，以“三高、代养”等模式与当地农民合作，在 2016 年完成 40 万头安全育肥猪的出栏，2017 年完成 100 万头安全育肥猪的出栏量。这一项目的实施，不仅会大大提高了当地的养殖水平，带动当地经济的发展，更能满足消费者对食品安全的需求，为广大消费者提供健康安全的猪肉产品。

20 年来，河南东方正大有限公司始终坚持以人为本，重视在实践中培养优秀人才，以事业留人，以文化留人，以待遇留人，打造了一支敢打敢拼、业绩突出的精英团队；还为正大集团和社会培养出了大量优秀的高级经营管理人才和技术人才，他们在全国畜牧行业和正大集团各地的事业中，发挥着重要的作用。

企业的发展离不开社会的支持，河南东方正大有限公司在自身发展的同时，没有忘记一个优秀企业应尽的社会责任，始终怀着感恩的心，践行“爱是正大无私的奉献”，积极参与社会公益事业，多次向灾区、困难地区、当地学校、敬老院等捐款捐物。20 年来正大爱、中国梦的慈善脚步遍布了栾川、嵩县、孟津、新安、洛宁、偃师、温县、孟州等地。累计捐赠达 100 多万元。得到了当地政府和人民的广泛好评。

新的历史时期，河南东方正大有限公司将把握住产业转型的战略机遇，坚定不移地走产业化的道路，与时俱进、不断创新，向着可持续发展的健康之路前进，繁荣农牧食品事业，造福社会！

聚焦微量元素　创新成就行业全能冠军

——长沙兴嘉生物工程股份有限公司

长沙兴嘉生物工程股份有限公司十多年来持续专注于新型、安全、环保、高效的微量元素研发与推广，致力于将微量元素金属化工、精细化工、检测技术与动物应用技术完美结合，渐次搭建了以氨基酸螯合物为核心的有机微量元素、以碱式氯化铜、碱式氯化锌为代表的新型无机微量元素以及配方科学、品质稳定、性价比出众的复合微量元素等三大产品体系。先后荣获“全国饲料添加剂科技创新优秀企业”“中国饲料行业十年持续成长综合创新企业”省、市两级“企业技术中心”“长沙市知识产权示范企业”“长沙市优秀技术创新示范企业”“湖南科技进步二等奖”“长沙市科技进步一等奖”等荣誉。碱式氯化铜、碱式氯化锌先后获国家新产品证书，拥有近60项国家发明专利，制定多项国家标准，全国首家通过FAMI-QS欧盟质量体系认证和国际“CNAS认可检测实验室”的微量元素企业，质量管理达国际先进水平，湖南省微量元素出口的标杆企业。

一、打造自主品牌 勇于责任担当

20世纪末，国产饲料添加剂品种少、产量低、质量也较差，饲料生产所需的添加剂绝大部分依赖进口，市场基本上由国外企业所垄断。进入90年代，饲料工业步入快速成长期，而作为饲料生产的必需原料之一，饲料添加剂工业明显滞后，难以满足我国饲料工业飞速发展的需要，尤其是作为行业细分领域之一的微量元素产业，还处于野蛮生长期，价格战、模仿、浪费资源、污染环境、质量良莠不齐、有毒有害物质超标严重、没有统一质量判定标准……的状况，对此，黄逸强先生深深担忧这一现状持续下去将给饲料工业带来危机，作为湖南人，他敢为人先，果断决策进军饲料添加剂生产领域，带着对国家、对民族、对子孙后代的强烈责任感，毅然放弃了原本做得风生水起的贸易公司，凭借湖南有色金属之乡的资源和技术优势，进军微量元素生产领域，兴嘉生物由此诞生。

公司成立之初，兴嘉人就自觉担当重任，打破国外企业的技术垄断，以把公司发展成为行业领军企业而作为奋斗目标，与此同时，引导国人摆脱盲目使用兴奋剂、砷制剂及高铜、高锌等只顾眼前利益而不顾子孙后代、不顾道德的做法，着重于开发安全、无毒性、无污染的饲料添加剂。在产品开发上，瞄准国际最高水准，组建一支技术力量强大的高素质研发队伍，并与国内外知名研究机构合作，技术创新能力迅速跃升到国内一流水平，短短几年时间，一大批替代进口、填补国内生产空白的创新型产品和检测技术接踵问世，并拥有完全自主知识产权，打造出兴嘉碱式氯化铜、佳乐美系列氨基酸螯合物、加微螯哥多矿等多个微量元素品牌产品，享誉国内外。

二、聚焦微量元素，创新铸就辉煌

兴嘉生物主业高度集中，聚焦于微量元素。2000年公司在国内率先推出氨基酸螯合物系列产品，是全球首家采用羟基蛋氨酸作配位体生产氨基酸螯合物的企业，产品及生产技术获多项发明专利。

在持续生产推广螯合物的同时，2003年又在国内率先研发推出新型无机微量元素——碱式氯化铜，2004年碱式氯化铜在市场上迅速推广，被客户广泛接受，这一产品被饲料行业誉为推广最为成功、最有价值的国家新产品，至今已保持十多年的持续火爆。2005年，又推出碱式氯化锌，成为全球唯一能规模化生产和销售该产品的企业。期间，公司参与制定的《饲料添加剂蛋氨酸铁（铜、锰、锌）螯合率的测定》国家标准发布，结束国内氨基酸螯合物无检测标准的历史，攻克了氨基酸螯合物质量判定的世纪难题。2007年，在不断推出单一新产品的同时，兴嘉生物深度研究微量元素配方技术，开展各元素之间的合理添加剂量和理想添加模式的研究，将新型碱式盐和螯合物黄金配比，推出复合微量元素产品，为饲料企业提供微量元素整体解决方案。2008年，饲料添加剂碱式氯化铜和碱式氯化锌国家标准相继发布，抢夺行业制高点和话语权，为企业发展赢得先机。2010年公司投资1千多万元专门建立了科学规范的动物饲养实验中心，开展微量元素动物试验，验证产品效果，不断完善配方技术。同时与国内外科研院所合作开展一系列的产品应用研究试验，确保产品充分满足动物多层次营养需要，发挥最佳的生产潜能。

2014年，兴嘉生物在瑞士布勒公司协作下建设的年产5万t全球自动化程度和智能化程度最先进的多矿生产线竣工投产，兴嘉生物检测中心通过“CNAS”国家认可检测实验室认证，标志着公司生产设备、质量管理体系、员工素养以及检验技术已达到一个新的、更高的水平，为微量元素生产、技术、科研各项工作的开展搭建起了坚实、可信的平台。

2015年5月，兴嘉生物研发团队从众多“制造业大鳄”中脱颖而出，被新华网评选为“最美创新团队”。10月，兴嘉生物作为微量元素行业生产企业的唯一代表，喜获“2015年度十大畜牧业环保创新企业”殊荣。12月，公司获批长沙市院士专家工作站，由我国著名动物营养学家、中国科学院亚热带生态研究所学术领衔人、中国工程院印遇龙院士担任“兴嘉生物院士专家工作站”驻站首席科学家……

2015年度，在国家宏观经济下行压力加大、饲料总产量下滑的大背景下，公司产品销量仍保持有35%的增长率，逆市飞扬，成为饲料行业整体低迷环境下的一大亮点。分析我们的客户群体，全国有超过4 000家优质饲料厂家在使用公司产品，世界知名的大型饲料集团和全国五十强饲料企业90%以上与公司建立了稳定的战略合作关系。

目前，公司提供的技术服务、产品销售已覆盖全国20多个省、市及自治区，是行业内服务区域最广的企业之一，产品出口东南亚多个国家。为更好地服务用户，在众多大中型企业的帮助下，兴嘉生物在全国范围内采集饲料原料样品，通过收集检测不同区域的饲料原料中微量元素本底值，逐步建立“中国饲料原料微量元素数据库”，为饲料企业配方设计提供科学依据与数据支持，确保饲料中微量元素含量检测结果符合相关规定。

公司在迅速发展壮大过程中，质量管理体系不断完善，管理水平逐步走上规范化、科学化的轨道。通过了ISO 9001《质量管理体系要求》、HACCP《食品安全质量管理体系　食品链中各类组织的要求》认证，并同时通过了FAMI－QS《欧洲饲料添加剂及预混合饲料生产商操作规范》认证，是行业中首家通过FAMI－QS认证的饲料添加剂企业。另外，传统的微量元素都是按化矿类产品出口（不检测卫生指标），兴嘉生物产品全部通过国家进出口检验检疫局正式法检，是国内第一家按饲料添加剂出口的企业。

三、坚守质量安全，引领行业良性发展

随着国家对食品安全和环境保护的关注，饲料中铅、砷、镉等重金属含量超标带来的问题引起全社会的高度重视，重金属超标不仅污染畜产品，也对畜禽的健康和生长造成严重危害。过量的重金属元素通过所饲养动物粪、尿排泄到土壤或水域中，对人类的生存环境也构成威胁。

为保证饲料产品质量安全，促进畜牧业健康可持续发展，针对饲料中重金属及有害物质残留超标的问题，兴嘉人认为解决问题关键要从源头抓起，从严格把控原料采购和质量检测着手，微量元素“便宜、无附加值和不必重视”的观念一定要改变，低劣的原料才会导致重金属及其它有害物超标，影响产品质量，微量元素随意购买、使用的习惯必须转变。为严把原料质量安全关，公司采取“品控上移，定点开发、定点工艺改造、定点控制、定点供应”的原则，从源头确保质量安全，同时严格质量检测，每批原料和产品都要检测铅、砷、镉等重金属含量，还定期对产品及原料中进行40多种有毒有害物质的抽检，通过检测分析，知道哪种原料有害物最低，采购就选择这种原料。

近几年，公司正在加大投资力度，打通微量元素上下游产业链，并重新定义了微量元素的价值，提出了微量元素营养价值时代的概念及解决方案，规划了微量元素的可持续发展路线，带动饲料行业微量元素的使用习惯和观念的改变，通过连续不断举办微量元素国际论坛、“微言大义”公益活动、质量控制研讨班，提升技术水平，推动产业升级，引领微量元素产业向安全、高效、环保的方向发展。

面对激烈的市场竞争，兴嘉生物如何把握未来的发展方向，公司掌门人黄逸强先生认为，在养殖、饲料市场快速变化、散养户与中小型饲料厂迅速消亡的今天，微量元素添加剂企业必须转型升级，当下的企业不再是一技独霸天下的时代，而是需要全面发展，既发扬专长还要弥补短板，从产品研发、品质控制、生产能力、采购能力、资金实力、管理体系与内部运营能力、市场影响力与营销能力、服务能力再到战略思考力、团队执行力、产品组合能力、资源整合能力、企业凝聚力等多方面着手，环环相扣，缺一不可，任何环节的缺失都将使竞争优势荡然无存。单项冠军打天下的年代已经过去，唯有全能冠军才可能迎接明天的太阳。

技术创新　合作共赢

——湖南百宜饲料科技有限公司

湖南百宜饲料科技有限公司成立于2001年，位于湖南浏阳制造产业基地永和路8号，注册资本800万元。公司主要从事饲料研发生产销售、种猪繁育和生猪养殖服务工作。公司秉持“立足农业、服务农村、致富农民”的经营理念，通过落实环境保护、投入高科技研发、推行生产机械化、完善现代企业管理，创新“安全、绿色、低碳”的生态养殖，努力打造安全肉品供应链。

经过十余年的发展，湖南百宜饲料科技有限公司通过自建、联建等方式创建了一个初具规模的现代农业发展平台，现简称为湖南百宜，拥有湖南百宜饲料科技有限公司、湖南百宜原种猪有限公司、湖南百宜云商科技有限公司、湖南金盆种猪扩繁场、云南百宜饲料科技有限公司、衡阳百宜饲料科技有限公司、宜春百宜饲料有限公司等产业实体和20多个销售分公司，湖南百宜饲料科技有限公司作为湖南百宜总部，配套建有企业技术中心、饲料科研所和生猪检诊中心等研发服务机构。2015年产销饲料30万t，出栏生猪11万头，总产值过10亿元，在职员工450人，其中博士1人，硕士12人，具有大专以上学历的专业技术人员占到全员的50%。公司先后荣膺湖南省农业产业化经营龙头企业、高新技术企业、名牌产品、著名商标以及《饲料质量安全管理规范》示范企业。

一、技术品质奠定核心竞争力

百宜饲料结合二百年美国康地技术精华、六十年中科院技术结晶及三十年湖南百宜技术，与中科院亚热带农业研究所、中山大学、湖南农业大学、四川农业大学等科研单位深度合作，聘请吴德博士、印遇龙博士、陈瑶生教授、陈斌教授等行业顶尖技术专家，经过欧美营养专家和国内顶级动物营养学家的专业指导，深度研究猪宝宝们各个阶段的身体结构、营养需求、口味喜好等，设计出了符合动物福利和健康营养的专业配方。其中，乳仔猪产品以培养仔猪断奶适应为中心进行产品设计，种猪产品以提升种猪健康水平为中心进行产品设计，生长肥育猪产品以提高猪的抗病力为中心进行产品设计，致力于打造全国一流的母猪、教保料。由中科院亚热带农业生态研究所印遇龙院士主持、百宜饲料等多个单位共同完成的低氮磷排放科研成果在百宜饲料的研发生产中得到了广泛应用，确保了产品的安全高效，也得到了广大饲料经销商和生猪养殖户的广泛认同与信赖，规模经销商和养殖户签约数超过 7 000 户。

二、夯实内部管理基础，党建工会齐发展

公司从 2003 年起着手打在现代化的管理体系和人才团队。在管理体系上，累计投入 700 余万元完成了规范化、集团化运作体系建设，形成了完善的 ISO 质量管理体系、PQS 企业信息管理体系和 KPI 人力资源管理体系，公司的财务、采购、标准由总部统一管理，人力资源由总部统一协调，各分支机构（子公司）的生产经营实行总经理负责制，实现了集团内部人财物的有效调度，确保了资源的有效利用。在人才团队建设上以大投入建设高素质的团队，公司以文件形式确定了每销售一吨饲料提取 2 元用于员工的学习培训开支。10 年间在员工团队中培养了 1 名博士、5 名硕士以及选派 7 人进修了 MBA 课程。通过管理体系建设和人才培养，夯实了百宜的发展基础。公司、品牌、产品相继荣膺“湖南省农业产业化经营龙头企业”“高新技术企业”“湖南省著名商标”和“湖南省名牌产品”。

三、轻资产发展模式助力发展

从 2013 年开始，百宜通过盘活存量资源（资产，技术，人才，能力，网络渠道），聚合关键资源能力，合作共赢，各尽其能，分担投资，分摊成本，分享收益，分散风险。并运用现代科技互联网，ERP，管理技术来提高运营和管理效率，改变了公司的运作模式，百宜实现了集团的产业链、企业组织方式的裂变、分解、聚合优化进程。同时专注于产品研发、销售、服务与品牌推广，逐渐形成研发、制造、销售和服务等产业链、利益链，存量资源能力丰富，为集团轻资产运营的科技和资源提供了条件。对外投资采取了避重就轻，化重为轻，举重若轻，去重返轻的策略并取得了初步成效。

1. 生产基地化，销售公司化，在全国布局发展。从 2013 年，百宜饲料通过“生产基地化，销售公司化”和“租厂＋经营团队持股”的形式，实现在百宜在全国的快速扩张及布局，目前，集团在云南、贵州、广西、江西、湖北、江苏等地，新成立公司 6 个，并有 20 多家销售公司，预计在 3 年内要达到 20 个子公司，100 家销售分公司的布局。并实现饲料年销售 50 万 t。

2. “互联网＋百宜”，引领农牧电商发展。“站对了风口，猪都能飞起来，是选择做猪还是做风口?”“互联网＋百宜＝?”，2014 年成立的百宜云商公司，依托母公司的优势，异军突起，打破了传统饲料行业销售的禁锢，并在饲料电商行业处于领先地位。同时，云商整合兽药、养殖设备等农牧产业链资源，致力于做农村电子商务服务提供商，引领农牧电商的发展。

3. “公司＋农户”，控风险，保收益。2015 年，公司在养殖方面大力发展“公司＋农户”，利用百宜自身优势和资源，与农户合作，提供优质的仔猪、饲料，提供技术支持并保价收购，让农户远离市场价格风险，尽享养殖水平和劳动付出收益。这一举措实现了养殖业的快速扩张及增长，在 2017 年将实现年出栏 50 万头商品猪的目标。

4. 产融结合，与银行、经销商、养殖户共建发展生态圈。2015 年，百宜联合江淮银行等，完成下游客户融资 5 000 万元，既解决客户融资的需要，也实现了公司轻资产发展战略了，减少了应收账款的支出。预计未来三年实现下游客户融资 2 亿元，打造产融结合，公司与客户共发展的平台。

百宜董事长罗业清说：集团需要围绕定位建立一个内外部利益相关者合作共赢的业务系统或价值网，并设计不同阶段的企业发展模式、金融策略和风险管理方案。借此来增强百宜的竞争能力，提升百宜的行业地位和投资价值。

湖南百宜目前正在实施三五发展规划，预计到 2017 年可实现年产 50 万 t 饲料、50 万头生猪、50 万农民致富的目标。

不是一流的产品就是废品

——佛山播恩生物科技有限公司

佛山播恩生物科技有限公司（以下简称佛山播

恩）成立于2010年，是一家从事猪用预混合饲料、浓缩饲料、配合饲料的研发、生产、销售、技术咨询服务为一体的专业动物营养和动物保健品制造商。佛山播恩隶属于播恩集团，重点辐射广东、广西、海南、云南等市场。现已通过广东省省级《饲料质量安全管理规范》验收，被广东省农业厅评为“饲料质量安全管理规范示范企业”。

播恩集团是以邹新华为代表的一批青年知识分子，在2001年创建的八维公司为基础，加入以欧洲Hemke博士，及国内多名青年技术专家为代表的技术专家团队，重新组建成立的科技型农业企业集团。播恩集团的成立，标志着企业的研发和运营能力将进一步提升。

依托产品和技术优势，稳步发展成为以预混料、教槽料、母猪料为主营业务，以添加剂、动物保健品、农业自动化设备为辅助业务的科技型现代化农业集团。

专注成就专业，播恩集团首先在中国南方建立竞争优势，快速提升市场地位。集团主营业务收入和市场净增长远高于行业平均水平，已进入中国预混料行业前十强。快速发展、勤奋敬业的播恩成为中小企业成功发展的典范。

佛山播恩位于广东省佛山市三水工业区大塘园，占地30余亩，厂房面积近万平方米。三水地处广东省中部，佛山市西北部，珠江三角洲西北端。东邻广州市花都区，东南与佛山市南海区相连，西北与四会市交界，北接清远市清城区和清新县，西南与高要市、佛山市高明区隔西江相望，交通便利、物流通畅。佛山三水工业园区大塘园属于全国53个国家高新技术开发区之一，是通过ISO 14001环境管理体系和ISO 9001质量管理体系认证园区。

一、先进的设备

佛山播恩基于瑞士布勒公司所提供的专业化设备建成，全程采用布勒Wincos全电脑自动化控制系统，具备单班年产12万t的预混料及教槽料成套设备生产线。佛山播恩拥有业内领先水平的权威检测中心-汉姆克实验室（HemkeLab），以播恩集团欧洲营养研究院院长Gert Hemke先生名字命名。该实验室配备有先进的检测设备系统以及专业的检测化验人员，实验室建筑面积约224m^2，分为11个功能模块，包括理化分析室、仪器分析室、高效液相室、原子吸收室、近红外室、天平室、留样观察室、样品接收室、有机处理室、无机处理室等。HemkeLab最重要的目标就是实现优质的分析结果、缩短交货期限、协同服务。

二、领先的饲料生产管理系统

播恩创建了行业领先的生产管理模式，TSAI蔡氏生产系统。由T、S、A、I四个字母组成，代表特定的涵义：可追溯性（Traceability）、安全的（Security）、精确的（Accurate）、智慧的（Intelligent）。TSAI - Production system，蔡氏生产系统，拥有独立知识产权，享有专利技术保护，TSAI蔡氏生产系统代表着饲料行业最高的水平，能最大限度确保我们的产品质量获得保证。佛山播恩严格按照全程可追溯的蔡氏生产系统，以先进的管理理念和完善的生产工艺，在原材料检测、生产过程控制、产品出厂许可、产品售后跟踪以及产品的使用等关键环节建立了可追溯性系统，通过条码管理、使产品具有完整的可追溯性，确保了产品的“精准、稳定、高质”。

佛山播恩在运作上采用现代化管理模式并结合严格的HACCP、ISO 9001、ISO 22000、GMP的标准建立质量和安全管理体系，产品定位准确，技术含量高，服务水准好。为了保持科技领先优势，公司与华南农业大学、江西农业大学等大学院校合作研究，在产品创新和经营创新上都有完整的思路和体系，建立了一套以科研、培训、服务为一体的播恩服务体系，从养殖户的最大利益出发，重视食品安全，建立健全监督检查体系。凭借创业过程中的不断摸索和创新，凭借良好的信誉和品德，凭借坚忍不拔的意志力和闯劲，公司在动物保健品、预混料和高档乳猪料销售方面取得了优异成绩。

三、农牧人才的培训基地

播恩集团浓厚的企业文化和独特的人文环境营造了“以人为本”的良好氛围，博得了众多有志之士的加盟，构筑了一个强而有力的人才团队。公司一直视人才为最宝贵的财富，管理者的工作就是创建一个良好的工作平台，使员工的能力和价值在这个平台上获得最大限度的尊重和发挥。公司倡导个性化的管理理念，为每一个公司员工制定成长计划，使员工和公司共同成长，从而实现公司最终的发展目标。为此，播恩集团特在佛山播恩设立了培训学院，即播恩集团的“黄埔军校”——播恩堂（Boentown）。

播恩堂已建立了各职能职级培训体系，目的是打造一支高素质的复合型人才队伍。这将更加有力的激励员工，并合理地将员工的职业生涯纳入管理范畴，具有总结、改善、和系统提高员工绩效的作用。播恩堂对人才的培养和培育已经建立系统性，给员工的成长提供保证；播恩堂还将建立员工职业生涯规划系统，为员工的长期发展提供支持。人才的系统化培训和培养，大大提高服务客户的能力。

四、客户价值　永记我心

播恩集团把“不是一流的产品就是废品”作为产品格言，生产各环节精益求精，只为给客户提供高价值的产品。全体员工在生产、销售、服务客户时践行《播恩训》——市场未动，调查先行；实证导入，利益算清；宣传到位，服务创新；客户价值，永记我心。“理想、行动、担当”，展望未来，积极、友好的播恩人，胸怀天下，志存高远，汇集全球科技，结合本土智慧，把播恩创建为世界级农牧企业。

坚持“事业财富共同体”战略 推动粤西养猪业健康发展

——茂名大北农农牧科技有限公司

茂名大北农农牧科技有限公司（以下简称“公司”）是北京大北农科技集团股份有限公司（深交所上市，股票代码 002385）的下属子公司，于 2011 年 7 月 1 日注册成立，投资金额为 2 750 万元，坐落于美丽的滨海城市茂名市高州市金山经济开发区。

北京大北农集团是以邵根伙为代表的知识分子创办的农业高科技企业。大北农集团始终秉承“报国兴农、争创第一、共同发展”的企业理念，致力把集团发展为世界级农业科技企业。大北农（华南）集团在周业军总裁的带领下，发扬“谦虚、协作、勤俭、创新”的企业精神，不断开拓创新，以“誓做华南猪料王”为发展目标，为促进华南地区农业经济发展做出巨大的贡献。

茂名大北农农牧科技有限公司坐落于茂名高州市，占地约 60 余亩，总投资达 1 亿多元，基地环境优美、布置合理，分为生产区、办公区和生活区三大功能区域，是一个标准高效的现代化饲料生产基地。公司设计产能年产 18 万 t，拥有三条现代化的生产线，以高档猪教槽料、保育料、母猪料为主销品种。公司主要设备为布勒全自动化饲料生产线，设计合理，工艺先进，拥有全自动配料系统、高精粉碎系统、小料微量配料系统、散装饲料供应系统、叉车、托盘、机械手等，是粤西地区最先进的饲料企业之一。

公司现有高素质员工 220 余人，其中：硕士 2 人、本科 14 人、大专 86 人。公司约 2%员工参加过 MBA 管理培训，是一支专业技能强、人员素质佳、创新能力好、管理水平高的优秀团队。公司下设技术研发部、人力资源与行政部、生产部、财务部、采购部、技术与服务部、品管部、销管部等职能部门。

公司成立后，短短五年已迅速发展为粤西猪料产品最具影响力品牌之一，一步一个脚印，销量从零到最高峰每月 22 000t 平台。如此迅速的发展速度，与公司一直以来的高科技产品定位、专业的产品质量保障体系和专业的市场技术推广服务，以及大北农员工与客户共同发展机制、各级领导的关心和厚爱是密不可分的。

一、坚定不移加强技术研发，不断提高公司饲料产品技术含量

公司产品技术依托具有国家高新技术企业、国家企业技术中心、农业产业化重点龙头企业等称号的北京大北农集团研发中心，产品研发实现资源共享、技术共用。公司依托总部技术研究院的人才优势，与中科院亚热带农业生态研究所共建博士工作站，具有较强的产品开发和检验检测能力，有效保障公司的产品技术研发工作。公司下设技术研发部，与茂名石油化工学院建立产学研平台，长期从事针对粤西地区新型饲料产品的技术研发工作。此外，公司与总部集团研发中心开展的合作研发取得了骄人的成绩，截至目前公司拥有 2 项发明专利、8 项实用新型专利，制定 5 项企业标准。2016 年，公司将积极申报国家高新技术企业，进一步提高产品生产的科技含量。

公司长期以来的产品定位以高端为主，致力于打造粤西猪料第一品牌；公司强大的技术实力，不断提高公司产品技术含量，有效推动粤西养殖水平的整体提高。

二、强化内部产品质量监控，重视质量保障体系建设

公司拥有高素质的管理团队、专业的品质管理队伍、成熟稳定的生产加工队伍，以及完善的质量保证体系制度，保证产品质量的优异与稳定。公司的检化验中心为行业先进水平的茂名市工程技术中心，可针对性地对饲料粗蛋白质、粗脂肪、粗纤维、粗灰分、钙、总磷、氨基酸等指标进行检测。公司投资 40 余万元购进近红外分析仪、酶标仪、分光光度计等精密仪器。近红外分析仪能够在 5min 之内对公司各类原料和产品常规指标进行初步判定，有效保障公司产品质量的稳定性；酶标仪能够半小时之内对公司原料和产品生物毒素进行检测，有效保障公司产品质量，降低生物毒素对养殖的损害。

另外，公司非常重视质量保障体系建设，不断强化公司质量管理体系。公司于 2013 年 9 月 2 日顺利通过 ISO 9001：2008 质量体系认证，同年 11 月顺利通过 ISO 10012：2003 测量管理体系 AAA 认证。同时，公司积极响应农业行政主管部门和饲料管理部门要求，2015 年，公司被评为茂名市政府质量奖提名

奖，是茂名地区唯一一家饲料企业获得此殊荣；2016年3月，公司顺利通过农业部“饲料质量安全管理规范”创建示范验收，成为粤西唯一一家农业部饲料质量安全管理规范示范企业。

三、全员深入一线推行科学高效养殖，提高粤西整体养殖水平

动物生产性能的高低始终是一个复杂的生物转化过程（木桶原理），饲料只是其中的一个生产要素，仅仅是中间品、半成品而已，优质饲料还必须通过科学合理的饲养才能产出效益最大化。今后的饲料将逐步成为一种载体，公司提供的将是饲料、技术、服务、管理四者的完整结合体。

公司市场一线服务人员分为专业技术人员和推广服务人员。大北农集团创建了大北农农民大学，对公司高层技术人员进行养猪技术、管理技术等培训，提高技术人员的专业水平。另外，公司定期举办畜牧兽医培训班，聘请资深养殖专家、疾病专家进行现场授课，提高推广服务人员的技术技能。公司致力于加强猪场动物健康、动物营养管理，为养殖场提供全方位的检测、诊断、治疗等服务，最终推广高效的养殖模式，提高终端养殖户的管理水平。

四、深化财富共同体建设和员工持股计划，与客户、员工共同发展

在2011年度工作年会上，集团提出建设“大北农事业财富共同体”的全新理念，即“以大北农为中心、以事业伙伴为核心、以客户为重心”的创业创富联盟。通过事业感召牵手更多的同行，融入报国兴农的队伍中去，与大北农共同前进，共同发展。“事业财富共同体”战略，即大北农共同体成员的利润主要来源于产品奖、津贴和股份等，增强共同体成员的归属感和成就感；同时，大北农集团通过供应链金融以及技术服务等，协助经销商做大市场，互惠互利，实现共赢。截至2014年底，加入大北农事业财富共同体的经销商已近2 000人。

2014年9月大北农集团提出“3 000创业者9 800万股共同发展计划”，体现大北农集团致力于提高员工持有公司股份的占有率，力争在企业文化、创业机制、财富分享上创造无与伦比的优势，进一步完善公司的激励和约束机制，最大限度地增强大北农人的稳定性和凝聚力，激发大北农人永不止息的积极性、创造性与责任心，全力推动集团在新时期战略转型目标的实现，吸引行业内外优秀专才。共同发展计划的实施，将对大北农集团的长远发展及员工个人价值的自我实现产生意义深远的影响。

公司的“财富共同体建设”和“员工持股计划建设”将公司、客户、员工紧密地联系在一起，激发各自的创业激情，实现公司、客户、员工的共同发展、共同进步。

五、加强政府部门、行业部门、同行企业的沟通，提高各项工作管理水平

2013年5月，应生产安全监管部门要求，茂名大北农推行安全生产标准化，并顺利取得安全生产标准化三级证书，提高自身的安全管理水平。同年取得消防、排污许可证。

2013年9月，中共金山街道办茂名大北农党支部成立，积极发挥党员模范带头作用，发挥党组织在公司的领导作用。

2015年，公司积极参与茂名市政府质量奖评选，被评为茂名市政府质量奖提名奖。通过评比弥补自身不足，提高自身的质量管理意识。

2016年，公司参与农业部饲料质量安全管理规范验收并顺利通过考核，成为饲料质量安全管理规范示范企业，进一步加强了公司饲料质量安全监管，促使公司的产品质量管理提升到一个新的平台。

2013—2016年，茂名市、高州市各级领导多次莅临茂名大北农公司参观指导，并提出许多宝贵的意见和建议，对公司的发展方向和管理水平带来积极影响。

面向未来，有各级领导和行业专家的关怀和帮助，有广大事业伙伴的支持和厚爱，我们将不断强化队伍，内修品质、外练服务，致力于推动粤西养猪事业的健康发展。

传承历史　优化升级
跨越发展

——中山市泰山饲料有限公司

中山市泰山饲料有限公司（以下简称：泰山）成立于1986年6月，是广东省内第一批上规模的饲料企业之一，主要生产经营“泰山牌”“新泰牌”“华山牌”水产、禽畜全价配合饲料，提供专业的水产、禽畜养殖管理技术服务。

经过三十年的艰苦创业，泰山饲料以优质的产品和服务、悠久的品牌历史享誉业界。企业先后荣获“全国饲料行业百强企业”“广东省饲料行业先进企业”“广东省饲料行业科技创新20强”“中山市农业龙头企业”的称号。与高校、科研单位合作的“瘦肉型肉猪营养需要研究”项目荣获“广东省科学技术一等奖”和“国家科学技术进步二等奖”。1989年，泰

山牌 Y100 蛋鸭料荣获“国家部优产品”称号；泰山牌、新泰牌小猪料分别在 1999 年和 2001 年荣获“中国国际农业博览会名牌产品”；泰山牌猪系列产品和草鱼料分别于 2005 年和 2009 年荣获“广东省名牌产品”称号。

“泰山饲料，稳如泰山“是业界对泰山深情的赞誉，也是泰山创业 30 年的品牌积淀。2015 年，在挑战与机遇并存的市场环境下，睿智、上进的泰山人秉承“团结、求实、拼搏、创新”的企业精神，并没有对过去所取得的成绩沾沾自喜，止步不前，而是在传承与创新中砥砺前行，突破自我，为实现跨越发展而努力奋斗！

2015 年，泰山在实现 2014 年产销量 16 万 t、销售收入超 5 亿元的基础上，提出了更高的发展目标——未来三年内实现产销量 30 万 t，并为此作出了一系列优化升级的措施。

一、硬件升级，优化基础设施，夯实企业发展的基础

目前，泰山拥有两大生产基地——阜沙生产基地和新泰生产基地。

2015 年 6 月，位于中山西区的泰山旧生产基地退出了历时 28 年的舞台，阜沙镇新生产基地正式投产，开启了泰山发展的新历程。按泰山的规划，该生产基地专业生产沉水、膨化淡水鱼料，占地 60 亩，投资近 1 亿元，基地内生活区、办公区、仓库、生产区以及品控化验室布局合理，设备先进，且水陆交通便利。生产基地拥有目前国内最先进的国际一流水平牧羊成套设备，现有 6 条生产线，并计划增加 1 条时产 12t 的膨化料生产线，当前具有时产 60t 的生产能力，每天可生产水产饲料超 1 000t，仓容达3 000t。新泰生产基地坐落在水陆交通发达的中山港，专业生产以猪料为主打产品的禽畜饲料，拥有 2 000t 级的码头，具有时产 20t 的生产能力。

阜沙新生产基地是泰山硬件优化升级的重要体现，为泰山的发展带来了以下优势：生产布局更科学合理。从过去两个生产基地均混合生产水产饲料和禽畜饲料，调整为品种专业化生产：①阜沙生产基地专业生产水产饲料，新泰生产基地专业生产禽畜饲料，减少了生产过程中的交叉污染，提高了生产过程中产品质量的可控性；②先进的生产设备从根本上解决了机械设备陈旧带来的生产卫生、生产工艺对产品结构优化和质量提升的制约，也有效降低能耗和生产损耗，从而降低生产成本，提高效益，进而更好地助力客户发展致富；③先进的品控设备和充足合理的仓容，为产品实现从原料、生产、存储全程质量监控提供了先决条件。阜沙新厂的投产，为进一步提高公司的产品力和服务力提供了强有力的后盾。

二、整合资源，合作共赢，提高企业发展的体系力

在这大浪淘沙、优胜劣汰的市场竞争时代，单枪匹马作战已不足以让企业有立足于市场的力量，整合资源、优势互补、合作共赢也成为企业跨越发展的必然趋势。

从泰山成立之初，泰山便确立了与广东省畜牧研究所等科研机构进行“产学研”合作的研发战略，并为企业的发展带来了积极的作用。20 世纪 90 年代，在“产学研”的带动下，泰山蛋鸭料称雄广东，鸡猪饲料扬威市场，并为水产饲料市场开发奠定了雄厚的基础。

传承优良传统，适应新形势下的发展，2015 年，泰山的合作方向从以前的单纯与科研机构、高校等进行产品研发合作，转向与上下游企业、同行企业等的多样化合作，以凝聚内外部力量，促进自身发展。

2015 年 1 月，泰山成为广东省“中小水产企业营销服务”俱乐部的发起人单位，迈出了企业从单一密集型发展战略走向一体化发展战略的重要一步。

2015 年 4 月，顺应当今行业发展的新潮流，粤海、泰山“强强联手，优势互补”，以最优的姿态共同谱写珠三角淡水鱼料的新篇章。泰山在其稳定的销售渠道、高度的品牌知名度和务实的团队的基础上，借力粤海在管理、技术和资金等方面的优势，从以下方面提升了自身实力：①优化产品结构，提升产品定位，确立膨化高档草鱼料为重点市场；②提高产品自主研发能力和技术服务水平，提高产品、服务与客户需求的契合度；③规范内部管理，规范流程管理，加强企业内部规章制度、考核和激励机制等方面制定和实施；④加强团队打造，组织员工培训，提升员工综合素质，激发斗志，引入优秀人才，提高内部压力；⑤优化营销体系，全面提升营销水平，实行营销专业化。

三、质量为本，强练内功，增强企业发展的生命力

产品质量是企业发展的生命，是创建优秀品牌的基础，只有优质、高效、安全的产品才能吸引客户，赢得市场。因此，泰山成立之初，就把建立、健全、践行全面管理质量管理制度确定为首要任务，并在实践中传承与优化。

1987 年 3 月，处于试产阶段的泰山踏出了质量管理的第一步：制定了质量管理制度和岗位责任制，开展“齐齐参与、全员努力、共创优质”活动，并成立了质量监督部门，加强产品生产过程监督。

1990年，泰山建立了全面质量管理制度，健全了岗位责任制，以“省级先进企业”的标准做好标准化管理、计量管理、物质消耗和定额管理等工作。

2005年，泰山内部质量管理有了新的飞跃——向先进的行业标准和国际标准转变，泰山成为全国第一批率先开展、通过HAPPC（食品安全管理体系）和ISO 9001：2000（国际质量管理体系）认证的饲料企业。

2014年，在国家农业部实施《饲料质量安全管理规范》之际，泰山便以规范为指导，从原料采购和管理、产品质量控制和储存运输、生产过程控制、产品投诉召回、质量安全管理培训等加强内部管理，实施全员质量安全管理制度，全面提高产品质量和客户满意度。

2015年，在规范的指导下，在原有质量管理工作的基础上，泰山采取了一系列措施，泰山质量管理工作迈向了新的台阶：①加强采购管理，建立完善的供应商评价体系和原料验收标准；②实施生产过程全面控制，严格执行配方、产品检测跟班制度、6S管理等；③原料、成品的存储严格执行先进先出制度，做好防霉、防潮、防虫、防鸟措施，并进行定期抽检；④提高销售计划、生产计划及采购计划准确性，最大限度保持产品的新鲜度；⑤提高检测人员分析判断能力，加强全员质量安全责任意识；⑥建立产品质量售后跟踪、质量投诉、养殖效果信息记录档案及产品召回预案。

继2015年12月通过广东省“饲料质量安全管理示范企业”后，泰山人再接再厉，于2016年3月通过了国家部级“饲料质量安全管理示范企业”的现场验收。

四、文化立基，诚信经营，传承企业发展的灵魂

30年的艰苦创业，积淀了泰山人“感恩、责任、互助”的特质，泰山人坚持“以诚待人，诚信经营”的行为准则，守合同重信用，按质按量履行合同约定。截至2015年，泰山已连续14年被授予“广东省守合同重信用企业”称号。

30年来，泰山形成了“取之社会，回馈社会”的文化氛围，热心公益，积极支持扶贫助学和体育文化事业，积极开展科技下乡活动。截至2015年，泰山已连续二十多年支持中山市慈善万人行活动，连续十八年支持中山市泰山杯中小学生篮球赛。传承泰山优良的文化传统，2015年，泰山分别捐款支持了中山市板芙镇禄围村、阜沙镇上南村慈善事业活动。

30年来，泰山致力于打造学习型企业，积极发挥高校与科研机构在人才培养方面的优势，与其合作培养自身技术业务骨干，并鼓励员工积极参加各种进修学习，每年安排高层管理人员到国内外高校进修。2015年，在公司的支持下，已有一批业务骨干完成了人民大学MBA进修班的学习。

泰山三十年的文化积淀，成为了泰山饲料无形的财富，推动着泰山不断发展壮大。

“雄关漫道真如铁，而今迈步从头越。”展望未来，水产饲料和禽畜饲料市场机遇与挑战并存，中国经济发展的新常态要求我们传承优良传统，不畏艰难，勇往直前，要求泰山全体员工以市场为导向，求真务实，团结创新，稳中求进，为泰山实现跨越发展做出贡献。

以农为本　以猪为业
以猪富农

——广西扬翔饲料有限公司

广西扬翔饲料有限公司成立于1998年4月28日，是农业产业化自治区和国家级重点龙头企业、广西重点扶贫龙头企业、广西农产品加工重点龙头企业、广西水产畜牧行业重点龙头企业，注册资金44 464万元，企业性质为民营非上市股份有限公司，公司始终奉行“以农为本、以猪为业、以猪富农”的经营理念，以降低养殖户总拥有成本为己任，为养殖户打造一站式综合解决方案。

通过“公司＋合作社＋农户”模式，助推家庭农场稳步增收。扬翔公司通过“公司＋合作社＋农户”模式，2014—2015年，带动19.6万农户养殖增收48.2亿元；加盟“扬翔家庭农场”的养殖农户有2 900多个，户均增收7.8万元；到2015年12月底，扬翔公司技术服务的“家庭农场”中的母猪数量达45万头。“母猪发情找扬翔、养殖致富找扬翔、要吃好肉还是找扬翔”在八桂大地传扬，并得到了广大养殖户和消费者的认可。

2015年12月，扬翔公司在贵港市樟村福林生态养殖基地，开启“一十百千万”工程项目，以扶持贫困户为主要对象，以生态种养产业扶贫为主要内容，开创的精准扶贫新模式 。自治区党委政府领导对该项目通过生态种养进行精准扶贫的模式给予充分肯定，并指示要把该项目建设成“过程生态，环境生态、产品生态”的全生态种养精准扶贫示范工程。

一、2015年度经济运行情况

2015年扬翔公司自有基地出栏生猪56万头，配送良种猪精超616万份，生产加工配送饲料160多

万t，全年实现销售收入近55亿元，扬翔公司已成为中国首个向养猪业提出全程养猪“6元成本”的农业产业化国家重点龙头企业，涉及生猪、肉鸭等产业。

二、建设原料生产基地情况

扬翔公司在广西投入巨资实施年出栏50万头商品猪标准化养殖项目，已建成7个大型标准化种猪生产基地、17个饲料加工车间、23个规模化养殖基地。目前公司存栏能繁种母猪5万头、种公猪2 000多头、各类猪群17万头、鸭250万羽。

三、企业与农户的利益联结方式

公司的畜禽产业化采用“公司＋家庭农场（或合作社）”模式，有两种产业化模式供农户选择，即订单养殖与合作养殖模式：

订单养殖模式是实施生猪产业化过程中，由企业向农户提供猪种及饲料配送、猪精、兽医服务等配套服务，指导农户科学养猪，并照统一规划、统一供种、统一供料、统一防疫、统一饲养管理、统一品牌销售的“六个统一”产业化运作思路，对部分经济上有困难的农户进行铺底资金、饲料赊购等扶持。

合作养殖是公司在生猪、鸭产业化运作中，产业化模式主要采用公司从供种到食品加工实现封闭式产业链运作，现在加盟公司产业化运作的养殖户，商品猪养殖利润达100元/头以上，肉鸡肉鸭养殖利润达到1.5元/羽左右，有效地保障了农户养殖增收。

四、加强质量安全管理情况

扬翔公司连年通过了ISO 14001国际环境体系和ISO 9002国际质量体系的双认证企业。公司在开展农业产业化经营中，运用国际环境体系和国际质量体系的标准，加强产品质量安全管理，在企业内部建立了现场质量巡查制度，根据产品质量标准对出厂产品进行检验，并保存检验记录和检验报告。运用每包饲料唯一条码进行可追溯管理。针对饲料生产容易出现问题环节严防死守，提高饲料质量安全水平，从源头上杜绝不安全因素进入餐桌，目前公司与华中农业大学、中山大学校企合作成立了企业研究院，为企业产品质量安全加了一道科技防线。

五、扬翔公司开展生态养殖情况

如今随着畜禽养殖规模的不断扩大，畜禽粪便、污水等废弃物的产生量也迅速增加，加上畜禽养殖污染防治工作相对滞后，养殖污染日趋严重。

而目前广西的中小规模养猪场主要分布在广大农村，是支撑农村经济发展的重要力量和农民收入的重要来源，也是承接农村劳动力的主要阵地，党和政府历来高度重视。单家独户的养猪，分散经营，少资金、缺技术，难以抵御市场大潮的冲击，很难形成气候。只有以龙头企业带动，走“公司＋家庭农场（或合作社）”才能得到持续有效的发展。

2014年1月至2015年12月，公司运用特有的“种、料、养、管、防”综合技术，带领养殖户从传统的地上养殖向高床生态养殖发展，共改造了农户猪场13 567个，推广高床设备70 023套，新建沼气池2 786个，新建生态养殖示范场1 356个，减少污水排放量32万吨，同时，养殖户的猪群因实现了“多生、少病、快长”，一头母猪每年增收2 600元，两年来扬翔服务农户母猪头数达90万头次，全区两年共增收近23亿元。

六、科技创新与体系建设情况

1. 龙宝1号猪通过国家畜禽资源委员会鉴定。龙宝1号猪是扬翔公司股东扬翔公司与中山大学等科研单位，历经十多年时间，以中国八大地方优良品种之一的陆川猪为育种素材，培育完成的具有自主知识产权的龙宝1号猪配套系，2013年通过国家畜禽资源委员会鉴定（证书编号：农01新品种证字第21号），培育的该配套系商品猪一致性好、生产性能较高、肉质优良，我公司通过地方猪配套系的培育和推广，为生猪产业发展作出龙头企业做出应尽贡献。同时，“龙宝1号猪配套系培育及健康养殖关键技术研究与推广应用”荣获2014年度贵港市科学技术特别贡献奖，“广西优质肉猪健康养殖核心技术重新与产业化”荣获2015年度广西科学技术进步三等奖

2. 六元成本扬翔领航在八桂大地家喻户晓。公司开发的喜扬扬系列高档猪料，是继承“扬翔猪料，高档高回报”的理念，历经十多年潜心研发，顺应当今农牧行业新形势，为建设养猪价值链而隆重推出的最新产品－0＋1产品套餐；AB包产品套餐。一系列高档猪料集合了让猪长得快、长得好、抗病强、出栏早、省料等一系列优点，为猪养殖全过程配套高档优质猪料，实现全程高档、高回报，为广大养殖户提供整体解决方案，实现养殖户纯收入增长，在行业内率先带领养殖户向养猪的六元成本挑战。

打造世界级安全食品供应商

——通威股份有限公司海南分公司

通威股份有限公司海南分公司（以下简称“海南通威”）坐落于世界长寿之乡——海南省澄迈县老城开发区，是由通威股份有限公司在海南省建立的第一

家饲料生产企业。公司成立于 2004 年 11 月，2005 年 7 月正式建成投产；公司拥有 2 个现代化饲料生产车间，8 条先进的配合饲料生产线，年生产能力逾 30 万 t，主要生产通威牌鱼、猪、鸡、鸭四大系列配合饲料。投产以来，海南通威外抓市场拓展，强化服务意识；内抓企业管理，严格进行质量控制体系管理，保障内部质量运行控制的可靠性，确保产品质量，实现了三年内将通威饲料打造成海南第一品牌的目标。公司已连续多年产销量超过 20 万 t，产销量在海南省内处于领先地位。

海南通威坚持“追求卓越、奉献社会”的企业宗旨，奉行“诚、信、正、一”的经营理念。坚持以人为本，重视质量安全，依靠科技，科学管理，以百姓和社会所需为己任，大力推进无公害、绿色健康养殖饲料的研发、生产，为社会提供安全放心的饲料产品。

一、运用完善的质量管理体系、确保产品质量稳定

海南通威一贯坚持高标准、严要求的工作作风，公司创办至今，先后通过了 ISO 9001 质量管理体系认证、ISO 22000 食品安全管理体系认证、全球水产养殖联盟（GAA）最佳水产养殖规范（BAP）认证三大管理体系认证。公司在生产经营过程中，严格运用质量管理体系，保障产品质量的稳定，控制潜在危害，保障食品安全，最终为消费者提供营养、安全、高质量的产品。

2015 年，公司全面推进《饲料质量安全管理规范》示范企业的建设，全力打造饲料行业标杆，在省农业厅、县畜牧局领导的支持与帮助下，最终以当年行业最高分顺利通过农业部《饲料质量安全管理规范》示范企业验收。通过践行《饲料质量安全管理规范》，公司取得了一系列成果，公司生产过程控制明显改善，生产现场整洁有序；检测化验准确性显著提升；产品质量更稳定，养殖效果更明显；企业的品牌形象得到显著提升，公司的经济效益更趋良好。

二、科技创新，打造一流产品

科技是公司的核心竞争力，通威一直以“科技创新促企业发展”为理念，坚定不移地将新技术新产品的研发工作放到企业经营的核心位置，并且明确提出科研经费“上不封顶”，2014 年 1 月，通威股份参与的项目获得“国家科学技术进步二等奖”殊荣。正是这种科技创新的成功促进了通威 30 年的快速发展。2016 年 3 月 29 日，通威股份获第二届中国质量奖提名奖殊荣，也是全国饲料行业首家获此殊荣的企业。2016 年 5 月 12 日，通威获得“饲料行业唯一标志性品牌”。

海南通威的饲料配方由通威股份技术中心研发，通威股份技术中心是国家级技术中心，拥有国内一流的饲料科研队伍和技术装备，现有各类技术专家 500 余人，其中博士，硕士 100 多人、中高级职称专家 150 多位、拥有国务院特殊津贴专家、行业协会专业委员、行业标准化委员、行业标准审定资格专家等。技术中心下辖：畜禽料研究所、水产研究所、动物保健研究所、检测中心等 8 大研究机构。技术中心连续完成包括原料生物学效价评估、动物营养需求参数、环境条件评估等综合了多学科、多领域的饲料配方研制项目，不断推出新产品，在不降低饲料产品营养质量的前提下，灵活运用配方设计来控制成本，保持了公司产品的性价比优势和利润率水平。技术中心已申请专利百余项，其中发明专利 44 项。获得四川省科技进步一等奖、成都市科技进步一等奖等省市科技成果奖数项，出版专著数本，已发表论文数百篇。

海南通威依托总部技术中心的科技实力，利用公司先进的生产设备和工艺技术，以完善的质量管理体系，科学一流的加工工艺生产出一流的产品，保证鱼、猪、鸡、鸭健康快速生长，饲料适口性好、转化率高，易消化，耗料少；抗病力强，生长迅速，饲养周期短，效益好，可最大限度节约养殖成本。公司拥有强大的检测能力，配置有完备、先进的常规和安全卫生检测设备，并有总部检测中心（具有国家级实验水平的检测中心，检测能力已经获得国家认可委员会实验室认可证书，并且其药物残留的检测结果已获得欧盟认可。）的技术支撑和保障，保证产品不含任何激素类药物，符合国家卫生标准，符合无公害产品、绿色环保要求。

三、改变传统养殖模式，推动海南省罗非鱼产业快速发展

在罗非鱼的养殖方面，海南通威进入海南前，罗非鱼养殖大都非常粗放，使用棉粕、菜粕或小麦的单一原料养殖的较多，饵料系数很高，部分使用配合饲料养殖罗非鱼的养殖效果也不理想，饵料系数平均在 2.3～2.6，农民赚钱很少，亩收益在 500 元左右，有的亏损。海南通威进入海南即引导养殖户使用高品质饲料，实施科学精养，饵料系数一下降到1.3～1.6，养殖收益大大提高，达到 1 500～2 500元/亩，其他饲料企业也跟着技术更新和提高品质，带动了海南整个罗非鱼养殖水平和产量的大幅提高。近年来通威推出的“365 科学养殖模式”，更进一步提高了养殖产量及鱼类品质。可以说，通威的进入对海南罗非鱼养殖技术水平、饵料系数、产量及效益都是一次大变革，对海南罗非鱼产业的发展起到了极大的推动作用，海南

通威也获得了非常良好的品牌形象和企业效益。

海南通威紧紧绕通威“改善人类生活品质，成就世界水产品牌”的宏大愿景，积极打造水产产业链，为通威“全力打造世界级安全食品供应商”奠定了基础。经过十年的探索与发展，通威目前在海南已发展有海一种苗公司、海南通威饲料公司、海南海壹饲料有限公司、通威（海南）水产食品公司和通威农业担保公司五家成员企业，真正实现了从种苗、饲料、资金支持和水产品加工回收的完整产业链，实现了水产品全程可追溯，符合国际及国家食品安全标准的水产食品供应链。通过水产产业链的有效整合，海南片区的水产产业链条正参与、带动和促进海南罗非鱼等水产产业的快速发展，并为海南以罗非鱼为主的水产产业化、标准化、集约化、国际化的体系建立和运作奠定了坚实的基础。海南各公司也正以产业链的一体化建设，与政府携手，共同打造海南省水产产品、特别是罗非鱼的国际品牌，为海南罗非鱼等水产品走向世界提供了有力支撑和重要保障。

目前，通威正利用发展分布式光伏的独特优势，大力发展家庭屋顶光伏，并与现代渔业相结合，打造“渔光一体”模式。在当前水产养殖行情低迷的大环境下，通威“渔光一体”模式的推出对于水产养殖转型升级意义重大。随着“渔光一体”模式在海南的推广，将促进资源的高效利用、节能减排技术的集成和示范、自动化养殖装备的研发利用，将有效促进海南水产养殖业的增效和养殖户增收。

四、强化养殖服务，与用户共成长

海南通威强力推行“重点用户共同成长计划”，将通威帮扶农户、共同成长的共赢理念深植到每个养殖用户的心中。十年来，海南通威依托通威股份强大的技术、研发平台，通过拉网式的宣传培训、典型带动，向广大养殖户传播先进的养殖观念和养殖技术，全面规范饲养管理，特别是针对不同养殖条件提供成套的养殖方案，有效帮助养殖户解决了各种养殖困惑和困难。近年来，公司举办养殖技术培训 400 多次，解决养殖户疑难问题共 2 000 多个，培训数万人次。建立科学养殖示范基地 12 个，并在文昌、儋州、琼海等地经过筛选确立了 100 余户重点用户，不定期通过专家服务团队对用户组织培训，使其经营和管理保持良性发展，将通威帮扶农户、共同成长的共赢理念深植到每个养殖用户的心中，让广大农民朋友得到真正地信服，并切实地得到了实惠。

五、诚信经营，奉献社会

海南通威不仅自觉依法生产经营，自觉遵守社会公德，自觉诚信自律，不搞虚假宣传，不搞价格垄断，不搞商业欺诈，在维护行业公平交易秩序，促进行业和谐发展方面也做出了积极的贡献。公司在自觉履行“饲料质量安全第一责任人”方面，坚决与各种掺杂使假等违法违规行为作斗争，在饲料质量安全专项整治行动中业绩突出；在海南省饲料协会组织发起的《饲料安全共同宣言》《全国饲料和饲料添加剂骨干企业确保饲料安全承诺书》等各项行业自律活动中率先履行承诺，积极做出表率；在落实安全生产措施、科学合理利用资源、减少重金属和污染物排放、降低碳排放、节约能源等方面，公司加强内部管理，深挖潜力，开源节流，取得较大成果，得到当地各级单位的好评。

公司在抗台救灾过程中，积极发扬“一方有难，八方支援”的传统美德，以强烈的社会责任感和使命感，第一时间投入到抗台救灾工作中，除了排除万难做好公司生产经营工作以外，还向受灾群众伸出援助之手，捐赠物资 100 多万元，充分体现通威与广大养殖户同患难共甘苦的鱼水情。

总之，公司始终坚持“追求卓越，奉献社会”的企业宗旨和“诚、信、正、一”的经营理念，以“丰富社会物质财富，提高全民生活质量”为社会使命，以“为了生活更美好”为愿景，成为助力海南水产、畜禽产业发展的最坚实力量，为促进海南省饲料工业及养殖产业的快速发展做出了自己应有的贡献。

创新成就辉煌

——重庆民丰化工有限责任公司

重庆民丰化工有限责任公司始建于 20 世纪 50 年代，是重庆化医控股（集团）公司下属国有全资子公司，是重庆市重点增长型企业、重庆市产业振兴重点扶持骨干企业、创新型试点企业，是中国无机盐工业协会副理事长单位，是首家进入国际铬发展协会（ICDA）的中国成员单位，是行业的龙头优势企业。公司现有总资产 14 亿元，占地 850 余亩，员工 1 200 余人。工程技术人员 200 余名，其中高级职称人员 10 余名，中级职称人员 70 余名，硕士研究生 20 余名，工程技术人员约占职工总数 16%。“十三五”末，公司将按“两个生产厂、一个贸易公司、一个科技中心”的管控模式，实现铬盐总量 15 万 t、维生素 K_3 总量 2 000t，销售收入 30 亿元，利税 3 亿元的经济规模，将公司打造成为世界一流的维生素产品的生产研发基地。

公司积极创造条件，每年选送 10 名左右表现突出、有一定专业基础、有发展潜力、有奉献精神的工程技术人员到重庆大学等“985”“211”工程院校进行深造，让他们带着问题去学习，用学到的理论知识指导工作，力争把他们培养成铬盐研发、生产的专家。对在技术研发、技术进步、技术改造中成绩突出的员工，公司将按员工贡献大小，按项目的开展情况给予技术人员一次性物质奖励和授予“先进工作者”、“劳动模范”荣誉称号。公司针对市场需求和技术发展的可能而形成的新产品、新工艺和新技术服务等方面进行自主创新，产品创新、工艺创新、市场创新、原料获得来源创新和组织创新几种方式，不断加强技术创新能力建设，缓解技术供给对经济发展的瓶颈制约，保持公司较快发展的势头。公司建立和不断完善企业技术创新体系，立足于增强技术自主开发和创新能力，提高产业技术水平，增强企业竞争力，把用市场换技术与用技术换技术结合起来，以科技进步为主导创新需求和培育市场，培育新的经济增长点。

大力发展循环经济，建设资源节约和环境友好型企业，实现经济增长与人口资源环境相协调。坚持开发与节约并重、节约优先的方针，按照减量化、再利用、资源化原则，大力推进节能节水节地节材，加强资源综合利用，全面推行清洁生产，完善再生资源回收利用体系，形成低投人、低消耗、低排放和高效率的节约型增长方式。积极开发推广资源节约、替代和循环利用技术的产品。大力支持环保事业，重视生产中的“三废”处理。积极开拓国外市场，加快转变对外贸易增长方式，扩大商品出口量，积极引进国外先进技术和设备。提高利用外资的质量和水平，着重引进先进技术、管理经验和高素质人才，注重引进技术的消化吸收和创新提高。

苛刻出精品　挑剔创品牌

——重庆天龙精细化工厂

重庆天龙精细化工厂始建于 1998 年，位于重庆市沙坪坝区山洞工业园区内，是一家主要从事研发和生产饲料添加剂的民营企业。公司共有员工 54 人，其中享受国务院特殊津贴专家 3 人，高级技术职称人员 5 人，本科以上人员 15 人。天龙化工从“本土—四川—中原—全国—出口东南亚”五连跳，实现了在饲料调味、防霉、抗氧等技术研发领域处于行业领先水平的梦想。用良心的天平衡量自己的研发动机，用良心的天平衡量产品的安全性能，用良心的天平衡量为社会为人类带来的后果，成为企业文化，企业宗旨，企业发展目标的唯一标准。“苛刻出精品，挑剔创品牌”，成为每个员工“我应该这样做”的自律行为和必需行为。

由天龙化工独立研发的饲料调味剂：奥克呈味料伴侣，打破了常规调味剂单纯利用“甜”来促进动物采食，以人的喜好来代替动物的喜好进行选用的简单方法。大量实验证明，饲料对动物采食的诱惑不仅仅反映在动物的味觉上，它是味觉神经与嗅觉神经甚至包括了视觉神经共同作用并传递至大脑中椎，由大脑中椎发出综合指令的结果。经过六年的刻苦攻关，天龙化工成功破解了“味”的奥秘，把祖国医学“脏腑器官对味的需求”和“阴阳平衡”以及“甘与甜对机体的影响”等理论引用到产品研发思维的架构中。奥克呈味料伴侣以一种非常精确的方式随动物感觉而唤醒记忆，调动动物的恋母情结，通过各种滋味来满足动物脏腑器官对不同味的需求，达到阴阳平衡，最终，肠道中味感受器和营养感受器交错作用，促进动物体对饲料促生长物质的利用，从而维护生长发育的需要，使动物生命充满活力，促进了动物的健康成长，同时也顺应了饲料、养殖业对添加成本的控制。

“春江水暖鸭先知”，天龙化工对饲料工业的发展有着自己的知觉，根据感性和理性对饲料行业的发展不断进行着深刻的分析，学习、创新才是最具价值的竞争力。饲料、养殖业是个非常阳光的行业，快速变化的经济环境对行业人员提出了更高要求：他们必须成为战略家，他们要懂得合理配置稀缺资源；他们必须成为技术专家，在浩瀚的技术海洋中追踪并利用最有用的尖端技术；他们必须是科学家，因为未来他们的业务或许跟过去大不相同。正当行业风靡服务营销时，天龙化工转身为技术驱动型企业，“说服别人支持你，不一定要证明比别人都优秀，而是要让别人觉得，因为有你，他们才变得更优秀、更有成就感，为客户创造更大价值”——这就是天龙化工技术营销的精髓。

天龙化工倡导：任何思维要有前瞻性。他们认为，未来养殖业的发展不会建立在规模经济、权势和金钱的基础上，而是建立在知识、智慧和创新的基础上。今天许多企业争取解决的是昨天的问题、今天的问题，而不是考虑如何杜绝可能发生的问题。这是典型的急功近利的表现，根源就是前瞻性思维的缺失，后果就是葬送客户的最终信任，把市场拱手相让给自己的竞争对手。天龙化工认为，功能化的产品及综合性的技术服务能力将会成为未来企业制胜终端的核心竞争力。合作服务将会成为未来的主流模式。未来，绝对的生产经营性饲料企业会越来越少，饲料企业的生存状态呈现多元化趋势，甚至你很难说他就是一个“饲料企业”。

“山重水复疑无路，柳暗花明又一村”。这是一个最好的时代，从来没有那个时代能像今天一样，基于技术的支撑使得企业创新的能力如此汹涌澎湃，没有哪个时代使得中国企业举刀革自己的命，从野蛮的快速生长，到慢下来冷静思考生态成长，从单纯价值战略的层面转为综合性设计商业模式和管理。从习惯站在事实基础上思考问题，转身面向社会以立体思维考量未来趋势。面对激烈竞争的市场环境，天龙化工拍手叫好，他们认为，只有在恶劣的环境下才有机会让企业发展充满生机，让企业的生命充满活力！面对越来越严厉的工作检查、质量考评，天龙化工拍手欢迎，他们认为，这是上级领导为企业健康发展送来的天梯，通过考评可以发现更多自己发现不了的问题，把不尽如人意的东西消除在企业内部，让自己的市场保持一片纯净。而今，天龙化工正在强化各种准备，去迎接明天更多更加激烈的挑战，争取为中国的饲料工业作出更多的贡献。

科技促进发展　创新开拓未来

——四川省畜科饲料有限公司

四川省畜科饲料有限公司创立于 1985 年，下属公司包括四川畜科生物发展有限公司和四川华神兽用生物制品有限公司，是集科研开发、生产经营、技术服务、进出口国际贸易于一体的科技型企业。先后被认定为“国家创新型企业”“国家高新技术企业”“农业产业化国家重点龙头企业”和“全国五十强饲料企业”。

公司建有省内农业领域首家院士（专家）工作站、四川省企业技术中心，四川省动物生物制品工程技术研究中心，与四川省畜牧科学研究院共同组建“畜禽生物制品四川省重点实验室”。先后承担国家、省级重点科技攻关项目三十多项。获科研成果 10 项，其中国家科技进步二等奖 1 项，省科技进步一等奖 1 项、二等奖 6 项、三等奖 2 项；主持制订国家标准 1 项；拥有国家发明专利授权 7 项，实用新型专利 11 项；公开发表科技论文 190 余篇，其中 SCI 收录 40 余篇。

公司长期致力于安全、优质、高效、环保型饲料添加剂、预混合饲料、动物生物制品产品的研发和生产经营，近年来开发新产品 100 余个，其中饲料添加剂乳酸锌获农业部新产品证书，填补了国内空白，被国家四部委列为国家重点科技新产品计划项目。与四川农业大学联合开展的《伪狂犬病基因缺失疫苗的研究与应用》项目获得国家二类新兽药证书，是中国首创的第一株基因工程疫苗，该疫苗的研制成功开创了我国动物基因工程疫苗的先例。

公司秉承“创新为先、质量取胜”的企业宗旨，推动行业安全、无公害畜产品生产以及放心肉工程的建设，以促进中国畜牧业持续发展为己任，走技术创新之路，坚持以饲料添加剂为主，动物用生物制品为补充，重点开展安全、优质、高效、环保饲料添加剂的研发和应用关键技术的研究，研发针对重大动物疫病、人畜共患病和烈性传染病防控的动物疫苗，成为安全、优质、高效、环保饲料添加剂和动物用生物制品领域中的技术引领者。

“三驾马车”驱动
特驱千亿梦想

——四川特驱集团

一棵树苗要长成参天大树，需要三个必备条件：空气、阳光和水。华西希望集团总裁、特驱集团董事长王德根心中有一个梦想——特驱集团要在 2020 年跻进千亿俱乐部，打造饲料行业的 3.0 版，把特驱饲料做成饲料行业的“苹果手机”。

一、1.0 版本 饲料：弥漫千亿梦想“空气”

2005 年，特驱在一片静悄悄的气氛中成立了。特驱“掌门人”王德根继承了希望事业创始人陈育新的做人基因：低调，低调，再低调。低调是梦想的开始，尽管特驱最早涉足的是竞争极为激烈的饲料行业，当时的规模也很有限，但王德根的心里却有一个大胆的念头：特驱要打造世界一流的农牧企业和食品企业。这个目标一经提出，所有的人都觉得他不切实际，甚至有人怀疑他是不是“疯了”。王德根却不以为然，没有伟大的目标就不可能产生伟大的行动，没有伟大的行动就成就不了伟大的企业。他把“世界一流”定位为 1 000 亿元，但要实现目标仅靠饲料是远远不够的，必须要有“化蛹成蝶”的自我突破能力和自主创新能力。

王德根清楚，伟大的目标不能急于求成，尤其是食品行业过去所发生的一系列负面事件让他感觉到一份沉甸甸的压力和责任，如果操之过急，就会“萝卜快了不洗泥”，重蹈别人的覆辙。所以，今天的“快”可能会成为明天的“慢”，今天的“慢”也许成就了明天的“快”。做食品是他事业的最终归宿，但食品维系大众健康，又将对企业的理念、管理、道德等职业水准提出最大考量。于是他用倒推方法，将千亿梦想分解、量化为三个渐进式的发展阶段和三个“300 多亿”：首先以饲料求生存，做中国猪饲料第一品牌；其次以养殖求发展，打造中国种猪养殖第一品牌；最后以食品求壮大，做中国肉类食品第一品牌。每一个板块做 300 多亿。

三个奋斗阶段，饲料为 1.0 版，是其他两个阶段赖以生存的“空气”，如果“空气”混浊，“阳光”则不明媚、“水”不纯净，那么，所有的梦想都将成为空想、幻想、假想。

“特驱存在的价值就是为老百姓做点实实在在的事，如果质量得不到保证，那我们做的就不是实事，而是蠢事、坏事。”王德根深知，只有心里装着老百姓，老百姓心里才有你。高质量的品牌形象、高效益的产品性能，给特驱带来的不仅仅是良好的市场口碑，还有平均每年 50%的快速增长。

如今，特驱 40 多家饲料厂分布于四川、广东、重庆、河南等十几个省市区，并在越南建有工厂。按照集团发展规划，到 2017 年，特驱的工厂数要达到 100 个，年饲料销售要突破 1 000 万 t 大关。

吨位决定地位。尽管特驱非常低调，但“满园春色关不住”，特驱饲料迅速飙升的吨位，使特驱像一块磁铁一样越来越吸引行业的眼球，有的业界权威在对未来行业领军人物进行综合评定时，认为特驱的王德根最具潜质。

1.0 版把“空气”净化了，把基础打牢了，王德根才敢放开手脚进行产业延伸。

二、2.0 版本 养殖：放射千亿梦想“光芒”

2007 年，特驱发展的 2.0 版——特驱养殖闪亮登场。

王德根决心让特驱变成“双家”——中国猪料专家和中国养猪行家。特驱未来要制造安全、可靠、放心的食品，养殖是一条绕不开、非走不可的路。

他组织一批饲料专家，让他们摇身一变去当“猪倌”。探索是一个非常痛苦的过程，但特驱人是一群特别的人，在一无经验、二无人才、三无技术的困境中，硬是从无到有、从小到大、从外行到内行，逐步摸索出一条独具特驱特色的养殖之路。目前，特驱养殖规模和实力雄居西南第一。

王德根并没有停下前进的脚步，他有更高的目标和追求。解决种猪问题就等于找到了一把打开提升中国养猪效益的“金钥匙”。王德根把特驱的选育方法和技术全部“升级换代”，首先与全球著名的加拿大 FAST 公司建立战略合作关系，派一批技术人才到 FAST 学习世界最前沿的种猪选育技术；然后在风景秀丽的自贡尖山山顶盖了十栋与外界完全隔离的种猪“高档别墅”；最后从 FAST 引进 868 头原种猪到自贡“安家落户”。

三管齐下，特驱的种猪选育技术一下子与世界同步，迅速处于国内领先水平。868 头原种猪也将成为提高中国整体养猪水平的“引擎”。

2.0 版让“阳光”“明媚”了起来，王德根的梦想也开始放飞了……

三、3.0 版本 食品：奔涌千亿梦想“清泉”

水，生命构成的主要成分，离开水，生命将无法生存。

因为水对人太重要，所以水给我们很多的启示。老子说：“上善若水，泽被万物而不争名利。”《周易》云：“天行健，君子以自强不息；地势坤，君子以厚德载物”。

在王德根的眼里，特驱做食品就是做“水”，要恩泽万物，必须尚“德”，尤其在中国食品负能量不断的大背景下，更要以“德”为本，每时每刻为大众制造、提供安全可靠的放心食品、良心食品。也就是说，特驱不仅要制造“水”，更要制造清澈透明、甘甜纯净、没有任何污染的“泉水”。

说起中国食品，有一件事深深地刺痛了王德根。2010 年 5 月举行的第 28 届“首尔国际食品产业大展”上，中国是参展规模最大的国家，但颇具讽刺的是，偌大的中国展区门可罗雀、无人问津，成为“无人区”。而其他国家和地区的展位却门庭若市、熙来攘往。中国食品发生的这种让人不屑一顾的悲剧，不是天灾而是人祸：食品企业一味追求经济效益，忽视对安全的重视，自掘坟墓地添加、使用三聚氰胺、苏丹红、吊白块、福尔马林、孔雀石绿、瘦肉精等违禁物质，酿成了全世界对中国食品敬畏三尺、退避三舍的恶果。国际市场对中国食品来说，已经渐行渐远了。

食品形象在一定程度上代表了国家形象。王德根决心捍卫中国食品形象，他觉得一个有理想、有抱负、敢担当的食品人，有责任、有义务为中国食品正名。

然而，一个靠饲料起家的企业要涉足食品行业，挑战可想而知，因为食品加工与做饲料和养猪相比，技术门槛更高，安全规范更严，品牌塑造更难——食品，往往体现的是一个企业的管理能力和综合实力。

王德根是一个喜欢挑战的人，时代在发展，社会在进步，穿老鞋走新路，永远也走不出一条属于自己的路。况且，他热衷于食品还有另外一个考量，越难做的行业越容易成就伟大的企业，通过食品的高标准、严要求，可以倒逼特驱人的经营理念、思想观念、价值体系、文化导向不断得到升华，并在升华中孕育出伟大企业的“基因”。

做食品就是做品德。王德根坚信特驱提供的食品一定是安全可靠的、大众放心的食品，一定是经得住时间考验的食品。他的信心是有根据的。特驱过去狠抓饲料质量、苦念养猪经的一切努力都是为食品埋下伏笔：饲料乃猪肉之源，猪肉乃食品之源；饲料决定猪肉，猪肉决定食品。用自己的饲料养自己的猪，用自己的猪肉做自己的食品，这就是一个闭环的产业链，生产全过程能做到可控制、可追溯，确保食品质量万无一失。

“勿以善小而不为，勿以恶小而为之”。做好一个品牌需要一辈子的努力，而毁灭一个品牌只需一瞬间。王德根给自己划了一根“红线”，特驱做食品不争名、不为利，只想为大众的健康尽一份力、担一份责。只要对食品安全不利的事，再小的事都不能做；只要食品安全有利的事，再大的代价也要付出，积厚德才能取信于天下。

“化蛹成蝶”，脱胎换骨，这是一个痛苦和艰难的过程，但王德根坚信，痛苦是幸福的开始，没有超常的付出就没有超常的回报，食品成功之日，也就是特驱腾飞之时。

饲料名扬天下，养殖高歌猛进，食品战鼓擂响，王德根驾驭他的“三驾马车”正朝着伟大企业的彼岸，扬鞭奋蹄……

专心做产品　用心做服务

——贵阳富源饲料有限公司

2015年，贵阳富源饲料有限公司喜讯频传，各项生产、销售指标同比大幅上升，利润创历史最好纪录，大力发展产业链项目，迅速带动了农民增收致富，央视进行了采访报道，被授予贵州省饲料质量安全管理示范企业。

一、专心做产品，赢得市场认同

贵阳富源饲料有限公司位于贵阳市修文工业园区，创立于2000年4月。公司先后获得了贵州省饲料质量安全管理示范企业、贵州省“农业产业化经营重点龙头企业”、贵州省“扶贫龙头企业”、贵州省“践行科学发展观优秀企业”、贵州省饲料工业协会“优秀会员单位”、贵阳市“重合同守信用单位”等殊荣。

2015年，公司与四川农大、贵州大学等著名科研院所、高校建立更加紧密的战略合作关系，诚聘国家科技进步奖获得者、享受国务院政府津贴的著名动物营养专家、博士生导师周小秋教授为总顾问，运用国际领先的“动物健康营养理论和技术”引领产品的研发，实现猪只快速生长获得更高的养殖效益，产品和技术竞争力处于行业领先地位。

无论是技术、人才还是服务，企业都极具资源、价值优势。建立了严格而科学的质量保证监督体系。优质高效的产品现已畅销贵州省内及周边省份，被广大养殖户赞誉为“值得用户信赖”的饲料精品。2015年，公司在贵阳建立了两个现代化、集约化种猪场和一个养猪专业化培训基地，与国内知名的种猪检验检测中心建立了合作关系。公司种猪的生产成绩和猪场的管理水平贵州领先，国内一流。

2015年初，公司董事长明确提出了专心做好产品的理念。公司上下按照这一理念，对照饲料质量管理规范的要求，从原料采购与管理、培训、卫生、记录、生产过程控制、产品质量控制、产品贮存与运输、产品投诉与召回等方面对员工进行培训，不断完善饲料质量安全管理制度、记录和规程；进一步提升生产工人、管理人员的安全意识和法律意识，确保了饲料生产按照质量安全管理规范进行。实施后，企业生产、销售得到较快增长，2015年，在整个市场低迷的情况下，公司销售量有20%以上的提升，并在2015年，成为贵州省质量安全管理规范示范企业。

二、以产业链为纽带，推动集团发展

2015年，公司在立足饲料主营业务的同时，针对目前养殖转型的现状，立足贵州，大力推广“公司+家庭农场”养殖发展新模式，力求发挥龙头企业的优势，带动当地农户共同发展。由于实现了良好的养殖效益，目前，养殖地的农户纷纷与公司对接，申请加入该养殖项目。2015年9月，以产业链发展为纽带，以贵阳富源饲料公司为龙头，整合旗下的投资企业，打造建立了总产值10余亿元的富之源集团。年底，富源公司牵头规划了公司及所投资公司的五年目标：即五年内完成饲料销售20万t、生猪上市100万头。

三、明确七大发展思路，推动快速发展

根据目前市场竞争空前激烈，公司的发展机遇与挑战并存、风险与收益同在的实际。公司面对这些激烈变化、严峻挑战的经营环境，2015年，公司多次召开战略会议分析公司的优势和劣势，选准突破点，为公司可持续发展，进行了整体经营思路的规划。明确实施企业发展的七大战略思路，第一，实施终端拉动的客户发展战略。公司现在学会“从右向左”做，把过去的主要精力放在经销商上，逐步过渡到把主要精力用在为养殖户服务上。公司加强做养殖户的技术服务、管理服务、选料服务甚至个人商务生涯规划服务等工作，加大与终端用户沟通交流，培养养殖户的忠诚深度和忠诚广度，从而有效提升了饲料销量，实现了前所未有的经营效益。第二，实施产业链发展战略。根据市场和自身的情况，公司在过去单一生产、销售饲料的基础上，涉足饲料原料贸易、饲料加工、动物繁育、动物养殖、与屠宰加工企业合作、技术服务、与食品生产企业合作等方式，开展公司+家庭农

场项目，真正地做到首尾兼顾、长远发展，把终端做到广大消费者的餐桌上。2015 年，公司通过投资、整合的手段，将旗下的贵阳富之源农业科技有限公司、贵州阳光健特养殖有限公司以及合作的小桥良种猪场整合在一个产业链上，形成了以饲料公司、养殖公司相互联动配合的机制，动物营养、猪苗、养殖、防疫、技术管理等一体化的养殖模式。2015 年，富源公司实施本项目，解决当地劳动力就业 300 余人，让他们走上了增收致富的道路。同时带动肉制品加工、销售产业的发展，实现生猪出栏 6 万元余头。富源公司在立足饲料主营业务的同时，加快产业链发展，赢得了许多新闻媒体的关注，9 月 22～27 日、中央电视台 7 套节目《农广天地》栏目组，对该公司生态农业产业链发展模式，进行了为期近一周的拍摄。内容涵盖富源饲料基地安全饲料生产、富源种猪基地种苗养殖、“家庭农场”育肥猪养殖等多个内容。将整个生态产业链生产全过程，详细的记录到镜头。第三，实施差别化的综合立体营销网络建设发展战略。把过去单一按照：饲料企业——经销商——用户的销售模式进行了升级，建设差别化的综合立体营销网络。即不同的区域市场建设不同的营销网络；不同的产品特点建设不同的营销网络；不同的客户 和营销精英建设不同的营销网络。这些不同的营销网络都有不同的运行机制，共同构成企业差别化的综合立体的独特的营销网络。全年共召开养殖户、经销商价值论坛会 10 余场，邀请国内知名的动物营养专家、养殖专家授课，帮助经销商、养殖户提升养殖与经营意识。通过用心的服务，让近千名经销商、养殖户与公司合作。第四，区域（第一名）的市场规划发展战略。公司把市场分成了四类：A 类市场就是自己的大本营，属必保市场，目前已经绝对占领的区域，在该地区，产品、价格、形象、渠道，均不给对手以可乘之机。B 类市场属必夺市场，企业虽没有取得第一的地位，但与第一位对手相比，已经具有相当的市场基础的地区市场。在该地区中，企业在产品、价格、服务、形象、渠道等方面，已经形成较强的竞争优势。C 类市场属必争市场，是指处于第五位以后的地区市场。在产品、价格、渠道、形象等方面，还不具备向前几位竞争者大举进攻的优势。D 类市场属随机市场是指没有客户基础的地区市场。第五，实施资本经营战略。公司针对目前最缺乏和最充满机遇的就是资本经营的实际。加大了向银行贷款的力度，与基金等进行洽谈合作，争取风险投资。2015 年，公司通过各种方式融资数千万元，运用资本的力量，迅速进行了规模的扩张。第六，快速推进股权整合资源的股权改革战略。公司为了加快发展，打造农牧行业的航空母舰。通过股权改革，允许主管、员工以及外部人员入股的方式，实现了人员、设备、市场、客户、资金、行业、经验、优势的整合。既可以预防风险，又优势互补，整合了资源。第七：实施市场化的产品开发与服务战略。公司提出了“专心做产品，用心做服务”的经营理念。公司是这样说的也是这样做的。为了提升产品质量，加大了研发投入，2015 年投资 500 万元进行产品研发，以后每年增加 10% 比例的资金。投资 7 000 万元开工建设产品试验基地，力求加快产品技术开发和产品更新换代速度。

四、创新发展，书写新的发展篇章

在未来的发展中，富源公司将恪守“成就客户、托起员工、回报社会”的宗旨，为客户提供优质产品及服务，提高养殖户（场）、经销商的经营效益。全体员工将更加紧密携手，为贵州农牧行业的发展，为广大养殖农户养殖事业的发展贡献自己的热忱、智慧，提供极具价值的产品和综合配套服务。不断发展创新，以激情书写贵州农牧行业发展的璀璨乐章。

以质量为基石
促企业创新发展

——昆明市华港饲料有限公司

昆明市华港饲料有限公司成立于 1996 年 9 月，系福建省华港农牧集团在昆明投资修建的中型饲料企业，主要从事前饲料生产、加工及销售；饲料原料的收购、销售储存。为适应市场需求，扩大产能，公司于 2005 年 3 月投资 8 000 万元在安宁市太平镇火龙村筹建新厂，年生产能力 18 万 t，2007 年 8 月全面竣工投产。

公司在不断地发展提升过程中，每一步走来都为后续发展打下坚实的基础，每一次提升都凝聚着华港人智慧汗水的结晶，产品质量稳定和超前的营销理念，完善的管理机制，让我们在发展的道路上能屡屡突破，产品销售网络遍及省内各地州及贵州、四川等省外，部份产品已打开越南和缅甸市场，老客户稳中求进，新客户源源不断。

公司先后共取得 10 个实用新型专利、1 个发明专利。公司产品选用优质原料，严格按照华港集团技术标准生产。2013 年公司通过了 ISO 9001 质量体系认证，同时还荣获“昆明市重点龙头企业”荣誉称号，2014 年获得“国家高新技术企业”“云南省成长型企业”“云南省科技型中小企业”“云南省农产品深加工科技企业”等荣誉称号，2015 年获得“云南省农业产业化省级重点龙头企业”“工人先锋号”“先进职工之家”“安宁市和谐企业”荣誉称号，使产品质量得到更有力的保障，使公司的企业形象、文化面貌焕然一新。

市场定位：营销部负责市场开拓，掌握终端的客户需求，结合当地的畜禽及水产品种、养殖习惯、养殖资源，与客户深入交流，主动传授新的养殖知识。要求业务员具备相关的养殖经验，疾病防控知识，熟练掌握公司的饲料品种使用，按客户的养殖品种推荐适合的饲料、使其饲料转化利用能最高价值化，养殖效益最大化。

业务员在公司与经销商、市场终端起到桥梁作用，掌握客户的动态，了解客户需求，准确详细的传达到公司各个部门，公司各部门竭诚为每一个客户做好服务，真正做到客户对华港牌饲料是购买放心、使用安心。

质量是企业的生命，是永恒不变的真理，只有产品过硬才能在市场上站稳脚跟，在站稳市场基础上才能不断突破创新，为了使经销商、养殖户与公司长期合作，公司的主管和技术人员不断地自我提升、不断地与外来同行互相交流和学习，让公司的品牌在云南市场上始终奋发勃勃生机。公司还与四川农业大学精诚合作，成立博士工作站、产品研发中心。第一时间掌握国内外最新的饲料养殖资信，研发出更加稳定，高效的产品。没有经过实践的产品是没有说服力的，为使产品质量更加稳定高效，公司先后投资近 3 000 万元，在安宁市八街镇投建一个大型养猪场，占地面积 200 亩。理论与实践相结合，公司研发的产品先在自己的猪场内做试喂，经过多次试验，得出详细的数据，在证明产品可靠性后，才最终让产品投入市场。公司也时常组织各地州优秀养殖户到猪厂进行参观交流，同各地经销商，养殖户建立深厚的友谊。不断地创新、改进，才使公司有了过硬的产品质量，并赢得了客户的一致赞美和支持，在变幻莫测的市场中立于不败之地。

自 2007 年以来，公司提出新的经营管理思想，质量权威压倒一切，在任何决策的前提考虑都是质量优先，违反质量原则的一切决策都是失败的，将接受公司严厉地问责。领导带头做出表率，强化培训所有公司员工质量意识，新到公司的员工首先学习公司的产品质量管理控制知识，现场培训技术要点，没有质量观念的员工决不录用，不能熟练操作的员工不单独上岗。公司专门为此成立了品管质检部，配置充分的人手，在产品质量管控上拥有一票否决的权力，在整个生产过程关键点都配备了相应的现场品管员，品管员完全脱产管理，做到全职全责抓质量。

产品质量的保证，首先必须保证原材料的质量，好的原料才能做出好的饲料，反之，原料质量差，再好的生产工艺也无法做出好的饲料产品，所以公司抓产品质量首先抓的就是原料的质量。公司原料经采购部采购回到厂内，在没经过品管员做初级检测前不允许进厂，不允许过磅。经过原料品管员做了初步检测（感观、杂质、霉变、颜色、气味等），方可允许进厂过磅，通知生产部保管员卸货，在卸货过程中，品管员密集采样观察，保管、卸货工也肩负品质管理重责，发现有掺假、混杂现象立即停止卸货汇报。原料卸货完后挂上待检牌，严禁使用，品管员进行取样对所有原料进行常规性检测，等测出所有指标后送交品管技术科，对每个样品的指标按国家标准进行核对，不合格产品一律做出退货处理。公司还建立原料供应商档案，有故意掺假，做低品质原料商家，列入黑名单不再进行接洽合作。

生产过程中的质量控制：生产过程繁琐复杂，每一个环节出现的误差都会影响整体的产品质量，公司的工艺指标完全按照集团公司的标准要求，严格执行，达不到工艺标准要求的机械设备，立即淘汰更新，公司基本每年进行一次设备检测评估，对磨损严重的生产设备，有质量隐患的设备坚决淘汰，每年提取营业额的千分之二作为设备研发经费，作为设备改善升级使用，确保设备高标准运行。公司针对不同阶段性的畜、禽、鱼类的用料情况，配备相应的设备，做到精细化生产。

例 1：公司为满员客户的产蛋料的外观要求，营养需求，特别增加了低转速电机粉碎机，使其粉碎出的玉米、豆粕粉末大幅减少，增加物料的流动性，降低养户饲喂过程中的损耗。

例 2：云南省的水产养殖相对滞后，客户对于饲料的了解大多停留于感观上的判断，尤其对于饲料的切口，料身光滑度，粉化率等要求较高。为此公司专门投资 500 万元独立增设鱼料生产线，杜绝和畜禽料的交差污染，针对鱼料的大小不同颗粒配套相应的粉碎机和制粒机，取得了较好的成果，公司水产料在市场上销量翻了一番，畜禽料的投诉也大幅减少。

当然工人的生产操作才是保证质量的前提，所以华港公司对生产工人的质量要求非常严格，每个员工进厂先进行 10d 的产品质量培训学习，培训合格方可上岗，尤其对技术岗位，没有半年以上的工作经验不可独立上岗，把质量考核列入每个员工的业绩考核，生产出不合格成品不出产，不记入产量工资结算，每批次料种出品都要经过化验检测中心检测，所有指标合格方能出厂。所以每位员工都有深刻的质量意识，宁可降低生产效率也绝不忽视产品的质量关。

生产成本高效控制：公司考虑长远计划，提升机械化，自动化是未来的必然趋势，所以公司 2012 年投资 420 万元建立钢板仓 3 个，可储存玉米 6 000 多 t；

2013年投资300多万元对运输工艺进行改造，购机械手一套，叉车七辆、托盘5 000个，使公司的生产效率大大提高。在提升生产效率的同时，节约了生产能耗，水、电、燃料费用都有相应地降低。在生产自动化不断提高的时势下，公司还会继续投入更多的财力物力，引进更高端饲料机械设备，做出更好的饲料，提升华港公司品牌的影响力。

悠悠寸草心，拳拳赤子情！秉持“依靠政策、成就事业、报效国家、回馈社会”的宗旨，华港始终把社会责任感放在第一位，并将实业报国的价值观贯穿于一切经营活动中，价值源于创造，利己须先利人。昆明华港将本着“创新求变、与时俱进、再谱华章、永续辉煌”的精神。把昆明华港饲料有限公司建设成为云南省饲料、畜牧、养殖行业中的大型企业，为云南饲料业、畜牧业做出更大的贡献。

做良心产品　走科技道路

——安康阳晨现代农业集团有限公司

安康阳晨现代农业集团有限公司是一家集种猪繁育、商品猪饲养、饲料研发生产、生物质能源开发和生态农业示范为一体的科技型龙头企业，拥有15家子公司，2家控股公司，5家直属养殖基地，托管生猪产业联盟企业109家，总资产达13.4亿元。公司拥有职工850人。公司现为国家农业产业化重点龙头企业、国家重点扶贫龙头企业、国家生猪核心育种场、国家级规模化生产净化场、全国猪育种协作组成员单位、全国养猪百强企业、陕西省农业产业化明星企业、国家高新技术企业。

公司已建设完成基础母猪存栏2.2万头，年出栏规模48万头的生猪产业体系。经过生产性能测定和选种选配，总产仔数、100kg体重日龄和背膘厚三大生产性能指标比引进时均有提高，达到国内先进水平，其中：窝产仔数为11.5头，年成活率为19.2头，料肉比为2.5∶1。同时配套建设了年生产能力达20万t饲料加工厂，年发电2MW沼气发电厂和占地15 200亩的省级现代农业示范园。在宝鸡、榆林、安康分别建设完成了以生猪养殖为核心的“猪、沼、园”为产业链的低碳循环产业体系。

公司的日益发展，得到社会广泛任何的原因，离不开企业在这方面做出的努力。

一、做良心产品、让老百姓放心

阳晨集团始终以国家兴旺、民族健康、生产老百姓放心肉为己任，立足打造国内知名品牌的“康硒谷”牌阳晨生态富硒猪肉。目前已在安康、西安开设9家专卖店，在安康及西安的民生家乐、华润万家等商超设置了冷鲜肉专卖柜台。在西安区域内建设大型批发市场、商超专柜、高端社区店、机关和事业单位团购等多层次、多渠道的营销网络和全方位、立体化的营销体系，现有网点45个。随着终端产品销售体系的建立，公司已形成种猪繁育、生猪养殖、生物质能源开发利用、现代农业示范、屠宰和肉产品深加工、终端销售为一体的全产业链运营模式。

二、走科技发展之路

公司始终瞄准国际最前沿的技术和成果。2009年2月，他会同农业部专家、国家检验局兽医官通过在美国严格筛选，引进最优秀的新美系SPF原种猪500头。这批原种猪已繁殖大约克、长白、杜洛克优良原种猪4万头，对加快本区域生猪品种改良、提高市场竞争力，起到了极大的推动作用。公司因此被陕西省外国专家局等机构评定为“引进国外智力成果示范基地”。

先后与西北农林科技大学、安康学院、甘肃农业大学、中国农业大学等科研单位建立了长期合作关系。聘请中国农大王爱国教授、西农大杨公社教授、姚军虎教授、杨增岐教授，饲料营养专家韩永健教授以及美国、加拿大等国外育种专家为企业技术顾问，对公司生产、研发及管理进行培训指导。

阳晨集团与中国农业大学、西北农林科技大学、甘肃农业大学等共同组建了“陕西省农业科技专家大院”“安康市现代养猪技术研究开发中心”等研究机构，先后承担了国家科技部、省科技厅等多项科研项目。

三、重视企业人才培养

为了充分储备人才，2011年，阳晨集团与安康学院携手，联合开办“阳晨”班，以订单培养形式，每年从大一学生中选招30名品学兼优的学生进“阳晨”班学习，培养适应企业未来发展需要的专业人才。

自2012年起，我们公司投资300万元建设职业农民培育基地，培育职业农民2 000多人，使其在生猪产业化发展中起到了重要的作用，阳晨职业农民培育模式被农业部确定为“阳晨模式”并在全国推广。

四、大力推广公司＋农户的产业联盟模式

2012年，由阳晨集团创建的“龙头企业＋规模养殖场”的生猪产业联盟经营模式，打造出当地“大农业”框架下的畜牧产业集群，在陕西省内发展联盟

企业109家，饲料生产能力25万t；年肥育猪的生产能力达到160万头。产业联盟的发展，为联盟成员养猪效益较以往提高了30%以上，合计节约成本约9 380万元。新增就业岗位2 500个，岗位就业人员超过5 200人。协助融资1.85亿元。同时，走“猪、沼、园（菜、果、茶）”循环发展的模式，促进了养殖业与环境的和谐发展，逐步配套生态园区5万亩，带动富硒产业种植面积30万亩，充分有效地促进了农村一、二、三产业的融合。

2013年和2014年，在生猪市场行情出现多年来未出现的极度低迷，阳晨集团积极应对，出资1 000万元，向联盟企业给予每头每千克1元的肥猪补贴，帮助产业联盟企业渡过难关。

五、走可持续发展的循环经济发展之路

按照循环、生态、可持续发展的理念，坚持建设一座猪场，配套一座（沼气）电站，形成一个现代农业示范园的基本思路，推进“猪—沼—果—菜”的配套建设和生态循环综合开发。目前，初步建成的阳晨现代农业科技示范园，规划占地15 200亩，是全省首批25个重点园区之一，是集蔬菜、林果、花卉生产，沼气发电，现代化规模化养殖，现代农业旅游业、食品加工业和物流业为一体的综合性现代农业科技示范园。目前，园区完成投资1.2亿元，流转并利用土地4 000余亩，已建成3 000头纯种母猪的国家核心育种场一座，2MW沼气发电厂一座和蔬菜、花卉、林果种植和高新智能育种展示体系，形成了“猪—沼—园”的生态型现代循环农业经济运行模式，生产的阳晨绿色富硒蔬菜于2013年顺利获得中国有机产品认证、国家良好农业规范认证。

六、落实精准扶贫政策、促进农民增收致富

2015年，公司与供销企业集团签订产业精准扶贫投资协议后，及时成立了以董事长为组长的精准扶贫领导小组，配备了10名扶贫专员，将汉滨区江北办9个村和晏坝镇9个村列为产业精准扶贫区域，确定了1 050户贫困户作为帮扶对象，计划2016年帮扶江北办脱贫150户；2017年帮扶江北办脱贫284户、晏坝镇脱贫216户；2018年帮扶晏坝镇脱贫400户。

为把产业精准扶贫工作做精做细，公司制定了产业精准扶贫“十个一”的要求，即组建一支产业精准帮扶队伍、设立一个扶贫办公室、悬挂一个对外办公的牌子、喊响一个宣传口号、一份翔实的贫困户家庭情况摸底调查表、一张与贫困户合影的照片、一本产业精准扶贫台账、一个产业精准脱贫计划、一套产业精准帮扶措施、一份产业扶贫协议。将基础设施建设，苗木花卉、蔬菜瓜果、茶业种植、生猪养殖列为扶贫重点项目，作为农户脱贫的主要途径。针对贫困户不同致贫原因，采取不同帮扶措施，分门别类建档立卡，因户制宜确定产业精准扶贫十条帮扶措施。即：一是对无劳动能力的贫困户通过土地流转使其获得收益；二是对有劳动力的贫困户，优先安排参与园区种植务工；三是将公司基础设施建设小型工程承包给贫困户使其获取劳务收益；四是公司将蔬菜大棚租赁给有技术的贫困户经营；五是让贫困户参与园区绿化苗木管护获得收益；六是对有技能的优先聘为公司正式员工；七是对有养殖条件的农户公司免费提供仔猪及饲料；八是对有土地的贫困户免费提供蔬菜种苗；九是让会管理、擅经营的贫困户长年包销园区农产品；十是对有需要的贫困户进行免费技术培训。

打赢脱贫攻坚战是企业应尽的一份社会责任，公司将在扩大生产经营规模，提高质量效益的同时，进一步加大产业精准扶贫工作力度，积极拓宽创新产业精准扶贫模式，努力把贫困户脱贫致富和企业发展融为一体，让贫困户参与到产业发展的各个经营环节，共享产业发展收益，保证帮扶贫困户在三年内全部脱贫。

七、积极参与社会公益活动

作为生猪养殖龙头企业，阳晨集团始终不忘为家乡产业发展和农民脱贫致富做贡献。公司通过组织成立养猪协会，带动当地农户发展养猪产业；目前成立的阳晨养猪协会会员单位达500户，饲养生猪存栏300 000多头，公司在饲料上予以优惠，在技术上给予无偿服务及培训。自2011年开始，连续五年，在安康市汉滨区倡导企业开展扶贫帮困活动中，公司主动包联了一个贫困村发展养猪产业，为汉滨区关家镇黄坪村、县河镇牛蹄村建立了三年帮扶计划。近年来，公司累计为120户特困户无偿送去价值达350万元的2 000余头二元猪，饲料累计优惠210万元，委派技术人员到现场开展生猪养殖、疾病防疫技术培训110余场次，发放技术资料3 000份，使帮扶对象人均收入由原来的1 100元增长到人均7 300元。通过此帮扶工作的开展，使两村形成生猪产业大村，有效带动了村级产业发展和农民脱贫致富。

同时，公司也积极参加社会公益事业，累计在汶川地震、玉树泥石流等自然灾害中捐款17万元；向汉滨区箭牌希望小学、牛蹄中心小学等7所学校捐款10万元，以及价值5万元的图书；为了帮助解决部分乡镇吃水难、通车难问题，公司累计向汉滨区建民镇、牛蹄镇、晏坝镇等乡镇捐款370万元，帮助他们贯通了自来水，修通了村级公路。

阳晨集团作为国家龙头企业，在建设和完善自身

产业体系的同时，将继续努力，一如既往地为安康生猪产业的健康、持续、快速发展做出贡献。

转型促发展　品质赢终端 以品质打造尖端品牌

——陕西石羊农业科技有限公司蒲城猪饲料分公司

一、公司基本概况

陕西石羊农业科技有限公司蒲城猪饲料分公司（以下简称石羊猪料公司）建设于2012年10月，年生产能力18万t，是陕西石羊集团股份有限公司下属的专业化饲料企业，公司专注于猪饲料的研发、生产和销售。公司拥有2条专业猪料生产线和1条专业膨化料生产线，采用国内牧羊先进的加工设备和国际先进的配方理念，联合西北农林科技大学等科研院所，致力打造猪营养领域的尖端品牌，为广大养殖户提供品质稳定、安全高效的饲料产品。

公司的核心产品包括“石羊”“特邦”“金羊”牌猪配合饲料、猪浓缩饲料及膨化饲料。业务范围辐射陕西、山西、甘肃、河南、四川等地，成为西北地区最具竞争力的猪料品牌之一。

企业和产品先后荣获“全国饲料工业30强企业”“陕西省名牌产品”“陕西省著名商标”等诸多荣誉，并通过了ISO 9001质量管理体系认证。《饲料质量安全管理规范》实施后，石羊猪料公司主动邀请省、市饲料办、认证中心等专家现场指导，正在申请创建部级饲料质量安全管理示范企业。

公司目前拥有员工80人，其中专科以上学历人数56人，专业化的比率达到了70%，形成了猪料公司独特的企业文化：

我们的事业——提供绿色产品　共创美好生活。

我们的使命——引领行业发展　铸造百年品牌。

我们的愿景——让生活更美好，让人生更精彩。

核心价值观——爱心、诚信、创新、学习、正向、共赢。

石羊人精神——勇当领头羊。

石羊人格言——要经常看到自己的不足，看到自己的危机，看到自己的责任。

二、经营管理创新取得成效

近年来，公司在经营管理上下功夫，探索新的管理模式，形成了核心产品、附加值以及四费管理的固化模式，有效提升了公司的持续盈利能力。饲料核心产品增加9%，产品附加值基本达标。

主要做法有：

一是降成本推动散粮、散粕以及去中间商化改革初显成效。

二是组织架构调整，产销彻底分离，管理重心进一步下移，更加扁平化，（贴近市场、贴近客户），责权利更加清晰，上下沟通效率大幅提升。

三是尝试干部管理创新，组织开展述职竞聘，涵盖各层管理人员，大幅提升了内部管理团队的活力和竞争氛围，同时帮助管理层更好的理清了下一年的工作思路与措施方法，对公司的变革与发展具有深远的战略意义。

三、培训学习落地取得成效

公司始终秉承将培训学习与经营、管理要素紧密结合，如赢利模式、销售模式、财务模式、教导模式等课程学习与转训，行动计划表、鱼骨图等管理工具有效落地，有力推动了经营业绩的提升和精细化管理。主要做法有：

一是赴山东荣达学习落地成果显著，推动了内部管理优化与创新，增强了成本倒推意识与服务意识，坚定了用户思维与总成本领先的战略，人均效率与贡献较大提升。

二是建立内部猪场实训基地，已完成3期销售精英实训营，大幅提升了受训人员的专业水平与大户开发能力，开启了专业技能系统培训的先河，强力推动营销向服务转型。

三是内训体系建设取得成效，打造精品内训课程12门，专业技能课程24门，为人才梯队培养奠定了良好的基础。

四、重视科研提升品质

以饲料安全健康为中心，构建质量可追溯体系，通过全产业链模式严格把控每一个质量环节，确保饲料的绝对安全和健康品质；加快饲料的研发与技术创新，持续推动产品升级，进一步提升教保料的市场竞争力。

在企业内部推行全方位质量管理，建立并不断完善质量保证体系，坚持“决不让一粒不合格原料进厂，决不让一包不合格成品出厂”的一票否决质量原则。集团始终坚持把“科技创新”作为推动企业持续发展的原动力，依靠雄厚的科技人才队伍，积极研制开发新产品，提高产品的科技含量，以高科技制胜。公司采取科技人才引进、成立专业科研机构、加强与国内先进企业、科研机构的技术交流、加大资金投入、改进公司科研条件等措施的实施均有效地提高了公司的科研技术水平，使陕西石羊的发展驶入快车道，在规模、效益、销量、品牌建设等方面均取得了令人瞩目的成绩。在加强对用户培训的同时，公司还经常聘请西北农林科技大学的知名专家、教授授课，现场指导，提高现有技术人员技能。在科研资金的投入上，集团公司规定每年用于科研开发的经费不少于上年企业总产值的2%。公司还与西北农林科技大学共同成立石羊集团西北农林科技大学饲料研究所，校企联合，共同致力于新产品、新技术的研究、开发、应用。为配合研究所工作，公司还投入100万元建立了配套的养殖试验厂和实验室。在质量管理的不断改进创新进程中，石羊饲料发总公司历经了“TQC”（全面质量控制）、“GMPS”（最佳生产工艺）和“ISO 9001”（国际质量标准化管理体系模式）等一系列重大变革，使本公司饲料产品得以质量稳定、价格适中、效果显著而畅销三秦大地，并辐射甘、宁、晋、豫等周边省区，倍受广大用户的赞誉。当前市场竞争正处剧烈时期，用户对质量越来越高的期望值已成为普遍趋势。提高质量已成为企业拓展、占领和把握市场的主要制胜手段，亦是本公司成功和发展之本。

在集团“健康、安全、便捷”的产品观指导下，蒲城猪饲料分公司依托石羊集团强大的研发团队，始终站在动物营养和养殖模式开发的最前沿，采用国际先进的配方体系，配备先进的饲料化验设备和专业的品管团队，建立了从原料采购、化验到饲料生产加工的品质控制体系。公司配有技术服务人员进行售后服务，指导养殖户控制环境，适时进行免疫和疾病预防，保证石羊所有养殖户的投资最小化，利益最大化。

求实创新　服务三农

——青海乐都恒源饲料有限公司

青海乐都恒源饲料有限公司创建于1997年，是一家以生产和销售各类饲料为主的企业。公司注册资金800万元，总资产达5 600余万元，占地面积40余亩，地址位于海东市乐都区农业示范园。现有员工40余人，其中具有大中专院校毕业学历占60%，专业技术人员占40%。

公司以青海大学农牧学院、甘肃农业大学等专业院校科研力量为技术依托，与国内外优秀企业建立长期合作关系，技术力量雄厚。公司以ISO 9001：2000质量管理体系为指导，逐步建立和完善了产品质量管理制度。企业自成立以来遵循“求实创新，服务三农”经营理念，为我省农牧业的发展做出了积极的贡献，并受到各级领导的高度评价和赞扬。企业先后获得“海东地区农业产业化重点龙头企业”“青海省产业化扶贫龙头企业”“青海省农牧业产业化省级重点龙头企业”等一系列荣誉。

公司以生产猪、牛、羊、鸡配合饲料、浓缩饲料等系列产品为主，产品目前销往我省西宁市、海东市、海北州、海南藏族自治州、海西蒙古族藏族自治州、黄南藏族自治州、果洛藏族自治州、玉树市等地区，并辐射甘肃兰州、张掖、武威等市县，逐步形成了产品的生产、销售、服务为一体的经营管理体系。为提升产品的核心竞争力，公司开始逐步实施品牌发展战略，强化品牌建设，建立和完善了科学的管理模式。

一、市场开拓是企业发展的首要任务

青海省畜牧业由于受农牧民文化素质及家畜传统方式的影响和制约，家畜养殖水平十分落后，公司为了开拓市场，每年通过向农牧民集中授课、免费发放养殖技术资料等方式引导广大农牧民应用家畜规范化养殖技术。多年来公司邀请省内外专家，深入青海各个地区的乡镇进行授课指导，积极推广养殖技术，免费发放养殖技术资料，调动广大农民群众积极参与养殖业，解决了大量农村剩余劳动力，使大批养殖户改变了传统饲养方式，提高了养殖水平，使农牧民年均增收明显提高，同时公司的产品受到了市场的认可。

公司的产品得到市场的认可后，企业不断扩大销售队伍，提高销售人员的业务素质，既要抓牢大客户，也不放走小客户。产品销售应以直接销售为主，但也应注意间接销售，即为流通领域的销售。一些小额零星客户由于各种原因，难以从生产企业订购产品，只能从交易商处购入，从交易商处购入是解决零星消费的最好方式。因此，企业在各个地区选择代理经销商建立代销关系，或直接向经销商销售部分通用产品，由其零售，锁定市场小额零星客户。其次，选择稳定的大客户建立长期合作关系，确定产品供销量和价格，在价格上给予适当的优惠。为防止确定产品供销量和价格或其他意外因素而造成的风险损失，可采取双方年度协商等办法调节，以减少营销中的剧烈起伏。饲料产量由原来最初的年产3 000t，发展到目前年产10万t规模。

二、标准化生产管理为产品质量提供了保证

十多年来，随着市场扩大、销量增加，公司引进国内先进的生产设备，同时，不断完善标准化生产管理流程。通过制定各种管理标准和工作标准，保证企业发挥整个管理系统的功能，科学、合理、有秩序地进行生产经营活动。标准是衡量产品质量的主要技术依据，标准化是开展全面质量管理的前提，并贯穿于其全过程，将两者有机结合方能推动科学管理的良性循环，促进企业素质的提高，公司各个生产岗位分工

很细，实施管理标准和工作标准，从而使企业所有岗位和所有员工的生产活动规范化，形成良好的企业环境，为企业的产品提供有力的保证。

三、创新是企业发展的动力

公司自成立以来，以青海大学农牧学院、甘肃农业大学等专业院校科研力量为技术依托，与国内外优秀企业建立长期合作关系，针对青海省养殖业的发展规模和养殖特点，总结出一套适合青海畜牧业发展的饲料配方和适合青海饲料加工特点的生产工艺，把技术创新作为企业恒久的内驱力。企业不断投入经费，搭建校企技术交流平台，与国内外优秀饲料企业形成密切的合作关系，为企业发展过程中的技术创新提供广阔的平台。公司现拥有国内先进的配合饲料和浓缩饲料自动化生产线、省内一流的原料检测设备，为企业产品开发、技术创新起到了强有力的支撑作用。

四、注重人才的培养和科学养殖技术普及工作

公司在发展中不断加强企业技术中心的建设，抓好人才的培养、人才的引进等工作，深入青海各个地区的乡镇进行授课指导，积极做好科学养殖技术的普及工作，免费发放养殖技术资料，调动广大农民群众参与养殖业的积极性，提升农牧区养殖技术水平，加快我省畜牧业的发展，同时，不断扩大企业的销售规模。

五、树立品牌意识

企业树立品牌是不可忽视的板块，它将在一定程度上直接影响市场份额。品牌是引领产业发展的无形动力，在未来市场竞争中，品牌力将成为产品销售的主要拉动力量。因此，我公司通过参加政府部门组织的“青洽会”“西洽会”等，积极推介企业的产品，通过网络、广告等媒体，广泛宣传产品的优势，树立企业的品牌，用品牌来推动企业长足发展。

以客户为中心　做伊犁农牧行业引领者

——新疆伊宁县泰昆饲料有限责任公司

一、企业基本情况

伊宁县泰昆饲料有限责任公司成立于 2009 年 8 月，是新疆兵团农四师七十团与泰昆集团分公司合作股份制饲料加工企业。位于七十团团结路工业园区，占地面积 53.9 亩，注册资金 2 400 万元，实际投入 3 400万元，公司现拥有员工 104 名，各级管理干部具有大专以上学历达 80%。

伊宁县泰昆饲料有限责任公司是伊犁地区产能最大、销量最大的饲料农牧企业，在伊犁、博乐地区市场占有率位居首位，产品口碑好，公司致力于做伊犁农牧行业的引领者，本着“没有成功的客户、就没有成功的泰昆”服务广大客户，拥有各类经销商 150 人，与伊犁、博乐地区众多专业养殖场建立了良好、稳固的合作伙伴关系。

二、生产产品及销售区域

公司现拥有两个独立的生产车间，设计生产能力为 25 万 t。主要产品有畜、禽、水产、反刍动物四大系列 70 多个品种的配合饲料、浓缩饲料和精料补充料，月销量在 7 000t 左右。生产产品基本覆盖伊犁哈萨克自治州全境，主要销往伊宁市、新源县、尼勒克县、昭苏县、察县、特克斯县、霍城县、伊宁县及博州区域等地。

三、经济效益和社会效益

公司每年营业收入达 2 亿元。2015 年付职工薪酬 700 余万元，其中七十团在公司长期务工人员 35 人，临时计件务工人员 20 人，主要在生产操作工、仓储、财务、后勤服务、装卸等岗位工作。七十团现有 6 辆小型货车长期在公司运送饲料，每年运输收入达 36 万元。10 辆八平车临时在公司运送成品及原料，每年运输收入达 50 万元。若两条生产线产销达到满负荷，预计人员达到 150 人左右，其中七十团团场人员占比达到 40%。

四、未来发展

伊宁县泰昆将以“打造一流农牧企业，制造绿色健康食品”为使命，秉承“爱与支持，创值、分享，说事实，负责任”的核心价值观，“以客户为中心”的服务宗旨，继续做好伊犁农牧行业的引领者，不断开拓市场，新的产品，提升伊犁地区的整体养殖水平，为广大客户创造价值。

把握质量　注重服务　成为巴州饲料的领跑者

——新疆库尔勒泰昆饲料有限责任公司

一、库尔勒泰昆饲料有限责任公司简介

库尔勒泰昆饲料有限责任公司位于库尔勒市天山

西路老塔指向南 300 米处，成立于 2005 年 9 月 18 日，总投资 700 万元，年生产能力 5 万 t，主要产品有配合饲料、浓缩饲料，产品系列为蛋禽、肉禽、水产、猪料等 4 大系列 50 个品种。公司现有员工 52 人，其中硕士研究生 1 名，本科以上学历人员占 40%，大专学历人员 40%，高中学历占 20%。

经过近 11 年的运营，公司在巴州地区已发展成为饲料经销商信赖，畜禽养殖户认可，原料供应商稳固合作的大型饲料加工企业。公司具有完整的原料接受与清理工段、粉碎与进仓工段、配料混合工段、单点除尘系统、液体添加系统、压缩空气系统、成品自动打包等工段。化验室按要求功能划分，检验设备有显微镜、蒸馏水器、恒温干燥箱、水分测定仪、高温电阻炉、振荡器、振荡筛、万分之一天平、分光光度仪等。有专职化验员 2 名，均取得中级职业资格证，人员、设备都能满足检化验项目要求。

2015 年生产销售饲料产品 38 609.16t，其中猪料占比 28.4%、蛋禽料占比 35.2%、肉禽料占比 26.9%、水产料占比 7%、浓缩饲料占比 2.5%，总产值 12 022 万元。

二、固定的客户群众，是库尔勒泰昆发展的基本

目前库尔勒泰昆公司已拥有相对稳定的客户群体、销售网络和良好的口碑。现有经销网络 20 多家，合作社 30 多家，年服务客户总数近 300 人次。目前，推行的“大育雏”代养模式备受客户的青睐！

(1) 黄鸡料引进笼养技术作为试点，提高黄鸡料养殖水平及市场竞争力，稳固市场占有率；

(2) 在经营中采取先量后利的做法，间接推动了饲料行业的发展；

(3) 蛋鸡料“六阶段套餐”模式的启动，有效地提高了畜产品质量及市场竞争力；

(4) 各个网络实证会议的定期召开、相关宣传手册的印刷发放，为终端养殖户提供养殖技术及科学的养殖方法，推动了巴州地区养殖行业的发展。

三、精益求精的发展理念，是库尔勒泰昆追求的目标

以精细化管理、精益求精的态度，为市场提供更高质更优良的饲料产品。

(1) 牢固树立以客户为中心的经营理念。2015 年养殖终端倒逼的机制已经对整个饲料行业形成了巨大的压力，在公司总经理的带领下，公司开展了“大育雏模式”，除此之外，公司所贯彻的思想也转变为“一切为了保障终端客户的利益”。

(2) 变革必须围绕核心竞争力的打造。在现代饲料行业发展中，品牌竞争成为非常重要的市场竞争手段。树立良好的品牌形象，有助于饲料企业的发展壮大。目前，库尔勒泰昆公司对此也进行了研讨，最终明确，不论是产品、干部还是各岗位人员，必须存在危机感、紧迫感，不做温水煮蛙，必须打造出特有的核心竞争力！

(3) 向有贡献者倾斜机制。公司自上而下进行了价值评估，价值分配倾向贡献者，向一线作战员工倾斜。一线经营人员、基层管理人员降低固定收入，增加浮动收入比例，让基层员工有一定的“饥饿感”。

(4) 打造具有使命感、危机感、自我批判精神的干部队伍。对管理层进行培训学习，通过每月的批评与自我批评，剖析自身，让缺点得以放大并改正，真正做到使命于泰昆的狼性干部队伍！

四、紧跟现代畜牧业发展步伐，走向美好的未来

2016 年，是自治区饲料行业“十三五”规划的第一年，也是自治区大力推进畜牧业发展的机遇年，库尔勒泰昆有限责任公司将深刻领会自治区提出的《关于全面推进现代畜牧业发展的意见》，紧紧盯住国家打造新型“一带一路”的利好政策，充分利用巴州地区良好的投资环境和资源，以“打造一流农牧企业，制造绿色健康食品”为使命，秉承“爱与支持，创值、分享，说事实，负责任”的核心价值观，大力实施人才战略和技术创新战略，以成为巴州饲料行业的领跑者为目标，为新疆维吾尔自治区畜牧业养殖做出更突出的贡献！

抓住机遇　提升自己
注重规范　走向未来

——新疆大北农科技股份有限公司

新疆大北农牧业科技有限责任公司（以下简称公司）位于新疆乌鲁木齐市经济技术开发区（头屯河区）兴庆湖路。2012 年初开始施工，于 2012 年 11 月 8 日正式投产。公司占地面积约 25 亩，总投资 5 800万元，新疆大北农牧业科技有限责任公司隶属于北京大北农科技集团股份有限公司（股票代码 002385）独资兴建的以生产经营大北农品牌、猪饲料、反刍饲料为主的饲料加工及销售企业。

一、先进的设备是品质的基础

公司现有两条饲料生产线，猪饲料、反刍动物饲

料生产线分别单独设立，年总生产能力 12 万 t。其中猪饲料生产线引进国内先进的“牧羊牌”设备，年生产能力为 6 万 t，并配备牧羊牌第三代“超越”细粉碎机、牧羊高效挤压膨化机、单轴双层“混合王”、颗粒机、脉冲除尘器等先进设备；反刍动物生产线引进的是“郑州中良”的生产设备，年生产能力 6 万 t。目前，主要饲料品种有猪浓缩饲料、配合饲料，反刍动物浓缩饲料、精料补充料等。

二、高素质的员工是质量的保证

公司现有高素质员工 100 余人，其中，大中专以上学历员工占公司总人数的 70%以上。公司下设行政企划部、人力资源部、生产部、财务部、采购部、技术部、品管部、销售部等。其中，技术部博士一名，硕士两名；品管部 高级化验员一名，中级化验员一名，且公司拥有毒素、蛋白、纤维、脂肪等检验设备，并拥有自主检测能力。公司依托总部技术研究院的人才优势，具有较强的产品开发和检验检测能力。目前，公司现已快速成长为新疆农牧行业最具影响力的企业之一。

三、超前的文化理念是成功的起点

自 2012 年起，始终坚持将大北农的优秀企业文化和产品奉献给创业伙伴，始终秉承集团“报国兴农，争创第一，共同发展”的核心理念，发扬“谦虚、协作、勤俭、创新”的企业精神，以“志创新疆饲料第一品牌”为发展目标。经过几年的发展，产品覆盖新疆各地州，得到了广大用户和同行的认可，取得了良好的社会效益和经济效益。2014 年在新疆大北农全体将帅的努力下，新疆大北农的总产值达到了 9 142 万元，营业额 9 040.3 万元，2015 年产值 8 128.72万元，营业额 8 100.85 万元，较 2014 年有所下降，但在 2016 年新疆大北农必将以全新的态势打开养殖新模式，再创佳绩。

四、规范化管理，谋求长远发展

自 2013 年农业部提出《饲料质量安全管理规范》后，新疆大北农牧业科技有限责任公司严格按照《饲料质量安全管理规范》第八章 44 条，从“原料采购与管理、生产过程控制、产品质量控制、产品贮存与运输、产品投诉与召回、培训、卫生和记录管理”七大方面 110 个细目逐项进行落实改进，并积极邀请市饲料办领导及自治区饲料办领导进行规范现场检查指导。当下，新疆大北农牧业科技有限责任公司全体员工正在以农业部示范企业为目标，积极奋进，努力创建饲料质量安全管理规范示范企业。

五、利好政策为依托，创造辉煌未来

当前，新疆畜牧业正处在由传统草原牧区畜牧业向现代畜牧业转型升级，既要坚定不移地实施可持续发展，又要落实好“禁牧不禁养，减畜不减收，减畜不减肉”的目标，唯一的途径就是加大饲草料的种植加工。自治区历来重视畜牧业的发展，2013 年自治区人民政府出台了《关于加快肉羊肉牛产业发展的意见》，并首次把农作物秸秆加工饲料纳入了补贴范围。可以说，利好政策的实施为新疆饲料工业的发展提供了难得的历史机遇，也为饲料行业发展创建了好的条件。我们深信，在国家、自治区一系列利好政策的推动下，在自治区饲料管理部门、乌鲁木齐市饲料管理部门的监督下，在大北农总部的技术指导下，在新疆大北农公司全体员工的辛勤努力下，新疆大北农必将走向更辉煌的明天。

关注原料品质　保证食品安全

——青岛统一饲料农牧有限公司

青岛统一饲料农牧有限公司成立于 1998 年，由台湾统一企业集团独资设立，总投资 2 990 万美元，注册资本 1 500 万美元，占地 90 亩，年饲料生产能力 40 万 t，规模居山东省饲料行业之首。

凭借母公司 40 多年饲料生产经验、先进的进口生产设备以及严格的品质管理制度，青岛统一饲料自 2000 年投放市场以来，以其质量稳定性及不添加违禁药物的安全性，除畅销山东市场外，还远销至天津、江苏、河南、河北等地，得到广大客户的信赖与支持，还被中国饲料工业协会授予“中国饲料行业信得过产品”称号以及被评为“中国 AAA 级重质量守信用企业”，2010 年，青岛统一又通过 ISO 9001 国际质量管理体系认证，该体系对产品质量、顾客满意度等方面提出了更加严格要求。目前食品安全已成为全球关注的焦点之一，而饲料安全与食品安全息息相关，为保证饲料安全，公司自 2008 年 10 月至 2009 年 4 月，斥资 350 万人民币，历史半年进行大规模生产线改造，形成了牛料、水产料、和猪/鸡/兔三条独立生产线，从而避免了交叉污染，产品质量更安全、更可靠。2011 年，公司顺利通过 ISO 22000 食品安全管理体系认证。为提高企业安全生产管理水平，公司自 2011 年开始推行 OHSAS 职业安全健康管理体系，并于 2012 年 7 月通过第三方审核，获颁认证证书。严格的品质管控，使我公司顺利与蒙牛、伊利、得益等大型乳业公司取得合作权，并在各乳业公司的多次评鉴中获得高度肯定。

随着时代的发展，饲料行业也逐步迈入了整合转型期。不同于前些年，现如今饲料行业门槛高了，“大鱼吃小鱼，小鱼吃虾米”的情况在行业内实属常见。青岛统一顺应发展潮流，除一直秉持台湾母公司“三好一公道”的经营理念和“诚实苦干，创新求进”的企业文化外，更加注重于产品质量和服务，从原料采购源头严格把关，交易客户采取访厂评分制，对评分不达标供应商停止交易。成立食安中心进行品质管控，不定期接受总公司食安中心辅导。2015 年投资 20 余万元对实验室进行改造，新增加高温实验室、霉菌毒素监察室、近红外光谱分析室等。投资 60 余万元，购置近红外色谱仪、酶标分析仪等检验设备，提高了公司自行检测水平，使饲料原料的入厂、成品的出厂得到了严格把关，赢得了客户的信赖。2015 年，公司投资 100 余万元，新增了散装原料装卸设备，更新了生产灰尘除尘系统，此项改造，不但降低了灰尘污染，优化了生产环境，同时提高了工作效率。良好的生产环境及严格的质量管控，使公司的预混合饲料生产许可证于 2015 年 12 月份得到顺利换发。

为提高公司服务水平，公司在淄博、泰安、青岛等地区分别设立了服务站，同时引进高水准畜牧技术人才，24h 驻守服务站，服务站配备了 B 超等诊断仪器，能够及时准确地处理养殖户在养殖过程中出现的问题，同时定期召集养殖户进行技术培训，提高客户养殖技术，为养殖户提高了养殖效益，赢得了养殖户的赞誉。

严格的品质管控，使公司持续与蒙牛、伊利、得益等乳业公司持续合作，更赢得了其他养殖户的信赖，2015 年实现产值 1.5 亿元。

展望未来，青岛统一将一直秉持台湾母公司“三好一公道”的经营理念和“诚实苦干，创新求进”的企业文化，依 ISO 9001、ISO 22000 及 OHSAS 体系要求，不断提升综合管理水平，将更优质的产品与服务奉献给新老客户。

生产安全饲料　打造放心食品

——大连成三畜牧业有限公司

大连成三畜牧业有限公司坐落于大连普湾新区炮台镇长岭工业园区，于 2007 年 4 月由沙荣斌先生创立。注册资本 1 000 余万元，拥有员工 400 余人，其中各类专业技术人员 150 余人。公司下属饲料加工厂、种鸡场和孵化场。公司统一供给根据肉食鸡生长需要而配制的优质饲料，统一提供饲养技术指导，派专业兽医驻地服务，统一进行防疫防病处理，最后公司以保证农民固定收益的价格回收毛鸡，公司承担原料和鸡肉的市场价格波动风险，以保障养殖户有稳定的利润。

饲料厂 2007 年建成投产，引进国内最先进的饲料加工设备，通过与东北最强的饲料企业——沈阳禾丰集团合作，全套引进禾丰的先进管理体系，拥有完整的粉料及颗粒料生产线，年生产能力 24 万 t。种鸡场 2007 年 9 月建成投产，可一次性饲养种鸡 12 万套，年可提供种蛋 1 500 万枚。场。孵化场 2008 年 4 月投产，引进国内最先进全自动 19200 型孵化机及出雏机，每年可为农户提供优质鸡雏 1 800 万只。

2013 年，公司实现销售收入 12 亿元，上市肉鸡 5 000 万只。并在年初被评为省农业产业化重点龙头企业。

饲料厂 2014 年开始按《饲料质量安全管理规范》的要求组织生产。完成了 ISO 9001 国际质量体系和 HACCP 质量管理体系的年审。生产配有机器人码垛和中央控制系统，有配料系统 2 套，制粒系统 4 套。饲料化验室有理化实验室和动保实验室，能够检测全部营养指标和部分卫生指标。

企业以“公司+农户”为生产经营模式，以“成就三农、实现梦想、诚信合作、互利共赢”为企业宗旨，把“诚信如山，德行天下”作为企业的核心价值观。带领广大农民共同致富。

诚信为本　创新为魂

——大连顺祥牧业有限公司

大连顺祥牧业有限公司成立于 2002 年，是大连市规模最大的集种鸡饲养、孵化、肉鸡放养、饲料加工、物流配送、兽药采配和屠宰加工为一体的一条肉鸡养殖全产业链的农牧企业。公司总资产达 2 亿元，其中固定资产 7 000 万元，厂区占地 6 万 m^2，现有职工 1 000 余人。公司主要从事饲料加工，肉鸡放养，是一个农牧业企业。公司通过订单的形式与周边 50 多个乡镇 1 300 余户农民建立固定合作关系，2012 年度生产销售饲料 101 028t，出栏肉鸡 2 400 余万只，主营业务销售额达到 46 387 万元，实现利润2 082万元，企业资产运行良好，负债率为 43%，银行信用为 AA 级。

十几年来，公司一直奉行诚实守信的经营理念。始终坚持为社会服务的企业理念。即使在行业市场低迷时期，为了履约社会职责，公司也在各环节上精益求精。在饲料加工环节上用的玉米、豆粕、食用油等全部采用国家知名品牌的产品做原料，做到让百姓放心，让自己安心。在养户管理上也遵循诚信、让利、服务的原则，按时付款，从不拖欠毛鸡款，让养户得到实实在在的利益。为稳定市场，我们真心付出，实实在在地为养户的成品鸡回购做到订单“保价”，无论市场价格如何变动，公司都做到合同价格不变。为此，公司每年都拿出300万～500万元倒贴在回购价格上。不仅如此，公司还为养殖户在养殖过程中遇到的一些不可预见的风险担保，每年贴补到养户手上的费用也达300多万元。由于诚信的合作态度和规范的企业管理制度，顺祥牧业不仅成为行业的示范企业，也成为带富一方百姓的功德企业，享誉辽南大地。

公司以诚信经营为本，以信誉整合资源，用知识成就品牌，经过10余年的发展，现已成为产值超亿元大型企业，企业的管理方式也已全面升级为网络信息化管理，成为行业中的佼佼者，公司现有2条现代化的饲料生产线，可年产饲料20万t，极大满足了我市畜牧业发展的需要，饲料生产线并通过环保部门的验收。

大连顺祥牧业有限公司系全产业链集团化公司，集种鸡场、孵化场、饲料厂、屠宰厂为一身的行业佼佼者，但是现下受市场形势的影响，严重的制约到了公司的快速发展，下属的重要盈利环节饲料厂最为突出，并且其发展受到多方面的制约，其中最为突出的为养殖户对饲料需求数量的制约，本地区本行业为公司加农户的组合模式进行饲养回收，养户的多少对饲料的需求量有直接的影响，而现下鸡产品产业整体走向下滑，导致养殖户在利润微薄的情形下纷纷弃养，影响十分深远。以此类推同行业企业亦面临同等困境，但是要根本扭转实属我辈能力所不及。

为了提高饲料质量确保肉鸡食品安全，公司与相关科研检测机构建立了长期合作关系，在公司内部设有自己的化验室，配有检测人员，严把质量关，为市场提供安全优质饲料，以保证肉鸡食品安全，公司还建有统一的饲料配送中心，直接服务于用户，多年来顺祥牧业以带动农民致富为已任，同时也承担保证食品安全的社会责任，通过对养户的技术指导，全面提升养户的专业能力，降低饲养风险，受到养户的赞誉，为促进本地农业产业的发展做出贡献。

公司现有6万套的种鸡繁育基地、和年产1 500万羽的孵化厂、12万t的现代化饲料生产线、自养小区4处和年产2 000万只肉鸡的屠宰加工厂。总产值4.6亿元，利润2 000余万元。

由于不断努力，公司已跻身辽宁省优秀合作社、大连市农业产业化龙头企业行列。通过“公司＋农户”的订单式经营，基本上实现了农户养殖标准和企业生产标准的统一，现拥有肉鸡养殖户近1 000户，通过订单包销年养殖肉鸡2 000多万只，推进了大连地区肉鸡产业健康有序的发展。2010年后，公司开始转型升级，由作坊式养殖向全产业链转变，由放养龙头向龙头企业上跨进。

经过近几年的升级改造和资本的积累，公司发展空间不断扩大，加强肉鸡全产业链的建设，确保了新一轮肉鸡产业竞争的优势地位。

在全产业链的打造过程中，公司抓住几大优势不断做大：一是种鸡优势。拥有自己的种鸡厂和孵化厂，父母代鸡源稳定，确保二代商品鸡种更安全健康。二是肉鸡饲养优势。公司是大连市肉鸡产业的龙头企业，也是瓦房店市最大的肉鸡饲养企业。2012年公司开始尝试小区自养，初步决定每个小区以20万羽鸡为标准，不挤占粮田，做鸡粪无害化处理。并且计划于2020年完成30个小区建设。三是饲料生产优势。公司于2011年投产了年产20万t的颗粒料生产线，建设投资4 000万元。现如今拥有辽南地区最大的优质肉鸡饲料加工企业，年销售额6亿元以上。四是兽医专业队伍和动物保护中心的研发优势。可为养殖户提供防治、防疫的优质技术服务。由专业的技术团队对养户实施全程服务，建立专业技术人员和养户挂钩联系制度，实行养殖的全过程跟踪服务，帮助解决生产中的实际问题。五是技术资金优势。拥有种鸡饲养、孵化、肉鸡放养、饲料加工、物流配送、兽药采配和屠宰加工为一体的一条肉鸡养殖全产业链，对肉鸡产品进行全程质量控制，保证产品质量。六是企业文化优势。建立公平竞争机制、完善的沟通和协调机制，企业理念制度化，使员工对企业的未来有充分的信心和工作热情。我们有三个目标定位 ：构建一个全封闭的全产业链的肉鸡品牌的经营模式，创建一个安全食品的知名品牌，建设一个大型鸡肉食品加工的现代化企业。实施以肉鸡产品品牌为核心的多品牌策略，加强品牌精细化管理，围绕顺祥牧业企业品牌，主要做好五个方面的工作，一是肉类产品品牌，二是饲料类产品品牌，三是兽药类品牌，四是技术服务类品牌，五是各类市场终端品牌。要努力化解肉鸡食品生产质量风险，要严格按照质量标准运作，奉行高尚的伦理道德，用诚信和良心生产。完善三个体系：即肉鸡养殖体系，鸡肉加工体系，品牌销售体系。从而转变成封闭的全产业链运行，对肉鸡产品进行全程质量控制，实现食品安全可追溯，打造安全、放心、健康食品产业链。实现三个转变：由传统粗放的户养殖向现代标准化可控养殖转变；由注重养殖产品向商品品牌，关注生产服务向关注增值服务转变；由公司加农户模式向全产业链控制现代化企业转变。

目前的公司加农户型肉鸡生产养殖模式和合作社联盟模式，是肉鸡产品生产的初级阶段。从长远考虑，要逐步建立起现代化的以工业化生产模式的产业组织体系，实现产业的工业化、信息化、市场化、国际化。实现由传统粗放养殖向现代标准化养殖转变，要逐步改变目前的生产模式，纳入全产业链生产管理体系中，最终废除肉鸡散养方式，把分散生产转入自养小区生产车间集中生产，按标准化生产，实现质量控制，使养殖场变成工厂，养殖户变成工人。

公司不断完善现有的企业生产运营与服务体系，包括肉鸡放养、饲料生产、兽药研制、鸡病防治、物流配送、信息服务等，提高管理水平与经济效益，大力提升增值服务的附加值。稳定扩大存量肉鸡放养规模，加快建设自养型示范小区和加盟式饲养小区，完善养殖管理体系，坚持标准化，在养殖标准、服务标准、质量标准、环境标准上下功夫；构建流程化，建立科学的养殖流程、服务流程和管理流程；提升质量，加强产品质量检验和过程质量管理；完善制度化，建立养殖、服务、监管制度体系。扩大饲料生产优势，大力开发创新新饲料产品，稳定提高产量，严格保证质量，创建优质饲料品牌。在做大做强的基础上，适时将饲料公司独立运作，进军资本市场。

面对未来，顺祥人充满信心。因为，企业的愿景就是做世人尊敬的禽类食品安全生产供应商。通过我们的努力，为大连地区菜篮子工程再添绿色。

企 业 简 介

北 京 市

北京博农利生物科技有限公司

北京博农利生物科技有限公司诞生于中国农业大学动物科技学院，起源于1986年中国著名动物营养学教授周毓平先生创立的北京农业大学实验饲料厂。北京博农利生物科技有限公司是一家成立于2006年的股份制高新技术企业，公司于2010年开始成为国家级高新技术企业，公司致力于通过动物营养领域的高新技术推动我国畜牧业健康可持续发展。

公司主要从事畜牧技术推广、畜禽饲料添加剂和添加剂预混合饲料的生产加工与销售。以“优嘉”品牌为主导的系列产品销售覆盖全国24个省市自治区。主要产品包括畜禽复合预混合饲料、维生素预混合饲料、微量元素预混合饲料等，位于北京市通州区的生产基地年生产能力达30 000t。公司自成立之日起，视安全与标准化生产为一切工作的基础，并先继成为“安全生产标准化京安企业”，并取得“安全生产标准化三级企业”的证书。

博农利自成立以来，保持稳步健康发展，在职员工拥有本科及以上学历人数占比达82%。于2015年在中国农业大学校庆期间，北京博农利为回报母校，成立了“博农利奖学金”，该举措为公司人才发展战略走出有意义的一大步。

公司现有一套完善的产品质量保证体系与运行机制，自成立以来，博农利就致力于产品质量保证体系的建设和完善。生产基地基础硬件设施及其工艺流程设置布局合理，生产管理软件完备并保持持续更新。公司在通过ISO 9001质量管理体系认证和ISO 22000食品安全管理体系认证的基础上，于2010年成功引入并应用了可追溯条码生产管理系统，该系统从原料验收、配方导入、产品生产、成品包装、运输及使用以条码管理为脉络，实现所有产品全程可追溯。

博农利一直认为技术的突破是企业发展和行业进步的唯一源泉。公司在家禽早期营养，动物免疫营养与繁殖动物营养研究领域的探索保持国内甚至国际领先水平。并通过成功举办数次国际性会议论坛影响行业的发展，促进畜牧业健康可持续发展。

北京福乐维生物科技股份有限公司

成立于2005年8月的北京福乐维生物科技股份有限公司，是由几位资深的动物营养界归国博士创建的高新技术企业。十年来，福乐维秉承“服务农牧行业，维护人类健康”的企业宗旨，遵循“诚信、专业、高效、创新、共享”的核心价值观，不断地创新突破，已从一流的维生素企业发展成为集科研开发、生产经营、贸易投资于一体的综合性农业高科技企业。

北京福乐维生物科技股份有限公司是国家级高新技术企业，国家级星火项目承担单位，北京市专利试点单位。从创立以来，福乐维始终坚持着技术创新与发展！他们与中国农业大学动物营养实验室联合建立了国内首家维生素动物营养实验室，拥有国内最先进的技术研发条件和人才。多年来，实验室进行了许多与生产息息相关的试验和中试，为福乐维的新产品检测提供了硬件和软件支撑。目前，公司已拥有国家发明专利9项，申请注册商标二十多个。

一个高新技术企业，不仅仅需要在技术上不断地创新，同时要拥有一套科学高效的管理体系和先进的生产设备。2006年11月至今，公司顺利通过ISO 9001质量管理体系认证和ISO 22000食品安全管理体系认证，公司严格按照食品安全管理规范和饲料质量安全管理规范等标准体系，建立了质量和食品安全管理体系，率先在国内同行中采用条码追溯系统，极大的保证产品安全可控，在管理生产过程中严格执行，以科学的管理理念、完善的生产工艺和先进的生产设备确保产品质量的优越性和稳定性。2008 年和 2011 年，福乐维两次率先成为第一批国家级高新技术企业。

公司自成立以来，自主研发的预混料添加剂产品十余种，销售网络覆盖全国，获得了饲料行业的广泛认同。公司连续数年荣获“首都饲料行业影响力品牌奖”、2012 年荣获“中国畜牧业诚信标杆示范企业”、2013 年荣获“中国农牧行业最佳企业形象奖”、2016 年荣获“首都饲料行业发展腾飞奖”及“首都饲料行业科技创新奖”。福乐维自主研发的产品还在继续增加，多年来成功开发了纳米级液体营养补充剂、新型微生态制剂、复合酶制剂、畜禽复合预混料，这些具有高科技含量的产品已经投放市场，并得到客户的一致好评。

公司拥有专业的销售、技术和服务团队，随着公司产品品种的增加，销售和服务范围的扩大，福乐维对人才需求也逐渐增加，我们恪守“以人为本，量才适位”的用人原则，以“自立立人，自达达人”为用人目标，期待有迎接挑战、不断学习意愿的有识之士加入！

2012 年 12 月 12 日北京福乐维成功完成股制改造，2013 年 8 月北京福乐维在中关村新三板成功挂牌上市（证券代码：430277），以此为标志，北京福乐维踏上了新的征程，为实现“成为中国一流的综合性农业高新技术企业”的发展愿景而大踏步前进！

天 津 市

天津奥特奇生物制品有限公司

爱尔兰科学家、企业家皮尔斯·莱昂斯博士于 1980 年创建了奥特奇，将总部设立于美国肯塔基州。奥特奇通过革新性的酵母发酵技术、酶制剂生产技术、海藻以及营养基因组学技术以增加饲料的营养价值，提高动物的健康水平和生产性能。奥特奇在酵母技术和有机微量元素技术上领先行业，并大力投资海藻科技，在肯塔基州设立领先的海藻工厂。

作为全球动物保健行业前五名中唯一一家私有制企业，奥特奇运用这一优势，始终将精力专注于客户需求、创新以及长期发展的目标。这种独特的灵活性加速了奥特奇的发展速度，近年来一度接近 400%，年销售额逾 20 亿美金。奥特奇在全球 128 个国家和地区设有办公室，拥有 95 座工厂，雇用 5 500 多名员工，并在美国和爱尔兰建立三个生物科学研究中心。

天津奥特奇生物制品有限公司成立于 2009 年，奥特奇收购了位于天津宁河区的食品级工厂，用于生产 35 种奥特奇产品。生产团队从最初的 17 人增长到现在的 106 人，生产由每天 8h 变为全天 24 小时轮班制。在 2009—2013 年，工厂产量翻三番，达 1.3 万 t。

奥特奇天津工厂为中国客户提供本地生产的国际质量标准产品。工厂设有奥特奇 AQS 质量管理系统。不仅满足所有对食物和饲料的法规要求，还提供超越客户期望的生物技术、质量、安全和服务。奥特奇全球的每一个工厂均使用 AQS 系统统一全球供货质量。AQS 系统的质检标准通常高于或等同于一般国家生产质量标准。

此外，奥特奇开发了 Q＋TM（有机微量元素品控体系），该项目是针对百乐®和赛乐硒®等奥特奇有机微量元素产品的。该品控系统保证了所有购进的原材料及终端产品的质量，产品在出售之前会经过二噁英，多氯联苯和重金属等一整套相关检测。

天津奥特奇生物制品有限公司与国内 10 家农业大学及行业领先企业成立研究联盟项目，设立动物营养、食品科学等方向的科研项目。

奥特奇的技术涉及动物营养的各个方面，尤其专注于有机微量元素、霉菌毒素管理、血浆蛋白替代三个领域。百乐®及赛乐硒®系列有机微量元素是有机蛋白盐产品，用量更少，获益更多。赛乐硒®是首个得到欧盟认证，并唯一获得美国药监局审核的有机硒产品。

天津牧丰饲料有限公司

始建于 1998 年 9 月，是由天津市食品集团与中国牧工商集团总公司（中牧集团）共同投资兴建的从事饲料研发、生产、销售的现代化国有企业。公司坐落于百年古镇杨柳青镇，占地 20 亩，总资产 1 800 万元，拥有年生产能力 5 万 t 的全自动浓缩料生产线、年产 2 万 t 的颗粒配合饲料生产线和年产 1 万 t 的预混合饲料生产线。公司通过先进的加工设备、专业的队伍、严谨的管理、齐全的检验设备、完善的质量体系，成功打造了“牧冠”“华冠”“双冠”三大品牌饲料产品，“牧冠”牌饲料 2003 年荣获“天津市名牌农产品”称号，2012 年荣获“天津市名牌产品”称号，“牧冠”牌预混料 2015 年通过绿色食品生产资料认证。公司产量逐年增长，达 3.0 万 t，年产值可达 1.0 亿元，产品覆盖天津、北京、河北、山东、山西、内蒙古等多个省市，在环渤海地区拥有很高的市场知名度，位列天津饲料行业前三强。公司获得“天津市优秀企业”“天津市农业产业化市级重点龙头企业”、天津市科技型中小企业、天津市科技小巨人等荣誉称号。

公司现有员工90人，大专以上学历占36%。公司坚持“人才为核心”的理念，注重专业人才队伍的建设，不断引进新的人才，保证员工队伍的专业化、年轻化。公司拥有一只高水平的科研、生产、营销和服务队伍，有具备多年从事饲料研发经验的硕士3名，有从事多年养殖和饲料生产具有中等学历以上的技术骨干32名。多年来，公司坚持走专业化道路，始终与中国农业大学动物科技学院国家重点营养研究室保持密切合作，走产学研相结合的产品研发之路，从现代畜禽营养理论和市场实际需求出发，设计出高性价比的畜禽饲料，并通过细化产品，优化工艺，使得公司研发的蛋鸡浓缩料、断奶仔猪料和生长育肥猪浓缩料在市场上的占有率越来越高，深得广大用户的信赖。

天津牧丰饲料有限公司作为天津市为数不多的国有饲料企业，自投产以来，公司以生产安全、高效的饲料产品为经营理念，企业在2002年通过天津市无公害饲料企业认证，2005年通过了ISO 9001质量管理体系和HACCP安全管理体系双认证，并在实际生产中，始终以“品质安全”作为企业持续发展的根本，严格贯彻实施，企业的“牧冠”“华冠”“双冠”三大品牌产品在历次的国家监督检查中，产品营养指标均能达到设计要求，安全卫生指标合格率达100%。

公司始终奉行“企业—员工—客户”三得利的经营理念，努力提高营销人员和养殖户的综合素质，做好服务营销，真正为养殖户解决养殖中存在的实际问题，为养殖户排忧解难，使公司与养殖户的关系由买卖型转变为互利互惠型。面对养殖业受多种疾病困扰、养殖收益日趋下降的严峻形势，牧丰公司下大力度、投入资金，从饲养管理、疾病防治等多方面对养殖户进行指导，同时竭力研制高性价比的饲料进行实验示范推广，使养殖户从中受益，进而实现公司与养殖户的互惠共赢，巩固了公司产品品牌在市场上的地位。

河 北 省

河北大正科技股份有限公司

河北大正饲料科技有限公司始建于1998年，专业生产饲料级氯化胆碱，并拥有自营进出口权；其中饲料级氯化胆碱年生产能力80 000t，是国内最大的饲料级氯化胆碱制造商之一。

河北大正饲料科技有限公司始终坚持“绿色、高效、科技、环保”的企业方针。2011年在国内同行业中率先通过了ISO 9001：2008国际质量管理体系认证和欧盟FAMI－QS国际质量管理体系认证。通过十多年的不懈努力，公司获得了“农业部全面质量管理达标企业”“中国农业银行AAA级信用企业”“河北省科技明星企业”“饲料添加剂优秀企业”等荣誉称号。被沧州市出入境检验检疫局推荐为天津海关出口免于抽检企业。“万灵”牌氯化胆碱获得“中国饲料行业信得过产品”“河北省名牌产品”荣誉称号，“万灵”品牌被评为“河北省著名商标”。“万灵”牌氯化胆碱畅销全国，公司在北京、上海、江苏、哈尔滨、沈阳、乌鲁木齐、成都、南宁、广州、福州、厦门、南昌、长沙、武汉等地设有办事处，同时出口到越南、巴西、以色列、泰国、日本、印度尼西亚等国家和地区。

辉煌的荣誉属于过去，河北大正饲料科技有限公司将始终秉承“科技打造精品，品牌铸就辉煌”的企业宗旨，立志于把“万灵”打造成国际知名品牌。为民族饲料工业的腾飞贡献自己的一份力量。

河北邢台华兴饲料有限公司

邢台华兴饲料有限公司成立于2005年。经过10年的发展，现已占地面积30 000m^2。公司自成立以来，先后荣获“文明诚信经营先进单位”“中国健康宠物食品消费者首选品牌”“河北省著名商标企业”等荣誉称号，并通过了ISO 9001：2008国际质量管理体系认证。

公司以宠物食品研发、生产、销售一体化为基础，技术力量雄厚，生产工艺先进，检测设备齐全，是集产品研发、设计、生产、销售为一体的现代化企业，在全国宠物食品同类行业中，属于设备先进、工艺一流、环境优越、标准较高、规模较大的企业。旗下“奥丁”“迪尤克”“力狼”“朗仕”“冠邦”“爵加”已经成为国内市场上知名品牌，奥丁商标和力狼商标被认定为河北省著名商标。

为适应公司发展和市场需求，公司建设了研发品控中心、宠物实验基地。组建了涵盖动 物科学、动物营养、畜牧兽医等专业的科研团队，其中研究生以上学历占30%，形成了独立、缜密的研发体系。研发课题涉及宠物风味剂、宠物零食、宠物营养、功能粮研发、处方粮研发等，其中风味剂研发成果在同行业中处于领先地位。

2015年11月，公司与中国农业科学院饲料研究所签订合作协议，成立了“中国宠物食品产业研究院”“中国农科院科研基地”，为公司新产品的更新、换代奠定了坚实基础。

山西省

山西金粮饲料股份有限公司

山西金粮饲料股份有限公司（以下简称“金粮饲料”或“公司”）成立于2012年2月，是一家集饲料研发、生产、销售、原料购销为一体的大型饲料企业。

公司位于有“晋商故里”之称的晋中市，紧邻太旧高速、大运高速、榆祁高速、108国道、石太铁路及太原武宿机场，交通极为便利，地理位置优越。公司占地40余亩，总建筑面积16 0C0m²，投资总额1.2亿元，具备年产56万t鸡猪全价饲料的饲料加工能力，预计年产值达16亿元，是华北地区最大的单厂畜禽饲料加工基地。

金粮饲料是金粮集团“从田间到餐桌”全产业链中的重要环节。公司采用目前国际上最先进的“双轴高效混合机”设备，各项原料混合均匀度大于国内同类设备。公司在技术上不断学习、创新，对饲料原料进行科学的搭配，既满足动物的营养需要，又能降低配方各原料的使用成本，提高产品在市场中的竞争优势。拥有瑞士布勒原装进口玉米烘干塔全套设备，是国内首批拥有该设备的厂家。该设备日烘干能力可达500t，烘干品质精良。

公司秉承“绿色 、安全、清洁”的饲料加工理念，生产“适养源”牌猪、鸡全价配合和浓缩饲料。

2013年3月，山西金粮饲料股份有限公司“56万t全价鸡猪饲料项目”被评定为“2013年山西省发改委农牧行业重点工程”。

2013年当选山西省饲料工业协会副会长单位，并通过ISO 9001、ISO 22000质量管理/食品卫生安全管理体系。

2014年元月，山西金粮饲料股份有限公司经市农业产业化领导组办公室审定，被评为“市级农业产业化龙头企业”。

2015年9月，山西金粮饲料股份有限公司在全国中小企业股份转让系统成功挂牌上市。

山西北正农生物工程有限公司

山西北正农生物工程有限公司成立于1998年，是一家专业研发、生产、销售新型有机微量元素的高科技企业，2014年4月，获得国内首张蛋白盐有机微量元素生产许可证。

北正农公司下设两个专业研究院和一个现代化生产基地，拥有国内最专业的生化、动物营养、精细化工等领域的技术人才，以及规模最大，技术水平最先进，自动化程度最高的有机微量元素生产线。

公司主导产品为“百肽”蛋白盐单体系列，包括百肽铜、铁、锌、锰；以及“百肽微奇”全蛋白盐有机微量元素预混料系列，包括“蛋鸡专用”“肉鸡专用”“生长猪专用”“乳猪专用”“母猪专用”“皮毛动物专用”等十几个品种。

“百肽”蛋白盐是北正农生物经过几十年自主研发的最新一代有机微量元素，对传统微量元素进行了技术革新，具备独特的组成和生化结构，使其在动物体内发挥出更加多样的生物学功能，不仅显著提高微量元素的吸收效率，而且极大地提高了蛋白质的利用率，在减少污染和节约资源方面具有显著的经济和社会效益。

公司和国内众多知名企业建立了长期合作关系，持续为2 000多家养殖场和300多家饲料厂提供优质产品和技术服务，并出口东南亚，经过长期实践，公司产品性能已经远超国际同类产品水平。

2015年，公司实现销售收入8 000多万元，不仅为合作企业增加收益约2亿元人民币，而且为国家节约矿物资源近万吨，节约蛋白原料近10万t，体现了“百肽”系列有机微量元素巨大的经济和社会价值。

北正农公司将坚持“科技北正农，与智者共赢”的理念，依靠自身技术优势，不断优化产品结构和服务意识，为整个行业的持续、健康发展做出应有贡献。

内蒙古自治区

兴安盟九州大地饲料有限公司

兴安盟九州大地饲料有限公司成立于2009年10月，是北京九州大地生物技术集团股份有限公司（股票名称股份名称：大地股份，股票代码股份代码：430034）在兴安盟投资兴建的高科技企业。是兴安盟地区较大的集设计、开发、生产、销售和经营于一体，年产12万t的饲料企业。2011年公司被内蒙古自治区科学技术厅评为“民营科技企业”；同年，被兴安盟农牧业局、工商行政管理局及农牧业技术推广协会评为“农资经营十佳信誉企业”；2012年通过ISO 9000和HACCP认证企业；安全生产标准化企业；2013年12月，我公司被继续认定为”兴安盟农牧业产业化重点龙头企业”；2014年率先通过新饲料法规生产许可。兴安盟九州大地公司自成立以来，在各级领导、各部门的关怀和大力支持下，产品市场占有率和公司的发展规模得到不断扩大，产品已销售到兴安盟全境及周边黑龙江、吉林、通辽、赤峰及海拉尔部分地区，受到广大农牧民养殖户的广泛好评，成为兴安盟地区规模最大的饲料企业。

公司位于乌兰浩特经济开发区，地处乌白公路道旁，交通便利。于2009年招商引资至乌兰浩特市开发区，占地面积45亩，项目总投资4 500万元，拥有国内领先的生产设备，具备先进和完善的检验技术。公司选用国内最先进的设备，其中，主要生产环节，采用电子程控，微机管理。产品从类别、品种、营养、绿色、环保到管理，自主研发，开创新产品，保证技术领先，保证质量稳定。公司主营生产及销售浓缩饲料、配合饲料、精料补充料的饲料企业，收购使用农副产品。拥有反刍和畜禽全自动生产加工线两条，日处理玉米300t，有员工120余人，是集加工、销售、研发仓储为一体的现代化饲料加工企业。

通过这几年的不断发展，公司的产量不断上升了，产品质量提高了，市场占有率也不断扩大。公司原来生产的产品仅仅在乌市及周边的农村市场销售，现在我们产品不但在兴安盟地区销售而且产品已销售至海拉尔、通辽、赤峰、吉林省及黑龙江的部分市场，并且比率不断地扩大。为保证产能，公司的主要原材料“玉米”收购量加大，其中兴安盟当地玉米收购量占总收购量90%以上。公司2014年年产量2.2万t，年销售收入5 867万元，利税55万元左右，固定资产2 618万元，2014年企业总产值累计完成6 501万元。2015年年产量1.5万t，年销售收入3 816.25万元左右，上缴利税较20多万元。2016年预计年产量3.6万t，预计年销售收入10 265万元左右，企业总产值达到11 000万元。

内蒙正大有限公司五原分公司

内蒙古正大五原分公司为世界五百强跨国企业正大集团旗下分公司，公司经营业务范围为饲料生产及销售，为专业化牛羊料生产企业，整个生产线专为生产牛羊饲料而打造，年生产能力20万t，占地106亩。一期总投资9 200万元，固定资产投资8 000万元，建筑面积15 000m²。公司采用世界先进生产工艺和设备，生产设备高度自动化、智能化。饲料配方由正大集团的国际顶尖科学家联合研制，使用目前最为先进的美国进口WEM-4000全自动配料系统，达到了饲料行业前所未有的配料精准度。糖蜜混合机为专业生产牛羊饲料而特别研制，不仅更高效，而且在添加量和均匀度方面都更加出色。CPM美国进口技术的制粒机、配以全自动触摸屏控制界面，使得调制和产能均达到了最佳效果。先进的包装系统和智能化的码垛机器人，确保了成品入库、出库更加整洁高效。同时，公司还拥有先进的品质检测仪器，不仅对进厂原料进行100%抽样化验，而且对整个生产过程实施全过程监控，保证了每一个批次饲料的高品质。五原分公司满产后可实现年销售收入6亿元，增加就业岗位400多个。

科学、营养、安全的正大配方技术、高质量的工艺设备、领先的企业管理有机组合将会成为中国牛羊料饲料专业生产的领跑者。

辽 宁 省

沈阳谷实饲料有限公司

沈阳谷实饲料有限公司于2008年3月26日注册成立，隶属于谷实农牧集团股份有限公司，位于辽宁省沈阳市于洪区红沙街15号，是谷实农牧集团于2008年7月在沈阳市投资新建的，集技术研发、生产、销售、粮食收购的现代化一条龙企业，公司于2009年5月10日完成主体建设，并于同年11月生产线开始生产，全部工程于2010年5月完成。占地2.4万m²，公司主车间为5层，办公楼4层，建筑面积，12 325m² 其中：厂房10 009.48m²，办公楼2 317.62m²，总投资5 000万元，其中，固定资产投资：3 144万元，（房屋投资：1 605万元，机器设备投资：1 009万元，土地投资：409万元，其他投资：121万元）环保投资70万元，厂区绿化投资3万元，并修有环厂区水泥硬化道路，建设资金全部为公司自有资金，无银行贷款。

公司是一家以生产畜禽复浓缩饲料、配合饲料、精料补充料为主的专业化股份制企业，年产能力为18万t。公司生产设备采用江苏牧羊集团公司生产的成套生产设备，所有原料及成品均经过严格的检测合格后方可使用或出厂。公司在拥有先进生产设备和检测仪器的同时，更注重人才优势的发挥和现代化管理模式的运用，通过人才资源、制度管理来体现公司形象和经营管理理念。

公司采用国内最先进的“先粉碎后混合”的生产工艺，选择高精度电子配料秤、高均匀度无残留混合机、滚动式成品检验筛等先进设备，利用最优质的原料，生产过程实现全程电脑监控，严格按照ISO 9001国际标准化质量管理体系要求严把质量关，公司在2012年通过国家“GB/T 19001—2008 ISO 9001：2008”质量管理体系认证，和GB/T 22000—2006/ISO 22000：2005食品安全管理体系认证，标志着沈阳谷实在产品质量管理标准化、专业化的道路上又迈出了坚实的一步。

人才是企业发展之本，公司荟萃了业内诸位知名的畜禽营养学专家、兽医学专家、高级管理人员及诚实、热情、敢于挑战的营销队伍，同时通过饲料界才能卓著的精英加盟和对现有员工有计划的培训，来提高公司整体的智慧和技术含量，以适应不断变化的市场及公司发展对高级专业人才的需求。

制度管理是企业稳步发展的保障，公司在董事会领导下，实行行政、财务、品控三条管理线平行运作，相互制约、协调发展，每个岗位做到权、责、利明确，充分发挥每位员工的潜能，体现公司的朝气与活力。

沈阳谷实饲料有限公司凭借优秀的人才、独特的经营理念及适合市场的产品策略，在不断发展中追求完美，致力于为广大用户提供更为优质的产品和日臻完善的服务。

辽宁爱普罗斯饲料有限公司

爱普罗斯成立于2004年。是集饲料生产销售、食品、生物、养殖、经贸于一体的全产业链集团化企业，旗下拥有多家公司，分别坐落于东三省、华北、华东等地。

公司深刻理解“互联网＋”，并应用互联网思维，2015年先后开发微信订阅号，组建微信群，并在订阅号中开发三款主打产品——毛猪行情分析、原料行情分析、养猪6.0（6元保本），以用户之痛点（用户思维），吸引用户产生粘性（流量思维），短短的一年时间，后台用户由零增加到30 000余人次。2016年借势推出“爱猪汇网上商城”，通过互联网工具的应用，降低饲料流通环节费用30%以上，全部让利于终端饲养户。

公司通过生物技术来生产发酵原料并大量使用，旨在解决饲料利用率低、畜禽抗病能力差、药物滥用、药残严重等问题。目前，公司将米曲霉、乳酸菌、芽孢杆菌和酵母菌按配比混合，添加到豆粕等原料中进行发酵，然后添加到饲料中使用，提升动物免疫力和抗病能力，改善猪肉品质。经过大量养殖场实际应用，平均年用药成本降低50%，猪舍有害气体浓度降低70%。

爱普罗斯，十年求实创新，十年孜孜不倦，把握市场脉搏，满足用户需求，帮助客户实现价值，坚持走出爱普罗斯人的特色。

鞍山东来饲料有限公司

鞍山东来饲料有限公司是以饲料生产加工、预混料销售为主的省级农业产业化龙头企业。公司成立于1997年，企业类型为有限责任公司。注册资本2 380万元，占地面积26 000多m^2，建筑面积14 000m^2，年产量2万t，设计生产能力5万t。公司现有员工100余人，大学本科以上学历占公司员工总数的60%。东来饲料位于鞍山市千山区鞍海路边，交通便利，环境优美，为国家农业部标杆企业，历年来被评为“省饲料30强企业”“质量信得过企业”等荣誉称号。

公司拥有“东来”“牧艾斯”“爱诺思”“牧派达”四大知名品牌，主要生产猪料系列、蛋鸡料系列、肉鸡料系列、牛羊料系列50多个品种。为确保饲料质量的安全，本公司严格按照《饲料和饲料添加剂管理条例》和《饲料质量管理规范》要求组织生产，严格遵守饲料行业各项法律法规。建立原料入厂索证、检验、登记制度和成品生产检验登记制度，把合格安全的饲料产品提供给用户。

公司在董事长彭刚先生的带领下，不断挑战自我，以发展新型高效民族饲料工业为己任，以“爱国、诚信、务实、创新、奋进”为发展理念，用开拓见证未来！

沈阳市农祥牧业科技有限公司

沈阳市农祥牧业科技有限公司是沈阳市农业产业化重点龙头企业，成立于2008年4月，位于辽宁省沈阳市辽中区106省道220km处。历经8年的不懈奋斗，现有10余家子公司，分布于东北三省。农祥牧业是专业从事高端猪饲料生产，具有独立的教保生产设备，拥有现代化的种猪养殖基地，专业生产自动化供料系统，养殖贸易（疫苗、动保、养殖设备及器械等），完善的服务平台等综合性配套多元化企业，公司专注以猪为本的发展战略，以绿色环保为准则。

2016年公司依托世界最先进的Format配方系统，实力雄厚的博士、硕士、专家教授组成的科技研发团队，自主研发高档保育料、仔猪料、母猪料。产品质量意识强，采用先进的自动化设备，选用优质的高档原料，生产工艺上精益求精。研发的产品在自己的猪场进行反复试验，无论从生长速度、外观表现、抗病能力、胴体质量和总体经济效益都优于同类产品。公司销量空前高涨，从1月的4 000t到5月的8 000t，以2倍的速度递增。在同行业销量都下滑的形势下，公司创造了持续稳步增长的奇迹，是老百姓认可的放心品牌。

公司本着以服务为理念，精细化养殖为基础，高性价比产品配送为核心，专注提高养殖效益为终极目标，不断创新，努力为畜牧业的发展做出卓越贡献。我们的使命是：做地球村上绿色猪肉的忠实供应商。我们的目标是：为消费者吃的每一口猪肉负责。

吉林省

吉林新和农牧业集团

吉林新和农牧业集团成立于2005年。是以饲料生产、种畜禽繁育、粮食收购、对外贸易为主的畜牧业集团企业。目前拥有四平和农、四平久亿久、长春和农、绥化和农五个分（子）公司，年饲料生产能力55万t。在短短的几年时间内，和农牧业集团带动了数千名经销商和数万多养殖户走上致富的道路。

新和农先后被评为吉林省农业产业化重点龙头企业、牧业生产先进企业、吉林省饲料行业诚信企业、吉林省科技创新示范企业、吉林省科技创新先进企业、吉林省饲料协会会长单位、中国饲料工业协会理事单位，“和农”品牌荣获“吉林省名牌饲料产品”与“吉林名牌”称号。“和农牧”品牌被评为吉林省著名商标。创业先后通过了“ISO 9001：2008质量管理认证”和“HACCP食品安全认证”。2012年至2015年和农乳猪奶料、保育猪配合饲料、蛋王饲料连年荣获中国农业食品博览会金奖。

饲料市场主要分布于吉林、辽宁、黑龙江、内蒙古、河北等省份。集团集中80%以上的资源配置到猪料、蛋鸡料产品研发上，并全力倾心创立了“新和农猪料848营销模式”和“新和农 蛋鸡双卡新模式”。研发新和农“三王一宝”新产品，开启蛋鸡养殖新篇章，打破以往以产品为导向的营销策略，转型成为以技术服务为导向的新和农新战略的营销新模式。

公司将现代化管理制度与特色的企业文化相结合。拥有一支管理、研发、营销及生产、后勤保障人才队伍组成的管理团队，集团现有员工大中专以上学历占80%以上。

和农牧业集团致力于“为我们实现梦想，为客户多创利润，为社会和谐富强。”的企业宗旨，将成为东北三省和内蒙古具有现代化管理和综合实力较强的畜牧业集团企业之一。

吉林省来兴饲料有限公司

吉林省来兴饲料有限公司，始建于1990年8月，坐落吉林省长春乐山工业园，占地10万m^2，生产车间8 000m^2，现有员工260人。公司巨资引进国内先进三条饲料生产线，年生产能力30万t。公司生产猪、肉牛、奶牛、肉鸡、蛋鸡、鹅、鹿、羊、鱼、蝌蚪等畜禽、水产及特种动物使用之预混料、浓缩饲料、配合饲料十大系列100多品种，来兴牌饲料是“教保料与肥育猪饲料创新”第一品牌，产品畅销东三省。公司下设四个分公司和多家种猪试验基地，集科研、生产、销售、养殖、服务于一体的领先现代化大型企业集团。

来兴公司研发力量雄厚，设备先进，管理科学，通过ISO 9001：2008国际质量管理体系认证，先后荣获：“国家级AAA企业”“全国质量安全诚信单位”“吉林省重点保护产品”“吉林省用户满意产品”和“吉林省钻级百姓口碑金奖单位”等称号，金杯银杯不如老百姓口碑！公司全力打造无公害、绿色饲料第一品牌，神州大地兴起饲料产业绿色革命风暴，带给畜牧业美好春天。

来兴公司将一如既往遵循“诚信、务实、拼搏、创新”之精神，以先塑人品再造产品之理念，以振兴民族饲料工业为已任，“来兴人”创世界名牌产品，展民族工业雄风！

经营状况：

（1）生产能力：公司引进先进三条饲料生产线，年生产能力30万t。公司生产猪、肉牛、奶牛、肉鸡、蛋鸡、鹅、鹿、羊、鱼、蝌蚪等畜禽、水产及特种动物使用之预混料、浓缩饲料、配合饲料十大系列100多品种。

（2）销量分析：目前月销量在5 000t左右：猪教保料1 000t，猪浓缩饲料在2 000t左右，反刍浓缩料在800t左右，其他产品在1 500t左右，年销量达到8万t左右。

吉林市映山红饲料有限公司

吉林市映山红饲料有限公司始建于2007年6月6日，位于吉林市丰满区前二道乡，占地面积2万余m^2，总投资4 500万元人民币，采用国内顶级成套饲料加工设备，具有畜禽和反刍动物饲料、复合预混合饲料三条生产线，单班年产各种饲料和预混料20余万t，可生产各个饲养阶段的猪、鸡、鸭、鹅配合饲料和浓缩饲料产品40余种，牛、羊精料补充料产品10余种，猪、鸡、鸭、鹅、牛、羊、鱼、兔、鹿等复合预混合饲料60余种。公司还可根据客户需求生产中草药保健及治疗功效料。映山红系列饲料的品牌为“龙诺”牌。“龙诺”牌被评为“吉林省著名商标”。

公司视质量为生命，始终秉承质量第一、服务至上的管理理念，于2008年通过了ISO 9001国际质量体系认证。是农业产业化省级重点龙头企业。

映山红始终把质量和服务作为生存之本，凭借着先进的技术和管理，优质的产品和服务，始终走在饲料行业的前沿，繁荣农牧，造福社会！

映山红遵循“质量是效益，质量是生命”的质量价值观，坚持“质量第一”的原则，实施“以质取胜”战略，建立起一套严格的《品质管理制度》《内控标准》，用制度规范行为，用制度促进工作，牢固树立以“预防为主”的观念，强化生产过程品质管理，使公司品质管理工作水平上了一个新台阶。

映山红的“龙诺”品牌饲料已在广大用户心目中树起了一座不朽丰碑，越来越多的客户靠多年经销或使用映山红系列饲料走上了致富的金光大道。如今，映山红人对产品质量又有了更高的追求，那就是：与时俱进争一流，技术创新出精品，为社会和广大客户提供绿色、安全、放心的饲料，为我国饲料安全和畜牧业的健康发展做出新的更大的贡献。

黑龙江省

哈尔滨金富康农牧企业集团

哈尔滨金富康农牧企业集团（以下简称金富康集团）成立于1996年，是一家集饲料、动保、肉业、养殖等产业于一体的大型现代化民营股份制高新技术企业集团。金富康集团总部位于中国北方名城哈尔滨，坐落在哈尔滨高新技术开发区。现有员工近600人，其中博士2人，硕士8人，大专及本科以上学历占60%；集团下属分（子）公司3家，分别是哈尔滨富康牧业有限公司、哈尔滨福康肉业有限公司、沈阳福康农牧科技有限公司，总占地面积5.5万m^2，年单产能力70万t。

20年中，金富康集团以“铸百年富康品牌，强民族饲料工业”为己任，以志成为世界顶级的饲料制造商为目标，以艰苦创业为原则，以团结奋斗为基础，以造福社会为理想，以诚信经营、全面服务求发展，连续多年被国家权威机构评为“省、市级十强企业”、“中国饲料工业协会会员单位”、“黑龙江省饲料协会副会长级单位”、获得“商业信用合格单位”、“哈尔滨市名牌产品”等多项荣誉称号，是饲料行业中率先通过ISO 9001国际质量管理体系和HACCP食品安全管理体系双认证的企业。目前整个集团产品包括猪、禽、狐貉、反刍、鸭鹅等八大系列300多个品种，产业范围已覆盖东北、华北、内蒙古、山东等地区。

上 海 市

上海艾魁英生物科技有限公司

上海艾魁英生物科技有限公司成立于2007年，是一家专业从事饲料添加剂、生物领域产品研发、生产的高新技术企业，公司位于松江东部开发区。

公司拥有专业的技术研发团队，产品研发不断创新，先后获得“上海市高新技术成果转化项目”“上海市松江区科技进步奖二等奖”“松江区企业技术中心”“上海市高新技术成果转化项目百佳企业”等多项荣誉。2012年被评为“上海市小巨人培育企业”，公司以饲料添加剂溶菌酶为起点，谋求更高、更远、更快的发展！

饲料添加剂溶菌酶产品是一种蛋白酶，能提高机体非特异免疫，在饲料生产中可以替代抗生素和氧化锌，已被国家列入重点科研项目，该产品是将生物工程技术推向饲料领域的一种高科技、高技术含金量的产品，填补了我国饲料添加剂的空白，对于推动我国畜牧业生产、改善畜牧产品品质，具有不可估量的重要意义！在销售上以“质量是生命，服务创第一，遵守法规，提供安全绿色高效的产品”为方针，经过不懈努力，溶菌酶目前已被我国饲料生产前30强企业及大型规模化养殖场广泛使用，同时该产品已获得“上海市行业名优产品”称号，对外出口泰国、马来西亚等东南亚国家。

艾魁英人的使命是：为国人的健康安全我们努力精进；为诚信和服务社会我们努力前行。我们正在用自己的实际行动倡导无公害的畜牧业养殖、无残留的动物产品的生产，打造健康、安全、绿色的生物链，为人类健康护航！

上海农好饲料有限公司

上海农好饲料有限公司是专业从事研发、生产、销售与养殖为一体的上海市农业产业化龙头企业、高新技术企业。公司总资产2.5亿元，拥有6条国内先进的畜禽、水产饲料自动化生产线。2015年销售配合饲料23.04万t，同比增长12.62%；实现利税2 938万元，同比增长2.69%。

（1）公司创办企业技术中心，实行“产·学·研”联合战略。拥有无抗生素蛋鸭饲料、大黄鱼饲料、石斑鱼饲料等二十多项发明与实用专利。多项专利成为上海市高新技术成果转化项目，其中蛋鸭料90%以上产蛋持续时间达9个月以上，料蛋比达2.35；生态养殖黄鱼、石斑鱼膨化饲料饵料系数分别达到1∶1.5～1∶1.6、1∶0.85～1∶1的成果。三大类系列饲料利税贡献率达公司总利税的40%以上。

（2）公司以“质量为本，品牌兴业”战略，公司通过了ISO 9001：2000与HACCP体系认证；荣获“上海市专利示范企业”“上海市名牌产品”“上海市著名商标”等荣誉称号。

（3）公司拥有博士、硕士、高（中级）职称的各类专业人才40余名，从事研发、品控与服务，30%以上员工具有大专以上学历。公司健全先进的管理制度与激励机制。

（4）公司以“质量求得生存，价值传递感情”经营理念，实行公司+农户+基地的安全、绿色、环保型产业链模式经营模式，向集团化方向奋勇迈进。

上海美农生物科技股份有限公司

上海美农生物科技股份有限公司成立于1997年，拥有员工150余人，大专以上文化程度的员工占60%以上，有20人的研发队伍，硕士及以上学历占80%。

公司专注研发生产优质安全的饲料调味剂、酸化剂和反刍系列产品，目前拥有多条先进的饲料添加剂生产线和规范的企业技术质检中心，配有GC、GC-MS、HPLC、原子吸收仪、水分测定仪等进口检验仪器，并通过ISO 9001、ISO 22000和FAMI-QS认证，具有强大的质量综合保障能力。

公司在“分品分种，全程技术”战略指导下，通过建立IPD集成产品开发和激励体系，在饲料调味剂基础上延伸至消化功能促进和肠道保健的产品研发生产，在猪用产品基础上，积极拓展至家禽、反刍用产品。拥有猪、家禽、反刍、调味剂、工艺技术研究室，与全国十多所大专院校共建博士工作站、联合实验室开展深入的产学研合作项目。目前已获得发明专利13项，实用新型专利11项，是上海“高新技术企业”“上海市著名商标”“嘉定区小巨人企业”“嘉定区企业技术中心”认证企业。

在国内公司的销售渠道覆盖全国绝大部分地区，海外销售渠道在东南亚市场占有率第一，已成功拓展了南美、欧洲和中东等国际市场。公司坚持“分层分级，立体服务”的营销战略，在2015年实现销售额约1.5亿元，缴纳税费500余万元，并且实现年创汇700余万美元，在上海同行业中处于领先地位，创造了良好的综合社会效益。

江 苏 省

嘉吉饲料（南京）有限公司

嘉吉饲料（南京）有限公司是由嘉吉集团在华投资的一家专门从事预混料生产和销售的美资企业。公司成立于1992年，是一家拥有30年历史的饲料企业。公司目前拥有乐恩贝和普乐唯美两大品牌。我们的目标是成为滋养人类的全球领导者，我们将通过创新的解决方案和能力，为客户提供独特的价值，我们期望到2020年，嘉吉预混料将成为最值得信赖的动物营养解决方案的领导者！

嘉吉饲料（南京）有限公司现拥有一条复合预混料生产线、一条维生素预混料生产线、一条矿物质预混料生产线以及一条配合浓缩饲料生产线，主要生产畜禽复合预混合饲料、维生素预混合饲料、矿物质预混合饲料及猪鸡配合饲料和浓缩饲料，面向全中国各区域进行销售。年生产能力为6万t。2015年，销售额达到4.24亿元，利润为6 600万元。公司还在今年引进了欧洲先进的全自动包装系统，大大增强了公司的产能，给客户提供更好的服务。

南京公司现有员工数为237人，其中硕士15人，博士3人。公司与南京农业大学，扬州大学、江西农业大学等全国多加高等院校建立了长期合作。

2016年公司将在国家“十三五”规划的总体要求下，以“关注客户、强化质量、推陈出新”为主题，不断巩固和增强企业的竞争力，引领畜牧行业的发展。

江苏大地动物保健品有限公司

江苏大地集团公司位于淮安市经济技术开发区新竹18号，是一家集饲料加工、动物药品生产、种鸡饲养、肉鸡养殖、屠宰冷冻于一体的现代农牧型企业。公司以“公司＋基地＋农户”和“产、供、销”一条龙经营模式推广肉鸡产业化经营，2015年公司出栏白羽肉鸡500万羽是江苏省最大的白羽肉鸡养殖基地之一。目前公司肉鸡产业化发展日趋成熟，初具规模，无论肉鸡养殖生产性能和管理模式都得到同行业认可。通过“公司＋基地＋农户”模式发展白羽肉鸡养殖已成为企业经营发展的支柱产业。公司2007年被评为市级农业龙头产业化企业，2011年3月被评为省级农业龙头产业化企业；2011年被评为江苏省科技型企业；2012年被评为国家级高新技术企业；2014年被认定为江苏省技术中心企业。

江苏大地动物保健品有限公司采用自繁、自养、自宰一体化的全产业链生产模式。2015年公司还通过饲料产能扩建，拥有年产20万t，3条饲料生产线，2万t预混料、浓缩料生产线6条、GMP兽药生产线；公司拥有6个父母代种鸡场，年存栏种鸡30万套，年孵化苗鸡5 000万羽，公司拥有年饲养60万羽以上标准化养殖小区50个，合作农户1 500户；公司拥有日屠宰15万羽白羽肉鸡全国一流的成套流水线，从毛鸡自动卸车装置、脱水机、自动掏膛机、自动分割机、自动称重等进口冷冻设备，公司“华斯达”牌100多个肉鸡系列冷冻品畅销全国各地，是麦当劳、肯德基的优质供应商。

大丰海嘉诺药业有限公司

大丰海嘉诺药业有限公司创立于2006年5月，是由香港DESANO公司和上海海嘉诺医药发展股份有限公司共同出资组建的中外合资企业，注册资本1 500万美元。现有固定资产2亿元人民币。

大丰海嘉诺药业有限公司是维生素生产专业厂家，分别建有维生素B_6、生物素（维生素H）、维生素E的生产线。产品广泛应用于药品、食品、饲料等行业。公司技术力量雄厚，建有江苏省（海嘉诺）维生素合成工程技术研究中心和江苏省企业技术中心，先后获得13个发明专利，先后获得江苏省中小企业创新能力建设示范企业、江苏省（国家）高新技术企业和江苏省民营科技企业等称号。公司产品畅销海内外，2015年公司实现生产总值35 000万元，实现利税2 200万元。

公司从建厂之初就注重产品的质量管理工作，公司建立了符合ICH Q7、中国GMP和美国FDA 21CFR PART111等国际、国内规范要求的质量管理体系，各类质量管理制度健全；质量管理体系涵盖了产品生产的全过程。公司先后通过了FAMI－QS、ISO 9001、Kosher、Halal等质量管理体系认证和中国药品GMP认证。

公司建有2 000m² 的现代化分析中心，分析中心配备了多套美国WATERS高效液相色谱仪，美国Agilent气相色谱仪，美国鲁道夫全自动旋光仪、梅托勒电位滴定仪等国际先进分析仪器和设备，能够满足产品的检测需求；检测人员经过专业培训，保证产品检验的准确性和可靠性。

公司秉承“专业营养，美好生活”的发展理念，竭诚为海内外客户提供优质的产品和服务。

浙 江 省

浙江大北农农牧科技有限公司

浙江大北农农牧科技有限公司是北京大北农科技集团股份有限公司投资的全资子公司，地处金华，一期工程于2008年5月完成，二期工程于2012年11月建成，固定资产8 500万元，饲料年产能30万t，年产值近10亿元，以浙江大北农农牧科技有限公司为中心的大北农浙江区还包括嘉兴、龙游、江山、临海等多个生产基地，专业从事预混合饲料、高档猪用配合饲料与生猪的生产、销售；大北农饲料在浙江省的总产能将近80万t，跃居全省第一。

公司现有员工350余人，其中大中专院校以上毕业的员工占80%以上，有极强的产品研发和服务能力。在2009年公司通过了食品安全管理体系认证和质量管理体系认证及后续的多次评审，同年被评为金华市农业龙头企业、浙江省诚信农资示范企业、金华市养猪协会副会长单位，在2013年被评为“金华市高新技术企业”，2014年获得浙江省农业科技企业、金华市两化融合重点企业、金华市工业大企业大集团等荣誉，2015年顺利通过农业部饲料质量安全管理规范示范企业的评审。

以浙江大北农农牧科技有限公司为中心的大北农浙江区必将成为浙江省的标杆性现代化生产基地，为广大事业合作伙伴提供优质的科技产品与技术服务，为浙江省养殖业的健康发展做出更大的贡献！

浙江梦家园生物科技股份有限公司

浙江梦家园生物科技股份有限公司（以下简称“公司”）为梦家园集团下属分公司，公司位于浙江省衢州市东港经济开发区东港六路8号，项目一期投资1.8亿元，占地面积160亩，建筑面积20万m²。公司现有员工210人，其中专业技术人员120人，主要管理技术人员均有多年生物发酵行业丰富经验。公司致力于食品、饲料营养强化剂行业，并以同行业和全球顶尖企业为标杆，不断引进国际先进技术、工艺和设备。成立至今，一直坚持饲料添加剂L－色氨酸为主打产品，同时通过自主研发创新每年推出1～2个新品种，丰富企业产品链，提高企业竞争力。目前通过企业研发已具备规模化生产的产品有食品添加剂L－精氨酸、谷氨酰胺、β－胡萝卜素、L－丙氨酸等产品。

质量管理体系：公司按照ISO 9001、HACCP、欧盟FAMI－QS、KOSHER、HALAL等体系要求建立了完善有效的质量保证体系；设有人力资源管理、生产技术管理、生产设备设施管理、生产原辅料和产品的储存管理（物料管理）、环境和工艺卫生管理、产品检验等机构和部门。质管部负责生产流程品质管理和原材料、中间体、产品的检验工作，拥有设施先进功能完备的品控检测中心。检测中心设有高效液相色谱仪、气相色谱仪、紫外分光光度计、精密天平、原子吸收分光光度计等先进仪器设备。完善的质量管理体系能够确保供应商审核，原材料采购、检验、储存、生产过程全监控。中间体和产品检验，相关人员的培训，生产设施设备的维护保养，产品的储存、销售以及客户信息的反馈等整个产品生产和服务过程有效运行，确保产品质量长期稳定，满足客户和市场的需求。

产品建立可追溯体系，入出库均建立台账，售后产品一旦发现问题可通过发货台账记录实施产品召回。召回后产品按照不合格产品处理程序进行隔离、评估、处置，通过本公司追溯体系可从成品追溯到所使用的原辅材料，可从源头对产品质量实施有效控制。公司根据HACCP和欧盟FAMI－QS体系要求，SSOP（卫生标准控制程序）对生产用水的卫生安全、产品接触表面的卫生安全、防止交叉污染、防止外来物掺杂、员工健康和卫生、有毒有害化学物质、手清洗及卫生设施、虫害防治等八个方面进行控制，在实施SSOP、设备维护保养程序、人员培训的前提下建立并实施食品安全控制体系。

公司先后通过ISO 9001质量管理体系认证，ISO 14001环境管理体系认证，HACCP食品安全管理体系认证，FAMI－QS欧洲饲料添加剂生产商操作规范体系认证。

企业经营：经过近6年的发展，公司通过技术创新、设备改造等技术手段降低能耗、提高产量、节降成本，公司不断日益发展壮大。公司近3年工业总产值：2013年0.75亿元，2014年1.2亿元，2015年1.6亿元，利润逐年稳步递增，2015年创造净利润2 200万元。

产品销售：公司始终坚持合作共赢、共同发展的经营原则，坚持以服务领先、成本领先、质优价廉的营销理念和以市场占有为中心的市场理念。产品远销法国、德国、美国、俄罗斯等多个国家和地区，受到外商的广泛赞誉，产品供不应求。公司也国内已开始与多个大型饲料集团合作，客户反映良好。产品质量达到符合出口欧盟标准的国际一流水准，远销英国、德国、美国等多个国家和地区。

公司严格履行"为客户提供安全、质优、价廉的原料的承诺，做一个促进人类健康的使者"的企业使命，以科技创新经营为理念，以打造国际知名品牌为己任，致力于提供质优价廉的氨基酸和维生素产品，为全球的饲料和食品工业服务。

公司发展情况展望：公司严格履行"为客户提供安全、质优、价廉的原料，做一个促进人类健康的使者"的企业使命，以科技创新经营为理念，以打造国际知名品牌为己任，致力于提供质优价廉的氨基酸和维生素产品，为全球的饲料和食品工业服务。公司作为梦家园的新成员，将以崭新的面貌立足于氨基酸和维生素发酵行业，为全球的食品和饲料工业贡献自己的一份力量，做一个促进人类和谐、健康使者，让我们共同创造人类美好的家园！

浙江拳王宠物食品有限公司

浙江拳王实业有限公司创建于1993年，20多年来一直专注于动物营养的研究及推广。公司2012年与香港荣誉宠物用品有限公司合作成立了浙江拳王宠物食品有限公司。

浙江拳王宠物食品有限公司占地27亩，总投资1.2亿元，拥有国内顶尖的年产宠物食品3万t的全自动流水生产线。2013年，公司与国内外科研院校合作成立了"动物（营养）食品研发中心"，聘请国内外知名专家共同研发新型保健动物食品，引进国内外先进的专业检测设备，保障了动物食品的安全、健康、稳定。

公司有拳王、多奇屋、宝乐仕、联心四大品牌。现公司产品大类有：犬粮、猫粮、观赏鱼粮、宠物兔粮、实验动物粮、赛马专用粮等。拳王倡导"宠物养生粮"；多奇屋特色为"昆虫蛋白天然粮"；宝乐仕主推"活力能量餐"；联心主打"黄金比例天然粮"。

产品市场主要为东北三省、江浙沪、京津冀、华中、华南等地区的大中城市，产品上市以来，在行业内取得了较好的口碑和影响力，同时公司还进行电商推广，经过两年多的奋斗和努力，在天猫商城也占有了一席之地！

拳王只做放心、安全、健康的宠物食品。

浙江成农饲料有限公司

浙江成农饲料有限公司属于深圳市金新农饲料股份有限公司（股票代码：002548）控股子公司，公司投产后专业从事乳猪教槽料、猪用配合料及浓缩料研发、生产与销售，是金新农进军华东市场又一战略举措之一。

公司位于浙江省金华市金西经济技术开发区，地处浙江金衢盆地腹部，距金华市区25km，公司所在地汤溪镇原为古婺八县之一，区域优势明显。2015年4月正式投产运行，公司占地26 667m^2，约合40亩，投资近5 000万元，年产能12万t。

公司积极倡导以"伙伴天下，共同成长"为核心价值观，以"全情投入，持续卓越"为企业精神，以"科技兴农，行业典范"为企业使命，以"成农博士让您养猪、赚钱更轻松"为经营理念，致力于成为中国优质猪饲料最佳供应商，打造中国健康养猪的标杆企业。

为贯彻落实《饲料和饲料添加剂管理条例》，依法推进饲料质量安全管理规范，树立饲料企业质量安全管理标杆，浙江成农于2015年4月组织开展改造工作，并于2015年11月顺利通过农业部的验收，成为浙江省首家农业部《饲料质量安全管理规范》示范企业。

安 徽 省

合肥华仁农牧集团有限公司

董事长张新于1999年9月29日始创办第一家公司，2002年6月成立合肥华仁农牧集团有限公司。现拥有十余家核心企业，员工达1 000余人。是专门从事动物营养、保健与畜禽、水产饲料和饲料添加剂生产、销售、畜禽养殖和技术服务的大型农牧企业，现系"省级农业产业化龙头企业"。

本企业加强科技队伍建设与创新研发，集团现有技术合作正、副教授5人、博士2人、硕士5人，自有研究员1人、博士2人、硕士4人、高级畜牧（兽医）师2人，其他各类技术人员100多，并获得农业部"丰收奖二等奖"1项，其他奖项、专利10余项。

企业以自建的全省首家"饲料科技研发中心"为依托，致力于产品的科技创新，有力地促进了企业发展。研发中心拥有近600m^2的试验室，配备了现代化的仪器设备，保障了各类科研创新能力的需要。

2015年再次被合肥市经信委（合经信科技［2014］111号）等7个部门联合认定为合肥市“企业技术中心”称号。

力争未来3～5年内实现产值达到50亿元规模的大型农牧企业，把华仁集团做大做强，为安徽畜牧业的产业化发展起到助推作用。

萧县强英饲料有限公司

萧县强英饲料有限公司于2013年5月3日正式成立，注册资本500万元。公司法人代表：凌志强。经营范围：配合饲料（畜禽）；浓缩饲料（畜禽）生产、销售；农副产品购销；一般经营项目：饲料、饲料添加剂、植物油、豆粕饲料原料购销等。

公司坐落在安徽省萧砀边界萧县酒店乡工业园区，地处“101”省道南侧，交通十分便捷。公司用地50亩，主要建设内容：生产车间、原料及仓储库房、饲料加工生产线五条及相关配套设施。计划总投资1.2亿元，固定资产投资1亿元，流动资金5 000万元，饲料加工项目投产后，年加工饲料达50万t，实现年产值12亿元。

公司项目已于2013年8月竣工投产，目前公司下设综合办公室、财务部、采购部、销售部、生产部、技术部、品管部、总经办八大部门，生产设施齐全，技术力量雄厚，各项管理工作规范，公司文化生活丰富，具备现代企业的基本条件。截至2015年年底，企业现有员工135人，中高级以上管理人员20人，中高级以上专业技术人员8人。公司下一步还将继续以市场、产品质量为导向，不断拓展销售渠道，塑造高品质的产品，提高市场占有率与品牌知名度，同时公司也将根据市场情况不断加大固定资产的投资，为公司的进一步发展打下基础。

饲料加工项目实现年产值12亿元，满足了强英集团及当地养殖业饲料需求，解决了当地农民的用工需求，拓宽了农民增收渠道，有力带动了当地经济的快速发展，为当地经济的发展作出巨大贡献。

安徽大北农农牧科技有限公司

安徽省大北农农牧科技有限公司（简称安徽大北农）成立于1999年3月，隶属于北京大北农科技集团股份有限公司，坐落于合肥肥东新城开发区。公司成立以来，始终秉承“报国兴农、争创第一、共同发展”的企业理念，以提高养殖管理水平为己任，全力打造饲料养殖产业生态圈，全面推动饲料养殖产业转型升级。

安徽大北农是专门从事预混料、动保、微生态产品销售，浓缩料、配合料生产及农业技术推广的农牧科技企业。公司目前主推品种为深受用户喜爱的大北农猪预混料、动保、微生态产品和乳猪高档教槽料、乳猪料、浓缩料。经过8年发展，2006年安徽大北农在合肥肥东新城开发区征地50余亩，建立了大北农集团在安徽省投资建设的第一家大型饲料生产基地，累计总投资达4 200余万元，采用目前国内一流的成套设备，具备年产24万t畜禽饲料的生产能力。

安徽大北农是安徽省饲料工业协会及安徽省猪业协会副会长单位，现已成功打造出一支200余人的精英型“一体化”服务团队，为规模化猪场提供全面综合服务，积极推动养殖业转型升级，构建大北农养猪事业财富共同体。

年轻的安徽大北农、充满朝气的安徽大北农人，在实现“大转型、大升级、引领养殖新常态”的进程中，吸引众多行业人士和规模化猪场的目光，我们期待更多的猪场加入到大北农养猪事业财富共同体建设中，共同走进我们的事业平台，分享养猪事业财富共同体的成果。您的事业、大北农的事业，是我们大家的事业！

安徽广通生物科技有限公司

安徽广通生物科技有限公司是一家饲料生物技术研究和生产的企业，主要生产经营安全、高效、环保的猪、禽、反刍动物等预混料生物饲料。公司位于六安经济开发区。

公司技术力量雄厚，以中国农业大学、华中农业大学、安徽农业大学作为技术依托，拥有一批饲料行业知名的动物营养、养殖和生物技术专家。公司80%以上员工具有大专以上学历。强大的人才队伍，使公司能够为养殖业提供针对性的优质产品和综合服务，极大地提升了饲料产品科技含量和企业综合竞争能力。

公司建成了具有现代化水平的生产车间和产品化验检测中心。公司通过了“中国饲料产品认证”和“ISO 9001国际质量管理体系认证”，是“安徽省饲料行业标准化管理先进单位”“六安名牌产品”和“六安农业产业化龙头企业”，是一家具有“出口食用动物饲用饲料生产企业”资格的公司。先进的工艺，优质的产品，高效的服务，恪守诚信的经营之道，赢得了广大客户信赖。“利群”牌产品畅销华东、华中、华南等地，并得到广大用户的一致好评，在安徽省同行业中独树一帜。

公司以“事业同创，成就共享”为核心理念，在生产经营过程中，始终将客户的价值、员工的进步与公司的发展紧密地结合在一起，努力提升企业的创新能力和员工的执行能力，着力培养能引领养殖业健康发展的一流客户，把公司建成员工安居乐业的家园，客户不断发展的坚强后盾。公司将为促进中国饲料工业的发展，推动健康养殖和食品安全，提高国民健康水平而不懈努力！

福 建 省

三明傲农生物科技有限公司

傲农是一群青年知识分子联合国内外的科研院所创建的农牧高科技企业，公司以饲料、动保、养殖、贸易及相关领域为核心产业，并以独特的企业文化感召着一批批致力于世界农牧业发展的有志之士。傲农自成立以来就始终坚持以为客户创造价值、为员工提供发展、为社会做出贡献为经营理念，以诚信协作、激情奉献为精神导向，鼓励全体员工发扬自强不息、勤劳朴实、永争第一、止于至善的优良作风，坚定信念、强化执行，为把傲农创建为世界领先的农牧企业而努力奋斗。

目前，傲农以漳州基地为依托，共设有厦门傲农生物科技有限公司（傲农总部）、福建傲农生物科技有限公司、漳州傲农牧业科技有限公司、南昌傲农生物科技有限公司、广州傲农生物科技有限公司、长沙傲农生物科技有限公司、南宁傲农饲料有限公司、衢州傲农生物科技有限公司 12 家分（子）公司。其中三明傲农生物科技有限公司属傲农集团旗下一家子公司，年产 20 万 t 高效生物饲料，项目总投资 8 000 万元，占地面积 40 余亩。三明傲农于 2014 年 7 月 1 日投产，2015 年 4 月获得福建省“饲料安全管理规范示范企业”荣誉称号。2015 年 11 月 7 日，由全国畜牧总站副站长兼中国饲料工业协会副秘书长沙玉圣、华中农业大学牛智友教授、北京华思联认证中心高级审核员张逸平、山东药检所副所长李俊玲、中国饲料工业协会单丽燕组成的专家组莅临三明傲农，就农业部《饲料质量安全管理规范》部级示范企业进行现场验收。最终，三明傲农以 92.5 的高分顺利通过《饲料质量安全管理规范》部级示范企业验收。三明傲农自开展示范单位创建工作以来，从上到下掀起安全管理热潮。全体员工践行集团依托品质创品牌理念，把产品品质放到首位，严格按照《饲料质量安全管理规范》要求，加强饲料原料采购、生产过程、成品出厂等环节安全管理；开展消防演练、安全条例考核等活动，将《规范》中产品质量安全相关的要求落到实处。

福建丰泽农牧饲料有限公司

福建丰泽农牧饲料有限公司成立于 1998 年 4 月，始终以“科技兴农 创造价值”为经营理念，以“品质、服务、创新、高效”为质量管理方针。经过 10 多年的努力，已发展成集科研生产、生态养殖示范、科普惠农三位一体的产业发展模式，形成了以科技创新为核心，以产学研合作、国内外技术交流为依托，建成了拥有自主核心技术（FANB 生物核心技术、15591 生态养殖技术）体系、国内先进的特色生物饲料生产基地和生态循环养殖示范基地。下设福清市丰泽农牧科技开发有限公司、福州东坤饲料有限公司、上海澳全饲料有限公司；与漳州胜洲、江西格力特、湖北恒泰等国内 100 多家饲料企业建立了紧密的合作伙伴关系。

公司销售网络和技术服务遍及福建、上海、浙江、江苏、江西、广东、广西、湖南、湖北、河南、安徽、山东、四川、云南、贵州等十多个省市自治区。福建丰泽的合作企业和养殖户采用 FANB 生物核心技术生产的全价配合饲料年产量连续 3 年均达到 140 万 t 以上。同时，丰泽科研实验基地被农业部认定为“国家生猪核心育种场”，被福州市人民政府认定为“遗传育种与动物营养专家工作站”。

目前，公司投入巨资新建的丰泽生物科技园引进全套瑞士布勒集团高档教保料、预混料生产线，年产 10 万～15 万 t 高档乳猪奶粉、生物畜禽水产预混料，核心预混料、微生物制品。是国内工艺最先进，设备最高档、技术最精湛、管理最规范的全自动无尘化生产线，将在生物饲料行业率先实现清洁化、全程可追溯化生产。以国家生猪核心育种场和专家工作站为平台，建设成国际一流的生物技术研发中心和高档乳猪奶粉、生物畜禽水产预混料、核心预混料、生物制品生产基地。

丰泽公司将依托强大的研发、采购、生产品控、技术服务等核心竞争力，为客户提供更多性价比高、营养、健康、生态、安全、稳定的产品，技术服务和养殖场整体解决方案。

江 西 省

华农恒青实业有限公司

华农恒青实业有限成立于 2011 年，公司现阶段全力专注于猪饲料产业的经营与发展；旨在推动猪的科学饲养和营养管理，打造养猪产业的价值链服务体系及核心竞争力，提升规模养猪户的经济效益。

华农恒青是国家高新技术企业，特别注重科技创新，内部不断地对技术配方、工艺流程进行升级与改造；2015 年华农恒青在江西宜丰建立了专门的试验猪场开展系统的示范对比和应用研发试验；同时和多个大牧场、规模猪场建立了长期的试验合作关系；同时投资2 000多万元新建年产12万t的专业化教保料生产线，另外扩建36万t猪全价料生产线，对生产线自动化程度进行全面升级。对外，华农恒青不断加强对先进设备和高层次人才的引进，完善对养殖户服务的项目，解决养殖户生产中遇到的实际问题，2015年公司投入了600多万元新建了江西科技服务中心，设立了专门面向养猪户的培训中心、检测中心、咨询中心；检测中心全部使用国内外一流品牌的液相、气相、仿生、原子吸收等检测设备，可以开展7大类136个项目检测。

赣州朱师傅预混饲料事业有限公司

朱师傅创立于1998年。是猪用预混饲料和美味的中国猪专业供应商。朱师傅控股旗下拥有预混饲料和养猪食品两大事业群三个板块，员工1 500余人。

预混饲料事业群包括朱师傅中国、山下中国和袋鼠国际三个品牌，建成20多个分公司，渠道覆盖中国大陆31个省、市，实现市场三层覆盖。猪用预混饲料销量持续保持35%的复式增长，销量排名亚洲前茅，《好乳真经》畅销全中国。

公司致力于成为猪用预混饲料全球领先供应商，这是朱师傅2018目标。

养猪食品事业群拥有山下投资和番薯藤两个板块。

山下投资的中国地方品种猪品系培育，取得突破性进展。天然、健康、有机的等山下黑猪，将成为未来的美味中国猪的源头。育种、营养、防疫、饲养、零排放等，正在形成新的标准和体系。

以不断升级的客户需求为导向的，以新鲜、美味、快乐的客户体验为核心竞争力的鲜肉直销渠道——番薯藤连锁店，在广州和深圳两个城市启动。“公司＋新伙伴＋渠道”的朱师傅模式诞生。

江西绿环饲料科技有限公司

江西绿环饲料科技有限公司成立于2013年10月，位于江西樟树市，是江西绿环集团下属的一家集研发、生产、销售高端猪全价配合饲料为一体的现代化农牧企业。公司引进美国先进的CPM生产线，年生产配合饲料36万t。

公司秉承“以领先科技创造用户价值”的企业经营理念。从创立之初就树立以动物营养高端生物科技为起点的战略思想，着力整合目前猪各阶段营养的最新科研成果，只专注于研发和设计猪各生长阶段的高档全价料的系列产品，以顺应目前养殖业不断变化和发展的用户需求趋势，围绕“创造用户价值”的核心价值来打造公司的核心竞争力，依托集团在优良种猪繁育的技术优势，并结合集团产业链的延伸和发展，在产品研发、种畜配套、养殖户整体营销解决方案方面，勇于探索和创新，使公司力争成为江西饲料行业具有核心竞争力的现代化农牧企业。

河 南 省

河南丰源和普饲料有限公司

河南丰源集团始建于2001年，经过十多年的发展，现已发展成为集畜禽饲料生产、种猪繁育、饲料原料贸易、养殖设备制造等畜牧产业为主，高效农业开发、金融、健康医疗服务等产业为有益补充的现代化综合性企业集团。

集团总部位于京港澳高速西平站西500m，毗邻京广高铁、107国道、京广铁路等交通大动脉。占地600余亩，总资产1.6亿元，现有员工400余人，年综合销售收入4.8亿元。公司生产的畜禽饲料、优良种猪、自动化养殖设备等产品，以一流的质量和优质的服务赢得了广大用户的一致好评。

2012年8月被河南省政府命名为“农业产业化省重点龙头企业”，2013年7月被河南省政府命名为“农业产业化集群（核心企业）”，2014年8月被驻马店市批准为首批“农产品加工业产业联合体（支撑企业）”，2014年12月“丰源和普”荣获“河南省著名商标”荣誉称号。

集团下属6个子公司，2个分公司，2个专业合作社，1所民营医院，软硬件设施和公司实力居国内同行业领先地位。

集团组建了一支以博士5名，硕士8名为核心，以中国农大、河南农大、华南农大、郑州牧业经济学院等科研院所的多名顶尖学术专家为依托的开放式科研团队。研发出了“丰源和普”系列面粉型猪用全价料（专利产品），培育出了“丰源杜洛克”“丰源长白”“丰源大白”优质种猪。吸收国际先进技术，结合国内养殖现状生产出“牧乐”牌猪用自动化供料系统。

朴实坦荡的领导胸襟，求真务实的员工队伍，诚实守信的经营作风造就了丰源人的今天。“争创国家级一流农牧企业”的宏伟目标，“艰苦奋斗、自强不息、厚德载物、做比说好”的丰源精神将继续引领全体丰源人与时俱进、奋勇拼搏，创造丰源集团更加灿烂辉煌的明天！

河南广安生物科技股份有限公司

河南广安生物科技股份有限公司成立于1996年6月28日，2001年10月经省政府批准成为河南省畜牧行业第一家民营股份制企业，2005年12月注册成集团公司。2014年12月15日在新三板成功挂牌上市（股票代码：831503），并荣获 2015 中原十大新三板企业。总部位于郑州高新技术产业开发区檀香路 3 号，注册资金 1 亿 4 000 万元。

经过 20 年的发展，河南广安集团已经形成了以专业研发、生产、销售高科技安全饲料和生、种猪养殖为主营业务，以动物保健品、饲料原料贸易、广安风味香猪肉为重点业务的农业产业化国家重点龙头企业。公司致力于猪上下游产业链的打造，以直接或间接地为人类提供安全健康的食品及服务为核心价值观。业务遍及河南、山东、湖北、江苏、山西、北京、上海等全国 20 多个省市。

多年来集团公司始终坚持“科学技术是第一生产力”，持续加大科研投入力度。设有博士后科研工作分站、省级企业技术中心，省级生物预混料工程技术研究中心、河南省畜禽健康养殖院士工作站等研发平台，承担了国家火炬计划、国家农业科技成果转化、国家创新基金、省市重大科技攻关等项目。

广安集团将坚持“服务社会，永续经营”的经营理念，以广纳英才、安邦富民为己任，发扬团结求实、创新奉献的企业精神，为客户创造价值，为员工谋福利，为国家做贡献！

河南海创牧业有限公司

河南海创牧业有限公司是以生产高档教保料、全价配合料和预混料为主的高科技饲料生产企业，公司专业从事饲料生产销售和养殖场饲养管理服务。

生产基地位于周口市商水县产业集聚区，商水县重点招商引资项目，总投资 2.3 亿元，占地 50 亩，一期建成年生产 30 万 t 饲料和 1 万 t 畜禽用添加剂，二期建成年产 6 万 t 微粉教槽料生产线。

公司具备强大的科研与产品开发能力，采用国内外先进的研发技术，专注乳猪教槽料、断奶保育料的研发生产，产品设计运用全进口美国 Brill 配方软件，为养殖业提供安全、高效、环保的饲料产品，快速、便利地满足养殖户的需要。

海创公司是养殖产业者最值得信赖的合作伙伴，成为养殖场的饲料生产基地是我们的核心理念；打造诚信海创、幸福海创、百年海创是全体海创人的宏伟目标。我们以诚为本、信为先、为商勿贪、商乃仁术的核心价值观，以“修合无人见、诚心有天知”的戒律境界，为保障消费者的安全向全社会庄严保证：永远以质量、诚信、服务为发展宗旨；永远以市场为导向，积极创新；永远诚实、诚信经营；永远积极进取，靠永久诚信和科学技术发展自己。

河南农大饲料科技有限公司

河南农大饲料科技有限公司前身为河南农业大学饲料添加剂厂，该厂成立于 1986 年，是以河南农业大学柏秋圃教授为首的一批动物营养学前辈创办的校办企业，当时主要以科研成果转化、技术推广应用、服务教学实习为目的，是我国最早的一批饲料企业之一，1996 年更名为河南农大饲料科技有限公司。

公司自成立以来，始终以追求生产最佳性价比和最稳定的饲料产品为努力的方向；始终把提高技术研发水平、丰富市场实践经验、改进生产工艺作为提高产品质量的基础；始终把为客户负责、为公司负责、为员工负责的责任感作为企业的发展之道。20 多年来，在社会各界的关注下，在广大客户的支持下，在公司全体员工的努力下，公司取得了一个又一个成绩。公司产品先后被授予“河南省优秀科技型企业”“河南市场用户满意优秀品牌”“河南企业信用三星级单位”“质量安全信得过十佳企业”等称号，公司还被评选为河南省饲料工业协会执行常务理事单位、河南畜牧兽医学会饲料饲草分会理事单位；被河南出入境检验检疫局定为出口食用动物饲用饲料生产备案企业。在行业内率先顺利通过 ISO 9001 国际质量管理体系认证和 HACCP 产品安全管理体系认证。

人才是公司发展、技术革新的基石，30 年来公司积极探索和应用现代人力资源管理，致力于建设学习型组织，致力于打造高绩效团队，同时为员工提供了广阔的发展空间和融洽、和谐的工作氛围，不断吸引着优秀人才加盟。

在企业的发展中，公司始终秉承前辈志向，以“提供产品更多价值”为宗旨，以“以人为本？诚信务实？高效创新？追求卓越”为经营理念，全面提高公司产品竞争力和企业品牌影响力，不断挑战自我，与全国广大饲料养殖界同仁、与社会各界朋友共筑美好的明天！

湖 南 省

湖南大北农农业科技股份有限公司

湖南大北农农业科技有限公司是北京大北农科技集团股份有限公司的全资子公司。

公司于 2005 年 6 月在湖南望城经开区注册登记成立。公司占地 100 余亩、总投资 2 亿多元，具备年产 6 万 t 预混料、10 万 t 高档教乳料、80 万 t 猪及鱼用配合饲料的生产能力，是湖南省内生产设备先进、工艺科学、自动化程度最高的饲料生产基地之一。公司通过了 ISO 9001：2008 质量管理体系认证 ISO 22000：2005 食品安全管理体系认证，先后荣获湖南省高新技术企业、湖南省农业产业化重点龙头企业、湖南省二十强饲料企业、湖南省食品物联网试点企业、长沙市创新型示范企业、长沙市企业技术中心、望城区品牌建设先进单位等多项殊荣。公司于2014年底在湖南省内率先通过农业部验收、获评为国家“饲料质量安全管理规范示范企业”。

目前，公司拥有发明专利、实月新型专利各20项，“播种”牌商标被评为湖南省著名商标，“播种”牌和“大北农”牌饲料被评为湖南省名牌产品。

展望未来，公司全体员工将继续肩负“报国兴农”的伟大使命，在“服务大升级、养猪大创业”的浪潮中，不断拼搏进取、坚持开拓创新，为推动湖南养殖业的持续健康发展作出更大贡献！

湖南帝亿生物科技股份有限公司

湖南帝亿生物科技股份有限公司是由归国博士、国内一流学者、农牧行业的资深专家和一群意气风发的青年创业者发起和组建的一家大型生物饲料企业。是一个强强联合体，是先进的管理理念和领先的科学技术的强强联合，是数十年的从业经验和优秀企业的具体实践的强强联合，是追求境界的企业与崇尚专业的团队的强强联合。公司总投资5 000多万元，占地100亩，采用瑞士“布勒”整套全新设备，年产饲料规模40万t，坐落在长沙经济开发区安沙工业小区，位于107国道旁，盘踞在京珠高速、京广铁路旁，邻近霞凝港，地理位置优越，交通四通八达。公司拥有一流的厂房、一流的设备、一流的检测手段、一流的技术水平、一流的经营理念、一流的产品品质、一流的人员素质、一流的管理、一流的服务……公司立志成为客户信赖、社会尊重、最具价值的世界级的价值链经营的农业产业化集团公司。

公司崇尚科学和专业，聘用中国科学院亚热带农业生态研究所畜牧健康养殖中心主任、博士生导师、国际食品、农业与环境学会常务理事（芬兰）印遇龙为公司首席科学家。聘用南昌大学副校长、德国波恩大学营养学博士、中国农学会微量元素与食物链分会理事长、博士生导师谢明勇教授为公司首席顾问。聘用原正虹饲料创始人、董事长、总工程师，现湖南农业大学教授、享受国务院特殊津贴的高级专家、中国饲料工业协会常务副会长吴明夏先生为公司总顾问。同时，公司同中国科学院、中国农业大学、华中农业大学等高校和科研院所的众多专家、学者开展了广泛的技术交流与合作。

君子务本，本立而道生。客户是公司的衣食父母，公司以高品质的产品和服务增加客户价值，创造客户满意，赢得客户信赖和忠诚，以客户的成功为根本，虔诚地服务客户。

以人为本，海纳百川。员工是公司之本，认同公司文化，富有责任感，具有合作精神，善于学习，敢于创新的员工是公司的财富，合作者是公司的事业伙伴，君子合而不同，公司包容差异，追求胸怀的博大，气度的从容，在丰富多彩中达成和谐，实现多赢和价值共享。

大象是公司文化的象征，诚信、实力、感恩、敏锐、稳健、团队与和谐共生是公司的文化内涵。公司以“提供健康饲粮，倡导安全养殖，提升健康人生，提高生活品质”为神圣职责，以“服务社会、造福于民”为庄严承诺，以“以人为本，追求卓越，和谐共生，创造伟大”为核心价值，以“价值分享，合作共赢”为经营理念，以“传播养殖科学，创造更高价值”的市场理念，做上品，做珍品，为中国农业产业化而奋斗！

长沙成农饲料有限公司

长沙成农饲料有限公司位于浏阳市制造产业基地，距长沙和浏阳各30km，距黄花国际机场仅8km，区位优势极为明显。公司2010年12月投产运行，专业从事猪用复合预混料、乳猪教槽料、猪用浓配料的研发、生产与销售，年产量达20万t。销售范围辐射湖南、湖北、江西三省，是金新农集团进军华中市场又一战略分公司。

深圳金新农饲料股份有限公司成立于1999年11月6日，于2011年2月18日成功上市，成为公司发展历程中的重要里程碑。金新农在国内教槽料细分市场技术领域和市场规模方面奠定了龙头优势。金新农积极倡导以“科技兴农，行业典范”为企业使命，以“致力于成为中国优质猪饲料最佳供应商，打造中国健康养猪的标杆企业”为企业愿景，以“全情投入，持续卓越”为企业精神，以“伙伴天下，共同成长”为经营理念，致力于追求“客户、员工、公司及社会”四位一体的利益最大化，成为中国优质猪饲料供应商，促进中国养猪业健康、持续发展。

自全国开展《规范》示范创建工作以来，集团领导高度重视，成立了以董事长陈俊海博士为组长的《规范》推进小组，在全体员共同努力下，于2015年11月12日，顺利通过农业部专家小组的现场验收，荣获了农业部《饲料质量安全管理规范》示范企业的光荣称号。同年9月荣获《长沙市农业产业化龙头企业》的光荣称号。

湖南南普菲克生物科技有限公司

湖南南普菲克生物科技有限公司成立于2005年11月，总部设立在湖南省长沙市。公司经过十年的发展，已经成为一家集研发、生产、销售于一体的综合性集团公司，下辖湖南中联生物技术有限公司，湖南省希母生物科技有限公司，湖南道能生物技术有限公司、长沙竞一生物科技开发有限公司 4 家控股子公司。

湖南普菲克拥有占地 55 亩的研发生产综合工业园一座，位于长沙开福区金霞工业园区。目前拥有微生态发酵技术、制剂剂型包膜技术、功能性添加剂技术等数个研发团队。拥有国内领先的微生物发酵，包膜，功能性添加剂和大型包被脂肪酸生产线。

湖南普菲克致力于饲料添加剂、功能性能量与蛋白原料、动物保健品等产品的开发、生产与销售的高新技术企业，现已在全国共拥有 6 个营销大区、30 个省级直销分支机构、覆盖全国及东南亚部分地区经销网络，成为了年销售额逾 2 亿元的农牧产业链上游集团化企业。

湖南普菲克先后被湖南省饲料工业协会和长沙市饲料商会授予“湖南饲料工业协会常务理事单位”“长沙市饲料商会副会长单位”等荣誉称号；2011 年被认定为高新技术企业；2012 年被评定为湖南省著名商标，并通过了 ISO 9001：2008 质量管理体系认证。

广 东 省

东莞正大康地饲料有限公司

正大康地集团是由泰国正大集团和美国康地集团在 1979 年共同投资兴建的大型综合性畜牧企业，是中国改革开放后在广东省深圳经济特区注册成立的第一家外商独资企业。

2012 年，基于饲料业务在中国市场的广阔前景，正大康地集团斥资 1.6 亿元投资兴建东莞正大康地饲料有限公司。新公司位于广东省东莞市麻涌镇漳澎村新沙工业园，厂房占地面积 37 600m^2，年设计产能 27 万 t，其中年产预混料 18 万 t、浓缩料及配合料饲料 9 万 t。设备采用布勒公司全套的先进生产机组，最大化满足了清洁、安全、高效、环保等方面的要求，在配料精度、粉尘控制、材料防腐蚀、防交叉污染、自动化程度、设备可靠性等方面均处于领先地位，真正实现了生产过程可查询、可追溯。

为更加准确有效地开展原料及饲料检测，进一步保障产品质量，东莞正大康地建立了设备先进的中央化验室，检测水平达到第三方检测机构的标准。目前正在申请国家合格实验室认可，这在国内饲料企业中屈指可数。

展望未来，东莞正大康地将秉承“饲料安全，品质第一，服务到位，客户满意”的经营方针，努力建成现代化、高度自动化的精品工厂，为客户提供优质的产品和高效的服务，进一步提升品牌竞争力。

惠州市澳华饲料有限公司

惠州市澳华饲料有限公司成立于 1999 年 11 月 18 日，是一家专业从事饲料技术研发、生产加工和销售的大型饲料企业，2010 年被评为惠州市农业产业化龙头企业。公司地处惠州市水口镇东江工业区，占地 40 余亩，拥有猪料、禽料、沉水鱼料、膨化鱼料、虾蟹料等全价饲料全自动生产线共 8 条，年产能达 25 万 t。

公司坚持澳华集团“绿色动物产品，健康人类生活”的使命；拥有“澳华”“广澳”“盛澳”等商标，“澳华”商标被评为广东省著名商标；公司生产的猪料、鸡料、鱼料、虾料和预混饲料多年前已获国家出入境检验检疫局批准认证，供出口食用动物饲用，其中，鸡饲料被评为省和惠州市名优产品，众多产品在市场上表现较好，在粤东地区占主导地位。

公司尊崇“踏实、拼搏、责任”的企业精神，并以诚信、共赢、开创经营理念，创造良好的企业环境，以全新的管理模式，完善的技术，周到的服务，卓越的品质为生存根本，始终坚持用户至上，持续为客户提供最有价值的服务。

江门市旺海饲料实业有限公司

江门市旺海饲料实业有限公司成立于 2013 年，是广东省农业产业化重点龙头企业，拥有水产膨化料及颗粒料生产线共 8 条，总产能达 50 万 t/年。江门旺海立足水产饲料，畜禽饲料配合发展，并在种苗繁育、生物科技、健康养殖等领域快速发展的综合型现代化企业。

公司下有饲料、养殖、动保、种苗四大产业版块，以特种水产饲料、商品猪养殖、水产养殖、动保调水产品为主营业务。江门旺海始终坚持为殖者谋利，为食者造福的企业理念，坚持为人类提供健康、安全的食品，追求卓越，回馈社会的企业使命，坚持做一流的产品，创一流的服务，办一流的企业的经营目标。2014 年通过了 ISO 9001 质量管理体系认证和 HACCP 食品安全管理体系认证，2016 年江门旺海率先通过饲料质量安全管理规范，成为省农业部首批饲料质量安全规范示范企业。

经过不断发展，江门旺海已经在珠三角（两广、海南）地区确立市场领先地位，正朝着大南方（两湖、江浙、赣、闽、皖等）市场快速扩张。目前，群丰品牌高位起航，定位“精品水产饲料”，目前已经覆盖生鱼、加州鲈、蛙、黄颡、塘鲺等名优水产品种，其中生鱼料全国销量领先，蛙料广东市场领先，带动全国 12 万养殖户一同养殖致富。

广西壮族自治区

广西华港农牧发展有限公司

广西华港农牧发展有限公司成立于1995年，是福建华港农牧集团在广西投资的第一家公司，现位于南宁市经济技术开发区明阳工业园内，是集专业研发、生产和销售猪、鸡、鸭、鱼、鹌鹑、鸽子等畜禽、水产配合饲料、浓缩饲料、预混合饲料，以及向广大养户提供畜禽、水产养殖全过程的技术服务和推广养殖新技术于一体的广西壮族自治区农业产业化重点龙头企业。华港公司自成立以来，一直奉行“客户成功、员工进步、企业发展”的经营理念和“精诚合作、学习创新、敬业奉献”的企业精神，坚持科技进步和管理创新，不断加强产品研发和质量控制，不断提升技术服务水平，实现了企业的跨越式发展。公司生产的“华港”“万港”“华港龙”等品牌饲料一直以稳定的产品质量，高性价比的优势，保持了良好的销售业绩，深受广大养殖户的喜爱，形成了明显的品牌优势，在产品质量和安全方面保持了良好的市场口碑，2015年产品销量超20万t。

2015年，公司始终坚持公司成立之初即确立的产品“安全、稳定、高效”的质量安全战略方针，视质量安全为企业的生命，严格开展质量安全管理规范工作，打造优秀的企业形象。

南宁市泽威尔饲料有限责任公司

南宁市泽威尔饲料有限责任公司始建于1995年，坐落于南宁市良庆区，是以螯合纯度为核心技术的专业化有机微量元素生产企业。

公司注重产品质量，通过了ISO 9001质量管理体系及FAMI-QS认证，积极参与国家标准的修订和制订：是富马酸亚铁、柠檬酸钙国家标准的第一提出及制定单位，蛋氨酸锰、蛋氨酸锌国家标准制定单位之一。所生产的高纯度蛋氨酸、甘氨酸微量元素，富马酸亚铁以及复合有机包“猪之宝”“禽乐乐”，具有高安全性和高附加值，深受客户喜爱和信赖，多年来被国内众多知名饲料企业采用。

2010年公司成为中国饲料工业协会理事单位，2012年公司通过了“国家高新技术企业”和“南宁市龙头企业技术创新中心认定”，2014年公司先后获得了“广西创新型试点企业”和“产学研用一体化企业”的称号，2015年公司被评为“中国最具价值饲料添加剂品牌（有机微量元素）”和“饲料添加剂明星品牌有机微量元素类全国五强”，于2016年成立“南宁市有机微量元素螯合物工程技术研究中心”。

公司认真履行“捍卫螯合物纯度，引领螯合物品质新标准”的企业使命，专心、专注、专长于螯合物的研发，努力打造成全国乃至全球高纯度、完全螯合的有机微量元素专业生产厂家和研发基地。

海 南 省

永安正大有限公司海南分公司

海南正大是泰国正大集团在海南省创办的独资企业，是海南省最大的农牧业企业之一，公司在澄迈县老城工业开发区拥有年产20万t的饲料厂。目前生产有猪、鸡、鱼、虾等四个系列的三十多种产品。海南正大还在东方和文昌配套有虾苗场，总投资额1亿多元人民币，专业生产“不带病毒、抗桃拉病，快长、高产”的优质虾苗，是世界上生产规模最大、设备最先进的现代化种苗生产基地；另外在文昌潭牛还配套有罗非鱼育苗场，从泰国引进遗传选育路线有别于本地其他品牌的优质苗种，经过严格的挑选和精心的培育，可全天候地生产，保证每天有优质鱼苗供应海南市场。

公司秉承“根植中国、立足农业、服务三农、奉献爱心”的宗旨，致力于为饲养户生产提供高效、安全放心的饲料产品，公司自身也赢得了长足发展的机会，自1995年以来年年盈利，为社会、股东、员工创造经济利益，满足了社会对农副产品的需求，为海南省的“菜篮子”工程贡献了自己的一份力量。公司自创办以来陆续被评为：海南省工业行业龙头企业、海南省工业经济发展十大功勋企业、海南省工业经济行业先锋企业、海南省工业经济综合实力50强企业、管理效益型企业、海南省省级良种场等荣誉称号。

立足于企业的长远发展，注重品质和效率，正大饲料以其特有“营养均衡、品控严格、科学技术、服务齐全”的全方位营销理念，为海南及周边地区的养殖户和广大民众造福。重视现代科技与人本价值，继续为实现“农牧企业化、畜禽工业化、管理现代化”而努力，为社会创造物美价廉的动物性蛋白、提高人们生活水平！为社会提供更多就业机会！

海南正大，为农服务、助民致富！

海南漓源饲料有限公司

海南漓源饲料有限公司位于海南省澄迈县老城镇金马现代物流中心7号路，公司占地70亩，年产饲料24万t（包括猪料、鸡料、鸭料），是桂林力源粮油食品集团旗下的一家子公司，也是海南省最大的饲料生产企业之一。

海南漓源投产三年来，目前已在岛内建立起良好的产品口碑，销量占据了领先的市场份额。这得益于：一是公司采用集团统一式采购原料，与中粮等供应商签订了战略合作伙伴，这保证了我们的原料供应与原料优势；二是公司生产一律采用牧羊等先进设备，生产过程中坚持安全至上、质量至上的原则，这保证了我们的生产效率与产品质量；三是公司秉承“合作、创造、共赢”的理念，在与供应商、经销商、养户等交往过程中，赢得了人心；四是公司拥有一支有活力肯实干的团队，每个人目标一致，兢兢业业做好自己的工作。

海南漓源饲料有限公司是一个年轻的企业，是一个踏踏实实做事的企业！

海南青牧原实业有限公司

海南青牧原实业有限公司成立于2004年6月，是全国首家“菜篮子”上市公司“罗牛山”公司旗下全资子公司。公司总部位于海口市美兰区琼山大道江东新市工业区内，总资产6 000万元。主要生产设备采用国内知名设备厂商的产品，年生产能力6万t。公司以生产猪用饲料为主，所生产的产品主要供罗牛山各养殖单位使用，是罗牛山股份有限公司定点饲料供应单位。我公司生产的产品具有质量稳定、料肉比高，投资回报率高等特点，适合规模化猪场广泛使用。公司坚持贯彻“质量第一、合理成本、优质服务”的经营目标，所有产品均采用科学配方，由计算机自动控制生产工艺，配备有国内外先进的全套检测设备，具有快速、独立、准确的质量检测能力和控制从原料到产品完善的质量保证体系。

公司现有员工85人，其中大专以上专业技术人员和管理人员45人，为新产品研制、开发和企业管理奠定了坚实的人才基础。公司积极开展与罗牛山博士后流动站的技术合作与交流，以罗牛山博士后流动站雄厚的技术力量为依托，充分挖掘内部潜力，开拓创新，致力于把公司打造成为集研发、生产、销售、服务为一体的一流的饲料生产企业。公司生产的“311乳猪料”曾获海口市科技进步二等奖，“甘蔗糖蜜商品化生产畜禽饲料应用研究”曾获海南省科技成果转化二等奖。

公司历来十分重视产品质量的管理，建立健全公司质量管理体系，公司自2006年就通过了ISO 9001质量体系认证，并在此质量体系框架下，开展产品生产活动。此外，公司还组织员工积极开展食品安全法的学习，努力提升全员质量意识和产品质量安全意识。按行业主管部门的要求，以及饲料质量安全管理规范的工作要求，从原料采购管理、生产过程控制、产品质量控制、产品投诉与召回、培训卫生和管理制度等方面入手，严格落实质量安全规范管理，积极开展自查自纠活动，不断完善和提升公司质量安全规范化管理。这些年来，我公司生产的产品从未出现过重大的质量事故和质量安全事故，所生产的猪用系列饲料产品受到养殖业主的广泛赞誉。

公司始终坚持“以人为本，诚信立业，创新发展”的经营理念，遵循“品质卓越、客户至上”的宗旨，竭力为海南省饲料工业和畜牧业现代化的发展贡献力量。

重庆市

重庆市涪州双胞胎饲料有限公司

重庆市涪州双胞胎饲料有限公司是双胞胎集团的独资子公司之一，双胞胎集团是我国一家集饲料研究、生产、销售、技术服务及生猪养殖、粮食收储为一体的大型农业产业化龙头企业。集团现有100多家子公司，员工总数达万余人，分布在江西、福建、广东、海南、广西、四川、重庆、云南、贵州、陕西、河南、山东、江苏、湖北、湖南、浙江、辽宁、吉林、黑龙江等21个省、市、自治区，集团年产能超1 000万t，生猪养殖规模20万头。

双胞胎集团的成长、成功轨迹是中国民营企业发展之路的成功典范。2003年，创业初始的双胞胎集团就立下“做中国猪饲料第一品牌”的远大目标。创业者们弃当时盛行的传统鸭料、鸡料市场，毅然选择了技术要求最高、突破难度最大的乳猪料市场，集中80%以上的资源配置到猪料研发上，历经数以万次的试验，创立了跨时代产品“双胞胎乳猪料”，并以此衍生双胞胎品牌及其系列产品，开始了集团迈向中国猪料市场第一品牌的蹒跚起步、远征之旅。历经十年，双胞胎人以坚韧不拔的拼搏精神，艰苦创业，励志创新，众志成城，使集团从小到大、由弱到强，终于打拼出一个令世人刮目相看的标杆企业——双胞胎集团，创造出了中国民营企业和中国饲料业最富传奇的神话故事——“双胞胎现象”：双胞胎集团连续十年保持50%的复合增长速度，2015年实现销售收入370亿元，人均销售收入超过500万元，猪饲料销售高居全国第一。双胞胎集团2015年荣获中国企业500强（第335名），中国制造业500强（第166名），中国民营企业500强（第98名），荣获农业产业化国家重点龙头企业、中国畜牧行业百强优秀企业。双胞胎集团掌握核心技术，双胞胎猪饲料荣获国务院颁发的国家科技进步二等奖和象征中国农业奥斯卡金奖的中国饲料重大科技进步奖。

重庆市涪州双胞胎饲料有限公司成立于2014年，是双胞胎集团的独资子公司之一，坐落在重庆市涪陵区龙桥工业园，总投资近1亿元，占地面积37 000m^2，是一家集饲料研发、生产、销售、技术咨询为一体的现代化大型农牧企业。公司拥有有电脑自动配料浓缩饲料、配合饲料生产线一套，配置有电脑全自动配料系统以及油脂自动添加系统，专业生产猪配合饲料和猪浓缩饲料系列24个品种，设计年生产能力24万t，年产值10亿元，新增就业岗位100余人。公司化验室配备有从丹麦引进价值40多万元人民币的近红外饲料分析仪一台，并配置电子天平、分光光度计等检测设备对产品进行检测，确保产品质量符合国家标准和地方标准。公司秉承"质量是双胞胎人的品格和自尊"的理念，建立了各项严格的质量责任管理制度和质量控制体系。

潮平两岸阔，风正一帆悬。成功踏上中国猪料第一品牌的大平台的双胞胎集团，以"大开发，大布局，大发展"的雄浑气势，以每年新增20家公司的步伐，朝着2020年销售收入实现1 000亿元，成为世界级农牧企业的宏大目标阔步前进！重庆市涪州双胞胎饲料有限公司充分将发挥双胞胎的品牌优势、人才优势和服务优势，全力开拓市场，服务于涪陵区及周边区县畜牧养殖业，为重庆市饲料工业发展和地方经济发展做出应有的贡献。

武隆新希望

武隆新希望饲料有限公司位于南方喀斯特世界自然遗产地——重庆市武隆县城东。

公司以刘永好先生为董事长的新希望集团在渝投资收购的集饲料研发、生产、销售、技术咨询服务为一体的大型饲料制造企业，是新希望集团下属子公司之一。

公司总投资3 000万元，具备年产10万t的生产能力。公司通过了ISO 9001质量体系认证。

公司拥有目前国际上最先进的化验室检测设备近红外检测仪，能够高速准确地反映出饲料原料及成品的质量。

公司具备先进生产工艺流程，拥有成套原料成品过筛设备，二次制粒，自动油脂添加等设备；设有专职技术服务机构，配备高中级、专职技术人员，提供配套的销售服务，能够帮助客户检测各类畜禽的抗体水平、场地微生物数量，场内病原情况检查，药物敏感试验等。

公司几年来一直致力于互联网的＋模式下的营销开发，开发出了猪福达、禽福达等一系列的互联网产品。并且成立了养猪大学、养禽大学培训大型养殖户及内部营销人员，提高其养殖生产水平，降低养殖风险，以造血扶贫方式为根本，提高畜牧业生产水平。

公司坚持"产品体现人品、饲料质量安全如生命，生产良心产品"的经营理念，落实"为耕者谋利，为食者造福"的一致承诺，致力于打造为广大用户的服务型企业。

重庆凡特施特生物科技有限公司

公司位于重庆市永川区青峰开发区，占地37 000m^2。公司紧邻重庆西三环，离重庆西三环永川东出口仅1.8km，离永川一环路1km，成渝高速、铁路、重庆三环、永川一环公路等环绕相连，距长江永川港（松溉）约27km，离重庆江北机场仅1.5h车程。所处之地拥有公路、铁路、航空及水运于一体的立体交通网络，方便快捷，大大降低了企业的运输成本。

公司以"三位一体"的设计理念打造运营，将办公区、生产区、生活区有机融为一体，建立"高效、便捷、优美、和谐"的现代式园区。厂房精心设计，厂房及办公区简洁现代而不失精致，打造了良好的采光与通风环境，使工作者在轻松愉悦的环境中工作。

凡特施特公司是农牧行业首家O2O＋F4C模式的智平台，整合业内资源，孵化品牌，集团致力于微量元素、微量元素预混料、复合预混料预混料的生产及研发12年，总部设立于北京。重庆凡特施特生物科技有限公司成立于2015年6月，为股份有限责任公司，是北京凡特施特科技有限公司在重庆的生产基地。公司集创客智工场、品牌孵化、定制及生产物流仓储为一体的智工厂，公司致力于创办成为业内资源及线上线下整合营销于一体的农牧企业创客智平台。

（1）公司主要产品。公司专注于微量元素添加剂，复合微量元素预混料、复合预混料等产品，公司以资深动物营养专家组成的技术研发服务团队，科学设计配方，精心组织生产，严格质量管理与控制，为用户提供"安全、高效、稳定"的微量元素添加剂及复合微量元素预混料等。产品得到国内知名饲料企业的认可，并与希望集团、台湾大成集团、北京康地集团、正大康地、中牧集团、中粮集团、泰高等集团公司建立了长期稳定的合作关系。

工艺设备先进，从提升、混合、包装，全程自动化。我公司严格按照《饲料质量安全管理规范》要求执行，从原料供应商考核、原料进厂验收、配方管控、生产过程关键点严控、成品质量严控、产品销售与跟踪等建立了一套完整的质量管理体系，以确保产品的质量和具有可追溯性。

（2）技术水平。公司聘请多名国内知名教授作为技术顾问，并拥有动物营养与饲料科学硕士5名，动物营养、畜牧兽医等相关专业本科、大专学历人员15名，主要技术负责人在饲料行业有较高的技术水平和丰富的经验。公司采用了先进的配方系统，生产研发适合市场需要、最大限度地满足集团饲料厂及中小饲料厂的需要。

（3）工艺装备。设备采用全自动化系统，减少生产过程中人为因素引起的质量误差，同时节省人力、物力并提高了生产效率。工艺流程采用原料提升、混合、自动包装，以及完整的单点脉冲除尘系统、电控系统等。

本条生产线的主要设备包括完整的单点脉冲除尘系统、电子配料秤、自清式提升机、自动小料提升小车、单轴双桨叶混合机、成品仓，包装以及完整的单点脉冲除尘系统、电控系统。设备先进、工艺精良、布局合理。

（4）质量管理。公司依照《饲料质量安全管理规范》的要求制定了相应的管理制度：原料采购与管理制度、生产过程中相应的管理制度、产品质量控制制度、产品仓储管理制度、产品投诉与召回制度、人员培训制度等制度。

重庆金豆动物营养食品有限公司

重庆金豆动物营养食品有限公司于2007年5月建成投产，是东方希望集团上海动物营养食品有限公司与派尼高投资有限公司共同合资建立的一家现代化饲料企业，公司位于重庆市永川区凤凰湖工业园区。注册资本500万元，固定资产总额1 000万元，员工总数54人。公司占地45亩，办公楼面积1 100m²，生产车间面积5 000m²。公司设有厂长、营总办公室、技术部、生产部、品管部、营销部、采购部和财务部共七个部门。

生产产品：公司秉承东方希望集团“诚信、正气、正义”的价值观，集集团三十四年的研究成果，把畜禽理想蛋白、氨基酸模式与巴渝大地的气候及养殖模式相结合，相继成功推出了“金豆”和“名门”牌畜禽、幼畜禽、种畜禽、水产及水产育苗配合饲料和畜禽浓缩饲料、精料补充料。

公司拥有江苏牧羊集团生产的成套机组全套，和唐山海盛自控技术研究所提供的自动配料控制系统一套，具有自动化程度高，配料精度高的特点，时产能力达20t，年生产能力达20万t。

公司现有动物医科大学本科生2人，兽医师1人，大专学历10人。公司有专业的配方师，集团每年邀请国内外动物医学、营养专家给技术负责人和品管负责人进行培训，不断地丰富相关人员的阅历和知识，提高业务技能水平。

工艺设备：机组生产工艺为先粉后配，主要工段及相应设备有：粉碎工段（初清筛、三清筛、风选、磁选）、物料输送工段（提升机、绞龙、刮板）、配料工段（电脑自动控制配料系统、双轴桨叶式混合机）、制粒工段（调质器、制粒机、逆流式颗粒冷却器、碎粒机、回转振动分级筛）和打包工段（定量包装秤、自动缝包机）等。

公司设有集团总部直管的技术部和品管部，有专业资质的检验化验员2人，同时集团总部设有质检中心，协助公司进行氨基酸含量的定量分析检测，原料的掺假鉴定、公司化验员业务的培训和指导等。公司化验室配备的有万分之一电子天平、样品粉碎机、标准筛、分光光度计、PH测定仪、恒温干燥箱、马弗炉、蛋白消化器、凯氏定氮仪、粗脂肪测定仪、粗纤维测定仪、离心机、酶标仪等设备。对原料及成品的常规指标和黄曲霉毒素 B_1、呕吐毒素、玉米赤霉烯酮、三聚氰胺等进行定量分析检测。除在设备上不惜重金之外，并制定了各部门岗位职责、检化验制度、质量管理制度、技术管理制度、产品留样观察制度、生产管理制度等，确保质量管理责任到位，为稳定公司的产品质量奠定了良好基础。

重庆金银卡生物饲料有限公司

重庆金银卡生物饲料有限公司是广州金银卡集团的下属专门生产销售猪用浓缩料预混料的企业。金银卡集团一直致力于“替代抗生素的无公害生物免疫技术”以及“高效节粮型技术”两大领域的研究，并取得重大突破，先后注册了十多项发明专利。集团在业内率先推广绿色、安全、无公害饲料，全面实行欧盟标准，推广无抗生素安全饲料，是国内安全无公害饲料的领头羊企业，是国家级高新技术企业。

重庆金银卡秉承“共同成长、财富共享、义利相溶”的核心价值观，以“推绿色饲料、倡健康生活，行德善之举”为企业使命，以“安全环保、绿色卫生、为养殖户提供优质饲料”为质量方针，认认真真做饲料！公司产品得到养殖户的充分认可与信赖，并迅速成为成渝地区家喻户晓的高档猪料品牌。

公司大力推进“公司＋农户”饲养模式以及全面实施“食品安全可追溯体系”，确保每头猪安全并可溯源。到2016年底完全用生物技术取代抗生素，在重庆地区率先全面停止使用所有抗生素。

公司将“引领大西南、做安全饲料”为已任，携手广大养殖户，共创健康生活。

四 川 省

四川巨星企业集团有限公司

1994年8月，四川巨星集团创建于嘉州大地。在四川省政协农委副主任、中国畜牧业协会副会长、集团董事长唐光跃先生的带领下，创业者们栉风沐雨、艰苦奋斗，已经把巨星集团建成了一家以农牧产业为主，并在稀土、新能源等行业快速发展的大型企业，成为中国畜牧行业百强优秀企业、农业产业化经营重点龙头企业、四川省政府重点扶持培育的79家大企业大集团之一。巨星品牌先后荣获“中国驰名商标”“四川名牌”等荣誉，下属企业获得“国家核心育种场”“国家高新技术企业”“四川省科技进步一等奖”等称号和荣誉。

巨星集团现有分、子公司和成员企业逾20家，年饲料生产能力80万t，存栏原种母猪2万头，年销售肉土鸡1 000万只，年销售收入45亿元。

集团成立以来，已在饲料、养殖等领域取得长足发展。目前，巨星集团凭借农牧行业积累的丰富经验，全力打造从优良种猪、优质饲料、商品猪生产到放心猪肉深加工、终端销售的全产业链。努力实现“成为世界级农牧食品企业，让大家吃上放心肉，为人类肉食品安全做贡献”的战略目标。

成都大帝汉克生物科技有限公司

大帝汉克是我国专业从事饲料香味剂、饲料甜味剂、饲料酸化剂、大蒜素等饲料调味剂的研究、开发与生产的现代高科技中加合资企业。公司拥有一个由博士、硕士、归国学者组成，多年从事香精香料研究、动物营养及企业管理的人才网，并建立了企业技术中心。2014年，大帝汉克｜DDC企业技术中心成为省级企业技术中心；与中国农业大学、四川大学、韩国檀国大学、加拿大UBC大学、美国加州理工学院等数十所科研院校密切联系，以唯一企业单位参与起草中国国家标准《饲料添加剂、调味剂、通用要求》(GB/T 21543—2008)、《混合型饲料添加剂、甜味剂通用要求》(GB/T 31215—2014)。

严格按照ISO 9001：2008国际质量管理体系的要求建立了完善的质量保证体系，具备先进的生产、检测设备，拥有国际先进的全自动饲料香味剂专用生产线和饲料甜味剂专用生产线；检测中心具备世界先进的GC/MS检测系统，建成了完善的饲料调味剂应用实验室和饲养试验场。

DDC秉怀“以市场为导向，以客户为中心”的经营原则，在全国形成了完善的服务体系，产品远销东南亚和南美等国（地区）。

铁骑力士集团

铁骑力士集团是国家级农业产业化重点龙头企业，创建21年来从3.5万元、6个人发展成为在全国建有51家分（子）公司、员工6 000余人的高科技企业集团，包括饲料、食品、牧业三大事业部和国家级企业技术中心冯光德实验室以及铁骑力士大学。

集团荣获“中国驰名商标”“中国饲料行业具有竞争力十大品牌”“全国优秀畜牧企业”“全国食品工业优秀龙头企业”等荣誉，被省政府列为“十二五大企业大集团重点培育企业”。集团董事长雷文勇荣获“全国劳动模范”，并当选为中国饲料工业协会副会长、中国畜牧业协会副会长、四川省政协常委。

目前，铁骑力士以冯光德实验室为技术依托，构建起了“饲料——畜禽养殖——食品加工”一条龙的产业链结构。其中：饲料产业年生产能力300万t。集团控股的圣迪乐村蛋鸡存栏450万只，父母代蛋种鸡80万套，在全国建有六大养殖基地，并建有中国西部第一个祖代种鸡场，也是德国罗曼在中国唯一的标准化示范场。以四川牧业科技为代表的猪产业链年提供优质商品仔猪15万头，在四川和江西建有生猪屠宰加工厂，生产的枫叶牧场牌冷鲜肉，倍受消费者青睐。铁骑力士鸭产业链以新绵樱农牧公司为代表，年存栏种鸭60余万只，提供商品肉鸭苗7 000万羽，年屠宰鸭1 000万只。公司成为《肉用种鸭—鸭苗出场质量（DB51/T 655—2007)》标准起草单位。

面向未来，铁骑力士将继续发挥产业和龙头优势，以冯光德实验室为技术支撑，打造百亿企业，成为优质安全食品的一流供应商。

贵州省

贵阳双胞胎饲料有限公司

贵阳双胞胎饲料有限公司隶属于双胞胎集团股份有限公司。2008年进驻贵阳，位于贵阳市白云区粑粑坳食品工业园区旁，占地面积80亩，现有员工100人，工种覆盖生产、管理；技术研发和营销，其中本科生20人，大专生25人，特种作业证为5人、技术岗位作业证3人。是一家集饲料研发、生产、销售、技术咨询服务为一体的大型饲料制造企业，主要是生产猪配合饲料和浓缩料饲料；现公司有一条猪饲料和浓缩生产线，2个品牌：双胞胎和金苹果；14个产品，主要销往贵阳、遵义、毕节、都匀、六盘水等贵州省各地。公司秉承“质量是双胞胎人的品格和自尊”的理念，建立了各项严格的质量责任管理制度和质量控制体系，并严格按国家饲料质量安全管理规范执行。全力打造中国猪饲料第一品牌，已成为深受广大养殖户青睐的名牌产品。

公司曾被贵州省饲料工业协会、贵阳市安全生产监督管理局、贵州省工商行政管理局、贵阳市农业产业化领导小组办公室评为：“贵州省饲料行业2010年度十强企业”、“安全生产标准化三级企业”“省级守合同重信用单位”15年被评为“贵阳市农业产业化经营重点龙头企业”。

公司2015年产量6余万t，产值3亿多元；上交企业所得税154余万元，资产总额1 968万元，主营业务销售收入（交易额）29 738万元。公司恪守“服务养殖，共赢未来”的企业宗旨，致力于“为广大养殖户创造最大价值”。

贵阳金满船饲料有限公司

一、公司基本情况

贵阳金满船饲料有限公司是贵阳市农委和贵阳市粮食局下属企业共同出资组建的国有股份制饲料企业，成立于2002年，拥有资产2 000多万元，位于白云区粑粑坳食品工业园内粮食仓库铁路专线旁。公司拥有两条生产线，年生产能力10万t。其中一条线为600机组，配备二次超微粉碎、三级调质，具备专业水产料生产能力；另一条35机组生产线为专用反刍动物饲料生产线。公司产品有水产饲料、反刍饲料、禽料和猪料，销售区域主要为贵州省，其次水产料在周边省份也由一定市场份额。

公司通过了ISO 9001：2008质量管理体系和ISO 22000食品安全管理体系认证，先后被评为贵阳市农业产业化重点龙头企业、贵州省农业产业化重点龙头企业、贵州省重点乡镇企业。

“船”牌鱼饲料获得2011—2014年度和2015—2018年度著名商标称号，公司产品曾获贵阳市人民政府“优秀新产品”称号、“名牌产品奖”和“产品质量奖”诸多荣誉。曾被省里评为贵州省“十强企业”，从2007年开始至今，一直是贵州省、贵阳市“守合同重信用”单位。公司秉承“安全第一、质量第一”的方针，严格遵守国家和行业的法律法规和食品安全原则，以提倡健康养殖、提高国民体质，创一流饲料品质、作世纪品牌是金满船人的目标和责任。

公司在2015年完成料省级安全标准化体系的建立和饲料质量安全管理规范，使得公司在产品质量、安全管理、产品销售等都上了一个新台阶，在2015年完成产值1.3亿元，由于厂房和生产能力的限制，在2015年完成饲料销量3.5万t，为此，公司为了满足市场需求，在2016年规划新厂，上新生产线，全新打造出实现专料专线的精细化、专业化及规模化的现代饲料生产企业

二、公司产业化发展情况

公司积极响应国家关于产业化发展的政策，建立了10万只蛋鸡和年产50万kg鱼水产养殖基地，以基地为中心，带动周边养殖户走健康养殖之路，共同脱贫致富的理念，鸡蛋以其优质的品质远销广东等周边省份。

公司在致力于自己发展的同时，对养殖户还提供无偿的技术服务和养殖培训。公司每年度要举办若干次养殖培训，为客户提供苗种、饲料、技术等方面的服务。

贵阳正邦畜牧有限公司

贵阳正邦畜牧有限公司2006年成立，位于贵阳市花溪区小孟工业园，隶属正邦集团，由江西正邦科技股份有限公司、成信（香港）有限公司、贵阳楚才投资咨询服务有限公司共同出资成立的外商投资企业。现有大专以上学历技术人员28人，公司开发研究人员17人，其中高级职称2人，中级职称4人，初级职称8人。经营范围为饲料生产加工及销售、畜禽养殖、畜禽产品加工销售，是贵州20万t级饲料企业之一。

近年来，贵阳正邦先后与多个县（市）联合共建养殖小区200余家，出栏安全可溯源生猪40万头，带动当地养殖户3 500余户，带动养殖户直接增收千万余元，为本地作出了重要的贡献。

2010年取得省科学技术厅颁发“高新技术企业证书”，2013年通过贵州省安全生产标准化（三级）评审工作，2014年顺利通过贵州省清洁生产的初审工作，2015年4月终审工作已全面完成，2014年4月获得“贵州省A级纳税信用企业”称号。

未来5年，贵阳正邦在做强做大主业的同时，立足打造从农田到餐桌的食品产业链工程。在良种繁育体系建设方面：目前正在与贵州省农委下属良种场合作兴建贵州最大的原种猪场。在商品猪养殖方面：着力整合贵州繁育体系，饲料供应、动物保健等优势资源。通过公司＋农业合作社＋农户、公司＋养殖小区＋农户的合作方式，采用五统二保产业模式，（统一仔猪种苗、统一安全饲料、统一无残留预防治疗药品、统一技术服务、统一回收猪价、养猪重大风险保险、农户养殖基本利润保证）带动全省有志从事商品猪养殖农户专业化养殖，力争实现年出栏可溯源生猪一百万头，成为贵州农业产业化领军企业。

贵州川恒化工股份有限公司

贵州川恒化工股份有限公司是四川川恒化工股份有限公司的控股子公司，是一家专业从事磷矿开发和磷资源精深加工的民营企业。公司发展成为注册资本3.6亿元、总资产近16亿元、年销售收入逾12亿元、占地1 000余亩、员工800多人的贵州省100强企业，是国家火炬计划重点高新技术企业。

公司产品有饲料级磷酸盐、肥料级磷酸盐、工业级磷酸盐、食品级磷酸盐等四大系列十余个产品，产能总规模已达到45万t/年。公司特色产品“小太子”牌饲料级磷酸盐属于基础性产品，包括磷酸二氢钙和磷酸一二钙，产能规模已经达到40万t/年。“小太子”牌饲料级磷酸盐属于基础性产品，包括磷酸二氢钙和磷酸一二钙，产能规模已经达到40万t/年，该

产品出口世界多个国家，也是中国截至目前唯一能出口到欧盟的饲料磷酸二氢钙产品。

公司始终秉承创新·爱人的发展理念。“创新”，川恒的灵魂，赋予川恒生机和活力在科学技术日新月异的年代里，我们富于激情、勇于探索、敢于挑战、意志坚定且逻辑严密。这些创新精神的元素，早已融入我们的血液，并每时每刻驱动我们创造出新的价值。对创新的追求，川恒永远在路上！“爱人”，川恒的经营之道，包括利他原则、人本主义和仁爱精神。我们融合西方科学精神和东方智慧，以企业管理现代化为基本要求，追求人与自然的和谐共生，注重员工的归属感和幸福感，进而为顾客和社会创造最大的价值。

黔东南新希望农牧科技有限公司

黔东南新希望农牧科技有限公司是新希望集团下属新希望六和股份有限公司，在凯里兴建的独资企业，位于素有地球绿宝石、世界原生态之称的黔东南州凯里经济开发区内，占地 30 余亩，于 2012 年 12 月 19 日正式建成投产。

公司是贵州省饲料行业十强企业、黔东南州农业产业化重点龙头企业。拥有国内一流的饲料生产设备以及先进的生产工艺，全过程采用电脑自动控制和防错纠错系统，实现了精准配料，为产品质量的稳定提供了有力保障。公司主要生产“国雄”、“希望”两大品牌；猪、鸡、鸭、鱼、牛五大系列饲料，该品种系列饲料是动物营养专家根据国内外饲料行业最新研究成果、结合贵州养殖实际、通过电脑精细配方推出的新品牌，具有适口性好、营养转化率高、迅速提高饲养对象健康水平和免疫功能等特点，使饲养对象生长迅速且肉质细嫩，是广大养殖户致富的好帮手。公司严格按照国家农业部饲料质量安全管理规范的标准来严格生产，致力于打造绿色、生态、安全、环保的畜禽产品，让养殖户舒心、让消费者放心。公司目前获得国家《饲料质量安全管理规范》示范企业称号。

公司将以“打造世界级农牧企业和美好公司”为愿景，以“为耕者谋利、为食者造福”为使命，以“新、和、实、谦”为核心价值观，着重发挥农业产业化重点龙头企业的辐射与带动效应，为帮助农民增收致富，为满足消费者对安全肉食品的需求，为促进社会文明进步，不断做出新的更大贡献。

云 南 省

大理正大有限公司

大理正大有限公司系泰国正大集团旗下正大（中国）投资有限公司独资的大型现代化农牧企业，公司成立于 2013 年 8 月，坐落于小河淌水的故乡——弥渡，一期总投资 10 000 万元，注册资本金为 3 700 万元。大理正大于 2015 年 4 月 11 日竣工投产，花园式工厂、现代化生产建设、先进的管理理念，使大理正大成为了云南省饲料行业标杆企业。公司 2015 年 12 月 3 日通过大理正大《饲料质量安全管理规范示范企业》省级验收，2016 年正积极申报国家农业部部级示范企业。

大理正大扎根在大理弥渡，本着正大“做世界厨房，人类能源供应者”的宗旨，始终致力于当地农牧产业化的发展。通过政府扶持、龙头企业牵头、农户参与的经营模式，整合资源，调整产业结构，优势互补，促进当地产业升级，推动农业产业化，增加农民就业，带动农民致富，实现互利共赢、共同发展具有重要的战略意义。

大理正大有限公司将始终秉承正大集团“利国、利民、利企业”的经营理念，坚持以人为本，高投入、高效益、低成本的管理和敢为人先的创新精神，为消费者提供一流的产品和卓越的服务。在立足农牧食品事业的基础上，积极参与发展新农村建设，积极致力于服务“三农”，全力融入国家“一带一路”战略规划并发挥建设性作用。爱是正大无私的奉献，相信通过正大人的辛勤耕耘，在大理这块美丽富饶的土地上，大理正大未来一定会硕果累累！

昆明三正生物科技（集团）有限公司

三正（SATURN）成立于 2002 年 12 月，是一家以动物营养科技、尖端生物科技为基础，致力于为畜牧业提供更加安全、高效的动物健康与营养解决方案的高科技公司。

在我国老一辈动物营养学家霍启光教授等的指导和参与下，公司与教育部生物能源持续开发利用工程研究中心、云南省生物质能与环境生物技术重点实验室、云南省酶资源开发与应用工程研究中心、云南师范大学微生物研究所等科研机构合作，共同成立了“三正饲用生物技术研究中心”，中心利用云南省得天独厚的生物资源优势，结合畜牧、饲料业的发展需求，不断进行绿色、无公害饲用生物技术产品的研发和创新。

目前，三正已将多项生物技术成果转化为无公害产品，如：倍和酵素®、肠酸宁®、多能亮®、赛多磷®等。今后，三正还将陆续推出饲料抗性物质分解剂、天然诱食剂、天然色素等十余项创新型技术产品。

客户事业的成功是三正不懈努力的方向，在提供生物高技术产品的同时，三正更关心客户面临的各种机遇和挑战，力求通过文化、战略、品质、营销、人力、信息等多方面的服务，有助于客户事业的发展。

“正”是中国传统文化的精髓，三正传承古人以正为本的理念，弘扬“正心、修身、齐家、治企、爱天下”的精神，时时以“树正气、行正道、修正果”来要求每个三正人，事事将“观念正、目标正、方法正”作为三正做事的基本方法。

三正集中国传统文化和现代科学技术于一身，在未来，三正将以恒久不变的文化本色和日新月异的科学技术为国内外畜牧业的发展提供更加优质的产品和服务。

云南磷化集团有限公司

云南磷化集团磷酸盐厂（简称磷酸盐厂）是云南磷化集团有限公司直属的饲料级磷酸钙盐产品生产基地。项目于2011年7月25日开工建设，2013年6月27日建成投产，项目总投资16.9亿元。磷酸盐厂位于滇中腹地——云南省昆明市晋宁县工业园区二街片区，距晋宁县城15km，距省会昆明60km，区位优势非常明显，交通四通八达，方便快捷。境内磷矿资源丰富，是建设和发展磷酸钙盐产业的理想场所。

磷酸盐厂现有职工475人，年设计生产能力为：硫酸80万t、饲料级磷酸（实物量）30万t、磷酸一二钙（MDCP）50万t。磷酸一二钙等主要产品远销欧盟、日本、韩国、东南亚等国。硫酸采用硫磺制酸工艺，饲料级磷酸采用塔式空气吹净技术，磷酸一二钙使用自主知识产权的直接合成技术生产，生产工艺先进，生产装备较强。

公司将以市场为导向，加快磷酸钙盐产品的开发，力争3～5年后将磷酸盐厂发展成为国内最优秀的磷酸钙盐生产基地。

公司以优质的产品，一流的服务，宽松的投资环境，竭诚欢迎新老客户光临洽谈业务，共谋发展大业。

陕 西 省

宝鸡新希望农牧有限公司

宝鸡新希望农牧有限公司是新希望集团2012年在宝鸡市扶风县绛帐镇投资建立的大型饲料生产企业，是宝鸡市扶风县绛帐镇首批招商引资成功企业的典范，公司主要生产经营猪、鸡、鸭全价及浓缩饲料产品。具有年产“希望”和“六和”两大品牌的猪、禽系列饲料30万t的生产能力。

公司产品主要销售到陕西、甘肃、宁夏、山西等省市，公司组建了专职的产品销售和养殖技术服务队伍，长期深入养殖户现场进行产品销售和养殖技术服务。2015年全年销量近7万t，上交税金近百万元，现有员工128人，其中大专学历占80%以上，以及一支开拓进取，思想品德过硬的营销服务队伍。

公司始终重视产品质量，坚持“质量是新希望六和人的品格和自尊”的原则，以科技研发为核心，紧跟当代高科技步伐，不断挖掘饲料生产领域与养猪领域的最新生产潜力，向社会不断推出最新高品质系列饲料产品。公司坚持“为耕者谋利、为食者造福”经营宗旨，与员工、客户、合作伙伴一起打造世界级农牧企业和美好公司。

陕西三旺农牧有限公司

陕西三旺农牧有限公司成立于2010年7月，公司位于国家级农业高新技术产业示范区——杨凌农业高新产业示范区神农路东段饲料工业园内，是以生产销售猪、鱼、牛、羊、禽类等系列畜禽浓缩饲料、配合饲料为主的大型饲料企业，公司饲料产品全面辐射陕西市场及甘肃、宁夏、山西等周边市场，深受广大养殖户的信赖和好评。

公司由成都三旺集团下属企业成都三旺农牧股份有限公司投资兴建，占地50亩，总投资6 500万元，年生产能力30万t，于2011年12月建成投产，是成都三旺集团公司为发展农牧板块在西北地区发展规划中的重点饲料企业。

公司采用江苏牧羊集团成套全自动化饲料生产线设备，拥有6条生产线，具备独有生产膨化乳猪料和浮性鱼料的先进设备，为西部地区规模最大、设备最先进饲料公司之一。

公司引进江苏牧羊集团成套自动化膨化、制粒生产线，超微粉碎机、膨化机、制粒机等设备均为国内最先进机型，全程中央控制室电脑自动化生产控制。公司依靠专业的技术、品控和生产管理团队，建立了完善的企业质量控制系统，以ISO 9001质量保障体系为基准，围绕“质量追溯达到持续改善，过程控制保证结果正确”的指导思想，严格把好原料采购入厂检验关口，严格遵照工艺标准进行生产，严格进行过程品质控制，严格执行成品检验制度和产品追溯制度。

三旺只做好饲料！陕西三旺农牧公司始终秉承“科技创新，服务三农”的企业宗旨，以“和、诚、勤、进”为经营理念，通过不懈努力，将企业做大做强，为养殖业的发展、为服务三农做出贡献！

中盐榆林盐化有限公司

中盐榆林盐化有限公司是中国盐业总公司控股的二级法人企业，是国家食盐定点生产企业，也是目前陕西省唯一的一家井矿盐生产企业。

公司的前身是陕西榆林皓海盐化有限责任公司，

组建于2000年12月。2004年10月中国盐业总公司控股后更名为中盐榆林盐化有限公司。公司现有员工700余人，总资产达7.2亿元。

公司目前拥有两条真空制盐生产线，总产能为140万t/年。其中镇川制盐厂产能为20万t/年，鱼河制盐厂产能为120万t/年。鱼河制盐厂生产装置设计先进，自动化程度高，是目前国内先进的真空制盐生产线。

公司主要产品分为食用盐、工业盐、日化盐等三大类、二十余个品种。主要销往山西、内蒙古、宁夏、甘肃、北京、天津、上海、东北三省和陕西省各市县，并出口香港、韩国、蒙古国。产品以优良的品质，赢得消费者的信赖。2005年11月，通过ISO 9001：2000国际质量管理体系认证。2011年4月，获得国际绿色经济协会颁发的“中国食品行业引领绿色消费10大品牌”证书。2013年11月，获得陕西省“高新技术企业”证书。2015年1月，通过HACCP管理体系认证。

近几年来，中盐榆林盐化有限公司围绕“自然、安全和健康”的科学用盐理念，大力研发推广绿色、自然、低钠高端盐品，先后研发推出对预防和控制慢性疾病有益的沙棘碘盐、枸杞碘盐、红枣碘盐、氨基酸盐等植物健康型盐产品，在盐行业率先走出一条创新驱动、绿色发展之路。

中盐榆林盐化有限公司始终秉承“质量第一、客户至上”的经营理念，竭诚为广大客户提供更加健康、更加安全的功能性高端盐品，愿与广大客户携手合作，共同开创更加美好的未来。

甘 肃 省

临夏州小康村饲料有限责任公司

临夏州小康村饲料有限责任公司位于甘肃省临夏回族自治州临夏县北塬农业经济开发区，是按照股份制形式，筹资2 000多万元，于2006年10月兴建的临夏地区目前唯一的一家集饲料研发、加工、生产、销售、技术服务于一体的专业饲料生产企业。公司占地面积28亩，现有职工50多人，其中具有中高级专业技术职称的人员10人、初级专业技术职称的人员16人、技术熟练工20人；拥有授权专销商30多个，销售商300多个。常年生产销售猪、蛋鸡、肉鸡、牛、羊5大系列各阶段的全价料、浓缩料、精料补充料等30多个品种，年设计生产能力达12万t，产品除满足当地市场外，还远销兰州、武威、张掖、白银、定西及青海省等地。公司于2010年6月被农行临夏县支行评定为“A+”级信用企业。是甘肃省农业产业化重点龙头企业。

公司自成立以来，始终坚持“科技为第一生产力”的发展原则，先后引进了日本味之素、德国巴斯夫、荷兰帝斯曼、泰国正大集团等国际知名公司的核心产品和技术，使公司的产品定位、科技含量及知名度大大提升，为公司的进一步发展奠定了坚实的技术保障。

公司的建成和运营，填补了临夏州地区饲料生产的空白，每年可消化利用当地及周边地区生产的玉米及农副产品约5万t，同时通过带动养殖、种植、运输、商贸、轻工等相关产业的发展，直接或间接利用当地剩余劳动力1 000多个，极大地带动了全县乃至全州农村和农业经济的快速发展。

兰州石羊饲料有限公司

兰州石羊饲料有限公司隶属西北地区最大的饲料加工企业——陕西石羊（集团）股份有限公司，石羊集团是国家级农业产业化重点龙头企业，1992年成立于陕西省蒲成县孙镇石羊村，经过20多年的发展、已成为西北地区规模较大的多元化股份制企业、集团由油脂、饲料、食品、养殖、金融、房地产开发六大产业、50多家子分公司组成、各自独立、相互依存、打造国内全产业链农业旗舰企业，销售网络立足西北五省辐射全国。

兰州石羊饲料有限公司成立于2001年4月，是当年兰洽会招商引资项目，目前拥有国内先进的电脑自动化饲料生产线两条，生产猪、肉鸡、蛋鸡、牛、羊五大系列40多种“石羊”牌饲料，产品销售网络覆盖甘肃、青海、宁夏、新疆、内蒙古、西藏等地。公司自成立以来，依托集团公司强大的资金、技术、管理、销售网络、品牌效应及售后服务等优势，使“石羊”牌饲料在广大用户心中得到了很高的认可和赞誉，公司连年被评选为甘肃省“重合同、守信用”企业和甘肃省农业发展银行AA级信用企业。

公司严格按照国家最新的“食品安全法规”和“新饲料和饲料添加剂管理条例”提升企业经营管理水平，严把产品质量关。

经过十多年的发展，兰州石羊饲料有限公司规模和销售量已位列甘肃饲料品牌前三甲第二名，石羊品牌已得到甘、宁、青广大用户的认可，产品性价比和美誉度不断提高，近年来，尤其2008—2015年公司连年以20%的速度增长，饲料销量每年创造历史新高，产品性价比口碑得到了用户切身验证，2015年也获得到了皋兰县政府质量奖的特大荣誉。在取得成绩的同时、公司始终秉承质量就是企业生命，长此以往为广大用户朋友创造价值为己任，坚持品质第一的质量理念已深得产业链的用户以及广大养殖户的切身验证。

张掖市金农源生物科技有限公司

张掖市金农源生物科技有限公司成立于2007年，是由行业青年带头人王鹏先生及卓越的创业团队，共同打造的一家具有开拓意识的现代化企业，公司秉承传递正能量，超越新梦想的文化理念，专业生产畜禽、反刍配合料及预混料的企业，致力于搭建农牧饲料企业发展和创业者发展平台，把科技兴牧作为公司的奋斗目标，2013年公司投资2 200万元，占地60亩，新建设年产10万t畜禽、反刍两条生产线，配套齐全的综合信息化办公楼一栋，多功能餐厅、职工阅览室等设施。目前销售可达2万t，产值1亿元。产品远销新疆、青海、宁夏及甘肃各地州市，得到了广大客户朋友的认可，其中所生产“牛贝贝”品牌饲料获得甘肃省驰名商标，所生产产品工艺采用目前成熟的多项技术有效改善饲料内在质量。

公司多年来一直在探索养殖群体的改革创新思路，2015年6月成立张掖金农源生物科技有限公司养殖协会“公司＋基地＋养殖户”的运作模式，投入大量资金，在公司对面成立建设张掖市金张掖活畜交易市场、配套设施齐全的肉牛、羊育肥基地及牛羊清真屠宰厂，其目的是提高张掖及周边区域养殖结构调、为增加养殖户的养殖收入提供服务，专注于打造肉牛、羊养殖合作发展的命运共同体。

该项目占地240亩，其中建设用地200亩，工程总建筑面积19 720m^2；项目总投资2 900万元，项目完成后年交易牛10万头，羊300万头，年育肥出栏肉牛10 000头、肉羊10万头，年屠宰肉羊30万头，可直接增加项目区农民人均收入3 000元以上，经济效益增收650万，可新增就业岗位60个，间接带动养殖、运输、贩运、百货、餐饮、住宿等多个行业就业岗位1 000个以上。

该项目地处国道312与张明公路交汇处，是东西、南北通道的必经之处，邻近有兰新高铁、兰新高速公路，极大地方便了全国各地客商的汇集、发散，在张掖市将成为最大的牛羊活畜交易集散地，不但有良好的经济效益，可以充分利用农区作物秸秆，实现秸秆过腹还田，增加了有机肥、改良了土壤、降低了种养殖成本、消除了焚烧秸秆对环境的污染等不安全因素。

项目建设规划方案分区合理、布局紧凑、交通流畅、管理科学、采用各项成熟检测技术及设备。

项目建成是对我公司新发展模式的突破与延伸，将会极大地调动企业与养殖户的经营积极性，促进企业与养殖户良性快速发展。是对传统经营模式的一场革命与变革，极大地释放了企业与农户的生产、养殖活力，抱团取暖，增强了企业与养殖户的抗风险能力，是双赢的结果。同时为张掖市金农源生物科技有限公司未来发展产业链的延伸迈出了坚实的一步。

甘肃大北农农牧科有限责任公司白银分公司

大北农集团是以邵根伙博士为代表的青年知识分子创立的农业高科技企业。1993年创建以来，大北农始终秉承“报国兴农、争创第一、共同发展”的企业理念，致力于以科技创新推动我国现代农业发展。

集团产业涵盖饲料、动保、疫苗、种猪、生物饲料、种业、植保等方向，拥有25 000余名员工、1 500多人的核心研发团队、100多家生产基地和160多家分子公司，在全国建有10 000多个基层科技推广服务网点。自2010年在深圳证券交易所挂牌上市以来，集团实现了飞速发展，成为中国农牧行业上市公司中市值最高的农业高科技企业。

大北农白银分公司成立于2014年2月20日，白银分公司位于白银市平川区经济技术开发区，总占地面积13 333m^2（20亩）。大北农白银分公司是由甘肃大北农农牧科技有限责任公司出资租赁的独资企业。多年来集团始终以猪饲料为主导的单一品牌在行业里冲锋在先，白银分公司以猪浓缩饲料和猪颗粒料为导向。生产设备采用德克利成套设备，年生产能力6万吨。生产所用原料均经过初清筛除杂，水滴式粉碎系统、16个配料仓、2个电子配料秤，实行电脑全自动配料系统，高效双轴混合机均为不锈钢材料，投料口和接料口均安装了除尘设备，工艺流程合理，操作方便。

公司依托集团饲料技术中心并配备了有多年实践经验的生产、品管和技术管理人员。公司员工总数60人，其中80%以上为大中专以上学历。设备操作规程、作业指导书及严格的管理制度，

公司制定了严格的原料质量标准、生产工艺标准、产品检验质量标准、公司配备了进口德国赛多利斯高精准度的电子天平、722N型分光光度计及日本电脑水分仪等先进的化验设备，所有原料、产品严格把关，检化验人员都取得农业部职业技能鉴定指导中心颁发的证书。

进入21世纪以来，中国农业面临全球化、信息化、产业化和生物技术革命的挑战。大北农始终坚信农业是最富潜力、最值得奋斗的行业，积极融入时代潮流、融入全球竞争、融入国家崛起，紧紧抓住和利用新一轮科技革命和产业革命的机遇，坚定不移地实施创新驱动，勇于肩负使命，进军全球领先的农业高科技企业。我们深信，有社会各界领导、专家的关注与支持，有广大农民朋友的厚爱与肯定，大北农“创建世界级农业科技企业”的目标一定要实现，也一定能够实现！

兰州正大有限公司

兰州正大有限公司是由泰国正大集团与甘肃省农牧厅合作兴办的大型现代化农牧企业，于 1993 年 8 月正式开业，经过 20 多年的持续发展，初步形成了从饲料加工到农场养殖、屠宰加工和食品销售为一体的全产业链经营模式。公司在兰州、银川、平凉泾川、张掖建成了现代化饲料厂 4 座，年生产加工能力 90 万 t；在白银市景泰县、嘉峪关市建设了具有国际先进水平的现代化原种猪场及配套场，引进美国原种猪 2 000 头，每年为社会提供优质祖代种猪 1.9 万头，并在兰州市皋兰县、张掖市及全省各地建设现代化种猪场，年提供优质种猪 3 万头，优良商品仔猪 15 万头；在兰州市中川镇、平凉市泾川县建设青年鸡场 2 座，年生产优质青年鸡 150 万羽，建设了存栏 50 万羽规模的现代化蛋鸡场；成立了甘肃正大农业融资担保有限公司，为全省养殖业提供金融担保和融资便利。

公司业务遍及甘肃、宁夏、青海等地，建立农村养殖技术服务和饲料专销网络 2 000 多个，发展骨干客户 2.5 万户，并为客户提供优质饲料、种猪、精液、仔猪及青年鸡。公司被评为农业产业化国家重点龙头企业、第三届中国畜牧业先进企业、全国饲料行业百强企业、甘肃省外商投资先进企业、甘肃省质量管理先进单位、甘肃省诚信纳税 A 级单位、银行信用等级 AAA 级企业、甘肃省诚信企业、中国最佳诚信企业等，正大饲料荣获“中国名牌产品”称号。

到 2016 年，正大集团将在甘肃建成兰州正大有限公司、兰州正大食品有限公司、甘肃正大农业融资担保有限公司、正大集团食品企业（上海）有限公司甘肃分公司、泾川分公司、张掖分公司、嘉峪关分公司、景泰分公司 8 家企业，饲料年总产能达到 100 万 t，蛋鸡 300 万羽，生猪 100 万头，食品 25 万 t，“正大优鲜”门店 2 家，年营业额 50 亿元，实现从饲料养殖企业到食品企业的全面转型。公司将充分发挥农业产业化国家重点龙头企业在产品、技术和服务上的优势，扩大综合服务能力，立足甘肃，带动邻近省份，辐射全国市场，大力推动农村标准化养殖模式和园区建设，积极参与社会主义新农村建设，为甘肃农牧产业转型升级、促进农牧民增收等做出更大的贡献。

甘肃禾丰牧业有限公司

辽宁禾丰牧业股份有限公司是国家级农业产业化重点龙头企业，是中国饲料工业协会副会长单位，“禾丰”商标为中国驰名商标。禾丰于 1995 年 4 月，由以金卫东先生为核心的七位创始人共同发起创立，目前业务范围以饲料复合预混料、浓缩料、配合料为主，并涉猎国际贸易、生物制药、饲料机械、养殖设备、畜产品屠宰、食品加工等相关领域。

禾丰集团旗下已拥有百余家下属公司，其中在朝鲜、尼泊尔投资建设了 3 座现代化工厂，并已与印度、俄罗斯签订合作协议。2006 年 10 月，禾丰牧业与拥有百年历史的荷兰皇家德赫斯公司正式合资，德赫斯公司深厚的历史底蕴和强大的技术研发实力与禾丰牧业自身技术积累碰撞融合，相得益彰，禾丰的整体技术水平在短时间内跃入世界顶尖之列。2013 年禾丰研发中心被评为“国家认定企业技术中心”，2014 年禾丰检测中心通过 CNAS 认证。

2014 年 8 月 8 日，禾丰牧业在上海证券交易所成功挂牌上市，在过去的一年里，禾丰业绩逆势而上，国际事业进展迅速，大批优秀人才加盟。禾丰也正在尝试互联网销售与传统销售的结合，并成立了自己的电商平台——“逛大集”。锐意进取的禾丰团队向着“成为世界顶级农牧企业”的宏伟目标阔步前进。

甘肃禾丰牧业有限公司成立于 2012 年 2 月，是禾丰集团独资 8 000 万元建设的现代化专业饲料企业，是禾丰集团在甘肃地区的旗舰型企业。公司地处甘肃武威市武南工业园区。

甘肃禾丰是目前甘肃省设备最先进、单线生产能力最大的饲料企业，有年生产能力 35 万 t 的专业化生产线两条，分别为 20 万 t 猪、禽料专业生产线，15 万吨反刍料专业生产线。公司是集饲料的研发、生产、销售和服务为一体的现代化饲料企业，现有专业技术人员 85 名，其中硕士学历 5 名，本科学历 28 名，大专学历 20 名。

公司建设有超标准化验中心，除配备电子天平、紫外分光光度计、自动定氮仪等设备外，于 2015 年增加酶标仪、近红外等先进的检测设备，满足公司日常检测项目外，还增加毒素等的检测，使产品更加安全，质量更加有保障，为客户服务也更加快捷。

公司自运营至今，每年销量以 20%以上的速度递增，成为行业的楷模先锋，产品更受到广大养殖户的喜爱和欢迎。由于公司发展状况良好，成绩优秀，2015 年禾丰集团特授予公司“经营突破奖”称号。

公司对产品质量高度重视，一直贯彻禾丰集团提出的：“出厂产品合格率 100%；库存成品抽样合格率 100%；承诺服务项目顾客满意率 100%”的质量目标和“永远不采用不合格原料；永远不使用不正常设备；永远不允许不规范操作；永远不生产不达标产品；永远不忽视不满意顾客；永远不容忍不完善服务”质量方针。并于 2014 年通过 ISO 9001：2008 质量管理体系认证；又于 2015 年通过农业部《饲料质量安全管理规范》验收工作，成为全国第三批、西北首批通过农业部《规范》的示范企业。极大提升了公司在行业的影响力，更促进了公司产品质量的管理能力的提高。

禾丰产品由具有多年实践经验的资深博士、硕士组成的动物营养专家团队组合国内外先进技术和中国畜牧行业自身的特点，同时应用世界顶级的美国 BRILL 配方软件、采用优质原料精心设计生产而成。产品一贯秉承高安全性、高有效性、高稳定性、高适口性、高平衡性六大特点，经过多年市场检验，深受广大客户的推崇和信赖。目前我们的合作伙伴遍布西北地区，已经形成坚实、广泛的市场销售网络。禾丰人始终坚持知识就是力量，团结就是力量，愿时刻倾听客户的需求并全力以赴，努力实现与所有合作伙伴共赢的经营目标，打造西北饲料市场第一品牌。

执着收获梦想，专业成就未来！期待与您共同成功！

宁夏回族自治区

宁夏正旺农牧科技有限公司

宁夏正旺农牧科技有限公司成立于 1998 年，是专业从事各类饲料研发、生产、销售的省级农业产业化重点龙头企业。公司主导产品有畜、禽复合添加剂预混合饲料、浓缩饲料、高档配合饲料和精料补充饲料、高活性生物饲料四大系列 100 多个品种，是目前我区饲料行业中率先实施“质量、食品安全、环境”三体系认证的企业之一，并通过了国家标准化良好行为 AAA 级认证。

公司形成集生产、销售、研发为一体的集团化经营格局，总资产达 8 000 万元，双班年生产能力 26 万 t。现有职工 103 人，专职研发人员 19 人，外聘高级技术顾问 4 人。致力于研制开发科技含量高、绿色环保的饲料产品。研发生产的“隆丰”牌系列饲料先后被评为“中国饲料行业信得过产品”“宁夏名牌产品”。公司先后被自治区农牧厅等 15 家单位联合授予“宁夏乡镇企业及农产品加工业自治区级诚信企业”“自治区农业产业化重点龙头企业”“全区优秀非公有制企业”称号。

公司始终坚持以“服务生态养殖，造福人类健康”为使命，以质量、信誉铸就行业品牌，以优质的产品、诚信的服务，把产品做优，把企业做强，带动经销商、养殖户和核心经营团队共同富裕。实现了企业、客户、社会的共赢。

夏马兰花生态农业开发有限公司

宁夏马兰花生态农业开发有限公司是一家集水产养殖，高档水产饲料研发、生产、销售为一体的民营企业。2011 年公司投资 6 000 万元建设年产 12 万 t 高档水产饲料生产加工项目，全套引进江苏牧羊集团生产的国内最先进的水产饲料专用生产设备，并于同期投资建设 6 000 亩水产养殖基地，具有丰富水产养殖经验和管理经验的专业人员组成，不断进行饲养试验和培育优质苗种，为水产养殖户提供健康生态养殖理念、技术咨询服务。

公司先后与中国农科院、中国海洋大学、西南大学、宁夏大学、宁夏职业技术学院、宁夏水产研究所等科研院所建立了合作关系。2015 年公司与中国农科院饲料研究所签订了 2015—2020 年建立宁夏水产动物饲料创新团队项目与实施合作协议，整体引进中国农科院水产动物饲料创新团队。

公司充分利用国家和宁夏以及石嘴山市渔业产业发展的优惠政策，发挥公司专业生产高档水产饲料和 6 000 亩水产养殖基地的优势，在中国农科院水产动物饲料创新团队首席科学家周志刚博士的指导下，双方共同合作，计划用 5 年时间，全面建设宁夏地区安全、高效、环保型水产饲料和水产养殖模式，提升宁夏水产产量 200%和养殖效益 20%，并形成西部龙头示范效应。

新疆维吾尔自治区

喀什天康饲料科技有限公司

喀什天康饲料科技有限公司是天康集团全资子公司，建于 2009 年 2 月，投资 2 600 多万元，占地 45 亩，年设计生产能力 12 万 t。公司设生产部、质量管理部、业务营销部、采购部、行政综合管理部及财务部六个部门。主要产品有畜禽、水产配合、浓缩饲料，反刍动物精料补充料。产品覆盖喀什地区周边各个县、乡、场，最远销售到和田地区。公司现有员工 72 人。其中大专及以上学历 15 人，10 人持有特种岗位职业资格证书，品管经理取得畜牧兽医师职称。

截至 2015 年年底，我公司固定资产为 2 823 万元，本年净增 512 万元；销售额 1.14 亿元；公司存款发生额为 1.9 亿元，票据贴现业务 0 笔，各类贷款结余 0 元，整体逾期率为 0%，较全省平均逾期率低 0.11 个百分点。业务的良性发展，确保了 2015 年全年收入利润目标的实现，2015 年全年实现自营收入 1.14 亿元，较去年减少 0.12 万元，同比减幅为 0.90%。

多年来，全体员工克难攻坚，迈着坚实的步伐，用产品质量说话，用服务标准树名。2015 年被评为喀什地区农业产业化“重点龙头企业”“优秀安全生产单位”。

公司不定期组织客户进行南北疆互动养殖参观交流会，给养殖户提供经验分享的平台，交流沟通养殖问题和经验技巧，并邀请业界知名讲师专家对客户进行培训和辅导。挑选养殖标杆户筛选优秀的养殖数据和大家分享，引导客户正确用料，降低养殖成本提高养殖利润。公司提倡规模化养殖从设备改造到养殖理念，要加强引导，稳打基础，建立信心，为中小养殖户全程可靠保障，有效地激发了养殖户的热情。2015年公司先后举办扶贫爱心捐赠，下乡慰问贫困户等活动，与因尔里克乡16户贫困户进结下了对口扶贫。

新疆天宝康地生物技术有限公司

新疆天宝康地生物技术有限公司位于新疆维吾尔自治区石河子市北泉镇国家农业科技园区，原名为石河子市天泽康地生物技术有限公司，2014年8月更名为新疆天宝康地生物技术有限公司。公司成立于2011年7月，属美国康地谷物公司在华合作子公司，是由自然人投资，公司类型为有限责任公司，公司占地70亩，注册资本由初建厂的810万元扩展到2 160万元，2013年取得农业部核发的饲料生产许可证，是集生产畜禽、水产、反刍动物等复合预混合饲料的合法企业，生产能力为年单班产量2万t。

公司现有员工60余人，其中专业技术人员占65%以上。内部设有总经理室、总经办、技术部、生产部、品控部、采购部、销售部、财务部、行政部等部门。企业设有独立的化验室，除配有常规检测仪器外，还配有高效液相色谱仪、原子吸收分光光度计等先进设备。企业聘请专业的技术人员和饲料行业特有工种人员，其中化验员、中控室操作工、设备维修工均已取得农业部核发的职业资格证书，并能定期地参加自治区组织的技能培训，完全满足产品质量的检测要求。

饲料生产线配备全套牧羊预混合饲料生产设备，主要有“混合王”双层高效混合机、脉冲除尘器、快速斗式提升机、SFSP系列锤片式粉碎机、电子定量包装秤、微机配料称等，先进的生产条件为保证产品质量提供了可靠保障。

2015年度，受全疆畜产品价格低迷的影响，企业生产复合预混合饲料3 000t，其中，猪料1 700t，禽料1 000t，水产料100t，反刍料200t，总产值约3 500万元。

近年来，公司按照市场需求，结合本地资源特点，设计了上百种产品，囊括了小猪、中猪、大猪、蛋鸡、种鸡、淡水鱼、肉牛、育肥牛、肉羊等各阶段的复合预混合饲料，预计随着畜产品价格的逐渐回暖，饲料年生产能力将达1万t，总产值约5 000万元。

新疆天宝康地生物技术有限公司将秉承美国康地谷物公司200年的经验，以精益求精的工作态度，确立“技术之所在”的企业形象。以质量求生存、谋发展，为疆内外广大客户提供高品质的复合预混合饲料。

伊宁县泰昆饲料有限责任公司

伊宁县泰昆饲料有限责任公司成立于2009年8月，是新疆兵团农四师七十团与泰昆集团分公司合作股份制饲料加工企业。位于七十团团结路工业园区，占地面积53.9亩，注册资金2 400万元，实际投入3 400万元，公司现拥有员工104名，各级管理干部具有大专以上学历达80%。

伊宁县泰昆饲料有限责任公司是伊犁地区产能最大、销量最大的饲料农牧企业，在伊犁、博乐地区市场占有率位居首位，产品口碑好，公司致力于做伊犁农牧行业的引领者，本着“没有成功的客户、就没有成功的泰昆”服务广大客户，拥有各类经销商150人，与伊犁、博乐地区众多专业养殖场建立了良好、稳固的合作伙伴关系。

公司现拥有两个独立的生产车间，设计生产能力为25万t。主要产品有畜、禽、水产、反刍动物四大系列70多个品种的配合饲料、浓缩饲料和精料补充料，月销量在7 000t左右。生产产品基本覆盖伊犁哈萨克自治州全境，主要销往伊宁市、新源县、尼勒克县、昭苏县、察县、特克斯县、霍城县、伊宁县及博州区域等地。

公司每年营业收入达2亿元。2015年付职工薪酬700余万元，其中七十团在公司长期务工人员35人，临时计件务工人员20人，主要在生产操作工、仓储、财务、后勤服务、装卸等岗位工作。七十团现有6辆小型货车长期在公司运送饲料，每年运输收入达36万元。10辆八平车临时在公司运送成品及原料，每年运输收入达50万元。若两条生产线产销达到满负荷，预计人员达到150人左右，其中七十团团场人员占比达到40%。

伊宁县泰昆将以“打造一流农牧企业，制造绿色健康食品”为使命，秉承“爱与支持，创值、分享，说事实，负责任”的核心价值观，“以客户为中心”的服务宗旨，继续做好伊犁农牧行业的引领者，不断开拓市场，新的产品，提升伊犁地区的整体养殖水平，为广大客户创造价值。

青 岛 市

希杰（青岛）饲料有限公司

希杰（青岛）饲料有限公司隶属于韩国希杰集团，是希杰集团在中国的独资饲料企业，希杰集团创立于1953年，是韩国三星集团的母公司，世界上最大的赖氨酸、核苷酸生产和销售企业，是韩国最大的食品和餐饮企业，韩国最大的物流公司，世界名列前茅的饲料生产和销售企业。

截至2014年9月，希杰集团在韩国拥有29家公司，在海外16个国家拥有128个法人，员工56 200名。希杰集团在中国34个城市设有87个法人，员工13 000多名。

希杰集团的饲料事业开始于1974年，产品种类涉及猪料、反刍料、禽料、水产料和宠物饲料。截至2014年12月，希杰集团在韩国、土耳其、越南、中国、印尼、印度、菲律宾等7个国家成立了35家饲料工厂、15个种鸡基地、5个种猪基地、5个奶牛基地，在中国成立了成都、沈阳、青岛、郑州、南京、天津、哈尔滨、聊城、长春9家饲料工厂。

大 连 市

大连龙城食品集团饲料加工有限公司

大连龙城食品集团饲料加工有限公司位于“北方明珠”大连瓦房店街道办事处龙城街10号，沈大高速公路瓦房店出口处，来往方便，交通便利。这里是闻名遐迩的“苹果之乡”“金刚石之乡”“轴承之乡”也是辽南最大的肉鸡养殖，种鸡繁育，孵化及肉鸡加工出口基地。

龙城饲料厂始建于1999年，占地20 000m^2，总资产3 000万元，员工40人，专业技术人员占全体职工总数的20%，年生产优质饲料40万t，年创总产值2.5亿元。“欣城”牌肉鸡饲料被评为大连市和辽宁省名牌产品，深受广大养殖户的欢迎和信赖。

经过几年的艰苦创业，滚雪球式的高速发展，靠的是科技开发，靠的是员工奋斗精神，靠的是广大养殖用户的支持和信赖。公司的发展壮大为瓦市乡镇，大连地区的经济飞速发展作出了巨大的贡献。

面对市场的激烈竞争，龙城饲料厂将以新的经营理念，向企业的规模化、集约化和高科技化方面发展。以严格的管理，最佳的产品质量，民营的机制，诚挚的信誉，不断取得经济效益和社会效益的双赢。

大连新宇畜牧业有限公司公司

大连新宇畜牧业有限公司位于瓦房店市老虎屯镇三家子村，公司由张平董事长于2008年创建，该公司占地面积9.4万m^2，其中建筑面积2万m^2，是集畜禽饲料加工、肉种鸡养殖、肉鸡鸡雏孵化于一体的农产品生产加工企业。该企业通过生产绿色畜禽饲料，养殖优良父母代肉种鸡，孵化优质肉鸡鸡雏，以满足广大肉鸡养殖农户需求。2013年初，该公司投入1 100万元，建设3 660m^{2}优质畜禽饲料加工厂一座，采用先进的数控加工设备。建设14 000m^{2}全自动笼养肉鸡舍三栋，建设1 800m^{2}办公楼一处，并购置安装先进孵化设备40台。公司年产绿色优质畜禽饲料8万t、养殖父母代肉种鸡5.5万套，年产优质肉鸡种蛋800万枚，年孵化优质肉鸡鸡雏1 000万只。

饲料加工厂生产设备先进，加工技术领先，饲料产品优良，繁育鸡雏健康，是广大养殖农户信得过的农产品加工企业。目前，该公司正在实施质量体系认证。公司秉承生产标准化，服务快捷化，质量信誉化宗旨，以现代农业订单方式，为广大肉鸡养殖农户提供健康肉鸡鸡雏、绿色畜禽饲料，带动农民发展肉鸡养殖业，促进农民稳定增收，推动农业和农村经济快速、健康、持续发展。

大连禾源牧业有限公司

大连禾源牧业有限公司（前身为大连泓源牧业有限公司）成立于2006年8月，现隶属于辽宁禾丰牧业股份有限公司产业化板块，是一家生产肉鸡配合饲料的现代化高科技企业。公司具有雄厚的技术研发能力，拥有1名博士、4名硕士、本科生若干。

饲料厂区占地面积40余亩地，办公生活区建筑面积1 300m^2，生产车间建筑面积5 000m^2，总投资6 000余万元。采用一流的牧羊整套设备，完全实现自动化一键操作配料，三条全自动颗粒饲料生产线，配备先进的大型粉碎机组，装机总容量大于2 000kh，月生产能力逾2.5万t，年生产量达到30万t。保证了年饲养量1亿只肉鸡的饲料需求。2015年引进先进的进口智能码垛机器人，时产可达到40t。通过粉状饲料向颗粒饲料的改革，推动本地区肉鸡养殖行业的高效发展，料肉比由1.8∶1降为1.55∶1。为了积极响应国家的号召，现已实现散装原料接收，我们也将逐步实现散装成品出厂，达到节省包装材料，节省资源，致力于环境保护。

大连禾源牧业有限公司自成立以来一直致力于肉鸡饲料的研发、生产与创新，不断寻求更为合理高品质的产品。公司秉承“精益求精、为客户创造财富”的理念，立志生产专业化、经营科学化、品质世界化。不断推进本地区养殖模式的升级及养殖效率的提升，减少养殖成本，降低养殖风险，实现客户利益最大化，为带动地区的经济发展而不懈努力。

2016 中国饲料工业年鉴

统计资料

中国饲料工业统计资料

2015 年全国饲料总产量

单位：t

地 区	总产量	配合饲料	浓缩饲料	添加剂预混合饲料
全国总计	200 092 149	173 961 845	19 605 061	6 525 243
北 京	2 734 841	1 803 837	274 306	656 697
天 津	2 157 873	1 465 092	428 406	264 376
河 北	13 382 942	11 333 798	1 927 856	121 288
山 西	2 847 890	2 435 053	384 606	28 231
内蒙古	2 705 367	2 041 696	605 227	58 444
辽 宁	11 484 311	8 220 916	3 104 730	158 666
吉 林	4 545 945	3 214 684	1 282 514	48 747
黑龙江	6 112 960	2 926 115	2 891 090	295 755
上 海	1 591 348	1 201 939	149 780	239 629
江 苏	10 276 794	9 618 515	325 469	332 810
浙 江	4 011 336	3 819 619	59 858	131 859
安 徽	5 427 904	5 109 500	172 532	145 872
福 建	8 160 378	7 754 048	147 948	258 382
江 西	8 813 540	7 979 478	248 687	585 375
山 东	22 880 872	21 024 431	990 231	866 210
河 南	12 361 730	10 508 240	1 567 153	286 338
湖 北	7 905 561	7 480 828	274 949	149 785
湖 南	10 749 006	9 737 529	464 461	547 015
广 东	25 730 232	24 644 169	438 174	647 889
海 南	2 254 800	2 251 029	—	3 771
广 西	10 583 312	10 254 233	194 003	135 076
重 庆	2 072 267	1 859 259	200 895	12 113
四 川	9 775 379	8 915 003	597 138	263 238
贵 州	989 206	677 774	311 432	—
云 南	3 286 376	2 416 711	814 272	55 393
陕 西	4 269 736	2 725 051	1 367 828	176 857
甘 肃	872 510	666 383	196 983	9 144
青 海	127 104	125 134	—	1 970
宁 夏	260 337	208 733	48 499	3 105
新 疆	1 720 292	1 543 047	136 036	41 209

2015 年全国配合饲料产量

单位：t

地　区	小计	猪饲料	蛋禽饲料	肉禽饲料	水产饲料	精料补充料	其他饲料
全国总计	173 961 845	68 021 348	25 046 625	52 745 445	18 655 175	6 556 103	2 937 149
北　京	1 803 837	372 670	191 470	498 506	80 370	539 107	121 715
天　津	1 465 092	349 007	87 675	195 473	420 313	356 179	56 445
河　北	11 333 798	2 830 849	4 664 397	1 904 766	608 531	890 378	434 876
山　西	2 435 053	428 641	770 970	1 128 249	558	64 761	41 874
内蒙古	2 041 696	157 010	217 755	273 326	11 770	1 326 089	55 746
辽　宁	8 220 916	2 072 797	2 185 204	2 732 035	415 200	623 961	191 718
吉　林	3 214 684	810 007	1 186 555	689 684	6 216	208 440	313 783
黑龙江	2 926 115	946 012	614 020	387 010	152 030	501 013	326 030
上　海	1 201 939	350 183	399 117	311 566	77 887	57 366	5 820
江　苏	9 618 515	2 537 206	1 249 908	2 937 079	2 653 462	60 274	180 586
浙　江	3 819 619	1 643 136	313 988	863 671	882 028	32 803	83 994
安　徽	5 109 500	1 334 827	808 231	2 489 508	329 204	17 003	130 727
福　建	7 754 048	3 676 116	839 707	2 088 662	1 108 901	2 425	38 237
江　西	7 979 478	5 545 601	773 168	1 016 420	624 593	—	19 696
山　东	21 024 431	4 925 307	1 773 123	13 004 904	367 317	537 234	416 545
河　南	10 508 240	5 306 670	1 256 826	3 229 702	485 682	163 456	65 904
湖　北	7 480 828	2 330 014	1 614 595	1 217 269	2 318 463	486	—
湖　南	9 737 529	6 627 173	915 263	890 931	1 266 288	1 655	36 219
广　东	24 644 169	10 425 051	1 683 368	8 036 144	4 346 688	29 340	123 578
海　南	2 251 029	882 320	182 839	795 718	390 152	—	—
广　西	10 254 233	5 499 800	383 132	3 850 355	520 717	—	228
重　庆	1 859 259	1 018 299	215 002	386 468	123 094	90 976	25 420
四　川	8 915 003	5 164 023	978 832	1 899 968	607 832	111 940	152 408
贵　州	677 774	286 489	135 716	181 506	41 543	27 253	5 266
云　南	2 416 711	684 188	381 989	890 320	415 127	38 172	6 915
陕　西	2 725 051	1 248 877	598 085	355 248	234 804	216 646	71 391
甘　肃	666 383	297 370	123 538	115 980	8 281	107 828	13 386
青　海	125 134	13 463	—	—	—	111 290	381
宁　夏	208 733	25 060	45 960	24 393	23 478	88 303	1 539
新　疆	1 543 047	233 180	456 193	350 583	134 646	351 725	16 720

2015年全国浓缩饲料产量

单位：t

地区	小计	猪饲料	蛋禽饲料	肉禽饲料	水产饲料	反刍动物饲料	其他饲料
全国总计	19 605 062	11 734 672	3 642 533	1 874 294	30 142	1 949 683	373 738
北　京	274 306	242 790	8 304	40	—	20 540	2 632
天　津	428 406	354 031	21 097	—	—	45 544	7 734
河　北	1 927 856	1 059 252	528 575	22 600	—	281 157	36 272
山　西	384 606	100 482	124 502	903	—	28 718	130 000
内蒙古	605 227	148 215	51 133	22 572	890	376 515	5 902
辽　宁	3 104 730	1 155 868	949 023	760 104	1 477	203 548	34 711
吉　林	1 282 514	722 769	271 624	156 612	735	130 198	575
黑龙江	2 891 090	1 135 020	697 020	553 010	—	417 020	89 020
上　海	149 780	139 492	70	250	—	4 792	5 177
江　苏	325 469	310 879	6 324	1 377	446	6 430	13
浙　江	59 858	59 858	—	—	—	—	—
安　徽	172 532	168 374	938	2 065	194	734	227
福　建	147 948	147 197	—	—	—	—	751
江　西	248 687	190 989	20 000	20 000	8	—	17 690
山　东	990 231	868 598	50 405	10 308	6 427	54 207	286
河　南	1 567 153	1 162 004	306 611	74 689	8 754	11 212	3 882
湖　北	274 949	247 705	3 432	21 415	2 397	—	—
湖　南	464 461	462 369	—	611	1 056	266	158
广　东	438 174	406 222	1 580	9 250	7 013	—	14 109
海　南	—	—	—	—	—	—	—
广　西	194 003	171 434	2 591	19 978	—	—	—
重　庆	200 895	175 504	23 968	10	—	674	740
四　川	597 138	566 682	9 520	3 150	—	15 357	2 428
贵　州	311 432	293 852	1 919	5 929	—	4 659	5 073
云　南	814 272	763 827	12 629	25 433	—	9 636	2 747
陕　西	1 367 828	522 949	471 687	131 514	632	230 002	11 044
甘　肃	196 983	83 115	29 880	11 771	—	70 357	1 860
青　海	—	—	—	—	—	—	—
宁　夏	48 499	8 539	8 821	8 262	—	22 185	691
新　疆	136 036	66 657	40 880	12 440	112	15 932	15

2015 年全国添加剂预混合饲料产量

单位：t

地 区	小计	猪饲料	蛋禽饲料	肉禽饲料	水产饲料	反刍动物饲料	其他饲料
全国总计	6 525 243	3 679 978	1 508 472	527 870	246 054	336 338	226 531
北 京	656 697	301 463	245 714	13 286	8 992	63 373	23 869
天 津	264 376	103 330	105 248	8 363	1 535	37 471	8 428
河 北	121 288	37 625	31 659	16 727	2 207	14 246	18 825
山 西	28 231	5 734	10 627	10 843	—	924	104
内蒙古	58 444	6 465	833	2 058	—	49 077	12
辽 宁	158 666	60 212	53 937	19 329	5 520	5 458	14 209
吉 林	48 747	14 727	12 485	13 876	—	2 974	4 684
黑龙江	295 755	131 020	67 010	49 020	675	37 010	11 020
上 海	239 629	129 510	48 452	12 375	3 682	20 112	25 497
江 苏	332 810	156 298	133 109	25 570	8 001	4 367	5 464
浙 江	131 859	96 602	11 614	11 160	9 443	61	2 978
安 徽	145 872	91 265	19 750	21 542	1 918	1 748	9 649
福 建	258 382	221 024	9 010	14 543	11 174	12	2 620
江 西	585 375	481 577	50 403	51 319	192	—	1 883
山 东	866 210	282 523	401 665	99 940	9 663	39 182	33 237
河 南	286 338	179 362	73 744	21 860	867	4 414	6 090
湖 北	149 785	85 344	48 108	6 360	9 974	—	—
湖 南	547 015	500 522	29 229	8 666	1 719	524	6 356
广 东	647 889	441 675	26 894	45 929	104 449	98	28 844
海 南	3 771	3 361	—	—	410	—	—
广 西	135 076	83 007	6 423	41 674	3 955	—	17
重 庆	12 113	11 511	191	134	7	248	22
四 川	263 238	158 295	29 463	14 441	46 183	12 110	2 747
贵 州	—	—	—	—	—	—	—
云 南	55 393	21 720	22 003	2 038	769	383	8 480
陕 西	176 857	57 235	62 617	14 290	13 061	20 153	9 501
甘 肃	9 144	3 238	309	86	—	5 093	418
青 海	1 970	97	—	—	—	1 873	—
宁 夏	3 105	346	784	114	1	1 769	91
新 疆	41 209	14 890	7 192	2 326	1 658	13 657	1 485

2015 年全国饲料工业总产值和营业收入基本情况

单位：万元

地区	饲料工业		饲料产品	
	总产值	营业收入	总产值	营业收入
全国总计	78 101 047	74 178 498	71 258 298	67 862 552
北　京	1 188 589	1 317 247	1 156 904	1 287 166
天　津	1 694 268	1 255 419	1 656 963	1 218 362
河　北	4 070 733	3 638 799	3 880 988	3 450 010
山　西	676 148	625 029	674 298	623 207
内蒙古	1 103 524	1 046 537	801 185	747 606
辽　宁	4 017 223	3 912 761	3 779 261	3 690 048
吉　林	1 005 706	1 005 706	796 739	796 739
黑龙江	2 100 927	1 880 656	2 051 200	1 833 000
上　海	801 979	795 446	618 553	611 584
江　苏	4 889 631	4 564 873	3 927 774	3 598 561
浙　江	2 440 959	2 269 626	1 536 598	1 462 583
安　徽	1 555 958	1 518 811	1 548 772	1 512 570
福　建	2 982 603	2 910 001	2 913 656	2 848 617
江　西	3 133 882	3 126 293	3 115 282	3 108 341
山　东	11 215 783	10 636 326	9 990 853	9 505 140
河　南	3 679 271	3 640 850	3 559 271	3 558 829
湖　北	3 086 939	3 059 162	2 784 345	2 780 907
湖　南	4 124 316	4 101 449	4 005 690	3 986 804
广　东	10 125 963	8 886 675	9 620 595	8 624 727
海　南	676 440	649 382	676 440	649 382
广　西	3 363 737	3 239 201	3 280 826	3 157 736
重　庆	935 861	932 450	863 666	868 635
四　川	3 863 877	3 829 044	3 573 099	3 544 791
贵　州	536 089	503 681	432 953	408 899
云　南	1 815 586	1 767 430	1 484 064	1 445 795
陕　西	1 579 678	1 553 867	1 551 914	1 527 171
甘　肃	344 847	344 847	344 500	344 500
青　海	30 182	39 042	30 182	39 042
宁　夏	343 699	395 729	72 306	92 127
新　疆	716 650	732 157	529 421	539 673

2015 年全国饲料加工企业基本情况

单位：家

地　区	总数	企业经济类型							
		国有	集体	私营	联营	股份	港澳台	外商	其他
全国总计	10 052	174	39	5 293	79	3 905	128	246	188
北　京	221	6	1	94	—	109	1	2	8
天　津	152	7	1	81	—	41	4	17	1
河　北	820	10	4	402	1	392	3	6	2
山　西	177	3	2	12	5	151	—	4	—
内蒙古	255	6	—	165	—	78	—	2	4
辽　宁	676	7	1	433	—	219	7	9	—
吉　林	296	5	—	132	2	147	3	7	—
黑龙江	359	7	3	135	5	196	1	12	—
上　海	140	4	2	67	2	49	5	8	3
江　苏	585	10	3	334	5	192	17	17	7
浙　江	363	3	2	202	2	143	4	4	3
安　徽	267	6	—	91	—	155	6	6	3
福　建	362	4	—	226	4	96	12	15	5
江　西	211	3	—	79	—	127	—	1	1
山　东	1 231	30	3	709	8	414	8	38	21
河　南	710	7	4	318	5	329	5	9	33
湖　北	334	6	—	208	1	111	3	4	1
湖　南	396	7	1	178	—	193	5	9	3
广　东	750	10	6	397	4	247	36	22	28
海　南	43	—	2	25	7	5	—	—	4
广　西	245	4	—	138	—	90	1	12	—
重　庆	120	3	—	74	—	38	—	3	2
四　川	425	—	2	325	—	16	4	26	52
贵　州	80	3	—	20	—	52	1	2	2
云　南	243	4	1	175	—	58	1	4	—
陕　西	252	6	—	8	23	211	1	3	—
甘　肃	85	—	—	84	1	—	—	—	—
青　海	11	2	—	6	—	3	—	—	—
宁　夏	27	—	—	13	—	14	—	—	—
新　疆	216	11	1	162	4	29	—	4	5

2015年全国饲料加工企业职工情况

单位：人

地区	职工总数	其中职工学历构成					其中技术工种人员构成			
		博士	硕士	大学本科	大学专科	其他	小计	检化验员	中控工	维修工
全国总计	519 062	1 877	8 737	74 372	120 479	313 547	51 202	22 910	13 214	15 078
北京	8 802	107	391	1 680	2 348	4 276	739	358	169	212
天津	6 275	34	195	1 306	1 622	3 118	580	278	145	157
河北	29 959	54	265	3 040	6 581	20 019	3 489	1 714	695	1 080
山西	5 130	9	20	640	2 460	2 001	1 422	765	512	145
内蒙古	12 448	41	160	1 865	3 676	6 706	1 411	593	299	519
辽宁	16 610	67	336	2 542	3 445	10 220	2 715	1 380	608	727
吉林	8 608	55	142	1 136	1 521	5 754	1 146	603	301	242
黑龙江	7 973	21	40	210	310	7 392	1 195	635	223	337
上海	11 166	31	188	1 600	2 241	7 106	1 588	593	536	459
江苏	36 117	131	719	6 313	8 558	20 396	3 118	1 443	769	906
浙江	23 760	87	521	3 950	4 546	14 656	2 967	1 358	692	917
安徽	10 091	25	131	1 303	2 477	6 155	990	342	273	375
福建	15 746	45	206	1 937	2 564	10 994	1 604	626	441	537
江西	12 699	49	163	1 670	2 761	8 056	1 477	498	575	404
山东	77 462	237	1 666	11 727	18 294	45 538	5 789	2 615	1 543	1 631
河南	37 130	183	616	4 577	9 877	21 877	3 273	1 336	967	970
湖北	28 581	70	464	4 430	6 569	17 048	1 846	810	530	506
湖南	19 828	87	295	3 141	5 971	10 334	2 502	1 335	630	537
广东	36 467	243	955	5 309	6 675	23 285	3 603	1 444	922	1 237
海南	1 467	—	6	126	353	982	170	78	52	40
广西	13 547	17	118	1 540	3 120	8 752	1 100	490	230	380
重庆	8 483	22	109	1 118	2 718	4 516	614	245	171	198
四川	42 655	140	471	4 006	7 713	30 325	3 341	1 305	931	1 105
贵州	2 925	13	23	370	765	1 754	308	126	81	101
云南	11 541	28	107	1 904	2 637	6 865	1 130	460	250	420
陕西	21 126	58	352	4 831	8 236	7 649	1 684	894	307	483
甘肃	4 343	8	35	900	580	2 820	324	144	90	90
青海	815	1	4	64	130	616	158	46	53	59
宁夏	371	6	11	85	54	215	85	41	20	24
新疆	6 937	8	78	1 052	1 677	4 122	834	355	199	280

主要饲料原料进出口情况

2015年主要饲料原料进出口情况

2015年	出口数量/万t	同比/%	进口数量/万t	同比/%	出口金额/万美元	同比/%	进口金额/万美元	同比/%
玉米	1.1	−44.6	473.0	82.0	489.9	−36.3	110 850.6	51.9
大豆	13.4	−35.4	8 169.4	14.4	12 585.6	−37.0	3 483 177.6	−13.5
豆粕	169.6	−18.9	6.0	164.1	77 099.0	−34.7	4 168.2	137.3
饲料用鱼粉	0.4	267.6	102.5	−1.2	543.3	550.3	179 159.4	14.9
蛋氨酸	0.9	718.3	15.8	20.5	66 017.5	282.6	5 563.1	38.9
赖氨酸	26.0	1.3	0.1	−36.4	32 358.3	−1.0	380.3	−34.0

2015年各月度玉米进出口情况

玉米	出口数量/t	同比/%	进口数量/t	同比/%	出口金额/万美元	同比/%	进口金额/万美元	同比/%
1月	185.6	1 206.1	579 534.0	−11.0	31.4	1 907.5	15 435.3	−14.5
2月	25.8	429 900.0	602 948.8	25.7	10.2	636 718.8	15 839.7	21.7
3月	240.0	−80.5	50 702.8	5.2	9.1	−80.5	1 298.2	−18.8
4月	5 603.2	26.5	141 018.4	51.4	143.5	−2.9	3 252.6	21.1
5月	577.5	—	404 102.3	409.5	21.9	—	9 068.6	313.5
6月	360.0	123.0	872 927.7	3 094.0	13.7	98.9	18 915.9	2 044.0
7月	666.7	−82.9	1 107 550.4	1 180.9	30.5	−74.0	23 874.7	811.6
8月	357.4	−88.2	607 643.3	353.9	25.0	−79.0	13 195.5	214.7
9月	658.3	80.6	169 917.8	728.4	25.9	−78.4	3 946.9	494.8
10月	961.2	32.6	43 084.5	−62.3	54.5	66.6	1 488.5	−58.9
11月	529.0	−59.5	18 795.7	−92.7	61.7	−14.7	706.4	−90.0
12月	944.9	−48.7	133 137.2	−78.1	62.5	−39.9	3 847.0	76.5

2015年各月度大豆进出口情况

大豆	出口数量/t	同比/%	进口数量/t	同比/%	出口金额/万美元	同比/%	进口金额/万美元	同比/%
1月	6 726.0	−47.6	6 875 838.1	16.3	678.1	−52.1	333 485.3	−0.7
2月	15 959.3	−43.5	4 263 413.8	−11.3	1 591.2	−32.4	198 810.5	−28.6
3月	10 757.5	−63.0	4 493 054.9	−2.8	1 096.3	−60.7	201 849.5	−25.3
4月	16 445.1	−6.2	5 309 954.6	−18.3	1 810.0	−2.4	238 289.3	−39.5
5月	18 871.9	−43.2	6 126 975.7	2.6	1 811.5	−45.5	264 591.9	−27.0
6月	16 212.2	10.2	8 087 093.4	26.6	1 294.1	−9.3	349 044.2	−8.9
7月	10 445.0	−32.2	9 500 017.4	27.1	843.0	−37.0	403 149.3	−8.6
8月	8 556.3	−34.5	7 783 534.0	29.0	677.5	−39.0	328 323.9	−5.7
9月	8 283.5	−30.7	7 255 504.4	44.3	767.3	−24.0	302 043.2	7.7
10月	3 903.0	−44.8	5 531 706.2	34.9	357.1	−44.4	223 522.1	1.7
11月	5 815.5	−55.6	7 393 450.4	22.7	599.9	−60.4	293 267.2	−2.5
12月	11 917.5	6.8	911 925.0	7.0	1 059.8	−10.5	357 854.3	−14.6

2015年各月度豆粕进出口情况

豆粕	出口数量/t	同比/%	进口数量/t	同比/%	出口金额/万美元	同比/%	进口金额/万美元	同比/%
1月	162 144.7	26.8	10 301.3	393.1	8 179.1	9.2	696.0	313.6
2月	116 855.9	14.0	6 860.4	156.6	5 764.6	−0.7	477.1	150.7
3月	153 573.6	8.0	6 948.1	88.9	7 218.6	−12.5	484.2	65.3
4月	89 257.1	−68.2	8 105.0	127.6	4 386.9	−72.1	559.2	118.5
5月	184 621.8	−55.0	7 879.6	248.8	8 459.1	−63.5	550.0	265.5
6月	124 553.8	−58.7	3 657.9	477.9	5 702.0	−66.1	253.4	441.6
7月	185 744.9	−29.9	820.0	310.0	7 789.0	−47.2	75.2	245.0
8月	138 997.1	−19.0	3 044.5	441.7	5 647.1	−41.6	233.2	280.1
9月	207 569.1	167.1	3 015.7	503.1	8 951.0	97.6	210.9	288.7
10月	99 173.9	125.4	4 214.3	485.1	4 551.5	71.0	300.9	302.2
11月	72 531.8	30.0	2 436.0	97.1	3 344.2	2.7	158.4	58.4
12月	160 689.9	41.4	2 401.9	−46.4	6 986.1	14.6	169.7	−50.0

2015 年各月度饲料用鱼粉进出口情况

饲料用鱼粉	出口数量/t	同比/%	进口数量/t	同比/%	出口金额/万美元	同比/%	进口金额/万美元	同比/%
1月	619.1	1 044.9	74 131.2	8.9	67.1	1 198.3	14 346.8	53.9
2月	996.1	31 521.0	39 871.7	−70.4	174.4	46 049.7	8 180.7	−56.1
3月	196.9	1 291.5	63 341.9	−63.9	30.0	2 534.4	12 903.2	−46.9
4月	1 057.5	3 721.1	61 483.1	−54.3	181.9	6 310.8	12 063.7	−37.6
5月	463.5	211.7	48 570.4	−32.0	66.4	621.4	9 510.5	−8.5
6月	25.0	400.0	71 838.9	52.2	2.1	254.2	13 227.2	96.4
7月	10.0	−91.5	153 033.4	64.1	1.6	−87.0	26 768.3	90.3
8月	68.0	−15.0	115 535.5	10.3	9.4	76.2	19 366.5	12.7
9月	0.0	−100.0	91 139.4	22.4	0.0	−100.0	13 425.0	4.1
10月	0.0	−100.0	87 138.8	88.0	0.0	−100.0	13 411.5	71.2
11月	22.8	−91.9	101 063.4	239.9	1.9	−93.4	16 109.6	227.9
12月	84.5	−1.0	118 221.0	101.2	8.5	48.2	19 831.4	92.2

2015 年各月度赖氨酸进出口情况

赖氨酸	出口数量/t	同比/%	进口数量/t	同比/%	出口金额/万美元	同比/%	进口金额/万美元	同比/%
1月	23 653.0	12.3	264.4	−29.1	3 394.0	29.1	80.6	7.6
2月	24 280.8	101.9	4.5	−83.7	3 191.9	113.1	14.2	−30.1
3月	20 909.4	21.2	22.8	187.5	2 676.6	22.6	33.3	3.5
4月	26 821.6	21.1	200.1	−49.1	3 413.0	32.9	25.2	−76.9
5月	26 125.6	−5.4	65.8	227.2	3 286.2	8.0	30.2	205.6
6月	20 603.8	−0.9	139.6	49 063.4	2 591.4	11.4	30.2	1 380.9
7月	20 930.2	4.7	80.6	141.7	2 532.2	3.1	17.3	117.4
8月	18 574.3	−15.2	200.2	−28.1	2 277.5	−19.6	30.7	−66.7
9月	21 085.8	−0.1	50.0	−85.8	2 466.2	−10.6	14.7	−73.1
10月	18 783.8	−3.3	13.6	−72.9	2 196.2	−17.2	16.9	−46.7
11月	18 596.8	−27.3	215.0	−35.9	2 136.2	−41.9	39.1	−41.8
12月	19 991.8	−29.1	100.0	−64.1	2 196.2	−46.0	14.3	−80.7

2015年各月度蛋氨酸进出口情况

蛋氨酸	出口数量/t	同比/%	进口数量/t	同比/%	出口金额/万美元	同比/%	进口金额/万美元	同比/%
1月	440.0	232.4	14 348.2	−9.1	426.8	218.5	6 778.1	42.3
2月	400.2	522.9	8 479.1	−20.6	297.2	202.6	3 895.9	20.0
3月	414.1	282.8	14 127.7	17.3	283.1	156.8	6 024.6	57.7
4月	402.6	348.1	14 028.4	96.2	331.8	122.6	6 105.5	170.1
5月	401.6	323.8	11 796.3	25.1	331.5	142.5	5 477.0	87.7
6月	315.1	296.1	12 586.5	51.1	295.6	181.7	5 971.9	130.8
7月	515.0	405.6	14 571.8	88.1	433.9	438.4	7 043.3	175.5
8月	982.7	782.9	11 056.1	−14.9	573.9	262.4	4 929.1	11.7
9月	1 600.6	2 517.5	15 934.4	42.0	829.7	980.7	6 230.4	47.4
10月	1 459.2	2 370.1	11 959.7	24.7	703.8	830.1	3 936.5	−4.0
11月	1 122.9	1 014.8	12 294.2	3.1	588.7	164.4	4 083.9	−24.9
12月	901.6	887.4	16 885.0	19.6	467.0	337.3	5 547.3	−22.0

大事记

农业部畜牧业司

2015 年 4 月 1 日　农业部畜牧业司在河北省衡水市举行青贮专用玉米推广应用示范项目启动培训班。

2015 年 9 月 1 日　农业部在山西省太原市召开粮改饲发展草食畜牧业试点工作部署会，10 个试点省份交流了粮改饲试点工作的总体思路和实施方案。农业部总畜牧师王智才出席会议并讲话。

2015 年 9 月 16～17 日　农业部总畜牧师王智才一行赴福建省南平市调研畜禽粪污处理 PPP 模式，详细了解该模式的运行机制和成效。

2015 年 12 月 2 日　农业部总畜牧师王智才主持召开专题会议，研究《农业部关于促进南方水网地区生猪养殖布局调整优化的指导意见》宣传工作。

2015 年 12 月 15 日　农业部畜牧业司在北京市组织召开了畜牧业信息化工作座谈会。会议研讨了畜牧行业管理信息化的推进手段和方向，交流了“畜牧业＋互（物）联网”、“互（物）联网＋畜牧业”等新型业态发展情况，听取了地方和企业对推进畜牧业信息化的意见和建议。

中国饲料工业协会

2015 年 4 月 23 日　在饲料工业展览会前举办了 2015 饲料原料论坛。论坛邀请行业领导、国家统计局、国际行业协会、大型饲料企业等政策与市场一线权威专家，对 2015 年大宗饲料原料供需形势、国家宏观经济政策对原料贸易的影响，饲料和养殖业运行新特征，企业经营思维变革等热点焦点问题进行专题研讨。500 余名代表参加此次论坛。

2015 年 4 月 24～25 日　由中国饲料工业协会、全国畜牧总站主办的“2015 中国饲料工业展览会暨畜牧业科技成果推介会”在南京隆重举行。本届展会面积达 6 万 m^2，展位超过 2 000 个（特装展位占 88%），按功能划分为大型品牌企业展区、饲料添加剂展区、饲料机械展区及组团省展区四大展区。展会吸引了来自荷兰、法国、美国、德国、英国、意大利、丹麦、比利时、瑞典、土耳其、印度、西班牙、奥地利、加拿大、日本、韩国及我国台湾、香港等近 20 个国家和地区以及国内近 500 家企业参展，观众超过 6 万人次。2015 年 12 月，中国饲料工业展览会被评为农业部 5A 级专业展会并获奖牌。展会纯收入超过 1 200 万元。

2015 年 4 月 24 日　在饲料工业展览会期间，与美国饲料工业协会联合举办中美饲料技术交流活动。活动邀请中美两国奶牛、仔猪营养需要方面的权威专家就乳猪、犊牛营养和饲养管理、中国饲料原料数据库的研究进展和先进技术进行专题报告和技术研讨。300 余位畜牧饲料行业专业听众参加了交流活动。

2015 年 6 月 23 日　接待美国食品药品管理局（FDA）兽药中心（CVM）饲料安全代表团来访。来自 FDA、饲料管理官员协会（AAFCO）、美国饲料工业协会（AFIA）的专家就美国饲料法规、饲料评价技术、促生长类抗生素使用等热点问题与我国饲料评审和评价人员开展了深入交流。中美两国饲料安全监管和评价领域长效交流机制初步建立。

2015 年 7～8 月　中国饲料工业协会宠物饲料专业委员会组织开展宠物食品行业调研，赴上海、河北、江苏、浙江、广东 5 个宠物食品集中产区，对 20 家不同性质、不同产品类型、不同规模的宠物食品生产企业进行了实地调研，了解我国宠物食品行业现状。

2015 年 9 月 23 日　召开中国饲料工业协会宠物饲料专业委员换届大会。第二届专委会以宠物食品生产企业为主体，涵盖宠物食品原料、宠物食品添加剂、宠物食品添加剂预混合饲料、宠物食品机械等全产业链生产和贸易企业以及专家学者，委员共计 54 人，沙玉圣任主任委员。专委会在行业中的影响力不断壮大。

2015 年 9 月 23 日　中国饲料工业协会宠物饲料专业委员换届会同期举办了 2015 宠物饲料（食品）国际研讨会，邀请中美欧宠物食品权威专家，就法规标准建设、宠物营养与配方设计、干粮加工技术、原料与生产过程控制等领域最新进展和实用技术与国内行业代表进行了交流，参会人数达到 200 余人。

2015 年 12 月 15 日　召开全国饲料评审委员会换届会，成立了第三届全国饲料评审委员会。第三届评审委共有委员人 116 名，其中主任委员和常务副主任委员各 1 名，副主任委员 9 名。第三届全国饲料评审委员会的成立为评审工作持续开展打好了坚实的人才基础。

2015 年 12 月 28 日　中国饲料工业协会在广州组织召开了“十三五”饲料行业发展座谈会。协会第六届理事会部分副会长单位、常务理事单位和理事单位负责人以及部分省饲料工业（行业）协会会长、秘书长、行业领导和有关专家参加了此次会议。会议通报了中国饲料工业协会近三年工作和明年工作思路重点，交流了各省协会工作的经验与作法；分析研判了当前行业形势，座谈交流行业热点、焦点问题，听取企业的诉求和建议；共同商讨“十三五”期间行业和企业发展新的对策和建议，与会代表反响热烈，会议取得了圆满成功。

2015年　全年组织召开6次新饲料和新饲料添加剂评审会，对15个产品进行评审，纽甜等3个新产品获得饲料和饲料添加剂新产品证书，胆汁酸适用范围获得扩项。对监测期内的6个新饲料添加剂就其上市后的安全性、有效性和质量可控性跟踪检查。

天 津 市

2015年4月9日　天津市畜牧兽医局召开饲料和畜产品质量安全监管工作会议，安排部署工作。会议由市畜牧兽医局质监处李晓东处长主持并作2015年饲料和畜产品质量安全监管工作部署。莫会松副局长在讲话中充分肯定了2015天津市饲料质量安全监管工作取得的成绩，深刻分析了饲料安全监管工作面临的新形势。李晓东处长重点部署了天津2015年饲料质量安全监管工作实施方案。强调当前饲料质量安全形势不容乐观，任务更加艰巨繁重。各区县、各单位要通过完善监管手段，加强获证企业事中事后监管，努力构建饲料质量安全监管长效机制，制定本区域监管工作具体文案，强化落实执行效果，扎实做好今年的各项工作，从人员、经费、制度三个方面做好保障工作，从组织领导、责任落实、沟通协调、督导检查、宣传引导等方面抓好落实。天津各区县饲料管理部门和畜牧兽医部门分管领导，各部门负责人，动物卫生监督所、兽药饲料监察所分管领导约60人参加了会议。

2015年5月14～15日　天津市畜牧兽医局质量监管处组织有关人员对天津市参加饲料质量安全管理规范（以下简称《规范》）示范创建的企业进行现场检查指导。依据《规范》要求，对天津市昌农饲料有限公司、天津通威饲料有限公司、天津正大农牧饲料有限公司和天津晨辉饲料有限公司四家饲料企业，从原料采购与管理、生产过程控制、产品质量控制、产品贮存与运输、产品投诉与召回、培训、卫生和记录管理6个方面共75条（包括25个制度，28个操作规程和61个表单），通过现场检查、核对记录表单、询问管理技术人员等形式进行规范指导。从总体检查情况看，天津饲料企业对《规范》示范企业创建工作比较重视，对《规范》的理解比较准确，管理制度制定比较全面，采取的工作措施也很得力，运行情况良好。但仍存在部分制度与现场实施情况不相符，部分记录表单的项目与规范要求不一致，生产一线员工对《规范》和企业制度的认识理解有待加强等问题。检查组针对发现的问题向企业提出了整改意见，四家企业也对《规范》实施过程中发现的具体问题进行了咨询，并表示积极进行整改，努力通过农业部专家组的现场审核验收。

2015年6月15～18日　农业部中国饲料工业协会《饲料质量安全管理规范》验收专家组一行5人对天津昌农科技有限责任公司、天津正大科技有限公司两家《规范》示范创建企业进行了现场验收。专家组从原料采购与管理、生产过程控制、产品检验、产品储存及运输、产品追溯与召回、人员与卫生和文件记录管理七个方面110项考核指标进行了详细的检查评审。经综合评定，上述两家企业积极贯彻落实《规范》要求，成效显著，通过农业部现场验收，将获得农业部《饲料质量安全管理规范》示范企业称号。《规范》的贯彻落实不仅有利于提高饲料企业生产管理水平和综合竞争力，更对于保障饲料质量安全发挥重大作用。

2015年7月14日　天津市畜牧兽医局举办了贯彻落实《饲料质量安全管理规范》培训班。莫会松副局长出席会议并做讲话，李晓东处长主持会议。培训班上，莫会松副局长就《规范》的实施重点强调了两个责任：一是饲料生产企业是实施《规范》的主体责任；二是饲料管理部门实施《规范》的监管责任。要求饲料生产企业和区县饲料监管部门要充分认识实施规范的重要性和紧迫性，稳步扎实推进《规范》落实。培训班邀请天津市兽药饲料监察所刘晓辉研究员、天津正大科技有限公司生产经理荆勇和天津市畜牧兽医局质量监管处张志宏分别就《规范》的产品质量控制、生产过程控制、原料采购与管理进行了详细解读。全市140余家饲料生产企业负责人、品控负责人，各区县饲料监管部门负责人、饲料监督执法人员约350余人参加了本次培训。参训企业负责人纷纷表示将严格按照《饲料质量安全管理规范》要求，完善生产过程监控管理，改进各项制度、规程和表单，切实提升企业管理水平，保障饲料产品质量安全。

2015年12月25～27日　农业部中国饲料工业协会《饲料质量安全管理规范》验收专家组由胡广东处长带队，一行4人对天津海大饲料有限公司、天津通威饲料有限公司2家《规范》示范创建企业进行了现场验收。专家组从原料采购与管理、生产过程控制、产品检验、产品储存及运输、产品追溯与召回、人员与卫生和文件记录管理等110项考核指标进行了详细的检查评审。经综合评定，上述两家企业积极贯彻落实《规范》要求，成效显著，通过农业部现场验收，将获得农业部《饲料质量安全管理规范》示范企业称号。市畜牧兽医局和区县饲料管理部门相关人员陪同检查。

河 北 省

2015年3月17～19日　第十一届河北省饲料工

业发展峰会暨饲料法规培训班在石家庄市举办。农业部畜牧业司饲料处、中国饲料工业协会信息中心、省工经联、北京市饲料协会等单位的领导出席了峰会。全省 11 个市和 89 个重点县饲料办主任、饲料生产企业的经理、技术骨干等 1 000 余人参加了会议和培训。

2015 年 6 月 12～15 日　农业部专家组对河北省申报的饲料质量安全管理规范示范企业进行了现场验收。大成（河北）食品有限公司、河北方田饲料有限公司两家企业通过了验收。

2015 年 6 月 16 日　河北省饲料生产企业安全生产应急演练活动在石家庄飞龙饲料有限公司开展。省农业厅人事处、综合处、饲料处相关人员，各设区市、直管县饲料办主任，石家庄辖区内重点县饲料办主任，飞龙饲料公司部分人员，消防安全部门有关专家等共 60 余人参加了活动

2015 年 7 月 10 日　河北省饲料质量安全管理规范示范企业调度会议在河北方田饲料有限公司召开。邢台、保定、廊坊饲料办主任、河北兴达饲料集团有限公司、河北凯特饲料有限公司、河北大午农牧集团饲料有限公司、河北康达畜禽养殖有限责任公司四家企业法人或总经理、采购、生产、技术、品管负责人以及省饲料办、饲料工业协会相关人员参加了会议。

2015 年 8 月 7～8 日　全国畜牧总站饲料标准处王黎文处长、中国农业大学动物医院院长夏兆飞教授在省局丁俊树副处长陪同下到河北邢台进行宠物饲料行业调研指导。

2015 年 9 月 15 日　河北省饲料行业形势分析会暨统计培训班在石家庄市举办。各设区市、直管县（市）饲料办主任及统计员、省局饲料处、饲料工业协会相关人员等 60 余人参加了会议和培训。

2015 年 11 月 8～14 日　农业部检查组对河北省 2015 年饲料行业管理工作进行督导检查。检查组一行先后到沧州市孟村县、石家庄市正定县、邢台市南和县饲料生产企业进行了现场检查，并听取相关市、县的工作汇报。检查组对我省饲料管理工作给予了充分肯定。

2015 年 11 月 12 日　邢台华兴饲料有限公司与中国农科院饲料研究所合作成立“中国宠物食品产业研究院”，并举行了“中国农科院科研基地”揭牌仪式。

内蒙古自治区

2015 年 2 月 12 日　为加强饲料产品质量安全监督管理，提高饲料和动物产品质量安全水平，自治区农牧业厅组织开展全区饲料产品质量安全监督检测工作，下发了《内蒙古自治区农牧业厅关于下达 2015 年饲料质量安全监测计划的通知》（内农牧饲发［2015］34 号）农牧业厅饲料处。

2015 年 3 月 4 日　为切实做好饲料质量安全监管工作，保障饲料产品质量安全，严防发生饲料质量安全事故，下发了《关于进一步加强饲料质量安全监管工作的通知》（内农牧饲发［2015］89 号）农牧业厅饲料处。

2015 年 7 月 16 日　为深入贯彻《饲料和饲料添加剂管理条例》，全面加强饲料质量安全工作，推进《饲料质量安全管理规范》（以下简称《规范》）顺利实施，根据《农业部关于全面实施〈饲料质量安全管理规范〉的意见》（农牧发［2015］8 号）的要求，结合全区实际和年度工作安排，下发了《关于全面贯彻《农业部关于全面实施〈饲料质量安全管理规范〉的意见》的通知》（内农牧饲发［2015］224 号）农牧业厅饲料处。

2015 年 8 月 20～24 日　为贯彻落实《饲料和饲料添加剂管理条例》，依法全面推进饲料质量安全管理规范，落实饲料生产企业实施《规范》主体责任，建立并执行一整套严格的管理体系、操作规程和记录制度，促进企业全面提高质量安全控制能力，提升产品质量安全水平。自治区农牧业厅分别于通辽市、包头市分东西部举办了 2015 年《饲料质量安全管理规范》培训班。农牧业厅饲料处

2015 年 8 月 31 日　为贯彻落实自治区农牧业厅安全生产会议精神，按照自治区政府的统一部署，切实做好饲料企业安全生产工作，下发了《关于进一步做好饲料生产企业安全生产工作的通知》（内农牧饲发［2015］270 号）农牧业厅饲料处。

2015 年 9 月 16 日　根据《农业部办公厅关于 2015 年上半年全国饲料质量安全监测结果的通报》（农办牧［2015］22 号）的要求，自治区农牧业厅组织开展饲料质量安全监测，并下发了《关于对 2015 年上半年饲料质量安全监测不合格产品进行查处的通知》（内农牧饲发［2015］285 号），将有关情况通报相关盟市饲料管理部门。

2015 年 12 月 22～23 日　为更好地贯彻落实《饲料和饲料添加剂管理条例》及其配套规章，全面提升饲料质量安全监管工作能力，总结交流经验，安排部署全区饲料工作，自治区农牧业厅在呼和浩特召开了《全区饲料工作会议》。农牧业厅饲料处

2015 年 12 月 23～24 日　为做好饲料工业统计工作，进一步提高统计工作人员能力，部署下一阶段饲料统计工作，自治区农牧业厅在呼和浩特举办了《全区饲料工作培训班》。农牧业厅饲料处

黑龙江省

2015年10月23～26日　农业部饲料行业管理督导检查组一行五人，就本省生产许可、日常监管、管理规范推进等三个方面开展的工作和安全生产管理工作进行了检查。深入到哈尔滨、大庆、宾县、肇州等市、县检查了饲料管理部门日常监管工作，并检查了黑龙江北农大科技有限公司、大庆丰收饲料有限公司、黑龙江中升饲料有限公司等三家企业。

2015年　黑龙江省有两家饲料生产企业获得农业部首批饲料质量安全管理规范示范企业称号分别为谷实农牧集团股份有限公司、哈尔滨绿色巨农牧业有限公司等二家大型饲企获此荣誉。

2015年7月16日　在哈尔滨市召开"全省《饲料质量安全管理规范》实施座谈暨现场推进会"。

上 海 市

2015年1月　上海市所有饲料生产企业签订质量安全承诺书，要求企业作为质量安全的第一责任人，自觉遵守国家的相关法规要求。

2015年1月　组织开展《上海市志・农业分卷・畜牧业卷》饲料篇的编撰工作。

2015年1月　根据农业部畜牧业司要求继续开展好《饲料质量安全管理规范》示范创建工作，11月，配合农业部专家组完成对本市3家示范创建企业的验收和现场指导工作。

2015年1月　组织实施《饲料质量安全管理规范》推进工作，制定《规范》实施方案，召开了针对区县饲料管理部门和饲料企业的专题培训班，并发放《规范实施指南》和饲料法律法规汇编300余份。

2015年3月　印发了《2015年上海市地产生猪出栏前"瘦肉精"及其替代品监测计划》，全年布置了"瘦肉精"等违禁药物出栏前监测35 600批任务；制订了2015年度上海市饲料质量安全监测计划，全年计划完成饲料质量安全监测总数3 200批次、项目批次。

2015年3月　根据2015年饲料生产企业年度备案工作要求，组织对本市所有获证企业进行年度备案审核，并对其中15%的企业开展了现场审查。

2015年3月17日　举办"上海市饲料质量安全管理示范创建工作现场交流会暨首批部级示范企业授牌仪式"，贯彻落实农业部要求，完善饲料生产质量管理体系，树立饲料行业质量安全管理规范示范标杆。

2015年3月　召开上海市饲料兽药行业协会第六届理事会第三次会议，会上颁布2014年度本市饲料兽药行业先进企业和优秀管理者并进行了表彰。

2015年4月　组织本市饲料企业参加2015年中国饲料工业展览会暨畜牧业科技成果推荐会，参展企业42家展位200个，展位数量名列前茅。

2015年5月9～10日　组织举办了二期饲料质检人员检测能力提高培训班，共培训45人，不断提高本市饲料企业质检人员使用精密仪器开展产品自检能力。

2015年5月　根据《关于编纂〈中国饲料工业年鉴（2015）〉有关事宜的函》，完成了本市3家优秀企业、5家重点企业的推荐和《中国饲料工业年鉴（2015）》地方篇和大事记的编写工作。

2015年5月　组织开展饲料原料安全使用情况专题调研，采取走访企业、召开座谈会等方式了解目前我市饲料原料品种及安全使用情况，并对近200家饲料生产企业、肉鸽和家禽养殖场发放了调查问卷，探索建立饲料原料安全卫生使用指南，指导企业和养殖场科学、安全、有效的使用饲料原料。

2015年5月、6月和10月　分别组织开展了饲料检验化验员、饲料加工设备维修工和饲料厂中央控制室操作工职业技能鉴定，共鉴定125人。

2015年7月　配合中国饲料工业协会开展宠物饲料调研活动，并组织召开了本市宠物饲料企业研讨会。

2015年11月26日　举办了2015年上海市饲料生产企业管理人员培训班，全市各饲料生产企业负责人近200人参加了此次培训，培训结束后组织了闭卷考试，考试合格的颁发《上海市饲料法规培训证书》。

2015年12月　组织开展本市饲料和饲料添加剂生产企业监督检查工作，采取企业自查、区县督查和专家组检查的方式，依托饲料专家评审委员会和饲料评审专家库，对本市20家获证企业的规范执行情况和生产许可现状进行了全面督查，指导督促企业按照《规范》要求完善制度，提升水平。

山 东 省

2015年9月30日　山东省机构编制委员会办公室、山东省人民政府法制办公室联合行文（鲁编办函［2015］30号）明确了由农业（畜牧）主管部门依法承担饲料添加剂氯化钠生产、经营、使用环节的监管工作。

2015年3月17～18日　主题为"变革转型、同创共赢"山东省饲料行业年会在济南隆重举行。

2015年10月20日　以"践行行规行约，规范和谐发展"为主题的山东饲料行业F50峰会在山东济南举办。会上，来自山东省内55家优秀企业代表以及各地市饲料主管部门人员共同表决通过了《山东省饲料行业行为规范》。本规范旨在规范饲料行业的生产、经营、使用和服务行为，维护行业秩序，提高行业素养，树立行业形象，制止不正当竞争，促进山东省饲料行业的健康和可持续的发展，保障养殖动物的质量与安全。

河南省

2015年1月19～25日　组织开展饲料业发展状况调研活动，重点对饲料行业发展的热点难点和制约行业发展的瓶颈问题、饲料生产企业贯彻落实《饲料和饲料添加剂管理条例》及其配套规章情况和行业自律情况开展调研活动、《饲料业基本情况摸底调查表》数据真实性等基础数据进行了核实。

2015年4月22～23日　河南省组团赴江苏参观考察了牧羊集团，对饲料生产企业在实际生产中存在的问题进行了深入探讨，对市场发展前景进行了深入交流和沟通。

2015年4月24～25日　河南省组团赴南京国际博览中心参加了中国饲料工业协会、全国畜牧总站主办的2015中国饲料工业展览会暨畜牧业科技成果推介会。河南省有河南亿万中元、河南仰韶生化、河南金丹乳酸、河南龙昌、河南中大、河南德邻生物、河南巨龙生物、郑州聚创、中农颖泰9家企业参展，河南省部分饲料生产、机械企业共80多人参加了展览会。

2015年　开展《饲料质量安全管理规范》培训。先后分别在开封、南阳、济源等地开展了6期《规范》培训班，共培训饲料生产企业负责人、品管负责人和市县饲料管理部门负责人、畜牧兽医执法人员1 080人，市级共培训各类人员3 000多人，全省共发放《规范》培训教材4 000册，为《规范》的顺利实施打下了坚实基础。

2015年10月19～21日　农业部督导检查组由畜牧业司饲料处王晓红处长带队的一行五人对河南省饲料行业管理工作进行了监督检查。检查组一致认为河南省饲料行业管理工作严格认真、成效显著，并发文对河南省2015年饲料管理工作给予充分肯定。

2015年　河南省大北农农牧有限责任公司等三家饲料生产企业荣获农业部《饲料质量安全管理规范》示范企业荣誉称号。12月6～8日，农业部专家组通过查阅文件、核查内容、现场查看、座谈交流等形式，对原料采购与管理、生产过程控制、产品质量控制、产品贮存及运输7个方面，110个细目逐项对河南省申请的部级饲料生产企业进行了全面认真核查，河南广安生物科技股份有限公司高新区中草药饲料基地、新乡市大北农农牧有限责任公司和河南雄峰科技有限公司等3家企业顺利通过了现场验收，并荣获农业部《饲料质量安全管理规范》示范企业荣誉称号。

2015年　河南省发布饲料行业发展现状与趋势白皮书。在全国同行属于首例，全文共分五章，包括河南省饲料工业发展历程、发展现状、经验问题和优势、发展趋势、对策建议等。白皮书的顺利发布对于指导饲料行业积极适应新常态，加快转型升级具有深远意义。

湖南省

2015年　饲料质量安全抽样检测。全年完成农业部下达的706批次饲料质量安全监测任务，合格率为99.2%；完成省畜牧水产局下达的701批次饲料质量安全监测任务，合格率为98.4%。

2015年　开展饲料行政执法与专项整治行动。全省各级饲料管理部门共出动执法人员3.4万人次，检查饲料生产企业1 032个次，检查饲料经销门店6 276个次，检查养殖场（户）13 701个次，下达整改通知1 483份，查处违法违规案件98起，查获违法违规饲料233吨，涉案金额78.2万元。

2015年　开展饲料企业安全生产大检查。重点检查了安全防护设施与警示标志、生产作业现场、粉尘控制、危险品管理等，对发现的隐患与问题提出了整改意见，并跟踪督查。

2015年　推行《饲料质量安全管理规范》实施。通过一系列宣传、培训、指导，全省饲料企业均从2015年7月1日起正式实施《饲料质量安全管理规范》。其中郴州湘大骆驼、湖南大北农、湖南帝亿、金霞九鼎、长沙成龙、常德大北农6家饲料生产企业获农业部《规范》示范企业荣誉称号；怀化正大、正虹科技等10家企业获得了第一批省级《规范》示范企业荣誉称号。湖南省这些做法得到了农业部的肯定，并在农业部畜牧业司《畜牧业工作动态》第64期刊载。

2015年　规范饲料生产许可行政审批工作。按时按程序办理饲料和饲料添加剂生产许可证、产品批准文号行政审批事项，各个环节未出现超时亮红灯事故，办结率100%，群众满意率100%。

2015年　开展年度备案工作。全省饲料生产许可证持证企业有507家。通过年检备案的企业441家，未备案企业44家，有24家企业未通过年度备案予以注销。

2015年　切实开展饲料职业技能培训与鉴定工作。举办了“饲料检验化验员”“饲料厂中央控制室操作工”“饲料机械设备维修工”3 期职业技能培训与鉴定，共有 194 名从业人员通过了理论考试和实际操作考核并获得相应的资格证书。

2015 年　开展单一饲料生产许可条件调研和制订。湖南省先后承担了农业部下达的 7 个单一饲料生产许可条件的制订任务，年内开展了酒糟生产许可条件的调研，完成了单一动物油生产许可条件的评审。

2015 年　举办全省饲料行政执法培训班。全省各市州、县（区）200 多名饲料执法人员参加了此次培训。

2015 年　正虹、九鼎、百宜等 12 家饲料企业的产品被评为湖南名牌产品。

2015 年　湖南省饲料行业其他大事：①省饲料工业协会与湖南农业大学联合举办湖南省首届“生猪安全生产与饲料高效利用技术高峰论坛”；②省饲料办与中国兽药协会、兽用中药资源与中兽药创制国家地方联合工程研究中心、植提桥媒介、湖南农业大学联合举办“首届中国饲用植物提取物发展及应用高峰论坛”；③组团参加农业部畜牧业司举办的中国饲料工业展览会暨畜牧业科技成果推介会。

广 东 省

2015 年 1 月 30 日　广东省饲料标准化技术委员会成立大会暨以第一次工作会议在广州召开。省质量技术监督局、省畜牧兽医局有关领导及来自教学科研单位、企业的有关领导和标委委员约 30 人参加了会议。

2015 年 4 月 24～25 日　2015 中国饲料工业展览会暨畜牧业科技成果推介会在江苏省南京市成功举办，广东省 40 多家饲料企业展示、展位 200 多个。

2015 年 5 月 14 日　在广州举办全省饲料质量安全管理规范培训班，各市饲料负责人、饲料生产许可现场评审专家及饲料企业代表共 140 多人参会，进一步贯彻实施《规范》及推进示范企业创建工作。

2015 年 8 月　按照国家、省关于防范粉尘爆炸的文件精神，扎实开展了饲料生产粉尘作业和使用场所防范粉尘爆炸的专项督查，确保了安全生产。

2015 年 9 月 6～12 日　广东省饲料行业考察团一行赴山东考察学习。20 余家企业代表 30 多人参加了这次考察活动，为加强两省深入交流，促进区域合作，探索转型升级，起到了良好作用。

2015 年 9 月 15 日　由广东省饲料行业协会、大连商品交易所主办，南华期货协办的“大饲粮　首届饲料原料采购暨风险管控论坛”在广州成功举办。来自省内外饲料企业、规模养殖企业、原料贸易商、金融机构等相关人员 250 多人出席了活动。

2015 年 10 月 26～30 日　农业部检查组到广东省开展饲料行业管理监督检查，抽查饲料日常管理、推进饲料质量安全管理规范、安全生产等方面工作。

2015 年 12 月 6 日　“2015 年广东省饲料行业年会”成功举办。年会以“科技助力转型”为主题，重点推出《第四届广东饲料科学技术论坛》，汇集产学研精英和广大会员代表约 1 300 人，面向“十三五”饲料业转型升级谋发展，促进广东饲料强省建设。

2015 年 12 月 21 日　召开全省畜牧兽医暨草食畜牧业工作现场会，会议强调要着力做好饲料监管工作，保障饲料和畜产品质量安全。

四 川 省

2015 年 3 月 13 日　全省饲料工作座谈会在德阳召开，祝春秀副厅长出席了会议并作重要讲话。通报了 2014 年全省饲料质量监测情况，总结了 2014 年全省饲料工作，安排部署了 2015 年工作任务。

2015 年 5 月　全省饲料和饲料添加剂企业年度备案工作全面结束。全省共有 473 家饲料企业参加年度备案，其中 11 家企业未上报备案材料，25 家企业经审查未予备案。2015 年共注销饲料企业 55 家。

2015 年 5 月 13 日　在蓉举办全省饲料和饲料添加剂生产许可现场审核培训班，讲解生产许可技术审核要点和《饲料质量安全管理规范》，切实规范饲料和饲料添加剂生产许可技术评审工作。

2015 年 7 月 9 日　四川省农业厅转发了《农业部关于全面实施〈饲料质量安全管理规范〉的意见的通知》，要求各地成立组织领导机构，深刻领会和准确把握《规范》精神实质，将《规范》内容纳入许可，加强监督执法，推动《规范》在我省的全面贯彻实施。

2015 年 9 月　组织开展了《饲料质量安全管理规范》省级示范创建企业验收工作。四川大北农农牧科技有限责任公司、成都凤凰饲料有限公司、四川铁骑力士实业有限公司、宜宾市旺达饲料有限公司、四川禾晨农业科技有限公司、四川省眉山万家好饲料有限公司和乐山特驱饲料有限公司 7 家企业通过省级专家组考核验收，获得“《规范》省级示范企业”称号。

2015 年 10 月 21～25 日　农业部对四川省申报国家级《饲料质量安全管理规范》示范的企业进行现场验收。四川大北农农牧科技有限责任公司、四川铁骑力士实业有限公司、宜宾市旺达饲料有限公司和嘉吉饲料（成都）有限公司等 4 家企业顺利通过验收，获得部级《规范》示范企业称号。目前，我省有部级《规范》示范企业 7 家。

2015 年 11 月 10～13 日　农业部组织饲料行业

管理督导检查组，对四川省饲料行政许可、行业日常监管、《饲料质量安全管理规范》（以下简称《规范》）推进、饲料安全生产4大方面26项内容进行了为期3天的检查。检查组对四川省饲料管理工作给予了高度评价，认为四川省组织机构健全、支撑体系完善、管理扎实细致、工作落实有力，管理规范，亮点突出，为饲料行业保安全、促发展作出了贡献。

2015年12月23～25日　省饲料工作总站承建的农业部饲料质量监督检验测试中心（成都）和农业部畜禽产品质量安全监督检验测试中心（成都）顺利通过农业部“2＋1”认证复查现场评审。

2015年　继续与省饲料工作总站和成都农业职业技术学院合作，先后举办了3期中央控制操作工和设备维修工、检化验员职业技能鉴定培训，培训人数达220人。

2015年　全省饲料质量安全形势良好。共抽检饲料样品2 548批，产品合格率98.6%，均未检出“瘦肉精”等违禁添加物，未发生重大饲料质量安全事件。首次组织开展养殖场（小区）自配料风险监测，全省共抽检养殖环节自配料167批，对“瘦肉精”等违禁物质开展监测，合格率100%。

2015年　组织2013年承担秸秆养畜项目建设任务的8个单位进行项目建设情况自查工作，并对部分项目县进行了抽查；牵头组织对渠县、岳池、荣县、射洪、汶川、北川6县承担建设的国家级秸秆养畜项目进行了省级验收；组织2015年秸秆养畜项目4个承担单位编制项目初步设计及年度实施计划上报农业部，目前已下达投资批复，财政资金达960万元；积极推荐我省以农作物秸秆为原料的商品饲料生产和以油籽加工副产物为原料的蛋白原料生产项目3个上报农业部。

2015年　完成了饲料企业免税工作，为313余家饲料和饲料添加剂生产企业办理了饲料免税登记。

2015年　省级直接组织、安排、指导查处的案件43件（其中农业部通报交办2件，省级监督检查监测34件，举报投诉及媒体监督7件），没收不合格产品40.62t，没收违法所得2.51万元，处罚款25.43万元。

云 南 省

2015年3月3日　云南省饲料工业协会2014年度理事会在昆明召开。云南省饲料协会会长、副会长、理事、协会专家咨询工作委员会等60多人出席了会议。会议由成绍先监事长主持，听取并审议了由协会会长杜建勋同志所作的《云南省饲料工业协会2014年工作总结及2015年工作安排意见》报告和协会秘书长陶冶同志所作的2014年度协会经费收支情况报告。批准了临沧雅琪生物科技有限公司、昆明云盘山磷化工有限公司、中化云龙有限公司、云南海王生物饲料科技有限公司、云南联创饲料有限责任公司、云南大团结农牧科技有限公司、云南神宇农牧科技有限公司、保山升恒饲料有限公司、昆明丰牧动物食品科技研发有限公司、昆明贝特饲料有限公司10家企业为新会员。新增了云南大北农饲料科技有限公司、昆明川金诺化工股份有限公司、曲靖友美动物食品有限公司3家企业为副会长单位，调整变更了云南新龙矿物质饲料有限公司、云南绿盛美地农牧发展有限公司2家企业的理事及副会长人选。会上，省农业厅草山饲料处徐祖林处长做了讲话，对协会一年来的工作做的充分的肯定，并对目前省饲料行业的特点、面临的困难和机遇进行了分析。对今后的工作重点提出了要求，要求企业应尽快全面推进饲料质量安全管理规范，把贯彻落实规范作为工作重点来抓，在贯彻执行安全管理规范的同时还应该注重产品质量安全。企业应严格执行新的饲料标签标准。要求各生产企业要以贯彻党的十八届二中、三中、四中全会精神和中央经济工作会议精神为契机，促进我省饲料工业又好又快发展，要以贯彻新条例和饲料质量安全管理规范等配套规章为契机，全面提升饲料产品质量安全。

2015年4月2日　云南省饲料产业技术创新战略联盟成立。该联盟由云南西尔南饲料有限公司牵头组织，由中国农业科学院饲料研究所、云南农业大学、云南省饲料工业协会、云南西尔南饲料有限公司、云南神农集团股份有限公司、昆明黄龙山（饲料）工贸有限公司、昆明云岭广大种禽饲料有限公司、云南快大多畜牧科技有限公司、云南邦格农业集团有限公司、昆明云南农大生物科技有限公司、昆明田园饲料有限公司、大理黑尔思农牧科技有限责任公司、昆明帝普生物技术有限公司、云南家云农牧科技有限公司等14家省内外饲料企业、高校和科研院所组成。该联盟于2015年8月10日被省科学技术厅确定为第五批产业技术创新战略试点联盟之一。该联盟的成立对促进我省饲料科技进步，推动产业结构调整和优化升级，确保饲料产业健康、持续发展具有重要意义。

2015年6月25日　云南省《饲料质量安全管理规范》培训班在昆明举行。中国饲料工业协会行业指导处处长胡广东、华中农业大学教授牛智友、中国农业科学院农业质量标准与检测技术研究所副研究员樊霞等嘉宾应邀出席了会议，参会代表总计220人。

会议由云南省农业厅草山饲料处副处长张存焕主持，省农业厅草山饲料处处长徐祖林在会上致辞并做了重要讲话。他要求各企业要高度重视，要指派专人具体落实《饲料质量安全管理规范》，要把贯彻落实规范作为工作重点来抓，在贯彻执行安全管理规范的同时还应该注重产品质量安全。要加强学习和领悟安全管理规范的每一条。落实《饲料质量安全管理规范》是一项长期的工作，企业要循序渐进地落实，要以贯彻新条例和饲料质量安全管理规范等配套规章为契机，全面提升饲料产品质量安全。中国饲料工业协会行业指导处胡广东处长对规范做了详细的解读，重点讲解了原料采购与管理，规范实施的要点及实施中存在的问题。中国农业科学院农业质量标准与检测技术研究所樊霞副研究员讲解了饲料产品质量控制，她从现行法规适用的范围、饲料产品质量控制的要求、规范实施和验收过程中存在的主要问题及实验室安全管理等方面对产品质量控制做了详细的讲解。华中农业大学牛智友教授讲解了生产过程控制，他结合《饲料质量安全管理规范》实施和验收过程中存在的问题对生产过程控制作了详细的讲解，避免了企业在今后的实施过程中再犯同样的错误。大会还特意为参会者提供了与专家面对面交流与提问的环节，参会者积极提问，专家悉心解答。与会者普遍觉得此次培训适应企业的学习需要、具有较强的指导意义，也为企业具体落实《饲料质量安全管理规范》指明了方向。

2015年10月23～26日　农业部饲料质量安全管理规范专家组到云南省进行饲料质量安全管理规范示范企业创建验收，云南省首家企业通过部级验收。

图书在版编目（CIP）数据

2016中国饲料工业年鉴 / 全国饲料工作办公室，中国饲料工业协会编 . —北京：中国农业出版社，2017.8
ISBN 978-7-109-23164-1

Ⅰ.①2… Ⅱ.①全… ②中… Ⅲ.①饲料工业—中国—2016—年鉴 Ⅳ.①F326.3-54

中国版本图书馆CIP数据核字（2017）第169712号

中国农业出版社出版
（北京市朝阳区麦子店街18号楼）
（邮政编码 100125）
责任编辑 刘博浩 程 燕

北京通州皇家印刷厂印刷 新华书店北京发行所发行
2017年8月第1版 2017年8月北京第1次印刷

开本：787mm×1092mm 1/16 印张：35.75 插页：20
字数：1350千字
定价：150.00元